Heinz Möhlmeier, Friedmund Skorzenski, Dr. Günter Wierichs, Gregor Wurm

Allgemeine Wirtschaftslehre

für den Bankkaufmann/die Bankkauffrau

12. Auflage

Bestellnummer 89222

■ Bildungsverlag EINS

westermann

Die in diesem Produkt gemachten Angaben zu Unternehmen (Namen, Internet- und E-Mail-Adressen, Handelsregistereintragungen, Bankverbindungen, Steuer-, Telefon- und Faxnummern und alle weiteren Angaben) sind i. d. R. fiktiv, d. h., sie stehen in keinem Zusammenhang mit einem real existierenden Unternehmen in der dargestellten oder einer ähnlichen Form. Dies gilt auch für alle Kunden, Lieferanten und sonstigen Geschäftspartner der Unternehmen wie z. B. Kreditinstitute, Versicherungsunternehmen und andere Dienstleistungsunternehmen. Ausschließlich zum Zwecke der Authentizität werden die Namen real existierender Unternehmen und z. B. im Fall von Kreditinstituten auch deren IBANs und BICs verwendet.

Die in diesem Werk aufgeführten Internetadressen sind auf dem Stand zum Zeitpunkt der Drucklegung. Die ständige Aktualität der Adressen kann vonseiten des Verlages nicht gewährleistet werden. Darüber hinaus übernimmt der Verlag keine Verantwortung für die Inhalte dieser Seiten.

service@bv-1.de
www.bildungsverlag1.de

Bildungsverlag EINS GmbH
Ettore-Bugatti-Straße 6-14, 51149 Köln

ISBN 978-3-8237-**89222**-9

westermann GRUPPE

Vorwort

Grundlage für die inhaltliche Bemessung des Buches sind die bundeseinheitlichen Anforderungen der **Ausbildungsordnung Bankkaufmann/Bankkauffrau vom 13. Januar 1998** und des für den Unterricht in den Berufsschulen und Berufskollegs geltenden **Rahmenlehrplans vom 17. Oktober 1997.**

Ausgangspunkt sind die im Rahmenlehrplan formulierten **Lernfelder:**
- **Privates und betriebliches Handeln am rechtlichen Bezugsrahmen ausrichten,**
- **Modelle für Marktentscheidungen nutzen,**
- **Einflüsse der Wirtschaftspolitik beurteilen.**

Handlungsorientierte Ausbildung in Schule und Betrieb stellt Auszubildende, Ausbilder, Lehrerinnen und Lehrer vor vielfältige Anforderungen. Die Vermittlung von Schlüsselqualifikationen rückt zunehmend in den Vordergrund der pädagogischen Zielsetzung. Die Anforderungen an die Bankkauffrau/den Bankkaufmann erweitern sich. Der „neue Banker" benötigt zusätzliche Qualifikationen: Kommunikations- und Kooperationsfähigkeit, Medienkompetenz und die Fähigkeit, sich selbstständig neues Wissen anzueignen. Die angestrebte berufliche Handlungskompetenz findet dabei ihre wichtigste Abstützung in der Bereitschaft und Fähigkeit, auf der Grundlage fachlichen Wissens und Könnens Aufgaben und Probleme zielorientiert, sachgerecht, methodengerecht und selbstständig lösen zu können.
Die berufsspezifischen Lernfelder der Bankbetriebslehre, die von beruflichen Aufgabenstellungen und Handlungssituationen ausgehen, erfahren in der Allgemeinen Wirtschaftslehre ihre Einbindung in den rechtlichen und gesamtwirtschaftlichen Bezugsrahmen. Volkswirtschaftliche und rechtliche Kenntnisse sind Voraussetzung für eine qualifizierte Kundenberatung und -betreuung durch die Bankkauffrau/den Bankkaufmann. Aus diesem Grund werden im vorliegenden Buch diejenigen Grundlagen dargestellt, die benötigt werden, um die Kunden des Kreditinstituts kompetent zu beraten, die geschäftspolitischen Entscheidungen des Kreditinstituts zu verstehen und die Einflüsse der Wirtschaftspolitik zu beurteilen.

Die **„Allgemeine Wirtschaftslehre für den Bankkaufmann/die Bankkauffrau"** soll die im Unterricht behandelten Inhalte zusammenfassen, die Themengebiete strukturieren, als „Wissensspeicher" bei der selbstständigen Erarbeitung der Inhalte dienen und eine optimale Vorbereitung auf die IHK-Abschlussprüfung sicherstellen.

Ergänzend hierzu haben wir das **„Arbeitsheft Allgemeine Wirtschaftslehre für den Bankkaufmann/die Bankkauffrau"** (89223) geschrieben. Es enthält konventionelle und programmierte Übungs- sowie Fallaufgaben und ermöglicht das Trainieren einer selbstständigen Bearbeitung rechtlicher und allgemeiner wirtschaftlicher Problemstellungen, die Kontrolle des Lernfortschritts und die gezielte Vorbereitung auf Klausuren und Prüfungen.

In der vorliegenden 12. Auflage wurden u. a. Neuregelungen zum Widerrufsrecht bei Verbraucherverträgen, zum Verbraucherschutz bei Immobilienfinanzierungen und Überziehungskrediten, zum unlauteren Wettbewerb, aktuelle Entwicklungen an den Geld- und Kapitalmärkten infolge der Finanz- und Eurokrise sowie die Regelungen zu den Sozialversicherungen und des Datenschutzes auf dem Stand 2016 eingearbeitet.

Wir bedanken uns für die Anregungen, die uns von Auszubildenden, Ausbildern, Lehrerinnen und Lehrern zugegangen sind. Wir sind offen für Kritik und Verbesserungsvorschläge.

Die Verfasser

Inhaltsverzeichnis

Lernfeld 1: Privates und betriebliches Handeln am rechtlichen Bezugsrahmen ausrichten

Lernfeld 6: Modelle für Marktentscheidungen nutzen

Lernfeld 6: Modelle für Marktentscheidungen nutzen

1 Rechtliche und soziale Rahmenbedingungen menschlicher Arbeit im Betrieb

1.1 Wandel der Arbeitsbedingungen

1.1.1 Entwicklung der Arbeitswelt

Im Verlauf seiner Entwicklung hat der Mensch stets versucht, seine Arbeit durch technische Hilfsmittel und organisatorische Maßnahmen produktiver zu gestalten.

Die Erfindung neuer Maschinen und Produktionsverfahren ermöglichte im 19. Jahrhundert den Übergang von den handwerklichen zu den industriellen Herstellungsverfahren und leitete den tiefgreifenden Wandel von einer **Agrar-** in eine **Industriegesellschaft** ein. Fabriken in den Städten ersetzten die alten Handwerksbetriebe. Die notwendigen Arbeitskräfte fanden sich in der vom Land in die Städte strömenden arbeitslosen Bevölkerung.

Die **Maschinisierung und Mechanisierung der Arbeitswelt** führte nicht nur zu einer grundlegenden Veränderung der traditionellen Arbeits- und Produktionsverfahren, sondern auch zu einer hochgradig arbeitsteiligen Wirtschaft mit industrieller Massenproduktion. Hierbei ist der Mensch der technischen Apparatur zugeordnet, er bedient die Maschine und stellt sich auf ihren Takt ein. Bei der **Fließbandarbeit** verrichtet er am vorbeilaufenden Werkstück bestimmte Handgriffe, meist nach vorgegebener Zeiteinteilung. Durch diese Produktionsweise wurde eine erhebliche Steigerung der Arbeitsproduktivität erreicht.

In der 2. Hälfte des letzten Jahrhunderts stand die Entwicklung der industriellen Produktion im Zeichen der **Automatisierung des Arbeitsprozesses**. Unter der Automation versteht man technische Verfahren, die darauf abzielen, die Produktion von selbstständig arbeitenden Maschinen durchführen zu lassen. Menschliche Arbeit wurde dadurch nicht überflüssig, aber sie änderte sich in ihrer Qualität und Quantität. Dem Menschen kam vorrangig die Aufgabe der Planung, Lenkung und Kontrolle des Produktionsprozesses zu. Die aufgrund der Automation freigesetzten Arbeitskräfte fanden zunehmend Beschäftigung im **Dienstleistungsbereich** der Wirtschaft.

Der Wandel in der Arbeitswelt blieb und bleibt nicht ohne Folgen für die soziale Situation des Menschen. Das anfängliche Fehlen sozialen Schutzes führte im 19. Jahrhundert zu gesellschaftlichen Missständen:

- mangelnde Fürsorge bei Krankheit und Arbeitslosigkeit,
- keine Alterssicherung,
- niedrige Masseneinkommen,
- Kinderarbeit,
- unzureichende Ernährung,
- schlechte Wohnverhältnisse.

Ausgehend von Zusammenschlüssen der Arbeiterschaft bildeten sich Mitte des 19. Jahrhunderts die **Gewerkschaften** und **politischen Parteien**, die eine Verbesserung der Arbeits- und Lebensbedingungen forderten.

Mithilfe einer entsprechenden Gesetzgebung gelang es nach und nach, die negativen Begleiterscheinungen und Fehlentwicklungen der Industrialisierung zu korrigieren.

Einzelne Arbeitnehmer wurden und werden heute durch eine umfangreiche **Arbeits- und Sozialgesetzgebung** geschützt.

Seit Ende des 20. und zu Beginn des 21. Jahrhunderts verändert sich die Arbeitswelt dahingehend, dass

- die Industriegesellschaft sich immer mehr zur Wissens- und Dienstleistungsgesellschaft wandelt.

- die Dienstleistungen Industrieprodukten immer mehr vorgeschaltet und nachgelagert werden bzw. sie diese immer mehr begleiten.

- die Globalisierung der Wirtschaft zu einem immer stärkeren Austausch von Gütern und Dienstleistungen auf internationaler Ebene und zu immer stärkeren Verzahnungen der Wirtschaften verschiedener Länder führt.

- die Gesellschaft zunehmend pluralisiert wird. Gleichzeitig wird die Individualisierung im privaten und beruflichen Bereich zunehmen. Dies führt zu neuen Wertmaßstäben und zu Änderungen der sozialen Beziehungen.

- sich aufgrund des Geburtenrückgangs zwangsläufig die Altersstruktur in den Unternehmen ändern wird. Weibliche und ausländische Mitarbeiter werden neue Zielgruppen für die Arbeitgeber.
  Beispiele:
  – *Heute ist es möglich, dass die Bestellung der Pizza über ein Callcenter z.B. in Indien erfolgt. Von dort wird die Bestellung an den örtlichen Lieferanten in Deutschland weitergeleitet.*
  – *Callcenter aus der Ukraine befragen in Deutschland im Auftrag eines deutschen Unternehmens Kunden nach ihrer Kundenzufriedenheit.*

1.1.2 Arbeitsbedingungen

Die Arbeitsbedingungen umfassen die Arbeitsgestaltung und die Humanbeziehungen (zwischenmenschliche Beziehungen) im Unternehmen.

Arbeitsbedingungen	
Arbeitsgestaltung	**Humanbeziehungen**
– Arbeitsort – Arbeitsplatz- und Arbeitsumgebung – Arbeitsbeginn, Arbeitsende, Arbeitszeit, Höchstarbeitszeiten, Mindestruhezeiten – Arbeitsabläufe, Beschreibung der zu leistenden Arbeit – Arbeitssicherheit und Hygiene am Arbeitsplatz – Schutzmaßnahmen – Gleichbehandlung – altersgerechte Arbeitsbedingungen (z.B. in Krankenhäusern und Altenheimen) – Arbeitsentgelt, Urlaubsdauer, Kündigungsfristen, Hinweis auf Tarifvertrag, evtl. Betriebsvereinbarungen	– Führungsstil – Sozialleistungen, sozialer Kontakt – Betriebsklima – Mitbestimmung – Entlohnung – Anerkennung, Einfluss, Erfolgsbeteiligung – Selbstverwirklichungsmöglichkeiten

Umfrage:

Was im Job wichtig ist

Diese Punkte sind für Fachkräfte auf der Suche nach einem neuen Arbeitsplatz besonders wichtig (Angaben in Prozent der Befragten):

IN WIRTSCHAFTSUNTERNEHMEN

Art der Tätigkeit	70 %
Bezahlung	60
Sicherheit des Arbeitsplatzes	52
Kollegen	37
Entscheidungsfreiheit bei der Arbeit	36
Vorgesetzte	33
Mitwirkungsmöglichkeiten	24
Weiterbildungsmöglichkeiten	22
Standort	21

IN UNTERNEHMEN IM SOZIAL- U. GESUNDHEITSWESEN

Art der Tätigkeit	72 %
Sicherheit des Arbeitsplatzes	52
Bezahlung	50
Entscheidungsfreiheit bei der Arbeit	44
Kollegen	44
Vorgesetzte	34
Mitwirkungsmöglichkeiten	26
Arbeitszeitregelung	23
Standort	20

Quelle: Fachhochschule Köln (2015)　© Globus 10228

Die Leistung des einzelnen Mitarbeiters hängt zum einen ab von den **objektiven Bedingungen**, also der Arbeitsorganisation und Arbeitsplatzgestaltung, und zum anderen von den **subjektiven Bedingungen**, also von den Kenntnissen, Fertigkeiten, der Leistungsbereitschaft (Motivation) des Mitarbeiters selbst. Gerade die **Bestimmungsgründe der Motivation** wie Lob, Verantwortung, Erfolgserlebnis, leistungsgerechte Entlohnung und berufliches Vorwärtskommen wirken sich positiv auf die Zufriedenheit eines Mitarbeiters am Arbeitsplatz aus. Sie bilden die Grundlage für ein besseres **Betriebsklima**.

Aus wirtschaftlichen Überlegungen können Unternehmen geneigt sein, technische und soziale Arbeitsbedingungen zum Nachteil der Mitarbeiter zu verändern. Um dem zu begegnen, gibt es in Deutschland eine Vielzahl besonderer Arbeitsschutzvorschriften.

1.1.3 Arbeitsschutz

Mit der Anmeldung eines Gewerbebetriebes oder einer freiberuflichen Tätigkeit erfolgt automatisch die Anmeldung bei der für die jeweilige Branche zuständigen Berufsgenossenschaft (BG).

Jeder Arbeitgeber ist für den Arbeits- und Gesundheitsschutz der Mitarbeiter/-innen verantwortlich.

Der betriebliche Arbeitsschutz verfolgt das Ziel, Sicherheit und Gesundheitsschutz der Beschäftigten bei der Arbeit zu gewährleisten und zu verbessern.

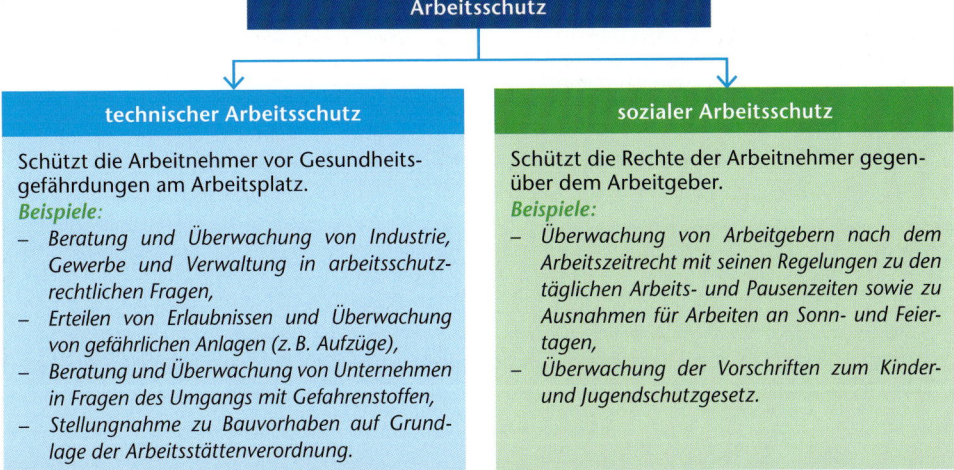

Arbeitsschutz

technischer Arbeitsschutz

Schützt die Arbeitnehmer vor Gesundheitsgefährdungen am Arbeitsplatz.

Beispiele:
- *Beratung und Überwachung von Industrie, Gewerbe und Verwaltung in arbeitsschutzrechtlichen Fragen,*
- *Erteilen von Erlaubnissen und Überwachung von gefährlichen Anlagen (z. B. Aufzüge),*
- *Beratung und Überwachung von Unternehmen in Fragen des Umgangs mit Gefahrenstoffen,*
- *Stellungnahme zu Bauvorhaben auf Grundlage der Arbeitsstättenverordnung.*

sozialer Arbeitsschutz

Schützt die Rechte der Arbeitnehmer gegenüber dem Arbeitgeber.

Beispiele:
- *Überwachung von Arbeitgebern nach dem Arbeitszeitrecht mit seinen Regelungen zu den täglichen Arbeits- und Pausenzeiten sowie zu Ausnahmen für Arbeiten an Sonn- und Feiertagen,*
- *Überwachung der Vorschriften zum Kinder- und Jugendschutzgesetz.*

Arbeitsschutz beruht in Deutschland auf zwei Säulen:
- dem staatlichen Arbeitsschutz sowie EU-Normen zum Arbeitsschutz und
- dem Arbeitsschutz der gesetzlichen Unfallversicherungsträger.

Zu unterscheiden sind deshalb
- nationalstaatliche und europäische Arbeitsschutzvorschriften und
- die Unfallverhütungsvorschriften der Berufsgenossenschaften als Träger der gesetzlichen Unfallversicherung.

Die Arbeitsschutzvorschriften beinhalten Gebote und Verbote, zu deren Beachtung der Arbeitgeber verpflichtet ist. Die wichtigsten Vorschriften sind den Mitarbeitern in den betroffenen Betrieben durch Auslegung oder Aushang zugänglich zu machen.

1.1.3.1 Jugendarbeitsschutzgesetz

Beispiel: Der 17-jährige Auszubildende Gabriel Frey soll wegen des erhöhten Arbeitsanfalls ab dem 1. Oktober täglich 10 Stunden arbeiten.

Der Jugendliche ist wegen der noch nicht abgeschlossenen körperlich-geistig-seelischen Entwicklung nur begrenzt leistungsfähig. Deshalb gewährt ihm das **Jugendarbeitsschutzgesetz** *(JArbSchG)* einen besonderen Schutz und will den Einstieg in die Arbeitswelt erleichtern. Die Gewerbeaufsichtsämter und Kammern sind für die Überwachung der Einhaltung des *JArbSchG* zuständig.

---

[1] *Soweit regional das Staatliche Amt für Arbeitsschutz und das Staatliche Umweltamt als Nachfolgeinstitution für das Gewerbeaufsichtsamt eingerichtet sind, übernimmt als Überwachungsorgan das Staatliche Amt für Arbeitsschutz die Aufgaben.*

Schutzbestimmungen des Jugendarbeitsschutzgesetzes *(JArbSchG)*	
Geltungsbereich *(§ 1 JArbSchG)*	– Das *JArbSchG* gilt für alle Arbeitgeber, die Jugendliche beschäftigen, soweit sie mindestens 15 Jahre, aber noch keine 18 Jahre alt sind (Auszubildende, Arbeiter, Angestellte). – Die Beschäftigung Jugendlicher im Familienhaushalt sowie geringfügige Hilfeleistungen fallen nicht unter das *JArbSchG*.
Arbeitszeit *(§§ 4, 8, 12 JArbSchG)*	– höchstens: 8 Std. täglich, 40 Std. wöchentlich bei einer verbindlichen 5-Tage-Woche *Ausnahme:* 8,5 Std. täglich, wenn freitags nur 6 Stunden gearbeitet wird. Soweit Tarifverträge längere Arbeitszeiten vereinbaren, muss innerhalb von zwei Monaten ein Ausgleich erfolgen. – samstags: keine Beschäftigung *Ausnahme:* Betriebe mit Samstagsarbeit, jedoch Ausgleich an einem Wochentag; zwei Samstage im Monat sollen mindestens beschäftigungsfrei bleiben. – an Sonn- u. Feiertagen: grundsätzlich Beschäftigungsverbot *Ausnahme:* wie samstags, jedoch müssen mindestens zwei Sonntage im Monat beschäftigungsfrei bleiben.
Arbeitsbeginn/ -ende Freizeit, Ruhepausen *(§§ 4, 5, 8, 12 JArbSchG)*	– keine Beschäftigung vor 6:00 und nach 20:00 Uhr *Ausnahme:* über 16-Jährige in Bäckereien, Gastronomie-, Landwirtschafts-, Schichtbetrieben – mindestens 12 Std. täglich Freizeit – bei 4,5 bis 6 Std. Arbeitszeit: mindestens 30 Minuten Pause nach 4,5 Std. Arbeitszeit – bei mehr als 6 Arbeitsstunden: mindestens 60 Minuten Pause – nach 4,5 Std. spätestens erste Pause – Mindestdauer je Pause: 15 Minuten
Bezahlter Urlaub *(§ 19 JArbSchG)*	Alter des Jugendlichen zu Beginn des Kalenderjahres: – unter 16 Jahre: 30 Werktage – unter 17 Jahre: 27 Werktage – unter 18 Jahre: 25 Werktage
Beschäftigungs- verbot *(§§ 2, 5, 7, 16, 17 JArbSchG)*	– Arbeiten, die objektiv die physische und psychische Leistungsfähigkeit übersteigen *(z. B. Akkord- und Fließbandarbeit mit vorgegebenem Arbeitstempo)* – gefährliche Arbeiten (Gefahrstoffe, biologische Arbeitsstoffe) *Ausnahme:* zulässig bei Jugendlichen über 16 Jahren zu Ausbildungszwecken – Beschäftigung Minderjähriger bis zur Vollendung des 15. Lebensjahres und Vollzeitschulpflichtige (Kinderarbeitsverbot) *Ausnahme:* die nicht mehr der Vollzeitschulpflicht unterliegenden Kinder 7 Std. pro Tag und 35 Std. in der Woche
Berufs- schulbesuch *(§ 9 Abs. 1–2 JArbSchG, § 15 BBiG)*	– Anrechnung der Berufsschulzeit auf Ausbildungs- und Arbeitszeit – Freistellung für den Berufsschulunterricht bei Fortzahlung der Vergütung Für **Jugendliche** (unter 18 Jahre) gilt *Beschäftigungsverbot*: - soweit der Unterricht vor 9:00 Uhr beginnt; dies gilt auch für Personen, die über 18 Jahre alt und noch berufsschulpflichtig sind, - an einem Berufsschultag pro Woche mit mehr als 5 Unterrichtsstunden von mindestens je 45 Minuten, - in Berufsschulwochen mit mindestens 25 Std. planmäßigem Unterricht an mindestens 5 Tagen. – Volljährige Berufsschulpflichtige[1] müssen **im Anschluss** an den Berufsschulunterricht – auch bei Blockunterricht – auf Verlangen des Arbeitgebers wieder in den Betrieb. Überschreitet die Dauer des Berufsschulunterrichts die an diesem Tag zu leistende Ausbildungszeit im Betrieb, so ist bei Volljährigen die darüber hinaus aufgewendete Zeit für den Berufsschulunterricht **nicht** auf die wöchentliche Ausbildungszeit anzurechnen *(vgl. BAG v. 13.02.2003).*

---

[1] *Die Berufsschulpflicht Volljähriger ist nicht bundeseinheitlich geregelt, sondern unterliegt höchst unterschiedlichen landesgesetzlichen Bestimmungen.*

Schutzbestimmungen des Jugendarbeitsschutzgesetzes *(JArbSchG)*	
Prüfung *(§ 10 JArbSchG,* *§ 15 BBiG)*	Der Ausbilder hat **jugendliche** Auszubildende - für die Teilnahme an Prüfungen und Ausbildungsmaßnahmen, - an dem Arbeitstag unmittelbar vor dem Tag der schriftlichen Abschlussprüfung freizustellen. Diese Zeiten gelten als Arbeitszeit und sind zu vergüten.
Ärztliche **Untersuchung** *(§§ 32–46 JArbSchG)*	– Erste Untersuchung frühestens 14 Monate vor Beginn der Beschäftigung, – Nachuntersuchung in den letzten 3 Monaten des ersten Ausbildungs- jahres.

1.1.3.2 Arbeitszeitgesetz

Arbeitszeit ist die Zeitspanne, für die Arbeitnehmer/-innen die Arbeitskraft dem/der Arbeitgeber/-in zur Verfügung stellen. Im Arbeitszeitrecht ist zu unterscheiden zwischen

- öffentlich-rechtlichen Vorschriften
  Beispiel: Arbeitszeitgesetz

- zivilrechtlichen Regelungen
  Beispiele: Arbeitsvertrag, Tarifvertrag

Das Arbeitszeitgesetz *(ArbZG)* enthält Mindestregelungen

- zur Gewährleistung der Sicherheit und des Gesundheitsschutzes von Arbeitnehmern bei der Arbeitszeitgestaltung,

- zu Verbesserungen der Rahmenbedingungen für flexible Arbeitszeiten von Arbeitnehmern,

- zum Schutz der Sonntage und gesetzlichen Feiertage als Tage der Arbeitsruhe sowie

- Grunddefinitionen wie z. B. Arbeitszeit, Nachtarbeit, Überarbeit, Mehrarbeit, Ruhepausen.

Diese Regelungen können durch tarifvertragliche Vereinbarungen oder Betriebsvereinbarungen zugunsten der Arbeitnehmer geändert werden.

Die früheren **Beschäftigungsverbote** und -beschränkungen für **Frauen** sind mit Ausnahme des Beschäftigungsverbots für Frauen im Bergbau unter Tage **aufgehoben** worden. Damit können Frauen alle anerkannten Ausbildungsberufe erlernen und ausüben. Zum Schutz und zur Vorsorge bei gesundheitlichen Belastungen gelten die gesetzlich normierten Regelungen gleichermaßen für Frauen und Männer:

- arbeitsmedizinische Untersuchungen,

- Umsetzungsanspruch auf einen Tagesarbeitsplatz bei gesundheitlicher Gefährdung sowie bei Betreuung von Kindern unter zwölf Jahren und schwerpflegebedürftigen Angehörigen im Rahmen der betrieblichen Möglichkeiten.

Werktage i. S. des *ArbZG* sind alle Tage von Montag bis einschließlich Samstag (6-Tage-Woche!).
Weitere Arbeitszeitvorschriften sind zu finden im Ladenschlussgesetz *(LadSchlG)*, im Jugendarbeitsschutzgesetz *(JArbSchG)*, in Sozialvorschriften über den Straßenverkehr, dem Fahrpersonalgesetz *(FPersG)* und der Fahrpersonalverordnung *(FPersV)*.

Schutzbestimmungen nach dem Arbeitszeitgesetz *(ArbZG)*

- **gilt für alle Arbeitnehmer über 18 Jahre in Betrieben und Verwaltungen**
  Ausnahmen: Auszubildende (unter 18 Jahre), leitende Angestellte, Personal- und Dienststellen-
  leiter im öffentlichen Dienst, Chefärzte, bestimmtes Personal in der Luftfahrt und
  Schifffahrt, Arbeitnehmer in Bäckereien und Konditoreien, Arbeitnehmer des öf-
  fentlichen Dienstes mit hoheitlichen Aufgaben
- **Arbeitszeit ist die Zeit vom Beginn bis zum Ende der Arbeit ohne Ruhepausen *(§ 2 Abs. 1 ArbZG)*.**

Tägliche Arbeitszeit	Sonn- und Feiertagsarbeit

- höchstens 8 Stunden *(§ 3 S. 1 ArbZG)*
  Ausnahme:
  Die tägliche Arbeitszeit kann auf bis zu
  10 Stunden verlängert werden, wenn die Ver-
  längerung innerhalb eines Ausgleichszeit-
  raums von 6 Monaten auf durchschnittlich
  8 Stunden ausgeglichen wird *(§ 3 S. 2 ArbZG)*.
- wöchentliche Arbeitzeit nicht über 48 Stun-
  den
- ununterbrochene Mindestruhezeit von
  11 Stunden nach Beendigung der täglichen
  Arbeitszeit *(§ 5 Abs. 1 ArbZG)*
  Ausnahme: Fälle des *§ 5 Abs. 2–4 ArbZG*
- Ruhepausen:
  - mindestens 30 Minuten bei einer Arbeits-
    zeit von über 6 bis 9 Stunden
    (§ 4 ArbZG)
  - mindestens 45 Minuten bei einer Arbeits-
    zeit über 9 Stunden.
    Eine Aufteilung der Ruhezeiten in jeweils
    15 Minuten ist möglich.
	- Grundsätzlich für alle Beschäftigungs-
	  bereiche verboten *(§ 9 Abs. 1 ArbZG)*
	- 16 *Ausnahmetatbestände*; insbesondere in
	  folgenden Fällen *(§§ 9, 10, 13, 14 ArbZG)*:
	  - technische Erfordernisse machen eine
	    ununterbrochene Produktion erforderlich
	  - internationale Konkurrenz zwingt nach-
	    weislich zur Produktion auch an Sonn-
	    und Feiertagen, damit die Arbeitsplätze
	    gesichert bleiben
	  - im Dienstleistungsbereich wie Gast-
	    stätten, Hotels, Krankenhäusern, Pflege-
	    einrichtungen, Verkehrsbetrieben
	- Für die betroffenen Arbeitnehmer gilt:
	  - mindestens 15 Sonntage im Jahr beschäf-
	    tigungsfrei
	  - für jeden arbeitspflichtigen Sonn- und
	    Feiertag zwingend einen Ersatzruhetag
	  - mindestens einmal wöchentlich zusam-
	    menhängend 35 Stunden Ruhezeit
	  - Arbeitszeit maximal 8 Stunden (verlänger-
	    bar auf 10 Stunden, wenn innerhalb von
	    6 Monaten ein Ausgleich erfolgt)

1.1.3.3 Mutterschutzgesetz

Für **weibliche Arbeitnehmer** gelten bezüglich der Arbeitszeit und der Ausübung der Beschäftigung besondere Vorschriften, um einen höheren Schutz während der Schwangerschaft und für die Zeit nach der Geburt eines Kindes zu gewährleisten. *Art. 6 GG* garantiert jeder Mutter den Anspruch auf den Schutz und die Fürsorge der Gemeinschaft. Dem tragen das **Mutterschutzgesetz** *(MuSchG)* und das **Bundeselterngeld- und Elternzeitgesetz** *(BEEG)* Rechnung.

Schutzvorschriften				
Kündigungs-schutz	**Beschäftigungs-verbot**	**Gefahren-schutz**	**Mutterschafts-hilfe**	**Urlaubs-anspruch**
– keine Kündigung während der Schwangerschaft und 4 Monate nach der Geburt oder Fehlgeburt *(§ 9 MuSchG)* – Kündigungsschutz während der Elternzeit *(§ 18 BEEG)*	– Beschäftigungsverbot[1] während der Mutterschutzfrist von insgesamt 14 Wochen: 6 Wochen vor und 8 Wochen[2] (bei Früh- und Mehrlingsgeburten 12 Wochen) nach der Geburt. Nicht beanspruchte Fristen vor der Geburt werden nach der Geburt hinzugerechnet. *(§ 3 Abs. 2, § 6 MuSchG)* – bei Gefahr von Berufskrankheiten *(§ 4 Abs. 2 MuSchG)* – Verbot schwerer körperlicher Arbeit *(§ 4 Abs. 1 MuSchG)* – Verbot der Mehrarbeit, Sonntags- und Nachtarbeit *(§ 8 Abs. 3, 4, 6 MuSchG)*[3]	– keine Arbeiten, die das Leben und die Gesundheit der Mutter und ihres Kindes gefährden *(§ 3 Abs. 1 MuSchG)* – Vorschriften für die Arbeitsplatzgestaltung von Schwangeren und stillenden Müttern *(§ 2 MuSchG)*	– Anspruch auf ärztliche Betreuung und Hebammenhilfe – Anspruch auf Mutterschaftsgeld während der Schutzfrist in Höhe des bisherigen Nettoeinkommens *(§ 11 MuSchG)* – Anspruch auf Elternzeit und Elterngeld	– Mutterschutzfristen und Zeiten mit Beschäftigungsverbot für schwangere Frauen und Mütter sind bei der Berechnung des Jahresurlaubes wie Beschäftigungszeiten zu berücksichtigen *(§ 17 MuSchG)* – ein Resturlaub kann auf das Jahr, in dem die Mutterschaftsfrist endet, oder auf das nächstfolgende Urlaubsjahr übertragen werden.

1.1.3.4 Förderung von Eltern mit Kindern

Im Rahmen der Förderung von Familien werden neben Kindergeld gewährt
- Elterngeld
- Kinderbetreuungskosten.
- Betreuungsgeld.

Elternzeit[4]
Elternzeit ist ein Zeitraum unbezahlter Freistellung von der Arbeit nach der Geburt eines Kindes. Hierauf haben einen Rechtsanspruch
- die Eltern, wenn sie mit ihrem Kind, bzw.
- die Großeltern, wenn sie mit dem Enkelkind
in einem Haushalt leben und das Kind selbst betreuen und erziehen *(§ 15 Abs. 1a BEEG)*.

---

[1] *Auf ausdrücklichen Wunsch der Mutter ist eine Beschäftigung möglich (§ 3 Abs. 2 MuSchG).*

[2] *In dieser Zeit soll es Schülerinnen und Studentinnen freistehen, trotz des Beschäftigungsverbotes an Klausuren, Unterricht und Vorlesungen teilzunehmen.*

[3] *In allen gängigen Branchen, in denen Sonntagsarbeit üblich ist, sollen Schwangere ihren Dienst auf freiwilliger Basis anbieten können.*

[4] *www.familien-wegweiser.de/Elterngeldrechner, § 15 BEEG*

Ein Anspruch auf Elternzeit besteht bis zur Vollendung des dritten Lebensjahres des Kindes. Ein Anteil von bis zu zwölf Monaten ist auf die Zeit bis zur Vollendung des achten Lebensjahres des Kindes übertragbar, wenn dem keine zwingenden dienstlichen Gründe entgegenstehen. Die Elternzeit steht beiden Elternteilen ganz oder teilweise jeweils alleine oder gemeinsam zu. Die Elternzeit soll sieben Wochen vor Beginn schriftlich beim Arbeitgeber beantragt werden. Während der Elternzeit ist das Arbeitsverhältnis unkündbar.

Gesetzlich Krankenversicherte bleiben während der Elternzeit Mitglieder der gesetzlichen Kranken- und Pflegeversicherung. In der Rentenversicherung werden für jedes Kind bei dem Elternteil, bei dem das Kind erzogen wird, die ersten 36 Monate nach Ablauf des Monats der Geburt des Kindes als rentenbegründende und rentensteigernde Versicherungszeiten angerechnet.

Elterngeld

Anspruch auf Elterngeld haben nach *§ 1 Abs. 1 BEEG* Mütter und Väter, die
- ihre Kinder nach der Geburt selbst betreuen und erziehen,
- keine oder keine volle Erwerbstätigkeit (nicht mehr als 30 Stunden in der Woche) ausüben,
- mit ihren Kindern in einem Haushalt leben und
- einen Wohnsitz oder ihren gewöhnlichen Aufenthalt in Deutschland haben.

Antrag	Das Elterngeld ist schriftlich bei der zuständigen Elterngeldstelle zu beantragen.
Höhe des Elterngeldes	– Die Höhe des Elterngeldes richtet sich nach der Höhe des monatlich verfügbaren Nettoeinkommens, welches der betreuende Elternteil vor der Geburt des Kindes hatte und welches nach der Geburt wegfällt. Es soll das entfallende Einkommen mit einer Ersatzrate ausgleichen, die nach der Höhe des Einkommens vor der Geburt des Kindes gestaffelt ist. Das entfallende Einkommen wird bei einem maßgeblichen Nettoeinkommen vor der Geburt von 1.240 € und mehr zu 65 %, von 1 220 € zu 66 %, zwischen 1 000 € und 1 200 € zu 67 % ersetzt *(§ 2 BEEG)*. – Das Elterngeld beträgt mindestens 300,00 € und höchstens 1 800,00 € *(§ 2 Abs. 4 BEEG)*. – Elterngeld wird als Einkommen auf das Arbeitslosengeld II, auf Sozialhilfe nach dem SGB XII sowie auf den Kinderzuschlag angerechnet, d.h., es entfällt für Empfänger von Sozialhilfeleistungen und Hartz-IV-Bezieher, weil diese kein Erwerbseinkommen erzielen. Aufgrund des Elterngeldfreibetrages von 300,00 € bleibt das Elterngeld bis zu diesem Betrag anrechnungsfrei *(§ 10 Abs. 5 BEEG)*. – Arbeiten Mutter/Vater des neugeborenen Kindes *nach der Geburt* mehr als 30 Stunden in der Woche, wird kein Elterngeld gezahlt *(§ 1 Abs. 6 BEEG)*. – Das Elterngeld entfällt bei Verheirateten mit einem Einkommen von mehr als 500 000,00 € im Jahr, bei Ledigen mit einem Einkommen von mehr als 250 000,00 € im Jahr *(§ 1 Abs. 8 BEEG)*.
Geschwisterbonus	Lebt die berechtigte Person in einem Haushalt mit zwei Kindern, die noch nicht 3 Jahre alt sind, oder drei und mehr Kindern, die noch nicht 6 Jahre alt sind, wird das Elterngeld um 10 %, mindestens jedoch um 75,00 € erhöht (Geschwisterbonus), *(§ 2a Abs. 1 BEEG)*.
Anrechnung	Das Mutterschaftsgeld einschließlich des Arbeitgeberzuschusses nach der Geburt wird auf das Elterngeld voll angerechnet *(§ 3 Abs. 1 BEEG)*.
Dauer der Zahlungen	Elterngeld wird als steuerfreier und sozialversicherungsfreier Lohnersatz für 12 Monate gezahlt, zuzüglich zwei „Vätermonate", wenn die Mutter für diesen Zeitraum an ihren Arbeitsplatz zurückkehrt. Alleinerziehende erhalten das Elterngeld für max. 14 Monate. Elterngeld kann in der Zeit vom Tag der Geburt bis zur Vollendung des 14. Lebensmonats des Kindes bezogen werden *(§ 4 BEEG)*. Während der Gesamtdauer der Elternzeit besteht – das Arbeitsverhältnis fort *(§ 18 BEEG)*, – Kündigungsschutz *(§ 19 BEEG)*.

Wahlrecht	– Die Bezugsdauer von Elterngeld kann einmalig geändert werden. – Der Bezugszeitraum kann zwischen den Eltern aufgeteilt werden.
Einkommen-steuer, Sozialver-sicherung	– Das Elterngeld ist zunächst einkommensteuerfrei, unterliegt aber bei weiteren Bezügen dem steuerlichen Progressionsvorbehalt. – Vom Elterngeld werden keine Sozialversicherungsbeiträge erhoben.

Seit dem 01.07.2015 verdoppelt sich mit dem **ElterngeldPlus** die Bezugsdauer (ein Elterngeldmonat wird zu zwei ElterngeldPlus-Monaten), wenn die Eltern in der Elternzeit wieder Teilzeit arbeiten wollen. Zusätzlich wird ein Partnerschaftsbonus für vier Elterngeld-Plus-Monate gewährt, wenn Vater und Mutter sich die Betreuung ihres Kindes teilen und parallel für mindestens vier Monate zwischen 25 und 30 Wochenstunden arbeiten.

Väter in Elternzeit

Anteil der 2014 geborenen Kinder, deren Väter Elterngeld erhalten haben, in Prozent

Anstieg zu 2013 in Prozentpunkten

	Anteil in Prozent	Anstieg in Prozentpunkten
Sachsen	44,2 %	+ 3,2
Bayern	41,7	+ 1,8
Thüringen	40,5	+ 3,6
Baden-Württemb.	38,6	+ 2,3
Berlin	37,5	+ 1,9
Hamburg	37,3	+ 2,1
Brandenburg	36,1	+ 1,3
Deutschland	34,2	+ 2,2
Hessen	32,5	+ 2,3
Niedersachsen	31,9	+ 2,9
Rheinland-Pfalz	29,4	+ 2,8
Schleswig-Holstein	29,4	+ 2,7
Sachsen-Anhalt	27,9	+ 2,6
Mecklenburg-Vorp.	27,7	+ 1,5
Nordrhein-Westf.	26,8	+ 1,7
Bremen	26,1	+ 1,3
Saarland	23,0	+ 2,9

11082 © Globus   Quelle: Statistisches Bundesamt

Kinderbetreuungskosten

Kinderbetreuungskosten sind Aufwendungen für Dienstleistungen, die Alleinerziehende oder berufstätige (angestellte und selbstständige) Eltern für die Betreuung ihres zum Haushalt gehörenden Kindes bezahlen.

Für die steuerliche Anerkennung der Betreuungskosten gilt folgende Regelung:

Es können 2/3 der Kinderbetreuungskosten, höchstens 4 000,00 € pro Kind und Jahr, als Sonderausgaben vom Gesamtbetrag der Einkünfte abgezogen werden (§ 10 Abs. 1 EStG), wenn das Kind das 14. Lebensjahr noch nicht vollendet hat oder wegen einer vor Vollendung des 25. Lebensjahres eingetretenen körperlichen oder seelischen Behinderung außerstande ist, sich selbst zu unterhalten.

Beispiel: Kinderbetreuungskosten sind
– *die Unterbringung in Kindergärten, Kindertagesstätten, Kinderhorten und Kinderkrippen sowie bei Tagesmüttern,*
– *die Beschäftigung von Kinderpflegerinnen und Erzieherinnen, die Beschäftigung von Hilfen im Haushalt, soweit sie ein Kind betreuen,*
– *Kosten für die Beaufsichtigung des Kindes bei der Erledigung seiner häuslichen Schulaufgaben.*

Kinderbetreuungskosten werden steuerlich anerkannt, wenn sie auf Verlangen der Finanzbehörden nachgewiesen werden durch Vorlage einer Rechnung oder Nachweis der Überweisung an den Erbringer der Betreuungsleistung.

Betreuungsgeld

Nach dem Urteil des BVerfG vom 21.07.2015 – 1BvF 2/13 ist das Bundesgesetz zum Betreuungsgeld verfassungswidrig. Allein die Länder können durch Gesetz entscheiden, ob im jeweiligen Bundesland ein Betreuungsgeld gezahlt wird. Nur Bayern macht von dieser Möglichkeit Gebrauch. Anträge sind bei den zuständigen Gemeinden oder Städten bzw. Kreisverwaltungen zu stellen.

1.2   Berufsausbildung

Beispiel: Die 17-jährige Auszubildende Sabrina Maler möchte nach dem Besuch der Höheren Handelsschule eine Berufsausbildung als Bankkauffrau bei der Commerzbank AG beginnen. Der Berufsausbildungsvertrag, ein Formular der zuständigen Industrie- und Handelskammer, wird von
– dem Ausbildungsbetrieb, der Commerzbank AG,
– der Auszubildenden, Sabrina Maler,
– dem gesetzlichen Vertreter der Auszubildenden, ihren Eltern Ludwig und Lotti Maler, unterzeichnet.

1.2.1   Duale Ausbildung

Berufsbildung umfasst die Berufsausbildung, die berufliche Fortbildung und Umschulung. Es gelten die normalen arbeitsrechtlichen Regelungen, soweit das Berufsbildungsgesetz (BBiG) keine abweichenden Vorschriften enthält.

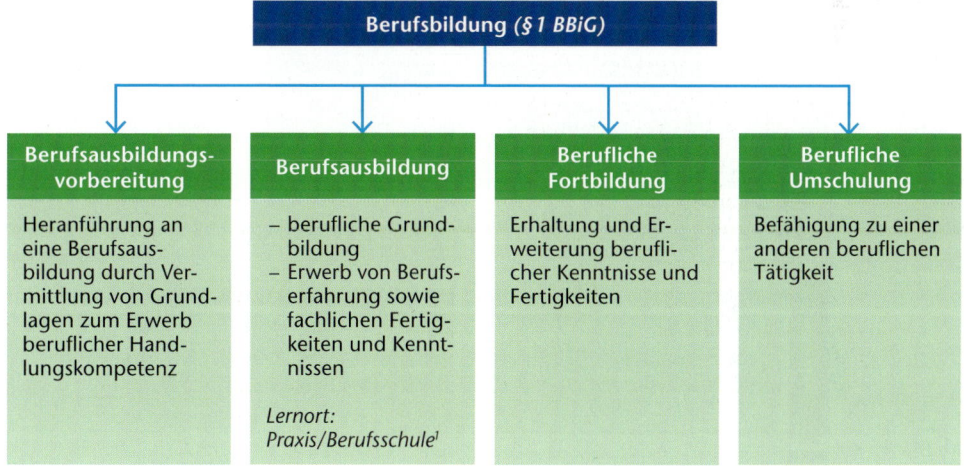

Die Berufsausbildung in Deutschland erfolgt im dualen Ausbildungssystem. Die praktische Ausbildung wird im Ausbildungsbetrieb durchgeführt. Parallel dazu erfolgt die Vermittlung der theoretischen Kenntnisse in der Berufsschule in Form des Teilzeit- oder Blockunterrichts.

---

[1]   Seit 1998 in NRW „Berufskolleg"; in den folgenden Ausführungen wird vereinfachend von „Berufsschule" gesprochen.

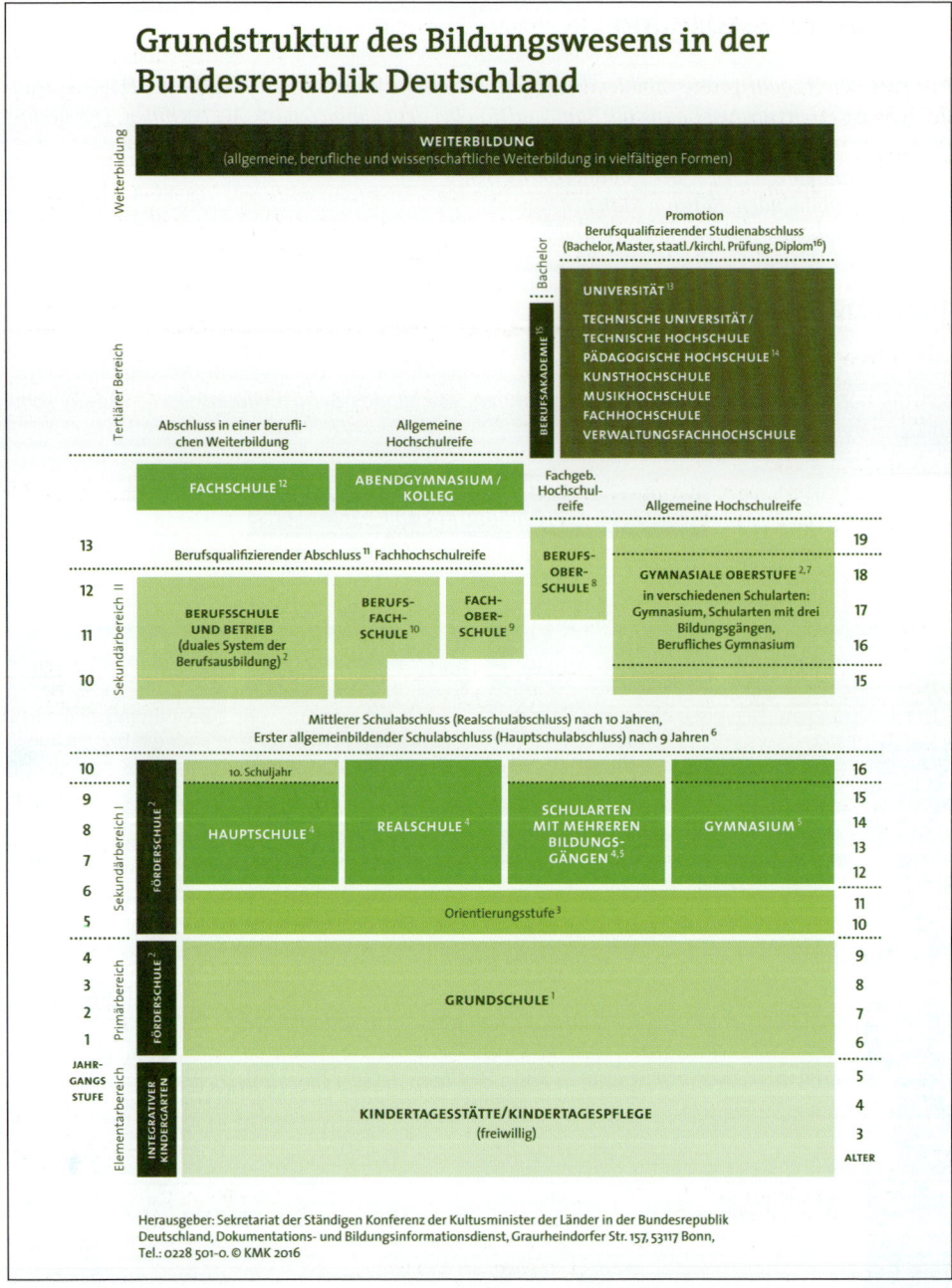

- Schematisierte Darstellung der typischen Struktur des Bildungssystems der Bundesrepublik Deutschland. In den einzelnen Bundesländern bestehen Abweichungen.
- Die Zurechnung des Lebensalters zu den Bildungseinrichtungen gilt für den jeweils frühestmöglichen typischen Eintritt und bei ununterbrochenem Gang durch das Bildungssystem.
- Die Größe der Rechtecke ist nicht proportional zu den Besuchszahlen.

1.2.2 Rechtsgrundlagen der Berufsausbildung

Auf die Berufsausbildung zur Bankkauffrau bzw. zum Bankkaufmann finden folgende Rechtsvorschriften Anwendung:

- **Gesetze**
  Beispiele: Berufsbildungsgesetz (BBiG), Bürgerliches Gesetzbuch (BGB), Jugendarbeitsschutzgesetz (JArbSchG), Arbeitszeitgesetz (ArbZG), Bundesurlaubsgesetz (BUrlG), Entgeltfortzahlungsgesetz (EntgFG), Mutterschutzgesetz (MuSchG), Bundeselterngeld- und Elternzeitgesetz (BEEG), Tarifvertragsgesetz (TVG), Arbeitsgerichtsgesetz (ArbGG), Betriebsverfassungsgesetz (BetrVG), Sozialgesetzbuch (SGB)

- **Rechtsverordnungen**
  Beispiele: Ausbildungsverordnungen (§ 4 BBiG), Erprobungsverordnungen (§ 6 BBiG), Ausbildereignungsverordnungen (§ 30 Abs. 5 BBiG), Rechtsverordnungen für Fortbildungsprüfungen (§ 53 BBiG)

- **Kammerrecht**
  Beispiele: Prüfungsordnungen (§ 47 BBiG), Rechtsvorschriften für die Prüfung von Zusatzqualifikationen für Auszubildende (§ 9 BBiG)

- **Sonstige Rechtsquellen**
  Beispiele: Berufsausbildungsverträge, Tarifverträge, Betriebsvereinbarungen, betriebliche Übungen, der Gleichbehandlungsgrundsatz, das Direktionsrecht, das Richterrecht

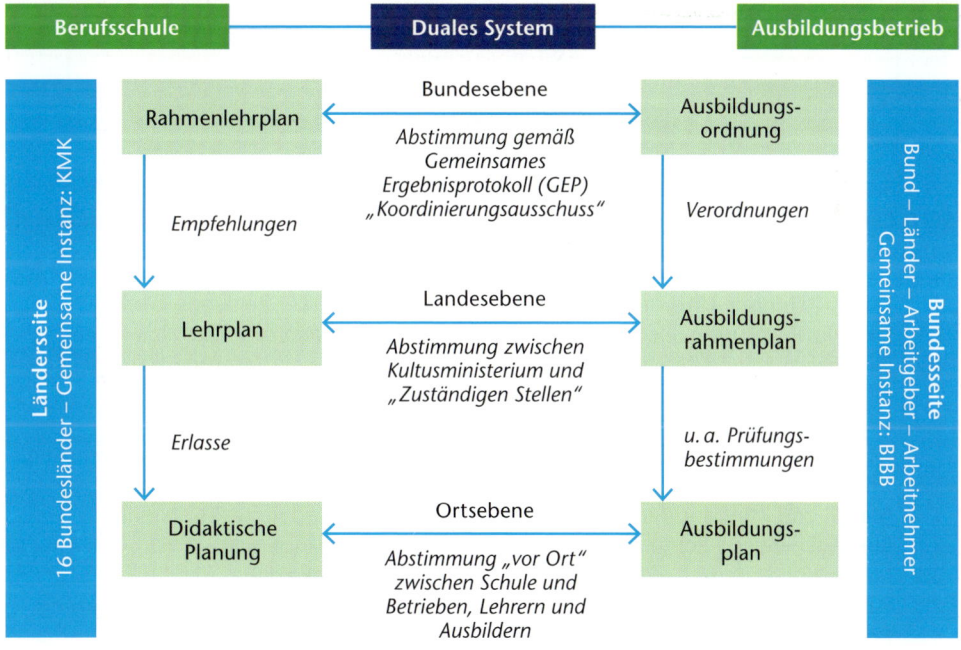

Rahmenlehrplan und Ausbildungsordnung werden gemeinsam im Bundesanzeiger veröffentlicht

Quelle: Wirtschaft und Erziehung

Berufsbildungsgesetz

Das Berufsbildungsgesetz bildet die gesetzliche Grundlage für die Ausbildungsberufe im **dualen System**. Die Einzelvorschriften konkretisieren die Eignung der Ausbildungsstätte, die persönliche und fachliche Eignung der Ausbilder, die Entstehung und die Inhalte des Berufsausbildungsvertrages, die Ordnung der Berufsausbildung, das Prüfungswesen und die Regelung sowie die Überwachung der Berufsausbildung.

Insbesondere regelt das BBiG 2005 gegenüber dem BBiG 1969 die Verpflichtung zur Lernortkooperation, die „gestreckte" Abschlussprüfung, die Antragsmöglichkeit zum zusätzlichen Ausweis der berufsschulischen Leistungsfeststellungen auf dem Zeugnis für die abgelegte Abschlussprüfung, einen Rechtsanspruch auf Zulassung zur Abschlussprüfung nach dem Besuch einer Vollzeitschule, Erleichterungen bei der Abnahme der Berufsabschlussprüfung sowie der Schaffung von Ausbildungsverbünden.

Ausbildungsverordnung

Die Ausbildungsverordnung regelt Dauer und Inhalt der Ausbildung sowie die Prüfungsanforderungen. Sie wird von Ministerien erlassen und durch die zuständigen Kammern überwacht.

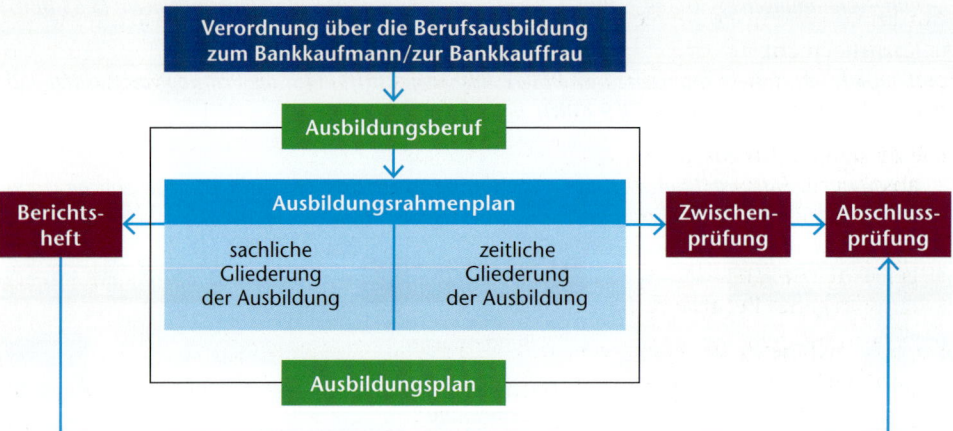

Nach dem **Ausbildungsberufsbild** sind für den Ausbildungsberuf Bankkaufmann/-frau folgende Kenntnisse und Fertigkeiten Gegenstand der Berufsausbildung:

1 **Das ausbildende Unternehmen**	3.2 Nationaler Zahlungsverkehr
1.1 Stellung, Rechtsform und Organisation	3.3 Internationaler Zahlungsverkehr
1.2 Personalwesen und Berufsbildung	**4** **Geld- und Vermögensanlage**
1.3 Informations- und Kommunikationssysteme	4.1 Anlage auf Konten
1.4 Sicherheit und Gesundheitsschutz bei der Arbeit	4.2 Anlage in Wertpapieren
	4.3 Anlage in anderen Finanzprodukten
1.5 Umweltschutz	**5** **Kreditgeschäft**
2 **Markt- und Kundenorientierung**	5.1 Standardisierte Privatkredite
2.1 Kundenorientierte Kommunikation	5.2 Baufinanzierung
2.2 Marketing	5.3 Firmenkredite
2.3 Verbraucher- und Datenschutz	**6** **Rechnungswesen und Steuerung**
3 **Kontoführung und Zahlungsverkehr**	6.1 Rechnungswesen
3.1 Kontoführung	6.2 Steuerung

Der Ausbildende hat unter Zugrundelegung des Ausbildungsrahmenplans für den/die Auszubildende(n) einen **Ausbildungsplan** zu erstellen.

Außerdem ist vom Auszubildenden ein **Berichtsheft** in Form eines Ausbildungsnachweises zu führen.

In der Mitte des zweiten Ausbildungsjahres wird eine schriftliche **Zwischenprüfung** anhand praxisbezogener Fälle oder Aufgaben in einer Prüfungsdauer von 120 Minuten in den Prüfungsgebieten

- Kontoführung und nationaler Zahlungsverkehr,
- Wirtschafts- und Sozialkunde,
- Anlage auf Konten

durchgeführt. Sie erstreckt sich auf die im Ausbildungsrahmenplan für das erste Ausbildungsjahr aufgeführten Kenntnisse und Fertigkeiten sowie auf den im Berufsschulunterricht entsprechend dem Rahmenlehrplan zu vermittelnden Lehrstoff, soweit er für die Berufsausbildung wesentlich ist. Das Ergebnis der Zwischenprüfung hat keinen Einfluss auf die Dauer der Ausbildung. Die Zwischenprüfung dient allein der Ermittlung des Ausbildungsstandes und soll dem Auszubildenden sowie dem Ausbildenden Gelegenheit geben, festgestellte Mängel bis zur Abschlussprüfung zu beseitigen.

Am Ende der Ausbildungszeit legt der/die Auszubildende vor dem Prüfungsausschuss der zuständigen IHK die **Abschlussprüfung** ab, die sich auf alle im Ausbildungsrahmenplan angegebenen Kenntnisse und Fertigkeiten sowie auf den im Berufsschulunterricht für die Berufsausbildung notwendigen Lerninhalte bezieht.

Die **Zulassung** zur Abschlussprüfung setzt voraus:

- absolvierte Ausbildungszeit oder eine nicht später als 2 Monate nach dem Prüfungstermin endende Ausbildungszeit,
- Teilnahme an der Zwischenprüfung,
- geführtes Berichtsheft (Ausbildungsnachweis),
- eingetragenes Berufsausbildungsverhältnis.

Die **schriftliche Prüfung** erstreckt sich auf folgende Prüfungsfächer:

- Bankwirtschaft (Bearbeitungszeit 150 Minuten),
  - I Bankwirtschaft I: Konventionelle Aufgaben (90 Minuten)
  - I Bankwirtschaft II: Programmierte Aufgaben (60 Minuten)
- Rechnungswesen und Steuerung (Bearbeitungszeit 60 Minuten),
- Wirtschafts- und Sozialkunde (Bearbeitungszeit 60 Minuten).

Das **mündliche Prüfungsfach** „Kundenberatung" besteht aus einem Beratungsgespräch von höchstens 20 Minuten Dauer. Der Prüfling soll nach Auswahl aus zwei Fällen anhand einer Aufgabenstellung mit einer Vorbereitungszeit von höchstens fünfzehn Minuten zeigen, dass er in der Lage ist, Kundengespräche systematisch und situationsbezogen vorzubereiten und zu führen. Hierbei sind die betrieblichen Ausbildungsschwerpunkte zu berücksichtigen. Für das Prüfungsgespräch kommen insbesondere folgende Gebiete in Betracht:

- Kontoführung und Zahlungsverkehr,
- Geld- und Vermögensanlage,
- Kreditgeschäft.

Ergänzungsprüfung: Sind in der schriftlichen Prüfung die Prüfungsleistungen in bis zu zwei Prüfungsfächern mit „mangelhaft" und in den weiteren Prüfungsfächern mit mindestens „ausreichend" bewertet worden, so ist auf Antrag des Prüflings oder nach Ermessen des Prüfungsausschusses in einem der mit „mangelhaft" bewerteten Prüfungsfächer die schriftliche Prüfung durch eine mündliche Prüfung von etwa 15 Minuten zu ergänzen, wenn diese für das Bestehen der Prüfung den Ausschlag geben kann. Das Prüfungsfach ist vom Prüfling zu bestimmen. Bei der Ermittlung des Ergebnisses für dieses Prüfungsfach sind die Ergebnisse der schriftlichen Arbeit und der mündlichen Ergänzungsprüfung im Verhältnis 2:1 zu gewichten.

Bei der **Ermittlung des Gesamtergebnisses** haben die Prüfungsfächer Bankwirtschaft und Kundenberatung gegenüber jedem der übrigen Prüfungsfächer das doppelte Gewicht.

Zum Bestehen der Abschlussprüfung müssen im Gesamtergebnis und in drei der vier genannten Prüfungsfächer mindestens ausreichende Leistungen erbracht werden. Werden die Prüfungsleistungen in einem Prüfungsfach mit „ungenügend" bewertet, ist die Prüfung nicht bestanden.

Rahmenlehrplan

Der Rahmenlehrplan ist nach Ausbildungsjahren gegliedert. Er umfasst Lernfelder, Zeitrichtwerte, Zielformulierungen und Lerninhalte.

- **Lernfelder** sind thematische Einheiten, die sich an konkreten beruflichen Aufgabenstellungen und Handlungsabläufen orientieren, die mit dem Berufsbild verbunden sind.

- **Zeitrichtwerte** geben an, wie viele Unterrichtsstunden für die Behandlung der Lernfelder einschließlich der Leistungsfeststellung vorgesehen sind.

- **Zielformulierungen** beschreiben die angestrebten Ergebnisse, die von den Lernenden in einem Lernfeld erreicht werden sollen. Sie werden als Elemente der beruflichen Handlungskompetenz unter Beachtung des Ausbildungsberufsbildes und des Ausbildungsrahmenplanes beschrieben.

- **Lerninhalte** sind die Unterrichtsinhalte, durch deren Behandlung die für ein Lernfeld angegebenen Zielformulierungen zu erreichen sind.

Übersicht über die Lernfelder für den Ausbildungsberuf Bankkauffrau/Bankkaufmann					
	Lernfelder	**Zeitrichtwerte[1]**			
		gesamt	1. Jahr	2. Jahr	3. Jahr
1	Privates und betriebliches Handeln am rechtlichen Bezugsrahmen ausrichten	80	80		
2	Konten führen	80	80		
3	Unternehmensleistungen erfassen und dokumentieren	60	60		
4	Geld und Vermögensanlagen anbieten	100	100		
5	Besondere Finanzinstrumente anbieten und über Steuern informieren	60		60	
6	Modelle für Marktentscheidungen nutzen	60		60	
7	Privatkredite bearbeiten	80		80	
8	Kosten und Erlöse ermitteln und beeinflussen	80		80	
9	Dokumentierte Unternehmensleistungen auswerten	40			40
10	Baufinanzierungen und Firmenkredite bearbeiten	80			80
11	Auslandsgeschäfte abwickeln	40			40
12	Einflüsse der Wirtschaftspolitik beurteilen	120			120
Summen		880	320	280	280

---

[1] *Unterrichtsstunden*

1.2.3 Berufsausbildungsvertrag

Ein **Berufsausbildungsverhältnis** als privatrechtliches Verhältnis zwischen dem Auszubildenden (bei Minderjährigen dem gesetzlichen Vertreter: Vater, Mutter, Vormund) und dem Ausbildenden wird durch Vertrag begründet *(§ 10 Abs. 1 BBiG)*. Der **Berufsausbildungsvertrag** kommt durch die Einigung der Vertragsparteien zustande und ist in **schriftlicher** Form abzufassen *(§ 11 Abs. 1 BBiG)*.

Ausbildender ist derjenige, der einen anderen zur Berufsausbildung einstellt. Vom Ausbildenden ist derjenige zu unterscheiden, der die Ausbildung durchführt. Das kann der Ausbildende selbst oder ein von ihm beauftragter **Ausbilder** sein. Der **Auszubildende** ist derjenige, der ausgebildet wird.

Als **Mindestangaben** muss der Berufsausbildungsvertrag folgende Angaben enthalten *(§ 11 Abs. 1 S. 2 BBiG)*:

- Art, sachliche und zeitliche Gliederung sowie Ziel der Berufsausbildung, insbesondere die Berufstätigkeit, für die ausgebildet werden soll,

- Beginn und Dauer der Berufsausbildung,

- Ausbildungsmaßnahmen außerhalb der Ausbildungsstätte (Besuch der Berufsschule),

- Dauer der regelmäßigen täglichen Ausbildungszeit,

- Dauer der Probezeit (mindestens 1 Monat, maximal 4 Monate; *§ 20 BBiG*),

- Zahlung und Höhe der Vergütung *(§§ 17–19 BBiG)*,

- Dauer des Urlaubs,

- Voraussetzungen, unter denen der Berufsausbildungsvertrag gekündigt werden kann:
  - Kündigung in der Probezeit *(§ 22 Abs. 1 BBiG)*
  - Kündigung nach der Probezeit
    - aus wichtigem Grund *(§ 22 Abs. 2 Nr. 1 u. 4 BBiG)*
    - durch Aufgabe **dieser** Berufsausbildung mit einer Kündigungszeit von 4 Wochen *(§ 22 Abs. 2 Nr. 2 BBiG)*,

- einen in allgemeiner Form gehaltenen Hinweis auf die Tarifverträge, Betriebs- und Dienstvereinbarungen, die auf das Berufsausbildungsverhältnis anzuwenden sind.

Die Beteiligten (Ausbildender, Auszubildender, Erziehungsberechtigte) übernehmen mit dem Abschluss des Berufsausbildungsvertrages **Pflichten**, die gleichzeitig die **Rechte** der anderen Vertragspartner sind *(§§ 13–19, 27–33 BBiG)*.

Pflichten der Vertragsparteien	
Auszubildender	Dienstleistungspflicht, Gehorsamspflicht, Sorgfaltspflicht, Schweige- und Treuepflicht, Berufsschulpflicht, Lernpflicht, Führung des Berichtsheftes, Teilnahmepflicht an Ausbildungsmaßnahmen, Folgeleisten von Weisungen, Beachtung der Betriebsordnung, Bewahrungspflicht, Haftungspflicht, Pflicht der Krankmeldung im Krankheitsfall
Ausbildender	ordnungsgemäße Ausbildung sowie kostenlose Bereitstellung der zur Ausbildung erforderlichen Arbeitsmittel, Zahlung einer angemessenen Vergütung, Pflicht der Entgeltfortzahlung (z.B. im Krankheitsfall), Fürsorgepflicht, Sorgfaltspflicht, Freistellung zum Besuch von Berufsschule/Berufskolleg sowie für Prüfungen, Gewährung von Urlaub, Ausstellung von Arbeitszeugnissen
Erziehungsberechtigte	Unterstützungspflicht, Haftpflicht

Die **Ausbildungsdauer** beträgt grundsätzlich drei Jahre.

Verkürzungsmöglichkeiten nach dem *BBiG* bleiben hiervon jedoch unberührt. Die Ausbildungszeit soll zwei Jahre nicht unterschreiten. Der Auszubildende kann nach Anhörung des Ausbildenden und der Berufsschule vor Ablauf seiner Ausbildungszeit zur Abschlussprüfung zugelassen werden, wenn seine Leistungen dies rechtfertigen.

Andererseits ist auf Antrag des Auszubildenden die Ausbildungsdauer zu **verlängern**, wenn die Verlängerung erforderlich ist, um das Ausbildungsziel zu erreichen.

Die **Ausbildungsdauer endet**

- mit Ablauf der vereinbarten Ausbildungszeit oder
- mit dem Tage der Feststellung des Prüfungsergebnisses (kann vor oder nach dem Ablauf der vereinbarten Ausbildungszeit liegen).

Besteht der Auszubildende die Abschlussprüfung nicht, **so verlängert** sich das Ausbildungsverhältnis auf sein Verlangen bis zur nächstmöglichen Wiederholungsprüfung, im Falle des Nichtbestehens der Wiederholungsprüfung bis zu einer evtl. zulässigen erneuten Wiederholungsprüfung, höchstens jedoch um ein Jahr.

1.2.4 Berufsausübung

Die beruflichen **Tätigkeitsbereiche** von Bankkaufleuten umfassen im Wesentlichen die kaufmännischen Aufgabenbereiche der Kreditinstitute.

Beispiel: Der/die Bankkaufmann/-frau kann als Kundenberater, Kreditsachbearbeiter, Vermögensberater, Devisenhändler, Buchhalter, Controller, in der Personalabteilung oder der Informationswirtschaft/ Datenverarbeitung tätig werden.

Die Aufgaben des/der Bankkaufmanns/-frau erfordern selbstständige Sachbearbeitung in Form funktionsübergreifender und zum Teil komplexer Fall- bzw. Vorgangsbearbeitung sowie Team- und Gruppenarbeit. Dabei werden die modernen Informations- und Kommunikationstechniken im Rahmen computergesteuerter und computergestützter Sachbearbeitung aufgabengerecht genutzt.

Traditionell wurde unter dem Begriff **Qualifikation** die Gesamtheit der Kenntnisse, Fähigkeiten, Fertigkeiten und Werthaltungen verstanden, über die Bankkaufleute für die Ausübung der beruflichen Tätigkeiten verfügen müssen. Heute wird Qualifikation sehr viel weiter definiert – nämlich als Voraussetzung für eine ausreichende Breite in der beruflichen Einsetzbarkeit. Die Akzentverschiebung geht dabei deutlich in Richtung Schlüsselqualifikationen (Soft Skills).

Schlüsselqualifikationen: Die Elemente	
Kenntnisse und Fertigkeiten	– Berufsübergreifende Kenntnisse und Fertigkeiten – wie Kulturtechniken, Fremdsprachen, technische, wirtschaftliche und soziale Allgemeinbildung – Neu aufkommende Kenntnisse und Fertigkeiten – wie Befähigung zum Umgang mit elektronischer Datenverarbeitung und neuen Technologien – Vertiefte Kenntnisse und Fertigkeiten, das heißt Ausbau von Grundlagen, die wenig veränderbar sind – wie Fachfremdsprachen – Berufsausweitende, das heißt über den Einzelberuf hinausgehende Kenntnisse und Fertigkeiten – wie Arbeitsschutz und Umweltschutz

Schlüsselqualifikationen: Die Elemente	
Fähigkeiten	– Selbstständiges, logisches, kritisches, kreatives Denken – Gewinnen und Verarbeiten von Informationen – Selbstständiges Lernen, das Lernen lernen, sich etwas erarbeiten können – Anwendungsbezogenes Denken und Handeln, Einsatz der eigenen Sensibilität und Intelligenz – bei Umstellungen und Neuerungen, im Vorschlags- und Erfindungswesen – Entscheidungsfähigkeit, Führungsfähigkeit, Gestaltungsfähigkeit – wie Selbstständigkeit bei Planung, Durchführung und Kontrolle
Verhaltens-weisen	– Verhaltensqualifikationen mit **einzelpersönlicher** Betonung – wie Selbstvertrauen, Optimismus, Wendigkeit, Anpassungsfähigkeit, Gestaltungskraft, Leistungsbereitschaft, Eigenständigkeit – Verhaltensqualifikationen mit **zwischenmenschlicher** Betonung – wie Kooperationsbereitschaft, Fairness, Verbindlichkeit, Gerechtigkeit, Aufrichtigkeit, Dienstbereitschaft, Teamgeist, Solidarität – Verhaltensqualifikationen mit **gesellschaftlicher** Betonung – wie Fähigkeit und Bereitschaft zu wirtschaftlicher Vernunft, technologischer Akzeptanz und zum sozialen Konsens – Arbeitstugenden – wie Genauigkeit, Sauberkeit, Zuverlässigkeit, Exaktheit, Pünktlichkeit, Ehrlichkeit, Ordnungssinn, Konzentration, Ausdauer, Pflichtbewusstsein, Fleiß, Disziplin, Hilfsbereitschaft, Rücksichtnahme

Quelle: Klein, Wandel der Arbeitswelt – Wandel der Qualifikationen, in: Thema Wirtschaft

Die in der beruflichen Ausbildung erworbene **Handlungskompetenz** befähigt die Bankkaufleute, das erworbene kaufmännische Wissen gemäß ihren Fähigkeiten und Einsichten verantwortungsbewusst in den jeweiligen Geschäftszweigen anzuwenden und die vielfältigen kaufmännischen Arbeitsaufgaben selbstständig zu planen, durchzuführen und zu kontrollieren.

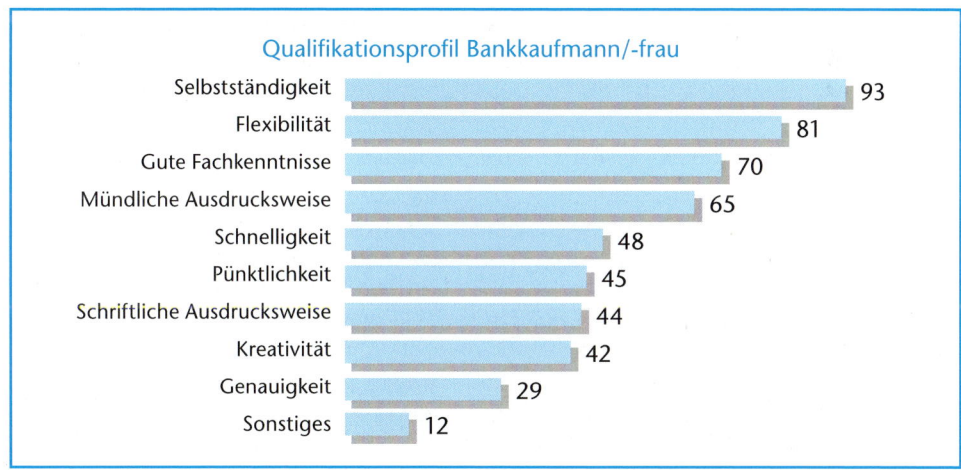

Qualifikationsprofil Bankkaufmann/-frau

Selbstständigkeit	93
Flexibilität	81
Gute Fachkenntnisse	70
Mündliche Ausdrucksweise	65
Schnelligkeit	48
Pünktlichkeit	45
Schriftliche Ausdrucksweise	44
Kreativität	42
Genauigkeit	29
Sonstiges	12

Eignung und Bewährung sowie die überdurchschnittliche berufliche Bereitschaft zur Fortbildung erlauben es dem/der Bankkaufmann/-frau, Gruppen-, Abteilungs-, Hauptabteilungsleiter/-in, Mitglied der Geschäftsführung oder Mitglied des Vorstandes zu werden. Grundsätzlich obliegt ihm/ihr dann die Aufgabe, den reibungslosen Ablauf der kaufmännischen Aufgaben zu organisieren. Weitere Aufgabenübertragungen sind abhängig von der Größe des Kreditinstituts.

1.2.5   Fort- und Weiterbildungsmöglichkeiten

Ohne berufliche Fortbildung können Bankkaufleute ihren Beruf auf Dauer nicht mit Erfolg ausüben. Deshalb bieten viele Institutionen Fortbildungskurse für Bankkaufleute an. Dazu zählen die Verbände der Kreditinstitutsgruppen sowie die IHKs. Der Blick in die Fachzeitschriften und Publikationen der Verbände/Institutionen gibt einen ersten Überblick. Auskünfte erteilen zudem die jeweiligen Geschäftsstellen der IHKs.

Zum Nachweis von Kenntnissen, Fertigkeiten und Erfahrungen, die durch berufliche Fortbildung erworben werden, bietet die Kreditwirtschaft Fortbildungsprogramme zum Bank-/Sparkassenfachwirt und – darauf aufbauend – zum Bank-/Sparkassenbetriebswirt an. Darüber hinaus besteht die Möglichkeit zum Studium an einer staatlichen Fachschule mit dem Schwerpunkt Finanzdienstleistungen oder das Studium an einer Fachhochschule oder Universität bzw. privaten Hochschule.

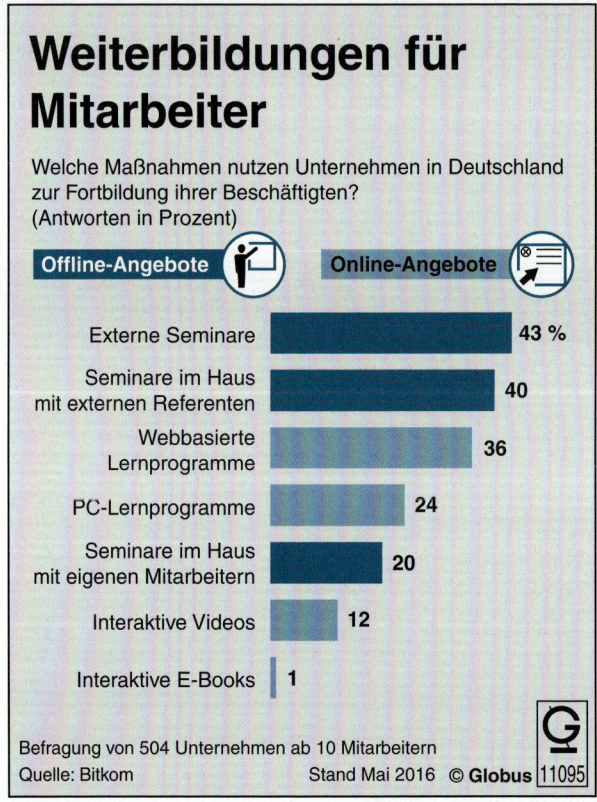

1.3   Aufgaben und Grundlagen des Arbeitsrechts

Das Arbeitsrecht regelt die Rechtsbeziehungen zwischen Arbeitnehmern und Arbeitgebern. Arbeitnehmer ist, wer aufgrund eines privatrechtlichen Vertrages (§ 611 ff. BGB) für einen Arbeitgeber weisungsgebunden und fremdbestimmt Dienste leistet.

Beispiel: Die 38-jährige Bankkauffrau Ellen Maurer bearbeitet seit vielen Jahren Zahlungsverkehrsaufträge. Nach Einführung der automatisierten Erfassung der Überweisungsaufträge sollen die verbleibenden Tätigkeiten durch eine halbtagsbeschäftigte Mitarbeiterin erledigt werden. Der Arbeitgeber kündigt das Arbeitsverhältnis und beabsichtigt, eine Bankkauffrau einzustellen, die gerade ihre Berufsausbildung abgeschlossen hat. Frau Maurer wehrt sich gegen die Kündigung und behauptet, die Kündigung sei sozial ungerechtfertigt, verstoße gegen das Kündigungsschutzgesetz und verletze die Grundprinzipien des Arbeitsrechts.

Das **Arbeitsrecht** ist in keinem umfassenden Arbeitsgesetzbuch geregelt, sondern ergibt sich aus einer **Vielzahl von Einzelgesetzen**.

Rechtliche Grundlagen des Arbeitsrechts

Arbeitsverträge
zwischen Arbeitnehmer und Arbeitgeber
(individualrechtliche Vereinbarungen)

Betriebsvereinbarungen
zwischen Betriebsrat und Arbeitgeber

Tarifverträge
zwischen Gewerkschaft und Arbeitgeber bzw. Arbeitgeberverband

Einzelgesetze
BGB, HGB, Gewerbeordnung, Kündigungs-, Mutter- und Jugendarbeitsschutzgesetz, Berufsbildungsgesetz, Schwerbehindertengesetz, Arbeitszeitgesetz, Bundesurlaubsgesetz, Tarifvertragsgesetz, Betriebsverfassungs-, Mitbestimmungs- und Montan-Mitbestimmungsgesetz

Verfassungsbestimmungen
Anspruch auf Unantastbarkeit der menschlichen Würde, freie Entfaltung, Gleichberechtigung von Mann und Frau, Meinungsfreiheit, Koalitionsfreiheit, freie Wahl von Beruf, Arbeitsplatz und Ausbildungsstätte

EU-Recht
EU-Vertrag, EU-Verordnungen, EU-Richtlinien

Arbeitgeber/-innen sind Personen, die
- Arbeitnehmer/-innen beschäftigen (einschließlich der zu ihrer Berufsbildung Beschäftigten),
- die Arbeitsleistung von Arbeitnehmer/-innen aufgrund des Arbeitsvertrages fordern,
- Arbeitnehmer/-innen das Arbeitsentgelt schulden,
- Arbeitgeber/-innen gleichgestellt sind und in sonstiger Weise selbstständig tätig werden.

Arbeitnehmer/-innen im arbeitsrechtlichen Sinn sind Personen, die aufgrund eines privatrechtlichen Vertrages verpflichtet sind, ihre Arbeitskraft weisungsgebunden und abhängig gegen Entgelt zur Verfügung zu stellen.

Steuerrechtlich und sozialversicherungsrechtlich sind zum Teil abweichende Definitionen möglich.

Als **arbeitnehmerähnlich** *(§ 12 a TVG)* gelten Personen, auf die Teile des Arbeitsrechts anzuwenden sind. Hierzu zählen insbesondere Heimarbeiter/-innen und ihnen Gleichgestellte.
Die *Unterscheidung* in Arbeiter/-innen und Angestellte hat heute rechtlich kaum noch Bedeutung.

Die Einordnung als **leitende/r Angestellte/r** nach *§ 5 Abs. 3 BetrVG* erfolgt insbesondere
- nach der Befugnis der selbstständigen Einstellung und Entlassung von Arbeitnehmerinnen bzw. Arbeitnehmern,
- nach der Wahrnehmung unternehmerisch bedeutsamer Aufgaben in eigener Verantwortung,
- aufgrund weitgehender Vollmachten (z. B. Generalvollmacht, Prokura)

Für leitende Angestellte
- ist grundsätzlich das Betriebsverfassungsgesetz nicht anwendbar *(§ 5 Abs. 3 BetrVG)*,
- muss in Betrieben mit mindestens 10 leitenden Angestellten ein Sprecherausschuss errichtet werden *(§ 1 SprAuG)*,
- gilt nicht das Arbeitszeitgesetz *(§ 18 Abs. 1 Nr. 1 ArbZG)*,
- muss mindestens ein/e leitende/r Angestellte/r dem Aufsichtsrat einer mitbestimmten Gesellschaft angehören,
- gilt u. U. ein verminderter Kündigungsschutz *(§ 14 Abs. 2 KSchG)*.

Vom Arbeitnehmer sind zu unterscheiden
- Beamte, Richter, Soldaten,
- Familienangehörige gem. *§§ 1619, 1360 BGB*,
- Gesellschafter von Personengesellschaften,
- Organmitglieder von juristischen Personen,
- Strafgefangene.

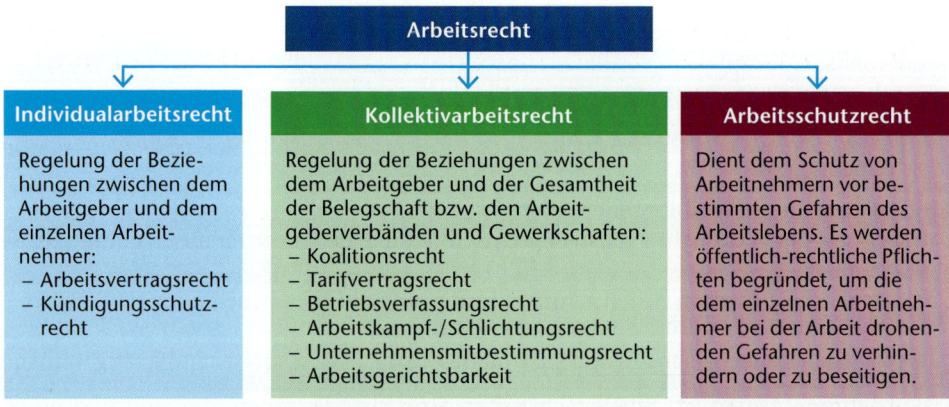

1.3.1   Individualarbeitsrecht

1.3.1.1   Arbeitsvertragsrecht

Der Arbeitsvertrag (Einzelarbeitsvertrag) bildet die Rechtsgrundlage für ein individuell geschlossenes Arbeitsverhältnis zwischen dem einzelnen Arbeitnehmer und dem Arbeitgeber.

Der **Arbeitsvertrag ist ein Dienstvertrag** im Sinne von *§ 611 ff. BGB.* Das Arbeitsverhältnis selbst stellt rechtlich gesehen ein auf Austausch von Arbeitsleistung und Vergütung gerichtetes Dauerschuldverhältnis zwischen Arbeitnehmer und Arbeitgeber dar.

Prinzipiell gilt für das Arbeitsvertragsrecht der **Grundsatz der Vertragsfreiheit** *(Art. 12 GG)* und die inhaltliche **Gestaltungsfreiheit**, die jedoch durch Arbeitsrechtsvorschriften eingeschränkt wird. Obwohl **Formfreiheit** für arbeitsrechtliche Vertragsabschlüsse besteht, war aus Beweisgründen allgemein die Schriftform üblich. Nach dem *„Gesetz über den Nachweis der für ein Arbeitsverhältnis geltenden wesentlichen Bedingungen – Nachweisgesetz"* haben grundsätzlich alle Arbeitnehmer einen Anspruch auf eine in Schriftform gehaltene Vertragsausfertigung.

Der Arbeitgeber hat spätestens 1 Monat nach dem vereinbarten Beginn des Arbeitsverhältnisses die wesentlichen Vertragsbedingungen schriftlich niederzulegen, die Niederschrift zu unterzeichnen und dem Arbeitnehmer auszuhändigen *(§ 2 Abs. 1 S. 1 Nachweisgesetz)*. Verstößt der Arbeitgeber gegen dieses Schriftformerfordernis, wird der Arbeitsvertrag allerdings nicht unwirksam, er ist vielmehr auch ohne Einhaltung der Schriftform gültig. Der Arbeitnehmer kann allerdings seinen Arbeitgeber auf Fertigung und Herausgabe einer Niederschrift **verklagen**. Bei Arbeitsverträgen mit Minderjährigen ist die Zustimmung des gesetzlichen Vertreters notwendig. Durch Kenntnis ihrer Rechte und Pflichten aus dem Arbeitsverhältnis sollen Arbeitnehmer besser in ihren Rechten geschützt werden.

Mindestpflichten für den Arbeitgeber
In die **Niederschrift** muss der Arbeitgeber mindestens aufnehmen:

- Name und Anschrift der Vertragsparteien

- den Zeitpunkt des Beginns des Arbeitsverhältnisses

- bei befristeten Arbeitsverhältnissen die vorhersehbare Dauer

- den Arbeitsort oder, falls der Arbeitnehmer nicht nur an einem bestimmten Arbeitsort tätig sein soll, einen Hinweis darauf, dass der Arbeitnehmer an verschiedenen Orten beschäftigt werden kann

- die Bezeichnung oder allgemeine Beschreibung der vom Arbeitnehmer zu leistenden Tätigkeit

- die Zusammensetzung und die Höhe des Arbeitsentgeltes einschließlich der Zuschläge, der Zulagen, Prämien und Sonderzahlungen sowie anderer Bestandteile des Arbeitsentgeltes und deren Fälligkeit

- die vereinbarte Arbeitszeit

- die Dauer des jährlichen Erholungsurlaubs

- die Fristen für die Kündigung des Arbeitsverhältnisses

- einen in allgemeiner Form gehaltenen Hinweis auf die Tarifverträge, Betriebs- oder Dienstvereinbarung, die auf das Arbeitsverhältnis anzuwenden sind

Bestehende Arbeitsverträge
Für bereits bestehende, mündliche Arbeitsverträge gilt das Nachweisgesetz nur bedingt. Nur dann, wenn der Arbeitnehmer ausdrücklich eine Niederschrift, also einen schriftlichen Arbeitsvertrag verlangt, ist der Arbeitgeber verpflichtet, innerhalb von zwei Monaten eine solche Niederschrift, die im Wesentlichen einem Arbeitsvertrag gleicht, dem Arbeitnehmer auszuhändigen.

Ausnahmen
Arbeitet der Arbeitnehmer nur bis zu 400 Stunden im Jahr als vorübergehende Aushilfe oder ist er ausschließlich im Familienhaushalt tätig (Haushaltshilfe, Pflegehilfe), so ist ein schriftlicher Arbeitsvertrag nicht notwendig. Voraussetzung hierfür ist aber, dass nur geringfügig gearbeitet wird. Nur in diesen Fällen darf auch weiterhin auf mündlicher Vertragsbasis gearbeitet werden.
Der Arbeitgeber wird durch **den Arbeitsvertrag erheblich gebunden**. Aus diesem Grund steht dem Arbeitgeber ein **Fragerecht** zu. Der Arbeitnehmer hat zulässige Fragen zu seiner Ausbildung, zu seinen früheren Arbeitsverhältnissen, Fähigkeiten und zu seiner Gesundheit zu beantworten.

Das Fragerecht des Arbeitgebers bestimmt sich nach dem Umfang und den Grenzen des Aufgabenkreises, das dem Arbeitnehmer übertragen werden soll.

Beispiel: Die Frage nach einer bestehenden Schwangerschaft ist grundsätzlich nicht zulässig und braucht deswegen nicht beantwortet zu werden.

Als Gegenleistung kann der Arbeitnehmer umfassend Auskunft über Pflichten und Rechte seitens des Arbeitgebers erwarten. Der **Betriebsrat** hat Mitwirkungs- und Mitbestimmungsrechte vor und bei der Begründung des Arbeitsverhältnisses.

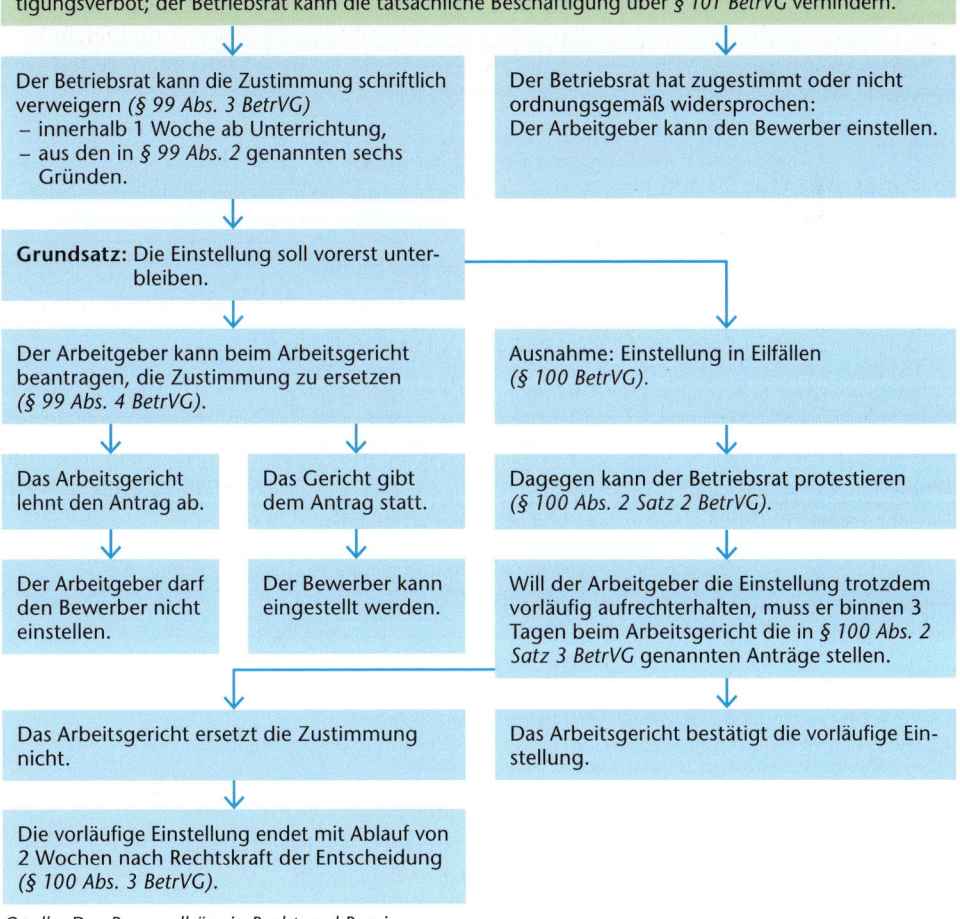

Mitwirkung des Betriebsrats bei Einstellungen
Geltungsbereich
Nur in Unternehmen mit in der Regel mehr als 20 wahlberechtigten Arbeitnehmern.

Der Arbeitgeber muss den Betriebsrat von der geplanten Einstellung unterrichten und seine Zustimmung einholen *(§ 99 Abs. 1 BetrVG)*. Hierbei hat der Arbeitgeber
– die Bewerbungsunterlagen aller Bewerber vorzulegen und über alle Bewerber Auskunft zu geben,
– über die Auswirkung der Einstellung zu informieren,
– den in Aussicht genommenen Arbeitsplatz und die vorgesehene Eingruppierung mitzuteilen.
Unterlässt der Arbeitgeber die Unterrichtung, dann ist der Vertrag wirksam, doch besteht ein Beschäftigungsverbot; der Betriebsrat kann die tatsächliche Beschäftigung über *§ 101 BetrVG* verhindern.

Der Betriebsrat kann die Zustimmung schriftlich verweigern *(§ 99 Abs. 3 BetrVG)*
– innerhalb 1 Woche ab Unterrichtung,
– aus den in *§ 99 Abs. 2* genannten sechs Gründen.

Der Betriebsrat hat zugestimmt oder nicht ordnungsgemäß widersprochen:
Der Arbeitgeber kann den Bewerber einstellen.

Grundsatz: Die Einstellung soll vorerst unterbleiben.

Der Arbeitgeber kann beim Arbeitsgericht beantragen, die Zustimmung zu ersetzen *(§ 99 Abs. 4 BetrVG)*.

Ausnahme: Einstellung in Eilfällen *(§ 100 BetrVG)*.

Das Arbeitsgericht lehnt den Antrag ab.

Das Gericht gibt dem Antrag statt.

Dagegen kann der Betriebsrat protestieren *(§ 100 Abs. 2 Satz 2 BetrVG)*.

Der Arbeitgeber darf den Bewerber nicht einstellen.

Der Bewerber kann eingestellt werden.

Will der Arbeitgeber die Einstellung trotzdem vorläufig aufrechterhalten, muss er binnen 3 Tagen beim Arbeitsgericht die in *§ 100 Abs. 2 Satz 3 BetrVG* genannten Anträge stellen.

Das Arbeitsgericht ersetzt die Zustimmung nicht.

Das Arbeitsgericht bestätigt die vorläufige Einstellung.

Die vorläufige Einstellung endet mit Ablauf von 2 Wochen nach Rechtskraft der Entscheidung *(§ 100 Abs. 3 BetrVG)*.

Quelle: Das Personalbüro in Recht und Praxis

1.3.1.2 Pflichten und Rechte aus dem Arbeitsverhältnis

Die Pflichten und Rechte des Arbeitnehmers und Arbeitgebers ergeben sich inhaltlich aus den Arbeitsrechtsbestimmungen, es sei denn, im Arbeitsvertrag werden zulässige Abweichungen vereinbart. Aus den Pflichten des Arbeitgebers ergeben sich einerseits die Rechte des Arbeitnehmers und aus den Rechten des Arbeitgebers die Pflichten des Arbeitnehmers.

Pflichten des Arbeitgebers = Rechte des Arbeitnehmers

Vergütungspflicht
(§§ 612, 614, 616 BGB, § 64 HGB)

- Pünktliche Zahlung des Lohnes bzw. Gehaltes unter der Voraussetzung, dass die Arbeitsleistung tatsächlich erbracht wurde.
- Unverschuldete Verhinderung berechtigt nicht zur Kürzung der Entgeltzahlung
  (z. B. Lohnfortzahlung im Krankheitsfall bis 6 Wochen, Ladung als Zeuge vor Gericht).

Fürsorgepflicht
(§ 617 ff. BGB, § 62 HGB)

- Anmeldung des Arbeitnehmers bei der Krankenkasse und Abführung der Sozialversicherungsbeiträge.
- Schutz der Gesundheit des Arbeitnehmers sowie Beachtung der Unfallverhütungsvorschriften und der Arbeitsgesetze.
- Gleichbehandlungspflicht von Frauen und Männern, Teilzeit- und Vollzeitbeschäftigten.

Urlaub
(§ 19 JArbSchG, § 3 ff. BUrlG)

- Gewährung bezahlten Urlaubs unter Beachtung der Mindestbestimmungen des *JArbSchG*[1] und des Bundesurlaubsgesetzes, soweit der Arbeitnehmer dem Betrieb mindestens 6 Monate angehört.

Informations- und Anhörungspflicht
(§§ 81–85 BetrVG)

- Unterrichtung über Aufgaben und Gestaltung des Arbeitsplatzes.
- Unterrichtung über Gesundheits- und Unfallgefahren am Arbeitsplatz.
- Erörterung der Leistungsbeurteilung und Einsicht in die Personalakte.
- Beschwerderecht bei ungerechter Behandlung oder Benachteiligung.

Zeugnispflicht
(§ 630 Abs. 1 BGB, § 109 GewO, § 73 HGB)

- Ausstellung eines Zeugnisses über Art und Dauer der Beschäftigung; auf Wunsch des Arbeitnehmers sind Angaben über Führung und Leistung aufzunehmen.
- Inhaltlich muss das Zeugnis wahrheitsgemäß, aber wohlwollend sein. Gute Leistungen sind zu erwähnen, schlechte nur, wenn sie schwerwiegend und wesentlich für die Tätigkeit sind.

Pflichten des Arbeitnehmers = Rechte des Arbeitgebers

Pflicht zur Arbeitsleistung
(§ 611 Abs. 1 BGB)

- Verrichtung der nach dem Arbeitsvertrag vereinbarten Arbeiten.
  Die Arbeit ist nach bestem Wissen und Gewissen zu erbringen. Bei schuldhafter Pflichtverletzung ist der Arbeitnehmer schadenersatzpflichtig.

Gehorsamspflicht
(lt. BVerfG heute Bestandteil eines jeden Arbeitsvertrages)

- Der Arbeitnehmer hat die Weisungen des Arbeitgebers zu befolgen.
- Dem Arbeitgeber steht ein Weisungsrecht/Direktionsrecht zu.

Treue- und Verschwiegenheitspflicht
(lt. BVerfG heute Bestandteil eines jeden Arbeitsvertrages)

- Wahrnehmung und Vertretung der Interessen des Arbeitgebers.
- Verbot der Weitergabe von Geschäfts- und Firmengeheimnissen.
- Verbot der Annahme von Zahlungen zum eigenen Vorteil (Schmiergeldzahlungen).
- Schadenersatzpflicht bei Pflichtverletzung, Möglichkeit der fristlosen Kündigung oder ggf. strafrechtliche Verfolgung.

---

[1] *Vgl. Seite 16 ff.*

Pflichten des Arbeitgebers = Rechte des Arbeitnehmers

Wettbewerbsverbot
(§§ 60, 61 HGB, § 133 f. GewO)

– Verbot der Geschäfte auf eigene oder fremde Rechnung im gleichen Geschäftszweig des Arbeitgebers (*Ausnahme:* Der Arbeitgeber gibt die Einwilligung).
– Verbot eigener Geschäfte durch kaufmännische Angestellte in einem beliebigen Geschäftszweig.
– Die „Konkurrenzklausel" im Arbeitsvertrag erlaubt für eine gewisse Zeit nach dem Ausscheiden aus dem Arbeitsverhältnis ein Wettbewerbsverbot (bei kaufmännischen Angestellten maximal 2 Jahre). Pflichtverletzungen können Schadenersatzforderungen nach sich ziehen.

1.3.1.3 Beendigung des Arbeitsverhältnisses

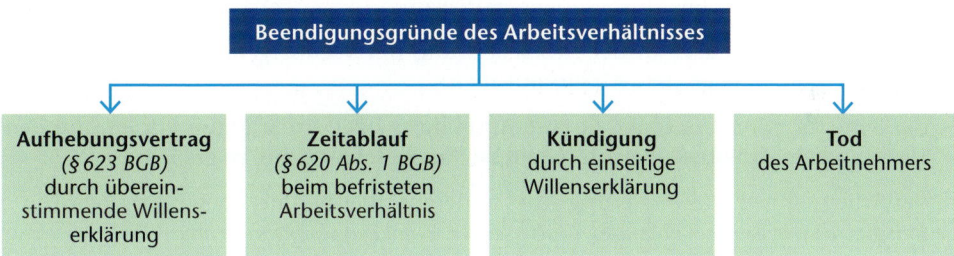

Aufhebungsvertrag

Arbeitgeber und Arbeitnehmer vereinbaren in einem Aufhebungsvertrag, dass das **auf unbestimmte Zeit** vereinbarte Arbeitsverhältnis zu einem bestimmten Zeitpunkt enden soll *(§§ 305, 623 BGB)*. Während eine Kündigung eine einseitige Erklärung ist und daher auch dann wirkt, wenn der Gekündigte mit ihr nicht einverstanden ist, ist ein Aufhebungsvertrag nur dann wirksam, wenn beide Vertragsparteien zustimmen.

Der Aufhebungsvertrag muss gemäß *§ 623 BGB* zwingend in **schriftlicher Form** erfolgen.

Bietet der Arbeitgeber dem Arbeitnehmer einen Aufhebungsvertrag an, muss er den Arbeitnehmer darauf hinweisen, dass möglicherweise eine Sperrfrist für den Bezug von Arbeitslosengeld besteht. Unterlässt der Arbeitgeber diese Aufklärung, könnte dieser dazu verpflichtet werden, dem Arbeitnehmer das dadurch entgangene Arbeitslosengeld zu ersetzen.

Aus steuerlichen und/oder sozialversicherungsrechtlichen Gründen sollte der vereinbarte Beendigungszeitpunkt und der Anlass für die Beendigung eindeutig im Vertrag genannt werden. Weiterhin sollten Vertragsbestandteile sein:

▪ Höhe und Fälligkeit der Abfindung für noch ausstehende Zahlungen (Provisionen, Überstundenausgleich, Reisekosten etc.),

▪ Abreden bezüglich des Resturlaubs,

▪ etwaige Freistellung von der Arbeit bis zum Ende des Arbeitsverhältnisses,

▪ Verschwiegenheitspflicht des Arbeitnehmers, insbesondere wenn dieser bereits eine neue Arbeitsstelle in Aussicht hat,

▪ die Rückgabe von Firmeneigentum (Firmenhandys, Notebooks, Firmenfahrzeug),

▪ Abreden über Erfindungen des Arbeitnehmers.

Das Widerrufsrecht der *§§ 312, 355 BGB* findet auf Aufhebungsverträge keine Anwendung.

Befristetes Arbeitsverhältnis

Ein befristeter Arbeitsvertrag muss schriftlich vereinbart werden. Fehlt die Schriftform, ist die Befristung unwirksam und der Arbeitsvertrag gilt als unbefristet abgeschlossen. Die Zulässigkeit befristeter Arbeitsverträge ist im Teilzeit- und Befristungsgesetz *(TzBfG)* geregelt. Nach *§ 3 Abs. 1 TzBfG* ist ein Arbeitnehmer befristet beschäftigt, wenn ein Arbeitsvertrag auf bestimmte Zeit geschlossen wurde, d. h. die Dauer des Arbeitsvertrags ist kalendermäßig bestimmt (kalendermäßig befristeter Arbeitsvertrag) oder ergibt sich aus Art, Zweck oder Beschaffenheit der Arbeitsleistung (zweckbefristeter Arbeitsvertrag).

Die Befristung eines Arbeitsverhältnisses ist grundsätzlich nur dann zulässig, wenn es dafür eine sachliche Rechtfertigung nach *§ 14 Abs. 1 TzBfG* gibt.

Ein **sachlicher Grund** liegt insbesondere vor, wenn

- der betriebliche Bedarf an der Arbeitsleistung nur vorübergehend besteht (Saisonarbeiten, zeitlich begrenzte Arbeitsaufgaben),

- die Befristung im Anschluss an eine Ausbildung oder ein Studium erfolgt, um den Übergang des Arbeitnehmers in eine Anschlussbeschäftigung zu erleichtern,

- der Arbeitnehmer zur Vertretung eines anderen Arbeitnehmers beschäftigt wird,
  Beispiele: Vertretung bei Elternzeit, Mutterschutz, Krankheit von Arbeitnehmer/-in

- die Eigenart der Arbeitsleistung die Befristung rechtfertigt,

- die Befristung zur Erprobung erfolgt,

- in der Person des Arbeitnehmers liegende Gründe die Befristung rechtfertigen,

- der Arbeitnehmer aus Haushaltsmitteln vergütet wird, die haushaltsrechtlich für eine befristete Beschäftigung bestimmt sind, und er entsprechend beschäftigt wird, oder

- die Befristung auf einem gerichtlichen Vergleich beruht.

Ohne sachlichen Grund ist die Befristung eines Arbeitsvertrages nur bei einer Neueinstellung in zwei Fällen zulässig:

- Befristung bis zu einer Dauer von zwei Jahren *(§ 14 Abs. 2 TzBfG)*:

  – Während der Gesamtdauer von zwei Jahren kann die Befristung insgesamt dreimal verlängert werden.

  – Bei Existenzgründern vier Jahre *(§ 14 Abs. 2a TzBfG)*.

  – Auszubildende können nach Abschluss ihrer Ausbildung beim gleichen Arbeitgeber nur mit sachlichem Grund befristet weiterbeschäftigt werden, weil bereits ein befristetes Arbeitsverhältnis zu diesem Arbeitgeber bestanden hat.

- Befristung bis zu einer Dauer von fünf Jahren bei Arbeitnehmern, die das 52. Lebensjahr[1] vollendet haben *(§ 14 Abs. 3 TzBfG)*. Innerhalb der Gesamtdauer ist eine mehrfache Verlängerung des Arbeitsvertrages zulässig.

---

[1] *Aus dem Lebensalter dürfen sich nach dem EuGH-Urteil vom 22.11.2005 keine Diskriminierungen für Arbeitnehmer ergeben.*

Kündigung

Die Kündigung ist eine einseitige empfangsbedürftige Willenserklärung eines Vertragspartners, dass er das Arbeitsverhältnis lösen will. Sie wird wirksam, wenn sie dem anderen Vertragspartner **zugegangen** ist, sie muss nicht angenommen werden. Zugang verlangt, dass die Willenserklärung so in den Empfangsbereich des Empfängers gelangt, dass dieser unter regelmäßigen Umständen davon hätte Kenntnis erlangen müssen.

Beispiele:
– *Einwurf in den Briefkasten*
– *persönliche Übergabe*
– *Übergabeeinschreiben (mit der Aushändigung durch den Postboten bzw. Abholung bei der Post)*

Die Kündigungserklärung muss eindeutig und unmissverständlich sein; sie braucht den Kündigungsgrund nicht unbedingt zu enthalten. Bei Kündigung von Berufsausbildungsverhältnissen nach der Probezeit ist der Kündigungsgrund jedoch stets anzugeben. Die Kündigung bedarf der **Schriftform** *(§ 623 BGB)* **und** der **eigenhändigen Unterschrift** (eine unter Beachtung des Signaturgesetzes gegebene *elektronische Unterschrift* ist *nicht zulässig*). Die Nichtbeachtung der Schriftform bedeutet die Unwirksamkeit der Kündigung *(§§ 123, 623 BGB)*.

Der Zugangszeitpunkt ist bedeutsam für den Lauf weiterer Fristen, wie z. B. für

- die Kündigungsfristen nach *§ 622 BGB*,
- die Frist nach *§ 4 KSchG* zur Klageerhebung,
- Mitteilungen, die eine besondere Kündigungsfrist zur Folge haben *(z. B. Schwerbehinderung, Schwangerschaft)*.

Kündigungsfristen

Die Kündigungsfristen können sich bei einer ordentlichen Kündigung aus dem Gesetz, Tarifvertrag oder Arbeitsvertrag ergeben.

Gesetzliche Kündigungsfristen

Das Arbeitsverhältnis eines Arbeitnehmers kann mit einer Frist von vier Wochen zum 15. oder zum Ende eines Kalendermonats gekündigt werden. Für eine Kündigung durch den Arbeitgeber bestehen nach der Dauer der Betriebszugehörigkeit gestaffelte, längere Fristen (§ 622 BGB).

Bei der Berechnung der Beschäftigungsdauer werden Zeiten, die **vor der Vollendung des 25. Lebensjahres** des Arbeitnehmers liegen, nach dem **EuGH-Urteil vom 19.01.2010** ebenfalls berücksichtigt. *§ 622 Abs. 2 Satz 2 BGB* ist wegen des Diskriminierungsverbots i. V. m. der Gleichbehandlungsrichtlinie 2000/78/EG **nicht mehr anwendbar.**

Beispiel: Die Bankkauffrau Thekla Breuer ist 34 Jahre alt und seit dem 21. Lebensjahr ununterbrochen bei der Deutschen Bank AG beschäftigt.

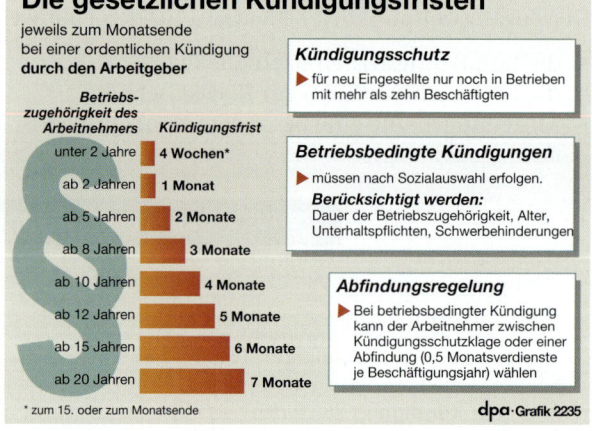

Die gesetzliche Kündigungsfrist für das unbefristete Arbeitsverhältnis beträgt für den Arbeitgeber 5 Monate zum Monatsende, weil die Arbeitnehmerin mehr als 12 Jahre beschäftigt war.

Während einer Probezeit von bis zu längstens 6 Monaten kann das Arbeitsverhältnis mit einer Frist von zwei Wochen gekündigt werden *(§ 622 Abs. 3 BGB)*. Bei einer längeren Probezeit gelten die gesetzlichen Kündigungsfristen aus *§ 622 BGB*.

Tarifvertragliche Kündigungsfristen

Tarifverträge können abweichende Regelungen vorsehen. Im Geltungsbereich eines solchen Tarifvertrages gelten die abweichenden tarifvertraglichen Bestimmungen zwischen nichttarifgebundenen Arbeitgebern und Arbeitnehmern, wenn ihre Anwendung zwischen ihnen vereinbart ist.

Einzelvertragliche Kündigungsfristen

Einzelvertraglich ist eine kürzere Kündigungsfrist nur vereinbar, wenn

- ein Arbeitnehmer zur vorübergehenden Aushilfe eingestellt ist; das gilt nicht, wenn das Arbeitsverhältnis über die Zeit von 3 Monaten hinaus fortgesetzt wird;

- der Arbeitgeber in der Regel nicht mehr als 20 Arbeitnehmer (ohne Auszubildende) beschäftigt und die Kündigungsfrist 4 Wochen nicht unterschreitet. Bei der Feststellung der Zahl der beschäftigten Arbeitnehmer sind nur Arbeitnehmer zu berücksichtigen, deren regelmäßige Arbeitszeit wöchentlich 10 Stunden oder monatlich 45 Stunden übersteigt.

Tarif- und einzelvertragliche Vereinbarungen, die längere Kündigungsfristen festlegen, bleiben von der Neufassung unberührt.

Kündigungsschutz

Allgemeiner Kündigungsschutz

*Die **Kündigung eines Arbeitnehmers ist rechtsunwirksam**, wenn das Arbeitsverhältnis in demselben Betrieb oder Unternehmen **länger als 6 Monate bestand und sozial ungerechtfertigt** ist (§ 1 Abs. 1 KSchG). Das KSchG gilt erst in Betrieben ab 11 Beschäftigten (§ 23 KSchG).*[1]

Zulässige Kündigungsgründe

- **Gründe in der Person:** mangelnde körperliche und geistige Leistung, mangelnde Ausbildung, mangelnde Fähigkeit, sich die erforderlichen Kenntnisse anzueignen, lang dauernde Erkrankung ohne Erkennbarkeit der baldigen Genesung

- **Verhaltensbedingte Gründe:** wiederholte Unpünktlichkeit, Schlechtarbeit, Verstöße gegen Gehorsams- und Verschwiegenheitspflicht

- **Dringende betriebliche Erfordernisse:** Absatzschwierigkeiten, Produktionseinschränkungen, Stilllegung einzelner Abteilungen, Änderung von Produktionsmethoden

Soziale Auswahl

Verstößt die Kündigung gegen eine gerechtfertigte soziale Auswahl *(§ 95 BetrVG)* oder wird die Umsetzungsmöglichkeit innerhalb des Unternehmens oder Betriebsteiles nicht berücksichtigt, steht dem Betriebsrat ein Widerspruchsrecht zu.

Abmahnung

Bevor eine ordentliche Kündigung ausgesprochen wird, verlangt die ständige Rechtsprechung des Bundesarbeitsgerichts (keine gesetzliche Regelung) eine Abmahnung des Arbeitgebers an den Arbeitnehmer.

---

[1] *Teilzeitbeschäftigte Arbeitnehmer werden bis zu 30 Wochenstunden nur mit einem Faktor von 0,75; bis 20 Wochenstunden mit einem Faktor von 0,5 berücksichtigt.*

Die **Abmahnung**

- ist eine Warnung des Arbeitgebers an den Arbeitnehmer; der Arbeitgeber weist den Arbeitnehmer darauf hin, dass dieser seine arbeitsvertraglichen Pflichten nicht oder nicht vollständig erfüllt (genaue Beschreibung des einzelnen **Fehlverhaltens**, Nennung des konkreten Fehlverhaltens unter Angabe von Ort, Datum und Uhrzeit),

- muss den Hinweis enthalten, dass im Wiederholungsfall der Bestand des Arbeitsverhältnisses gefährdet ist,

- fordert den Arbeitnehmer auf, sich in **Zukunft vertragsgetreu** zu verhalten und droht für den Fall der erneuten Pflichtverletzung mit arbeitsrechtlichen Konsequenzen,

- hat **keine gesetzliche Grundlage** (sie ist aus Richterrecht entstanden),

- kann **formlos** erteilt werden; sie sollte aber aus Beweisgründen schriftlich erfolgen und der **Zugang nachweisbar** sein,

- muss den abgemahnten **Lebenssachverhalt** detailliert **beschreiben**.

Beispiele:
– *„Sie sind im zurückliegenden Monat 5 Mal zu spät am Arbeitsplatz erschienen."*
– *„Sie führten täglich während der Arbeitszeit private Telefongespräche."*
– *„Sie benutzten den PC an Ihrem Arbeitsplatz für Computerspiele."*
– *„Sie haben Dienstgeheimnisse weitergegeben."*
– *„Sie verletzten die Anzeigepflicht bei Krankheit."*

Voraussetzung für eine verhaltensbedingte Kündigung ist eine zuvor wirksam erteilte Abmahnung, weil dem Arbeitnehmer durch eine Abmahnung die Gelegenheit gegeben werden soll, die Arbeitsleistung bzw. sein Verhalten zu ändern.

Nach der **Rechtsprechung** des Bundesarbeitsgerichtes seit dem Jahre 1997 erfordern auch Störungen im Vertrauensbereich des Arbeitsverhältnisses eine Abmahnung, es sei denn der Vertrauensbereich ist erheblich gestört. In diesen Fällen kann die Kündigung ohne den vorherigen Ausspruch einer Abmahnung erteilt werden. Die verhaltensbedingte Kündigung aufgrund von Störungen im betrieblichen Bereich, sowie die personen- und betriebsbedingten Kündigungsgründe erfordern keine Abmahnung.

Es gibt keine **zeitliche Grenze**, innerhalb derer die Abmahnung ausgesprochen werden muss. Eine längere Zeitspanne von einigen Monaten, in welcher der Arbeitgeber das Verhalten akzeptiert zu haben scheint, verwirkt allerdings das Recht zur Abmahnung.

Wenn der Arbeitnehmer sich nach einer berechtigten Abmahnung längere Zeit vertragstreu verhält, verwirkt das Recht aus der Abmahnung. Wann dieser Zeitpunkt gekommen ist, hängt von der Art und Schwere des Vorwurfs ab (OLG Hamm 2 Jahre, BVerfG 3–5 Jahre).

In Kleinbetrieben und während der ersten sechs Monate der Beschäftigung kann die Abmahnung entfallen.

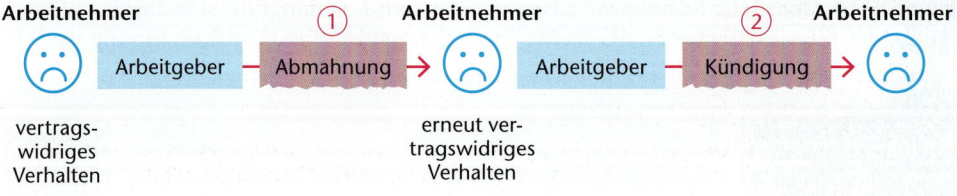

Besonderer Kündigungsschutz

Auszubildende	**– In der Probezeit:** Das Berufsausbildungsverhältnis kann innerhalb der vertraglich vereinbarten Probezeit (mindestens 1 Monat, maximal 4 Monate) jederzeit vom Arbeitgeber oder vom Auszubildenden ohne Einhaltung einer Frist zu jedem beliebigen Termin gekündigt werden (*§ 22 Abs. 1 BBiG*). Die Kündigung muss schriftlich erfolgen (*§ 22 Abs. 3 BBiG*). Kündigungsgründe müssen nicht angegeben werden. **– Nach der Probezeit:** Der **Arbeitgeber** kann nur kündigen, wenn er einen wichtigen Grund hat. Die Kündigung muss innerhalb von 2 Wochen nach Bekanntwerden des Kündigungsgrundes ohne Einhaltung einer Frist erfolgen (*§ 15 Abs. 2 u. 4 BBiG*). Der **Auszubildende** kann kündigen, wenn er - einen wichtigen Grund hat. Die Kündigung muss innerhalb von 2 Wochen nach Eintritt des Kündigungsgrundes ohne Einhaltung einer Frist erfolgen (*§ 22 Abs. 2 u. 4 BBiG*). - die Berufsausbildung beenden will oder sich für eine andere Berufstätigkeit ausbilden lassen will. In diesen Fällen hat der Auszubildende eine Kündigungsfrist von 4 Wochen einzuhalten (*§ 22 Abs. 2 Nr. 2 BBiG*).
Probearbeitsverhältnisse	Wurde einzelvertraglich eine Probezeit (max. 6 Monate) vereinbart, so verkürzt sich die Kündigungsfrist während dieser Probezeit auf 2 Wochen.
Aushilfen	Bei Aushilfsarbeitsverhältnissen, die bis zu drei Monate dauern, kann nach *§ 622 Abs. 5 BGB* durch Vereinbarung im Arbeitsvertrag die Kündigungsfrist verkürzt werden.
Betriebsratsmitglieder/Jugend- und Auszubildendenvertreter	Der Arbeitgeber kann nur aus wichtigem Grund kündigen. Die in Berufsausbildung stehenden BR-Mitglieder und Jugend- und Auszubildendenvertreter sind in ein unbefristetes Arbeitsverhältnis zu übernehmen, wenn der Ausbildungsbetrieb nicht 3 Monate vor Ausbildungsabschluss schriftlich kündigt (*§ 78 a BetrVG*).
Schwerbehinderte	Kündigung nur mit Zustimmung des Integrationsamtes, Kündigungsfrist mindestens vier Wochen; ab 20 Beschäftigten sind 5 % bzw. 6 % der Arbeitsplätze mit Schwerbehinderten zu besetzen, sonst hat der Arbeitgeber eine abnehmend gestaffelte Ausgleichsabgabe je nicht besetzter Stelle im Monat zu zahlen (*§ 71 ff. SGB IX*).
Werdende Mütter	Kündigung während der Schwangerschaft und bis zum Ablauf von 4 Monaten nach der Entbindung ist unzulässig, die Arbeitnehmerin kann jedoch während der Schwangerschaft zum Ende der Schutzfrist kündigen (*§ 9 MuSchG*).
Freiwillig Wehrdienstleistende	Eine Kündigung während des freiwilligen Wehrdienstes ist nicht zulässig, das Beschäftigungsverhältnis ruht nur (*§ 2 ArbPlSchG*). Der Kündigungsschutz gilt nicht für den Bundesfreiwilligendienst (früher Zivildienst).
Junge Mütter/Väter	Eine Kündigung während der Elternzeit ist unzulässig (*§ 18 BEEG*). Arbeitnehmer, die erziehungsberechtigt sind, können nach *§ 19 BEEG* das Arbeitsverhältnis zum Ende der Elternzeit mit einer Frist von 3 Monaten kündigen.
Kleinunternehmen	Unternehmen mit nicht mehr als 20 Arbeitnehmern (ohne Azubis) können die Grundkündigungsfrist von vier Wochen einzelvertraglich auf jeden beliebigen Zeitpunkt vereinbaren (Abweichung von der Grundregel: Ende der Kündigungsfrist auf den 15. oder zum Monatsende).
Geltung des Kündigungsschutzgesetzes	Der gesetzliche Kündigungsschutz nach dem Kündigungsschutzgesetz gilt erst in Betrieben, die mehr als 10 Mitarbeiter beschäftigen (*§ 23 KSchG*).

Exkurs: Geringfügige Beschäftigungsverhältnisse (Minijobs) und Mindestlohn

Die Eckpunkte sind:

- Die **Verdienstgrenze für geringfügig Beschäftigte** *(§ 8 Abs. 1 Nr. 1 SGB IV)* bzw. geringfügig Beschäftigte in Privathaushalten *(§ 8 a SGB IV)* beträgt monatlich **450,00 €**. Entrichtet der Arbeitgeber hierfür pauschale Sozialabgaben[1] (in 2017 KV 13 %, RV 15 %; Umlage U1 0,90 %, Umlage U2 0,30 %, Insolvenzgeldumlage [auch U3 genannt] 0,09 %), kann er für das Arbeitsentgelt unter Verzicht auf die Vorlage einer Lohnsteuerkarte die Lohnsteuer einschließlich Solidaritätszuschlag und Kirchensteuer mit einem einheitlichen Pauschalsteuersatz in Höhe von insgesamt 2 % erheben *(§ 40 a Abs. 2 EStG)*.
  In diesen Fällen sind die pauschalen Sozialabgaben und die pauschale Steuer vom Arbeitgeber an die Bundesknappschaft zu entrichten *(§ 40 a Abs. 6 EStG)*.

- Für die Sozialabgaben wurde bei einem monatlichen Arbeitsentgelt zwischen **450,01 € bis zu einer Grenze von 850,00 €** eine sogenannte Gleitzone eingeführt. Oberhalb von Arbeitsentgelten von 450,00 € besteht danach Versicherungspflicht in allen Zweigen der Sozialversicherung. Der **Arbeitgeber** muss in diesem Fall den **vollen** Arbeitgeberanteil zur Sozialversicherung für das gesamte Arbeitsentgelt entrichten. Beim Arbeitnehmer hingegen steigen die Beiträge linear bis zum vollen Arbeitnehmeranteil an.
  In steuerlicher Hinsicht erfolgt ab einem Arbeitsentgelt von 450,01 € die individuelle Besteuerung, eine Pauschalierung ist nicht möglich.

Der Niedriglohnsektor auf einen Blick

		Arbeitnehmer	Arbeitgeber
Minijobs (früher 400,00 €) *auch als Nebenjob wieder möglich*	bis 450,00 €	– steuer- und abgabenfrei[1]	**Pauschalabgabe 31,29 %** *davon 13 % Krankenversicherung, 15 % Rentenversicherung, 2 % Steuer, zzgl. ca. 1,29 % Umlage[2]*
haushaltsnahe Minijobs[3] *auch als Nebenjob wieder möglich*	bis 450,00 €	– steuer- und abgabenfrei[1]	**Pauschalabgabe 14,89 %** *davon 5 % Krankenversicherung, 5 % Rentenversicherung, 2 % Steuer zzgl. 1,29 % Umlagen und 1,6 % Unfallversicherung*
erweiterter Niedriglohn-Sektor (Gleitzone)	450,01 € bis 850,00 €	– Sozialbeiträge steigen stufenweise von 12,5 % auf ca. 20,2% – Steuer wie bisher	**Sozialbeiträge 20,2 %** *inkl. Umlagen*
Dienstmädchen-Privileg	– Privathaushalte können Kosten eines sozialversicherungspflichtigen Angestellten bis 20 % der Aufwendungen, max. 4000,00 € steuerlich von der tariflichen ESt absetzen *(§ 35 a Abs. 2 EStG)*.		

---

[1] Vgl. §§ 8, 8 a SGB IV, § 249 b SGB V, § 168 Abs. 1 b SGB VI mit der Annahme einer generellen RV-Pflicht durch Aufstockung von 3,7 % durch den AN. Eine ausdrückliche Erklärung des AN zur Nichtteilnahme muss dem AG bei Aufnahme des Arbeitsverhältnisses vorgelegt werden.

[2] 0,90 % Umlage 1 (U1), 0,30 % Umlage 2 (U2), 0,09 % Insolvenzgeldumlage (U3).

[3] Steuerlich absetzbar von der tariflichen ESt sind 20 % der in Privathaushalten entstandenen Kosten, maximal 510,00 € (§ 35 a Abs. 1 EStG). Bei Einschaltung einer Dienstleistungsagentur: 20 % steuerlich absetzbar bis max. 4 000,00 € (§ 35 a Abs. 2 EStG).

Seit dem 1. Januar 2015 gibt es in Deutschland einen flächendeckenden gesetzlichen Mindestlohn von 8,50 €/Std. Damit ist Deutschland das 22. Land der EU, das einen Mindestlohn einführt. Im Jahr 2014 hatte Luxemburg mit über 11,00 €/Std. den höchsten Mindestlohn in der EU, in Frankreich, den Niederlanden und Belgien lag er bei gut 9,00 €/Std. In vielen osteuropäischen Ländern gibt es ebenfalls einen Mindestlohn, der aber umgerechnet vielfach unter 2,00 €/h. Nach Angaben der Bundesregierung werden ca. 3,7 Millionen Menschen von der neuen Regelung profitieren.

Quelle: picture-alliance/ dpa-infografik

Ausnahmen vom Mindestlohn

Rund 3,7 Millionen Arbeitnehmerinnen und Arbeitnehmer erhalten in Deutschland ab 2015 den **gesetzlichen Mindestlohn von 8,50 Euro brutto pro Stunde.**

KEINEN MINDESTLOHN BEKOMMEN:

Langzeitarbeitslose in den ersten sechs Monaten einer neuen Beschäftigung

Praktikanten generell bei Pflichtpraktika, bei freiwilligen Praktika bis zu drei Monaten

Menschen im **Ehrenamt**

Erwerbstätige in Branchen mit **länger laufenden Tarifverträgen**: Die hier vereinbarten Löhne dürfen bis Ende 2016 nach unten abweichen (z. B. im Friseurhandwerk und in der Fleischindustrie).

Auszubildende und **Jugendliche** unter 18 Jahren ohne Berufsabschluss

Sonderfall: **Saisonarbeiter** in Landwirtschaft und Gastronomie. Hier gilt der Mindestlohn, allerdings wird die Befreiung von der Sozialversicherungspflicht bis Ende 2018 von 50 auf 70 Tage ausgeweitet.

Zeitungszusteller Der Mindestlohn steigt stufenweise von 6,38 € (2015) über 7,22 € (2016) auf 8,50 € ab 2017.

Stand Januar 2015   Quelle: Bundesarbeitsministerium, DGB   © **Globus** 10043

Hinweis: Im Januar 2017 wurde der gesetzliche Mindestlohn auf 8,84 Euro erhöht.

1.3.2   Kollektivarbeitsrecht

Arbeitnehmer und Arbeitgeber haben das Recht, sich in Organisationen zusammenzuschließen, um einen sozialen Ausgleich zwischen den unterschiedlichen Interessenlagen der Vertragsparteien herbeizuführen. Dieses Recht auf **Koalitionsfreiheit** ist verfassungsrechtlich garantiert *(Art. 9 Abs. 3 GG)*.

Die Arbeitnehmer organisieren sich in **Gewerkschaften**, die Arbeitgeber gleicher Wirtschaftszweige in **Arbeitgeberverbänden** (Fachverbänden) mit der Dachorganisation Bundesverband der Deutschen Arbeitgeberverbände (BDA als tarifrechtlicher Zusammenschluss). Sie werden als **Tarifvertragsparteien**, **Tarifpartner oder Sozialpartner** bezeichnet.

Aufgaben der Gewerkschaften

In Deutschland haben sich ab Mitte des 19. Jahrhunderts zahlreiche Gewerkschaften oder berufsständische Verbände als Arbeitnehmerorganisationen entwickelt. Alle diese Organisationen haben in den letzten Jahren auch auf europäischer Ebene ihre Aktivitäten und Kooperationen ausgebaut.

Die DGB-Gewerkschaften

Mitglieder Ende 2016: **6,0 Millionen** (- 0,8 % gegenüber Ende 2015)

davon Ende 2016 in Tausend

Veränderung gegenüber Ende 2015 in Prozent

		Veränderung
IG Metall	2274 Tsd.	+ 0,01 %
Verdi	2012	- 1,3
IG Bergbau, Chemie, Energie	645	- 1,0
Gewerkschaft Erziehung und Wissenschaft	278	- 0,8
IG Bauen-Agrar-Umwelt	264	- 3,5
Gewerkschaft Nahrung-Genuss-Gaststätten	202	- 1,1
Eisenbahn- u. Verkehrsgewerkschaft	193	- 2,2
Gewerkschaft der Polizei	180	+ 1,7

Quelle: Deutscher Gewerkschaftsbund   11575   © Globus

Allgemeine Aufgaben

- Verbesserung der sozialen und wirtschaftlichen Lage der Mitglieder durch Wochenarbeitszeitverkürzung, Verlängerung der Urlaubsdauer, Anhebung der Löhne und Gehälter
- Intensivierung der beruflichen Aus- und Weiterbildung
- Verstärkung des Schutzes vor Arbeitslosigkeit, bei Arbeitsunfällen, Insolvenz des Arbeitgebers
- Mitwirkung bei der Erstellung neuer Ausbildungsordnungen
- Mitwirkung bei der Besetzung von Prüfungsausschüssen

Rechtliche Aufgaben

- Tarifvertragsabschluss
- Durchführung von Arbeitskämpfen
- Mitgliedervertretung vor Arbeitsgerichten

Wirtschaftspolitische Aufgaben

- Einkommens- und Vermögensumverteilung zugunsten der Mitglieder
- Mitwirkung bei wirtschaftspolitischen Entscheidungen im Gesetzgebungsverfahren wie Wirtschafts- und Steuergesetze
- Mitbestimmungserweiterung in den Unternehmen

Aufgaben der Arbeitgebervereinigungen

Arbeitgebervereinigungen

öffentlich-rechtliche Arbeitgebervereinigungen

- Industrie- und Handelskammern
- Handwerkskammern
- Steuerberaterkammern
- Wirtschaftsprüferkammern
- Ärztekammern
- Rechtsanwaltskammern

privatrechtliche Arbeitgebervereinigungen

- beruflich-fachliche Zusammenschlüsse (BDI)
- tarifrechtliche Zusammenschlüsse (BDA)

Pflichtmitgliedschaft — **Aufgaben** — **freiwillige Mitgliedschaft**

Pflichtmitgliedschaft:
- Beratung der Mitglieder
- Beratung von Behörden
- Überwachung der Berufsausbildung
- Einrichtung und Führung der Verzeichnisse der Berufsausbildungsverhältnisse
- Errichtung von Prüfungsausschüssen
- Durchführung von Berufsausbildungsprüfungen
- Bildung einer Gütestelle
- Abgabe von Stellungnahmen
- Ausstellung einiger Exportpapiere

freiwillige Mitgliedschaft:
- Tarifvertragsabschluss
- Interessenvertretung (Lobby)
- Öffentlichkeitsarbeit (PR)
- Mitwirkung bei der Erstellung neuer Ausbildungsordnungen
- Mitwirkung bei der Besetzung von Prüfungsausschüssen

Die Organisation der gewerblichen Wirtschaft

Gemeinschaftsausschuss der Deutschen Gewerblichen Wirtschaft

Bundesverband Deutscher Banken	Deutscher Industrie- und Handelskammertag
Bundesverband der Deutschen Industrie	Deutscher Sparkassen- und Giroverband
Bundesverband der Deutschen Volksbanken und Raiffeisenbanken	Gesamtverband der Deutschen Versicherungswirtschaft
Bundesverband Großhandel, Außenhandel, Dienstleistungen	Handelsverband Deutschland HDE - Der Einzelhandel
Bundesvereinigung der Deutschen Arbeitgeberverbände	Verband Deutscher Reeder
Bundesverband Deutscher Zeitungsverleger	Der Mittelstandsverbund
Centralvereinigung Deutscher Wirtschaftsverbände für Handelsvermittlung und Vertrieb	Zentralverband des Deutschen Handwerks
Deutscher Hotel- und Gaststättenverband	

Gastverband
Deutscher Bauernverband
Bundesverband der Freien Berufe

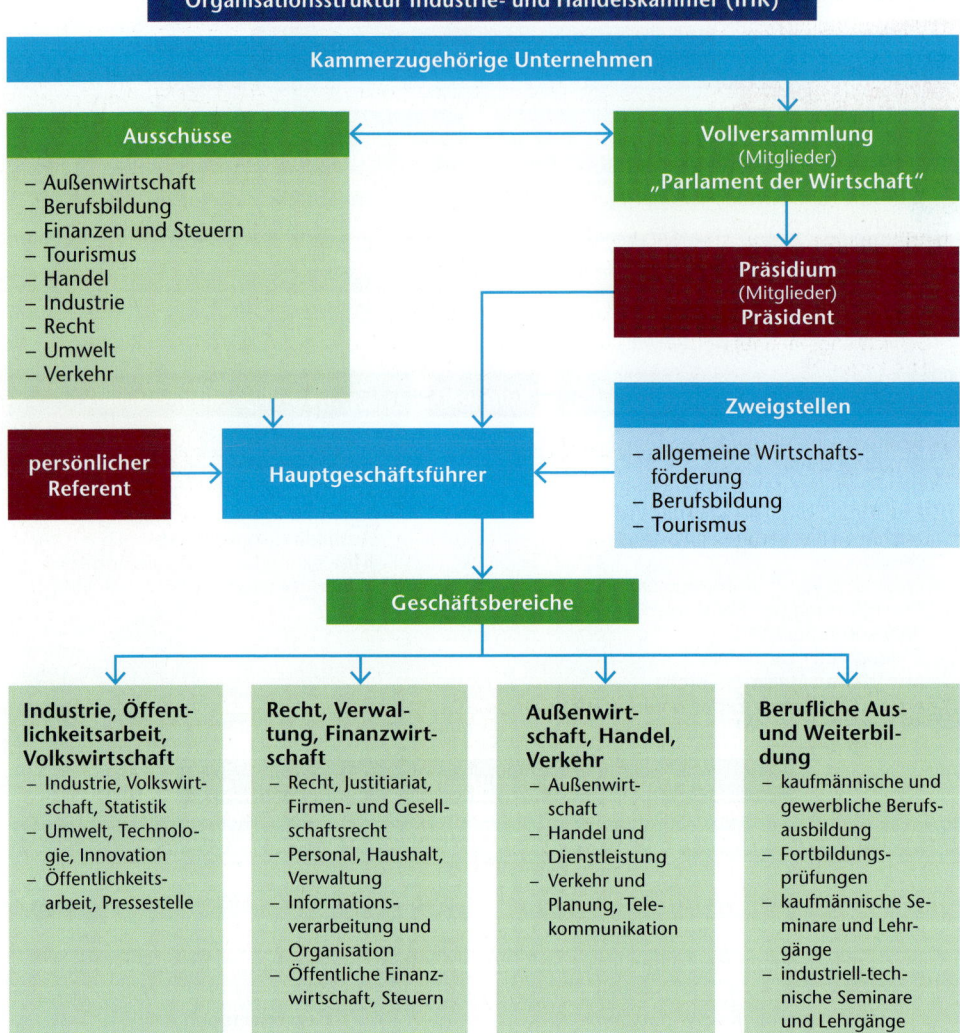

1.3.2.1 Tarifverträge

Gewerkschaften und Arbeitgeberverbände bzw. die einzelnen Arbeitgeber haben nach dem **Tarifvertragsgesetz** *(TVG)* das Recht, **Tarifverträge** abzuschließen.

> *Tarifverträge* sind für alle angeschlossenen Mitglieder verbindliche kollektive Arbeitsverträge, in denen Abmachungen über Löhne, Gehälter und andere arbeitsrechtliche Regelungen enthalten sind. Sie bedürfen der *Schriftform* und sind im vom Bundesminister für Arbeit und Soziales geführten *Tarifregister* einzutragen.

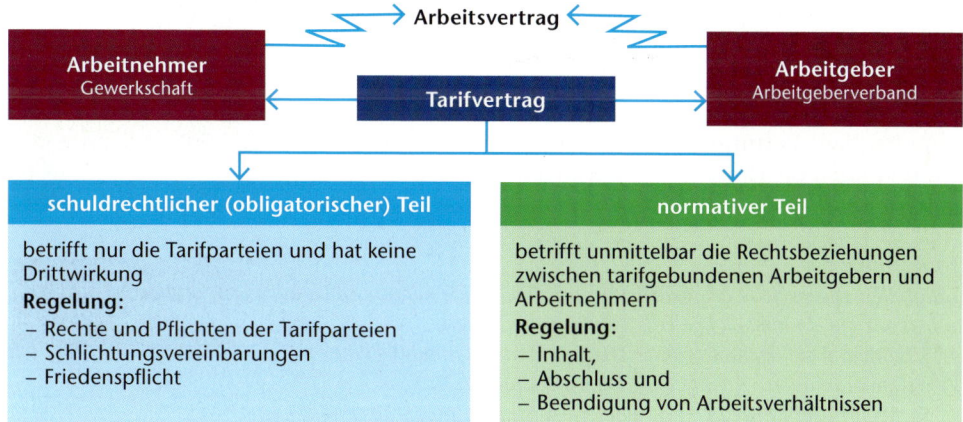

Bei **Haustarifverträgen** schließen einzelne Arbeitgeber den Tarifvertrag ab.
Weil die Tarifvertragsparteien die Tarifverträge in eigener Verantwortung schließen, spricht man von **Tarifautonomie**. Die Tarifautonomie ist das im Grundgesetz verankerte Recht, Tarifverträge frei von staatlichen Eingriffen abzuschließen.

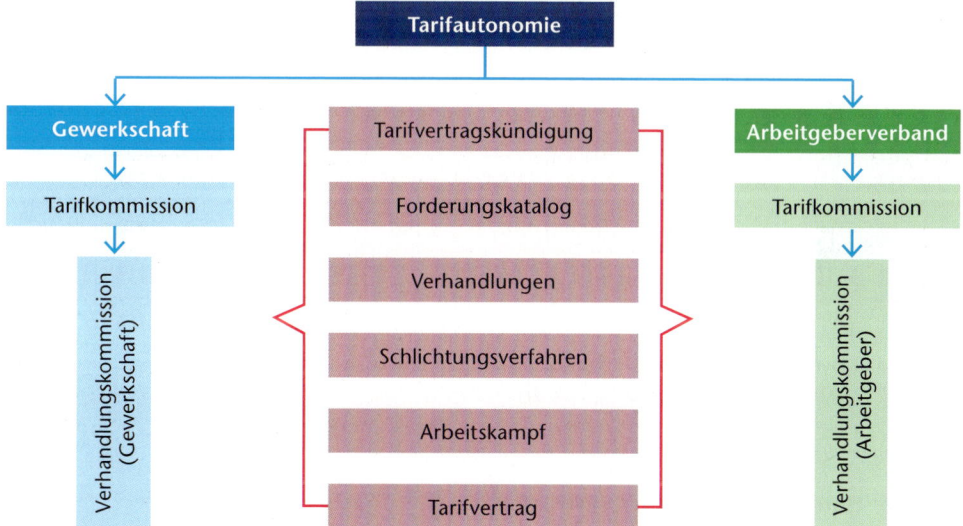

Tarifvertragsarten

Manteltarifverträge beinhalten grundlegende Vereinbarungen, die in der Regel über einen Zeitraum von mehreren Jahren gültig sind.

Der Manteltarif für das private Bankgewerbe regelt u. a.:

- Regelmäßige Arbeitszeit
- Bankfeiertage *(z. B. 24. und 31. Dezember)*
- Mehrarbeit/Mehrarbeitsvergütung
- Urlaub/Arbeitsbefreiungen
- Tarifgruppen

- Teilzeitarbeit
- Sonderzahlung *(z.B. „Weihnachtsgeld")*
- Entgeltfortzahlung/Krankengeldzuschuss
- Kündigung

Gehalts- bzw. Lohntarifverträge haben in der Regel eine Laufzeit von bis zu zwei Jahren und legen die Höhe der Vergütungen fest.

Beispiel:

Tarifgruppe 6

Tätigkeiten, die vertiefte gründliche und/oder vielseitige Kenntnisse voraussetzen und deren Ausübung in begrenztem Umfang eigene Entscheidungen erfordert.

- *Schalterangestellte/Kontoführer/Disponenten mit abschließender Beratung für bestimmte Sparten wie programmierte Kredite bzw. Dienstleistungen*
- *Sachbearbeiter in Kredit-, Wertpapier-, Auslands- und Stabsabteilungen*
- *Kassierer mit erhöhten Anforderungen*

*Quelle: Auszug aus dem **Manteltarif** für das private Bankgewerbe*

Gehaltstabelle Genossenschaftsbanken (gültig ab 1. April 2017); Angaben in €

Bj.	TG 1	TG 2	TG 3	TG 4	TG 5	TG 6	TG 7	TG 8	TG 9
1.-2.	2.183	2.257	2.370	2.475	2.573				
3.-4.	2.304	2.400	2.489	2.599	2.713	2.859			
5.-6.	2.423	2.534	2.603	2.723	2.852	3.033	3.240		
7.-8.	2.573	2.700	2.718	2.847	2.994	3.208	3.457	3.737	
9.			2.864	2.973	3.136	3.388	3.667	3.976	4.281
10.				3.096	3.273	3.571	3.883	4.213	4.550
11.					3.426	3.752	4.099	4.456	4.818

Ausbildungsvergütungen: 1. Jahr 970,00 €, 2. Jahr 1 020,00 €, 3. Jahr 1 080,00 €

Quelle: Deutscher Bankangestellten-Verband e.V. (DBV) – Gewerkschaft der Finanzdienstleister, Düsseldorf: http://dbv-gewerkschaft.info/wp-content/uploads/Gehaltstabelle_in_Geno-Banken_2017_und_2018-1.pdf, abgerufen am 03.02.2017

Weitere Unterteilung der Tarifverträge nach Geltungsbereichen:

Geltungsbereiche	
Tarifbereich	– Bundes-, Landes-, Bezirks- und Ortstarifverträge – Werktarifverträge

Tarifpartner	– Verbandstarifvertrag (Normalfall)
	  - eine Gewerkschaft und ein Arbeitgeberverband
	– Haustarifvertrag (Firmentarif)
	  - eine Gewerkschaft und ein Arbeitgeber
	– Branchentarifvertrag (je Wirtschaftszweig)
	  - eine Gewerkschaft und die Vertreter einer Branche

Geltungsbereiche	

Gültigkeit	– fachlich
	  - nach Produktionsgebieten eines Industriezweiges
	– personalbezogen
	  - nach Angestellten und Arbeitern
	– räumlich
	  - Bundes-/Landesebene oder -region
	– zeitlich
	  - ein-/zwei- oder mehrjährig

Bindung	– Normalfall:
	  - Mitglieder der tarifschließenden Gewerkschaft (in der Praxis: Anwendung meist auf alle Mitarbeiter)
	  - Arbeitgeber, die Mitglieder des tarifabschließenden Arbeitgeberverbandes sind
	  - Arbeitgeber mit Abschluss eines Firmentarifvertrages
	
	– Möglichkeit nach dem Tarifvertragsgesetz:
	  Allgemeinverbindlichkeitserklärung
	  Die Erklärung erfolgt nach dem im *TVG* geregelten Verfahren durch den Bundesminister für Arbeit und Soziales. Nach Eintragung im Tarifregister und Veröffentlichung im Bundesanzeiger gelten die Rechtsnormen des Tarifvertrages auch für bisher nicht tarifgebundene Arbeitgeber des Tarifbezirkes.

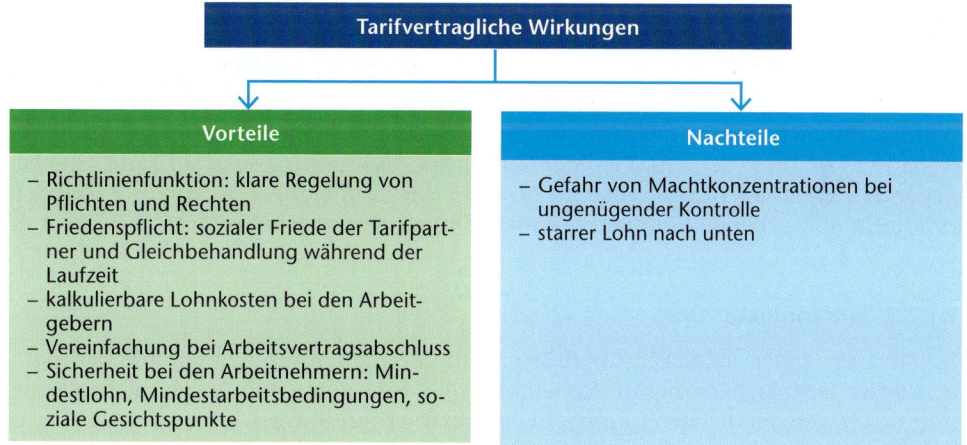

Tarifvertragliche Wirkungen

Vorteile	Nachteile
– Richtlinienfunktion: klare Regelung von Pflichten und Rechten – Friedenspflicht: sozialer Friede der Tarifpartner und Gleichbehandlung während der Laufzeit – kalkulierbare Lohnkosten bei den Arbeitgebern – Vereinfachung bei Arbeitsvertragsabschluss – Sicherheit bei den Arbeitnehmern: Mindestlohn, Mindestarbeitsbedingungen, soziale Gesichtspunkte	– Gefahr von Machtkonzentrationen bei ungenügender Kontrolle – starrer Lohn nach unten

1.3.2.2 Betriebsvereinbarungen

Eine Betriebsvereinbarung ist ein Vertrag nach BGB zwischen Arbeitgeber und Betriebsrat, der Rechte und Pflichten für alle Arbeitnehmer eines Unternehmens formuliert *(§ 77 Abs. 4 S. 2 BetrVG)*.

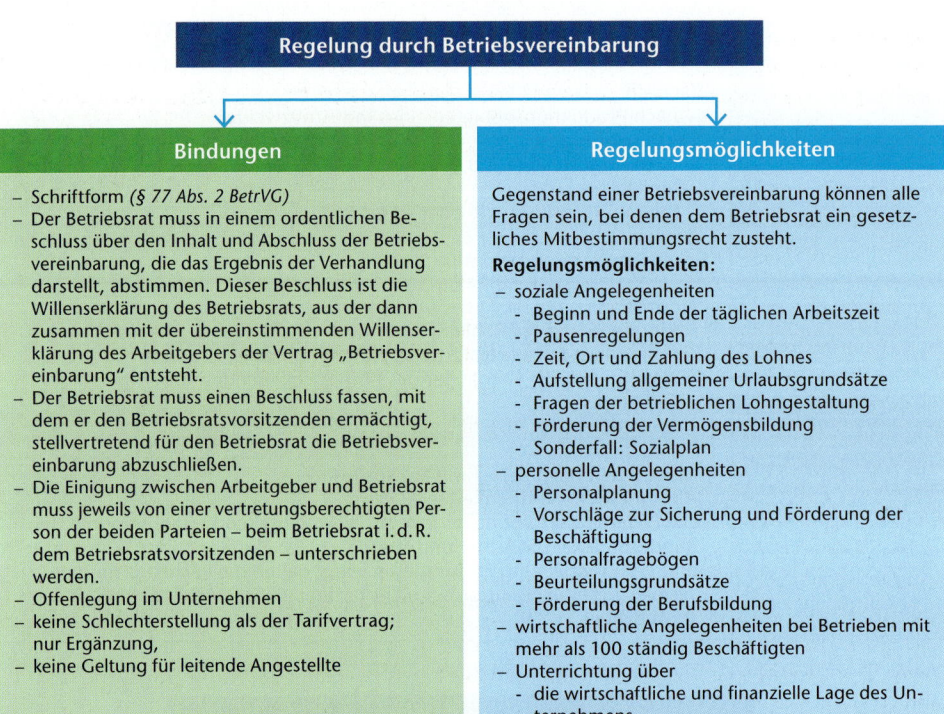

Regelung durch Betriebsvereinbarung

Bindungen	Regelungsmöglichkeiten

– Schriftform *(§ 77 Abs. 2 BetrVG)*
– Der Betriebsrat muss in einem ordentlichen Beschluss über den Inhalt und Abschluss der Betriebsvereinbarung, die das Ergebnis der Verhandlung darstellt, abstimmen. Dieser Beschluss ist die Willenserklärung des Betriebsrats, aus der dann zusammen mit der übereinstimmenden Willenserklärung des Arbeitgebers der Vertrag „Betriebsvereinbarung" entsteht.
– Der Betriebsrat muss einen Beschluss fassen, mit dem er den Betriebsratsvorsitzenden ermächtigt, stellvertretend für den Betriebsrat die Betriebsvereinbarung abzuschließen.
– Die Einigung zwischen Arbeitgeber und Betriebsrat muss jeweils von einer vertretungsberechtigten Person der beiden Parteien – beim Betriebsrat i.d.R. dem Betriebsratsvorsitzenden – unterschrieben werden.
– Offenlegung im Unternehmen
– keine Schlechterstellung als der Tarifvertrag; nur Ergänzung,
– keine Geltung für leitende Angestellte
	Gegenstand einer Betriebsvereinbarung können alle Fragen sein, bei denen dem Betriebsrat ein gesetzliches Mitbestimmungsrecht zusteht.
	Regelungsmöglichkeiten:
	– soziale Angelegenheiten
	  - Beginn und Ende der täglichen Arbeitszeit
	  - Pausenregelungen
	  - Zeit, Ort und Zahlung des Lohnes
	  - Aufstellung allgemeiner Urlaubsgrundsätze
	  - Fragen der betrieblichen Lohngestaltung
	  - Förderung der Vermögensbildung
	  - Sonderfall: Sozialplan
	– personelle Angelegenheiten
	  - Personalplanung
	  - Vorschläge zur Sicherung und Förderung der Beschäftigung
	  - Personalfragebögen
	  - Beurteilungsgrundsätze
	  - Förderung der Berufsbildung
	– wirtschaftliche Angelegenheiten bei Betrieben mit mehr als 100 ständig Beschäftigten
	– Unterrichtung über
	  - die wirtschaftliche und finanzielle Lage des Unternehmens,
	  - die Absatzlage,
	  - Rationalisierungsmaßnahmen

Wurden durch Einzelvereinbarung für den Arbeitnehmer günstigere Regelungen vereinbart, gehen diese der Betriebsvereinbarung vor. Jeder Vertragspartner kann eine bestehende Betriebsvereinbarung nach *§ 77 Abs. 5 BetrVG* mit einer Frist von drei Monaten kündigen. Abweichende Kündigungsfristen können vereinbart werden.

1.3.2.3 Tarifkonflikte

Tarifverträge enden entweder durch Zeitablauf oder durch Kündigung eines Tarifpartners. Jeder Tarifpartner ernennt Vertreter für die Tarifkommission, in der die Forderungen vorgetragen und beraten werden. In den **Tarifverhandlungen** begründet jede Partei ihre wirtschaftliche Lage und erläutert, worauf es ihr bei dem Verhandlungsergebnis ankommt. Kommt keine Einigung zustande, versuchen die Gewerkschaften durch Demonstrationen, Streikdrohungen, Betriebsversammlungen und Warnstreiks Druck auf die Arbeitgeber auszuüben. In den meisten Wirtschaftsbereichen können die Tarifparteien frei vereinbaren, wie sie Tarifverhandlungen führen. Dabei beantragt oft nach Scheitern der Tarifverhandlungen eine Partei die **Schlichtung**, um den Arbeitsfrieden zu erhalten. Die aus Vertretern der Tarifparteien zu bildende Kommission kann einen unparteiischen Schlichter heranziehen, dem die schwierige Aufgabe zukommt, die gescheiterten Tarifverhandlungen zu einem guten Ende zu bringen. Gibt es keine Einigung, kommt es zum Arbeitskampf. Zulässige Kampfmittel sind **Streik** auf der Arbeitnehmerseite und **Aussperrung** auf der Arbeitgeberseite.

Suche nach dem Kompromiss

Die Tarifrunden ähneln einem Ritual: Die Gewerkschaften fordern mehr, als sie am Ende durchsetzen können; die Arbeitgeber bieten weniger an, als sie schließlich zugestehen müssen. Die Suche nach einem Kompromiss, mit dem beide Seiten leben können, verläuft nach Regeln, die in Satzungen und Verträgen festgelegt sind. Kampfmaßnahmen sind nur unter bestimmten Voraussetzungen möglich. Mit ihnen soll die andere Seite wieder an den Verhandlungstisch gezwungen werden. Der normale Ablauf sieht so aus:

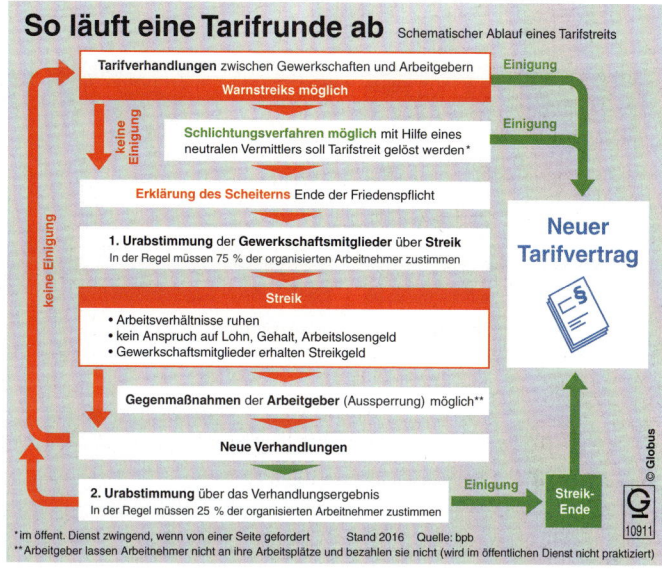

Wenn die Tarifverhandlungen zu keinem Ergebnis führen und eine Seite sie für gescheitert erklärt, kann (muss aber nicht) versucht werden, den Streit mit Hilfe von einem unbeteiligten Dritten zu schlichten. Nach dem Scheitern der Verhandlungen oder der Schlichtung setzt die Gewerkschaft eine Urabstimmung über einen Streik an, dem in der Regel mindestens drei Viertel der Mitglieder zustimmen müssen. Auf einen Streik können die Arbeitgeber mit Aussperrung (vorübergehende Freistellung von Arbeitnehmern von der Arbeitspflicht durch einen Arbeitgeber ohne Fortzahlung des Arbeitslohnes) reagieren. Der Streik endet, wenn in neuen Verhandlungen ein Kompromiss gefunden wird und in einer zweiten Urabstimmung mindestens ein Viertel der Gewerkschaftsmitglieder zustimmt.

Streik

Der Streik (Ausstand) ist eine kollektive Arbeitsniederlegung mit dem Ziel, Forderungen nach höheren Löhnen oder besseren Arbeitsbedingungen gegen Arbeitgeber durchzusetzen, um danach die Arbeit wieder aufzunehmen.

Das **Streikrecht** ist ein aus *Art. 9 Abs. 3 GG* abgeleitetes erlaubtes Mittel des Arbeitskampfes.

Ein Streik gilt nur als genehmigt, wenn mindestens 75 %[1] der gewerkschaftlich organisierten Arbeitnehmer in der vom Gewerkschaftsvorstand eingeleiteten **Urabstimmung** dem Streik zustimmen. Die von der **Streikleitung** ernannten **Streikposten** sollen **Streikbrecher** beeinflussen und Streikende von strafbaren Handlungen abhalten.

Das Arbeitsverhältnis wird durch den Streik nicht gelöst. Jeder Arbeitnehmer (auch Nichtorganisierte) ist streikberechtigt. Streikgeldzahlungen erhalten nur Gewerkschaftsmitglieder. Ein **Streikende** ist dann beschlossen, wenn in einer erneuten Urabstimmung mindestens 25 % der Gewerkschaftsmitglieder sich dafür aussprechen.

---

[1]   Sofern die Gewerkschaftssatzung keine abweichende Regelung zulässt.

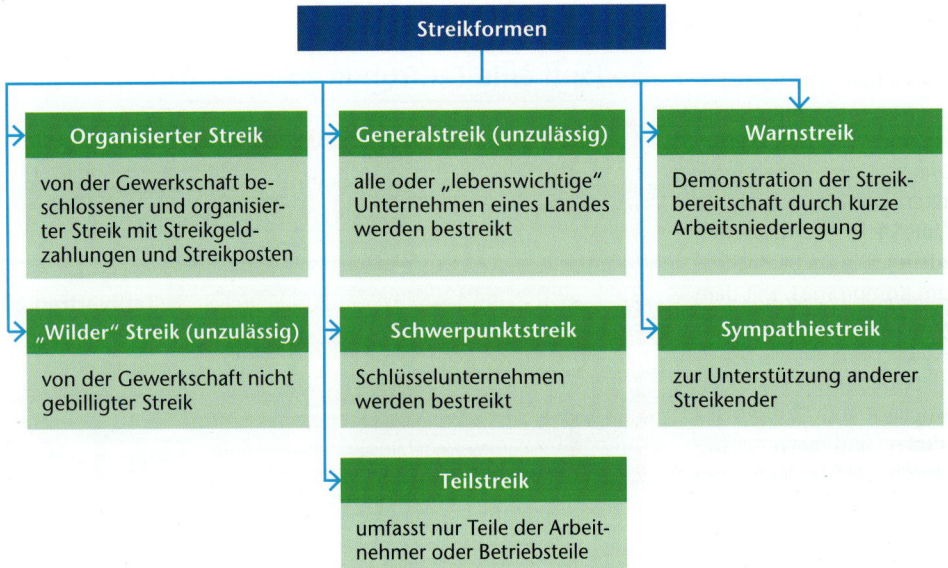

Aussperrung

Im Arbeitskampf gilt der **Grundsatz der Verhältnismäßigkeit der Mittel**. Aus diesem Grund steht dem Arbeitgeber das Kampfmittel der Aussperrung zu.

Die Aussperrung ist der Ausschluss der Arbeitnehmer von der Arbeit bei gleichzeitiger Verweigerung der Lohn- und Gehaltszahlung.

Auswirkungen von Arbeitskämpfen

Der Arbeitskampf sollte immer das letzte Mittel in einem Tarifkonflikt darstellen. Er erfordert von beiden Tarifparteien großen Einsatz und hohe Kosten,

- für den **Arbeitgeber**:
  - Produktionsausfall,
  - Gewinneinbußen;
- für die **Gewerkschaften**:
  - Streikgeldzahlungen,
  - Einkommenseinbußen bei den Arbeitnehmern,
  - Sympathieverlust bei der vom Streik mittelbar betroffenen Öffentlichkeit.

Für die **Bundesagentur für Arbeit** gilt das **Neutralitätsgebot** *(§ 146 SGB III)*. Arbeitskämpfe dürfen durch Arbeitslosen- und Kurzarbeitergeldzahlungen an unmittelbar am Arbeitskampf betroffene Arbeitnehmer nicht unterlaufen werden. Soweit eine mittelbare Beteiligung von Arbeitnehmern vorliegt, regelt das *„Gesetz zur Sicherung der Neutralität der Bundesanstalt für Arbeit bei Arbeitskämpfen"* den Leistungsanspruch. Mittelbar ist ein Arbeitnehmer eines Betriebes betroffen, wenn der Betrieb weder bestreikt noch er selbst ausgesperrt ist, aber wegen eines Arbeitskampfes seine Tätigkeit einstellen muss.

Beispiel: Zulieferungen bleiben wegen des Arbeitskampfes aus.

Ein **Leistungsanspruch** auf Arbeitslosen- und Kurzarbeitergeld liegt heute nur noch bei mittelbar vom Arbeitskampf betroffenen Arbeitnehmern vor, wenn der Betrieb außerhalb des räumlichen und fachlichen Geltungsbereichs des umkämpften Tarifbereichs liegt.

1.4 Mitwirkung und Mitbestimmung der Arbeitnehmer

1.4.1 Gesetzliche Grundlagen

Die Forderung nach Mitwirkung und Mitbestimmung der Arbeitnehmer beruht auf der Erkenntnis, dass die Produktionsfaktoren Arbeit und Kapital für die Erstellung der betrieblichen Leistungen erforderlich sind. Daraus wird abgeleitet, dass neben den Eigentümern des Unternehmens auch die **Arbeitnehmer Anspruch auf Mitwirkung und Mitbestimmung** bei betrieblichen Entscheidungsprozessen haben.

Mitwirkung und Mitbestimmung der Arbeitnehmer		
auf der Ebene des Arbeitsplatzes Beteiligungsrechte durch den Arbeitnehmer	**auf der Ebene des Betriebes** Beteiligungsrechte durch den Betriebsrat	**auf der Ebene der Unternehmensleitung** Kontrolle durch Sitze im Aufsichtsrat bei Kapitalgesellschaften
Rechtsgrundlagen		
– Gesetz über europäische Betriebsräte *(EBRG)* – Betriebsverfassungsgesetz *(BetrVG)* von 1972 und 2001		– Drittelbeteiligungsgesetz *(DrittelbG)* von 2004 – Mitbestimmungsgesetz *(MitbestG)* von 1976 – Montan-Mitbestimmungsgesetz *(Montan-MitbestG)* von 1951

1.4.2 Beteiligungsrechte auf der Ebene des Arbeitsplatzes

Dem Arbeitnehmer stehen auf der Ebene des Arbeitsplatzes individuelle **Mitwirkungs- und Beschwerderechte** *(§§ 81–86 a BetrVG)* zu:

Recht
- auf Unterrichtung über Aufgaben (Tätigkeit, Verantwortung) seines Arbeitsbereiches,
- auf Unterrichtung über Gesundheits- und Unfallgefahren an seinem Arbeitsplatz,
- auf Anhörung, soweit er persönlich in betrieblichen Angelegenheiten betroffen ist,
- auf Erörterung seiner Leistungsbeurteilung,
- auf Einsicht in seine Personalakte,
- zur Beschwerde wegen Benachteiligung durch Arbeitgeber oder Arbeitskollegen,
- zum Vorschlag von Beratungsthemen an den Betriebsrat.

1.4.3 Beteiligungsrechte auf der Ebene des Betriebes

Das Betriebsverfassungsgesetz regelt auf der Betriebsebene die Zusammenarbeit zwischen Arbeitgeber und Arbeitnehmern. Zum Zwecke des gerechten Interessenausgleichs kann in Unternehmen mit mindestens fünf wahlberechtigten und mindestens drei wählbaren Arbeitnehmern ein Betriebsrat mit einer Amtszeit von vier Jahren gewählt werden.
Der Betriebsrat ist geschlechtsspezifisch im zahlenmäßigen Verhältnis der Belegschaft zu besetzen, wenn der Betriebsrat aus mehr als 3 Personen besteht.
Auf einer ersten **Wahlversammlung** wird ein Wahlvorstand gewählt. Eine Woche später wird auf einer zweiten Wahlversammlung der Betriebsrat geheim und unmittelbar gewählt

(zweistufiges Wahlverfahren). Wahlberechtigt sind alle volljährigen Arbeitnehmer und außerdem Leiharbeitnehmer, die länger als 3 Monate im Betrieb eingesetzt werden. Wählbar sind alle Wahlberechtigten mit einer Betriebszugehörigkeit von mindestens 6 Monaten.

Der Betriebsrat übt als gesetzliche Vertretungsmacht im Rahmen der betrieblichen Mitbestimmung für die Arbeitnehmerschaft eines Betriebes Beteiligungsrechte aus.

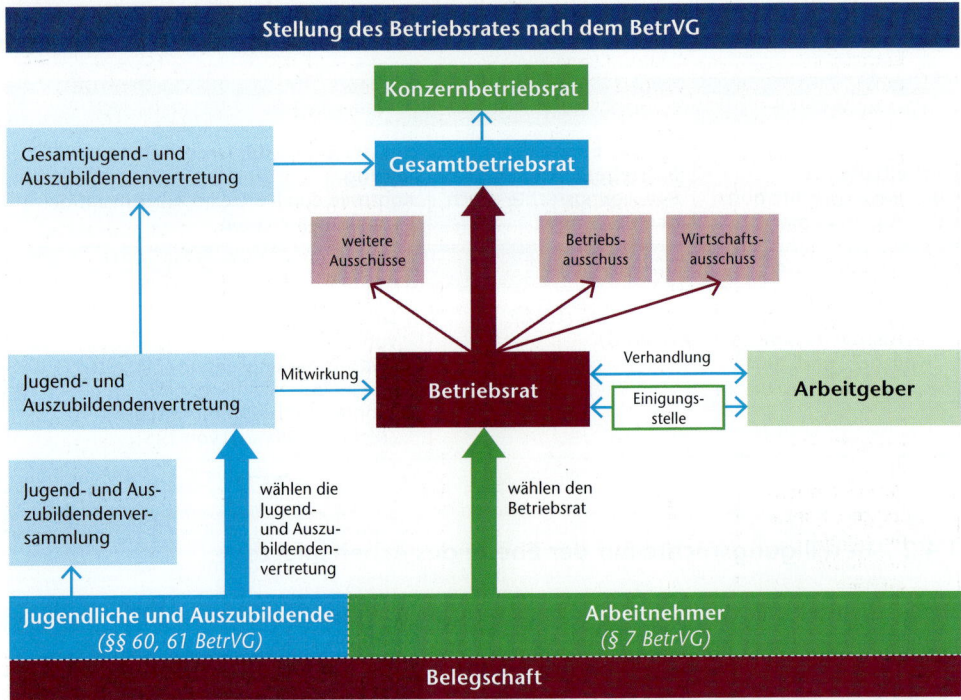

Zusammensetzung des Betriebsrates		
Wahlberechtigte	**Betriebsratsmitglieder**	
5 – 20	ein Betriebsobmann	Bei über 9000 Wahlberechtigten kommen je angefangene 3000 zwei Betriebsratsmitglieder hinzu. Der Betriebsrat bildet ab 9 Mitgliedern einen **Betriebsausschuss**, der die Geschäfte des Betriebsrates führt. Bei Betrieben mit mehr als 100 Arbeitnehmern können nach Maßgabe einer mit dem Arbeitgeber zu treffenden **Rahmenvereinbarung** Aufgaben auf **Arbeitsgruppen** übertragen werden.
21 – 50	3 Mitglieder	
51 – 100	5 Mitglieder	
101 – 200	7 Mitglieder	
201 – 400	9 Mitglieder	
401 – 700	11 Mitglieder	
701 – 1000	13 Mitglieder	
1000 – 1500	15 Mitglieder	
1501 – 2000	17 Mitglieder	
2001 – 2500	19 Mitglieder	
2501 – 3000	21 Mitglieder	
3001 – 3500	23 Mitglieder	
3501 – 4000	25 Mitglieder	
4001 – 4500	27 Mitglieder	
4501 – 5000	29 Mitglieder	
5001 – 6000	31 Mitglieder	
6001 – 7000	33 Mitglieder	
7001 – 9000	35 Mitglieder	

Aufgaben des Betriebsrates			
Sozialer Bereich	Personeller Bereich	Wirtschaftlicher Bereich	
Mitbestimmung	**Mitwirkung**		
	Widerspruchsrecht	**Beratungsrecht**	**Informationsrecht**
– Soziale Angelegenheiten (*§ 87 BetrVG*) - Betriebsordnung - Urlaubsregelung - Beginn und Ende der Arbeitszeit - Zeit, Ort, Art der Entgeltzahlung - Entlohnungsgrundsätze - Akkord- und Prämiensätze - Vorschlagswesen - Pausenregelung - Soziale Einrichtungen, Kantine, Aufenthaltsraum, sanitäre Anlagen, Überstunden – betriebliche Bildungsmaßnahmen (*§ 98 BetrVG*) – Sozialplan bei Betriebsveränderung (*§§ 112, 112 a BetrVG*) – Arbeits- u. betrieblicher Umweltschutz (*§ 89 BetrVG*) – Fremdenfeindlichkeitsfragen (*§ 99 Abs. 2 Nr. 6 BetrVG*)	– Personelle Einzelmaßnahmen (*§ 99 BetrVG*) - Versetzung - Ein- und Umgruppierungen - Kurzarbeit - Fremdenfeindlichkeitsfragen - Einstellungen (bei Betrieben mit mehr als 20 Arbeitnehmern) – Kündigungen (*§ 102 BetrVG*)	– Arbeitsplatzgestaltung (*§ 90 BetrVG*) - Baumaßnahmen - technische Anlagen - Arbeitsablauf – Personalplanung, Förderung betrieblicher Bildung (*§ 92 ff. BetrVG*) – Betriebsänderungen, Stilllegung (*§§ 106, 111–113 BetrVG*)	– Einstellung leitender Angestellter (*§ 105 BetrVG*) – Einsichtnahme in die Personalakte einzelner Mitarbeiter (*§ 83 BetrVG*) – Wirtschaftliche Angelegenheiten (*§ 106 BetrVG*) - wirtschaftliche und finanzielle Lage, - Produktions- und Absatzlage - Einführung neuer Arbeits- und Rationalisierungsmethoden
wenn der Betriebsrat nicht zustimmt:	wenn der Betriebsrat nicht angehört wird:	der Betriebsrat muss angehört werden, aber wenn er widerspricht:	mit Beratung, aber ohne Zustimmung des Betriebsrates:	ohne Zustimmung des Betriebsrates:
unwirksam		**wirksam**	

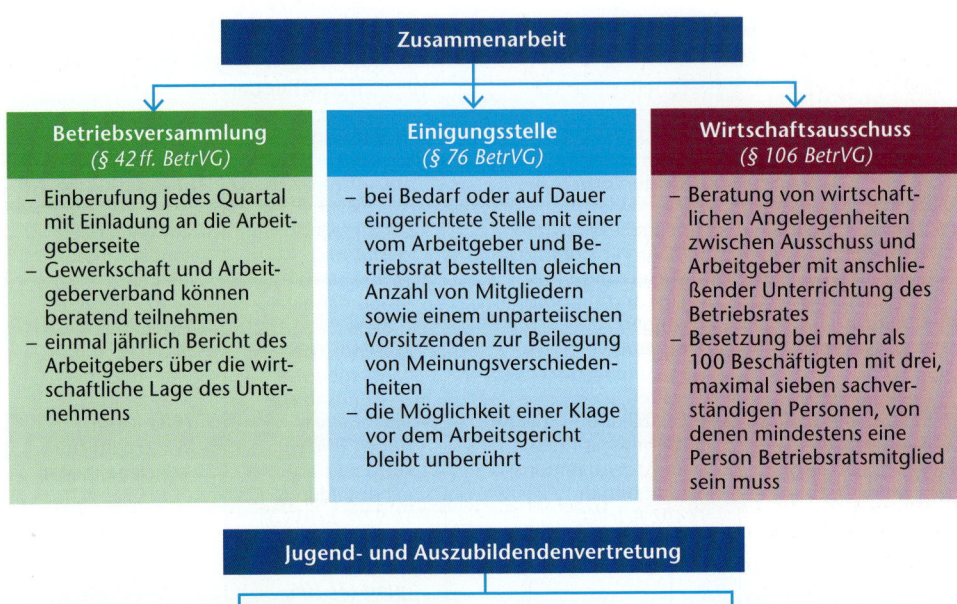

Zusammenarbeit

Betriebsversammlung (§ 42 ff. BetrVG)	Einigungsstelle (§ 76 BetrVG)	Wirtschaftsausschuss (§ 106 BetrVG)
– Einberufung jedes Quartal mit Einladung an die Arbeitgeberseite – Gewerkschaft und Arbeitgeberverband können beratend teilnehmen – einmal jährlich Bericht des Arbeitgebers über die wirtschaftliche Lage des Unternehmens	– bei Bedarf oder auf Dauer eingerichtete Stelle mit einer vom Arbeitgeber und Betriebsrat bestellten gleichen Anzahl von Mitgliedern sowie einem unparteiischen Vorsitzenden zur Beilegung von Meinungsverschiedenheiten – die Möglichkeit einer Klage vor dem Arbeitsgericht bleibt unberührt	– Beratung von wirtschaftlichen Angelegenheiten zwischen Ausschuss und Arbeitgeber mit anschließender Unterrichtung des Betriebsrates – Besetzung bei mehr als 100 Beschäftigten mit drei, maximal sieben sachverständigen Personen, von denen mindestens eine Person Betriebsratsmitglied sein muss

Jugend- und Auszubildendenvertretung

Zusammensetzung	Mitwirkung über den Betriebsrat
– **aktives Wahlrecht:** Wahl alle 2 Jahre zwischen dem 1. Oktober und 30. November durch alle Jugendlichen, die das 18. Lebensjahr oder Auszubildende, die das 25. Lebensjahr noch nicht vollendet haben. – **passives Wahlrecht:** wählbar sind alle Arbeitnehmer, die das 25. Lebensjahr noch nicht vollendet haben. – **Besetzung:** - hängt ab von der Mitarbeiteranzahl dieser Personengruppe - mindestens ein Vertreter, höchstens 15 Vertreter	– Maßnahmen, die den Jugendlichen und Auszubildenden dienen. – Überwachung der Einhaltung der zum Schutz der Jugendlichen und Auszubildenden dienenden Gesetze. – Weiterleitung der von Jugendlichen und Auszubildenden gegebenen Anregungen. – Entsendung eines Jugend- und Auszubildendenvertreters zu Betriebsratssitzungen - vierteljährliche Jugend- und Auszubildendenversammlung - Abhaltung von Sprechstunden (Betriebsratsmitglied kann beratend teilnehmen)

Besonderer Schutz von Betriebsratsmitgliedern und Mitgliedern des Wahlvorstandes nach dem BetrVG:

- Unkündbarkeit bis einschließlich ein Jahr nach ihrer Tätigkeit als Betriebsratsmitglied oder als Mitglied des Wahlvorstandes (nur außerordentlich kündbar mit Zustimmung des Betriebsrates oder des Arbeitsgerichts – § 15 KSchG).

- Weiterzahlung des Arbeitsentgelts bei der Interessenvertretung.

- Betriebsratskosten trägt der Arbeitgeber.

Betriebsratsarbeit: Was auf der Tagesordnung steht

Häufigste Problembereiche der Betriebsratsarbeit in Deutschland im Jahr 2014 in Prozent

Arbeitsschutz/Gesundheitsförderung	83 %
Überstunden	76
Mitarbeitergespräche	76
zu wenig Personal	73
Fort- und Weiterbildung	70
Arbeitszeitkonten	65
Erhöhung des Leistungsdrucks	65
Verschlechterung des Betriebsklimas	62

Quelle: WSI-Betriebsräte-befragung 2015

© Globus 11116

Beispiele: Wahlkosten (§ 20 Abs. 3 BetrVG), Kosten und Sachaufwand für Tätigkeit und Sprechstunden (§ 40 BetrVG), Kosten der Einigungsstelle (§ 76 a BetrVG)

- Recht der Betriebsratsmitglieder auf dreiwöchigen bezahlten Bildungsurlaub.

- Schutz vor Versetzung, wenn dies zum Verlust des Mandats oder der Wählbarkeit führen würde.

Gesamtbetriebsrat

Bestehen in einem Unternehmen mehrere Betriebsräte, so ist ein Gesamtbetriebsrat zu errichten, in den jeder Betriebsrat mit bis zu drei Mitgliedern eines seiner Mitglieder entsendet. Jeder Betriebsrat mit mehr als drei Mitgliedern entsendet zwei seiner Mitglieder *(§ 47 BetrVG)*. Der Gesamtbetriebsrat ist zuständig für die Behandlung von Angelegenheiten, die das Gesamtunternehmen oder mehrere Betriebe betreffen. Seine Zuständigkeit erstreckt sich insoweit auch auf Betriebe ohne Betriebsrat *(§ 50 BetrVG)*.

Konzernbetriebsrat

In Konzernen kann durch Beschlüsse der einzelnen Gesamtbetriebsräte ein Konzernbetriebsrat gebildet werden *(§ 54 BetrVG)*. Er ist zuständig für die Behandlung von Angelegenheiten, die den Konzern oder mehrere Konzernunternehmen betreffen und nicht durch die einzelnen Gesamtbetriebsräte innerhalb ihres Unternehmens geregelt werden können *(§ 58 BetrVG)*.

Europäischer Betriebsrat

Nach dem Gesetz über Europäische Betriebsräte *(EBRG)* sind in größeren gemeinschaftsweit tätigen Unternehmen mit Sitz in Deutschland Europäische Betriebsräte zur Unterrichtung und Anhörung zu vereinbaren. Kommt es nicht zu einer Vereinbarung, wird ein Europäischer Betriebsrat kraft Gesetzes errichtet. Die Unterrichtung und Anhörung soll grundsätzlich bei Planungen, Entscheidungen oder sonstigen wichtigen Maßnahmen erfolgen, wenn die Arbeitnehmer in mindestens zwei Mitgliedstaaten betroffen sind oder wenn diese Maßnahmen in einem Mitgliedstaat getroffen werden und sich in einem anderen Mitgliedstaat auswirken. Ein Unternehmen ist **gemeinschaftsweit tätig**, wenn es mindestens 1 000 Arbeitnehmer in den Mitgliedstaaten der Europäischen Union und davon jeweils mindestens 150 Arbeitnehmer in mindestens zwei dieser Staaten beschäftigt *(§ 3 EBRG)*.

1.4.4   Beteiligungsrechte auf der Ebene der Unternehmensleitung

Die Arbeitnehmer haben nach dem Betriebsverfassungsgesetz **Mitbestimmungsrechte durch Beteiligung im Aufsichtsrat** (Unternehmensmitbestimmung). Die auch als **wirtschaftliche Mitbestimmung** bezeichnete Unternehmensmitbestimmung erfährt ihre Rechtfertigungsgründe in dem
- Schutz der Persönlichkeit der Mitarbeiter,
- Interessenausgleich zwischen „Arbeit und Kapital" und „der Kontrolle unternehmerischer Macht",
- Demokratisierungsprinzip im Unternehmensbereich.

Mitbestimmung nach dem Drittelbeteiligungsgesetz
(frühere Bezeichnung: BetrVG von 1952)

Nach dem *BetrVG* wird der Einfluss der Arbeitnehmer neben der allgemeinen Mitbestimmung durch den Betriebsrat auch durch die Verpflichtung, bei Gesellschaften mit beschränkter Haftung mit mehr als 500 Arbeitnehmern einen Aufsichtsrat zu bilden, und durch die Entsendung von Arbeitnehmern in den Aufsichtsrat von Kapitalgesellschaften geregelt. Wegen des Aufteilungsverhältnisses zwischen den Sitzen der Anteilseigner und der Arbeitnehmervertreter im Aufsichtsrat spricht man von einer „**Drittelparität**".

Mitbestimmung nach dem Mitbestimmungsgesetz von 1976

Nach dem *MitbestG* setzt sich der Aufsichtsrat in mitbestimmten Unternehmen (Kapitalgesellschaften mit mehr als 2 000 Arbeitnehmern) **paritätisch** aus der gleichen Zahl von Mitgliedern der Anteilseigner und der Arbeitnehmer zusammen. Es herrscht trotzdem kein **völliger Kräfteausgleich**, weil

- die Stimme des Aufsichtsratsvorsitzenden bei Abstimmungen mit Stimmengleichheit nach dem zweiten Wahlgang den Ausschlag gibt,

- den Arbeitnehmervertretern zwingend ein leitender Angestellter angehören muss (sachliche Nähe seines Tätigkeitsbereiches zur Unternehmensleitung),

- die Anteilseigner auch gegen den Willen der Arbeitnehmer den Aufsichtsratsvorsitzenden bestimmen können.

Mitbestimmung nach dem Montan-Mitbestimmungsgesetz von 1951

Die Montan-Mitbestimmung für Unternehmen des Bergbaus sowie der eisen- und stahlverarbeitenden Industrie lässt sich als **gleichgewichtige Mitbestimmung** bezeichnen. Der Aufsichtsrat ist paritätisch besetzt. Die Anteilseigner können ihre Ziele im Gegensatz zum *MitbestG* nicht ohne die Zustimmung mindestens eines Teils der Gegenseite oder des „**neutralen Mannes**" durchsetzen. Das Gleiche gilt für die Zielsetzung der Arbeitnehmerseite. Ein **Kräftegleichgewicht** ist vollzogen. Der neutrale Mann wird auf Vorschlag der übrigen Aufsichtsratsmitglieder mit Mehrheit aller Aufsichtsratvertreter gewählt. Es bedarf jedoch der Zustimmung von mindestens je drei Arbeitnehmer- und Anteilseignervertretern.

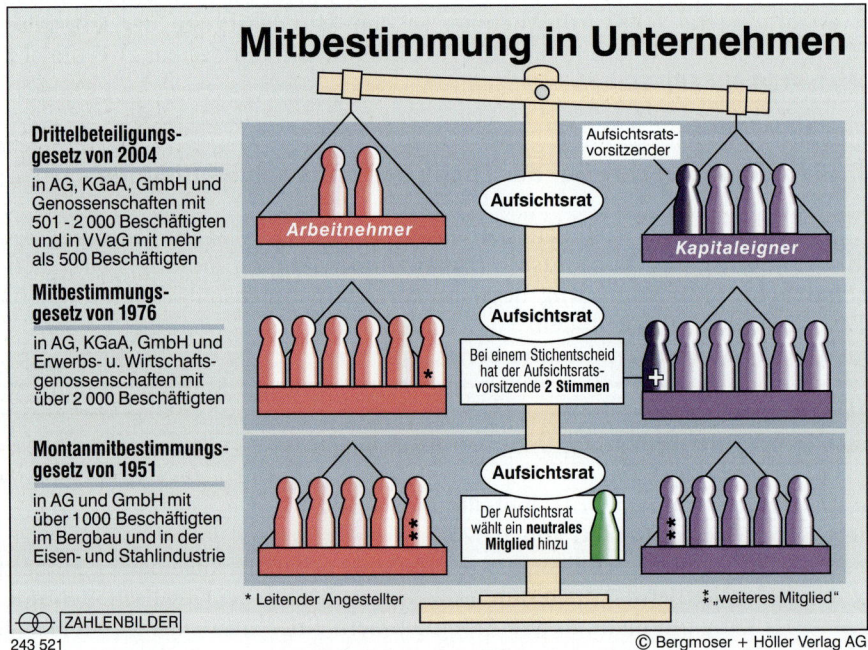

1.5   Soziale Sicherung

1.5.1   Entwicklung der Sozialpolitik

Das im Grundgesetz verankerte **Sozialstaatsprinzip** *(Art. 20 und 28 GG)* verpflichtet den Staat, für soziale Sicherheit und Gerechtigkeit innerhalb der Gesellschaft zu sorgen. Mit dem Sozialstaatsprinzip wird der Staat in seinem Verhältnis zur Gesellschaft auf eine aktive Rolle als Sozialstaat verpflichtet. Das Ziel der Gesetzgebung ist die Herstellung sozialer Gerechtigkeit im Rahmen der rechtsstaatlichen Ordnung und die Gesetzesauslegung nach dem sozialstaatlichen Auftrag. Historisch betrachtet führte die Idee der Aufklärung in Verbindung mit dem Liberalismus zu der Vorstellung, dass der Einzelne in der Gesellschaft seine persönlichen Angelegenheiten selbst regeln könne. Der Staat hatte die notwendigen Freiräume für die freie individuelle Entwicklung zu schaffen und sich nur auf die äußeren Sicherheitsbedürfnisse zu konzentrieren. Die Wirtschaftsordnung war nach den Grundsätzen der **freien Marktwirtschaft** gestaltet.

Die Entwicklung führte jedoch zu sozialen Ungerechtigkeiten. Der Staat sah sich zum Handeln gezwungen. Rechtliche Voraussetzung der Maßnahmen des Staates war eine umfassende **Sozialgesetzgebung**, welche die Gewährung von Sozialleistungen regelt und die Grundlage zahlreicher Schutzbestimmungen sowie der Rechte der Arbeitnehmer im Betrieb bildet.

Die **Sozialpolitik** des Staates zielt insbesondere darauf ab:

- ein **System der sozialen Sicherung** in der Grundversorgung zu schaffen, das der Schutzbedürftigkeit des Einzelnen bei Krankheit, Unfall, Invalidität, Arbeitslosigkeit, Ausscheiden aus dem Erwerbsleben Rechnung trägt sowie wirtschaftlich benachteiligte oder schwächere Bevölkerungskreise finanziell unterstützt,

- soziale Nachteile auszugleichen und für **Chancengleichheit** in Aus- und Fortbildung zu sorgen,

- menschengerechte **Lebens- und Arbeitsbedingungen** anzustreben,

- eine angemessene **betriebliche Mitbestimmung** der Arbeitnehmer zu verwirklichen,

- eine ausgewogene **Einkommens- und Vermögensverteilung** unter den großen sozialen Gruppen herbeizuführen.

Neben diesen sozialpolitischen Maßnahmen des Staates zur Grundsicherung der Bevölkerung treten heute verstärkt die individuellen vorbeugenden Maßnahmen des Einzelnen hinzu, um eine ausreichende Gesamtversorgung sicherzustellen.

Beispiel:
1957: drei Arbeitnehmer finanzierten einen Rentner
2035: ein Arbeitnehmer finanziert einen Rentner

Aufgrund dieser Entwicklung wird die staatliche Rente an Bedeutung verlieren, die private Altersversorgung muss somit an Bedeutung gewinnen.

Die Altersvorsorge sollte in drei Schichten aufgebaut werden:

1. Schicht: Basisversorgung	Gesetzliche Rentenversicherung	Berufsständische Altersversorgung	Versorgung der Landwirtschaftlichen Alterskassen	Private kapitalgedeckte Leibrentenversicherung (Rürup-Rente)		Private kapitalgedeckte Altersversorgung (Riester-Rente)
2. Schicht: staatlich geförderte Zusatzversorgung	**Betriebliche Altersversorgung:**					
	Pensionszusage	Unterstützungskasse	Pensionskasse	Pensionsfonds	Direktversicherung	
3. Schicht: private Kapitalanlage	rein privat finanzierte Altersvorsorge durch private Kapitalansammlung *Beispiele: Kapitallebensversicherungen, private Rentenversicherungen mit Kapitalwahlrecht, Anlage in Bundesschatzbriefen, Investmentfonds, Aktien, Ratensparverträge, Immobilien*					

1.5.2   Zweige der sozialen Sicherung

Gefahren vieler Art begegnen dem Menschen auf seinem ganzen Lebensweg.

Beispiele: Unfälle, Krankheit, Arbeitslosigkeit, Diebstahl, Pflegebedürftigkeit

Der Mensch wünscht Sicherheit nicht nur vor dem Eintritt der Gefahr, sondern Sicherheit auch vor den wirtschaftlichen Folgen nachteiliger Ereignisse, wie sie sich trotz aller vorbeugenden Maßnahmen unvermeidlich immer wieder ereignen. Eine solche Vorsorge ermöglicht die Versicherung. Ihr Grundgedanke liegt darin, dass viele, die von einer gleichartigen Gefahr bedroht sind, sich zu einer Gefahrengemeinschaft zusammenschließen.

Eine Versicherung ist der Zusammenschluss von Wirtschaftssubjekten, die selbst oder deren Eigentum einer gleichen Gefahr ausgesetzt sind, zur gemeinsamen Deckung des bei dem Einzelmitglied durch den zufälligen Gefahreneintritt verursachten Schadens.

Durch die Beitragszahlungen aller Versicherten wird ein Geldfonds geschaffen, aus dem diejenigen Versicherten, die der Eintritt einer solchen Gefahr (= Versicherungsfall) tatsächlich betroffen hat, Zahlungen zum Ausgleich des dadurch entstandenen finanziellen Schadens erhalten.

Versicherungsträger können sein:

- Versicherungs-Aktiengesellschaften,
- Versicherungsvereine auf Gegenseitigkeit (VVaG),
- Körperschaften des öffentlichen Rechts,
- Anstalten des öffentlichen Rechts.

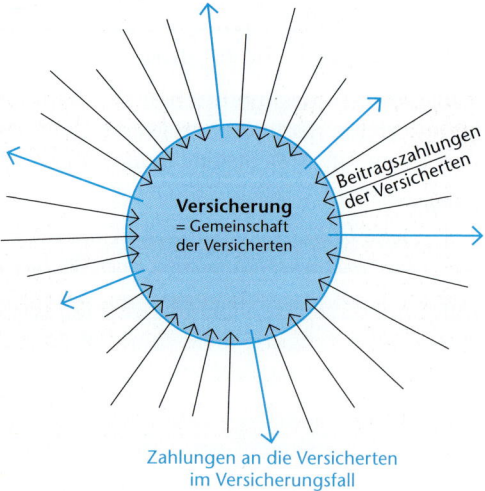

Ein möglichst weitgehender Versicherungsschutz hat sich auf vielen Gebieten im Interesse der Allgemeinheit als notwendig erwiesen. Deshalb hat der Staat bestimmte Versicherungen zwingend vorgeschrieben.

Beispiel: Alle Kfz-Halter müssen Mitglied einer Kfz-Haftpflichtversicherung sein. Damit soll erreicht werden, dass bei selbstverschuldeten Unfällen die Schadenforderungen auf alle Fälle gedeckt sind. Das Einkommen der Autofahrer würde in der Regel nicht ausreichen, um die bei schweren Unfällen entstehenden finanziellen Verpflichtungen tragen zu können.

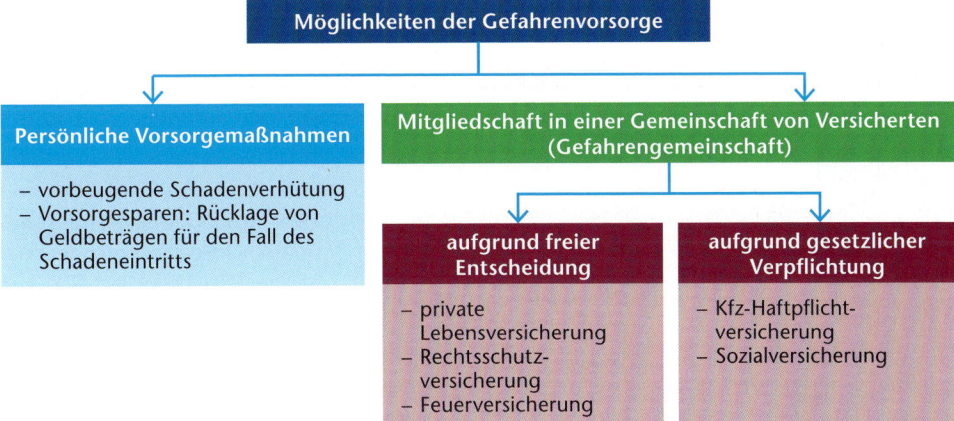

Überblick über das Versicherungswesen

Das Versicherungswesen unterscheidet die Bereiche **Individualversicherung** und **Sozialversicherung**. Beide Bereiche sind in mehrere Versicherungszweige untergliedert.

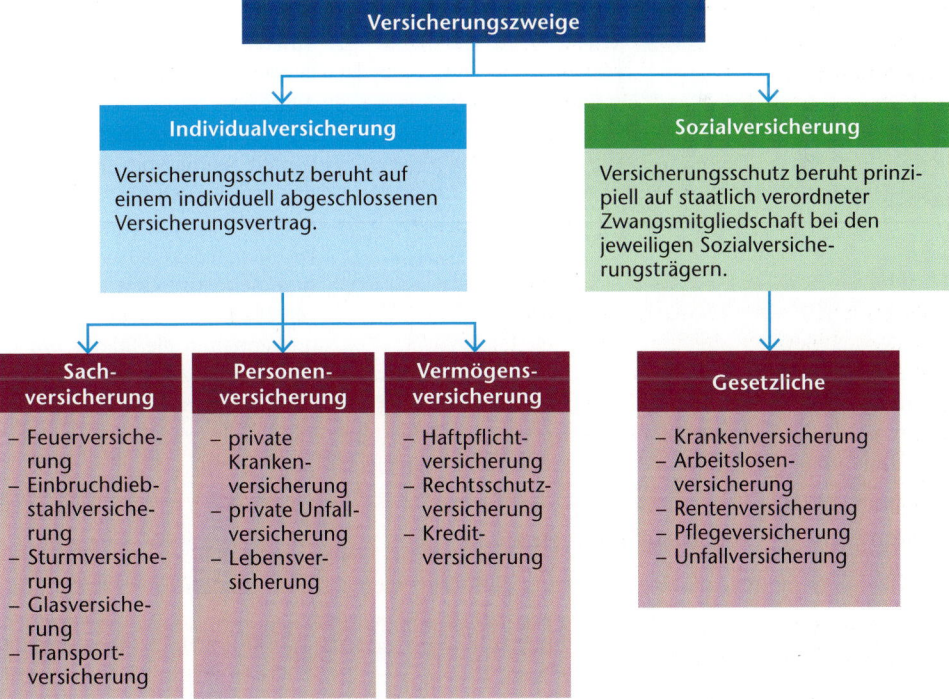

Die fünf Säulen der Sozialversicherung

Die Sozialversicherung ist eine gesetzliche Versicherung (Zwangsversicherung) für große Bevölkerungsgruppen zur Absicherung ihres Alters, ihrer Hinterbliebenen und der Lage in finanziellen Notsituationen wie Krankheit, Erwerbsminderung, Arbeitslosigkeit, Pflegebedürftigkeit und Unfall.

Freiwillig würden sich viele Menschen nicht gegen Krankheit, Unfall und Arbeitslosigkeit versichern. Auch wäre die Mehrzahl der Arbeitnehmer nicht in der Lage, für sich und ihre Angehörigen eine geeignete Alters- oder Pflegevorsorge aufzubauen. Das Bestehen einer **Versicherungspflicht** ist deswegen unumgänglich.

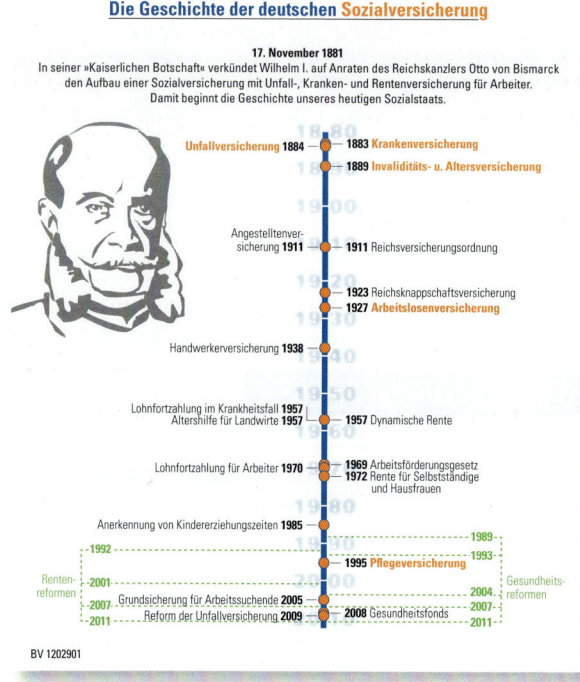

Die Geschichte der deutschen Sozialversicherung

In den Jahren zwischen 1883 und 1889 schuf die Regierung des Deutschen Reiches unter dem damaligen Reichskanzler *Otto von Bismarck* das erste Sozialversicherungssystem der Welt. Bis zum Beginn der Industrialisierung hatte keine Notwendigkeit zur Einrichtung einer Sozialversicherung bestanden: Der Großteil der hauptsächlich von der Landwirtschaft lebenden Bevölkerung fand seine Sicherheit und sein – wenn auch bescheidenes – Auskommen innerhalb der Großfamilie. Wer aufgrund seines Alters oder infolge von Krankheit oder Unfall nicht mehr arbeiten konnte, wurde vom übrigen Teil der Familie versorgt.

Mit der Industrialisierung änderten sich die Lebensverhältnisse grundlegend: Viele Menschen verließen die Landwirtschaft und zogen in die Städte, wo sie in den Fabriken Arbeit fanden. Die rasch wachsende Zahl der Fabrikarbeiter bestritt ihren Lebensunterhalt ausschließlich aus den täglichen oder wöchentlichen Lohnzahlungen. Wenn nun die Lohnzahlung infolge von Krankheit, Unfall oder Arbeitslosigkeit ausblieb, so bedeutete dies gleichzeitig bitterste Armut und Elend für die ganze Familie.

Gegenwärtig werden in der Bundesrepublik Deutschland jährlich weit über 900 Mrd. € für den Bereich der sozialen Sicherung ausgegeben.

Die Einrichtung der Sozialversicherung gehört in Deutschland zu den unverzichtbaren Bestandteilen des Sozialstaats.[1]

In allen fünf Versicherungszweigen herrscht der Gedanke der Solidarität: Die Gemeinschaft der Versicherten hilft denjenigen, die sich in einer Notsituation befinden (die Gesunden zahlen für die Kranken, die Arbeitenden für die Arbeitslosen, Pflegebedürftigen und Rentner).

---

[1]   *Vgl. zur sozialen Marktwirtschaft Seite 330 ff.*

Beispiele:

Monatliche Gehaltsabrechnung eines Arbeitnehmers, verheiratet, 1 Kind, Lohnsteuerklasse[1] 3, rk:

Brutto-gehalt	Lohn-steuer	Solidari-täts-zuschlag	Kirchen-steuer	Sozial-ver-sicherung	Summe der Abzüge	Netto-gehalt
3 600,00 €	318,66 €	0,80 €	14,94 €	738,90 €	1 073,30 €	2 526,70 €

Für die Sozialversicherung sind folgende Beiträge zu entrichten:

14,6 % des Bruttogehalts für die Krankenversicherung
    (+ 1,1 als einkommensabhängiger kassenindividueller Zusatzbeitrag)[2]: .... 565,20 €
18,7 % des Bruttogehalts für die Rentenversicherung: .... 673,20 €
3,0 % des Bruttogehalts für die Arbeitslosenversicherung: .... 108,00 €
2,55 % des Bruttogehalts für die Pflegeversicherung:[3] .... 91,80 €

                                                1438,20 €

Davon tragen Arbeitnehmer und Arbeitgeber jeweils die Hälfte, außer für die Krankenversicherung (AG 7,3 %, AN 8,4 % = halber Beitragssatz + kassenindividueller Zusatzbeitrag[3]):
der Arbeitnehmer zahlt .... 302,40 €
der Arbeitgeber zahlt .... 262,80 €

                                               565,20 €

Der Beitrag zur Unfallversicherung wird vom Arbeitgeber in voller Höhe allein aufgebracht.

---

[1] Die Werte für Lohn- und Kirchensteuer sowie Solidaritätszuschlag sind rechnergestützt auf der Basis des ESt-Tarifes des § 32 a EStG unter Berücksichtigung der an die jeweiligen Steuerklassen anknüpfenden Freibeträge des § 38 c EStG zu berechnen. Arbeitnehmer mit Kindern erhalten Kindergeld oder Kinder-/ Betreuungsfreibeträge, soweit die ersparte Einkommensteuer/Lohnsteuer durch die gewährten Freibeträge höher ist als das ausgezahlte Kindergeld.

[2] Ab 2017 erheben die Krankenkassen zwischen 0,0 und 1,6 % des Bruttogehaltes als Zusatzbeitrag, den der Arbeitnehmer selbst zu tragen hat. Der durchschnittliche einkommensabhängige Zusatzbeitrag liegt bei 1,1 % des sozialversicherungspflichtigen Entgelts.

[3] Der Pflegeversicherungsbeitrag entspricht 2,80 %, wenn der Arbeitnehmer kinderlos ist (Ausnahme: noch keine 23 Jahre alt). Der Arbeitnehmer hat den Erhöhungsbetrag von 0,25 % selbst zu zahlen.

	Krankenversicherung	Rentenversicherung	Arbeitslosenversicherung	Pflegeversicherung	Unfallversicherung
Versicherungsträger	– Allgemeine Ortskrankenkassen – Betriebskrankenkassen – Innungskrankenkassen – Bundesknappschaft – Ersatzkassen – Seekrankenkasse – Landwirtschaftliche Krankenkassen	– Deutsche Rentenversicherung Bund (Berlin) mit den jeweiligen regionalen Trägern (früher LVA) – Deutsche Rentenversicherung Knappschaft-Bahn-See (Bochum)	– Bundesagentur für Arbeit (BA)	– Pflegekassen bei den gesetzlichen Krankenkassen – Verband der privaten Krankenversicherung e. V. (§ 75 SGB XI)	– Gewerbliche Berufsgenossenschaften – Landwirtschaftliche Berufsgenossenschaften – Unfallversicherungsträger der öffentlichen Hand
Rechtsgrundlage	4. u. 5. Buch Sozialgesetzbuch	4. u. 6. Buch Sozialgesetzbuch	4. u. 3. Buch Sozialgesetzbuch	4. u. 11. Buch Sozialgesetzbuch	4. u. 7. Buch Sozialgesetzbuch

Aufgaben	Erhaltung und Wiederherstellung der Gesundheit des Einzelnen und seiner Familie
	– Krankenhilfe
	– Vorsorgeuntersuchungen
	– Mutterschaftshilfe
	– Familienhilfe
		Sicherung der Arbeitnehmer und ihrer Familie bei Erwerbsminderung, Alter und Tod
		– Rentenzahlungen
		– Rehabilitation
		– Zahlung von Beiträgen an die Krankenkasse für die Rentner
			Sicherung der Beschäftigung des Einzelnen und der Beschäftigungslage innerhalb der Wirtschaft sowie finanzieller Schutz bei Arbeitslosigkeit
			– Arbeitslosenunterstützung
			– Sicherung von Arbeitsplätzen
			– Arbeitsförderung
				Kostenübernahme für Pflegeleistungen an jene Menschen, die zu alltäglichen Verrichtungen ohne fremde Hilfe nicht mehr fähig sind und der regelmäßigen Hilfe bedürfen.
				– häusliche Pflege
				– stationäre Pflege in Form von
				  - Geldleistungen
				  - Sachleistungen
					Schutz weiter Bevölkerungskreise vor Unfallgefahren und den wirtschaftlichen Folgen bei Unfällen
					– Unfallverhütung
					– Milderung bzw. Beseitigung der Unfallfolgen

Beitragshöhe	14,6 % Beitragssatz des Bruttoarbeitsentgeltes, höchstens von der Beitragsbemessungsgrenze[1] für KV	18,7 % des Bruttoarbeitsentgeltes, höchstens von der Beitragsbemessungsgrenze[1] für RV	3,0 % des Bruttoarbeitsentgeltes, höchstens von der Beitragsbemessungsgrenze[1] für RV	2,55 % des Bruttoarbeitsentgeltes, höchstens von der Beitragsbemessungsgrenze[1,2,3] für KV	Beitragshöhe richtet sich nach der Gefahrenklasse für den jeweiligen Beruf
Beitragsaufbringung	AN 50 % vom Beitragssatz + 0,0–1,6 % Zusatzbeitrag[4] AG 50 % vom Beitragssatz	Arbeitgeber und Arbeitnehmer tragen den Beitrag je zur Hälfte; bei geringfügigen Beschäftigungsverhältnissen gelten Sonderregelungen			Beitrag wird in voller Höhe vom Arbeitgeber aufgebracht

Die Beitragsbemessungsgrenze gibt den monatlichen Einkommenshöchstbetrag an, von dem Beiträge berechnet werden. In der Rentenversicherung und der Arbeitslosenversicherung beträgt die Beitragsbemessungsgrenze für 2017 6 350,00 € (neue Länder: 5 700,00 €), in der Krankenversicherung und in der Pflegeversicherung 4 350,00 €.

[2] Als Ausgleich für den Arbeitgeberanteil: Verzicht auf einen gesetzlichen Feiertag durch die Arbeitnehmer oder je nach Landesentscheidungen andere Kompensationsmöglichkeiten zur Arbeitgeberentlastung.

[3] Für Kinderlose erhöht sich der Beitragssatz auf 2,80 %, wobei der Versicherungsnehmer den Erhöhungsbetrag von 0,25 % allein zahlen muss.

[4] Einkommensabhängiger individueller Zusatzbeitrag, den der Arbeitnehmer selbst zu tragen hat (§ 242 SGB V). Die meisten Krankenkassen erheben einen Zusatzbeitrag zwischen 0,0 bis 1,6 %.

1.5.2.1 Gesetzliche Krankenversicherung

Die Krankenversicherung tritt in erster Linie ein, wenn es darum geht, die Gesundheit des Einzelnen und seiner Familie zu erhalten und wiederherzustellen.

Träger der gesetzlichen Krankenversicherung (GKV)		Träger außerhalb der GKV	Private Kranken-versicherungen
Primärkassen ca. 44,7 Mio. Versicherte *Beispiele:* – AOK – Betriebskrankenkassen – Innungskrankenkassen – Landwirtschaftliche Krankenkassen – Seekrankenkasse – Bundesknappschaft	**Ersatzkassen** ca. 26,7 Mio. Versicherte *Beispiele:* – Barmer-GEK – Deutsche Angestell-ten-Krankenkasse DAK – Techniker Kranken-kasse TK – Kaufmännische Kran-kenkasse KKH	**Besondere Kostenträger** *Beispiele:* – Sozialhilfeträger – Beihilfestellen von Bund, Ländern und Gemeinden – Berufsgenossen-schaften	ca. 8,7 Mio. Versicherte *Beispiele:* – Deutsche Kranken-versicherung DKV – Allianz – Central – Europa – Nürnberger – Volksfürsorge – Debeka

Versicherte

In der gesetzlichen Krankenversicherung unterscheidet man drei Arten der Mitgliedschaft:

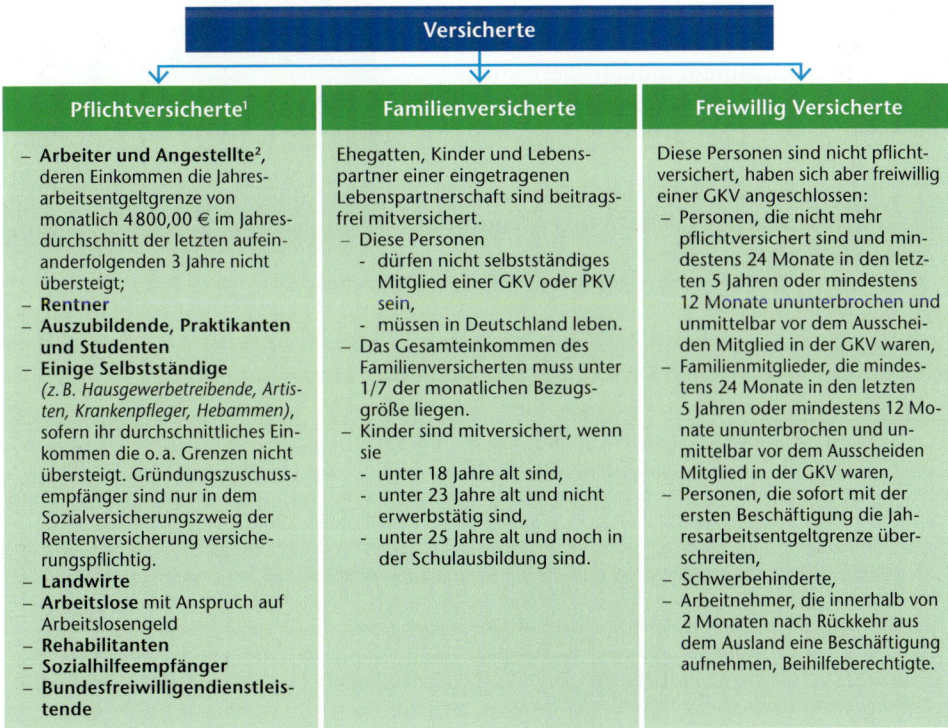

Pflichtversicherte[1]	Familienversicherte	Freiwillig Versicherte

– **Arbeiter und Angestellte**[2], deren Einkommen die Jahres-arbeitsentgeltgrenze von monatlich 4 800,00 € im Jahres-durchschnitt der letzten aufein-anderfolgenden 3 Jahre nicht übersteigt;
 – **Rentner**
 – **Auszubildende, Praktikanten und Studenten**
 – **Einige Selbstständige** (z. B. Hausgewerbetreibende, Artis-ten, Krankenpfleger, Hebammen), sofern ihr durchschnittliches Ein-kommen die o. a. Grenzen nicht übersteigt. Gründungszuschuss-empfänger sind nur in dem Sozialversicherungszweig der Rentenversicherung versiche-rungspflichtig.
 – **Landwirte**
 – **Arbeitslose** mit Anspruch auf Arbeitslosengeld
 – **Rehabilitanten**
 – **Sozialhilfeempfänger**
 – **Bundesfreiwilligendienstleis-tende**
	Ehegatten, Kinder und Lebens-partner einer eingetragenen Lebenspartnerschaft sind beitrags-frei mitversichert.
	 – Diese Personen
	   - dürfen nicht selbstständiges Mitglied einer GKV oder PKV sein,
	   - müssen in Deutschland leben.
	 – Das Gesamteinkommen des Familienversicherten muss unter 1/7 der monatlichen Bezugs-größe liegen.
	 – Kinder sind mitversichert, wenn sie
	   - unter 18 Jahre alt sind,
	   - unter 23 Jahre alt und nicht erwerbstätig sind,
	   - unter 25 Jahre alt und noch in der Schulausbildung sind.
		Diese Personen sind nicht pflicht-versichert, haben sich aber freiwillig einer GKV angeschlossen:
		 – Personen, die nicht mehr pflichtversichert sind und min-destens 24 Monate in den letz-ten 5 Jahren oder mindestens 12 Monate ununterbrochen und unmittelbar vor dem Ausschei-den Mitglied in der GKV waren,
		 – Familienmitglieder, die mindes-tens 24 Monate in den letzten 5 Jahren oder mindestens 12 Mo-nate ununterbrochen und un-mittelbar vor dem Ausscheiden Mitglied in der GKV waren,
		 – Personen, die sofort mit der ersten Beschäftigung die Jah-resarbeitsentgeltgrenze über-schreiten,
		 – Schwerbehinderte,
		 – Arbeitnehmer, die innerhalb von 2 Monaten nach Rückkehr aus dem Ausland eine Beschäftigung aufnehmen, Beihilfeberechtigte.

Die Versicherten dürfen ihre Krankenkasse frei wählen.

[1,2] Vgl. Seite 72.

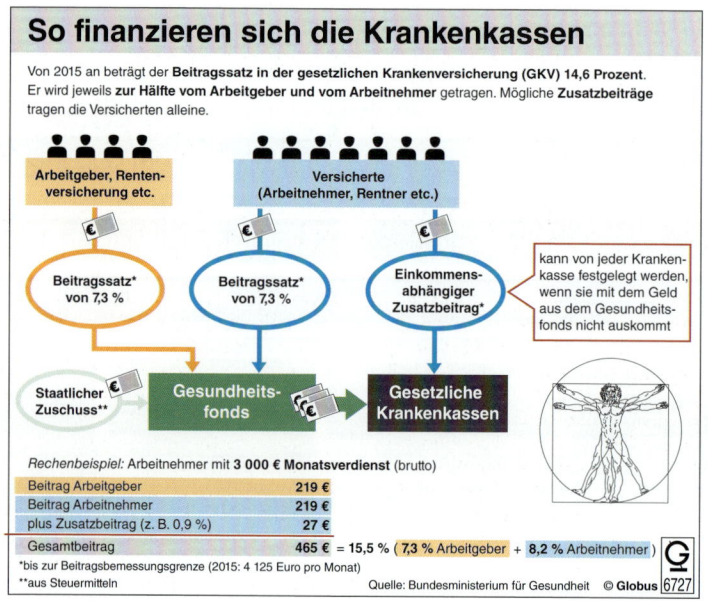

So finanzieren sich die Krankenkassen

Von 2015 an beträgt der **Beitragssatz** in der gesetzlichen Krankenversicherung (GKV) 14,6 Prozent. Er wird jeweils **zur Hälfte vom Arbeitgeber und vom Arbeitnehmer** getragen. Mögliche **Zusatzbeiträge** tragen die Versicherten alleine.

Arbeitgeber, Renten-versicherung etc.

Versicherte (Arbeitnehmer, Rentner etc.)

kann von jeder Kranken-kasse festgelegt werden, wenn sie mit dem Geld aus dem Gesundheits-fonds nicht auskommt

Beitragssatz* von 7,3 %

Beitragssatz* von 7,3 %

Einkommens-abhängiger Zusatzbeitrag*

Staatlicher Zuschuss**

Gesundheits-fonds

Gesetzliche Krankenkassen

Rechenbeispiel: Arbeitnehmer mit **3 000 €** Monatsverdienst (brutto)

Beitrag Arbeitgeber	219 €
Beitrag Arbeitnehmer	219 €
plus Zusatzbeitrag (z. B. 0,9 %)	27 €
Gesamtbeitrag	465 € = 15,5 % (**7,3 % Arbeitgeber** + **8,2 % Arbeitnehmer**)

*bis zur Beitragsbemessungsgrenze (2015: 4 125 Euro pro Monat)
**aus Steuermitteln

Quelle: Bundesministerium für Gesundheit   © Globus 6727

Leistungen

Nimmt der Versicherte eine ärztliche Behandlung in Anspruch, muss er seine **Kranken-versicherungskarte** vorlegen, die ausschließlich folgende Angaben enthält:

- Bezeichnung der ausstellenden Krankenkasse,
- Familien- und Vorname des Versicherten,
- Geburtsdatum,
- Anschrift,
- Krankenversicherungsnummer (die Rentenversi-cherungsnummer ist hierfür nicht mehr zu ver-wenden),
- Versicherungsstatus,
- Tag des Beginns des Versicherungsschutzes,
- bei ihrer befristeten Gültigkeit das Datum des Fristablaufs und
- Unterschrift des Versicherten (auf der Rückseite der Karte).

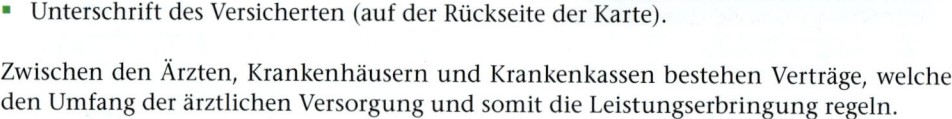

Zwischen den Ärzten, Krankenhäusern und Krankenkassen bestehen Verträge, welche den Umfang der ärztlichen Versorgung und somit die Leistungserbringung regeln.

---

[1] Ca. 87 % der Bevölkerung sind pflichtversichert; mtl. Beitragsbemessungsgrenze 4 350,00 € (2017).

[2] Beschäftigte bis zu einer **Jahresarbeitsentgeltgrenze** von 57 600,00 € sind krankenversicherungspflichtig. Wer dauerhaft mindestens 1 Jahr lang mehr verdient, kann sich freiwillig in der gesetzlichen Krankenkasse oder privat krankenversichern. Versicherungspflichtgrenze oder Beitragsbemessungsgrenze (mtl. 4 350,00 €) fallen also auseinander. Wer älter als 55 Jahre und privat versichert ist, aber z. B. durch Arbeitslosigkeit, Vorruhestand, Teilzeitarbeit nicht mehr als die Jahresentgeltgrenze verdient, kann in die gesetzliche Krankenversicherung nur noch unter ganz besonderen Voraussetzungen wechseln. Zur Kompensation müssen die privaten Krankenversicherungen seit 2009 diesem Personenkreis einen Standardtarif – ohne gesundheitliche Vorprüfung – anbieten, der ungefähr dem Leistungsumfang der gesetzlichen Krankenver-sicherungen entspricht (Kontrahierungszwang). Die Beiträge dürfen nicht die Höchstsätze der gesetzlichen Versicherungen übersteigen.

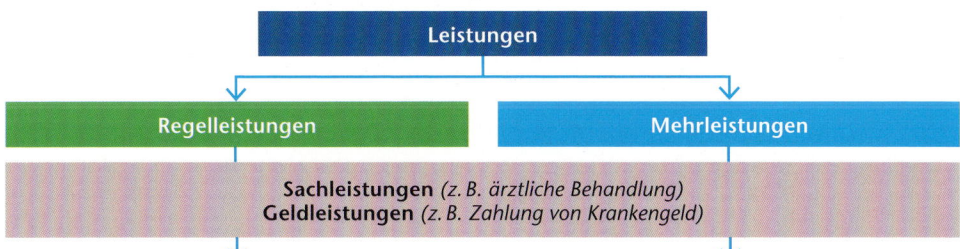

sind durch Gesetz vorgeschrieben; es handelt sich um Mindestleistungen, die von allen Krankenkassen in gleichem Umfang gewährt werden:

– **Krankenbehandlung**[1]: ärztliche/zahnärztliche Behandlung, Arznei-, Verband-, Heil-, Hilfsmittel, Zuschuss zum Zahnersatz, häusliche Krankenpflege und -Pflegehilfe[2], Krankenhausbehandlung, Hauspflege, Kinderpflege, Krankengeld[3], Haushaltshilfe, Fahrtkosten, Rehabilitation, Belastungserprobung, Arbeitstherapie
– **Gesundheitsuntersuchungen:** Früherkennungsuntersuchungen für Kinder bis zum 6. Lebensjahr, Krebsvorsorgeuntersuchungen für Frauen ab dem 20., für Männer ab dem 45. Lebensjahr, Gesundheits-Check-Up und Hautkrebsscreening für Männer und Frauen alle 2 Jahre ab dem 35. Lebensjahr, zweimal jährlich Vorsorgeuntersuchungen zur Erhaltung gesunder Zähne.
– **Mutterschaftshilfe:** Ärztliche Behandlung, Entbindungskostenbeitrag, Hebammenhilfe, Arzneimittel, Krankenhausbehandlung und -aufenthalt bei Schwangerschaft und Niederkunft; Arbeitnehmerinnen, Arbeitslose und andere Versicherte mit Krankengeldanspruch erhalten grundsätzlich für die Zeit der Mutterschutzfrist (6 Wochen vor der Geburt bis 8 Wochen nach der Geburt) ihr Arbeitsentgelt weiter (Familienversicherte erhalten einen einmaligen Festbetrag).
– **Familienhilfe:** Mitversichert sind ohne besonderen Beitrag die Familienangehörigen des Versicherten, soweit deren Einkommen eine bestimmte Grenze nicht überschreitet bzw. diese nicht anderweitig abgesichert sind.

gehen über die gesetzlichen Mindestleistungen hinaus (ca. 4 % der GKV-Leistungen):

– Kuraufenthalte[1]
– Härtefallregelungen durch volle oder teilweise Übernahme des Versicherteneigenanteils bei
  - Zahnersatz
  - Fahrtkosten
  - Rezeptkosten
– Erweiterung der häuslichen Krankenpflege, Haushaltshilfe, Rehabilitationsmaßnahmen
– sonstige Vorsorgemaßnahmen, z. B. Kostenübernahme zur Teilnahme an Gesundheitskursen von zertifizierten externen Dienstleistern

---

[1] Zum Teil sind Versicherteneigenanteile vorgeschrieben; Leistungskürzungen sind bis zum vollständigen Ausschluss bei nicht zwingender medizinischer Notwendigkeit möglich.

[2] Weitgehende Übernahme durch die gesetzliche Pflegeversicherung.

[3] Im Krankheitsfall ist der Arbeitgeber nach dem Entgeltfortzahlungsgesetz verpflichtet, nach einer Wartezeit von 4 Wochen nach der Aufnahme einer neuen Beschäftigung mindestens 6 Wochen lang den vollen Lohn unter Berücksichtigung der regelmäßig geleisteten Überstunden und Sonderzahlungen für Arbeitnehmer (Arbeiter, Angestellte, Auszubildende) weiterzuzahlen; ab der 7. Krankheitswoche erfolgt die Zahlung des Krankengeldes an Pflichtversicherte für längstens 78 Wochen wegen derselben Krankheit in Höhe von ca. 70 % des Bruttoarbeitsverdienstes, max. jedoch in Höhe des 90%igen Nettoarbeitsverdienstes abzüglich des Arbeitnehmeranteils zur Renten- und Arbeitslosenversicherung. Freiwillig Versicherte können gegen Zuschlag zum Beitragssatz bei der gesetzlichen Krankenkasse eine Absicherung im Krankheitsfall vereinbaren.

Umlageverfahren

Nach dem **Aufwendungsausleichsgesetz** *(AAG)* haben Arbeitgeber, die nicht mehr als 30 Arbeitnehmer beschäftigen, einen Ausgleichsanspruch an die jeweilige Krankenkasse des Arbeitnehmers. Dafür entrichtet der Arbeitgeber für alle Mitarbeiter eine Umlage (U1 = Arbeitgeberaufwendungen für Engeltfortzahlung im Krankheitsfall und U2 = Arbeitgeberaufwendungen für Mutterschaftsleistungen). Die Höhe des Beitragssatzes U1 richtet sich nach dem prozentualen Ausgleichsanspruch (zwischen 40–80 %) und wird von der jeweiligen Krankenkasse autonom festgesetzt. Der Beitragssatz U2 bezieht sich immer auf eine Erstattungsleistung von 100 % für Mutterschaftsleistungen. Die Erstattungsanträge sind vom Arbeitgeber **elektronisch** bei der jeweils zuständigen Krankenkasse des Arbeitnehmers anzufordern.

Alle Unternehmen nehmen unabhängig von der Anzahl der Mitarbeiter am Umlageverfahren U2 teil.

Die Insolvenzgeldumlage (U3 = Arbeitgeberaufwendungen) in Höhe von 0,09 % ist durch die monatlichen Beitragsnachweise an die jeweilige Krankenkasse, bei der der Arbeitnehmer versichert ist, mit aufzuführen und zu entrichten.

Meldewesen

Sozialversicherungsbeiträge und Insolvenzgeldumlage (ohne Berufsgenossenschaftsbeiträge) sind spätestens 5 Bankwerktage vor dem letzten des Kalendermonats an die Krankenkassen zu melden, damit die Zahlung 3 Bankwerktage vor Monatsende durch Lastschriftverfahren/Überweisung/Scheck (valutagenau) sichergestellt ist.

Finanzierung

Die Ausgaben der gesetzlichen Krankenversicherung werden finanziert über die Beiträge der Mitglieder (Arbeitnehmer und -geber) und der Rentner. Wie in der gesetzlichen Renten-, Pflege- und Arbeitslosenversicherung zahlen alle Beitragszahler einen einheitlichen Beitragssatz.

Die Arbeitgeber- und Arbeitnehmerbeiträge sind zu entrichten an den Gesundheitsfonds, weiterhin wird der Gesundheitsfonds vom Bund durch Steuermittel finanziert.

Der Gesundheitsfonds zahlt dann an jede gesetzliche Krankenkasse pro Versicherten eine pauschale Zuweisung sowie ergänzende Zu- und Abschläge je nach Alter, Geschlecht und Krankheit der Versicherten. Durch die Berücksichtigung schwerwiegender und kostenintensiver chronischer Krankheiten trägt der Risikostrukturausgleich dem unterschiedlichen Versorgungsbedarf der Versicherten einer Krankenkasse Rechnung.

Nicht häufigere oder länger andauernde Krankheiten sind Ursache der ausufernden Krankheitskosten, sondern
- das Leistungsangebot durch immer mehr Ärzte und Krankenhäuser,
- hochwertigere und teurere Ausstattungen der Arztpraxen und Krankenhäuser,
- die Ausweitung des Arzneimittelbedarfs,
- geringere Einnahmen durch Arbeitslose und Frührentner/Vorruheständler.

Um die Krankheitskosten auf ein vertretbares Maß zurückzuführen, sehen Gesetze des Gesundheitswesens Sach- und Geldleistungskürzungen der Krankenkassen, Zuzahlungen/Selbstbeteiligungen der Versicherten bis zu 2 % der beitragspflichtigen Einnahmen (Sozialausgleich), Eigenvorsorge durch Zusatzversicherungen, Deckelung der Krankenkassenausgaben und die Budgetierung der Arztpraxen und Krankenhäuser mittels Fallpauschalen vor.

1.5.2.2 Gesetzliche Rentenversicherung

Aufgabe der *gesetzlichen Rentenversicherung* *ist die finanzielle Sicherung der Arbeitnehmer und ihrer Familie bei Berufs- und Erwerbsunfähigkeit, Alter und Tod.*

Versicherte
Die gesetzliche Rentenversicherung unterscheidet ebenso wie die gesetzliche Krankenversicherung zwischen Pflichtversicherten und freiwillig Versicherten.

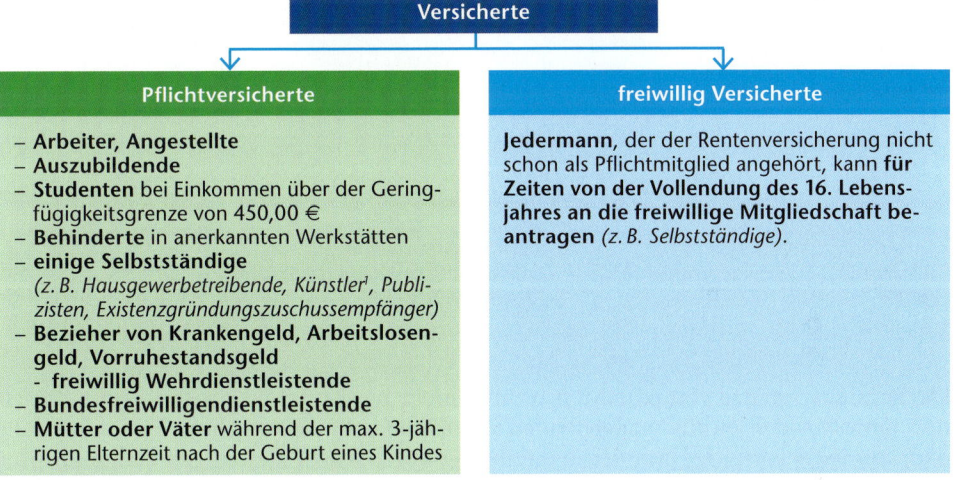

Pflichtversicherte	freiwillig Versicherte
– **Arbeiter, Angestellte** – **Auszubildende** – **Studenten** bei Einkommen über der Geringfügigkeitsgrenze von 450,00 € – **Behinderte** in anerkannten Werkstätten – **einige Selbstständige** (z. B. Hausgewerbetreibende, Künstler[1], Publizisten, Existenzgründungszuschussempfänger) – **Bezieher von Krankengeld, Arbeitslosengeld, Vorruhestandsgeld** - freiwillig Wehrdienstleistende – **Bundesfreiwilligendienstleistende** – **Mütter oder Väter** während der max. 3-jährigen Elternzeit nach der Geburt eines Kindes	**Jedermann**, der der Rentenversicherung nicht schon als Pflichtmitglied angehört, kann **für Zeiten von der Vollendung des 16. Lebensjahres an die freiwillige Mitgliedschaft beantragen** (z. B. Selbstständige).

Leistungen
Leistungen aus der Rentenversicherung werden nur gewährt, wenn der Versicherte ihr eine Mindestanzahl von Versicherungsjahren angehört hat. Diese sogenannte Wartezeit schwankt je nach Art der beantragten Rente zwischen 5 und 15 Jahren.
Witwen und **Witwer** erhalten ohne Rücksicht auf Alter und Erwerbsfähigkeit 60 % des Gesamtrentenanspruchs des Versicherten. Die Höhe der Renten wird Jahr für Jahr der allgemeinen Einkommensentwicklung angepasst. Höhere Verdienste der Arbeitnehmer ziehen daher auch eine Erhöhung der Renten nach sich (Dynamisierung der Renten).

---

[1]   *Die Träger der Deutschen Rentenversicherung haben die Befugnis, Abgabepflicht, Höhe und Vorauszahlungen nach dem Künstlersozialversicherungsgesetz (KSVG) festzustellen.*

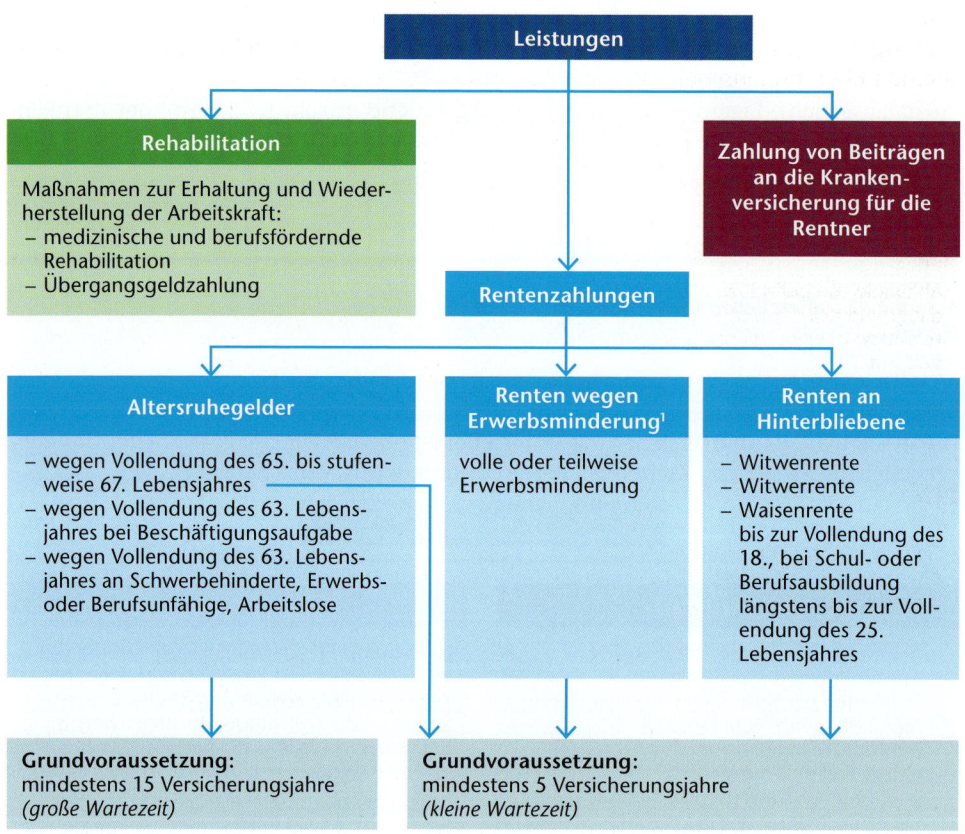

Die Regelaltersgrenze von 67 Jahren ist aber nicht bindend. Versicherte können bis zu drei Jahre vor der jeweils maßgebenden Altersgrenze in Rente gehen. Ihre Rente fällt dann für jedes vorzeitige Jahr des Rentenbezugs um 3,6 % des jeweiligen Rentenanspruches geringer aus. Seit dem 1. Juli 2014 ist die abschlagsfreie Rente mit 63 Jahren möglich, wenn 45 Versicherungsjahre einschließlich Arbeitslosenzeiten vorliegen.

Außerdem kann die Altersrente ab dem 60. Lebensjahr als **Altersteilrente** von 1/3, 1/2 oder 2/3 der Vollrente bezogen werden. Dadurch wird ein Hineingleiten in den Ruhestand ermöglicht, denn ein Hinzuverdienst ist in bestimmten Grenzen zulässig (§ 42 SGB VI).

---

[1] Es gibt nur noch Erwerbsminderungsrenten in zwei Stufen: abhängig davon, ob ein Erkrankter nicht mehr als 3 Stunden täglich (dann volle Erwerbsminderungsrente) oder mehr als 3 bis 6 Stunden täglich (dann halber Anspruch) arbeiten kann.

Rentenberechnung

Zugangsrenten (neu festzusetzende Renten) werden unter Berücksichtigung der allgemeinen Einkommensentwicklung nach der neuen Rentenformel berechnet.

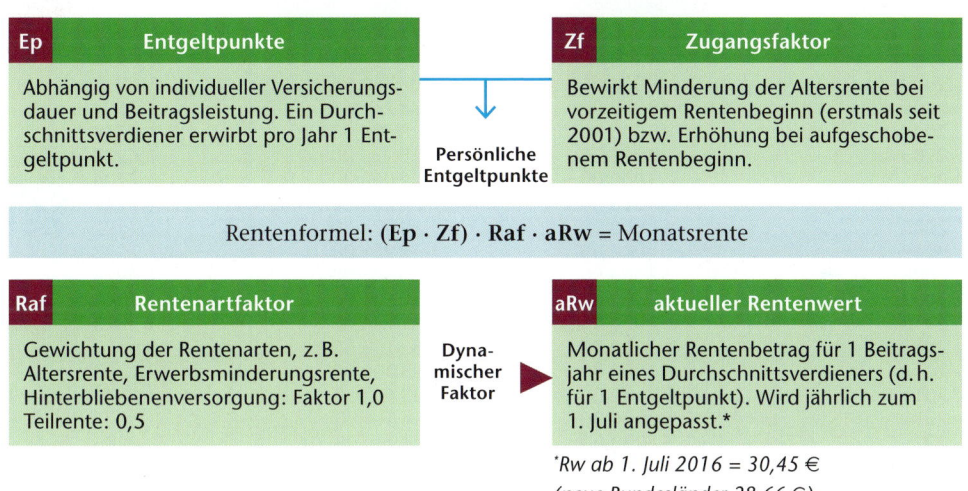

Die Rentenformel
Diese Faktoren bestimmen die Höhe einer Rente

Ep	Entgeltpunkte		Zf	Zugangsfaktor
Abhängig von individueller Versicherungsdauer und Beitragsleistung. Ein Durchschnittsverdiener erwirbt pro Jahr 1 Entgeltpunkt.		Persönliche Entgeltpunkte	Bewirkt Minderung der Altersrente bei vorzeitigem Rentenbeginn (erstmals seit 2001) bzw. Erhöhung bei aufgeschobenem Rentenbeginn.	

Rentenformel: **(Ep · Zf) · Raf · aRw** = Monatsrente

Raf	Rentenartfaktor		aRw	aktueller Rentenwert
Gewichtung der Rentenarten, z. B. Altersrente, Erwerbsminderungsrente, Hinterbliebenenversorgung: Faktor 1,0 Teilrente: 0,5		Dynamischer Faktor	Monatlicher Rentenbetrag für 1 Beitragsjahr eines Durchschnittsverdieners (d. h. für 1 Entgeltpunkt). Wird jährlich zum 1. Juli angepasst.*	

*Rw ab 1. Juli 2016 = 30,45 €
(neue Bundesländer 28,66 €)

Die **Renten** werden nach einer vereinfachten Formel berechnet. Danach hängt die Höhe der Monatsrente von vier Faktoren ab. Mit den **Entgeltpunkten** wird die individuelle Arbeits- und damit Beitragsleistung der Versicherten bei der Rentenfestsetzung berücksichtigt: Ein Versicherungsjahr mit durchschnittlichem Arbeitsverdienst ergibt einen vollen Entgeltpunkt. Je länger die Lebensarbeitszeit und je höher das beitragspflichtige Einkommen, desto größer ist die Zahl der erworbenen Entgeltpunkte und damit die Rente. Auch für bestimmte beitragsfreie Zeiten werden Entgeltpunkte gutgeschrieben. Durch den **Zugangsfaktor** erhöhen oder vermindern sich die Entgeltpunkte, wenn die Altersrente erst nach dem gesetzlich vorgesehenen Rentenbeginn oder schon vorher in Anspruch genommen wird. Im **Rentenartfaktor** kommt das unterschiedliche „Gewicht" der verschiedenen Renten zum Ausdruck: Die Altersrente, Erwerbsminderungsrente und Hinterbliebenenversorgung hat den Faktor 1,0; die Teilrente dagegen 0,5.

Über den jährlich neu zu bestimmenden **aktuellen Rentenwert** werden die persönlichen Entgeltpunkte schließlich mit der allgemeinen Einkommensentwicklung verknüpft: Er gibt an, welcher monatliche Rentenbetrag auf einen Entgeltpunkt (d. h. auf ein Versicherungsjahr mit Durchschnittseinkommen) entfällt. Die Monatsrente ergibt sich durch Multiplikation der Entgeltpunkte mit dem aktuellen Rentenwert.

Beispiel:

Herr Müsig vollendete am 28. Dez. 2016 sein 66. Lebensjahr und bezieht seit 1. Jan. 2017 eine Altersrente für langjährig Versicherte. Seine Rentenberechnung führt zu folgendem Ergebnis:

im Jahre	Verdienst	geteilt durch Durchschnittsentgelt	= Entgeltpunkte (EP)
1973–1997	...	...	23,1024
1998	46 000,00	27 060,12	1,6999
1999	46 300,00	27 357,70	1,6924
2000	47 000,00	27 740,55	1,6943
2001	48 000,00	28 231,49	1,7002
2002	48 000,00	28 626,00	1,6768
2003	49 000,00	28 938,00	1,6933
2004	50 000,00	29 060,00	1,7206
2005	50 000,00	29 202,00	1,7122
2006	51 000,00	29 494,00	1,7292
2007	51 000,00	29 951,00	1,7028
2008	52 000,00	30 625,00	1,6978
2009	52 000,00	30 506,00	1,7045
2010	53 000,00	31 144,00	1,7018
2011	53 000,00	32 100,00	1,6511
2012	54 000,00	33 002,00	1,6363
2013	55 000,00	33 659,00	1,6340
2014	56 000,00	34 514,00	1,6225
2015	57 000,00	34 999,00	1,6286
2016	58 000,00	36 267,00	1,5993
Summe der Entgeltpunkte			55,0000

Sowohl der maßgebliche Zugangsfaktor bei einer Altersrente mit 66 Jahren als auch der Rentenartfaktor für eine Altersrente betragen 1,0. Die Monatsrente ergibt sich mithin aus

(55,0000	·	1,0)	·	1,0	·	30,45[1]	=	1 674,75 €
Ep		Zf		Raf		aRw		
Entgeltpunkte		Zugangsfaktor		Rentenartfaktor		aktueller Rentenwert		Monatsrente

Finanzierung

Die zur Hälfte von Arbeitnehmern und Arbeitgebern getragenen Beiträge zur gesetzlichen Rentenversicherung finanzieren ca. 80 % der Gesamtausgaben der Rentenversicherungsträger. Den restlichen Teil von ca. 20 % decken Zuschüsse des Bundes.

In Deutschland ist die gesetzliche Rentenversicherung im Umlageverfahren organisiert, das heißt:

▪ Erwerbstätige erlangen durch Beiträge einen Anspruch auf Alterssicherung, aber sie bauen keinen eigenen Kapitalstock auf.
▪ Die eingenommenen Beiträge der Erwerbstätigen werden an die derzeitigen Rentner ausgezahlt.

Damit dieses Modell des „Generationenvertrags" funktioniert, ist es von Bedeutung, wie viele Erwerbsfähige einen Job haben – und wie viele Menschen geboren werden (oder einwandern), die dann auf den Arbeitsmarkt treten.

---

[1]   *Stand 2. Halbjahr 2016.*

Die Beitragsentrichtungen durch die jetzt arbeitende Generation führen zu Rentenzahlungen an die nicht mehr erwerbstätige Generation. Es gilt der **Generationenvertrag**. Durch die zunehmende **Überalterung** der Bevölkerung ergeben sich Probleme für den Vertrag zwischen den Generationen. Die Frührentner und das Lebensalter der Rentner nehmen ständig zu, die Erwerbstätigen aufgrund des Geburtenrückganges jedoch ab. Die so zunehmende Alterslast für die Erwerbstätigen führt automatisch zu sozialen Spannungen bei der Lösung der Finanzierung.

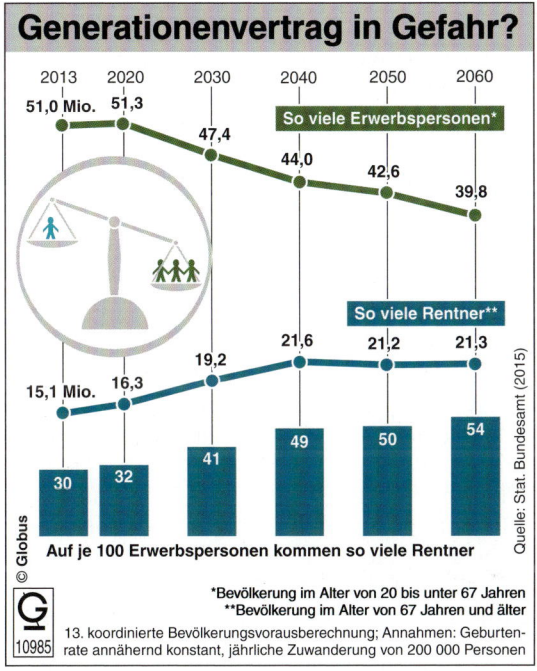

Generationenvertrag in Gefahr?

So viele Erwerbspersonen*

| 2013 | 2020 | 2030 | 2040 | 2050 | 2060 |
| 51,0 Mio. | 51,3 | 47,4 | 44,0 | 42,6 | 39,8 |

So viele Rentner**

| | | 19,2 | 21,6 | 21,2 | 21,3 |
| 15,1 Mio. | 16,3 | | | | |

Auf je 100 Erwerbspersonen kommen so viele Rentner

| 30 | 32 | 41 | 49 | 50 | 54 |

Quelle: Stat. Bundesamt (2015)

© Globus

10985

*Bevölkerung im Alter von 20 bis unter 67 Jahren
**Bevölkerung im Alter von 67 Jahren und älter
13. koordinierte Bevölkerungsvorausberechnung; Annahmen: Geburtenrate annähernd konstant, jährliche Zuwanderung von 200 000 Personen

- Ein hohes Risiko beinhaltet das Umlageverfahren, weil die Stabilität der gesetzlichen Rente von der Geburtenrate abhängt: Stabile Renten verlangen stabile Geburtenraten, aber die Geburtenrate in Deutschland sinkt. Jüngere Menschen sind im Vergleich zu ihren Eltern nicht mehr bereit, sich in ähnlichem Umfang zu vermehren. Dies hat sinkende Renten zur Folge. Aus diesem Grund kann die gesetzliche Rente in 30 bis 40 Jahren nur noch eine Grundversorgung sein.
- Auf Grund des medizinischen Fortschritts steigt die durchschnittliche Lebenserwartung – und damit die durchschnittliche Dauer des Rentenbezugs.
- Die Frührentner und das Lebensalter der Rentner nehmen ständig zu, die Erwerbstätigen aufgrund des Geburtenrückganges jedoch ab. Die so zunehmende Alterslast für die Erwerbstätigen führt automatisch zu sozialen Spannungen bei der Lösung der Finanzierung.
- In der Gesellschaft erhöht sich der Anteil der älteren Menschen. Laut Mitteilungen des Statistischen Bundesamtes hatten in 2006 19,4 Prozent der deutschen Bevölkerung das gesetzliche Rentenalter von 65 Jahren überschritten. In 2016 werden es bereits 22,8 Prozent sein; im Jahr 2050 dann 33,2 Prozent.
- Jüngere Beschäftigte starten durch lange Ausbildungszeiten immer später in das Berufsleben und beginnen damit erst relativ spät, in die Rentenkasse einzuzahlen, d.h. sie sammeln durch späteren Berufseinstieg und Phasen von Arbeitslosigkeit im Durch-

schnitt zusehends weniger Renten-Entgeltpunkte. Zudem haben diese Punkte für viele Versicherte durch die Renten-Reformen der vergangenen Jahre auch noch an Wert
verloren. Das Niveau der gesetzlichen Alterssicherung wird daher weiter sinken. Die
Rentenversicherung ist auf langjährige Beitragszahlungen angelegt. Nur sie führen zu
Ansprüchen, die dem Maßstab des Gesetzgebers für die Rentenberechnung nahe
kommen: dem fiktiven Eckrentner, der in 45 Arbeitsjahren 45 Entgeltpunkte anhäuft.

- In den Rentenanwartschaften spiegeln sich die Arbeitsmarktprobleme wider: Viele
  Erwerbstätige haben nur noch mit Unterbrechungen einen versicherungspflichtigen
  Job.
- Viele Berufstätige hegen den Wunsch früher in den Ruhestand zu gehen als gesetz-
  lich vorgeschrieben. Zwar würden auch viele Menschen gerne länger arbeiten, doch
  erschwert das der Gesetzgeber mit relativ starren Regeln.

Auf lange Sicht wird die gesetzliche Rente in Deutschland den Bürgern nur noch eine
Basisversorgung zwischen 38 und 40 % des Verdienstes[1] bieten können.

Maßnahmen und diskutierte **Vorschläge** zur Lösung:

- Langfristige Erhöhung der Versicherungsbeiträge mit Koppelung auf maximal 22 %
  Gesamtbeitragssatz,
- Senkung des Rentenniveaus durch temporäre Abkoppelung von der Einkommensentwicklung und Gewährung eines reinen Inflationsausgleichs,
- Anhebung der Altersgrenze auf über 67 Jahre,
- Bundeszuschusserhöhung, -festschreibung, Kreditaufnahme, Vermögensveräußerungen,
- steuerfinanzierte anstatt beitragsfinanzierte Rente (z. B. „Riester-Rente"),
- Zahlung einer Grundrente nach Aufbau einer eigenveranlassten Vorsorge (Dreisäu-
  len-System durch Grundrente, Betriebsrente, private Altersvorsorge durch Lebensver-
  sicherung, Sparguthaben, Immobilien etc.),
- private oder tariflich abgesicherte Vorsorge mit und ohne staatliche Zuschüsse oder
  Freibetragsgewährung.

1957 finanzierten drei Arbeitnehmer einen Rentner. 2035 wird ein Arbeitnehmer einen
Rentner finanzieren. Durch diese Entwicklung wird die staatliche Rente an Bedeutung
verlieren und die private Altersvorsorge an Bedeutung gewinnen. Die Altersvorsorge
sollte in drei Schichten[2] aufgebaut werden.

1.5.2.3 Gesetzliche Arbeitslosenversicherung

Träger der Arbeitslosenversicherung ist die **Bundesagentur für
Arbeit (Zentrale)** mit Sitz in
Nürnberg. Sie befasst sich mit den
Problemen des Arbeitsmarktes sowie der Beschäftigung des Einzelnen und der allgemeinen Beschäftigungslage innerhalb der
Wirtschaft. Neben der Zentrale
gibt es 10 Regionaldirektionen,
156 **Agenturen für Arbeit** und ca.
600 Geschäftsstellen.

___
[1] *Berechnung siehe Seite 77 f.*
[2] *Vgl. zum Drei-Schichten-Modell S. 66.*

Leistungen der Bundesagentur für Arbeit

an Arbeitnehmer/-innen

- Ausbildungs- und Arbeitsvermittlung[1]
- Arbeitsberatung
- Arbeitsmarktbeobachtung
- Arbeitsmarkt- und Berufsforschung
- Bekämpfung der illegalen Beschäftigung
- Berufsberatung
- Entgeltsicherung für ältere Arbeitnehmer
- Erteilung von Arbeitserlaubnissen an Ausländer
- Förderung
  - der beruflichen Weiterbildung
    - Unterhaltsgeld
    - Bildungsgutscheine
    - Weiterbildungskosten
  - der Teilhabe behinderter Menschen am Arbeitsleben
- Leistungen der aktiven Arbeitsförderung
  - Arbeitsbeschaffungsmaßnahmen
  - Strukturanpassungsmaßnahmen
  - Personal Service Agenturen
  - Zahlung von Lohnkostenzuschüssen
  - Zuschüsse für Eingliederungen
  - Mobilitätshilfen
  - Existenzgründungszuschüsse
- Leistungen zur Förderung der ganzjährigen Beschäftigung in der Bauwirtschaft
- Rehabilitationsleistungen
- Verwaltung der Beiträge der Arbeitslosenversicherung
- Zahlung von Kindergeld (als Familienkasse)
- Zahlung von Lohnersatzleistungen
  - Arbeitslosengeld I (früher Arbeitslosenunterstützung)
  - Arbeitslosengeld II (früher Arbeitslosenhilfe)
  - Zahlung von Saisonkurzarbeiter-, Kurzarbeiter-, Insolvenzgeld

Über bestimmte Träger erfolgt zusätzlich die Förderung
- der Berufsausbildung durch z. B. ausbildungsbegleitende Maßnahmen,
- von Einrichtungen der beruflichen Aus- und Weiterbildung,
- von Jugendwohnheimen,
- von Eingliederungsmaßnahmen.

an Arbeitgeber/-innen

- Arbeitsberatung
- Einstellungszuschuss bei Neugründungen
- Eingliederungszuschüsse
- Förderung der beruflichen Weiterbildung durch Zuschüsse zum Arbeitsentgelt für Ungelernte, Zuschüsse zum Arbeitsentgelt für bedrohte Arbeitnehmer
- Förderung der Teilhabe behinderter Menschen am Arbeitsleben
- Leistungen zur beruflichen Eingliederung schwerbehinderter Personen
- Kurzarbeitergeld
- Förderung der ganzjährigen Beschäftigung in der Bauwirtschaft
- Leistungen nach dem Altersteilzeitgesetz
- Zuschüsse zu Sozialplanmaßnahmen
- Zuschüsse zu Infrastrukturmaßnahmen

Versicherte

Die Arbeitslosenversicherung kennt ausschließlich Pflichtversicherte.

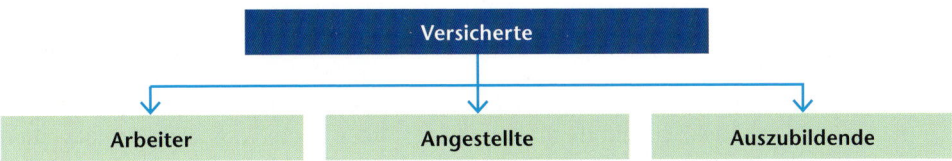

Nicht erfasst werden von der Arbeitslosenversicherung Selbstständige, Beamte, Studierende, Schüler und Beschäftige in einem geringfügigen Beschäftigungsverhältnis.

---

[1] Nach dem Beschäftigungsförderungsgesetz werden auch private Arbeitsvermittler zugelassen.

Finanzielle Leistungen an Arbeitslose

Die finanzielle Sicherung in Zeiten der Arbeitslosigkeit ist eine unabdingbare Voraussetzung, um den unverschuldet arbeitslos gewordenen Arbeitnehmer und seine Familie nicht in wirtschaftliche Not geraten zu lassen.

Arbeitslosengeld I ist eine Entgelt- oder Lohnersatzleistung, die über die Arbeitslosenversicherung abgedeckt wird *(SGB III)*.

Arbeitslosengeld II ist eine Grundsicherung für **erwerbsfähige**, **hilfsbedürftige** Arbeitssuchende *(SGB II)*. Träger des Arbeitslosengeldes II ist der Bund.

Erwerbsfähige Hilfsbedürftige
Die Leistungen umfassen:
- Regelleistung

Regelleistung Arbeitslosengeld II/Sozialgeld			
– Alleinstehend – Alleinerziehend – Personen mit minderjährigem Partner	– Partner ab Beginn des 19. Lebensjahres	– Kinder ab Beginn des 15. Lebensjahres bis Vollendung des 18. Lebensjahres	– Kinder bis zur Vollendung des 14. Lebensjahres
100 %	90 %	80 %	60 %

- evtl. **Mehrbedarf** für z. B. werdende Mütter ab der 13. Schwangerschaftswoche, Behinderte,
- Leistungen für angemessenen Unterhalt und Heizung,
- Leistungen in Notfällen als Darlehen,
- einmalige Leistungen z. B. für mehrtägige Klassenfahrten.

Bezieher von Arbeitslosengeld II sind kranken-, pflege- und rentenversichert. Die Beiträge zahlt i. d. R. der Bund pauschal.

Nicht erwerbsfähige Hilfsbedürftige
Nicht erwerbsfähige Mitglieder der Bedarfsgemeinschaft von Arbeitslosengeld-II-Empfängern (z. B. minderjährige Kinder, Eltern) erhalten **Sozialgeld** von der Gemeinde/ Stadt, wenn sie keinen Anspruch auf Leistungen nach dem *SGB XII* haben.
Das Sozialgeld soll
- den Lebensunterhalt sichern,
- einen evtl. Mehrbedarf ausgleichen,
- die angemessene Unterkunft und Heizung ermöglichen.

Rechte und Pflichten der Empfänger von Arbeitslosengeld II
Empfänger von Arbeitslosengeld II erhalten bei der Suche nach einem Arbeitsplatz einen persönlichen Ansprechpartner bzw. einen „Fallmanager". Im Ermessen der Agentur für Arbeit können Arbeitssuchende folgende Leistungen erhalten:
- Erstattung von Bewerbungs- und Reisekosten für Vorstellungsgespräche,
- Kosten für Teilnahme an Trainingsseminaren,
- Umzugshilfen,
- Weiterbildung,
- Eingliederungszuschüsse,
- Vermittlungsgutscheine,
- Unterstützung bei Betreuung von Kindern und pflegebedürftigen Angehörigen.

Arbeitslosengeld

Arbeitslosengeld I (ALG I)
(Versicherungsleistung)

Anspruch auf **Arbeitslosengeld I** hat, wer ...
– unfreiwillig arbeitslos ist, eine neue Beschäftigung sucht und arbeitsbereit ist,
– sich persönlich bei der Agentur für Arbeit arbeitssuchend gemeldet hat,
– die Anwartschaftszeit erfüllt,
– das 65. Lebensjahr noch nicht vollendet hat,
– Arbeitslosengeld **beantragt** hat *(§§ 117–122 SGB III)*.

Anspruchsdauer *(§ 127 SGB III)*:
Die Anspruchsdauer auf Arbeitslosengeld richtet sich nach der vorhergehenden versicherungspflichtigen Beschäftigungsdauer, der Rahmenfrist, dem vollendeten Lebensjahr (12 bis max. 24 Monate).

Höhe
Die Höhe richtet sich nach dem versicherungspflichtigen Bruttoarbeitsentgelt, das in den letzten 52 Wochen vor der Arbeitslosigkeit erzielt wurde. Von diesem durchschnittlichen Bruttoarbeitsentgelt werden pauschaliert gesetzliche Abzüge (Steuern nach Steuerklasse, SV-Beiträge) abgezogen.
Von dem ermittelten Nettobezug beträgt das Arbeitslosengeld 60 % bzw. 67 % für Arbeitslose mit mindestens einem Kind *(§§ 129–130 SGB III)*.
Vorhandenes Vermögen hat keinen Einfluss auf die Höhe von Arbeitslosengeld I, weil es sich um eine versicherungsähnliche Leistung handelt, die aus den Beiträgen finanziert wird.

Pflichten von Arbeitslosengeldbeziehern
– Meldepflicht
– Hinterlegung des Sozialversicherungsausweises
– Mitwirkungspflicht
– Erstattungspflicht für zu Unrecht erhaltene Leistungen

Wer vom Arbeitslosengeld I zum Arbeitslosengeld II wechseln muss, kann für eine Übergangszeit einen Zuschlag beantragen.

Arbeitslosengeld II (ALG II = Hartz IV)
+ evtl. **Sozialgeld** (Fürsorgeleistung)

Anspruch auf **Arbeitslosengeld II** hat, wer ...
– arbeitssuchend gemeldet ist,
– bei Beantragung von Arbeitslosengeld II den Anspruch auf Arbeitslosengeld I ausgeschöpft hat,
– hilfebedürftig ist, d.h., bestimmte Vermögens- und Einkommensgrenzen – auch des Ehegatten – dürfen nicht überschritten werden,
– zwischen 15 und 65 Jahre alt ist,
– erwerbsfähig ist und täglich mindestens 3 Stunden arbeiten kann,
– in Deutschland den gewöhnlichen Aufenthalt hat,
– als ausländischer Arbeitnehmer eine Arbeitserlaubnis hat,
– einen **Antrag** auf Arbeitslosengeld II gestellt hat, zusätzlich sind Formulare für Unterkunfts- und Heizungskosten, für Einkommenserklärungen, zur Vermögensfeststellung und für weitere Angehörige auszufüllen.

Sozialgeld erhalten nicht erwerbsfähige Mitglieder, die in einer Bedarfsgemeinschaft mit dem Empfänger von Arbeitslosengeld II leben.
Zu einer Bedarfsgesellschaft rechnen
– erwerbsfähige Hilfsbedürftige,
– im Haushalt lebende Eltern,
– Alleinerziehende von Minderjährigen,
– Ehepartner, Partner in eheähnlicher Gemeinschaft,
– minderjährige, unverheiratete bedürftige Kinder, die im Haushalt leben.

Anspruchsdauer
Das Arbeitslosengeld II wird zeitlich unbegrenzt gewährt, wenn die Anspruchsvoraussetzungen dauerhaft erfüllt sind. Die Leistungen werden für jeweils sechs Monate bewilligt. Die Hilfsbedürftigkeit wird fortlaufend überprüft.

Höhe
Die Höhe richtet sich nach dem Bedarf des Empfängers. Eigenes Vermögen und Einkommen der im Haushalt lebenden Angehörigen werden in die Berechnung einbezogen. Vermögensgegenstände zur Alterssicherung bleiben i.d.R. unberücksichtigt.

Empfänger von Arbeitslosengeld II (Hartz IV) müssen jede zumutbare Arbeitsstelle annehmen, die ihnen von der Agentur für Arbeit vermittelt wird. Angebotene Jobs können nur abgelehnt werden, wenn nachgewiesen wird, dass der Arbeitssuchende seelisch, körperlich und geistig nicht in der Lage ist, diese Tätigkeit auszuüben. Zumutbar sind auch sogenannte Arbeitsangelegenheiten der Gemeinden/Städte.

Es muss mit der Agentur für Arbeit eine Eingliederungsvereinbarung getroffen werden.
Pflichtverletzungen führen zu Kürzungen des Arbeitslosengeldes II.

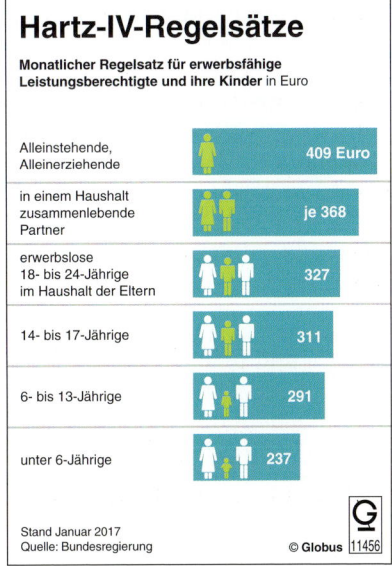

Hartz-IV-Regelsätze

Monatlicher Regelsatz für erwerbsfähige Leistungsberechtigte und ihre Kinder in Euro

Alleinstehende, Alleinerziehende		409 Euro
in einem Haushalt zusammenlebende Partner		je 368
erwerbslose 18- bis 24-Jährige im Haushalt der Eltern		327
14- bis 17-Jährige		311
6- bis 13-Jährige		291
unter 6-Jährige		237

Stand Januar 2017
Quelle: Bundesregierung

© Globus 11456

Beispiele:
– *wiederholte Weigerung, eine Arbeit anzunehmen*
– *Regelverstöße*

Sicherung von Arbeitsplätzen

Die Maßnahmen zur Arbeitsplatzsicherung sollen dazu dienen, bestehende Arbeitsverhältnisse auch in ungünstigen Wirtschaftslagen und während vorübergehender Arbeitsausfälle zu erhalten. Daneben können solche Unternehmen Zuschüsse erhalten, die für Arbeitslose und ältere Arbeitnehmer zusätzlich Arbeitsplätze schaffen.

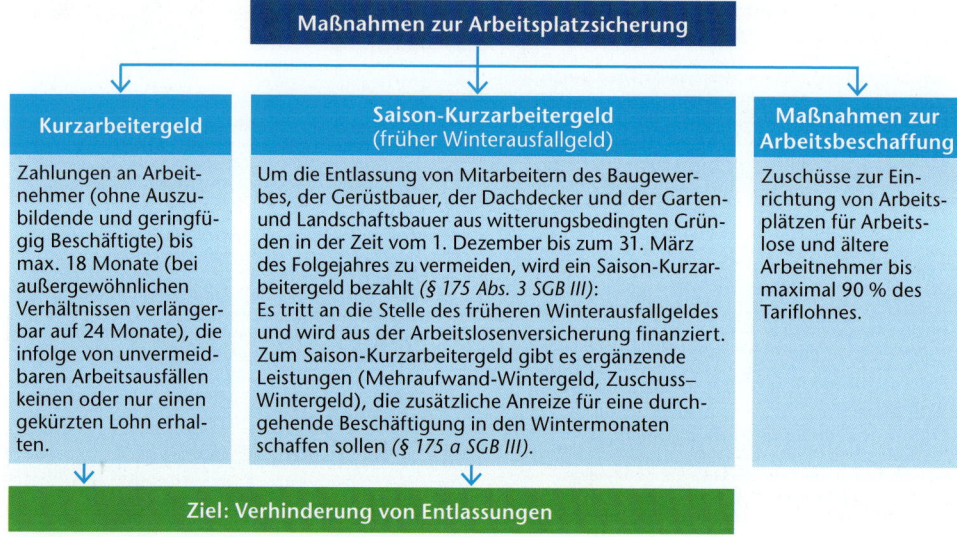

Maßnahmen zur Arbeitsplatzsicherung

Kurzarbeitergeld	Saison-Kurzarbeitergeld (früher Winterausfallgeld)	Maßnahmen zur Arbeitsbeschaffung
Zahlungen an Arbeitnehmer (ohne Auszubildende und geringfügig Beschäftigte) bis max. 18 Monate (bei außergewöhnlichen Verhältnissen verlängerbar auf 24 Monate), die infolge von unvermeidbaren Arbeitsausfällen keinen oder nur einen gekürzten Lohn erhalten.	Um die Entlassung von Mitarbeitern des Baugewerbes, der Gerüstbauer, der Dachdecker und der Garten- und Landschaftsbauer aus witterungsbedingten Gründen in der Zeit vom 1. Dezember bis zum 31. März des Folgejahres zu vermeiden, wird ein Saison-Kurzarbeitergeld bezahlt *(§ 175 Abs. 3 SGB III)*: Es tritt an die Stelle des früheren Winterausfallgeldes und wird aus der Arbeitslosenversicherung finanziert. Zum Saison-Kurzarbeitergeld gibt es ergänzende Leistungen (Mehraufwand-Wintergeld, Zuschuss–Wintergeld), die zusätzliche Anreize für eine durchgehende Beschäftigung in den Wintermonaten schaffen sollen *(§ 175 a SGB III)*.	Zuschüsse zur Einrichtung von Arbeitsplätzen für Arbeitslose und ältere Arbeitnehmer bis maximal 90 % des Tariflohnes.

Ziel: Verhinderung von Entlassungen

Sofortmeldung für schwarzarbeitträchtige Branchen

2009 wurde eine **Sofortmeldung** für besonders schwarzarbeitträchtige Branchen eingeführt. Der Arbeitgeber ist verpflichtet, noch vor der Aufnahme eines Beschäftigungsverhältnisses der Datenstelle der Deutschen Rentenversicherung eine Meldung zu erstatten, wenn die Beschäftigung in einer der folgenden neun besonders schwarzarbeitträchtigen Branchen stattfindet:

- Baugewerbe,
- Gaststätten- und Beherbergungsgewerbe,
- Personenbeförderungsgewerbe,
- Speditions-, Transport- und damit verbundenes Logistikgewerbe,
- Schaustellergewerbe,
- Unternehmen der Forstwirtschaft,
- Gebäudereinigungsgewerbe,
- Unternehmen, die sich am Auf- und Abbau von Messen und Ausstellungen beteiligen,
- Fleischwirtschaft.

Sofort – und unabhängig von der Monatsabrechnung – ist im Wege des bestehenden DEÜV-Meldeverfahrens zu melden:

- Familien- und Vorname,
- Versicherungsnummer (soweit bekannt),
- Betriebsnummer des Arbeitgebers,
- Tag der Beschäftigungsaufnahme.

Auf die gemeldeten Daten können neben den mit der Bekämpfung der Schwarzarbeit betrauten Ermittlungsbehörden und den Prüfdiensten der Rentenversicherungsträger auch die Unfallversicherungsträger zugreifen. Letztere können so überprüfen, ob ein Arbeitnehmer während des Bezugs von Leistungen aufgrund eines Arbeitsunfalls Schwarzarbeit leistet, und den Unternehmer in Regress nehmen.

Das Gesetz sieht weiter eine bußgeldbewährte Verpflichtung für Arbeitgeber in den genannten Branchen vor, Arbeitnehmer nachweislich und schriftlich darauf hinzuweisen, dass diese bei ihrer Tätigkeit auch einen Pass, Personalausweis, Pass- oder Ausweisersatz mitzuführen haben (§ 2a SchwarzArbG).

Finanzierung

Die Bundesagentur für Arbeit finanziert sich aus den Beiträgen aus der Arbeitslosenversicherung, aus Zahlungen des Bundes z. B. für Arbeitslosengeld II, Kindergeld und aus Steuermitteln. Der Bund garantiert die Zahlungsfähigkeit der Bundesagentur für Arbeit.

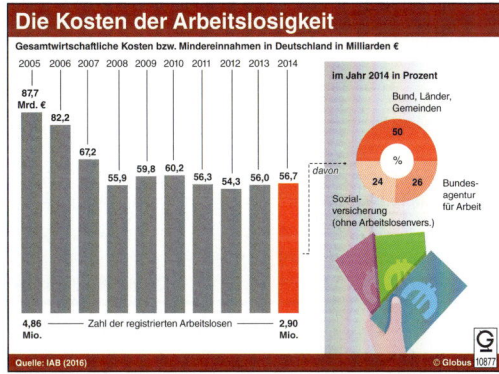

1.5.2.4 Gesetzliche Pflegeversicherung

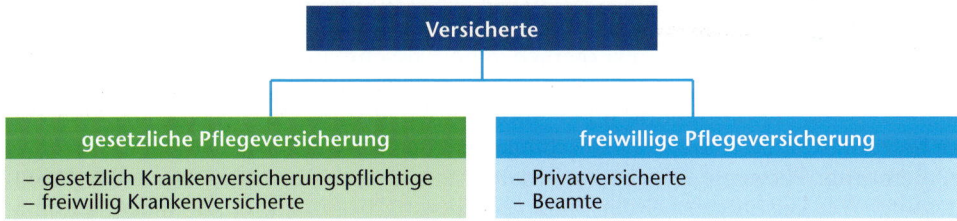

Aufgabe der gesetzlichen Pflegeversicherung ist die finanzielle Sicherung der Pflegeleistungen für jene Menschen, die bei den alltäglichen Verrichtungen der ständigen Hilfe bedürfen.

Versicherte
├─ **gesetzliche Pflegeversicherung**
│   – gesetzlich Krankenversicherungspflichtige
│   – freiwillig Krankenversicherte
└─ **freiwillige Pflegeversicherung**
    – Privatversicherte
    – Beamte

Leistungen

Die **Leistungen** richten sich nach einem 3-stufigen Grad der Bedürftigkeit.

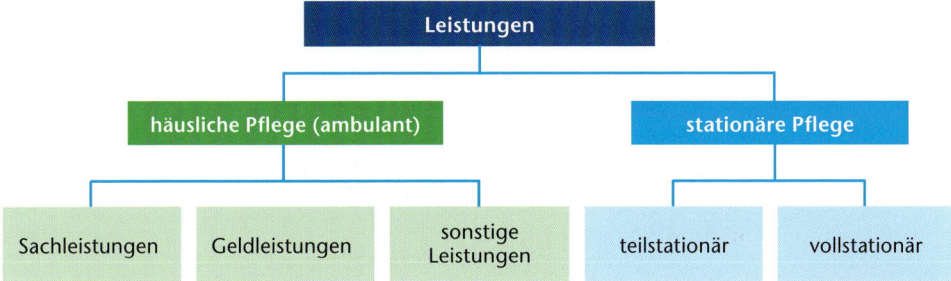

Leistungen
├─ **häusliche Pflege (ambulant)**
│   ├─ Sachleistungen
│   ├─ Geldleistungen
│   └─ sonstige Leistungen
└─ **stationäre Pflege**
    ├─ teilstationär
    └─ vollstationär

Die neuen Pflegeleistungen

Von 2017 an gibt es ein neues System für die Einstufung von Pflegebedürftigen:

alt			neu		
PFLEGE-STUFEN		Pflegegeld*	**PFLEGEGRADE**		Pflegegeld*
			5 schwerste** …		**901 €**
3	mit PEA	728 €	4 schwerste …	Beein-trächtigung der Selbst-ständigkeit	**728 €**
	ohne PEA	728 €			
2	mit PEA	545 €	3 schwere …		**545 €**
	ohne PEA	458 €			
1	mit PEA	316 €	2 erhebliche …		**316 €**
	ohne PEA	244 €			
0	mit PEA	123 €	1 geringe …		ggf. Zuschüsse

PEA = Personen mit erheblich eingeschränkter
          Alltagskompetenz (vor allem Demenzkranke)
 *für häusliche Pflege, ohne Sachleistungen und Leistungen für vollstationäre Pflege
**mit besonderen pflegerischen Anforderungen

dpa•24878   Quelle: Medizinischer Dienst des Spitzenverbandes der Krankenkassen (MDS)

Pflegestärkungsgesetz[1]

Der Gesetzgeber hat mit dem Zweiten Gesetz zur Stärkung der pflegerischen Versorgung und zur Änderung weiterer Vorschriften *(Zweites Pflegestärkungsgesetz – PSG II)* am 1. Januar 2016 eine grundsätzliche Überarbeitung und Neustrukturierung der Pflegeversicherung vorgenommen. Das neue Begutachtungsverfahren und die Umstellung von Pflegestufe auf Pflegegrad sollen außerdem zum 1. Januar 2017 wirksam werden.

Das Gesetz setzt den neuen Pflegebedürftigkeitsbegriff um. Damit erhalten erstmals alle Pflegedürftigen gleichberechtigten Zugang zu den Leistungen der Pflegeversicherung, unabhängig davon, ob sie von körperlichen oder psychischen Einschränkungen betroffen sind. Das Jahr 2016 dient der Vorbereitung des neuen Begutachtungsverfahrens in der Praxis und der Umstellung auf die fünf Pflegegrade sowie die neuen Leistungsbeträge bis zum 01.01.2017. Folgende Regelungen treten 2016 in Kraft:

- **Beratung:** Pflegende Angehörige erhalten einen eigenen Anspruch auf Pflegeberatung. Wer Leistungen bei der Pflegeversicherung beantragt, erhält zudem automatisch das Angebot für eine Pflegeberatung.
- **Anpassung der Rahmenverträge:** Die Rahmenverträge über die pflegerische Versorgung in den Ländern sind von den beteiligten Partnern der Selbstverwaltung an den neuen Pflegebedürftigkeitsbegriff anzupassen. Dazu gehören auch die Vorgaben zur Personalausstattung.
- **Pflegesätze und Personalschlüssel:** Vor Einführung der neuen Pflegegrade müssen Träger der Pflegeeinrichtungen, Sozialhilfeträger und Pflegekassen die Personalstruktur und die Personalschlüssel der Einrichtungen prüfen und bei Bedarf anpassen. Bis zum 30. September 2016 müssen sie neue Pflegesätze für die Pflegeheime vereinbaren. Bis Mitte 2020 soll ein wissenschaftlich gesichertes Verfahren zur Personalbedarfsbemessung entwickelt werden.

---

[1] *In Anlehnung an www.bmg.bund.de/themen/pflege/pflegestaerkungsgesetze/pflegestaerkungsgesetz-ii.html.*

Bereits das erste Pflegestärkungsgesetz, das am 1. Januar 2015 in Kraft getreten ist, sieht Leistungsverbesserungen vor, die auch schon umsetzen, was mit dem neuen Pflegebedürftigkeitsbegriff gewollt ist: eine bessere Berücksichtigung der individuellen Situation von Pflegebedürftigen und ihren Angehörigen und einen Abbau von Unterschieden im Umgang mit körperlichen und geistigen Einschränkungen. Mit dem Zweiten Pflegestärkungsgesetz folgen nun weitere Verbesserungen. Insgesamt stehen ab 2017 jährlich fünf Milliarden Euro zusätzlich für die Pflege zur Verfügung.

Rund 2,7 Millionen Pflegebedürftige werden zum 1. Januar 2017 automatisch in einen der neuen Pflegegrade übergeleitet. Menschen mit körperlichen Beeinträchtigungen werden automatisch von ihrer Pflegestufe in den nächst höheren Pflegegrad übergeleitet. Menschen, bei denen eine dauerhafte erhebliche Einschränkung der Alltagskompetenz festgestellt wurde, werden in den übernächsten Pflegegrad überführt. Alle, die bereits Pflegeleistungen erhalten, erhalten diese daher mindestens in gleichem Umfang weiter, die allermeisten erhalten mehr Unterstützung.

Auch in stationären Pflegeeinrichtungen gibt es Verbesserungen für alle Pflegebedürftigen. Ab 2017 gilt in jeder vollstationären Pflegeeinrichtung ein einheitlicher pflegebedingter Eigenanteil für die Pflegegrade 2 bis 5. Der pflegebedingte Eigenanteil steigt künftig nicht mehr mit zunehmender Pflegebedürftigkeit. Zudem erhalten alle Pflegebedürftigen einen Anspruch auf zusätzliche Betreuungsangebote in voll- und teilstationären Pflegeeinrichtungen.

Die Finanzierung erfolgt durch die soziale Pflegeversicherung.

Die soziale Absicherung von pflegenden Angehörigen wird verbessert. Die Pflegeversicherung wird für deutlich mehr pflegende Angehörige Rentenbeiträge entrichten. Dabei kommt es darauf an, in welchem Umfang die Pflege durch Pflegepersonen erbracht wird und in welchen Pflegegrad der Pflegebedürftige eingestuft ist. Auch die soziale Sicherung der Pflegepersonen im Bereich der Arbeitslosen- und der Unfallversicherung wird verbessert.

Pflegegrade

Ab 2017 werden körperliche, geistige und psychische Einschränkungen gleichermaßen erfasst und in die Einstufung einbezogen. Mit der Begutachtung wird der Grad der Selbstständigkeit in sechs verschiedenen Bereichen gemessen und – mit unterschiedlicher Gewichtung – zu einer Gesamtbewertung zusammengeführt. Daraus ergibt sich die Einstufung in einen Pflegegrad. Die sechs Bereiche sind:

1. Mobilität
2. Kognitive und kommunikative Fähigkeiten
3. Verhaltensweisen und psychische Problemlagen
4. Selbstversorgung
5. Bewältigung von und selbstständiger Umgang mit krankheits- oder therapiebedingten Anforderungen und Belastungen
6. Gestaltung des Alltagslebens und sozialer Kontakte

Bei der Festlegung des Pflegegrades fließen die zuvor genannten Module in unterschiedlicher Wertigkeit bzw. Prozentsätzen ein.

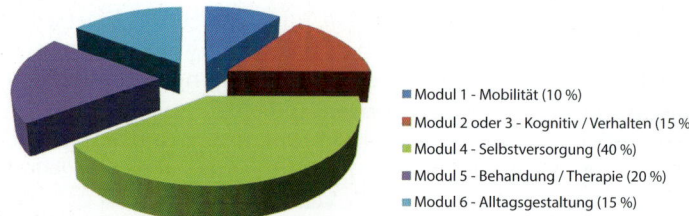

- ■ Modul 1 - Mobilität (10 %)
- ■ Modul 2 oder 3 - Kognitiv / Verhalten (15 %)
- ■ Modul 4 - Selbstversorgung (40 %)
- ■ Modul 5 - Behandlung / Therapie (20 %)
- ■ Modul 6 - Alltagsgestaltung (15 %)

Zur Ermittlung eines **Pflegegrades** werden die bei der Begutachtung festgestellten Einzelpunkte in jedem Modul addiert und – unterschiedlich gewichtet – in Form einer Gesamtpunktzahl abgebildet. Diese Gesamtpunkte ergeben die Zuordnung zum maßgeblichen Pflegegrad *(§ 15 SGB XI)*.

Der Pflegegrad wird mithilfe eines pflegefachlich begründeten **Begutachtungsinstruments** ermittelt.
- Pflegegrad 1: geringe Beeinträchtigung der Selbstständigkeit (ab 12,5 bis unter 27 Gesamtpunkte)
- Pflegegrad 2: erhebliche Beeinträchtigung der Selbstständigkeit (ab 27 bis unter 47,5 Gesamtpunkte)
- Pflegegrad 3: schwere Beeinträchtigung der Selbstständigkeit (ab 47,5 bis unter 70 Gesamtpunkte)
- Pflegegrad 4: schwerste Beeinträchtigung der Selbstständigkeit (ab 70 bis unter 90 Gesamtpunkte)
- Pflegegrad 5: schwerste Beeinträchtigung der Selbstständigkeit mit besonderen Anforderungen an die pflegerische Versorgung (ab 90 bis 100 Gesamtpunkte)

Die alten Pflegestufen werden den neuen Pflegegraden zugeordnet.[1]

Leistungen

Leistungen nach Pflegegrad (PG) in €	PG1*	PG2	PG3	PG4	PG5
Geldleistung ambulant		316,00	545,00	728,00	901,00
Sachleistung ambulant		689,00	1 298,00	1 612,00	1 995,00
Entlastungsbetrag ambulant (zweckgebunden)	125,00	125,00	125,00	125,00	125,00
Leistungsbetrag stationär	125,00	770,00	1 262,00	1 775,00	2 005,00
bundesdurchschnittlicher pflegebedingter Eigenanteil		580,00	580,00	580,00	580,00

Familienpflegezeitgesetz

Am 1. Januar 2015 ist das Gesetz zur Vereinbarkeit von Job und Pflege von Angehörigen *(Gesetz zur besseren Vereinbarkeit von Familie, Pflege und Beruf)* in Kraft getreten. Neben der 6-monatigen Pflegezeit nach dem *PflegeZG* sollen pflegende Angehörige nun die Möglichkeit haben, in einem Zeitraum von bis zu 2 Jahren zur häuslichen Pflege von nahen Angehörigen mit reduzierter Stundenzahl im Beruf weiterzuarbeiten.

---

[1] *In Anlehnung an www.kv-media.de/pflegereform-2016-2017.php.*

	Kurzzeitige pflegebedingte Arbeitsverhinderung	Pflegezeit (nach dem Pflegezeitgesetz)	Familienpflegezeit
Ankündigungsfrist	keine	zehn Arbeitstage	acht Wochen
Gilt für welche Unternehmen?	alle Unternehmen	Unternehmen mit mehr als **15** Beschäftigten	Unternehmen mit mehr als **25** Beschäftigten, Auszubildende zählen dabei nicht mit
Gilt für welche Arbeitnehmer?	alle Arbeitnehmer, auch befristet Beschäftigte und Minijobber		
Gilt für welche Angehörigen?	Ehegatten, Lebenspartner, Partner einer eheähnlichen Gemeinschaft, Großeltern, Eltern, Geschwister, Kinder, Adoptiv- und Pflegekinder, Enkelkinder sowie Schwiegereltern. Schwiegerkinder, Stiefeltern, Schwäger und Schwägerinnen und homosexuelle Partner, auch wenn keine eingetragene Lebenspartnerschaft besteht.		
Gilt für welche Grade von Pflegebedürftigkeit?	„voraussichtliche Pflegebedürftigkeit" (nach ärztlicher Bescheinigung)	mindestens Pflegestufe 1 (gilt nicht für Pflegestufe „Null")	
Dauer	bis zu zehn Arbeitstage	bis zu sechs Monate	bis zu 24 Monate (einschließlich der Pflegezeit)
Arbeitszeit	Auszeit vom Job	wahlweise Auszeit oder Teilzeit	nur Teilzeit mit mindestens 15 Wochenarbeitsstunden[1]
Finanzieller Ausgleich	ja, Pflegeunterstützungsgeld	rückzahlbares zinsloses Darlehen, durch das die Einkommensminderung teilweise ausgeglichen wird	
Kündigungsschutz	ja, von der Ankündigung bis zur Beendigung der Arbeitsverhinderung	ja, von der Ankündigung bis zur Beendigung der Pflegezeit	ja, von der Ankündigung bis zur Beendigung der Familienpflegezeit

Quelle: IG BCE, www.igbce.de/download/68446-92542/3/gesetzliche-instrumente-job-und-pflege.pdf, Zugriff am 25.08.2016

Finanzierung

Die Finanzierung erfolgt durch anteilige Beiträge der Arbeitnehmer (AN) und der Arbeitgeber (AG). Bei Rentnern gilt der gleiche Prozentsatz wie bei Erwerbstätigen (Hälfte Rentner selbst, Hälfte RV). Leistungsbezieher der Agentur für Arbeit erhalten die kompletten Beiträge von der Bundesagentur für Arbeit. Der Beitragsanteil zur gesetzlichen PV beträgt bis zur Beitragsbemessungsgrenze der KV für:

---

[1]   Das FPfZG enthält keine Regelungen über die steuerliche Behandlung der einzelnen Phasen der Familienpflegezeit. Während der Familienpflegezeit erhalten Arbeitnehmer eine Entgeltaufstockung in Höhe der Hälfte der Differenz zwischen dem bisherigen Arbeitsentgelt und dem Arbeitsentgelt, das sich infolge der Reduzierung der Arbeitszeit ergibt (bspw. Entgeltaufstockung auf 75 % des letzten Bruttoeinkommens, wenn ein Vollzeitbeschäftigter seine Arbeitszeit auf 50 % reduziert). Zum Ausgleich wird dem Arbeitnehmer später bei voller Arbeitszeit weiterhin nur das reduzierte Gehalt (bspw. Entgelt in Höhe von 75 % des letzten Bruttoeinkommens bei 100 % Arbeitszeit) gewährt, bis ein Ausgleich des „negativen" Wertguthabens erfolgt ist. Die Summe aus dem verringerten (regulären) Arbeitsentgelt und der Entgeltaufstockung des Arbeitgebers nach § 3 Abs. 1 Nr. 1b FPfZG bildet den steuerpflichtigen Arbeitslohn (vgl. BMF vom 23.05.2012, Az: IV C 5 - S 1901/11/10005).

Arbeitnehmer, die ihre Elternschaft gegenüber dem Arbeitgeber nachweisen; Arbeitnehmer bis zum Ablauf des Monats, in dem sie das 23. Lebensjahr vollendet haben; Arbeitnehmer, die vor dem 01.01.1940 geboren wurden; Teilnehmer/-innen am Bundesfreiwilligendienst.			Sachsen
	Anteil AN	1,275 %	1,775 %
	+ Anteil AG	1,275 %	0,775 %
	= Gesamtanteil	2,550 %	2,550 %
Kinderlose Arbeitnehmer, die nicht unter die vorgenannten Gruppen fallen.	Anteil AN	1,525 %	2,025 %
	+ Anteil AG	1,275 %	0,775 %
	= Gesamtanteil	2,800 %	2,800 %

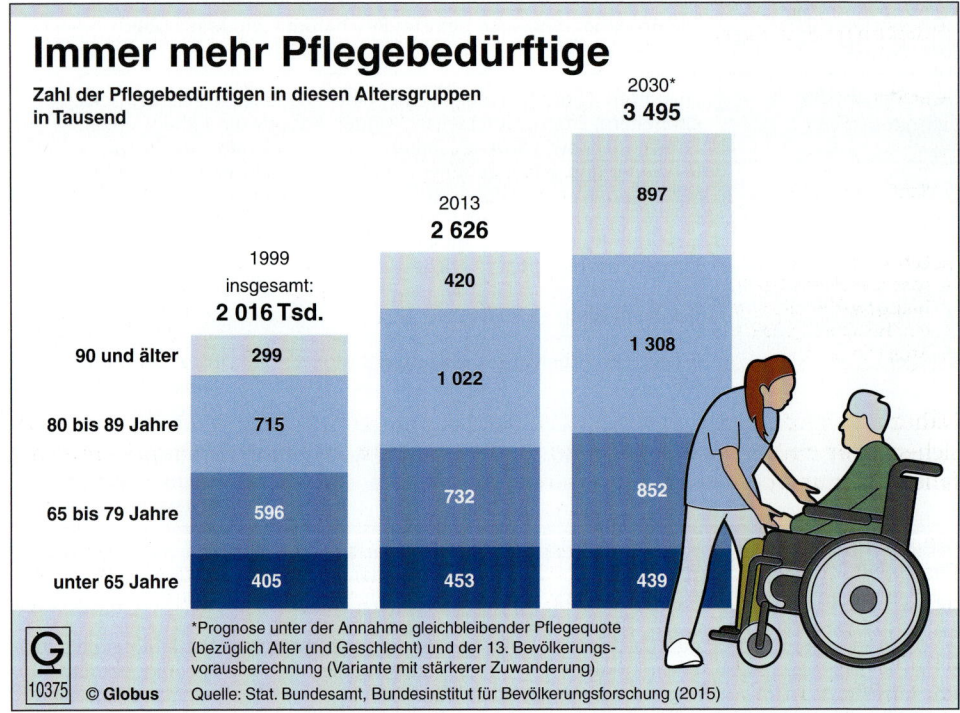

Immer mehr Pflegebedürftige

Zahl der Pflegebedürftigen in diesen Altersgruppen in Tausend

1999 insgesamt: **2 016 Tsd.**

2013 **2 626**

2030* **3 495**

	1999	2013	2030*
90 und älter	299	420	897
80 bis 89 Jahre	715	1 022	1 308
65 bis 79 Jahre	596	732	852
unter 65 Jahre	405	453	439

*Prognose unter der Annahme gleichbleibender Pflegequote (bezüglich Alter und Geschlecht) und der 13. Bevölkerungsvorausberechnung (Variante mit stärkerer Zuwanderung)

10375 © Globus   Quelle: Stat. Bundesamt, Bundesinstitut für Bevölkerungsforschung (2015)

1.5.2.5 Gesetzliche Unfallversicherung

Die gesetzliche Unfallversicherung umfasst zwei Aufgabenbereiche:

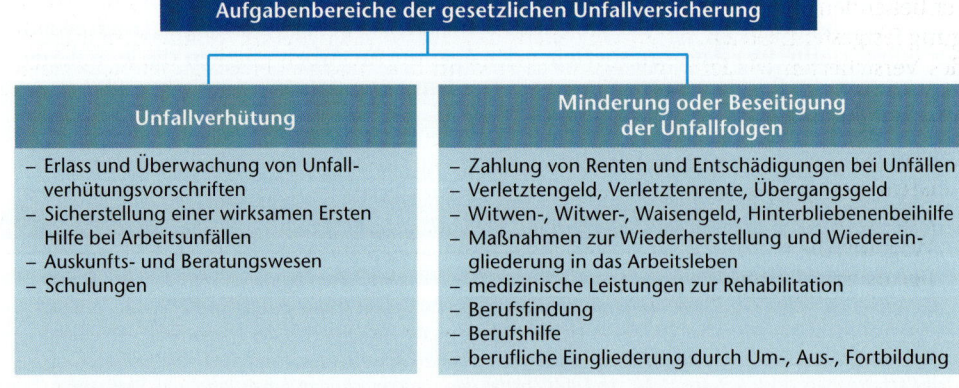

Aufgabenbereiche der gesetzlichen Unfallversicherung

Unfallverhütung	Minderung oder Beseitigung der Unfallfolgen
– Erlass und Überwachung von Unfallverhütungsvorschriften – Sicherstellung einer wirksamen Ersten Hilfe bei Arbeitsunfällen – Auskunfts- und Beratungswesen – Schulungen	– Zahlung von Renten und Entschädigungen bei Unfällen – Verletztengeld, Verletztenrente, Übergangsgeld – Witwen-, Witwer-, Waisengeld, Hinterbliebenenbeihilfe – Maßnahmen zur Wiederherstellung und Wiedereingliederung in das Arbeitsleben – medizinische Leistungen zur Rehabilitation – Berufsfindung – Berufshilfe – berufliche Eingliederung durch Um-, Aus-, Fortbildung

Versicherte

Die gesetzliche Unfallversicherung unterscheidet zwischen Pflichtversicherten und freiwillig Versicherten.

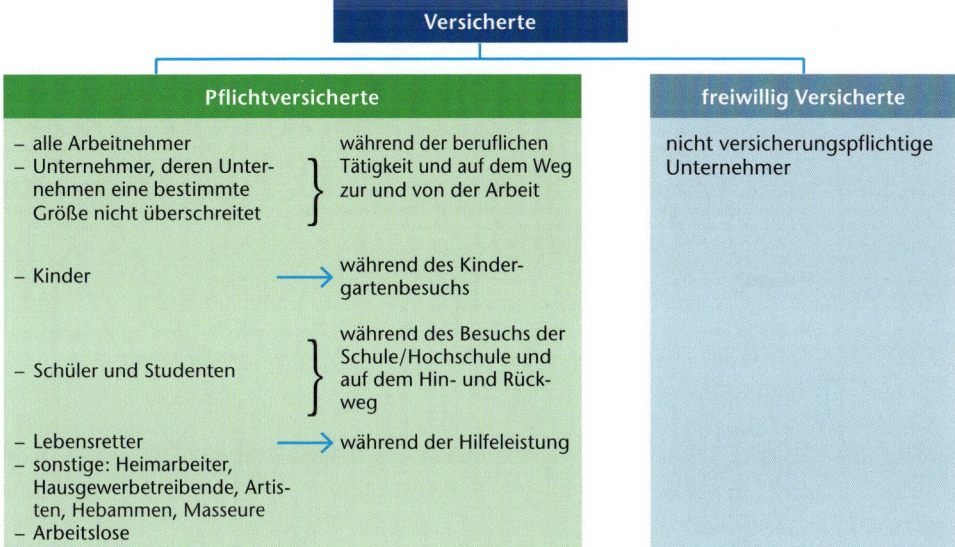

Nahezu die gesamte Bevölkerung ist in der gesetzlichen Unfallversicherung pflichtversichert. Nur einige Personengruppen, die anderweitig abgesichert sind (z. B. Beamte), fallen nicht unter die Zwangsmitgliedschaft.

Maßnahmen im Bereich der Unfallverhütung

Die Unfallverhütung ist ein Schwerpunkt der Unfallversicherung. Zu diesem Zweck werden von den **Berufsgenossenschaften** (Unfallversicherungsträgern) Unfallverhütungsvorschriften erlassen, die für die betroffenen Unternehmen verbindlich und den Arbeitnehmern bekannt zu geben sind. Ziel der Vorschriften ist der Schutz der Arbeitnehmer vor Unfällen und Berufskrankheiten und die ordnungsgemäße Einrichtung und Erhaltung der Betriebsstätten, Maschinen und Gerätschaften. Die Berufsgenossenschaften überwachen die Einhaltung der Vorschriften. Bei Verstößen können hohe Bußgelder (bis 10 000,00 €) verhängt werden.

Maßnahmen zur Milderung und Beseitigung der Unfallfolgen

Der Unternehmer ist verpflichtet, jeden Unfall unverzüglich zu melden. In einem anschließenden Untersuchungsverfahren werden Art, Umfang und Ursache der Schädigung festgestellt. Gleichzeitig wird geklärt, ob und in welcher Form die Erwerbsfähigkeit des Versicherten wiederhergestellt werden kann bzw. in welcher Höhe bei bleibenden Unfallfolgen oder bei Tod des Versicherten Rente zu zahlen ist.

Leistungen

Leistungsansprüche entstehen durch:
- Arbeitsunfälle,
- Wegeunfälle,
- Berufskrankheiten.

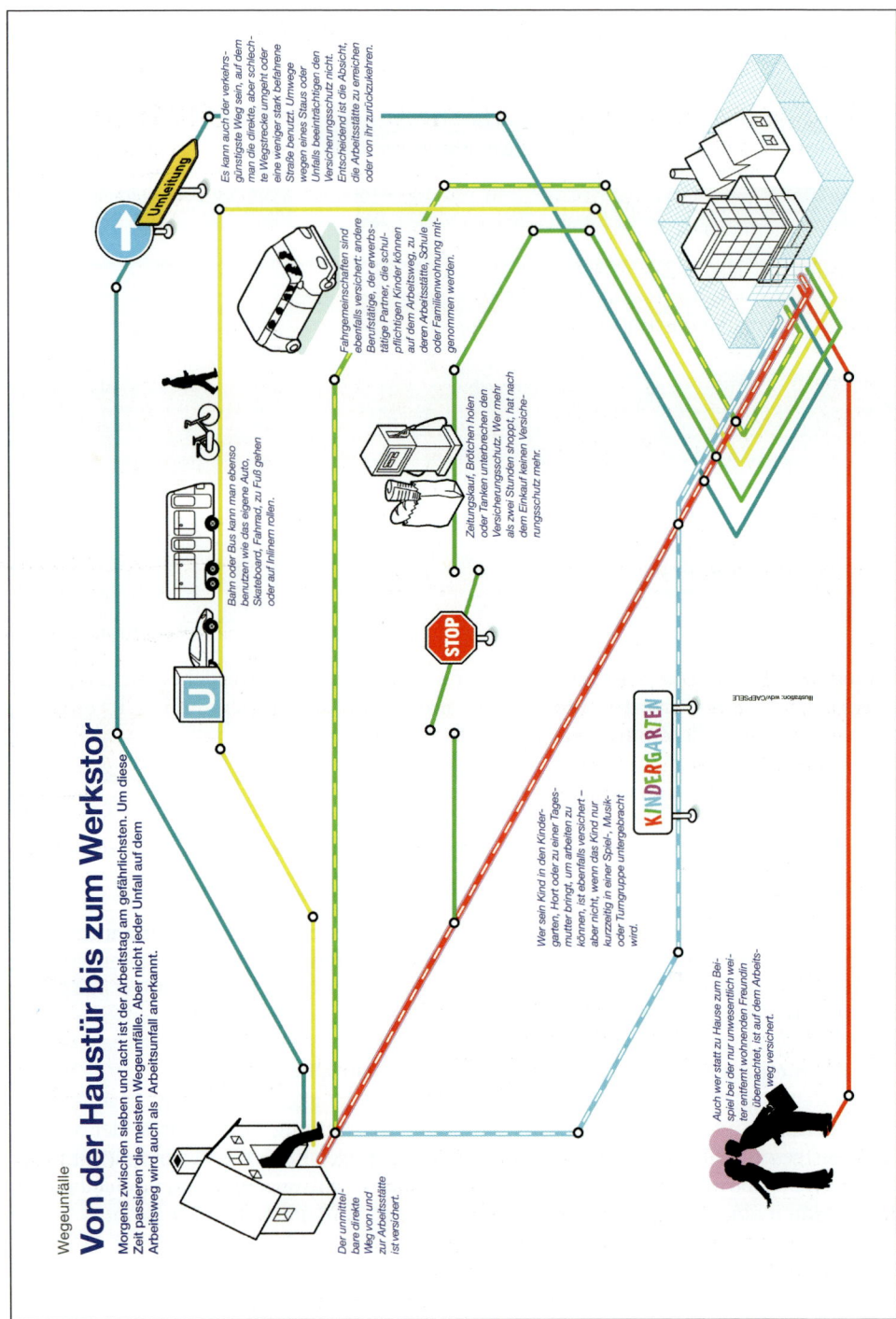

Wegeunfälle

Von der Haustür bis zum Werkstor

Morgens zwischen sieben und acht ist der Arbeitstag am gefährlichsten. Um diese Zeit passieren die meisten Wegeunfälle. Aber nicht jeder Unfall auf dem Arbeitsweg wird auch als Arbeitsunfall anerkannt.

Der unmittelbare direkte Weg von und zur Arbeitsstätte ist versichert.

Bahn oder Bus kann man ebenso benutzen wie das eigene Auto, Skateboard, Fahrrad, zu Fuß gehen oder auf Inlinern rollen.

Es kann auch der verkehrsgünstigste Weg sein, auf dem man die direkte, aber schlechte Wegstrecke umgeht oder eine weniger stark befahrene Straße benutzt. Umwege wegen eines Staus oder Unfalls beeinträchtigen den Versicherungsschutz nicht. Entscheidend ist die Absicht, die Arbeitsstätte zu erreichen oder von ihr zurückzukehren.

Fahrgemeinschaften sind ebenfalls versichert: andere Berufstätige, der erwerbstätige Partner, die schulpflichtigen Kinder können auf dem Arbeitsweg, zu deren Arbeitsstätte, Schule oder Familienwohnung mitgenommen werden.

Zeitungskauf, Brötchen holen oder Tanken unterbrechen den Versicherungsschutz. Wer mehr als zwei Stunden shoppt, hat nach dem Einkauf keinen Versicherungsschutz mehr.

Wer sein Kind in den Kindergarten, Hort oder zu einer Tagesmutter bringt, um arbeiten zu können, ist ebenfalls versichert – aber nicht, wenn das Kind nur kurzzeitig in einer Spiel-, Musik- oder Turngruppe untergebracht wird.

Auch wer statt zu Hause zum Beispiel bei der nur unwesentlich weiter entfernt wohnenden Freundin übernachtet, ist auf dem Arbeitsweg versichert.

Illustration: vdv/CAEPSELLE

Quelle: VBG, Sicherheitsreport Ausgabe 3/2011, S. 11, www.vbg.de

Der Versicherte bzw. seine Hinterbliebenen können folgende **Leistungen** erhalten:

- **Heilbehandlung**,

- **Übergangsgeld** für die Dauer der unfallbedingten Arbeitsunfähigkeit, sofern der Versicherte keinen Arbeitsverdienst oder Krankengeld erhält,

- **Berufshilfe** zur Wiedereingliederung in das Arbeitsleben; kann der Versicherte seine bisherige Berufstätigkeit nicht wieder aufnehmen, so werden ggf. die Ausbildungskosten für einen anderen Beruf übernommen,

- **Verletztenrente**, wenn die Unfallfolgen eine Erwerbsminderung von mindestens 20 % verursachen,

- **Sterbegeld**,

- **Hinterbliebenenrente**, wenn der Versicherte an den Unfallfolgen oder einer Berufskrankheit gestorben ist (Anspruchsberechtigte sind Witwer, Witwen, Eltern und Kinder),

- **Abfindungszahlungen** anstelle von Verletztenrenten bzw. Hinterbliebenenrenten.

Risiko am Arbeitsplatz

Tödliche Arbeits- und Wegeunfälle im Bereich der gewerblichen Berufsgenossenschaften und der Unfallversicherung der öffentlichen Hand (ohne Schüler-Unfallversicherung)

2004: 1 274; 2005: 1 208; 2006: 1 246; 2007: 1 122; 2008: 1 030; 2009: 818; 2010: 886; 2011: 892; 2012: 886; 2013: 772; 2014*: 795

Aufteilung 2014*
Arbeitsunfälle 473 · Wegeunfälle 322

Quelle: DGUV   *vorläufig   © Globus   10262

Erweitertes Meldeverfahren

Bisher hatten die Unternehmer nach Ablauf eines jeden Kalenderjahres den sogenannten **Lohnnachweis** an den Unfallversicherungsträger in Papierform oder online zu melden. Die Löhne und Gehälter der Beschäftigten wurden dabei je nach Art der Tätigkeit unter den verschiedenen Gefahrtarifstellen nachgewiesen. Ab 2018 entfällt der Lohnnachweis.

Bei kleinen und mittleren Unternehmen erfolgt die Beitragsüberwachung der Unfallversicherung zusammen mit der Prüfung des Gesamtsozialversicherungsbeitrages durch den Prüfdienst der Deutschen Rentenversicherung. Dabei soll jede Prüfung mit
- einer einheitlichen Informationsgrundlage über den Betrieb,
- gleichen Planungsdaten für die Prüfungsdauer,
- einheitlichen fachlichen und inhaltlichen Informationen und
- gleichartiger technischer Unterstützung
durchgeführt werden.

Der Prüfdienst der Rentenversicherung stellt u.a. fest, ob die Unternehmer die zur Berechnung der Beiträge zu berücksichtigenden Arbeitsentgelte der Beschäftigten ordnungsgemäß angegeben und den jeweiligen **Gefahrentarifstellen** richtig zugeordnet haben.

Um den Mittelstand von Bürokratie zu entlasten, sollte die Finanzverwaltung die LSt-Prüfung mit dem Prüfdienst der Rentenversicherung abstimmen, um einheitliche Prüfungstermine zu vereinbaren.

Finanzierung

Die gesetzliche Unfallversicherung wird über ein **Umlageverfahren** nach dem Prinzip der nachträglichen Bedarfsdeckung allein durch die **Beiträge der Unternehmen** finanziert. Die Lohnsumme, gestaffelt nach Gefahrenklassen, gilt als Bemessungsgrundlage für die Beitragshöhe. Unternehmen, die geringere Unfallquoten und -kosten als vergleichbare Betriebe aufweisen, werden Beitragsnachlässe oder auch Prämien für den Ausbau der betrieblichen Sicherheit gewährt.

Trotz der rückläufigen Zahl der Unfälle und Rentenempfänger steigen die Leistungen und damit die Ausgaben an und auch für die Zukunft ist mit einem weiteren Anstieg zu rechnen. Oft ergeben sich aus den persönlichen Schicksalen der Unfallopfer und der Hinterbliebenen Probleme, weil die Versorgung aus der gesetzlichen Unfallversicherung nicht mehr zur Aufrechterhaltung des früheren Lebensstandards ausreicht, auch wenn diese Leistungen vielfach über denen der übrigen gesetzlichen Sozialversicherungsträger liegen.

1.5.2.6 Sonstige Maßnahmen der sozialen Sicherung

Sozialhilfe

Sozialhilfe umfasst nach dem SGB XII alle Hilfen, die einem Menschen in einer individuellen Notlage von öffentlicher oder privater Seite für eine selbstbestimmte und menschenwürdige Lebensführung gewährt werden, soweit keine Hilfe für Arbeitsfähige nach dem SGB XII auf Arbeitslosengeld II besteht.

Die staatliche Sozialhilfe ist das letzte vom Staat gewährte Mittel, Notlagen eines Bedürftigen, der keine Hilfe mehr von anderen erhält, zu beheben.

Träger der Sozialhilfe	
öffentlich örtliche Träger	Kreisfreie Städte und Landkreise mit ihren Sozialämtern
öffentlich überörtliche Träger	Landschaftsverbände, Landeswohlfahrtsverbände
nichtstaatliche Träger	Freie Wohlfahrtsverbände in Kooperation mit den öffentlichen Trägern

Leistungen

Geld- und Sachleistungen, individuelle Betreuung

Hilfe zum Lebensunterhalt	Hilfe in besonderen Lebenslagen

– laufend
 nach Regelsätzen   **– einmalig**
                   Beispiele:
                   Kleidung, Hausrat
	Beispiele:
	 Aufbau/Sicherung der Lebensgrundlagen, Aus-
	 bildungs-, Gesundheits-, Kranken-, Eingliede-
	 rungs-, Blinden- und Altenhilfe, Hilfe zur Pflege

Grundsicherung

Die Grundsicherung ist eine eigenständige, bedürftigkeitsabhängige Sozialleistung (Grundsicherung geht vor Sozialhilfe).

Jedem, der durch Alter oder dauerhafte Erwerbsminderung endgültig aus dem Erwerbsleben ausgeschieden ist und dessen Einkommen oder Vermögen für den notwendigen Lebensunterhalt nicht ausreicht, soll es nach dem *SGB XII, Kap. 4* durch einen menschenwürdigen Unterhalt ermöglicht werden, keine Sozialhilfe beantragen zu müssen. **Anspruch** auf Grundsicherung besteht immer dann, wenn die Rente bzw. das Gesamteinkommen einen nach der Sozialhilfe berechneten Leistungsanspruch (Regelsatz, angemessene Aufwendungen für Heizung und Unterkunft, Mehrbedarf, Kranken- und Pflegeversicherungsbeiträge) nicht übersteigt. Die Leistungen der Grundsicherung beginnen mit der Antragstellung und sind steuerfrei. Eigene Einkommens- und Vermögensbestandteile (außer geringem Barvermögen, Hausrat, angemessenem Grundstück mit Haus) werden angerechnet. Jährliche Einkommensgrößen von Kindern und Eltern des Bedürftigen über 100 000,00 € verhindern einen Anspruch auf Grundsicherung *(§ 16 SGB IV)*.

Wohngeld
Wohngeld wird auf Antrag als Zuschuss zu den Wohnraumaufwendungen zur Sicherung angemessenen und familiengerechten Wohnens gewährt.

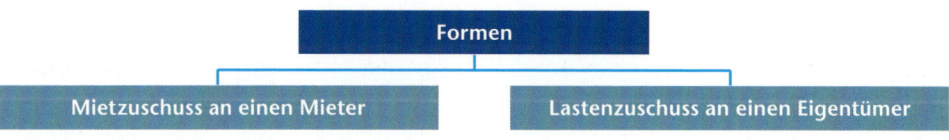

Formen	
Mietzuschuss an einen Mieter	Lastenzuschuss an einen Eigentümer

Kindergeld
Kindergeldzahlungen sind eine familienpolitische Maßnahme des Staates, Lasten von Erziehungsberechtigten mit Kindern gegenüber denjenigen ohne Kinder auszugleichen oder zu mildern. Mit Kindergeld und Steuererleichterungen will der Staat dafür sorgen, dass niemand aus wirtschaftlichen Gründen auf Kinder verzichten muss. Kindergeld wird auf Antrag von der Familienkasse (organisatorisch der Bundesagentur für Arbeit zugeordnet) aus Mitteln des Bundes gezahlt. Öffentliche Arbeitgeber zahlen das Kindergeld direkt an die Bediensteten aus.

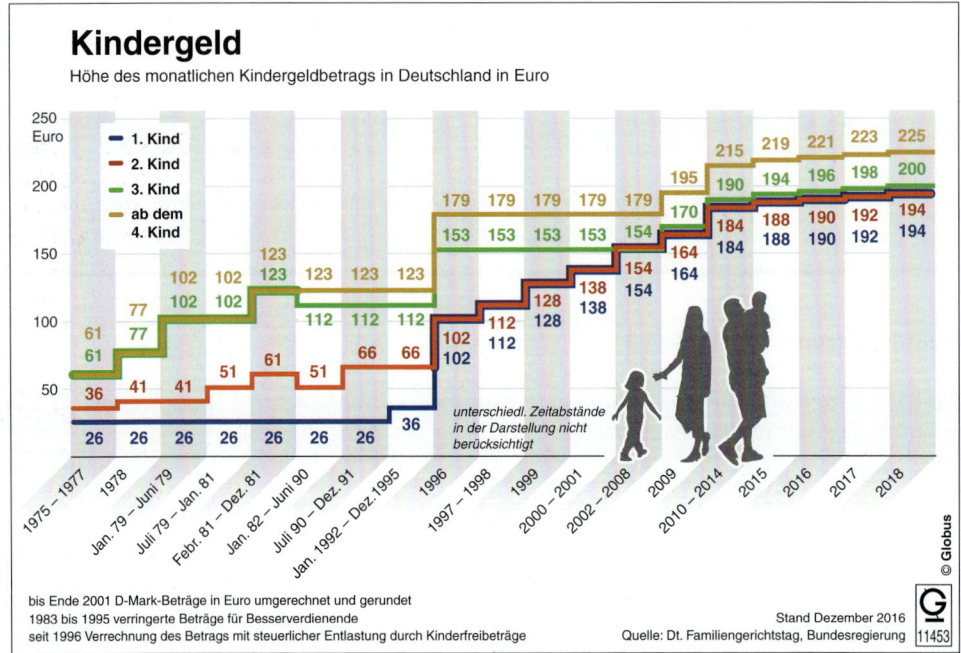

Kindergeld

Höhe des monatlichen Kindergeldbetrags in Deutschland in Euro

(Legende:)
- 1. Kind
- 2. Kind
- 3. Kind
- ab dem 4. Kind

unterschiedl. Zeitabstände in der Darstellung nicht berücksichtigt

bis Ende 2001 D-Mark-Beträge in Euro umgerechnet und gerundet
1983 bis 1995 verringerte Beträge für Besserverdienende
seit 1996 Verrechnung des Betrags mit steuerlicher Entlastung durch Kinderfreibeträge

Stand Dezember 2016
Quelle: Dt. Familiengerichtstag, Bundesregierung

© Globus
11453

Ausbildungsförderung

Ausbildungsförderung ist eine finanzielle staatliche Zuwendung für die in Ausbildung befindlichen Jugendlichen, wenn dem Auszubildenden die für seinen Lebensunterhalt und seine Ausbildung erforderlichen Mittel nicht zur Verfügung stehen. Das Berufsausbildungsförderungsgesetz *(BAföG)* gewährt Ausbildungsförderung für den Besuch von:

- weiterführenden allgemein bildenden Schulen und Fachoberschulen,
- Abendschulen und Berufsaufbauschulen,
- Berufsfachschulen,
- Höheren Fachschulen und Akademien,
- Hochschulen.

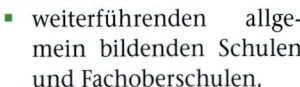

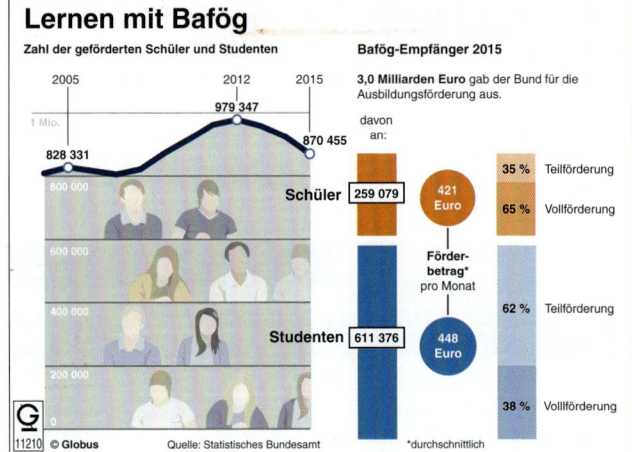

Lernen mit Bafög

Zahl der geförderten Schüler und Studenten

2005   2012   2015

1 Mio.

979 347

828 331

870 455

Schüler 259 079

Studenten 611 376

11210 © Globus   Quelle: Statistisches Bundesamt

Bafög-Empfänger 2015

3,0 Milliarden Euro gab der Bund für die Ausbildungsförderung aus.

davon an:

421 Euro

35 % Teilförderung
65 % Vollförderung

Förderbetrag* pro Monat

448 Euro

62 % Teilförderung

38 % Vollförderung

*durchschnittlich

1.5.2.7 Altersvorsorge nach dem Altersvermögensgesetz *(AVmG)*

Das gesetzliche Rentensystem funktioniert nach dem Umlagesystem auf der Grundlage des Generationenvertrages. Die Erwerbstätigen bezahlen mit ihren Beiträgen weitestgehend die Renten der Rentner.

Die **gesamte Altersvorsorge** sollte neben der **gesetzlichen** Rentenversicherung auch die **private** und **betriebliche** Altersvorsorge umfassen.

Private Altersvorsorge

Zur Sicherung des Lebensstandards im Alter fördert der Staat eine stärkere eigenständige Altersvorsorge nach dem sogenannten **Drei-Schichten-Modell**[1] (Basisversorgung, staatlich geförderte Zusatzversorgung, private Kapitalanlage).

Die private Vorsorge baut sich nach dem Prinzip der Kapitaldeckung auf, d.h., die Versicherten zahlen Beiträge ein und erhalten im Alter diese angesparten Kapitalerträge (vermehrt um Zinsen und vermindert um Verwaltungsaufwendungen) als Rente ausgezahlt. Die Bundesanstalt für Finanzdienstleistungsaufsicht **(BaFin)** kontrolliert und zertifiziert, ob die am Markt angebotenen Produkte den gesetzlichen Vorgaben entsprechen.

Die **Basis-Rente** (auch „**Rürup-Rente**" genannt) ist eine steuerlich geförderte Altersvorsorge im Rahmen einer freiwilligen, privaten kapitalgedeckten Rentenversicherung. Die Basis-Rente ist insbesondere für Freiberufler und Selbstständige interessant, die in der Regel nicht in die gesetzliche Rentenversicherung einzahlen. Die Beiträge zum Aufbau einer Basis-Rente sind im Rahmen der gesetzlichen Höchstbeträge als Sonderausgaben **absetzbar**, wenn

- der Versicherungsvertrag nur die Zahlung einer monatlichen lebenslangen Leibrente vorsieht,
- die Rente erst nach Vollendung des 60. Lebensjahres beginnt,
- die Ansprüche aus dem Versicherungsvertrag weder vererbt, beliehen, veräußert noch kapitalisiert werden können.

Steuerlich begünstigte zertifizierte Vertragstypen sind:
- Private Rentenversicherungsverträge
- Investmentfonds-Sparpläne
- Banksparpläne

Zu den Altersvorsorgebeiträgen gehören auch die aus dem individuell versteuerten Arbeitslohn eines Arbeitnehmers oder eines Rentners, der eine Erwerbsminderungsrente bezieht, geleisteten Beträge an einen Pensionsfonds, eine Pensionskasse oder eine Direktversicherung („**Riester-Rente**"). Nach *§ 82 Abs. 4 AVmG* scheiden solche Aufwendungen aus der zusätzlichen Förderung aus, wenn für die Aufwendungen
- eine Arbeitnehmersparzulage nach dem *5. VermBG* gewährt wird,
- eine Wohnungsbauprämie gezahlt wird oder
- ein Sonderausgabeabzug nach *§ 10 EStG* möglich ist.

---

[1] *Vgl. Seite 66.*

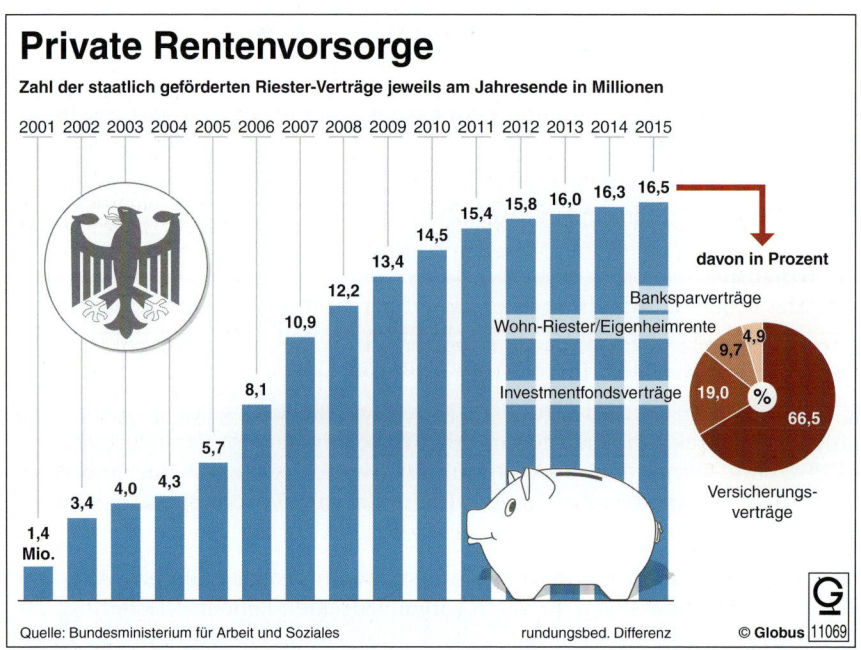

Private Rentenvorsorge

Zahl der staatlich geförderten Riester-Verträge jeweils am Jahresende in Millionen

2001 2002 2003 2004 2005 2006 2007 2008 2009 2010 2011 2012 2013 2014 2015

16,5
16,3
16,0
15,8
15,4
14,5
13,4
12,2
10,9
8,1
5,7
4,3
4,0
3,4
1,4 Mio.

davon in Prozent

Banksparverträge
Wohn-Riester/Eigenheimrente   4,9
9,7
Investmentfondsverträge   19,0   %
66,5

Versicherungs-
verträge

Quelle: Bundesministerium für Arbeit und Soziales   rundungsbed. Differenz   © Globus 11069

Betriebliche Altersvorsorge nach dem Betriebsrentengesetz (BetrAVG)

Man spricht von betrieblicher Altersversorgung *(§ 1 BetrAVG)*, wenn der Arbeitgeber Arbeitnehmern aufgrund eines Arbeitsverhältnisses Versorgungsleistungen bei Alter, Invalidität oder Tod zusagt. Die Finanzierung kann durch den Arbeitgeber und/oder den Arbeitnehmer **(Entgeltumwandlung)** erfolgen.

Für die Abwicklung stehen mehrere Möglichkeiten zur Verfügung:
- Direktversicherung, berufsständische Versorgungswerke, öffentliche rechtliche Versorgungswerke *(§ 3 Nr. 62 EStG)*,
- Pensionsfonds, Pensionskassen und Direktversicherungen *(§ 3 Nr. 63 EStG)*,
- Unterstützungskassen *(§ 4 d EStG)*,
- Pensionsfonds *(§ 4 e EStG)*,
- Direktzusagen *(§ 6 a EStG)*,
- bestimmte Pensionsfonds, Pensionskassen und Direktversicherungen *(§ 10 a EStG)*,
- Pensionskassen *(§ 40 b EStG)*

Steuer- und sozialversicherungsrechtliche Auswirkungen

In diesem Zusammenhang sind neben den finanziellen und verwaltungsmäßigen Belastungen der einzelnen Durchführungswege auch deren steuer- und sozialversicherungsrechtliche Behandlung von Bedeutung.

Begünstigte Arbeitnehmer sind alle Arbeitnehmer in einem abhängigen Beschäftigungsverhältnis, Versicherte während einer anzurechnenden Kindererziehungszeit bis 3 Jahre, freiwillig Wehrdienstleistende, Bundesfreiwilligendienstleistende, geringfügig Beschäftigte (soweit sie auf die Rentenversicherungsfreiheit verzichtet haben), Bezieher von Lohnersatzleistungen *(z. B. Kranken- und Arbeitslosengeldbezieher)* sowie rentenversicherungspflichtige Selbstständige.

Direkt-versicherung	Pensions-kasse	Pensions-fonds	Unterstüt-zungskasse	Direktzusage/Pensionszusage
Das Unternehmen lagert die Verpflichtung zur Erfüllung der Versorgungszusage auf einen externen Versorgungsträger – z. B. Versicherungsunternehmen – aus.				Die Pensionszusage zahlt das Unternehmen selbst an die Rentenempfänger aus.
Bis zu 4 % der jährlichen BBG[1] der gesetzlichen RV kann jeder Beschäftigte von seinem Bruttolohn durch eine Entgeltumwandlung in einer Pensionskasse, einem Pensionsfonds oder einer Direktversicherung anlegen (*§ 1a BetrAVG*), auf weitere 1 800,00 € Einzahlungen des AN in die bAV fallen keine Steuern, aber Sozialabgaben an. Folgen: – Bei Entgeltumwandlung „sparen" AN und AG bis zu 4 % der BBG der gesetzlichen RV Sozialversicherungsabgaben (AN-Teil; AG-Anteil). – Die Entgeltumwandlung mindert damit den zukünftigen Rentenanspruch des AN; dies kann sich auf die Höhe von Kranken- und Arbeitslosengeld sowie die Erwerbsminderungsrente auswirken.				Es gelten nicht die nebenstehenden Einzahlungsobergrenzen; es können steuersparend auch höhere Beträge eingezahlt werden. **Problem:** Je geringer der rechnerische Zins ist, desto mehr Geld muss das Unternehmen zurücklegen, um für die Zukunft bereits zugesagte Pensionsansprüche erfüllen zu können.

Ansparphase:
- Alle Beitragsanteile bis zu 4 % der BBG der gesetzlichen RV sind während der Einzahlungsphase nicht lohnsteuer- und nicht sozialversicherungspflichtig (*§ 3 Nr. 63 und 56 EStG*).
- Die Entgeltumwandlung führt beim AG zur Senkung von Lohnnebenkosten durch Einsparung von SV-Beiträgen.
- Nach *§ 5 LStDV* sind besondere Aufzeichnungs-, Mitteilungs- und Aufbewahrungspflichten zu beachten.

Auszahlungsphase:
- Die bAV ist als „sonstige Einkünfte" (*§ 22 Nr. 5 S. 1 EStG*) lohnsteuerpflichtig[2]. Das gilt für laufende Rentenleistungen und einmalige Kapitalauszahlungen.
- Der Altersentlastungsbetrag wird stufenweise bis 2040 abgebaut (*§ 24a EStG*).
- Werbungskosten-Pauschalbetrag (*§ 9a S. 1 Nr. 3 EStG*).
- Auch Zinserträge gelten als sonstige Einkünfte (kein Sparerfreibetrag).
- Personen, die gesetzlich krankenversichert sind, müssen auf die im Alter ausgezahlte bAV die vollen KV- und PV-Beiträge zahlen.
- Personen, die privat krankenversichert sind, zahlen von der bAV **keine** KV- und PV-Beiträge.

Ansparphase:
- Während der Anwartschaftsphase sind die eingezahlten Beiträge in unbegrenzter Höhe lohnsteuerfrei (*§ 3 Nr. 66 EStG*).
- Für Unternehmen sind die Einzahlungen als Betriebsausgaben steuerlich absetzbar.
- Die Bildung von innerbetrieblichen Rückstellungen wirkt sich aufgrund der bilanziellen Betrachtung als Fremdkapital gewinnmindernd aus.

Auszahlungsphase:
- Leistungen aus einer Direktzusage oder einer Unterstützungskasse an AN bzw. Hinterbliebene sind Versorgungsbezüge, die nach *§ 19 Abs. 2 EStG* als Einkünfte aus nichtselbstständiger Arbeit voll lohnsteuerpflichtig sind.
- Kein Arbeitnehmerpauschbetrag.
- Der Versorgungsfreibetrag wird schrittweise bis 2040 abgebaut (*§ 19 Abs. 2 Nr. 2 EStG*).
- Ein Zuschlag zum Versorgungsfreibetrag als Ausgleich für Arbeitnehmerpauschbetrag wurde absinkend bis 2040 eingeführt.
- Der Werbungskosten-Pauschalbetrag (*§ 9a S. 1 Nr. 3 EStG*) wird eingeführt.

Nach *§ 4 Abs. 3* BetrAVG haben **Beschäftigte** einen Rechtsanspruch gegenüber dem bisherigen Arbeitgeber auf **Anwartschaftsübertragung**. Der Anspruch aus *§ 4 Abs. 3 BetrAVG* besteht nur, wenn:
- die Altersvorsorgezusage aus einer Direktversicherung, einem Pensionsfonds oder einer Pensionskasse stammt,
- der Übertragungswert die BBG der gesetzlichen RV nicht überschreitet,
- der Übertragungsanspruch innerhalb eines Jahres nach dem Ausscheiden aus dem Betrieb geltend gemacht wird.

---

[1] BBG = Beitragsbemessungsgrenze

[2] Bei einem Vertragsabschluss vor dem 01.01.2005 gelten andere steuerliche Regelungen.

Bei einem Wechsel des Arbeitgebers kann es zu erheblichen Abschlägen bei der bAV kommen; weiterhin kann der Vertrag auf ruhend gesetzt werden, d. h. es fallen keine weiteren Beiträge mehr an und die unverfallbaren Anwartschaften bleiben erhalten.

Unverfallbar sind nach § *1b* BetrAVG:
– alle vom Arbeitnehmer selbst eingezahlten Beiträge,
– vom Arbeitgeber geleistete Zuwendungen nach einer Betriebszugehörigkeit von mindestens 5 Jahren und nach Vollendung des 25. Lebensjahres des Arbeitnehmers/der Arbeitnehmerin.

Läuft die betriebliche Altersvorsorge über eine Pensionszusage, eine Unterstützungskasse oder einen Pensionsfonds, dann muss der Arbeitgeber nach § *7 BetrAVG* Mitglied im Pensions-Sicherungs-Verein (PSV) werden und hierfür Beiträge entrichten. Dieser Verein leistet im Falle der Insolvenz den Zahlungsausgleich an die Rentenberechtigten.

Die Einzahlungen erfolgen auf der Grundlage eines betrieblichen **Altersvorsorgevertrages** *(§ 10 a Abs. 1, § 82 EStG)*, der von der Bundesanstalt für Finanzdienstleistungsaufsicht nach dem **Altersvorsorgeverträge-Zertifizierungsgesetz** genehmigt ist. Die Verträge müssen folgende **Bedingungen** erfüllen:

- während der Ansparphase sind laufend Beiträge zu leisten,

- die Auszahlung erfolgt nicht vor Erreichen des 60. Lebensjahres oder vor Beginn einer verminderten Rente,

- für das eingezahlte Kapital ist eine Einlagensicherung vorgesehen,

- der Anbieter des Altersvorsorgevertrages muss mit Vertragsbeginn zusichern, dass
  - zu Beginn der Auszahlungsphase mindestens die eingezahlten Beiträge vorhanden sind,
  - die Auszahlung bis zur Vollendung des 85. Lebensjahres in Form einer gleich bleibenden oder steigenden monatlichen Leistung erbracht werden kann,
  - zu Beginn der Auszahlungsphase ein Teil des Kapitals in eine Rentenversicherung eingezahlt wird, damit nach dem 85. Lebensjahr eine lebenslange Rente gezahlt wird.

- der Altersvorsorgevertrag muss die Möglichkeit bieten,
  - den Vertrag ruhen zu lassen oder
  - mit einer Frist von 3 Monaten zum Ende des Kalenderjahres zu kündigen, um das bisher gebildete Kapital auf einen anderen Altersvorsorgevertrag eines anderen Anbieters zu übertragen,

- die Abtretung oder Übertragung von Forderungen oder Eigentumsrechten aus dem Altersvorsorgevertrag an Dritte muss ausgeschlossen sein.

Der zertifizierte Altersvorsorgevertrag berechtigt zu einer **Altersvorsorgezulage** (Grund- und Kinderzulage) oder zum Abzug der Sparleistung als **Sonderausgabe** von der Einkommensteuer, wenn die Beiträge zur Altersvorsorge aus dem versteuerten Arbeitslohn des Arbeitnehmers geleistet werden *(§§ 10 a, 79–99 EStG)*.

Im Rahmen der Einkommensteuerveranlagung ist zu prüfen, welcher Weg für den Steuerpflichtigen günstiger ist. Die gewährten Zulagen werden dabei als eigene Zahlungen angesetzt. Belässt der Arbeitgeber die Altersversorgungsbeträge steuer- und sozialversicherungsfrei (echte Entgeltumwandlung oder Zuzahlung), entfällt zunächst der Anspruch auf Zulage bzw. Sonderausgabenabzug.

Stellt der Arbeitnehmer dennoch einen Antrag auf Zulage bzw. Sonderausgabenabzug, weil dadurch die Förderung höher ist, wird eine Nacherhebung von Lohnsteuer und Sozialversicherung vorgenommen.

Eine **betriebliche** Altersversorgung **eignet** sich für Arbeiter, Angestellte, Geschäftsführer, Vorstände; sie gilt nicht für Beamte, Selbstständige und Freiberufler.

Bei der betrieblichen Altersversorgung (bAV) gilt zu beachten:

- der Arbeitgeber übernimmt für seine Mitarbeiter die Zahlung der Beiträge in Versorgungseinrichtungen, aus denen die Mitarbeiter/Hinterbliebenen später eine Rente erhalten,

- Teile des Bruttolohnes des Mitarbeiters werden in Vorsorgebeiträge umgewandelt.

Direktversicherung, Pensionskasse, Unterstützungskasse und Pensionsfonds werden nicht in der Unternehmensbilanz berücksichtigt. Die Direktzusage führt zur Bildung von Pensionsrückstellungen.

Bei **Insolvenz** des Arbeitgebers

- kann bei betrieblicher Altersversorgung in Form der Direktversicherung oder Pensionskasse der Arbeitnehmer die Versicherung privat weiterführen,

- erfolgt bei betrieblicher Altersversorgung in Form der Unterstützungskasse, der Direktzusage und des Pensionsfonds eine Absicherung über den Pensionsversicherungsverein.

1.5.3 Risiken im Netz der sozialen Sicherheit

Alle sozialen Leistungen des Staates zusammen bilden das „**Netz der sozialen Sicherheit**".

Zunehmend wird diskutiert, ob das System der sozialen Sicherung hinreichend an die wirtschaftlichen und gesellschaftlichen Veränderungen anpassungsfähig ist und ob die Übersichtlichkeit des Systems noch gegeben ist.

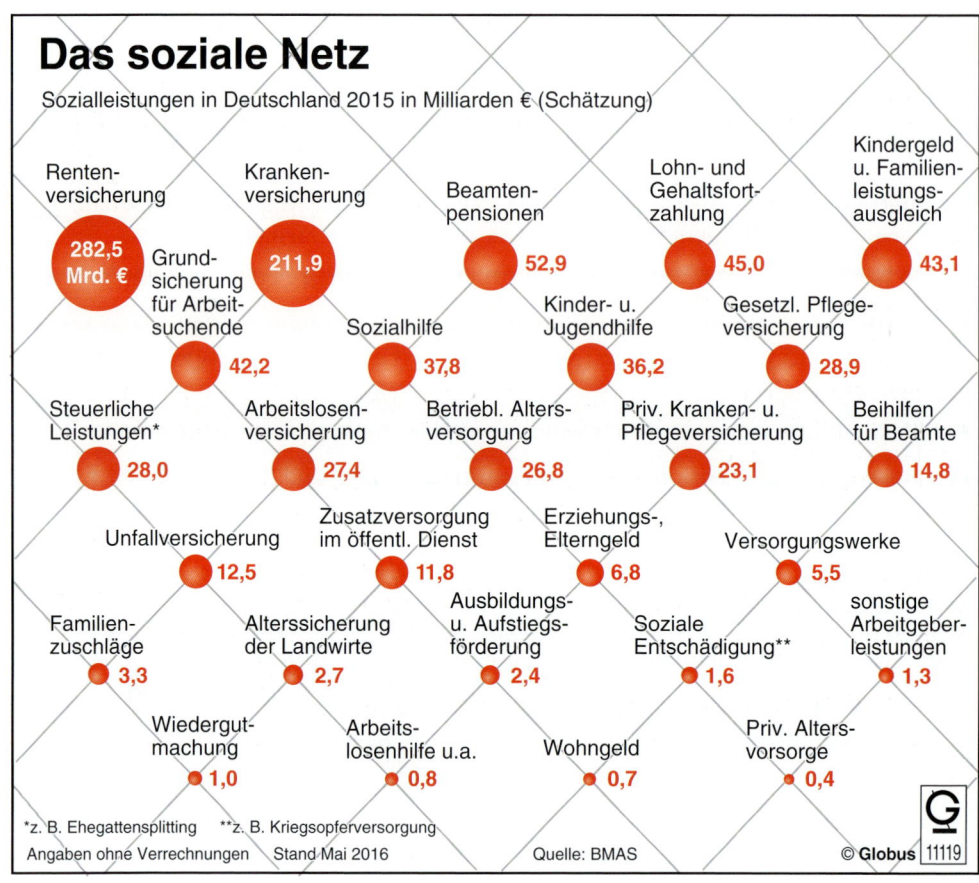

Das soziale Netz

Sozialleistungen in Deutschland 2015 in Milliarden € (Schätzung)

Rentenversicherung — 282,5 Mrd. €

Grundsicherung für Arbeitsuchende — 42,2

Krankenversicherung — 211,9

Sozialhilfe — 37,8

Beamtenpensionen — 52,9

Kinder- u. Jugendhilfe — 36,2

Lohn- und Gehaltsfortzahlung — 45,0

Gesetzl. Pflegeversicherung — 28,9

Kindergeld u. Familienleistungsausgleich — 43,1

Steuerliche Leistungen* — 28,0

Arbeitslosenversicherung — 27,4

Betriebl. Altersversorgung — 26,8

Priv. Kranken- u. Pflegeversicherung — 23,1

Beihilfen für Beamte — 14,8

Unfallversicherung — 12,5

Zusatzversorgung im öffentl. Dienst — 11,8

Erziehungs-, Elterngeld — 6,8

Versorgungswerke — 5,5

Familienzuschläge — 3,3

Alterssicherung der Landwirte — 2,7

Ausbildungs- u. Aufstiegsförderung — 2,4

Soziale Entschädigung** — 1,6

sonstige Arbeitgeberleistungen — 1,3

Wiedergutmachung — 1,0

Arbeitslosenhilfe u.a. — 0,8

Wohngeld — 0,7

Priv. Altersvorsorge — 0,4

*z. B. Ehegattensplitting   **z. B. Kriegsopferversorgung
Angaben ohne Verrechnungen   Stand Mai 2016   Quelle: BMAS   © Globus 11119

Abhängigkeit der Sozialleistungen von veränderten Wachstumsbedingungen	
Ursachen	Verlangsamtes wirtschaftliches Wachstum führt zu geringerem Zuwachs bei den Arbeitsentgelten, Einkommenseinbußen, erhöhter Arbeitslosigkeit und damit zur Verringerung der Beiträge und Einnahmen der Träger der sozialen Einrichtungen unter gleichzeitiger Zunahme der Sozialausgaben an die Leistungsempfänger
Maßnahmen	– Überprüfung der sozialen Leistungen – Absicherung einer notwendigen Grundversorgung – Förderung der privaten Altersvorsorge – Ausweitung des Beitragspotenzials – Einschränkung der Sozialausgaben

Obwohl von einer ausgezeichneten wirtschaftlichen Entwicklung seit dem 2. Weltkrieg für die Bundesrepublik Deutschland gesprochen werden kann, ist die Beschäftigungspolitik nicht immer in der Lage, Arbeitslosigkeit und ihre Folgen zu verhindern.

Betroffen von den veränderten Arbeitsmarktbedingungen sind insbesondere die Arbeitnehmer mit keinen oder geringen Ausbildungsqualifikationen, gesundheitlichen Einschränkungen und ältere Arbeitnehmer. Der Sozialpolitik obliegt dabei die Aufgabe, abgestimmt auf die jeweilige Situation, die **Defizite der Beschäftigungspolitik** auszugleichen.

1.6   Datenschutz und Datensicherheit

Kaum ein anderer Dienstleister verfügt über so detaillierte und umfassende Informationen über die wirtschaftlichen und persönlichen Verhältnisse von natürlichen und juristischen Personen wie die Kreditinstitute. Aufgrund des außergewöhnlich stark ausgeprägten Vertrauensverhältnisses zwischen Kreditinstitut und Kunden sowie aus gesetzlichen Anforderungen heraus ist bei Kreditinstituten eine besonders hohe Sensibilität im Umgang mit Daten erforderlich.

Die einzelnen Geschäftsabläufe im Kreditinstitut sind durch den intensiven Einsatz von Systemen der Informationstechnik geprägt. Hard- und Software sind unverzichtbare Hilfsmittel für die Mitarbeiter der Kreditinstitute.

Die Kunden erwarten bei den Dienstleistungen der Kreditinstitute ein hohes Maß an Qualität. Qualitätsmerkmale sind vor allem der vertrauliche Umgang mit ihren Informationen, die korrekte Abwicklung ihrer Einlagen- und Kreditgeschäfte sowie die pünktliche Dienstleistungserbringung.

Die Kreditinstitute müssen erstklassige Qualität sicherstellen, um eine hohe „Kundenzufriedenheit" bei ihren Kunden herzustellen. Dies hat die Folge, dass die Kreditinstitute ihre Kunden langfristig an sich binden können.

Außerdem müssen die Kreditinstitute die ordnungsmäßige Dienstleistungserbringung gewährleisten. Dies ergibt sich aus gesetzlichen Anforderungen *(z.B. DSGVO, BDSG, StGB, KWG, HGB, GoB, GoBS).*

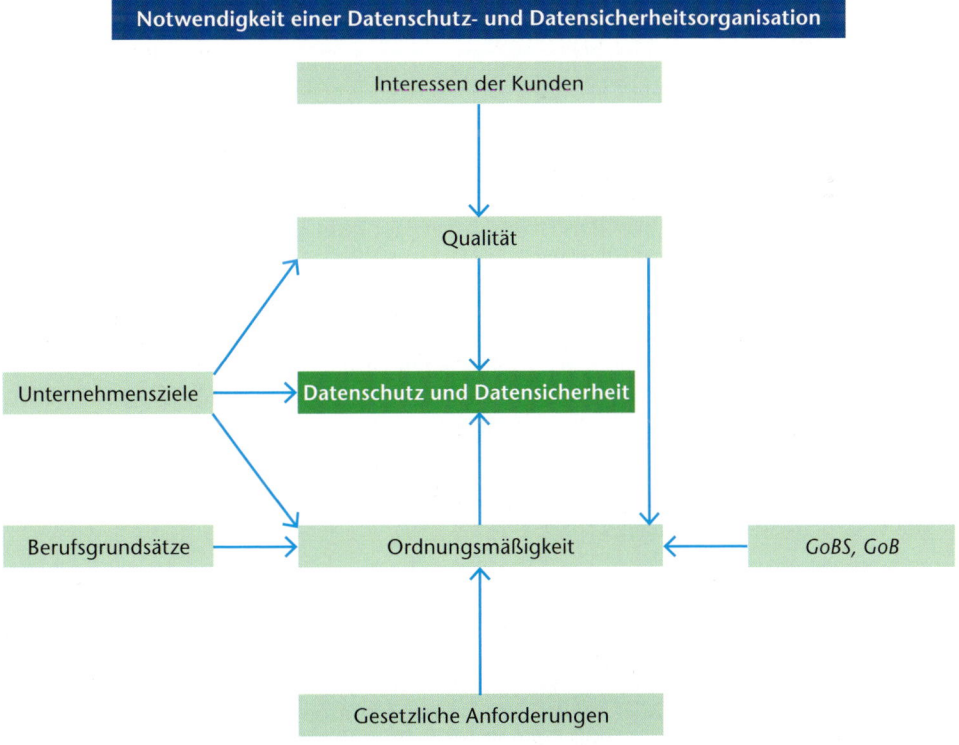

---

¹   *Weitere Informationen: 10 Gebote zur Datensicherheit und zum Datenschutz,*
    www.datenschutzbeauftragter-online.de/10-gebote-zum-datenschutz-und-zur-datensicherheit/

Datenschutz und Datensicherheit sind voneinander abzugrenzen:

Datenschutz dient ...	Datensicherheit[1] bedeutet ...
– ... dem Schutz des Menschen und seiner persönlichen Daten vor Missbrauch durch andere, – ... nicht dem Schutz der Daten, sondern dem Schutz der Personen, über die diese Daten etwas aussagen.	– ... den Schutz aller Daten eines Unternehmens vor unbefugten und unberechtigten Zugriffen, – ... Sicherheit der Daten, also beispielsweise Schutz vor - nachträglichen Manipulationen (etwa durch Signaturen), - Datenverlust (Back-up-Strategien), - unberechtigtem Zugriff oder Kenntnisnahme (Verschlüsselung).

1.6.1　Datenschutz[1]

Datenschutz beinhaltet den Schutz der Grundrechte und Grundfreiheiten natürlicher Personen und insbesondere deren Recht auf Schutz personenbezogener Daten *(Art. 1 Abs. 2 DSGVO)* und der freie Verkehr personenbezogener Daten *(Art. 1 Abs. 3 DSGVO)*. *Art. 5 DSGVO* legt Grundsätze der Verarbeitung personenbezogener Daten zur Erreichung der Ziele nach *Art. 1 DSGVO* fest: Rechtmäßigkeit, Treu und Glauben, Transparenz, Zweckbindung, Datenminimierung, Richtigkeit, Speicherbegrenzung, Integrität und Vertraulichkeit, Rechenschaftspflicht.
Außerdem regeln §§ 11 bis 15 des Telemediengesetzes (TMG) den Schutz personenbezogener Daten bei der Nutzung von Telemediendiensten i. S. v. § 1 Abs. 1 TMG.

Beispiele: Telebanking, E-Mail und Datendienste
Bei der Erledigung von Bankgeschäften über den PC, mit der Einwahl in soziale Netzwerke, bei der Nutzung von Smartcards im öffentlichen Nahverkehr, bei der Verwendung von Navigationssystemen, beim Einchecken im Flughafen, bei der Nutzung von Bonuskarten usw. werden immer digitale Spuren hinterlassen, aus denen Datenprofile zusammengestellt werden können.

Die datenschutzrechtlichen Regelungen in Bundesdatenschutzgesetz *(BDSG)* und Telemediengesetz *(TMG)* gehen von den Grundsätzen der Zweckbindung, des Systemdatenschutzes und der Datensparsamkeit bzw. der Datenvermeidung aus.

Verstöße gegen den Datenschutz können nach *BGB* geahndet werden. Aus *§ 823 Abs. 1 BGB* i. V. m. *§ 1004 BGB* können Beseitigungs- und Unterlassungsansprüche gegenüber Dritten abgeleitet werden. Zum Ersatz von Schäden ist nach *§ 823 Abs. 2 BGB* verpflichtet, wer schuldhaft gegen ein den Schutz eines anderen bezweckendes Gesetz verstößt. Ein Schutzgesetz ist eine Rechtsnorm zum Schutz der Interessen anderer. Weiterhin sind neben *§ 823 Abs. 1 und 2 BGB* zu prüfen *(Art. 2 EGBGB)*

- ein Anspruch wegen unrichtiger Datenverarbeitung aus *§ 824 BGB*; hiernach haftet die verarbeitende Stelle, wenn

  - der Wahrheit zuwidergehandelt wird,
  - eine Tatsache behauptet oder verbreitet wird, die geeignet ist, den Kredit des Betroffenen zu gefährden oder sonstige Nachteile für dessen Erwerb oder Fortkommen herbeizuführen, wenn die verarbeitende Stelle die Unwahrheit kennen musste;

- eine Haftung nach *§ 826 BGB* bei Weitergabe wahrer Informationen über das Privatleben eines einzelnen ohne zwingenden Grund.

---

[1] *Das heutige nationale Datenschutzrecht wird seit März 2016 überlagert durch das europäische Datenschutzrecht (EU-DSGVO) und ist innerhalb Europas anzuwenden, wobei nationale Öffnungsklauseln bis 25. Mai 2018 zur generellen Anwendbarkeit der EU-DSGVO in den Nationalstaaten Anpassungen vornehmen können.*

1.6.1.1   Ziel des Datenschutzes

Jede Verarbeitung personenbezogener Daten tangiert Persönlichkeitsrechte des Betroffenen, d.h. kollidiert ggf. mit dem jedem Einzelnen verfassungsrechtlich verbürgten Recht auf **informationelle Selbstbestimmung**.

Danach gilt folgende Aussage des Bundesverfassungsgerichts *(BVerfG)*:

„Wer nicht mit hinreichender Sicherheit überschauen kann, welche ihn betreffenden Informationen in bestimmten Bereichen seiner sozialen Umwelt bekannt sind, und wer das Wissen möglicher Kommunikationspartner nicht einigermaßen abzuschätzen vermag, kann in seiner Freiheit wesentlich gehemmt werden, aus eigener Selbstbestimmung zu planen oder zu entscheiden. Mit dem Recht auf informationelle Selbstbestimmung wären eine Gesellschaftsordnung und eine diese ermöglichende Rechtsordnung nicht vereinbar, in der Bürger nicht mehr wissen können, wer was wann bei welcher Gelegenheit über sie weiß …"

Das **Bundesdatenschutzgesetz** *(BDSG)* realisiert den Schutz des Einzelnen, indem es den Umgang mit personenbezogenen Daten in drei Stufen – Erhebung, Verarbeitung und Nutzung – regelt.

Die Stufe der **Verarbeitung** betrifft den eigentlichen Umgang mit personenbezogenen Daten in der betrieblichen Praxis.

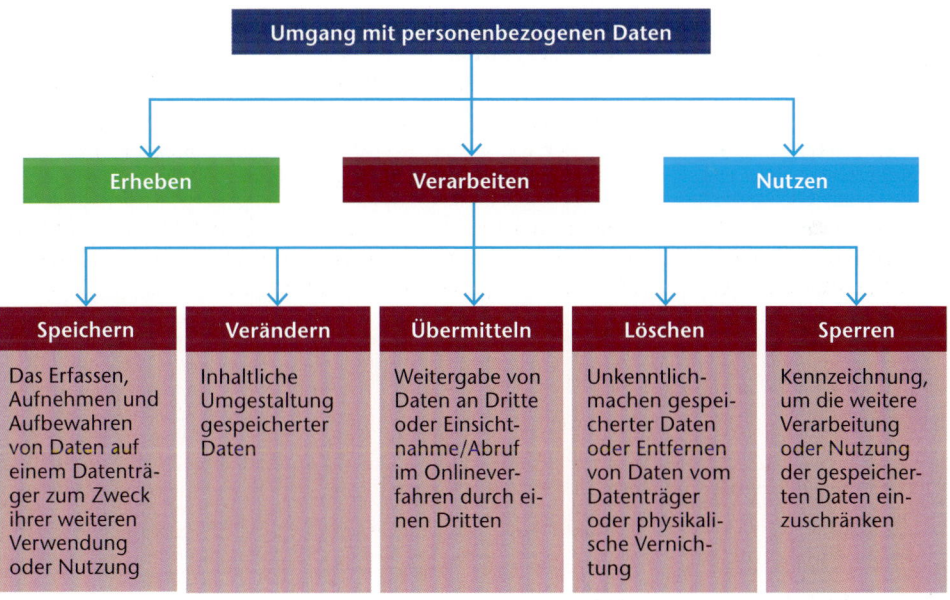

1.6.1.2 Bundesdatenschutzgesetz *(BDSG)*

Gesetzliche Grundlagen des Datenschutzes

Grundgesetz: Artikel 1 und 2 GG		EU-Datenschutz Grundverordnung
Bund: Bundesdatenschutzgesetz *(BDSG)*	**Länder/Stadtstaaten:** Datenschutzgesetze der Länder/Stadtstaaten	**EU**
↓ bereichsspezifische Datenschutzregelungen des Bundes	↓ bereichsspezifische Datenschutzregelungen der Länder/Stadtstaaten	
Die Anwendung der Gesetze bestimmt sich danach, ob die Datenverarbeitung im öffentlichen oder im privaten Bereich stattfindet.		
Das *BDSG* regelt – die Datenverarbeitung durch Bundesbehörden und andere öffentliche Stellen des Bundes, – allgemeine Datenschutzanforderungen der nicht-öffentlichen Stellen, wie z. B. *Banken, Wirtschaftsunternehmen, Rechtsanwälte oder Privatkliniken.*		Schutz natürlicher Personen bei der Verarbeitung personenbezogener Daten durch private Unternehmen und öffentliche Stellen.
Bereichsspezifische Datenschutzregelungen sind in Spezialgesetzen enthalten. Diese sind vorrangig zu berücksichtigen. Spezialgesetze sind z. B. – das Kreditwesengesetz, – das Geldwäschegesetz, – das Telekommunikationsgesetz, – die Telekommunikationsüberwachungsverordnung, – das Betriebsverfassungsgesetz, – das Teledienstedatenschutzgesetz.	Bereichsspezifische Datenschutzregelungen sind in Spezialgesetzen der Länder und Stadtstaaten zu finden, z. B. – im Polizeigesetz, – in Schulgesetzen.	– Die Mitgliedstaaten gewährleisten nach den Bestimmungen dieser Richtlinie den Schutz der Grundrechte und Grundfreiheiten und insbesondere den Schutz der Privatsphäre natürlicher Personen bei der Verarbeitung personenbezogener Daten *(Art. 1 DSGVO).* – Die Mitgliedstaaten beschränken oder untersagen nicht den freien Verkehr personenbezogener Daten zwischen Mitgliedstaaten aus Gründen des gemäß *Art. 1 DSGVO* gewährleisteten Schutzes.

Das Bundesdatenschutzgesetz sowie die entsprechenden Landesdatenschutzgesetze bilden den gesetzlichen Rahmen. Diese gesetzlichen Vorschriften treten aber bei vorhandenen bereichsspezifischen Regelungen zurück, z. B. gegenüber dem Telekommunikationsgesetz *(TKG)* oder dem Telemediengesetz *(TMG)*. Datenschutzregelungen finden sich auch in zahlreichen anderen Gesetzen und Verordnungen, z. B. im Betriebsverfassungsgesetz *(BetrVG)*, im Strafgesetzbuch *(StGB)* oder in den Sozialgesetzbüchern *(SGB)*.

Grundregeln des *BDSG*

- Die Verarbeitung ist zulässig, wenn der Betroffene zustimmt oder eine Rechtsvorschrift sie gestattet.

- Das Speichern von Daten muss grundsätzlich mitgeteilt werden.

- Dem Betroffenen muss grundsätzlich Auskunft erteilt werden über seine Daten, den Zweck der Speicherung und mitgeteilt werden, an wen die Daten regelmäßig weitergegeben werden.

- Unrichtige Daten sind zu berichtigen. Überflüssige, unzulässige und bestrittene Daten sind zu löschen oder zu sperren.

- Die Daten sind vor Missbrauch zu schützen (sichern).

- Die Einhaltung des Datenschutzes ist durch interne Kontrollinstanzen – neben den externen – zu überwachen.

Bestimmungen des *BDSG*

Die Bestimmungen des *BDSG* kommen zunächst dann nicht zur Anwendung, wenn andere Vorschriften des Bundes die Verarbeitung personenbezogener Daten inklusive deren Veröffentlichung bereits regeln *(§ 1 Abs. 4 Satz 1 BDSG)*.

Das **BDSG** und die **berufsständischen Verschwiegenheitspflichten** erstrecken sich damit auf alles, was den Mitarbeitern des Kreditinstitutes hinsichtlich ihrer Berufstätigkeit anvertraut worden oder sonst bekannt geworden ist. Hierzu zählen auch solche Tatsachen bezüglich eines Kunden, die keine unmittelbare Verbindung zur Berufstätigkeit haben, *z. B. private Äußerungen anlässlich eines Gespräches mit dem Kunden.*

Daneben gilt für die mit der Verarbeitung geschützter personenbezogener Daten beschäftigten Mitarbeiter das **Datengeheimnis** nach *§ 5 BDSG*. Hiernach ist den mit der Datenverarbeitung beschäftigten Mitarbeitern untersagt, geschützte personenbezogene Daten unbefugt zu verarbeiten oder zu nutzen. Sie dürfen z. B. nicht Unbefugten bekannt gegeben oder zugänglich gemacht werden – auch nicht innerhalb des Kreditinstitutes.

Die „Befugnis" des Mitarbeiters zur Verarbeitung von Daten ergibt sich zunächst aus den Regelungen des *BDSG* bzw. spezieller Datenschutzvorschriften. Für den einzelnen Mitarbeiter ergibt sie sich ferner aus seiner Aufgabenstellung im Kreditinstitut und den zur Wahrung des Datenschutzes und der Datensicherheit bestehenden *internen Richtlinien*. Ein Missbrauch von Daten liegt daher auch vor, wenn beruflich bekannt gewordene Angaben zu privaten Zwecken verwandt werden.

Gemäß gesetzlicher Bestimmung muss der mit der Verarbeitung personenbezogener Daten beschäftigte Mitarbeiter ausdrücklich formell auf das Datengeheimnis hingewiesen werden. Die Verpflichtung zur Wahrung des Datengeheimnisses besteht auch nach Beendigung der jeweiligen Tätigkeit, d. h. auch nach Ausscheiden aus dem Kreditinstitut, weiter.

Verstöße gegen das Datengeheimnis können gemäß *§ 43 BDSG* und anderen einschlägigen Rechtsvorschriften, z. B. *§ 203 StGB*, mit Freiheits- oder Geldstrafen geahndet werden. Ferner können Schadenersatzverpflichtungen des Mitarbeiters sowie arbeitsrechtliche Konsequenzen entstehen.

Kontrollmaßnahmen nach dem *BDSG*

Es werden **zehn Kontrollmaßnahmen** bei automatisierter Datenverarbeitung in einer Anlage zu *§9 Satz 1 BDSG* ausdrücklich erwähnt. Die einzelnen Anforderungen und mögliche Sicherungsmaßnahmen werden gegenübergestellt:

Maßnahme	Anforderungen	Sicherungsmaßnahmen
Zugangskontrolle	Unbefugten Personen den Zugang zu Datenverarbeitungs-anlagen, mit denen personenbezogene Daten verarbeitet werden, zu verwehren	– Bei Abwesenheit Geräte abschließen oder in den Räumen einschließen – Datenträger (DVDs, USB-Sticks, DV-Listen) vor dem Zugang Unberechtigter schützen und bei Abwesenheit verschließen – Einblick auf den Bildschirm nur berechtigten Benutzern gewähren
Datenträgerkontrolle	Verhinderung, dass Datenträger unbefugt gelesen, kopiert, verändert oder entfernt werden	Datenträger (DVDs, USB-Sticks, Streamer, EDV-Ausdrucke) ordnungsgemäß verwalten *Beispiele:* *– eindeutige Kennzeichnung* *– sichere Verwahrung* *– Beachtung der Aufbewahrungspflichten* *– physisches Löschen nicht mehr benötigter Daten/Dateien* *– gesicherte Entsorgung* *– Datenträgeraustausch nur auf dem vorgesehenen Weg*
Speicherkontrolle	Unbefugte Eingabe in den Speicher sowie die unbefugte Kenntnisnahme, Veränderung oder Löschung gespeicherter personenbezogener Daten verhindern	– Verwendung von Benutzerkennung (Identifikation) und Passwort (Authentizierung), die geheimzuhalten sind – Verhinderung von unberechtigter Einsichtnahme – Einsatz geeigneter vorhandener Sicherheitssoftware
Benutzerkontrolle	Verhinderung, dass Datenverarbeitungssysteme mithilfe von Einrichtungen zur Datenübertragung von Unbefugten genutzt werden	– Geheimhaltung der Benutzerkennung und des Passwortes – Terminal-Identifikation/Ausweisleser – Überprüfung eines persönlichen Merkmals
Zugriffskontrolle	Gewährleistung, dass die zur Benutzung eines Datenverarbeitungssystems Berechtigten ausschließlich auf die ihrer Zugriffsberechtigung unterliegenden Daten zugreifen können	– Protokollieren unberechtigter Zugriffsversuche – Sorgsamer Umgang mit Benutzerkennung und Passwort – Sicherheitscode für Transaktionen – Einschränkung der Zugriffsrechte
Übermittlungskontrolle	Gewährleistung, dass überprüft und festgestellt wird, an welche Stellen personenbezogene Daten durch Einrichtungen zur Datenübertragung übermittelt werden können	– Protokollierung der Datenübermittlungen – Dokumentation der Empfänger – Autorisierung der Benutzer

Maßnahme	Anforderungen	Sicherungsmaßnahmen
Eingabekontrolle	Gewährleistung, dass nachträglich überprüft und festgestellt werden kann, welche personenbezogenen Daten zu welcher Zeit von wem in Datenverarbeitungssysteme eingegeben worden sind	– Eingabe-Protokolle (automatisiert oder manuell) – Urbeleg-Aufbewahrung – Bearbeitungsrichtlinien
Auftragskontrolle	Gewährleistung, dass personenbezogene Daten, die im Auftrag verarbeitet werden, nur entsprechend den Weisungen des Auftraggebers verarbeitet werden können	– Beachtung der Anweisungen des Auftraggebers – Vertragsgestaltung – Kontrolle der Einhaltung der Richtlinien
Transportkontrolle	Verhinderung, dass bei der Übertragung personenbezogener Daten sowie beim Transport von Datenträgern die Daten unbefugt gelesen, kopiert, verändert oder gelöscht werden können	– Verpackungs- und Versandvorschriften für Datenträger – Nutzung nur hierzu bestimmter besonderer Versandarten – Legitimationsprüfung bei Direktabholung/Kurierdienst – Datenverschlüsselung für den Transportweg – Daten gegen Verfälschungen sichern
Organisationskontrolle	Interne Organisation des Kreditinstitutes so gestalten, dass es den besonderen Anforderungen des Datenschutzes gerecht wird	– Funktionstrennung – Beachtung vorhandener Bedienungs- und Benutzeranweisungen – Beachtung der Richtlinien zu Datenschutz und Datensicherheit – Beachtung der vorgesehenen Maßnahmen zu Datenschutz und Datensicherheit – Beachtung der Aufbewahrungsrichtlinien

1.6.1.3 Datenschutzbeauftragter[1]

Der Datenschutzbeauftragte ist in Privatunternehmen zu bestellen[2], wenn mindestens 10 Arbeitnehmer bei der automatisierten Datenverarbeitung oder auf andere Weise (manuelle Verfahren) mindestens 20 Arbeitnehmer mit der Erhebung, Verarbeitung und Nutzung personenbezogener Daten beschäftigt werden.

Aufgabe des Datenschutzbeauftragten ist es, für die Beachtung des BDSG sowie anderer Vorschriften des Datenschutzes im Unternehmen zu sorgen. Er soll auf die Wahrung der Rechte der Betroffenen bei der Verarbeitung ihrer personenbezogenen Daten achten.

Hierzu hat er für den Vollzug des *BDSG* betriebsinterne Verfahren, Anweisungen und Richtlinien zu erarbeiten und deren Einhaltung zu kontrollieren. Das Gesetz legt ihm darüber hinaus drei besonders genannte Pflichten auf. Er muss:

- die ordnungsgemäße Anwendung der Datenverarbeitungsprogramme, mit deren Hilfe personenbezogene Daten verarbeitet werden, überwachen,

---

[1] *Ab Mai 2018 nach der DSGVO auch europaweit, allerdings mit nationalen Öffnungsklauseln.*

[2] *Nach Art. 37 Abs. 7 DSGVO ist ein Datenschutzbeauftragter nur zu benennen und der Aufsichtsbehörde mitzuteilen. Konzernunternehmen innerhalb der EU können einen gemeinsamen Datenschutzbeauftragten benennen (Art. 37 Abs. DSGVO). Nationale Regelungen sind bis Mai 2018 anzupassen.*

- die bei der Verarbeitung personenbezogener Daten tätigen Personen durch geeignete Maßnahmen mit den Vorschriften des Gesetzes wie auch anderen Vorschriften im Datenschutz vertraut machen,

- bei der Auswahl der bei der Verarbeitung personenbezogener Daten tätigen Personen beratend mitwirken.

Die Tätigkeit des Datenschutzbeauftragten ist also die eines **innerbetrieblichen Kontrollorgans**. Die für allgemeine Fragen der Organisation oder der Sicherheit im Unternehmen zuständigen Organisationseinheiten sowie die datenverarbeitenden Stellen im Unternehmen werden aus ihrer primären Verantwortung für den Datenschutz und die Datensicherung durch den Datenschutzbeauftragten nicht entlassen. Sie haben den Datenschutzbeauftragten bei der Wahrnehmung seiner Kontrollfunktionen zu unterstützen und insbesondere

- eine Übersicht über die DV-Anlage und die stattfindenden Verarbeitungen zur Verfügung zu stellen (Dateiübersicht),

- über neue Vorhaben automatisierter Datenverarbeitung rechtzeitig vorher zu informieren,

- die für die Tätigkeit erforderlichen Hilfskräfte, Räume, Einrichtungen und Mittel zur Verfügung zu stellen.

1.6.2   Datensicherheit

Die **Datensicherheit** wird hauptsächlich aus dem eigenen Sicherheitsbedürfnis angestrebt, auch wenn sich ihre Notwendigkeit aus vielen gesetzlichen Anforderungen ableiten lässt. Diese beziehen sich allerdings meistens nur auf den Umgang mit Informationen. Die Datensicherheit bezieht sich aber nicht nur auf **Daten**, sondern auch auf alle übrigen **Komponenten eines Informationssystems** und berücksichtigt neben technischen auch organisatorische sowie personelle Aspekte.

Die Datensicherung (im weiteren Sinne) ist die Summe der technischen, organisatorischen und personellen Maßnahmen, um die Datensicherheit zu gewährleisten. Datensicherung im engeren Sinne (auch Bestandssicherung genannt) kann mit Backup gleichgesetzt werden.

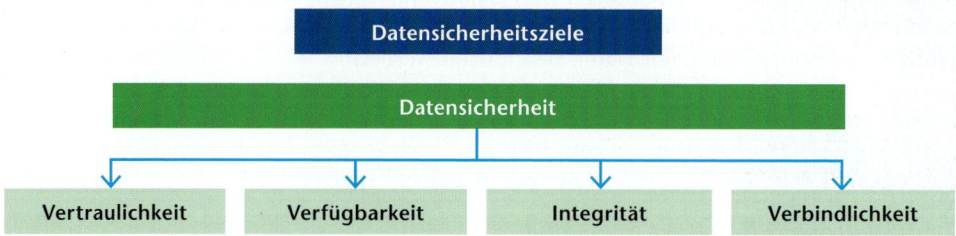

Ziele

Datensicherheit ist der **Zustand**, in dem die Vertraulichkeit, die Verfügbarkeit und die Integrität der Informationen und aller Komponenten eines Informationssystems gewährleistet sind. Bei der Kommunikation kommt die Verbindlichkeit als viertes Datensicherheitsziel hinzu.

- Die **Vertraulichkeit** ist gewahrt, wenn Informationen nur von Berechtigten zur Kenntnis genommen werden können. Hierdurch soll ein Informationsabfluss ausgeschlossen werden.

- Die **Verfügbarkeit** ist gewahrt, wenn Informationen und IT-Komponenten von Berechtigten bei Bedarf genutzt werden können.

- Die **Integrität** ist gewahrt, wenn Daten und Programme nur bestimmungsgemäß erzeugt und verändert werden können.

- Die **Verbindlichkeit** ist gewahrt, wenn die Urheberschaft und der Empfang beweisbar sind sowie die Korrektheit (oder Unversehrtheit) der übertragenen Informationen gewährleistet ist.

Bedrohungen

Die Datensicherheit ist durch verschiedene Bedrohungen gefährdet. Diese gehen von der Technik, der Natur oder von den Menschen aus. Die Ursachen für Schadenereignisse an den unterschiedlichsten IT-Systemen der Kreditinstitute können in folgende Kategorien eingeteilt werden:

- Technisches Versagen (*z.B. Stromausfall, defekter Switch*)

- Höhere Gewalt (*z.B. Brand, Hochwasser, Wasserrohrbruch*)

- Vorsätzliches Handeln (*z.B. Mitnahme von Daten nach Kündigung*)

- Irrtum, Nachlässigkeit, Fehlbedienung, Organisationsversäumnisse (*z.B. Verwechslung der Laufwerksbezeichnung bei der Formatierung eines Datenträgers, Lagerung von Datenträgern auf der Fensterbank, versehentliches Verschütten von Kaffee in die Lüftungsschlitze eines PC, Eingabefehler*)

- schadenstiftende Software (*z.B. Viren*)

Nachfolgend werden einige Bedrohungen aufgezählt, denen die einzelnen IT-Objekte ausgesetzt sind.

Beispiele für Bedrohungen

Einsatz von DV-gestützten Arbeitsstationen	– Diebstahl
	– Virenimplantation
	– Einspielen von unlizensierter Software
	– Unberechtigter Zugriff von Externen
	  - bei der Installation
	  - bei der Reparatur
	  - bei/nach der Entsorgung
	  - von Handwerkern
	  - von Reinigungskräften
	– Fehlbedienung, Irrtum und Nachlässigkeit
	– Mitnahme von Daten durch Mitarbeiter
	– Diebstahl von Datenträgern
	– Technischer Defekt (*z.B. Controller-Defekt*)

Netzwerk-Server als Inhouse-Lösung	– Unberechtigter Zugriff durch Mitarbeiter auf Daten
	– Versehentliche Löschung von Programmen oder Daten
	– Fehler beim Backupverfahren
	– Ausführbarer Code wird mit einem Virus infiziert
	– Technischer Defekt (*z.B. Festplatten-Crash*)
	– Unberechtigter Zugriff von Externen z.B. bei
	  - Fernwartung
	  - Wartung
	  - Installation
	– Diebstahl des Servers
	– Keine Trennung von Programmen und Daten
	– Einspielen von unlizensierter Software
	– Kennungen und Passwörter werden weitergegeben
	– Fehler bei der Administration

DFÜ-Kommunika-tionsserver als Outsourcing-Lösung	– Das Passwort für die Dateneinreichung an das Rechenzentrum ist nicht aktiviert und Kundendaten werden unter einer falschen Zweigstellen-nummer eingereicht – Ausfall des DFÜ-Kommunikationsservers wegen eines technischen Defekts – Aufspielen von Kommunikationssoftware, die das Eindringen von Hackern ermöglicht – Cloud-Lösungen mit unbekannten Sicherungsrisiken
Datenträger	– Diebstahl von Datenträgern – Äußere Störeinflüsse durch Feuchtigkeit, Hitze, Kälte und magnetische Felder werden bei der Aufbewahrung nicht beachtet – Fehlerhafte Nutzung von Backup-Datenträgern aufgrund einer unzureichenden Kennzeichnung – Lesbarkeit der Backup-Medien wird nicht kontrolliert – Keine datenschutzgerechte Entsorgung – Backup-Kopien können nach einer Konfigurationsveränderung *(z. B. einem Betriebssystemwechsel)* nicht mehr gelesen werden – Entmagnetisierung von Datenträgern – Lesefehler aufgrund von Alterungsprozessen
Datenträger-austausch	– Import und Export von Computerviren – Bei Wiederverwendung von Datenträgern wird der alte Inhalt nicht endgültig gelöscht – Datenträger wird nicht an den richtigen Kunden geschickt – Datenträger werden nicht unter Verschluss aufbewahrt – Diebstahl von Datenträgern – Datenträger werden unversiegelt verschickt – Datenträger sind unzureichend gekennzeichnet
Kommunikation	– Aufzeichnen der Datenströme (Auslesen der Daten) – Abhören – Unberechtigte Kenntnisnahme bei der Zwischenspeicherung von Daten-paketen *(z. B. im Internet, cloudbasierte Anwendungen)* – Unterbrechung der Übertragung – Fehlleiten von Datenpaketen *(z. B. im Internet, cloudbasierte Anwendungen)* – Verfälschung von Datenpaketen bei der Übertragung
Ausdrucke, Listen und sonstige Paperware	– Produktion im ungeschützten Bereich (Aufstellung des Druckers im Büroflur) – Unsichere Aufbewahrung von Handakten und anderen Unterlagen – Unberechtigtes Kopieren – Diebstahl von Unterlagen – Einsicht durch Besucher oder andere Externe, wenn die Unterlagen nicht gesichert aufbewahrt werden – Kenntnisnahme von Kundeninformationen durch unberechtigte Mitarbeiter
Organisatorische Schwachstellen	– Keine Regelungen oder Anweisungen für den Umgang mit der Informa-tionstechnik – Unzureichende Ausbildung oder Information der Mitarbeiter – Passwörter werden aufgeschrieben und der Zettel wird am Arbeitsplatz *(z. B. unter der Tastatur)* aufbewahrt – Zu kurze oder leicht zu erratende Passwörter – Passwörter von Herstellern oder Technikern werden nicht geändert bzw. gelöscht – Fehlerprotokolldateien *(z. B. beim Backup)* werden nicht ausgewertet – Vorhandene Sicherheitsfunktionen werden nicht genutzt oder ausge-schaltet *(z. B. keine Zugangskontrolle für den Netzbetrieb)* – Internet und Onlinedienste werden von Mitarbeitern nicht nur zur betrieblichen Aufgabenerfüllung genutzt – Mitarbeiter können unlizenzierte Programme oder Dateien mit straf-rechtlich relevanten Inhalten auf die Arbeitsplatzrechner kopieren

Nutzung von Onlinediensten im Internet	– E-Mails können von Unberechtigten gelesen werden – Einzelne Dateien können vireninfiziert sein (auch Text-Dokumente, Tabellen aus Kalkulationsprogrammen, Apps) – Integrität und Qualität von Software und Informationen sind zweifelhaft – Die Vertraulichkeit der übertragenen Informationen ist nicht gewährleistet – Mitarbeiter erhalten Supervisorrechte und damit Schreibberechtigung auf Programmbestände (hohes Virenrisiko mit schwerwiegenden Folgen) – Wartungs- und Fernwartungsarbeiten werden nicht kontrolliert

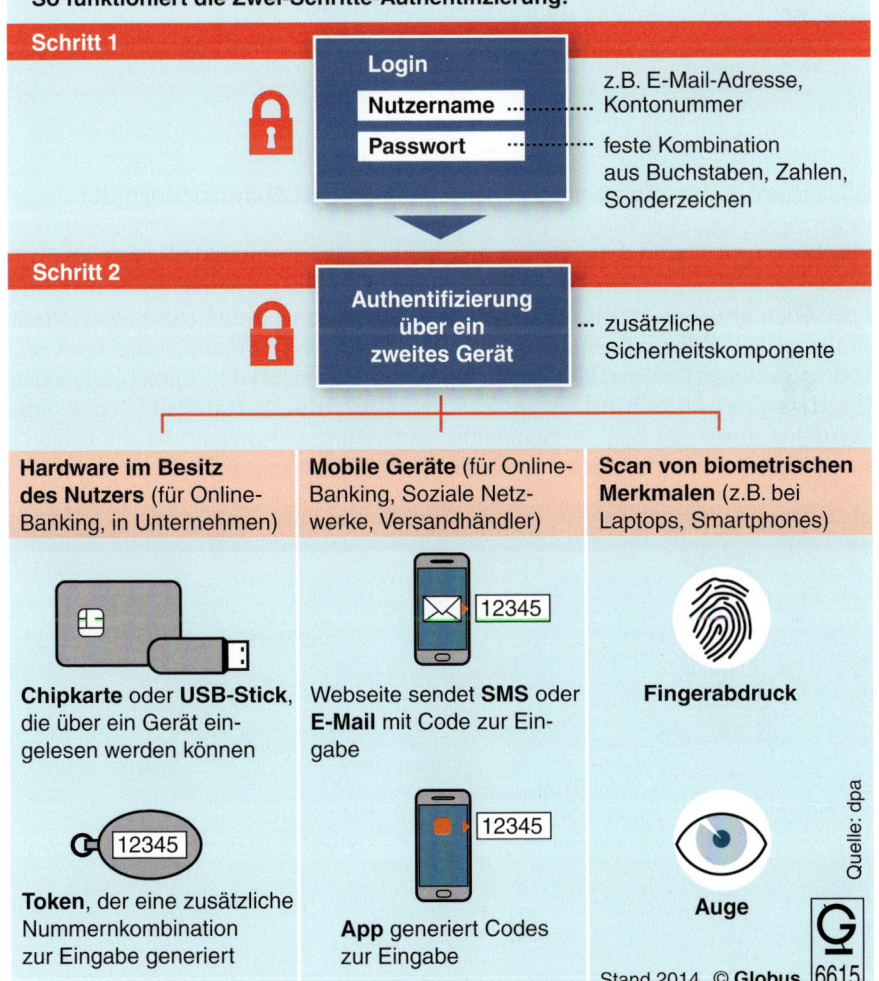

Mehr Sicherheit für Internetprofile

Um ihre Profile und Aktivitäten im Internet besser zu schützen, können Nutzer neben dem Passwort einen zweiten Schritt zur Identifizierung nutzen.
Das erschwert Hackern den Zugriff auf ihre Profile.

So funktioniert die Zwei-Schritte-Authentifizierung:

Schritt 1

Login
Nutzername .... z.B. E-Mail-Adresse, Kontonummer
Passwort .... feste Kombination aus Buchstaben, Zahlen, Sonderzeichen

Schritt 2

Authentifizierung über ein zweites Gerät ... zusätzliche Sicherheitskomponente

Hardware im Besitz des Nutzers (für Online-Banking, in Unternehmen)	Mobile Geräte (für Online-Banking, Soziale Netzwerke, Versandhändler)	Scan von biometrischen Merkmalen (z.B. bei Laptops, Smartphones)
Chipkarte oder **USB-Stick**, die über ein Gerät eingelesen werden können	**12345** Webseite sendet **SMS** oder **E-Mail** mit Code zur Eingabe	**Fingerabdruck**
12345 **Token**, der eine zusätzliche Nummernkombination zur Eingabe generiert	**12345** **App** generiert Codes zur Eingabe	**Auge**

Quelle: dpa

Stand 2014 © **Globus**   6615

Handlungsbedarf

Neben den gesetzlichen Anforderungen und dem Verhältnis zum Kunden ergibt sich die Notwendigkeit für eine **Datensicherheitskonzeption** auch aus den unternehmerischen Zielen des Kreditinstitutes.

Kaum ein anderer Bereich verfügt über so eine große Dynamik wie die Informationstechnik. Durch die zunehmende Leistungsfähigkeit der Technik kommen stets neue Nutzungsmöglichkeiten hinzu. Diese **neuen Technologien** sind bei vielen Kunden eine Selbstverständlichkeit und werden mittels der Onlinedienste auch für die Informationsbeschaffung genutzt. Doch der Einsatz neuer Techniken bringt stets neue **Risiken** mit sich.

Gründe für den Handlungsbedarf aus Sicht der Kreditinstitute

- Gesetzliche Anforderungen müssen beachtet werden.
- Die Kunden erwarten eine Datenschutz- und Datensicherheitsorganisation bei ihrem Kreditinstitut.
- Die Anzahl der Anwendungen wird immer größer.
- Die Anwendungssysteme werden komplexer.
- Die Abhängigkeit von der Informationsverarbeitung steigt zunehmend und damit auch die Anfälligkeit.
- Die Systeme werden offener (Internet, Intranet usw.).

1.6.3   Zusammenhang zwischen Datenschutz und Datensicherheit

Datenschutz und Datensicherheit stehen in keinem konkurrierenden Verhältnis zueinander, sondern **nebeneinander**. Sie verfügen über eine **gemeinsame Schnittmenge**. Falls personenbezogene Daten verarbeitet werden, muss in Bezug auf die Sicherheitsziele vor allem die Vertraulichkeit gewährleistet sein. Wenn IT-Systeme eingesetzt werden, sind entsprechende Datensicherheitsaspekte zu berücksichtigen. Letztendlich hat dies zur Folge, dass jedes Kreditinstitut für sich eine **individuelle Datensicherheitskonzeption** erstellen muss, um sich vor Schadenereignissen zu schützen oder die Folgen eines Schadenereignisses verkraftbar zu machen.

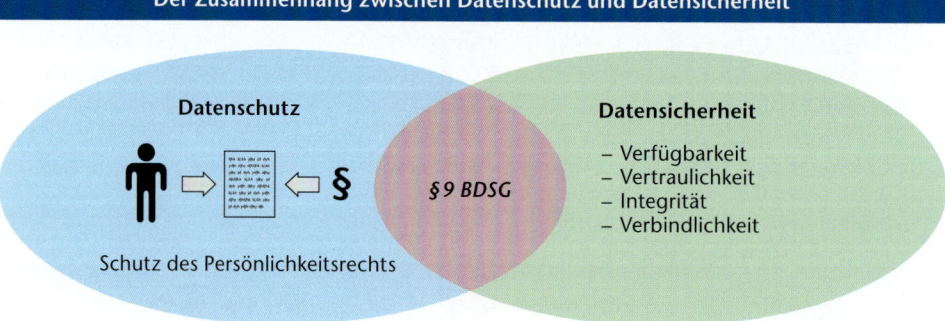

Der Zusammenhang zwischen Datenschutz und Datensicherheit

1.7 Gerichtsbarkeit[1]

1.7.1 Arbeitsgerichtsbarkeit

Beispiel: Sonja Stern ist davon überzeugt, dass die fristgerechte Kündigung zum 30. Juni nicht nach sozialen Gesichtspunkten erfolgte. Auch das Gespräch mit ihrem Arbeitgeber, der Sparkasse Neumünster, führt nicht zur Zurücknahme der Kündigung. Frau Stern will gerichtlich gegen die Kündigung vorgehen.

Das **Arbeitsgericht** ist **sachlich zuständig** für alle Streitigkeiten aus:
- dem Arbeitsvertrag,
- dem Tarifvertrag,
- den Betriebsvereinbarungen,
- den Bestimmungen des Betriebsverfassungsgesetzes *(BetrVG)*,
- den Bestimmungen des Mitbestimmungsgesetzes *(MitbestG)*.

Örtlich ist das Arbeitsgericht zuständig, in dessen Bezirk sich der Erfüllungsort für das Arbeitsverhältnis (Niederlassung, Zweigniederlassung des Arbeitgebers) befindet.

Vor Beginn des Prozesses findet eine **Güteverhandlung** vor dem „Vorsitzenden Richter" statt, um die Parteien zu einer Klagerücknahme, -anerkennung oder zu einem Vergleich zu bewegen, um ohne Urteilsspruch das Gerichtsverfahren abzukürzen sowie Gerichtskosten und Arbeit zu sparen.

Im **ersten Rechtszug** entscheidet das **Arbeitsgericht** nach mündlicher Verhandlung durch Urteil (oder Vergleich), in Angelegenheiten

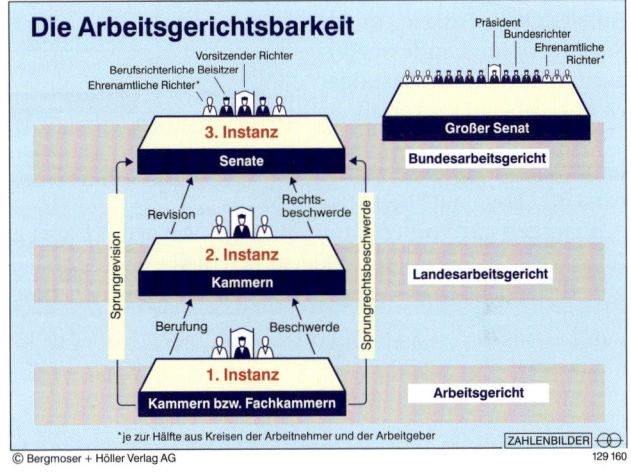

des *BetrVG* und *MitbestG* durch Beschluss. Sofern der Streitwert 600,00 € übersteigt, ist die *Berufung* gegen Urteile und die **Beschwerde** gegen Beschlüsse beim **Landesarbeitsgericht** möglich. Gegen das Urteil des Landesarbeitsgerichts ist die *Revision* bzw. gegen einen Beschluss die *Rechtsbeschwerde* beim **Bundesarbeitsgericht** in Erfurt als höchste Instanz möglich, soweit die Vorinstanz das Rechtsmittel wegen grundsätzlicher Bedeutung der Rechtssache zugelassen hat.

---

[1] *Das Justizkommunikationsgesetz (JKomG) vom 22. März 2005 mit Wirkung ab 1. April 2005 ermöglicht einen umfassenden elektronischen Rechtsverkehr mit den Gerichten (EGV-Verfahren) und die Führung von elektronischen Gerichtsakten mittels des „Elektronischen Gerichts- und Verwaltungspostfaches (EGVP)" (zur weiteren Information siehe www.egvp.de).*
Dieses Verfahren wurde durch das Gesetz zur Förderung des elektronischen Rechtsverkehrs mit den Gerichten (FördElRV) abgelöst. Damit erhalten alle deutschen Rechtsanwälte ein „besonderes elektronisches Anwaltspostfach (beA)" und dürfen ab dem 01.01.2022 alle Akten und Dokumente mit Justiz/Behörden nur noch digital/elektronisch austauschen.

Die Parteien müssen alle Tatsachen vorbringen und Beweismittel beibringen, auf deren Grundlage das Gericht ohne eigene Nachforschungen einen Vergleich herbeiführt oder ein Urteil verkündet. Im **Beschlussverfahren** stellt das Gericht von sich aus Ermittlungen an und klärt den Sachverhalt. Bei der **Berufung** wird der gesamte Streitfall erneut geprüft, bei der **Revision** jedoch nur die richtige Rechtsanwendung der Vorinstanzen.

1.7.2   Sozialgerichtsbarkeit

Das Sozialgericht ist sachlich zuständig für Streitigkeiten aus der Sozialversicherung, der Arbeitsvermittlung und Arbeitslosenversicherung sowie der Kriegsopferversorgung.

Die Dreigliedrigkeit des Instanzenweges ist wie bei der Arbeitsgerichtsbarkeit durch **Sozialgericht, Landessozialgericht und Bundessozialgericht** gegeben. Das Verfahren unterscheidet sich nur insofern von der Arbeitsgerichtsbarkeit, dass mit wenigen

Ausnahmen ein **Vorverfahren** durchgeführt wird. Dabei entscheidet die bei dem Versicherungsträger eingerichtete Widerspruchsstelle über einen gegen einen Verwaltungsakt (Bescheid) gerichteten **Widerspruch** durch **Widerspruchsbescheid**.

2.1   Rechtsgrundlagen

2.1.1   Die Rechtsordnung als Bestandteil der Gesellschaftsordnung

Jede „lebensfähige" menschliche Gemeinschaft ist nur auf der Grundlage einer allgemeinen Ordnung möglich, welche die „Spielregeln" für das Zusammenleben festlegt. Dies gilt für sämtliche Bereiche des Zusammenlebens, ob innerhalb der Familie, des Betriebes oder der Gesellschaft. Werden diese Spielregeln auf die Dauer nicht eingehalten, so wird die Gemeinschaft zwangsläufig auseinanderbrechen.

Immer wenn Menschen in einer Gemeinschaft zusammenleben, stoßen unvermeidlich gegensätzliche Interessen aufeinander. Es entstehen Interessenkonflikte. Um die Gemeinschaft aufrechtzuerhalten und ein geordnetes Zusammenleben überhaupt erst zu ermöglichen, muss daher geklärt werden,

- auf welche Weise verschiedenartige Interessen miteinander in Einklang gebracht werden sollen,
- wann sich der Einzelne mit seinen Interessen dem Interesse der Gemeinschaft unterzuordnen hat,
- in welchen Fällen das persönliche Interesse des Einzelnen Vorrang vor den Interessen anderer hat.

Die Gesamtheit aller Verhaltensregeln, denen der Einzelne unterworfen ist, bezeichnet man als Gesellschaftsordnung.

Diese Ordnung ist keineswegs ausschließlich durch Verfassung, Gesetzesvorschriften und vertragliche Vereinbarungen festgelegt. Vielmehr bestimmen auch *Sitten, Brauchtümer* und *kulturelles Erbe* die Ordnung, innerhalb derer sich das gesellschaftliche Leben vollzieht. Allerdings sind die wichtigsten Grundsätze der Gesellschaftsordnung in Form von **Rechtsnormen** allgemein verbindlich geregelt.

Insgesamt stellt die Gesellschaftsordnung die Zusammenfassung vielfältig verflochtener, ineinandergreifender Regeln dar. Gedanklich lassen sich innerhalb der Gesellschaftsordnung vier verschiedene Teilbereiche unterscheiden:

- Die **Rechtsordnung** beinhaltet die Gesamtheit sämtlicher Rechtsvorschriften innerhalb der Gesellschaft.
- Die **politische Ordnung** spiegelt die politischen Herrschafts- und Machtverhältnisse innerhalb der Gesellschaft wider.
- Die **Sozialordnung** regelt den Schutz der sozial Schwachen und Benachteiligten sowie den Schutz vor wirtschaftlichen Folgen von Krankheit, Arbeitslosigkeit und Erwerbsunfähigkeit.
- Die **Wirtschaftsordnung** legt die Rahmenbedingungen fest, die für das wirtschaftliche Handeln der Wirtschaftssubjekte gelten.

Alle vier Bereiche sind voneinander abhängig. Sie bedingen sich teilweise gegenseitig: Geänderte Auffassungen innerhalb der politischen Führung über die Sozialordnung schlagen sich in einer entsprechenden Sozialgesetzgebung nieder. Hieraus können wiederum Rückwirkungen auf die Wirtschaftsordnung entstehen. Umgekehrt bleibt der wirtschaftliche Wandel nicht ohne Auswirkungen auf die Wirtschafts- und Sozialordnung.

- **Rechtsnormen** regeln verbindlich die Beziehungen der Menschen zueinander und begrenzen die Rechte des Einzelnen innerhalb der Gesellschaft.

- Die **Rechtsordnung** als Gesamtheit aller Rechtsnormen ist Bestandteil sämtlicher Verhaltensregeln, denen der Einzelne unterworfen ist.

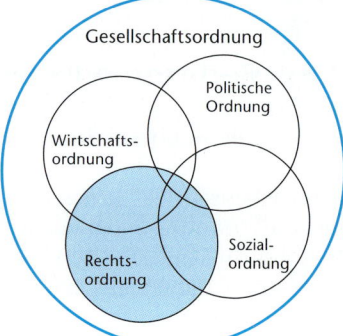

2.1.2   Rechtsquellen

Rechtsnormen können

- sich durch ständige allgemeine Praxis und Rechtsanschauungen entwickeln (= *Gewohnheitsrecht*),

- durch individuelle Vereinbarungen zwischen einzelnen Personen entstehen (= *Vertragsrecht*),

- ausdrücklich vom Gesetzgeber (Legislative) geschaffen werden (= *Gesetzesrecht, „kodifiziertes Recht"*).

Während Gewohnheitsrecht und Gesetzesrecht für die Allgemeinheit verbindlich sind, gelten vertragliche Vereinbarungen nur für die beteiligten Parteien.

Gewohn-heitsrecht	Ungeschriebene Rechtsnormen, die sich durch langjährige, stetige Gewohnheiten und Rechtsanschauungen innerhalb einer Gesellschaft entwickelt haben. Sie sind mit dem Gesetzesrecht gleichrangig. Gegenüber dem Gesetzesrecht bestehen heute nur noch wenige Rechtsnormen, die ausschließlich gewohnheitsrechtlich abgesichert sind. *Beispiel: Nicht im Grundbuch eingetragene, aber aufgrund langjähriger Gewöhnung bestehende Wegerechte.*
Gesetzes-recht	Geschriebene Rechtsnormen, die in einem förmlichen Verfahren von den dafür zuständigen staatlichen Organen erlassen werden. – **Gesetze** werden von den Trägern der gesetzgebenden Gewalt, den Parlamenten (Legislative), erlassen. – **Rechtsverordnungen** werden von einer Behörde, die der Gesetzgeber eigens ermächtigt hat, erlassen. Sie sind an ein bestimmtes Gesetz gebunden und dienen zur Ergänzung des Gesetzes. Inhalt, Zweck und Ausmaß der Ermächtigung zum Erlass einer Rechtsverordnung sind im betreffenden Gesetz festgelegt. *Beispiele:* *– Verordnung über die Rechnungslegung der Kreditinstitute* *– Börsenzulassungsverordnung* Die **autonome Satzung** ist eine Sonderart des Gesetzesrechts; sie beruht auf der Rechtsetzungsbefugnis, die u. a. den Anstalten und Körperschaften des öffentlichen Rechts zusteht. *Beispiel: Sparkassensatzung*

	Geschriebene und ungeschriebene Rechtsnormen, die aufgrund individueller Absprachen zwischen den Rechtssubjekten entstehen.
Vertrags- recht	– Der **Grundsatz der Vertragsfreiheit** bedeutet Abschluss- und Inhaltsfreiheit: Es steht den Beteiligten frei, Verträge mit wem auch immer und beliebigen Inhalts zu schließen. Die Vertragsfreiheit findet dort ihre Grenzen, wo gegen bestehende Gesetze und die Rechte Dritter verstoßen wird. – Der **Grundsatz von „Treu und Glauben"** bedeutet, dass Verträge so auszulegen und zu erfüllen sind, wie es den allgemeinen Verkehrssitten entspricht *(§§ 157, 242 BGB)*. – Der **Grundsatz der Vertragstreue** verpflichtet die Vertragspartner zur Erfüllung der eingegangenen Verpflichtungen. Eine schuldhafte Verletzung der Vertragspflichten löst ggf. Schadenersatzpflicht aus.

2.1.3   Rechtsprechung

Die **Rechtsprechung** (Judikative) geschieht durch die Gerichte. Die Richter sind unabhängig und nur dem Gesetz verpflichtet *(Art. 97 GG)*. Sie haben die Aufgabe, in einem geregelten Verfahren (Prozess) das vorhandene Recht auf den Einzelfall anzuwenden und darüber zu entscheiden, wie in Streitfällen Gesetze bzw. Verträge auszulegen sind, d. h. was bei konkreten Sachverhalten rechtens ist.

Beispiel: Die Finanzgerichte (FG) als spezielle Verwaltungsgerichte sind zuständig für abgabenrechtliche Streitigkeiten zwischen Steuerpflichtigen und Finanzbehörden.

Ständige Rechtsprechung liegt vor, wenn die Gerichte in einer bestimmten Rechtsfrage wiederholt im gleichen Sinn entscheiden. Eine bestimmte Rechtsanschauung kann auf diese Weise zum Gewohnheitsrecht erstarken.

Höchstrichterliche Rechtsprechung erfolgt durch die höchsten Gerichte.

Beispiele: Es sind zuständig:
- *der **Europäische Gerichtshof** (EuGH) für europäische und überstaatliche Angelegenheiten der Gemeinschaftsmitglieder*
- *das **Bundesverfassungsgericht** (BVerfG) für Verfassungsstreitigkeiten*
- *der **Bundesgerichtshof** (BGH) für Zivil- und Strafsachen*
- *der **Bundesfinanzhof** (BFH) für Streitigkeiten über Abgabenangelegenheiten*
- *das **Bundesarbeitsgericht** (BAG) für arbeits- und tarifrechtliche Angelegenheiten*

Die Endurteile der höchsten deutschen Gerichte sind zwar endgültig für den betreffenden Fall, binden aber in einem neuen Fall weder die höchsten Gerichte selbst noch die untergeordneten Gerichte.
Hiervon ausgenommen sind nur die Entscheidungen des Bundesverfassungsgerichts: Sie binden die Verfassungsorgane des Bundes und der Länder und haben grundsätzlich Gesetzeskraft.

Exkurs: Gewaltenteilung

Seit der klassischen Gewaltenteilungslehre, die vor allem auf John Locke (1632–1704) und Charles de Montesquieu (1689–1755) zurückgeht, wird unter Gewaltenteilung die Aufteilung der staatlichen Gewalt in mehrere, sich

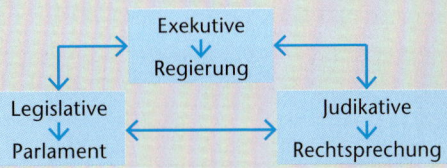

gegenseitig kontrollierende und beschränkende Gewalten, die von verschiedenen Personen ausgeübt werden, verstanden. Herkömmlich wird dabei zwischen legislativer, exekutiver und judikativer Gewalt unterschieden.

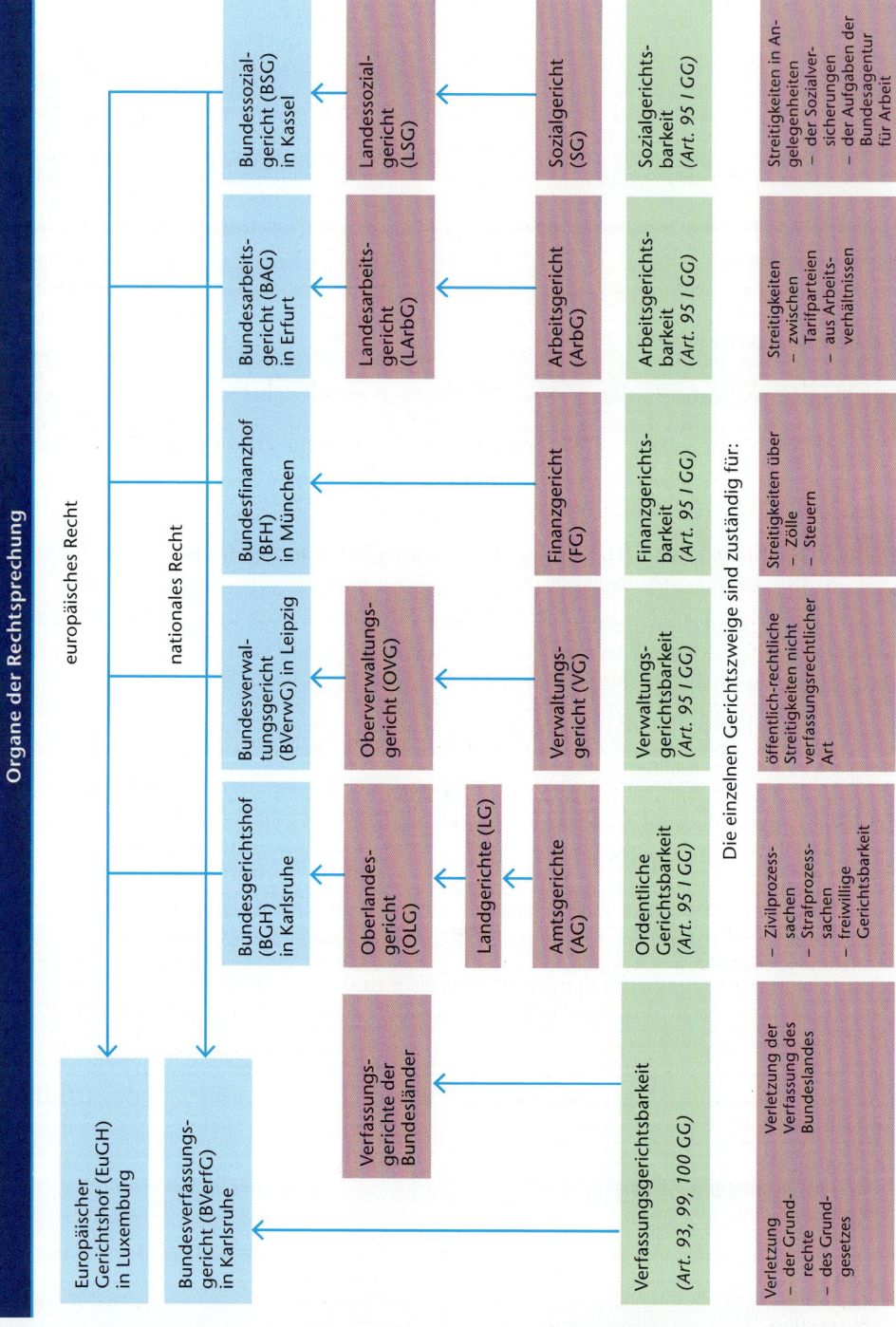

Organe der Rechtsprechung

europäisches Recht

nationales Recht

Europäischer Gerichtshof (EuGH) in Luxemburg

Bundesverfassungsgericht (BVerfG) in Karlsruhe

Bundessozialgericht (BSG) in Kassel
Landessozialgericht (LSG)
Sozialgericht (SG)
Sozialgerichtsbarkeit (Art. 95 I GG)

Bundesarbeitsgericht (BAG) in Erfurt
Landesarbeitsgericht (LArbG)
Arbeitsgericht (ArbG)
Arbeitsgerichtsbarkeit (Art. 95 I GG)

Bundesfinanzhof (BFH) in München
Finanzgericht (FG)
Finanzgerichtsbarkeit (Art. 95 I GG)

Bundesverwaltungsgericht (BVerwG) in Leipzig
Oberverwaltungsgericht (OVG)
Verwaltungsgericht (VG)
Verwaltungsgerichtsbarkeit (Art. 95 I GG)

Bundesgerichtshof (BGH) in Karlsruhe
Oberlandesgericht (OLG)
Landgerichte (LG)
Amtsgerichte (AG)
Ordentliche Gerichtsbarkeit (Art. 95 I GG)

Verfassungsgerichte der Bundesländer

Verfassungsgerichtsbarkeit (Art. 93, 99, 100 GG)

Die einzelnen Gerichtszweige sind zuständig für:

Streitigkeiten in Angelegenheiten
– der Sozialversicherungen
– der Aufgaben der Bundesagentur für Arbeit

Streitigkeiten
– zwischen Tarifparteien
– aus Arbeitsverhältnissen

Streitigkeiten über
– Zölle
– Steuern

öffentlich-rechtliche Streitigkeiten nicht verfassungsrechtlicher Art

– Zivilprozesssachen
– Strafprozesssachen
– freiwillige Gerichtsbarkeit

Verletzung der Verfassung des Bundeslandes

Verletzung
– der Grundrechte
– des Grundgesetzes

2.1.4 Privatrecht und öffentliches Recht

Rechtsnormen können privatrechtlicher oder öffentlich-rechtlicher Natur sein.

Das Privatrecht regelt auf der Basis der Gleichberechtigung die rechtlichen Beziehungen der Privatpersonen und privaten Einrichtungen untereinander.
Wichtigste Gesetzesgrundlage ist das Bürgerliche Gesetzbuch (BGB).

Privatrechtliche Beziehungen werden in erster Linie durch **Verträge** gestaltet. Niemand kann zum Abschluss eines Vertrages gezwungen werden. Die Vertragspartner können im Rahmen der bestehenden Gesetze ihre Verträge beliebig ausgestalten (dispositives Recht). Auch öffentlich-rechtliche Institutionen können privatrechtliche Beziehungen eingehen.

Beispiel: Die Stadt Köln kauft von einem Möbelhersteller Computertische.

Das öffentliche Recht regelt auf der Basis der Über-/Unterordnung die rechtlichen Beziehungen zwischen dem Staat und den übrigen Trägern der öffentlichen Gewalt auf der einen Seite und den Privatpersonen und privaten Einrichtungen auf der anderen Seite.

Öffentlich-rechtliches Handeln vollzieht sich durch Verwaltungsakte.
Verwaltungsakte sind hoheitliche Maßnahmen, die eine Behörde zur Regelung eines Einzelfalles trifft und denen der Betroffene, wenn kein Rechtsbehelf mehr möglich ist, sich nicht entziehen kann.

Beispiele:
- *Steuerbescheid des Finanzamtes*
- *Bußgeldbescheid des Amtes für öffentliche Ordnung wegen Falschparkens*

Privatrecht (Zivilrecht)	Öffentliches Recht
– regelt die Rechtsbeziehungen der Privatpersonen und privaten Einrichtungen untereinander – dient dem Individualinteresse	– regelt die Rechtsbeziehungen der Privatpersonen und privaten Einrichtungen zu den öffentlichen Einrichtungen (Staat, Gemeinden usw.) und der öffentlichen Einrichtungen untereinander – dient dem öffentlichen Interesse
Die im Gesetz stehenden Rechtsnormen können durch individuelle vertragliche Abmachungen geändert werden. Die gesetzlichen Regelungen gelten nur insoweit, als keine anderweitigen vertraglichen Vereinbarungen getroffen wurden.	Die im Gesetz stehenden Rechtsnormen sind für die Bürger bzw. die betroffenen öffentlichen Einrichtungen zwingend. Bei Straftatbeständen muss der Staat – vertreten durch den Staatsanwalt – Klage bei Gericht erheben.
Grundsätze: – Gleichberechtigung der Beteiligten – Vertragsfreiheit – Vertragstreue	Grundsatz: Über- bzw. Unterordnung
Rechtsgebiete: – *Bürgerliches Recht* – *Eherecht* – *Handelsrecht* – *Scheckrecht* – *Wertpapierrecht* – *Urheberrecht*	Rechtsgebiete: – *Verfassungsrecht* – *Prozessrecht* – *Verwaltungsrecht* – *Steuerrecht* – *Strafrecht* – *Schulrecht*

2.1.5   Objektives und subjektives Recht

Das **objektive Recht** umfasst die Gesamtheit der durch **Gesetze** oder **Gewohnheitsrecht** verankerten Rechtsnormen.

Beispiele:
- *Grundgesetz (GG)*
- *Bürgerliches Gesetzbuch (BGB)*
- *Handelsgesetzbuch (HGB)*
- *Strafgesetzbuch (StGB)*
- *Straßenverkehrsordnung (StVO)*

Im Gegensatz zum objektiven Recht versteht man unter dem **subjektiven Recht** eine Befugnis oder einen Anspruch, der sich für den Berechtigten aus dem objektiven Recht unmittelbar ergibt oder aufgrund eines objektiven Rechts erworben wird.

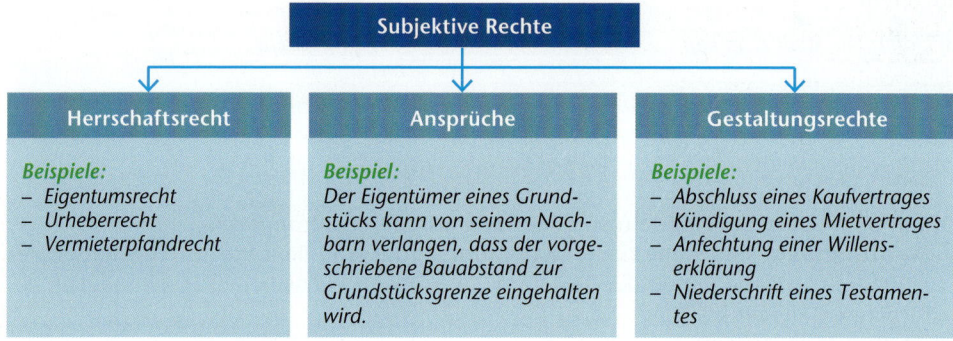

2.1.6   Dispositives und zwingendes Recht

Dispositives Recht (nachgiebiges Recht) erlaubt, dass geltende allgemeine Rechtsvorschriften durch die Beteiligten abgeändert oder ausgeschlossen werden.
Unter **zwingendem Recht** sind Rechtsvorschriften zu verstehen, deren Abänderung oder Ausschluss gesetzlich verboten (= unabdingbar) ist.

Beispiele:
- *Dispositives Recht: Beim Kauf eines Pkw wird die gesetzliche Gewährleistungsfrist von 24 Monaten (§ 438 BGB) vertraglich auf 36 Monate verlängert.*
- *Zwingendes Recht: Verbraucherdarlehensverträge bedürfen der Schriftform (§ 492 BGB).*

2.1.7   Aufbau des Bürgerlichen Gesetzbuches

Das Bürgerliche Gesetzbuch ist in fünf Bücher aufgeteilt. Diese Bücher sind wiederum in Abschnitte untergliedert.

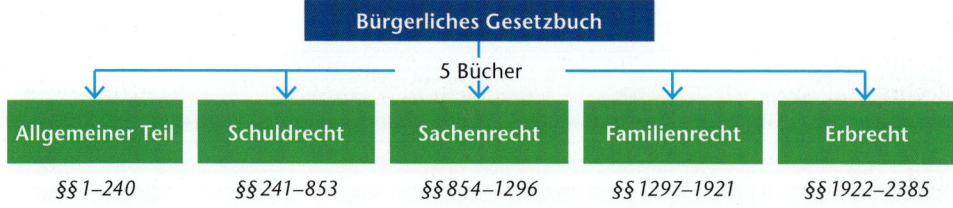

Erstes Buch: Allgemeiner Teil	Allgemeine Rechtsbegriffe werden geklärt. – Personen – Verjährung – Sachen – Selbstverteidigung, Selbsthilfe – Rechtsgeschäfte – Sicherheitsleistung – Fristen, Termine
Zweites Buch: Schuldrecht	Das Recht der Schuldverhältnisse behandelt die schuldrechtlichen Beziehungen zwischen Schuldner und Gläubiger. – Inhalt der Schuldverhältnisse – Schuldübernahme – Schuldverhältnisse aus Verträgen – Mehrheit von Schuldnern und – Erlöschen der Schuldverhältnisse Gläubigern – Übertragung der Forderung – einzelne Schuldverhältnisse
Drittes Buch: Sachenrecht	Im Sachenrecht werden Besitz, Eigentum an Sachen, Erwerb und Verlust von Eigentum an Sachen, Eigentumbeschränkungen und Belastungen behandelt. – Besitz – Vorkaufsrecht – allgemeine Vorschriften über Rech- – Reallasten te an Grundstücken – Hypothek, Grund- und Renten- – Eigentum schuld – Erbbaurecht – Pfandrecht an beweglichen Sachen – Dienstbarkeiten und an Rechten
Viertes Buch: Familienrecht	Im Familienrecht sind die familienrechtlichen Beziehungen einer Person geregelt. – bürgerliche Ehe – Vormundschaft – Verwandtschaft – Betreuung
Fünftes Buch: Erbrecht	Im Erbrecht wird der Übergang von Vermögen eines Verstorbenen auf die Erben festgeschrieben – Erbfolge – Erbunwürdigkeit – Rechtliche Stellung der Erben – Erbverzicht – Testament – Erbschein – Erbvertrag – Erbschaftskauf – Pflichtteil

2.2   Rechtssubjekte und Rechtsobjekte

2.2.1   Rechtssubjekte

Rechtssubjekte sind die natürlichen und juristischen Personen.

Rechtsfähigkeit ist die Fähigkeit der Rechtssubjekte, Träger von Rechten und Pflichten zu sein.

Natürliche Personen sind die Menschen. Die Rechtsfähigkeit natürlicher Personen beginnt mit Vollendung der Geburt und endet mit Eintritt des Todes *(§ 1 BGB)*.

Beispiel: Ein Säugling kann Eigentümer einer Sache werden.

Juristische Personen sind Personenvereinigungen oder Vermögensmassen mit eigener Rechtspersönlichkeit. Man unterscheidet zwischen juristischen Personen des privaten Rechts und juristischen Personen öffentlichen Rechts. Juristische Personen brauchen Menschen als „Organe" zum rechtsgeschäftlichen Handeln (nach außen), d. h. ein **Vertretungsorgan**. Die Rechtsfähigkeit juristischer Personen beginnt und endet mit einem Rechtsakt.

Beispiele:
– *Eintragung einer GmbH ins Handelsregister*
– *Entstehung einer kommunalen Sparkasse durch einen Verwaltungsakt*

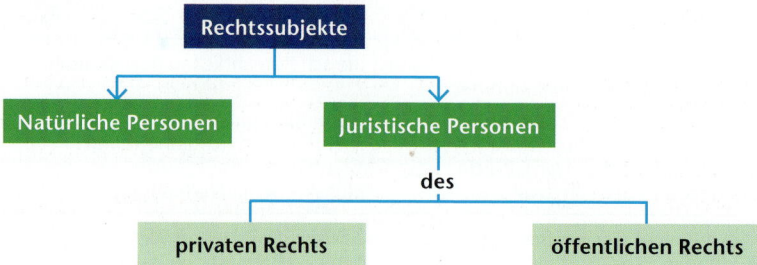

Natürliche und juristische Personen sind **parteifähig**, d.h., sie können in einem Zivilprozess klagen oder beklagt werden.

Verbraucher ist jede natürliche Person, die ein Rechtsgeschäft zu einem Zweck abschließt, der weder ihrer gewerblichen noch ihrer selbstständigen beruflichen Tätigkeit zugeordnet werden kann (§ 13 BGB).

Unternehmer ist jede natürliche oder juristische Person oder eine Personengesellschaft, die bei Abschluss eines Rechtsgeschäftes in Ausübung ihrer gewerblichen oder selbstständigen beruflichen Tätigkeit handelt (§ 14 BGB).

Nicht rechtsfähige Personenvereinigungen sind:
▪ nicht eingetragene Vereine *(§ 54 BGB)*
▪ Erbengemeinschaften *(§ 2032 ff. BGB)*

Träger der Rechte und Pflichten ist in diesem Fall nicht die Personenvereinigung selbst, sondern vielmehr die Gesamtheit ihrer Mitglieder.

Quasi juristische Personen sind die Personenhandelsgesellschaften OHG und KG sowie die Partnerschaftsgesellschaft. Sie besitzen keine Rechtsfähigkeit, werden aber weitgehend wie juristische Personen behandelt.

Beispiele:
– *Personenhandelsgesellschaften führen eine Firma.*
– *Personenhandelsgesellschaften können unter ihrer Firma klagen und beklagt werden.*

Juristische Personen des privaten Rechts

dienen privaten Interessen

Rechtsfähige Vereine und Gesellschaften

- sind mitgliedschaftlich organisiert,
  d. h., sie werden durch die Willensbildung-
  ihrer Mitglieder und der von ihnen gewählten
  Organe gelenkt
- erlangen Rechtsfähigkeit durch Eintragung
  in ein öffentliches Register beim zuständigen
  Amtsgericht
- sind in ihrer Existenz vom Wechsel ihrer
  Mitglieder unabhängig

eingetragener Verein (e. V.)

Aktiengesellschaft (AG)

Kommanditgesellschaft auf Aktien (KGaA)

Gesellschaft mit beschränkter Haftung (GmbH)

eingetragene Genossenschaft (eG)

Stiftungen des privaten Rechts

- rechtliche Verselbstständigung einer privaten
  Vermögensmasse, die dauerhaft einem
  bestimmten, vom privaten Stifter in der
  Stiftungsurkunde festgelegten Stiftungszweck
  gewidmet ist
- erlangen Rechtsfähigkeit durch Genehmigung
  des Bundeslandes, in dem die Stiftung verwaltet
  wird

Beispiele:
- *Bertelsmann-Stiftung*
- *Stiftung Deutsche Schlaganfall-Hilfe*

Juristische Personen des öffentlichen Rechts

- nehmen öffentliche Aufgaben wahr
- unterliegen staatlicher Aufsicht
- erlangen Rechtsfähigkeit durch Gesetz oder staatlichen Hoheitsakt

Körperschaften des öffentlichen Rechts

- sind mitgliedschaftlich
  organisiert, d. h. werden
  durch die Willensbildung
  ihrer Mitglieder und der
  von ihnen gewählten
  Organe gelenkt
- sind in ihrer Existenz vom
  Wechsel ihrer Mitglieder
  unabhängig

Gebietskörperschaften

Beispiele:
- *Bund*
- *Bundesländer*
- *Gemeinden*

Personalkörperschaften

Beispiele:
- *Religionsgemeinschaften*
- *Kammern*
- *Ortskrankenkassen*
- *Hochschulen*
- *Berufsgenossenschaften*

Anstalten des öffentlichen Rechts

- rechtliche Verselbstständigung
  einer öffentlichen Verwaltungs-
  oder Versorgungseinrichtung
- besitzen Selbstverwaltungs-
  recht, d. h. Befugnis zur
  selbstständigen Regelung ihrer
  Organisation und des
  Verhältnisses zu ihren
  Benutzern

Beispiele:
- *öffentliche Sparkassen*
- *Rundfunk-/Fernsehanstalten*
- *Bundesanstalt für Finanzdienstleistungsaufsicht*

Die **nicht rechtsfähigen Anstalten** und **Behörden** sind
Teil eines übergeordneten
Gemeinwesens. Sie bilden nur
organisatorisch, nicht aber
rechtlich selbstständige Einheiten der öffentlichen Hand.
Beispiele:
- *Landesmuseum*
- *städtische Schulen*

Stiftungen des öffentlichen Rechts

- rechtliche Verselbstständigung
  einer öffentlichen Vermögensmasse, die dauerhaft einem
  bestimmten Zweck gewidmet
  ist

Beispiele:
- *Stiftung Bauhaus Dessau*
- *Stiftung Preußischer Kulturbesitz*

Von der Rechtsfähigkeit ist die **Handlungsfähigkeit** zu unterscheiden.

Handlungsfähigkeit ist die Fähigkeit, durch eigenes verantwortliches Handeln Rechtswirkungen hervorzurufen.

Sie ist Voraussetzung für die **Geschäftsfähigkeit** und **Deliktsfähigkeit**.

2.2.1.1 Geschäftsfähigkeit

Geschäftsfähigkeit ist die Fähigkeit, durch eigenes Handeln wirksam Rechtsgeschäfte abzuschließen.

Geschäftsfähigkeit natürlicher Personen

Bei natürlichen Personen richtet sich die Geschäftsfähigkeit grundsätzlich nach dem Lebensalter:

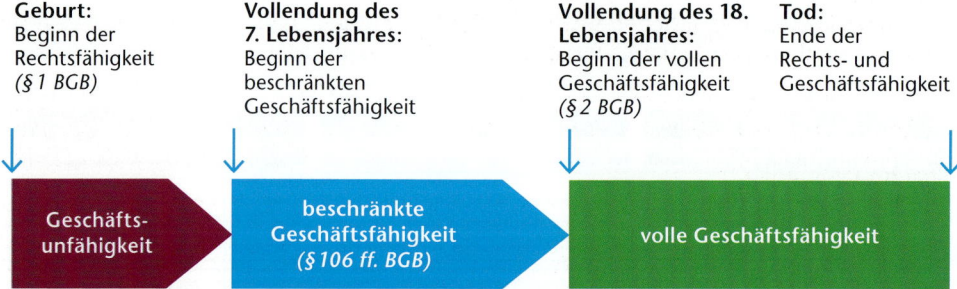

Allerdings können auch Volljährige geschäftsunfähig sein, wenn bei ihnen eine dauerhafte Störung der Geistestätigkeit vorliegt *(§ 104 Nr. 2 BGB)*. Für diese Personen gelten zusätzlich die Regelungen zur Betreuung.[1]

Geschäftsunfähigkeit

Willenserklärungen von Geschäftsunfähigen sind grundsätzlich **nichtig** *(§ 105 BGB). Eine Ausnahme gilt gemäß § 105 a BGB für Geschäfte des täglichen Lebens (z. B. Kauf von Lebensmitteln), die ein volljähriger Geschäftsunfähiger Zug um Zug (Ware gegen Zahlung) tätigt.*

Willenserklärungen, die eine geschäftsunfähige Person binden, können nur durch den gesetzlichen Vertreter erfolgen.

---

[1] *Vgl. hierzu Seite 129.*

Gesetzlicher Vertreter für Minderjährige sind grundsätzlich die Eltern gemeinsam.

Beispiel: Der 5-jährige Florian soll von seinem Onkel Max ein Skateboard geschenkt bekommen. Die Schenkung wird erst wirksam, wenn Florians Eltern stellvertretend für ihren Sohn das Geschenk annehmen.

Die **elterliche Sorge** umfasst die Sorge für die Person und das Vermögen des Kindes sowie die Vertretung des Kindes. Die Eltern vertreten das Kind **gemeinschaftlich** *(§§ 1626, 1629 BGB)*.

Ein Elternteil kann vom anderen Elternteil bevollmächtigt werden, bei Willenserklärungen für das Kind im Namen beider Elternteile zu handeln.

Ein Elternteil vertritt das Kind allein, wenn
- der andere Elternteil gestorben, beschränkt geschäftsfähig oder geschäftsunfähig ist,
- der andere Elternteil verhindert ist, die elterliche Sorge wahrzunehmen,
- das Vormundschaftsgericht die elterliche Sorge einem Elternteil allein übertragen hat.

Kreditinstitute verlangen bei der Eröffnung von Konten und Depots die Unterschrift beider Elternteile.

Sind die Eltern verstorben, so wird für das Kind *(Mündel)* vom *Vormundschaftsgericht* eine andere Person zum **Vormund** bestellt. Der Vormund hat das Recht und die Pflicht, für die Person und das Vermögen des Mündels zu sorgen, insbesondere das Mündel zu vertreten *(§§ 1773, 1793 BGB)*. Vermögensanlagen für das Mündel müssen verzinslich und mündelsicher erfolgen *(§§ 1806, 1807 BGB)*.

Willenserklärungen gegenüber einem Geschäftsunfähigen sind erst wirksam, wenn sie dem gesetzlichen Vertreter zugehen *(§ 131 BGB)*.

Beispiel: Der 5-jährige Florian hat ein Mehrfamilienhaus geerbt. Die Kündigung durch einen Mieter ist nur wirksam, wenn sie Florians Eltern übermittelt wird.

Beachten Sie jedoch:
Für die Erledigung von Botengängen spielt die Frage der Geschäftsfähigkeit keine Rolle. Der **Bote** gibt keine eigene Willenserklärung ab, sondern übermittelt nur die bereits fertige Willenserklärung seines Auftraggebers. Der Bote kann somit auch geschäftsunfähig sein.

Beispiel: Der 5-jährige Florian wird von seinem Vater zum Einkaufen geschickt. Florian gibt selber keine Willenserklärung ab, sondern übermittelt nur die Willenserklärung seines Vaters.

Nicht in allen Fällen können die Eltern bzw. der Vormund allein Rechtsgeschäfte im Namen des Kindes abschließen. Zum Schutz des Kindes bedürfen vielmehr bestimmte „gefährliche" Rechtsgeschäfte zusätzlich der Genehmigung des Familiengerichts *(§§ 1643, 1821 BGB)*.

Beispiele:
- *Kreditaufnahmen auf den Namen des Mündels*
- *Grundstücksgeschäfte*
- *Eingehung von Scheckverbindlichkeiten*
- *Übernahme einer fremden Verbindlichkeit, insbesondere Übernahme einer Bürgschaft*

Beschränkte Geschäftsfähigkeit

Willenserklärungen beschränkt geschäftsfähiger Personen sind schwebend unwirksam. Sie sind wirksam, wenn der gesetzliche Vertreter seine Zustimmung (vorherige Zustimmung = Einwilligung oder nachträgliche Zustimmung = Genehmigung) *erteilt (§§ 107, 108, 182 ff. BGB).*

Beispiel: Der 16-jährige Robert kauft mit Erlaubnis seiner Eltern ein Mountainbike zum Preis von 600,00 €.

Wird die Zustimmung erteilt, ist die Willenserklärung von Anfang an wirksam, wird sie verweigert, ist die Willenserklärung von Anfang an unwirksam.

In vier Ausnahmefällen können beschränkt geschäftsfähige Personen auch ohne Zustimmung ihres gesetzlichen Vertreters wirksam Rechtsgeschäfte abschließen:

1. Ausnahme: Rechtliche Vorteilsgeschäfte
Rechtsgeschäfte, die dem beschränkt Geschäftsfähigen lediglich einen rechtlichen Vorteil bringen *(§ 107 BGB).*

Beispiel: Die 11-jährige Susanne bekommt von ihrer Tante ein Armband geschenkt. Weil die Eltern das Armband geschmacklos finden und darüber hinaus die Tante nicht leiden können, sind sie gegen das Geschenk. Susanne freut sich jedoch darüber. Die Schenkung ist wirksam, wenn Susanne das Armband annimmt.

2. Ausnahme: Taschengeldgeschäfte
Rechtsgeschäfte, die der beschränkt Geschäftsfähige mit Mitteln bewirkt, die ihm von seinem gesetzlichen Vertreter oder mit dessen Zustimmung von einem Dritten zur freien Verfügung überlassen worden sind (Taschengeldparagraf, *§ 110 BGB).*

Beispiel: Der 11-jährige Philipp kauft sich von seinem Taschengeld ein Piratenschiff.

3. Ausnahme: Selbstständiger Geschäftsbetrieb
Rechtsgeschäfte, die der beschränkt Geschäftsfähige im Rahmen eines Geschäftsbetriebes abschließt, zu dessen selbstständiger Leitung er von seinem gesetzlichen Vertreter mit Genehmigung des Familiengerichts ermächtigt worden ist *(§ 112 BGB).*

Beispiel: Der 17-jährige Moritz soll die Leitung des elterlichen Betriebes übernehmen, da sein Vater krank geworden ist. Nachdem die Genehmigung des Vormundschaftsgerichts vorliegt, kann er alle Rechtsgeschäfte selbstständig abschließen, die den Betrieb betreffen.

4. Ausnahme: Dienst-/Arbeitsverhältnis
Rechtsgeschäfte im Rahmen eines Dienst- oder Arbeitsverhältnisses, das der beschränkt Geschäftsfähige mit Einwilligung seines gesetzlichen Vertreters eingegangen ist *(§ 113 BGB).*

Beispiel: Die 16-jährige Andrea wird in den Sommerferien mit Zustimmung ihrer Eltern als Verkäuferin in einer Boutique arbeiten. Sie kann aufgrund dieser Erlaubnis den Arbeitsvertrag selbstständig unterschreiben und außerdem, wenn ihr die Arbeit dort nicht gefällt, den Arbeitsvertrag kündigen und sich auch ggf. eine Stelle in einer anderen Boutique suchen.

Beachten Sie: Ein **Ausbildungsverhältnis** ist nach herrschender Meinung kein Dienst-/Arbeitsverhältnis im Sinne des *§ 113 BGB.*

Beispiel: Zur Kontoeröffnung für minderjährige Auszubildende ist die Zustimmung des gesetzlichen Vertreters notwendig.

Geistesstörung

Eine Willenserklärung ist stets nichtig, wenn diese in einem Zustand abgegeben wird, der eine freie Willensbildung ausschließt (dauerhafte oder vorübergehende Störung der Geistestätigkeit; „Black-out", §§ 104, 105 BGB).

Beispiel: Der 21-jährige Oliver hat seine Prüfung zum Bankkaufmann erfolgreich abgelegt. Als er am anderen Morgen einem Staubsaugervertreter die Tür öffnet, ist er noch vom übermäßigen Alkoholgenuss beduselt und kauft einen Staubsauger zum Preis von 250,00 €.

Betreuung

Kann ein **Volljähriger** aufgrund einer psychischen Krankheit oder einer körperlichen, geistigen oder seelischen Behinderung seine Angelegenheiten ganz oder teilweise nicht besorgen, kommt auf seinen Antrag oder von Amts wegen die Bestellung eines **Betreuers** durch das **Betreuungsgericht** in Betracht.

- Die Geschäftsfähigkeit des Betroffenen wird dadurch nicht aufgehoben. Im Einzelfall kann das Gericht aber die Teilnahme des Betreuten am Rechtsverkehr einschränken *(§ 1896 BGB)*.

- Ein Betreuer darf nur für Aufgabenkreise bestellt werden, in denen eine Betreuung erforderlich ist.

- Soweit eine Betreuung für Geld- und Vermögensangelegenheiten bestellt wurde, können sowohl der Betreute als auch der Betreuer über Konten und Depots des Betreuten verfügen. Bei widersprechenden Verfügungen ist grundsätzlich die Verfügung rechtswirksam, die zeitlich zuerst abgegeben wurde.

- Das Vormundschaftsgericht ordnet einen **Einwilligungsvorbehalt** an, soweit dies zur Abwendung einer erheblichen Gefahr für die Person oder das Vermögen des Betreuten erforderlich ist. Willenserklärungen des Betreuten sind in diesem Fall schwebend unwirksam. Die Einwilligung ist bei geringfügigen Angelegenheiten des täglichen Lebens nicht erforderlich *(§ 1903 BGB)*.

Geschäftsfähigkeit juristischer Personen

Juristische Personen erlangen mit dem Erwerb der Rechtsfähigkeit gleichzeitig auch die unbeschränkte Geschäftsfähigkeit.

Sie werden Dritten gegenüber vertreten durch:
- das **kraft Gesetz** hierzu bestimmte Organ (= gesetzlicher Vertreter)
  Beispiele:
  - *Vorstand des eingetragenen Vereins*
  - *Geschäftsführer der GmbH*

oder

- **kraft Vollmacht** hierzu bestimmte Personen (= rechtsgeschäftliche Vertreter)
  Beispiele:
  - *Handlungsbevollmächtigte*
  - *Prokuristen*
  - *Generalbevollmächtigte*

2.2.1.2 Deliktsfähigkeit

Deliktsfähig ist, wer für einen von ihm durch eine unerlaubte Handlung angerichteten Schaden zur Haftung herangezogen werden kann.

Beispiel: *Ein Kunde stößt in einem Porzellangeschäft durch eigene Unachtsamkeit eine Vase vom Regal.*

Nicht deliktsfähig ist,
- wer das 7. Lebensjahr noch nicht vollendet hat,
- wer im Zustand der nicht selbst verschuldeten Bewusstlosigkeit (Alkoholrausch ist in der Regel selbst verschuldet!) handelt,
- wer aufgrund einer krankhaften Störung der Geistestätigkeit zu einer freien Willensbestimmung nicht in der Lage ist.

Wer das 7., aber noch nicht das 18. Lebensjahr vollendet hat, ist für eine unerlaubte Handlung nicht verantwortlich, wenn er bei deren Begehung nicht die zur Erkenntnis der Verantwortlichkeit erforderliche Einsicht hatte *(§§ 827, 828 BGB)*.

Juristische Personen (gewohnheitsrechtlich analog auch **quasi juristische Personen**: OHG, KG) sind durch ihre **Organe** und **Vertreter** deliktsfähig *(§§ 31, 89 BGB)*.

Beispiele:
- *Vorstand der Aktiengesellschaft*
- *Geschäftsführer der GmbH*
- *Gesellschafter der OHG*

2.2.1.3 Personenvereinigungen nach dem BGB

Verfolgen mehrere Personen ein gemeinschaftliches Ziel, so können sie sich zu einer Gesellschaft zusammenschließen oder einem Verein beitreten.

Gesellschaft bürgerlichen Rechts[1] (§§ 705–740 BGB)	Eingetragener Verein (§§ 21–79 BGB)
– **Rechtsgrundlage:** *formfreier Gesellschaftsvertrag*	– **Rechtsgrundlage:** *schriftliche Satzung*
– dient der Erreichung ökonomischer oder außerökonomischer Ziele	– dient der Erreichung außerökonomischer („ideeller") Ziele
– ist an die Person der Gesellschafter gebunden; Auflösung grundsätzlich bei Tod, Insolvenz, Kündigung eines Gesellschafters oder automatisch nach Erreichung des vereinbarten Zieles („Gelegenheitsgesellschaft")	– ist auf längere Dauer angelegt und vom Wechsel seiner Mitglieder (Mindestzahl bei der Gründung: 7) unabhängig; Auflösung: Mitgliederzahl sinkt unter 3 Personen
– ist keine juristische Person; ist nicht eintragungsfähig	– ist eine juristische Person; sie entsteht durch Eintragung ins Vereinsregister
– führt keinen eigenen Namen; Verträge werden im Namen der Gesellschafter abgeschlossen	– führt einen Vereinsnamen; Verträge werden im Namen des Vereins abgeschlossen

---

[1] *Vgl. ausführlich hierzu Seite 192 ff.*

Gesellschaft bürgerlichen Rechts (§§ 705–740 BGB)	Eingetragener Verein (§§ 21–79 BGB)
– Gesellschaftsvermögen gehört den Gesellschaftern zur gesamten Hand; diese haften gegenüber den Gläubigern der Gesellschaft persönlich und gesamtschuldnerisch	– Vereinsvermögen gehört dem Verein; nur dieses haftet gegenüber den Gläubigern des Vereins (keine persönliche Haftung der Vereinsmitglieder)
– Geschäftsführung und Vertretung der Gesellschaft gegenüber Dritten geschieht durch die Gesellschafter gemeinschaftlich, soweit nichts anderes vertraglich vereinbart wurde	– Geschäftsführung und Vertretung des Vereins gegenüber Dritten geschieht durch den Vorstand (= gesetzlicher Vertreter); die Mitgliederversammlung wählt den Vorstand, überwacht ihn und entscheidet nur über Fragen besonderer Wichtigkeit

2.2.2 Rechtsobjekte

Rechtsobjekte sind Gegenstände, die der Rechtsmacht der Rechtssubjekte unterliegen.

Beispiel: *Michaela (= Rechtssubjekt) verleiht eine CD (= Rechtsobjekt) an ihre Freundin Sabine.*

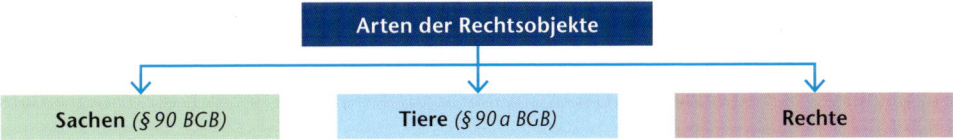

2.2.2.1 Sachen

Sachen sind nur körperliche Gegenstände *(§ 90 BGB).*

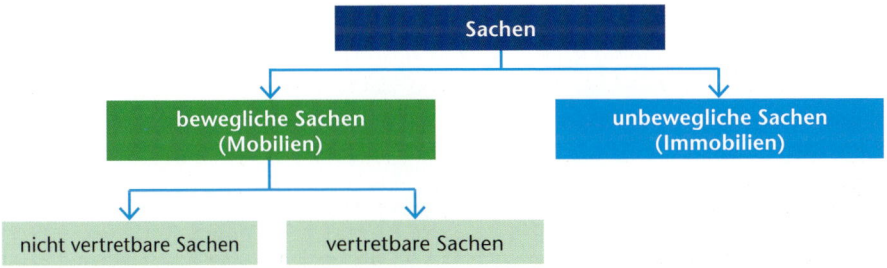

Nicht vertretbare Sachen sind Einzelstücke mit individueller Prägung. Sie existieren in dieser Form nur einmal.

Beispiele: *ein selbstgestrickter Pullover, ein Gemälde, eine Stradivari-Geige*

Vertretbare Sachen sind bewegliche Gegenstände, die im Geschäftsleben nach Maß, Zahl oder Gewicht bestimmt werden (§ 91 BGB). Sie sind untereinander austauschbar (fungibel).

Beispiele: *industrielle Massenprodukte, Aktien der Bayer AG*

Unbewegliche Sachen sind die Grundstücke.

Ein **Grundstück** ist ein abgegrenzter Teil der Erdoberfläche.
Für jedes Grundstück ist im **Grundbuch** des zuständigen Grundbuchamtes eine besondere Akte, ein **Grundbuchblatt**, angelegt, aus dem die rechtlichen Verhältnisse des Grundstücks hervorgehen.
Wohnungseigentum und **Erbbaurechte**[1] sind grundstücksgleiche Rechte. Sie werden wie Grundstücke behandelt.

Wesentliche Bestandteile sind solche Teile einer Sache, die voneinander nicht getrennt werden können, ohne dass der eine oder andere zerstört oder in seinem Wesen verändert wird (§ 93 BGB).

Beispiele:
– *der Einband eines Buches*
– *ein Gebäude auf einem Grundstück*

Wesentliche Bestandteile einer Sache können nicht Gegenstand besonderer Rechte sein.

Beispiel: Der Eigentümer eines Grundstücks ist auch Eigentümer der darauf wachsenden Bäume.

Zubehör sind selbstständige bewegliche Sachen, die – ohne Bestandteil der Hauptsache zu sein – dem wirtschaftlichen Zweck der Hauptsache zu dienen bestimmt sind und zu ihr in einem dieser Bestimmung entsprechenden räumlichen Verhältnis stehen (§ 97 BGB).

Für Hauptsache und Zubehör existiert in der Regel die gleiche Rechtslage, insbesondere besteht einheitliches Eigentum.

Beispiele:
– *Landwirtschaftsmaschinen, die zu einem Bauernhof gehören*
– *Inventar, das zu einer Gaststätte gehört*
– *der zu einem Auto gehörende Ersatzreifen*

Bei einer Veräußerung oder Belastung der Sache erstreckt sich die Verpflichtung im Zweifel auch auf das Zubehör der Sache *(§§ 311 c, 926, 1120 BGB).*

2.2.2.2 Rechte

Rechte sind unkörperliche (immaterielle) Gegenstände.

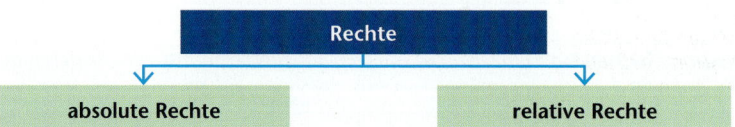

Absolute Rechte bestehen gegenüber jedermann.
Sie betreffen die Beziehungen einer Person zu einer Sache. Man spricht daher auch von **dinglichen** Rechten (Sachenrechten).

Beispiele: Eigentumsrecht an einer Sache, Urheberrecht an einem Buch

---

[1] *Der Erbbauberechtigte hat eine für bestimmte Zeit (i. d. R. 99 Jahre) das vererbliche und veräußerbare Recht, auf einem Grundstück ein Gebäude zu errichten und zu unterhalten.*

Relative Rechte bestehen nur zwischen bestimmten Personen. Sie resultieren aus Schuldverhältnissen. Man spricht daher auch von **schuldrechtlichen** Ansprüchen.

Beispiele: Ansprüche aus einem Kaufvertrag, Mietvertrag, Ausbildungsvertrag

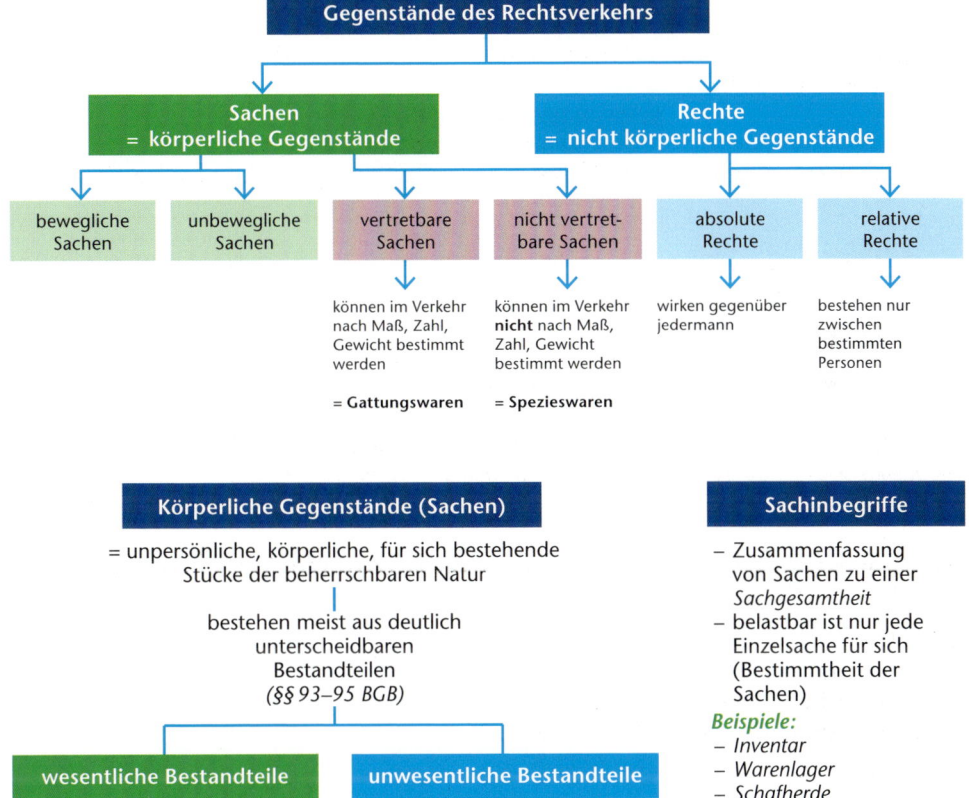

Beachten Sie:
Zubehör ist nicht Bestandteil einer Sache, aber dazu bestimmt, dem wirtschaftlichen Zweck der Hauptsache zu dienen. Ein räumlicher Zusammenhang zur herrschenden Sache muss gegeben sein *(§§ 97, 98 BGB)*.
Beispiele:
Gabelstapler auf einem Firmengrundstück, landwirtschaftliche Geräte

2.2.2.3 Eigentum und Besitz

Eigentum

Eigentum ist die rechtliche Herrschaft über eine Sache.

Der Eigentümer kann, soweit nicht das Gesetz oder Rechte Dritter entgegenstehen, mit der Sache nach Belieben verfahren *(§ 903 BGB)*.

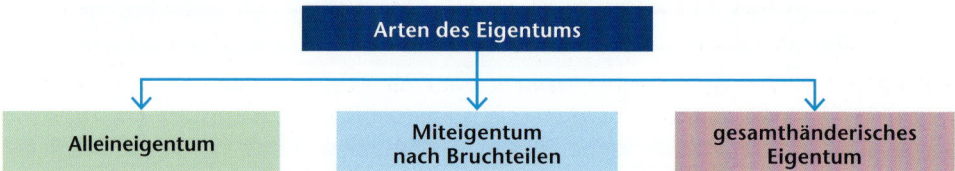

Beim **Alleineigentum** ist nur eine Person Eigentümer einer Sache.
Beim **Miteigentum** steht das Eigentum mehreren Personen gemeinschaftlich zu. Jeder Miteigentümer hat einen bestimmten ideellen Anteil an der Sache und kann über seinen Anteil allein verfügen (Bruchteilseigentum).

Beispiel: Miteigentum an einem Bestand gleichartiger Wertpapiere (Wertpapiersammelbestand, § 6 Depotgesetz)

Beim **Gesamthandseigentum** besteht ein ungeteiltes Eigentumsrecht mehrerer Personen an der Sache. Verfügungen über das Eigentum können grundsätzlich nur gemeinschaftlich von den Miteigentümern *(Gesamthändern)* vorgenommen werden.

Beispiel: Die Geschwister Rolf und Ines haben gemeinsam ein Grundstück geerbt. Mit jeder Verfügung über das Grundstück müssen beide einverstanden sein.

Gesamthandsgemeinschaften sind:
- Erbengemeinschaften *(§§ 2032–2063 BGB)*
- BGB-Gesellschaften *(§§ 705–740 BGB)*
- Partnerschaftsgesellschaften *(§§ 1–11 Partnerschaftsgesellschaftsgesetz)*
- Offene Handelsgesellschaften *(§§ 105–160 HGB)*
- Kommanditgesellschaften *(§§ 161–177 a HGB)*
- eheliche Gütergemeinschaften *(§ 1416 BGB)*

Besitz

Besitz ist die tatsächliche Herrschaft über eine Sache (§ 854 BGB).

Eigentümer und Besitzer können identische oder verschiedene Personen sein.
Der Besitz wird durch Erlangung der tatsächlichen Gewalt über eine Sache erworben, einerlei, ob dies auf rechtmäßige Weise *(z. B. durch Leihe)* oder unrechtmäßige Weise *(z. B. durch Diebstahl)* geschieht.

Beispiel: Markus verliert seinen USB-Stick, der später von Jana gefunden wird. Markus verliert den Besitz, behält aber das Eigentum an dem USB-Stick. Bis zur Besitzergreifung durch Jana ist der USB-Stick ohne Besitzer.

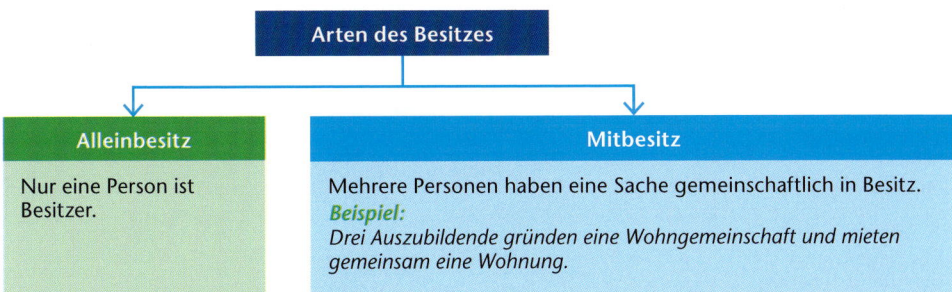

Mittelbarer Besitzer ist, wer einem anderen auf Zeit den unmittelbaren Besitz so überlassen hat, dass dieser Entleiher, Mieter, Pächter, Verwahrer, Nießbraucher oder Pfandgläubiger ist *(§ 868 BGB)*.

Beispiel: Michael hat seinem Freund Klaus sein Fahrrad geliehen. Michael ist mittelbarer Besitzer, Klaus ist unmittelbarer Besitzer.

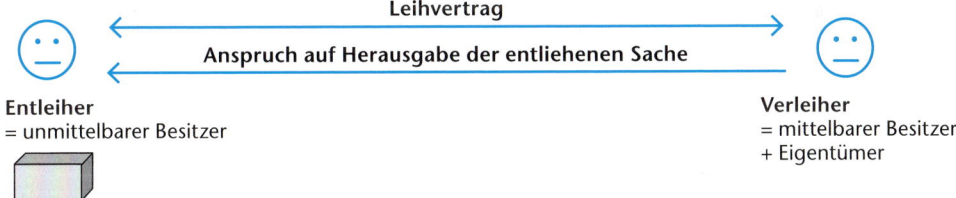

2.2.2.4 Eigentumserwerb an beweglichen Sachen

Das Eigentum an beweglichen Sachen wird übertragen durch:

- **Einigung über den Eigentumsübergang und Übergabe der Sache**
  Beispiel: Peter möchte seiner Freundin Clara ein Buch schenken. Mit der Übergabe des Buches erwirbt Clara das Eigentum.

- **bloße Einigung über den Eigentumsübergang**, wenn sich die Sache bereits im Besitz des Erwerbers befindet.
  Beispiel: Peter schenkt seiner Freundin Clara eine CD, die diese sich vorher schon von ihm geliehen hatte.

- **Einigung über den Eigentumsübergang und Vereinbarung eines Besitzkonstitutes** *(z. B. Leih-, Miet-, Verwahrvertrag)*, wenn die Sache weiterhin im Besitz des Veräußerers bleiben soll.
  Beispiel: Peter veräußert sein Fahrrad an seinen Freund Michael. Die beiden vereinbaren, dass Peter das Fahrrad noch ein halbes Jahr weiterbenutzen darf.

- **Einigung über den Eigentumsübergang und Abtretung des Herausgabeanspruchs**, wenn sich die Sache im Besitz eines Dritten befindet.
  Beispiel: Peter hat seinen alten Motorroller in der Garage seines Freundes Michael abgestellt. Er möchte ihn an seine Freundin Clara veräußern. Die beiden werden sich einig, und Peter teilt seinem Freund Michael mit, dass er den Motorroller an Clara herausgeben soll.

Situation	Abwicklung der Eigentumsübertragung	Rechtsgrundlage
1. Fall Der Gegenstand befindet sich beim Veräußerer (Normal- fall).	Veräußerer — Einigung + Übergabe — Erwerber	*§ 929 BGB*
2. Fall Der Gegenstand befindet sich bereits beim Erwerber.	Einigung	*§ 929 BGB*
3. Fall Der Gegenstand soll weiterhin im Besitz des Veräußerers bleiben.	Einigung + Besitzkonstitut *(z. B. Leihvertrag)*	*§ 930 BGB*
4. Fall Der Gegenstand befindet sich im Besitz eines Dritten.	Veräußerer — Einigung + Abtretung des Herausgabeanspruchs — Erwerber **Dritter** Herausgabe-anspruch / Herausgabe-anspruch	*§ 931 BGB*

2.2.2.5 Sonderformen des Eigentumserwerbs an beweglichen Sachen

- **Eigentumserwerb durch Verbindung oder Vermischung** *(§§ 947, 948 BGB)*
  Werden bewegliche Sachen so miteinander verbunden oder vermischt, dass sie wesentliche Bestandteile einer einheitlichen Sache werden, so werden die bisherigen
  Eigentümer Miteigentümer dieser Sache (z. B. Wein). Ist eine der Sachen als die Hauptsache anzusehen, so erwirbt ihr Eigentümer das Alleineigentum (z. B. in eine Maschine eingebaute Schraube).

- **Eigentumserwerb durch Verarbeitung** *(§ 950 BGB)*
  Wer durch Verarbeitung eines Gegenstandes eine neue bewegliche Sache herstellt,
  erwirbt das Eigentum an dieser Sache, sofern der Wert der Verarbeitung den Wert des
  Ausgangsmaterials übertrifft (z. B. Dosen aus Blech).

- **Gutgläubiger Eigentumserwerb** *(§§ 932, 935 BGB)*
  Veräußert jemand eine Sache, die ihm nicht gehört, so wird der Erwerber unter fol-
  genden drei Voraussetzungen dennoch Eigentümer:
  – Die Sache darf nicht gestohlen, verloren oder sonst abhanden gekommen sein,
    d. h., der Veräußerer war rechtmäßiger Besitzer *(z. B. infolge Leihe, Miete)*.
    Ausnahme: Es handelt sich um Geld, Inhaberpapiere oder in einer öffentlichen
    Versteigerung erworbene Sachen.

– Der Erwerber muss den Veräußerer für den Eigentümer halten.
– Die Sache muss dem Erwerber vom Veräußerer übergeben werden *(§ 933 BGB)*.

Ist ein **Wertpapier** dem Eigentümer abhanden gekommen, so kann dieser durch Einleitung des Oppositionsverfahrens (öffentliche Verlustanzeige), im zweiten Schritt durch Einleitung des gerichtlichen Aufgebotsverfahrens (Kraftloserklärung) seine Rechte zu wahren versuchen.

Ein **Kreditinstitut** kann an mit Opposition belegten Wertpapieren kein Eigentum erwerben, wenn der Verlust im Bundesanzeiger veröffentlicht worden ist und seit dem Ablauf des Jahres, in dem die Veröffentlichung erfolgt ist, nicht mehr als ein Jahr verstrichen ist *(§ 367 HGB)*.

2.2.2.6 Eigentumsübertragung von Grundstücken

Zur Übertragung des Eigentums an einem Grundstück ist zwischen dem Erwerber und dem Veräußerer des Grundstücks die **Einigung** *über den Eintritt der Rechtsänderung und die* **Eintragung** *der Rechtsänderung in das* **Grundbuch** *erforderlich (§ 873 BGB).*

Das Grundbuchamt führt für jedes Grundstück ein gesondertes Grundbuchblatt (bestehend aus mehreren Seiten), aus dem die Rechtsverhältnisse an dem Grundstück hervorgehen.

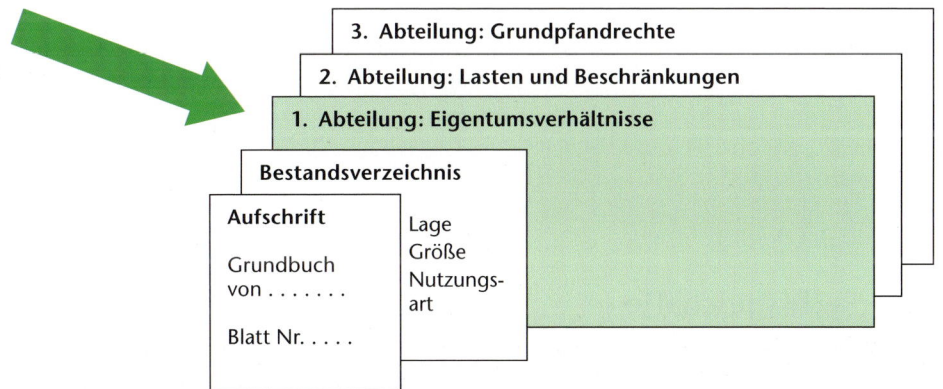

Die Einigung über den Eigentumsübergang (= Auflassung) muss bei gleichzeitiger Anwesenheit des Erwerbers und des Veräußerers vor einem Notar erklärt werden *(§ 925 BGB)*.

Der Notar weist die Auflassung nach und veranlasst aufgrund des Antrags des Erwerbers und der Bewilligung des Veräußerers die Eintragung des neuen Eigentümers in das Grundbuch. Der Eigentumsübergang ist erst dann vollzogen, wenn die Eintragung erfolgt ist. Die Eintragung hat somit **konstitutive** (= rechtserzeugende) Wirkung.

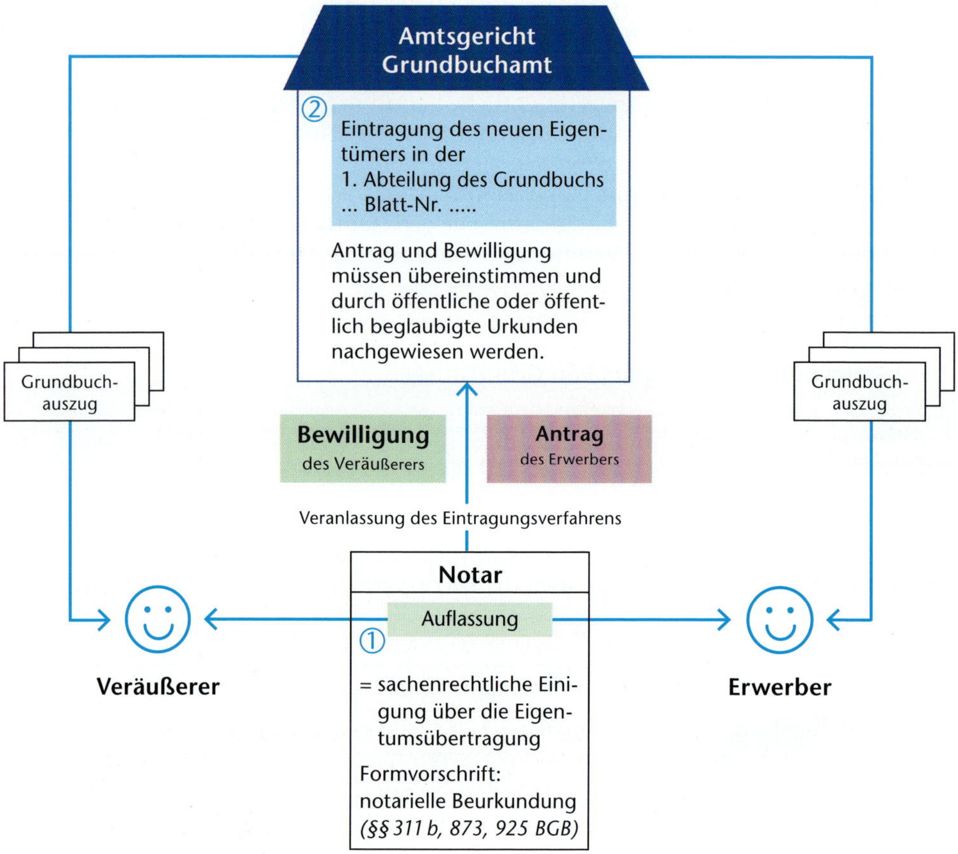

Amtsgericht Grundbuchamt

② Eintragung des neuen Eigentümers in der
1. Abteilung des Grundbuchs
... Blatt-Nr. .....

Antrag und Bewilligung müssen übereinstimmen und durch öffentliche oder öffentlich beglaubigte Urkunden nachgewiesen werden.

Grundbuch-auszug

Grundbuch-auszug

Bewilligung
des Veräußerers

Antrag
des Erwerbers

Veranlassung des Eintragungsverfahrens

Notar

Auflassung

① = sachenrechtliche Einigung über die Eigentumsübertragung

Formvorschrift:
notarielle Beurkundung
(§§ 311 b, 873, 925 BGB)

Veräußerer

Erwerber

2.3   Rechtsgeschäfte

2.3.1   Arten und Zustandekommen von Rechtsgeschäften

Rechtsgeschäfte entstehen aufgrund von Willenserklärungen, die in der Absicht abgegeben werden, eine bestimmte Rechtswirkung herbeizuführen.

Willensäußerung

Rechtswirkung:

Begründung, Aufhebung, Veränderung } einer Rechtslage

Rechtsgeschäfte können unter verschiedenen Gesichtspunkten eingeteilt werden.

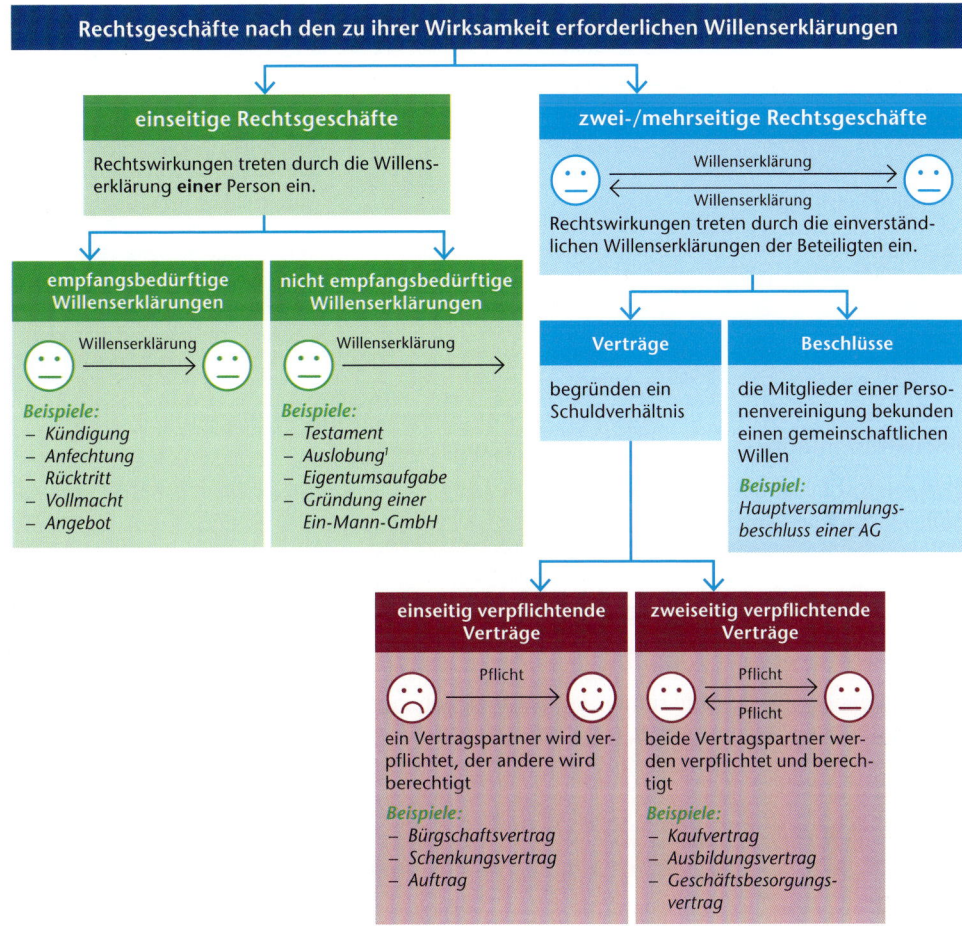

Empfangsbedürftige Willenserklärungen

Willenserklärungen gegenüber **Anwesenden** werden sofort mit der Abgabe der Willenserklärung wirksam.

Willenserklärungen gegenüber **Abwesenden** werden zu dem Zeitpunkt wirksam, zu dem sie dem Empfänger zugehen *(§ 130 BGB)*.

Beispiel: Die schriftliche Kündigung eines Zeitschriftenabonnements wird wirksam, sobald das Kündigungsschreiben in den Machtbereich des Empfängers (z. B. Einwurf in seinen Briefkasten) gelangt.

Nicht empfangsbedürftige Willenserklärungen

Sie werden zu dem Zeitpunkt wirksam, zu dem sie abgegeben werden.

Beispiel: Das handschriftliche Testament wird mit seiner Niederschrift und nachfolgender Unterschrift wirksam.

---

[1] *z. B. ein öffentlicher Aushang: „50,00 € Belohnung für denjenigen, der meine Katze ‚Sally‘ zurückbringt" oder der Hinweis bei einer Tombola: „1. Preis: Eine Waschmaschine".*

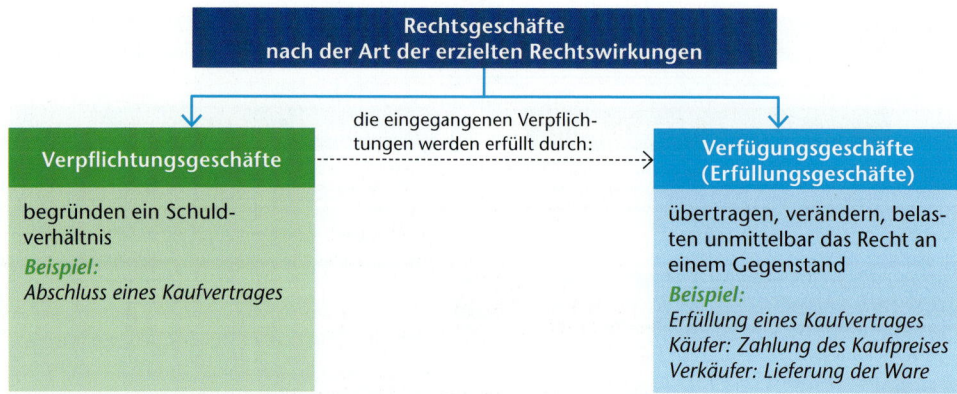

Bei den meisten Käufen des täglichen Lebens erfolgen Verpflichtungs- und Verfügungsgeschäft in unmittelbarem zeitlichen Zusammenhang.

Beispiel: Ein Kunde entnimmt in einem Supermarkt einem Verkaufsregal eine Tüte Milch und bezahlt den Kaufpreis anschließend an der Kasse.

2.3.2   Form der Rechtsgeschäfte

Die Abgabe einer Willenserklärung kann grundsätzlich formlos erfolgen. Entscheidend ist nur, dass der Erklärende seinen Willen deutlich zum Ausdruck bringt.
Die Abgabe einer Willenserklärung kann erfolgen:
- **mündlich** (unter Anwesenden)
- **schriftlich**
- durch **konkludentes** (schlüssiges) Verhalten

Viele alltägliche Rechtsgeschäfte kommen durch konkludentes Verhalten zustande.

Beispiele: Die Vorlage der Milch an der Kasse, das Eintippen des Kaufpreises, das Bezahlen und die Aushändigung der Ware an den Kunden sind konkludent für das Zustandekommen eines Kaufvertrages und die Erfüllung der daraus resultierenden Vertragspflichten.

Aus Beweissicherungsgründen empfiehlt sich häufig eine schriftliche Form.

Beispiele:
– Kauf eines Gebrauchtwagens
– Darlehensgewährung an einen Freund

Formvorschriften
In einigen Fällen schreibt der Gesetzgeber die Einhaltung einer bestimmten äußeren Form vor. Er will damit erreichen, dass sich die Erklärenden über die Tragweite ihrer Willenserklärungen bewusst werden. Die Nichtbeachtung einer Formvorschrift hat grundsätzlich die Nichtigkeit des Rechtsgeschäfts zur Folge *(§ 125 BGB)*.

```
                          Formvorschriften
```

Textform (§ 126 b BGB)	Schriftform/elektronische Form (§§ 126, 126 a BGB)

Textform (§ 126 b BGB)

Urkunde
bzw. andere zur dauerhaften Wiedergabe in Schriftzeichen geeignete Weise (z. B. E-Mail, CD, Kontoauszug)/keine Unterschrift

Beispiele:
- *Vertragsinhalt bei Ratenliefe-rungsverträgen (§ 510 Abs. 2 BGB)*
- *Widerruf eines Verbraucher-vertrages (§ 355 Abs. 1 BGB)*
- *Vertragsbedingungen bei einem Dispositionskredit/bei einer geduldeten Kontoüberziehung (§§ 504, 505 BGB)*

Schriftform/elektronische Form (§§ 126, 126 a BGB)

Schriftform

Urkunde
+
eigenhändige Unterschrift des Erklärenden oder seines Vertreters

elektronische Form

elektronisches Dokument
+
elektronische Signatur

Beispiele:
- *Bürgschaft (§ 766 BGB)*
- *Schuldversprechen (§ 780 BGB)*
- *Schuldanerkenntnis (§ 781 BGB)*
- *Kündigung eines Arbeitsverhältnisses (§ 623 BGB)*
- *privates Testament (die **gesamte** Urkunde muss eigenhändig abgefasst und unterschrieben sein) (§§ 2231, 2247 BGB)*
- *Verbraucherdarlehensverträge (§ 492 BGB)*
- *Kündigung eines Mietverhältnisses (§ 568 BGB)*

} elektronische Form nicht möglich

Öffentliche Beglaubigung (§ 129 BGB)

Urkunde
+
eigenhändige Unterschrift des Erklärenden oder seines Vertreters
+
Beglaubigung der Echtheit der Unterschrift durch einen Notar
Es wird bestätigt, dass die Unterschrift des Erklärenden tatsächlich von diesem stammt (Identitätsnachweis).

Nicht ausreichend ist die „amtliche" Beglaubigung durch eine siegelführende Stelle (Gemeindebehörde, Polizei, Pfarramt u. ä. öffentliche Dienststelle).

Beispiele:
- *Anmeldungen zur Eintragung ins Handels-, Vereins-, Güterrechtsregister (§ 12 HGB)*
- *Ausschlagung einer Erbschaft (§ 1945 BGB)*
- *Bewilligung von Grundbucheintragungen (§ 29 GBO)*

Notarielle Beurkundung (§ 128 BGB)

Urkunde
+
eigenhändige Unterschrift des Erklärenden oder seines Vertreters
+
Beurkundung des gesamten Inhalts durch einen Notar
Es wird bestätigt, dass
- die Beteiligten an einem bestimmten Tag vor dem Notar erschienen sind,
- die in der Urkunde niedergelegten Erklärungen abgegeben haben,
- der Inhalt ihnen vorgelesen wurde,
- und sie ihn durch ihre Unterschrift genehmigt haben.

Beispiele:
- *Erbvertrag (§ 2276 BGB)*
- *Ehevertrag (§ 1410 BGB)*
- *Schenkungsversprechen (§ 518 BGB)*
- *Grundstückskaufvertrag und -belastung (§§ 311 b, 873, 925 BGB)*
- *Feststellung der Satzung einer AG (§ 23 AktG)*
- *Gründungsverträge von juristischen Personen des privaten Rechts (GmbH, e. V.)*

Eine Urkunde ist die schriftliche Festlegung eines rechtlich bedeutsamen Sachverhalts.

Die Schriftform kann durch eine öffentliche Beglaubigung oder eine notarielle Beurkundung ersetzt werden *(§ 126 BGB)*. Die öffentliche Beglaubigung kann durch eine notarielle Beurkundung ersetzt werden *(§ 129 BGB)*. Die schriftliche Form kann durch die elektronische Form ersetzt werden, wenn sich nicht aus dem Gesetz etwas anderes ergibt *(§ 126 Abs. 3 BGB).*

2.3.3 Nichtigkeit und Anfechtbarkeit von Rechtsgeschäften

Nichtigkeit

Ein Rechtsgeschäft ist nichtig, wenn es so schwere Mängel aufweist, dass das Gesetz ihm von Anfang an keinerlei Rechtskraft zubilligt.

Nichtigkeit von Rechtsgeschäften	
Geschäftsunfähigkeit *(§ 105 BGB)*	Die Willenserklärung eines Geschäftsunfähigen ist nichtig. Nichtig ist auch eine Willenserklärung, die im Zustand der Bewusstlosigkeit oder der vorübergehenden Störung der Geistestätigkeit abgegeben wird.
Scherzgeschäft *(§ 118 BGB)*	Das Rechtsgeschäft wurde nur zum Scherz abgeschlossen. *Beispiel:* *Nach glücklich bestandener Abschlussprüfung ruft Thomas in einer Gastwirtschaft dem Kellner zu: „Ein Chappi, ein Bier". Wenn der Kellner nicht erkennt, dass Thomas nur scherzen wollte, und eine geöffnete Dose Hundefutter bringt, muss Thomas für den Schaden einstehen.*
Scheingeschäft *(§ 117 BGB)*	Das Rechtsgeschäft wurde nur zum Schein abgeschlossen. *Beispiel:* *Um gegenüber dem Finanzamt höhere Werbungskosten nachzuweisen, schließt ein vermögender Kapitalanleger „nur auf dem Papier" mit seinem Freund einen kostspieligen Beratervertrag ab.*
Formmangel *(§ 125 BGB)*	Die für das Rechtsgeschäft gesetzlich vorgeschriebene oder vertraglich vereinbarte Form wurde nicht beachtet.
Gesetzliches Verbot *(§ 134 BGB)*	Das Rechtsgeschäft verstößt gegen ein gesetzliches Verbot. *Beispiel:* *Mehrere Unternehmen derselben Branche treffen eine Absprache über die Höhe ihrer Verkaufspreise. Es liegt in diesem Fall ein verbotenes Preiskartell vor (§ 1 GWB).*
Sittenwidrigkeit *(§ 138 BGB)*	Nichtig ist insbesondere ein Rechtsgeschäft, das jemand unter Ausnutzung der Zwangslage, der Unerfahrenheit, des Mangels an Urteilsvermögen oder der erheblichen Willensschwäche eines anderen sich Vermögensvorteile versprechen lässt, die in einem auffälligen Missverhältnis zu der Leistung stehen. *Beispiel:* *Ein privater Kreditvermittler vereinbart mit seinem Kunden für die Gewährung eines Ratenkredites 5 % Zinsen pro Monat.*

Anfechtbarkeit

Eine Willenserklärung ist anfechtbar, wenn der Erklärende eine Erklärung dieses Inhalts nicht abgeben wollte, d. h. sein wirklicher Wille ein anderer war.

Die abgegebene Willenserklärung ist bis zur Anfechtung gültig und wird durch die Anfechtung von Anfang an ungültig. Eine Anfechtung ist ausgeschlossen, wenn seit der Abgabe der Willenserklärung zehn Jahre verstrichen sind.

Anfechtbarkeit von Rechtsgeschäften	
Inhalts-, Erklärungs-, Eigenschafts-, Übermittlungsirrtum (§§ 119, 120 BGB)	Wer bei der Abgabe einer Willenserklärung über deren Inhalt im Irrtum war oder eine Erklärung dieses Inhalts überhaupt nicht abgeben wollte, kann die Erklärung anfechten, wenn anzunehmen ist, dass er sie bei Kenntnis der Sachlage nicht abgegeben haben würde. Die Anfechtung muss unverzüglich nach Erkennen des Irrtums erfolgen. Der Anfechtungsberechtigte ist schadenersatzpflichtig zugunsten desjenigen, der auf die Gültigkeit der Willenserklärung vertraut hat. *Beispiele:* – *Stefan will für seinen bevorstehenden Urlaub in Kanada 500,00 € in Can-Dollar umtauschen. Versehentlich tauscht er die 500,00 € jedoch in US-Dollar um.* – *Die Sekretärin schreibt 1 000 statt 100 Flaschen Wein in die Bestellung.*
Arglistige Täuschung, widerrechtliche Drohung (§§ 123, 124 BGB)	Wer durch arglistige Täuschung oder widerrechtliche Drohung zur Abgabe einer Willenserklärung gebracht worden ist, kann die Willenserklärung anfechten. Die Anfechtung muss binnen Jahresfrist nach Erkennen der Täuschung bzw. Wegfall der Zwangslage erfolgen. *Beispiele:* – *Marco kauft einen Gebrauchtwagen, der laut Aussage des Verkäufers unfallfrei sein soll. Später stellt sich heraus, dass der Wagen einen Totalschaden hatte und der Käufer vom Verkäufer belogen worden war.* – *Carla wird von einem Erpresser zum Unterschreiben eines Schuldscheins gezwungen.*

Motivirrtum

Nicht anfechtbar sind Willenserklärungen, bei denen ein *Irrtum im Motiv* vorliegt.

Beispiel: Stefan hat für seine Freundin Clara ein Goldkettchen gekauft. Als er erfährt, dass Clara sich heimlich mit seinem Freund Oliver getroffen hat, will er seinen Kauf rückgängig machen. Stefan befand sich hier nur über seine Freundin Clara im Irrtum, nicht jedoch über den Inhalt seiner Willenserklärung beim Kauf des Goldkettchens.

2.3.4 Stellvertretung

Bei der Vornahme von Rechtsgeschäften kann eine Person durch eine andere Person vertreten werden. Der Stellvertreter kann einem Dritten gegenüber Rechtshandlungen vornehmen, die den Vertretenen rechtlich binden.

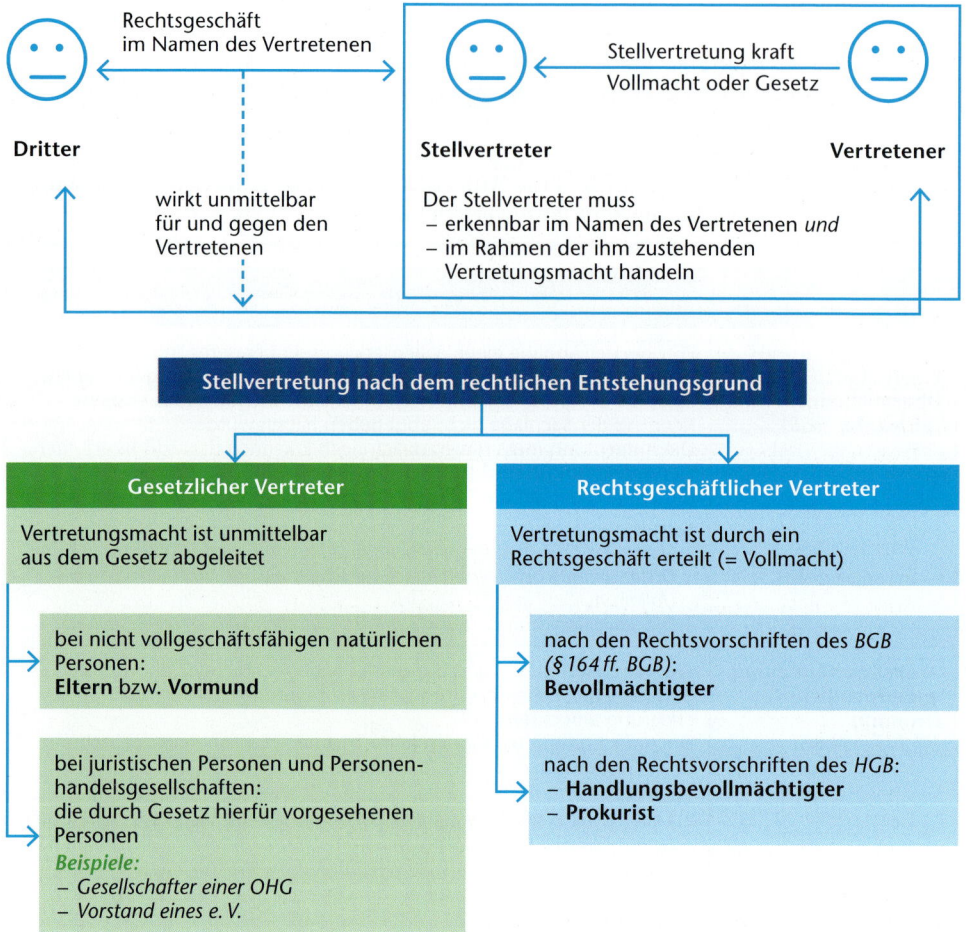

Beschränkt geschäftsfähiger Vertreter: Die Wirksamkeit einer von oder gegenüber einem Vertreter abgegebenen Willenserklärung wird nicht dadurch beeinträchtigt, dass der Vertreter nur beschränkt geschäftsfähig ist *(§ 165 BGB)*.

Bote: Anders als der Vertreter gibt der Bote keine eigene Willenserklärung im Namen des Vertreters ab, sondern übermittelt nur die bereits fertige Willenserklärung des Vertretenen. Der Bote kann somit auch geschäftsunfähig *(z. B. ein 5-jähriges Kind)* sein.

Umfang der Vertretungsmacht
Der Umfang der Vertretungsmacht kann vom Vollmachtgeber beliebig bestimmt werden. In der Praxis kommen vor:
- **Spezialvollmacht:** gilt nur für ein einzelnes Rechtsgeschäft
- **Artvollmacht:** gilt für einen bestimmten Geschäftsbereich
- **Generalvollmacht:** gilt für alle Geschäftsbereiche

Vollmachterteilung
Die Vollmachterteilung ist ein einseitiges, empfangsbedürftiges Rechtsgeschäft. Sie erfolgt:

- ausdrücklich oder stillschweigend (konkludentes Verhalten)
- durch Erklärung gegenüber dem zu Bevollmächtigenden oder dem Dritten, dem gegenüber die Vertretung stattfinden soll.

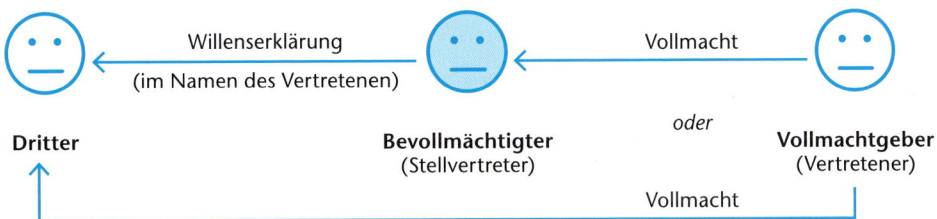

Grenzen der Vollmacht

Bei besonderen Rechtsgeschäften ist eine rechtsgeschäftliche Vertretung nicht zulässig:
- Testament,
- Unterschreiben der Bilanz, der GuV-Rechnung und der Steuererklärung,
- Anmeldung von Handelsregistereintragungen,
- Insolvenzanmeldung,
- Verkauf des gesamten Geschäftes,
- Erteilung der Prokura,
- Aufnahme neuer Gesellschafter in eine Personengesellschaft.

Erlöschen der Vollmacht

Das Erlöschen der Vollmacht erfolgt durch:
- Widerruf,
- Zeitablauf,
- Auftragserledigung (bei Einzelvollmacht),
- Beendigung des Dienstverhältnisses, in dessen Rahmen die Vollmacht erteilt wurde,
- Tod des Bevollmächtigten.

AGB der Kreditinstitute:

Zur ordnungsgemäßen Abwicklung des Geschäftsverkehrs ist es erforderlich, dass der Kunde dem Kreditinstitut Änderungen seines Namens und seiner Anschrift sowie das Erlöschen oder die Änderung einer gegenüber dem Kreditinstitut erteilten Vertretungsmacht (insbesondere einer Vollmacht) unverzüglich mitteilt. Diese Mitteilungspflicht besteht auch dann, wenn die Vertretungsmacht in ein öffentliches Register (zum Beispiel in das Handelsregister) eingetragen ist und ihr Erlöschen oder ihre Änderung in dieses Register eingetragen wird.

2.3.5   Zustandekommen eines Vertrages

*Ein **Vertrag** kommt zustande durch **zwei übereinstimmende Willenserklärungen** (= Einigung), die in der Absicht abgegeben werden, einen bestimmten rechtlichen Erfolg zu erzielen.*

– Der **Antrag** muss an eine bestimmte Person gerichtet sein.

– Der Antrag muss so formuliert sein, dass die Annahme durch ein bloßes „JA" zustande kommen kann.

– Ein rechtlicher Bindungswille des Antragstellers muss gegeben sein *(§ 145 ff. BGB)*.

– Die **Annahme** muss sofort bzw. in angemessener Zeit erfolgen. Befristete Anträge gelten bis zum Ablauf der Frist *(§§ 147, 148 BGB)*.

– Bei einem Kaufmann, dessen Gewerbebetrieb die Besorgung von Geschäften für andere mit sich bringt, gilt das Schweigen auf einen solchen Antrag als Annahme *(§ 362 HGB)*.

– Eine abgeänderte oder verspätete Annahme gilt als neuer Antrag *(§ 150 BGB)*.

– **Verpflichtungsgeschäft:** Der **Vertrag** begründet ein Schuldverhältnis. Die Vertragspartner werden hierdurch zur Erfüllung der versprochenen Leistung verpflichtet.

– **Erfüllungsgeschäft:** Das Schuldverhältnis erlischt, indem die Vertragspartner die jeweils geschuldete Leistung erbringen.

2.3.6   Vertragstypen des BGB

Verträge des BGB lassen sich in Veräußerungs-, Überlassungs- und Bestätigungsverträge unterteilen.

Vertragstyp	Vertragspartner	Vertragsinhalt	Rechtsgrundlage	Beispiele
Veräußerungsverträge				
Kauf-vertrag	Käufer – Verkäufer	*Entgeltliche* Veräußerung von Sachen oder Rechten	*§§ 433–479 BGB*	*Verkauf von Goldbarren*
Ver-brauchs-güterkauf-vertrag	Verbraucher – Unternehmer	*Entgeltliche* Veräußerung von beweglichen Sachen an einen Verbraucher	*§§ 474–479 BGB*	*Verkauf eines Tisches durch ein Möbelhaus an einen Studenten*
Schen-kungs-vertrag	Schenker – Beschenkter	*Unentgeltliche* Veräußerung von Sachen oder Rechten	*§§ 516–534 BGB*	*Schenkung einer Armband-uhr*
Überlassungsverträge				
Miet-vertrag	Mieter – Vermieter	*Entgeltliche* Überlassung von Sachen zum Gebrauch	*§§ 535–580 BGB*	*Vermietung eines Banksafes*
Pacht-vertrag	Pächter – Verpächter	*Entgeltliche* Überlassung von Sachen zum Gebrauch und Überlassung der bei ordnungsgemäßer Bewirtschaftung anfallenden Erträge	*§§ 581–597 BGB*	*Verpachtung einer Gaststätte*
Leihvertrag	Entleiher – Verleiher	*Unentgeltliche* Überlassung von Sachen zum Gebrauch	*§§ 598–606 BGB*	*Entleihung von Büchern aus einer Bücherei*

Vertragstyp	Vertragspartner	Vertragsinhalt	Rechtsgrundlage	Beispiele
Darlehens-vertrag	Darlehensgeber – Darlehensneh-mer	Überlassung von Geld gegen Zinszahlung und Rückzahlungsver-pflichtung	§§ 488–505 BGB	*Gewährung eines Kredites; Leistung einer Spareinlage*
Sachdarle-hens-vertrag	Darlehensgeber – Darlehens-nehmer	*Entgeltliche* Überlas-sung von vertretbaren Sachen gegen die Verpflichtung zur Rückerstattung in Sachen von gleicher Art, Güte und Menge	§§ 607–609 BGB	*Wertpapier-leihe: zeitlich befristete Überlassung von Wertpapie-ren gegen Entgelt*
Bestätigungsverträge				
Dienst-vertrag	Dienstverpflich-teter – Dienstberech-tigter	*Entgeltliche* Leistung von Diensten (*ohne* Erfolgsgarantie); verspricht jemand, unentgeltliche Dienste zu leisten, so liegt ein Auftragsverhältnis gemäß *§§ 662–674 BGB* vor	§§ 611–630 BGB	*Anstellung eines Mitarbei-ters*
Werk-vertrag	Unternehmer – Besteller	*Entgeltliche* Leistung von Diensten (*mit* Erfolgsgarantie)	§§ 631–651 BGB	*Anfertigung eines Maßan-zuges, zu dem der Besteller den Stoff liefert*
Geschäfts-besor-gungs-vertrag	Auftraggeber – Beauftragter	Besorgung eines Geschäftes gegen Entgelt und Auf-wendungsersatz	§§ 675–675 b BGB	*Erledigung eines Inkasso-auftrages*
Zahlungs-dienste-vertrag	Zahlungsdienst-leister – Zahlungs-dienstnutzer	Ausführung eines Zahlungsvorgangs	§§ 675 f–675 i BGB	*Bezahlung einer Rechnung durch Banküberwei-sung*
Verwah-rungs-vertrag	Verwahrer – Hinterleger	Aufbewahrung einer beweglichen Sache ggf. gegen Entgelt	§§ 688–700 BGB	*Verwahrung von Wertpapie-ren*
Gesell-schafts-vertrag	Gesellschafter	Gegenseitige Verpflich-tung der Gesellschaf-ter, die Erreichung eines gemeinsamen Zwecks in der durch den Vertrag bestim-mten Weise zu fördern	§§ 705–740 BGB	*Gründung einer Steuerberater-sozietät* *Gründung eines Kreditkonsor-tiums*

2.4 Kaufvertrag

Der Kaufvertrag ist ein zweiseitig verpflichtender Vertrag:
Der Verkäufer einer Sache wird verpflichtet,
- *dem Käufer die Sache zu übergeben und*
- *das Eigentum an der Sache zu verschaffen, welche frei von Sach- und Rechtsmängeln sein muss.*

Der Käufer ist verpflichtet,
- *dem Verkäufer den vereinbarten Kaufpreis zu zahlen und*
- *die gekaufte Sache abzunehmen (§ 433 BGB).*

Gegenstand des Kaufvertrages kann auch ein Recht sein.

2.4.1 Zustandekommen eines Kaufvertrages – Verpflichtungsgeschäft

1. Fall: Der Antrag zum Abschluss des Kaufvertrages geht vom Verkäufer aus.

Der **Verkäufer** macht ein **Angebot** (= Vertragsantrag), der **Käufer** nimmt eine **Bestellung** vor (= Vertragsannahme).
Dem Angebot des Verkäufers kann eine rechtlich unverbindliche Anfrage des Käufers vorausgehen, der Bestellung des Käufers kann eine Auftragsbestätigung des Verkäufers folgen.
Durch das Angebot erklärt der Verkäufer, unter welchen Bedingungen er bereit ist, einen Kaufvertrag abzuschließen.
Seine Willenserklärung ist rechtlich bindend, wenn sie an eine bestimmte Person gerichtet ist und alle wesentlichen Vertragspunkte enthält:
- Art, Güte und Beschaffenheit der Ware,
- Menge der Ware,
- Preis der Ware.

Das Angebot muss so formuliert sein, dass es durch ein bloßes „Ja" des Käufers angenommen werden kann.

2. Fall: Der Antrag zum Abschluss des Kaufvertrages geht vom Käufer aus.

Der **Käufer** macht eine **Bestellung** (= Vertragsantrag), der **Verkäufer** erteilt eine **Auftragsbestätigung** (= Vertragsannahme).
Der Bestellung des Käufers kann ein rechtlich unverbindliches *Angebot* des Verkäufers (z. B. *durch Katalogangebot, Schaufensterauslage, Zeitungsinserat, Internetangebot*) oder eine rechtlich unverbindliche Anfrage beim Verkäufer vorausgehen.
Antrag und Annahme begründen das Verpflichtungsgeschäft, durch das sich die Vertragspartner zur Erfüllung der geschuldeten Leistungen verpflichten.

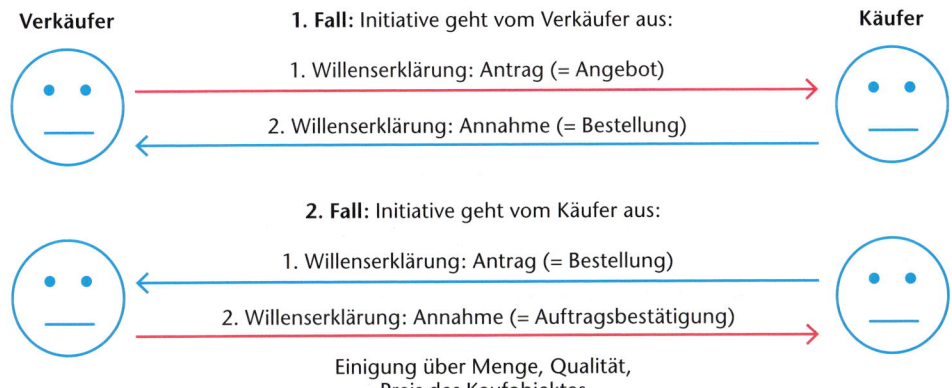

Verkäufer

1. Fall: Initiative geht vom Verkäufer aus:

Käufer

1. Willenserklärung: Antrag (= Angebot)

2. Willenserklärung: Annahme (= Bestellung)

2. Fall: Initiative geht vom Käufer aus:

1. Willenserklärung: Antrag (= Bestellung)

2. Willenserklärung: Annahme (= Auftragsbestätigung)

Einigung über Menge, Qualität,
Preis des Kaufobjektes

Wer einem anderen die Schließung eines Vertrages anbietet, ist an den Antrag gebunden *(§ 145 BGB)*.

Es besteht **keine rechtliche Bindung** an den Vertragsantrag, wenn
- die Annahmeerklärung des Vertragspartners nicht rechtzeitig erfolgt,
- ein rechtzeitiger Widerruf vonseiten des Antragstellers erfolgt,
- das im Antrag enthaltene Angebot zeitlich befristet war und die Frist abgelaufen ist,
- der rechtliche Bindungswille vom Antragsteller durch eine Freizeichnungsklausel ausdrücklich eingeschränkt worden ist

Beispiele:
- *„unverbindliches Angebot"*
- *„freibleibend"*
- *„solange der Vorrat reicht"*

Ein **mündlicher oder telefonischer Antrag** muss sofort angenommen werden. **Schweigen** gilt als Ablehnung.

Ein **schriftlicher Antrag** gilt so lange, wie der Eingang einer Antwort unter gewöhnlichen Umständen erwartet werden darf.

Die **verspätete Annahme** eines Antrags gilt als neuer Antrag. Eine Annahme unter Erweiterungen, Einschränkungen oder sonstigen Änderungen gilt als Ablehnung des alten Antrags, verbunden mit einem neuen Antrag *(§ 150 BGB)*.

Die **Zusendung unbestellter Ware** gilt als Antrag, Schweigen als Ablehnung des Antrags, die Bezahlung des Kaufpreises als Annahme.

Aus der Lieferung unbestellter Sachen wird ein Anspruch gegen den Verbraucher nicht begründet *(§ 241 a BGB)*. Der Anspruchsausschluss umfasst insbesondere Ansprüche auf Gegenleistung und Rücksendung. Der Gesetzgeber nimmt in Kauf, dass auf diese Weise Eigentum und Besitz auf Dauer auseinanderfallen können. Der Empfänger kann die Ware in Besitz nehmen oder vernichten, ohne dass ihm daraus ein Nachteil entsteht.

2.4.2 Erfüllungsgeschäft

Das durch den Abschluss des Kaufvertrages entstandene Schuldverhältnis erlischt, indem die Vertragspartner die jeweils eingegangenen Verpflichtungen erfüllen (§ 362 BGB).

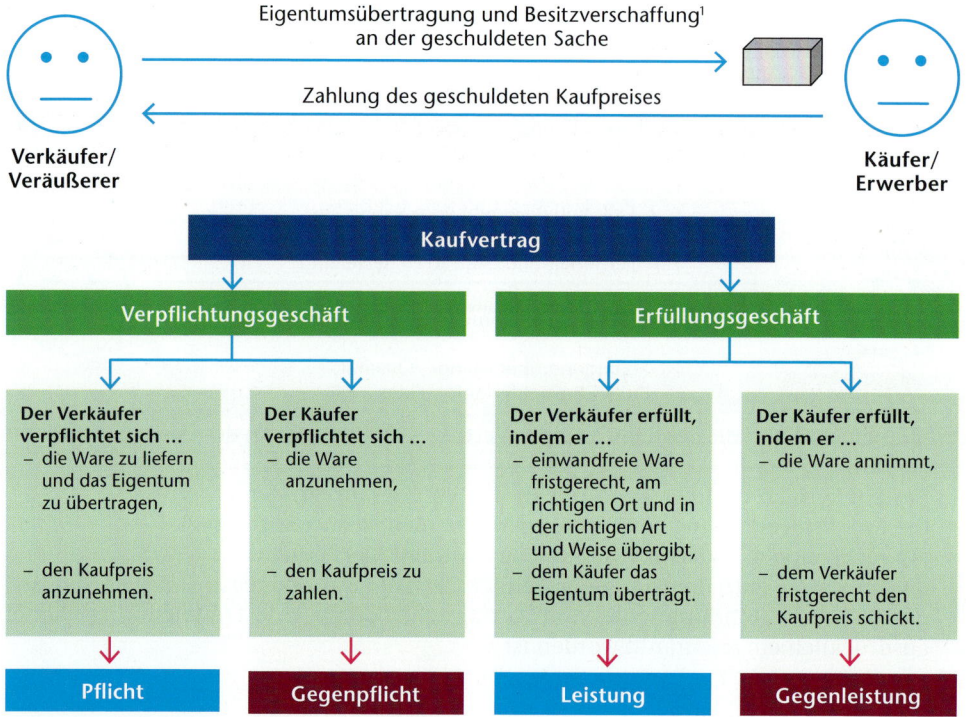

Durch den Kaufvertrag werden beide Vertragspartner zu gegenseitigen Schuldnern. Durch ihre Leistung am Erfüllungsort werden sie von ihren jeweiligen Verpflichtungen befreit.

Erfüllungsort

Erfüllungsort ist grundsätzlich der Sitz des Schuldners zum Zeitpunkt des Vertragsabschlusses *(§ 269 BGB)*:

Warenschulden sind „Holschulden": Der Verkäufer hat lediglich die Kosten der Übergabe zu tragen. Die Kosten und Gefahren der Abnahme und der Versendung der Sache an einen anderen Ort als den Erfüllungsort trägt der Käufer *(§ 448 BGB)*.

Gefahrenübergang: Mit der Übergabe der verkauften Sache am Erfüllungsort geht die Gefahr des zufälligen Untergangs und der zufälligen Verschlechterung der Ware auf den Käufer über *(§ 446 BGB)*.

Beispiele:
– *Sebastian hat bei einem Gebrauchtwagenhändler einen Pkw gekauft. Als er zu seiner Freundin fährt, um den Wagen vorzuführen, gerät er in einen Hagelschauer, der auf dem Dach seines Autos einige Dellen hinterlässt. Den dadurch verursachten Schaden trägt Sebastian, da Erfüllungsort der Sitz des Kfz-Händlers war.*
– *Die Roth AG bestellt bei der Maschinenbau GmbH eine Drehbank, die von einem Angestellten der Roth AG per Lkw abgeholt wird. Auf dem Transportweg löst sich eine Halterung und die Maschine wird schwer beschädigt. Der Kaufpreis für die Maschine ist trotzdem zu entrichten, da der Gefahrenübergang bereits bei der Abholung der Maschine erfolgte.*

---

[1] *Zum Begriff „Besitz" vgl. Seite 134 f.*

Durch vertragliche Vereinbarung kann jeder beliebige Ort als Erfüllungsort vereinbart werden. Der Vertragspartner mit der wirtschaftlich stärkeren Position wird versuchen, seinen Sitz als Erfüllungsort durchzusetzen.

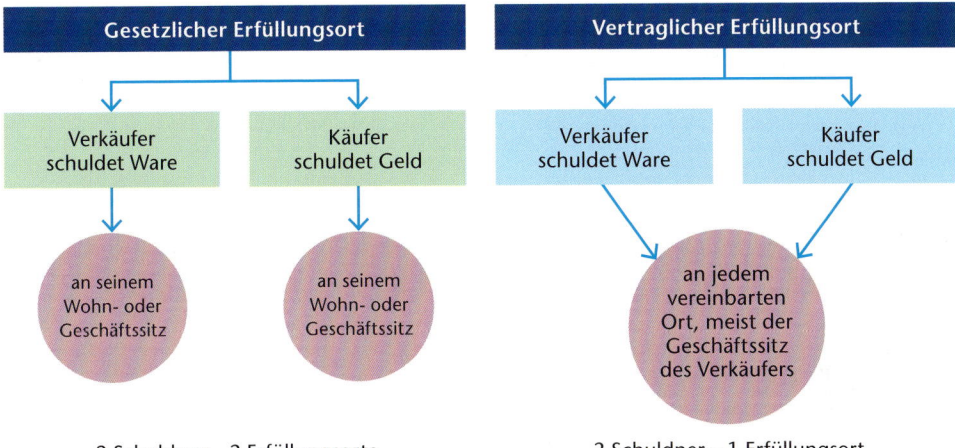

2 Schuldner – 2 Erfüllungsorte   2 Schuldner – 1 Erfüllungsort

Natürlicher Erfüllungsort: Der Erfüllungsort ergibt sich aus der Natur des Schuldverhältnisses.

Beispiel: Lieferung von Heizöl in den Tank des Käufers

Versendungskauf *(§ 447 BGB):* Bei einer Ware, die auf Verlangen des Käufers an einen anderen Ort als den Erfüllungsort verschickt wird, erfolgt der Gefahrenübergang mit der Übergabe der Ware an die mit dem Versand beauftragte Person *(z. B. Frachtführer, Spediteur).*

Zahlungsort ist grundsätzlich der Sitz des Gläubigers *(§ 270 BGB):*
Geldschulden sind „Schickschulden": Der Käufer hat, obwohl sein Sitz für die Geldschuld gesetzlicher Erfüllungsort ist, seine Zahlung auf eigene Kosten und Gefahren dem Verkäufer zu übermitteln. Außerdem muss der Käufer nach einem Urteil des Europäischen Gerichtshofs dafür Sorge tragen, dass das Geld dem Gläubiger rechtzeitig zur Verfügung steht, also frühzeitig gutgeschrieben wird. Dabei haftet der Käufer natürlich nicht in den Fällen, in denen die nicht rechtzeitige Gutschrift auf einen Fehler seiner Bank zurückzuführen ist.

„Der Käufer schickt das Geld und holt die Ware."

Gerichtsstand
Ergeben sich zwischen den Vertragspartnern Streitigkeiten über die Auslegung und die Erfüllung der Vertragspflichten, so können sie die Hilfe des zuständigen Gerichts in Anspruch nehmen.

Der gesetzliche Erfüllungsort ist gleichzeitig gesetzlicher Gerichtsstand, sodass eine Warenklage am Sitz des Verkäufers, eine Zahlungsklage am Sitz des Käufers erfolgen muss.

Gesetzlicher Gerichtsstand ist damit der Sitz des Gerichts, in dessen Bezirk der Beklagte seinen Sitz hat.

Beispiel: Zwischen der Volksbank Olpe eG und der WEKO-Büroausstattung GmbH, Düsseldorf, ist ein Kaufvertrag über die Lieferung von diversen Büromöbeln abgeschlossen worden.

Kaufleute *können einen Gerichtsstand frei vereinbaren.*

Für Streitigkeiten ist das Gericht zuständig, in dessen Bezirk der Erfüllungsort liegt. Durch Vereinbarung eines Erfüllungsortes kann daher zugleich indirekt auch der Gerichtsstand bestimmt sein.

Beispiel: Zwischen der Treuhand AG, Berlin, und der Electronic GmbH, Ulm, ist ein Kaufvertrag über die Lieferung und Installierung eines EDV-Systems geschlossen worden.
Laut Vertrag (AGB der Electronic GmbH) ist Erfüllungsort für beide Teile Ulm.

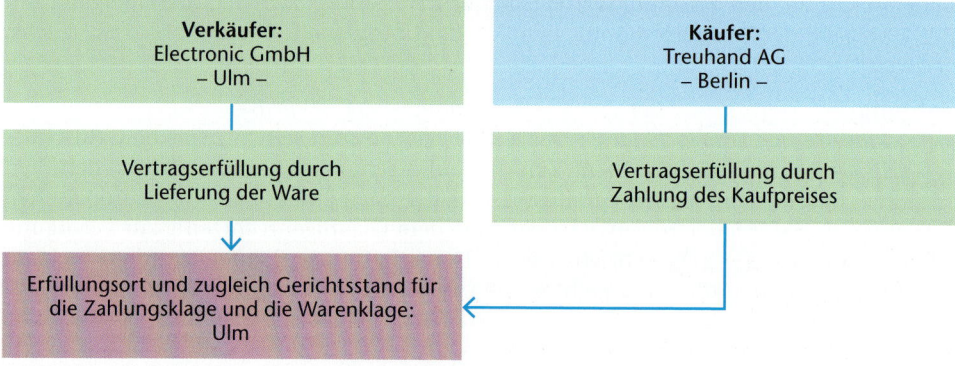

2.4.3   Besondere Lieferungs- und Zahlungsbedingungen

Abweichend von den gesetzlichen Regelungen können zwischen Käufer und Verkäufer besondere Lieferungs- und Zahlungsbedingungen vereinbart werden.

Die Lieferungsbedingung *regelt den Zeitpunkt der Lieferung und die Übernahme der Transportkosten.*

Bei einem **Fixkauf** ist die Lieferung zu einem kalendermäßig genau bestimmten Zeitpunkt ausdrücklich vereinbart und der Kaufvertrag steht und fällt mit der Einhaltung des Termins.

Beispiel: Lieferung der als Weihnachtspräsent vorgesehenen Taschenkalender am 15. November.

Bei einem **Terminkauf** ist eine bestimmte Lieferfrist vereinbart.

Beispiel: *Lieferung der bestellten Büromöbel innerhalb einer Frist von 6 Wochen.*

Besondere Lieferungsbedingungen	
ab Werk **ab Lager**	Der Käufer trägt sämtliche Beförderungskosten.
frei .... **(benannte Bahnstation)**	Der Verkäufer trägt die Beförderungskosten bis zur benannten Bahnstation.
frei Haus	Der Verkäufer trägt sämtliche Beförderungskosten.

Die *Zahlungsbedingung* regelt Zeitpunkt und Art der Zahlung.

Besondere Zahlungsbedingungen	
Vorauszahlung/Anzahlung	Der Käufer muss bereits vor der Lieferung den Kaufpreis ganz oder teilweise zahlen.
Zahlungsziel (Zielkauf)	Der Käufer braucht erst nach Ablauf einer bestimmten Zeit nach Lieferung den Kaufpreis zu zahlen. Falls der Käufer in einem solchen Fall sofort zahlen möchte, wird ihm in der Regel vom Verkäufer ein Preisnachlass (Skonto) gewährt.
Ratenzahlung	Der Käufer kann den Kaufpreis nach und nach in mehreren Teilbeträgen zahlen.

2.4.4   Störungen bei der Erfüllung des Kaufvertrages

Eine Störung der Vertragserfüllung liegt vor, wenn ein Partner seinen Vertragspflichten nicht nachkommt.

2.4.4.1 Pflichtverletzungen des Verkäufers

Schlechtleistung (mangelhafte Lieferung)

Der Verkäufer ist verpflichtet, die verkaufte Ware mangelfrei zu liefern. Falls die Ware Mängel aufweist, hat der Käufer gegenüber dem Verkäufer einen Gewährleistungsanspruch.

Durch Prüfung können Mängel in der *Art, Menge* oder *Qualität* festgestellt werden. Voraussetzung für die Geltendmachung eines Gewährleistungsanspruchs ist, dass der Käufer innerhalb der gesetzlich vorgeschriebenen Fristen eine **Mängelrüge** vornimmt. Die Rüge sollte aus Beweissicherungsgründen schriftlich unter Beschreibung aller festgestellten Mängel erteilt werden.

Eine Sache ist mangelfrei, wenn sie bei Gefahrenübergang die vereinbarte Eigenschaft hat bzw. wenn sie sich für die nach dem Vertrag vorausgesetzte Verwendung eignet. Zu den zu erwartenden Eigenschaften gehören auch die Eigenschaften, die der Käufer nach den öffentlichen Äußerungen des Verkäufers bzw. des Herstellers (z. B. Werbung, Prospektmaterial) erwarten kann.

Ein **Sachmangel** liegt auch dann vor, wenn
- der Verkäufer eine andere Sache oder eine zu geringe Menge liefert,
- die vereinbarte Montage durch den Verkäufer unsachgemäß durchgeführt worden ist oder die Montageanleitung mangelhaft ist *(§ 434 BGB)*.

Ein **Rechtsmangel** *(§ 435 BGB)* liegt z. B. vor, wenn die Sache mit einem Pfandrecht belastet ist, von dem der Käufer nichts weiß.

Die gesetzliche Gewährleistungsfrist beträgt
- *zwei Jahre bei einer beweglichen Sache,*
- *fünf Jahre bei einem Bauwerk und für Baumaterialien, die üblicherweise für ein Bauwerk verwendet werden.*
Die Verjährungsfrist beginnt mit der Lieferung der Sache (§ 438 BGB).

Nicht zulässig ist bei einem Verbrauchsgüterkauf[1] die vertragliche Abkürzung der Gewährleistungsfrist unter zwei Jahre, bei **gebrauchten Sachen** unter einem Jahr *(§ 475 BGB)*.

Beachten Sie:
Bei einem zweiseitigen Handelskauf hat der Käufer abweichend von den BGB-Bestimmungen die Ware unverzüglich nach der Ablieferung durch den Verkäufer auf Ordnungsmäßigkeit zu untersuchen und, wenn sich ein Sachmangel zeigt, den Verkäufer unverzüglich zu informieren. Unterlässt der Käufer die Anzeige, so gilt die Ware als genehmigt, es sei denn, dass es sich um einen Mangel handelt, der bei der Untersuchung nicht erkennbar war (§ 377 HGB).

Beweislastumkehr: Zeigt sich bei einem Verbrauchsgüterkauf[1] innerhalb von sechs Monaten seit Gefahrübergang ein Sachmangel, so wird vermutet, dass die Sache bereits bei Gefahrübergang mangelhaft war, es sei denn, diese Vermutung ist mit der Art der Sache oder des Mangels unvereinbar *(§ 476 BGB)*.

Beispiel: Bei einer Reklamation innerhalb von sechs Monaten nach dem Verkauf muss der Verkäufer nachweisen, dass die Sache beim Verkauf keine Mängel hatte. Wenn er diesen Nachweis nicht erbringen kann, ist davon auszugehen, dass diese bereits zum Zeitpunkt des Kaufs vorhanden waren.

Bei einem **arglistigen Verschweigen** des Mangels gilt die regelmäßige Verjährungsfrist von drei Jahren *(§ 438 BGB)*. Hat der Verkäufer eine **Garantie** für die Sache bzw. für das Vorhandensein einer Eigenschaft übernommen, haftet er auch ohne eigenes Verschulden *(§ 276 BGB)*.

Bei einem Sachmangel hat der Käufer folgende Rechtsansprüche:

Nacherfüllung
Der Käufer kann als Nacherfüllung nach seiner Wahl die **Nachbesserung** (Beseitigung des Mangels) oder die **Neulieferung** (Lieferung einer mangelfreien Sache) verlangen. Der Verkäufer hat die hierbei erforderlichen Aufwendungen *(z. B. Transport-, Materialkosten)* zu tragen *(§ 439 BGB)*. Eine Nachbesserung gilt nach dem erfolglosen zweiten Versuch als fehlgeschlagen.

---

[1] *Vgl. S. 146.*

Der Verkäufer kann die vom Käufer gewählte Art der Nacherfüllung verweigern, wenn sie nur mit unverhältnismäßigen Kosten möglich ist. Der Anspruch des Käufers beschränkt sich in diesem Fall auf die andere Art der Nacherfüllung.

Rücktritt vom Vertrag und Schadenersatz
Der Käufer kann vom Vertrag zurücktreten, wenn er dem Verkäufer zuvor erfolglos eine angemessene Frist zur Nacherfüllung eingeräumt hat *(§§ 440, 325, 281 BGB)*. Die gekaufte Sache wird zurückgegeben, der ggf. schon bezahlte Kaufpreis wird zurückerstattet *(§ 346 BGB)*. Der Verkäufer ist dem Käufer darüber hinaus zum Ersatz des ggf. entstandenen Schadens verpflichtet.
Eine Fristsetzung ist nicht notwendig, wenn der Schuldner die Leistung verweigert oder die Nacherfüllung fehlgeschlagen bzw. unzumutbar ist.

Minderung des Kaufpreises
Unter einer Minderung versteht man die Herabsetzung des Kaufpreises.
Statt des Rücktritts kann der Käufer den Kaufpreis durch eine Erklärung gegenüber dem Verkäufer mindern, wenn er dem Verkäufer erfolglos zuvor eine angemessene Frist zur Nacherfüllung eingeräumt hat. Der Verkäufer ist dem Käufer darüber hinaus zum Ersatz des ggf. entstandenen Schadens verpflichtet *(§§ 441, 281 BGB)*.

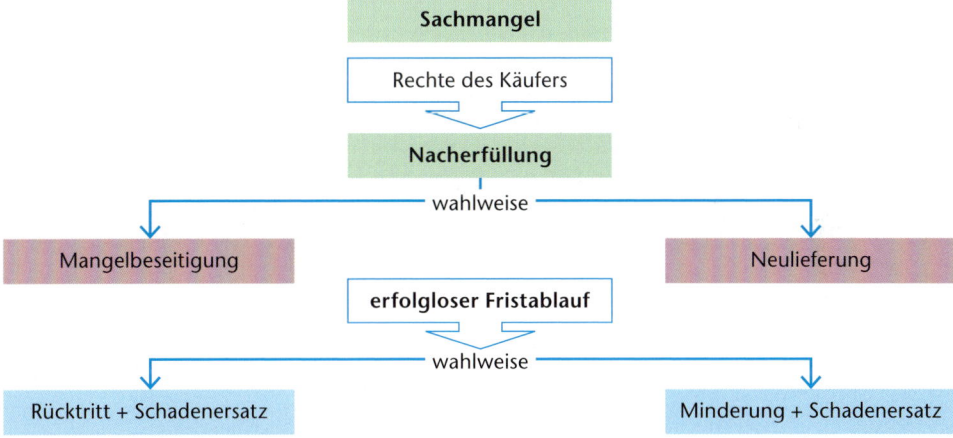

Nicht-rechtzeitig-Lieferung (Lieferungsverzug)
Fehlt die Vereinbarung einer Lieferzeit, kann der Käufer die sofortige Lieferung der Ware verlangen und der Verkäufer sofort liefern *(§ 271 BGB)*.

Der Verkäufer gerät in Lieferungsverzug, wenn
- *er trotz Fälligkeit die Ware nicht geliefert hat,*
- *er die Schuld an der Verzögerung trägt und*
- *die Lieferung vom Käufer angemahnt worden ist (§ 286 BGB).*

Welche Ansprüche der Käufer bei einem Lieferungsverzug wahrnimmt, hängt davon ab, ob er an der Lieferung noch interessiert ist.

- **Ist der Käufer an der Lieferung weiterhin interessiert** *(z. B. weil er die Ware von keinem anderen Lieferanten erhalten kann)*, wird er auf die Lieferung bestehen. Er kann bei

Eintritt des Verzuges Schadenersatz verlangen, muss jedoch dem Verkäufer eine angemessene Frist zur nachträglichen Lieferung setzen.

- **Ist der Käufer an der Lieferung nicht mehr interessiert**, so muss er dem Verkäufer ebenfalls eine angemessene Frist zur nachträglichen Lieferung setzen. Liefert der Verkäufer trotz der Fristsetzung nicht, so kann der Käufer vom Vertrag zurücktreten und bei Eintritt des Verzuges **Schadenersatz statt der Leistung wegen nicht oder nicht wie geschuldet erbrachter Leistung** verlangen.

Die Fristsetzung ist nicht erforderlich, wenn

- der Verkäufer die Lieferung endgültig verweigert oder besondere Umstände vorliegen, die unter Abwägung der beiderseitigen Interessen die sofortige Geltendmachung des Schadenersatzanspruchs rechtfertigen,

- ein **Fixkauf** vorliegt, d. h., für die Lieferung eine bestimmte Zeit *(Datum, Uhrzeit)* vereinbart worden ist *(§§ 280, 281, 286 BGB)*.

Beispiel: Der Käufer benötigt die Ware äußerst dringend und sieht sich gezwungen, die Ware bei einem anderen Lieferanten zu kaufen, wenn nicht rechtzeitig geliefert wird. Der Käufer setzt dem Verkäufer eine kurze Frist zur nachträglichen Lieferung und droht ihm die Ablehnung der Lieferung für den Fall an, dass bis zum Ablauf der Frist nicht geliefert wird. Danach kann der Käufer bei einem anderen Lieferanten die Ware kaufen. Wenn für diesen Deckungskauf ein höherer Preis gezahlt werden muss, kann er Schadenersatz in Höhe des Differenzbetrages verlangen.

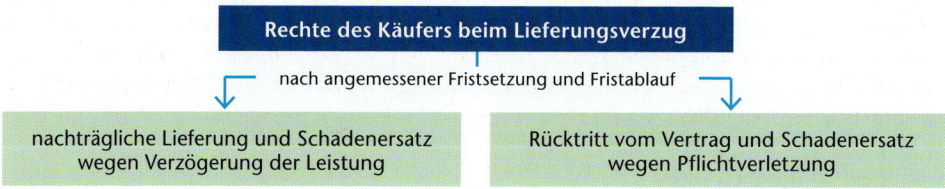

2.4.4.2 Pflichtverletzungen des Käufers

Annahmeverzug

Der Käufer gerät in Annahmeverzug, wenn er die ordnungsgemäß (d. h. zur rechten Zeit, am rechten Ort, frei von Mängeln) gelieferte Ware nicht annimmt (§§ 293, 294 BGB).

Durch den Annahmeverzug geht die Gefahr des zufälligen Untergangs oder der zufälligen Wertminderung der Ware auf den Käufer über. Der Verkäufer hat während des Verzugs nur Vorsatz und grobe Fahrlässigkeit zu verantworten *(§ 300 BGB)*.

Selbsthilfeverkauf: Eine Ware, die nicht hinterlegungsfähig ist, kann der Verkäufer durch eine öffentliche Versteigerung versteigern lassen. Der Verkäufer muss dem Käufer zuvor eine Frist zur Abnahme der Ware einräumen und ihm die Versteigerung androhen. Ort und Zeitpunkt der Versteigerung sind dem Käufer mitzuteilen *(§§ 372, 383, 384 BGB)*.

Ein ggf. entstehender Mehrerlös steht nach Abzug der Kosten dem Käufer zu.

Notverkauf: Verderbliche Ware kann der Verkäufer sofort und ohne vorherige Mitteilung auf Rechnung des Käufers versteigern lassen.

Nicht-rechtzeitig-Zahlung (Zahlungsverzug)

Zahlt der Käufer auf eine Mahnung des Verkäufers nicht, die nach Fälligkeit erfolgt, so kommt er durch die Mahnung in Zahlungsverzug.
Der Mahnung bedarf es nicht, wenn ein bestimmter Zahlungszeitpunkt vereinbart worden ist. Unabhängig davon gerät der Käufer in Zahlungsverzug, wenn er nicht innerhalb von 30 Tagen nach Fälligkeit und Zugang der Rechnung zahlt. Ist der Schuldner ein Verbraucher, muss er darauf in der Rechnung besonders hingewiesen worden sein (§ 286 BGB).

Der Verkäufer kann dem Käufer zusätzlich zum Verkaufspreis Verzugszinsen in Rechnung stellen. Der **Verzugszinssatz** beträgt bei Kaufverträgen, an denen ein Verbraucher beteiligt ist, 5 Prozentpunkte über dem Basiszinssatz[1], ansonsten 9 Prozentpunkte über dem Basiszinssatz *(§ 288 BGB)*.

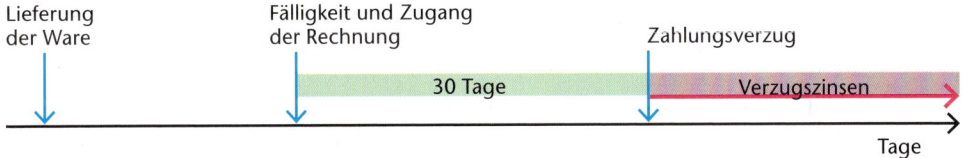

Beispiel: *Das Kreditinstitut hat einen abgeschriebenen Firmen-Pkw an einen Gebrauchtwagenhändler verkauft. Die Übergabe des Fahrzeugs erfolgt am 20. Juni, die Rechnung über 6 250,00 € geht bei dem Händler am 22. Juni ein. Das Geld wird erst am 17. August dem Zahlungsempfänger gutgeschrieben. Ab dem 23. Juli befindet sich der Gebrauchtwagenhändler im Zahlungsverzug. Das Kreditinstitut kann ab diesem Tag Verzugszinsen für die Zeit vom 23. Juli (einschließlich) bis einschließlich zum 16. August in Rechnung stellen. Der Basiszinssatz ist seit Januar 2013 ein Minuszinssatz. Bei einem Basiszinssatz in Höhe von –0,88 % ergibt sich ein Verzugszinssatz von 4,12 %.*

$$\text{Verzugszinsen} = \frac{6\,250,00 \cdot 4,12 \cdot 25}{100 \cdot 365} = \underline{\underline{17,64\ \text{€}}}$$

Zusammenfassung

Erfüllungsstörungen beim Kaufvertrag			
Pflichtverletzungen des Verkäufers		**Pflichtverletzungen des Käufers**	
Schlechtleistung (mangelhafte Lieferung; Mängel in Art, Menge, Qualität)	**Nicht-rechtzeitig-Lieferung** (Lieferungsverzug)	**Annahmeverzug**	**Nicht-rechtzeitig-Zahlung** (Zahlungsverzug)
Voraussetzungen für die Geltendmachung von Rechtsansprüchen durch den Käufer		**Voraussetzungen für die Geltendmachung von Rechtsansprüchen durch den Verkäufer**	
Auftreten eines **Sachmangels** innerhalb der gesetzlichen Gewährleistungsfrist von zwei Jahren *(§§ 434, 438 BGB)*	**Nichtlieferung** trotz Mahnung bzw. Nichteinhaltung des vereinbarten Liefertermins *(§ 286 BGB)*	**Ordnungsgemäße Lieferung** der bestellten Ware *(§§ 293, 294 BGB)*	**Nichtzahlung** trotz Mahnung bzw. Nichtzahlung am vereinbarten Zahlungstermin bzw. Nichtzahlung des Kaufpreises innerhalb von 30 Tagen nach Fälligkeit und Zugang der Rechnung *(§ 286 BGB)*

---

[1] *Vgl. Seite 581.*

Erfüllungsstörungen beim Kaufvertrag			
Rechtsansprüche des Käufers		**Rechtsansprüche des Verkäufers**	
– **Nacherfüllung** (= **Mangelbeseitigung oder Neulieferung**) oder nach angemessener Fristsetzung und Fristablauf bzw. ohne Frist, wenn der Verkäufer die Nacherfüllung verweigert oder die Nacherfüllung fehlgeschlagen bzw. unzumutbar ist: – **Rücktritt vom Vertrag und Schadenersatz** oder – **Minderung** (= **Herabsetzung des Kaufpreises**) **und Schadenersatz** *(§§ 437, 439, 440, 441, 281, 325 BGB)*	– **Nachträgliche Lieferung und Schadenersatz wegen verzögerter Lieferung** nach angemessener Fristsetzung und Fristablauf: – **Rücktritt vom Vertrag und Schadenersatz wegen nicht oder nicht wie geschuldet erbrachter Leistung** *(§§ 280, 323 BGB)*	– **Hinterlegung** der Sache auf Kosten und Gefahr des Käufers und Klage auf Abnahme oder bei hinterlegungsunfähigen Sachen nach vorhergehender Androhung und Benachrichtigung: – **Selbsthilfeverkauf** im Wege der öffentlichen Versteigerung. Ein Mindererlös ist vom Käufer zu erstatten, einen Mehrerlös erhält der Käufer. *(§§ 372, 383, 384 BGB)*	**Forderung der Zahlung zuzüglich Mahnkosten und Verzugszinsen** – Käufer ist ein Verbraucher: Basiszinssatz plus 5 % p. a. – Käufer ist kein Verbraucher: Basiszinssatz plus 8 % p. a. *(§ 288 BGB)*

2.4.5   Eigentumsvorbehalt

Für den Fall der Nichtzahlung kann der Anspruch des Verkäufers auf Rückgabe der Ware durch die ausdrückliche **Vereinbarung eines Eigentumsvorbehalts** abgesichert werden. Der Käufer erlangt in diesem Fall das Eigentum an der Ware erst mit der vollständigen Bezahlung des Kaufpreises *(§ 449 BGB)*.

Bei Insolvenz des Käufers hat der Verkäufer ein **Aussonderungsrecht**.

Einfacher Eigentumsvorbehalt

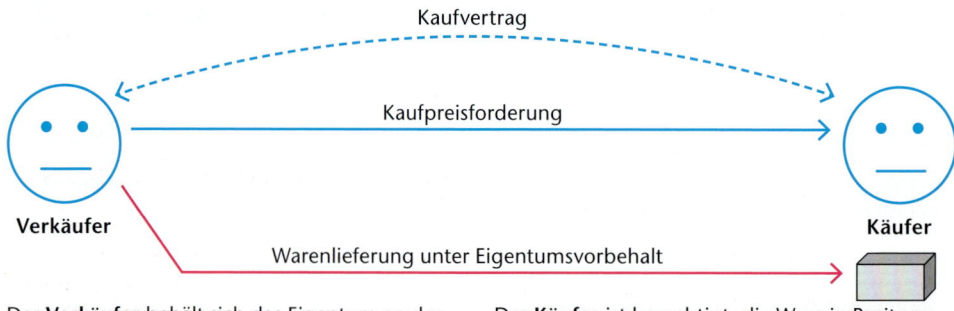

Der **Verkäufer** behält sich das Eigentum an der gelieferten Ware bis zur vollständigen Bezahlung des Kaufpreises vor.

Der **Käufer** ist berechtigt, die Ware in Besitz zu nehmen. Mit der Bezahlung das Kaufpreises geht das Eigentum automatisch auf ihn über.

Verlängerter Eigentumsvorbehalt

Eigentumsvorbehalt mit Verarbeitungsklausel

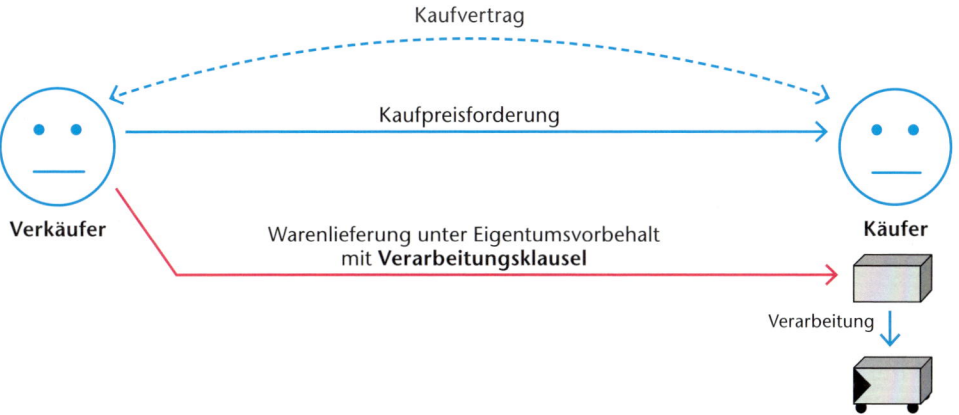

Der **Verkäufer** behält sich das Eigentum an der durch die Verarbeitung geschaffenen Sache bis zur vollständigen Bezahlung des Kaufpreises vor.

Der **Käufer** ist berechtigt, die Ware zu verarbeiten. Mit der Bezahlung des Kaufpreises geht das Eigentum an der geschaffenen Sache automatisch auf ihn über.

Eigentumsvorbehalt mit Vorausabtretungsklausel

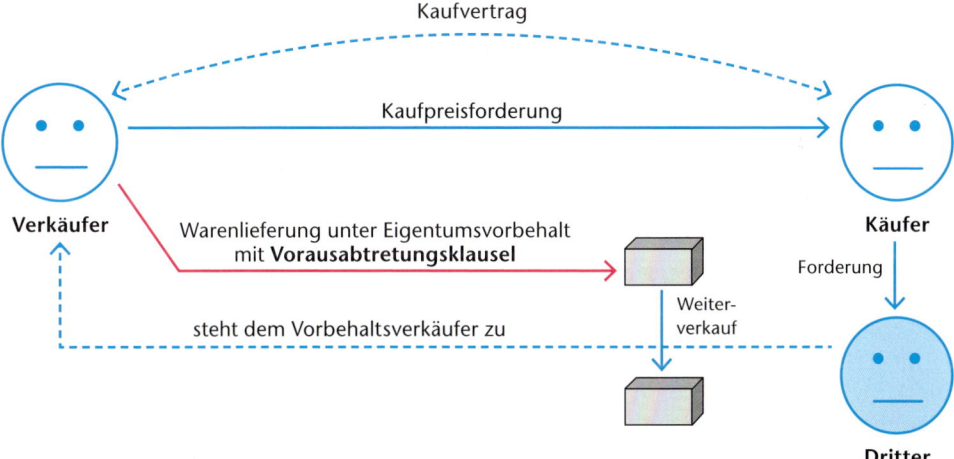

Der **Verkäufer** erwirbt durch Vorausabtretung die Forderungen aus dem Weiterverkauf der Ware an Dritte.

Der **Käufer** ist berechtigt, die Ware weiterzuverkaufen. Mit der Bezahlung des Kaufpreises geht die Forderung aus dem Weiterverkauf der Ware automatisch auf ihn über.

Zur Finanzierung des betrieblichen Umsatzprozesses bedienen sich die Unternehmen häufig des **Lieferantenkredits**. Hierbei gewährt der Lieferant einer Ware seinem Abnehmer ein **Zahlungsziel**, d. h. dieser braucht erst nach Ablauf eines vereinbarten Zeitraums die Rechnung zu bezahlen.

Beispiel: Die DETA Stahl AG beliefert die Rusche Maschinenbau AG mit Stahlprodukten, Rechnungsbetrag 65 000,00 €.
Die Zahlungsbedingung der DETA Stahl AG lautet: Sofortzahlung unter Abzug von 3 % Skonto oder Zahlung nach 90 Tagen rein netto Kasse.

Die Kosten des Lieferantenkredits entsprechen damit dem Skontoabzug, der bei Sofortzahlung gewährt wird.

Beispiel: Die Zinskosten des Lieferantenkredits betragen bei der Zahlungsbedingung der DETA Stahl AG:

$$\text{Zinssatz p. a.} = \frac{\text{Skontosatz in \% } \cdot 360}{\text{Zahlungsziel in Tagen}} = 12\,\% \qquad \text{effektiv:} \frac{12 \cdot 100}{97} = 12{,}37\,\%$$

Die Besicherung des Lieferantenkredits erfolgt durch ausdrückliche Vereinbarung eines **Eigentumsvorbehalts**.

2.4.6 Kaufverträge im Internet (Electronic Commerce) und Haustürgeschäfte

2.4.6.1 Electronic Commerce

Unter *Electronic Commerce* (E-Commerce) versteht man den elektronischen Handel mit Waren und Dienstleistungen über das Internet.

Zustandekommen des Kaufvertrages

Ein Internetangebot ist einem Katalog- bzw. Schaufensterangebot gleichzusetzen. Es handelt sich hier also nur um die rechtlich unverbindliche Aufforderung zur Abgabe eines Vertragsantrages. Die erste verbindliche Willenserklärung gibt der Kunde ab. Häufig ergibt sich dabei das Problem, dass wichtige Informationen, vor allem Angaben zu den entstehenden Gesamtkosten, auf den Internetseiten des Anbieters schlecht zu finden bzw. manchmal gar nicht erst vorhanden oder wenig transparent sind. Zur Vermeidung unliebsamer Überraschungen wurde in *§ 312j BGB* die sogenannte Buttonlösung eingefügt. Danach soll ein Vertrag im elektronischen Geschäftsverkehr nur wirksam werden, wenn der Verbraucher vor Abgabe seiner Bestellung vom Unternehmen durch einen hervorgehobenen und deutlich gestalteten Hinweis über die Gesamtkosten informiert worden ist und wenn er vor Aufgabe seiner Bestellung diesen Hinweis durch eine gesonderte Erklärung bestätigt hat.

Weitere Hilfen im Umgang mit Onlinebestellungen bieten die Vorschriften der deutschen Verbraucherschutzgesetzgebung. Doch diese stoßen beim Onlineshopping buchstäblich an die Grenzen. Hat der Anbieter seinen Geschäftssitz nämlich im Ausland, gelten die dortigen Bestimmungen. Eine Klage *(z. B. aufgrund mangelhafter Lieferung)* muss im jeweiligen Land geführt werden. Man sollte vor dem Kauf auf jeden Fall auch Name, Adresse und Telefonnummer des Anbieters ausfindig machen. Treten hier Unklarheiten auf: Hände weg von einem solchen Anbieter.

Preisvergleich

Das Internet ist nicht unbedingt günstiger als der klassische Einkauf. Nicht immer sind die Endpreise angegeben. Bei Warenbestellung zahlt der Käufer meist zusätzlich die Versandkosten.

Möglicherweise entstehen weitere Kosten in Form einer Nachnahmegebühr oder es ist, wenn die Sendung aus dem Ausland kommt, unter Umständen Zoll zu entrichten. Wer vorschnell bestellt, kauft teurer als kalkuliert. Beim Preisvergleich sollte man auch die Kosten berücksichtigen, die durch Internetgebühren und – im Falle von Rückfragen und Reklamationen – Telefongebühren entstehen. Nicht berücksichtigt sind Stress und Zeitaufwand, den die Inanspruchnahme einer meist überlasteten Hotline mit sich bringt.

Erfüllung des Kaufvertrages

Erst die Ware, dann das Geld, so lautet die klassische Regel. Wenn man die Zuverlässigkeit seines Vertragspartners nicht einschätzen kann, bietet ebenfalls die Zug-um-Zug-Abwicklung die gewünschte Sicherheit. Anders im Internet. Meist gilt hier die umgekehrte Regel: Erst das Geld, dann die Ware. Bei Vorkasse hat der Kunde jedoch nur eine geringe Chance, sein Geld bei einer Reklamation zurückzubekommen. Der Onlinekäufer ist nur bei einer Lieferung gegen Rechnung auf der sicheren Seite. Selbst die Zahlung per Nachnahme weist ihre Tücken auf: Eine Prüfung der Ware vor Bezahlung ist hier nicht möglich. Vorausscheck oder Vorausüberweisung ist unbedingt zu vermeiden. Auch das Bezahlen mit der Kreditkarte kann kritisch sein. Man sollte auf den Kauf verzichten, wenn der Anbieter unbekannt ist oder die Daten der Kreditkarte nicht ausreichend verschlüsselt und damit gesichert sind. Es empfiehlt sich, im Zweifelsfall die Sicherheit der Übertragungswege zu prüfen. Günstiger ist die Erteilung einer Lastschrifteinzugsermächtigung. Hier kann der Käufer bei einer Reklamation einer Belastung widersprechen und erhält somit sein Geld zurück.

Datenschutz

Der Käufer sollte bei einem Kauf so wenig persönliche Angaben wie möglich preisgeben. Informationen, die über die unerlässlichen Mindestangaben hinausgehen, dienen nur dazu, ein Kundenprofil zu erstellen. Unerwünschte Werbesendungen können die Folge sein. Zudem sind im Netz übermittelte Informationen selten ausreichend geschützt und somit auch Dritten zugänglich.

Fernabsatzverträge

Für Kaufverträge, die über das Internet abgeschlossen werden, gelten die besonderen BGB-Bestimmungen über Fernabsatzverträge *(§ 312 c BGB)*. Sie schützen den Verbraucher vor unseriösen Anbietern und übereilten Vertragsabschlüssen.

Fernabsatzverträge sind Verträge über die Lieferung von Waren oder über die Erbringung von Dienstleistungen (einschließlich Finanzdienstleistungen), die zwischen einem Unternehmer und einem Verbraucher unter ausschließlicher Verwendung von Fernkommunikationsmitteln abgeschlossen werden, es sei denn, dass der Vertragsabschluss nicht im Rahmen eines für den Fernabsatz organisierten Vertriebs- oder Dienstleistungssystems erfolgt.

Fernkommunikationsmittel sind Kommunikationsmittel, die zur Anbahnung oder zum Abschluss eines Vertrages zwischen dem Verbraucher und einem Unternehmer ohne gleichzeitige körperliche Anwesenheit der Vertragsparteien eingesetzt werden können.

Beispiele: Briefe, E-Mails, Kataloge, Telefonanrufe, Telefax, Tele- und Mediendienste

Es liegt kein Fernabsatzvertrag vor, wenn der Vertragsabschluss nur gelegentlich oder ausnahmsweise unter Einschaltung eines Fernkommunikationsmittels erfolgt.

Außerdem werden in *§ 312 Abs. 2 BGB* zahlreiche Ausnahmeregelungen aufgeführt. Demnach gelten z.B. folgende Verträge nicht als Fernabsatzverträge:

- notariell beurkundete Verträge über Finanzdienstleistungen, die außerhalb von Geschäftsräumen geschlossen werden,

- Verträge über die Begründung, den Erwerb oder die Übertragung von Eigentum oder anderen Rechten an Grundstücken,

- Verträge über den Bau von neuen Gebäuden oder erhebliche Umbaumaßnahmen an bestehenden Gebäuden,

- Verträge über Reiseleistungen nach *§ 651a BGB,* wenn diese im Fernabsatzgeschlossen werden,

- Verträge über die Beförderung von Personen,

- Verträge über Teilzeit-Wohnrechte, langfristige Urlaubsprodukte, Vermittlungen und Tauschsysteme nach den *§§ 481 bis 481b BGB,*

- Verträge über die Lieferung von Lebensmitteln, Getränken oder sonstigen Haushaltsgegenständen des täglichen Bedarfs, die am Wohnsitz, am Aufenthaltsort oder am Arbeitsplatz eines Verbrauchers von einem Unternehmer im Rahmen häufiger und regelmäßiger Fahrten geliefert werden,

- Verträge, die unter Verwendung von Warenautomaten und automatisierten Geschäftsräumen geschlossen werden,

- Verträge, die mit Betreibern von Telekommunikationsmitteln mithilfe öffentlicher Münz- und Kartentelefone zu deren Nutzung geschlossen werden,

- Verträge zur Nutzung einer einzelnen von einem Verbraucher hergestellten Telefon-, Internet- oder Telefaxverbindung,

- außerhalb von Geschäftsräumen geschlossene Verträge, bei denen die Leistung bei Abschluss der Verhandlungen sofort erbracht und bezahlt wird und das vom Verbraucher zu zahlende Entgelt 40,00 € nicht überschreitet.

Informationspflichten des Unternehmers
Ein Unternehmer, der zur Anbahnung von Fernabsatzverträgen Fernkommunikationsmittel einsetzt, hat gegenüber dem Verbraucher umfassende Informationspflichten.

Informationspflichten vor Vertragsabschluss
Der Unternehmer muss den Verbraucher bereits vor Abschluss eines Fernabsatzvertrages mittels Katalog, E-Mail oder während eines Telefongespräches klar und verständlich über diverse Umstände informieren *(§ 312d Abs. 1 BGB)*. Zu diesen Umständen gehören z.B.

- wesentliche Eigenschaften der Waren oder Dienstleistungen,

- genaue Angaben zum Unternehmen (Firma, Niederlassungsort, Telefonnummer etc.),

- der Gesamtpreis der Waren oder Dienstleistungen einschließlich aller Steuern und Abgaben, die Art der Preisberechnung sowie gegebenenfalls alle zusätzlichen Fracht-, Liefer- oder Versandkosten und alle sonstigen Kosten, oder in den Fällen, in denen diese Kosten vernünftigerweise nicht im Voraus berechnet werden können, die Tatsache, dass solche zusätzlichen Kosten anfallen können,

- bei unbefristeten Verträgen oder Abonnement-Verträgen die monatlichen Gesamtkosten und den Gesamtpreis,

- die Kosten für den Einsatz des für den Vertragsabschluss genutzten Fernkommunikationsmittels, sofern dem Verbraucher Kosten berechnet werden, die über die Kosten für die bloße Nutzung des Fernkommunikationsmittels hinausgehen,

- die Zahlungs-, Liefer- und Leistungsbedingungen,

- Informationen über das Bestehen eines gesetzlichen Mängelhaftungsrechts für die Waren.

Informationspflichten bei Zustandekommen eines Vertrags

Wenn ein Vertrag zustande kommt, ist der Unternehmer verpflichtet, dem Verbraucher eine Bestätigung des Vertrages zur Verfügung zu stellen. Die Bestätigung muss den vollständigen Vertragsinhalt wiedergeben; sie ist auf einem dauerhaften Datenträger (*z.B. Brief, E-Mail etc.*) zur Verfügung zu stellen (*§ 312f Abs. 2 BGB*).

2.4.6.2 Haustürgeschäfte

Unter den Begriff „Haustürgeschäfte" fallen Verträge, die in bestimmten Situationen **außerhalb der Geschäftsräume eines Unternehmens** *geschlossen werden, zum Beispiel bei Vertreterbesuchen, bei sogenannten Kaffeefahrten oder nach gezieltem Ansprechen in Fußgängerzonen.*

Die Besonderheit bei Haustürgeschäften besteht darin, dass sie „zwischen Tür und Angel" und im Rahmen von entspannten Freizeitsituationen oder nach einer überraschenden Ansprache zustande kommen. Aufgrund dieser Besonderheiten gilt nach EU-Recht auch für Haustürgeschäfte ein strenger Verbraucherschutz.

Dieser besondere Schutz erstreckt sich nach einem Urteil des Europäischen Gerichtshofes auch auf alle Kredite.

2.4.6.3 Widerrufsrecht bei Kaufverträgen im Internet und Haustürgeschäften

Gemäß *§ 312g BGB* hat der Verbraucher bei Fernabsatzverträgen und Haustürgeschäften ein Widerrufsrecht nach *§ 355 BGB*. Der Unternehmer ist verpflichtet, den Verbraucher über das Widerrufsrechts in Form einer sogenannten Widerrufsbelehrung ausdrücklich zu informieren. Neben dieser Belehrung muss der Unternehmer dem Verbraucher auch ein Muster-Widerrufsformular zur Verfügung stellen, welches am besten direkt an die Vertragsbestätigung angefügt werden sollte.

Muster-Widerrufsformular

(Wenn Sie den Vertrag widerrufen wollen, dann füllen Sie bitte dieses Formular aus und senden Sie es zurück.)

– An [hier ist der Name, die Anschrift und gegebenenfalls die Telefaxnummer und E-Mail-Adresse des Unternehmers durch den Unternehmer einzufügen]:

– Hiermit widerrufe(n) ich/wir (*) den von mir/uns (*) abgeschlossenen Vertrag über den Kauf der folgenden Waren (*)/ die Erbringung der folgenden Dienstleistung (*)

– Bestellt am (*)/erhalten am (*)
– Name des/der Verbraucher(s)
– Anschrift des/der Verbraucher(s)
– Unterschrift des/der Verbraucher(s) (nur bei Mitteilung auf Papier)
– Datum

(*) Unzutreffendes streichen

Quelle: Bundesgesetzblatt 2013 Teil I Nr. 58 vom 27.09.2013, Seite 24

Widerruft der Verbraucher frist- und formgerecht den Vertrag, ist er nicht mehr an ihn gebunden.

Dabei sind folgende Bedingungen zu beachten:

- Die Widerrufserklärung muss ausdrücklich erklärt werden. Eine schriftliche Erklärung ist nicht zwingend, allerdings muss aus der Erklärung des Verbrauchers eindeutig der Entschluss zum Widerruf hervorgehen. **Die bloße Rücksendung der Ware reicht deshalb nicht aus**.

- Der Verbraucher muss die Widerrufsfrist einhalten. Sie beträgt grundsätzlich 14 Tage, soweit nichts anderes bestimmt ist. Zur Fristwahrung genügt dabei die rechtzeitige Absendung des Widerrufs. Die Frist beginnt gemäß *§ 356 Abs. 2, 3 BGB* mit dem tatsächlichen Erhalt der Ware beim Empfänger persönlich. Bei der Bestellung mehrerer Waren und einer getrennten Lieferung beginnt die Frist, sobald der Verbraucher die letzte Ware erhalten hat. Bei Dienstleistungen beginnt die Frist nicht vor dem Tag des Vertragsabschlusses.

Im Falle einer unterbliebenen oder nicht ordnungsgemäßen Widerrufsbelehrung beginnt die Widerrufsfrist nicht zu laufen. Das Widerrufsrecht erlischt jedoch spätestens 12 Monate und 14 Tage ab Vertragsschluss, soweit nicht etwas anderes bestimmt ist.

Nimmt der Verbraucher sein Widerrufsrecht wahr, sind die Parteien verpflichtet, die empfangenen Leistungen unverzüglich, spätestens jedoch nach 14 Tagen zurück zu gewähren. Der Unternehmer kann die Rückzahlung des Kaufpreises bis zum Rückerhalt der Ware oder einem Nachweis des Verbrauchers über die Absendung der Ware verweigern. Die Rückzahlung des Kaufpreises durch den Unternehmer hat grundsätzlich mit demselben Zahlungsmittel zu erfolgen, das auch vom Verbraucher zur Bezahlung verwendet worden ist.

Der Verbraucher kann **unabhängig vom Wert der Ware**, verpflichtet werden, die Kosten der Rücksendung der Ware zu übernehmen, sofern er im Rahmen der Widerrufsbelehrung auf diese Pflicht hingewiesen wurde.

Ausnahmen zum Widerrufsrecht werden in *§ 312g BGB* dargelegt. Demnach sind z.B. folgende Waren bzw. Dienstleistungen vom Widerruf ausgenommen:

- verderbliche Waren,

- Waren, die aus Gründen des Gesundheitsschutzes versiegelt wurden und deren Versiegelung entfernt wurde,

- Waren, die auf die persönlichen Bedürfnisse des Verbrauchers zugeschnitten sind,

- Finanzdienstleistungen, deren Preis von Schwankungen auf dem Finanzmarkt abhängt, auf die der Unternehmer keinen Einfluss hat (*z.B. die Vermittlung von Aktientransaktionen*).

Finanzierte Verträge *(§ 358 BGB)*

Wird der Preis, den der Verbraucher zu zahlen hat, ganz oder teilweise durch einen Kredit des Unternehmers finanziert, so ist der Verbraucher an seine auf Abschluss des Kreditvertrages gerichtete Willenserklärung nicht gebunden, wenn er von einem Widerrufsrecht frist- und formgerecht Gebrauch gemacht hat. Dies gilt auch, wenn der Preis ganz oder teilweise von einem Dritten finanziert wird und der Fernabsatzvertrag und der Kreditvertrag als wirtschaftliche Einheit anzusehen sind.

2.5   Mahn- und Klageverfahren

2.5.1   Außergerichtliches Mahnverfahren

Durch die Mahnung erinnert der Gläubiger den Schuldner an die Fälligkeit seiner Verbindlichkeit.

Grund für die Zahlungsverzögerung kann Vergesslichkeit bzw. Nachlässigkeit, Zahlungsunwilligkeit oder Zahlungsunfähigkeit des Schuldners sein.

2.5.2   Gerichtliches Mahnverfahren

Wenn der Schuldner seine Zahlungspflicht nicht erfüllt, kann der Gläubiger versuchen, im Wege des gerichtlichen Mahnverfahrens seine Forderung geltend zu machen.

Das gerichtliche Mahnverfahren wird durch einen Antrag auf Erlass eines Mahnbescheides eingeleitet. Zuständig ist grundsätzlich das Amtsgericht, bei dem der Antragsteller seinen Sitz hat *(§ 689 ZPO)*. Die Höhe der Forderung spielt dabei keine Rolle.

In einigen Bundesländern werden Mahnsachen aus Rationalisierungsgründen bei *zentralen Amtsgerichten* digital bearbeitet. Anträge auf Erlass eines Mahnbescheides können hier im Wege des Datenträgeraustauschs auf elektronischen Medien *(z. B. CD-ROM)* eingereicht werden.

Der Mahnbescheid enthält die Aufforderung an den Schuldner,
- *innerhalb von 2 Wochen seit Zustellung des Mahnbescheides die behauptete Verbindlichkeit zu begleichen*
  oder
- *dem Gericht mitzuteilen, ob und in welchem Umfang dem Anspruch des Gläubigers widersprochen wird.*

Ablauf des Verfahrens

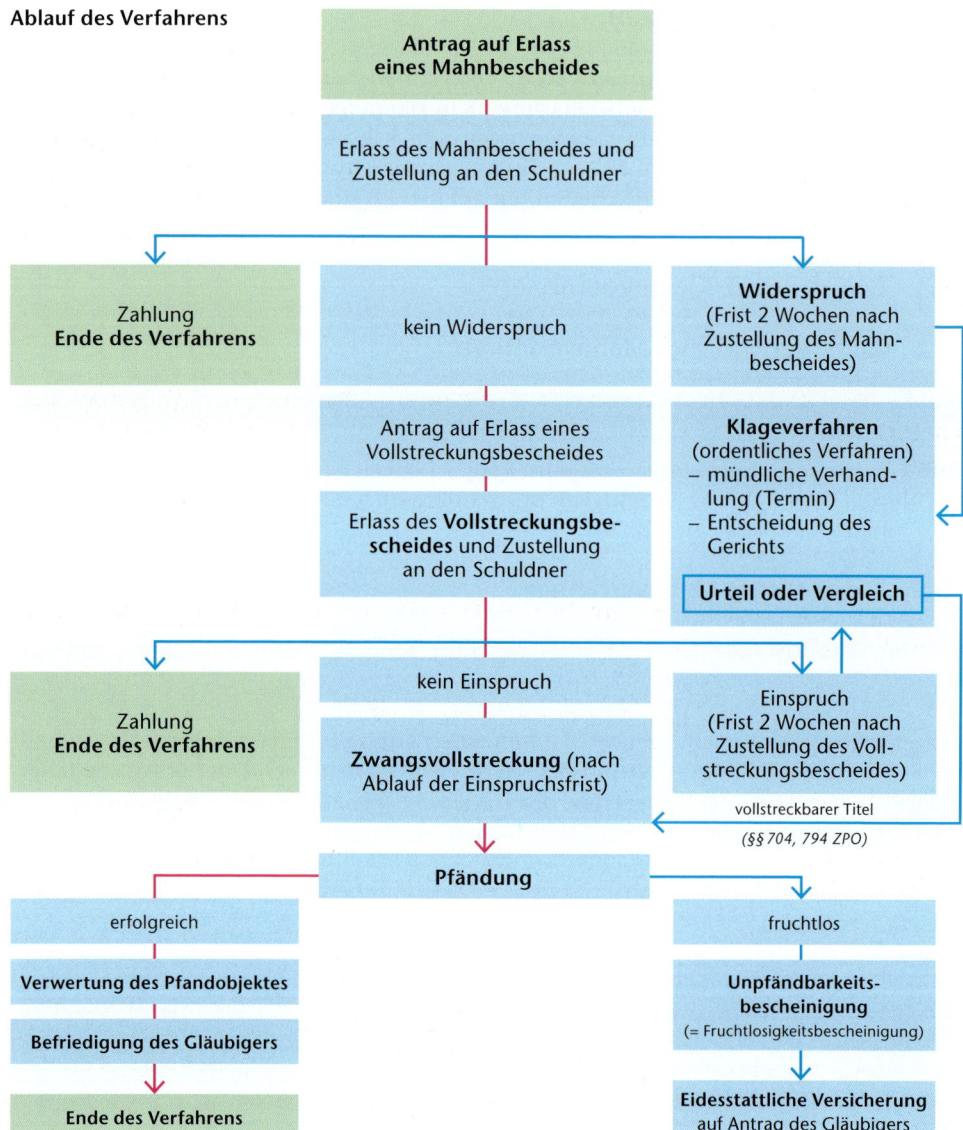

Der Mahnbescheid wird dem Antragsgegner zugestellt, ohne dass vom Gericht geprüft wird, ob der Anspruch tatsächlich berechtigt ist.

Das Mahnverfahren soll für einen möglicherweise nicht bestrittenen Anspruch rasch und ohne mündliche Verhandlung zu einem Vollstreckungstitel führen.

Der **Vollstreckungstitel** berechtigt den Gläubiger (= Antragsteller) zur Zwangsvollstreckung in das Vermögen des Schuldners (= Antragsgegner).

Die **Zwangsvollstreckung** geschieht durch **Pfändung** von Sachen (*z.B. Betriebsmittel, Schmuck*), die dem Schuldner gehören, oder Forderungen (*z.B. Sparguthaben*), die der Schuldner an Dritte hat. Bewegliche Sachen werden vom Gerichtsvollzieher, Forderungen vom Vollstreckungsgericht gepfändet.

Nicht pfändbar sind bestimmte Teile des Arbeitseinkommens, die dem Lebensunterhalt des Schuldners dienen sollen, sowie Gegenstände, die zur Aufrechterhaltung eines angemessenen Existenzminimums notwendig sind.

Bei einer ergebnislosen Zwangsvollstreckung kann der Gläubiger beim Amtsgericht beantragen, dass der Schuldner eine **Versicherung an Eides statt** abgeben muss. Der Schuldner wird gezwungen, ein genaues Verzeichnis seiner Vermögenswerte aufzustellen und dessen Richtigkeit an Eides statt zu versichern. Verweigert der Schuldner die Abgabe der eidesstattlichen Versicherung, kann der Gläubiger gegen den Schuldner einen Haftbefehl beantragen.

Bei einem streitigen Verfahren (Widerspruch, Einspruch) ist das Gericht zuständig, bei dem der Antragsgegner seinen allgemeinen Gerichtsstand hat. Dies ist in der Regel das Gericht, in dessen Bezirk der Antragsgegner wohnt oder seinen Sitz hat.

Rechnet der Gläubiger von vornherein mit einem Widerspruch oder Einspruch des Schuldners, wird er zur Durchsetzung seiner Forderung sofort das Klageverfahren einleiten.

2.5.3 Klageverfahren

Das Klageverfahren ist das ordentliche Verfahren der Gerichte zur Klärung von zivilen Rechtsstreitigkeiten und zur Durchsetzung von Rechtsansprüchen.

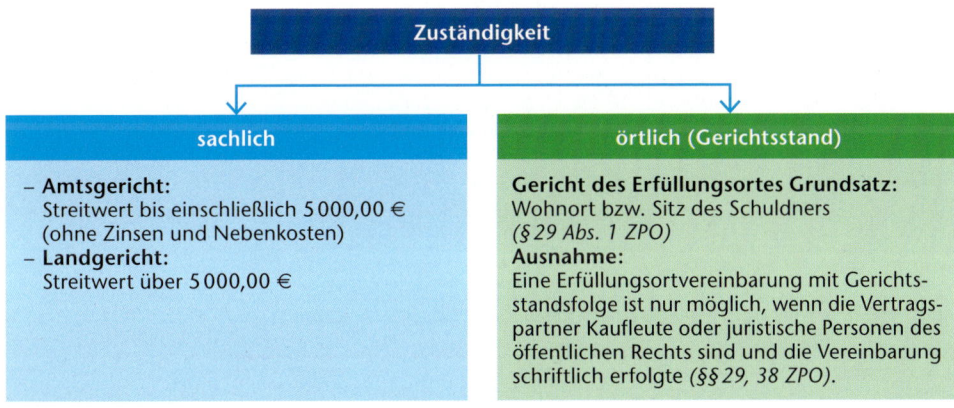

Zuständigkeit	
sachlich	**örtlich (Gerichtsstand)**

– **Amtsgericht:**
  Streitwert bis einschließlich 5 000,00 €
  (ohne Zinsen und Nebenkosten)
– **Landgericht:**
  Streitwert über 5 000,00 €
	Gericht des Erfüllungsortes Grundsatz:
	Wohnort bzw. Sitz des Schuldners
	(§ 29 Abs. 1 ZPO)
	Ausnahme:
	Eine Erfüllungsortvereinbarung mit Gerichtsstandsfolge ist nur möglich, wenn die Vertragspartner Kaufleute oder juristische Personen des öffentlichen Rechts sind und die Vereinbarung schriftlich erfolgte (§§ 29, 38 ZPO).

Klageschrift

Die **Klageschrift** muss enthalten:

- **Bezeichnung der Parteien (wer gegen wen?)**

- **Klageantrag**
  Beispiel: „... den Beklagten zu verurteilen, an den Kläger 15 000,00 € nebst 6 % p. a. Zinsen seit dem 15. Januar 20.. zu zahlen."

- **Klagegrund**
  Beispiel: „... wegen einer Forderung in Höhe von 15 000,00 € aus dem Kaufvertrag zwischen Kläger und Beklagten ..."

- **Unterschrift des Klägers bzw. seines Rechtsanwalts**
  In Zivilprozessen vor dem Landgericht, dem Oberlandesgericht und dem Bundesgerichtshof herrscht *Anwaltszwang*, d. h., die Parteien müssen sich durch einen beim betreffenden Gericht zugelassenen Rechtsanwalt vertreten lassen. In Zivilprozessen vor dem Amtsgericht besteht kein Anwaltszwang.

Ablauf des Verfahrens

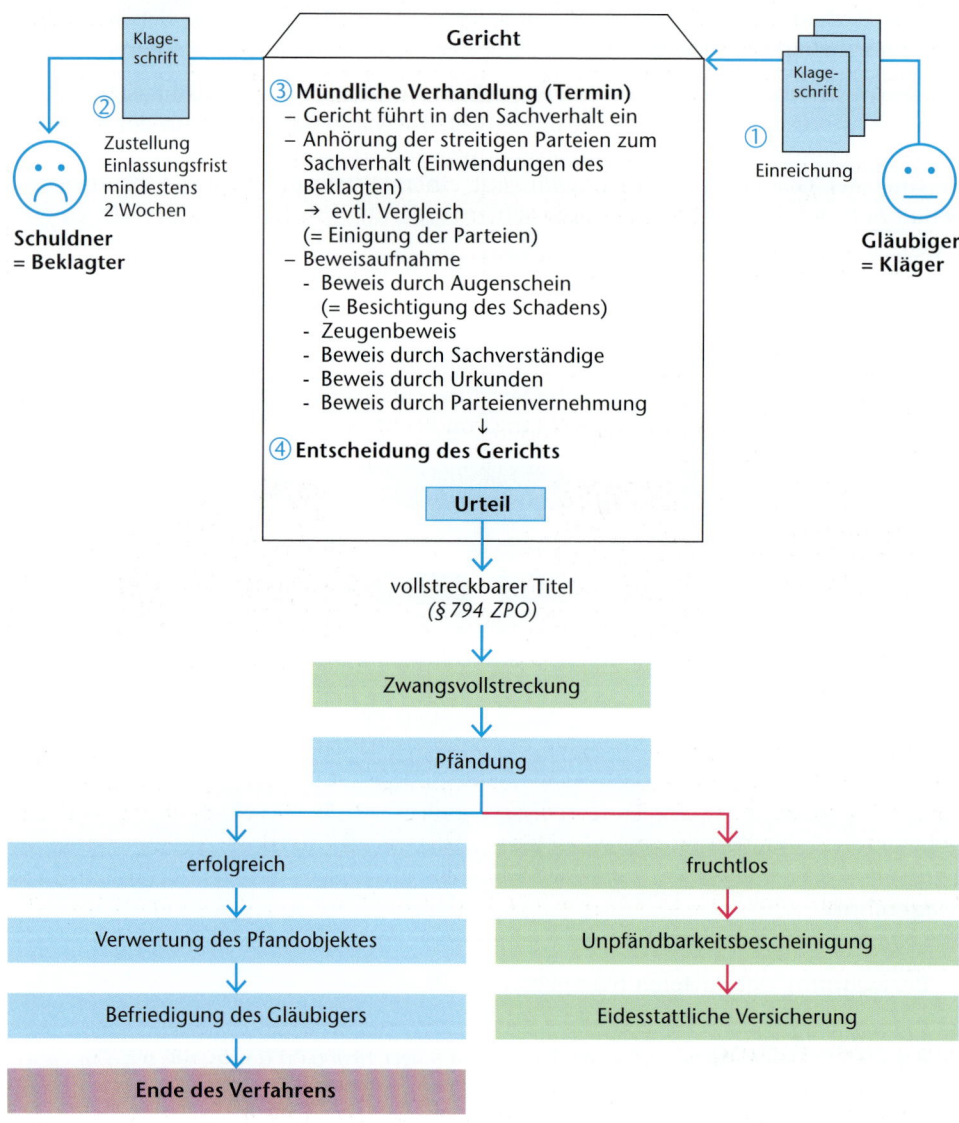

Rechtsmittel

Falls die unterlegene Partei mit dem Urteil nicht einverstanden ist, kann sie beim jeweils übergeordneten Gericht Rechtsmittel einlegen. Das übergeordnete Gericht muss dann das Urteil überprüfen.

Rechtsmittel	
Berufung	**Revision**
Die angeforderte Entscheidung wird in **tatsächlicher** und **rechtlicher Hinsicht** neu beurteilt.	Die angefochtene Entscheidung wird in **rechtlicher Hinsicht** überprüft (= korrekte Anwendung der Gesetze). Die tatsächlichen Feststellungen werden von der Vorinstanz übernommen.

Ein Urteil ist rechtskräftig und vollstreckbar, wenn es nicht durch Rechtsmittel angefochten werden kann. Ein noch nicht rechtskräftiges Urteil kann jedoch im Urteilsspruch für vorläufig vollstreckbar erklärt werden. Es soll damit verhindert werden, dass der Schuldner durch Einlegung von Rechtsmitteln die Vollstreckung verzögert. Das Gericht kann die vorläufige Vollstreckbarkeit des Urteils gegen Sicherheitsleistung des Gläubigers anordnen. Im Urteilsspruch kann bestimmt werden, dass die Sicherheitsleistung durch Stellung einer selbstschuldnerischen Bürgschaft eines Kreditinstituts erbracht werden kann.

2.6 Verjährung

Der Schuldner muss nicht mehr zahlen, wenn die im Gesetz vorgeschriebene Verjährungsfrist abgelaufen ist. Er hat ein Leistungsverweigerungsrecht, indem er die Einrede der Verjährung geltend macht.

2.6.1   Verjährungsfristen

Regelmäßige Verjährungsfrist	Besondere Verjährungsfrist	
3 Jahre *(§ 195 BGB)*	**2 Jahre** *(§§ 438, 634 a BGB)*	**30 Jahre** *(§ 197 BGB)*
Ansprüche		
Alle Ansprüche, die nicht ausdrücklich anderen Verjährungsfristen unterliegen. *Beispiele:* *Darlehensforderungen, Zinsforderungen, Mietforderungen, Kaufpreisforderungen*	Mängel bei – Kaufverträgen – Werkverträgen – Reiseverträgen Ausnahmen: – 5 Jahre bei Bauwerkmängeln – 1 Jahr bei gebrauchten Sachen und entsprechender vertraglicher Vereinbarung	– Herausgabeansprüche aus dinglichen Rechten *(z. B. Eigentum)* – Familien- und erbrechtliche Ansprüche – Vollstreckbare Ansprüche aus Vergleichen, Urkunden und Insolvenzverfahren
Beginn der Verjährungsfrist		
– am Schluss des Jahres, – in dem der Anspruch entstanden ist, und – der Kenntnisnahme des Gläubigers von der Person und den Umständen des Anspruchs	mit – Fälligkeit des Anspruchs – Lieferung der Sache – Abnahme des Werkes	– mit Entstehung (Fälligkeit) des Anspruchs – Rechtskraft der Entscheidung – Zustellung des vollstreckbaren Titels – Feststellung des Insolvenzverfahrens
Beispiel: Fälligkeit einer Darlehensforderung: 20.05.2015 *Ende der Verjährungsfrist:* *31.12.2018, 24:00 Uhr*	*Beispiel: Lieferung einer mangelhaften Ware am 16.11.2015* *Ende der Verjährungsfrist:* *16.11.2017, 24:00 Uhr*	*Beispiel: Fälligkeit eines Anspruchs aus einer Urteilsverkündung: 12.06.2015* *Ende der Verjährungsfrist:* *12.06.2045, 24:00 Uhr*

Nach Eintritt der Verjährung ist der Schuldner berechtigt, die Leistung zu verweigern.

2.6.2   Neubeginn und Hemmung der Verjährung

Neubeginn der Verjährung *(§ 212 BGB)*
– Der Schuldner erkennt die Schuld an. *Beispiele: Förmliches Schuldanerkenntnis, Sicherheitsleistung, Abschlagszahlung, Zinszahlung, Stundungsgesuch* – Vornahme oder Beantragung einer gerichtlichen oder behördlichen Vollstreckungshandlung

Die bis zum Neubeginn der Verjährung verstrichene Zeit bleibt unberücksichtigt.
Die Verjährungsfrist beginnt von Neuem zu laufen.

Neubeginn der Verjährung (§ 212 BGB)

Beispiel: Eine am 16. April 2015 fällige Kaufpreisforderung mit dreijähriger Verjährungsfrist wurde am 10. Juli 2016 durch eine Abschlagszahlung unterbrochen.

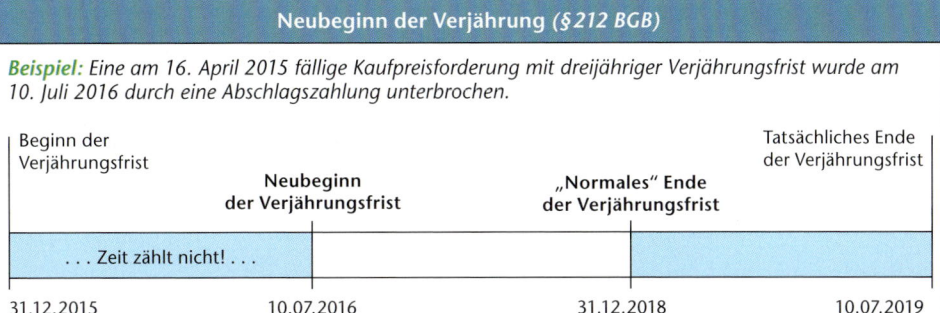

Beginn der Verjährungsfrist	Neubeginn der Verjährungsfrist	„Normales" Ende der Verjährungsfrist	Tatsächliches Ende der Verjährungsfrist
. . . Zeit zählt nicht! . . .			
31.12.2015	10.07.2016	31.12.2018	10.07.2019

Hemmung der Verjährung (§ 203 ff. BGB)

Der Zeitraum, währenddessen die Verjährung gehemmt ist, wird in die Verjährungsfrist nicht eingerechnet.

Die Verjährungsfrist verlängert sich um die Dauer der Hemmung.

- **Hemmung der Verjährung bei höherer Gewalt**
  Der Gläubiger ist innerhalb der letzten 6 Monate der Verjährungsfrist durch höhere Gewalt an der Rechtsverfolgung gehindert.
- **Hemmung der Verjährung bei Leistungsverweigerungsrecht**
  Der Schuldner ist aufgrund einer Vereinbarung mit dem Gläubiger vorübergehend zur Verweigerung der Leistung berechtigt.
  Beispiel: Stundungsvereinbarung
- **Hemmung der Verjährung aus familiären und ähnlichen Gründen**
  Ansprüche zwischen Ehegatten und Lebenspartnern, solange die Ehe bzw. Lebenspartnerschaft besteht.
- **Hemmung der Verjährung durch Rechtsverfolgung**
  u. a.
  - Erhebung der Klage auf Leistung
  - Zustellung des Mahnbescheids im Mahnverfahren
  - Anmeldung des Anspruchs im Insolvenzverfahren
  - Geltendmachung der Aufrechnung des Anspruchs im Prozess

Die Hemmung endet 6 Monate nach der rechtskräftigen Entscheidung oder anderweitigen Erledigung des eingeleiteten Verfahrens.

Beispiel: Hemmung der Verjährung durch Rechtsverfolgung
10.07.2015: Fälligkeit einer Kaufpreisforderung
31.12.2015: Beginn der Verjährungsfrist
20.05.2016: Zustellung eines gerichtlichen Mahnbescheides = Beginn der Hemmung
05.06.2016: Widerspruch des Schuldners

+ 6 Monate

05.12.2016: Ende der Hemmung

Beginn der Verjährungsfrist	Beginn der Hemmung	Ende der Hemmung	„Normales" Ende der Verjährungsfrist	Tatsächliches Ende der Verjährungsfrist
	. . . 6¹/₂ Monate . . .			. . . 6¹/₂ Monate . . .
	Zeit zählt nicht!			
31.12.2015	20.05.2016	05.12.2016	31.12.2018	15.07.2019

2.7   Grundlagen des Handelsrechts

2.7.1   Überblick über das Handelsrecht

Für Unternehmungen hat der Gesetzgeber ein spezielles Wirtschaftsrecht geschaffen. Es baut auf den allgemeinen Rechtsnormen des Bürgerlichen Gesetzbuches *(BGB)* auf und dient der **Sicherheit**, **Vereinfachung** und **Beschleunigung** des Geschäftsverkehrs innerhalb der Wirtschaft.

Wichtigste Gesetzesgrundlage ist das **Handelsgesetzbuch** *(HGB)*.

Statt von der Unternehmung wird im *HGB* vom Kaufmann gesprochen.

Handelsrecht ist nur anzuwenden, wenn die Kaufmannseigenschaft gegeben ist.

Kaufleute können sein:
- natürliche Personen,
- Personenhandelsgesellschaften,
- juristische Personen.

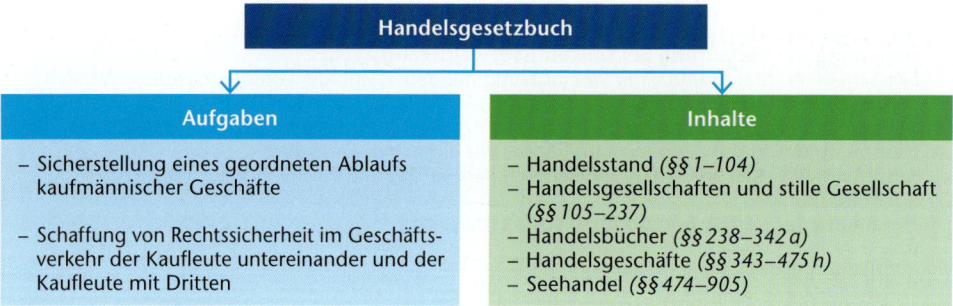

Das *HGB* wird durch eine Vielzahl von Spezialgesetzen ergänzt. Das Spezialrecht für Unternehmungen kann sich auf bestimmte Unternehmensrechtsformen oder auf bestimmte kaufmännische Geschäfte beziehen.

Hierbei gilt stets der Grundsatz:

Spezialrecht („lex specialis") hat Vorrang vor dem allgemeinen Recht („lex generalis").

Aktiengesetz (AktG)	GmbH-Gesetz (GmbHG)	Genossenschaftsgesetz (GenG)	
		Scheckgesetz *(ScheckG)* Wertpapierhandelsgesetz *(WpHG)*	Spezialrecht für die Wirtschaft
Handelsgesetzbuch *(HGB)*			
Bürgerliches Gesetzbuch *(BGB)*			allgemeine Rechtsnormen

Die **Bedeutung des Handelsrechts für das Steuerrecht** zeigt sich u.a. darin, dass die steuerliche Gewinnermittlung von Kaufleuten nach den handelsrechtlichen Grundsätzen ordnungsgemäßer Buchführung erfolgen muss (Grundsatz der Maßgeblichkeit der Handelsbilanz für die Steuerbilanz, *§5 Abs. 1 S. 2 EStG*).

Das Maßgeblichkeitsprinzip bedeutet, dass
- *bei buchführenden Gewerbetreibenden*
- *für den Schluss des Wirtschaftsjahres*
- *das Betriebsvermögen anzusetzen ist,*
- *das sich nach den handelsrechtlichen Grundsätzen ordnungsgemäßer Buchführung ermittelt (§ 5 Abs. 1 EStG).*

Handelsrechtliche Bilanzierungs- und Bewertungsvorschriften sind somit für die Steuerbilanz verbindlich, sofern nicht besondere steuerliche Vorschriften eine andere Behandlung erfordern.

2.7.2   Gründung und Anmeldung der Unternehmung

In einer Marktwirtschaft kann grundsätzlich jedermann eine Unternehmung gründen *(§ 1 GewO, Art. 12 GG)*. Die **Gewerbefreiheit** ist Voraussetzung für den Wettbewerb innerhalb der Wirtschaft. Die Unternehmungen müssen bei ihrer Geschäftstätigkeit jedoch die gesetzlichen Rahmenbedingungen beachten, die der Gesetzgeber im Interesse der Allgemeinheit festgelegt hat.

Die Unternehmensgründung setzt umfangreiche wirtschaftliche und rechtliche Überlegungen voraus. Aus übergeordneten Interessen und zum Schutz der Allgemeinheit ist in besonderen Fällen die Aufnahme des Geschäftsbetriebs von der Erfüllung bestimmter Voraussetzungen abhängig und nur aufgrund einer staatlichen Konzession zulässig.

Beispiele: Kreditinstitute, Versicherungsgesellschaften, Spielhallen

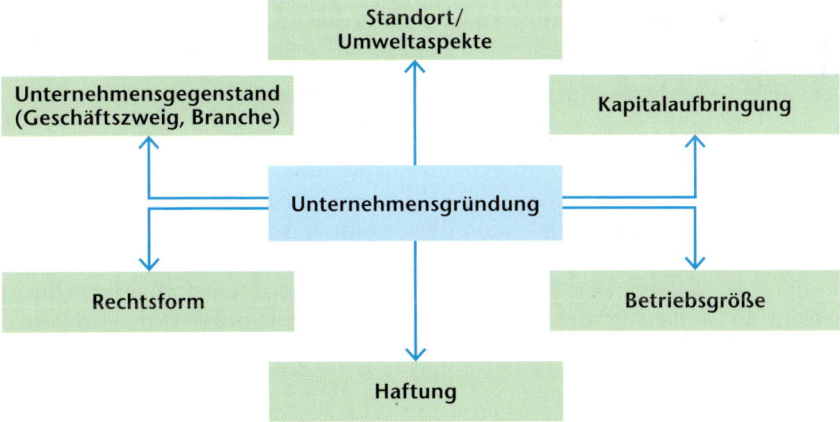

Die Unternehmensgründung muss bei der zuständigen Ordnungsbehörde durch eine **Gewerbeanmeldung** angezeigt werden *(§ 14 GewO)*.
Über die Gewerbeanmeldung werden anschließend die nachfolgenden Institutionen informiert:
- die zuständige **Kammer,**
  Beispiele: Industrie- und Handelskammer, Handwerkskammer
- das zuständige **Finanzamt** *(§ 138 AO)*,
- die zuständige **Berufsgenossenschaft** *(§§ 659, 661 RVO)*,
- die gesetzliche **Krankenkassen**, wenn Arbeitnehmer eingestellt werden,

- das **Gewerbeaufsichtsamt**,
- **Agentur für Arbeit** (Betriebsnamen, Schlüsselverzeichnis),
- das **Statistische Landesamt**,
- das zuständige **Amtsgericht** zur Eintragung ins Handelsregister, sofern es sich bei der zu gründenden Unternehmung um einen Kaufmann handelt *(§ 14 HGB)*,
- **Versorgungsbetriebe** (Stadtwerke, Elektrizitätswerke),
- **Bauamt** bei evtl. Nutzungsänderungen des Gebäudes.

2.7.3   Kaufmannseigenschaft

- **Istkaufmann**

Kaufmann ist, wer ein Handelsgewerbe betreibt. Als Handelsgewerbe gilt jeder Gewerbebetrieb, es sei denn, dass das Unternehmen nach Art und Umfang einen in kaufmännischer Weise eingerichteten Geschäftsbetrieb nicht erfordert (§ 1 HGB).

Typische Merkmale eines Handelsgewerbes sind:
- eine selbstständige,
- auf **Dauer** angelegte,
- nach **außen** in Erscheinung tretende Tätigkeit
- in der Absicht, **Gewinn** zu erzielen.

Die Entscheidung, ob ein in kaufmännischer Weise eingerichteter Geschäftsbetrieb notwendig ist, trifft das zuständige Amtsgericht mit Unterstützung der IHK oder Handwerkskammer.

Die *pflichtgemäße* Eintragung ins Handelsregister hat lediglich **rechtsbekundende** (= deklaratorische) Wirkung.

Gelegentliche Erwerbsgeschäfte begründen kein Handelsgewerbe.

Nicht als Gewerbe gilt die Tätigkeit der **Freien Berufe**: Steuerberater, Wirtschaftsprüfer, Rechtsanwälte, Notare, Ärzte, Architekten, Künstler usw.
Diese Personen sind keine Kaufleute, obwohl sie am Wirtschaftsleben in der Regel wie Kaufleute teilnehmen. Ihnen wird nicht die Gewinnerzielungsabsicht als primäres Motiv ihrer Tätigkeit unterstellt.
Wenn Angehörige eines Freien Berufs ihre Tätigkeit in der Rechtsform einer GmbH oder AG ausüben, so ist die Gesellschaft Kaufmann kraft Rechtsform (Formkaufmann).

Kannkaufmann

Kannkaufleute sind Kaufleute kraft freiwilliger Eintragung ins Handelsregister (§§ 2, 3 HGB).

Kannkaufleute können zum Beispiel **Kleingewerbetreibende** sein. Als Kleingewerbetreibende bezeichnet man Unternehmen, die aufgrund der Art und des Umfangs ihrer Geschäfte einen in kaufmännischer Weise eingerichteten Geschäftsbetrieb nicht benötigen. Sie haben jedoch die Möglichkeit zum Erwerb der Kaufmannseigenschaft, indem sie sich freiwillig als Kaufmann ins Handelsregister eintragen lassen *(§ 2 HGB)*.

Beispiele: kleine Gaststätten, kleine Ladengeschäfte, kleine Bäckereien

Auch **land- und forstwirtschaftliche Unternehmen** oder damit verbundene Neben-gewerbe, die nach Art und Umfang einen in kaufmännischer Weise eingerichteten Geschäftsbetrieb erfordern, sind berechtigt, aber nicht verpflichtet, sich ins Handelsre-gister eintragen zu lassen *(§ 3 HGB)*.

Beispiele:
- *land- und forstwirtschaftliche Unternehmen: Gutshöfe, Weingüter, Baumschulen*
- *land- und forstwirtschaftliche Nebengewerbe: Molkereien, Mühlen, Sägewerke*

Scheinkaufmann: Wer mit seiner Firma im Handelsregister eingetragen ist, oder sich im Wirtschaftsleben den Anschein eines Kaufmanns gibt, muss sich wie ein Kaufmann behandeln lassen *(§ 5 HGB)*.

Die *freiwillige* Eintragung ins Handelsregister hat **rechtserzeugende** Wirkung und be-gründet die Kaufmannseigenschaft.

Formkaufmann

Formkaufleute sind Unternehmen, die bereits aufgrund der von ihnen gewählten Rechtsform die Kaufmannseigenschaft erlangen (§ 6 HGB).

Alle **Kapitalgesellschaften** und **Genossenschaften** sind Formkaufleute, unabhängig davon, ob sie eine gewerbliche Tätigkeit ausüben oder nicht:
- im Handelsregister eingetragene *OHG* und *KG (§ 6 Abs. 1 HGB)*
- Gesellschaften mit beschränkter Haftung *(§ 6 Abs. 2 HGB i. V. m. § 13 Abs. 3 GmbHG)*
- Aktiengesellschaften *(§ 6 Abs. 2 HGB i. V. m. § 3 AktG)*,
- eingetragene Genossenschaften *(§ 6 Abs. 2 HGB i. V. m. § 17 Abs. 2 GenG)*.

Personenhandelsgesellschaften, also offene Handelsgesellschaften und Kommandit-gesellschaften, sind dagegen Kaufleute kraft ihres Gewerbes: Sie erlangen die Kauf-mannseigenschaft entweder mit Aufnahme des Geschäftsbetriebes oder kraft Eintra-gung ins Handelsregister *(§§ 105, 123 HGB)*.

Alle Kaufleute haben die Pflicht
- *zur Führung einer Firma unter Hinzufügung eines die Rechtsform der Unternehmung kennzeich-nenden Zusatzes,*
- *zur Angabe der Firma, des Ortes ihrer Niederlassung, des Registergerichts und der Nummer, unter der sie im Handelsregister eingetragen sind, in allen Geschäftsbriefen, die an einen be-stimmten Empfänger gerichtet sind,*
- *zur Führung der Handelsbücher entsprechend den Grundsätzen ordnungsgemäßer Buchfüh-rung,*
- *zur selbstschuldnerischen Bürgschaft bei Übernahme einer Bürgschaftserklärung.*

Alle Kaufleute haben die Möglichkeit
- *zur Abgabe einer mündlichen Bürgschaftserklärung,*
- *zur Festsetzung eines vom Kalenderjahr abweichenden Geschäftsjahres,*
- *zur Erteilung von Handlungsvollmacht und Prokura.*

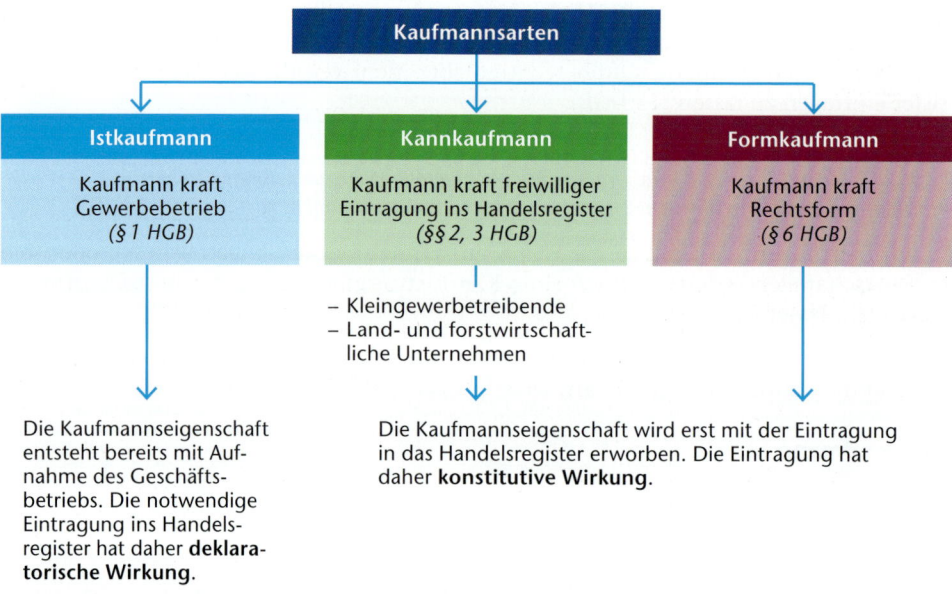

2.7.4 Firmenrecht

Die Firma ist der geschäftliche Name (Unternehmensname) eines Kaufmanns, unter dem er seine Geschäfte betreibt, unterschreibt, klagen und verklagt werden kann (§ 17 HGB).

Die Firma muss zur Kennzeichnung des Kaufmanns geeignet sein und Unterscheidungskraft besitzen.

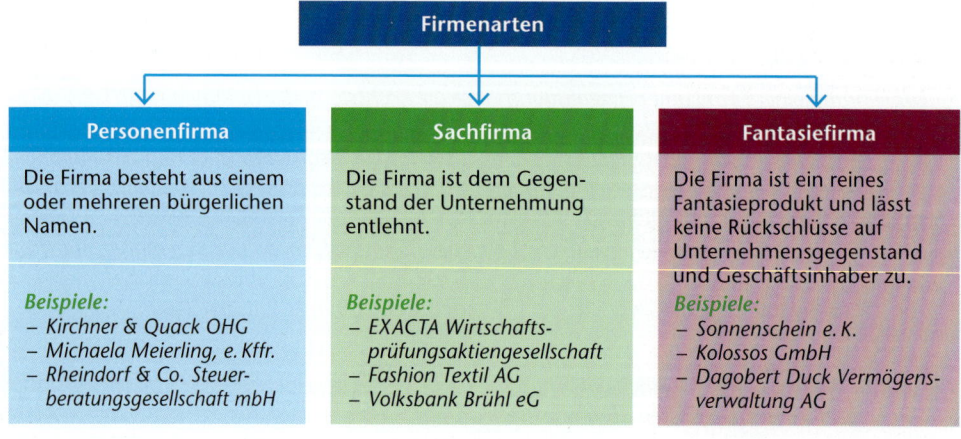

Firmengrundsätze	
Firmenöffentlichkeit (§ 29 HGB)	Die Firma muss zum Handelsregister angemeldet, eingetragen und bekannt gemacht werden.
Firmenwahrheit und -klarheit (§§ 18, 19 HGB)	Die Firma darf keine Angaben enthalten, die geeignet sind, über geschäftliche Verhältnisse, die für die angesprochenen Verkehrskreise wesentlich sind, irrezuführen. *Beispiel: Eine kleine Steuerberatungsgesellschaft darf sich nicht Deutsche Treuhand GmbH nennen.*
Firmenbeständigkeit (§§ 21, 22, 24 HGB)	Eine einmal existierende Firma darf bei einem Inhaberwechsel, ggf. unter Beifügung eines Zusatzes, der auf das Nachfolgeverhältnis hinweist, weitergeführt werden. Voraussetzung hierfür ist die ausdrückliche Einwilligung des bisherigen Inhabers bzw. seiner Erben. Firmenbeständigkeit hat Vorrang vor Firmenwahrheit. *Beispiel: Eisenwaren Wilhelm Keuser e. K. Inh. Bernd Hopp*
Firmen-ausschließlichkeit (§ 30 HGB)	Die gewählte Firma muss sich von allen anderen Firmen am selben Ort deutlich unterscheiden. *Beispiele: – Peter Schmitz, Sanitäranlagen GmbH – Sanitäre Installationen Peter Schmitz e. K.*

Firmenschutz

Die Eintragung begründet den *Schutz der Firma*. Das Recht auf die Firma ist ein absolutes Recht und wirkt gegenüber jedermann. Wer eine ihm nicht zustehende Firma führt, kann von der bereits existierenden Firma auf Unterlassung ggf. Schadenersatz verklagt und vom Registergericht mit einem Ordnungsgeld belegt werden *(§ 37 HGB, § 16 UWG)*.

Notwendige Bestandteile der Firma

Die Firma kann nicht ohne das Handelsgeschäft, für welches sie geführt wird, veräußert werden. Die notwendigen Bestandteile der Firma richten sich nach der jeweiligen Rechtsform der Unternehmung.

Die Firma eines Kaufmanns muss bei der Gründung die Bezeichnung der Rechtsform der Unternehmung oder eine allgemein verständliche Abkürzung dieser Bezeichnung enthalten.

Rechtsform	Abkürzung
eingetragener Kaufmann	e. K., e. Kfm., e. Kffr.
offene Handelsgesellschaft	OHG
Kommanditgesellschaft	KG
Gesellschaft mit beschränkter Haftung	GmbH
Aktiengesellschaft	AG
Kommanditgesellschaft auf Aktien	KGaA
eingetragene Genossenschaft	eG
haftungsbeschränkte Unternehmergesellschaft	UG (haftungsbeschränkt)

Auf allen **Geschäftsbriefen** des Kaufmanns, die an einen bestimmten Empfänger gerichtet werden, müssen seine Firma, der Ort seiner Handelsniederlassung und die Nummer, unter der die Firma in das Handelsregister eingetragen ist, angegeben werden *(§ 37a HGB)*.

Firmenwert

Für renommierte Unternehmen mit großem Bekanntheitsgrad bedeutet die Firma oft einen erheblichen Wert; insoweit handelt es sich um ein **immaterielles Wirtschaftsgut**. Ihr Wert ist vor allem bestimmt durch den guten Ruf *(Goodwill)*, über den die Unternehmung bei ihren Kunden verfügt.

Der Firmenwert kann betragsmäßig bestimmt werden: Es ist der Betrag, den ein Käufer im Rahmen der Übernahme einer Unternehmung als Ganzes über den Wert der einzelnen Vermögensgegenstände hinaus zu zahlen bereit ist. Beim Kauf einer Unternehmung ist der Firmenwert in der Steuerbilanz *aktivierungspflichtig*, in der Handelsbilanz aktivierungsfähig *(§ 255 Abs. 4 HGB)*.

2.7.5   Öffentliche Register

2.7.5.1 Handelsregister

Das *Handelsregister* (HR) ist das amtliche Verzeichnis der Kaufleute eines Amtsgerichtsbezirks *(Beweis-, Kontroll-, Publizitäts-, Publikationsfunktion)*.

Das Handelsregister bezweckt die Information des Rechtsverkehrs durch vollständigen und zuverlässigen Nachweis der tatsächlichen und rechtlichen Verhältnisse von Kaufleuten, d.h., das Handelsregister bietet die Möglichkeit, sich über wichtige Rechtsverhältnisse eines Geschäftspartners wie z.B. Firma, Sitz, Vertretungsverhältnisse zu informieren.

Zuständigkeit

Die Landesregierungen können für mehrere Amtsgerichtsbezirke die Führung des Registers durch Rechtsverordnung einem Amtsgericht übertragen.
Örtlich zuständig ist das Amtsgericht, in dessen Bezirk der Sitz des Unternehmens liegt *(§ 36 AktG, § 7 GmbHG, §§ 19, 106, 161 HGB)*.

Verfahren

Handels-, Genossen- und Partnerschaftsregister werden seit 2007 elektronisch bei den zuständigen Amtsgerichten geführt. Die Register sind über eine einheitliche vernetzte Internetseite **www.handelsregister.de** zugänglich. Die Registereintragung läuft nach den Vorschriften der Handelsregisterverordnung *(HRV)* und des *HGB* in folgender Weise ab:

- Anmeldungen zur Eintragung in das Handelsregister sind in öffentlich beglaubigter Form zwingend als elektronische Dokumente einzureichen *(§ 12 HGB)*. Notwendige Unterzeichnungen müssen in qualifizierter elektronischer Form nach *§ 126a BGB* erfolgen.
  Die Eintragung im HR wird wirksam, sobald sie gespeichert und inhaltlich unverändert in lesbarer Form wiedergegeben werden kann *(§ 8a HGB)*.

- Das Registergericht fordert in Zweifelsfällen ein Gutachten von der Industrie- und Handelskammer bei einem Handelsgewerbe[1], von der Handwerkskammer bei einem Handwerksbetrieb, von der Landwirtschaftskammer bei einem land- und forstwirtschaftlichem Betrieb an *(§ 23 HRV)*.

- Das Registergericht prüft alle Eintragungsvoraussetzungen, evtl. müssen Genehmigungsbehörden gehört werden.

- In einer Eintragungsverfügung stellt das Gericht den Wortlaut der Eintragung fest *(§ 27 HRV)*.

- Die Eintragungen und Änderungen werden veröffentlicht *(§§ 10, 11 HGB)*
  - unter **www.handelsregister.de**
  - im elektronischen Bundesanzeiger (**www.e-bundesanzeiger.de**),
  - im elektronischen Unternehmensregister (**www.unternehmensregister.de**). Über den elektronischen Bundesanzeiger als Internet-Publikationsplattform werden Unternehmensmeldungen weltweit zugänglich.

Bereits seit 2002 sind aktienrechtliche Mitteilungen (z. B. Jahresabschlüsse aller publizitätspflichtigen Unternehmen) im elektronischen Bundesanzeiger bekannt zu machen.

Öffentlichkeit des Handelsregisters
Das Handelsregister wird beim Amtsgericht (Registergericht) geführt und unterrichtet die Öffentlichkeit über die grundlegenden Rechtsverhältnisse der Unternehmungen. Jedermann – nicht nur der Kaufmann – hat das Recht auf Einsichtnahme und kann gegen eine Gebühr eine Kopie der Eintragungen und der eingereichten Schriftstücke verlangen *(§ 9 HGB)*.

Öffentlicher Glaube der Eintragungen

Jede Eintragung erzeugt die Vermutung der Richtigkeit und rechtlichen Zulässigkeit (§ 15 HGB).

- **Positive Publizität:** Eingetragene und bekanntgemachte Tatsachen muss ein Dritter gegen sich gelten lassen. Dies gilt nicht bei Rechtshandlungen, die innerhalb von 15 Tagen nach der Bekanntmachung vorgenommen werden, sofern der Dritte beweist, dass er die Tatsache weder kannte noch kennen musste.
  Beispiel: Aufgrund häufiger Fehler wird einem Mitarbeiter die Prokura entzogen. Der Widerruf wird ordnungsgemäß eingetragen und bekannt gemacht. Drei Wochen nach der Bekanntmachung verkauft der Ex-Prokurist aus Enttäuschung über den Prokuraentzug die gesamte EDV-Einrichtung der Unternehmung.
  Das Rechtsgeschäft ist für die Unternehmung nicht bindend.

- **Negative Publizität:** Solange eine einzutragende Tatsache nicht eingetragen und bekannt gemacht worden ist, kann sie einem Dritten nicht entgegengesetzt werden, es sei denn, dass sie diesem bekannt war.
  Beispiel: Einem Prokuristen wird gekündigt, das Erlöschen der Prokura wird jedoch versehentlich nicht zur Eintragung angemeldet. Aus Verärgerung über die Entlassung verkauft der Ex-Prokurist unberechtigterweise seinen Dienstwagen zu einem günstigen Preis an einen Geschäftsfreund, der von dem Entzug der Prokura nichts wusste.
  Das Rechtsgeschäft ist für die Unternehmung bindend.

---

[1] *Geprüft wird insbesondere die Buchführungspflicht.*

- Ist eine einzutragende Tatsache **unrichtig** bekannt gemacht, so kann sich ein gutgläubiger Dritter auf den Inhalt der Bekanntmachung berufen.

Eine Eintragung kann **rechtserzeugend** *(konstitutiv)* oder **rechtsbekundend** *(deklaratorisch)* wirken.

Konstitutive Eintragungen	Deklaratorische Eintragungen
Die Eintragung erzeugt den beabsichtigten Rechtszustand.	Die Eintragung bekundet einen bereits bestehenden Rechtszustand.
Beispiele:	*Beispiele:*
– Entstehung einer GmbH bzw. AG und Erlangung der Rechtsfähigkeit (§ 7 GmbHG, § 36 AktG) *– Herabsetzung oder Haftungsbeschränkung der Einlage eines Kommanditisten (§§ 174, 176 Abs. 1 S. 1 HGB)* *– Eintragung eines Kleingewerbetreibenden oder eines land- oder forstwirtschaftlichen Betriebes (§§ 2, 3 HGB)*	*– Erteilung und Widerruf einer Prokura (§ 48 HGB)* *– Eintritt eines neuen Gesellschafters in eine OHG (§ 107 HGB)* *– Gesamtvertretung der Gesellschafter einer OHG (§ 125 Abs. 3 und 4 HGB)*

Aufbau des Handelsregisters	
Abteilung A (HRA)	Abteilung B (HRB)
Einzelunternehmungen **Personenhandelsgesellschaften** – offene Handelsgesellschaften – Kommanditgesellschaften	**Kapitalgesellschaften** – Aktiengesellschaften – Gesellschaften mit beschränkter Haftung
Inhalt der Eintragungen	
Firma und Sitz der Unternehmung *bei der KG:* die Einlagen der Kommanditisten *bei der Einzelunternehmung:* der Geschäftsinhaber *bei der OHG und KG:* die Gesellschafter ggf. Prokuristen Art der Vertretung (Einzel-/Gesamtvertretung)	Firma, Sitz und Gegenstand der Unternehmung *bei der GmbH:* das Stammkapital *bei der AG:* das Grundkapital *bei der GmbH:* der/die Geschäftsführer *bei der AG:* der Vorstand ggf. Prokuristen Art der Vertretung (Einzel-/Gesamtvertretung)

- Eintragungsfähig und -pflichtig sind nur die gesetzlich zulässigen und vorgesehenen Tatbestände.
- Eintragungen erfolgen auf Antrag, ggf. von Amts wegen. Die Anmeldung zur Eintragung ist in öffentlich (notariell) beglaubigter Form einzureichen *(§ 12 HGB)*. Sie kann ggf. durch Ordnungsgeld erzwungen werden.
- Die Eintragungen werden vom Amtsgericht durch Veröffentlichung im elektronischen Bundesanzeiger und in mindestens einem weiteren Blatt im Amtsgerichtsbezirk bekanntgemacht *(§§ 10, 11 HGB)*.
- Gelöschte Eintragungen sind unterstrichen.

Handelsregister Amtsgericht Köln

Für die in () gesetzte Angabe der Anschrift und des Geschäftszweiges keine Gewähr

NEUEINTRAGUNGEN

■ HRA 15216 – 07.08.20..:

INTRO GmbH & Co. KG, Köln. (Geschäftszweig: unter anderem die Herstellung und der Vertrieb der Musikmagazine INTRO und INTRO festival guide sowie das Anbieten sonstiger Dienstleistungen. Geschäftsräume: Herwarthstraße 12, 50672 Köln.) Kommanditgesellschaft, die am 1. Januar 1999 begonnen hat. Persönlich haftender Gesellschafter: INTRO Beteiligungsgesellschaft mbH, Köln (HRB 33812). Der Sitz ist von Osnabrück nach Köln verlegt. Ein Kommanditist ist vorhanden.

■ HRA 15217 – 07.08.20..:

IAK Vierte Immobilienfonds Köln GmbH & Co. Projekte Ehrenstraße KG, Köln. (Geschäftszweig: der Erwerb von unbebauten Grundstücken und grundstückseigenen Rechten, die Bebauung von Grundstücken durch Dritte, der Erwerb von bebauten Grundstücken, die Vermietung, Verpachtung und Verwaltung von Grundstücken, insbesondere der Projekte Ehrenstraße. Die Gesellschaft ist berechtigt, gleichartige oder ähnliche Unternehmen zu gründen, zu erwerben und zu pachten sowie sich an anderen Unternehmen zu beteiligen. Sie kann Geschäfte jeder Art tätigen, die dem Gesellschaftszweck unmittelbar oder mittelbar dienen. Geschäftsräume: Hohenstaufenring 29–37, 50674 Köln.) Kommanditgesellschaft. Beginn: 7. August 20... Persönlich haftender Gesellschafter: IAK Vierte Immobilienfonds Köln GmbH, Köln (HRB 33694). Gesamtprokuristen: Ingeborg Kelly, * 2. September 1958, Rösrath, Jürgen Krawetzke, * 1. Juni 1953, Köln, jeder in Gemeinschaft mit einem Prokuristen oder einem persönlich haftenden Gesellschafter. Ingeborg Kelly und Jürgen Krawetzke sind zur Veräußerung und Belastung von Grundstücken und grundstücksgleichen Rechten ermächtigt. Die persönlich haftende Gesellschafterin ist befugt, im Namen der Gesellschaft mit sich im eigenen Namen oder als Vertreter eines Dritten Rechtsgeschäfte vorzunehmen. Drei Kommanditisten sind vorhanden.

■ HRA 33849 – 08.08.20..:

kobayshi advertising GmbH, Köln. Gegenstand des Unternehmens: die Tätigkeit als Werbeagentur in den Bereichen Werbung, Verkaufsförderung, Marketing, Public Relation, Anzeigenexpedition, MultiMedia einschließlich damit verbundener Online-, Telekommunikations- und Internetdienstleistungen. Stammkapital: 25 000,– €. Geschäftsführer: Christoph Brüning. * 4. Mai 1967, Königstein/Taunus; Georg Roth, * 22. Juli 1967, Köln; Dirk Fliesgen, * 26. November 1971, Düsseldorf; Michael Grundheber, * 13. September 1959, Köln. Gesellschaft mit beschränkter Haftung. Gesellschaftsvertrag vom 15. Juni 20... Ist nur ein Geschäftsführer berufen, so vertritt dieser die Gesellschaft allein. Sind mehrere Gesellschafter bestellt, so wird die Gesellschaft durch zwei Geschäftsführer in Gemeinschaft mit einem Prokuristen vertreten. Christoph Brüning, Georg Roth, Dirk Fliesgen und Michael Grundheber sind befugt, im Namen der Gesellschaft mit sich im eigenen Nahmen oder als Vertreter eines Dritten Rechtsgeschäfte vorzunehmen. Nicht eingetragen: Die Bekanntmachungen der Gesellschaft erfolgen im Bundesanzeiger. (Geschäftsräume: Max-Planck-Straße 42, 50858 Köln)

Handelsregister A des Amtsgerichts Neustadt	Abteilung A Wiedergabe des aktuellen Registerinhalts – Abruf vom 12.09.2016 12:10 –	Nummer der Firma HRA 675
– Ausdruck –	Seite 1 von 1	

1. **Anzahl der bisherigen Eintragungen:**
   4
2. a) **Firma:**
   Heller und Co. KG
   b) **Sitz, Niederlassung, Zweigniederlassungen:**
   Neustadt
3. a) **Allgemeine Vertretungsregelung:**
   -----
   b) **Inhaber, persönlich haftende Gesellschafter, Geschäftsführer, Vorstand (...):**
   Persönlich haftende Gesellschafter: Josef Heller, Neustadt, * 23.03.1960, Peter Lauer, Wiesingen, * 01.07.1958
4. **Prokura:**
   Einzelprokura für Hans Berger, Neustadt, * 04.05.1970
5. a) **Rechtsform, Beginn und Satzung:**
   Kommanditgesellschaft; Beginn 28.08.2005
   b) **Sonstige Rechtsverhältnisse:**
   -----
   c) **Kommanditisten:**
   Kaufmann Egon Laupichler, Neustadt. * 19.11.1950, Einlage 20 000,00 €
   Notar Karl Sendburg, Neustadt, * 20.01.1955, Einlage 60 000,00 €
6. **Tag der letzten Eintragung:**
   07.05.2012

Handelsregister B des Amtsgerichts Neustadt	Abteilung B Wiedergabe des aktuellen Registerinhalts – Abruf vom 26.10.2016 14:15 –	Nummer der Firma HRB 6877
– Ausdruck –	Seite 1 von 1	

1. **Anzahl der bisherigen Eintragungen:**
   0
2. a) **Firma:**
   Schuette Schleifmaschinen GmbH
   b) **Sitz, Niederlassung, Zweigniederlassungen:**
   Neustadt
   c) **Gegenstand des Unternehmens:**
   Herstellung und Vertrieb von Werkzeugschleifmaschinen sowie entsprechendem Zubehör
3. **Grund- oder Stammkapital:**
   25 000,00 €
4. a) **Allgemeine Vertretungsregelung:**
   Ist nur ein Geschäftsführer bestellt, so vertritt er die Gesellschaft allein. Sind mehrere Geschäftsführer bestellt, so wird die Gesellschaft durch zwei Geschäftsführer sowie durch einen Geschäftsführer gemeinsam mit einem Prokuristen vertreten.
   b) **Vorstand, Leitungsorgan, geschäftsführende Direktoren, persönlich haftende Gesellschafter, Geschäftsführer, Vertretungsberechtigte und besondere Vertretungsbefugnis:**
   Einzelvertretungsbefugnis mit der Befugnis im Namen der Gesellschaft mit sich im eigenen Namen oder als Vertreter eines Dritten Geschäfte abzuschließen: Geschäftsführer Karl Schuette, Neustadt, * 06.05.1968
5. **Prokura:**
   Gesamtprokura gemeinsam mit einem anderen Geschäftsführer oder einem anderen Prokuristen: Paul Weber, Neustadt, * 04.05.1970, Martina Kruschnik, Neustadt, * 25.12.1969
6. a) **Rechtsform, Beginn, Satzung oder Gesellschaftsvertrag:**
   Gesellschaft mit beschränkter Haftung; Gesellschaftsvertrag vom 20.09.2007
   b) **Sonstige Rechtsverhältnisse:**

2.7.5.2 Andere öffentliche Register

Andere beim Amtsgericht geführte öffentliche Register sind das:

Partnerschaftsregister	www.handelsregister.de
– Inhalt: – Eintragungstatbestände:	Rechtsverhältnisse der Partnerschaftsgesellschaften (PG) Name und Sitz der Partnerschaft, Name und Vorname sowie der in der Partnerschaft ausgeübte Beruf und der Wohnort jedes Partners *(§§ 3, 4, 5 PartGG)*
– öffentlicher Glaube: – Einsichtnahme:	positive und negative Publizität *(§ 5 PartGG i. V. m. § 15 HGB)* jedermann

Genossenschaftsregister	www.handelsregister.de
– Inhalt: – Eintragungstatbestände: – öffentlicher Glaube: – Einsichtnahme:	Rechtsverhältnisse der eingetragenen Genossenschaften (eG) Firma, Sitz, Statut, Vorstand positive Publizität (eingetragene Tatsachen gelten gutgläubigen Dritten gegenüber als richtig) und negative Publizität (nicht eingetragene Tatsachen geltend als nicht bestehend) jedermann

Vereinsregister	www.handelsregister.de
– Inhalt: – Eintragungstatbestände: – öffentlicher Glaube: – Einsichtnahme:	Rechtsverhältnisse der eingetragenen Vereine (e. V.) Name, Sitz, Satzung, Vorstand nur negative Publizität *(§ 68 BGB)* jedermann

Güterstands(rechts)register	
– Eintragungstatbestände: – öffentlicher Glaube: – Einsichtnahme:	Abweichungen vom gesetzlichen Güterstand der Ehe und Eheverträge (nur auf Antrag) nur negative Publizität *(§ 1412 BGB)* jedermann

Grundbuch	
– Inhalt: – Eintragungstatbestände: – öffentlicher Glaube: – Einsichtnahme:	Rechtsverhältnisse der im Amtsgerichtsbezirk gelegenen Grundstücke u. a. Eigentumsverhältnisse, Lasten und Beschränkungen, Grundpfandrechte positive und negative Publizität *(§ 892 BGB)* berechtigtes Interesse muss nachgewiesen werden bzw. Einwilligung des Grundstückseigentümers

2.7.6   HGB-Vollmachten

2.7.6.1 Handlungsvollmacht

Die allgemeine Handlungsvollmacht berechtigt zu allen Geschäften und Rechtshandlungen, die der Betrieb dieses Handelsgewerbes gewöhnlich mit sich bringt (§ 54 HGB).

Nicht ermächtigt ist der Handlungsbevollmächtigte folglich zu allen für dieses Handelsgewerbe *außergewöhnlichen* Geschäften und Rechtshandlungen.

Eine ausdrückliche Sondervollmacht ist notwendig für die:
- Veräußerung und Belastung von Grundstücken,
- Eingehung von Wechselverbindlichkeiten,
- Aufnahme von Darlehen,
- Prozessführung.

Der Umfang der Handlungsvollmacht kann vom Vollmachtgeber auf einzelne oder eine bestimmte Art von Geschäften und Rechtshandlungen beschränkt werden.

Spezialvollmacht	Artvollmacht
einmalige Vollmacht zur Erledigung eines besonderen Geschäftes	*auf Dauer* erteilte Vollmacht zur Erledigung einer bestimmten Art wiederkehrender Geschäfte
Beispiel: *einmalige Vollmacht zum Kauf eines Fahrzeuges*	*Beispiele:* *– Kontovollmacht* *– Einkaufsvollmacht*

Die Vertretungsvollmacht kann darüber hinaus in der Weise beschränkt werden, dass der Handlungsbevollmächtigte nur im Zusammenwirken mit einer anderen Person *(z.B. mit einem Prokuristen)* zeichnungsberechtigt ist.

Einzelvertretungsvollmacht	Gesamtvertretungsvollmacht
Vollmachtausübung *ohne* Zusammenwirken mit einer anderen Person	Vollmachtausübung nur im Zusammenwirken *mit* einer anderen vertretungsberechtigten Person

Erteilung	Die Erteilung kann nach *§ 167 BGB* erfolgen durch – Kaufleute, Handlungsbevollmächtigte, Kleingewerbetreibende, – den Vorstand einer AG bzw. eG, – den/die Gesellschafter einer GmbH, – Prokuristen, und zwar – schriftlich, – mündlich, – stillschweigend (konkludentes = schlüssiges Verhalten).
Eintragung ins Handelsregister	nicht eintragungsfähig
Unterschrift (Zeichnung) *(§ 57 HGB)*	Der Handlungsbevollmächtigte muss unter der Firma mit einem das Vollmachtverhältnis andeutenden Zusatz unterschreiben. *Beispiele:* Firmenbezeichnung: *Modeboutique Elvira Ellis GmbH* i. A. (im Auftrag) Name: *i. A. Thöler* i. V. (in Vertretung) Name: *i. V. Meier*
Erlöschen	Die Handlungsvollmacht erlischt – durch Widerruf, – mit Beendigung des Dienstvertrages, – mit Erledigung des Auftrages (bei Spezialvollmacht), – bei Befristung nach Ablauf der Frist, – bei bedingter Vollmacht bei Wegfall der Bedingung, – mit Auflösung der Unternehmung.

2.7.6.2 Prokura

Die Prokura ermächtigt eine natürliche Person zu allen Arten von gerichtlichen und außergerichtlichen Geschäften und Rechtshandlungen, die der Betrieb (irgend)eines Handelsgewerbes mit sich bringt (§§ 48–53 HGB).

Eine ausdrückliche Spezialvollmacht ist notwendig für die Veräußerung und Belastung von Grundstücken.

Nicht ermächtigt ist der Prokurist
- zur Erteilung und zum Entzug einer Prokura,
- zu Handlungen außerhalb des Geschäftsbetriebes (*z. B. Verkauf, Schließung, Branchenänderung*),
- zu Handlungen, die sich der Kaufmann persönlich vorbehalten hat,
- zur Veräußerung und Belastung von Grundstücken,
- zur Anmeldung von Eintragungen ins Handelsregister,
- zur Unterzeichnung der Bilanz und der Steuererklärungen,
- zur Aufnahme neuer Gesellschafter,
- zum Verkauf der Unternehmung,
- zum Antrag auf Eröffnung des Insolvenzverfahrens.

Die Prokura ist nicht übertragbar.
Sie erlischt nicht durch den Tod des Inhabers des Handelsgeschäfts.

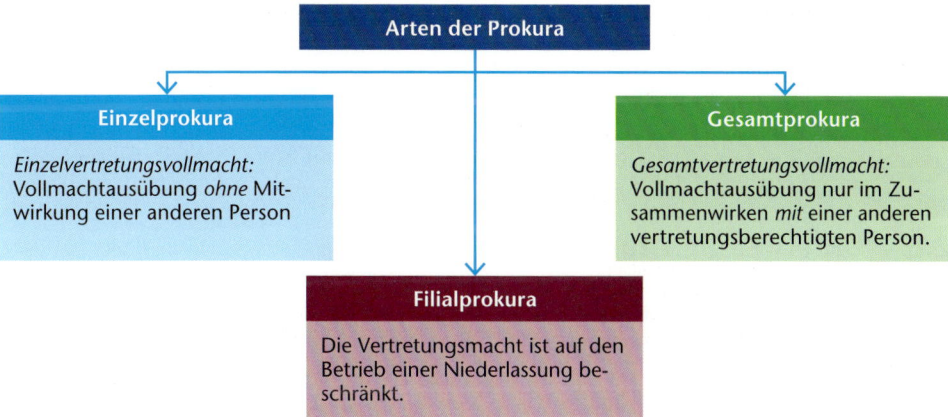

Im **Außenverhältnis**, d. h. im Verhältnis zwischen dem Prokuristen und den Geschäftspartnern des Arbeitgebers, ist die Vertretungsmacht des Prokuristen darüber hinaus nicht weiter beschränkbar *(§ 50 HGB)*.
Anders verhält es sich im **Innenverhältnis**, d. h. im Verhältnis zwischen dem Prokuristen und seinem Arbeitgeber. Hier ist in der Regel dem Prokuristen ein bestimmtes Ressort zugeteilt, für das er als leitender Angestellter zuständig ist. Den ihm zugewiesenen Kompetenzrahmen darf er nicht überschreiten.

Beispiel: Frau Simone Brühl ist Personalchefin der Fashion Textil AG. Ihr ist Einzelprokura erteilt worden. Im Innenverhältnis darf sie ihren Arbeitgeber nur in Personalangelegenheiten vertreten. Im Außenverhältnis gilt diese Beschränkung nicht, d. h., sie könnte ihren Arbeitgeber auch in allen anderen Geschäften (mit Ausnahme der ihr gesetzlich nicht erlaubten) rechtswirksam vertreten.

Erteilung (§ 48 HGB)	Die Prokura kann nur erteilt werden von – einem Kaufmann (Inhaber eines Handelsgewerbes, dem gesetzlichen Vertreter oder Erben) – dem Geschäftsführer einer GmbH, und zwar – persönlich und ausdrücklich – schriftlich oder mündlich. Bei der GmbH erfolgt die Bestellung von Prokuristen (ebenso wie von Handlungsbevollmächtigten) durch Gesellschafterbeschluss.
Eintragung ins Handelsregister (§ 53 HGB)	eintragungspflichtig (deklaratorische Wirkung)
Unterschrift (Zeichnung) (§ 51 HGB)	Der Prokurist muss unter der Firma mit einem die Prokura andeutenden Zusatz unterschreiben. *Beispiel:* Firmenbezeichnung: *Fashion Textil AG* pp. oder ppa. (per procura) Name: *pp. Simone Brähl*
Erlöschen	Die Prokura erlischt durch – Widerruf (§ 52 Abs. 1 HGB), – Beendigung des Dienstvertrages, – Tod des Prokuristen (aber nicht durch Tod des Vertretenen), – Einstellung, Veräußerung oder Auflösung der Unternehmung.

AGB der Kreditinstitute:

Zur ordnungsgemäßen Abwicklung des Geschäftsverkehrs ist es erforderlich, dass der Kunde dem Kreditinstitut Änderungen seines Namens und seiner Anschrift sowie das Erlöschen oder die Änderung einer gegenüber dem Kreditinstitut erteilten Vertretungsmacht (insbesondere einer Vollmacht) unverzüglich mitteilt. Diese Mitteilungspflicht besteht auch dann, wenn die Vertretungsmacht in ein öffentliches Register (zum Beispiel in das Handelsregister) eingetragen ist und ihr Erlöschen oder ihre Änderung in dieses Register eingetragen wird.

2.8 Unternehmensformen

Das **Gesellschaftsrecht** regelt das Innen- und Außenverhältnis von privatrechtlichen Unternehmensformen. Zur Auswahl stehen Personenunternehmen/-gesellschaften und Kapitalgesellschaften.

Unternehmen können von natürlichen und/oder juristischen Personen gegründet werden.

Beispiele:
- *Volkswagen AG: An diesem privatrechtlichen Unternehmen sind natürliche Personen, juristische Personen des Privatrechts (z. B. eine Privatbank) und juristische Personen des öffentlichen Rechts (z. B. das Land Niedersachsen) beteiligt.*
- *Stadtwerke Bonn GmbH: Alleinige Eigentümerin dieses privatrechtlichen Unternehmens ist die Gebietskörperschaft Stadt Bonn.*

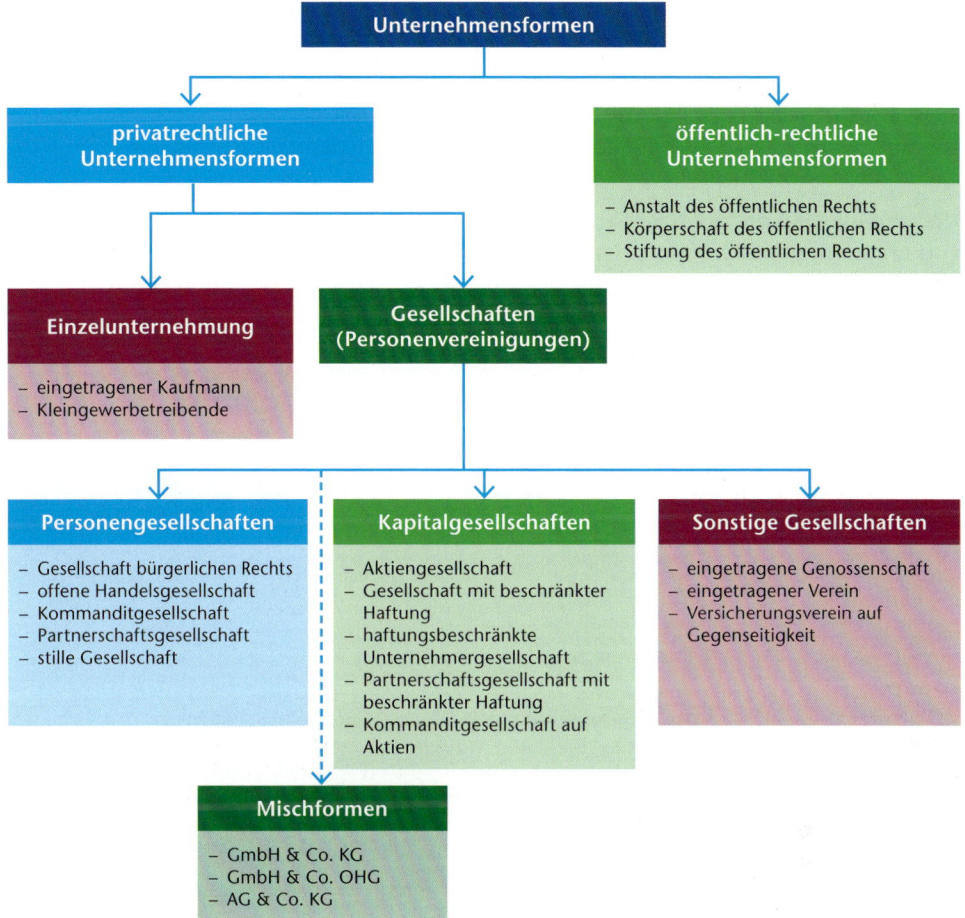

2.8.1   Gründe für die Wahl der Unternehmensform

Die Frage, welche Rechtsform für ein privatwirtschaftliches Unternehmen sinnvoll erscheint, stellt sich, wenn

- ein Unternehmen gegründet wird,
- sich für das Unternehmen wesentliche persönliche, rechtliche, wirtschaftliche oder steuerliche Faktoren ändern.

Beispiele:
- *persönliche Faktoren: die Geschäftsführung soll Angestellten übertragen werden,*
- *rechtliche Faktoren: die Haftung der Gesellschafter soll beschränkt werden,*
- *wirtschaftliche Faktoren: die Kapitalbeschaffung soll erleichtert werden,*
- *steuerliche Faktoren: eine GmbH soll in eine KG umgewandelt werden, um Erbschaftsteuer zu sparen oder um gewerbesteuerliche Freibeträge auszunutzen.*

Es kommt im Wirtschaftsleben auch vor, dass ein einzelner persönlicher Grund zu einer Umwandlung der Unternehmensform führt.

Beispiel: Ein großes deutsches Handelsunternehmen wird in der Unternehmensform der GmbH geführt. Die Gesellschafter legen großen Wert auf Geheimhaltung aller Angaben über den Jahresabschluss. Mit Einführung des „Gesetzes über die Rechnungslegung von bestimmten Unternehmen und Konzernen" (Publizitätsgesetz) muss der Jahresabschluss der GmbH veröffentlicht werden. Die Gesellschafter beschließen, die GmbH in eine KG umzuwandeln, weil für diese Unternehmensform das Publizitätsgesetz (noch) nicht gilt.

Um im Einzelfall die richtige Wahl der Unternehmensform zu treffen, sollte ein Katalog von Entscheidungskriterien zusammengestellt, vergleichend gegenübergestellt und gewertet werden. Eine Reihe von Entscheidungsfaktoren beeinflussen sich gegenseitig.

Beispiel: Je stärker die Haftungsbeschränkung, desto schwieriger ist die Fremdkapitalbeschaffung.

Entscheidungskriterien für die Wahl der Unternehmensform			
betriebswirtschaftliche Gründe	**zivilrechtliche Gründe**	**handels- und steuerrechtliche Gründe**	**persönliche Gründe**
Businessplan – Geschäftsidee/-konzept – persönliche Rahmenbedingungen – Markteinschätzung – Wettbewerbssituation – Zukunftsaussichten – Genehmigungen – Marketing, Werbung – Versicherungen **Finanzierung des Unternehmens** – Kapitalbeschaffungsmöglichkeiten – Höhe des Eigenkapitals – Entnahme- und Einlagerechte – Beteiligung am Vermögen, insbesondere an den stillen Reserven und am Firmenwert – Gewinn- und Verlustbeteiligung – Anzahl der Gesellschafter – Gründungsaufwand **Führung des Unternehmens** – Leitungsbefugnis – Willensbildung – Mitbestimmung – Prüfungspflichten – Publizität – Art, Umfang und Kosten der Rechnungslegung **Standort des Unternehmens** – Rohstoffe, Grundstücke – Energie, Verkehr, Absatz – Arbeitskräfte – Steuerbelastung	– Rechtsform – Geschäftsführung – Vertretungsbefugnis – Kapitalausstattung – Haftungsbeschränkung – Änderungen der Beteiligungsverhältnisse – Unternehmensnachfolge, Nachlassregelung – Art und Umfang des Handelsgewerbes – Form und Inhalt des Gesellschaftsvertrages – Anzahl der Gesellschafter	– lokale, regionale und nationale Steuern und Steuertarife – Unterschiede in der Besteuerung der Personen- und Kapitalgesellschaften bei ertragsabhängigen Steuern *(ESt, KSt, KiSt, GewSt)* – steuerliche Belastungen bei Umwandlungen – Unterschiede in der Belastung durch Erbschaft- und Schenkungsteuer – Kosten der Abschlussprüfer, evtl. des Notars, Gerichtskosten – Publizitätspflichten und -kosten – steuerliche Gesamtbelastung – Fördermaßnahmen (Investitionszulagen, Sonderabschreibungen) – Ertragsteuerbelastung auf der Ebene der Gesellschaft und der Gesellschafter	– persönliche Präferenzen – Anzahl, Qualifikation, Einsatzfähigkeit und -willigkeit der Gründer – Erbfolge – persönliche Steuerbelastung – Image der Rechtsform – Publizität – Rechnungslegung – Offenlegung der Rechnungslegung – Umfang, Form und Kosten der Gründung – Registerkosten – Beurkundungskosten – Sicherung des Unternehmens – Sicherung der Unternehmernachfolge – Alterssicherung der Gesellschafter – Haftungsverhältnisse – ehelicher Güterstand – Scheidungsfolgen – Leitungsbefugnisse – Beratungsfähigkeit/ -willigkeit

Die Rechtsformen der Unternehmen

Im Jahr 2014 gab es in Deutschland 3 240 221 Unternehmen*

davon in Tausend

Einzelunternehmen (natürliche Personen)	**2 182**	Gesellschaften des bürgerlichen Rechts **206**
Personengesellschaften	**429** darunter	Kommanditgesellschaften** **155**
Kapitalgesellschaften	**553**	Offene Handelsgesellschaften **15**
Körperschaften des öffentlichen Rechts	**6**	Gesellschaften mit beschränkter Haftung **523**
Genossenschaften	**6**	Aktiengesellschaften **8**
sonstige Rechtsformen	**64**	

* Unternehmen mit Umsätzen von mehr als 17 500 € im Jahr
** einschl. GmbH & Co. KG
Quelle: Stat. Bundesamt (2016) © Globus 10894

Die Entscheidung über die Unternehmensform kann durch gesetzliche Vorschriften beeinflusst werden:

- die Gründung einer AG erfordert ein Mindesteigenkapital von 50 000,00 €,
- die eG kann nur gewählt werden, wenn *„die Förderung des Erwerbs und der Wirtschaft ihrer Mitglieder mittels gemeinschaftlichen Geschäftsbetriebes"* bezweckt wird,
- in einzelnen Wirtschaftszweigen sind bestimmte Unternehmensformen gesetzlich vorgeschrieben.

Beispiel: Für Versicherungsgesellschaften ist nur die Rechtsform der AG oder des VVaG zulässig.

Die Unternehmung ist in der Wahl ihrer Rechtsform grundsätzlich frei. **Die Entscheidung hängt letztlich von folgenden Umständen ab:**	
Eigentumsverhältnisse	– Zahl der Gesellschafter – Entscheidungsgewalt
Geschäftsführung/ Vertretung	– einzeln – gemeinschaftlich
Finanzierung	– Möglichkeiten der Beschaffung von Fremd- und Eigenkapital
Kreditwürdigkeit	– Bereitschaft von Geldgebern, Fremdkapital zur Verfügung zu stellen
Haftung	– Haftungsumfang bei Verlusten
Steuerbelastung	– Ertragsteuern – Substanzsteuern

2.8.2   Einzelunternehmung

Rechtsgrundlagen: *§§ 1–104 HGB*
BGB
GewO

Kennzeichen und Bedeutung

Bei der Einzelunternehmung ist eine einzelne natürliche Person – der (die) Einzelunternehmer/-in – selbstständig
- *gewerblich,*
- *land- bzw. forstwirtschaftlich oder*
- *freiberuflich tätig.*

Eine einzelne Person ist **Eigentümer** und **Inhaber**, trägt allein das unternehmerische Risiko und übernimmt allein die Verantwortung und Entscheidungsbefugnis. Träger von Rechten und Pflichten ist nur der Einzelunternehmer.
Die Rechtsform ist besonders geeignet für kleine und mittlere Unternehmen.
Der Einzelunternehmer kann Kaufmann oder Kleingewerbetreibender sein.
Die Einzelunternehmung ist die häufigste Unternehmensrechtsform in Deutschland.

Firma

Ist der Einzelunternehmer als eingetragener Kaufmann tätig, ist er verpflichtet, eine Firma anzunehmen.
Die Firma muss die Bezeichnung **„eingetragener Kaufmann"**, **„eingetragene Kauf-frau"** oder eine allgemein verständliche Abkürzung dieser Bezeichnung, insbesondere **„e.K."**, **„e.Kfm."** oder **„e.Kffr."** enthalten *(§ 18 HGB)*.

Beispiele: Clara Rheindorf e.Kffr., Sunshine Studio e.K., Klaus Leesten Gebrauchtfahrzeuge e.Kfm.

Nicht eingetragene Kleingewerbetreibende führen **keine** Firma.

Kapital

Ein Mindestkapital ist nicht vorgeschrieben. Einlagen und Entnahmen werden über das Privatkonto, ein Unterkonto des Eigenkapitalkontos, gebucht.

Geschäftsführung und Vertretung

Geschäftsführung und Vertretung liegen allein beim Einzelunternehmer. Kaufleute können Prokura und Handlungsvollmacht erteilen *(§§ 48–58 HGB)*.

Haftung

Der Einzelunternehmer haftet für alle Verbindlichkeiten des Unternehmens
- **alleine**,
- **persönlich** und
- **unbeschränkt**

mit seinem Geschäfts- und Privatvermögen.

Beim Verkauf des Unternehmens unter Fortführung der Firma haftet er für Verbindlichkeiten im Zeitpunkt des Ausscheidens, wenn die bis dahin begründeten Verbindlichkeiten vor Ablauf von 5 Jahren nach Ausscheiden fällig und daraus Ansprüche gegen ihn gerichtlich geltend gemacht worden sind. Bei öffentlich-rechtlichen Verbindlichkeiten genügt der Erlass eines Verwaltungsaktes. Die Frist beginnt mit dem Ende des Tages, an dem das Ausscheiden in das Handelsregister eingetragen worden ist *(§§ 25, 26 HGB)*. Die Verjährungsfrist von 5 Jahren gilt allerdings nur, soweit nicht nach den allgemeinen gesetzlichen Bestimmungen kürzere Verjährungsfristen gelten *(§ 196 ff. BGB)*.

Bei einer Einzelunternehmung …
- *ist eine einzelne natürliche Person alleiniger Inhaber,*
- *übernimmt der Einzelunternehmer Geschäftsführung und Vertretung,*
- *haftet der Einzelunternehmer persönlich und unbeschränkt,*
- *muss – sofern kein Kleingewerbe vorliegt – eine Eintragung ins Handelsregister, Abteilung A, erfolgen,*
- *muss – sofern eine Handelsregistereintragung erfolgt – eine Firma mit dem Zusatz „e. K.", „e. Kfm." oder „e. Kffr." geführt werden,*
- *gelten die Vorschriften des HGB in vollem Umfang.*

Vorteile	Nachteile
– Entscheidungskompetenz und Verantwortung liegen alleine in der Hand der Inhaberin/des Inhabers – Vertretungs- und Geschäftsführungsbefugnis obliegt der Einzelunternehmerin/dem Einzelunternehmer – dadurch schnelle Entscheidungs- und Reaktionsmöglichkeiten – Gründung ist billig und unkompliziert, – der Gewinn steht alleine dem Unternehmer zu – kein Mindestkapital erforderlich – Einzelunternehmer kann jederzeit Eigenkapital aus Privatvermögen oder durch Aufnahme stiller Gesellschafter erhöhen – vorhandenes Eigenkapital kann jederzeit durch die Einzelunternehmerin/den Einzelunternehmer entnommen werden – anzuwenden sind nur die Vorschriften des Betriebsverfassungsgesetzes (bei mind. 5 ständig Beschäftigten) und das Gesetz über Sprecher-Ausschüsse für leitende Angestellte (mind. 10 leitende Angestellte) – gute Akzeptanz als Geschäftspartner	– begrenzte Erweiterungsmöglichkeiten – persönliche Haftung des Unternehmers mit seinem Geschäfts- und Privatvermögen – Gefahr von Fehlentscheidungen, – Existenz ist an die Person des Unternehmers gebunden – begrenzte Erweiterungsmöglichkeiten, sie sind abhängig von der Vermögenslage des Unternehmers – alleinige Übernahme des Verlustrisikos – begrenzte, vom Vermögen und der Kreditwürdigkeit des Unternehmers abhängige Kapitalaufbringungsmöglichkeit – Abhängigkeit von der Persönlichkeit der/des Einzelunternehmer/in – Unternehmerlohn, Miet- und Pachtzinsen für vom Einzelunternehmer überlassene Wirtschaftsgüter dürfen nicht als Betriebsausgaben ausgewiesen werden

2.8.3 Personengesellschaften

Personengesellschaften entstehen durch Vertrag zwischen mindestens zwei Personen, die sich zur Erfüllung eines gemeinsamen Zwecks zusammenschließen.

Die beteiligten Personen sind zugleich die Gesellschafter und die Eigentümer des Unternehmens. Ihre Einlagen bilden das Gesellschaftsvermögen.

Anlässe zur Gründung einer Gesellschaft können sein:

- Verbreiterung der Eigenkapitalbasis,

- Ausweitung der Kreditaufnahmemöglichkeiten infolge der Erhöhung des Eigenkapitals und der Aufnahme neuer Gesellschafter,

- Verteilung des unternehmerischen Risikos und des Arbeitsanfalls auf mehrere Personen,

- Bindung von Führungspersönlichkeiten und Fachleuten an das Unternehmen,

- Ausnutzung steuerlicher Vorteile *(z. B. durch Gründung von Familiengesellschaften),*

- Absicherung der Existenz des Unternehmens über den Tod des Einzelunternehmers hinaus,

- persönliche Gründe des einzelnen Unternehmers *(z.B. Altersabsicherung, Alter, Krankheit, Tod)*,

- Erhöhung der Wettbewerbsfähigkeit durch Zusammenschluss mit anderen Unternehmen,

- Beteiligung von Mitarbeitern.

2.8.3.1 Gesellschaft bürgerlichen Rechts

Rechtsgrundlagen: *§§ 705–740 BGB*

Kennzeichen und Bedeutung

Durch den Gesellschaftsvertrag schließen sich mindestens 2 oder mehr Personen zu einer GbR zusammen. Die Gesellschafter verpflichten sich gegenseitig, die Erreichung eines gemeinsamen Zwecks in der im Vertrag bestimmten Weise zu fördern, insbesondere die vereinbarten Beiträge zu leisten (§ 705 BGB).

Die GbR (auch: **BGB-Gesellschaft**) kann zu jedem beliebigen Zweck gegründet werden. Dieser darf nicht gegen ein Gesetz verstoßen *(§ 134 BGB)* und nicht sittenwidrig sein *(§ 138 BGB)*. Der **Gesellschaftszweck** kann auf Dauer oder auf eine vorübergehende Zeit gerichtet sein.

Der Zweck muss

- gemeinsam erreicht werden, d.h. Förderung eines von **allen** Gesellschaftern gemeinsam angestrebten Zweckes,

- durch Zusammenwirken **aller** Gesellschafter zustande kommen.

Der Zweck kann erwerbswirtschaftlicher, religiöser, wissenschaftlicher, sportlicher oder politischer Art sein.

Die GbR kommt in der Praxis häufig vor. Die Gesellschafter wissen oft gar nicht, dass eine Gesellschaft vorliegt.

Beispiele:
- *Fahrgemeinschaften zum Arbeitsplatz,*
- *nicht eheliche Gemeinschaften,*
- *Tippgemeinschaft beim Lotto und Toto.*

Auch Kaufleute benutzen bei Gelegenheitsgeschäften, Arbeitsgemeinschaften, erlaubten Kartellen und sonstigen Interessengemeinschaften diese Rechtsform.

Beispiele:
- *Kreditkonsortium zur Gewährung eines Großkredits,*
- *Arbeitsgemeinschaft (ARGE) in der Bauwirtschaft,*
- *Bauherrengemeinschaft,*
- *Investment-Club,*
- *Vorgründungsgesellschaft einer GmbH (Gründerzusammenschluss vor Erstellung des notariellen Vertrages),*
- *Ehepartner besitzen und bewirtschaften eine gewerbliche Immobilie.*

Die GbR kann eine reine **Innengesellschaft** sein.

Beispiele: Der Tiefbauunternehmer Brock schließt mit der Gemeinde Rondorf einen Vertrag zur Erstellung einer Altentagesstätte. Danach führt er gemeinsam mit den beiden Bauunternehmern Maurer und Hölzer die Arbeiten durch. Zwischen der Gemeinde Rondorf und den Unternehmern Maurer und Hölzer besteht keine vertragliche Beziehung.

Die GbR kann eine **Außengesellschaft** sein.

Beispiel: Die Bauunternehmer Marx, Probst und Winter bilden eine Arbeitsgemeinschaft, die mit der Gemeinde Rondorf einen Vertrag zur Erstellung einer Altentagesstätte schließt.

Gründung

Die GbR entsteht durch einen **Gesellschaftsvertrag**, d.h. durch einander entsprechende Willenserklärungen der Gesellschafter. Der Gesellschaftsvertrag ist **formfrei.** Er kann schriftlich, mündlich oder durch konkludentes Handeln wirksam werden. Es erfolgt i.d.R. **keine** Eintragung in ein Register. Der Abschluss bzw. die Änderung des Gesellschaftsvertrages erfordert Einstimmigkeit unter den Gesellschaftern. Wegen steuerlicher Mitwirkungs- und Nachweispflichten *(§ 90 AO)*, aus Beweissicherungsgründen und aus Gründen der langfristigen Erhaltung der Gesellschaft erscheint ein schriftlicher Gesellschaftsvertrag zweckmäßig.

Gesellschafter

Es müssen mindestens zwei Personen Gesellschafter sein. Dies können natürliche Personen, juristische Personen, eine andere GbR, eine OHG oder eine KG sein.

Rechtsverhältnis[1]

Die GbR ist

- **rechtsfähig**, d.h. Träger der in ihrem Namen begründeten Rechte und Pflichten *(BGH-Urteil)*,

- **parteifähig**, d.h., sie kann in einem Zivilprozess als Gesellschaft klagen und verklagt werden *(BGH-Urteil)*,

- **keine** juristische Person,

- **keine** Handelsgesellschaft im Sinne des HGB.

Die GbR kann unter eigenem Namen Rechte erwerben oder Verbindlichkeiten eingehen *(§ 14 Abs. 2 BGB)*; sie kann klagen und verklagt werden. Das Gesellschaftsvermögen gehört nicht der GbR, sondern allen Gesellschaftern zur gesamten Hand. Die Rechtsfähigkeit erlangt die GbR ohne jede **Eintragung** in ein Register. Die GbR kann durch konstitutive Eintragung in das elektronische Handelsregister bzw. Unternehmensregister die Kaufmannseigenschaft erwerben; es gelten dann die Vorschriften für die OHG bzw. die KG. Zur Vollstreckung in das Vermögen der GbR genügt ein Vollstreckungstitel gegen die Gesellschafter. Ein Vollstreckungstitel gegen die Gesellschafter ist zusätzlich nur notwendig, wenn der Gläubiger auch in das Privatvermögen der Gesellschafter vollstrecken will.

Firma

Die GbR ist **keine** Handelsgesellschaft und darf deshalb **keine** Firma führen. Sie hat den Eindruck einer Firma zu vermeiden. Die GbR ist nur berechtigt, eine Geschäftsbezeichnung

---

[1] *Soweit eine Eintragung ins HR erfolgte, vgl. zur rechtlichen Stellung Seite 198.*

zu führen. Sie kann aber unter gemeinschaftlichem Namen auftreten und unter ihrem Namen Rechte erwerben und Pflichten eingehen.

Beispiel: *Heiner Hofman und Karin Hauer GbR*

Kapital

- Es ist kein Mindestkapital vorgeschrieben.
- Das Vermögen der GbR ist Gesamthandsvermögen, über das die Gesellschafter nur gemeinsam verfügen können *(§§ 718, 719 BGB)*.
- Die Gesellschafter sind am Gesellschaftsvermögen anteilig beteiligt.
- Das Gesamthandsvermögen wird bei der Besteuerung den einzelnen Gesellschaftern anteilig zugerechnet *(§ 39 Abs. 2 Nr. 2 AO)*.

Geschäftsführung

Gesetzliche Regelung
Die Geschäftsführung der GbR steht allen Gesellschaftern grundsätzlich gemeinschaftlich zu *(§ 709 BGB)* und wirkt im **Innenverhältnis**.

Vertragliche Regelung
Die Geschäftsführung kann im Gesellschaftsvertrag einem oder mehreren Gesellschaftern übertragen werden. Dadurch sind die übrigen Gesellschafter von der Geschäftsführung ausgeschlossen *(§ 710 BGB)*.

Widerspruchsrecht
Ein von der Geschäftsführung ausgeschlossener Gesellschafter kann der Vornahme eines Geschäfts widersprechen; in diesem Fall muss das Geschäft unterbleiben *(§ 711 BGB)*.

Vertretung

Die Vertretungsmacht wirkt im **Außenverhältnis**, d. h. im rechtsgeschäftlichen Verkehr mit Dritten.

Gesamtvertretungsmacht
Das Recht zur Vertretung steht grundsätzlich allen Gesellschaftern gemeinsam zu. Rechtsgeschäfte mit Dritten sind somit nur wirksam, wenn alle Gesellschafter zugestimmt haben.

Vertretungsvollmacht
Steht einem Gesellschafter nach dem Gesellschaftsvertrag die Geschäftsführung zu, so ist im Zweifel anzunehmen, dass dieser Gesellschafter auch die Vertretungsmacht besitzt *(§ 714 BGB)*.

Haftung

Die Gesellschafter haben die Pflicht zur Übernahme der **Gesellschaftsschulden** *(§ 733 Abs. 1, § 735 Abs. 1 BGB)*. Sie haften für Schulden der Gesellschaft gegenüber Dritten als **Gesamtschuldner** mit ihrem **Gesellschafts- und Privatvermögen** *(§§ 421, 427, 705 BGB)*. Vertragliche Ansprüche lassen sich jedoch bei entsprechenden Gestaltungsvoraussetzungen wirksam durch **Haftungsausschluss** begrenzen. Die Rechtsprechung lässt unter zwei Voraussetzungen den Haftungsausschluss zu:

- Haftungsbeschränkung im Gesellschaftsvertrag

- Erkennbarkeit der Haftungsbeschränkung für Dritte *(z. B. Hinweis auf den Geschäftsbriefen und bei vertraglichen Vereinbarungen: „Die Haftung ist auf das Gesellschaftsvermögen begrenzt.")*

Wer als Gesellschafter in eine bestehende GbR eintritt, haftet für bereits bestehende Verbindlichkeiten persönlich, d. h. mit dem eingebrachten Kapital sowie mit dem Privatvermögen *(BFH v. 7. April 2003)*.

Beschlüsse
Beschlüsse verlangen Einstimmigkeit nach Köpfen, wenn keine vertragliche Regelung vorhanden ist. Mehrheitsbeschlüsse sind möglich, wenn dies im Gesellschaftsvertrag bestimmt ist.

Auflösung der Gesellschaft
Auflösungsgründe können sein:
- Beschluss aller Gesellschafter,
- Zeitablauf,
- Erreichung bzw. Nichterreichung des Gesellschaftszwecks,
- Kündigung eines Gesellschafters,
- Tod eines Gesellschafters *(§ 727 BGB)*, wenn der Gesellschaftsvertrag keine andere Regelung vorsieht,
- Vereinigung der Gesellschaftsanteile in einer Hand *(§§ 723–729 BGB)*.

Die GbR ...
- *entsteht durch einen Gesellschaftsvertrag, der formlos von mindestens zwei Personen geschlossen werden kann,*
- *ist rechts- und parteifähig; d. h. sie kann unter ihrem Namen Rechte erwerben, Pflichten eingehen, klagen und verklagt werden,*
- *verpflichtet ihre Gesellschafter zur gemeinschaftlichen Geschäftsführung und Vertretung; Einzelgeschäftsführung und -vertretung können vereinbart werden,*
- *führt keine Firma und wird nicht ins Handelsregister eingetragen,*
- *verpflichtet ihre Gesellschafter zur unbeschränkten, unmittelbaren und gesamtschuldnerischen Haftung.*

Vorteile	Nachteile
– einfache Gründung, geringe Gründungskosten, keine Handelsregister-Eintragung, keine notarielle Beurkundung – kein Mindestkapital – viel Spielraum bei der Vertragsgestaltung – Verantwortung wird auf mehrere Schultern verteilt – das Risiko und die Haftung werden geteilt – Erhöhung der Eigenkapitalbasis – Erweiterung der Kreditbasis – der Verlust wird von mehreren getragen	– Einschränkung der Selbstständigkeit – der Gewinn ist zu teilen – Gefahr von Unstimmigkeiten – unbeschränkte Haftung jedes einzelnen Gesellschafters auch bei Verschulden von Mitgesellschaftern – fehlende oder unvollständige Gesellschaftsverträge sind oft existenzbedrohend

2.8.3.2 Offene Handelsgesellschaft

Rechtsgrundlagen: *§§ 105–160 HGB*
                          §§ 705–740 BGB

Kennzeichen und Bedeutung

Die OHG ist eine Personenhandelsgesellschaft (§ 105 Abs. 1 HGB):
- *ihr Zweck ist auf den Betrieb eines Handelsgewerbes unter gemeinschaftlicher Firma gerichtet,*
- *ihre Gesellschafter haften unbeschränkt mit ihrem Geschäfts- und Privatvermögen gegenüber den Gesellschaftsgläubigern,*
- *die Gesellschafter der OHG sind Kaufleute.*

Die Gesellschafter der OHG sind gleichberechtigte, gleichverpflichtete, risikofreudige Personen, die sich gegenseitig vertrauen müssen. Die OHG ist für jeden Geschäftszweig vorstellbar. Infolge der unbegrenzten Haftung der Gesellschafter gilt sie als besonders kreditwürdig.

Gründung

Innenverhältnis
Die OHG entsteht durch einen **Gesellschaftsvertrag** zwischen mindestens zwei Personen. Gesellschafter können natürliche und/oder juristische Personen, eine OHG oder KG sein. Die Vorschriften der GbR finden auf die OHG Anwendung, soweit das *HGB* nichts anderes vorschreibt *(§ 105 Abs. 2 HGB, § 705 BGB)*.

Der Gesellschaftsvertrag
- führt die Rechte und Pflichten der Gesellschafter auf,
- ist formfrei, d. h. kann schriftlich, mündlich oder durch konkludentes Handeln wirksam werden.

Beispiel: Vier Erben eines Einzelunternehmers führen den Großhandel für Kfz-Zubehör weiter. Die stillschweigende Fortführung des Handelsgewerbes unter gemeinschaftlicher Firma ist als stillschweigende Errichtung einer OHG anzusehen.

Im Geschäftsleben ist für den Gesellschaftsvertrag die Schriftform üblich. Alle grundlegenden Vereinbarungen der Gesellschafter sollten klar, eindeutig und zweifelsfrei formuliert werden, um Streitigkeiten zu vermeiden.
Eine notarielle Beurkundung des Gesellschaftsvertrages ist erforderlich, wenn ein Gesellschafter ein Grundstück als Einlage einbringt *(§ 311 b BGB)*.

Außenverhältnis
Die OHG entsteht nach außen bereits mit **Aufnahme** der Geschäftstätigkeit. Die nachfolgende, pflichtgemäße **Eintragung** ins elektronische Handelsregister bzw. Unternehmensregister hat nur noch *deklaratorische* Wirkung. Auch **Kleingewerbetreibende** können sich zu einer OHG zusammenschließen. Die Kaufmannseigenschaft entsteht in diesem Fall erst mit der Eintragung ins Handelsregister.

Beispiel:

Gesellschaftsvertrag

§ 1 Firma, Sitz
(1) Die Firma der Gesellschaft lautet Hinrichs & Reichelt OHG.
(2) Sitz der Gesellschaft ist Cloppenburg.

§ 2 Gegenstand des Unternehmens
(1) Gegenstand des Unternehmens ist die Herstellung von Möbelbeschlägen aller Art.
(2) Die Gesellschaft ist berechtigt, sämtliche zur Erreichung des Unternehmensgegenstandes zweckdienlichen Geschäfte durchzuführen.

§ 3 Dauer, Geschäftsjahr
(1) Die Gesellschaft wird zum 1. August 20.. auf unbestimmte Dauer errichtet.
(2) Geschäftsjahr ist das Kalenderjahr.

§ 4 Einlagen
(1) Die Gesellschafter Karl Hinrichs und Julius Reichelt haben eine Bareinlage in Höhe von jeweils 30 000,00 € zu leisten.
(2) Die Einlagen sind innerhalb von 14 Tagen nach Unterzeichnung des Gesellschaftsvertrages zur Zahlung fällig und auf das Konto der Gesellschaft einzuzahlen.

§ 5 Geschäftsführung und Vertretung
(1) Zur Geschäftsführung und Vertretung ist jeder Gesellschafter allein berechtigt und verpflichtet.
(2) Maßnahmen, die über den üblichen Rahmen des Geschäftsbetriebes hinausgehen, dürfen nur von beiden Gesellschaftern gemeinsam vorgenommen werden. Dies gilt insbesondere für den Erwerb, die Veräußerung und die Belastung von Grundstücken und grundstücksgleichen Rechten, die Bestellung von Prokuristen, den Abschluss von Rechtsgeschäften aller Art zwischen der Gesellschaft auf der einen sowie den Gesellschaftern oder deren Angehörigen i. S. d. § 15 Abgabenordnung auf der anderen Seite sowie den Abschluss von Verträgen mit einmaligen oder laufenden Verpflichtungen, die einen Gesamtbetrag von 20 000,00 € übersteigen.

§ 6 Jahresabschluss
Der Jahresabschluss ist als Handels- und Steuerbilanz innerhalb von sechs Monaten seit Ende des Geschäftsjahres zu erstellen. Soweit nicht zwingende handelsrechtliche Vorschriften entgegenstehen, hat die Handelsbilanz der für Zwecke der Einkommensteuerbesteuerung aufzustellenden Steuerbilanz zu entsprechen.

§ 7 Ergebnisverteilung
Von dem festgestellten Jahresgewinn erhält jeder Gesellschafter vorab einen Anteil in Höhe eines 3 % über dem jeweiligen Diskontsatz der Deutschen Bundesbank liegenden Prozentsatzes seines Kapitalanteils. Der darüber hinausgehende Gewinn entfällt je zur Hälfte auf Hinrichs und Reichelt.

§ 8 Entnahmen
Jeder Gesellschafter ist berechtigt, 75 % des auf ihn entfallenden Gewinnanteils für das letzte Geschäftsjahr zu entnehmen. Während des Geschäftsjahres kann monatlich darüber hinaus $1/24$ des Vorjahresgewinns entnommen werden. Darüber hinausgehende Entnahmen sind nur mit Zustimmung aller Gesellschafter zulässig.

§9 Kündigung

(1) Die Gesellschaft kann von jedem Gesellschafter unter Einhaltung einer Frist von sechs Monaten zum Ende eines Geschäftsjahres gekündigt werden, erstmals jedoch zum 31. Dezember 20... Die Kündigung bedarf der Schriftform.

(2) Der verbleibende Gesellschafter ist berechtigt, das Geschäft mit allen Aktiva und Passiva zu übernehmen. Er muss dem ausscheidenden Gesellschafter den Kapitalanteil auszahlen, der sich aus der Auseinandersetzungsbilanz zum Tag der Auflösung ergibt. Von diesem Betrag sind 40% sofort, 30% nach einem Jahr und 30% nach zwei Jahren zuzüglich 6% Zinsen fällig.

§10 Schlussbestimmungen

(1) Änderungen und Ergänzungen dieses Vertrages bedürfen der Schriftform.

(2) Sollten sich einzelne Bestimmungen dieses Vertrages als ungültig erweisen, wird dadurch die Gültigkeit dieses Vertrages im Übrigen nicht berührt.

Cloppenburg, den 21. Juli 20..

(Karl Hinrichs)   (Julius Reichelt)

Rechtliche Stellung

Die OHG ist

- **quasi juristische Person**, d.h., sie hat zwar keine eigene Rechtspersönlichkeit, sie ist ihr aber angenähert *(§ 124 HGB)*. Das hat zur Folge, dass die OHG unter ihrer Firma
  - Rechte erwerben und veräußern,
  - Verträge abschließen,
  - Verbindlichkeiten eingehen,
  - Eigentum erwerben und übertragen kann,
  - klagen und verklagt werden kann.
- **grundbuchfähig**,
- **scheck-** und **wechselfähig**.

Handelsregister

Die OHG ist unverzüglich bei dem Amtsgericht, in dessen Bezirk sie ihren Sitz hat, zur Eintragung ins elektronische Handelsregister, Abteilung A, anzumelden *(§ 106 HGB)*.

Die Anmeldung muss enthalten:

- Namen, Vornamen, Geburtsdatum und Wohnort jedes Gesellschafters,
- die Namensunterschriften,
- evtl. staatliche Genehmigungen,
- die Firma der Gesellschaft und den Ort, wo sie ihren Sitz hat,
- den Zeitpunkt, an welchem die Gesellschaft begonnen hat *(§ 106 HGB)*,
- ggf. Abweichungen von der Einzelvertretungsbefugnis eines jeden Gesellschafters,
- den Geschäftszweig.

Wer seiner Pflicht zur Anmeldung nicht nachkommt, kann vom Registergericht durch Festsetzung von Zwangsgeld dazu angehalten werden *(§ 14 HGB)*.

Firma

Die Firma muss die Bezeichnung „**offene Handelsgesellschaft**" oder eine allgemein verständliche Abkürzung dieser Bezeichnung, insbesondere „**OHG**" enthalten *(§ 19 Abs. 1 HGB)*.

Der Zusatz „**und Partner**" ist unzulässig *(§ 11 PartGG)*.

Beispiele: Kölnbank OHG, Gebrüder Schneider OHG, Schulze & Ludwig OHG, Siegfried Neu OHG, Tele Entertainment OHG.

Wenn in einer OHG keine natürliche Person persönlich haftet, muss die Firma eine Bezeichnung enthalten, welche die Haftungsbeschränkung kennzeichnet *(§ 19 Abs. 2 HGB)*.

Kapital

Für jeden Gesellschafter ist mindestens ein **Kapitalkonto** zu führen. Eine Mindesteinlage ist dabei nicht vorgeschrieben.

Kapitalerhöhungen sind möglich durch Erhöhung der Kapitaleinlagen der Gesellschafter, Aufnahme neuer Gesellschafter oder durch Gewinnthesaurierung, d. h. Ansammlung von Gewinnen auf den Kapitalkonten.

Das Gesellschaftsvermögen der OHG ist **Gesamthandsvermögen** aller Gesellschafter, d. h., die Gesellschafter sind anteilig am Vermögen der OHG beteiligt und können nur gemeinschaftlich über das Vermögen verfügen.

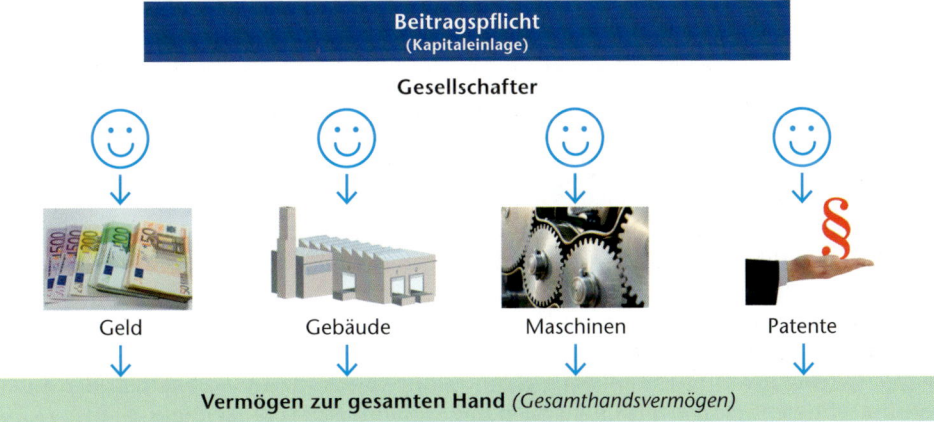

Geschäftsführung

Die Geschäftsführung bezieht sich auf das **Innenverhältnis** der Gesellschafter. Dieses Verhältnis kann durch Vertrag individuell vereinbart werden *(§ 109 ff. HGB)*.

Gesetzliche Regelung

Zur Geschäftsführung der OHG sind **alle Gesellschafter** berechtigt und verpflichtet *(§ 114 Abs. 1 HGB)*. Jeder einzelne Gesellschafter kann alleine tätig werden *(§ 115 Abs. 1 HGB)*, wenn es um Handlungen geht, die der gewöhnliche Betrieb des Handelsgewerbes mit sich bringt *(§ 116 Abs. 1 HGB)*. Durch diese Regelung wird die OHG im täglichen Geschäftsleben beweglich, es kann schnell entschieden und gehandelt werden. Geschäfte, die ungewöhnlich sind und die Grundlage und den Kernbereich der Gesellschaft betreffen, können nur von allen Gesellschaftern gemeinsam beschlossen werden *(§ 116 Abs. 2, § 119 Abs. 1 HGB)*.

Beispiele:
– *Der Kauf eines neuen Grundstücks verlangt die Mitwirkung aller Gesellschafter.*
– *Die Errichtung einer neuen Filiale bedarf der Zustimmung aller Gesellschafter.*
– *Der Einkauf von üblichen Waren kann von einem Gesellschafter allein entschieden werden.*
– *Der Reparaturauftrag für den Lieferwagen kann von einem Gesellschafter allein erteilt werden.*

Wettbewerbsverbot
Ein Gesellschafter darf ohne Einwilligung der anderen Gesellschafter
▪ weder sich als persönlich haftender Gesellschafter an einer anderen OHG beteiligen
▪ noch in der Branche der OHG Geschäfte auf eigene Rechnung tätigen *(§ 112 Abs. 1 HGB)*.

Vertragliche Regelung
Art und Umfang der Geschäftsführung sind im Gesellschaftsvertrag **beliebig** vereinbar.
Abweichend von der gesetzlichen Regelung kann die Geschäftsführung von
▪ allen/mehreren Gesellschaftern gemeinschaftlich oder
▪ nur einem einzelnen Gesellschafter ausgeübt werden *(§ 114 Abs. 2 HGB)*.

Der Gesellschaftsvertrag kann bestimmen, dass

▪ die Geschäftsführungsbefugnis des einzelnen Gesellschafters auf ein bestimmtes Ressort *(z. B. Personal, Beschaffung, Fertigung, Marketing)* beschränkt ist,

▪ bei grundlegenden und ungewöhnlichen Geschäften Mehrheitsbeschlüsse notwendig sind *(§ 119 HGB)*,

▪ Gesellschafter von der Geschäftsführung ausgeschlossen werden. Diesen steht dann das Recht zu, zur Kontrolle Einsicht in die Handelsbücher und Unterlagen zu nehmen. Eine Einschränkung des Kontrollrechts ist möglich, es darf aber nicht Grund zu der Annahme unredlicher Geschäftsführung bestehen *(§ 118 Abs. 1, 2 HGB)*.

Der **Bestellung eines Prokuristen** müssen alle geschäftsführenden Gesellschafter zustimmen. Der Widerruf der Prokura kann dagegen durch einen der geschäftsführenden Gesellschafter erfolgen *(§ 116 Abs. 3 HGB)*.

Vertretung
Die Vertretung der OHG gegenüber Dritten erfolgt durch die Gesellschafter oder durch bevollmächtigte Personen wie Prokuristen und Handlungsbevollmächtigte *(§ 123 ff. HGB)*.

Gesetzliche Regelung
Zur Vertretung der Gesellschaft nach außen ist **jeder einzelne Gesellschafter** allein berechtigt (Grundsatz der Einzelvertretung), wenn dies nicht durch den Gesellschaftsvertrag ausgeschlossen ist *(§ 125 Abs. 1 HGB)* oder eingeschränkt worden ist.
Abweichungen von der Einzelvertretung müssen im Handelsregister eingetragen werden. Die Eintragung hat deklaratorische Wirkung *(§ 15 HGB)*.

Vertragliche Regelung
Der Gesellschaftsvertrag kann bestimmen, dass

▪ alle/mehrere Gesellschafter (Gesamtvertretungsmacht, *§ 125 Abs. 2 HGB*) oder

▪ ein/mehrere Gesellschafter nur gemeinsam mit einem Prokuristen (unechte Gesamtvertretungsmacht, *§ 125 Abs. 3 HGB*) zur Vertretung der OHG ermächtigt sind.

Häufig wird im Geschäftsleben vereinbart, dass zwei geschäftsführende Gesellschafter zusammenwirken müssen. Es kann auch bestimmt werden, dass einzelne Gesellschafter Einzelvertretungsmacht haben, andere Gesellschafter hingegen nur in Zusammenwirken mit anderen Gesellschaftern die OHG vertreten dürfen.

Jede **Änderung** der Vertretungsbefugnisse ist von allen Gesellschaftern zur Eintragung ins Handelsregister anzumelden.

Bei Vorliegen eines wichtigen Grundes kann einem Gesellschafter die Vertretungsmacht nur durch einen gerichtlichen Beschluss entzogen werden *(§ 127 HGB).*

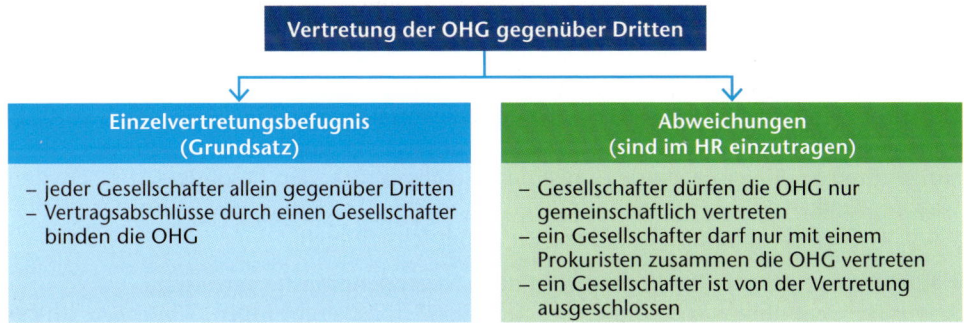

Der *Umfang der Vertretungsmacht* kann zum Schutz unternehmensfremder Personen (Dritter) *nicht eingeschränkt* werden (§ 126 Abs. 2 HGB).

Die Vertretungsmacht der Gesellschafter erstreckt sich auf alle gerichtlichen und außergerichtlichen Geschäfte und Rechtshandlungen *(§ 126 Abs. 1 HGB)*, d.h. auf alle gewöhnlichen und ungewöhnlichen Geschäfte einschließlich der Veräußerung und Belastung von Grundstücken sowie der Erteilung und des Widerrufs einer Prokura.

Die Vertretungsmacht kann auf eine oder mehrere Niederlassungen vertraglich beschränkt werden *(§ 126 Abs. 3 i. V. m. § 50 Abs. 3 HGB).*

Beachten Sie:

- Die Vertretungsmacht beinhaltet nicht das Recht, Änderungen des Gesellschaftsvertrages vorzunehmen. Deshalb umfasst die Vertretungsmacht nicht das Recht, neue Gesellschafter aufzunehmen oder die Kündigung eines Gesellschafters zu bestätigen.

- Die Vertretungsmacht berechtigt aber dazu, einen stillen Gesellschafter aufzunehmen, weil dieser nicht die vollen Rechte eines Gesellschafters hat.

- Die Vertretungsmacht umfasst nie den Kernbereich des Unternehmens.

Beispiel: Verkauf des gesamten Unternehmens

Gewinnverteilung

Gesetzliche Regelung

Vom Jahresgewinn erhält jeder Gesellschafter 4 % auf seinen Kapitalanteil. Der Rest wird nach Köpfen auf die Gesellschafter verteilt. Reicht der Jahresgewinn hierzu nicht aus, so bestimmt sich der Anteil nach einem entsprechend niedrigeren Satz *(§ 121 Satz 1 HGB).*

Beispiel: Gesellschafter der Gebrüder Löfferth OHG sind Heinz und Paul Löfferth. Der Jahresgewinn beträgt 264 000,00 €. Heinz Löfferth hat monatlich 7 000,00 € und Paul Löfferth hat monatlich 10 500,00 € Gewinn vorab entnommen.

Gesell-schafter	Kapital-anteile (alt) €	4% Zinsen €	Rest-gewinn €	Gesamt-gewinn €	Privat-entnah-men €	Kapitalan-teile (neu) €
Heinz Löfferth	300 000,00	12 000,00	120 600,00	132 600,00	84 000,00	348 600,00
Paul Löfferth	270 000,00	10 800,00	120 600,00	131 400,00	126 000,00	275 400,00
	570 000,00	22 800,00	241 200,00	264 000,00	210 000,00	624 000,00

Vertragliche Regelung

Die gesetzliche Gewinnverteilung wird im Geschäftsleben überwiegend durch vertragliche Regelungen (dispositives Recht) ersetzt, um ggf. die unterschiedlichen Arbeitsleistungen und Kapitaleinlagen der einzelnen Gesellschafter, den besonders angesehenen Namen, Kreditwürdigkeit, persönliche Eigenschaften, Leistungs- und Führungsqualitäten usw. eines Gesellschafters *angemessen* zu berücksichtigen.

Häufig werden deshalb Vereinbarungen nach folgendem Muster getroffen:

1. Schritt:	Zahlung von besonderen Tätigkeits-/Erfolgsvergütungen *(Tantiemen)* an geschäftsführende Gesellschafter
2. Schritt:	Verzinsung des eingesetzten Kapitals
3. Schritt:	Verteilung des Restgewinns

Recht auf Entnahme

Jeder Gesellschafter kann bis zu 4% des Kapitalanteils des Vorjahres und – soweit dies nicht der Gesellschaft schadet – die übrigen Gewinnanteile entnehmen. Den Kapitalanteil kann ein Gesellschafter nur mit Einwilligung der anderen Gesellschafter vermindern *(§ 122 HGB)*.
Das Entnahmerecht wird i. d. R. im Gesellschaftsvertrag gesondert geregelt.

Beschlüsse

Beschlüsse bedürfen der Zustimmung aller zur Mitwirkung bei der Beschlussfassung berufenen Gesellschafter, d. h., es wird Einstimmigkeit gefordert. Mehrheitsbeschlüsse sind zulässig, wenn dies im Gesellschaftsvertrag bestimmt ist *(§ 119 HGB)*.

Haftung

Die Gesellschafter haften den Gläubigern für alle Verbindlichkeiten der Gesellschaft als Gesamtschuldner persönlich. Eine entgegenstehende Vereinbarung ist Dritten gegenüber unwirksam (§ 128 HGB).

Auswirkungen der Haftung:

- Jeder Gesellschafter haftet **persönlich** und **unbeschränkt** mit seinem Gesamtvermögen.

- Ein Gläubiger kann **unmittelbar** von jedem Gesellschafter die Befriedigung seiner gesamten Ansprüche verlangen. Er kann gleichzeitig gegen die OHG klagen und eine Zwangsvollstreckung in das Privatvermögen eines Gesellschafters erwirken.

- Alle Gesellschafter haften **gesamtschuldnerisch** *(solidarisch)*, d.h., ein Gläubiger kann die Schuld nach seinem Belieben von jedem Gesellschafter ganz oder zu einem Teil fordern. Die Gesellschafter sind im Verhältnis zueinander zu gleichen Teilen verpflichtet, wenn nicht etwas anderes vereinbart ist *(§§ 421, 426 BGB)*.

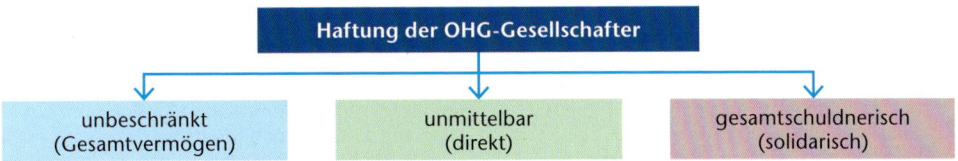

Auflösung der Gesellschaft

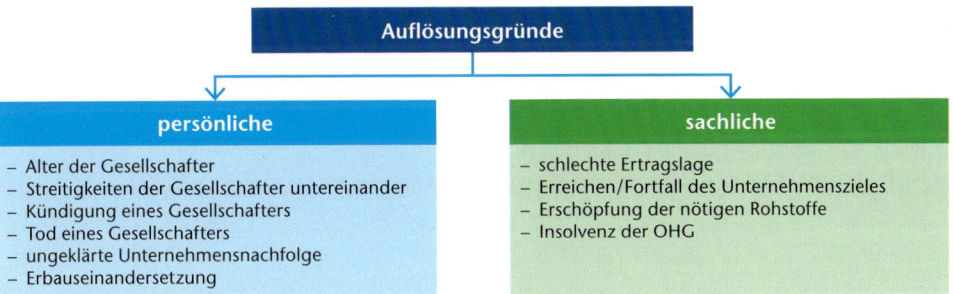

Gesetzliche Auflösungsgründe sind *(§ 131 Abs. 1 HGB)*:

- Zeitablauf,
- Beschluss der Gesellschafter,
- Eröffnung des Insolvenzverfahrens über die OHG.

Folgende Gründe führen mangels abweichender vertraglicher Bestimmung zum **Ausscheiden** eines **Gesellschafters** *(§ 131 Abs. 3 HGB)*:

- Tod des Gesellschafters,
- Eröffnung des Insolvenzverfahrens über das Vermögen des Gesellschafters,
- Kündigung des Gesellschafters.

Die OHG …
- *ist eine Personenhandelsgesellschaft mit mindestens zwei Gesellschaftern,*
- *ist stets Kaufmann,*
- *ist ins Handelsregister Abteilung A einzutragen; alle Gesellschafter sind zur Anmeldung verpflichtet,*
- *führt eine Firma mit dem Zusatz „OHG",*
- *erfordert weder Mindesteinlagen noch Mindestkapital.*

Weitere Merkmale der OHG sind:
- *Das Vermögen der OHG ist Gesamthandsvermögen der Gesellschafter.*
- *Die Gesellschafter haften für Verbindlichkeiten der OHG unbeschränkt, unmittelbar und gesamtschuldnerisch.*
- *Die Geschäftsführung steht bei gewöhnlichen Geschäften allen Gesellschaftern grundsätzlich einzeln zu.*
- *Die Vertretung der OHG geschieht grundsätzlich durch die Gesellschafter einzeln.*
- *Wenn keine andere vertragliche Regelung getroffen wurde, wird zur Gewinnverteilung zuerst die Kapitaleinlage jedes Gesellschafters mit 4 % verzinst, der verbleibende Gewinn wird nach Köpfen verteilt. Ein Verlust wird nach Köpfen verteilt.*

Vorteile	Nachteile
– Gründung ohne Mindestkapital – differenzierte Kenntnisse der Gesellschafter verbessern die Geschäftsführung – erhöhte Kreditwürdigkeit durch die Vollhaftung der Gesellschafter – großes Interesse der Gesellschafter an der Geschäftsführung und dem Unternehmensbestand durch die gesamthänderische Haftung und Kapitalbildung – Verteilung des Unternehmensrisikos – leichte Umwandlung von einer Einzelunternehmung in eine OHG durch Aufnahme von Gesellschaftern – Eignung für kleinere und mittlere Unternehmungen	– Meinungsverschiedenheiten der Gesellschafter (Kündigung, Abfindungsansprüche) – zu geringe Kapitalausstattung – finanzielle Grenzen bei Unternehmenswachstum (Kreditsicherheiten betrieblicher und privater Art reichen für weitere Kreditzusagen nicht aus) – unbeschränkte, unmittelbare und gesamtschuldnerische Haftung – fehlende Kontrollorgane – Aushöhlung des Haftungsvolumens durch aufwendige Lebensführung der Gesellschafter – Handelsregistereintragung ist zwingend – Gewinnteilung

2.8.3.3 Kommanditgesellschaft

Rechtsgrundlagen: §§ 161–177 a HGB
§§ 105–160 HGB
§§ 705–740 BGB

Kennzeichen und Bedeutung

Die KG ist eine Personenhandelsgesellschaft,
- deren Zweck auf den Betrieb eines Handelsgewerbes unter gemeinschaftlicher Firma gerichtet ist,
- wobei bei einem oder mehreren Gesellschaftern, den Kommanditisten, die Haftung gegenüber den Gesellschaftsgläubigern auf eine bestimmte Vermögenseinlage beschränkt ist,
- während bei dem anderen Teil der Gesellschafter, den Komplementären, die Haftung unbeschränkt ist (§ 161 HGB).

Die KG ist sehr beliebt und bei kleineren und mittleren Unternehmen verbreitet. Die KG bietet die Möglichkeit, die Eigenkapitalbasis zu erweitern, ohne gleichzeitig Geschäftsführung und Vertretung erweitern zu müssen. Das Publizitätsgesetz gilt für die KG nicht, soweit nicht zwei Grenzen für Großunternehmen nach dem Publizitätsgesetz überschritten sind.

Soweit in den *§§ 161–177a HGB* nichts anderes bestimmt ist, gelten für die KG die Rechtsvorschriften der OHG.

Gründung

Innenverhältnis

Die KG entsteht im Innenverhältnis durch einen **Gesellschaftsvertrag** zwischen mindestens zwei Personen. Dies können natürliche und/oder juristische Personen, eine OHG, eine KG oder eine BGB-Gesellschaft sein. Der Gesellschaftsvertrag ist **formfrei**, d. h. kann schriftlich, mündlich oder durch konkludentes Handeln wirksam werden. Im Geschäftsleben ist die Schriftform üblich. Alle grundlegenden Vereinbarungen der Gesellschafter sollten klar, eindeutig und zweifelsfrei aufgeführt werden, um Streitigkeiten möglichst zu vermeiden.

Außenverhältnis

Die KG entsteht nach außen bereits mit Aufnahme der Geschäftstätigkeit. Bis zur Eintragung ins Handelsregister haften die Kommanditisten für alle Verbindlichkeiten wie Gesellschafter der OHG, es sei denn, dem Gläubiger ist die Beteiligung als Kommanditist bekannt *(§ 176 HGB)*.

Auch **Kleingewerbetreibende** können sich zu einer KG zusammenschließen. Die Kaufmannseigenschaft entsteht in diesem Fall erst mit der Eintragung ins Handelsregister.

Rechtliche Stellung

Die KG ist

- wie die OHG **keine juristische Person**, sie ist aber der juristischen Person angenähert, d. h., sie hat keine eigene Rechtspersönlichkeit, ist ihr aber angenähert. Dies hat zur Folge, dass die KG unter ihrer Firma
  - Rechte erwerben und veräußern,
  - Verträge abschließen,
  - Verbindlichkeiten eingehen,
  - Eigentum erwerben und übertragen kann,
  - klagen und verklagt werden kann,

- **deliktsfähig** *(§ 31 BGB analog, § 1 UWG)*.

- **grundbuchfähig**, d. h., sie kann unter ihrer Firma Eigentum an Grundstücken erwerben.

- **scheck- und wechselfähig.**

Handelsregister

Die KG ist unverzüglich bei dem Amtsgericht, in dessen Bezirk sie ihren Sitz hat, zur Eintragung ins elektronische Handelsregister, Abteilung A, anzumelden *(§ 162 HGB)*.

Die **Anmeldung** muss enthalten:
- den Namen, Vornamen, das Geburtsdatum und den Wohnort jedes Gesellschafters,
- die Firma der Gesellschaft und den Ort, wo sie ihren Sitz hat,
- den Zeitpunkt, mit welchem die Gesellschaft begonnen hat,
- die Bezeichnung der Kommanditisten,
- den Betrag der Einlage eines jeden Kommanditisten.

Bei der Bekanntmachung der Gesellschaftseintragung sind keine Angaben zu den Kommanditisten zu machen *(§ 162 Abs. 2 HGB)*.

Firma

Die Firma muss die Bezeichnung „**Kommanditgesellschaft**" oder eine allgemein verständliche Abkürzung dieser Bezeichnung, insbesondere „**KG**" enthalten *(§ 19 Abs. 1 HGB)*. Wenn in einer KG keine natürliche Person persönlich haftet, muss die Firma eine Bezeichnung enthalten, welche die Haftungsbeschränkung kennzeichnet *(§ 19 Abs. 2 HGB)*.

Beispiele: Allbank KG, Delbrück & Co KG, Meyer & Meyer KG, KölnMiet KG, Rein & Reicheld KG (Reicheld ist Kommanditist, seine Angabe im Firmennamen ist ebenfalls möglich).

Kapital

Auf die *Komplementäre* treffen die gleichen Regelungen zu wie auf die Gesellschafter der OHG.

Für die *Kommanditisten* sind zunächst feste Kapitalkonten in Höhe des Haftungskapitals, das im Handelsregister eingetragen ist, zu führen. Daneben weist die KG variable „Kapital"-Konten als Darlehens- oder Verrechnungskonten aus, auf denen die ausgeschütteten Gewinne und Entnahmen der Kommanditisten erfasst werden und die aus der Sicht der KG Verbindlichkeitscharakter haben.

Ein eventueller Verlust vermindert die Kapitaleinlagen.

Geschäftsführung

Gesetzliche Regelung

Zur Geschäftsführung der KG sind nur die Komplementäre berechtigt und verpflichtet *(§ 164 i. V. m. § 114 Abs. 1 HGB)*. Der Gesetzgeber unterstellt, dass diese Gesellschafter ihre Arbeitskraft der KG voll zur Verfügung stellen.

Die *Kommanditisten* sind von der Geschäftsführung ausgeschlossen (dispositiv). Geschäfte jedoch, die ungewöhnlich sind und die Grundlage und den Kernbereich der Gesellschaft betreffen, bedürfen der Zustimmung der Kommanditisten *(§ 164 HGB)*.

Vertragliche Regelung

Für die *Komplementäre* bestehen die gleichen Gestaltungsmöglichkeiten wie für die Gesellschafter der OHG.

Einem *Kommanditisten* kann zwar Geschäftsführungsbefugnis *(§§ 115, 116 HGB)*, nicht jedoch Vertretungsmacht *(§ 170 HGB)* erteilt werden (zwingend).

Sind an einer KG viele Kommanditisten beteiligt, so kann der Gesellschaftsvertrag vorsehen, dass ein **Beirat** (Aufsichtsrat, Verwaltungsrat oder Ähnliches) neben oder anstelle der Kommanditisten deren Zustimmungsrechte *(§ 164 HGB)* und Kontrollrechte *(§ 166 HGB)* wahrnimmt.

Vertretung

Zur Vertretung der Gesellschaft nach außen ist jeder einzelne geschäftsführende Komplementär allein berechtigt (Einzelvertretung). Gesetzliche und vertragliche Regelungen gelten für die Komplementäre analog den Bestimmungen über die OHG.

Kommanditisten können durch Gesellschaftsvertrag jede Art von Vollmacht – auch Prokura – erhalten. Die Prokura kann jederzeit aus wichtigem Grund entzogen werden *(§ 52 Abs. 1 HGB)*.

Pflichten der Gesellschafter

Aufgrund fehlender gesetzlicher Vorschriften gelten die Pflichten der Gesellschafter der OHG weitgehend auch für die Gesellschafter der KG. Besonderheiten ergeben sich nur für die Kommanditisten.

Kommanditisten unterliegen nicht dem Wettbewerbsverbot *(§ 165 HGB)*, weil sie von der Geschäftsführung ausgeschlossen sind und somit keine betriebsinternen Daten weiterverwerten können. Sofern im Gesellschaftsvertrag eine Geschäftsführung für Kommanditisten vorgesehen ist, kann davon ausgegangen werden, dass in diesem Fall das Wettbewerbsverbot auch gilt.

Der Verlust eines Wirtschaftsjahres wird angemessen verteilt *(§ 168 HGB)*, wenn keine andere vertragliche Regelung vereinbart ist. Der *Kommanditist* nimmt aber am Verlust nur bis zur Höhe seines im Handelsregister eingetragenen Kapitalanteils und seiner noch rückständigen Einlage teil *(§ 167 Abs. 3 HGB)*.

Rechte der Gesellschafter

Die *Komplementäre* werden wie die Gesellschafter der OHG behandelt. Besonderheiten ergeben sich nur für die *Kommanditisten*.

Gewinnverteilung

Vom Jahresgewinn erhält jeder Gesellschafter zunächst 4 % Zinsen auf seinen Kapitalanteil, der Restgewinn wird in angemessenem Verhältnis auf die Gesellschafter verteilt *(§ 168 HGB)*. Sollte eine Verzinsung von 4 % nicht möglich sein, ist eine niedrigere Verzinsung anzusetzen.

Beispiel:
Der Jahresgewinn der Horst Wenz KG beträgt 64 000,00 €.
Komplementär ist Horst Wenz, Kommanditistin ist Ute Kohl.

Gesellschafter	Kapitalanteile	4 % Zinsen	Anteil Restgewinn	Gesamtgewinn
Horst Wenz	90 000,00 €	3 600,00 €	54 000,00 €	57 600,00 €
Ute Kohl	10 000,00 €	400,00 €	6 000,00 €	6 400,00 €
	100 000,00 €	4 000,00 €	60 000,00 €	64 000,00 €

Die Verteilung des Restgewinns im Verhältnis der Kapitalanteile erscheint angemessen, da der Komplementär einer unbeschränkten Haftung unterliegt und persönlich mitarbeitet.

Die gesetzliche Gewinnverteilung wird im Geschäftsleben überwiegend durch vertragliche Regelungen ersetzt.

Die zurechenbaren Gewinnanteile eines *Kommanditisten* dürfen seinem Kapitalkonto nur so lange gutgeschrieben werden, bis die vereinbarte Kapitaleinlage erreicht ist. Ist die Kapitaleinlage bereits vollständig eingezahlt, so ist der Gewinnanteil dem Darlehenskonto bzw. Verrechnungskonto des Kommanditisten gutzuschreiben. Wird das Kapitalkonto eines Kommanditisten durch Verluste gekürzt, muss dieses Konto in der Zukunft durch Gewinngutschriften wieder aufgefüllt werden. An einem Verlust nimmt der Kommanditist nur bis zum Betrage seines Kapitalanteils und seiner noch rückständigen Einlage teil *(§ 167 Abs. 3 HGB)*.

Entnahmerecht

Das Entnahmerecht gilt nicht für *Kommanditisten (§ 169 Abs. 1 HGB)*. Dieser hat nur Anspruch auf Auszahlung des ihm zustehenden Gewinnanteils, wenn die vertraglich vereinbarte Kapitaleinlage bereits voll geleistet worden ist. Das Entnahmerecht des Kommanditisten ist aus seiner Treuepflicht heraus zu versagen, wenn sein Kapitalanteil durch vorherige Verluste die vereinbarte Kapitaleinlage unterschreitet oder unterschreiten würde.

Hat ein Kommanditist aufgrund einer im guten Glauben ordnungsgemäß erstellten Bilanz gutgläubig Gewinnanteile erhalten, so ist er nicht zur Rückzahlung verpflichtet *(§ 172 Abs. 5 HGB)*.
Im Gesellschaftsvertrag können andere Regelungen getroffen werden.

Kontrollrecht der Kommanditisten

Den Kommanditisten steht nur das Recht zu,

- Abschriften des Jahresabschlusses, d. h. der Handels- und Steuerbilanz sowie der Gewinn- und Verlustrechnung zu verlangen *(§ 242 Abs. 1, 2 HGB)*,

- Einsichtnahme in Handelsbücher und -papiere zu nehmen, wenn dies zum Verständnis der Angaben im Jahresabschluss notwendig ist *(§ 166 Abs. 3 HGB)*.

Bei Vorliegen eines wichtigen Grundes *(z. B. Verdacht der nicht ordnungsgemäßen Buchführung oder erhebliches Misstrauen gegenüber der Geschäftsführung)* kann auf Antrag eines Kommanditisten das Gericht das Kontrollrecht erweitern *(§ 166 Abs. 3 HGB)*.

Widerspruchsrecht des Kommanditisten

Die Kommanditisten können einer Handlung der Komplementäre nicht widersprechen, es sei denn, dass die Handlung über den gewöhnlichen Geschäftsbetrieb hinausgeht *(§ 164 HGB)*.

Haftung

Die Haftung der **Komplementäre** ist entsprechend den Bestimmungen über die Gesellschafter der OHG geregelt.

Der Kommanditist haftet bis zur Höhe der im Gesellschaftsvertrag vereinbarten und in das Handelsregister eingetragenen Kapitaleinlage (§§ 171, 172 HGB).

Änderungen des Haftungskapitals gelten erst ab Eintragung ins Handelsregister für die Zukunft *(§§ 174, 175 HGB)*. Ist der neu eingetretene Kommanditist noch nicht in das Handelsregister eingetragen, so haftet er wie ein Vollhafter *(§ 176 Abs. 2 HGB)*.
Der Kommanditist haftet den Gläubigern der Gesellschaft bis zur Höhe seine Einlage unmittelbar.
Eine Haftung, die über die Kommanditeinlage hinausgeht, ist ausgeschlossen *(§ 171 Abs. 1 HGB)*.

Beispiel: Die vereinbarte Einlage des Kommanditisten Weinert beträgt 50 000,00 €. Eingezahlt wurden im Jahre 01 30 000,00 €. Im Jahre 02 erfolgte eine Zuschreibung aus Gewinnanteilen von 5 000,00 €, d. h., Herr Weinert hat bisher nur 35 000,00 € an Einlagen erbracht. Seine unmittelbare Haftung beträgt 15 000,00 €; eine darüber hinausgehende Haftung besteht nicht.

Vereinbarungen über den Erlass oder Stundung der Kapitaleinlage des Kommanditisten sind Gläubigern gegenüber unwirksam *(§ 172 Abs. 3 HGB)*.

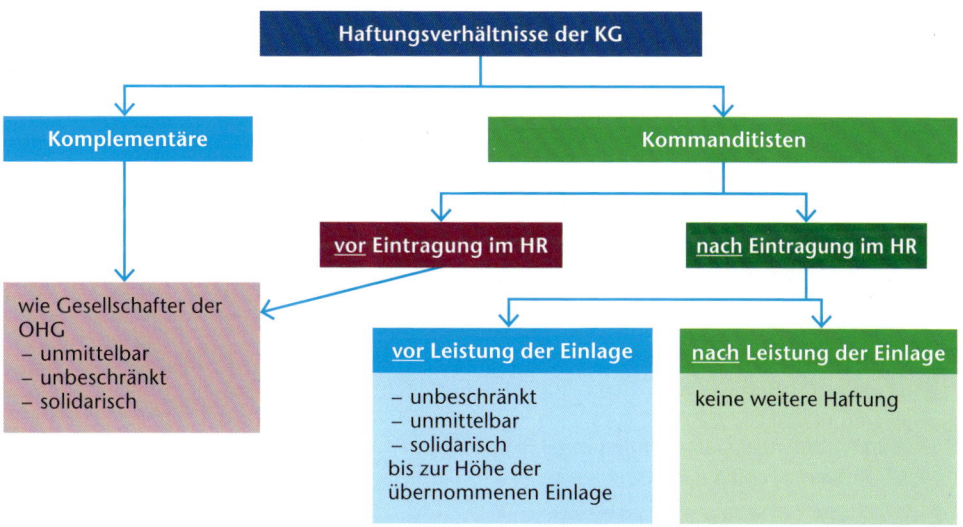

	Rechte der Gesellschafter	Pflichten der Gesellschafter
Komplementäre	wie bei der OHG	wie bei der OHG
Kommanditisten	– Gewinnanteilsrecht – (4 % + Rest im angemessenen Verhältnis) – Kontrollrecht – Widerspruchsrecht – Kündigungsrecht (wie OHG)	– Kapitalanlagepflicht – Verlustbeteiligung (im angemessenen Verhältnis bis zur Höhe der übernommenen Einlageverpflichtung) – Haftung bis zur Höhe der Einlage (unmittelbar) – Haftungsausschluss nach Erbringung der Einlage

Wechsel der Gesellschafter/Auflösung der Gesellschaft/Auseinandersetzung

Es gelten die gleichen Bestimmungen wie für die Gesellschafter der OHG (§ 131 Abs. 2 HGB).

Die Auseinandersetzung beim Ausscheiden eines Kommanditisten bzw. bei der Liquidation entspricht den Regelungen für einen Komplementär.

Die KG …

- *ist eine Personenhandelsgesellschaft mit mindestens zwei Gesellschaftern, von denen einer Komplementär (Vollhafter) und einer Kommanditist (Teilhafter) ist.*
- *entsteht durch formlosen Gesellschaftsvertrag,*
- *ist stets Kaufmann und muss ins Handelsregister – Abteilung A – eingetragen werden,*
- *führt eine Firma mit dem Zusatz „KG",*
- *erfordert keine Mindesteinlagen und kein Mindestkapital.*

Weitere Merkmale der **KG** *sind:*
- *Die Rechte und Pflichten der Komplementäre entsprechen denen der Gesellschafter der OHG.*
- *Die Komplementäre haften unbeschränkt, unmittelbar und gesamtschuldnerisch. Die Haftung der Kommanditisten ist auf die im Gesellschaftsvertrag vereinbarten und im Handelsregister eingetragenen Einlagen beschränkt.*
- *Das Vermögen der Gesellschaft ist Gesamthandsvermögen der Gesellschafter.*
- *Geschäftsführung und Vertretung erfolgen grundsätzlich einzeln durch die Komplementäre.*
- *Die Kommanditisten sind von der Geschäftsführung und Vertretung ausgeschlossen. Sie haben jedoch ein:*
  - *Kontrollrecht,*
  - *Widerspruchsrecht,*
  - *Gewinnanteilsrecht,*
  - *Kündigungsrecht.*
- *Zur Gewinnverteilung werden, falls nicht wie üblich vertraglich anders geregelt, zuerst die Kapitaleinlagen der Gesellschafter mit 4 % verzinst; der verbleibende Gewinn wird – ebenso wie ein eventueller Verlust – in angemessenem Verhältnis aufgeteilt.*

Vorteile	Nachteile

zusätzlich zu den Vorteilen wie bei der OHG:
– Beteiligungsmöglichkeit ohne Mitarbeits-
  verpflichtung (Teilhafter)
– Haftungsbegrenzung auf die Höhe der
  Einlage (Teilhafter)
– Erweiterung der Kapitalbasis durch Kom-
  manditeinlagen, ohne die Herrschaftsrechte
  der Komplementäre einzuschränken
– besonders geeignet für Familienunterneh-
  men, die ihre Geschäftsführungs- und Ver-
  tretungsbefugnisse nicht aufteilen wollen
	zusätzlich zu den Nachteilen wie bei der OHG:
	– je geringer die Haftungssubstanz der
	  Komplementäre bei Volleinzahlung der
	  Kommanditisteneinlagen, desto weniger
	  kreditwürdig die KG
	– nur Kontrollrecht und eingeschränktes
	  Widerspruchsrecht (Teilhafter)

2.8.3.4 Partnerschaftsgesellschaft

Rechtsgrundlagen: *Gesetz über Partnerschaftsgesellschaften Angehöriger Freier Berufe (PartGG)*
§§ 105–160 HGB
§§ 705–740 BGB

Kennzeichen und Bedeutung
Die **Partnerschaftsgesellschaft** soll es Angehörigen der Freien Berufe ermöglichen, sich in einer Rechtsform zusammenzuschließen, die dem Charakter freiberuflicher Berufsausübung gerecht wird und auf die Bedürfnisse dieser Berufsgruppe zugeschnitten ist.

Beispiele:
- *Die OHG ist als Kaufmann mit den Wesensmerkmalen des Freien Berufes nicht vereinbar.*
- *Häufig schließen sich Freiberufler zu einer GbR zusammen. Diese ist aber in ihrer Struktur rechtlich wenig verfestigt und normalerweise nicht auf Dauer angelegt.*

Die Partnerschaft *ist eine Gesellschaft, in der sich Angehörige Freier Berufe zur Ausübung ihrer Berufe zusammenschließen. Sie übt kein Handelsgewerbe aus (§ 1 PartGG).*

Gründung

Angehörige der Freien Berufe schließen einen schriftlichen **Partnerschaftsvertrag**. Partner können nur natürliche Personen sein *(§§ 1, 3 PartGG)*.

Die Partnerschaftsgesellschaft wird im Verhältnis zu Dritten mit ihrer Eintragung in das beim Amtsgericht geführte **Partnerschaftsregister** wirksam. In der Anmeldung müssen die einzelnen Partner die Zugehörigkeit zu dem Freien Beruf, den sie in der Partnerschaft ausüben, nachweisen *(§§ 1, 4 Abs. 2, 7 PartGG)*.

Im Partnerschaftsvertrag müssen mindestens aufgeführt werden:
- Name, Sitz und Gegenstand der Partnerschaftsgesellschaft,
- Name, Vorname und Wohnort eines jeden Partners,
- der in der Partnerschaftsgesellschaft ausgeübte Beruf eines jeden Partners.

Die Partner erbringen ihre beruflichen Leistungen unter Beachtung des für sie geltenden Berufsrechts. Darüber hinaus richtet sich das Rechtsverhältnis der Partner untereinander nach dem Partnerschaftsvertrag. Fehlen hierüber Vereinbarungen, so gelten die gesetzlichen Regelungen für die Gesellschafter der OHG *(§ 6 PartGG, §§ 110–116 Abs. 2 HGB, §§ 117–119 HGB)*.

Rechtsverhältnis

Die Partnerschaftsgesellschaft ist
- **keine** Handelsgesellschaft im Sinne des *HGB*,
- zwar namensrechtsfähig, führt aber **keine** Firma,
- **parteifähig**,
- **grundbuchfähig**,
- **scheck-** und **wechselfähig**.

Name der Partnerschaft

Die Partnerschaftsgesellschaft führt **keine Firma**, sondern **einen Namen**. Der Name der Partnerschaftsgesellschaft muss enthalten:
- den Nachnamen mindestens eines Partners,
- den Zusatz *„und Partner"* oder *„Partnerschaft"* und
- die Berufsbezeichnung aller in der Partnerschaftsgesellschaft vertretenen Berufe *(§ 2 PartGG)*.

Der Partnerschaftsname darf bei Tod und Ausscheiden eines Partners fortgeführt werden. Ein Namensschutz für die Partnerschaftsgesellschaft gilt analog dem Firmenschutz *(§ 2 Abs. 2 PartGG i. V. m. § 37 HGB)*.

Kapital

Es wird **keine Mindesteinlage** und **kein Mindestkapital** gefordert. Die Partnerschaft ist Trägerin des Gesellschaftsvermögens.

Geschäftsführung und Vertretung

Jeder Partner ist im Rahmen seiner berufsrechtlichen Möglichkeiten zur Geschäftsführung berechtigt und kann die Partnerschaftsgesellschaft allein vertreten. Im Übrigen gelten die Vorschriften der OHG *(§§ 124, 125 Abs. 1, 2 u. 4; §§ 126, 127 HGB i. V. m. § 7 PartGG)*.

Haftung

Gesetzliche Regelung
Für Verbindlichkeiten der Gesellschaft haften
- das Vermögen der Partnerschaftsgesellschaft und
- die Partner als Gesamtschuldner *(§ 8 Abs. 1 PartGG)*.

Durch Gesetz kann für einzelne Berufe die Haftung wegen fehlerhafter Berufsausübung auf einen bestimmten Höchstbetrag beschränkt werden, wenn die Pflicht zum Abschluss einer Berufshaftpflichtversicherung der Partner oder der PG begründet wird *(§ 8 Abs. 3 PartGG)*.

Vertragliche Regelung
Die Partner können durch Einzelvertrag oder mittels vorformulierter Vertragsbedingungen die **Haftung** auf den Partner **beschränken**, der die berufliche Leistung zu erbringen hat oder verantwortlich leitet und überwacht *(§ 8 Abs. 2 PartGG)*. Diese in der Praxis übliche Norm besagt, dass der benannte Partner neben dem Vermögen der Partnerschaftsgesellschaft persönlich haftet.

Ausscheiden eines Partners/Auflösung der Partnerschaft

- Für das Ausscheiden eines Partners sind die *§§ 131–144 HGB* entsprechend anzuwenden.

- Tod, Kündigung, Insolvenz eines Partners bewirken nur das Ausscheiden dieses Partners.

- Verliert ein Partner die Zulassung zu dem Freien Beruf, so muss er aus der Partnerschaft ausscheiden.

- Die Beteiligung an einer Partnerschaftsgesellschaft ist nicht vererblich, es sei denn, die Erben sind Angehörige des Freien Berufes *(§ 9 PartGG)*.

Die Partnerschaftsgesellschaft …
- *kann nur von natürlichen Personen gegründet werden, die einen Freien Beruf ausüben.*
- *wird in das beim Amtsgericht geführte Partnerschaftsregister eingetragen.*
- *tritt nach außen unter dem Nachnamen eines Partners mit dem Zusatz „und Partner" bzw. „Partnerschaft" auf.*

Weitere Merkmale der Partnerschaftsgesellschaft sind:
- *Es gelten Einzelgeschäftsführung und Einzelvertretung.*
- *Für die Verbindlichkeiten der Partnerschaftsgesellschaft haften neben dem Gesellschaftsvermögen die Partner persönlich und gesamtschuldnerisch, soweit keine andere vertragliche Regelung vorliegt.*

2.8.3.5 Stille Gesellschaft

Rechtsgrundlage: *§§ 230–237 HGB*

Kennzeichen der stillen Gesellschaft sind:

- Beteiligung eines Kapitalgebers (natürliche oder juristische Person) am Handelsgewerbe eines Kaufmannes (Einzelunternehmung oder Handelsgesellschaft)

- Gesellschaftsverhältnis zwischen dem stillen Gesellschafter („Stiller") und Kaufmann tritt nach außen nicht in Erscheinung. Es erfolgt **keine Eintragung ins Handelsregister.**

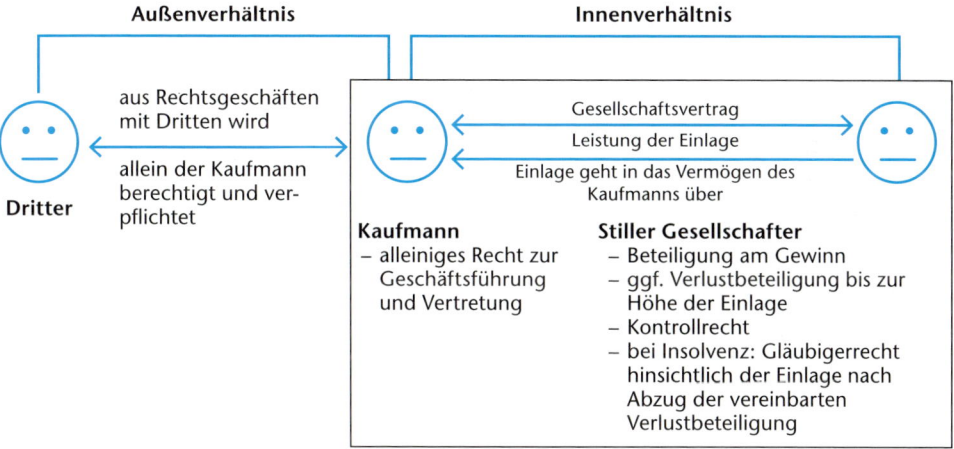

Bedeutung:
Möglichkeit eines Kaufmanns, das Eigenkapital seiner Unternehmung zu erhöhen, ohne dass die Aufnahme des stillen Gesellschafters für Außenstehende erkennbar ist und die Herrschaftsverhältnisse in der Unternehmung verändert werden. Durch den Tod des stillen Gesellschafters wird die stille Gesellschaft nicht aufgelöst.

2.8.4   Kapitalgesellschaften

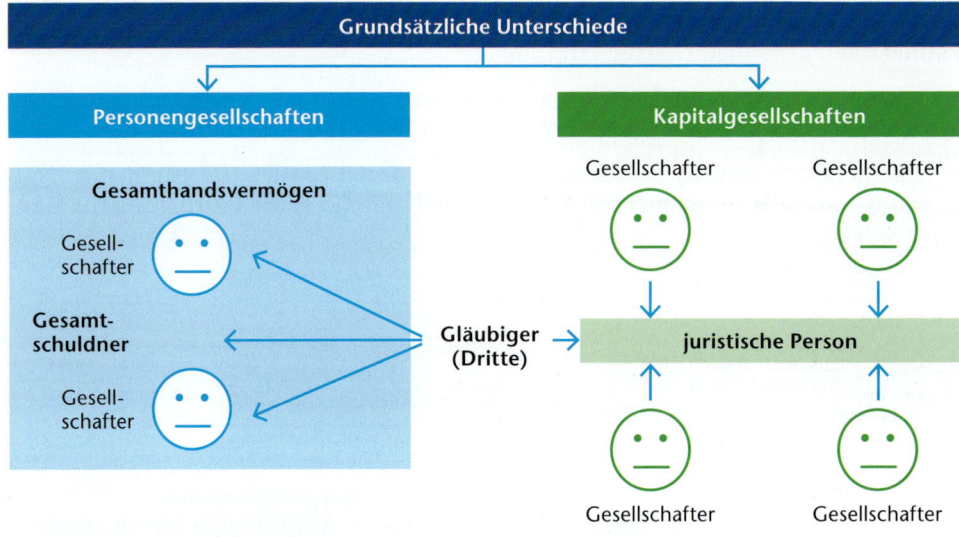

- keine eigene Rechtspersönlichkeit
- Gründung durch mindestens zwei Personen
- üblicherweise natürliche Personen
- Gesamthandsvermögen der Gesellschafter
- Haftung
  - Gesamthandsvermögen
  - Privatvermögen der Vollhafter
  - Privatvermögen der Teilhafter bis zur Höhe der noch nicht eingezahlten Einlageverpflichtung
- Gesellschafter haben Geschäftsführungsbefugnis und Vertretungsmacht

- Unternehmungsexistenz ist vom Gesellschafterbestand abhängig
- einkommensteuerpflichtig sind die einzelnen Gesellschafter
- Anrechnung des 3,8-fachen anteiligen GewSt-Messbetrages auf die tarifliche ESt der Mitunternehmer

- eigene Rechtspersönlichkeit
- Gründung durch eine oder mehrere Personen
- juristische Personen
- Vermögen der juristischen Personen
- Haftung
  - Gesamtvermögen der juristischen Person

- Leitungsorgane nehmen Geschäftsführungsbefugnis und Vertretungsmacht wahr
- Unternehmungsexistenz ist vom Gesellschafterbestand unabhängig
- körperschaftsteuerpflichtig ist die Unternehmung
- Tarifbelastung auf der Ebene der KapGes 15 % KSt und 5,5 % SolZ
- Steuerbelastung auf der Ebene der Gesellschafter bei Ausschüttung versteuerter Gewinne seit 2009
  - Anteilsbesitz im Betriebsvermögen: 40 % der Einnahmen bleiben steuerfrei (Teileinkünfteverfahren), der Rest wird mit dem individuellen Steuersatz versteuert (§ 3 Nr. 40 EStG)
  - Anteilsbesitz im Privatvermögen: 25 % Abgeltungsteuer (§ 32 d EStG)

Beispiel:

Dividendenzahlung	*1 000,00 €*
darauf 25 % Abgeltungsteuer[1]	*250,00 €*
zzgl. Solidaritätszuschlag i. H. v. 5,5 %	*13,75 €*
ergibt Gesamtsteuer	*263,75 €*

---

[1]   Zzgl. Kirchensteuer auf der Ebene des Gesellschafters, soweit Kirchenzugehörigkeit vorliegt. Aufgrund der Ermäßigungen der Abgeltungsteuer (KapESt) durch die KiSt in Höhe von 9 % (Bayern und Baden-Württemberg 8 %) beträgt die KapESt 24,449878 % (=1/4,09*100 %) vom Kapitalertrag (§ 32d Abs. 1 EStG).

Alle Kapitalgesellschaften[1] haben sämtliche Unterlagen spätestens vor Ablauf von 12 Monaten nach Abschluss des Geschäftsjahres im elektronischen Bundesanzeiger zu veröffentlichen. Umfang und Art der Offenlegung richten sich nach den Größenklassen.[2]

Nach ihrer Größe werden Kapitalgesellschaften in **drei Gruppen** eingeteilt *(§ 267 HGB):*

	Größenmerkmale	Publizitätspflichten	Quellen nach *HGB*
Kleine Kapitalgesellschaft *§ 267 Abs. 1 HGB*			
Bilanzsumme abzüglich Fehlbetrag	bis 6 Mill. €	– Aufstellung des Jahresabschlusses spätestens 6 Monate nach dem Bilanzstichtag	*§ 264*
Umsatzerlöse (in den letzten 12 Monaten vor dem Abschlussstichtag)	bis 12 Mill. €	– Offenlegung[2] des Jahresabschlusses durch Einreichung und Bekanntmachung im elektronischen Bundesanzeiger innerhalb von 12 Monaten nach Bilanzstichtag	*§§ 325, 326*
		– Bekanntmachung der Einreichung im Bundesanzeiger	*§ 266*
Anzahl der Arbeitnehmer im Jahresdurchschnitt	bis 50 Arbeitnehmer	– Bilanz, ggf. Kurzform	*§ 326*
		– G + V: keine Veröffentlichung	*§ 326*
		– Anhang: Kurzform, keine Erläuterung[2]	*§ 274 a*
		– kein Anlagespiegel/Anlagegitter	*§ 274 a Nr. 4*
		– kein Ausweis von Damnun, Disagio als aktive RAP	
		– keine Veröffentlichung eines Lageberichts	*§ 325 Abs. 1 S. 1*
		– kein Bestätigungsvermerk	
		– nicht erforderlich sind Angaben zum Jahresergebnis und seiner Verwendung	
		– kein Gewinnverwendungsbeschluss	
		– kein Bericht des Aufsichtsrates	
Mittelgroße Kapitalgesellschaft *§ 267 Abs. 2 HGB*			
Bilanzsumme abzüglich Fehlbetrag	bis 20 Mill. €	– Aufstellung des Jahresabschlusses spätestens 3 Monate nach dem Bilanzstichtag	*§ 264*
Umsatzerlöse (in den letzten 12 Monaten vor dem Abschlussstichtag)	bis 40 Mill. €	– Offenlegung des Jahresabschlusses durch Einreichung und Bekanntmachung im elektronischen Bundesanzeiger innerhalb von 12 Monaten nach Bilanzstichtag	*§§ 325, 327*
		– Bekanntmachung der Einreichung im Bundesanzeiger	
Anzahl der Arbeitnehmer im Jahresdurchschnitt	bis 250 Arbeitnehmer	– Prüfung durch einen Wirtschaftsprüfer oder vereidigten Buchprüfer	*§ 266*
		– Bilanz: ggf. Kurzform unter Angabe der Posten nach *§ 327 HGB*	*§ 327*
		– G + V: ggf. in Kurzform	*§ 276*
		– Anhang: ggf. Kurzform, keine Aufgliederung der Umsätze nach Tätigkeitsbereichen	*§ 327*
		– Anlagespiegel/Anlagegitter	
		– vollständige Veröffentlichung eines Lageberichts	
		– Bestätigungsvermerk	
		– Gewinnverwendungsbeschluss	
		– Bericht des Aufsichtsrates	

---

[1] *Kapitalmarktorientierte Kapitalgesellschaften des EU-Raumes spätestens vor Ablauf von 4 Monaten veröffentlichungpflichtig.*

[2] *Seit 2013 brauchen Kapitalgesellschaften mit durchschnittlich nicht mehr als 10 Arbeitnehmern, deren Umsatzerlöse 700 T€ und deren Bilanzsumme 350 T€ nicht überschreiten, nach dem Gesetz zur Erleichterung für Kleinstkapitalgesellschaften (MicroBilG) nur noch die **Bilanz** mit verringerter Gliederungstiefe **ohne Anhang** beim Betreiber des Bundesanzeigers zu **hinterlegen**.*

	Größenmerkmale	Publizitätspflichten	Quellen nach *HGB*
Große Kapitalgesellschaft *§ 267 Abs. 3 HGB*			
Bilanzsumme abzüglich Fehlbetrag	über 20 Mill. €	– Aufstellung des Jahresabschlusses spätestens 3 Monate nach dem Bilanzstichtag	*§ 264*
Umsatzerlöse (in den letzten 12 Monaten vor dem Abschluss-stichtag)	über 40 Mill. €	– Offenlegung des Jahresabschlusses durch Einreichung und Bekanntmachung im elektronischen Bundesanzeiger innerhalb von 12 Monaten nach Bilanzstichtag	*§ 325*
		– Prüfung durch einen Wirtschaftsprüfer	
		– Bilanz: Vollständige Fassung	*§ 266 Abs. 2*
Anzahl der Arbeitnehmer im Jahresdurch-schnitt	über 250 Arbeitnehmer	– G + V: Vollständige Fassung	*§ 275 Abs. 2*
		– Anhang: Vollständige Fassung	
		– Anlagespiegel/Anlagegitter	
		– vollständige Veröffentlichung eines Lageberichts	
		– Bestätigungsvermerk	
		– Gewinnverwendungsbeschluss	
		– Bericht des Aufsichtsrates	

Diese Größenmerkmale gelten auch für Personengesellschaften i. S. d. *§ 264 HGB (z. B. bestimmte GmbH & Co. KGs)*.

Der Einzelabschluss großer Kapitalgesellschaften i. S. d. *§ 267 Abs. 3 HGB* kann für die Pflichtveröffentlichung wählen zwischen entweder

- dem traditionellen HGB-Abschluss oder
- dem testierten IFRS-Abschluss *(§ 325 Abs. 2 a HGB)*

Für die **Einordnung** ist zu beachten:

- Es müssen mindestens zwei der drei genannten Größenmerkmale über- oder unterschritten worden sein,

- die Rechtsfolgen treten nur ein, wenn die Merkmale an den Abschlussstichtagen von zwei aufeinanderfolgenden Geschäftsjahren über- oder unterschritten werden *(§ 267 HGB)*.

Bei Nichtbeachtung der Publizitätspflichten kann ein Zwangsgeld/Ordnungsgeld gegen die vertretungsberechtigten Mitglieder der Kapitalgesellschaft festgesetzt werden *(§§ 334, 335, 335 a HGB, § 140 a FGG)*.

Jahresabschluss und **Lagebericht** sind bei

- kleinen Kapitalgesellschaften von der Pflicht zur Abschlussprüfung ausgenommen *(§ 316 Abs. 1 HGB)*,

- mittelgroßen Kapitalgesellschaften von Wirtschaftsprüfern, Wirtschaftsprüfungsgesellschaften, vereidigten Buchführern oder Buchprüfungsgesellschaften zu prüfen *(§ 319 Abs. 1 HGB)*,

- großen Kapitalgesellschaften von Wirtschaftsprüfern oder Wirtschaftsprüfungsgesellschaften zu prüfen *(§ 316 Abs. 1 HGB)*.

In verschiedenen EU-Richtlinien zum Gesellschaftsrecht sind verbindlich Grundlagen für die nationalen Gesetze zur *„Gesellschaft mit beschränkter Haftung"* und zur *„Aktiengesellschaft"* festgelegt, um bereits bei Kapitalgesellschaften eine teilweise Koordinierung der Rechts- und Verwaltungsvorschriften zu erzielen. Allerdings gibt es in den einzelnen Ländern noch viele weitgehend national bestimmte unterschiedliche Regelungen wie z. B. über die Anzahl der Organe bei der AG (Deutschland: HV, AR und Vorstand; Vereinigtes Königreich: HV und Board) oder den Umfang der Mitbestimmung der Arbeitnehmer.

Seit 2005 sind aufgrund der Verordnung des EU-Ministerrats vom 19. Juli 2002 die **IFRS**[1] (International Financial Reporting Standards, vormals IAS = International Accounting Standards) bei der Jahresabschlussaufstellung verpflichtend von **kapitalmarktorientierten Unternehmen** anzuwenden. Während die Fokussierung auf kapitalmarktorientierte Unternehmen den Anforderungen internationaler Kapitalmärkte entspricht, gewinnen die IFRS auch für mittelständische Unternehmen zunehmend an Bedeutung. So sprechen erhöhte Transparenzanforderungen im Zuge von **Basel III**, Informationsbedürfnisse ausländischer Investoren/Geschäftspartner und Erleichterungen bei der Aufstellung des Konzernabschlusses in grenzüberschreitenden Konzernen für die Bilanzierung nach IFRS.

Das zum 01.01.2010 in Kraft getretene Bilanzrechtsmodernisierungsgesetz (BilMoG) übernimmt für das national geltende Handelsrecht Elemente der IFRS in abgemilderter Form und entkoppelt aus Sicht des Steuerrechts die umgekehrte Maßgeblichkeit des Steuerrechts für das Handelsrecht.

In verschiedenen EU-Richtlinien zum Gesellschaftsrecht sind verbindlich Grundlagen für die nationalen Gesetze zur *„Gesellschaft mit beschränkter Haftung"* und zur *„Aktiengesellschaft"* festgelegt, um bereits bei Kapitalgesellschaften eine teilweise Koordinierung der Rechts- und Verwaltungsvorschriften zu erzielen. Allerdings gibt es in den einzelnen Ländern noch viele weitgehend national bestimmte unterschiedliche Regelungen, wie z. B. über die Anzahl der Organe bei der AG (Deutschland: HV, AR und Vorstand) oder den Umfang der Mitbestimmung der Arbeitnehmer.

2.8.4.1 Gesellschaft mit beschränkter Haftung[2]

Rechtsgrundlagen: *Gesetz betreffend die Gesellschaften mit beschränkter Haftung (GmbHG)*
Handelsgesetzbuch (HGB)
Gesetz über die Rechnungslegung von bestimmten Unternehmen und Konzernen (PublG)
EU-Richtlinien zum Gesellschaftsrecht

Kennzeichen und Bedeutung

*Die **GmbH** ist eine Gesellschaft mit **eigener Rechtspersönlichkeit**:*
- *Die Haftung der Gesellschafter ist auf die Höhe der vertraglich vereinbarten Stammeinlage begrenzt.*
- *Für die Verbindlichkeiten der Gesellschaft haftet den Gläubigern nur das Gesellschaftsvermögen (§ 13 GmbHG).*
- *Sie gilt als Handelsgesellschaft und kann zu jedem gesetzlich zulässigen Zweck durch eine oder mehrere Personen gegründet werden (§§ 1, 13 GmbHG).*
  ***Beispiele:** wirtschaftliche, wissenschaftliche, kulturelle, sportliche, gemeinnützige Zwecke*
Die GmbH ist Formkaufmann (§ 6 HGB).

Die Rechtsform der GmbH ist aus folgenden Gründen **vorteilhaft**:
- Die Gründung der GmbH erfordert einen geringen Kapital- und Gründungsaufwand.
- Die Haftung der Gesellschafter ist auf die Stammeinlage beschränkt.

---

[1] *Sammlung von international anerkannten Rechnungslegungsstandards und Interpretationen.*
[2] *Die „GmbH-Reform" trat 2008 in Kraft und hat gewisse Vorbildfunktion für die zukünftig mögliche „Europäische Privatgesellschaft" (EPG) als „Europäische GmbH".*

- Die GmbH eignet sich zur Ausgliederung bestimmter Funktionen *(z.B. Vertrieb, Forschung, EDV)* aus mehreren Unternehmen und Zusammenfassung in einer Unternehmung.
- Die Gesellschafter können steuerliche Vorteile in Anspruch nehmen *(z.B. bei der Gewerbesteuer durch Erfassung der Geschäftsführergehälter als Betriebsausgabe).*
- Als juristische Person sichert sie die Fortführung der Unternehmung.

Aber: Die Haftungsbeschränkung beeinträchtigt die Kreditwürdigkeit der GmbH. Dieser **Nachteil** kann beseitigt werden, indem einzelne Gesellschafter Kredite an die GmbH durch ihr Privatvermögen *(z.B. Grundpfandrechte, persönliche Bürgschaftserklärungen)* absichern.

Gründung

Die Gründung der GmbH erfolgt in drei Stufen:

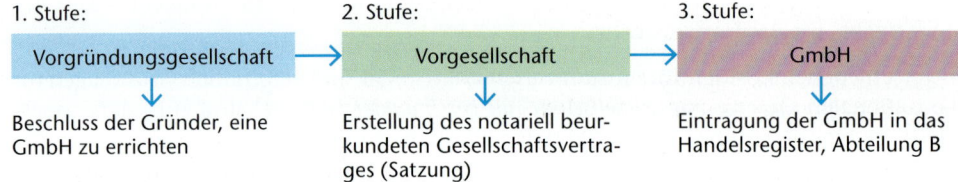

1. Stufe:	2. Stufe:	3. Stufe:
Vorgründungsgesellschaft	Vorgesellschaft	GmbH
Beschluss der Gründer, eine GmbH zu errichten	Erstellung des notariell beurkundeten Gesellschaftsvertrages (Satzung)	Eintragung der GmbH in das Handelsregister, Abteilung B

1. Vorgründungsgesellschaft

Die Gesellschaft befindet sich in der ersten Phase der Gründung. Die Gründer verpflichten sich, für die künftige GmbH tätig zu werden. Es werden nur interne Regelungen getroffen oder vorbereitet; Außenkontakte fehlen noch. Die Vorgründungsgesellschaft besteht vor der notariellen Beurkundung und wird als GbR geführt.

2. Vorgesellschaft

Sie betrifft die Zeit ab Abschluss des Notarvertrages bis zur Eintragung ins Handelsregister. Der **GmbH-Vertrag** ist von einem Notar zu beurkunden. Die Gesellschaft ist errichtet, aber noch nicht eingetragen. Die Vorgesellschaft wird ebenfalls grundsätzlich als GbR geführt. Sie wird wie eine OHG behandelt, wenn sie geschäftlich nach außen in Erscheinung tritt und ein Handelsgewerbe betreibt. Ist vor der Eintragung im Namen der Gesellschaft gehandelt worden, so haften die Handelnden persönlich und gesamtschuldnerisch *(§ 11 GmbHG).*

GmbH-Vertrag	
Der GmbH-Vertrag **muss** beinhalten	Der GmbH-Vertrag **sollte** weiterhin beinhalten Regelungen über
– Firma, – Inländische Geschäftsanschrift sowie eine inländische Anschrift einer für Willenserklärungen und Zustellungen empfangsberechtigten natürlichen Person wie z.B. Gesellschafter, Steuerberater, Wirtschaftsprüfer oder Notar, – Gegenstand des Unternehmens, – Höhe des Stammkapitals, – Stammeinlage eines jeden Gesellschafters, – Art und Umfang der Vertretungsbefugnis der Geschäftsführer.	– die Berufung von Geschäftsführern, – die Zeichnung der Namensunterschriften der Geschäftsführer, – die Versicherung der Geschäftsführer über das Nichtvorliegen von Umständen, die die Untauglichkeit als Geschäftsführer zur Folge haben, – den Umfang der Vertretungsbefugnis, – die Beschlussfassung der Gesellschafter, – die Einberufung der Gesellschafterversammlung, – die Verteilung der Gewinne und Verluste, – die Verfügung der Geschäftsanteile, – die Vererbung von Geschäftsanteilen, – die Erstellung des Jahresabschlusses, – das Ausscheiden von Gesellschaftern und – eine Schiedsklausel.

3. Entstehung der GmbH

Die juristische Person, die Körperschaft „GmbH", entsteht mit dem Tag der **Eintragung** ins Handelsregister, Abteilung B *(§ 11 Abs. 1 GmbHG, § 8 a HGB)*.

Der **Anmeldung zum elektronischen Handelsregister bzw. Unternehmensregister** müssen beigefügt werden:

- der Gesellschaftsvertrag,
- die Legitimation der Geschäftsführer, wenn diese nicht im Gesellschaftsvertrag bestellt sind,
- eine Namensliste aller Gesellschafter mit ihren Unterschriften und Angabe ihres Geburtsdatums und Wohnortes sowie die von den Gesellschaftern jeweils übernommene Stammeinlage, bei Sacheinlagen:
  - die Verträge über die Sacheinlage sowie der Sachgründungsbericht,
  - Unterlagen darüber, dass der Wert der Sacheinlage dem Betrag der übernommenen Stammeinlage entspricht *(§ 8 Abs. 1 Nr. 1–6 GmbHG)*,
- die Versicherung, dass die vorgeschriebenen Stammeinlagen *(§ 7 Abs. 2 und Abs. 3 GmbHG)* bewirkt worden sind *(§ 8 Abs. 2 GmbHG)*. Die Vorlage von Einzahlungsnachweisen ist nur bei erheblichen Zweifeln an der ordnungsmäßigen Kapitalaufbringung *(§ 8 Abs. 2 S. 2 GmbHG)* oder dem Verdacht der „nicht unwesentlichen" Überbewertung der Sacheinlagen *(§ 9 c Abs. 1 S. 2 GmbHG)* zu verlangen.
- eine Versicherung der Geschäftsführer, dass sie seit Rechtskraft des Urteils in den letzten fünf Jahren nicht wegen Insolvenzstraftaten *(§§ 283–283 d StGB)* verurteilt worden sind *(§ 8 Abs. 3 GmbHG)*,
- die Angabe der Vertretungsbefugnis der Geschäftsführer und ihre Unterschriftsprobe *(§ 8 Abs. 4, 5 GmbHG)*.

Pflichtangaben auf Geschäftsbriefen

Die GmbH muss auf ihren Geschäftsbriefen und E-Mails *(§ 35 a GmbHG)* folgende Angaben machen:

- vollständiger Firmenname in Übereinstimmung mit dem im Handelsregister eingetragenen Wortlaut,
- Rechtsform der Gesellschaft,
- Sitz der Gesellschaft,
- Registergericht des Sitzes der Gesellschaft und die Nummer, unter der die Gesellschaft in das Handelsregister eingetragen ist,
- alle Geschäftsführer und – sofern die Gesellschaft einen Aufsichtsrat gebildet und dieser einen Vorsitzenden hat – der Vorsitzende des Aufsichtsrates mit Familiennamen und mindestens einem ausgeschriebenen Vornamen.

Rechtsverhältnis

Die GmbH ist
- **Kapitalgesellschaft**,
- **juristische Person**,
- stets **Formkaufmann** und sie gilt auch dann als Handelsgesellschaft, wenn sie kein Handelsgewerbe betreibt *(§ 13 GmbHG, § 6 HGB)*,
- **parteifähig**,

- **deliktsfähig**,
- **grundbuchfähig**,
- **scheck**- und **wechselfähig**.

Firma

Die Firma muss die Bezeichnung „**Gesellschaft mit beschränkter Haftung**" oder eine allgemein verständliche Abkürzung dieser Bezeichnung, insbesondere „**GmbH**" enthalten.

Beispiel:
Frau Zilke, Herr Kelz und Herr Lins betreiben in Neuss eine Brotfabrik.
Mögliche Firmenbezeichnungen sind u.a.:
Personenfirma: Zilke, Kelz & Lins GmbH
Sachfirma: Backwaren Neuss GmbH
Fantasiefirma: Leckerland GmbH

Kapital

Die Kapitaleinlage eines jeden Gesellschafters wird **Stammeinlage** genannt. Die Summe der Stammeinlagen bildet das **Stammkapital**. Es müssen im Gesellschaftsvertrag mindestens übernommen werden als
- Stammkapital: 25 000,00 €,
- Mindest-Stammeinlage eines Gesellschafters: 1,00 €.

Jeder Gesellschafter kann nur eine Stammeinlage leisten *(§ 5 Abs. 2 GmbHG)*, die immer auf volle € lauten muss. Die einzelnen Stammeinlagen können unterschiedlich hoch sein.
Vor Anmeldung der Gesellschaft beim Handelsregister muss ein Viertel jeder Stammeinlage an die Gesellschaft geleistet worden sein. Der Gesamtbetrag der geleisteten Stammeinlagen muss mindestens 12 500,00 € betragen *(§ 7 Abs. 2 GmbHG)*. Die Einlagen werden Vermögen der GmbH. Eine Nachschusspflicht der Gesellschafter kann vertraglich vereinbart werden *(§ 26 GmbHG)*.

Einmann-GmbH: Wird die GmbH nur durch eine Person errichtet, muss der alleinige Gesellschafter mindestens 12 500,00 € einzahlen.

Die **Einlagen** können in verschiedenen **Formen** erbracht werden:

- durch Bareinlagen. Dies sind Einlagen, die in Geld erbracht werden.

- durch Sacheinlagen. Hier werden Sachen oder Rechte eingebracht, so z. B. Wertgegenstände, Maschinen, Forderungen usw.

- durch gemischte Einlagen. Unter einer gemischten Einlage versteht man die Verbindung von Bar- und Sacheinlagen. Der Gesellschafter kann also z. B. einen Teil der Einlage in Maschinen oder anderen Sachen leisten und einen Teil in bar.

Die *Einlagen* müssen zum Zeitpunkt der Anmeldung der Eintragung der GmbH in das Handelsregister in folgendem *Umfang* erbracht sein:

- Bareinlagen brauchen nicht in voller Höhe erbracht, sondern nur zu einem Viertel eingezahlt sein.

- Sacheinlagen sind immer in voller Höhe zu erbringen. Darüber hinaus muss der Wert der Sacheinlage in einem Sachgründungsbericht nachgewiesen werden. Werden gebrauchte Gegenstände eingebracht, wird zum Nachweis der Werthaltigkeit in aller Regel ein Sachverständigengutachten verlangt.

- Bei der gemischten Einlage sind die Sachen vollständig zu erbringen, die Bareinlagen zu einem Viertel.

Das Stammkapital ist in der Bilanz als **gezeichnetes Kapital** aufzuführen. Ausstehende Stammeinlagen sind auf der Aktivseite der Bilanz gesondert als ausstehende Einlagen auf das gezeichnete Kapital auszuweisen. **GmbH-Anteile** sind nicht teilbar, nicht wertpapierrechtlich verbrieft und damit **nicht börsenfähig**. Die Übertragung von GmbH-Anteilen erfordert notarielle Beurkundung. Ein gutgläubiger Erwerb ist möglich, soweit die Gesellschafterliste mindestens drei Jahre unrichtig ist.

Organe der GmbH

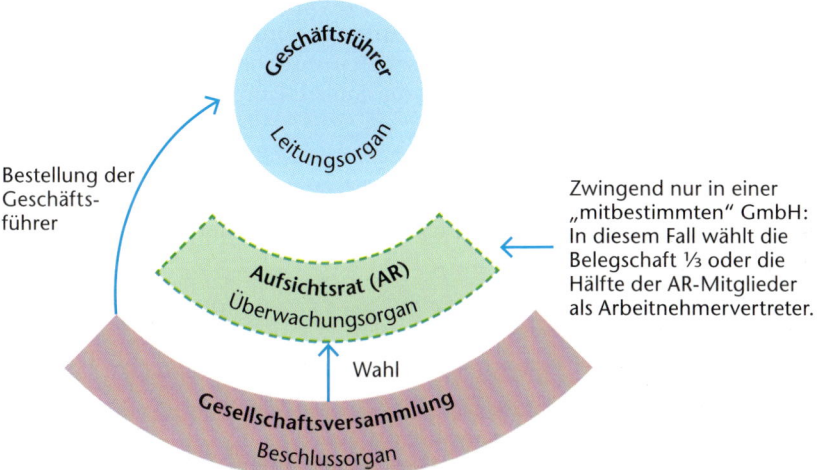

Bestellung der Geschäftsführer

Zwingend nur in einer „mitbestimmten" GmbH: In diesem Fall wählt die Belegschaft ⅓ oder die Hälfte der AR-Mitglieder als Arbeitnehmervertreter.

Geschäftsführer / Leitungsorgan

Aufsichtsrat (AR) / Überwachungsorgan

Wahl

Gesellschaftsversammlung / Beschlussorgan

Die **Gesellschafterversammlung** ist oberstes Gesellschaftsorgan.
Ihr Aufgabenkreis umfasst *(§ 46 GmbHG)*:
- Grundsatzentscheidungen,
- Beschluss über die Festsetzung des Jahresabschlusses und die Verwendung des Ergebnisses,
- Bestellung und Abberufung von Geschäftsführern,
- Änderungen des Gesellschafter-Geschäftsführer-Dienstvertrages,
- Aufstellung von Regeln zur Prüfung und Überwachung der Geschäftsführung,
- Beschluss über die Einforderung von Einzahlungen auf die Stammeinlagen,
- Bestellung von Prokuristen und Handlungsbevollmächtigten.

Beschlüsse erfordern die **einfache** Mehrheit der abgegebenen Stimmen. Jeder volle €-Betrag eines Geschäftsanteils gewährt eine Stimme *(§ 47 GmbHG)*. Beschlüsse, die zur **Änderung des Gesellschaftsvertrages** führen *(z. B. Erhöhung der Stammeinlagen)*, erfordern eine $^3/_4$-Mehrheit (= **qualifizierte**) und notarielle Beurkundung *(§§ 53, 60 GmbHG)*. Die Einladung zur Gesellschafterversammlung muss durch einen eingeschriebenen Brief mit einer Frist von mindestens einer Woche erfolgen *(§ 51 Abs. 1 GmbHG)*.

Ein **Aufsichtsrat**

- **kann** bei bis zu 500 Arbeitnehmern unter Beachtung aktienrechtlicher Vorschriften bestellt werden *(§ 52 GmbHG)*,

- **muss** bei mehr als 500 Arbeitnehmern bestellt werden und zu $^1/_3$ aus Arbeitnehmervertretern bestehen *(§ 129 BetrVG i. V. m. §§ 1 und 4 DrittelbG)*,

- **muss** bei mehr als 2 000 Arbeitnehmern bestellt werden und zur Hälfte aus Arbeitnehmervertretern bestehen *(§ 1 MitbestG)*.

Die Aufgaben des Aufsichtsrates richten sich

- bei freiwilligen Aufsichtsräten im Fall von bis zu 500 Arbeitnehmern nach dem Gesellschaftsvertrag *(BetrVG 1952)*,

- bei vorgeschriebenen Aufsichtsräten nach dem Drittelbeteiligungsgesetz *(§§ 1–15 DrittelbG)*, dem Mitbestimmungsgesetz und den Vorschriften des Aktienrechts *(§ 52 GmbHG)*.

Geschäftsführung

Die **Geschäftsführung** betrifft das **Innenverhältnis** der GmbH und umfasst das Recht zum Handeln für die Gesellschaft. Die Geschäftsführung wird vom **Geschäftsführer** der GmbH ausgeübt. Es können auch mehrere Geschäftsführer bestellt werden. Der Geschäftsführer handelt mit Wirkung für und gegen die GmbH. Durch ihn wird die GmbH handlungsfähig.

Möglich sind
- angestellte Geschäftsführer, die nicht gleichzeitig Gesellschafter sind,
- Geschäftsführer, die gleichzeitig Gesellschafter sind (Gesellschafter-Geschäftsführer).

Der Geschäftsführer wird **bestellt**
- im Gesellschaftsvertrag *(§ 6 Abs. 2 GmbHG)* oder
- durch Beschluss der Gesellschafter *(§ 35 ff. GmbHG)*.
Jede Bestellung oder Abberufung eines Geschäftsführers ist zur Eintragung ins Handelsregister anzumelden.

Die Geschäftsführung kann ausgeübt werden
- bei Einzelgeschäftsführung durch einen Geschäftsführer allein,
- bei Gesamtgeschäftsführung durch mehrere Geschäftsführer gemeinsam.
Fehlen Vereinbarungen über die Geschäftsführung, so gilt Gesamtgeschäftsführung.

Die Geschäftsführung kann im Innenverhältnis beschränkt werden.
Die **Aufgaben** der Geschäftsführer werden festgelegt durch Dienstvertrag, *GmbHG* und Gesellschafterbeschlüsse. Der Geschäftsführer ist Angestellter der GmbH und erhält ein Gehalt, das als Betriebsausgabe absetzbar ist.

Die Geschäftsführer haben insbesondere die **Pflicht**,

- die Geschäftsführung entsprechend den Weisungen der Gesellschafter und unter Beachtung des Gesellschaftsvertrages auszuüben,

- die Gesellschaft nach außen zu vertreten und im Innenverhältnis die Unternehmensleitung auszuüben,

- die Mitarbeiter auszuwählen und zu überwachen,

- sich loyal gegenüber der GmbH zu verhalten (Treuepflicht, Wettbewerbsverbot),

- für eine ordnungsgemäße Buchführung und Bilanzierung zu sorgen *(§§ 41, 42 GmbHG)*; dies umfasst die Inventarpflicht, die Pflicht zur Aufstellung des Jahresabschlusses und des Lageberichtes, die Erteilung des Prüfungsauftrages an die Abschlussprüfer, die Mitwirkung an der Abschlussprüfung durch Auskunfts- und Vorlagepflichten, die Pflicht zur Offenlegung des Jahresabschlusses sowie die Aufbewahrung dieser Unterlagen,

- die Steuererklärungen der GmbH abzugeben *(§§ 34, 69 AO)*,

- das Stammkapital vor verbotenen Auszahlungen zu bewahren *(§§ 30, 43 Abs. 3 GmbHG)*,

- den verbotenen Erwerb eigener Anteile zu verhindern *(§§ 33, 43 Abs. 3 GmbHG)*,

- die Gesellschafterversammlung einzuberufen *(§ 49 GmbHG)*,

- bei Zahlungsunfähigkeit oder Überschuldung den Insolvenzeröffnungsantrag zu stellen *(§ 64 GmbHG)*.

Für Geschäftsführer besteht ein **Wettbewerbsverbot**, das aber vertraglich aufgehoben werden kann. In Angelegenheiten der Gesellschaft hat der Geschäftsführer die Sorgfalt eines ordentlichen Kaufmanns anzuwenden *(§ 43 Abs. 1 GmbHG)*.

In **Missbrauchfällen haften** die **Geschäftsführer**
- bei Vorsatz oder grober Fahrlässigkeit,
- Zahlungsvornahme nach Insolvenzreife,
- Zahlungsvornahme an Gesellschafter, die erkennbar zur Zahlungsunfähigkeit der Gesellschaft führen.

Aufgaben des/der Geschäftsführer als Leitungsorgan der GmbH	
Geschäftsführung im **Innenverhältnis**	Vertretung im **Außenverhältnis**
– Geschäftsleitung: Wahrnehmung der Managementfunktion, Organisation und Überwachung des Geschäftsbetriebes – Verantwortung für die Buchführung, Vorbereitung und Aufstellung des Jahresabschlusses und des Lageberichts – Einberufung der Gesellschafterversammlung – Durchführung der Gesellschafterbeschlüsse – Auskunftserteilung gegenüber Gesellschaftern	– Anmeldung zum Handelsregister – Einreichung einer veränderten Gesellschafterliste zum Handelsregister – Vertretung der GmbH gegenüber Dritten in allen gerichtlichen und außergerichtlichen Angelegenheiten *(§ 35 Abs. 1 GmbHG)* – Der Umfang der Vertretungsmacht ist unbeschränkt und unbeschränkbar. – Stellung des Antrags auf Eröffnung eines Insolvenzverfahrens bei Zahlungsunfähigkeit oder Überschuldung

Vertretung
Die **Vertretung** betrifft das Außenverhältnis der GmbH. Sie geschieht
- bei Einzelvertretungsmacht durch einen Geschäftsführer allein,
- bei Gesamtvertretungsmacht durch alle Geschäftsführer gemeinsam,
- bei unechter Gesamtvertretungsmacht durch mindestens zwei Geschäftsführer oder einen Geschäftsführer zusammen mit einem Prokuristen.

Gesetzliche Regelung
Fehlen Vereinbarungen über die Vertretung der Gesellschaft, so gilt Gesamtvertretungsmacht.

Haftung
Gegenüber Dritten haftet grundsätzlich nur das Vermögen der GmbH *(§ 13 Abs. 2 GmbHG)*, d.h., die Haftung der GmbH umfasst nur das Gesellschaftsvermögen. Die Haftungsbeschränkung auf das Gesellschaftsvermögen gilt erst ab Eintragung der GmbH in das Handelsregister *(zuvor haften die Gründungsmitglieder auch mit ihrem Privatvermögen)*.

Beachten Sie:

- Die Haftungsbeschränkung hat zwar rechtliche, aber im Normalfall keine tatsächlichen Folgen, weil Gläubiger *(z.B. Banken)* verlangen, dass die Haftungsbeschränkungen durch persönliche Bürgschaften oder Kreditsicherheiten aus dem Privatvermögen der Gesellschafter indirekt wieder aufgehoben werden.

- Es empfiehlt sich, bei Eheleuten den Güterstand zu überdenken. Im Rahmen eines notariellen Ehevertrages *(§§ 1408, 1410 BGB)* sollte der gesetzliche Güterstand der Zugewinngemeinschaft derart abgeändert werden, dass ein Zugewinnausgleich aus dem betrieblichen Bereich für den Fall der Scheidung der Ehe ausgeschlossen oder gemindert wird *(§ 1372 ff. BGB)*.

Rechte der Gesellschafter
- Teilnahme an der Gesellschafterversammlung und Stimmrecht *(§ 45 ff. GmbHG)*
- Auskunfts- und Einsichtsrecht *(§ 51 a GmbHG)*
- Anfechtung von Gesellschafterbeschlüssen
- Anspruch auf Gewinnanteil *(§ 29 GmbHG)*
- Anspruch auf Anteil am Liquidationserlös *(§ 72 GmbHG)*

Pflichten der Gesellschafter
- Leistung der vereinbarten Stammeinlage *(§ 19 GmbHG)*
- Zahlung von Verzugszinsen bei verspäteter Einzahlung *(§ 20 ff. GmbHG)*
- Nachschusspflicht bei vertraglicher Vereinbarung *(§ 26 GmbHG)*
- Weitere Pflichten können vertraglich begründet werden, z. B.
  - Gewährung eines Darlehens an die GmbH,
  - Nutzungsüberlassung von Rechten und Sachen,
  - Übernahme von Geschäftsführertätigkeiten,
  - Wettbewerbsverbot.
- Haftungserweiterung bei Führungslosigkeit der Gesellschaft

Gewinnverteilung
Der **Jahresüberschuss** ist im Verhältnis der Gesellschaftsanteile zu verteilen *(§ 29 Abs. 1 und 3 GmbHG)*. Im Gesellschaftsvertrag können andere Regelungen vereinbart werden.

Beispiele:
- *Verwendung des Jahresüberschusses zur Bildung von Gewinnrücklagen oder eines Gewinnvortrages (§ 21 Abs. 2 GmbHG)*
- *Erfassung der Gewinnanteile der Gesellschafter auf Kontokorrentkonten mit Verbindlichkeitscharakter*

Der/Die Geschäftsführer der GmbH haben den Jahresabschluss und den Lagebericht für die GmbH zu erstellen und der Gesellschafterversammlung vorzulegen.

Jahresabschluss und Lagebericht
Der Jahresabschluss und der Lagebericht

- sind von allen Geschäftsführern aufzustellen *(§ 264 HGB)*,

- werden unter Beachtung der Grundsätze ordnungsgemäßer Buchführung erstellt und

- haben ein den tatsächlichen Verhältnissen entsprechendes Bild der Vermögens-, Finanz- und Ertragslage der GmbH zu vermitteln,

- müssen nach Erstellung unverzüglich den Gesellschaftern vorgelegt werden *(§ 42 a GmbHG)*,

- müssen bei mittelgroßen GmbHs dem vereidigten Buchprüfer/Wirtschaftsprüfer, bei großen GmbHs dem Wirtschaftsprüfer zur Prüfung vorgelegt werden; nach Prüfung ist der Prüfungsbericht den Gesellschaftern vorzulegen,

- müssen bei Vorhandensein eines Aufsichtsrates von diesem geprüft werden; über die Prüfung ist ein Bericht zu erstellen, der von den Geschäftsführern den Gesellschaftern vorgelegt werden muss.

	kleine GmbH[1]	mittelgroße GmbH	große GmbH
zu erstellen sind	– Jahresabschluss	– Jahresabschluss – Lagebericht	– Jahresabschluss – Lagebericht
Frist zur Aufstellung	6 Monate	3 Monate	3 Monate
Pflicht zur Prüfung durch ...	entfällt	vereidigten Buch- prüfer oder Wirt- schaftsprüfer	Wirtschaftsprüfer
Frist zur Feststellung	11 Monate	8 Monate	8 Monate
Offenlegung	12 Monate	12 Monate	12 Monate
Offenzulegen sind ...	Bilanz und Anhang	Jahresabschluss und Lagebericht	Jahresabschluss und Lagebericht

Der Jahresabschluss besteht bei Kapitalgesellschaften aus der Bilanz, der Gewinn- und Verlustrechnung sowie dem Anhang *(§ 284 HGB)*. Zusätzlich ist für mittelgroße und große GmbHs ein Lagebericht zu erstellen *(§ 289 i. V. m. § 264 HGB)*.

Auflösung der Gesellschaft
Gesetzliche Auflösungsgründe sind *(§ 60 GmbHG)*:
- Ablauf der vereinbarten Dauer,
- Gesellschafterbeschluss mit $3/4$-Mehrheit der abgegebenen Stimmen, sofern der Gesellschaftsvertrag nichts anderes bestimmt,
- gerichtliches Urteil oder gerichtliche Beschlüsse,
- Verfügungen des Registergerichtes,
- Insolvenzeröffnung.

*Die **GmbH** ...*
- *ist eine juristische Person des Privatrechts,*
- *gilt unabhängig von ihrem Gegenstand als Handelsgesellschaft,*
- *kann von nur einer Person gegründet werden (Einmann-GmbH),*
- *entsteht durch Eintragung ins Handelsregister, Abteilung B,*
- *führt eine Firma mit dem Zusatz „GmbH",*
- *ist selbstständiges Steuersubjekt,*
- *hat zwei, ggf. drei Organe:*
  - *die Gesellschafterversammlung als Beschlussorgan,*
  - *der/die Geschäftsführer als Leitungsorgan,*
  - *ggf. der Aufsichtsrat als Überwachungsorgan (nur zwingend in einer mitbestimmten GmbH).*

---

[1] *Vgl. Fußnote 2 auf Seite 215.*

Weitere Merkmale der **GmbH** *sind:*
- *Der Gesellschaftsvertrag bedarf notarieller Beurkundung.*
- *Das gezeichnete Kapital heißt Stammkapital, die Einlagen der Gesellschafter heißen Stammeinlagen.*
- *Für die Verbindlichkeiten der GmbH haftet nur das Gesellschaftsvermögen.*
- *Die Haftung der Gesellschafter ist auf die Höhe ihrer Stammeinlagen beschränkt.*
- *Geschäftsführung und die Vertretung obliegen dem/den Geschäftsführer(n).*
- *Für die GmbH gilt die abgestufte Publizitätspflicht.*

Vorteile	Nachteile
– Gründung mit geringem oder keinem Kapital und geringen Gründungskosten als Kapitalgesellschaft – Beschränkung des Verlustrisikos auf Stammeinlage (Firmenkapital, mindestens Stammkapital) – keine persönliche Haftung – Anteile können veräußert und vererbt werden – Möglichkeit der Eigenkapitalerweiterung durch Aufnahme neuer Gesellschafter – Gesellschafter haben weitgehendes Mitverwaltungsrecht – abgestufte Publizitäts- und Rechnungslegungspflichten – geeignet für kleinere und mittlere Unternehmungen sowie Familiengesellschaften oder als Ein-Mann-GmbH zur Begrenzung des Haftungsrisikos – Vergütungen an Geschäftsführer (i. d. R. gleichzeitig Gesellschafter) sind steuerlich abziehbare Betriebsausgaben – Die GmbH kann auch als Handwerksbetrieb gegründet werden, wenn weder Gesellschafter noch Geschäftsführer Handwerksmeister sind, wenn ein Handwerksmeister oder Ingenieur mit mindestens dreijähriger Praxis eingestellt wird.	– geringe Kreditwürdigkeit (Banken verlangen i. d. R. die persönliche Haftungsübernahme durch die Gesellschafter bei Kreditzusagen) – ggf. Nachschusspflicht – Gesellschaftsanteile sind nicht über die Börse handelbar – fehlendes Kontrollorgan bei nicht zwingend mitbestimmungspflichtigen Gesellschaftern – strenge formale Anforderungen und umständliche Übertragung von Anteilen wegen notarieller Beurkundung – kein Zwang zur Bildung gesetzlicher Rücklagen – kein Freibetrag bei der Gewerbesteuer – Aufwendige formelle Erfordernisse bei der Gründung. Ausnahme: UG (haftungsbeschränkt) – Die steuerliche Abwicklung ist komplizierter als bei Personengesellschaften – Der Freibetrag bei der Gewerbesteuer nach dem Gewerbeertrag gilt nicht für die GmbH, – Höhere Anforderungen an Bilanzierung und Offenlegung

Unternehmergesellschaft (haftungsbeschränkt)

Rechtsgrundlagen: *§ 5 a GmbHG*

Die Unternehmergesellschaft/UG (haftungsbeschränkt) ist keine eigene Rechtsform. Sie ist eine Unterform der „klassischen" GmbH, bei der das Stammkapital weniger als 25 000,00 € beträgt.

Für die UG (haftungsbeschränkt) gelten – soweit keine Spezialregelungen zutreffen – ansonsten alle gesetzlichen Regelungen der GmbH.

Gründung	– Es ist ein notariell beurkundeter Gesellschaftsvertrag notwendig. Möglich sind
	  - ein individueller Gesellschaftsvertrag oder
	  - das Musterprotokoll nach *§ 2 Abs. 1 a S. 2 und 3 GmbHG* mit der Anlage *1 a und 1 b*, soweit die Gesellschaft höchstens 3 Gesellschafter und nur einen Geschäftsführer hat.
	– Nur Bargründungen sind erlaubt *(§ 5 a Abs. 2 GmbHG)*.

Handelsregister	Die UG (haftungsbeschränkt) entsteht erst mit Eintragung in das Handelsregister, Abteilung B.

Firma	– Name oder Sachbezeichnung mit dem Zusatz
	  - „Unternehmergesellschaft (haftungsbeschränkt)" oder
	  - „UG (haftungsbeschränkt)".
	– Der Zusatz „mbH" darf nicht geführt werden *(§ 5 a Abs. 1 GmbHG)*.
	– Es gelten die Vorschriften nach *§ 4 GmbHG und § 17 ff. HGB*.

Rechtsverhältnis	Die UG (haftungsbeschränkt) – tritt – vertreten durch die Geschäftsführung – selbstständig im Geschäftsverkehr auf, – kann selbst klagen und verklagt werden, – kann Eigentum erwerben und eigenes Vermögen besitzen, – ist eigenständig steuerpflichtig.
Kapital	– Das Stammkapital kann auf jeden vollen Euro-Betrag lauten, der das Mindeststammkapital nach *§ 5 Abs. 1 GmbHG* unterschreitet *(§ 5 a Abs. 1 GmbHG)*. – Mindeststammkapital im Zeitpunkt der Gründung: 1,00 €. – Maximales Stammkapital: 24 999,00 €. – Bei mehreren Gesellschaftern muss jeder Gesellschafter mindestens 1,00 € Einlage leisten. – Das vereinbarte Stammkapital muss immer in voller Höhe eingezahlt werden (Pflicht zur Volleinzahlung).

Rücklage	– Die UG (haftungsbeschränkt) muss eine gesetzliche Rücklage bilden *(§ 5 Abs. 3 GmbHG)*.
	– Jedes Jahr muss ein Viertel des Jahresüberschusses in die Rücklage eingestellt werden.
	– Die Rücklage darf nur verwendet werden
	  - zur Erhöhung des Stammkapitals,
	  - zum Ausgleich eines Jahresfehlbetrages oder
	  - zum Ausgleich eines Verlustvortrages.
	– Die Verpflichtung zur Bildung der Rücklage entfällt erst, wenn die Gesellschafterversammlung eine Erhöhung des Stammkapitals auf mindestens 25 000,00 € beschließt.

Umwandlung von UG (haftungsbeschränkt) in GmbH	Die Bezeichnung UG (haftungsbeschränkt) kann weiterhin geführt werden, auch dann, wenn das Stammkapital die Grenze von 25 000,00 € überschritten hat.
Organe	– Bei der Gründung der UG (haftungsbeschränkt) muss mindestens ein Geschäftsführer bestellt werden. – Wird das Musterprotokoll verwendet, muss zwingend ein Geschäftsführer bestellt werden. Er vertritt die Gesellschaft.
Haftung	Mit der Eintragung der UG (haftungsbeschränkt) in das Handelsregister entsteht die Haftungsbeschränkung, d. h., für Verbindlichkeiten der UG (haftungsbeschränkt) haftet allein das Gesellschaftsvermögen.
Steuerrecht	– Steuerrechtlich ist die UG (haftungsbeschränkt) wie eine GmbH zu behandeln. – Werden die Gesellschaftsanteile im Betriebsvermögen gehalten, gilt das Teileinkünfteverfahren. – Ist das Gesellschaftsvermögen Privatvermögen, so ist die Abgeltungsteuer anzuwenden.

Gegenüberstellung

	Unternehmergesellschaft = UG (haftungsbeschränkt)	Limited (Ltd.) = Private Company Limited by Shares
Einordnung	Kapitalgesellschaft	Kapitalgesellschaft
Steuer	körperschaftsteuer- und gewerbesteuerpflichtig	Eine Ltd., die nach englischem Steuerrecht in Großbritannien einen Sitz haben muss und die gleichzeitig mit ihrer Geschäftsleitung auch in Deutschland ansässig ist, wird nach dem deutschen *EStG* den deutschen Gewinnermittlungsvorschriften, der Körperschaftsteuer und der Gewerbesteuer unterworfen.
Gründung	Notarkosten	– Keine Notarkosten, – schriftlicher Vertrag nach englischem Recht in englischer Sprache.
Mindesteinlage	1,00 € je Gesellschafter	1,00 Pfund
Handelsregister	einfache Eintragung ins HR	– Eintragung ins englische HR, – beim deutschen HR muss eine Zweigniederlassung angemeldet werden.
Struktur	– Durch Beschluss der Gesellschafterversammlung werden ein oder mehrere Geschäftsführer bestellt. – Die Anmeldung zur Eintragung des bzw. der Geschäftsführer in das Handelsregister setzt die notariell beglaubigte Unterschrift des bzw. der Geschäftsführer voraus.	Eine Ltd. muss zumindest einen „Director" (Vorstand/Geschäftsführer) und einen „Company Secretary" (Schriftführer der Gesellschaft) bestellen. Die meisten Ltd. sind verpflichtet, „Auditors" (Wirtschaftsprüfer) zur Überprüfung der einzureichenden Bilanzen zu bestellen.
Ausweis	Ausweis der Haftungsbeschränkung	
Anzeigepflichten	Der Jahresabschluss muss beim elektronischen Unternehmensregister eingereicht werden.	– Es ist ein registriertes und telefonisch erreichbares Büro – meist ein Anwaltsbüro oder ein Office-Center – zu führen. – Die Führung eines Bankkontos in England ist notwendig. – Der Jahresabschluss muss innerhalb von 9 Monaten in englischer Sprache beim englischen Register vorgelegt werden.
Jahresabschluss	Es gelten die Regelungen des *HGB* und des Steuerrechts.	– Jährlich muss die Ltd. den Bericht der Direktoren, eine Bilanz, eine Gewinn- und Verlustrechnung und ein Testat des Abschlussprüfers einreichen. – Getrennte Abschlüsse a) nach englischem Recht, b) nach deutschem *HGB* und deutschem Steuerrecht.

2.8.4.2 Aktiengesellschaft (nach deutschem Recht)

Rechtsgrundlagen: *Aktiengesetz (AktG)*
                        Handelsgesetzbuch (HGB)
                        EU-Richtlinien zum Gesellschaftsrecht

Kennzeichen und Bedeutung

Die Aktiengesellschaft ist eine Gesellschaft mit eigener Rechtspersönlichkeit.
- *Für die Verbindlichkeiten der AG haftet den Gläubigern nur das Gesellschaftsvermögen.*
- *Die Gesellschafter (= Aktionäre) sind mit Einlagen auf das in Aktien zerlegte Grundkapital beteiligt, ohne für die Verbindlichkeiten der AG zu haften (§1 AktG).*

Bei der AG erfolgt eine Trennung zwischen Kapitalgebern, den Aktionären (Eigentümern), und der Unternehmensleitung. Die Zerlegung des Grundkapitals in kleine Beträge ermöglicht es der AG, sich über den Kapitalmarkt große Geldbeträge zu beschaffen. Daher ist die AG besonders für Großunternehmen mit einem hohen Kapitalbedarf geeignet.

Zu unterscheiden sind
- börsennotierte und
- nicht börsennotierte Aktiengesellschaften.

Von den zurzeit etwa 7800 Aktiengesellschaften einschließlich KGaA in Deutschland sind rund 800 börsennotiert. Von den gesamten Unternehmen werden nur 0,25 % in der Rechtsform der AG geführt, in ihnen sind aber ca. 20 % der Arbeitnehmer beschäftigt. Rund 20 % der Gesamtumsätze aller Unternehmen werden von Aktiengesellschaften erwirtschaftet.

Gründung

Zum Schutz der Kapitalanleger gibt es für die Gründung der AG genaue Rechtsvorschriften *(§§23–53 AktG)*.
Die Gründung erfolgt in zwei Stufen.

1. Stufe: Vorgesellschaft

- An der Feststellung des Gesellschaftsvertrages, der Satzung, müssen sich eine oder mehrere Personen beteiligen, welche die Aktien gegen Einlagen übernehmen *(§2 AktG)*.

- Die Satzung muss mindestens enthalten *(§23 Abs. 3 AktG)*:
    – die Firma, den Gegenstand und den Sitz der AG,
    – die Höhe des Grundkapitals,
    – den Nennbetrag, die Anzahl und die Art der Aktien,
    – die Zahl der Mitglieder des Vorstandes.

- Die Satzung muss durch notarielle Beurkundung festgestellt werden *(§23 AktG)*.

- Die Satzung legt fest, ob eine Bar-, Sachgründung oder gemischte Gründung erfolgen soll *(§§54, 27 AktG)*.

- Mit der Übernahme aller Aktien durch die Gründer ist die Gesellschaft errichtet *(§29 AktG)*.

- Die Gründer bestellen den ersten Aufsichtsrat und den Abschlussprüfer für das erste Geschäftsjahr. Der Aufsichtsrat bestellt sodann den ersten Vorstand *(§ 30 AktG)*.

- Die Vorgesellschaft wird als GbR handlungsfähig. Die Gründer haften persönlich und gesamtschuldnerisch *(§ 41 AktG)*.

2. Stufe: Entstehung der AG

Die AG ist bei dem Amtsgericht, in dessen Bezirk sie ihren Sitz hat, von allen Gründern und Mitgliedern des Vorstandes und des Aufsichtsrates zur Eintragung in das elektronische Handelsregister, Abteilung B, anzumelden *(§ 36 Abs. 1 AktG)*. Die Eintragung wirkt konstitutiv, d.h. rechtsbegründend *(§ 41 Abs. 1 S. 1 AktG)*.

Die AG tritt in die Rechte der Vorgesellschaft ein. Sie übernimmt nur die Verbindlichkeiten der Vorgesellschaft, die in der Satzung oder im Gesetz vorgesehen sind.

Für die **Anmeldung** zur Eintragung ins elektronische Handelsregister bzw. Unternehmensregister ist erforderlich *(§ 37 AktG)*:

- Bestellung der Organe und des Abschlussprüfers *(§ 30 AktG)*,

- Einzahlung der eingeforderten Einlagen *(§§ 36, 36 a AktG)* – eine Vorlage von Einzelnachweisen ist nur bei erheblichen Zweifeln an der ordnungsmäßigen Kapitalaufbringung oder dem Verdacht der „nicht unwesentlichen" Überbewertung der Sachanlagen zu verlangen,

- Vorlage eines schriftlichen Gründungsberichts *(§ 32 AktG)*,

- Prüfung der Gründung durch Vorstand, Aufsichtsrat und die Gründungsprüfer *(§ 33 AktG)*,

- Anmeldung der Gesellschaft durch alle Gründer, den Vorstand und den Aufsichtsrat *(§ 36 AktG)*,

- eine fehlende verwaltungsrechtliche Genehmigung bei einem genehmigungspflichtigen Unternehmungsgegenstand hindert nicht an der Eintragung ins Handelsregister.

Pflichtangaben auf Geschäftsbriefen

Die AG muss nach *§ 80 AktG* auf ihren Geschäftsbriefen und E-Mails folgende Angaben machen:

- Vollständiger Firmenname in Übereinstimmung mit dem im Handelsregister eingetragenen Wortlaut,

- Rechtsform der Gesellschaft,

- Sitz der Gesellschaft,

- Registergericht des Sitzes der Gesellschaft und die Nummer, unter der die Gesellschaft in das Handelsregister eingetragen ist.

- alle Vorstandsmitglieder sowie der Vorsitzende des Aufsichtsrats mit dem Familiennamen und mindestens einem ausgeschriebenen Vornamen. Der Vorsitzende des Vorstands muss als Vorstandsvorsitzender bezeichnet werden.

- Falls die Gesellschaft abgewickelt wird, ist ein entsprechender Hinweis notwendig.

Es sind keine Angaben über das Kapital der Gesellschaft zu machen.

Sollen Angaben über das Kapital auf Geschäftsbriefen aufgeführt werden, so muss in jedem Fall das Grundkapital angegeben werden. Darüber hinaus ist vorgeschrieben, den Gesamtbetrag der ausstehenden Einlagen anzugeben, wenn auf die Aktien der Nennbetrag oder der höhere Ausgabebetrag nicht vollständig eingezahlt ist.

Rechtsverhältnis

Die AG ist
- eine **juristische Person**, d.h. Träger von Rechten und Pflichten,
- eine **Kapitalgesellschaft**,
- **partei-**, aber nicht **prozessfähig**, d.h., sie muss im Prozess durch den Vorstand vertreten werden,
- **deliktsfähig, grundbuchfähig, insolvenzfähig,**
- **scheck- und wechselfähig,**
- **buchführungspflichtig** nach *§ 238 ff. HGB,*
- **publizitätspflichtig**, der Umfang richtet sich nach der Größenklasse *(§ 267 Abs. 1 HGB).*

Firma

Die Firma muss die Bezeichnung „**Aktiengesellschaft**" oder eine allgemein verständliche Abkürzung dieser Bezeichnung, insbesondere „**AG**" enthalten *(§ 4 AktG).*

Beispiele:
- *Lukas Mollidor möchte eine AG gründen. Zweck der Gesellschaft ist der Vertrieb von Neu- und Gebrauchtwagen. Mögliche Firmenbezeichnungen u.a.: Mollidor Autohaus AG, Lukas Auto AG, Molli Fahrzeug AG*
- *Die Müller KG soll in der Rechtsform der AG weitergeführt werden. Firma: Müller AG*

Kapital

Die Höhe des **Grundkapitals** *(= gezeichnetes Kapital)* wird in der Satzung festgelegt.

- Die **Aktie** ist – im Gegensatz zum Geschäftsanteil der GmbH – ein Wertpapier.

- Eine Aktie verbrieft das Mitgliedsrecht an der AG. Aus diesem Recht werden abgeleitet:
  - ein Vermögensrecht, d.h. ein Recht auf Anteil am Bilanzgewinn (Dividende), ggf. Anteil am Liquidationserlös, Bezugsrecht bei Ausgabe neuer Aktien,
  - ein Organschaftsrecht, d.h. Recht auf Teilnahme an der Hauptversammlung, Stimmrecht, Mitverwaltungsrecht, Auskunftsrecht *(§§ 12, 60 Abs. 1, 134 Abs. 1, 271 Abs. 2 AktG).*

- Der Nennbetrag je Aktie beträgt mindestens 1,00 € *(§ 8 Abs. 1 AktG).*

- Das Grundkapital muss mindestens 50 000,00 € betragen *(§ 7 AktG).*

- Eine AG kann immer nur eine Aktienform laut Satzung festlegen.

- Aktien sind börsennotiert *(§ 3 Abs. 2 AktG)*, wenn sie an einem Markt gehandelt werden, der von staatlich anerkannten Stellen geregelt und überwacht wird. An diesem Markt müssen regelmäßig Aktien gehandelt werden und für das Publikum muss der Markt unmittelbar oder mittelbar zugänglich sein (→ „Notierung im geregelten Markt und im amtlichen Handel").

- Die Aktionäre haben die Pflicht, ihre Einlageleistung so zu erbringen, dass entweder der Nennbetrag oder ein höherer Ausgabewert gezahlt wird *(§54 AktG)*; Unterpari-Emissionen sind somit unzulässig. Das bei der Emission erzielte Aufgeld (Agio) ist in die Kapitalrücklage einzustellen.

- Die Aktie ist ein Wertpapier (security) und kann nach den sachenrechtlichen Vorschriften übertragen werden *(§929ff. BGB)*.

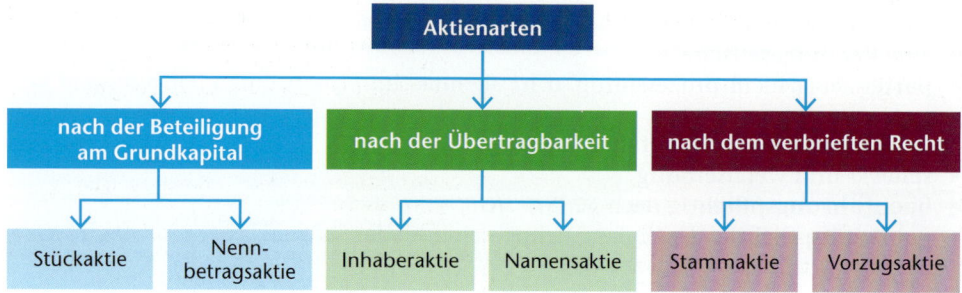

Stückaktie	Nennbetragsaktie
– Die Gesellschaft verfügt über ein nennbetragsmäßig festgesetztes Grundkapital, das in Aktien zerlegt wurde. – Der Aktionär ist zu einem Bruchteil am Grundkapital der AG beteiligt. – Die Gesamtzahl der ausgegebenen Aktien ist in der Satzung angegeben. Durch Division des Grundkapitals durch die Zahl der ausgegebenen Aktien kann rechnerisch der Anteil einer Aktie am Grundkapital ermittelt werden. Er muss mindestens 1,00 € betragen.	– Der Aktionär ist mit dem Nennwert am Grundkapital der AG beteiligt. – Die Summe der Nennwerte aller ausgegebenen Aktien entsprechen dem Grundkapital der AG. – Der Mindestnennwert je Aktie beträgt 1,00 €.
Beispiel: *Das Grundkapital der DETA AG beträgt 5 755 000,00 €. Es wurden 1 825 000 Stückaktien ausgegeben. Julia Schmücker besitzt 30 000 Aktien.* $\dfrac{5\,755\,000}{1\,825\,000} = 3,15342$ *gerundet:* $\underline{3,15\ €}$ *Der rechnerische Anteil einer Aktie am Grundkapital beträgt 3,15 € (= rechnerischer Nennwert).* *30 000 · 3,15342 = 94 602,60 €* *Die Aktionärin ist rechnerisch mit 94 602,60 € am Grundkapital der AG beteiligt.* $\dfrac{30\,000 \cdot 100}{1\,825\,000} = \underline{1,644\,\%}$ *Die Aktionärin besitzt eine Beteiligung von 1,64 % an der AG.*	*Beispiel:* *Das Grundkapital der GenTec 2000 AG beträgt 47 500 000,00 €. Der Nennwert der Aktie beträgt 1,00 €. Paul Decker besitzt 12 000 Aktien.* $\dfrac{12\,000 \cdot 100}{47\,500\,000} = \underline{0,025\,\%}$ *Der Aktionär besitzt eine Beteiligung von 0,025 % an der AG.*

Stammaktie	Vorzugsaktie
Die Aktie gewährt alle satzungsmäßigen und gesetzlichen Aktionärsrechte: – Recht auf Dividende (Gewinnbeteiligung) – Teilnahme an der Hauptversammlung – Stimmrecht in der Hauptversammlung – Bezugsrecht bei der Ausgabe junger Aktien – Anspruch auf Auskunft durch den Vorstand – Anspruch auf Anteil am Liquidationserlös	Die Aktie ist mit einem besonderen Vorrecht ausgestattet. Von Bedeutung ist in Deutschland die kumulative, stimmrechtslose Vorzugsaktie. Die AG beschafft sich hierdurch neues Eigenkapital, ohne dass sich die Stimmrechtsverhältnisse in der Hauptversammlung ändern. – Es wird ein Vorrecht in Form eines nachzuzahlenden Dividendenvorzugs (Mehr- oder Mindestdividende) gewährt. – Bevor die Stammaktionäre eine Dividende erhalten, muss zunächst die Zahlung des Dividendenvorzugs gesichert sein. – Wenn die Ertragsverhältnisse der AG eine Ausschüttung in der versprochenen Höhe nicht zulassen, ist der Dividendenvorzug im nächsten Jahr nachzuzahlen. – Falls die Nachzahlung nicht möglich ist, haben die Aktionäre das Stimmrecht, bis alle Rückstände der vergangenen Jahre nachgezahlt sind.

Namensaktie	Inhaberaktie
Die Übertragung der Aktie (Orderpapier) erfolgt durch Einigung und Übergabe der **indossierten** Aktie. Zusätzlich muss der Aktionär mit Namen, Anschrift und Geburtsdatum in das **Aktienregister** der Gesellschaft eingetragen werden. **Vorteile:** – Verbesserung der Investor Relations durch namentliche Kenntnis der Aktionäre – Stärkung der Bindung des Aktionärs an die Gesellschaft – Frühzeitiges Erkennen feindlicher Übernahmen durch die Gesellschaft – Leichte Identifizierbarkeit von Insidergeschäften durch die Börsenaufsicht – International übliche Aktienart	Die Übertragung der Aktie erfolgt durch Einigung und Übergabe der Aktie. **Vorteile:** – leichte Übertragbarkeit der Aktie – Anonymität des Aktionärs gegenüber der Gesellschaft
In den meisten Fällen existieren heute Aktien nicht mehr in physischen Einzelurkunden. Stattdessen sind die Rechte der Aktionäre in einer **Globalurkunde** zusammengefasst, die bei einer Wertpapiersammelbank hinterlegt ist. Der einzelne Aktionär erlangt ein Miteigentumsrecht nach Bruchteilen an dem auf diese Weise zusammengefassten Wertpapiersammelbestand. Bei einer Eigentumsübertragung tritt anstelle der Übergabe der Aktie die Umschreibung im Depotbuch der Wertpapiersammelbank.	

Organe der AG

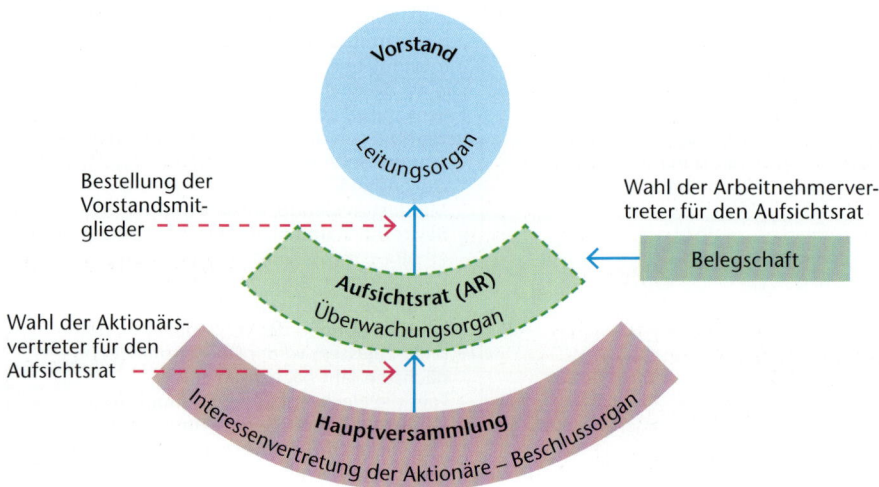

Bestellung der Vorstandsmit-glieder

Wahl der Arbeitnehmerver-treter für den Aufsichtsrat

Wahl der Aktionärs-vertreter für den Aufsichtsrat

Vorstand

Der Vorstand leitet die AG aus eigener Verantwortung. Er muss aus mindestens einer natürlichen Person, bei einer AG mit einem Grundkapital von mehr als 3 000 000,00 € aus mindestens zwei natürlichen Personen bestehen *(§ 76 AktG)*. Der Vorstand wird vom Aufsichtsrat für 5 Jahre bestellt. Weitere Bestellungen für jeweils höchstens 5 Jahre sind zulässig *(§ 84 Abs. 1 AktG)*. Werden mehrere Personen zum Vorstand berufen, so kann der Aufsichtsrat eine Person zum Vorstandsvorsitzenden ernennen *(§ 84 Abs. 2 AktG)*.

Pflichten des Vorstandes

- Geschäftsführung und Vertretung *(§§ 76–78 AktG)*,

- regelmäßige, mindestens vierteljährliche Berichterstattung an den Aufsichtsrat über die geschäftliche Lage der AG *(§ 90 AktG)*,

- Aufstellung des Jahresabschlusses und Lageberichtes,

- Vorlage des Jahresabschlusses, Lageberichtes und Prüfungsberichtes sowie eines Vorschlages für die Verwendung des Bilanzgewinns, über den die Hauptversammlung beschließen soll, an den Aufsichtsrat *(§ 170 AktG)*,

- Offenlegung des Jahresabschlusses mit Bestätigungsvermerk durch Einreichung beim Handelsregister innerhalb von 9 Monaten nach Ende des Geschäftsjahres *(§ 325 ff. HGB)*,

- Einberufung der ordentlichen Hauptversammlung in den ersten 8 Monaten des Geschäftsjahres *(§ 175 AktG)*,

- Sorgfaltspflicht und Wettbewerbsverbot *(§§ 93, 88 AktG)*.

Die Vorstandsmitglieder sind regelmäßig Angestellte der AG. Ihre Bezüge, in der Regel Festgehalt und Beteiligung am Gewinn (Tantieme), sind Einkünfte aus nicht selbstständiger Arbeit *(§ 19 EStG)*.

Aufsichtsrat

Der Aufsichtsrat besteht aus mindestens drei, höchstens 21 Mitgliedern *(§ 95 AktG).*

bei einem Grundkapital			
bis zu	1 500 000,00 €	→	höchstens 9 Mitglieder,
bis zu	10 000 000,00 €	→	höchstens 15 Mitglieder,
mehr als	10 000 000,00 €	→	höchstens 21 Mitglieder.

Die Anzahl der Aufsichtsratsmitglieder muss durch 3 teilbar sein. Der Aufsichtsrat wird von der Hauptversammlung für 4 Jahre gewählt, soweit diese nicht als Aufsichtsratsmitglieder der Arbeitnehmer *(§ 101 AktG, § 76 BetrVerfG, MitbestG, MontanMitbestG)* zu wählen sind.

Ein Aufsichtsratsmitglied kann nicht zugleich Vorstandsmitglied, Stellvertreter eines Vorstandsmitgliedes, Prokurist oder Generalbevollmächtigter der AG sein *(§ 105 AktG).*

Aufgaben des Aufsichtsrates

- Bestellung des Vorstandes *(§ 84 AktG),*

- Überwachung der Geschäftsführung des Vorstandes *(§ 111 Abs. 1 AktG),*

- Abberufung des Vorstandes aus wichtigem Grund *(§ 84 Abs. 3 AktG),*

- Einsichtnahme und Prüfung der Bücher, Schriften und Vermögensgegenstände *(§ 111 Abs. 2 AktG),*

- Prüfung des Jahresabschlusses, des Lageberichtes und des Vorschlages zur Verwendung des Bilanzgewinns und der Berichterstattung über das Ergebnis der Prüfung an die Hauptversammlung *(§ 171 AktG),*

- Einberufung einer außerordentlichen Hauptversammlung, wenn es das Wohl der Gesellschaft erfordert *(§ 111 Abs. 3 AktG),*

- Vertretung der Gesellschaft in gerichtlichen und außergerichtlichen Angelegenheiten gegen die Vorstandsmitglieder *(§ 112 AktG).*

- Insolvenzantragspflicht bei Führungslosigkeit der Gesellschaft.

Die Anzahl der Aufsichtsratsmandate, die eine Person innehaben kann, ist auf zehn begrenzt *(§ 100 Abs. 2 AktG).*

Hauptversammlung

Die Hauptversammlung ist die Interessenvertretung der Aktionäre der AG und zugleich das oberste Beschlussorgan der Gesellschaft.

Die Hauptversammlung **beschließt** über *(§ 119 AktG):*
- die Bestellung der Aktionärsvertreter für den Aufsichtsrat,
- die Verwendung des Bilanzgewinns,
- die Entlastung des Vorstandes und des Aufsichtsrates,
- Satzungsänderungen,
- Kapitalerhöhungen bzw. -herabsetzungen,
- Auflösung der Gesellschaft.

Die **ordentliche Hauptversammlung** wird vom Vorstand einberufen *(§§ 120, 121 AktG)* und vom Aufsichtsratsvorsitzenden geleitet. Sie hat jährlich in den ersten 8 Monaten des Geschäftsjahres stattzufinden. Eine **außerordentliche Hauptversammlung** kann auf

Verlangen einer Minderheit von Aktionären, deren Anteile 5 % des Grundkapitals erreichen, einberufen werden *(§§ 111, 122 AktG)*.

Die Aktionäre üben ihr Stimmrecht nach Stückzahlen oder Aktiennennbeträgen des in der Hauptversammlung vertretenen (anwesenden) Kapitals aus. Es ist ein Verzeichnis aller erschienenen und vertretenen Aktionäre zu erstellen *(§ 129 AktG)*. Gewöhnliche Beschlüsse der Hauptversammlung bedürfen der **einfachen Mehrheit** *(§ 133 Abs. 1 AktG)*, satzungsändernde Beschlüsse einer **qualifizierten Mehrheit** *(§ 179 AktG)*. Eine mehr als 25%ige Beteiligung in der Hand eines Aktionärs bezeichnet man als **Sperrminorität**. Jeder Beschluss der Hauptversammlung ist durch eine notariell aufgenommene Niederschrift zu beurkunden *(§ 130 AktG)*.

Rechte und Pflichten der Aktionäre	
Rechte	**Pflichten**

– Mitwirkungsrechte:
  - Teilnahme an der Hauptversammlung *§ 118 Abs. 1 AktG*
  - Stimmrecht *§§ 12, 134 AktG*
  - Auskunftsrecht *§§ 131, 132 AktG*
  - Anfechtung von HV-Beschlüssen *§ 245 AktG*
– Vermögensrechte:
  - Anspruch auf Dividende *§§ 58 Abs. 4, 60, 174 Abs. 2 Nr. 2 AktG*
  - Bezugsrecht bei Kapitalerhöhungen
  - Anspruch auf Liquidationserlös *§ 271 AktG*
– Minderheitenrechte:
  - Ersatzansprüche *§§ 50, 93 Abs. 4, 3, 116, 117 Abs. 4, 147 AktG*
  - Einberufung der Hauptversammlung *§ 122 AktG*
  - Bestellung von Sonderprüfungen *§§ 142 Abs. 2, 256 Abs. 2 AktG*
	– Leistung der übernommenen Kapitaleinlage *§ 54 Abs. 2 AktG*
	– Treuepflicht
	– Haftung mit dem Wert der Aktien

Weil der Gesamtbetrag des Grundkapitals in eine Vielzahl von Aktien zerlegt ist, die jeweils nur einen Bruchteil des gesamten Grundkapitals ausmachen, ist eine breite Streuung der Aktien innerhalb der Bevölkerung möglich. Dadurch wird auch weniger vermögenden Kapitalanlegern die Gelegenheit geboten, sich am Erfolg und am Wachstum einer großen Unternehmung zu beteiligen.

Die gemeinsame Mittelaufbringung durch die Aktionäre führt dazu, dass insgesamt sehr hohe Beträge zusammengetragen werden können. Die Zahl der deutschen Aktionäre liegt bei 8,7 Millionen. Das bedeutet, dass nahezu 3,8 % der Bundesbürger Aktionäre sind.

An einer Reihe von Aktiengesellschaften sind mehr als 100 000 Aktionäre beteiligt. Diese sog. Publikumsgesellschaften zählen zu den größten deutschen Unternehmungen überhaupt.

Beispiele: Daimler AG, Siemens AG, VW AG, Bayer AG, E.ON AG, Telekom AG

Verwaltungstätigkeiten der Kreditinstitute bei depotverwahrten Aktien
Die meisten Aktionäre geben ihre Aktienbestände ihrem Kreditinstitut in ein **offenes Depot**.

Aufgrund eines zwischen Kreditinstitut (= Verwahrer) und Kunde (= Hinterleger) abgeschlossenen Depotvertrages übernimmt das Kreditinstitut die Verwahrung (§ 688 BGB) und Verwaltung (§ 675 BGB) der Aktien.

Im Zusammenhang mit den im Kundendepot befindlichen Aktien führt das Kreditinstitut die erforderlichen Verwaltungstätigkeiten durch:

- **Dividendeninkasso**: Inkasso und Gutschrift fälliger Gewinnanteilscheine,

- Benachrichtigung des Kunden bei Kapitalerhöhungen und daraus resultierenden **Bezugsangeboten** sowie Ausführung der entsprechenden Bezugsrechtsdispositionen des Aktionärs,

- bei Inhaberaktien sowie bei Namensaktien, wenn die Depotbank als „Legitimationsaktionär" im Aktienregister eingetragen ist: Weiterleitung von **Zwischen- und Geschäftsberichten** der AG an die Aktionäre,

- Weiterleitung der **Einladung zur Hauptversammlung** und der vom Vorstand der AG hierzu ergehenden Mitteilungen (Tagesordnung, Vorschläge der Verwaltung, Gegenanträge),

- Besorgung einer **Eintrittskarte** zur Hauptversammlung einschließlich der erforderlichen **Stimmkarten** für den Fall, dass der Aktionär an der Hauptversammlung teilnehmen möchte,

- **Stimmrechtsausübung** für den Fall, dass der Aktionär an der Hauptversammlung nicht teilnehmen möchte (Vollmachtstimmrecht, *§§ 128, 135 AktG*).

Vom **Vollmachtstimmrecht** macht das Kreditinstitut grundsätzlich nur bei **inländischen Inhaberaktie**n Gebrauch, wenn

- es sich zur Ausübung des Stimmrechts anbietet,

- dem Aktionär einen Vorschlag zur Ausübung des Stimmrechts mitteilt und ihm vor der jeweiligen Hauptversammlung die Unterlagen der Gesellschaft (Tagesordnung, Gegenanträge von Aktionären) übermittelt.

Voraussetzung für das Vollmachtstimmrecht ist *eine* **schriftliche Stimmrechtsvollmacht** *des Aktionärs*.

Zwei Möglichkeiten der Vollmachtserteilung sind zu unterscheiden:

- die allgemeine, jederzeit widerrufliche Vollmacht für alle im Depot des Kunden befindlichen inländischen Aktien,

- die Einzelvollmacht, gültig für eine Hauptversammlung.

Die Stimmrechtsausübung erfolgt ohne Offenlegung des Namens des Aktionärs, d. h. *„im Namen dessen, den es angeht"*.

Das Kreditinstitut muss den Kunden um Weisungen für die Ausübung des Stimmrechts zu den einzelnen Tagesordnungspunkten (TOP) bitten und ihm eigene Vorschläge für die Ausübung des Stimmrechts hierzu unterbreiten, wobei es sich vom Interesse des Aktionärs leiten lassen muss. Der Kunde ist darauf hinzuweisen, dass das Kreditinstitut entsprechend diesen Vorschlägen stimmen wird, wenn er keine Weisungen erteilt. Erteilt der Kunde Weisungen, muss das Kreditinstitut diese befolgen.

In der eigenen Hauptversammlung darf das bevollmächtigte Kreditinstitut das Stimmrecht aufgrund der Vollmacht nur ausüben, soweit der Aktionär eine ausdrückliche Weisung zu den einzelnen Tagesordnungspunkten erteilt hat.

Geschäftsführung

Der **Vorstand** führt die Geschäfte der AG in eigener Verantwortung. Zur Geschäftsführung sind alle Vorstandsmitglieder nur gemeinschaftlich befugt, wenn die Satzung oder die Geschäftsordnung des Vorstandes keine abweichende Regelung bestimmt *(§ 77 Abs. 1, § 82 Abs. 2 AktG)*.

Die Vorstandsmitglieder haben bei ihrer Geschäftsführung die Sorgfalt eines ordentlichen und gewissenhaften Geschäftsleiters anzuwenden. Bei Verletzung dieser Pflicht können sie zum Ersatz des entstandenen Schadens als Gesamtschuldner verpflichtet werden *(§ 93 AktG)*.

Vertretung

Der **Vorstand** vertritt die Aktiengesellschaft in allen gerichtlichen und außergerichtlichen Angelegenheiten. Wenn die Satzung nichts anderes bestimmt, so erfolgt die Vertretung gemeinschaftlich *(§ 78 AktG)*.

Die Vertretungsbefugnis des Vorstandes kann nicht beschränkt werden *(§ 82 Abs. 1 AktG)*.

Gewinnverwendung

Der Vorstand hat dem Aufsichtsrat den Jahresabschluss und den Lagebericht vorzulegen. Zugleich hat der Vorstand dem Aufsichtsrat den Vorschlag vorzulegen, den er der Hauptversammlung für die Verwendung des Bilanzgewinns machen will *(§ 170 AktG)*.
Der Bilanzgewinn ist der nach Abzug eines etwaigen Verlustvortrages und nach Dotierung der gesetzlichen Rücklage und anderer Rücklagen verbleibende Teil des **Jahresüberschusses**.

Gesetzliche Rücklagen

5 % des um einen etwaigen Verlustvortrag geminderten Jahresüberschusses müssen so lange der gesetzlichen Rücklage zugeführt werden, bis die gesetzliche Rücklage und die Kapitalrücklagen zusammen 10 % des Grundkapitals erreichen *(§ 150 Abs. 2 AktG)*.

Freiwillige Rücklage

Vorstand und Aufsichtsrat können bis zur Hälfte des Jahresüberschusses in die freiwilligen Rücklagen einstellen, wenn die Satzung es vorsieht *(§ 58 Abs. 2 AktG)*. Beträge, die in die gesetzliche Rücklage einzustellen sind, sowie ein Verlustvortrag sind vorab vom Jahresüberschuss abzuziehen.

Bilanzgewinn

Der verbleibende Restgewinn wird gemäß des Beschlusses der Hauptversammlung in weitere freiwillige Rücklagen eingestellt, an die Aktionäre als Dividende ausgeschüttet und/oder als Gewinn auf das nächste Jahr vorgetragen *(§ 58 Abs. 3 AktG)*.
Billigt der Aufsichtsrat den Jahresabschluss, so ist er **festgestellt**, sofern nicht Vorstand und Aufsichtsrat beschließen, die Feststellung des Jahresabschlusses der Hauptversammlung zu überlassen *(§ 172 AktG)*.
Die Hauptversammlung beschließt über die Verwendung des Bilanzgewinns *(§ 174 AktG)*. Die Anteile der Aktionäre am Bilanzgewinn bestimmen sich nach der Anzahl ihrer Aktien bzw. dem Verhältnis der Aktiennennbeträge. Den auf die einzelne Aktie entfallenden Gewinnteil bezeichnet man als **Dividende**.

Rechnerische Ermittlung des bilanziellen Eigenkapitals	
vor erfolgter Gewinnverwendung	**nach erfolgter Gewinnverwendung**

Gezeichnetes Kapital
− nicht eingeforderte Einlagen
+ Kapitalrücklage
+ Gewinnrücklagen
− eigene Anteile
+ Eigenkapitalanteil
  der „Sonderposten mit Rücklageanteil"
  und der „Baukostenzuschüsse"
+ Jahresüberschuss
− Jahresfehlbetrag
+ Gewinnvortrag (alt)
− Verlustvortrag (alt)
− auszuschüttender Betrag
= Bilanzielles Eigenkapital
	Gezeichnetes Kapital
	− nicht eingeforderte Einlagen
	+ Kapitalrücklage
	+ Gewinnrücklagen
	− eigene Anteile
	+ Eigenkapitalanteil
	  der „Sonderposten mit Rücklageanteil"
	  und der „Baukostenzuschüsse"
	+ Bilanzgewinn
	− Bilanzverlust
	− auszuschüttender Betrag
	= Bilanzielles Eigenkapital

Für den Jahresabschluss der AG gelten erweiterte Rechnungslegungsvorschriften (*§§ 264–335 HGB*):

- Der Vorstand einer AG hat einen Jahresabschluss (*§ 242 HGB*) mit einem **Anhang** sowie einen **Lagebericht** aufzustellen (*§ 264 Abs. 1 HGB*).

- Die gesonderten Gliederungsvorschriften sind zu beachten (*§ 265 ff. HGB*).

- Die Form der Darstellung und die Gliederung der aufeinanderfolgenden Bilanz sowie der GuV-Rechnung sind beizubehalten (*§ 265 Abs. 1 HGB*), um einen Vergleich zu ermöglichen.

- In der Bilanz und der GuV-Rechnung ist zusätzlich zu jedem Posten der entsprechende Betrag des vorhergehenden Geschäftsjahres anzugeben (*§ 265 Abs. 2 HGB*), um die Entwicklung nachvollziehen zu können.

- Der Jahresabschluss ist innerhalb von drei Monaten des neuen Geschäftsjahres (bei kleinen Kapitalgesellschaften innerhalb von 6 Monaten) aufzustellen (*§ 265 Abs. 1 HGB*). Eine derartige Frist fehlt für Einzelunternehmen und Personengesellschaften.

- Zusätzlich zum Jahresabschluss ist ein Lagebericht zu erstellen (*§ 289 HGB*). Dieser hat einzugehen auf:
  - Vorgänge von besonderer Bedeutung, die nach Ende des Geschäftsjahres eingetreten sind,
  - die voraussichtliche Entwicklung der AG,
  - den Bereich der Forschung und Entwicklung,
  - bestehende Zweigniederlassungen der AG.

- Der Jahresabschluss der AG ist durch einen Wirtschaftsprüfer oder eine Wirtschaftsprüfungsgesellschaft zu prüfen (*§ 319 Abs. 1 HGB*). Der **Abschlussprüfer** hat über das Ergebnis der Prüfung schriftlich zu berichten. Es ist festzustellen, ob die Buchführung, der Jahresabschluss und der Lagebericht den gesetzlichen Vorschriften entspricht. Die Posten des Jahresabschlusses sind aufzugliedern und ausreichend zu erläutern. Über Verstöße gegen Gesetz, Satzung oder Gesellschaftsvertrag sowie über den Bestand des Unternehmens gefährdende oder beeinträchtigende Entwicklungen muss berichtet werden (*§ 321 HGB*).
  Hat der Abschlussprüfer keine Einwendungen gegen das Ergebnis des Jahresabschlusses, so erteilt der Abschlussprüfer den **Bestätigungsvermerk**, sein Testat (*§ 322 HGB*).

Die AG unterliegt wie die GmbH der abgestuften **Publizitätspflicht**.[1]

Die AG …
- *ist eine Gesellschaft mit eigener Rechtspersönlichkeit,*
- *hat ein in Aktien zerlegtes Grundkapital,*
- *entsteht mit der Eintragung ins Handelsregister, Abteilung B,*
- *gilt unabhängig von ihrem Gegenstand als Handelsgesellschaft,*
- *führt eine Firma mit dem Zusatz „AG",*
- *ist als juristische Person selbstständiges Steuersubjekt,*
- *haftet ihren Gläubigern nur mit ihrem Gesellschaftsvermögen.*

Weitere Merkmale der AG sind:
- *Aktionäre können natürliche Personen, Personengesellschaften und juristische Personen sein.*
- *Das Risiko der Aktionäre ist auf die Höhe ihrer Einlagen begrenzt.*
- *Der Gesellschaftsvertrag wird Satzung genannt.*
- *Eine bestehende Firma kann unter Hinzufügung des Zusatzes „AG" fortgeführt werden.*
- *Inhaberaktien können frei übertragen werden.*
- *Organe der AG sind:*
  - *der Vorstand als Leitungsorgan,*
  - *der Aufsichtsrat als Überwachungsorgan,*
  - *die Hauptversammlung als Interessenvertretung der Aktionäre.*
- *Geschäftsführung und Vertretung der AG obliegen dem Vorstand.*
- *Für die AG gelten erweiterte Vorschriften für die Rechnungslegung, Prüfung und Offenlegung.*
- *Für kleinere Aktiengesellschaften gelten Erleichterungen.*

Vorteile	Nachteile
– große Risikostreuung – hohe formale und sachliche Anforderungen – geringes Haftungsrisiko für Aktionäre – leichter Erwerb und einfache Veräußerbarkeit der Kapitalbeteiligung (Aktie) – einfache Kapitalbeschaffung durch Ausgabe „junger Aktien" oder Fremdkapitalaufnahme als emissionsfähiges Unternehmen über die Börse – keine persönliche Bindung zwischen Teilhabern (Aktionären) und Gesellschaft – der Bestand des Unternehmens ist unabhängig von der Zusammensetzung der Aktionäre – die Leitung kann gut von außen kommenden Personen übertragen werden – Trennung von Unternehmensleitung und Kapital – breite Streuung des Eigentums an Produktionsmitteln durch Stückelung des Kapitals in viele kleine Kapitalanteile – starke Marktstellung ermöglicht hohe soziale Leistungen und überdurchschnittliche Investitionen in Forschung und Entwicklung – geeignet für große Unternehmen mit hohem Kapitalbedarf	– umfangreiche Gründungsmodalitäten – hohe Gründungskosten – bei der Gründung der Unternehmung hohe Publizitätspflichten – teure und umfangreiche Auflagen, z. B. Abhaltung der Hauptversammlung, Börsenauflagen – hohe laufende Kosten für umfangreiche Prüfungs- und Publizitätspflichten – ausgeweitete Rechnungslegungs- und Prüfungsvorschriften – Machtkonzentration durch Unternehmenszusammenschlüsse (Konzernbildung) – weitreichende Mitbestimmungsmöglichkeiten der Arbeitnehmer

---

[1] *Vgl. hierzu Seite 215 und Fußnote dort.*

Kleine Aktiengesellschaft

Die Vereinfachung des Aktienrechtes hatte das Ziel, mittelständischen Unternehmungen die Eigenkapitalbeschaffung zu erleichtern, die Chancen für die Sicherung der Unternehmenskontinuität zu erhöhen und gleichzeitig die Vorteile sowohl der GmbH als auch der börsennotierten AG in einer Rechtsform zu vereinen. Durch die Entschlackung der Rechtsvorschriften wurde bürokratischer Ballast entfernt, um die Hürden für die Gründung einer kleinen AG abzusenken.

Kleine Aktiengesellschaft
Die Vereinfachung des Aktienrechtes hatte das Ziel, mittelständischen Unternehmungen die Eigenkapitalbeschaffung zu erleichtern, die Chancen für die Sicherung der Unternehmenskontinuität zu erhöhen und gleichzeitig die Vorteile sowohl der GmbH als auch der börsennotierten AG in einer Rechtsform zu vereinen. Durch die Entschlackung der Rechtsvorschriften wurde bürokratischer Ballast entfernt, um die Hürden für die Gründung einer kleinen AG abzusenken.

	Kleine AG	Vorteile
– **Mindestanzahl der Gründer:**	Eine Person genügt	Gleichstellung mit GmbH-Gründung, Vereinfachung, „Strohmänner" nicht erforderlich
– **Gewinn- verwendung:**	Bis zu 50 Prozent können durch Vorstand und Aufsichtsrat in die Rücklage eingestellt werden; Satzung kann Vorstand und Aufsichtsrat zur Einstellung eines größeren oder kleineren Teils ermächtigen	Mehr Flexibilität bei Ausschüttungen
– **Hauptver- sammlung:** - **Einberufung**	Soweit Aktionäre namentlich bekannt, genügt eingeschriebener Brief	Vereinfachung, Kosteneinsparung, da Bekanntmachung einschließlich Tagesordnung und etwaiger Gegenanträge von Minderheitsaktionären in den Gesellschaftsblättern nicht erforderlich ist
- **Protokoll**	Notarielle Beurkundung der Beschlüsse nur, wenn mindestens Drei-Viertel-Mehrheit für Beschlussfassung erforderlich ist	Vereinfachung, Kosteneinsparung, da obligatorische Beurkundung der Beschlüsse durch notariell aufgenommene Niederschrift entfällt
– **Mitbestim- mung:**	Bei bis zu 500 Beschäftigten keine drittelparitätische Arbeitnehmervertretung im Aufsichtsrat für nach dem 10. August 1994 gegründete AG – im Unterschied zur börsennotierten AG. Für ältere gilt eine Übergangsregelung von 5 Jahren bis zum Wegfall der Mitbestimmung	Gleichstellung mit GmbH-Regelung, Vermeidung psychologischer (Umgründungs-)Hemmnisse, Kosteneinsparung

Die **Kleine AG** ist **nicht** börsennotiert.

Vorteile	Nachteile
– verbessert die Bonität, weil der Finanzbedarf durch einen überschaubaren Personenkreis gedeckt wird, spätere Kapitalerhöhungen sowie der Gang zur Börse können einfacher umgesetzt werden; – strikte Trennung zwischen Aufsichtsrat und Vorstand, der Aufsichtsrat berät und kontrolliert den Vorstand, – erleichtert die Unternehmernachfolge, – der Gründungsaufwand entspricht etwa dem der GmbH, – Geschäftsanteile können ohne juristische und notarielle Beurkundung übertragen werden.	– kostenintensive notarielle Beurkundung notwendig – vergrößert den bürokratischen Aufwand, – verlangt höhere Transparenz, – erschwert die Steuergestaltung.

2.8.4.3 Europäische Aktiengesellschaft – Societas Europaea (SE)

Rechtsgrundlagen: *Verordnung über das Statut der Europäischen Aktiengesellschaft*
Richtlinie über die Stellung der Arbeitnehmer in der
Europäischen Aktiengesellschaft
Nationales Recht, d. h. in Deutschland insbesondere HGB und AktG

Kennzeichen und Bedeutung

Die SE ist eine Rechtsform für Unternehmen, die in verschiedenen Mitgliedsstaaten der Europäischen Union tätig sind oder tätig werden wollen. Sie ist eine Option für bestehende, grenzüberschreitend tätige Gesellschaften.

Gründung

Die SE kann nur von bestehenden AGs und GmbHs gegründet werden.
Es gibt vier **Möglichkeiten** der Gründung:
- Gründung einer Holdinggesellschaft,
- Gründung einer gemeinsamen Tochtergesellschaft,
- Verschmelzung von Aktiengesellschaften aus mindestens zwei Mitgliedsstaaten,
- Umwandlung einer nationalen AG, die seit mindestens zwei Jahren eine Tochtergesellschaft in einem EU-Mitgliedsland hat, in eine SE.

Eine Bar- oder Sachgründung durch natürliche Personen ist nicht möglich.

Register

Die SE wird in das Register des Mitgliedsstaates eingetragen, in dem sie satzungsmäßig den Sitz hat. Der Sitz muss der Ort der Hauptverwaltung sein. Die Eintragung wird im Amtsblatt der Europäischen Gemeinschaft veröffentlicht.

Rechtsverhältnis

Die Verordnung über das Statut regelt Gründung und Organisation der SE; sie verweist immer wieder auf das Recht des Staates, in dem die SE ihren Sitz hat.

Kapital

Das Mindestkapital der SE beträgt 120 000,00 €.

Leitungsorgane

Zwei verschiedene Leitungssysteme sind zulässig:

- das **dualistische System** (z. B. in Deutschland)
  Dieses System ist gekennzeichnet durch ein Leitungsorgan (= Vorstand) und ein Aufsichtsorgan (= Aufsichtsrat).

- das **monoistische System** (z. B. in Großbritannien)
  Dieses System kennt nur ein Verwaltungsorgan (= Verwaltungsrat).

Im dualistischen System sind die Arbeitnehmervertreter im Aufsichtsrat vertreten.
Beim monoistischen System ist in Deutschland ebenfalls die Mitbestimmung zu beachten, d. h., Arbeitnehmervertreter sind in das Leitungsorgan einzubauen.

Rechnungslegung

Die SE muss einen Jahresabschluss erstellen, der aus der Bilanz, Gewinn- und Verlustrechnung, dem Anhang zum Jahresabschluss, dem Bericht zum Geschäftsablauf und zur Lage der Gesellschaft besteht.
Das hierzu gültige Recht ist europaweit zu vereinheitlichen.

2.8.4.4 Kommanditgesellschaft auf Aktien

Rechtsgrundlagen: *Aktiengesetz (AktG)*
                        Handelsgesetzbuch (HGB)

Die Kommanditgesellschaft auf Aktien (§§ 278–290 AktG) ist eine Gesellschaft mit eigener Rechtspersönlichkeit (Sonderform einer AG), bei der
- *mindestens ein Gesellschafter den Gesellschaftsgläubigern unbeschränkt haftet,*
- *die übrigen Gesellschafter (= Kommanditaktionäre) an dem in Aktien zerlegten Grundkapital beteiligt sind, ohne persönlich für die Verbindlichkeiten der Gesellschaft zu haften.*

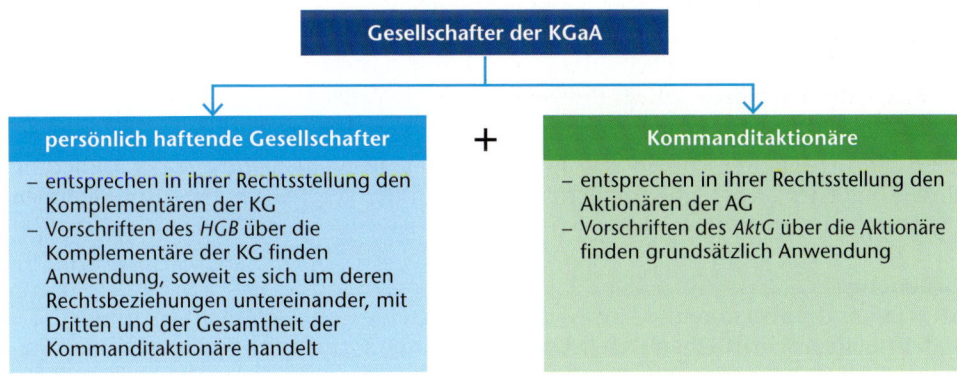

Bedeutung

Die KGaA hat nur geringe Verbreitung gefunden. Sie entwickelt sich in der Regel aus einer Personenhandelsgesellschaft, die infolge Eigenkapitalknappheit auf Wachstumsgrenzen stößt. Die persönliche Haftung der Komplementäre verleiht der KGaA ein hohes Maß an Kreditwürdigkeit. Die Fähigkeiten der grundsätzlich unabsetzbaren Komplementäre entscheiden letztlich über die Unternehmensentwicklung.

Beispiele:
- *Sal. Oppenheim jr. & Cie. KGaA*
- *Henkel & Co. KGaA*

Geschäftsführung und Vertretung
Die Geschäftsführung und Vertretung obliegt den **Komplementären**. Sie übernehmen die Aufgaben des Vorstandes wie bei der Aktiengesellschaft. Ihre rechtliche Stellung ist aber stärker, weil sie nicht vom Aufsichtsrat gewählt, sondern nur beaufsichtigt werden.

Eigenkapital
Zu unterscheiden sind
- die „Kapitalanteile der Komplementäre" und
- das „Grundkapital" aus den Einlagen der Kommanditaktionäre.

2.8.5   Eingetragene Genossenschaft

Rechtsgrundlage: *Genossenschaftsgesetz (GenG)*

Kennzeichen und Bedeutung

Die eingetragene Genossenschaft ist eine juristische Person. Ihr Zweck ist die Förderung des Erwerbs oder der Wirtschaft der Mitglieder mittels gemeinschaftlichen Geschäftsbetriebs (§ 1 GenG).

Ursprünglicher Gedanke der Genossenschaftsidee ist es, dass sich Landwirte oder kleinere Gewerbebetriebe zusammenschließen, um gemeinschaftlich günstiger einkaufen oder verkaufen zu können und damit gegenüber Großunternehmen konkurrenzfähig zu bleiben. Seit 2006 ist die Rechtsform der Genossenschaft auch für soziale und kulturelle Zwecke geöffnet.

Beispiele:
- *Kreditgenossenschaften (Volks- und Raiffeisenbanken)*
- *Wohnungsbaugenossenschaften*
- *Vertriebsgenossenschaften für landwirtschaftliche Betriebe einer Gegend*
- *Einkaufsgenossenschaften für Maler, Dachdecker, Bäcker, Metzger, Landwirte*

Die Genossenschaften fühlen sich heute zunehmend nicht mehr nur der Förderung ihrer Mitglieder verpflichtet, sondern verfolgen in der Regel wie andere Unternehmen die Absicht, Gewinn zu erzielen.

Gründung
Mindestens **drei Personen** *(§ 4 GenG)* beschließen, eine Genossenschaft zu gründen. Sie erstellen einen schriftlichen Gesellschaftsvertrag, die sogenannte **Satzung** (früher: Statut) *(§ 5 GenG)*. Eine notarielle Beurkundung ist hierfür nicht erforderlich.
Nach der Wahl eines Vorstandes und des Aufsichtsrates sowie dem Erwerb der Mitgliedschaft in einem genossenschaftlichen Prüfungsverband kann die Eintragung in das Genossenschaftsregister beantragt werden.[1]

---

[1] *Genossenschaften mit bis zu 20 Mitgliedern können auf den Aufsichtsrat verzichten. Bei einer Bilanzsumme bis 1 Mio. € oder Umsatzerlösen bis 2 Mio. € entfällt die Prüfungspflicht für den Jahresabschluss.*

Die eG erlangt die Rechtsfähigkeit mit der Eintragung ins **Genossenschaftsregister** *(§ 13 GenG)* und muss den Zusatz e. G. in ihrer Firma führen. Der Kreis der Mitglieder der Genossenschaft ist nicht geschlossen, d. h. die eG kann durch Aufnahme neuer Mitglieder erweitert werden. Die **Mitgliedschaft** wird durch schriftliche Beitrittserklärung und Eintragung in eine beim Amtsgericht geführte Mitgliederliste erworben. Jedes Mitglied muss einen **Geschäftsanteil** übernehmen, dessen Höhe in der Satzung festgelegt ist *(§ 15 GenG)*.

In der **Satzung** müssen bestimmt werden *(§§ 6, 7, 36 GenG)*:
- Gegenstand, Firma und Sitz der eG,
- Regelungen über
  - die Form der Berufung der Generalversammlung,
  - den Vorsitz in Versammlungen,
  - die Protokollierung von Beschlüssen,
  - die Form der Bekanntmachungen,
  - die Veröffentlichungsorgane,
- die Höhe des Geschäftsanteiles jedes Mitgliedes sowie Regelungen über die Einzahlungs- und Haftpflicht,
- Grundsätze über die Aufstellung und Prüfung der Bilanz,
- die Bildung eines Reservefonds zur Deckung ggf. sich ergebender Verluste,
- die Anzahl der zur Beschlussfassung erforderlichen Aufsichtsratsmitglieder.

Register
Die Satzung sowie die Mitglieder des Vorstandes sind in das **Genossenschaftsregister** bei dem Gericht einzutragen, in dessen Bezirk die eG ihren Sitz hat *(§ 10 GenG)*. Die Anmeldung hat durch alle Vorstandsmitglieder zu erfolgen *(§ 11 Abs. 1 GenG)*.

Der **Anmeldung** sind beizufügen
- die von allen Mitgliedern unterschriebene Satzung,
- eine Liste der Mitglieder,
- eine Abschrift der Urkunden über die Bestellung des Vorstandes und des Aufsichtsrates,
- die Bescheinigung über den Beitritt zu einem genossenschaftlichen Prüfungsverband,
- Zeichnung der Unterschriften des Vorstandes in öffentlich-beglaubigter Form.

Rechtsverhältnis
Die **eG** ist
- eine **juristische Person** *(§ 17 GenG)*, d. h. Träger von Rechten und Pflichten,
- ist stets **Formkaufmann**, auch wenn sie kein Gewerbe betreibt *(§ 17 GenG, § 6 HGB)*,
- **deliktsfähig**,
- **grundbuchfähig**,
- **scheck- und wechselfähig**.

Firma
Die Genossenschaft nimmt als **Kaufmann** i. S. d. *HGB* am Geschäftsverkehr teil und muss deshalb als Genossenschaft einen Namen führen, über den sie eindeutig identifizierbar ist, unter dem sie klagen und verklagt werden kann. Hierfür gelten die Grundzüge des Firmenrechts. Die Genossenschaft ist verpflichtet auf ihre Rechtsnatur hinzuweisen, d. h., die Genossenschaft muss nach § 3 GenG als **Firma**
- eine Sach-, Fantasie- oder eine Personenbezeichnung führen und
- den Zusatz „eingetragene Genossenschaft" oder die Abkürzung „e. G." enthalten.

Pflichtangaben auf Geschäftsbriefen

Für Genossenschaften gelten entsprechend die für die AG und die GmbH dargestellten Regeln.

Sofern der Aufsichtsrat der Genossenschaft einen Vorsitzenden hat, muss dieser mit dem Familiennamen und mit mindestens einem ausgeschriebenen Vornamen angegeben werden *(§ 25 a GenG)*.

Kapital

Es gibt weder Mindestkapitalvorschriften für die einzelnen Geschäftsanteile der Mitglieder (Genossen) der Genossenschaft noch für die eG insgesamt, soweit die Satzung kein Mindestkapital in Form der Bar- oder Sachgründung oder der Mittelaufbringung durch rein investierende Mitglieder vorschreibt. Durch die Aufnahme oder das Ausscheiden von Genossen kann sich das Gesamtkapital immer wieder verändern. Die Summe der eingezahlten Geschäftsanteile und die Rücklagen bilden das Eigenkapital der Genossenschaft.

In der Satzung sind **Geschäftsanteil**, **Mindesteinzahlungsbetrag** und **Haftsumme** für einen Genossenschaftsanteil festgelegt.

Die Einzahlungen, die Gewinngutschriften und ggf. die Reduzierungen aufgrund von Verlusten bilden das **Geschäftsguthaben** (= tatsächlicher Betrag, mit dem sich der Genosse beteiligt). Gewinne werden so lange gutgeschrieben, bis der Geschäftsanteil erreicht ist.

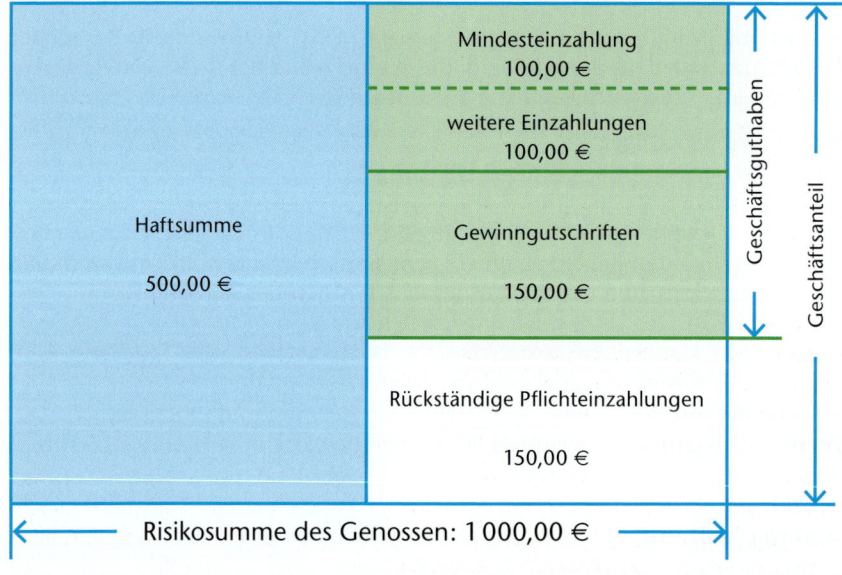

Die Satzung kann für den Insolvenzfall die unbeschränkte oder beschränkte Nachschusspflicht bis zur Höhe der Haftsumme des Genossen bestimmen. Durch die Satzung kann ein Mindestkapital *(§ 8 a GenG)* eingeführt werden, bei dessen Unterschreitung keine Auseinandersetzungsguthaben mehr ausgezahlt werden.

Organe der eG

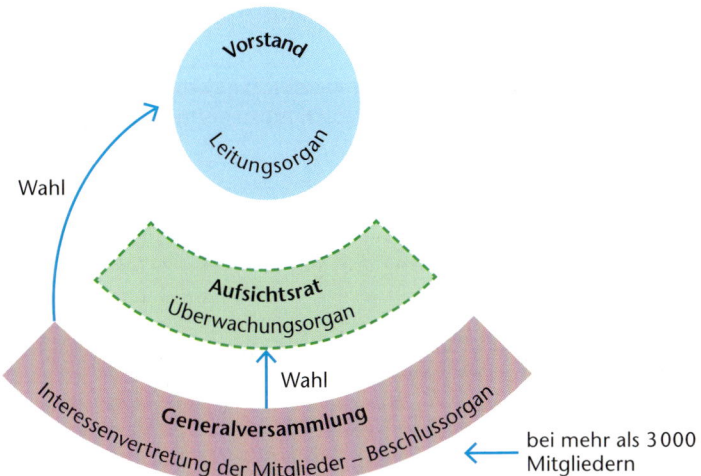

Vorstand

Der **Vorstand** wird – je nachdem wie es die Satzung vorsieht – von der Generalversammlung oder dem Aufsichtsrat gewählt.

Aufgaben des Vorstandes:

- vertritt die Genossenschaft in allen gerichtlichen und außergerichtlichen Angelegenheiten,

- wird von der Generalversammlung gewählt und besteht aus mindestens zwei Mitgliedern *(§ 24 GenG)*,

- nur Mitglieder der Genossenschaft können Vorstandsmitglieder werden *(§ 9 Abs. 2 GenG)*,

- **Vorstandsmitglieder** sind, soweit die Satzung keine andere Regelung vorsieht, nur gemeinschaftlich zur Vertretung der Genossenschaft berechtigt *(§ 25 Abs. 1 GenG)*,

- Vorstandsmitglieder haben bei ihrer Geschäftsführung die Sorgfalt eines ordentlichen und gewissenhaften Geschäftsleiters anzuwenden. Bei Verletzungen ihrer Pflichten sind sie als Gesamtschuldner zum Ersatz des Schadens verpflichtet *(§ 34 GenG)*.

Aufsichtsrat

Der Aufsichtsrat bei mehr als 20 Mitgliedern besteht, soweit die Satzung keine höhere Zahl festsetzt, aus drei von der Generalversammlung zu wählenden Mitgliedern *(§ 36 GenG)*. Bei mehr als 500 Arbeitnehmern sind die für die AG geltenden Vorschriften über die Mitbestimmung anzuwenden *(§§ 76, 77 BetrVG)*.

Aufgaben des Aufsichtsrats sind *(§ 38 GenG)*:

- Überwachung der Geschäftsführung des Vorstandes,

- Einsichtnahme in Bücher und Schriften der eG,

- Prüfung der Vermögensverhältnisse, des Jahresabschlusses und des Lageberichtes, des Vorschlags über die Verwendung des Jahresüberschusses oder die Deckung des Jahresfehlbetrages,

- Bericht der Generalversammlung über die Prüfung,
- Einberufung einer außerordentlichen Generalversammlung, wenn dies im Interesse der Gesellschaft notwendig ist.

Weitere Aufgaben können durch die Satzung bestimmt werden. Der Aufsichtsrat ist berechtigt, die eG bei Abschlüssen von Verträgen mit dem Vorstand zu vertreten *(§ 39 GenG)*.

Generalversammlung

Die Generalversammlung ist das **beschlussfassende Organ** der Genossenschaft. Sie beschließt mit einfacher Mehrheit. Die Abstimmung erfolgt nach Köpfen (1 Mitglied = 1 Stimme), wenn die Satzung keine andere Regelung vorsieht *(§ 43 Abs. 2 GenG)*.

Die Generalversammlung
- wählt den Vorstand und den Aufsichtsrat (mindestens 3 Mitglieder aus ihrer Mitte),
- entscheidet über die Gewinnverteilung,
- kann Weisungen erteilen,
- stellt den Jahresabschluss fest *(§ 48 Abs. 1 GenG)*,
- beschließt Satzungsänderungen und ggf. die Auflösung der eG.

Bei mehr als 3000 Mitgliedern **muss**, bei mehr als 1500 Mitgliedern **kann** eine **Vertreterversammlung** eingerichtet werden. Sie übernimmt dann die Aufgaben der Generalversammlung *(§ 43 a GenG)*.

Rechte der Mitglieder	Pflichten der Mitglieder
– Benutzung der Genossenschaftseinrichtungen – Teilnahme an der Generalversammlung – Gewinnanteilsrecht – Kündigungsrecht – Auszahlung des Geschäftsguthabens bei Ausscheiden – ggf. Anteil am Liquidationserlös	– Leistung des übernommenen Geschäftsanteils – ggf. Nachschusspflicht im Insolvenzfall in Höhe der vereinbarten Haftsumme – Beachtung der Beschlüsse der Generalversammlung

Haftung

Die Genossenschaft haftet für ihre Verbindlichkeiten nur bis zur Höhe ihres Vermögens *(§ 2 GenG)*. Das Vermögen setzt sich aus den Einlagen der Mitglieder, den Geschäftsanteilen, zusammen. Diese werden auch Genossenschaftsanteile genannt, die in der Regel als Geldleistungen oder Sacheinlagen erbracht werden. Sollte im Falle der Insolvenz das Vermögen der Genossenschaft die Gläubiger nicht befriedigen, kann durch die Satzung eine Nachschusspflicht der Mitglieder bestimmt sein. Das Gesetz bestimmt für diesen Fall, dass die Summe des festgelegten Nachschusses nicht geringer sein darf als der Geschäftsanteil.
Die Gründungsmitglieder sind aber nicht verpflichtet, eine Nachschusspflicht in der Satzung zu regeln. Ebenso besteht die Möglichkeit, ein Mindestkapital satzungsmäßig festzuschreiben.
Bei Kreditgenossenschaften tritt im Fall von Verlusten ggf. ein Garantiefonds ein. Die Haftung der Mitglieder ist auf die Höhe ihrer Geschäftsguthaben, ggf. zusätzlich auf die Höhe der vereinbarten Haftsumme beschränkt.

Eintritt in die Genossenschaft – Austritt einzelner Mitglieder

Personen, die nach Gründung der Genossenschaft Mitglied werden möchten, können dies durch schriftliche, unbedingte **Beitrittserklärung** erreichen. Die Beitritterklärung muss zugelassen werden. Sofern nicht die Satzung etwas anderes vorsieht, erfolgt die Zulassung über die Generalversammlung beziehungsweise die Vertreterversammlung. Ist die Genossenschaft auf unbestimmte Zeit gegründet worden, ist die Mitgliedschaft ebenfalls zeitlich nicht begrenzt (Dauerschuldverhältnis). Ein Austritt ist durch **Kündigung**, in Abhängigkeit von der Satzung, möglich *(§ 65 GenG)*. Nach der gesetzlichen Regel kann eine Kündigung nur mit einer dreimonatigen Frist zum Ende des Geschäftsjahres erfolgen. Die Auseinandersetzung mit dem ausscheidenden Gesellschafter erfolgt sodann auf Grundlage der Jahresabschluss-Bilanz. Dadurch soll verhindert werden, dass die Genossenschaft bei Ausscheiden eines Mitglieds während des laufenden Jahres zwecks Auseinandersetzung eigens eine Austrittbilanz anfertigen muss.

Zum anderen soll die Genossenschaft vor dem plötzlichen Ausfall von Mitgliedern, insbesondere dem Abfließen von Kapital, geschützt werden. Längere Kündigungsfristen können durch die Satzung vereinbart sein. Neben der ordentlichen Kündigung kann ein Mitglied aus wichtigem Grund außerordentlich kündigen. Diese Kündigungsgründe hat der Gesetzgeber im *GenG* abschließend aufgeführt *(§ 67 a GenG)*.

Die Kündigung eines einzelnen Mitgliedes führt **nicht zur Auflösung** der Gesellschaft, da diese in ihrem Bestand von den Personen ihrer Mitglieder unabhängig ist.

Eine weitere Möglichkeit aus der Genossenschaft auszutreten, ist die **Übertragung** des Geschäftsguthabens durch schriftlichen Vertrag *(§ 76 GenG)*.

Gewinn- und Verlustbeteiligung
Ein Gewinn oder Verlust ist entsprechend den auf die Geschäftsanteile geleisteten Einzahlungen zu verteilen *(§ 19 GenG)*.

Verbandsprüfung
Jede Genossenschaft muss einem genossenschaftlichen Prüfungsverband angehören *(§ 54 GenG)*. Die Verbandsprüfer prüfen die handelsrechtliche Ordnungsmäßigkeit des Jahresabschlusses und des Lageberichtes *(§ 58 GenG)*.

Rechnungslegung
Es gelten die Vorschriften des *§ 33 GenG* und die Vorschriften des *§ 238 ff. HGB* unter besonderer Ergänzung des *§ 336 ff. HGB*.

Die eG …
- *ist juristische Person,*
- *verfolgt als Formalziel die Förderung des Erwerbs oder der Wirtschaft ihrer Mitglieder (Genossen),*
- *muss immer aus mindestens drei Mitgliedern bestehen,*
- *wird in das Genossenschaftsregister des zuständigen Amtsgerichts eingetragen,*
- *führt eine Firma mit dem Zusatz „eingetragene Genossenschaft" oder „eG",*
- *muss einem genossenschaftlichen Prüfungsverband angehören,*
- *hat drei Organe: die Generalversammlung, den Aufsichtsrat und den Vorstand,*
- *erfordert kein Mindestkapital.*

Es gilt:
- *die Satzung (früher: Statut) der Genossenschaft bedarf der Schriftform,*
- *die auf die Geschäftsanteile der Mitglieder eingezahlten Beiträge heißen Geschäftsguthaben,*
- *die Satzung kann eine beschränkte oder unbeschränkte Nachschusspflicht der Mitglieder vorsehen,*
- *Geschäftsführung und Vertretung obliegen dem Vorstand.*

Vorteile	Nachteile
– das Haftungsrisiko ist für jeden Genossen begrenzbar – für Schulden der eG haftet nur die Genossenschaft – bei der Genossenschaft gilt das Prinzip der Selbstorganschaft. Dadurch bleibt die Leitung dieser Unternehmensform in den Händen der Mitglieder. – flache Hierarchien, Mitbestimmung – finanzielle Sicherheit für den Einzelnen	– mindestens 3 Gründer – Eintragung in das Genossenschaftsregister

2.8.6   GmbH & Co. KG

Rechtsgrundlagen: *§§ 161 – 177 a, 238 – 263, 264 a – 335 b HGB*
GmbHG
Kapitalgesellschaften- und Co.-Richtlinien-Gesetz (KapCoRiLiG)

Im Gesellschaftsrecht können die Parteien die Rechtsverhältnisse selbstständig gestalten, soweit keine zwingenden Rechtsvorschriften vorhanden sind. Das ist vom Gesetzgeber beabsichtigt, damit die rechtlichen, wirtschaftlichen und sonstigen Gegebenheiten des Einzelfalles berücksichtigt werden können.

Infolge der zum Teil erheblichen Unterschiede im Haftungs- und Steuerrecht sind in der Praxis **Kombinationen** aus Personengesellschaften und Kapitalgesellschaften entstanden.

Kennzeichen und Bedeutung

Die GmbH & Co. KG ist eine Personenhandelsgesellschaft. Komplementär (Vollhafter) dieser KG ist eine GmbH.

Gründe für die Wahl dieser Rechtsform können sein:
- Haftungsbeschränkung der Gesellschafter,
- Verbindung der steuerlichen Vorteile von Personen- und Kapitalgesellschaften,
- Sicherung des Bestandes des Unternehmens für den Fall des Todes des Unternehmers unter weitgehender Erhaltung der Firma,
- Ausnutzung der Möglichkeit, einen fachlich kompetenten Geschäftsführer als leitenden Angestellten einzustellen,
- Erleichterung der Kapitalbeschaffung, wenn die Gesellschafter bereit sind, weitere Einlagen in Form von Kommanditeinlagen zu leisten.

In der Rechtsprechung wird die GmbH & Co. KG immer mehr den Kapitalgesellschaften angenähert, weil einerseits die persönliche Haftung fehlt und andererseits die Haftungsmasse begrenzt wird.

Beispiele:
- *Die Firma muss einen auf die Haftungsbeschränkung hinweisenden Vermerk beinhalten, wenn keine natürliche Person unbeschränkt haftet (§ 19 Abs. 5 HGB).*
- *Überschuldung ist, anders als bei Personengesellschaften, Insolvenzgrund.*
- *In den Geschäftsbriefen müssen alle Angaben wie bei Kapitalgesellschaften enthalten sein (§ 177 a i. V. m. §§ 125 a HGB, 35 a HGB, 35 a GmbHG).*
- *Gewährt die Komplementär-GmbH der GmbH & Co. KG ein Darlehen, so kann sie ihre Forderung im Insolvenzfall nicht als Insolvenzforderung anmelden (§ 172 a HGB i. V. m. § 32 a GmbHG).*
- *Einbeziehung in die Publizitätspflicht nach den Regelungen für Kapitalgesellschaften mit geringen Ausnahmen*

Gründung

Die GmbH & Co. KG ist eine **Kommanditgesellschaft**. Aus diesem Grund sind zu ihrer Gründung zwei Gesellschafter notwendig:

- der Komplementär und
- der Kommanditist.

1. Modell: Eine einzelne Person gründet eine GmbH & Co. KG

Eine Person gründet zuerst eine GmbH. Nach Eintragung der GmbH in das elektronische Handelsregister gründet dieselbe Person, die alleinige Inhaberin der GmbH ist, zusammen mit der bereits gegründeten GmbH eine Kommanditgesellschaft, d. h., der alleinige Gesellschafter der GmbH (= hier Komplementär) ist gleichzeitig auch Kommanditist

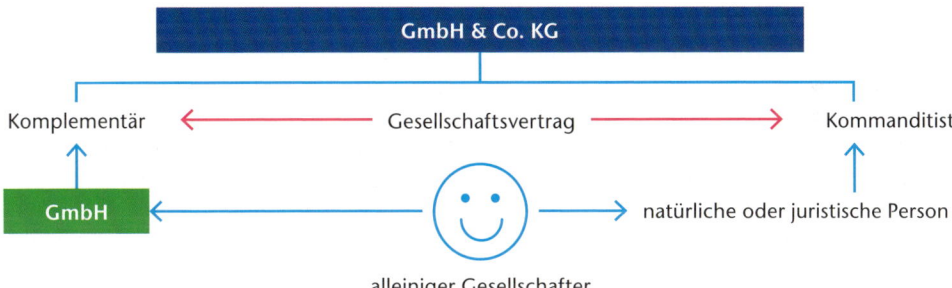

2. Modell: Zwei oder mehr Personen gründen eine GmbH & Co. KG

Zwei oder mehr Personen gründen zuerst eine GmbH. Nach Eintragung in das elektronische Handelsregister gründet die GmbH zusammen mit denselben Personen und ggf. weiteren Personen eine Kommanditgesellschaft.

Für die Gründung der GmbH gelten die Vorschriften des *GmbHG*, für die Gründung der KG die Vorschriften des HGB *(§§ 161–177 a HGB)*.

Gesellschafter

Gesellschafter der GmbH & Co. KG sind
- die juristische Person „GmbH" als Komplementär und
- andere Personen als Kommanditisten.

Kommanditisten können natürliche Personen oder juristische Personen sein. Kommanditisten und Gesellschafter der Komplementär-GmbH können verschiedene Personen sein oder es kann Personenidentität bestehen.

Zur Gründung ist mindestens eine natürliche oder juristische Person notwendig.

Gesellschaftsvertrag

Es ist zu erstellen
- der Gesellschaftsvertrag der GmbH-Gesellschafter,
- der Gesellschaftsvertrag der KG-Gesellschafter.

Der Gesellschaftsvertrag der GmbH muss notariell beurkundet werden *(§ 2 GmbHG)*, der Gesellschaftsvertrag der KG ist dagegen formfrei.

Handelsregister

- Die **GmbH** ist ins Handelsregister *Abteilung B* einzutragen.
- Die Personenhandelsgesellschaft **GmbH & Co. KG** ist ins Handelsregister *Abteilung A* einzutragen.

Rechtsverhältnis

Die GmbH & Co. KG ist
- eine **Personenhandelsgesellschaft,**
- **quasi juristische Person**, besitzt also keine eigene Rechtspersönlichkeit,
- **deliktsfähig,**
- **grundbuchfähig,**
- **scheck- und wechselfähig.**

Firma

Wenn in einer KG keine natürliche Person (persönlich) haftet, muss die Firma eine Bezeichnung enthalten, welche die Haftungsbeschränkung kennzeichnet *(§ 19 Abs. 2 HGB)*.

Beispiel:
- *Komplementär:*   *Dach GmbH*
- *Kommanditist:*   *Herr Manfred Meise*
- *mögliche Firma:*   *Dach GmbH & Co. KG*

Geschäftsführung

Das Recht zur Geschäftsführung steht nur den persönlich haftenden Gesellschaftern zu *(§§ 114, 161 Abs. 2, 164 HGB)*, in diesem Fall den **Komplementären**. Komplementär ist die GmbH, die Geschäftsführung übt innerhalb der GmbH deren Geschäftsführer aus, demnach muss dieser die Geschäfte der KG führen *(§§ 6, 35 GmbHG)*. Es können mehrere Geschäftsführer bestellt werden. Möglich ist auch die Bestellung eines Kommanditisten zum Geschäftsführer.

Geschäftsbriefe

Aus den *§§ 125 a, 177 a HGB* und *34 a GmbHG* ergibt sich, dass auf allen Geschäftsbriefen einer Gesellschaft, bei der keine natürliche Person als persönlich haftender Gesellschafter, sondern eine GmbH oder eine Aktiengesellschaft beteiligt ist, folgende **Angaben** zu machen sind:

- der vollständige Firmenname in Übereinstimmung mit dem im Handelsregister eingetragenen Wortlaut,
- die Rechtsform der Gesellschaft (GmbH & Co. KG, GmbH & Co., OHG, AG & Co. KG, AG & Co. oHG),
- Sitz der Gesellschaft,
- Registergericht des Sitzes der Gesellschaft und die Nummer, unter der die Gesellschaft in das Handelsregister eingetragen ist.

Zusätzlich muss die persönlich haftende Gesellschaft mit Rechtsformzusatz, Sitz, Registergericht des Sitzes und der Nummer, unter der die Gesellschaft eingetragen ist, sowie allen Geschäftsführern und, sofern die Gesellschaft einen Aufsichtsrat gebildet und dieser einen Vorsitzenden hat, der Vorsitzende des Aufsichtsrates mit dem Familiennamen und mindestens einem ausgeschriebenen Vornamen bezeichnet werden.

Vertretung

Allein dem/den Geschäftsführer/n steht unmittelbar für die GmbH Dritten gegenüber die unbeschränkbare Vertretung *(§ 37 Abs. 2 GmbHG)* zu, mittelbar auch für die KG.

Haftung

Die Komplementäre haften unbeschränkt für die Verbindlichkeiten der GmbH sowie der KG. Für die Komplementär-GmbH als juristische Person bedeutet dies, dass die Haftung der GmbH auf das Gesellschaftsvermögen der GmbH beschränkt ist. Somit haftet die **Komplementär-GmbH** umfangmäßig unbegrenzt bis zur Höhe ihres Vermögens *(§§ 128, 161 Abs. 2 HGB)*.

Hat der **Kommanditist** seine Einlage in vollem Umfang erbracht, so ist die Haftung auf die Kommanditeinlage begrenzt, die im Handelsregister eingetragen ist.

Sollte die vereinbarte Einlage noch nicht in voller Höhe vom Kommanditisten geleistet worden sein, haftet dieser Dritten gegenüber unmittelbar und unbeschränkt bis zur Höhe der im Handelsregister eingetragenen Kapitaleinlage, d. h. auch mit seinem Privatvermögen *(§ 171 Abs. 2 HGB)*.

Gewinnverteilung

Sie erfolgt entsprechend den im Gesellschaftsvertrag getroffenen **Vereinbarungen**. Im Zweifel gelten die Vorschriften der KG *(§ 168 HGB)*.

2.8.7   Vergleichbare Rechtsformen in anderen Ländern

Land	Deutsche Rechtsform	Abkürzung	Rechtsform
Belgien	AG	S.a./N.V.	Société anonyme/Naamlase Vennot schap
	GmbH	SPRL	Société privée à responsabilité limitée
		BVBA	Besloten vennootschap met beperkte aansprakelijkheid
Dänemark	OHG	IS	Interessentskab
	KG	KS	Kommanditselskab
	AG	AS	Aktieselskap
	GmbH	ApS	Anspartselskap
	e.G.	Amba	Andelsselskab
Finnland	OHG		Avoin Ighitó
	KG		Kommamditiyhió
	AG	Oy	Osakeyhitó
	GmbH	Oy	Osakeyhitó
	e.G.		Osuuskunta
Frankreich	GbR	SC	Société civile
	OHG	SNC	Société en nom collectif
	KG	SNC	Société en commandite simple
	AG	SA	Société anonyme
	GmbH	SARL	Société à responsabilité limitée
	Einmann GmbH	€L (EUARL)	Enterprise unipersonelle à responsabilité limitée
	e.G.		Société Coopérative
Griechen-land	GmbH	EPE	Eteria periorismenis
	AG	AE	Anonymos Eteria
Groß-britannien Irland	GbR		Unlimited Company
	OHG		Partnership
	KG		Limited Partnership
	GmbH	Ltd	Private Company limited by shares
	AG	Plc	Joint stock Company, public limited company (PLC)
	e.G.		Cooperative Society
Italien	KG	S.a.	Societá in accomandita
	KGaA	Sapa	Societá in accomandita per azioni
	GmbH	SRl.	Societá a Responsabilitá limitata
	AG	SpA	Societá per Azioni
Luxemburg	OHG	S.e.n.C.	Société en nome collectif
	KG	S.e.c.s.	Société en commandite simple
	GmbH	S.a.r.l.	Société à responsabilité limitée
	AG	S.a.	Société anonyme
	KGaA	S.e.c.a.	Société en commandite par actions
	e.G.	S.c.	Société coopérative
Nieder-lande	OHG	VbF	Vennotschap onder Firma
	KG	CV	Commanditaire Vennootschap
	GmbH	BV	Besloten Vennootschap met beperkte aansprakeijkheid
	AG	NV	Naamloze Vennootschap
	KGaA	CVbA	Commanditaire Vennootschap op Andelen
Österreich	OHG	OHG	Offene Handelsgesellschaft
	KG	KG	Kommanditgesellschaft
	GmbH	Ges.m.b.H.	Gesellschaft mit beschränkter Haftung
	AG	AG	Aktiengesellschaft
Polen	GbR		Spólka Akcyjna
	OHG		Spólka handlowa jawna
	KG		Spólka komandytowa
	GmbH	Sp.z.o.o.	Spólka z ograniczona odpowiedzialnoscia
	AG	S.a.	Spólka Akcyjna

Land	Deutsche Rechtsform	Abkürzung	Rechtsform
Portugal	GbR IHG KG GmbH AG		Sociedade Civil Sociedade em nome colectivo Sociedade de Comandita Sociedade por Quotas A sociedade anónima de responsabilidade limitade
Schweden	GbR OHG KG AG	 AB	Enkeltbolag Handelsbolag Kommanditbolag Aktienbolag
Schweiz	GbR OHG KG GmbH AG	 KG GmbH AG/SA	Einfache Gesellschaft Kollektivgesellschaft Kommanditgesellschaft Gesellschaft mit beschränkter Haftung Aktiengesellschaft/Société anonyme
Spanien	OHG KG GmbH AG	SRC SC SRL SA	Sociedad Regular Colectiva Comp. Sociedad en Comandita Sociedad de Responsabilidad Limitada Sociedad Anónima
USA	OHG KG GmbH AG	 LP Ltd. Corp. Inc.	General Partnership Limited Partnership Limited Company/Close Corporation Stock Corporation Public Corporation/Business Corp.

Übersicht

	Einzelunternehmung	Gesellschaft bürgerlichen Rechts (BGB-Gesellschaft/GbR)	Offene Handelsgesellschaft (OHG)
Rechtsgrundlagen	*Allgemeine Vorschriften im BGB, § 1 ff. HGB*	*§§ 705–740 BGB*	*§§ 105–160 HGB*
Allgemeine Merkmale	– Einzelkaufmann – Kleingewerbe-treibender	– Personengesellschaft nach BGB – zu jedem beliebigen Zweck errichtbar	– Personenhandels-gesellschaft – Betrieb eines Handels-gewerbes
	unbeschränkte Haftung	unbeschränkte Haftung aller Gesellschafter oder Haftung auf das Gesell-schaftsvermögen be-schränkt	unbeschränkte Haftung aller Gesellschafter
	natürliche Person	–	quasi juristische Person
Gründung	formfrei	formfreier Gesellschafts-vertrag	formfreier Gesellschaftsvertrag
	1 Person	2 und mehr Personen	2 und mehr Personen
	Entstehung mit der Auf-nahme der werbenden Tätigkeit nach außen		Entstehung nach außen mit dem Zeitpunkt der Geschäfts-aufnahme, spätestens mit der Eintragung ins Handelsregister
Mindestkapital	keine Vorschriften	keine Vorschriften	keine Vorschriften
Firma (Mindestinhalt)	Soweit im Handelsregis-ter eingetragen mit Zusatz: e.K. e.Kfm. e.Kffr.	keine, soweit im Handelsre-gister eingetragen mit Zu-satz: GbR	Zusatz: OHG
Gesetzliche Regelung der Geschäftsführer-befugnis (betrifft das Innenverhältnis und ist vertraglich änderbar)	Inhaber zur Geschäfts-führung berechtigt und verpflichtet	– alle Gesellschafter ge-meinschaftlich – Widerspruchsrecht des einzelnen Gesellschaf-ters	– jeder Geschäftsführer allein (Einzelgeschäftsführer-befugnis) – Widerspruchsrecht des einzelnen Gesellschafters – bei außergewöhnlichen Geschäften: Zustimmung aller Gesellschafter

Kommanditgesellschaft (KG)	Gesellschaft mit beschränkter Haftung (GmbH)	Aktiengesellschaft (AG)	eingetragene Genossenschaft (eG)
§§ 161–177 HGB	*GmbH-Gesetz (GmbHG)*	*Aktiengesetz (AktG)*	*Genossenschaftsgesetz (GenG)*
– Personenhandels-gesellschaft – Betrieb eines Handels-gewerbes	– Kapitalgesellschaft – zu jedem beliebigen Zweck errichtbar	– Kapitalgesell-schaft – zu jedem belie-bigen Zweck errichtbar	Gesellschaft zum Zweck der Förderung des Erwerbs und der Wirtschaft ihrer Mitglieder (= Genossen) mittels gemeinschaftlichen Geschäftsbetriebs (soziale und kulturelle Zwecke möglich)
– unbeschränkte Haf-tung bei mindestens einem Gesellschafter (= Komplementär) – beschränkte Haftung bei mindestens einem Gesellschafter (= Kom-manditist)	GmbH-Gesellschafter sind ent-sprechend ihren Geschäftsanteilen (= Stammeinlagen) an der GmbH beteiligt; ihre Haftung ist auf die Höhe ihrer Stammeinlagen be-schränkt.	Aktionäre sind ent-sprechend ihren Aktienanteilen an der AG beteiligt; ihre Haftung ist auf die Höhe ihrer Akti-eneinlagen be-schränkt.	Mitglieder sind entspre-chend ihren Geschäftsgut-haben an der eG beteiligt; ihre Haftung ist auf die Höhe ihrer Geschäftsgut-haben, ggf. zusätzlich auf die Höhe der festgelegten Haftsumme beschränkt.
quasi juristische Person	juristische Person	juristische Person	juristische Person
formfreier Gesellschafts-vertrag	notarielle Beurkundung des Ge-sellschaftsvertrages oder Muster-vertrages	notarielle Beurkun-dung der Satzung	schriftliche Festlegung der Satzung
2 und mehr Personen	1 und mehr Personen	1 und mehr Personen	3 und mehr Personen
wie bei OHG	Entstehung mit der Eintragung ins Handelsregister	Entstehung mit der Eintragung ins Handelsregister	Entstehung mit der Eintra-gung ins Genossenschafts-register
keine Vorschriften	– Stammkapital (Gezeichnetes Kapital) mind. 25 000,00 € – Mindeststammeinlage je Ge-sellschafter: 1,00 €; höhere Geschäftsanteile müssen durch volle € teilbar sein – Mindesteinzahlung auf jede Stammeinlage 25 %, insge-samt mind. 12 500,00 € – bei UG (haftungsbeschränkt) 1,00 € + $^1/_4$ des JÜ in die ge-setzliche Rücklage bis zur Höhe der Mindesteinzahlung	– Grundkapital (Gezeichnetes Kapital) mind. 50 000,00 € – Mindestnenn-wert je Aktie: 1,00 €	– keine Vorschriften – Geschäftsguthaben muss mindestens 10 % des Geschäftsanteils betragen – die Satzung kann ein Mindestkapital bestim-men (Bar-, Sachgrün-dung oder rein inves-tierende Mitglieder)
Zusatz: KG	Zusatz: GmbH	Zusatz: AG	Zusatz: eG
– jeder Komplementär allein (Einzelgeschäfts-führungsbefugnis) – Kontrollrecht des Kom-manditisten – Widerspruchsrecht des einzelnen Komplemen-tärs – bei außergewöhn-lichen Geschäften: Zustimmung aller Komplementäre, Widerspruchsrecht der Kommanditisten	der Geschäftsführer bzw. die Geschäftsführer gemeinsam (Ge-samtgeschäftsführungsbefugnis)	alle Vorstandsmit-glieder gemeinsam (Gesamtgeschäfts-führungsbefugnis)	alle Vorstandsmitglieder gemeinsam (Gesamtge-schäftsführungsbefugnis)

	Einzelunter-nehmung	Gesellschaft bürgerlichen Rechts (BGB-Gesellschaft/GbR)	Offene Handelsgesellschaft (OHG)
Gesetzliche Regelung der Vertretungsbefugnis (betrifft das Außenverhältnis und ist vertraglich änderbar; in diesem Fall eintragungspflichtig; ihr Umfang ist jedoch unbeschränkt und unbeschränkbar)	Inhaber zur Vertretung berechtigt und verpflichtet	alle Gesellschafter gemeinschaftlich	jeder Gesellschafter allein
Haftung	– Betriebs- und Privatvermögen – unbeschränkt	– Gesellschaftsvermögen und Privatvermögen der Gesellschafter – Gesellschafter haften unbeschränkt, unmittelbar und solidarisch – Gesellschaftsvermögen, wenn die Haftung beschränkt wird	– Gesellschaftsvermögen und Privatvermögen der Gesellschafter – Gesellschafter haften unbeschränkt, unmittelbar und solidarisch
Gesetzliche Regelung der Gewinnverteilung (vertraglich änderbar)	insgesamt	gleiche Anteile am Gewinn und Verlust	– 4 % auf die Kapitaleinlage – Rest nach Köpfen – Verlust nach Köpfen
Auflösungsgründe	– Entscheidung des Inhabers – Insolvenzeröffnung	– Gesellschafterbeschluss – Vertragsablauf – Erreichung/Nichterreichung des Gesellschaftszweckes – Insolvenzeröffnung über das Vermögen eines Gesellschafters, Tod oder Kündigung eines Gesellschafters (soweit nichts anderes vereinbart ist)	– Gesellschafterbeschluss – Vertragsablauf – Insolvenzeröffnung über das Vermögen der OHG
Organe	keine	keine	keine

Kommanditgesellschaft (KG)	Gesellschaft mit beschränkter Haftung (GmbH)	Aktiengesellschaft (AG)	eingetragene Genossenschaft (eG)
– jeder Komplementär allein – Prokuraerteilung an Kommanditisten möglich	der Geschäftsführer bzw. die Geschäftsführer gemeinsam	alle Vorstandsmitglieder gemeinsam	alle Vorstandsmitglieder gemeinsam (Gesamtvertretungsbefugnis)
– Gesellschaftsvermögen und Privatvermögen der Komplementäre – Komplementäre haften wie OHG-Gesellschafter (Kommanditisten haften in Höhe ihrer Kommanditeinlage)	Gesellschaftsvermögen (Gesellschafter haften in Höhe ihrer Stammeinlage)	Gesellschaftsvermögen (Aktionäre haften in Höhe ihrer Aktieneinlage)	Gesellschaftsvermögen ggf. zusätzlich Haftung der Mitglieder bis zur Höhe der in der Satzung festgelegten Haftungssumme; diese muss mindestens der Höhe des Geschäftsanteils entsprechen
– 4 % auf die Kapitaleinlage – Rest in angemessenem Verhältnis – Verlust in angemessenem Verhältnis	im Verhältnis der Geschäftsanteile	im Verhältnis der Aktiennennbeträge	im Verhältnis der Geschäftsguthaben
– wie bei OHG	– Gesellschafterbeschluss (75 % Stimmenmehrheit der abgegebenen Stimmen) – Vertragsablauf lt. Gesellschaftsvertrag – Insolvenzeröffnung über das Vermögen der Gesellschaft	– Hauptversammlungsbeschluss (75 % Stimmenmehrheit der abgegebenen Stimmen) – Vertragsablauf lt. Satzung – Insolvenzeröffnung über das Vermögen der Gesellschaft	– Generalversammlungsbeschluss (75 % Stimmenmehrheit der erschienenen Mitglieder) – Vertragsablauf lt. Satzung – Insolvenzeröffnung über das Vermögen der Gesellschaft
keine	Geschäftsführer – geschäftsführendes Organ (= gesetzl. Vertreter) – 1 oder mehrere Geschäftsführer – Bestellung durch die Gesellschafter	Vorstand – geschäftsführendes Organ (= gesetzl. Vertreter) – 1 oder mehrere Mitglieder – Bestellung durch den Aufsichtsrat	Vorstand – geschäftsführendes Organ (= gesetzl. Vertreter) – mind. 2 Mitglieder – Wahl durch die Generalversammlung
	Aufsichtsrat (bei mehr als 500 Arbeitnehmern zwingend) – überwachendes Organ – mind. 3 Mitglieder	Aufsichtsrat – überwachendes Organ – mind. 3 Mitglieder	Aufsichtsrat bei mehr als 20 Mitgliedern – überwachendes Organ – mind. 3 Mitglieder
	Für die Wahl und Zusammensetzung des Aufsichtsrates gelten ergänzend die Bestimmungen des Drittelbeteiligungsgesetzes, des Mitbestimmungsgesetzes von 1976 und bei Kapitalgesellschaften das Montan-Mitbestimmungsgesetz von 1951		
	Gesellschafterversammlung – beschlussfassendes Organ (Interessenvertretung der Gesellschafter) – 1,00 € Geschäftsanteil = 1 Stimme	Hauptversammlung – beschlussfassendes Organ (Interessenvertretung der Aktionäre) – 1 Aktie = 1 Stimme	Generalversammlung – beschlussfassendes Organ (Interessenvertretung der Mitglieder) – 1 Mitglied = 1 Stimme; bei mehr als 3 000 Mitgliedern besteht die Generalversammlung aus Vertretern der Mitglieder (= Vertreterversammlung)

3.1   Bedürfnisse, Bedarf, Nachfrage

Bedürfnisse

Jeder Mensch empfindet eine Vielzahl von Wünschen, die in der Sprache der Wirtschaft Bedürfnisse genannt werden. Bedürfnisse entstehen gefühlsmäßig. Sie sind zwar individueller Natur, werden aber in hohem Maße durch die Umwelt beeinflusst, in der der einzelne Mensch lebt.

Ein Bedürfnis ist das Gefühl des Mangels, verbunden mit dem Bestreben, diesen Mangel zu beseitigen.

Beispiel: Das Bedürfnis nach Nahrungsaufnahme entsteht aus dem Empfinden eines Mangels, den wir als Hunger bezeichnen. Dieses Mangelempfinden löst Handlungen des Menschen aus, um den Hunger zu stillen, d.h. den Mangel zu beseitigen.

Bedürfnis (Mangelempfinden)	löst Handlungen aus →	Bedürfnisbefriedigung (Mangelbeseitigung)

Bedürfnisarten

Die Bedürfnisse des Menschen unterscheiden sich in ihrer Dringlichkeit. Da der Mensch mit den begrenzt vorhandenen Mitteln nicht alle seine Bedürfnisse zugleich befriedigen kann, wird er die Bedürfnisse entsprechend ihrer Dringlichkeit zu befriedigen suchen.

Nach der Dringlichkeit der Bedürfnisse unterscheidet man zwischen Existenz- und Wahlbedürfnissen.

Existenzbedürfnisse (Grundbedürfnisse) sind Bedürfnisse, deren Befriedigung zur Sicherung der Lebensgrundlagen des Menschen notwendig ist.

Beispiel: Niemand kann auf Dauer ohne Unterkunft, Kleidung und ohne Grundnahrungsmittel wie Brot, Gemüse, Fett, Milch usw. leben.

Wahlbedürfnisse sind die Kultur- und Luxusbedürfnisse.

Beispiele: Verfügt der Einzelne über mehr Geldmittel, als zum „nackten" Leben erforderlich sind, so kann er wählen, welche Bedürfnisse er darüber hinaus befriedigen will. Der eine legt besonderen Wert auf modische Kleidung, der andere besucht gerne Feinschmeckerlokale, ein Dritter erfüllt sich den Wunsch nach einer Videokamera.

Mit zunehmendem Wohlstand und fortschreitender kultureller und technischer Entwicklung treten die Wahlbedürfnisse in den Vordergrund.

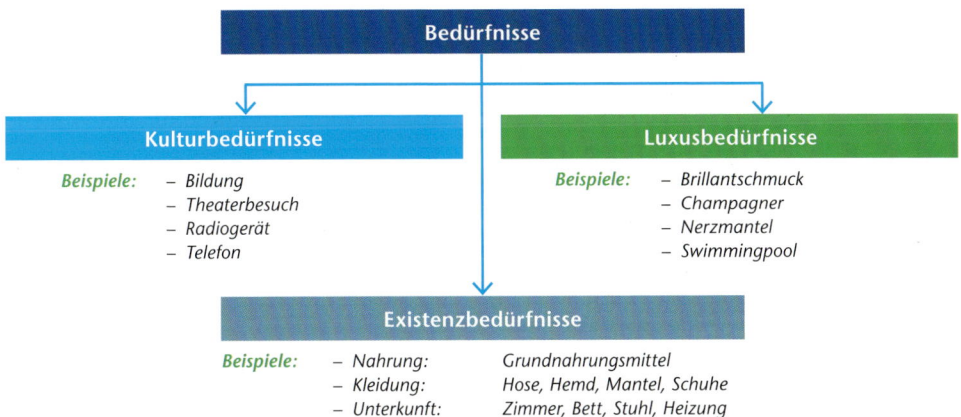

Es ist nicht immer leicht, Existenz-, Kultur- und Luxusbedürfnisse voneinander abzugrenzen.

Beispiele:
- *Die unterschiedlichen Lebens- und Umweltbedingungen führen dazu, dass das Verlangen nach Pelzkleidung von den Eskimos als Existenzbedürfnis, in unseren Breitengraden dagegen als Luxusbedürfnis empfunden wird.*
- *Auch wird der Wunsch nach einem zuverlässigen Auto in seiner Dringlichkeit von einem Taxifahrer höher eingestuft werden als von jemandem, der das Auto nur zu Ausflugsfahrten benutzt.*

Vielfach richtet sich das Streben der Menschen auf die Erlangung von Statussymbolen, um den eigenen Wohlstand und gesellschaftlichen Rang zu demonstrieren.

Eine differenzierte Rangordnung hat der amerikanische Psychologe **Maslow** aufgestellt. Es entspricht der Natur des Menschen, zunächst die niedrigen, existentiell jedoch wichtigsten Bedürfnisse zu befriedigen. Erst danach wird der Mensch seine Kräfte einsetzen, die höheren Bedürfnisse Stufe für Stufe zu befriedigen.

In der sich daraus ergebenden **Bedürfnishierarchie** sind **ökonomische** (wirtschaftliche) und **außerökonomische** (nicht wirtschaftliche) Bedürfnisse enthalten.

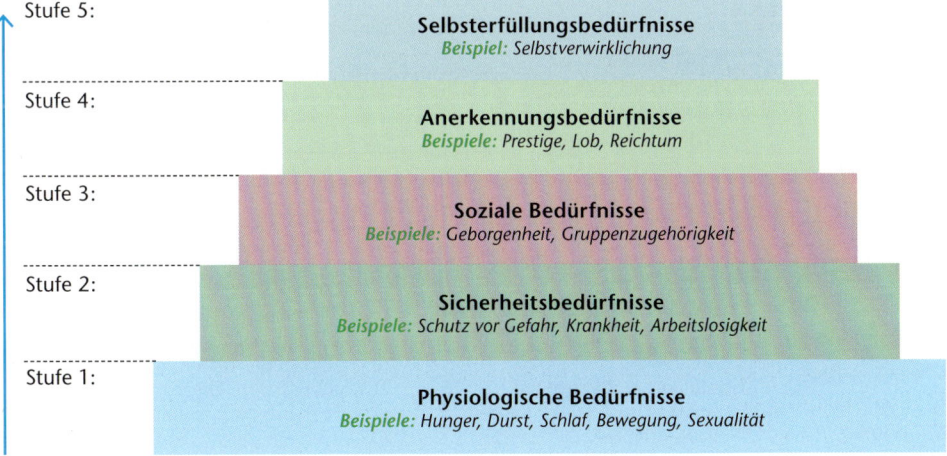

Die Erforschung der Kundenbedürfnisse ist Voraussetzung für ein zielgruppenorientiertes **Bankmarketing**[1].

Die Bedürfnisse der Bankkunden nach den Bankprodukten werden beeinflusst durch Alter, Lebensphase, Verbrauchertyp, sozialen Status, andererseits durch die individuelle Einkommens- und Vermögenssituation.

Dabei unterliegen diese Größen einem stetigen Wandel, wie der folgende Text zeigt:

Demografischer Wandel – strategische Herausforderung für die Banken

(...) Eine Folge der demografischen Entwicklung ist die Verschiebung der Nachfrage von traditionellen Bankprodukten hin zu Produkten der privaten Altersvorsorge: Der heute schon bestehende Trend zu Investmentfonds und anderen kapitalmarktnahen Produkten auf Kosten des Sparbuchs wird sich durch den Bevölkerungswandel verstärken. Kredite und Einlagen werden zurückgehen zugunsten vermehrter integrierter Produkte und Dienstleistungen (d. h. Lösungen zur Vermögensverwaltung, garantierte Produkte, Annuitäten), umfassender Beratungsleistungen (z. B. zur Abwicklung von Erbschaften) und nichtfinanzieller Dienstleistungen (z. B. Kranken- und Pflegeversicherung).

Des Weiteren wird es eine Renaissance der Filialen geben, denn die persönliche, qualifizierte Beratung für komplexe Produkte wird zunehmend nachgefragt werden. Der Kostenfaktor tritt dabei zurück und die Rolle als Vertriebskanal gewinnt an Bedeutung. (...)

Quelle: www.visavis.de/finanzen; Blome, Christoph, 04.09.2007

Aufgrund von Marktuntersuchungen lassen sich verschiedene „Geldtypen" mit jeweils spezifischen finanziellen Zielen und Wünschen unterscheiden.

Beispiele:
- *sicherheitsbedachter Spartyp*
- *zukunftsorientierter Vorsorgetyp*
- *ausgabefreudiger Kredittyp*

Die Überlegungen zur Bedürfnishierarchie der Menschen können somit bankspezifisch angewendet werden.

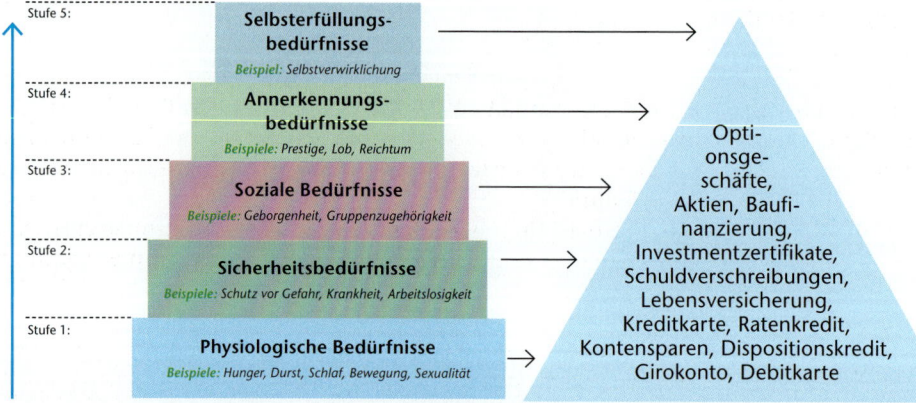

---

[1]   *Vgl. hierzu Seite 393 ff.*

Nach der **Bewusstheit der Bedürfnisse** unterscheidet man zwischen offenen und latenten Bedürfnissen:

- **Offene Bedürfnisse** sind dem Menschen bewusst.

- **Latente Bedürfnisse** sind Wünsche, die erst durch die Umwelt geweckt werden müssen, bevor sie als Bedürfnis empfunden werden.

Beispiel: Die Werbung versucht, die Bedürfnisse der Menschen zu beeinflussen. Andererseits erforschen die Unternehmen die offenen und latenten Bedürfnisse der Verbraucher, um die gewünschten Produkte herzustellen und für sie einen Absatzmarkt zu finden.

Nach der **Art der Bedürfnisbefriedigung** unterscheidet man zwischen Individual- und Kollektivbedürfnissen:

- **Individualbedürfnisse** kann der Einzelne im Rahmen seiner finanziellen Möglichkeiten allein befriedigen.

- **Kollektivbedürfnisse** kann der Einzelne nur mithilfe der Gesellschaft decken.

Beispiele: Straßen, Schulen, geordnete Rechtsprechung, saubere Umwelt

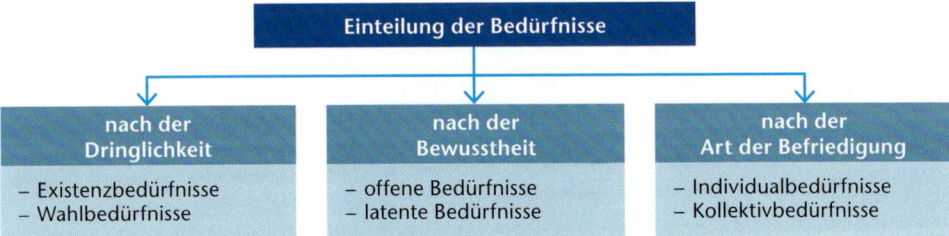

Art und Zahl der Bedürfnisse unterliegen im Verlauf der wirtschaftlichen, technischen und kulturellen Entwicklung einem ständigen Wandel.

Beispiel: Galt vor 50 Jahren ein Schwarzweißfernsehgerät als ausgesprochener Luxusartikel, den sich nur Besserverdienende „leisten" konnten, so ist heute der Besitz eines Fernsehgerätes oder eines DVD-Players für viele bereits zur Selbstverständlichkeit geworden.

Die Bedürfnisse des Menschen sind unbegrenzt. Sie bilden den Ausgangspunkt wirtschaftlichen Handelns.

Bedarf

Nur ein Teil der Bedürfnisse kann befriedigt werden, denn das Ausmaß der Bedürfnisbefriedigung hängt davon ab, ob die hierzu notwendigen Geldmittel zur Verfügung stehen. Angesichts der begrenzten finanziellen Möglichkeiten des Einzelnen bleiben deshalb viele Bedürfnisse unerfüllt.

Zur sinnvollen Verwendung seiner Mittel wird der Mensch seine Bedürfnisse zunächst ihrer Dringlichkeit nach ordnen und sodann entscheiden, mit welchen Gütern er diese Bedürfnisse befriedigen will.

Der Bedarf ist die Summe aller Bedürfnisse, die mit den vorhandenen Geldmitteln befriedigt werden sollen.

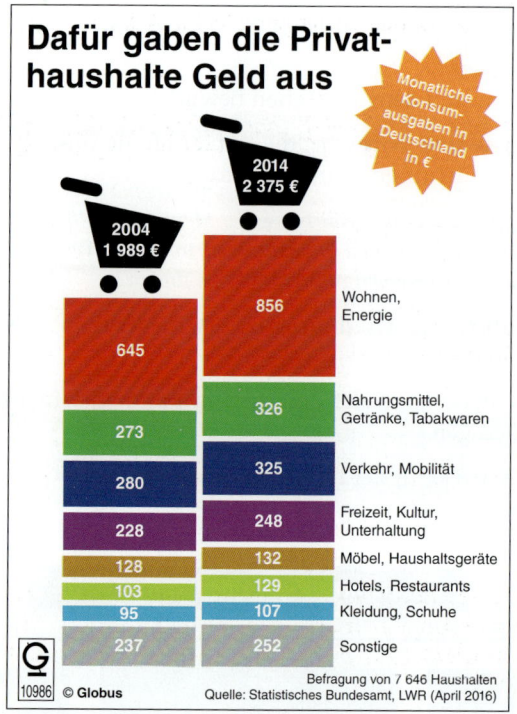

Nachfrage

Der individuelle Bedarf tritt auf dem **Markt** als **Nachfrage** in Form von Kaufwünschen in Erscheinung.

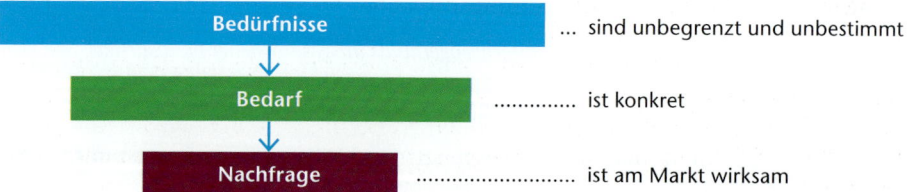

Beispiele:

– *Nach einem anstrengenden Berufsschultag hat die Bankauszubildende Julia Schmücker Lust, ins Kino oder Theater zu gehen.*
– *Sie informiert sich über das Angebot, prüft, ob sie genügend Geld hat, und entscheidet sich für einen Kinobesuch.*
– *Sie löst an der Kinokasse eine Eintrittskarte zum Preis von 10,00 €.*

3.2   Güterangebot

> Als Güter bezeichnet man die Mittel, die der Bedürfnisbefriedigung des Menschen dienen. Sie stiften einen Nutzen, indem sie helfen, die vorhandenen Bedürfnisse zu befriedigen.

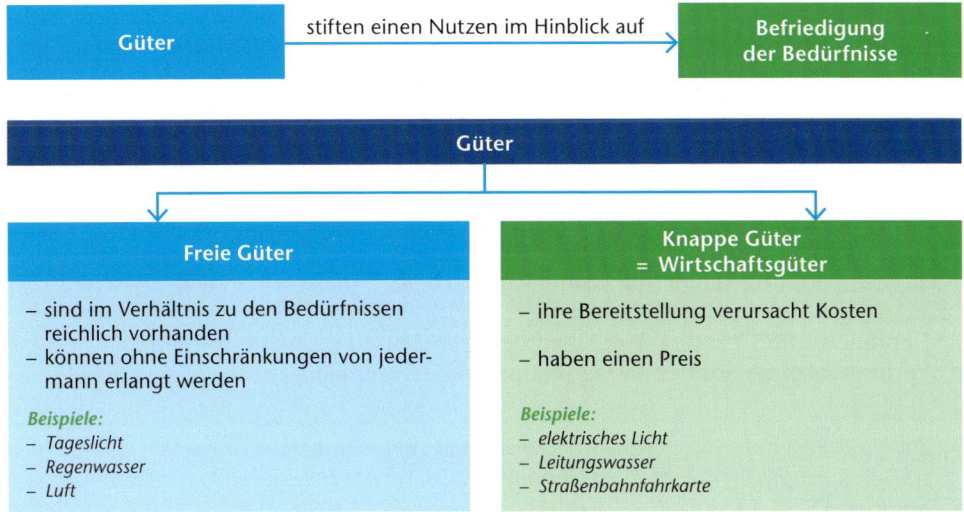

Freie Güter

Es gibt nur wenige Güter, zu deren Beschaffung der Mensch keine Arbeit leisten muss und die von der Natur im Überfluss bereitgestellt werden. Mit diesen sogenannten freien Gütern braucht nicht gewirtschaftet zu werden. Niemand ist bereit, für sie einen Preis zu zahlen.

Knappe Güter

Nahezu alle Güter, die der Mensch benötigt, stellt die Natur entweder nicht in ausreichender Menge oder nicht in sofort verwertbarem Zustand zur Verfügung. Die Knappheit dieser Güter zwingt den Menschen, mit ihnen zu wirtschaften. Er muss versuchen, seine unbegrenzten Bedürfnisse mit den nur in begrenzter Menge vorhandenen Gütern durch sparsames und planvolles Handeln in Einklang zu bringen.

Nur die knappen Güter sind Gegenstand des Wirtschaftslebens; man bezeichnet sie daher auch als **Wirtschaftsgüter**. Gradmesser für die Knappheit bzw. den Wert der Wirtschaftsgüter ist die Höhe des Preises, den man bezahlen muss, um in ihren Besitz zu gelangen.

Nach der **Beschaffenheit der Güter** lassen sich materielle und immaterielle Güter unterscheiden:

- **Materielle** (stoffliche) Güter sind Sachgüter.
- **Immaterielle** (stofflose) Güter sind Dienstleistungen und Rechte.

Beispiele:

- *Dienstleistungen sind der Haarschnitt durch einen Friseur, ebenso wie die Geschäfte der Kreditinstitute und Versicherungen. Auch die Leistungen, die von den Angehörigen der Freien Berufe (Ärzte, Rechtsanwälte, Steuerberater usw.) erbracht werden, sind Dienstleistungen.*
  Charakteristisch für die Dienstleistungen ist, dass sie im Gegensatz zu den Sachgütern nicht auf Vorrat produziert werden können. Ihre Bereitstellung und Inanspruchnahme erfolgen deshalb gleichzeitig.
- *Zu den Rechten zählen Patente, Lizenzen, Geldforderungen, Wegerechte usw.*

Nach der wirtschaftlichen **Verwendung der Güter** unterscheidet man zwischen Konsumgütern und Produktionsgütern:

- **Konsumgüter** dienen unmittelbar der Bedürfnisbefriedigung des Menschen.

Beispiele: Lebensmittel, Haushaltsgeräte, Kinobesuch

- **Produktionsgüter** (Investitionsgüter) dienen dagegen nur mittelbar der Bedürfnisbefriedigung. Sie werden hergestellt und eingesetzt, um damit andere Güter zu produzieren und gegen Entgelt zu verkaufen.

Beispiele: Maschinen, Rohstoffe, automatischer Kassentresor (AKT) im Kreditinstitut

Ein Gut kann sowohl als Produktions- als auch als Konsumgut verwendet werden.

Beispiel: Das Auto, das ein Steuerberater zum Besuch von Mandanten benötigt, ist Produktionsgut. Benutzt der Steuerberater das Auto zu einer Urlaubsreise, so ist es Konsumgut.

Nach der **Nutzungsdauer der Güter** unterscheidet man schließlich zwischen Gebrauchs- und Verbrauchsgütern:

- **Gebrauchsgüter** können über einen längeren Zeitraum genutzt werden.
- **Verbrauchsgüter** können nur einmal verwendet werden.

Beispiele:
- *Zur Herstellung von Schreibtischen werden in einer Möbelfabrik laufend Kreissägen, Fräs- und Schleifmaschinen, Werkzeuge usw. gebraucht, dabei werden Holz, Leim, Lack, Strom usw. verbraucht.*
- *Zur Datenverarbeitung wird der PC gebraucht, dabei werden Papier und Tonermaterial für den Drucker verbraucht.*

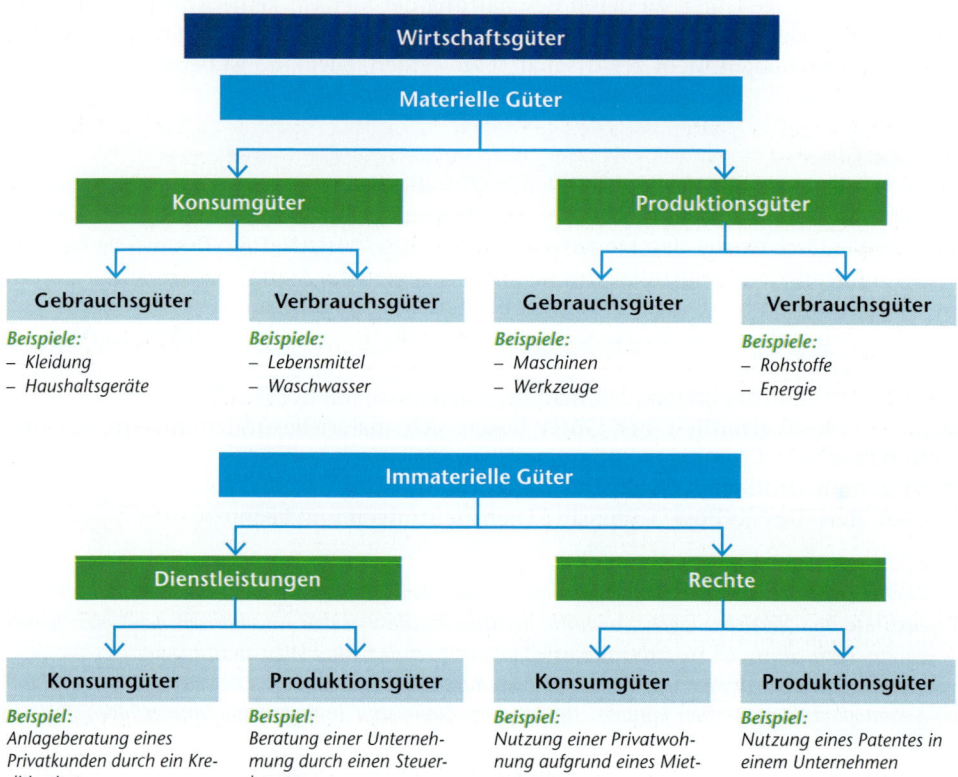

3.3   Wirtschaftliches Handeln im Spannungsfeld von Markt, Nachhaltigkeit und sozialer Verantwortung

Zwischen der Knappheit der Güter auf der einen Seite und der tendenziellen Unbegrenztheit der menschlichen Bedürfnisse auf der anderen Seite besteht ein naturgegebenes Spannungsverhältnis, das die Menschen zwingt, mit den vorhandenen Mitteln zu wirtschaften.

Wirtschaften ist die planvolle Beschaffung und Verwendung knapper Güter zur bestmöglichen Befriedigung menschlicher Bedürfnisse.

3.3.1   Ökonomisches Prinzip

Wirtschaftliches Verhalten vollzieht sich nach dem ökonomischen Prinzip, welches das menschliche Verhalten in vielen alltäglichen Verrichtungen bestimmt.

Das ökonomische Prinzip kann als **Maximum-** oder **Minimumprinzip** formuliert werden: Es entspricht vernunftgemäßem Verhalten, wenn der Mensch versucht, mit den ihm gegebenen Mitteln einen möglichst großen Erfolg zu erzielen oder aber einen bestimmten Zweck mit einem möglichst geringen Einsatz von Mitteln zu erreichen.

Ökonomisches Prinzip	
Maximumprinzip	gegebener Mitteleinsatz ⟶ maximaler Erfolg
	Beispiele: – *Ein Sparer legt sein Kapital bei dem Kreditinstitut an, das ihm den höchsten Zins gewährt.* – *Ein Kaufmann ist bestrebt, seine Ware zu einem möglichst hohen Preis zu verkaufen.* – *Ein Auszubildender versucht, im Rahmen der ihm zur Verfügung stehenden Zeit*
Minimumprinzip	minimaler Mitteleinsatz ⟶ bestimmter Erfolg
	Beispiele: – *Ein Akkordarbeiter ist bestrebt, in möglichst kurzer Zeit seine Arbeitsziele zu erreichen.* – *Eine Schulklasse versucht, die Kosten für den geplanten Ausflug möglichst gering zu halten.* – *Ein Lkw-Fahrer macht die kürzeste Strecke ausfindig, um sein Fahrziel zu erreichen.*

Die Beachtung des ökonomischen Prinzips trägt dazu bei, das Spannungsverhältnis zwischen der Knappheit der Güter und der Unbegrenztheit der Bedürfnisse zu mildern.

3.3.2 Leitmaximen wirtschaftlichen Handelns

Alle Teilnehmer am Wirtschaftsleben verfolgen mit ihrem wirtschaftlichen Handeln charakteristische Ziele.

Private Haushalte

Die privaten Haushalte versuchen, sich durch die Erzielung von Einkommen die Geldmittel für
- die Sicherung ihrer Existenz,
- ein angenehmes, finanziell sorgenfreies Leben,
- die Erlangung von Eigentum und Ansehen

zu beschaffen.

Dies hat zur Folge, dass die privaten Haushalte auf der einen Seite bestrebt sind, ein möglichst hohes Einkommen zu erzielen. Auf der anderen Seite versuchen sie, ihr Einkommen so zu verwenden, dass möglichst viele Bedürfnisse befriedigt werden, d. h. ihren **Nutzen zu maximieren.**

Unternehmungen in der Marktwirtschaft

Erwerbswirtschaftliches Prinzip: Das langfristige Ziel der Unternehmen in der Marktwirtschaft besteht in der **Maximierung des Gewinns** („Erwerbs"), d. h., sie versuchen, eine möglichst hohe Differenz zwischen den betrieblichen Aufwendungen und Erträgen zu erzielen. Um dieses Ziel zu erreichen, sind die Unternehmungen einerseits bestrebt, die Kosten der Produktion möglichst gering zu halten, andererseits aus dem Verkauf ihrer Produkte einen möglichst hohen Erlös zu erzielen.

Öffentliche Unternehmen und Versorgungsbetriebe

Öffentliche Unternehmen und Versorgungsbetriebe stehen im Dienste der Allgemeinheit. Für sie gilt das Bedarfsdeckungsprinzip.

Beispiele: Krankenhäuser, Verkehrsbetriebe, Schulen

Bedarfsdeckungsprinzip: Das Handeln öffentlicher Unternehmen und Versorgungsbetriebe ist in erster Linie auf die Deckung des öffentlichen Bedarfs ausgerichtet, d. h., sie versuchen, eine angemessene Versorgung der Bevölkerung sicherzustellen und gleichzeitig die Kosten der Produktion möglichst gering zu halten.
Wer die Dienstleistungen öffentlicher Unternehmen und Versorgungsbetriebe in Anspruch nehmen möchte, muss zwar in aller Regel hierfür einen Beitrag leisten, doch reichen diese Beiträge gewöhnlich nicht aus, um die Kosten zu decken.
Wird die Kostendeckung nicht erreicht, sind Subventionen der öffentlichen Hand notwendig, um den Betrieb aufrechtzuerhalten.

Beispiel: Die Deutsche Bahn AG hat in den vergangenen Jahren versucht, durch die Aufgabe unrentabler Strecken ihre Kosten zu senken. Dieses Handeln ist am erwerbswirtschaftlichen Prinzip ausgerichtet.
Kritiker der Streckenstilllegungen fordern dagegen, dass die Deutsche Bahn AG ihr Handeln in erster Linie am gemeinwirtschaftlichen Prinzip zu orientieren habe, d. h. so lange Beförderungsdienstleistungen anzubieten habe, wie ein entsprechender Bedarf existiert.

Öffentliche Haushalte und Verwaltungseinrichtungen und sonstige **staatliche Institutionen** sind notwendig, um die Volkswirtschaft funktionsfähig zu erhalten, die öffentliche Ordnung sicherzustellen sowie Rechtssicherheit und Gerechtigkeit zu gewährleisten.

Sie erfüllen ihre Aufgaben aufgrund eines öffentlichen (= gesetzlichen) Auftrags.
Beispiele: Bund, Länder, Gemeinden, Einwohnermeldeämter, Finanzämter, Gerichte

Die notwendigen Geldmittel entstammen dem Steueraufkommen der Bevölkerung. Der **Bundesrechnungshof** bzw. die **Landesrechnungshöfe** wachen darüber, dass die Kosten des Betriebs möglichst gering gehalten und keine unnötigen Ausgaben getätigt werden.

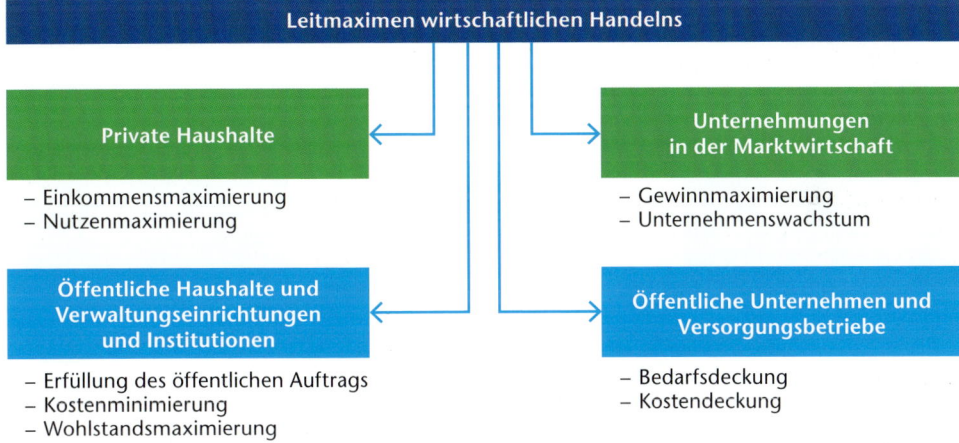

3.3.3 Ziele unternehmerischen Handelns im System der sozialen Marktwirtschaft

Die Unternehmung ist innerhalb der sozialen Marktwirtschaft Bestandteil eines komplexen gesellschaftlichen Umfeldes. Sie muss bei ihren Entscheidungen und Zielsetzungen die Interessen der unterschiedlichen Bezugsgruppen berücksichtigen. Wirtschaftliches Handeln ist immer ein bewusster, durch rationales Denken gesteuerter Prozess. Unternehmungen verfolgen dabei **Zielsetzungen**, die sich nach den grundsätzlichen Aufgaben, die sie zu erfüllen haben, richten.

Erwerbswirtschaftliches Prinzip: Das langfristige Ziel der Unternehmungen in der Marktwirtschaft besteht in der Maximierung des Gewinns (Erwerbs), d. h., sie versuchen, eine möglichst hohe Differenz zwischen den betrieblichen Aufwendungen und Erträgen zu erzielen.

Um dieses Oberziel zu erreichen, streben die Unternehmungen zwei wichtige Zwischenziele an:
- **Kostenminimierung** (kostengünstigste Produktion)
- **Umsatzmaximierung** (größtmöglicher Umsatz)

Bei der Verfolgung seiner Ziele steht die Unternehmung in einem Spannungsfeld der Ansprüche unterschiedlicher Interessengruppen.

Lieferanten
Mitarbeiter und deren Interessenvertreter (Betriebsrat, Gewerkschaften)
Staat
Unternehmungen
Eigenkapitalgeber und deren Interessenvertreter (Arbeitgeberverbände)
Erweiterte Öffentlichkeit (Medien, IHK, Umweltschutzorganisationen, Verbraucherschutzeinrichtungen)
Kreditinstitute
Kunden
Konkurrenten

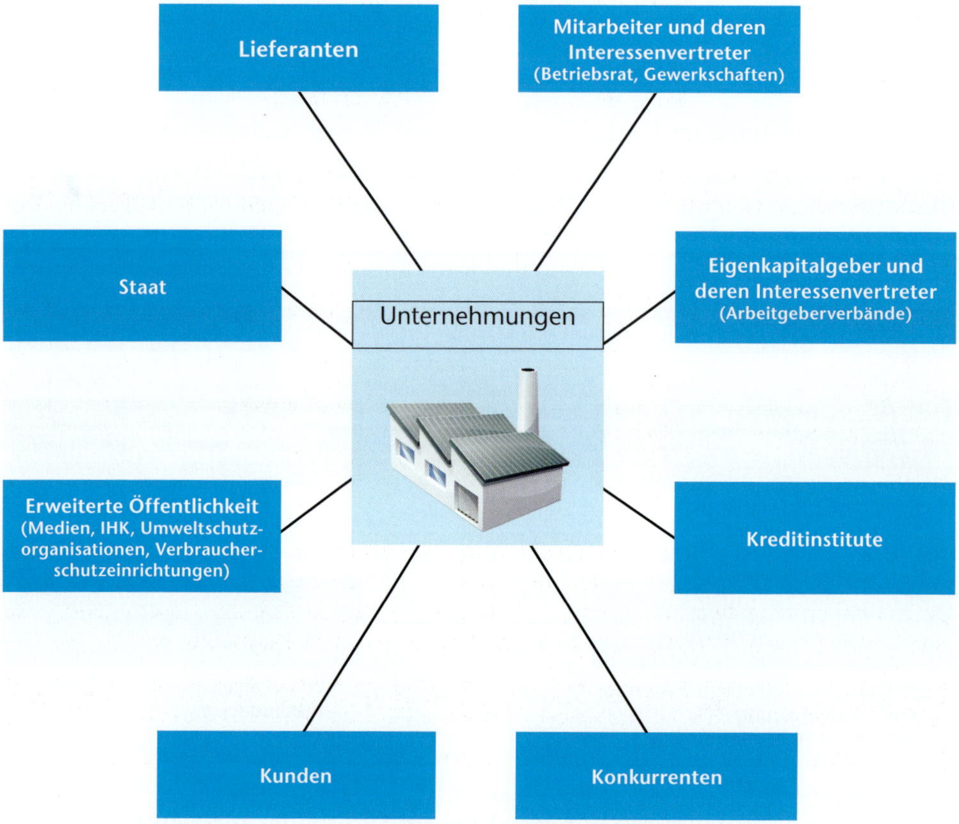

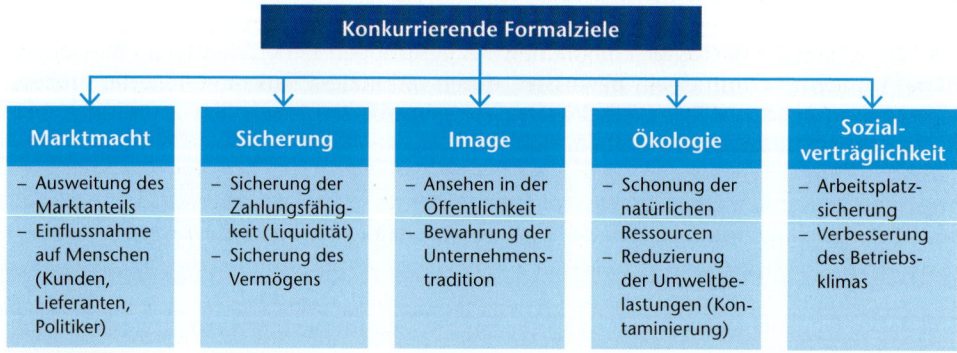

Das Gewinnstreben wird von anderen Formalzielen begleitet oder steht teilweise mit ihnen in Konkurrenz.

Konkurrierende Formalziele
Marktmacht
– Ausweitung des Marktanteils
– Einflussnahme auf Menschen (Kunden, Lieferanten, Politiker)
Sicherung
– Sicherung der Zahlungsfähigkeit (Liquidität)
– Sicherung des Vermögens
Image
– Ansehen in der Öffentlichkeit
– Bewahrung der Unternehmenstradition
Ökologie
– Schonung der natürlichen Ressourcen
– Reduzierung der Umweltbelastungen (Kontaminierung)
Sozialverträglichkeit
– Arbeitsplatzsicherung
– Verbesserung des Betriebsklimas

Formalziele sind allgemeine Handlungsgrundsätze, an denen die Unternehmung ihre langfristigen Entscheidungen ausrichtet. Sie sind nur zu erreichen, wenn die Unternehmung bedarfsgerechte Leistungen (Sachgüter, Dienstleistungen) anbieten kann. Nur für solche Güter ist der Nachfrager bereit, den von der Unternehmung kalkulierten (berechneten) Preis zu zahlen. Die erzielten Einnahmen ermöglichen dem Unternehmen die Beschaffung und den Einsatz der benötigten Produktionsfaktoren.

Sachziel der Unternehmung ist die Produktion nachfragewirksamer Leistungen.

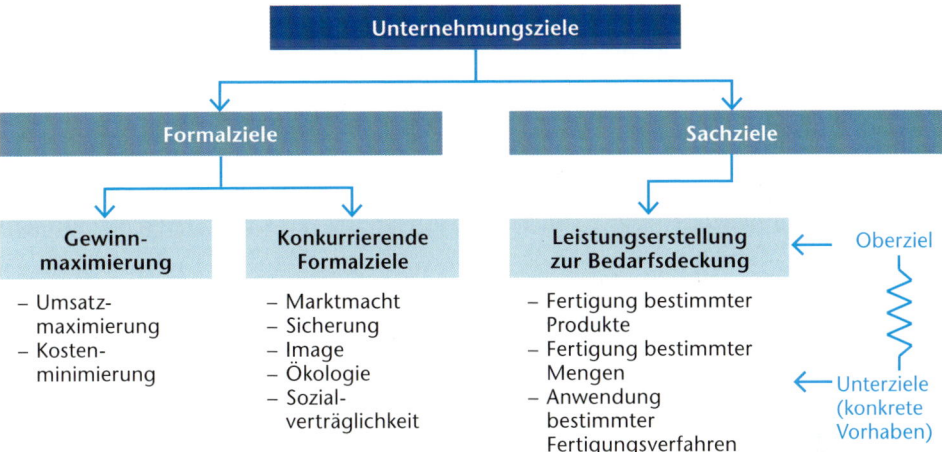

Aus den **Oberzielen** *(z. B. Gewinnmaximierung)* leiten sich **Zwischenziele** ab, aus diesen wiederum die Unterziele als konkrete (greifbare) Vorhaben, die der Zielerreichung dienen. Unternehmen sind bemüht, mehrere Ziele gleichzeitig zu erfüllen. Häufig jedoch ist eine **Zielharmonie** nicht festzustellen, sondern es liegen **Zielkonflikte** vor.

Zielkonflikte			
Rationalisierung	Ökonomie	Unternehmereinkommen	Marktmacht
Arbeitsplatzsicherheit	Ökologie	Arbeitnehmereinkommen	Konkurrenz

Vielfältige **gesellschaftliche Sicherungen** sorgen innerhalb des Systems der sozialen Marktwirtschaft dafür, dass das Gewinnstreben der Unternehmungen nicht einseitig zulasten der Arbeitnehmer und Verbraucher geht:
So findet in den alljährlichen Tarifverhandlungen zwischen Arbeitgeberverbänden und Gewerkschaften stets ein Tauziehen statt, das den Arbeitnehmern ein angemessenes Stück am Unternehmenserfolg sichern soll. Auf den Konsumgütermärkten suchen zahlreiche Verbraucherverbände und Aufklärungsaktionen durch den Staat, den Sachverstand des Verbrauchers gegenüber der Produktvielfalt der Anbieter zu schärfen.

Ein Beispiel für Zielkonflikte ist die Diskussion zm Shareholder-Value- und Stakeholder-Value-Konzept.
Als Shareholder-Value-Konzept bezeichnet man eine Strategie, die bei uns als wertorientierte Unternehmensführung bekannt ist. Ihr Ziel ist es, den Wert eines Unternehmens für den Eigenkapitalgeber, also den Aktionär, zu maximieren. Im Shareholder-Value drückt sich das Aktionärsvermögen, der Wert eines Unternehmens an der Börse aus. Basis für die Ermittlung des Shareholder-Value ist der Free Cashflow. Hierbei werden, vereinfacht ausgedrückt, die Zahlungsmittelabflüsse den Zahlungsmittelzuflüssen gegenübergestellt und anschließend unter Berücksichtigung der Kapitalkosten und des Risikos auf ihren Barwert, den Shareholder-Value, abgezinst. Der Free Cashflow ist

Grundlage möglicher Dividendenzahlungen an die Aktionäre. Er soll nur dann nicht ausgeschüttet werden, wenn seine Verwendung im Unternehmen eine höhere Rendite garantiert, als auf dem Kapitalmarkt mit einer vergleich baren Anlage erzielt werden kann.

Das Stakeholder-Konzept ist die Antwort auf die einseitige Orientierung des Shareholder-Konzeptes an den Interessen der Aktionäre und fordert stattdessen eine umfassende Berücksichtigung anderer Interessengruppen, die in die betrieblichen Prozesse eingebunden oder von diesen betroffen sind.

Stakeholder sind Personen oder Gruppen, die die Erreichung von Unternehmenszielen beeinflussen können oder selbst von der Zielerreichung des Unternehmens betroffen sind.

Das Stakeholder-Value-Konzept geht davon aus, dass die verschiedenen mit dem Unternehmen kooperierenden Personen und Gruppen (Mitarbeiter, Lieferanten, Kapitalgeber, Abnehmer, Staat, Öffentlichkeit, Konkurrenten) durch eben diese Kooperation ihre eigenen Bedürfnisse/Ziele besser befriedigen können als ohne sie. Deswegen halten sie dem Unternehmen „die Stange", den stake. Weil auf der anderen Seite ohne die Kooperation mit den Stakeholdern die Unternehmensziele dauerhaft nicht realisiert werden können, sind ihre Interessen angemessen zu berücksichtigen.

Kreditinstitute im Spannungsfeld der verschiedenen Interessengruppen	
Interessengruppe	**Ansprüche**
Eigenkapitalgeber – Aktionäre bei Banken in der Rechtsform der AG; Mitglieder der Kreditgenossenschaften; öffentliche Gewährträger bei Sparkassen	– hohe Gewinnausschüttung – Werterhaltung/-steigerung des eingesetzten Kapitals – Mitsprache
Kunden	– Einlagensicherheit – hohe Verzinsung der Einlagen – preisgünstige Kredite – umfassender Service – Wahrung des Bankgeheimnisses
Mitarbeiter	– leistungsgerechte Entlohnung – Arbeitsplatzsicherheit – gutes Betriebsklima – Mitbestimmungsmöglichkeiten – Aufstiegschancen – attraktive Arbeitszeiten
Staat	– Zahlung von Steuern – Schaffung von Arbeitsplätzen – Unterstützung der Konjunktur-, Sozial- und Umweltpolitik – Erfüllung des öffentlichen Auftrags (bei Sparkassen)
Erweiterte Öffentlichkeit	– Bereitstellung von Ausbildungsplätzen – Hilfen bei Existenzgründungen – Spenden für gemeinnützige Aufgaben – Unterstützung der Schulen mit Informationsmaterial – Umweltschutz – Kultursponsoring
Konkurrenzinstitute	– faires Wettbewerbsverhalten – Kooperation

3.3.4   Nachhaltiges Wirtschaften – ökologische Ziele

Nach den beiden verheerenden Weltkriegen, der Weltwirtschaftskrise und der Phase des Wiederaufbaus in Europa hat das westliche Wirtschaftssystem mit seinen Prinzipien des Freihandels, des Wachstums und der sozialen Sicherheit beispiellose Erfolge erzielt. Währungsstabilität, Kranken- und Arbeitslosenversicherung, Rentensystem sowie staatlich geförderte Ausbildungsgänge haben vor allem in der Bundesrepublik Deutschland für einen gesellschaftlichen Konsens und Wohlstand gesorgt, der die soziale Marktwirtschaft als gerade vorbildhaftes und alternativloses Modell erscheinen lässt.

Doch ist der **wirtschaftliche Wohlstand** mit einem ebenso beispiellosen Raubbau an der Natur, einer Verschwendung der Ressourcen und einer Ökonomisierung nahezu sämtlicher Lebensbereiche erkauft worden. Noch niemals sind so viele Waren produziert, umgesetzt und verbraucht worden wie heute. Noch kein Jahrhundert ist so leichtfertig mit Rohstoffen, Energien und ererbten Naturwerten umgegangen wie unseres.

Wirtschaft und Gesellschaft sind vor die Aufgabe gestellt, Ökonomie und Ökologie in Einklang zu bringen und gleichzeitig den sozialen Grundkonsens innerhalb der Gesellschaft zu erhalten. Im Einzelnen geht es darum, das Spannungsverhältnis zwischen
- *traditionellem ökonomischen Wachstums- und ökologischem Nachhaltigkeitsdenken,*
- *sozialstaatlicher Sicherung und individueller Verantwortung,*
- *ökologischer Regionalität und Globalisierung der Märkte und Umweltprobleme*

auszugleichen.

Um zu einer Konfliktlösung zwischen den Zielen der Wohlstandsmehrung und Umwelterhaltung zu gelangen, ist 1987 von der Weltkommission für Umwelt und Entwicklung in dem Abschlussbericht „Unsere gemeinsame Zukunft" (Brundland-Bericht) erstmals das Prinzip der Nachhaltigkeit als Leitvorstellung formuliert worden. Nachhaltige Entwicklung wird von dieser Kommission als „Sustainable Development" bezeichnet.

Unter nachhaltigem Wirtschaften – Sustainable Development – versteht man eine wirtschaftliche Entwicklung, die die Bedürfnisse der Gegenwart befriedigt, ohne zu riskieren, dass künftige Generationen ihre eigenen Bedürfnisse nicht befriedigen können. Es ist der Versuch, wegzukommen von einer ausschließlich wachstumsorientierten Wirtschaft, die zumindest teilweise auf einem unwiederbringlichen Ressourcenabbau und einer starken Ungleichverteilung der verfügbaren Ressourcen basiert.

Diese Definition wird inzwischen allgemein verwendet. Gemeint ist ein Wirtschaftsprozess, der langfristig aufrechterhalten werden kann, ohne das „Ökosystem Erde" zu überlasten.

Beispiel: Das Prinzip der Nachhaltigkeit stammt ursprünglich aus der Forstwirtschaft, wo es bereits seit Hunderten von Jahren praktiziert wird. Dort gilt die Regel, dass der jährliche Holzeinschlag nicht größer sein darf als die nachwachsende Holzmenge.

Umweltkonflikte entstehen immer dann, wenn Wirtschaftssubjekte zwischen alternativen Verhaltensweisen entscheiden können und ein ökologisch sinnvolles Verhalten zu individuellen Nachteilen führt.

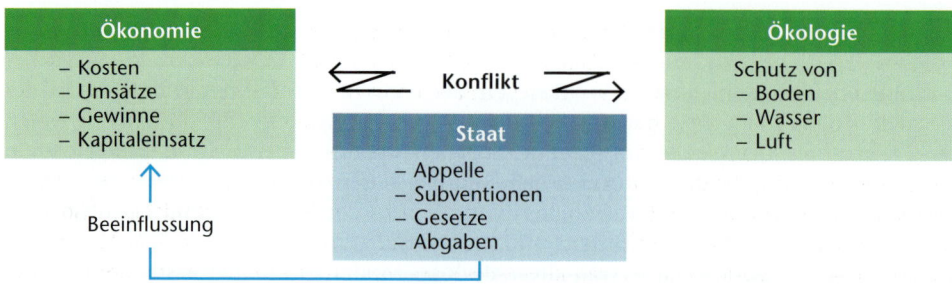

Es besteht die vorrangige Aufgabe darin, Wege eines ökologisch verträglichen Wirtschaftens zu finden. Das bedeutet zunächst, ganzheitlich statt wachstumsorientiert zu denken und den effektiven Naturverbrauch und die erforderlichen Reparaturkosten des Ökosystems in die **wirtschaftliche Gesamtrechnung** einzubeziehen. Ein kurzfristiges Gewinn- und Erfolgsstreben verhindert langfristiges „nachhaltiges Wachstum" unter Einschluss vertretbarer **ökologischer Kosten**. Um nachhaltiges Wachstum zu erreichen, sind tiefgreifende Reformen des Energie-, Verkehrs- und Steuersystems und die Verbesserung der Umweltverträglichkeit der Güterproduktion und des Konsums vonnöten.

Die **Vernachlässigung der Umwelt** kann – vordergründig betrachtet – oftmals den wirtschaftlichen Interessen der Wirtschaftsteilnehmer durchaus entsprechen:

- Umweltverträgliche Güter sind oft teurer.

- Umweltverträgliche Güter genügen vielfach nicht den Qualitätsansprüchen (*z. B. Recyclingpapier*).

- Umweltverträgliche Fertigungsverfahren erfordern einen höheren Kapitaleinsatz.

- Umweltverträgliche Produktionsmengen führen zu geringeren Absatzmengen und damit zu höheren Kosten pro Stück.

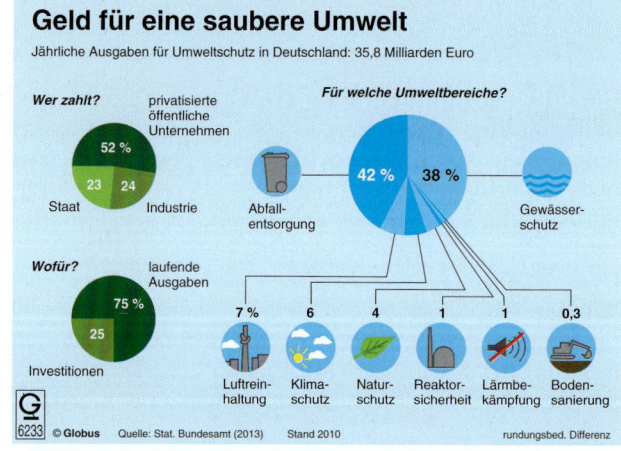

Mit der Lösung dieser Konflikte im Sinne der Umwelt sind die privaten Wirtschaftssubjekte oft überfordert. Hier greift der Staat mit mehr oder weniger scharfen Maßnahmen ein.[1]

Die Umweltsituation als Herausforderung – auch für die amtliche Statistik

Die Schädigung und die Schutzwürdigkeit der natürlichen Umwelt haben in den letzten Jahren im Bewusstsein der Allgemeinheit, in der Medienlandschaft und in den Parteiprogrammen wesentlich an Bedeutung gewonnen. Persönlich erfahrene Umweltbelastungen wie Lärm, Luft- und Wasserverschmutzung führten in weiten Bevölkerungskreisen zu einem geschärften Bewusstsein für die Gefährdung der natürlichen Lebensgrundlagen.

Zunehmend wird deutlich, dass Umwelt- und Wirtschaftspolitik aufeinander abgestimmt werden müssen, dass Manager und Umweltschützer ihre langfristigen Ziele nur in Zusammenarbeit und nicht über Konfrontation erreichen können: Spätestens seit der Konferenz der Vereinten Nationen über Umwelt und Entwicklung im Juni 1992 in Rio de Janeiro ist das Schlagwort „**Sustainability**"

---

[1] *Vgl. zur Umweltpolitik Seite 592 ff.*

oder nachhaltige, zukunftsfähige Entwicklung in aller Munde. Dahinter verbirgt sich die letztlich ökonomische Grundregel, dass ein Kapital, aus dem Einkommen bezogen wird, intakt gehalten werden muss, und zwar – das ist das entscheidend Neue an diesem Ziel – auch und gerade über die zeitlichen Grenzen der Gegenwart hinaus. Das Naturvermögen soll an unsere Kinder möglichst in dem Zustand und Wert übergeben werden, wie wir es von unseren Eltern erhalten haben; Verantwortung für die Zukunft als neues Prinzip. Auf dem Weg zur „Sustainability" sind Maßnahmen von Interesse und Bedeutung, die die Effizienz des Einsatzes natürlicher Ressourcen verbessern, die einen Strukturwandel zu umweltschonenden wirtschaftlichen Tätigkeiten fördern und die auch im Verhalten der Konsumenten die Inanspruchnahme von Umweltgütern auf das erforderliche Mindestmaß reduzieren.

International vergleichbares und anerkanntes Maß der Entwicklung eines Landes ist das Bruttoinlandsprodukt[1]. Das Bruttoinlandsprodukt kann aber nicht als umfassender Wohlstandsindikator gelten – obwohl die Ergebnisse oft so aufgefasst werden –, da der wesentliche Faktor Natur und seine zunehmende Zerstörung ebenso wenig einbezogen werden wie andere Tatbestände, die zwar im Zusammenhang mit wirtschaftlichen Aktivitäten stehen, aber nicht mit Geldströmen verbunden sind (Tätigkeit im Haushalt o. Ä.). Insgesamt hat sich das Bruttoinlandsprodukt in den letzten dreißig Jahren mehr als verdoppelt. Aus Umweltsicht ist dabei von Interesse, inwieweit dieses starke Wachstum der wirtschaftlichen Leistung mit einer erhöhten Inanspruchnahme natürlicher Ressourcen einherging. Der Entwicklung des Bruttoinlandsproduktes werden deshalb die Veränderungen der Bevölkerungszahl, des Flächenverbrauchs, des Energie- und Rohstoffverbrauchs und ausgewählter Luftschadstoffe gegenübergestellt.

Um den Bereich „Mensch – Wirtschaft – Umwelt" statistisch besser erfassen zu können und den „Sustainability"-Ansatz empirisch umsetzen zu helfen, wurden im Statistischen Bundesamt die **Umweltökonomischen Gesamtrechnungen (UGR)** ins Leben gerufen. Die Schwerpunkte des Konzepts sind:

- Systematische Sammlung physischer Daten über die Entstehung von Belastungen
  - Stoffbilanzen von Produktion und Konsum (vom Rohstoff zum Abfall),
  - Flächenbilanzen (Umweltverträglichkeit der Siedlungsstruktur),
- Indikatoren des Umweltzustandes (Wirkungsseite),
- Umweltökonomische Aktivitäten (Kosten des Umweltschutzes).

Für noch tiefer gehende Aussagen sind Ergebnisse zu Stoffflüssen, Rohstoffbilanzen, Emissionen nach Wirtschaftssektoren in Verbindung mit deren Produktion sowie weiterer Felder der UGR erforderlich. Umfassende Ergebnisse zu diesen Schwerpunkten des UGR-Ansatzes sind noch in der Entwicklung.

Quelle: Statistisches Bundesamt, Datenreport 2006, S. 381; ab Zeile 21 eigene Ausführungen

---

[1] *Zum Begriff Bruttoinlandsprodukt und zur volkswirtschaftlichen Gesamtrechnung vgl. Kapitel 5, Seite 409 ff.*

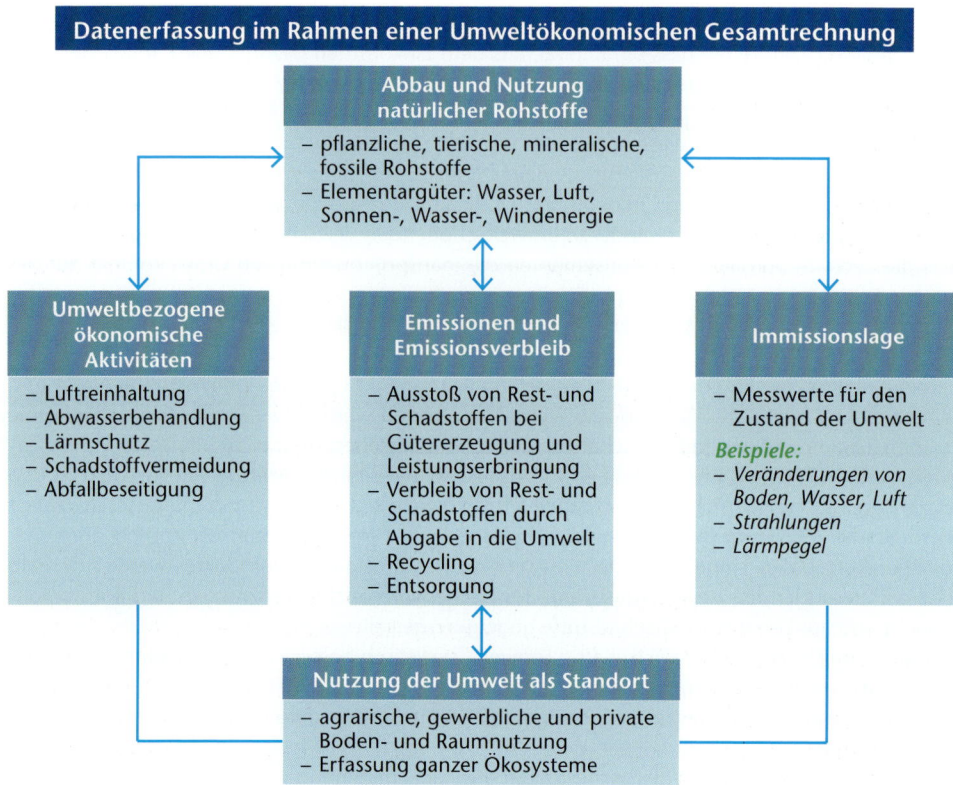

3.3.5 Unternehmensleitlinien – Corporate Identity

Das Zielsystem der Unternehmung findet seinen Ausdruck häufig in Unternehmensleitlinien.

Unternehmensleitlinien sind schriftlich formulierte Grundsätze, die dazu dienen, gemeinsame Vorstellungen von Management und Mitarbeitern zu artikulieren und den unternehmerischen Kurs für die Zukunft festzulegen.

Sie bieten Orientierungshilfen bei der Tätigkeit jedes einzelnen Mitarbeiters in der Weise, dass alle Beteiligten ihr Verhalten daraufhin überprüfen können, ob es mit den Unternehmensleitlinien übereinstimmt.

Die Umsetzung der Unternehmensleitlinien verleiht der Unternehmung eine spezielle **Corporate Identity**, also eine spezifische, möglichst unverwechselbare Identität. Die Unternehmensleitlinien werden – um akzeptiert zu werden – im Idealfall von Mitarbeitern und Management gemeinsam entwickelt. Nur so lässt sich die gewünschte Identifikation mit der Unternehmung und mit der von dem einzelnen Mitarbeiter jeweils übernommenen Aufgabe erreichen.
Unternehmensleitlinien prägen somit nicht nur das Selbstverständnis und die Unternehmenskultur nach innen, sondern auch das Erscheinungsbild der Unternehmung nach außen.

Die Verpflichtung der Mitarbeiter auf klar definierte Unternehmensleitlinien ist besonders dann wichtig, wenn

- Selbstständigkeit, Eigenverantwortung und Teambildung gefördert,
- Hierarchieebenen im Unternehmen abgebaut,
- Entscheidungskompetenzen delegiert werden.

Nur so ist gewährleistet, dass die Unternehmung ihre klare Orientierung gegenüber den Marktpartnern behält.
Unternehmensleitlinien bedürfen von Zeit zu Zeit einer Überprüfung und gegebenenfalls einer Aktualisierung, um nicht ihre Leitbildfunktion zu verlieren.

Beispiel:

Leitlinien der Kreissparkasse Heilbronn

- Unsere Kunden stehen im Mittelpunkt unseres Denkens und Handelns – wir wollen sie für die Sparkasse begeistern.
- Wir verstehen uns als Berater- und Beziehungsbank vor Ort. Durch aktive persönliche Kontakte pflegen wir zu unseren Kunden ein dauerhaftes Vertrauensverhältnis.
- Unsere Produkte und Dienstleistungen richten wir an den Erwartungen und Bedürfnissen unserer Kunden aus. Wir sind Marktführer und wollen es auch bleiben – durch Nähe zum Kunden und Qualität in der Leistung.
- Mit einer kosten- und ertragsorientierten Unternehmensführung sichern wir die Zukunft unserer Sparkasse und die Arbeitsplätze unserer Mitarbeiter.
- Im Interesse unserer Kunden stehen wir neuen Finanzdienstleistungen aufgeschlossen gegenüber.
- Unsere Mitarbeiter zeichnen sich durch hohe Leistung, eigenverantwortliches und unternehmerisches Handeln und freundliches Verhalten aus – sie sind stolz auf ihre Sparkasse.
- Gegenseitiges Vertrauen, offene Kommunikation und partnerschaftliche Teamarbeit sind Träger unserer Unternehmenskultur.
- Wir bereichern mit unseren Veranstaltungen, Spenden und Stiftungen das kulturelle und soziale Leben – wir tragen gesellschaftliche Verantwortung in unserer Region.
- In konsequenter Umsetzung dieser Leitlinien erhalten wir ein unverwechselbares Profil, Erscheinungsbild und Auftreten unserer Sparkasse im Markt.

Quelle: Sparkasse Heilbronn, unter www.sparkasse-heilbronn.de/de/home/ihre-sparkasse/sparkasse/daten—fakten—leitlinien.html?n=true, abgerufen am 09.01.2017

3.3.6   Kreditinstitute und Umweltschutz

Die Kreditinstitute erzielen mit ihrem unternehmerischen Handeln interne und externe umweltbezogene Wirkungen. Ein dem Umweltgedanken sich verpflichtendes Kreditinstitut berücksichtigt neben den ökonomischen und sozialen Aspekten auch die ökologischen Aspekte seiner Geschäftstätigkeit.

Interne umweltbezogene Wirkungen der Bankgeschäftstätigkeit

Die internen umweltbezogenen Wirkungen der Bankgeschäftstätigkeit beziehen sich auf den eigenen Ressourcenverbrauch und die durch das Kreditinstitut und seine Mitarbeiter verursachten Umweltbelastungen.

Indikatoren der internen umweltbezogenen Wirkungen sind:

- Energieverbrauch,
- Wasserverbrauch,
- Papierverbrauch,
- Abfallaufkommen/Abfallentsorgung,
- Dienstfahrten *(Pkw, Bahn, Flugzeug)*.

Eine Umweltbilanz/Umweltberichterstattung hat den Zweck, den Ressourcenverbrauch des Kreditinstituts zu erfassen, zu analysieren und aus den ermittelten Umweltkennzahlen Ansatzpunkte zu einer Effektivierung des Ressourcenverbrauchs und der Minderung von Umweltbelastungen abzuleiten.

Durch die Festlegung von **Umweltregeln** für die Geschäftstätigkeit und das Mitarbeiterverhalten im Zusammenhang mit dem betrieblichen Ressourcenverbrauch kann das ökologische Bewusstsein der Mitarbeiter geschärft werden.
Regelmäßige Veröffentlichungen umweltrelevanter Daten helfen dabei, das eigene wirtschaftliche Handeln auch unter dem Aspekt der Nachhaltigkeit zu betrachten.

Beispiel: Auszug aus dem Nachhaltigkeitsbericht 2015 der GLS Bank

Anteil von Recyclingmaterial
Im Gegensatz zu produzierenden Unternehmen besteht das eingesetzte Material bei Dienstleistungsunternehmen fast ausschließlich aus Büromaterialien. Für die GLS Bank ist vor allem der Papierverbrauch von Bedeutung. Deshalb berichten wir ausschließlich über diesen Verbrauch.

Insgesamt beträgt der Einsatz an Papier rund 73 Tonnen. Der größte Teil des Verbrauchs (84 Prozent) entfällt auf Kundeninformationen, die zentral von Bochum aus versendet werden. Den größten Anteil hieran hat unsere Kundenzeitschrift „Bankspiegel" mit einer Papiermenge von 36,7 Tonnen im Berichtsjahr. Neben einer bereits bestehenden E-Paper-Version haben wir im Jahr 2015 damit begonnen, den gedruckten Bankspiegel um ein Online-Spezial zu erweitern. Die Online-Ausgaben widmen sich mit Bild-, Video- und Audio-Inhalten im Reportage-Stil den Themen. So hoffen wir unseren Ressourcenverbrauch mittelfristig zu minimieren.

Die übrigen 16,0 Prozent des Papierverbrauchs entfallen auf den Kopierbetrieb im Büroalltag. Wir verwenden Papier sparsam. Alle Drucker ermöglichen das beidseitige Bedrucken (Duplexdruckverfahren). Unsere Faxgeräte sind auf digitale Fax-Server umgestellt. Die GLS Bank verwendet fast ausschließlich Kopierpapier mit dem Umweltzeichen „Blauer Engel".

Papierverbrauch 2015			2014	2013
	kg	in %	kg	kg
Recyclingpapier	71 427,0	98,3	116 609,0	104 120,4
anderes Papier	1 267,6	1,7	1 205,7	484,0
Summe	**72 694,6**	**100,0**	**117 814,7**	**104 604,4**

Energieverbrauch innerhalb der GLS Bank

Fokus dieses Indikators ist der Energieverbrauch an den Standorten der GLS Bank durch das Beheizen der Gebäude und den Verbrauch an Strom.

Energieverbrauch Strom und Heizung

	Verbräuche 2015			2014 kWh	2013 kWh
	kWh	Gigajoule	in %		
Fernwärme	825 693,1	2 972,5	46,9	819 387,5	744 391,9
Erdgas	214 151,0	770,9	12,2	293 326,1	240 020,2
Öl	0,0	0,0	0,0	76 364,8	62 255,5
Heizenergieverbrauch	1 039 844,1	3 743,4	59,1	1 189 078,4	1 046 667,6
Stromverbrauch	719 936,0	2 591,8	40,9	715 123,4	629 621,2
Summe	1 759 780,1	6 335,2	100,0	1 904 201,8	1 676 288,8
kWh je Mitarbeiter	3 277,1			4 008,8	3 871,3

Die GLS Bank bezieht die Heizenergie für ihre Räume vollständig aus nicht erneuerbaren Energiequellen. Der größte Teil des direkten Energieverbrauchs entfällt auf Fernwärme. Am Standort Bochum werden wir von den Stadtwerken Bochum GmbH beliefert. In Bochum wird Fernwärme nach dem Prinzip der Kraft-Wärme-Kopplung erzeugt. Der Vorteil dieses Verfahrens liegt in der optimalen Ausnutzung der Energien. Denn in den Heizkraftwerken können so über 80 Prozent des Energieeinsatzes für Strom und Fernwärme nutzbar gemacht werden.

Ausschlaggebend für ein effizientes Energiemanagement sind die vorhandene Infrastruktur und die technische Ausstattung der Gebäude. Bei Bau- und Sanierungsmaßnahmen achten wir deshalb auf niedrige Betriebs- und Energiekosten sowie weitere ökologische und soziale Aspekte. Soweit dies machbar ist, werden Baumaßnahmen zertifiziert (beispielsweise nach den Standards der Deutschen Gesellschaft für Nachhaltiges Bauen, DGNB).

Die GLS Bank bezieht ihren Strombedarf von den Elektrizitätswerken Schönau Vertriebs GmbH (EWS). Die EWS gewinnt 100 Prozent ihres Stroms aus erneuerbaren Energien.

Quelle: GLS Bank (Hrsg.): Nachhaltigkeitsbericht 2015, www.gls.de/privatkunden/ueber-die-gls-bank/nachhaltigkeit-werte-und-auszeichnungen/gls-nachhaltigkeitsbericht/, S. 40 f., abgerufen am 15.09.2016

Externe umweltbezogene Wirkungen der Bankgeschäftstätigkeit

Die externen umweltbezogenen Wirkungen der Bankgeschäftstätigkeit beziehen sich auf die durch das Leistungsprogramm und die Geschäftspolitik des Kreditinstituts verursachten Umweltwirkungen.

Aufgrund der weitreichenden geschäftlichen Beziehungen der Kreditinstitute mit Unternehmen sowie mit privaten und öffentlichen Haushalten übertreffen die externen umweltbezogenen Wirkungen eines Kreditinstitutes die internen deutlich.

Die einzel- und gesamtwirtschaftlichen Aufwendungen zur Vermeidung und Beseitigung von Umweltschäden nehmen stetig zu. Damit steigen automatisch auch die Ansprüche der Unternehmen und der öffentlichen Haushalte an ein entsprechendes finanzielles Engagement der Kreditinstitute. Die Bereitschaft der Kreditinstitute, die ökologischen Aspekte bei Kredit- und Anlageentscheidungen einzubeziehen, steigt in dem Maße, wie ein Engagement auf diesem Gebiet den Unternehmenserfolg positiv beeinflusst bzw. Versäumnisse den Unternehmenserfolg negativ beeinflussen.

Hinzu kommt, dass ein wesentlich verschärftes **Umwelthaftungsgesetz** die Unternehmen und damit indirekt auch die Kreditinstitute zur Auseinandersetzung mit den umweltrelevanten Konsequenzen ihrer Geschäftstätigkeit zwingt.

Welche Auswirkungen kann die Einbeziehung ökologischer Aspekte auf die Geschäftspolitik eines Kreditinstituts haben?

Welche Chancen bietet die sich entwickelnde Umweltbranche?

- Die Auflegung **ökologischer Kreditangebote** setzt Akzente und lässt die ökologische Mitverantwortung des Kreditinstituts erkennen.
  Beispiel: Förderkredite zur Begrenzung von Umweltrisiken und Beseitigung von Umweltschäden

- **Ökologische Geldanlagemöglichkeiten** für die Privatkundschaft stoßen auf ein zunehmendes Interesse und eröffnen ein entsprechendes Akquisitionspotenzial.
  Beispiele: Ökosparbuch, Ökofonds, Umweltaktien

Geldanlagen und Umweltschutz

Meinungsumfragen bestätigen, dass Geldanleger mitunter bereit sind, eine Rendite unterhalb des üblichen Marktniveaus hinzunehmen, wenn die Geldanlage ethische und ökologische Gesichtspunkte angemessen berücksichtigt. Das bedeutet nun nicht, dass eine unter ökologischen Gesichtspunkten getroffene Geldanlage automatisch eine geringere Rendite aufweist. Es gibt im Gegenteil genügend Hinweise dafür, dass für Umweltaktien und Umweltfonds ein hohes Wachstumspotenzial besteht. In Europa werden zurzeit mehr als 70 verschiedene ökologieorientierte Fonds aufgelegt, die sich verglichen mit anderen Aktienfonds überdurchschnittlich gut entwickelt haben.

- Mit speziellen **Umweltberatungs- und Betreuungsangeboten** für die gewerbliche Kundschaft können nicht nur neue Kunden gewonnen werden, sondern auch der Umweltschutz in den Unternehmen gefördert werden.

- Ein ökologisch verantwortlich handelndes Kreditinstitut kann in der Öffentlichkeit mit einem erheblichen **Imagegewinn** rechnen. Umgekehrt muss ein Kreditinstitut, das mit einem „Umweltsünder" geschäftlich in Verbindung gebracht wird, damit rechnen, einen Imageverlust hinnehmen zu müssen.
  Beispiel: Die Internationale Bank für Wiederaufbau und Entwicklung (Weltbank) versuchte Anfang der 90er-Jahre, ihr Image durch Umarbeitung der bestehenden Unternehmensleitlinien unter Einbeziehung des Umweltthemas zu verbessern.

- Die **Beeinträchtigung des Wertes eingeräumter Sicherheiten** kann durch Verwendung gesundheitsgefährdender Rohstoffe und Baumaterialien, Altlasten im Boden sowie durch mangelhaft entsorgte oder falsch deklarierte Abfälle verursacht werden. Unternehmen, die durch präventive Maßnahmen Umweltrisiken vermindern, sind bessere Schuldner, weil hierdurch ein eventuelles Bonitätsrisiko des Kreditinstituts reduziert wird.
  Beispiel: Das Betriebsgelände einer Unternehmung ist durch eine jahrelang unzureichende Entsorgung von Chemieabfällen belastet. Nach Stilllegung der Produktionsanlagen erweist sich die Immobilie aufgrund der Altlasten als unvermietbar bzw. unverkäuflich.

Kreditwürdigkeitsprüfung und Umweltrisiken

Jede Kreditvergabe birgt für das Kreditinstitut ein Risiko. Um das Ausfallrisiko möglichst genau einschätzen zu können, führt das Kreditinstitut eine Kreditwürdigkeitsprüfung durch.

Nur in Einzelfällen wird bisher bei den Kreditinstituten der Risikofaktor „Umwelt" in die Kreditwürdigkeitsprüfung einbezogen. Doch der Faktor „Umwelt" kam in der Vergangenheit bereits manches Kreditinstitut teuer zu stehen. In diesem Zusammenhang am bekanntesten ist die Gefahr, die von im Boden verborgenen Altlasten ausgeht. Das Risiko besteht darin, dass ein Kreditnehmer, auf dessen Grundstück eine Altlast lokalisiert wird, seiner Kreditverpflichtung möglicherweise nicht mehr nachkommen kann und die vermeintliche Sicherheit nicht mehr in der veranschlagten Höhe realisierbar ist. Ein Kreditinstitut, das einen erheblichen Einfluss auf die Unternehmensführung des Kreditkunden ausübt, kann unter Umständen selbst zur Umwelthaftung herangezogen werden.

Exkurs: Kreditinstitute noch nicht im „grünen Bereich"

Ob es sich um den Bau von Staudämmen oder gefährlichen Industrieanlagen handelt oder nur um die Finanzierung eines neuen Autos und der sommerlichen Flugreise geht, das Geld für die Zerstörung der Umwelt kommt in vielen Fällen von der Bank. Allerdings kann das für die Kreditinstitute schiefgehen. Die Umweltrisiken der Gläubiger tragen auch die Kreditinstitute. Wenn ein neues Produkt aus ökologischen Gründen ein Flop wird oder ein Unfall in einer Chemiefabrik riesige Umweltschäden verursacht, können die Kreditinstitute in vielen Fällen die von ihnen gewährten Kredite abschreiben. Trotzdem spielen Umweltrisiken bei der Vergabe von Darlehen bisher nur eine untergeordnete Rolle.

Spätestens seit man gemerkt hat, dass Umweltschutz auch finanzielle Vorteile bieten kann, wächst das Umweltbewusstsein in vielen Unternehmen. Die Kreditinstitute haben diese Entwicklung lange Zeit ignoriert. Erst allmählich öffnen sie sich für diese Thematik. Die Kreditinstitute müssen ökologische Risiken identifizieren und bewerten. Im zweiten Schritt sollte die Prüfung der Kreditwürdigkeit auf diesen Bereich ausgedehnt werden und in das bestehende Bewertungssystem für die Vergabe von Darlehen einfließen. Der Vorteil für die Kreditinstitute liegt auf der Hand: Durch mehr Transparenz lassen sich mögliche Kreditverluste minimieren bzw. die Darlehenskonditionen praxisnäher gestalten. Ein ambitioniertes Kreditvergabesystem, in dem Umweltaspekten ein höherer Stellenwert eingeräumt wird, stellt zudem einen verstärkten Anreiz für die Kunden dar, umweltschonend zu wirtschaften.

Checkliste zur Überprüfung der umweltrelevanten Kriterien im Rahmen der Kreditwürdigkeitsprüfung

Management und Öffentlichkeitsarbeit

1. Ist das Unternehmen auf zukünftige Entwicklungen im Umweltschutz vorbereitet?
2. Wie ernst nimmt das Unternehmen seine eigenen ökologischen Maßnahmen?
3. Ist der Umweltschutzgedanke im Unternehmensleitbild verankert?
4. Bemerkt man im Unternehmen Änderungen im Umweltbewusstsein bei den Verbrauchern und reagiert man darauf?
5. Nutzt das Unternehmen Methoden des Umweltmarketings oder des Umwelt-Sponsorings?
6. Hat das Unternehmen eine(n) Umweltschutzbeauftragte(n)?
7. Gibt es ein Umwelt-Vorschlagswesen?
8. Hat das Unternehmen eine Umweltabteilung?
9. Verwendet man im Unternehmen umweltfreundliche Arbeitsmittel?

Controlling und Planung

1. Erstellt das Unternehmen eine Ökobilanz oder führt es einen Umwelt-Audit durch?
2. Ist das Unternehmen von den Bestimmungen der Umweltgesetzgebung betroffen?
3. Kann ein Betrieb notwendige Investitionen oder mögliche Sanktionen, die durch eine Verschärfung der Umweltgesetzgebung ausgelöst werden könnte, aus den Erlösen seiner üblichen Geschäftstätigkeit finanzieren?
4. Werden in der Bilanz Rückstellungen für Umweltmaßnahmen gebildet?
5. Arbeitet das Unternehmen mit einem Umweltinformationssystem?

4. Werden Produktlinienanalysen durchgeführt?
5. Gibt es integrierte Produktionskreisläufe oder wird versucht, die Emissionen durch End-of-the-Pipe-Maßnahmen zu verringern?
6. Entstehen beim Produktionsprozess gefährliche Abfälle oder Abwässer?
7. Werden die Abfälle und Abwässer ordnungsgemäß entsorgt?
8. Besteht die Gefahr der Bodenverunreinigung und der Entstehung von „neuen" Altlasten?
9. Werden recyclingfähige Materialien verwendet?

Produktentwicklung

1. Betreibt das Unternehmen eine innovative Produktentwicklung?
2. Gibt es umweltfreundlichere Produktalternativen auf dem Markt?
3. Werden die Produkte mit Qualitätsgütesiegeln oder Umweltzeichen versehen? Auf welchen Kriterien beruhen diese Auszeichnungen?
4. Bestehen möglicherweise Produkthaftungsrisiken mit Umweltrelevanz?

Technologie

1. Welche Rohstoffe werden verwendet? Aus welchen Lieferländern stammen sie?
2. Wie ist das Verhältnis von Materialeinsatz zu Produkt? Könnte Material eingespart werden?
3. Werden Energie- und Wassersparmaßnahmen ausgeschöpft?

Absatzmarkt

1. Sind eventuelle Übergänge auf andere Produkte möglich?
2. Werden bei der Wahl der Vertriebssysteme Alternativen offengehalten?
3. Woraus besteht die Verpackung?
4. Wird in Länder mit anders entwickelter Umweltgesetzgebung exportiert?
5. Sind die Abnehmer (bei Zwischenprodukten) ihrerseits von Umweltschutzmaßnahmen betroffen?
6. Wie sieht die Auftragslage vor allem im Umwelttechnologiesektor aus?
7. Betreibt das Unternehmen aktive Öffentlichkeitsarbeit mit Umweltbezug? Stellt sich das Unternehmen in dieser Hinsicht glaubhaft dar?

Quelle: Manski, Ernst-Eberhard: Ökologische Kriterien der Kreditvergabe; in: Die Bank – Zeitschrift für Bankpolitik und Praxis

3.4   Volkswirtschaftliche Arbeitsteilung – die Wirtschaftsbereiche

An der Bereitstellung des in seiner Fülle und Differenziertheit kaum noch überschaubaren Güterangebots sind verschiedene Bereiche der Wirtschaft beteiligt, die sich auf die Erstellung bestimmter Güter spezialisiert haben.
Eine Vielzahl von Unternehmen muss in der Regel zusammenwirken, um ein einzelnes Wirtschaftsgut zu produzieren.

Beispiel: Die vereinfachte Darstellung des Weges eines Möbelstückes in allen seinen Produktionsstufen, angefangen von der Gewinnung der Rohstoffe bis hin zur Belieferung des Konsumenten durch den Einzelhandel, vermittelt einen Eindruck von der Kooperation und Arbeitsteilung innerhalb der Wirtschaft.

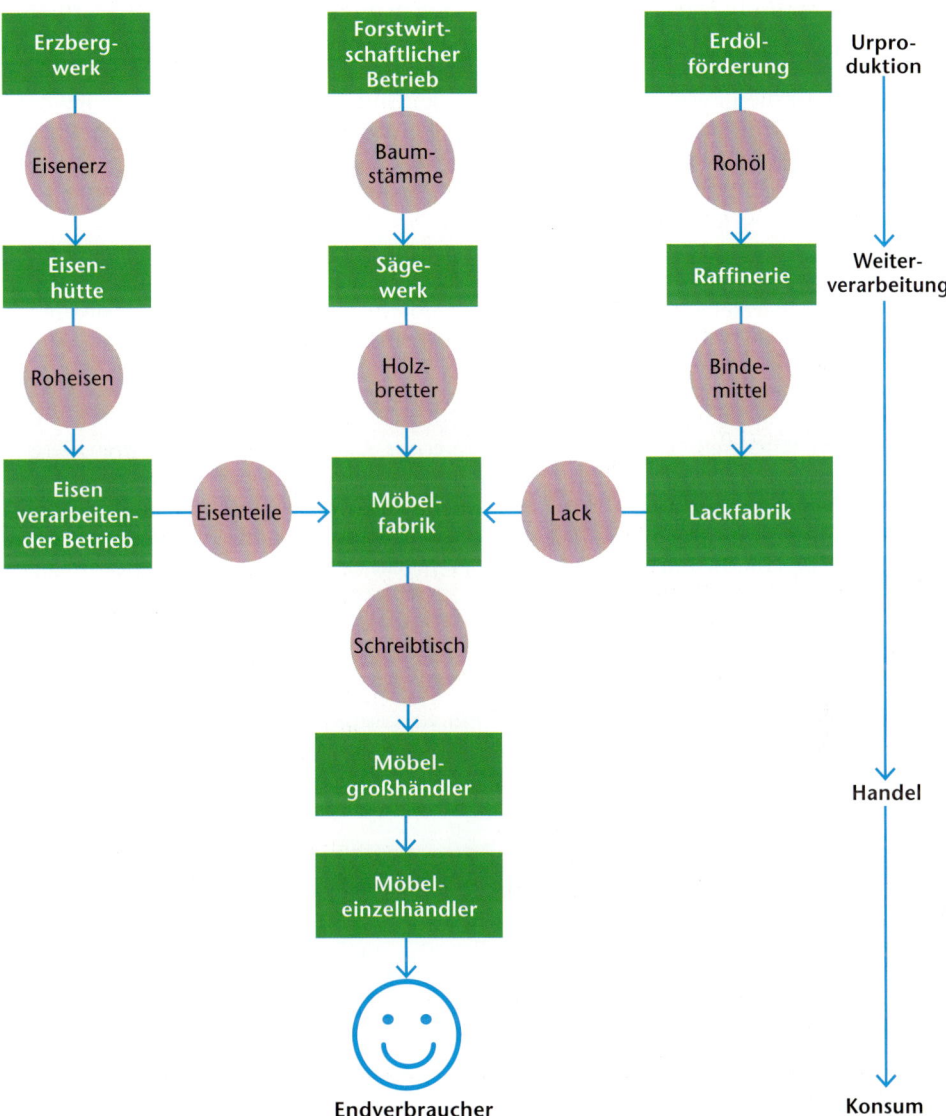

Die Arbeitsteilung innerhalb der Wirtschaft, der wir unseren hohen Lebensstandard verdanken, nimmt mit dem technischen Fortschritt zu. Sie bewirkt aber auch, dass niemand mehr in der Lage ist, sich mit den zum Leben benötigten Wirtschaftsgütern selbst zu versorgen.

Unter der **volkswirtschaftlichen Arbeitsteilung** versteht man die Spezialisierung der Unternehmen auf die Produktion bestimmter Güter.

Jede arbeitsteilige Volkswirtschaft weist drei **Wirtschaftsbereiche** auf:

Urerzeugung

Gegenstand der Urerzeugung, des **primären Wirtschaftsbereichs**, ist die Gewinnung von Rohstoffen und Erzeugnissen, wie sie von der Natur geboten werden.

Weiterverarbeitung

Nur selten sind die Produkte der Urerzeugung konsumreif, d. h. ohne weitere Be- bzw. Verarbeitung zur unmittelbaren Befriedigung menschlicher Bedürfnisse geeignet, wie dies z. B. bei Obst und Weihnachtsbäumen der Fall ist.

Die Weiterverarbeitung der Urprodukte zu Fertigerzeugnissen geschieht innerhalb des **sekundären Wirtschaftsbereiches** in den Industrie- und Handwerksbetrieben.

Dienstleistungen

Zum **tertiären Wirtschaftsbereich** zählen schließlich alle Betriebe, die Dienstleistungen „produzieren", wie Handelsbetriebe, Kreditinstitute und Versicherungen.

Erwerbstätige nach Wirtschaftsbereichen

Wendet man die traditionelle Aufgliederung der Wirtschaftsbereiche in primären (Land- und Forstwirtschaft, Fischerei), sekundären (produzierendes Gewerbe) und in tertiären Bereich (Dienstleistungen) auf die wirtschaftliche Zugehörigkeit der Erwerbstätigen an, werden tief greifende Wandlungen im Zeitablauf offenkundig. Änderungen in den Produktions- und Fertigungsverfahren, zunehmende Automatisierung und Rationalisierung sowie die veränderte Nachfrage nach Gütern und Dienstleistungen haben zu einer erheblichen Umverteilung der Erwerbstätigen geführt. Am auffälligsten ist die Schrumpfung des primären Bereichs: Vor etwa 120 Jahren arbeitete dort mit über 8 Mill. Menschen der größte Teil der Erwerbspersonen. War 1882 im damaligen Reichsgebiet nahezu jeder zweite Erwerbstätige im primären Bereich beschäftigt, galt dies 2015 in Deutschland nur noch für jeden 66. Erwerbstätigen.

Insgesamt arbeiteten 2015 in Deutschland gut 645 000 Menschen in der Landwirtschaft.

Der Abnahme der Erwerbstätigenzahlen im Agrarbereich steht eine starke Zunahme im tertiären Bereich gegenüber. Hier arbeiten heutzutage in Deutschland mehr als 74 % aller Erwerbstätigen, vor 120 Jahren war es nicht einmal ein Viertel.

Nachdem das produzierende Gewerbe im früheren Bundesgebiet in den 60er- und 70er-Jahren die meisten Arbeitsplätze bot (ca. 50 %), ist der Beschäftigtenanteil in den vergangenen Jahrzehnten auf knapp 25 % im Jahr 2015 gefallen.

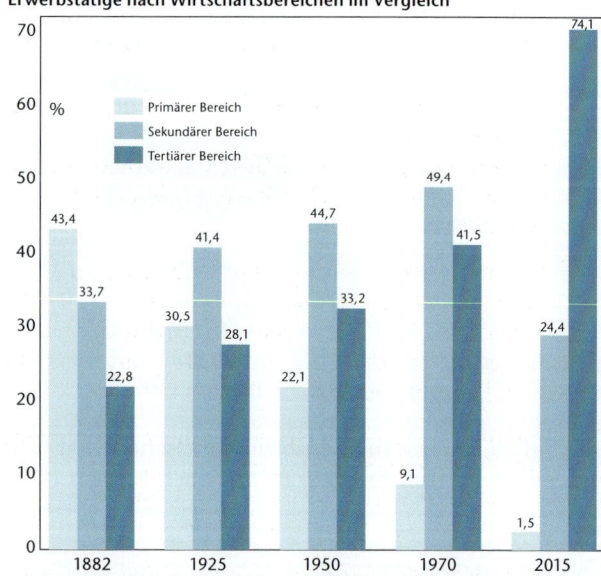

Erwerbstätige nach Wirtschaftsbereichen im Vergleich

- Primärer Bereich
- Sekundärer Bereich
- Tertiärer Bereich

Vgl. Datenreport: Zahlen und Fakten über die Bundesrepublik Deutschland, Hrsg.: Statist. Bundesamt u. a., Bundeszentrale f. pol. Bildung (Zahlen aktualisiert, Stand: 2015)

Wirtschaftsbereiche		
Urproduktion	**Produzierendes Gewerbe**	**Dienstleistungen**
↓	↓	↓
Primärer Bereich	**Sekundärer Bereich**	**Tertiärer Bereich**

– Landwirtschaft
– Forstwirtschaft
– Fischerei
	– Bergbau[1]
	– Energieversorgung
	– Grundstoff-,
	– Investitions-,
	– Konsumgüterindustrie
	– Baugewerbe
	– Handwerk
		– Handel
		– Verkehr
		– Gastgewerbe
		– Kreditinstitute
		– Versicherungen
		– Sonstige Dienstleistungen
		  - Ärzte, Krankenhäuser
		  - Steuerberater, Wirtschaftsprüfer
		  - Medien

3.5 Internationale Arbeitsteilung

Neben der Arbeitsteilung zwischen den Unternehmen innerhalb einer Volkswirtschaft existiert auch eine weltweite Arbeitsteilung zwischen den Ländern.
Zwei Gründe sind hierfür vorhanden:

- Manche Güter sind aufgrund der **natürlichen Gegebenheiten** (Klima, geografische Lage) in einzelnen Ländern überhaupt nicht oder nur in sehr geringem Umfang verfügbar.
  Beispiele: Bodenschätze, Pflanzen, Tiere

- Der **Entwicklungsstand** der einzelnen Volkswirtschaften ist unterschiedlich. Dies führt zu unterschiedlichen Produktionsergebnissen und -kosten.
  Beispiele:
  - *Die Produktionskosten können im Ausland aufgrund des niedrigeren Lohnniveaus geringer als im Inland sein.*
  - *Voraussetzung für die Entwicklung und Nutzung moderner Technologien bei der Produktion ist ein hoher Stand beruflichen Wissens und Könnens, über den die Entwicklungsländer vielfach nicht verfügen.*

Voraussetzung für die internationale Arbeitsteilung ist der ungehinderte **Import** und **Export** von Gütern. Der freie Welthandel sorgt für das Funktionieren des internationalen Güteraustauschs. Durch eine sinnvolle internationale Arbeitsteilung kann das Güterangebot in den einzelnen Volkswirtschaften zum Nutzen der dort lebenden Menschen verbessert und erhöht werden.

Die **Globalisierung** ist Ausdruck für die weltweite Öffnung der Märkte, das Entstehen multinational operierender Unternehmungen (Global Players) und den freien Austausch von Gütern, Dienstleistungen und Informationen. Heute können sich die Unternehmungen für ihre Aufgaben den optimalen Standort aussuchen:

Beispiel: Forschen in den USA, Entwickeln in Indien, Produzieren in Deutschland, Finanzieren in London und Vertrieb weltweit.

---

[1] *In offiziellen Statistiken wird der Bergbau i. d. R. nicht unter der Urproduktion, sondern unter dem produzierenden Gewerbe erfasst.*

Globalisierung ist jedoch kein neues Phänomen: Seit Jahrtausenden schon entwickelt sich die Globalisierung durch Reisen, Handel und Migration (Ein- und Auswanderung) sowie den Austausch von Kultur, wissenschaftlichen Erkenntnissen und technischem Know-how. Neu ist lediglich die Geschwindigkeit, mit der sich der Globalisierungsprozess in den letzten Jahrzehnten beschleunigt hat.

Globalisierung wird vielfach sehr kritisch gesehen. Die positiven Auswirkungen der Globalisierung hat bereits der englische Nationalökonom David Ricardo vor etwa 200 Jahren untersucht.

Beispiel: In den Volkswirtschaften Portugal und Deutschland werden jeweils Wein und Fahrräder produziert. Für die folgenden Überlegungen gilt die Prämisse, dass der Wert von 100 Liter Qualitätswein dem Wert eines Fahrrades entspricht.

Benötigte Arbeitsstunden für die Produktion von …

	10 000 Liter Wein	100 Fahrräder	Summe
in Portugal	80 Stunden	110 Stunden	190 Stunden
in Deutschland	120 Stunden	100 Stunden	220 Stunden

Es wird nun unterstellt, dass sich jede dieser Volkswirtschaften auf die Produktion derjenigen Güterart spezialisiert, die im eigenen Land aufgrund der vorhandenen Gegebenheiten mit dem geringsten Arbeitsaufwand produziert werden kann. Gleichzeitig wird die produzierte Menge verdoppelt.

Benötigte Arbeitsstunden für die Produktion von …

	20 000 Liter Wein	200 Fahrräder	Summe
in Portugal	160 Stunden	–	160 Stunden
in Deutschland	–	200 Stunden	200 Stunden

Deutschland exportiert nun 100 Fahrräder nach Portugal und importiert aus Portugal 10 000 Liter Wein.

Für beide Volkswirtschaften ergibt sich daraus eine Arbeitsersparnis:

in Portugal	30 Stunden	**in Deutschland**	20 Stunden

Die Ausgangssituation wird nun insoweit verändert, als jetzt unterstellt wird, dass Portugal bei der Produktion beider Güterarten Produktionsvorteile gegenüber Deutschland aufweist.

Benötigte Arbeitsstunden für die Produktion von …

	10 000 Liter Wein	100 Fahrräder	Summe
in Portugal	80 Stunden	90 Stunden	170 Stunden
in Deutschland	120 Stunden	100 Stunden	220 Stunden

Es wird erneut davon ausgegangen, dass sich jede dieser Volkswirtschaften auf die Produktion derjenigen Güterart spezialisiert, die im eigenen Land aufgrund der vorhandenen Gegebenheiten mit dem geringsten Arbeitsaufwand produziert werden kann. Wiederum wird auch die produzierte Menge verdoppelt.

Benötigte Arbeitsstunden für die Produktion von …

	20 000 Liter Wein	200 Fahrräder	Summe
in Portugal	160 Stunden	–	160 Stunden
in Deutschland	–	200 Stunden	200 Stunden

Für beide Volkswirtschaften ergibt sich auch in diesem Fall eine Arbeitsersparnis:

in Portugal	10 Stunden	**in Deutschland**	20 Stunden

3.6   Produktionsfaktoren

So wie die Güter in der Natur vorgefunden werden, stehen sie noch nicht für den Konsum bereit. Der Einsatz von Arbeit und Geräten ist notwendig, um die Güter konsumreif zu machen.

Beispiel: *Das Obst muss geerntet werden. Die Bäume müssen gefällt und zu Möbelstücken verarbeitet werden.*

Grundlage der Gütererzeugung sind die Produktionsfaktoren: Arbeit, Boden und Kapital.

3.6.1   Arbeit

3.6.1.1 Begriff und Arten der Arbeit

Ohne menschliche Arbeit ist jede wirtschaftliche Tätigkeit undenkbar. In den Produktionsfaktor Arbeit gehen die Fähigkeiten des Menschen in unterschiedlicher Weise ein.

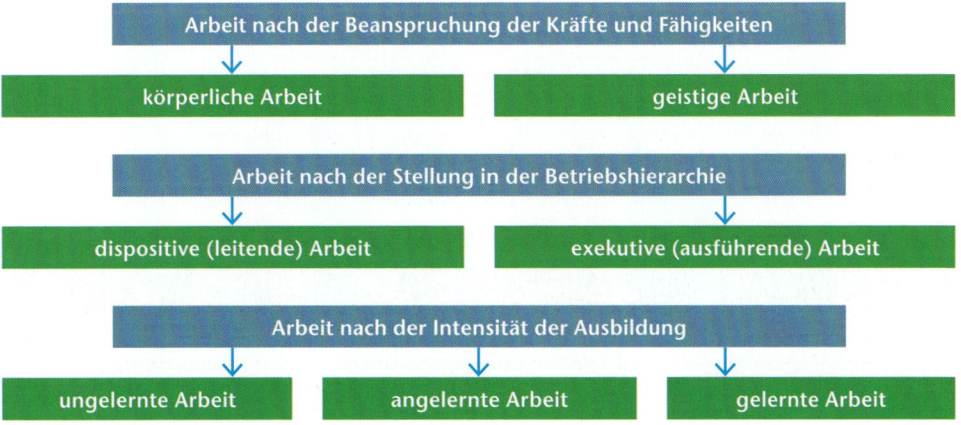

Arbeit nach der steuerlichen Systematik	
selbstständige Arbeit (Tätigkeit)	**nicht selbstständige Arbeit**
Merkmale: – freie Wahl von Zeit, Ort und Dauer der Arbeit – eigenes unternehmerisches Risiko – Einsatz von eigenem Kapital – Entgelt = Gewinn – mehrere Auftraggeber – eigene Mitarbeiter	**Merkmale:** – Bindung an feste Zeit und bestimmten Ort der Arbeit – Eingliederung in eine betriebliche Organisation – Weisungsgebundenheit – Entgelt = Lohn, Gehalt

Beispiele:
- *Ein Bankangestellter verrichtet exekutive Arbeit. Er erzielt Einkommen aus nicht selbstständiger Arbeit.*
- *Der Geschäftsführer einer GmbH verrichtet dispositive Arbeit. Auch er erzielt als Arbeitnehmer Einkommen aus nicht selbstständiger Arbeit.*

Volkswirtschaftlich versteht man unter Arbeit auf Entgelterzielung gerichtete menschliche Tätigkeit.

3.6.1.2 Bestimmungsgrößen des volkswirtschaftlichen Arbeitspotenzials

Quantität und Qualität des Arbeitspotenzials einer Volkswirtschaft werden bestimmt durch:
- die Bevölkerungszahl,
- die Bevölkerungsstruktur hinsichtlich Alter und Geschlecht,
- die Erwerbsquote,
- die Qualifikation,
- die Arbeitsmentalität,
- die Mobilität der Erwerbspersonen.

Wie gravierend sich der Altersaufbau in Deutschland geändert hat und ändern wird, zeigt die folgende Gegenüberstellung:

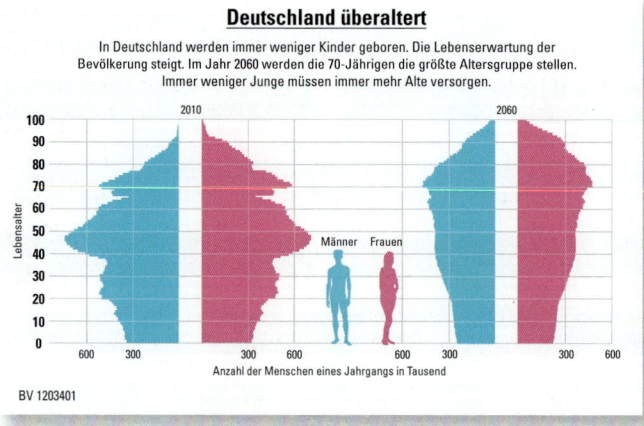

Deutschland überaltert

In Deutschland werden immer weniger Kinder geboren. Die Lebenserwartung der Bevölkerung steigt. Im Jahr 2060 werden die 70-Jährigen die größte Altersgruppe stellen. Immer weniger Junge müssen immer mehr Alte versorgen.

Lebensalter — Anzahl der Menschen eines Jahrgangs in Tausend

BV 1203401

Die Alterspyramide ist eine grafische Darstellungsform, die den Altersaufbau der Bevölkerung veranschaulicht. Zu Beginn des 20. Jahrhunderts war noch eine deutliche Pyramidenform zu erkennen, während das Bild heute einer „zerzausten" Wettertanne gleicht. Es ist zu befürchten, dass die Alterspyramide in Zukunft auf dem Kopf stehen wird.

Eine andere Frage ist, welche Einsatzmöglichkeiten sich in unserer Volkswirtschaft für Arbeitskräfte ergeben. Das früher verbreitete „lebenslange" Arbeitsverhältnis bei einem Arbeitgeber ist inzwischen fast zur Ausnahme geworden. Auf der anderen Seite nimmt nicht nur die Fluktuation von Arbeitskräften zu; darüber hinaus ist auch der Anteil sogenannter atypischer Beschäftigungen in den letzten Jahren stark angestiegen. Darunter werden alle abhängigen Beschäftigungsverhältnisse verstanden, die eines oder mehrere der folgenden Merkmale aufweisen:

Befristung, Teilzeitbeschäftigung mit 20 oder weniger Stunden, Zeitarbeitsverhältnis, geringfügige Beschäftigung.[1]

Atypische Beschäftigung kann auch mit prekärer Beschäftigung einhergehen. Sie ist aber nicht mit ihr gleichzusetzen. Von prekärer Beschäftigung spricht man, wenn der Lebensunterhalt einer Person durch die Beschäftigung nicht sichergestellt und die soziale Sicherung nicht gewährleistet ist. Ob eine Beschäftigung als prekär eingestuft wird, hängt auch von den persönlichen Lebensumständen, dem Verlauf des Arbeitslebens und dem Haushaltskontext ab.

Atypische Beschäftigungsverhältnisse (befristet Beschäftigte, Teilzeitbeschäftigte, in „Minijobs" geringfügig Beschäftigte und Zeitarbeitnehmer/innen) haben von 1991 (12,8 % der Erwerbstätigen = Selbstständige + abhängig Beschäftigte) bis 2007 (22,6 % der Erwerbstätigen) kontinuierlich zugenommen. Seitdem ist der Anteil weitgehend konstant geblieben und verharrt auf diesem hohen Niveau. Entsprechend zur Zunahme atypischer Beschäftigungsverhältnisse sank die Zahl der Normalarbeitsverhältnisse.

2015 standen den 24,8 Millionen Normalarbeitsverhältnissen insgesamt 7,5 Millionen atypisch Beschäftigte gegenüber. Vor allem bei Frauen, jungen Menschen und Personen ohne Berufsausbildung ist der Anteil atypischer Beschäftigungsverhältnisse sehr hoch.

Kernerwerbstätige[2] nach einzelnen Erwerbsformen – Ergebnisse des Mikrozensus, in Tsd.

Jahr	Insgesamt	Selbstständige		Abhängig Beschäftigte								
		Zusammen	Darunter: Solo-Selbstständige	Zusammen	Normalarbeitnehmer/-innen		Atypisch Beschäftigte					
					Zusammen	Teilzeit-beschäftigte über 20 Wochenstd.	Zusammen	und zwar				
								befristet Beschäftigte	Teilzeit-beschäftigte	geringfügig Beschäftigte	Zeitarbeitnehmer/-innen
Insgesamt												
1991	34 680	2 859	1 284	31 386	26 948	1 751	4 437	1 968	2 555	654	–
2007	34 480	3 838	2 112	30 338	22 554	2 309	7 785	2 752	4 946	2 766	616
2015	36 155	3 688	1 991	32 367	24 832	3 410	7 534	2 531	4 844	2 339	666
Männer												
1991	20 195	2 130	886	18 018	16 791	88	1 227	1 047	154	102	–
2007	18 822	2 643	1 329	16 133	13 806	263	2 327	1 435	654	592	410

---

[1] Sogenannte „Minijobs"; vgl. Seite 48 f.

Männer										
2015	19 211	2 477	1 216	16 716	14 476	389	2 240	1 243	699	536	455
Frauen										
1991	14 486	729	398	13 368	10 158	1 663	3 210	921	2 401	552	–
2007	15 657	1 196	783	14 205	8 747	2 047	5 458	1 317	4 292	2 174	206
2015	16 944	1 211	775	15 651	10 356	3 020	5 295	1 288	4 144	1 803	212

Quelle: www.destatis.de/DE/ZahlenFakten/GesamtwirtschaftUmwelt/Arbeitsmarkt/Erwerbstaetigkeit/ TabellenArbeitskraefteerhebung/AtypKernerwerbErwerbsformZR.html (gekürzt), abgerufen am 13.09.2016

Die Leistungsfähigkeit des Produktionsfaktors Arbeit ist zunächst bestimmt durch die beruflichen Fertigkeiten und Kenntnisse, über die der Einzelne verfügt. Auf der anderen Seite ist sie abhängig vom Ausmaß der praktizierten **Arbeitsteilung**, die eine Spezialisierung auf bestimmte Arbeitsbereiche erlaubt und eine Steigerung der **Arbeitsproduktivität** (= Produktionsmenge je Arbeitsstunde) ermöglicht.

3.6.1.3 Entwicklung der Arbeitsteilung

Bereits in der frühen Menschheitsgeschichte gab es einfache Formen der Arbeitsteilung. Die Menschen lebten damals in **geschlossenen Hauswirtschaften**, die aus einem größeren Familienverbund, einer Sippe bestand. In einer solchen Gemeinschaft produzierte man in erster Linie für den eigenen Konsum. Ein Güteraustausch mit anderen Hauswirtschaften kam nur ausnahmsweise vor.
Die Arbeitsteilung blieb daher auf die Angehörigen einer solchen Hauswirtschaft beschränkt.

Beispiel: Der Mann jagte, die Frau nähte die Kleider aus dem Fell der erlegten Tiere.

Aufgrund der besonderen Kenntnisse und Fähigkeiten, die von einigen Menschen im Laufe der Zeit erworben wurden, entstanden die ersten **Berufe**. Die Entstehung der Berufe und die damit verbundene Spezialisierung auf einen engeren Arbeitsbereich führte zur Notwendigkeit des **Tauschhandels**.

Beispiel: Jemand, der die Kunst der Metallerzeugung und -bearbeitung erlernt hatte, betätigte sich als Schmied. Die von ihm zum Leben benötigten Güter tauschte er gegen die von ihm hergestellten Güter ein.

Die Entstehung neuer Techniken und die Weiterentwicklung des beruflichen Wissens und Könnens führte im Laufe der Zeit zu einer weiteren **Spezialisierung** innerhalb eines Berufes.

Beispiel: Aus dem Beruf des Schmieds entstanden die Berufe des Waffenschmieds, des Hufschmieds usw.

Es zeigte sich bald, dass durch die Zerlegung eines Arbeitsvorgangs in einzelne Teilverrichtungen die Produktivität der menschlichen Arbeitsleistung noch weiter gesteigert werden konnte.

Beispiel: Bei der Fließbandarbeit ist der einzelne Arbeiter auf bestimmte Handgriffe spezialisiert. Er ist innerhalb des Produktionsprozesses nur für einen eng umrissenen Teilvorgang verantwortlich, nicht mehr jedoch für das ganze Endprodukt.

Die **Arbeitszerlegung** und der begleitende Einsatz hochwertiger Maschinen ermöglichen die **Massenproduktion**. Einfache Verrichtungen, die früher von den Menschen ausgeführt wurden, werden von hochtechnisierten Produktionsanlagen übernommen.

Die Automation des Produktionsprozesses reduziert die Aufgabe des Menschen zunehmend auf die Übernahme von Steuerungs- und Kontrollfunktionen.

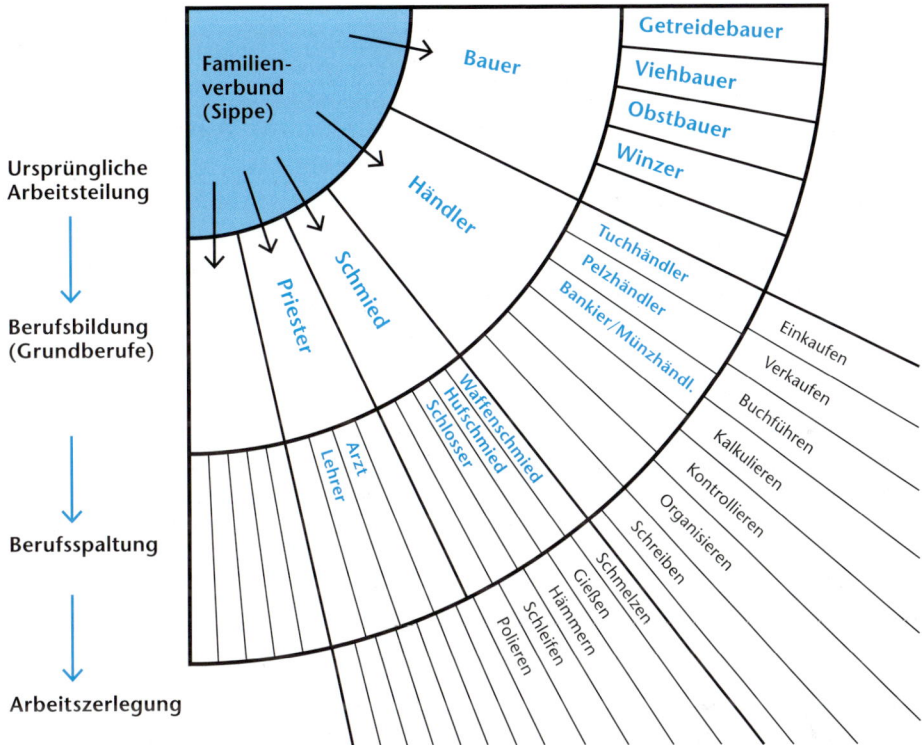

3.6.1.4 Grundbegriffe der Arbeitsmarktstatistik[1]

Begriff	Erläuterung
Wohnbevölkerung	Alle innerhalb der Volkswirtschaft lebenden Menschen. Subtrahiert man von der Wohnbevölkerung die Personen, die im nicht erwerbsfähigen Alter sind (= Personen, die jünger als 15 und älter als 64 Jahre sind), so erhält man die **Erwerbsbevölkerung.** Anfang 2016 lebten in Deutschland 81,9 Millionen Menschen.

---

[1] *Einzelheiten zur Arbeitsmarktstatistik und zur Bewertung der Aussagekraft von Arbeitsmarktstatistiken werden auf den Seiten 529 ff. ausgeführt.*

[2] *Vgl. zu den Minijobs Seite 48 f.*

Begriff	Erläuterung
Erwerbspersonen	Alle Personen zwischen 15 und 65 Jahren, die bereit sind, eine auf Entgelt-erzielung gerichtete Tätigkeit anzunehmen. $$\textbf{Erwerbsquote} = \frac{\text{Erwerbspersonen} \cdot 100}{\text{Wohnbevölkerung}}$$ Die Erwerbspersonen setzen sich zusammen aus den **Erwerbstätigen:** – abhängig Beschäftigte – Selbstständige – mithelfende Familienangehörige und den **Arbeitslosen:** – Arbeitslose – Umschüler
Nichterwerbs-personen	Alle Personen bis zu 15 Jahren und über 64 Jahren sowie Schüler, Studen-ten, Erwerbsunfähige, Hausfrauen/-männer.
Selbstständige	Erwerbspersonen, die sich unternehmerisch oder freiberuflich betätigen.
Sozialversicherungs-pflichtig Beschäftigte	Personen, die in einem abhängigen Beschäftigungsverhältnis stehen (Arbeiter und Angestellte). Beamte, Selbstständige und Personen, die aus-schließlich in sogenannten Minijobs[2] tätig sind, werden hier nicht erfasst.
Erwerbstätige	Selbstständige und Personen, die in einem abhängigen Beschäftigungsver-hältnis stehen (= abhängig Beschäftigte).
Arbeitslose	Personen, die vorübergehend in keinem Beschäftigungsverhältnis stehen oder nur eine kurzzeitige Beschäftigung (bis zu 15 Stunden pro Woche) ausüben. In Deutschland gilt als arbeitslos, wer – das 15. Lebensjahr vollendet und das 65. Lebensjahr nicht vollendet hat, – vorübergehend ohne festes Beschäftigungsverhältnis ist, – arbeitswillig und arbeitsfähig ist, – sich bei einer Arbeitsagentur arbeitssuchend gemeldet hat und – für die Arbeitsvermittlung verfügbar ist. $$\textbf{Arbeitslosenquote} = \frac{\text{Arbeitslose} \cdot 100}{\text{Erwerbspersonen}}$$
	Anspruch auf Arbeitslosengeld haben arbeitslose Personen, die – der Arbeitsvermittlung zur Verfügung stehen, – die Anwartschaftszeit erfüllt haben, – sich bei einer Arbeitsagentur arbeitslos gemeldet haben – und Arbeitslosengeld beantragt haben.

Begriff	Erläuterung
„stille Reserve"	Die Arbeitslosenquote misst nur die offene, also die von den Arbeitsagenturen statistisch erfasste Arbeitslosigkeit. Arbeitslos im weiteren Sinne ist aber auch, wer eine Arbeit sucht, sich aber bei einer Arbeitsagentur nicht gemeldet hat, weil er die Voraussetzungen für den Bezug von Arbeitslosengeld nicht erfüllt oder weil er den Weg zur Arbeitsagentur scheut. Diese Zahl der sonstigen Erwerbslosen kann nur geschätzt werden. Man spricht hier auch von der verdeckten Arbeitslosigkeit.
Kurzarbeiter	Abhängig Beschäftigte, die unterhalb der vereinbarten Arbeitszeit beschäftigt sind und von einer Arbeitsagentur als Lohnausgleich Kurzarbeitergeld erhalten.
Offene Stellen	Die von Unternehmen gemeldeten unbesetzten Arbeitsplätze.

3.6.2 Boden, Umweltnutzung, Umweltressourcen

Der Produktionsfaktor Boden ist im weitesten Sinne die zu wirtschaftlichen Zwecken genutzte Natur. Er umfasst alle natürlichen Ressourcen.

Beispiele: Bodenschätze, Bodenfläche, Gewässer, Klima

Die zunehmende Bevölkerungsdichte und die wachsende Produktion hat den Produktionsfaktor Boden zu einem besonders knappen und wertvollen Gut gemacht. Gegenüber den anderen Produktionsfaktoren weist er die Besonderheit auf, dass er weder vermehrbar noch transportierbar ist. Sein Wert ist damit von seiner Lage und seiner natürlichen Beschaffenheit abhängig.[1]

Mit natürlichen Ressourcen ging man in der Vergangenheit sehr verschwenderisch um. Heute haben wir umzudenken. Nicht nur ökonomische Gesichtspunkte sind zu berücksichtigen, sondern gerade die ökologischen Gründe führen dem Menschen täglich vor, in einem abgeschlossenen endlichen System zu leben, und verpflichten dazu, einen verantwortungsvollen Umgang mit der Natur bzw. Boden sicherzustellen.

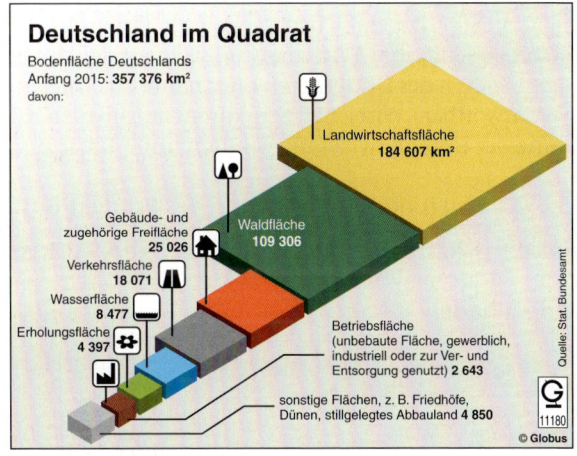

---

[1] *Vgl. zur Umweltpolitik Seite 592 ff.*

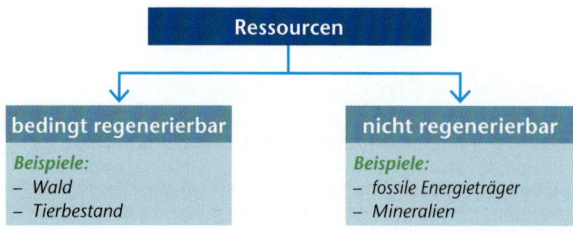

Wann eine Ressource tatsächlich erschöpft ist, hängt im Wesentlichen von der Preisentwicklung der Ressource ab, von den Möglichkeiten des Recyclings, von der Erfindung alternativer Technologien und der Ersetzbarkeit knapper Ressourcen durch solche, die noch ausreichend verfügbar sind.

So lange reichen die Energiereserven

Reichweite in Jahren

Erdgas 52 Jahre — Erdöl 57 — Kohle 99

2014   2030   2050   2070   2090   2110

Kohle   Erdöl   Erdgas

Angaben weltweit in Milliarden Tonnen Steinkohleeinheiten (SKE)

Reserven*   562 Mrd. t SKE   354   222

jährlicher Verbrauch   5,7 Mrd. t SKE   6,2   4,3

Quelle: Gesamtverband Steinkohle   *gewinnbare Vorräte   Stand 2014   © Globus 11282

Rund 25 % der Weltbevölkerung verbrauchen gegenwärtig rund 80 % der endlichen Ressourcen. Daraus folgt, dass auch die Industriestaaten als Erste gefordert sind, ihre Wirtschaft umweltverträglich weiterzuentwickeln und damit zugleich den Ländern der Dritten Welt die Chance zu erhalten, marktwirtschaftliche und ökologisch verantwortbare Wirtschaftsstrukturen aufzubauen. Globale Umweltvorsorge und Überwindung der Unterentwicklung gehören untrennbar zusammen.

3.6.2.1 Nutzungsmöglichkeiten des Produktionsfaktors Boden

Im Wirtschaftsleben wird der Boden in dreierlei Weise genutzt.

Anbauboden

Der Boden ist land- und forstwirtschaftliche Nutzfläche.

Beispiele: *Getreide-, Gemüse-, Obstanbau, Weideland, Teichanlagen für die Fischzucht, Waldfläche*

Der Boden kann hier dauernd genutzt werden, weil er sich selbstständig, ggf. durch geeignete Düngemethoden beschleunigt, regeneriert.

Abbauboden

Der Boden ist Quelle wichtiger Rohstoffe.

Beispiele: *Kohle- und Erzbergwerke, Öl- und Gasvorkommen, Steinbrüche, Kiesgruben*

Die einmal abgebauten Rohstoffe sind nicht mehr regenerierbar. Diese „Einmaligkeit" zeigt den Menschen die Grenzen eines auf der Ausbeutung der Natur begründeten Wirtschaftswachstums auf und verpflichtet sie gegenüber den nachfolgenden Generationen zum Schutz der Natur und zur weitgehenden Erhaltung der natürlichen Ressourcen.

Standortboden

Der Boden ist Grundfläche für jeden wirtschaftlichen Zweck.

Beispiele: Der Boden ist Standort für die Produktionsstätten der Industrie, für Handelsbetriebe, Verkehrs- und Freizeitanlagen und nicht zuletzt für die Wohnungen und Häuser der Menschen.

3.6.2.2 Standortwahl der Unternehmung

Für jede Unternehmung muss genau überlegt werden, welcher Standort für sie der günstigste ist. Je nach dem Unternehmensgegenstand können bei der Wahl des geeigneten Standortes die einzelnen **Standortfaktoren** eine unterschiedliche Bedeutung haben.

- Beschaffungsmöglichkeiten für die benötigten Rohstoffe
  Beispiel: Stahlindustrie in räumlicher Nähe zu Bergbauunternehmen

- Vorhandensein eines quantitativ und qualitativ ausreichenden Arbeitskräftereservoirs
  Beispiel: Derivatehändler am Finanzplatz Frankfurt

- Absatzmöglichkeiten für die angebotenen Produkte bzw. Dienstleistungen
  Beispiel: Großmärkte in Ballungsgebieten

- Anbindung an Verkehrswege und -mittel
  Beispiele: Autobahnanschluss, Haltestellen öffentlicher Verkehrsmittel, gute Parkmöglichkeiten

- steuerliche Gegebenheiten
  Beispiele: Höhe der Gewerbesteuersätze, Investitionszulagen, Sonderabschreibungsmöglichkeiten

Kundennähe, Subventionen, Lohnkosten

Kundennähe, Subventionen und Höhe der Lohnkosten – das sind die wichtigsten Standortfaktoren für die ostdeutschen Industrieunternehmen. Dies hat eine Umfrage des Deutschen Instituts für Wirtschaftsforschung (DIW) ergeben. Daneben gibt es eine Reihe weiterer Rahmenbedingungen, die für die Standortentscheidung bedeutsam sind, wie zum Beispiel qualifizierte Arbeitskräfte, die Nähe zu den Lieferanten, ein guter Autobahnanschluss sowie die Energiekosten. Unterschiedliche Meinungen gibt es zwischen Klein- und Großbetrieben. So ist bei den Kleinen die Kundennähe

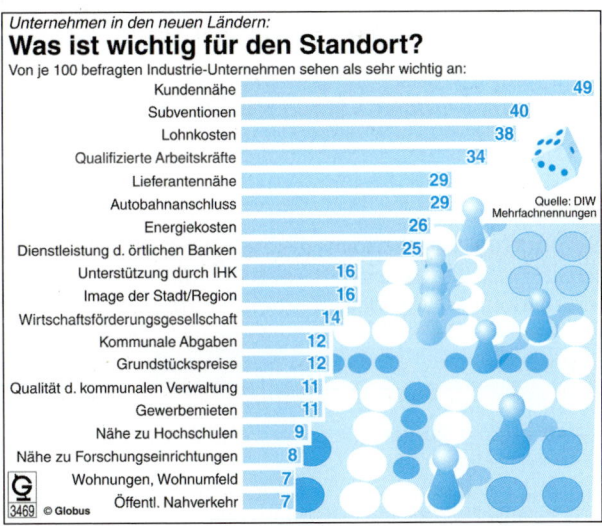

der alles andere überragende Punkt auf der Bewertungsskala. Bei den Großen dagegen steht das Geld an erster Stelle: Lohnkosten und Subventionen. Als Standortnachteile werden von den Unternehmen die Energiekosten, die kommunalen Abgaben und die Leistungsfähigkeit der kommunalen Verwaltung empfunden. Hierin sind sich Klein- und Großbetriebe einig.

Quelle: Globus
Statistische Angaben: Deutsches Institut für Wirtschaftsforschung (DIW).

Unser Standort – warum gerade hier?

Zur Durchführung ihrer Geschäftstätigkeit benötigen Unternehmungen einen festen Standort.

Bei der Wahl des geeigneten Standorts orientiert sich das Unternehmen an vielfältigen Standortfaktoren. Die Standortentscheidung muss bewusst vorbereitet werden, da sie langfristigen Bestand haben soll und sich nur unter großen Kosten revidieren lässt.

Häufig tritt bei der Standortentscheidung ein Faktor in den Vordergrund, während andere vernachlässigt werden. Es ist offensichtlich, dass sich den einzelnen Unternehmensbranchen spezifische Standortfaktoren zuordnen lassen.

So sind die Unternehmen im primären Bereich an *natürliche Gegebenheiten* wie Bodenqualität, Klima, Niederschlagsmengen gebunden. Die Standortwahl kann auch *arbeitskräfteorientiert* sein: Unternehmen werden in diesem Fall dort errichtet, wo die entsprechend qualifizierten Arbeitskräfte gefunden werden können und/oder wo die Kosten für die Arbeitskräfte vergleichsweise günstig sind. Eindeutig *absatzorientiert* sind die meisten Handelsunternehmen, weil sie die räumliche Nähe zu ihren Kunden, den Nachfragern für ihre Produkte suchen.

Beispiel: Bei der Volkswagen AG stieg ab 1960 der Export von Fahrzeugen in die USA kräftig an. Dabei verursachte der umständliche Transport der Wagen zu den Überseehäfen hohe Kosten. So beschloss der Vorstand der AG die Errichtung eines Zweigwerkes in Emden, wo in erster Linie für den amerikanischen Markt produziert werden sollte. Neben der günstigen Verkehrslage sprachen noch andere Gründe für den Standort Emden:
- *Die Bodenpreise waren niedrig,*
- *es gab ausreichend Gelände für eventuelle Erweiterungsbauten,*
- *der Bund und das Land Niedersachsen gewährten Steuervergünstigungen und Investitionshilfen,*
- *Arbeitskräfte konnten aus dem Umland und aus dem Ausland angeworben werden,*
- *die Bedeutung des Umweltschutzes spielte noch keine entscheidende Rolle.*

3.6.2.3 Internationale Standortfaktoren

Mit den politischen Umwälzungen in Mittel- und Osteuropa und mit der zunehmenden Konkurrenz durch die südostasiatischen Schwellenländer haben sich auch die Strukturen der internationalen Arbeitsteilung verändert.

Der zunehmende Wettbewerbsdruck aus dem Ausland hat in Deutschland eine Diskussion um die Attraktivität des Wirtschaftsstandorts Deutschland ausgelöst. Die Standortfaktoren im internationalen Wettbewerb um Investitionen sind quantitativer und qualitativer Natur.

Quantitative Standortfaktoren	Qualitative Standortfaktoren
– Arbeitskosten	– Qualifikation der Arbeitskräfte
– Arbeitsproduktivität	– Produktqualität
– Wochenarbeitszeit	– Service
– verlorene Arbeitstage durch Arbeitskämpfe	– Rechtssicherheit
– Steuerbelastung	– Infrastruktur
– Umweltschutzaufwand	– Lebensqualität
– Umsatzrentabilität	– politische Stabilität

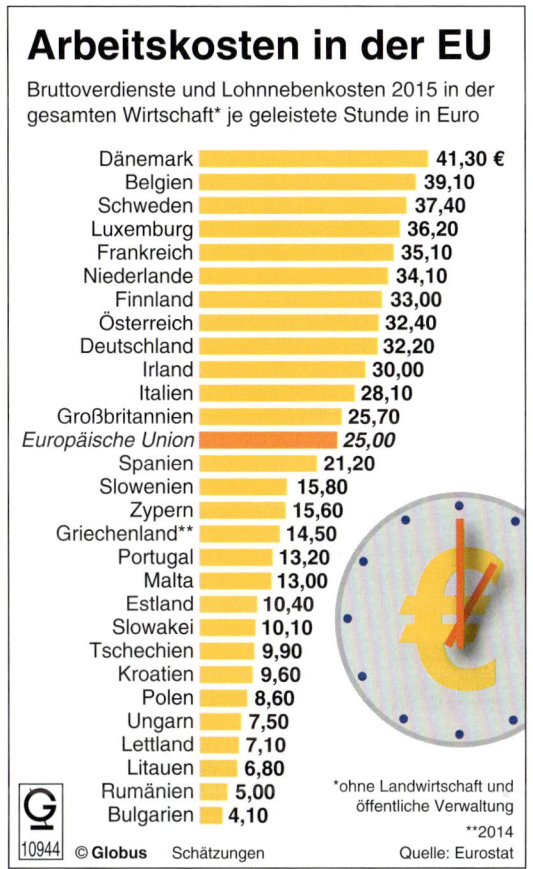

Arbeitskosten in der EU

Bruttoverdienste und Lohnnebenkosten 2015 in der gesamten Wirtschaft* je geleistete Stunde in Euro

Dänemark	41,30 €
Belgien	39,10
Schweden	37,40
Luxemburg	36,20
Frankreich	35,10
Niederlande	34,10
Finnland	33,00
Österreich	32,40
Deutschland	32,20
Irland	30,00
Italien	28,10
Großbritannien	25,70
Europäische Union	*25,00*
Spanien	21,20
Slowenien	15,80
Zypern	15,60
Griechenland**	14,50
Portugal	13,20
Malta	13,00
Estland	10,40
Slowakei	10,10
Tschechien	9,90
Kroatien	9,60
Polen	8,60
Ungarn	7,50
Lettland	7,10
Litauen	6,80
Rumänien	5,00
Bulgarien	4,10

*ohne Landwirtschaft und öffentliche Verwaltung

**2014

10944 © **Globus** Schätzungen

Quelle: Eurostat

3.6.2.4 Standortentscheidung bei Kreditinstituten

Die Frage nach der Standortentscheidung bei Kreditinstituten ist nicht allgemeingültig zu beantworten. Vielmehr bedarf es hierzu einer genauen Analyse der **geschäftspolitischen Strategie** des betreffenden Kreditinstituts.

Die Standortwahl eines Kreditinstitutes reicht von der Entscheidung über den Sitz der Zentrale bis hin zur Festlegung der Standorte der einzelnen Geschäftsstellen und der instituteigenen Geldautomaten.

Die folgende Fragenliste gibt ein Bild von der Komplexität der Standortentscheidung. Die jeweilige Standortentscheidung ist immer multikausal, wobei erschwerend ist, dass die einzelnen Entscheidungskriterien natürlich nicht unabhängig voneinander sind.

- **Welche Kundengruppe soll angesprochen werden?**

Liegen die Schwerpunkte im Geschäft mit Privatkunden oder Geschäftskunden? Sucht das Kreditinstitut seinen Erfolg im Absatz von Standardprodukten für Lohn- und Gehaltsempfänger (Retailbanking) oder in individuellen, maßgeschneiderten Produkten für vermögende Privatkunden (Wholesalebanking)?

Welche Bevölkerungsdichte und Bevölkerungsstruktur existiert im vorgesehenen Absatzgebiet?

▪ **Welche Bankprodukte sollen angeboten werden?**
Operiert das Kreditinstitut als Universalbank mit dem klassischen Einlagen-, Kredit- und Effektengeschäft?
Oder handelt es sich um ein Spezialinstitut, wie ein Realkreditinstitut, eine Kapitalanlage- gesellschaft oder eine Leasing-Gesellschaft?

▪ **Welche Vertriebskanäle sollen genutzt werden?**
Handelt es sich um ein örtlich operierendes Kreditinstitut mit möglichst großer Kunden- nähe und damit dichtem Zweigstellennetz?
Oder erschließt sich der Kundenkontakt im Homebanking über das Telefon oder den heimischen PC? Werden die Produkte über andere Kreditinstitute als Verbundpartner oder durch Kundenberater abgesetzt, die den Kunden zu Hause aufsuchen?

▪ **Ist das Kreditinstitut bei seiner Geschäftstätigkeit auf bestimmte Einrichtungen des finanziellen Sektors angewiesen?**
Ist für das Kreditinstitut die räumliche Nähe zu anderen Kreditinstituten, zu bestimmten Verbundpartnern, zur Börse oder zu einer Landeszentralbank notwendig?

▪ **Wie ist die Wettbewerbssituation in dem vom Kreditinstitut anvisierten Markt- segment?**
Wie ist die bereits vorhandene Bankstellendichte in dem vorgesehenen Absatzgebiet? Gibt es – räumlich gesehen – eine Marktnische?

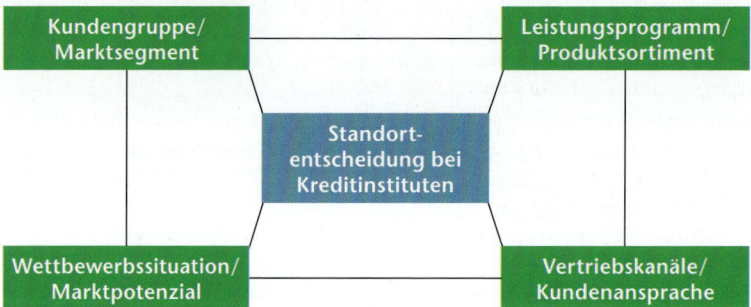

3.6.3 Kapital

Arbeit und Boden werden als **ursprüngliche** Produktionsfaktoren bezeichnet. Wäre der Mensch nur auf sie allein gestellt, könnte er seine Lebensbedingungen nur in geringem Umfang verbessern.
Durch seinen Erfindungsgeist angespornt, sucht der Mensch jedoch ständig nach Möglich- keiten, den Erfolg seiner Arbeit zu steigern. Durch die Herstellung und den Einsatz von Werkzeugen, Maschinen, Transportmitteln, Mikroprozessoren usw. wird die Produktivität, das Ergebnis der Arbeitsleistung, erheblich gesteigert.
Kapital wird als **abgeleiteter** (derivativer) Produktionsfaktor bezeichnet, weil zu seiner Entstehung die Kombination von Arbeit und Boden notwendig ist.

Der Produktionsfaktor Kapital umfasst alle Produktionsmittel, die bei der Gütererzeugung einge- setzt werden.

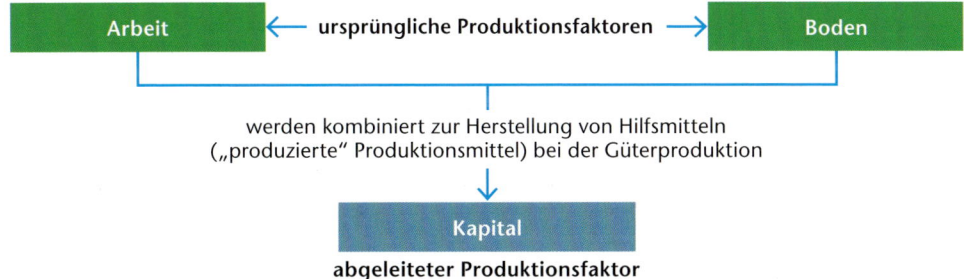

werden kombiniert zur Herstellung von Hilfsmitteln
(„produzierte" Produktionsmittel) bei der Güterproduktion

Kapital

abgeleiteter Produktionsfaktor

3.6.3.1 Sparen – Voraussetzung der Kapitalbildung

Beispiel: Als Robinson Crusoe auf der einsamen Insel strandete, hatte er zunächst nur seine Arbeitskraft und die Natur mit ihren Pflanzen, Tieren und Bodenschätzen – so wie er sie vorfand – zur Verfügung, um sein Leben zu fristen.

Anfangs ernährte sich Robinson von Fischen, die er mit seinen bloßen Händen mühselig aus dem Wasser griff. Bald überlegte er, wie er seinen Fischfang verbessern könnte.

Er verbrauchte in den nächsten Tagen nicht seine gesamte Fischbeute, sondern legte so lange einen Teil der gefangenen Fische als Vorrat zurück, bis er eine ganze Tagesration „gespart" hatte. Als er so weit war, konnte er einen Tag lang seine ganze Arbeitskraft in die Herstellung einer Angel stecken. Zur Ernährung verbrauchte er seinen Fischvorrat. Mit der neu geschaffenen Angel gelang es ihm, in kurzer Zeit seinen Tagesbedarf an Fischen zu decken. In der gewonnenen Zeit stellte er als Nächstes eine Reuse, ein Netz und ein kleines Boot her. Jetzt konnte er nicht nur in noch kürzerer Zeit, sondern auch wesentlich bequemer seinen Bedarf an Fischen decken. Er wäre sogar in der Lage gewesen, weitaus mehr an Fischen zu fangen, als er selbst zu seinem eigenen Lebensunterhalt benötigte.

Bald darauf baute er Geräte und Werkzeuge, die ihn beim Bau einer Hütte, bei der Bestellung des Ackers und der Viehhaltung unterstützten.

Durch die Schaffung und den Einsatz des Produktionsfaktors Kapital gelang es Robinson, seine Lebensbedingungen im Laufe der Jahre immer weiter zu verbessern.

Das Beispiel macht deutlich: Die Entstehung des Produktionsfaktors Kapital ist nur möglich, wenn der Mensch auf die konsumtive Verwendung eines Teils seines Einkommens verzichtet.

Beispiel: Robinson musste zunächst seinen Fischkonsum einschränken und einen Vorrat anlegen.

In einer modernen Volkswirtschaft geschieht die Schaffung des Produktionsfaktors Kapital nicht mehr unmittelbar durch die Bildung eines Gütervorrates, sondern durch das Sparen von Geld.

Sparen bedeutet Konsumverzicht, der in der Regel zur Bildung von Geldkapital führt.

Durch die Vermittlung von **Kapitalsammelstellen** (Kreditinstitute, Lebensversicherungen) wird dieses Geldkapital den Unternehmen zur Verfügung gestellt.

Die Unternehmen verwenden das Geldkapital für ihre Investitionen, d. h. zum Erwerb von Maschinen, Fabrikanlagen und Vorräten.

Voraussetzung für das Sparen innerhalb einer Volkswirtschaft sind **Sparfähigkeit** und **Sparwille** der Bevölkerung.

Kein Sparen im volkswirtschaftlichen Sinne ist das Horten, bei dem zwar auch Konsumverzicht geleistet wird, aber keine produktive Geldverwendung erfolgt *("Strumpfsparen")*.

Freiwilliges Sparen

Der Konsumverzicht wird aufgrund der freiwilligen Entscheidung der Sparer geleistet. Die gesparten Geldmittel können in verschiedenen Formen angelegt werden.

Sparformen sind:
- Spar- und Termineinlagen
- Wertpapiere
- Bausparen
- Kapitallebensversicherungen

Sparmotive sind:
- Vorsorge für die Zukunft
- Erzielung von Kapitaleinkünften *(Zinsen, Dividenden)*
- Geldansammlung für konkrete Anschaffungen und größere Ausgaben *(Autokauf, Urlaubsreise)*

Auch Unternehmen können „sparen", wenn auf die Ausschüttung eines Teils der erwirtschafteten Gewinne verzichtet wird. Diese Geldmittel stehen damit für weitere unternehmerische Zwecke zur Verfügung.

Zwangssparen

Der Konsumverzicht wird unfreiwillig geleistet, indem von den Einkommensbeziehern ein bestimmter Teil ihres Einkommens in Form von **Steuern** und **Sozialabgaben** (Renten-, Kranken-, Pflege-, Arbeitslosenversicherung) an den Staat bzw. die Sozialversicherungsträger abzuführen ist.

Das Steigen der Preise führt ebenfalls zu einem unfreiwilligen Konsumverzicht und bedeutet Zwangssparen: Die Inflation „verzehrt" Einkommen, das für den Konsum hätte ausgegeben werden können.

3.6.3.2 Investieren – Voraussetzung für wirtschaftliches Wachstum

Die der Unternehmung von ihren Kapitalgebern (Kreditinstituten, Eigentümern) zur Verfügung gestellten Geldmittel werden durch Investitionen in Realkapital (Sachkapital) umgewandelt.

Investieren bedeutet die Verwendung von Geldkapital für Unternehmenszwecke.

Anlageinvestitionen

Das Geld wird für die Beschaffung von dauerhaft verwendbaren Produktionsmitteln verwendet.

Die Anlageinvestitionen umfassen **Ausrüstungen**, **Bauten** und **sonstige Anlagen**.

Beispiele: *Ausrüstungen:* *Maschinen, Betriebsausstattungen, Geschäftseinrichtungen, Werkzeuge, Fahrzeuge*

                 Bauten: *Fabrikbauten, Lagerhallen, Verwaltungsgebäude, Stromleitungen*

                 Sonstige Anlagen: EDV-Software, Urheberrechte

Ersatzinvestitionen dienen der Erhaltung des vorhandenen Anlagenbestandes (Kapitalerneuerung), indem abgenutzte oder veraltete Anlagen durch neue ersetzt werden (Reinvestition). Die ursprüngliche Produktionskapazität bleibt gleich.

Erweiterungsinvestitionen dienen dem Wachstum der Unternehmung (Kapitalneubildung), indem zusätzliche Produktionsanlagen angeschafft werden. Die vorhandene Produktionskapazität wird erweitert.

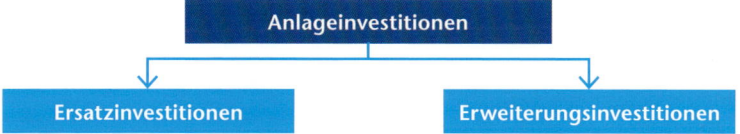

Rationalisierungsinvestitionen dienen der Kostensenkung und der Steigerung der Produktivität. Häufig wird hierbei der Produktionsfaktor Arbeit durch den Produktionsfaktor Kapital ersetzt.

Beispiel: Durch die Anschaffung einer computergesteuerten Produktionsanlage werden weniger Arbeitskräfte benötigt.

Vorrats-/Lagerinvestitionen

Das Geld wird für die Beschaffung von Vorräten bzw. Warenlagern verwendet.

Beispiele: Roh-, Hilfs- und Betriebsstoffe, Fertigerzeugnisse

Die Unternehmensinvestitionen entscheiden über die Entwicklung und die Zukunft einer Volkswirtschaft.

Das Ausmaß der Investitionstätigkeit hängt ab von den
- Absatzmöglichkeiten für die erzeugten Produkte,
- Investitionskosten,
- allgemeinen Zukunftserwartungen (politische Stabilität, sozialer Friede, Höhe der Unternehmenssteuern).

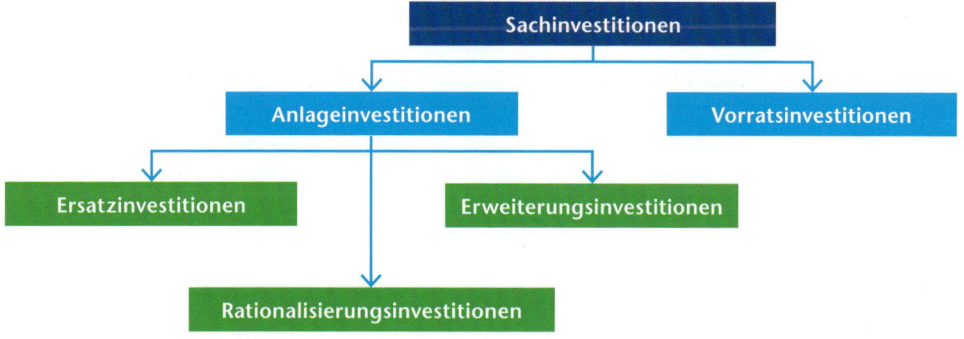

Exkurs: Betriebswirtschaftlicher Kapitalbegriff

Die volkswirtschaftlichen Begriffe Geldkapital und Realkapital sind von den in der Betriebswirtschaftslehre und im Rechnungswesen benutzten Begriffen Eigenkapital und Fremdkapital zu unterscheiden. Hier versteht man unter dem Kapital die auf der Passivseite der Bilanz ausgewiesene Finanzierung (Mittelherkunft) der Unternehmung:

- Das **Fremdkapital** umfasst die Schulden der Unternehmung, d.h. die von den **Gläubigern** (**z.B. Kreditinstituten**) zur Verfügung gestellten Geldmittel. Das Fremdkapital steht der Unternehmung **zeitlich befristet** zur Verfügung. Für die Dauer der Kapitalüberlassung muss die Unternehmung Zinsen zahlen.

- Das Eigenkapital ist die Differenz zwischen dem Vermögen und dem Fremdkapital der Unternehmung. Das Eigenkapital gehört den an der Unternehmung beteiligten Personen und steht der Unternehmung **zeitlich unbegrenzt** zur Verfügung. Den Eigentümern fließt der **Gewinn** zu, sie tragen aber auch das **Verlustrisiko**.

Aktiva (Vermögen)	Bilanz	Passiva (Kapital)
Anlagevermögen = langfristig gebundene Vermögensteile		**Eigenkapital**
Umlaufvermögen = kurzfristig gebundene Vermögensteile		**Fremdkapital** – langfristig – kurzfristig
Mittelverwendung = Investitionen		**Mittelbeschaffung** = Finanzierung

3.6.3.3 Abschreibungen

Das Anlagevermögen einer Unternehmung besteht aus Vermögensteilen, die in der Regel über einen mehrjährigen Zeitraum genutzt werden.

Der Wert dieser Sachanlagen nimmt durch die laufende Nutzung, aber auch durch ihre technische und wirtschaftliche Überholung allmählich ab. Die Nutzungsdauer von Sacheinlagen ist daher beschränkt. Die Unternehmung muss dafür Sorge tragen, dass nach Ablauf der Nutzungsdauer Geldmittel für die Durchführung einer Ersatzinvestition zur Verfügung stehen.

Die Wertminderungen der Sachanlagen werden in Form von Abschreibungen als Aufwand erfasst. Durch die Abschreibungen werden die Anschaffungskosten der Sachanlagen auf die Jahre ihrer Nutzung verteilt.

Bei einer sachgerechten Preiskalkulation werden daher auch die Abschreibungen als Kostenbestandteil miteinbezogen.

Die Abschreibungsgegenwerte fließen der Unternehmung somit laufend über die Umsatzerlöse zu und können bis zum Zeitpunkt der Ersatzbeschaffung angelegt oder für weitere Finanzierungszwecke verwendet werden.

Beispiel: Der Bauunternehmer Helmut Sindermann hat einen Kran für 240000,00 € angeschafft. Die Nutzungsdauer wird auf 8 Jahre veranschlagt, die jährliche Einsatzzeit beträgt 1200 Stunden. Die jährliche Abschreibung beträgt bei linearer Abschreibung 30000,00 €. Herr Sindermann kalkuliert seinen Angebotspreis für eine Kranstunde:

Arbeitslohn (inkl. Lohnnebenkosten)	*55,00 €*
Abschreibungen (30000 : 1200)	*25,00 €*
sonstige Kosten	*15,00 €*
Gewinnzuschlag	*10,00 €*
Angebotspreis	*105,00 €*

Die Finanzierung aus Abschreibungserlösen wird auch als **Finanzierung durch Vermögensumschichtung** bezeichnet: Der Wert der Sachanlagen nimmt durch die Abschreibungen ab, während der Wert der Finanzaktiva durch den Eingang der Abschreibungserlöse zunimmt (Aktivtausch).

Kapazitätserhaltungseffekt

Die Finanzierung aus Abschreibungserlösen dient in erster Linie zur Finanzierung von Ersatzinvestitionen. Nach Ablauf der Nutzungsdauer der Investitionsobjekte sollten die zur Ersatzbeschaffung erforderlichen Geldmittel über die Verkaufserlöse in die Unternehmung zurückgeflossen sein.

Eine einmal vorhandene Unternehmenskapazität kann auf diese Weise ohne Zuführung neuer Mittel erhalten werden.

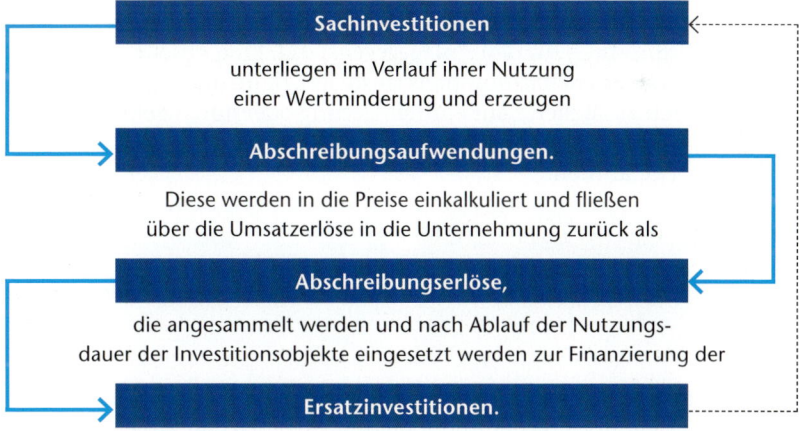

Sachinvestitionen

unterliegen im Verlauf ihrer Nutzung
einer Wertminderung und erzeugen

Abschreibungsaufwendungen.

Diese werden in die Preise einkalkuliert und fließen
über die Umsatzerlöse in die Unternehmung zurück als

Abschreibungserlöse,

die angesammelt werden und nach Ablauf der Nutzungsdauer der Investitionsobjekte eingesetzt werden zur Finanzierung der

Ersatzinvestitionen.

Beispiel: Die Anschaffungskosten für eine EDV-Anlage betragen 30000,00 €. Die Nutzungsdauer wird auf 5 Jahre geschätzt.
Bei linearer Abschreibungsmethode beträgt der jährliche Abschreibungsaufwand 6000,00 €. Vorausgesetzt, die Unternehmung konnte die Abschreibungen über den Umsatzprozess „verdienen", verfügt sie nach Ablauf der Nutzungsdauer über den zur Ersatzinvestition erforderlichen Geldbetrag.

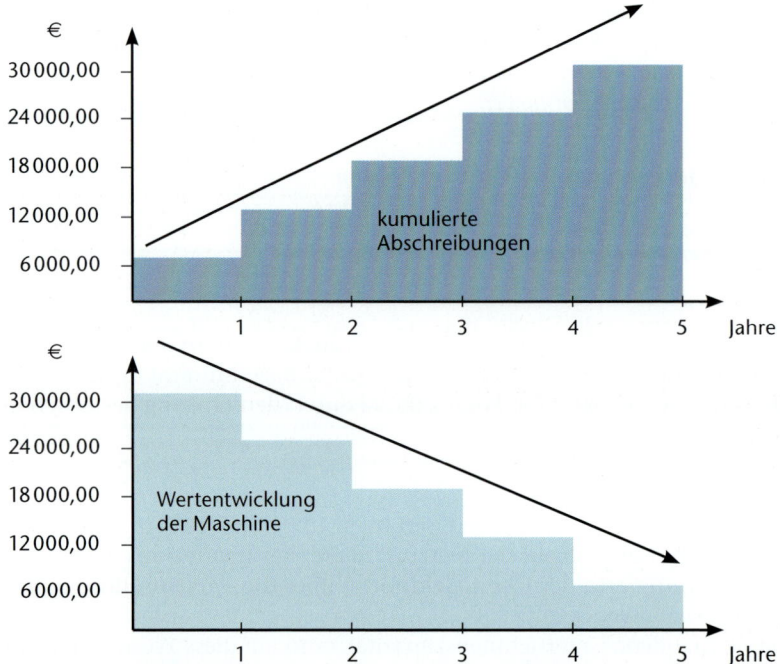

Bei einer Preissteigerung für die erforderliche Ersatzinvestition entsteht eine sogenannte **Abschreibungslücke**. Die Summe der Abschreibungswerte ist in diesem Fall niedriger als der Wiederbeschaffungspreis für den Anlagegegenstand. Eine Abschreibung vom voraussichtlich höheren Wiederbeschaffungspreis ist steuerlich unzulässig. Die Abschreibungslücke kann nur durch zusätzliche Außenfinanzierung oder durch Selbstfinanzierung aus Gewinnen gefüllt werden. Eine zu hohe Gewinnausschüttung kann daher die Substanz der Unternehmung gefährden.

Abschreibungslücke	Preisanstieg
Summe der Abschreibungen	Wiederbeschaffungskosten

Kapazitätserweiterungseffekt

Werden in einer größeren Unternehmung mehrere gleichartige Anlagegegenstände eingesetzt, so können die eingehenden Abschreibungsgegenwerte bereits vor dem Ablauf der Nutzungsdauer der Gegenstände zur Finanzierung von Erweiterungsinvestitionen eingesetzt werden. Die vorhandene Unternehmenskapazität könnte auf diese Weise ohne zusätzliche Fremd- oder Eigenmittel erweitert werden.

Beispiel: Eine Unternehmung beschafft in fünf aufeinanderfolgenden Jahren je eine Maschine im Wert von 10 000,00 €. Die Finanzierung erfolgt aus eigenen Mitteln. Die Nutzungsdauer der Maschinen beträgt 5 Jahre. Die Abschreibung soll linear erfolgen.

$$\text{Abschreibungsbetrag pro Jahr} = \frac{\text{Anschaffungskosten}}{\text{Nutzungsdauer}} = 2\,000,00 \ €$$

Maschine	1. Jahr	2. Jahr	3. Jahr	4. Jahr	5. Jahr	6. Jahr
	€	€	€	€	€	€
Nr. 1	2 000,00	2 000,00	2 000,00	2 000,00	2 000,00	2 000,00
Nr. 2	–	2 000,00	2 000,00	2 000,00	2 000,00	2 000,00
Nr. 3	–	–	2 000,00	2 000,00	2 000,00	2 000,00
Nr. 4	–	–	–	2 000,00	2 000,00	2 000,00
Nr. 5	–	–	–	–	2 000,00	2 000,00
jährliche Abschreibung	2 000,00	4 000,00	6 000,00	8 000,00	10 000,00	10 000,00
liquide Mittel – Reinvestition	2 000,00 –	6 000,00 –	12 000,00 –	20 000,00 –	30 000,00 10 000,00	30 000,00 10 000,00
freigesetzte Mittel	**2 000,00**	**6 000,00**	**12 000,00**	**20 000,00**	**20 000,00**	**20 000,00**

Die im 5. (6., 7. usw.) Jahr insgesamt verdienten Jahresabschreibungen entsprechen den Wiederbeschaffungskosten für die im 1. (2., 3. usw.) Jahr angeschafften Maschinen.
Die Abschreibungsbeträge der ersten vier Jahre sind dauerhaft freigesetzt und können für Erweiterungsinvestitionen eingesetzt werden.

Voraussetzungen für den Kapazitätserweiterungseffekt sind:

- Die jährlichen Abschreibungen fließen tatsächlich über die Verkaufserlöse in die Unternehmung zurück. Das bedeutet, das Unternehmen muss in der Lage sein, sein Absatzvolumen entsprechend der gestiegenen Kapazität auszuweiten.
- Die Anschaffungskosten bzw. Wiederbeschaffungskosten der Maschinen bleiben konstant.

3.6.4 Produktionsprozess – Kombination der Produktionsfaktoren

Der Produktionsprozess vollzieht sich durch Kombination der Produktionsfaktoren Arbeit, Boden und Kapital.

Beispiele:
- *In der Landwirtschaft wirken Arbeitskräfte, landwirtschaftliche Anbaufläche und Maschinen zusammen, um die Felder bewirtschaften zu können.*
- *Ein Automobilunternehmen benötigt eine Vielzahl von Fachkräften wie Ingenieure, Kaufleute und Facharbeiter, um mit geeigneten Produktionsanlagen Fahrzeuge produzieren zu können.*
- *Ein Kreditinstitut benötigt hoch qualifizierte Mitarbeiter, geeignete Geschäftsräume und EDV-Geräte, um seine Kunden betreuen zu können.*

Je nach Art der Güter, die produziert werden sollen, müssen die Produktionsfaktoren in unterschiedlichem Umfang eingesetzt werden.
Bei einer **arbeitsintensiven** Produktionsweise liegt der Schwerpunkt auf dem Einsatz des Produktionsfaktors Arbeit.

Beispiel: Die Tätigkeit der Kreditinstitute, Versicherungen und der Freien Berufe wie Ärzte, Rechtsanwälte, Notare, Steuerberater, Wirtschaftsprüfer usw. erfordert einen hohen Arbeitseinsatz und besonders geschultes Personal. Die Kosten für die Betriebsausstattung sind demgegenüber vergleichsweise gering.

Bei einer **kapitalintensiven** Produktionsweise liegt der Schwerpunkt auf dem Einsatz des Produktionsfaktors Kapital.

Beispiel: Energie kann nur unter großem Kapitaleinsatz erzeugt werden. Die Kosten für das Personal sind im Vergleich dazu relativ gering.

3.6.4.1 Minimalkostenkombination

In welchem Umfang die einzelnen Produktionsfaktoren eingesetzt werden, hängt nicht nur von den technischen Gegebenheiten sondern auch von ihren Kosten ab. Die kostengünstigste Faktorkombination ist die **Minimalkostenkombination**.

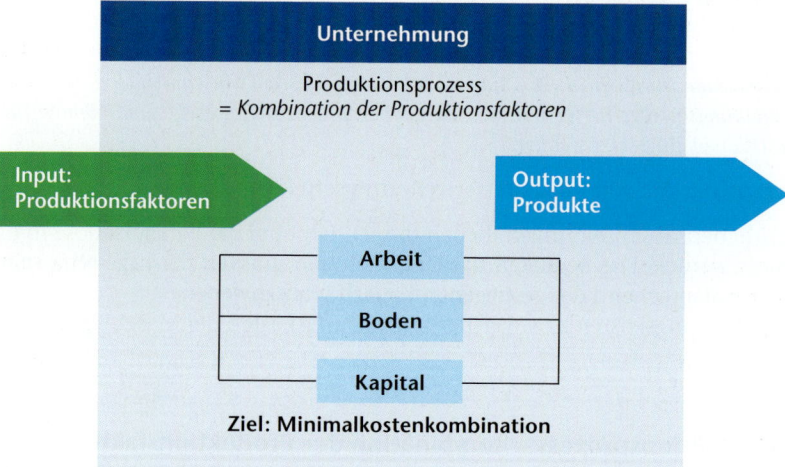

Beispiel: Ein Tabakwarenhersteller will sich auf die Produktion der Nobelzigarre „Al Capone" spezialisieren.
Es ist technisch möglich, die Zigarren in Handarbeit mit vielen Arbeitskräften und geringem Kapitaleinsatz (arbeitsintensiv) oder mit Spezialmaschinen und wenigen Arbeitskräften (kapitalintensiv) herzustellen.
Die Einsatzmenge des Produktionsfaktors Boden ist umso geringer, je weniger Arbeitskräfte eingesetzt werden.
Für die Herstellung von 600 000 Zigarren pro Jahr sind folgende vier Faktorkombinationen technisch möglich:

Faktorkombination	Kapitaleinheiten (Menge)	Arbeitseinheiten (Menge)	Bodeneinheiten (Menge)
(1)	1	120	20
(2)	2	60	15
(3)	4	30	10
(4)	12	10	5

Die Kosten betragen für eine – *Kapitaleinheit*   *10 000,00 €*
                                – *Arbeitseinheit*   *2 000,00 €*
                                – *Bodeneinheit*   *1 000,00 €*

Faktor-kombination	Kosten für PF Kapital (€)	Kosten für PF Arbeit (€)	Kosten für PF Boden (€)	Gesamtkosten (€)
(1)	10 000,00	240 000,00	20 000,00	270 000,00
(2)	20 000,00	120 000,00	15 000,00	155 000,00
(3)	**40 000,00**	**60 000,00**	**10 000,00**	**110 000,00**
(4)	120 000,00	20 000,00	5 000,00	145 000,00

Faktorkombination (3) ist die Minimalkostenkombination mit Gesamtkosten in Höhe von 110 000,00 €.

3.6.4.2 Faktorsubstitution

In Industrieländern ist zu beobachten, dass bei steigenden Arbeitskosten aufgrund von Rationalisierungsinvestitionen industrielle Produkte zunehmend in voll- bzw. teilautomatisierten Produktionsprozessen erstellt werden. Der Produktionsfaktor Arbeit wird hier durch den Produktionsfaktor Kapital ersetzt. Die dadurch steigende Arbeitsproduktivität hat einerseits Arbeitszeitverkürzungen ermöglicht, andererseits aber auch Arbeitsplätze vernichtet und zu Arbeitslosigkeit geführt.

Eine andere Wirkung steigender Arbeitskosten ist die Verlagerung besonders arbeitsintensiver Produktionsprozesse in solche Regionen und Länder (sog. „Billiglohnländer"), in denen Arbeitskräfte reichlich vorhanden und die Arbeitskosten deutlich geringer sind.

Beispiel: Aufgrund von allgemeinen Lohnsteigerungen steigen im oben aufgeführten Beispiel die Kosten für den Produktionsfaktor Arbeit auf 4 000,00 € pro Arbeitseinheit.

Faktor-kombination	Kosten für PF Kapital (€)	Kosten für PF Arbeit (€)	Kosten für PF Boden (€)	Gesamtkosten (€)
(1)	10 000,00	480 000,00	20 000,00	510 000,00
(2)	20 000,00	240 000,00	15 000,00	275 000,00
(3)	40 000,00	120 000,00	10 000,00	170 000,00
(4)	**120 000,00**	**40 000,00**	**5 000,00**	**165 000,00**

Faktorkombination (4) ist jetzt die Minimalkostenkombination mit Gesamtkosten in Höhe von 165 000,00 €.

Um die neue Minimalkostenkombination zu erreichen sind notwendig:
– *Investitionen in Höhe von 80 000,00 € (8 zusätzliche Kapitaleinheiten zu je 10 000,00 €),*
– *Freisetzung von 20 Arbeitseinheiten,*
– *Verringerung der Bodenfläche um 5 Einheiten.*

Es sind somit technische und wirtschaftliche Gründe, die zu einer bestimmten Kombination der Produktionsfaktoren führen. Ändern sich die technischen Voraussetzungen (z.B. *Erfindung einer neuen Maschine*) oder die wirtschaftlichen Gegebenheiten (z.B. *steigende Löhne*), wird die Unternehmung versuchen, die Kombination der Produktionsfaktoren den geänderten Bedingungen anzupassen.

Die praktischen Auswirkungen einer Verlagerung arbeitsintensiver Produktionsprozesse in Billiglohnländer kann man seit vielen Jahren anschaulich am Beispiel des Krabbenpulens nachvollziehen:

Die absurde Reise der Nordseekrabbe

Einmal Afrika und zurück

(...) Es ist kaum zu glauben und doch wahr: Viele Krabben, die Fischer in der Nordsee fangen, machen eine Reise um die halbe Welt, bevor sie in deutschen Supermärkten landen. „Auch heute noch geht es für viele Nordseekrabben zum Pulen nach Marokko", sagt Nadja Ziebarth vom Bund für Umwelt und Naturschutz (BUND). „Das ist absurd."

Unterwegs nach China

Früher kamen viele Nordseegarnelen – so heißen die kleinen Zehnfußkrebse offiziell – nach Polen. Auch nach Weißrussland wurden die Tiere häufig gebracht. Ob auf dem Lastwagen oder im Flugzeug – die Nordseekrabbe reist auch heute noch quer durch die Welt. Inzwischen führt der Weg der „Crangon Crangon" genannten Krabbe sogar nach China.

Pulmaschine teurer als afrikanische Arbeiter

Der Grund ist einfach: Es geht ums Geld. Eine Pulerin in Marokko verdient im Durchschnitt sechs Euro pro Tag. So billig arbeitet nicht einmal eine Maschine in Deutschland. Der Krabbenfischer Alwin Kocken weiß das: Er hat eine Krabbenschälmaschine erfunden. „Täglich frisch – gefangen und geschält in Norddeutschland", wirbt Kocken für seine Nordseekrabben. Für Kunden ist das eine gute Alternative, für Hersteller offensichtlich nicht: Das Interesse an der Maschine ist gering. Denn die Kosten pro Kilo liegen um drei bis vier Euro höher als bei der Variante des Pulen-Lassens in Marokko. (...)

Quelle: Ulrike Benz, www.feelgreen.de/sind-die-falsch-gepult-der-krabben-irrsinn/id_51927362/index, gekürzt (03.08.2012)

Nicht in allen Fällen ist die Substitution von Produktionsfaktoren möglich. Insbesondere im Dienstleistungsbereich ist bei vielen Unternehmen ein festes Einsatzverhältnis der Produktionsfaktoren vorgegeben.

Beispiel: Man kann zwar in einem Kreditinstitut im Servicebereich durch die Anschaffung von Geldautomaten und Kontoauszugsdruckern die Arbeitsproduktivität erhöhen und damit Mitarbeiter durch Maschinen substituieren. Anders verhält es sich jedoch bei erklärungsbedürftigen und komplexen Bankprodukten in der Kredit- oder Anlageberatung. Hier lässt sich der Kundenberater nicht ohne Weiteres durch technische Einrichtungen ersetzen. Allenfalls wird die Qualität der Beratung hierdurch erhöht.

Limitationale Produktionsfaktoren *sind gegeben, wenn das Einsatzverhältnis der Produktionsfaktoren durch technische Gegebenheiten fest vorgegeben ist.*

3.6.4.3 Besonderheiten in Kreditinstituten – der monetäre Faktor

Das System der Produktionsverfahren weist bei Kreditinstituten Besonderheiten auf. Die Marktleistungen der Kreditinstitute lassen sich in Wertleistungen und Betriebsleistungen unterscheiden.

Wertleistungen	Betriebsleistungen
– Kreditgeschäfte – Einlagengeschäfte (Sicht-, Termin- und Spareinlagen)	– Zahlungsverkehrsleistungen – Effektenkommissionsgeschäfte – Effektendepotgeschäfte

Der Erstellung der **Wertleistungen** erfolgt im **liquiditätsmäßig-finanziellen Bereich (Wertbereich)**, die Erstellung der **Betriebsleistungen** im **technisch-organisatorischen Bereich (Betriebsbereich)**.

Betriebsleistungen werden durch die Kombination der Produktionsfaktoren Arbeit, Boden und Kapital erstellt. Sie können stückzahlmäßig erfasst werden.

Beispiele:
– *Erstellung eines Kontoauszuges*
– *Ausführung eines Überweisungsauftrages*
– *Verfügung am Geldautomaten*

Wertleistungen entstehen durch die Nutzung des monetären Faktors. Sie werden stückzahlmäßig und wertmäßig erfasst.

Beispiele:
– *Gewährung eines Ratenkredites über 10 000,00 €*
– *Hereinnahme eines Festgeldes über 20 000,00 €*
– *Verkauf von zehn Sparbriefen im Nennwert von 50 000,00 €*

Die meisten Leistungen der Kreditinstitute berühren sowohl den Wertbereich als auch den Betriebsbereich.

Beispiel: Unter Ausnutzung einer Kontokorrentlinie von 10 000,00 € führt das Kreditinstitut im Auftrag des Kunden eine Überweisung über 500,00 € aus.
Wertleistung: Kreditgewährung über 500,00 €
Betriebsleistung: Ausführung des Überweisungsauftrages

Im liquiditätsmäßig-finanziellen Bereich steht die Nutzung der Liquidität im Mittelpunkt, sodass man hier von einem eigenständigen monetären Faktor sprechen kann.

Der Produktionsfaktor „Arbeit" ist bei Kreditinstituten wegen ihrer personalintensiven Tätigkeit von besonderer Bedeutung. Er betrifft den Betriebs- und den Wertbereich.

Beispiel: Ca. 75 % der Betriebskosten sind bei Kreditinstituten Personalkosten.

Die Rationalisierungsbemühungen der Kreditinstitute zielen darauf ab, insbesondere im technisch-organisatorischen Bereich den teuren Produktionsfaktor Arbeit durch entsprechende Sachmittelinvestitionen zu ersetzen. Aufgrund des Electronic Banking sind in den vergangenen Jahren eine Vielzahl derartiger Arbeitsplätze verloren gegangen.

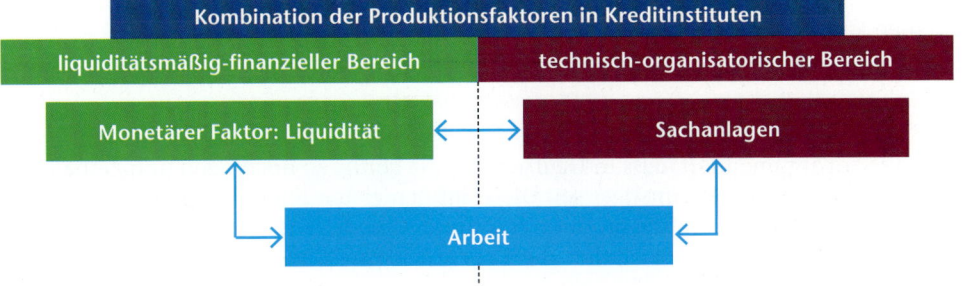

3.6.5 Betriebliche Kennzahlen zur Messung der Effizienz des Faktoreinsatzes

Betriebliche Kennzahlen sollen messen, in welchem Ausmaß die betrieblichen Ziele erreicht worden sind. Sie geben Aufschluss darüber, wie sich die Entscheidungen des Managements im Zeit- oder Branchenvergleich ausgewirkt haben. Sie dienen der Planung künftiger und der Kontrolle vergangener Maßnahmen.

Wichtige betriebliche Kennzahlen sind die **Produktivität**, die **Wirtschaftlichkeit** und die **Rentabilität**.

3.6.5.1 Produktivität

Unter der Produktivität versteht man das Verhältnis von mengenmäßigem Produktionsergebnis und dem Einsatz an Produktionsfaktoren.

$$\text{Arbeitsproduktivität} = \frac{\text{Ausbringungsmenge}}{\text{Arbeitseinsatz}}$$

Die Arbeitsproduktivität kann gemessen werden in Ausbringungsmenge je Arbeitsstunde oder Arbeitnehmer.

$$\text{Kapitalproduktivität} = \frac{\text{Ausbringungsmenge}}{\text{Kapitaleinsatz}}$$

Die Kapitalproduktivität kann gemessen werden in Ausbringungsmenge je Maschinenstunde oder Maschine.

Um die Produktivität zwischen Volkswirtschaften vergleichen zu können, wird die gesamtwirtschaftliche Produktivität berechnet.

$$\text{Gesamtwirtschaftliche Produktivität} = \frac{\text{Bruttoinlandsprodukt}}{\text{Erwerbstätige} \cdot \text{durchschnittliche Arbeitszeit je Erwerbstätigem}}$$

Produktivitätskennziffern drücken lediglich ein mengenmäßiges Verhältnis aus. Sie stellen keinen Ursache-Wirkung-Zusammenhang her.

Beispiel: Die Arbeitsproduktivität einer Kreditsachbearbeiterin wird durch die Anschaffung eines neuen DV-Systems gesteigert: Während vorher 50 Kreditanträge pro Monat bearbeitet werden konnten, können bei gleicher Arbeitszeit jetzt 55 Kreditanträge bearbeitet werden.

Weil über den Wert der erzeugten Ausbringungsmenge, die Leistung und den Wert des Faktoreinsatzes, die Kosten, nichts ausgesagt wird, lässt sich mit einer Produktivitätskennziffer auch keine Aussage über die Wirtschaftlichkeit oder die Rentabilität der Produktion treffen. So kann eine Produktivitätssteigerung durchaus unwirtschaftlich sein, wenn sie mit hohen Kosten verbunden ist oder wenn sie aus Absatzmangel nicht genutzt werden kann.

3.6.5.2 Lohnstückkosten

Häufig wird argumentiert, dass in Deutschland die Löhne zu hoch seien und deshalb die Produktion im Ausland günstiger sei. Diese auf den ersten Blick einleuchtende Aussage greift zu kurz, da sie nicht die Produktivitätsunterschiede zwischen In- und Ausland berücksichtigt. Man berechnet daher die Lohnstückkosten, weil sie das Verhältnis von Lohnkosten und Produktivität in einer Messgröße zusammenfassen.

Unter *Lohnstückkosten* versteht man die Lohnkosten je produzierter Einheit.

$$\text{Lohnstückkosten} = \frac{\text{Lohnkosten}}{\text{Produktivität}}$$

Beispiel: Für die Produktion eines Elektrogerätes werden in Deutschland bei Lohnkosten von 40,00 € je Arbeitsstunde 25 Arbeitsstunden und in einem anderen Land bei Lohnkosten von 25,00 € je Arbeitsstunde 50 Arbeitsstunden benötigt. Die Produktivität in Deutschland beträgt 1 : 25 = 0,04 Geräte je Arbeitsstunde; in dem anderen Land liegt sie bei 1 : 50 = 0,02 Geräte je Arbeitsstunde. Die Lohnstückkosten in Deutschland betragen folglich 40 : 0,04 = 1 000,00 €. In dem anderen Land sind sie mit 25 : 0,02 = 1 250,00 € trotz der geringeren Lohnkosten höher als in Deutschland.

3.6.5.3 Wirtschaftlichkeit

Die *Wirtschaftlichkeit* ist das wertmäßige Verhältnis von Leistung (= Wert der Produktion) und Kosten (= Wert der eingesetzten Produktionsfaktoren).

$$\text{Wirtschaftlichkeit} = \frac{\text{Leistung}}{\text{Kosten}}$$

Beispiel: Von einer Kreditsachbearbeiterin werden pro Monat 50 Kreditanträge bearbeitet. Der Betriebserlös beträgt jeweils 250,00 €. Die monatlichen Kosten für Gehalt, Arbeitsmittel usw. betragen 11 000,00 €. Aufgrund der Anschaffung eines neuen DV-Systems könnte die Anzahl der bearbeiteten Kreditanträge monatlich um 5 erhöht werden. Gleichzeitig steigen die monatlichen Kosten um 288,00 €.

$$W_1 = \frac{50 \text{ Stück} \cdot 250,00 \text{ €}}{11\,000,00 \text{ €}} = \underline{\underline{1,14}}$$

$$W_2 = \frac{55 \text{ Stück} \cdot 250,00 \text{ €}}{11\,288,00 \text{ €}} = \underline{\underline{1,22}}$$

Die Anschaffung des neuen DV-Systems ist wirtschaftlich, da mit jedem als Kosten eingesetzten € nach der Rationalisierungsmaßnahme 0,08 € mehr erwirtschaftet werden können.

Eine höhere Produktivität führt also nur dann auch zu einer Verbesserung der Wirtschaftlichkeit, wenn die Ausbringungsmenge in einem stärkeren Maß steigt als die Produktionskosten.

3.6.5.4 Rentabilität

Die Wirtschaftlichkeit ist die Leitmaxime für das Handeln nach dem ökonomischen Prinzip. Sie sagt jedoch nichts darüber aus, ob mithilfe des eingesetzten Kapitals ein Gewinn erwirtschaftet wird.

Über die Rentabilität entscheidet letztlich der Markterfolg der Unternehmung, also die am Markt tatsächlich erzielten Umsatzerlöse.

Die *Eigenkapitalrentabilität* misst die Verzinsung des eingesetzten Eigenkapitals.

$$\text{Eigenkapitalrentabilität} = \frac{\text{Gewinn bzw. Jahresüberschuss} \cdot 100}{\text{eingesetztes Eigenkapital (€)}}$$

Beispiel:

Die Bilanz der Hecker & Schmuck Handelsgesellschaft weist ein Eigenkapital von 180 000,00 € aus.

Summe der jährlichen Erträge	*1 323 200,00 €*
Summe der jährlichen Aufwendungen	*1 280 000,00 €*
Gewinn	*43 200,00 €*

$$\text{Eigenkapitalrentabilität} = \frac{43\,200,00\ €\cdot 100}{180\,000,00\ €} = \underline{\underline{24\,\%\ p.\,a.}}$$

Die *Umsatzrentabilität* gibt den Gewinn je 100,00 € Umsatz (= die prozentuale Gewinnspanne) an.

$$\text{Umsatzrentabilität} \atop \text{(Umsatzrendite)} = \frac{\text{Gewinn}}{\text{Umsatzerlöse}} \cdot 100$$

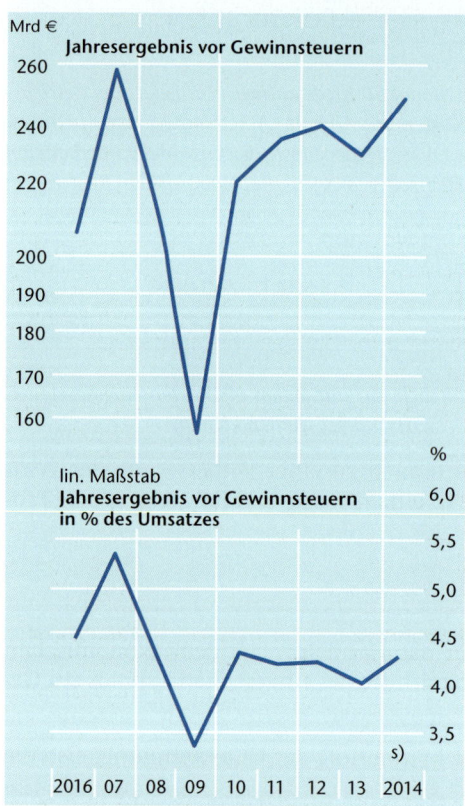

Im Umsatz kommt der Erfolg der Unternehmung im Wettbewerb um Absatz und Marktanteile zum Ausdruck. Die Umsatzrentabilität eignet sich daher besonders gut als Vergleichskennziffer und Erfolgsmaßstab für verschiedene Unternehmen derselben Branche. Eine Unternehmung mit einer im Branchenvergleich überdurchschnittlichen Umsatzrentabilität verfügt über eine gesicherte Marktposition. Sie kann Kostensteigerungen leichter verkraften und ist bei einer Verschärfung der Wettbewerbssituation eher zu Preiszugeständnissen in der Lage bzw. bei einem Preisrückgang vor Verlusten geschützt.

Gewinne und Umsatzrenditen von Unternehmen unterliegen großen Schwankungen. In der Darstellung wird deutlich, dass sich bei beiden Größen im Verlauf der Finanzkrise ab 2008 ein deutlicher Rückgang ergab, wobei es allerdings wieder zu einer raschen Erholung kam. Bis zum Jahr 2014 konnte das Niveau des Jahres 2007 jedoch nicht mehr erreicht werden.

Die *Gesamtkapitalrentabilität (Unternehmungsrentabilität)* gibt an, mit wie viel Prozent sich das gesamte eingesetzte Kapital, also die Summe aus Eigenkapital und Fremdkapital, verzinst hat.

Positiver Leverage-Effekt:

$$\text{Gesamtkapitalrentabilität} = \frac{\text{Gewinn} + \text{Fremdkapitalzinsen}}{\text{Eigenkapital} + \text{Fremdkapital}} \cdot 100$$

Durch einen Vergleich der Eigenkapitalrentabilität mit der Gesamtkapitalrentabilität lässt sich feststellen, wie sich der Einsatz von Fremdkapital auf die Eigenkapitalrentabilität ausgewirkt hat.

Fremdkapitalzinssatz < Gesamtkapitalrentabilität

Folge: Die Eigenkapitalrentabilität steigt aufgrund der Fremdkapitalaufnahme.

Negativer Leverage-Effekt:

Fremdkapitalzinssatz > Gesamtkapitalrentabilität

Folge: Die Eigenkapitalrentabilität sinkt aufgrund der Fremdkapitalaufnahme.

Beispiel:

1. Jahr

Dem Jahresabschluss einer Unternehmung sind folgende Zahlenangaben entnommen:

Eigenkapital	90 000,00 €	Gewinn	10 800,00 €
Fremdkapital	60 000,00 €	Zinsaufwand	6 000,00 €
Gesamtkapital	150 000,00 €	Kapitalkosten	16 800,00 €

2. Jahr

Die Unternehmensleitung nimmt zur Finanzierung einer Erweiterungsinvestition einen Kredit in Höhe von 50 000,00 € auf. Es wird unterstellt, dass die Fremdkapitalzinsen unverändert 10 % betragen.

Der Abschluss des folgenden Geschäftsjahres weist daraufhin folgende Zahlenangaben auf:

Eigenkapital	90 000,00 €	Gewinn	11 400,00 €
Fremdkapital	110 000,00 €	Zinsaufwand	11 000,00 €
Gesamtkapital	200 000,00 €	Kapitalkosten	22 400,00 €

Positiver Leverage-Effekt: Der gestiegene Fremdkapitaleinsatz hat zu einer Erhöhung der Eigenkapitalrentabilität geführt. Sie ist von 12 % auf 12,67 % gestiegen.

3. Jahr

Im darauffolgenden Jahr kommt es zu einer Erhöhung der Kapitalmarktzinsen. Es wird unterstellt, dass der Zinssatz für Fremdkapital auf 12 % steigt. Der Jahresabschluss weist jetzt folgende Zahlenangaben auf:

Eigenkapital	90 000,00 €	Gewinn	9 200,00 €
Fremdkapital	110 000,00 €	Zinsaufwand	13 200,00 €
Gesamtkapital	200 000,00 €	Kapitalkosten	22 400,00 €

Negativer Leverage-Effekt: *Der Zinsanstieg geht zulasten des Gewinns. Die Gesamtkapitalrentabilität ist zwar gleich geblieben, die Zinssteigerung hat jedoch zu einer Verringerung der Eigenkapitalrentabilität geführt. Diese ist von 12,67 % auf 10,22 % gesunken.*

	FK-Zinssatz	EK-Rentabilität	GK-Rentabilität
1. Jahr	10 %	12,00 %	11,2 %
2. Jahr	10 %	12,67 %	11,2 %
3. Jahr	12 %	10,22 %	11,2 %

4 Wirtschaftsordnungen, Markt und Preisbildung, Wettbewerb und Marketing

4.1 Wirtschaftsordnung als Bestandteil der Gesellschaftsordnung

4.1.1 Individuum – soziale Gruppe – Gesellschaft

Kein Mensch kann völlig losgelöst von anderen Menschen existieren. In seiner Eigenschaft als soziales Wesen lebt der Mensch inmitten von sozialen Gruppen (Gemeinschaften), die sich durch Zusammengehörigkeitsgefühl *(Wir-Gefühl)*, gleich gelagerte Interessen und Anschauungen oder gleich gerichtetes Handeln auszeichnen.

Die sozialen Gruppen, denen der Einzelne angehört, reichen von Familie, Nachbarschaft und Freundeskreis über Betriebsgemeinschaft, Sportverein, Partei bis hin zur Religionsgemeinschaft und der Gemeinschaft der Bürger eines Landes.

Die Zugehörigkeit zu derartigen sozialen Gruppen äußert sich in **sozialen Bindungen**, die je nach Art der Gruppe teils lockerer, flüchtiger, teils intensiver, dauerhafter Natur sein können.

Beispiele:
- *Jeder zwischenmenschliche Kontakt, auch das flüchtige Gespräch in der Straßenbahn mit den zufällig gegenübersitzenden Fahrgästen, bedeutet schon eine soziale Beziehung. Zur Bildung einer eigenständigen Gruppe reichen diese sozialen Beziehungen jedoch nicht aus, da die hierfür typischen Bindungen fehlen.*
- *Vergleichsweise intensiver sind die sozialen Beziehungen, die zwischen den Mitarbeitern eines Unternehmens bestehen. Die Häufigkeit der Kontakte und das tägliche Zusammenarbeiten lassen eine soziale Gruppe, die Betriebsgemeinschaft, entstehen. Arbeitsanweisungen der Vorgesetzten an die ihnen unterstellten Mitarbeiter, das gemeinsame Arbeiten an einer Aufgabe, die Weitergabe von Informationen, aber auch das gemeinschaftliche Mittagessen in der Kantine, persönliche Gespräche, der Betriebsausflug usw. begründen diese Gemeinschaft.*

Eine sehr umfassende Gemeinschaft ist die **Gesellschaft** eines Landes. Man versteht darunter die Gesamtheit der Menschen, die allein aufgrund einer gemeinsamen Kultur, der Zugehörigkeit zu einem bestimmten Volk, eines gemeinsamen Staatsgebietes miteinander verbunden sind.

Die Gesellschaft bildet den Rahmen für das Zusammenleben der Menschen. Jeder Mensch ist über ein vielfältiges Netz sozialer Beziehungen in die Gesellschaft und das gesellschaftliche Leben eingebunden.

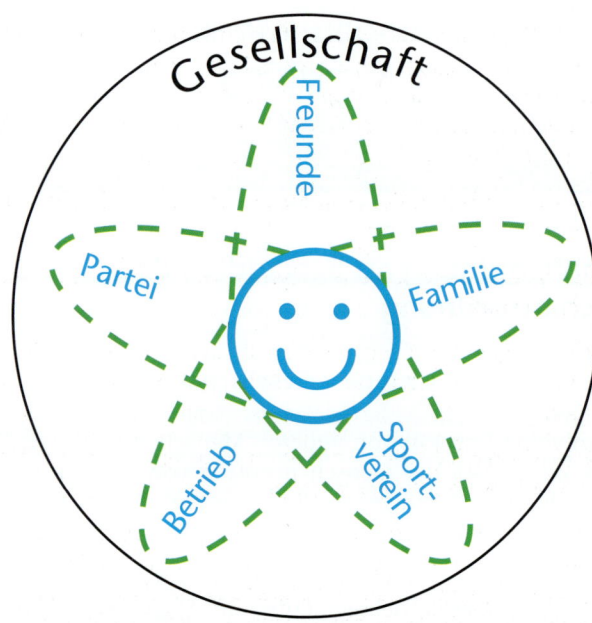

4.1.2   Gesellschaftsordnung

Jede „lebensfähige" menschliche Gemeinschaft ist nur auf der Grundlage einer allgemeinen Ordnung möglich, welche die „Spielregeln" für das Zusammenleben festlegt. Dies gilt für sämtliche Bereiche des Zusammenlebens, ob innerhalb der Familie, des Betriebes oder der Gesellschaft. Werden diese Spielregeln innerhalb der Gruppe auf die Dauer von den Gruppenmitgliedern nicht eingehalten, so wird die Gruppe zwangsläufig auseinanderbrechen.

Immer wenn Menschen in einer Gemeinschaft zusammenleben, stoßen unvermeidlich gegensätzliche Interessen aufeinander. Es entstehen Interessenkonflikte. Um die Gemeinschaft aufrechtzuerhalten und ein geordnetes Zusammenleben überhaupt erst zu ermöglichen, muss daher geklärt werden,

- auf welche Weise verschiedenartige Interessen miteinander in Einklang gebracht werden sollen,

- wann sich der Einzelne mit seinen Interessen dem Interesse der Gemeinschaft unterzuordnen hat,

- in welchen Fällen das persönliche Interesse des Einzelnen Vorrang vor den Interessen anderer hat.

> *Die Gesellschaftsordnung umfasst die Gesamtheit aller Verhaltensregeln, denen der Einzelne unterworfen ist.*

Diese Ordnung ist keineswegs ausschließlich durch Verfassung, Gesetzesvorschriften und vertragliche Vereinbarungen festgelegt. Vielmehr bestimmen auch Sitten, Brauchtümer und kulturelles Erbe die Ordnung, innerhalb derer sich das gesellschaftliche

Leben vollzieht. Allerdings sind die wichtigsten Grundsätze der Gesellschaftsordnung in Form von Rechtsnormen allgemein verbindlich geregelt.

Insgesamt stellt die Gesellschaftsordnung die Zusammenfassung vielfältig verflochtener, ineinandergreifender Regeln dar. Gedanklich lassen sich innerhalb der Gesellschaftsordnung vier verschiedene Teilbereiche unterscheiden:

- Die **Rechtsordnung** beinhaltet die Gesamtheit sämtlicher Rechtsvorschriften innerhalb der Gesellschaft.

- Die **politische Ordnung** spiegelt die politischen Herrschafts- und Machtverhältnisse innerhalb der Gesellschaft wider.

- Die **Sozialordnung** regelt den Schutz der sozial Schwachen und Benachteiligten sowie den Schutz vor den wirtschaftlichen Folgen von Krankheit, Arbeitslosigkeit, Erwerbsunfähigkeit usw.

- Die **Wirtschaftsordnung** legt die Rahmenbedingungen fest, die für das wirtschaftliche Handeln der Wirtschaftssubjekte gelten.

Alle vier Bereiche sind voneinander abhängig. Sie bedingen sich teilweise gegenseitig: Geänderte Auffassungen innerhalb der politischen Führung über die Sozialordnung schlagen sich in einer entsprechenden Sozialgesetzgebung nieder. Hieraus können wiederum Rückwirkungen auf die Wirtschaftsordnung entstehen. Umgekehrt bleibt der wirtschaftliche Wandel nicht ohne Auswirkungen auf die Wirtschafts- und Sozialordnung.

Die Wirtschaftsordnung ist ein Ausschnitt aus dem gesamten Ordnungsgefüge einer Gesellschaft. Sie wird beeinflusst durch allgemeine gesellschaftliche Normen und Entwicklungen, durch die politische Ordnung, die Rechtsordnung und die Sozialordnung.

4.1.3   Grundfragen der Wirtschaftsordnung

Die Hauptaufgabe jeder Volkswirtschaft besteht darin, den umfangreichen und vielseitigen Bedarf der in ihr lebenden Menschen an Gütern und Dienstleistungen zu decken. Um dieses Ziel zu erreichen, sind drei Grundfragen zu lösen:

- **Welche Güter sollen produziert werden und in welchen Mengen?**
  Da sich nicht alle Bedürfnisse befriedigen lassen, muss entschieden werden, welche Güter vorrangig produziert werden sollen.

- **Wie sollen die Güter produziert werden?**
  Mit welchen Arbeitskräften, mit welchen technischen Mitteln, in welchen Produktionsstätten soll die Produktion erfolgen?

- **Für wen sollen die Güter produziert werden?**
  Wie soll das gesamte Produktionsergebnis der Volkswirtschaft, das Inlandsprodukt, auf die verschiedenen Wirtschaftssubjekte verteilt werden?

In einer kleinen, geschlossen lebenden Gemeinschaft, die sich selbst mit allen lebensnotwendigen Gütern versorgt, wäre die Beantwortung dieser Fragen vergleichsweise einfach. Die erforderlichen Entscheidungen blieben überschaubar und könnten ohne übermäßige Fehlerquellen in gemeinschaftlichem Beschluss rasch und von Fall zu Fall getroffen werden.

Nun bestehen die Volkswirtschaften der Gegenwart nicht aus Selbstversorgern, sondern aus einer Fülle von hoch spezialisierten Betrieben, die Erzeugnisse für eine Vielzahl von Haushalten oder anderen Betrieben herstellen. Jede Wirtschaftseinheit, ob Betrieb, Haushalt oder Staat, ist auf vielfältige Weise in das Wirtschaftsgeschehen eingebunden. Ein Netz wirtschaftlicher **Abhängigkeitsbeziehungen**, verursacht durch die Kooperation und Arbeitsteilung innerhalb der Wirtschaft, verbindet die verschiedenen Wirtschaftssubjekte.

Um kein Chaos innerhalb der Wirtschaft entstehen zu lassen, müssen allgemein verbindliche Regeln existieren, welche die Wirtschaftssubjekte bei ihren Entscheidungen zu berücksichtigen haben und ein reibungsloses Ablaufen des Wirtschaftsprozesses gewährleisten.

Beispiel: In jeder arbeitsteiligen Wirtschaft ist offenbar irgendeine Art von gegenseitiger Abstimmung zwischen den Millionen von Produzenten und Konsumenten erforderlich. Wie wird erreicht, dass die Vielzahl der verschiedenen Betriebe genau das produziert, was die Haushalte wünschen? Wie wird erreicht, dass z. B. eine Textilfabrik nicht zu wenige, nicht zu viele Oberhemden herstellt, dass die für die Produktion erforderlichen Maschinen, Vorprodukte und die geeigneten Arbeitskräfte in der nötigen Anzahl zur Verfügung stehen? Wie werden schließlich die produzierten Hemden auf die Verbraucher verteilt? Wer bestimmt die Preise?

Die **Wirtschaftsordnung** legt fest, in welcher Weise das Wirtschaftsgeschehen gesteuert, d. h. wie das wirtschaftliche Handeln der Wirtschaftssubjekte zur bestmöglichen Bedarfsdeckung koordiniert (aufeinander abgestimmt) wird.

4.1.4 Grundtypen der Wirtschaftsordnung

In jeder Volkswirtschaft werden zur Lösung ihrer Versorgungs- und Verteilungsprobleme unterschiedliche Wege beschritten. Die Wirtschaftsordnungen der einzelnen Länder unterscheiden sich deswegen zum Teil erheblich.

Beispiel: In Deutschland läuft das wirtschaftliche Geschehen nach grundsätzlich anderen Regeln ab als z. B. in der Volksrepublik China. Einander ähnlich sind die Wirtschaftsordnungen der EU-Staaten, der USA und Japans. Umgekehrt weisen die Wirtschaftsordnungen Chinas und Kubas relativ große Gemeinsamkeiten auf.

Vergleicht man die Wirtschaftsordnungen der einzelnen Länder, so werden zwei verschiedene Grundmuster der für zweckmäßig gehaltenen Steuerung des Wirtschaftsablaufs sichtbar, die völlig gegensätzlicher Natur sind.

In einer zentral gelenkten Wirtschaft wird der gesamte Wirtschaftsablauf nach einem umfassenden Plan gesteuert. Eine zentrale staatliche Behörde bestimmt (befiehlt), welche Investitionen vorgenommen, welche Güter und Dienstleistungen produziert und wie diese verteilt werden.

In einer Marktwirtschaft bleiben die Verteilung der Güter und ihr Konsum dem freien Ermessen der Unternehmen und Haushalte überlassen. Die Koordination der Produzenten- und Konsumentenentscheidungen erfolgt grundsätzlich über die Kräfte des Marktes.

Reine Marktwirtschaften und **reine Zentralverwaltungswirtschaften** kommen allerdings in der Realität nicht vor. Es handelt sich jeweils um (idealtypische) **Modelle**, von denen die Wirtschaftsordnungen der Wirklichkeit in mehr oder weniger großem Ausmaß abweichen.
Es ist allerdings möglich, die verschiedenartigen Wirtschaftsordnungen in zwei Gruppen einzuteilen, in denen jeweils die eine oder die andere Auffassung vorherrscht.
Man unterscheidet daher zwischen:

- Volkswirtschaften mit **überwiegend marktwirtschaftlicher Steuerung** des Wirtschaftsablaufs,

- Volkswirtschaften mit **überwiegend zentraler Planung und Steuerung** des Wirtschaftsablaufs.

Wirtschaftsordnung			
Reine Form	**Realität: Mischform**		**Reine Form**
Modell der freien Marktwirtschaft	Volkswirtschaften mit überwiegend marktwirtschaftlicher Steuerung, z. B. Deutschland	Volkswirtschaften mit überwiegend zentraler Planung und Steuerung durch den Staat, z. B. Kuba	Modell der Zentralverwaltungswirtschaft
Marktwirtschaft		**Zentralverwaltungswirtschaft**	

Individualismus und Kollektivismus

Ob in einem Land eine überwiegend marktwirtschaftliche oder zentralgelenkte Wirtschaft existiert, ist weitgehend abhängig von der jeweiligen Auffassung über das Wesen des Menschen, seine Stellung innerhalb der Gesellschaft und das Verhältnis der Menschen zueinander. Die Wirtschaftsordnung ist daher immer zugleich auch Ausdruck der im betreffenden Land vorherrschenden Gesellschaftsauffassung und Ideologie (Weltanschauung).

Die beiden Extreme sind in diesem Zusammenhang **Individualismus** und **Kollektivismus**. Der **Individualismus** betont die Interessen und Werte des Einzelnen, ob in Politik, Erziehung, Wirtschaft oder den anderen Bereichen der Gesellschaft. Im Mittelpunkt der individualistischen Geisteshaltung steht deswegen der einzelne Mensch, das Individuum.

Für den Individualismus ist die **Freiheit** des Einzelnen oberster Grundsatz. Staat und Gesellschaft sind nur Hilfsmittel zum Erreichen der Ziele des Einzelnen. Individualismus und liberale Wirtschaftsordnung, in der jeder private Haushalt und jedes Unternehmen seine wirtschaftlichen Entscheidungen grundsätzlich im Hinblick auf eigene Nutzenvorstellungen trifft, sind daher eng miteinander verknüpft.

Als Gegenposition hierzu stehen beim **Kollektivismus** nicht Freiheit und Eigennutz des Einzelnen, sondern vielmehr die gesellschaftlichen Interessen im Mittelpunkt. Die kollektivistische Geisteshaltung geht davon aus, dass sich die Einzelinteressen vielfach nicht mit dem Gesamtinteresse decken. Der Einzelne hat seine persönlichen Interessen den Zielen der Gesellschaft unterzuordnen. Es gilt daher der Grundsatz: **Gemeinnutz geht vor Eigennutz.**

Für das Wirtschaftsleben hat dies zur Folge, dass die gesellschaftlichen Bedürfnisse Vorrang vor den persönlichen Bedürfnissen haben und deswegen die wirtschaftliche Entscheidungsfreiheit des Einzelnen weitgehend aufgehoben wird. Die besondere Aufgabe des Staates besteht darin, die gesellschaftlichen Bedürfnisse zu erfassen und mithilfe eines zentralen Planes die Güterproduktion und -verteilung zu steuern.

4.2   Idealtypische Modelle der Wirtschaftsordnungen

4.2.1   Modell der freien Marktwirtschaft

Im Modell der freien Marktwirtschaft ist die wirtschaftliche Freiheit der Wirtschaftssubjekte uneingeschränkt. Die Wirtschaft ist ganz sich selbst überlassen. Es herrscht **wirtschaftlicher Liberalismus.**

Alle Wirtschaftssubjekte planen und entscheiden selbstständig, ohne dass der Staat unmittelbar in das Wirtschaftsgeschehen eingreift.

Beispiel: Der Konsument kann kaufen, was, wann und wo er will. Jeder kann seine Arbeitskraft, Geldmittel und Vermögenswerte verwenden, wie es ihm beliebt. Wer die nötigen finanziellen Mittel besitzt, kann eine Unternehmung gründen. Der Unternehmer kann ganz nach seinen eigenen Vorstellungen investieren, produzieren, Arbeitskräfte einstellen und entlassen usw.

Weil in einer solchen Wirtschaft jeder tun und lassen kann was er will, scheint überhaupt keine Ordnung zu existieren. Auf den ersten Blick scheint ein vollkommenes Chaos zu herrschen. Tatsächlich gibt es aber auch in der Marktwirtschaft einen **Steuerungsmechanismus**, der die Entscheidungen der Vielzahl von Konsumenten und Produzenten koordiniert, nur bleibt er unsichtbar. Der Steuerungsmechanismus, der das Wirtschafts-geschehen in geordnete Bahnen lenkt, ist der **Markt** mit der sich dort vollziehenden **Preisbildung**. Hier stoßen Angebot und Nachfrage aufeinander. Die Preisbildung auf den Märkten sorgt für den Ausgleich von Angebot und Nachfrage. Der Marktmechanismus ist die „**unsichtbare Hand**", die das wirtschaftliche Verhalten der Marktteilnehmer lenkt.

4.2.1.1 Bausteine der freien Marktwirtschaft

Erwerbswirtschaftliches Prinzip

Innerhalb der Marktwirtschaft strebt jeder Einzelne seinen höchstmöglichen Nutzen an. Er handelt nach dem **erwerbswirtschaftlichen Prinzip:**

Der **Unternehmer** versucht, den höchstmöglichen Gewinn zu erzielen, d. h. seinen **Gewinn** zu **maximieren**. Deshalb ist er bestrebt, einerseits die Kosten der Produktion möglichst gering zu halten, andererseits einen möglichst hohen Preis für seine Erzeugnisse zu erzielen.

Beispiel: Peter Klein hat sich als Hersteller von Lampenschirmen selbstständig gemacht. Als Unternehmer muss er sich genau überlegen, wie viele Lampenschirme in welcher Qualität und zu welchen Preisen am Markt absetzbar sind.
Er glaubt den Geschmack und die Wünsche der Nachfrager gut zu kennen, über günstige Bezugsquellen für die benötigten Produktionsmittel und Herstellungsmaterialien zu verfügen und geeignete Mitarbeiter gefunden zu haben.
Bei richtiger Einschätzung der Marktlage hat er die Chance, hohe Gewinne zu erzielen. Findet er für seine Lampenschirme jedoch keine Käufer, weil diese nicht der augenblicklichen Mode entsprechen oder in der Produktion zu teuer waren, dann droht das Risiko des Verlustes.
Die Chance, einen Gewinn zu erzielen, aber auch das Risiko, einen Verlust zu erleiden, veranlasst ihn, sehr gründlich zu planen, zu kalkulieren und seine wirtschaftlichen Entscheidungen sorgfältig gegeneinander abzuwägen.

Der **Verbraucher** versucht, mit den ihm zur Verfügung stehenden Geldmitteln möglichst viele Bedürfnisse zu befriedigen, d. h. seinen **Nutzen** zu **maximieren**. Bevor er einen Kauf tätigt, wird er sich genau überlegen, welche Güter für ihn besonders dringlich, welche weniger wichtig sind.
Weil er als Nachfrager bestrebt ist, möglichst günstig einzukaufen, wird er gründliche Preis- und Qualitätsvergleiche anstellen. Auf der anderen Seite ist er daran interessiert, seine Arbeitskraft möglichst teuer zu „verkaufen".

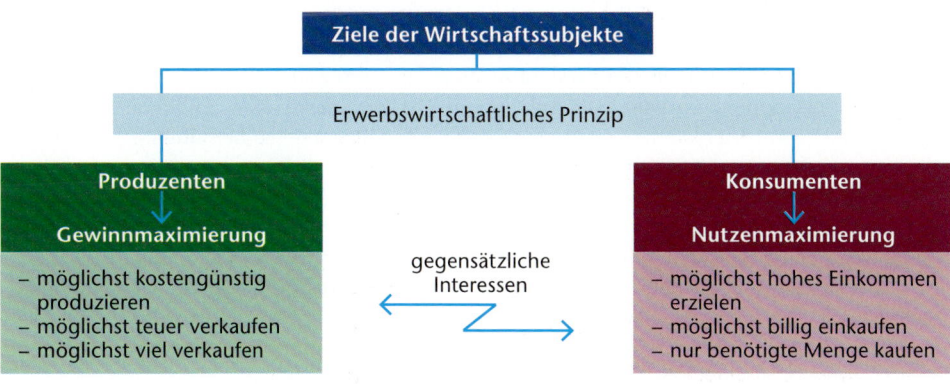

Freie Marktpreisbildung

Anbieter und Nachfrager treten sich am Markt mit gegensätzlichen Interessen gegenüber: Die Anbieter sind an möglichst hohen Preisen interessiert, weil davon weitgehend die Höhe ihres Gewinns abhängt. Die Nachfrager sind an möglichst niedrigen Preisen interessiert, weil sie dann umso mehr Güter kaufen können. Erscheint der Preis, den die Anbieter verlangen, den Nachfragern zu hoch, so werden nur wenige dieses Gut kaufen. Ist umgekehrt der Preis, den die Anbieter verlangen, in den Augen der Nachfrager günstig, so werden viele auf das Angebot zurückgreifen.

Der Interessenausgleich zwischen Anbietern und Nachfragern geschieht durch die Bildung des Marktpreises[1].

Wettbewerb als „Motor" der Marktwirtschaft

Im Mittelpunkt der marktwirtschaftlichen Ordnung steht der **Wettbewerb**. Er ist gleichsam der Motor, der die Wirtschaft antreibt.

Der Wettbewerb zwingt die Unternehmen, sich ganz auf die Wünsche der Konsumenten einzustellen. Um am Markt bestehen zu können, müssen die Produzenten Güter oder Dienstleistungen herstellen, die nach Art, Qualität und Preis den Vorstellungen der Verbraucher entsprechen.

Das Gewinnstreben und der Druck des Wettbewerbs lassen zwischen den Unternehmen einen harten **Konkurrenzkampf** entstehen. Allerdings wird dieser Kampf mit friedlichen Mitteln ausgetragen, denn einzig erlaubte **Kampfmittel** sind Preise, Produktqualitäten, Konditionen, Serviceleistungen, Werbung. Nutznießer des Wettbewerbs sind allein die Konsumenten.

Der **Wettbewerb** erfüllt folgende gesamtwirtschaftlich wichtige Funktionen:

Der Nutzen des Wettbewerbs

Im Einzelnen hat der Wettbewerb einmal eine **Kostenkontrollfunktion**. Er hält die Kosten der Produktion in Schach und zwingt schon im unternehmerischen Eigeninteresse zum sparsamen Einsatz knapper Ressourcen. Der Produzent, der billiger anbietet, ist auf dem Markt erfolgreich. Aber gleichzeitig bleibt dem Rivalen keine andere Wahl, als auch seinen Betrieb zu rationalisieren, will er nicht an Marktanteil verlieren. Es kommt zur Senkung der Produktionskosten.

Zur Frage steht jedoch nicht allein der rationelle Umgang mit einem gegebenen Produktionsapparat. Der Wettbewerb besitzt auch eine unmittelbare **Fortschrittsfunktion**. Die zu Buche schlagenden Pioniergewinne winken jenen Unternehmen, die jeweils aus dem Tross der traditionell Produzierenden ausbrechen und grundlegende Innovationen im Produktionsverfahren oder bei der Produktionsart bzw. Produktqualität entdecken und anwenden. Da aber kein Anbieter sicher sein kann, wie und mit welchem Erfolg die Konkurrenten auf diesem Feld aktiv sind, gebietet es schon die unternehmerische Vorsicht, ebenfalls selbst in die Forschung und Entwicklung von Neuerungen zu investieren, um gegen die Gefahr eines plötzlichen Wettbewerbsvorsprunges der Rivalen gewappnet zu sein. Demgegenüber hat der nach allen Seiten abgeschottete monopolistische Anbieter kaum Veranlassung, sich um Innovationen zu bemühen.

Allerdings ist es mit Produktionssteigerungen allein nicht getan. Es kommt darauf an, dass sie an die Konsumenten „weitergegeben" werden. Hier stoßen wir auf eine dritte, nämlich die **Entmachtungsfunktion** des Wettbewerbs. Er sorgt dafür, dass die Pioniergewinne nicht unbesehen wachsen und ewig dauern. Je nach dem Wettbewerbsgrad werden sie früher oder später „sozialisiert", wobei das Tempo insbesondere davon abhängt, inwieweit Konkurrenten rechtlich (z. B. Patentgesetzgebung) und faktisch in der Lage sind, ihrerseits mit Neuerungen nachzuziehen. „Entmachtung" bedeutet aber nicht minder, dass da, wo eine Mehrzahl von Anbietern in Konkurrenz steht,

---

[1] *Vgl. zur Preisbildung Seite 345 ff.*

der Abnehmer vom einzelnen Produzenten unabhängig wird. Es bieten sich ihm in wechselnder Zusammensetzung Wahlchancen. Wettbewerb streut die relative Anbietermacht in einer Weise, die kein Staatseingriff je zu erreichen vermöchte.

Aus dem vorgeführten Funktionszusammenhang lässt sich als moralische Maxime ableiten, dass jedermann, der sich als Anbieter von Gütern im Wirtschaftssystem betätigen will, aus Ordnungs- gründen sich dem Wettbewerb stellen muss und nicht versuchen darf, Wettbewerb auszuschal- ten. Dazu wird man sich nicht allein auf moralische Appelle verlassen können. Es muss ein „un- beteiligter Dritter" für Wettbewerbsregeln sorgen und sie notfalls mit legitimer Gewalt durchsetzen. Das kann nur die staatliche Instanz sein, will heißen: das Parlament, das die einschlä- gigen Satzungen erlässt, und eine regierungsunabhängige Wettbewerbsbehörde („Kartellamt"), der ihre Durchführung obliegt.

Quelle: Molitor, Bruno: Wirtschaftsethik, Vahlen, München

- **Innovationsfunktion:** *Antrieb zum Fortschritt*
  Um ihren Gewinn zu erhöhen oder um dem Druck der Konkurrenz zu begegnen, suchen die Unternehmen ständig nach günstigeren Produktionsmethoden, nach technischen Neuerungen, nach verbesserten oder neuartigen Produkten. Dies be- wirkt einen Fortschritt innerhalb der Wirtschaft, der den allgemeinen Lebensstan- dard hebt und den Verbrauchern zugute kommt.

- **Ausschaltungsfunktion:** *Ausschaltung nicht konkurrenzfähiger Unternehmen*
  Unternehmen, die mit der technischen und wirtschaftlichen Entwicklung nicht Schritt halten können, die im Preis von ihren Konkurrenten unterboten werden, die in der Qualität ihrer Produkte hinter anderen Unternehmen zurückstehen, werden vom Markt verdrängt.

- **Lenkungsfunktion:** *Lenkung der Produktionsfaktoren*
  Der Wettbewerb lenkt die produktiven Kräfte innerhalb der Volkswirtschaft dorthin, wo sie besonders rentabel (ertragbringend) eingesetzt werden können. Die jeweiligen Marktpreise geben ein Bild von der Situation auf den verschiedenen Märkten. Hohe Marktpreise signalisieren den Unternehmen, wo sich Gewinnchancen bieten und Marktlücken existieren. Produktionszweige, die aufgrund einer rückläufigen Nach- frage nicht mehr rentabel sind, werden aufgegeben. Die dabei freigesetzten Produk- tionsfaktoren finden stattdessen bei der Produktion solcher Güter Verwendung, die besonders gefragt sind und Zukunft haben.

4.2.1.2 Ordnungspolitische Rahmenbedingungen der freien Marktwirtschaft

Der Staat verzichtet auf jegliche Eingriffe in das Wirtschaftsgeschehen. Seine Rolle er- schöpft sich darin,
- die notwendigen rechtlichen Rahmenbedingungen zu schaffen,
- für die Einhaltung der Spielregeln des wirtschaftlichen Wettbewerbs zu sorgen,
- ein funktionierendes Geldwesen zu gewährleisten,
- die Volkswirtschaft nach außen hin zu schützen.

Damit sich das freie Spiel der Marktkräfte ungehindert entfalten kann, hat der Staat ins- besondere folgende **Freiheitsrechte** zu garantieren:

- **Gewerbefreiheit**
Die Gründung eines Unternehmens und jegliche unternehmerischen Entscheidungen sind frei.

- **Schutz des Privateigentums**

Die Wirtschaftssubjekte haben die volle Verfügungsgewalt über ihr Privateigentum an Produktionsmitteln und Konsumgütern.

- **Freihandel**

Der Handel wird nicht durch Zollschranken, Import- oder Exportbeschränkungen behindert. Der internationale Warenaustausch ist frei. Jeder kann seinen Geschäftspartner frei wählen.

- **Vertragsfreiheit**

Die Ausgestaltung der Verträge bleibt den Kontrahenten (Vertragspartnern) frei überlassen.

- **Konsumfreiheit**

Die Konsumenten sind in ihren Kaufentscheidungen frei.

- **Freie Berufswahl, freie Wahl der Arbeitsstätte**

Die Arbeitnehmer können ihre Arbeitskraft anbieten, in welchem Beruf und bei welchem Arbeitgeber auch immer sie wollen.

4.2.1.3 Probleme der freien Marktwirtschaft

Das Modell der freien Marktwirtschaft ist zwar zu keiner Zeit vollständig in die Wirklichkeit umgesetzt worden, allerdings waren die in den meisten Ländern Europas während des 19. Jahrhunderts bestehenden Wirtschaftsordnungen diesem Modell stark angenähert. Die Französische Revolution und ihre Ausstrahlung auf die übrigen europäischen Länder hatte mit der Durchsetzung liberaler und demokratischer Grundsätze in Staat und Gesellschaft die Voraussetzungen dafür geschaffen, dass sich die Idee des **Liberalismus** auch im wirtschaftlichen Bereich durchsetzen konnte.

Es wurde allgemein die Auffassung vertreten, dass individuelles Gewinnstreben, Eigeninitiative und freier Wettbewerb die wirkungsvollsten Antriebskräfte einer Volkswirtschaft seien und jegliche Eingriffe des Staates in das Spiel der Marktkräfte nur nachteilige Folgen für die Gesamtwirtschaft hätten.

Der Staat stand daher dem Wirtschaftsleben teilnahmslos und passiv gegenüber *(Nachtwächterstaat)*.

Diese Zeit des wirtschaftlichen Liberalismus ist zwar einerseits untrennbar verbunden mit einem bis dahin beispiellosen wirtschaftlichen und technischen Fortschritt *(industrielle Revolution)*, zugleich ließ die nahezu unbeschränkte, man kann sagen **ungezügelte wirtschaftliche Freiheit** eine Reihe wirtschaftlicher und vor allem sozialer Folgeprobleme entstehen:

- Die beinahe ausschließliche Geltung des wirtschaftlichen Leistungsprinzips führte zu sozialen Missständen: Kinderarbeit, zum Teil menschenunwürdige Arbeitsbedingungen, übermäßig lange Arbeitszeiten.

- Es bestand kein ausreichender Schutz für sozial schwache und benachteiligte Bevölkerungskreise. Wer durch Arbeitslosigkeit, Krankheit oder Alter aus dem Erwerbsleben ausschied, geriet in wirtschaftliche Not und war auf die Fürsorge seiner Angehörigen angewiesen.

- Die Wirtschaft konnte nicht zu jeder Zeit genügend Arbeitsplätze bereitstellen. Es kam zu erheblicher Arbeitslosigkeit *(industrielle Reservearmee)*. Das Überangebot an Arbeitskräften führte dazu, dass sich die Löhne vielfach nahe am Existenzminimum bewegten. Nur die zum Leben allernotwendigsten Güter konnten gekauft werden.

- Durch Absprachen in Form von Kartellverträgen versuchten die Unternehmen, den Wettbewerb untereinander einzuschränken. Hierdurch entstanden wirtschaftliche Machtstellungen, die von den Unternehmen zum Nachteil der Verbraucher *(z.B. durch künstlich hochgehaltene Preise)* ausgenutzt wurden.

- Das Fehlen der ordnenden Hand des Staates führte zu wirtschaftlichen Krisen und sozialen Spannungen zwischen den Arbeitnehmern *(Arbeit)* und Arbeitgebern *(Kapital)*.

Diese Schwächen ließen die **Forderung nach einem Eingreifen des Staates** immer dringlicher werden. Es boten sich grundsätzlich zwei Lösungswege an:

- Das marktwirtschaftliche System bleibt in seinen Grundzügen bestehen. Mithilfe seiner Sozialpolitik, Wettbewerbspolitik, Konjunkturpolitik und Strukturpolitik versucht der Staat, die negativen Begleiterscheinungen der freien Marktwirtschaft zu beseitigen.

- Das marktwirtschaftliche System wird vollkommen durch eine zentralgelenkte Wirtschaft ersetzt.

4.2.2   Modell der Zentralverwaltungswirtschaft

Die Idee einer zentralen Wirtschaftslenkung durch den Staat entstand im 19. Jahrhundert in der kritischen Auseinandersetzung mit den Schwächen und ungelösten Problemen der freien Marktwirtschaft. Die geistigen Grundlagen hierfür schufen vor allem **Karl Marx** und **Friedrich Engels**, die mit ihrer Kritik am wirtschaftlichen Liberalismus die **kommunistische Bewegung** auslösten.

Nach Ansicht von Karl Marx standen sich innerhalb der damaligen Gesellschaft zwei feindliche Klassen gegenüber: Das Heer der Arbeiter, die allein ihre Arbeitskraft besaßen, und die sie ausbeutenden Eigentümer der Produktionsmittel, die Kapitalisten (Unternehmer).
Dieser Gegensatz führt nach Marx zu einem **Klassenkampf**, der schließlich im Zusammenbruch des kapitalistischen Systems endet. Das Ziel ist die klassenlose **kommunistische Gesellschaft**, in der

- das Privateigentum abgeschafft ist,

- die Produktionsmittel in Gemeineigentum übergeführt sind,

- der Konsum auf der Grundlage einer gemeinschaftlichen Lebensführung und allgemeinen Gütergemeinschaft geregelt ist,

- die materiellen und geistigen Bedürfnisse der Menschen gleichmäßig befriedigt werden.

Wegbereiter und Vorstufe zur kommunistischen Idealgesellschaft ist der **Sozialismus**, der die individualistische Gesellschafts- und Wirtschaftsordnung, den **Kapitalismus**, zu überwinden sucht und durch eine am Gemeinwohl orientierte Ordnung ersetzen will.

4.2.2.1 Ordnungsmerkmale der Zentralverwaltungswirtschaft

Rolle des Staates

Im Mittelpunkt der sozialistischen Gesellschaft steht der **Staat als zentrale Ordnungsinstanz**. Eine staatliche Behörde, die der politischen Führung unmittelbar unterstellt ist, lenkt den gesamten Wirtschaftsprozess nach einem umfassenden Plan. Gleichbedeutend mit der Bezeichnung **Zentralverwaltungswirtschaft** für eine derartige Wirtschaftsordnung sind daher auch die Begriffe *Zentralplanwirtschaft* oder *zentralgelenkte Amtswirtschaft*.

Richtschnur der staatlichen Wirtschaftslenkung ist die Deckung des gesellschaftlichen Bedarfs an Gütern und Dienstleistungen. Ausschlaggebend hierfür sind jedoch nicht die jeweiligen individuellen Bedürfnisse, sondern die Prioritätensetzung und der Wille der politischen Führung.

Die **staatliche Planungsbehörde** weist jeden Betrieb an, welche Produkte herzustellen und welche Produktionszahlen zu erreichen sind, leitet ihm die notwendigen Arbeitskräfte und Produktionsmittel zu und bestimmt über die Verwendung der Erzeugnisse. Die einzelnen Betriebe sind nur noch unselbstständige Glieder des „Mammutunternehmens" Staat. Diese stehen nicht in Konkurrenz miteinander, sondern müssen lediglich innerhalb der Planperiode das vorgeschriebene Plansoll erreichen.

Antriebsfeder des wirtschaftlichen Handelns ist somit nicht mehr das erwerbswirtschaftliche Prinzip, sondern allein die Erfüllung der staatlich festgelegten Produktionsziele.

Herzstück der Zentralverwaltungswirtschaft – der volkswirtschaftliche Gesamtplan

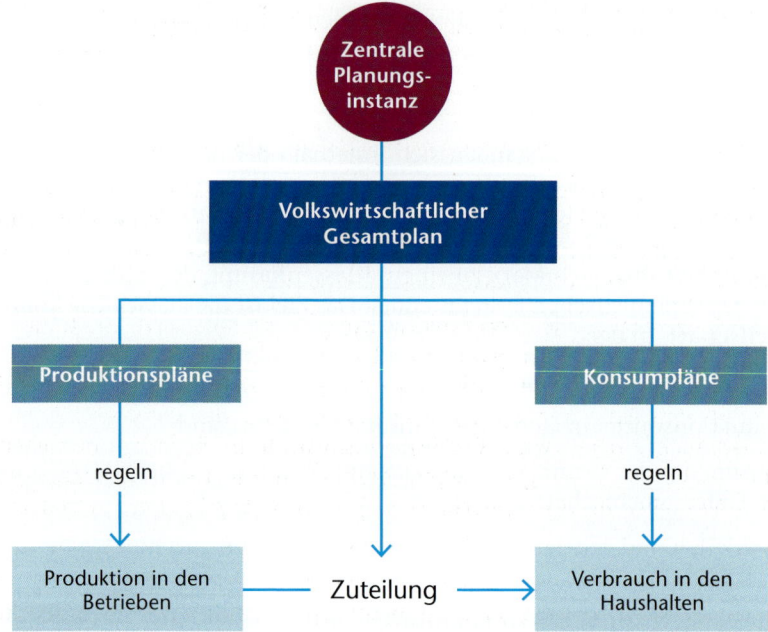

Dreh- und Angelpunkt der Zentralverwaltungswirtschaft ist der **volkswirtschaftliche Gesamtplan**.

Bei der Planerstellung steht die staatliche Planungsinstanz vor der Aufgabe, die Millionen von Daten über Art und Menge der verschiedenen Produkte und der zu ihrer Produktion benötigten Rohstoffe, Produktionsmittel und Arbeitskräfte untereinander abzustimmen und mit dem gesellschaftlichen Bedarf in Einklang zu bringen. Ausgangspunkt der staatlichen Planung ist zunächst die Feststellung des gesellschaftlichen Bedarfs und der verfügbaren Produktionskapazitäten und Arbeitskräfte. Der daraus entwickelte volkswirtschaftliche Gesamtplan gliedert sich auf in eine Vielzahl von **Produktions-** und **Konsumplänen**, die den Produktionsumfang und dessen Zusammensetzung sowie dessen Verteilung regeln.

Die Planung ist lückenlos. Der Planungszeitraum erstreckt sich von kurzfristigen **Jahresplänen** bis hin zu mehrjährigen Plänen, die eine gleichmäßige wirtschaftliche Entwicklung sicherstellen sollen.

Ordnungsmerkmale der Zentralverwaltungswirtschaft

– Der gesamte **Güteraustausch** im Inland und mit dem Ausland wird nicht aufgrund individuell ausgehandelter Verträge der Wirtschaftssubjekte untereinander abgewickelt, sondern ist durch den Staat gebunden.

– Die **Produktionsfaktoren** Boden und Kapital befinden sich im Eigentum des Staates. Privateigentum ist nur an Konsumgütern möglich. Anstelle des freien Unternehmertums tritt das Wirtschaftsunternehmen Staat. Die Güterproduktion erfolgt in staatseigenen Betrieben.

– Der Einsatz der Produktionsfaktoren erfolgt entsprechend den Vorgaben des **volkswirtschaftlichen Gesamtplans**.

– Freie **Berufswahl** und freie Wahl der Arbeitsstätte sind ausgeschlossen. Jeder arbeitsfähige Bürger erhält einen Arbeitsplatz zugewiesen. Die Höhe der Entlohnung ist staatlich festgelegt.

– Der Staat bestimmt die **Verwendung** und die **Preise** der erzeugten Güter. Bei der extremen Ausprägung der Zentralverwaltungswirtschaft ist die freie Konsumwahl ausgeschlossen. Die Konsumgüter werden in diesem Fall mithilfe von Bezugsscheinen zugeteilt.

4.2.2.2 Probleme der Zentralverwaltungswirtschaft und Reformprozesse

Länder mit überwiegend zentraler Planung und Steuerung des Wirtschaftsablaufs waren bis 1989/1990 die damalige DDR und die übrigen Staaten des inzwischen aufgelösten Ostblocks. Die Erfahrungen, die in diesen Ländern mit der Zentralverwaltungswirtschaft gemacht wurden, werfen folgende Probleme auf:

- Die Funktionsfähigkeit der Zentralverwaltungswirtschaft setzt ein hohes Maß an Übereinstimmung zwischen Plansoll und -durchführung voraus. Ein reibungsloser Ablauf des Wirtschaftsprozesses ist aufgrund des Ineinandergreifens der verschiedenen Produktionspläne nur dann gewährleistet, wenn das vorgeschriebene Plansoll tatsächlich auch erreicht wird. **Produktionsausfälle** in einzelnen Betrieben infolge unvorhergesehener Störungen ziehen deshalb automatisch Versorgungsengpässe *(z.B. Schwierigkeiten bei der Ersatzteilbeschaffung, Rohstofflieferung)* in anderen Betrieben nach sich.

- Unpräzise oder falsche Einschätzungen der Produktionsmöglichkeiten und des gegenwärtigen bzw. zukünftigen Bedarfs führen zu **Fehlplanungen** oder **Planungsungenauigkeiten**. Dies hat zur Folge, dass den Betrieben unrealistische Produktionsziele vorgeschrieben werden bzw. am Bedarf vorbeiproduziert wird.

- Die **fehlenden Einflussmöglichkeiten** der Verbraucher auf das Konsumgüterangebot führen vielfach dazu, dass die individuellen Kaufwünsche hinsichtlich Qualität und Umfang des Warenangebots nicht erfüllt werden.

- Der fehlende Wettbewerbsdruck zwischen den Betrieben lässt die Wirtschaft in der Suche nach Verbesserungen, Kostensenkungen, technischen Neuerungen erlahmen. Dies macht sich in einem **Technologierückstand** gegenüber den marktwirtschaftlich orientierten Volkswirtschaften bemerkbar.

- Die Einschränkung der wirtschaftlichen Freiheit bedingt zugleich auch eine **Beschneidung** sonstiger **individueller Freiheitsrechte**. Dies führt zu Unzufriedenheit innerhalb der Bevölkerung.

Die offensichtlichen Probleme der Zentralverwaltungswirtschaft und des „real existierenden Sozialismus" haben zuerst in der damaligen UdSSR zu Reformbemühungen geführt, die unter den Bezeichnungen **Perestroika** *(russ. Umgestaltung)* und **Glasnost** *(russ. Offenheit)* bekannt wurden und eine Lockerung der strengen Prinzipien des Zentralismus bedeuten. Die „sanften" Revolutionen in verschiedenen Ostblock-Staaten setzten schließlich im Jahr 1989 einen umfassenden Reformprozess in Gang, der in diesen Ländern zu einer Hinwendung zu marktwirtschaftlichen Ideen und zur Demokratisierung des öffentlichen Lebens verhalf. Insbesondere durch Privatisierung der Betriebe oder Verleihung beschränkter Autonomierechte an die Betriebe bei ihren wirtschaftlichen Entscheidungen und durch Zulassung der freien Preisbildung in Teilbereichen der Wirtschaft soll die Effizienz der Volkswirtschaft gesteigert werden.

Einen „dritten Weg" beschreitet China: Die autoritäre Führung des Landes sieht sich nach wie vor dem Kommunismus verpflichtet, treibt aber andererseits die Marktwirtschaft kräftig voran. China ist mit dieser Kombination auf dem Weg zu einer wirtschaftlichen Supermacht.

4.3   System der sozialen Marktwirtschaft in der Bundesrepublik Deutschland

4.3.1   Wirtschaftsordnung der Bundesrepublik Deutschland

Die Wirtschaftsordnung der Bundesrepublik Deutschland ist eine Weiterentwicklung der freien Marktwirtschaft. In ihr vereinigen sich die Grundprinzipien des marktwirtschaftlichen Leistungswettbewerbs mit einer um sozialen Ausgleich bemühten staatlichen Beeinflussung des Wirtschaftsgeschehens.

Wesentliche Grundlagen der sozialen Marktwirtschaft sind im **Grundgesetz** verankert.

Artikel 20
(1) Die Bundesrepublik Deutschland ist ein demokratischer und sozialer Bundesstaat.
Artikel 9
(1) Alle Deutschen haben das Recht, Vereine und Gesellschaften zu bilden.
(2) Vereinigungen, deren Zwecke oder deren Tätigkeit den Strafgesetzen zuwiderlaufen oder die sich gegen die verfassungsmäßige Ordnung oder gegen den Gedanken der Völkerverständigung richten, sind verboten.

(3) Das Recht, zur Wahrung und Förderung der Arbeits- und Wirtschaftsbedingungen Vereinigungen zu bilden, ist für jedermann und für alle Berufe gewährleistet. Abreden, die dieses Recht einschränken oder zu behindern suchen, sind nichtig, hierauf gerichtete Maßnahmen sind rechtswidrig.

Artikel 12

(1) Alle Deutschen haben das Recht, Beruf, Arbeitsplatz und Ausbildungsstätte frei zu wählen. Die Berufsausübung kann durch Gesetz oder aufgrund eines Gesetzes geregelt werden.

(2) Niemand darf zu einer bestimmten Arbeit gezwungen werden, außer im Rahmen einer herkömmlichen allgemeinen, für alle gleichen öffentlichen Dienstleistungspflicht.

Artikel 14

(1) Das Eigentum und das Erbrecht werden gewährleistet. Inhalt und Schranken werden durch die Gesetze bestimmt.

(2) Eigentum verpflichtet. Sein Gebrauch soll zugleich dem Wohle der Allgemeinheit dienen.

(3) Eine Enteignung ist nur zum Wohle der Allgemeinheit zulässig. Sie darf nur durch Gesetz oder aufgrund eines Gesetzes erfolgen, das Art und Ausmaß der Entschädigung regelt. Die Entschädigung ist unter gerechter Abwägung der Interessen der Allgemeinheit und der Beteiligten zu bestimmen. Wegen der Höhe der Entschädigung steht im Streitfall der Rechtsweg vor den ordentlichen Gerichten offen.

Artikel 15

Grund und Boden, Naturschätze und Produktionsmittel können zum Zwecke der Vergesellschaftung durch ein Gesetz, das Art und Ausmaß der Entschädigung regelt, in Gemeineigentum oder in andere Formen der Gemeinwirtschaft übergeführt werden. Für die Entschädigung gilt Artikel 14 Absatz 3 Satz 3 und 4 entsprechend.

Das verfassungsrechtlich verankerte **Sozialstaatsprinzip** verpflichtet den Staat, für soziale Sicherheit und Gerechtigkeit innerhalb der Gesellschaft zu sorgen.

Der Staat versucht, möglichen Fehlentwicklungen und den sozialen Folgeproblemen der freien Marktwirtschaft, wie sie unter den Bedingungen des wirtschaftlichen Liberalismus sichtbar wurden, durch seine Sozialpolitik und durch die Festsetzung geeigneter Rahmenbedingungen entgegenzutreten.

Der Wirtschaftswissenschaftler **Alfred Müller-Armack**, einer der geistigen Väter dieser Wirtschaftsordnung, prägte hierfür die Bezeichnung „**soziale Marktwirtschaft**". **Ludwig Erhard**, der erste Wirtschaftsminister der Bundesrepublik Deutschland, verhalf ihr 1948 zum politischen Durchbruch.

„Sinn der sozialen Marktwirtschaft ist es, das Prinzip der Freiheit auf dem Markt mit dem des sozialen Ausgleichs zu verbinden." (Müller-Armack)

Leitlinien staatlichen Handelns sind danach:
- Schaffung sozialer Gerechtigkeit und Sicherheit,
- Sicherstellung eines störungsfreien Wirtschaftsablaufs unter Aufrechterhaltung der marktwirtschaftlichen Ordnung.

Der erfolgreiche Neuaufbau der deutschen Wirtschaft im Anschluss an den Zweiten Weltkrieg *(„Das deutsche Wirtschaftswunder")* und der weitgehend gewahrte soziale Frieden innerhalb der Bundesrepublik Deutschland werden größtenteils der Konzeption der sozialen Marktwirtschaft zugeschrieben und haben ihr weltweit Anerkennung eingetragen.

4.3.2   Ordnungsmerkmale der sozialen Marktwirtschaft

Zwei **Ordnungsmerkmale** kennzeichnen die soziale Marktwirtschaft:

- **Marktwirtschaft** bedeutet, dass dem freien Spiel der Marktkräfte so weit Raum gegeben wird, wie sich diese zum Nutzen der gesamten Volkswirtschaft auswirken.
  Freie Marktpreisbildung, Privateigentum an den Produktionsmitteln, freies Unternehmertum und freie Konsumwahl werden als geeignete Voraussetzungen einer am Wohl der Bürger ausgerichteten Wirtschaft angesehen.
  Individuelles Gewinnstreben, verbunden mit einem funktionsfähigen Wettbewerb, soll dafür sorgen, dass sich die Unternehmen bei ihren Produktionsentscheidungen an den Bedürfnissen der Konsumenten orientieren und dass der technische und wirtschaftliche Fortschritt letztlich den privaten Haushalten in Form einer laufenden Verbesserung des Lebensstandards zugute kommt.

- Die Beifügung **sozial** bringt zum Ausdruck, dass der Staat ordnend und steuernd in das Wirtschaftsgeschehen eingreift, wenn die sich selbst überlassenen Marktkräfte die sozialen Fragen der Volkswirtschaft nicht zufriedenstellend lösen können.
  Staatliche Betriebe und Einrichtungen, wie öffentliche Verkehrsbetriebe, Schulen, Krankenhäuser usw., decken den Bedarf an solchen Gütern und Dienstleistungen, die für die Gesamtwirtschaft von lebenswichtigem Interesse sind und von privatwirtschaftlich geführten Unternehmen aus Kostengründen nicht oder nur in unzureichendem Umfang bereitgestellt werden können.

4.3.3   Idee und Wirklichkeit der sozialen Marktwirtschaft

Die Gegenüberstellung von **Idee** und **Wirklichkeit** der sozialen Marktwirtschaft zeigt, dass ungeachtet ihrer unbestreitbaren Erfolge in vielen Bereichen von Wirtschaft und Gesellschaft nur teilweise befriedigende Ergebnisse erreicht wurden.

Gemessen an ihren Zielen blieben wichtige **Probleme** vor allem auf den Gebieten der **Konjunktur-**[1], **Wettbewerbs-**[2], **Vermögens-** und **Umweltpolitik**[3] ungelöst.

- Mithilfe der **Konjunkturpolitik** konnten weder Vollbeschäftigung noch Preisniveaustabilität dauerhaft gewährleistet werden.

- Die **Konzentration** innerhalb der Wirtschaft nimmt weiterhin zu und bedroht den marktwirtschaftlichen Leistungswettbewerb.

- Die **Vermögensverteilung** innerhalb der Gesellschaft wird vielfach als ungerecht empfunden.

---

[1] *Vgl. hierzu Seite 518 ff.*
[2] *Vgl. hierzu Seite 371 ff.*
[3] *Vgl. hierzu Seite 592 ff.*

- **Umweltbelastungen** gefährden die Lebensgrundlagen von Mensch und Natur.

- Die **Sozialversicherungssysteme** (Renten- und Krankenversicherung) bedürfen angesichts der demografischen Entwicklung (höhere Lebenserwartung bei gleichzeitig steigenden Kosten im Gesundheitswesen) einer Reform. Eigeninitiative bei der Alters- und Krankheitsvorsorge ist gefragt, sie droht aber die Bevölkerung in eine „Zweiklassengesellschaft" zu spalten.

Trotzdem wird die **Erfahrungsbilanz** der sozialen Marktwirtschaft insgesamt **positiv** bewertet. Sämtliche führenden Parteien bekennen sich zu ihren Leitsätzen. Meinungsunterschiede betreffen in erster Linie das wünschenswerte Ausmaß der staatlichen Einflussnahme auf die Wirtschaft.

- Zum Teil wird eine stärkere Betonung der marktwirtschaftlichen Komponente gefordert. Der hohe Staatsanteil berge die Gefahr in sich, dass der marktwirtschaftliche Steuerungsmechanismus behindert werde. Dringendstes Problem sei eine überzeugende Wettbewerbspolitik, welche den Selbststeuerungskräften des Marktes zu mehr Geltung verhelfe und den Konzentrationstendenzen innerhalb der Wirtschaft entschiedener als bisher entgegentrete.

- Auf der anderen Seite wird die Auffassung vertreten, dass die soziale Komponente nicht konsequent genug verwirklicht sei. Nur über eine verstärkte staatliche Einflussnahme könnten die drängenden Probleme des Arbeitsmarktes, des Umweltschutzes, der Vermögensbildung, der Energieversorgung usw. gelöst werden.

4.4   Märkte und Marktformen

4.4.1   Märkte

Die Darstellung des Wirtschaftskreislaufs[1] macht deutlich, dass die privaten Haushalte und die Unternehmungen in einer ständigen Tauschbeziehung zueinander stehen. Ökonomischer Ort hierfür sind die Märkte: Auf einem Markt vollziehen sich somit Tauschvorgänge, bei denen das Angebot die eine Seite, die Nachfrage die andere Seite des Marktes darstellt.

Anbieter liefern Waren, erbringen Dienstleistungen und stellen Kapital oder auch ihre Arbeitskraft zur Verfügung. Nachfrager vergüten die Leistung durch Zahlung eines Kaufpreises, eines Honorars, einer Verzinsung oder eines Gehaltes.

---

[1] *Vgl. hierzu ausführlich Seite 409 ff.*

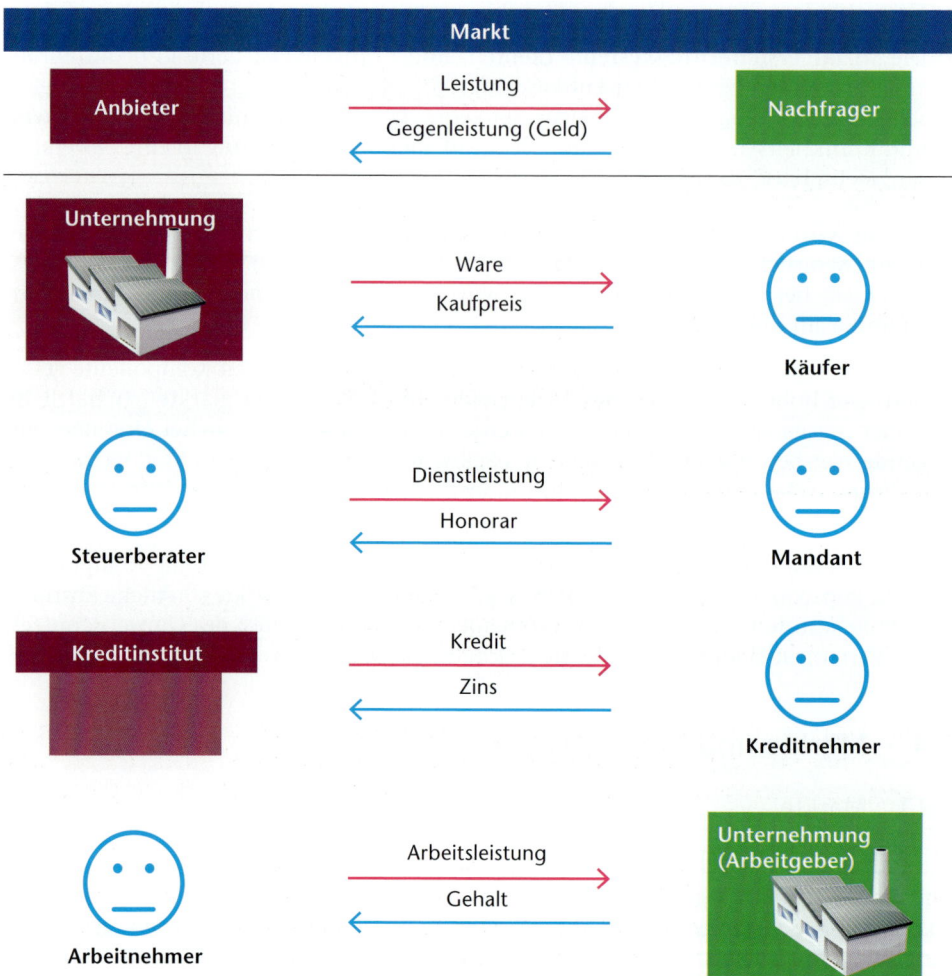

Aufgabe des Marktes ist der Ausgleich von Angebot und Nachfrage.

Man unterscheidet *organisierte* und *nicht organisierte* Märkte: Bei einem **organisierten Markt** ist das Zusammentreffen von Angebot und Nachfrage lokalisiert und zeitlich begrenzt. Weil hier eine Vielzahl von konkurrierenden Anbietern und Nachfragern gleichzeitig auftreten und für alle Marktteilnehmer eine hohe Markttransparenz (Marktübersicht) besteht, sind gute Voraussetzungen für einen intensiven Wettbewerb geschaffen. Der **nicht organisierte Markt** verfügt hingegen nur über wenige Richtlinien, die Transaktionen sind kaum zu überschauen.

Beispiele: Börsen, Messen, Wochenmärkte

Nach der Art der angebotenen und nachgefragten Güter unterscheidet man:

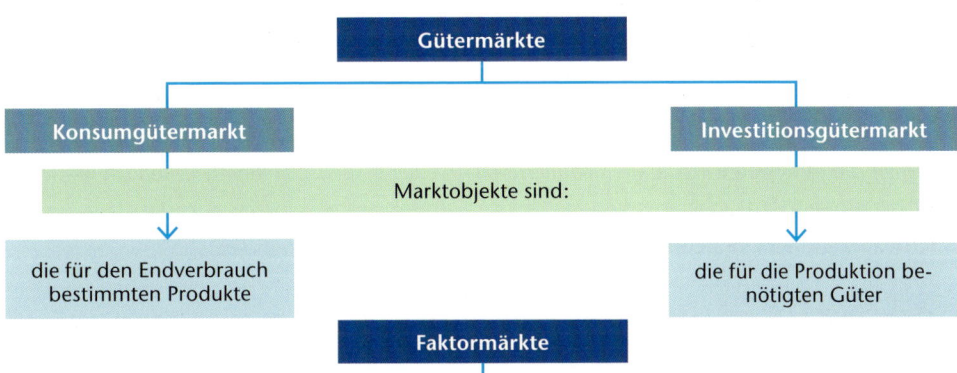

Einen Markt, der von einer starken Position der Anbieter geprägt ist, bezeichnet man als **Verkäufermarkt**. Umgekehrt spricht man von einem **Käufermarkt**, wenn die Nachfrager aufgrund ihrer Verhandlungsstärke auf den Preis und die Qualität des Angebots Einfluss nehmen können.

Beispiel: Im Winter ist während einer lang anhaltenden Kälteperiode die Position der Heizöl-Lieferanten relativ stark. Der Marktpreis wird daher deutlich steigen. Im Sommer dagegen besteht für die Anbieter eine Absatzflaute. Die Position der Nachfrager ist dadurch relativ stark. Sie können den Preis drücken und sich günstig einen Vorrat für den Winter anlegen.

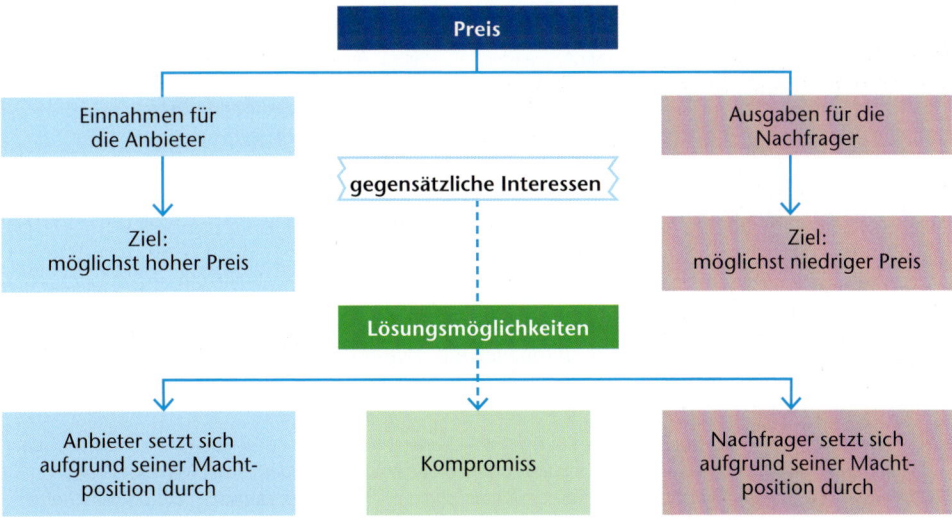

4.4.2   Marktformen

Von zentraler Bedeutung für das Marktgeschehen ist, wie viele Anbieter und wie viele Nachfrager auf dem Markt auftreten.

Beispiel: Wenn ein Top-Profifußballspieler von einem Verein an einen anderen Verein verkauft wird, unterliegt dieser Vorgang anderen Marktgesetzmäßigkeiten, als wenn an einer Wertpapierbörse zwischen einer Vielzahl von Marktteilnehmern Aktien einer großen Chemie-AG gehandelt werden.

Je nach Anzahl und relativer Größe der Marktteilnehmer auf der Angebots- bzw. der Nachfrageseite lassen sich verschiedene Marktformen unterscheiden:

Zahl der Nachfrager \ Zahl der Anbieter	viele kleine	wenige mittlere	ein großer
viele kleine	Polypol	Angebotsoligopol	Angebotsmonopol
wenige mittlere	Nachfrageoligopol	zweiseitiges Oligopol	beschränktes Angebotsoligopol
ein großer	Nachfragemonopol	beschränktes Nachfragemonopol	zweiseitiges Monopol

Beispiele:

Polypol	**Anbieter:** **Nachfrager:**	viele Gemüsehändler (Wochenmarkt) viele Käufer
Angebotsoligopol	**Anbieter:** **Nachfrager:**	wenige Automobilhersteller viele Automobilkäufer
Angebotsmonopol	**Anbieter:** **Nachfrager:**	konzessionierte Lottogesellschaften[1] viele Lottospieler
zweiseitiges Oligopol	**Anbieter:** **Nachfrager:**	Werften (Schiffshersteller) Reedereien (Schiffsbetreiber)
zweiseitiges Monopol	**Anbieter:** **Nachfrager:**	Gewerkschaft Arbeitgeberverband
Nachfragemonopol	**Anbieter:** **Nachfrager:**	Straßenbauunternehmen öffentliche Hand

Die Marktform und die Möglichkeit des **Marktzutritts** für neue Marktteilnehmer sind für das Ausmaß des Wettbewerbs von zentraler Bedeutung.

Beispiel: Der einzige Bäcker in einer kleinen, abgelegenen Ortschaft kann, vordergründig betrachtet, den Brötchenpreis weitgehend autonom festsetzen: Wer morgens unbedingt frische Brötchen haben möchte, hat keine Ausweichmöglichkeit. Auf der anderen Seite weiß der Bäcker, dass er als einziger Anbieter unmittelbar keine Konkurrenz zu fürchten hat. Würde der Bäcker jedoch seine Marktstellung zu sehr ausnutzen und einen völlig überzogenen Preis für seine – vielleicht auch noch schlechten –

---

[1] *Nach dem Wegfall des Postmonopols für Briefe bis 50 Gramm zum 01.01.2008 ist das Lottomonopol eines der letzten verbliebenen staatlichen Monopole. Lotterien dürfen aufgrund des „Staatsvertrages zum Lotteriewesen" nur durch die auf Ebene der Bundesländer angesiedelten konzessionierten Lottogesellschaften durchgeführt werden. Diese haben dann in dem jeweiligen Bundesland ein Monopol.*

Brötchen verlangen, müsste er damit rechnen, dass sich schon bald ein anderer Bäcker niederlässt und ihm seinen Markt streitig macht.

Für die Beurteilung eines Marktes kommt es deshalb auch darauf an, ob es sich um einen offenen oder einen *geschlossenen* Markt handelt.

Während in einen **offenen Markt** jederzeit neue Anbieter bzw. Nachfrager eintreten können, ist bei einem **geschlossenen Markt** neuen Marktteilnehmern der Zugang durch gesetzliche, technische oder finanzielle Barrieren versperrt.

Beispiele:
- *Nur staatliche Lottogesellschaften dürfen Lotterien durchführen. Anderen Marktteilnehmern ist der Marktzugang gesetzlich versperrt.*
- *Zum Bau eines Kraftwerkes ist ein Kapitalbedarf in Milliardenhöhe und ein besonderes technisches Wissen erforderlich. Nur ein großes Energieversorgungsunternehmen verfügt über das entsprechende Know-how und ist in der Lage, das notwendige Kapital aufzubringen.*

Steht der Marktmacht der einen Marktseite keine entsprechende Gegenmacht gegenüber, so besteht die Gefahr, dass der Wettbewerb eingeschränkt oder im Extremfall sogar aufgehoben wird.

Die relative Stärke eines Marktteilnehmers gegenüber der Marktgegenseite drückt sich in seiner Fähigkeit aus, den Marktpreis beeinflussen zu können.

Beispiel: Auf eine Erhöhung der Wasserpreise können die privaten Haushalte nur durch Wassersparen reagieren. Einen Einfluss auf die Preisgestaltung des Versorgungsunternehmens haben sie nicht.

4.4.3   Bestimmungsgründe des Nachfragerverhaltens

In der Nachfrage der privaten Haushalte kommt der Wunsch der Konsumenten zum Ausdruck, eine bestimmte Menge von Gütern zu erwerben.

Der primäre Grund für die Nachfrage der privaten Haushalte ist darin zu sehen, dass jeder Mensch Bedürfnisse hat, die er mit den ihm gegebenen finanziellen Mitteln befriedigen muss bzw. möchte.

Im Einzelnen betrachtet, wird man feststellen, dass die Nachfrage nach einem Gut von mehreren Faktoren abhängig ist.

Dringlichkeit des Bedürfnisses nach dem Gut

Die Haushalte versuchen, zunächst die Güter nachzufragen, die sie am dringlichsten benötigen bzw. sich wünschen. Jeder private Haushalt entwickelt dabei unterschiedliche Bedürfnisse.

Beispiel: In dem einen Haushalt wird besonderer Wert auf Essen und Trinken gelegt, für den anderen Haushalt ist gute Kleidung besonders wichtig, für einen dritten Haushalt steht die jährliche Urlaubsreise im Vordergrund des Interesses.

Die **Bedürfnisskala**[1] eines Menschen spiegelt die Reihenfolge der Bedürfnisse entsprechend ihrer individuell empfundenen Dringlichkeit wider. Das subjektive Mangelgefühl wird vielfach durch Werbung und das gesellschaftliche Umfeld, in dem der Einzelne lebt, beeinflusst oder sogar erst geweckt.

Je dringlicher der Wunsch nach einem bestimmten Gut empfunden wird, desto höher ist auch der Preis, den man zu zahlen bereit ist.

Höhe des verfügbaren Einkommens

Bei steigendem Einkommen kann man sich mehr Wünsche erfüllen. Dies bedeutet, dass man entweder von einem bestimmten Gut eine größere Menge kauft oder dass man auf höherwertige, teurere Güter umsteigt.

Beispiel: Es ist zu beobachten, dass bei steigendem Einkommen die Verbrauchsausgaben für Grundnahrungsmittel wie Brot und Kartoffeln sinken, während für teurere Lebensmittel, wie exotische Obst- und Gemüsesorten, mehr Geld ausgegeben wird.

Ein steigendes Einkommen führt daher in der Regel zu einer Änderung der Bedürfnisskala.

Die absolute Höhe des verfügbaren Haushaltseinkommens begrenzt die Möglichkeiten der Bedürfnisbefriedigung.

Die Haushalte versuchen, ihr Einkommen so aufzuteilen, dass mit den verfügbaren Mitteln möglichst viele Bedürfnisse befriedigt werden können.

Preis des Gutes

Wer sich etwas kaufen möchte, schaut zunächst auf den Preis.

Je höher der Preis eines Gutes, desto geringer wird im Normalfall die Nachfrage nach diesem Gut sein. Umgekehrt wird bei sinkendem Preis die Nachfrage nach dem Gut zunehmen.

Wenn die Nachfrager in dieser Weise auf Preisveränderungen bei einem Gut reagieren, spricht man von einer preiselastischen Nachfrage.

Beispiel: Bei deutlich steigenden Benzinpreisen sinkt die Nachfrage nach Benzin.

Die **Preiselastizität** ist von Gut zu Gut unterschiedlich.

Bei nicht so dringlich gewünschten Gütern reagieren die Verbraucher im Allgemeinen preisempfindlicher als bei dringend benötigten Gütern. Bei einer hohen Preiselastizität führen daher bereits kleine Preisveränderungen zu einer großen Veränderung der nachgefragten Menge.

Die Nachfrage nach einem Gut kann auch unabhängig von seinem Preis sein. In diesem Fall spricht man von einer starren (= preisunelastischen) Nachfrage.

Beispiel: Ein Medikament, das für die Gesundung des Kranken wichtig ist und für das es kein Ersatzmedikament gibt, wird unabhängig von der Höhe seines Preises in der erforderlichen Menge gekauft.

---

[1] *Vgl. hierzu Seite 260 ff.*

Den Zusammenhang von Preis und nachgefragter Menge kann man in einer **Nachfrage-kurve** veranschaulichen. Sie macht deutlich, wie die Käufer auf Preisveränderungen der von ihnen nachgefragten Güter reagieren.

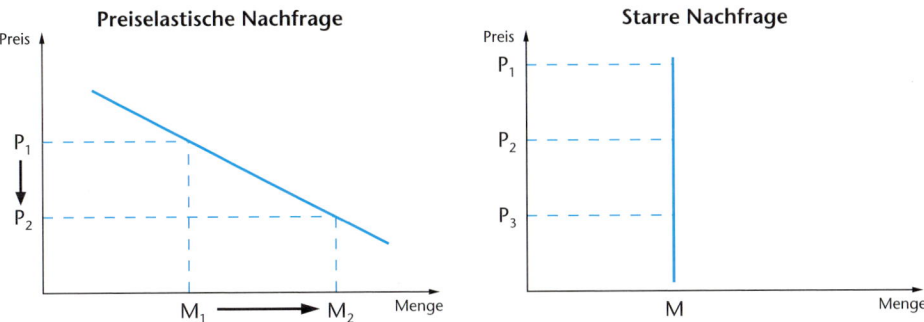

Preise anderer Güter

Es lässt sich beobachten, dass die Nachfrage nach einem bestimmten Gut auch von den Preisen anderer Güter, nämlich den Preisen der *Substitutionsgüter* und *Komplementär-güter*, abhängig ist.

Substitutionsgüter sind untereinander austauschbare Güter. Sie dienen demselben Zweck.

Beispiele:
– *Butter – Margarine*
– *Fahrrad – Auto*

Bei steigendem Preis eines Gutes besteht die Neigung, auf ein billigeres Substitutionsgut umzusteigen. Es steigt dann die Nachfrage nach dem Substitutionsgut.

Beispiel: Bei deutlich steigenden Benzinpreisen steigt die Nachfrage nach der Inanspruchnahme öffentlicher Verkehrsmittel.

Komplementärgüter sind sich ergänzende Güter. Das eine Gut bildet mit dem anderen Gut zusammen eine Nutzeneinheit. Es kann nur im Zusammenwirken mit dem anderen Gut sinnvoll genutzt werden.

Beispiele:
– *Auto – Benzin*
– *CD-Player – CD*

Steigt der Preis des einen Gutes, wird man feststellen, dass nicht nur die Nachfrage nach diesem Gut, sondern auch die Nachfrage nach dem Komplementärgut zurückgeht.

Beispiel: Bei deutlich steigendem Benzinpreis sinkt die Nachfrage nach Autos mit hohem Benzinverbrauch, wohingegen die Nachfrage nach Autos mit günstigen Verbrauchswerten steigt.

Das letzte Beispiel macht deutlich, dass der Preisanstieg bei einem Gut nicht nur Folgen für die Nachfrage nach diesem Gut hat, sondern indirekt zu einer Veränderung der Nachfragestruktur führen kann.

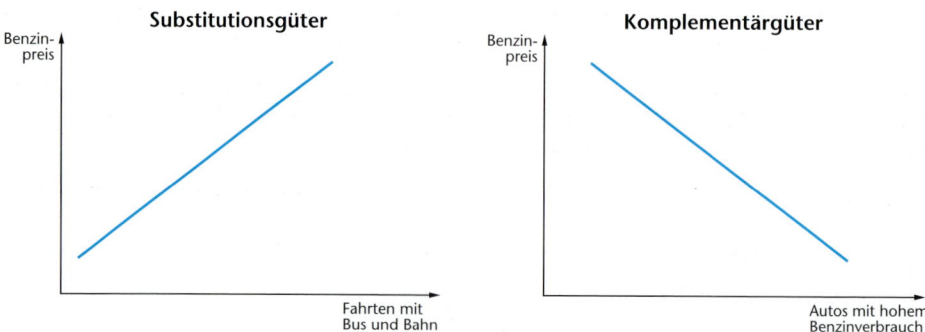

Zukunftserwartungen

Rechnen die Nachfrager damit, dass das Gut bald nicht mehr zu haben ist oder dass es in Zukunft zu einem Anstieg der Preise kommen wird, werden sie unter Umständen bereits heute das Gut kaufen.

Beispiele:
– *Kauf von Aktien in Erwartung steigender Kurse*
– *„Hamsterkäufe" in Erwartung einer Wirtschaftskrise*

4.4.4   Bestimmungsgründe des Anbieterverhaltens

Primäre Antriebsfeder für das Anbieterverhalten von Unternehmungen in einer Marktwirtschaft ist die Gewinnerzielungsabsicht:
Die Unternehmungen versuchen auf der einen Seite, die Kosten der Produktion möglichst gering zu halten, und auf der anderen Seite, für die von ihnen erzeugten Produkte einen möglichst hohen Preis zu erzielen.

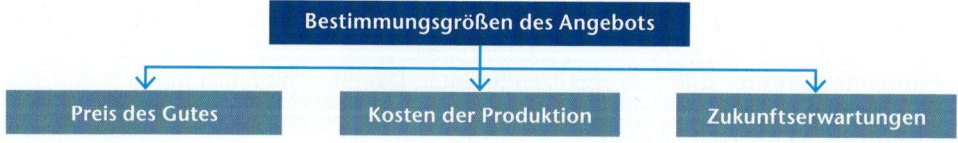

Preis des Gutes

Je höher der am Markt erzielbare Preis für ein Gut ist, desto mehr Unternehmer sind grundsätzlich bereit, dieses Gut zu produzieren. Umgekehrt wird bei sinkendem Preis die Anzahl der Unternehmen, die das Gut produzieren wollen, geringer.
Wenn die Unternehmungen in dieser Weise auf Preisänderungen reagieren, spricht man von einem **preiselastischen** Angebot.

Beispiel: Steigen aufgrund einer besonderen Nachfrage die Preise für handgefertigte Marzipanhasen, so führt dies dazu, dass Unternehmen, die diese Marktlücke erkennen, die sich bietenden Gewinnchancen wahrnehmen und ihre Produktion entsprechend ausweiten.

Die Angebotsmenge eines Gutes kann aber auch unabhängig von seinem Preis sein. In diesem Fall spricht man von einem **starren** (preisunelastischen) Angebot.

Beispiel: Sind die Produktionskapazitäten der Unternehmen ausgelastet, so kann bei einer Ausweitung der Nachfrage und trotz steigender Preise das Angebot kurzfristig nicht erhöht werden.

Der Zusammenhang zwischen Preis und angebotener Menge lässt sich in einer **Angebotskurve** veranschaulichen. Sie macht deutlich, wie die Verkäufer auf Preisveränderungen der von ihnen angebotenen Güter reagieren.

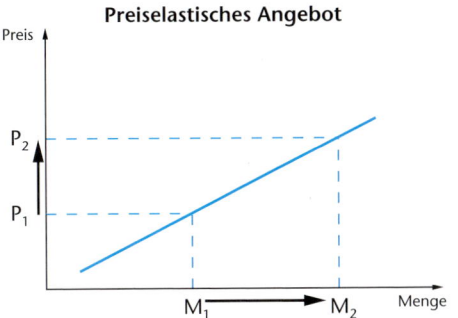
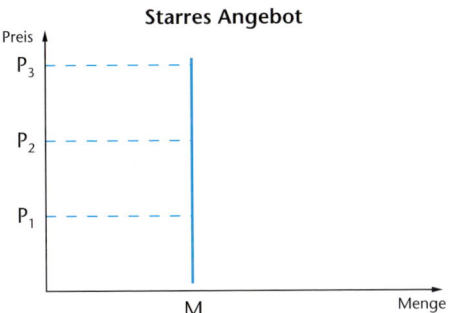

Kosten der Produktion

Die Kosten der Produktion sind für die Produktionsentscheidungen einer Unternehmung ebenso wichtig wie der am Markt erzielbare Preis, denn der Gewinn der Unternehmung ist die Differenz zwischen den Verkaufserlösen und den durch die Produktion verursachten Kosten.

Unter Kosten versteht man den bei der betrieblichen Leistungserstellung verursachten wertmäßigen Verbrauch an Gütern und Dienstleistungen.

Man unterscheidet zwischen **fixen** und **variablen** Kosten.
Fixe Kosten sind von der Beschäftigungslage der Unternehmung unabhängig. Man spricht daher auch von den Kosten der Betriebsbereitschaft.

Beispiele: Gehälter für die Mitarbeiter, zeitanteilige Abschreibungen für die bei der Produktion eingesetzten Maschinen, Mietkosten

Variable Kosten sind von der Beschäftigungslage abhängig. Sie steigen (sinken) mit zunehmender (abnehmender) Produktionsmenge.

Beispiele: Materialkosten, Akkordlöhne

Addiert man die fixen und die variablen Kosten, so ergeben sich die Gesamtkosten der Unternehmung.

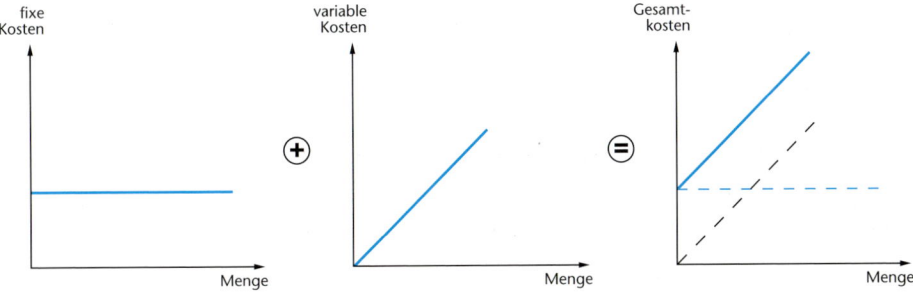

Bei Dienstleistungsbetrieben bestehen die Gesamtkosten überwiegend aus fixen Kosten.

Beispiel: In einer Steuerberaterpraxis machen die Mietkosten und die Personalkosten den überwiegenden Teil der Kosten aus. Die Kosten für das Büromaterial und andere variable Kosten sind dabei von untergeordneter Bedeutung.

In Handwerksbetrieben und im Baugewerbe bestehen die Gesamtkosten häufig zum größeren Teil aus variablen Kosten, da derartige Unternehmungen vorwiegend materialaufwendig arbeiten und die Mitarbeiter vielfach nicht fest angestellt sind.

Gesetz der Massenproduktion

Während die variablen Kosten pro Stück unabhängig von der Produktionsmenge konstant bleiben, nehmen die fixen Kosten pro Stück mit zunehmender Kapazitätsauslastung ab. Die Stückkosten sinken daher mit steigender Produktionsmenge (Stückkostendegression).

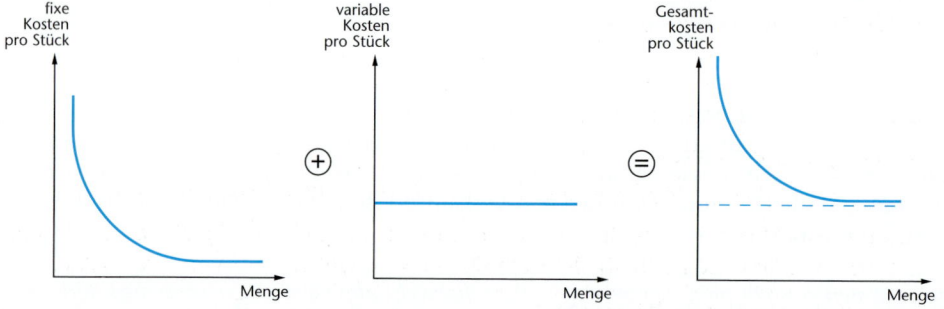

$$\text{Stückkosten} = \frac{\text{fixe Kosten}}{\text{Produktionsmenge}} + \text{variable Kosten pro Stück}$$

Beispiel: Die fixen Kosten eines Fahrrad-Produzenten betragen 600 000,00 € pro Jahr. Die variablen Kosten je Fahrrad betragen 80,00 €.
Die Produktionskapazität beträgt 15 000 Stück pro Jahr.

Produktionsmenge (Stück)	variable Kosten (€)	fixe Kosten pro Stück (€)	Stückkosten (€)
1	80,00	600 000,00	600 080,00
100	80,00	6 000,00	6 080,00
1 000	80,00	600,00	680,00
10 000	80,00	60,00	140,00
15 000	80,00	40,00	120,00

4.4.5   Vollkommener Markt

Das ideale Marktgeschehen spielt sich auf einem Markt ab, der frei von jeglichen Wettbewerbsbeschränkungen ist. Ein solcher Markt wird als vollkommener Markt bezeichnet.

> Der **vollkommene Markt** ist kein Markt der Wirklichkeit, sondern nur ein theoretisches Modell, das für das Verständnis des Zusammenspiels von Angebot und Nachfrage besonders hilfreich ist.

Für einen vollkommenen Markt müssen folgende **Voraussetzungen** erfüllt sein:

- **Rationale Verhaltensweisen der Marktteilnehmer**
  Die Marktteilnehmer handeln streng nach dem Rationalprinzip: Die Anbieter (Unternehmungen) streben *Gewinnmaximierung*, die *Nachfrager* (Konsumenten) *Nutzenmaximierung* an.

- **Polypolistische Konkurrenz**
  Die Anzahl der Marktteilnehmer ist so groß bzw. die Marktmacht des einzelnen Marktteilnehmers so gering, dass niemand aus seiner Marktposition heraus in der Lage ist, den Marktpreis zu beeinflussen.

- **Homogenität der Güter**
  Beispiel: Weizenauszugsmehl Typ 405, abgespackt in einer Standartverpackung zu 1 kg

  Die auf dem Markt gehandelten Güter sind in jeglicher Hinsicht gleichartig. Sie weisen keinerlei Unterschiede hinsichtlich Qualität, Aussehen und Verpackung auf.

- **Keine persönlichen Präferenzen**
  Käufer und Verkäufer dürfen sich nicht gegenseitig bevorzugen. Es kommt auf diesem Markt also nicht vor, dass jemand aufgrund einer besonders freundlichen Bedienung ein bestimmtes Geschäft bevorzugt.

- **Keine räumlichen Präferenzen**
  Angebot und Nachfrage treffen an einem bestimmten Ort zusammen. Zwischen Anbietern und Nachfragern bestehen keine räumlichen Unterschiede. Es handelt sich um einen *Punktmarkt.*

- **Keine zeitlichen Präferenzen**
  Angebot und Nachfrage treffen zeitgleich aufeinander.

- **Vollständige Markttransparenz der Marktteilnehmer**
  Anbieter und Nachfrager verfügen über eine vollständige Marktübersicht: Die Anbieter sind darüber informiert, welche Mengen und zu welchen Preisen die Nachfrager kaufen wollen, umgekehrt wissen die Nachfrager, welche Mengen und zu welchen Preisen die Anbieter verkaufen wollen.

- **Unendlich schnelle Reaktionsgeschwindigkeit der Marktteilnehmer**
  Anbieter und Nachfrager sind in der Lage, auf Preisänderungen sofort zu reagieren: Die Anbieter können ohne zeitlichen Verzug die Güterproduktion aufnehmen oder einstellen. Es gibt hierbei keine produktionstechnischen Hemmnisse.

Wertpapierbörse

Ein Markt der Wirklichkeit, der den Bedingungen des vollkommenen Marktes sehr nahe kommt, ist die **Wertpapierbörse**:

- Die Marktteilnehmer handeln weitgehend rational.

- Die gehandelten Wertpapiere sind innerhalb einer bestimmten Wertpapiergattung homogen.

- Persönliche Präferenzen bestehen nicht. Es spielt keine Rolle, von wem ein Wertpapier gekauft bzw. an wen es verkauft wird.

- Angebot und Nachfrage treffen zeitgleich an einem bestimmten Börsenplatz zusammen.

- Die Marktteilnehmer verfügen über eine hervorragende Markttransparenz und reagieren schnell auf Kursveränderungen.

Xetra

Das vollelektronische Handelssystem für den Kassamarkt ermöglicht den Handel von Wertpapieren auf einer Plattform – an jedem beliebigen Standort der Welt. Xetra setzt neue Standards in Bezug auf Liquidität, Transparenz, Geschwindigkeit und Flexibilität – zu niedrigsten Kosten. Hiervon profitieren Privatanleger, Intermediäre und institutionelle Investoren.

Etwa 90 Prozent des gesamten Aktienhandels an den deutschen Börsen entfällt auf XETRA. Das monatliche Handelsvolumen bei Aktien und anderen Finanzinstrumenten bewegt sich im zwei- bis dreistelligen Milliardenbereich.

Im Orderbuch eines bestimmten Wertpapiers erscheinen bei XETRA alle zu einem bestimmten Zeitpunkt anstehenden Kauf- und Verkaufsaufträge. Bei passenden Kursen werden Aufträge automatisch zusammengeführt.

Beispiel: Orderbuch für die X-Aktie

Käufe (Bid)		Verkäufe (Ask)	
Limit (€)	Volumen (Stück)	Limit (€)	Volumen (Stück)
35,12	4 280	35,14	2 790
35,11	8 585	35,15	10 820
35,10	6 632	35,16	6 415
…	…	…	…

Bei dieser Orderlage findet kein Umsatz statt, da die Käufer maximal 35,12 € für die X-Aktie zu zahlen bereit sind, die Verkäufer jedoch mindestens einen Preis von 35,14 € verlangen. Wird jetzt zum Beispiel ein Kaufauftrag im Volumen von 2 500 Stück mit dem Limit 35,14 € eingegeben, kann dieser sofort in vollem Umfang bedient werden, da auf der Verkäuferseite sowohl das entsprechende Volumen als auch der passende Preis vorhanden sind.

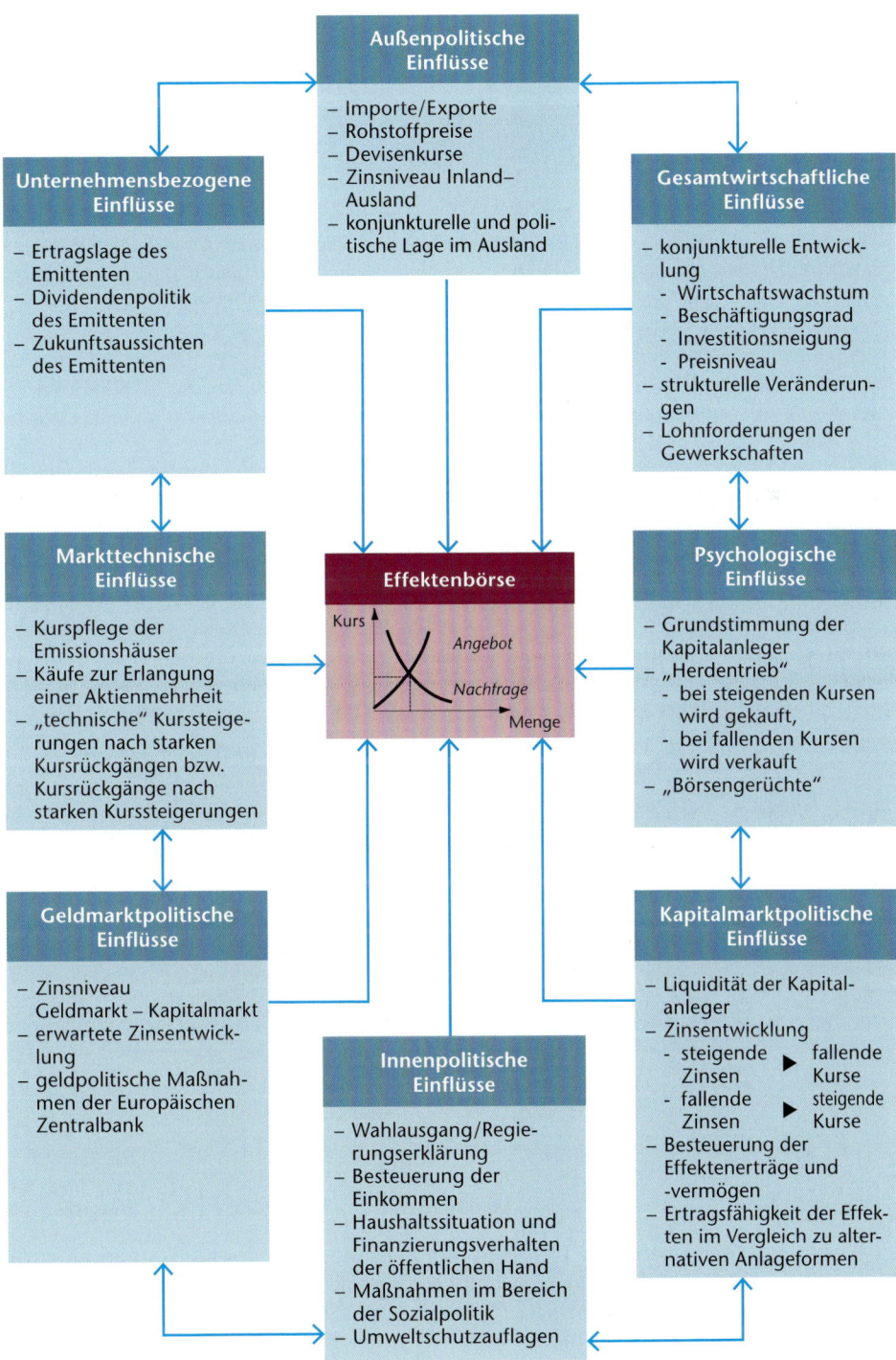

Außenpolitische Einflüsse

– Importe/Exporte
– Rohstoffpreise
– Devisenkurse
– Zinsniveau Inland–Ausland
– konjunkturelle und politische Lage im Ausland

Unternehmensbezogene Einflüsse

– Ertragslage des Emittenten
– Dividendenpolitik des Emittenten
– Zukunftsaussichten des Emittenten

Gesamtwirtschaftliche Einflüsse

– konjunkturelle Entwicklung
  - Wirtschaftswachstum
  - Beschäftigungsgrad
  - Investitionsneigung
  - Preisniveau
– strukturelle Veränderungen
– Lohnforderungen der Gewerkschaften

Markttechnische Einflüsse

– Kurspflege der Emissionshäuser
– Käufe zur Erlangung einer Aktienmehrheit
– „technische" Kurssteigerungen nach starken Kursrückgängen bzw. Kursrückgänge nach starken Kurssteigerungen

Effektenbörse

Kurs
Angebot
Nachfrage
Menge

Psychologische Einflüsse

– Grundstimmung der Kapitalanleger
– „Herdentrieb"
  - bei steigenden Kursen wird gekauft,
  - bei fallenden Kursen wird verkauft
– „Börsengerüchte"

Geldmarktpolitische Einflüsse

– Zinsniveau Geldmarkt – Kapitalmarkt
– erwartete Zinsentwicklung
– geldpolitische Maßnahmen der Europäischen Zentralbank

Innenpolitische Einflüsse

– Wahlausgang/Regierungserklärung
– Besteuerung der Einkommen
– Haushaltssituation und Finanzierungsverhalten der öffentlichen Hand
– Maßnahmen im Bereich der Sozialpolitik
– Umweltschutzauflagen

Kapitalmarktpolitische Einflüsse

– Liquidität der Kapitalanleger
– Zinsentwicklung
  - steigende Zinsen ▶ fallende Kurse
  - fallende Zinsen ▶ steigende Kurse
– Besteuerung der Effektenerträge und -vermögen
– Ertragsfähigkeit der Effekten im Vergleich zu alternativen Anlageformen

4.4.6   Unvollkommene Märkte

Ist nur eine der Voraussetzungen des vollkommenen Marktes nicht erfüllt, so liegt ein unvollkommener Markt vor.

Die Märkte der Wirklichkeit sind unvollkommene Märkte.

Beispiele:
– *Wegen der vermeintlich besseren Qualität bevorzugen manche Konsumenten ein ganz bestimmtes Waschmittel. Objektiv betrachtet weisen die Konkurrenzprodukte dieselben Wascheigenschaften auf.*
– *Manche kaufen dieses Waschmittel im Gemischtwarenladen direkt um die Ecke, weil der Weg zum billigen Discounter zu weit ist, andere kaufen es dort nicht, weil sie nicht wissen, dass dort das Waschmittel billiger ist.*
– *Wiederum ein anderer kauft das Waschmittel in der teuren Drogerie, weil er sich auf das Wiedersehen mit der netten Verkäuferin freut.*
– *Ein Dritter kauft das Waschmittel nachts im Bahnhofsgeschäft, weil er für einen Vorstellungstermin am nächsten Morgen noch sein Hemd waschen muss und er vergessen hat, sich das Waschmittel rechtzeitig zu besorgen.*

In einem unvollkommenen Markt ist es den Anbietern möglich, innerhalb eines bestimmten Rahmens für ein und dasselbe Gut unterschiedliche Preise zu verlangen.

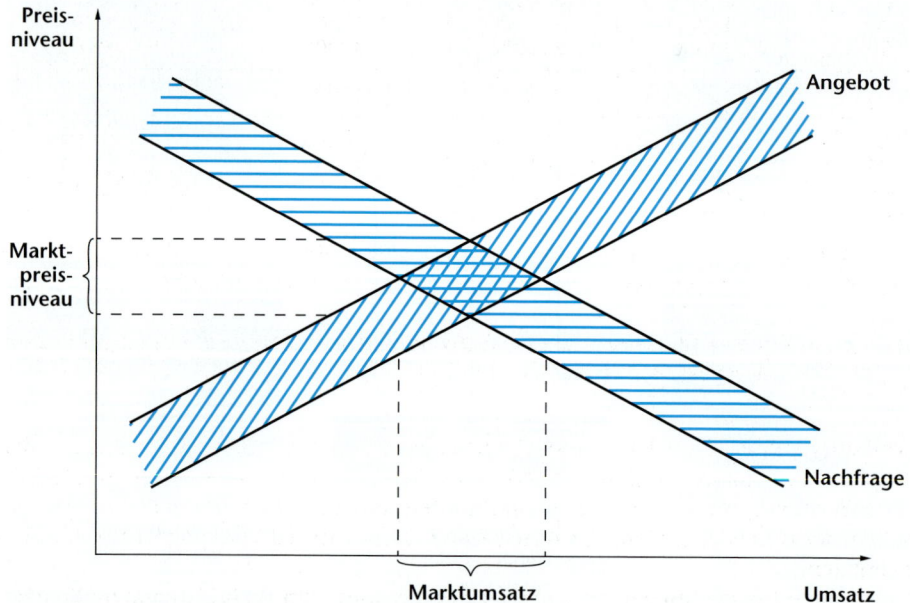

Der einzelne Anbieter ist in der Entscheidung über die Höhe des Preises oder über die Angebotsmenge frei. Setzt er den Preis nach eigenem Ermessen fest, dann können sich die Nachfrager nur mit der Nachfragemenge anpassen. Setzt er die Menge fest, die er anbieten will, dann lässt er den Käufern die Wahl, zu welchem Preis sie nachfragen wollen. Er kann also im Gegensatz zum Anbieter im vollkommenen Markt aktive **Preispolitik** betreiben.

4.5 Preisbildung

4.5.1 Preisbildung im vollkommenen Markt

4.5.1.1 Angebot und Nachfrage als Preisbildungsfaktoren

Die Entstehung des Marktpreises ist das Ergebnis des Zusammentreffens von Angebot und Nachfrage.

Beispiel: Ausgangspunkt für die folgenden Überlegungen ist der Markt für Fahrräder.
Es wird unterstellt, dass die Bedingungen des vollkommenen Marktes erfüllt sind:
- *Die Marktteilnehmer handeln rational. Sie haben weder zeitliche, räumliche noch persönliche Präferenzen und verfügen über eine vollständige Markttransparenz.*
- *Es existiert nur eine Art von Fahrrädern (Typ „Standard").*
- *Die Anzahl der Anbieter und Nachfrager ist so groß, dass es keine Rolle spielt, ob einer von ihnen ausscheidet oder hinzukommt. Keiner der Marktteilnehmer kann von sich aus den Marktpreis beeinflussen.*

Preis (€)	Angebot Menge (Stück)	Nachfrage Menge (Stück)	Marktumsatz Menge (Stück)	Nachfrage-/ Angebotsüberhang Menge (Stück)
100,00	10 000	60 000	10 000	NÜ 50 000
150,00	15 000	55 000	15 000	NÜ 40 000
200,00	30 000	50 000	30 000	NÜ 20 000
300,00	40 000	40 000	40 000	–
400,00	50 000	30 000	30 000	AÜ 20 000
500,00	60 000	20 000	20 000	AÜ 40 000
600,00	70 000	10 000	10 000	AÜ 60 000

Die Gegenüberstellung zeigt, dass angebotene und nachgefragte Menge nur beim Preis von 300,00 € gleich groß sind. Der mengenmäßige Umsatz beträgt bei diesem Preis 40 000 Stück.

Beim Gleichgewichtspreis (= Marktpreis) stimmen angebotene und nachgefragte Menge überein. Die dazugehörige Menge heißt Gleichgewichtsmenge.

Im vollkommenen Markt kann kein Anbieter und kein Nachfrager von sich aus den Marktpreis beeinflussen, weil alle in scharfem Wettbewerb zueinander stehen, die Zahl der Mitbewerber groß und der eigene Marktanteil sehr gering ist. Alle müssen sich dem Gleichgewichtspreis anpassen, der durch das Zusammenspiel von Angebot und Nachfrage entsteht.

Es hat deshalb für den einzelnen Anbieter keinen Sinn, den Preis als absatzpolitisches Mittel einzusetzen. Er muss den **Preis als Datum** in seine Entscheidung einbeziehen und kann sich nur mit seiner produzierten Menge an die Bedingungen des Marktes anpassen. Man bezeichnet ihn daher als **Mengenanpasser**. An veränderte Marktdaten passt er sich nur mit seiner Ausbringungsmenge an. Seine Mengenänderungen sind für den Gesamtmarkt wegen seines geringen Marktanteils nicht spürbar und rufen keine Reaktionen der Konkurrenten hervor.

Der Gleichgewichtspreis liegt im Schnittpunkt von Angebots- und Nachfragekurve.

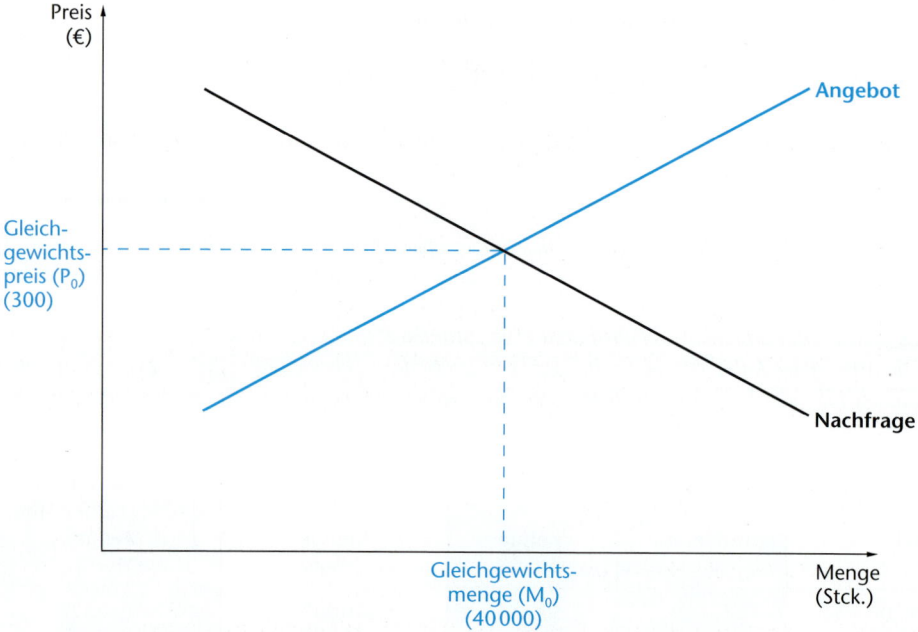

Bei allen Preisen über 300,00 € existiert ein **Angebotsüberhang**, der umso größer ist, je höher der Preis ist.

Beispiel: Angenommen, die Unternehmer glaubten, Fahrräder ließen sich zum Preis von 600,00 € absetzen. Das Marktangebot betrüge dann insgesamt 70 000 Stück. Die Fahrradhersteller würden jedoch bald feststellen, dass nur wenige Nachfrager bereit sind, diesen hohen Preis zu zahlen, und würden auf dem Großteil der Produktion, nämlich 60 000 Fahrrädern, „sitzen bleiben". Nur durch eine Preissenkung könnten sie ihre Läger von den überteuerten Fahrrädern räumen.
Je weiter der Preis fällt, umso mehr Unternehmer müssten die Produktion von Fahrrädern aufgeben. Es bleiben schließlich nur solche Unternehmen übrig, die auf Dauer in der Lage sind, zum Preis von 300,00 € Fahrräder kostendeckend zu produzieren.

Bei allen Preisen unter 300,00 € entsteht ein **Nachfrageüberhang**, der umso größer wird, je niedriger der Preis ist.

Beispiel: Angenommen, die Unternehmen glaubten, Fahrräder ließen sich nur zum Preis von 150,00 € absetzen. Das Marktangebot betrüge dann nur 15 000 Stück, da nur wenige, besonders kostengünstig arbeitende Unternehmen in der Lage sind, bei diesem Preis rentabel zu produzieren.
Die Hersteller würden jedoch sofort feststellen, dass ihnen bei diesem Preis die Fahrräder förmlich aus den Händen gerissen werden. Um ihre Gewinne zu erhöhen, würden sie schleunigst die Preise heraufsetzen. Dieser Preisanstieg lockt weitere Unternehmen in diesen Markt. Das Marktangebot würde zunehmen, je höher der Preis steigt. Der Nachfrageüberhang von 40 000 Stück würde so nach und nach abgebaut.

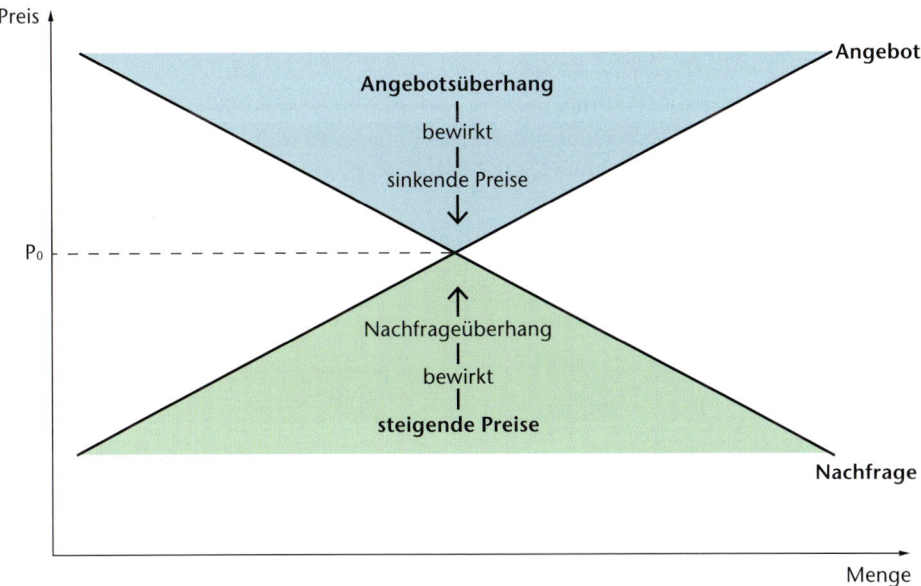

4.5.1.2 Funktionen des Marktpreises

Der Marktpreis erfüllt innerhalb der Volkswirtschaft wichtige Funktionen:

Signal-/Lenkungsfunktion

Ein hoher Marktpreis signalisiert die Knappheit eines Gutes und regt die Unternehmen an, dieses Gut zu produzieren.

Die produktiven Kräfte innerhalb der Volkswirtschaft werden dorthin gelenkt, wo sie besonders rentabel (= gewinnbringend) eingesetzt werden können. Die jeweiligen Marktpreise geben ein Bild von der Situation auf den verschiedenen Märkten. Hohe Marktpreise signalisieren den Unternehmungen, wo sich Gewinnchancen bieten und Marktlücken existieren.

Produktionszweige, die aufgrund einer rückläufigen Nachfrage nicht mehr rentabel arbeiten, werden aufgegeben. Die dabei freigesetzten Produktionsfaktoren können jetzt bei der Herstellung solcher Güter eingesetzt werden, die besonders gefragt sind und Zukunft haben.

Ausschaltungs-/Innovationsfunktion

Unternehmungen, die mit der technischen und wirtschaftlichen Entwicklung nicht Schritt halten können, weil sie im Preis von ihren Konkurrenten unterboten werden und in der Qualität ihrer Produkte hinter anderen Unternehmen zurückstehen, finden bald nicht mehr genügend Abnehmer und werden vom Markt verdrängt.

Der Druck der Konkurrenz lässt die Unternehmen ständig nach günstigeren Produktionsmethoden, nach technischen Neuerungen, nach verbesserten oder neuartigen Produkten suchen. Dies bewirkt einen Fortschritt in der Wirtschaft, der den allgemeinen Lebensstandard hebt und den Verbrauchern zugutekommt.

> *Grenzanbieter* sind diejenigen Anbieter, die beim Marktpreis gerade noch bereit und in der Lage sind, das Produkt herzustellen. Bei einem Preisrückgang sind sie als Erste von der Ausschaltung bedroht.

Anbieter dagegen, die aufgrund ihrer besonders kostengünstigen Produktionsweise auch unterhalb des Marktpreises anbieten könnten, erzielen einen Geldvorteil, die Produzentenrente.

Die **Produzentenrente** ist die Differenz zwischen dem Marktpreis des Gutes und dem Preis, zu dem der Unternehmer gerade noch bereit und in der Lage wäre, das Produkt anzubieten. Sie ist gewissermaßen die „Belohnung" für besondere unternehmerische Tüchtigkeit.

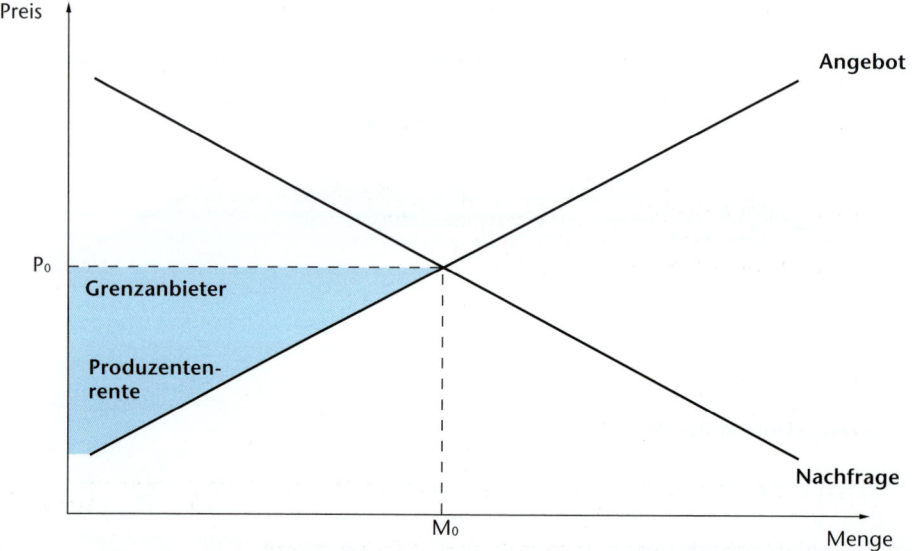

Nachfrager dagegen, die aufgrund ihrer besonders hohen Nutzeneinschätzung für das Gut bereit und in der Lage wären, auch einen höheren Preis als den vorhandenen Marktpreis zu zahlen, erzielen ebenfalls einen Geldvorteil, die Konsumentenrente.

Die **Konsumentenrente** ist die Differenz zwischen dem Marktpreis und dem Preis, den der einzelne Nachfrager gerade noch zu zahlen bereit und in der Lage gewesen wäre.

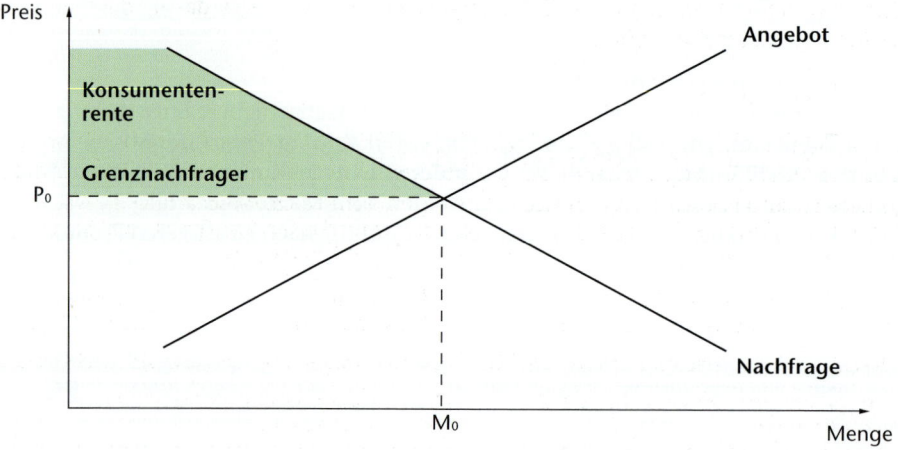

Markträumungsfunktion

Die Preisbildung sorgt dafür, dass angebotene und nachgefragte Menge einander entsprechen. Ein Angebotsüberhang wird durch sinkende Preise und verringerte Güterproduktion, ein Nachfrageüberhang durch steigende Preise und erhöhte Güterproduktion beseitigt.

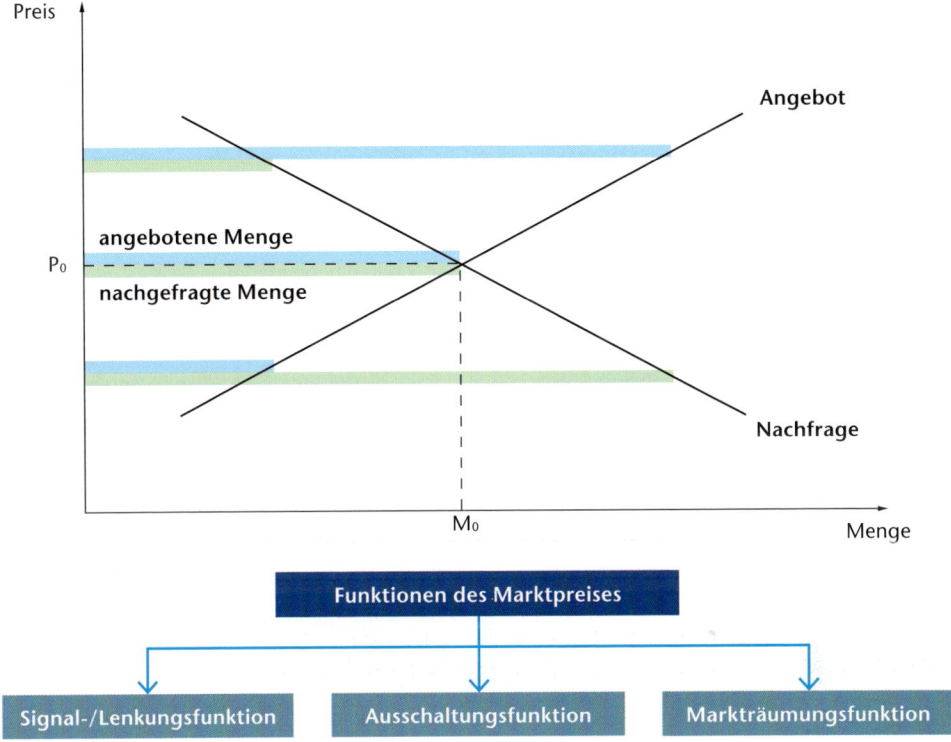

4.5.1.3 Anpassungsreaktionen bei Veränderungen von Angebot und Nachfrage

Ein bestehendes Marktgleichgewicht wird durch Veränderungen des Angebots- und Nachfrageverhaltens aufgehoben. Der Marktmechanismus sorgt dafür, dass sich ein neues Marktgleichgewicht bildet.

Veränderungen der Nachfrage

Erhöhung der Nachfrage durch:	Verringerung der Nachfrage durch:
– gestiegene Nutzeneinschätzung der Nachfrager für das Gut (das Gut ist „in"). – Einkommenserhöhung – Steuersenkung – Preiserhöhung bei einem Substitutionsgut – Preissenkung bei einem Komplementärgut	– gesunkene Nutzeneinschätzung der Nachfrager für das Gut (das Gut ist „out"). – Einkommensrückgang – Steuererhöhung – Preissenkung bei einem Substitutionsgut – Preiserhöhung bei einem Komplementärgut
Die Nachfragekurve verschiebt sich nach *rechts*.	Die Nachfragekurve verschiebt sich nach *links*.
Zum ursprünglichen Preis besteht jetzt eine *größere Nachfrage*.	Zum ursprünglichen Preis besteht jetzt eine *geringere Nachfrage*.

Erhöhung der Nachfrage:	Verringerung der Nachfrage:
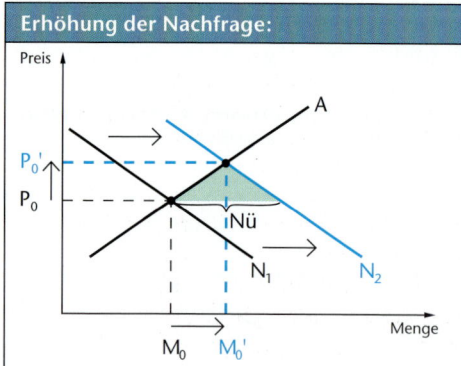	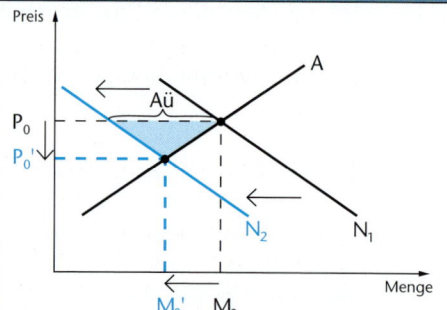
Die Erhöhung der Nachfrage führt dazu, dass zunächst ein *Nachfrageüberhang* entsteht.	Die Verringerung der Nachfrage führt dazu, dass zunächst ein *Angebotsüberhang* entsteht.
Der dadurch hervorgerufene *Preisanstieg* führt zu einer Erhöhung der Angebotsmenge.	Der dadurch hervorgerufene *Preisrückgang* führt zu einer Verringerung der Angebotsmenge.
Das neue Marktgleichgewicht ist gekennzeichnet durch – einen höheren Gleichgewichtspreis – eine höhere Gleichgewichtsmenge	Das neue Marktgleichgewicht ist gekennzeichnet durch – einen niedrigeren Gleichgewichtspreis – eine niedrigere Gleichgewichtsmenge

Veränderungen des Angebots

Erhöhung des Angebots durch:	Verringerung des Angebots durch:

– Verringerung der Produktionskosten
   Beispiel:
   fallende Rohstoffpreise
– optimistische Zukunftserwartungen bei den Unternehmungen
	– Erhöhung der Produktionskosten
	   Beispiel:
	   Lohnsteigerungen
	– pessimistische Zukunftserwartungen bei den Unternehmungen

Die Angebotskurve verschiebt sich nach *rechts*.	Die Angebotskurve verschiebt sich nach *links*.
Zum ursprünglichen Preis besteht jetzt ein *größeres Angebot*.	Zum ursprünglichen Preis besteht jetzt ein *geringeres Angebot*.
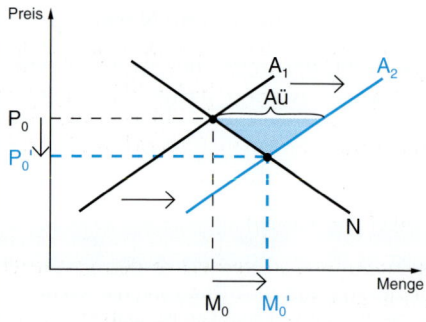	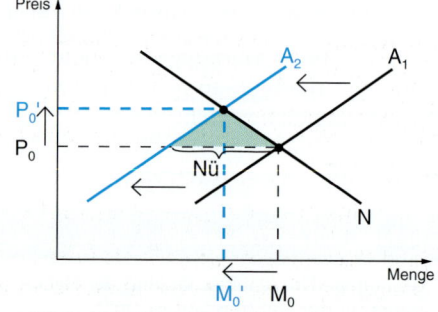
Die Erhöhung des Angebots führt dazu, dass zunächst ein *Angebotsüberhang* entsteht.	Die Verringerung des Angebotes führt dazu, dass zunächst ein *Nachfrageüberhang* entsteht.
Der dadurch hervorgerufene *Preisrückgang* führt zu einer Verringerung des Angebots.	Der dadurch hervorgerufene *Preisanstieg* führt zu einer Verringerung der Nachfrage.
Das neue Marktgleichgewicht ist gekennzeichnet durch – einen niedrigeren Gleichgewichtspreis – eine größere Gleichgewichtsmenge	Das neue Marktgleichgewicht ist gekennzeichnet durch – einen höheren Gleichgewichtspreis – eine niedrigere Gleichgewichtsmenge

Zucker/Analysten optimistisch

Preisanstieg erwartet

Handelsblatt, Montag, 12.12. 20..

London. Der Preis für Zucker wird das Jahr nach einer Wertsteigerung von 35 % auf dem höchsten Niveau seit 5 Jahren beenden. Diese Ansicht vertritt die International Sugar Organization (ISO). Gleichwohl sieht die Organisation nur beschränkte Chancen für weitere Preissteigerungen, weil vor allem die Entwicklungsländer ihren Verbrauch angesichts der hohen Preise einschränken würden. Analysten und Verbraucher sehen das anders. Sie gehen zum Teil von weiter steigenden Notierungen aus.

preiselastische Nachfrage

Das Produktionsdefizit ist derzeit das stärkste Argument der Zuckerpreis-Optimisten. Im vergangenen Erntejahr betrug das Defizit zwischen Angebot und Nachfrage 1,7 Mill. t. Im laufenden Jahr rechnet die ISO mit 1,9 Mill. t, das amerikanische Landwirt-

Angebotslücke Nachfrageüberhang

schaftsministerium mit 1,7 Mill. t. „Im Prinzip sorgen diese Zahlen für die Fantasie an den Märkten", sagt Mark Glickman vom US-Großhändler Brooklyn Sugar Co. Er nennt aber auch noch einen anderen Grund – den steigenden Wohlstand in den Hauptabnehmerländern, den Staaten der Dritten Welt. Dieser zunehmende Wohlstand sorge für eine geringere Preisempfindlichkeit, sagt Glickman.

abnehmende Preiselastizität

Preis-Optimisten verweisen auch auf die sinkenden Lagerbestände in großen Abnehmerländern, die mittelfristig preistreibend wirken würden. Walter Spilka vom Brokerhaus Smith Barney schaut dabei vor allem auf Russland: „Das Land bezieht seinen Zucker normalerweise aus der Ukraine oder aus Kuba. Beide Länder haben schlechte Ernten eingefahren. Russland muss also an den Weltmarkt gehen – und das mit einem hohen Bedarf."

sinkendes Angebot

steigende Nachfrage

Im vollkommenen Markt kann kein Anbieter und kein Nachfrager von sich aus den Marktpreis beeinflussen, weil alle in scharfem Wettbewerb zueinander stehen, die Zahl der Mitbewerber groß und der eigene Marktanteil sehr gering ist. Alle müssen sich dem Gleichgewichtspreis anpassen, der durch das Zusammenspiel von Angebot und Nachfrage entsteht.

Für den einzelnen Anbieter ist es sinnlos, Preispolitik zu betreiben:

- Setzt der Anbieter einen Preis über dem Marktpreis fest, so verliert er den gesamten Absatz. Der Preis übt eine Ausschaltungsfunktion aus.
- Verkauft der Anbieter dagegen unterhalb des Marktpreises, so würde die gesamte Nachfrage auf ihn übergehen. Das würde seine Kapazität übersteigen. Die Nachfrage könnte nicht befriedigt werden.

Im vollkommenen Markt ist der Marktpreis für den Anbieter eine gegebene Größe, die er hinnehmen muss. Er hat nur die Möglichkeit, seine Angebotsmenge so zu wählen, dass sein Gewinn maximiert wird. Er ist Mengenanpasser.

Beispiel:

Ein Sportartikelhersteller produziert Surfbretter. Diese haben einen Marktpreis von 400,00 €.
Die Kapazität der Unternehmung liegt bei 80 Stück im Abrechnungszeitraum.
Die fixen Kosten in diesem Zeitraum betragen 10 000,00 €.
Die variablen Stückkosten belaufen sich auf 200,00 €.
Die variablen Kosten verlaufen proportional.

Preis	Menge	Erlös	Kosten	Gewinn	
400,00	0	0,00	10 000,00	– 10 000,00	
400,00	10	4 000,00	12 000,00	– 8 000,00	Verlust-zone
400,00	20	8 000,00	14 000,00	– 6 000,00	
400,00	30	12 000,00	16 000,00	– 4 000,00	
400,00	40	16 000,00	18 000,00	– 2 000,00	
400,00	50	20 000,00	20 000,00	0,00	← Gewinn-schwelle
400,00	60	24 000,00	22 000,00	+ 2 000,00	Gewinn-zone
400,00	70	28 000,00	24 000,00	+ 4 000,00	
400,00	80	32 000,00	26 000,00	+ 6 000,00	← Gewinn-maximum

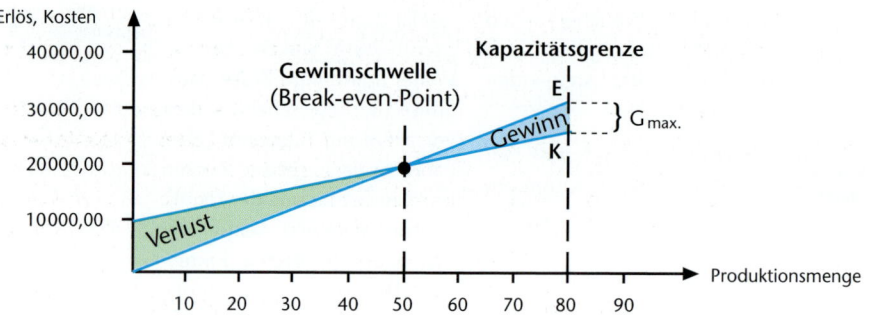

Der **Mengenanpasser** erreicht bei proportionalem Verlauf der variablen Kosten sein Gewinnmaximum, wenn er an der Kapazitätsgrenze produziert.

Steigen die variablen Kosten vor der Kapazitätsgrenze überproportional, so ist die Menge gewinnmaximal, bei der die Differenz aus Erlösen und Kosten am größten ist.

4.5.2 Preisbildung in unvollkommenen Märkten

4.5.2.1 Preisbildung im Polypol

Die vollständige Konkurrenz ist ein praxisfremdes Modell. Die Wirklichkeit zeigt vielmehr die Züge eines Polypols auf unvollkommenem Markt:

- Die angebotenen Güter stimmen in Art, Aufmachung, Qualität nicht völlig überein. Sie sind heterogen.

- Die Käufer haben Präferenzen räumlicher, zeitlicher, persönlicher Art.

- Der Markt lässt sich nicht vollständig überblicken.

- Die Marktteilnehmer reagieren auf Änderungen mit zeitlichen Verzögerungen.

Von der Seite der Unternehmungen her wird diese Uneinheitlichkeit bewusst gefördert: Man darf nicht vergessen, dass das oberste Ziel des **Marketings**[1] das Schaffen und Erhalten eines Marktes ist. Da der Preiswettbewerb oft schmerzhafte Folgen hat, verlagert man den Wettbewerb vielfach von der Preisebene weg auf die Art und Qualität der Leistungen. Vielen Anbietern gelingt es, Leistungen zu produzieren, die alle auf ihre eigene Weise Vorteile bieten:

- gefälliges Design
- gute Verarbeitung
- gute Materialqualität
- vielseitige Verwendbarkeit
- attraktive Verpackung
- guter Service
- günstige Zahlungs- und Lieferungsbedingungen
- besondere Garantieleistungen

Der Käufer ist dadurch nicht mehr in der Lage, den gesamten Markt zu überblicken. Er kann an und für sich gleichartige Erzeugnisse nicht mehr miteinander vergleichen. Er hält sich dann oft an Verkäufer, die ihm aufgrund ihres bekannten Namens vertrauenswürdig erscheinen oder mit denen er bisher gute Erfahrungen gemacht hat. Mit anderen Worten: Er entwickelt Präferenzen (Vorlieben) für bestimmte Anbieter. Damit ist ein wesentliches Marketingziel erreicht. Dem Anbieter gelingt es bei seinen mehr oder weniger sicheren Stammkunden oft, seine Preisvorstellungen auch dann durchzusetzen, wenn sie die Preise von Konkurrenzprodukten übertreffen.

> Auf dem *unvollkommenen Markt* versuchen die Anbieter, den einheitlichen Markt für ein Gut durch Leistungsdifferenzierung aufzuspalten und sich einen monopolistischen Teilmarkt zu schaffen.

Die Angebotskurve eines solchen Anbieters erhält einen gewissen **monopolistischen Bereich**. Preisänderungen innerhalb dieses Bereichs haben keine großen Auswirkungen auf die Nachfrage. Die Nachfrage verhält sich **relativ unelastisch**.
Erhöht der Anbieter seinen Preis allerdings zu sehr (über P_1), so lässt die Wirkung der Präferenzen nach. Die Nachfrage reagiert elastisch. Die Nachfrager wandern zur Konkurrenz ab.
Senkt der Anbieter den Preis sehr stark (unter P_2), kann es sein, dass nunmehr die Nachfrage sehr zunimmt. Wegen der begrenzten Kapazität des Anbieters kann die Nachfrage jedoch nur zu einem sehr geringen Teil befriedigt werden.

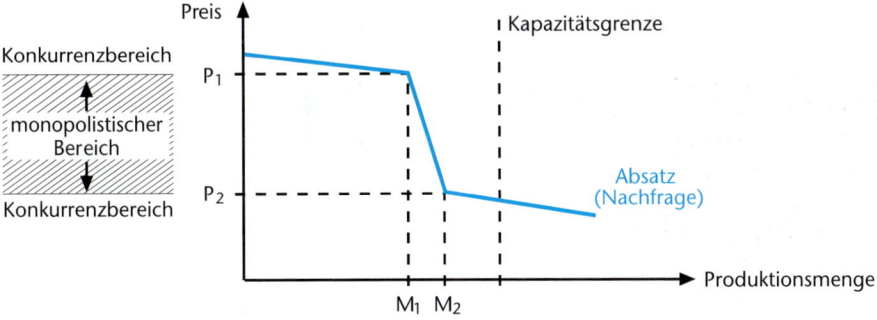

---

[1] Vgl. Seite 393 ff.

Fazit:

- Der Anbieter im Polypol auf dem unvollkommenen Markt verfügt über einen monopolistischen Freiraum, in dem er aktive Preispolitik betreiben und damit seinen Preis gewinnmaximal festsetzen kann.

- Bei zu hohen Preisen muss der Anbieter damit rechnen, dass die Kunden zur Konkurrenz abwandern.

- Bei sehr niedrigen Preisen muss der Anbieter damit rechnen, dass er die Nachfrage wegen seiner begrenzten Kapazität nicht befriedigen kann.

4.5.2.2 Preisbildung im Angebotsoligopol

Im Angebotsoligopol stehen wenigen Anbietern mit großen Marktanteilen und entsprechender Marktmacht viele Nachfrager mit keiner bzw. nur geringer Marktmacht gegenüber.

Beispiel: Der Markt für Kopiergeräte in einem bestimmten Land wird von insgesamt drei Unternehmungen beherrscht. Auf diesem Markt können aufgrund der Nachfragesituation insgesamt 400 000 Geräte abgesetzt werden. Die TeleComfort AG hat bei einem Verkaufspreis von 600,00 € pro Stück einen Marktanteil von 34 %.
Die Kosten pro Stück betragen 520,00 €.
Die TeleComfort AG variiert jetzt die Preise und sieht sich bei gleichen Kosten folgenden Situationen gegenüber:

Preis (€)	500,00	550,00	600,00	650,00
Marktanteil (%)	38,0	36,0	34,0	18,0

Die Oligopole haben in der Realität eine große Bedeutung. Es handelt sich um unvollkommene Märkte: Die Käufer haben Präferenzen und die Anbieter führen Leistungsdifferenzierung durch.

Beispiele: Typische Oligopolmärkte sind der Mineralöl-, Kraftfahrzeug- und Zigarettenmarkt.

Reaktionsverbundenheit

Oligopolisten müssen die Reaktionen der Nachfrager, aber insbesondere die ihrer fast gleich mächtigen Konkurrenten beachten. Um ihre Marktanteile nicht zu verlieren, werden sie auf Preisheraufsetzungen der Konkurrenz nicht unbedingt, auf Preissenkungen dagegen regelmäßig reagieren.

Ruinöse Konkurrenz

Gelegentlich ist zu beobachten, dass ein Anbieter versucht, die Konkurrenten durch Preisunterbietungen vom Markt zu verdrängen. Der aggressive Anbieter läuft dabei jedoch Gefahr, sich auch selbst zu ruinieren. Für den Oligopolisten gilt insofern das Gleiche wie für den Anbieter im vollkommenen Markt. Wenn durch eigene Maßnahmen oder durch Maßnahmen der Konkurrenz der Marktpreis sinkt, besteht die Gefahr, dass die Kosten nicht mehr gedeckt werden. Die Absatzmenge müsste deutlich steigen, um den Nachteil auszugleichen. Das geht aber wieder auf Kosten der Marktanteile der anderen, sodass erneut Gegenreaktionen provoziert werden.

Geknickte Preis-Absatz-Kurve

Durch Preissenkungen lassen sich aufgrund der Gegenreaktionen der Mitkonkurrenten keine nennenswerte Marktanteile hinzugewinnen. Preiserhöhungen führen dagegen aufgrund der hohen Markttransparenz zu deutlichen Marktanteilsverlusten.

Beispiel: Für die TeleComfort AG ergeben sich folgende Zahlen:

Preis	Markt-anteil	Absatz-menge	Erlöse	Kosten	Gewinn
500,00 €	38,0 %	152 000 St	76 000 000,00 €	79 040 000,00 €	– 3 040 000,00 €
550,00 €	36,0 %	144 000 St	79 200 000,00 €	74 880 000,00 €	4 320 000,00 €
600,00 €	34,0 %	136 000 St	81 600 000,00 €	70 720 000,00 €	10 880 000,00 €
650,00 €	18,0 %	72 000 St	46 800 000,00 €	37 440 000,00 €	9 360 000,00 €

Aufgrund dieser Zahlen ergibt sich eine geknickte Preis-Absatz-Kurve:

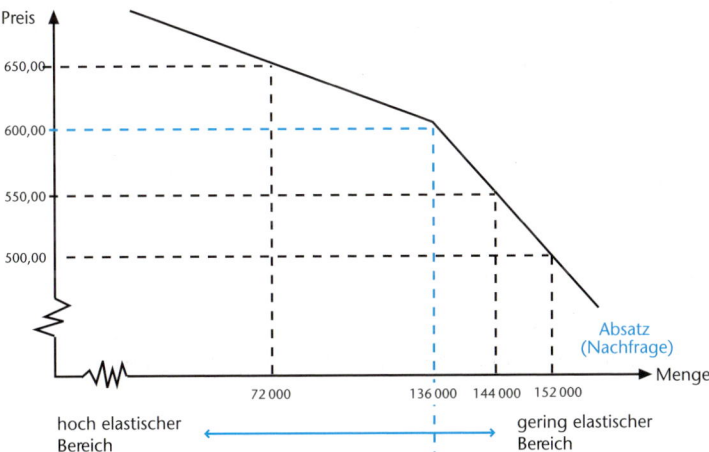

Erhöht die TeleComfort AG ihren Absatzpreis von 600,00 € auf 650,00 €, so werden die Konkurrenten nicht mitziehen. Die Unternehmung verliert viel Absatz, weil die Kunden zur preisgünstigeren Konkurrenz abwandern.

Senkt die TeleComfort AG ihren Preis auf 550,00 € oder sogar auf 500,00 €, so werden die Konkurrenten nachziehen und ebenfalls ihren Preis senken. Die Unternehmung gewinnt deshalb nicht viel Absatz hinzu.

„Schlafmützenkonkurrenz" und konzertiertes Marktverhalten

Weil die Auswirkungen von Preissenkungen für den einzelnen Oligopolisten schlecht einzuschätzen sind, wird der Wettbewerb auf der Preisebene häufig durch ein abgestimmtes Marktverhalten („stillschweigendes Kartell") abgelöst. Man fordert die Konkurrenten preislich nicht heraus. Ausnahmen sind lediglich Saisonpreise und Sonderangebote.

Preisführerschaft

Ein Oligopolist mit besonders großem Marktanteil wird häufig von den Mitwettbewerbern stillschweigend als Preisführer anerkannt. Die wirtschaftlich schwächeren Anbieter verändern ihre Preise nur, wenn der Preisführer seinerseits Preisänderungen vornimmt.

Marktstrategien

Weil jeder Anbieter – ähnlich wie im Polypol – versucht, ein heterogenes Gut anzubieten, das sich von dem in Wirklichkeit fast gleichen Gut des Konkurrenten abheben soll, entsteht ein oft intensiver Wettbewerb um den Kunden. Da die Preispolitik dafür – wie aufgezeigt – ausscheidet, bleiben Strategien wie Produktdifferenzierung, Preisdifferenzierung und vor allem Werbung. Fast 20 Milliarden Euro geben Unternehmen in Deutschland für Werbezwecke aus.

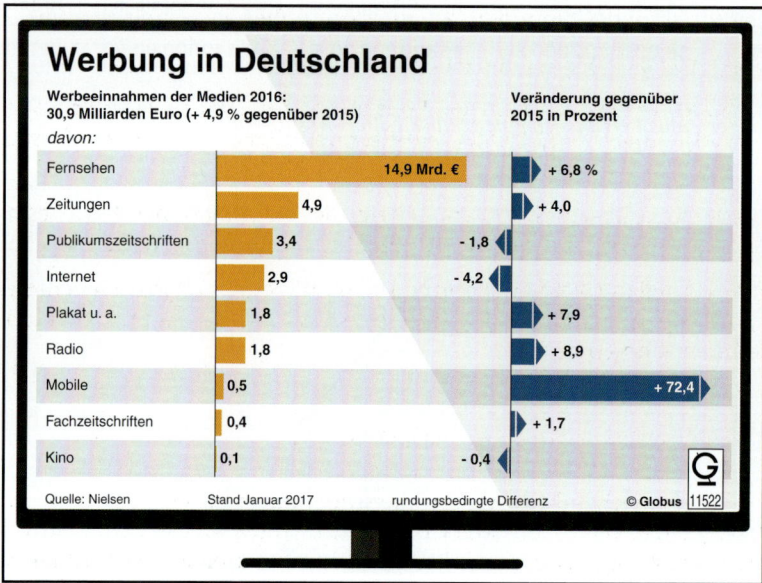

4.5.2.3 Preisbildung im Angebotsmonopol

Beim **Angebotsmonopol** steht ein Anbieter einer Vielzahl von Nachfragern gegenüber.

Man unterscheidet

- **natürliche Monopole**
  Beispiel: Vorhandensein einmaliger Bodenschätze

- **staatliche Monopole**
  Beispiel: Lottomonopol[1]

- **entstandene (gewachsene) Monopole**
  Beispiel: Eine Unternehmung hat im marktwirtschaftlichen Wettbewerbsprozess sämtliche Konkurrenten vom Markt verdrängt (z.B. alleiniger Inhaber eines Patentes).

---

[1] *Vgl. auch Seite 334.*

Da der Monopolist den gesamten Markt beherrscht, kann er die Höhe des Preises oder die Verkaufsmenge in der Weise frei bestimmen, dass er einen größtmöglichen Gewinn erzielt. Dabei muss er lediglich seine Kosten sowie die Reaktionen der Nachfrager beachten.

Daraus sind die **Nachteile des Monopols** erkennbar:

- Der Monopolist kann seinen Preis ohne Rücksicht auf die Konkurrenz festsetzen.

- Er setzt diesen Preis so, dass er einen größtmöglichen Gewinn erzielt.

- Bestünde Konkurrenz zwischen vielen Anbietern, so könnte kein Anbieter so vorgehen wie der Monopolist, sondern er müsste sich nach dem Marktpreis richten.

- Es kann sich eine schlechtere Versorgung der Bevölkerung mit Gütern ergeben, wenn die Kostensituation des Monopolisten zu einem hohen Monopolpreis führt.

In der Realität sind dem Monopolisten Grenzen gesetzt:

- Der Monopolist wird sich hüten, den Preis unnötig zu sehr zu verteuern. Dies könnte andere Unternehmen veranlassen, Substitutionsgüter zu entwickeln (Ersatzkonkurrenz).

- Auch der Monopolist unterliegt dem Zwang, die Kapazität seines Betriebes möglichst voll auszunutzen. Dies verhindert eine künstliche Verknappung des Angebots.

- Das Bundeskartellamt kann überhöhte Preise, die einen angemessenen Gewinnzuschlag übersteigen, verbieten. Es übt eine Missbrauchsaufsicht über marktbeherrschende Unternehmen aus[1].

4.5.3 Eingriffe des Staates in die Preisbildung

Im vollkommenen Markt bildet sich der Marktpreis automatisch.
Wer als Unternehmer nicht zum Marktpreis anbieten will oder kann, wird von seinen Konkurrenten verdrängt. Wer als Konsument den Marktpreis nicht zahlen will oder kann, geht leer aus.
Marktpreise können aus sozialpolitischen Erwägungen zu hoch oder zu niedrig sein. Oftmals ist der Staat daher daran interessiert, den Preis für bestimmte Güter zu kontrollieren bzw. zu beeinflussen. Dies könnte ihn dazu veranlassen, in die Preisbildung einzugreifen.

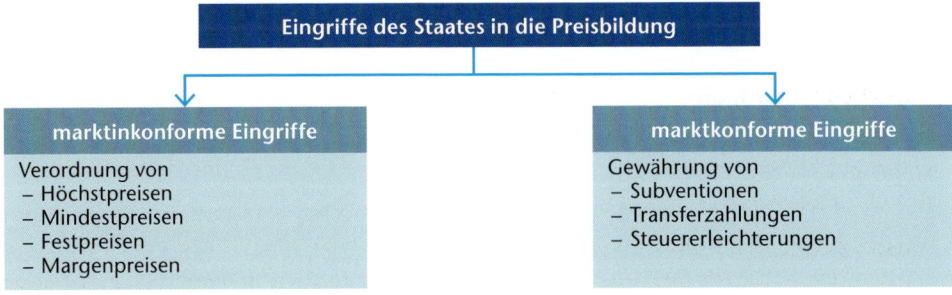

Eingriffe des Staates in die Preisbildung	
marktinkonforme Eingriffe	**marktkonforme Eingriffe**
Verordnung von – Höchstpreisen – Mindestpreisen – Festpreisen – Margenpreisen	Gewährung von – Subventionen – Transferzahlungen – Steuererleichterungen

---

[1] *Vgl. hierzu Seite 381 ff.*

Durch marktinkonforme Eingriffe wird der Preisbildungsprozess außer Kraft gesetzt, während bei marktkonformen Eingriffen der Preisbildungsprozess im Prinzip erhalten bleibt.

Da die Volkswirtschaft der Bundesrepublik Deutschland eine Marktwirtschaft ist, sind die Eingriffe des Staates in die Preisbildung die Ausnahme.

Sie sind nur dann berechtigt, wenn die marktwirtschaftliche Preisbildung unter sozialen Gesichtspunkten zu Ergebnissen führt, die mit dem im Grundgesetz verankerten **Sozialstaatsprinzip** nicht vereinbar sind.

4.5.3.1 Marktinkonforme Eingriffe

Festpreise

Der Staat schreibt für ein Gut bzw. eine Dienstleistung einen bestimmten Preis vor, der weder über- noch unterschritten werden darf.

Beispiele:
- *Gebührenordnung für Ärzte*
- *nach dem Einkommen der Eltern gestaffelte Kindergartengebühren*
- *Preise für Medikamente*

Höchstpreise

Höchstpreise werden zum Schutz der Konsumenten vor zu hohen Preisen verordnet. Der Höchstpreis liegt immer unter dem Gleichgewichtspreis.

Beispiel: Im Zuge einer allgemeinen Lebensmittelknappheit setzt der Staat den Preis für 1 kg Brot auf 2,50 € fest, nachdem der Marktpreis auf 10,00 € gestiegen war und einkommensschwache Nachfrager bei diesem Preis nicht mehr ausreichend versorgt waren.

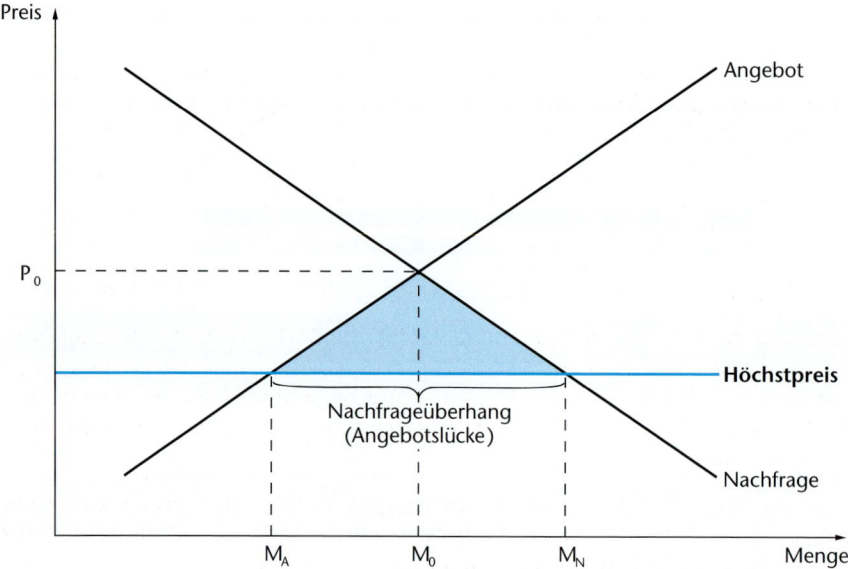

Es zeigt sich, dass der Höchstpreis zu einem **Nachfrageüberhang** führt. Die Angebotsmenge wird gegenüber der Gleichgewichtsmenge durch den Eingriff des Staates verringert, da eine Reihe von Anbietern nicht mehr in der Lage ist, bei diesem Preis noch
kostendeckend zu produzieren. Eine Unterversorgung der Bevölkerung ist damit vorprogrammiert.

Nur durch Rationierung des begrenzten Angebots *(z. B. mithilfe von Lebensmittelkarten)*
kann der Staat eine gleichmäßige Verteilung des vorhandenen Angebots erreichen.
Warteschlangen vor den Geschäften und die Entstehung illegaler „Schwarzmärkte", auf
denen Ware zu „Marktpreisen" gehandelt wird, sind die äußeren Folgen der Höchst-
preisverordnung.

Mindestpreise

Mindestpreise werden festgelegt, um den Produzenten ein bestimmtes Mindesteinkommen zu
sichern. Der Mindestpreis liegt immer über dem Gleichgewichtspreis.

*Beispiel: Zum Schutz der Landwirtschaft setzt der Staat für 1 kg Rindfleisch einen Mindestpreis von
6,00 € fest, nachdem der Marktpreis im Zuge einer allgemeinen Produktivitätssteigerung auf 3,00 €
gefallen war und viele landwirtschaftliche Betriebe dadurch an den Rand ihrer Existenz gedrängt
worden waren.*

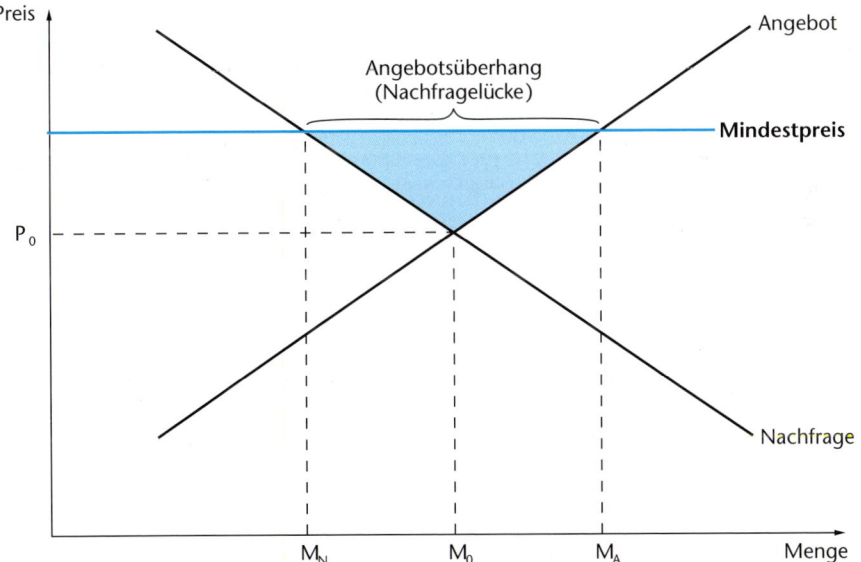

Es zeigt sich, dass der Mindestpreis zu einem **Angebotsüberhang** führt. Die Angebotsmenge wird gegenüber der Gleichgewichtsmenge durch den Eingriff des Staates erhöht,
da nun auch solche Anbieter auf dem Markt auftreten können, die ansonsten dem
marktwirtschaftlichen Ausleseprozess zum Opfer gefallen wären. Ein Überangebot ist
damit vorprogrammiert.

Nur durch Interventionskäufe kann der Staat sein Ziel erreichen: In Höhe der vorhandenen Nachfragelücke müsste er selbst als Nachfrager auftreten und den Produzenten ihre
Ware zum garantierten Mindestpreis abnehmen.

Überproduktion, überhöhte Preise und damit ebenfalls eine Unterversorgung der Konsumenten sind die äußeren Folgen der Mindestpreisverordnung.

Die Erfahrungen, die in der Vergangenheit mit marktinkonformen staatlichen Eingriffen gemacht wurden, sind unbefriedigend. Sie zeigen, dass der Staat damit seine ursprüngliche Zielsetzung auf Dauer nicht erreichen kann und lediglich kurzfristig die äußeren Symptome, nicht jedoch die eigentlichen Ursachen einer wirtschaftlichen Fehlentwicklung bekämpfen kann.

Die Außerkraftsetzung der marktwirtschaftlichen Preisbildung führt vielmehr dazu, dass sich die „heilsamen" Funktionen des Marktpreises nicht mehr entfalten können. Ungleichgewichtigkeiten von Angebot und Nachfrage, Verschleuderung volkswirtschaftlicher Ressourcen, Verlust von Innovationsfähigkeit und Unzufriedenheit der Bevölkerung sind die langfristigen Folgen.

4.5.3.2 Marktkonforme Eingriffe

Die marktinkonformen Eingriffe des Staates haben zur Folge, dass nicht mehr die Marktkräfte, sondern staatliche Stellen den Ausgleich von Angebot und Nachfrage regulieren. Die relative Erfolglosigkeit derartiger Eingriffe hat dazu geführt, dass der Staat versucht, das Marktgeschehen durch marktkonforme Eingriffe zu lenken.

Bei *marktkonformen Eingriffen* bleiben die Funktionen der freien Marktpreisbildung erhalten. Die negativen sozialen Auswirkungen zu hoher oder zu niedriger Marktpreise werden durch Veränderung der Angebots- bzw. Nachfragebedingungen abgefedert.

Maßnahme: Durch Transferzahlungen und Steuererleichterungen werden einkommensschwache Privathaushalte begünstigt.

Folge: Die Nachfragekurve verlagert sich nach rechts.

Beispiel: Die Zahlung von Wohngeld ermöglicht Sozialhilfeempfängern den Bezug solcher Wohnungen, die sie sich normalerweise nicht leisten könnten. Der Vermieter erhält die übliche Marktmiete, sodass der Anreiz, Mietwohnungen zu bauen und zu unterhalten, bestehen bleibt. Würde der Staat stattdessen Miethöchstpreise vorschreiben, die nicht gewinnbringend oder sogar nicht kostendeckend sind, wäre eine Wohnungsnot die langfristige Folge.

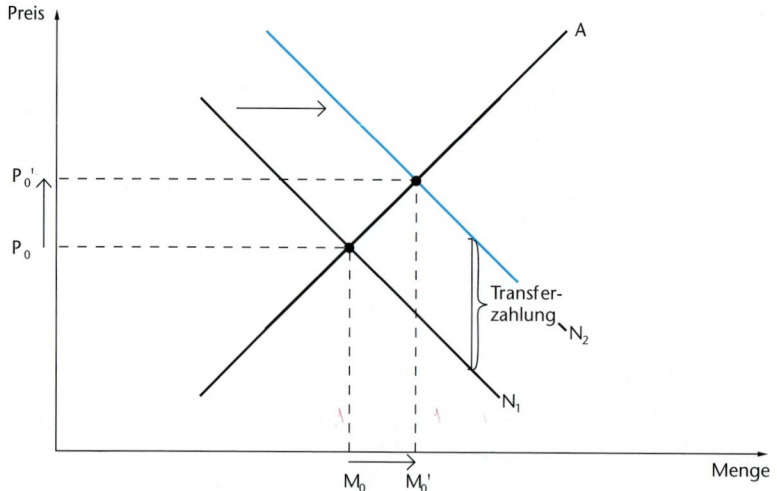

Maßnahme: Um Arbeitsplätze zu erhalten bzw. um die Verbraucherpreise niedrig zu halten, werden an Unternehmen bestimmter Branchen Subventionen gezahlt.

Folge: Die Angebotskurve verlagert sich nach rechts.

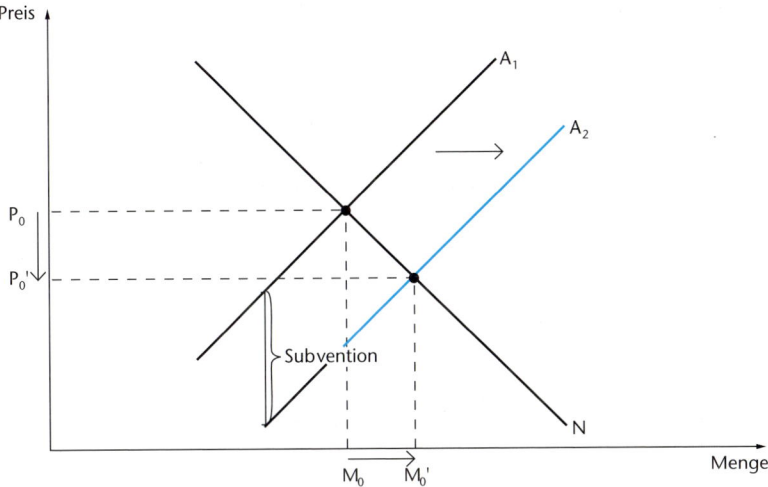

Maßnahme: Durch Erhöhung bestimmter Verbrauchsteuern (Tabaksteuer, Branntweinsteuer, Mineralölsteuer usw.) werden die Marktpreise der betroffenen Produkte künstlich verteuert.

Folge: Die Angebotskurve verlagert sich nach links.

Verbrauchsteuern dienen – wie alle Steuern – grundsätzlich der Finanzierung der öffentlichen Haushalte. Durch gezielte Steuerbelastung bestimmter Produkte kann aber auch unerwünschten Marktverhaltensweisen begegnet werden.

Beispiele:
- *Eine Erhöhung der Mineralölsteuer bringt viele Autofahrer dazu, auf öffentliche Verkehrsmittel umzusteigen.*
- *Eine Erhöhung der Tabaksteuer hält mehr Menschen vom Rauchen ab. Die Krankenkassen werden von nikotinbedingten Krankheitskosten entlastet.*

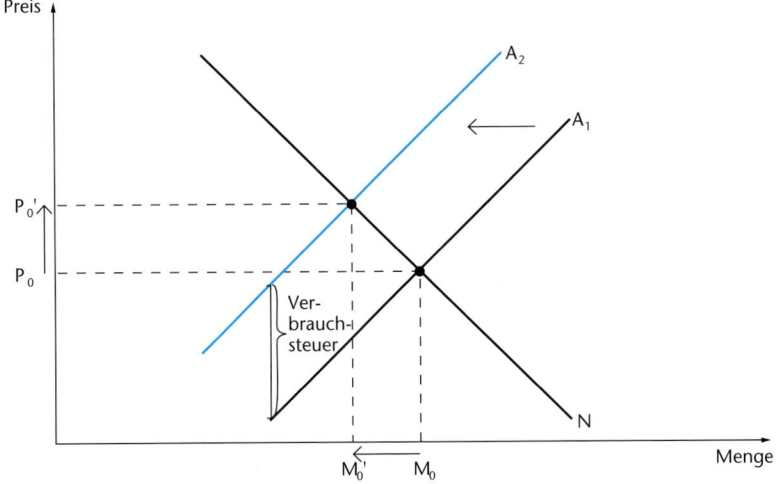

4.5.4   Zinsbildung auf den Geld- und Kapitalmärkten

4.5.4.1 Bestimmungsfaktoren des Angebots und der Nachfrage von Geld und Kapital

So wie auf den Konsum- und Produktionsgütermärkten Preise für die dort gehandelten Güter entstehen, so entstehen die Zinsen aufgrund des Angebots und der Nachfrage von Geld und Kapital.

> Der **Zins** ist der Preis für die Bereitstellung von Krediten.

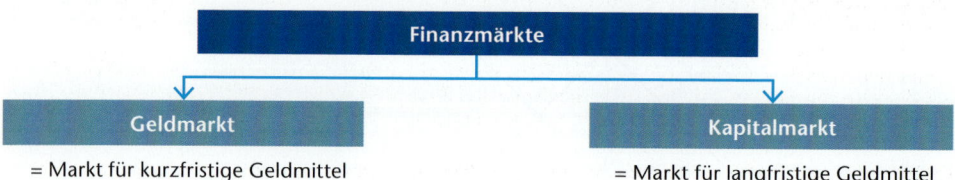

- Der **Anbieter erhält Zinsen** für die Überlassung der Geldmittel, weil er auf die gegenwärtige Verwendung seiner Geldmittel verzichtet. Je höher der Zinssatz, desto eher ist die Bereitschaft für diesen Verzicht.

- Der **Nachfrager zahlt Zinsen**, weil er mithilfe der Kreditmittel jetzt bereits Ausgaben tätigen kann, auf die er sonst zu diesem Zeitpunkt noch verzichten müsste. Je niedriger der Zinssatz, desto ausgeprägter ist die Bereitschaft, sich zu verschulden.

> Der **Marktzins** ist das Ergebnis des Zusammentreffens von Angebot und Nachfrage von Geld bzw. Kapital.

Bei den Marktteilnehmern kann grundsätzlich von einem **zinselastischen Nachfrage- bzw. Angebotsverhalten** ausgegangen werden:
- Je höher der Zinssatz, desto geringer ist die Nachfrage und desto größer ist das Angebot.
- Je niedriger der Zinssatz, desto größer ist die Nachfrage und desto geringer ist das Angebot.

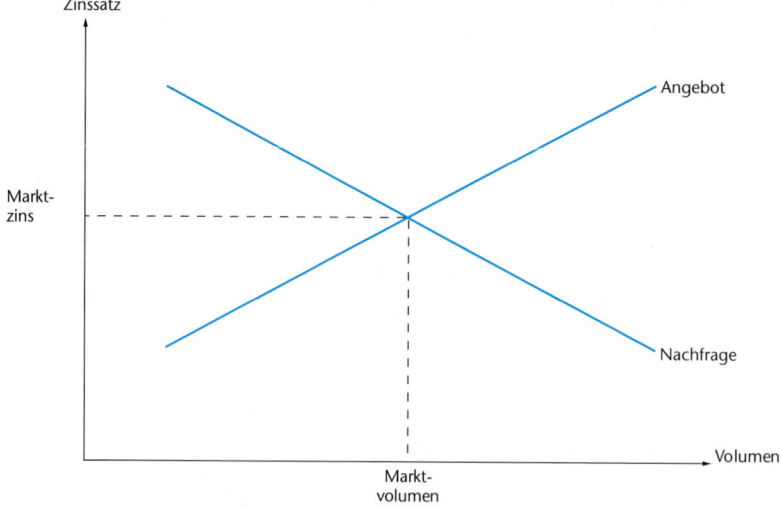

Auch hier gilt, dass der Preis, also der Zinssatz, nicht die alleinige Bestimmungsgröße von Angebot und Nachfrage ist.

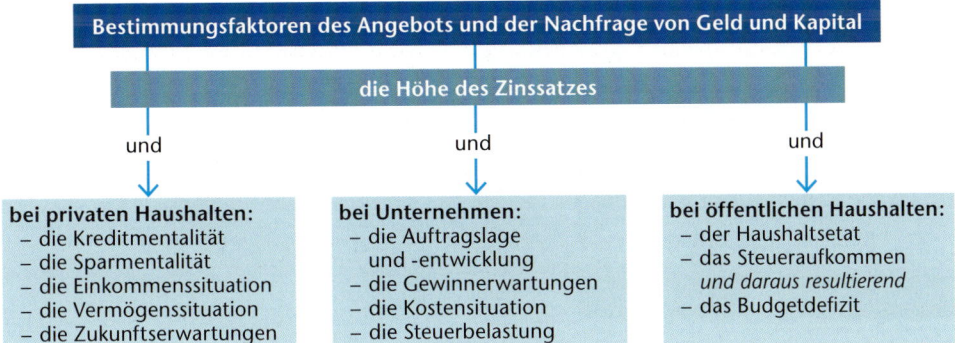

Bestimmungsfaktoren des Angebots und der Nachfrage von Geld und Kapital		
die Höhe des Zinssatzes		
und	und	und
bei privaten Haushalten:	**bei Unternehmen:**	**bei öffentlichen Haushalten:**
– die Kreditmentalität	– die Auftragslage	– der Haushaltsetat
– die Sparmentalität	und -entwicklung	– das Steueraufkommen
– die Einkommenssituation	– die Gewinnerwartungen	*und daraus resultierend*
– die Vermögenssituation	– die Kostensituation	– das Budgetdefizit
– die Zukunftserwartungen	– die Steuerbelastung	

Unterstellt man ein konstantes Angebot, so werden bei steigender Nachfrage die Zinsen steigen und umgekehrt bei sinkender Nachfrage die Zinsen fallen.

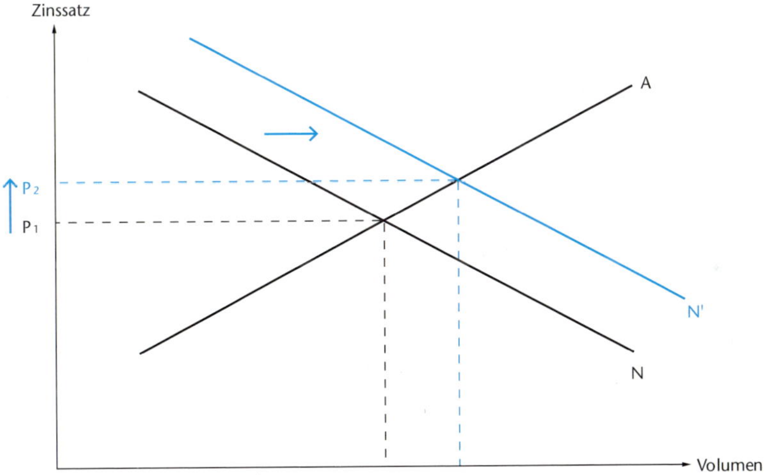

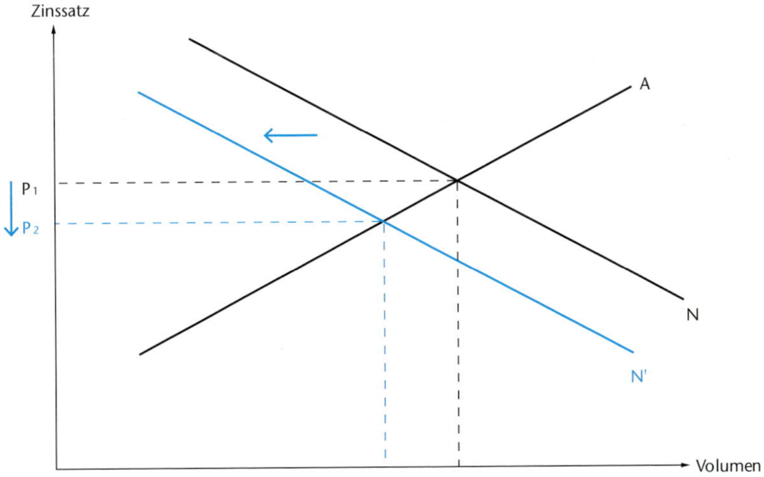

4.5.4.2 Kapitalmarkt

Der Kapitalmarkt ist der Markt für langfristige Geldanlagen bzw. langfristige Kredite und Beteiligungskapital.

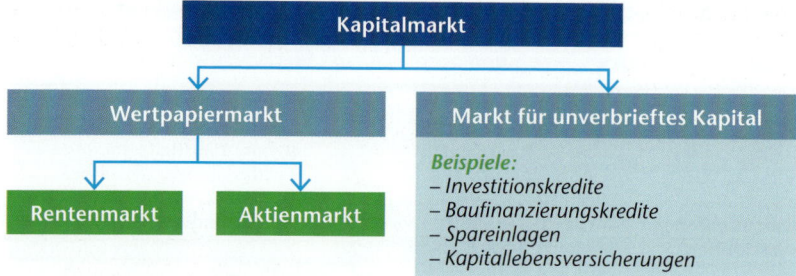

Über den Kapitalmarkt fließt den

- Unternehmen ein großer Teil der zur Finanzierung von Investitionen,
- privaten Haushalten ein großer Teil der zur Finanzierung von Bauvorhaben,
- öffentlichen Haushalten ein großer Teil der zur Finanzierung von öffentlichen Investitionen

benötigten Mittel zu.

Wichtigste Anbieter auf dem Kapitalmarkt sind die privaten Haushalte, die dort ihre Ersparnisse in Form von Spareinlagen, Schuldverschreibungen, Aktien usw. anlegen.

- Der **organisierte Kapitalmarkt** vollzieht sich unter Mitwirkung der Kreditinstitute. Das Geschehen auf den Wertpapierbörsen weist hierbei den höchsten Grad der Organisation auf. Hier erfolgt nach genauen organisatorischen Regeln eine tägliche Neubewertung des angelegten Kapitals bzw. hier kann jederzeit das angelegte Kapital durch einen Verkauf wieder liquide gemacht werden.

- Der **nicht organisierte Kapitalmarkt** vollzieht sich ohne Mitwirkung der Kreditinstitute. Hier treffen sich Angebot und Nachfrage von langfristigen Krediten und Beteiligungen zwischen Unternehmen und Privatpersonen *(z. B. über Finanzanzeigen in den Printmedien und im Internet)* bzw. im Freundes- und Bekanntenkreis.

4.5.4.3 Geldmarkt

Der Geldmarkt ist der Markt für kurzfristige Kredite bzw. Geldanlagen.

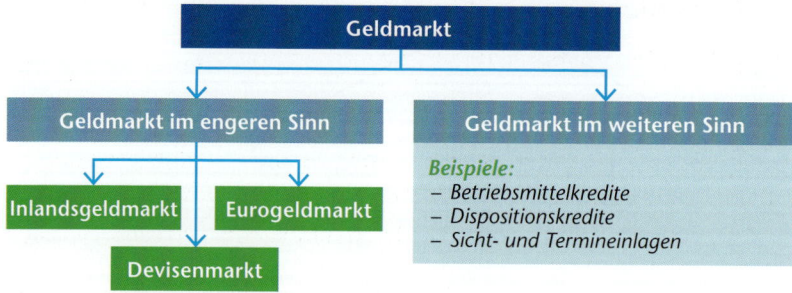

Auf dem Geldmarkt im weiteren Sinne findet der Austausch von Liquidität zwischen Kreditinstituten und Nichtbanken statt.

Zweck dieses Marktes ist es,

- die Wirtschaft mit Liquidität und kurzfristigen Krediten zu versorgen,

- kurzfristige Anlagemöglichkeiten für vorübergehend nicht benötigte Geldmittel zu bieten.

Auf dem **Inlandsgeldmarkt** findet der Liquiditätsausgleich innerhalb des Bankensystems statt. Die Kreditinstitute haben hier die Möglichkeit, Liquiditätsüberschüsse kurzfristig anzulegen bzw. Liquiditätsdefizite zu schließen.

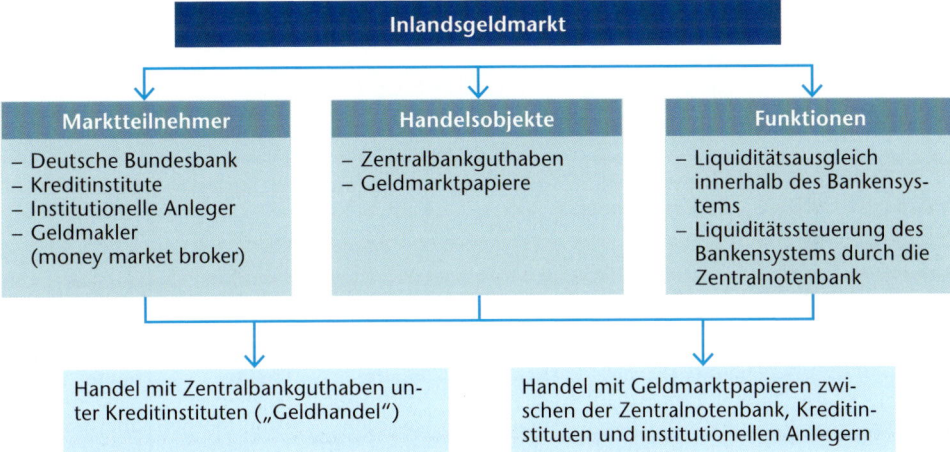

Wichtigstes Teilsegment des Geldmarktes ist der **Geldhandel**.
Der Geldhandel ist ein Interbankenmarkt. Er vollzieht sich nach allgemein anerkannten Marktusancen:

- Die erforderliche Schnelligkeit der Gelddisposition bedingt, dass die Geschäftsabschlüsse telefonisch oder online mit einer nachfolgenden schriftlichen Bestätigung erfolgen.

- Der Handel findet überwiegend vormittags statt.

- Gehandelt werden Beträge ab 5 000 000,00 €.

- Die Marktteilnehmer nennen auf Anfrage Geld- oder Briefsätze („Quotes"), zu denen sie zu kontrahieren bereit sind.
  Geldsatz: Zinssatz, zu dem das Kreditinstitut zur Geldaufnahme (= Nachfrage) bereit ist.
  Briefsatz: Zinssatz, zu dem das Kreditinstitut zur Geldanlage (= Angebot) bereit ist.

- Die Zinsen werden kalendermäßig berechnet.

  (internationale Zinsrechnungsmethode[1]: $Z = \dfrac{K \cdot p \cdot 365/366}{100 \cdot 360}$)

- Geldmarktadressen sind nur Kreditinstitute von unzweifelhafter Bonität.

- Geldmarktkredite werden im Rahmen interner Limits als Blankokredite gewährt.

- Die Anschaffung („settlement") erfolgt in der Regel durch Kontoübertragung vom Girokonto des Geldgebers auf das Girokonto des Geldnehmers bei der Deutschen

---

[1] *Gleichbedeutend: französische Methode, Eurozinsmethode, act/360*

Bundesbank (= kürzester Überweisungsweg). Bei Sparkassen und Kreditgenossenschaften erfolgt der Liquiditätsausgleich meist über die eigene Zentrale.

Nach der Insolvenz der US-amerikanischen Investmentbank Lehman Brothers kam der Geldhandel zwischen den Banken nahezu zum Erliegen. Banken, die über Liquidität verfügten, legten ihr Geld in der Einlagefazilität[1] bei der Deutschen Bundesbank an. Auch heutzutage werden immer noch hohe Beträge bei der Deutschen Bundesbank in der Einlagefazilität geparkt, obwohl dort inzwischen ein Minuszins (−0,40 %) gilt. So wurden beispielsweise im August 2016 346 Milliarden Euro in der Einlagefazilität angelegt. Das Bankensystem muss für die Anlage dieses Betrages pro Tag immerhin 3,8 Millionen Euro an Zinsen „draufzahlen".

Erscheinungs- formen / Merkmale	b.a.w.-Abschlüsse Call money	Overnight	TOM/NEXT	SPOT/NEXT	Termingeld
Laufzeit	bis auf Weiteres (1 Tag, ggf. länger)	1 Tag fest	1 Tag fest	1 Tag fest	je nach Vereinbarung: 1 Woche bis 1 Jahr insbesondere 1/3/6 Monate
Valutierungs- usance	*gleichtägig* **heute** gehandelt **heute** angeschafft – Rückgabe bzw. Rückforderung muss dem Kontrahenten bis ca. 10:30 Uhr mitgeteilt werden – tägliche Zinsanpassung möglich	*gleichtägig* **heute** gehandelt, **heute** angeschafft, **morgen** zurück	*eintägig* **heute** gehandelt, **morgen** angeschafft, **übermorgen** zurück	*zweitägig* **heute** gehandelt, **übermorgen** angeschafft, am folgenden Tag („über-übermorgen") zurück	*zweitägig* **heute** gehandelt, **übermorgen** angeschafft
Zinsgutschrift bzw. -zahlung	bei Rückbezahlung bzw. Zinsanpassung, mind. 1x wöchentlich	bei Fälligkeit des Kapitals			

Der **EURIBOR** (= **EURO** **I**nterbank **o**ffered **R**ate) ist ein Durchschnittszinssatz für **Interbankentermingelder**. Er wird auf der Basis der Geldmarktsätze von ca. 50 europäischen Kreditinstituten für 1–12 Monatsgelder (auf 5 Stellen hinter dem Komma) als arithmetisches Mittel täglich errechnet. Er dient als Referenzzinssatz für z. B. zinsvariable Anleihen (Floating-Rate-Notes).

Der **EONIA** (= Euro OverNight Interbank Average) ist ein Durchschnittszinssatz für **Interbankentagesgelder**. Zur Ermittlung des EONIA geben repräsentative Kreditinstitute mit Sitz oder Niederlassung im Gebiet der **Europäischen Wirtschafts- und Währungsunion (WWU)** täglich den Durchschnitt ihrer Effektivsätze an, zu denen sie bis 18:00 Uhr MEZ Tagesgeld „über Nacht" an andere Kreditinstitute vergeben haben. Zur Berechnung des EONIA werden die Satzmeldungen der Referenzbanken mit ihren Tagesgeldvolumina gewichtet. Wegen der Vertraulichkeit dieser Daten wird der EONIA durch die Europäische Zentralbank berechnet und anschließend veröffentlicht.

---

[1] *Vgl. S. 583 f.*

Beispiel: Am Freitag, den 5. Juli, verkauft die Kölnbank der Stadtsparkasse Domstadt 15 000 000,00 € 1 Monatsgeld zum aktuellen EURIBOR in Höhe von 0,20 % zuzüglich 3/16 % (Prozentpunkte). Die Anschaffung erfolgt Valuta 2-werktägig, also am Dienstag, den 9. Juli. Die Rückzahlung erfolgt am Mittwoch, den 9. August.

$$Z = \frac{15\,000\,000,00 \cdot 0,3875 \cdot 31\ (!)}{100 \cdot 360} = 5\,005,21 \ €$$

Der Rückzahlungsbetrag beträgt 15 005 005,21 €.

Aktuell finden solche Geschäfte nicht statt. Denn auch der Euribor existiert inzwischen als „Minuszins":

Entwicklung des 3-Monats-Euribor von Juni 2015 bis Juni 2016

2015	Juni	– 0,01
	Juli	– 0,02
	Aug.	– 0,03
	Sept.	– 0,04
	Nov.	– 0,05
	Okt.	– 0,09
	Dez.	– 0,13
2016	Jan.	– 0,15
	Febr.	– 0,18
	März	– 0,23
	April	– 0,25
	Mai	– 0,26
	Juni	– 0,27

Quelle: Deutsche Bundesbank, Zinsstatistik vom 08.07.2016

Geld- und Kapitalmarktsätze im Spiegel der Finanz- und Staatsschuldenkrise

Normalerweise sind die Zinsen auf dem Geldmarkt niedriger als die Zinsen auf dem Kapitalmarkt. Dies erscheint plausibel (und auch gerecht), wenn man überlegt, dass der langfristig orientierte Kapitalanleger ja auch für einen längeren Zeitraum auf sein Geld verzichtet. Die Unterschiede sind im Zuge der jüngsten Finanz- und Staatsschuldenkrisen jedoch immer größer geworden. Während sich die Geldmarktsätze im Eurowährungsraum aufgrund der Niedrigzinspolitik der EZB zurzeit auf einem Tiefstand befinden, ergeben sich am Kapitalmarkt durch die wirtschaftliche Entwicklung der Euroländer sehr große Unterschiede. So musste beispielsweise Griechenland im Mai 2012 auch nach dem Schuldenschnitt den Anlegern für 10-jährige Staatsanleihen Renditen gewähren, die mehr als 27 % über der Rendite 10-jähriger Bundesanleihen lagen.

Aufgrund des im Oktober 2012 institutionalisierten „Euro-Rettungsschirms" ESM (Europäischer Stabilisierungsmechanismus) hat sich die Lage für das Land danach wieder etwas beruhigt. Allerdings musste Griechenland auf 10-jährige Staatsanleihen auch Mitte 2016 mit ca. 8 % immer noch deutlich mehr Zinsen zahlen als beispielsweise Italien (1,2 %). In Deutschland sind die Renditen für Staatsanleihen inzwischen sogar im Negativbereich. Kapitalanleger legen also beim Erwerb von Bundeswertpapieren „Geld drauf".

*Bei einer **normalen Zinsstruktur** gilt die Regel: Je länger die Laufzeit (Anlagedauer bzw. Kreditlaufzeit), desto höher ist der Zinssatz.*

Bei einer **inversen Zinsstruktur** sind dagegen die Zinsen für kurze Laufzeiten höher als für lange Laufzeiten. Eine solche Beobachtung ist auf den Geld- und Kapitalmärkten eher selten. Bei der zurzeit vorherrschenden Zinssituation liegt eine normale Zinsstruktur mit höheren Minuszinsen für kürzere Laufzeiten vor (1 Jahr Restlaufzeit: –0,7 %, 4 Jahre Restlaufzeit: –0,6 %, 9 Jahre Restlaufzeit: –0,2 % usw.).

4.5.4.4 Zinsbeeinflussung durch die Zentralnotenbank

Wichtigster Akteur auf dem Geldmarkt ist die **Europäische Zentralbank (EZB)**. Als Mitglied des **Europäischen Systems der Zentralbanken (ESZB)** führt die **Deutsche Bundesbank** als **Nationale Zentralbank (NZB)** die in ihren Zuständigkeitsbereich fallenden geldpolitischen Beschlüsse der EZB aus.

Mithilfe ihres **geldpolitischen Instrumentariums**[1] kann die EZB das Geldangebot erweitern oder verknappen und damit auf die Zinsentwicklung Einfluss nehmen.

Bei gegebener Geldnachfrage kann sie durch eine autonome Erhöhung des Geldangebots eine Zinssenkung bewirken bzw. durch eine Reduzierung des Geldangebots eine Zinserhöhung bewirken.

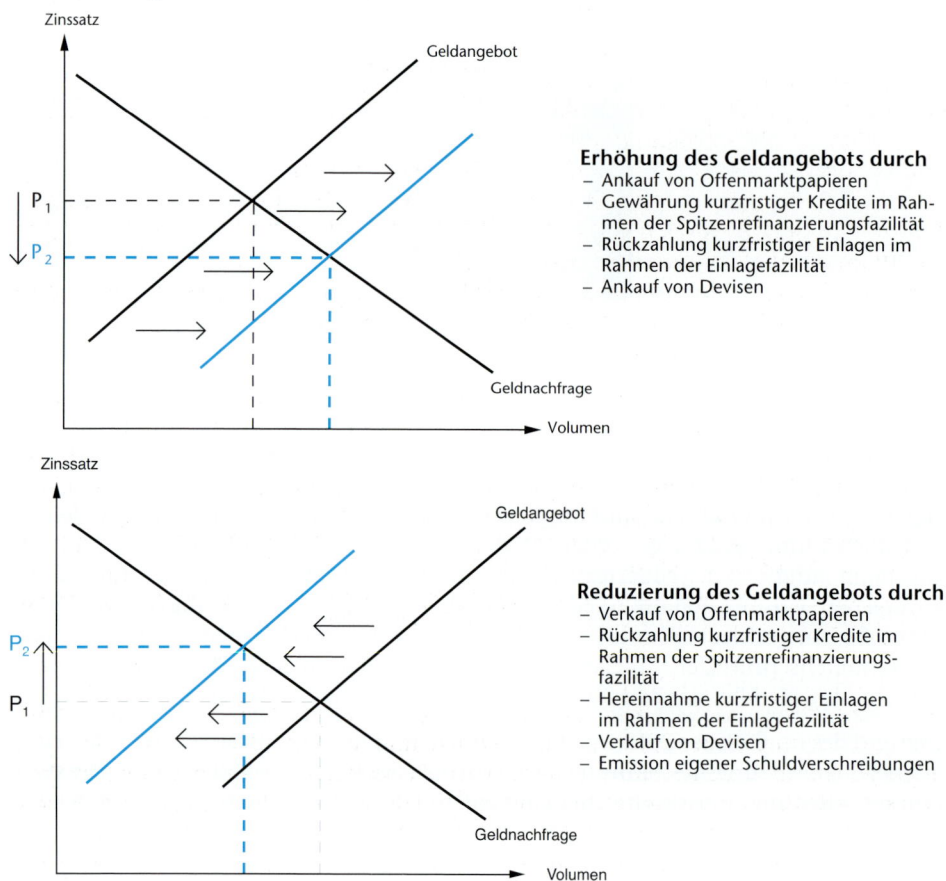

Erhöhung des Geldangebots durch
– Ankauf von Offenmarktpapieren
– Gewährung kurzfristiger Kredite im Rahmen der Spitzenrefinanzierungsfazilität
– Rückzahlung kurzfristiger Einlagen im Rahmen der Einlagefazilität
– Ankauf von Devisen

Reduzierung des Geldangebots durch
– Verkauf von Offenmarktpapieren
– Rückzahlung kurzfristiger Kredite im Rahmen der Spitzenrefinanzierungsfazilität
– Hereinnahme kurzfristiger Einlagen im Rahmen der Einlagefazilität
– Verkauf von Devisen
– Emission eigener Schuldverschreibungen

Mithilfe ihrer **Zinspolitik** setzt die EZB innerhalb des Geldmarktes bestimmte Marken, die den **Rahmen für den Zinsbildungsprozess** begrenzen:

Die Zinssätze, die die EZB den Refinanzierungen der Kreditinstitute zugrunde legt, stecken den oberen Rahmen für die Zinsentwicklung auf dem Geldmarkt ab.

---

[1] *Vgl. hierzu Seite 573 ff.*

Traditionell gilt dabei für die Zinssätze der Europäischen Zentralbank folgende Abstufung:

Einlagefazilität- Zinssatz	<	Hauptrefinanzierungs- satz (1-Wochen-Tender)	<	Spitzenrefinanzierungs- fazilität-Zinssatz

Die Leitzinsen der EZB sind für das Bankensystem und die Volkswirtschaft als Ganzes von besonderer Bedeutung, weil zu diesen Zinssätzen der überwiegende Teil der Refinanzierung der Kreditinstitute bei der Zentralnotenbank erfolgt. Die Refinanzierungskosten werden von den Kreditinstituten an ihre Kunden weitergegeben, sodass die Zinssätze der Zentralnotenbank letzten Endes das Zinsniveau generell bestimmen.

Während die Spitzenrefinanzierungsfazilität den Kreditinstituten jederzeit und ohne volumenmäßige Beschränkung zur Überbrückung kurzfristiger Liquiditätsengpässe eingeräumt wird, können Offenmarktgeschäfte nur von Fall zu Fall und nur im Rahmen des von der Zentralnotenbank jeweils festgelegten Zuteilungsvolumens in Anspruch genommen werden. Die **Einlagefazilität** können die Kreditinstitute nutzen, um überschüssige Liquidität kurzfristig anzulegen.

Euro-Leitzinsen im Juni 2016	
Refinanzierung (Refi)	
Hauptrefi-Satz	
1-Wochen-Tender, wöchentlich	0,00 %
Langfristiger Refi-Satz	
3-Monats-Tender, monatlich	0,00[1]
Zinskanal für Tagesgeld	
Spitzenrefinanzierungsfazilität	0,25 %
Einlagefazilität	−0,40 %
Mindestreserve	
Verzinsung	0,00 %
Basiszins	
Diskontsatz-Ersatz	
gem. §§ 247, 288 BGB	−0,88 %

- Der Zinssatz für die Inanspruchnahme der Spitzenrefinanzierungsfazilität stellt daher auf dem Geldmarkt eine **natürliche Obergrenze** dar, da kein Marktteilnehmer einen Geldmarktkredit zu einem darüberliegenden Zinssatz aufnehmen würde, solange er bei der Zentralnotenbank einen billigeren Kredit in Anspruch nehmen kann.

- Der Zinssatz für Geldanlagen innerhalb der Einlagefazilität bildet auf dem Geldmarkt eine **natürliche Untergrenze**, da kein Marktteilnehmer einen Geldmarktkredit zu einem darunterliegenden Zinssatz vergeben würde, solange er mit einer Geldanlage innerhalb der Einlagefazilität eine höhere Rendite erzielen kann.

Aufgrund der Finanz- bzw. Euro- und Staatsschuldenkrise stellen sich die Verhältnisse am Geldmarkt seit einigen Jahren allerdings anders dar als zuvor. So können inzwischen die aktuellen Interbanken-Geldmarktsätze im Einzelfall erheblich über dem Satz für Spitzenrefinanzierungsgeschäfte liegen, zum Beispiel dann, wenn ein Kreditinstitut, das über Liquidität verfügt, aufgrund der unsicheren Lage von einem Liquidität suchenden Kreditinstitut einen hohen Risikoaufschlag verlangt. Auf der anderen Seite kann ein Kreditinstitut, welches über Liquidität verfügt, trotz einer deutlich geringeren

---

[1] *Seit September 2014 berechnet die EZB die Zinsen für langfristige Refinanzierungsgeschäfte am Ende der Laufzeit. In Rechnung gestellt wird der Zinssatz, der sich aus den durchschnittlichen Mindestbietungssätzen der während der Laufzeit stattfindenden Hauptrefinanzierungsgeschäfte ergibt (vgl. zu diesen Geschäften auch Kapitel 6.12.5.1).*

Zinsniveau auf dem Geldmarkt

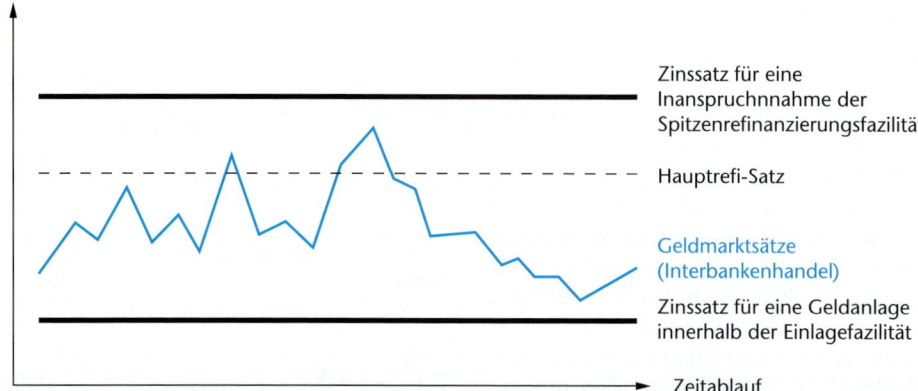

Zinssatz für eine Inanspruchnnahme der Spitzenrefinanzierungsfazilität

Hauptrefi-Satz

Geldmarktsätze (Interbankenhandel)

Zinssatz für eine Geldanlage innerhalb der Einlagefazilität

Zeitablauf

Verzinsung oder sogar einer „Null-Verzinsung" es vorziehen, das Geld in der Einlagefazilität zu parken, statt die Mittel am Geldmarkt anzulegen. Um das Bankensystem zu einer höheren Kreditvergabe zu animieren und das „Parken" überschüssiger Liquidität völlig unattraktiv zu machen, hat die EZB im Juni 2014 die bislang extremste Maßnahme ergriffen und einen „Minuszins" für die Einlagefazilität beschlossen. Kreditinstitute müssen seitdem der EZB Geld für die „Erlaubnis" zahlen, ihre überschüssige Liquidität bei der Zentralbank anzulegen.

EZB führt Negativzinssatz für die Einlagefazilität ein

- Der Zinssatz für die Einlagefazilität wird mit Wirkung vom 11. Juni 2014 gesenkt.
- Der Negativzinssatz gilt auch für die das Mindestreserve-Soll übersteigenden durchschnittlichen Reserveguthaben sowie für sonstige Einlagen beim Eurosystem.

Auf seiner heutigen Sitzung hat der EZB-Rat im Rahmen seiner Beschlüsse über die Senkung der Leitzinsen der EZB den Zinssatz für die Einlagefazilität auf –0,10 % herabgesetzt.

Diese Änderung wie auch die geänderten Zinssätze für die Hauptrefinanzierungsgeschäfte und die Spitzenrefinanzierungsfazilität werden am 11. Juni 2014 wirksam. Der Negativzinssatz für die Einlagefazilität findet zudem Anwendung auf: a) die das Mindestreserve-Soll übersteigenden durchschnittlichen Reserveguthaben von Banken; b) die Einlagen öffentlicher Haushalte beim Eurosystem jenseits bestimmter Schwellenwerte, die in der am 7. Juni zu veröffentlichenden einschlägigen Leitlinie festgelegt werden; c) die beim Eurosystem bestehenden Konten für die Verwaltung von Währungsreserven, sofern sie derzeit nicht verzinst werden; d) die TARGET2-Salden der Teilnehmer an diesem System; e) die in TARGET2 gehaltenen Salden (täglich fällige Einlagen) nicht am Eurosystem teilnehmender NZBen sowie f) die sonstigen Einlagen Dritter bei Zentralbanken des Eurosystems, sofern für diese derzeit keine Verzinsung oder die Verzinsung zum Einlagezinssatz vereinbart ist.

Quelle: Pressemitteilung der EZB vom 05.06.2014, unter: www.bundesbank.de/Redaktion/DE/Downloads/ Presse/EZB_Pressemitteilungen/2014/2014_06_05_negativzinssatz.pdf?__blob=publicationFile

4.6   Wettbewerbspolitik

4.6.1   Unternehmenszusammenschlüsse

Die wirtschaftliche Realität zeigt, dass sich ein wirksamer Wettbewerb nicht von alleine einstellt und erhält, sondern dass auf der Unternehmensseite häufig die Tendenz besteht, sich dem Konkurrenzdruck durch den Zusammenschluss mit anderen Unternehmen zu entziehen. Die Wettbewerbskonzentration führt dazu, dass die Anzahl der Wettbewerber abnimmt und sich die Anteile der am Markt verbleibenden Unternehmen auf immer weniger große Anbieter konzentrieren. Sie kann die Innovations-, Ausschaltungs- und Lenkungsfunktion des Wettbewerbs beeinträchtigen.

Unternehmen größer als Volkswirtschaften		
Umsätze einiger der weltweit größten Firmen im Vergleich zum Bruttoinlandsprodukt (BIP) in US-Dollar ausgewählter Länder – Werte für 2015		
Apple Umsatz: 728 Mrd. USD	↔	**Niederlande** BIP: 738 Mrd. USD
Google Umsatz: 346 Mrd. USD	↔	**Vereinigte Arabische Emirate** BIP: 345 Mrd. USD
Volkswagen Umsatz: 213 Mrd. USD	↔	**Portugal** BIP: 199 Mrd. USD

4.6.1.1   Arten der Zusammenschlüsse nach dem Unternehmensgegenstand

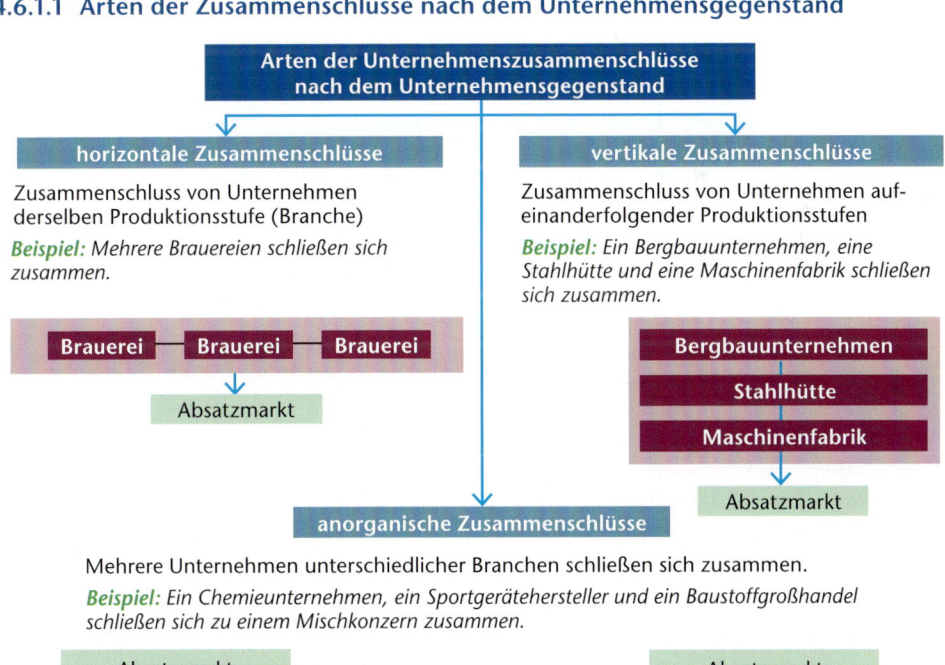

Unternehmenszusammenschlüsse, einerlei in welcher Form sie sich vollziehen, führen zur Konzentration wirtschaftlicher Kraft. Nach der Produktionsstufe lassen sich verschiedene **Arten der Unternehmenszusammenschlüsse** unterscheiden.

4.6.1.2 Ziele der Unternehmenszusammenschlüsse

Unternehmenszusammenschlüsse können unterschiedlich motiviert sein.
Es kann beabsichtigt sein:

- ein **Ausbau der Machtstellung** auf der Beschaffungsseite und/oder auf der Absatzseite.

- eine **Kostensenkung** in den betrieblichen Teilbereichen: Zusammenschlüsse können von der Beschaffungs-, Produktions- oder Absatzseite ausgehen.

Beispiele:
- *Nutzung von Synergieeffekten im Verbund von Kreditinstituten und Versicherungsgesellschaften („Allfinanz")*
- *Erzielung von Kostenvorteilen im DV-Bereich beim Zusammenschluss von Kreditgenossenschaften*
- *Erlangung günstiger Einkaufskonditionen durch Großaufträge beim Zusammenschluss von kleinen Einzelhandelsunternehmen*
- *Absatz durch eine gemeinsame Vertriebsgesellschaft bei Winzern*

- eine **Verminderung des Risikos**. So kann eine Verbindung mit den Hauptabnehmern das Absatzrisiko verringern, eine Verbindung mit den Hauptlieferanten die Beschaffung sichern.

Ziele bei der Bildung von Kartellen

Der folgende Auszug aus dem Erlaubnisantrag eines geplanten Kartells gibt Hinweise zu den verschiedenen Zielvorstellungen der Antragsteller (Energieversorger).

In einer sieben Punkte umfassenden Präambel werden die Ziele des angestrebten Konsortialvertrages wie folgt umrissen: Eine sichere und preiswerte Stromversorgung der Allgemeinheit hänge zukünftig in steigendem Maß von der Sicherung des Brennstoffkreislaufs ab. Angesichts der übermächtigen Marktstellung der Anbieter auf diesem Markt halte ◄ Marktmacht
man die Anlage von Vorräten für unerlässlich, wobei gemeinsame Lager- ◄ Risikominderung
vorräte zu erheblichen Rationalisierungsvorteilen führen würden. Darü- ◄ Rationalisierung
ber hinaus ermöglichten die Vorräte den Ankauf billiger Spotmengen ◄ Einkaufsvorteile
und erlaubten gleichzeitig einen Ausgleich der benötigten Brennstoff-
mengen in Fällen von Über- oder Unterbedarf einzelner Partner. ◄ Stärkung der
Außerdem schaffe die Zusammenfassung der finanziellen Beteiligungen   Kapitalkraft
der Partner an Prospektionsgesellschaften wesentlich günstigere Voraussetzungen für die Erschließung neuer Vorkommen und werde daher auch
von der öffentlichen Hand begrüßt. Schließlich erhofft man sich durch
eine Standardisierung der Brennelemente bei der Vorratshaltung erheb- ◄ Kosten-
liche Kosteneinsparungen sowie durch eine Zusammenfassung der Auf-   einsparung
träge für den Einkauf der Brennstoffe eine preiswertere Stromversorgung. ◄ Preissenkung
Zusammenfassend wird erklärt, dass der außerordentlich hohe Personal- ◄ Personal-
und Verwaltungsaufwand, der in diesem Geschäft jetzt noch nötig sei, in   einsparung
hohem Maß reduziert werden könne, wenn alle Aufgaben zusammenge- ◄ Verwaltungs-
fasst und einer einzigen Verwaltungseinheit übertragen werden könnten.   vereinfachung

Wirtschaftliche Zusammenschlüsse müssen sehr differenziert beurteilt werden. Eine einseitig negative Beurteilung wäre sachlich falsch:

- Oft entsteht erst durch Unternehmenszusammenschlüsse ein leistungsfähiges Unternehmen, das einerseits dem Druck der Konkurrenz standhalten kann, andererseits für etablierte Wettbewerber zu einem ernst zu nehmenden Konkurrenten wird. Zusammenschlüsse können auf diese Weise die Wettbewerbsintensität sogar erhöhen.

- Die industriellen Zusammenschlüsse ermöglichen eine Produktion in großen Stückzahlen. Dadurch können die Stückkosten gesenkt werden (Gesetz der Massenproduktion). Diese Kostenvorteile kommen den Konsumenten in Form niedriger Preise zugute.

- Bestimmte Produkte *(z. B. Flugzeuge, Benzin, Industrieanlagen)* können aus Wirtschaftlichkeitsgründen und aufgrund technischer Gegebenheiten nur von Großunternehmen hergestellt werden.

- Unternehmenszusammenschlüsse führen zu einer größeren Kapitalkraft, die teure Investitionen und umfangreiche Ausgaben für Forschung und Entwicklung erst möglich macht.

- Diversifizierte Unternehmen (Mischkonzerne) sind weniger krisenanfällig, da sie die in einer Geschäftssparte gegebenenfalls entstehenden Verluste durch Gewinne in den anderen Geschäftssparten ausgleichen können. Dies erhöht die Arbeitsplatzsicherheit.

Unternehmenszusammenschlüsse sind vor allem dann negativ zu beurteilen, wenn

- durch sie Wettbewerbsbeschränkungen entstehen, d. h. die Wettbewerbsintensität zum Nachteil der Konsumenten verringert wird,

  und

- sie zur Erlangung von Marktmacht führen.

Unternehmen bzw. Unternehmenszusammenschlüsse mit großer Marktmacht sind zumindest der Versuchung ausgesetzt, ihre Marktmacht zu missbrauchen, d. h. Gewinne zu erzielen, die weniger auf ihrer eigentlichen Marktleistung als vielmehr auf ihrer marktbeherrschenden Stellung beruhen.
Wettbewerbsbeschränkungen können schon aufgrund von eher „lockeren" Absprachen zwischen wirtschaftlich und rechtlich selbstständigen Unternehmen entstehen. Sie entstehen vor allem dann, wenn sich Unternehmen so zusammenschließen, dass sie gemeinsam eine marktbeherrschende Stellung erlangen.

Je nachdem, ob die Unternehmen ihre Selbstständigkeit behalten oder verlieren, spricht man von **Kooperation** oder **Konzentration**. Bei der Kooperation behalten die beteiligten Unternehmen ihre rechtliche Selbstständigkeit und es findet keine Kapitalbeteiligung statt. Bei der Konzentration liegt eine Kapitalbeteiligung vor; die Unternehmen können rechtlich selbstständig bleiben (Konzern) oder ihre rechtliche Selbstständigkeit aufgeben (Fusion).

Zusammenschlüsse von Unternehmungen

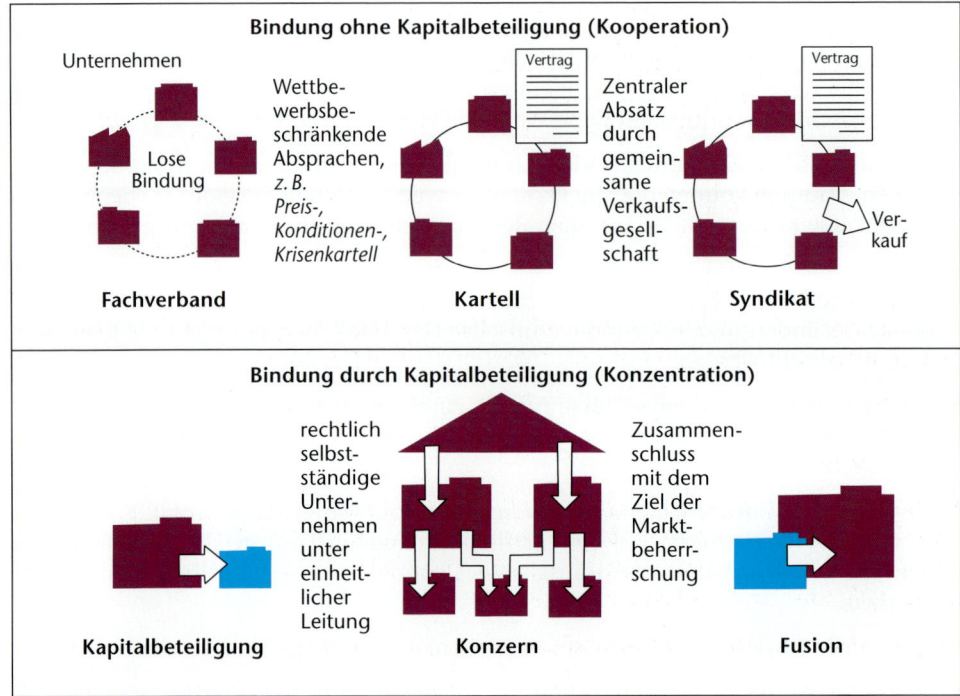

4.6.1.3 Formen der Kooperation

Kooperation liegt vor, wenn die betreffenden Unternehmen auf bestimmten Gebieten zusammenarbeiten, ihre wirtschaftliche und rechtliche Selbstständigkeit jedoch nicht verlieren.

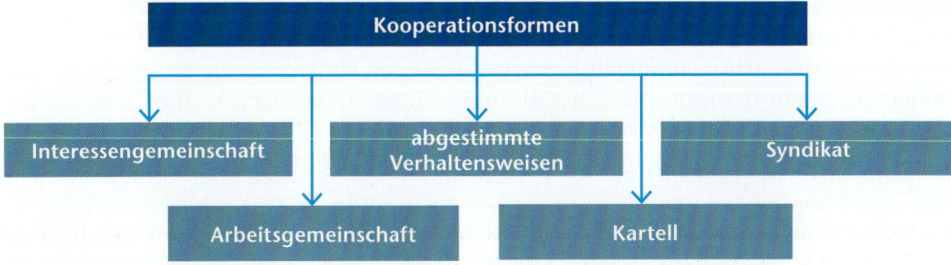

Interessengemeinschaft

Unternehmen, die rechtlich selbstständig bleiben, schließen sich zu einem gemeinsamen wirtschaftlichen Zweck zusammen, meist in der Rechtsform einer GmbH oder eines eingetragenen Vereins (e. V.).

Gemeinsame Zwecke können sein:
- Forschung und Entwicklung
- Werbung und Öffentlichkeitsarbeit (Public Relations)
- Gemeinsame Nutzung von Datenverarbeitungsanlagen
- Durchführung von Marktuntersuchungen
- Ausbeutung von Rohstoffvorkommen
- Aus- und Weiterbildung der Mitarbeiter

Beispiele:
- *Bundesverband deutscher Banken e. V.*
- *Bankakademie e. V.*

Arbeitsgemeinschaft (ARGE)

Unternehmen, die rechtlich selbstständig bleiben, schließen sich zur Durchführung eines Auftrags zusammen, meist in Form einer BGB-Gesellschaft.

Beispiele:
- *Bau einer Brücke*
- *Errichtung eines Kraftwerks*

Nach Durchführung des Auftrags endet die Arbeitsgemeinschaft.
Im Bereich der Kreditwirtschaft spielt das **Konsortium** eine besondere Rolle, bei dem sich Kreditinstitute zusammenschließen, um bei größeren finanzwirtschaftlichen Vorhaben Volumina und Risiken zu verteilen.

Beispiele: Emissionskonsortium, Kreditkonsortium

Kartell

Kartelle sind vertragliche Absprachen zwischen Unternehmen derselben Branche u. a. über Preise, Produktqualitäten oder Produktionsmengen.

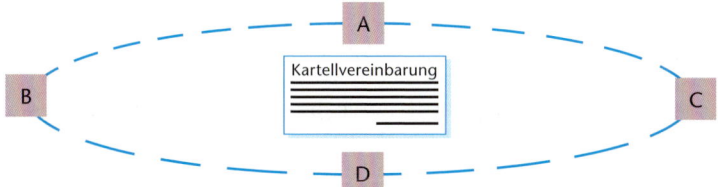

Die Unternehmen behalten ihre rechtliche Selbstständigkeit, geben jedoch ihre wirtschaftliche Selbstständigkeit in den Bereichen auf, die Gegenstand der Kartellabsprache sind.

Kartelle sind in Deutschland grundsätzlich verboten. Welche Vereinbarungen im Einzelnen unter das Kartellverbot fallen, lässt das Gesetz offen.[1]

- *Vereinbarungen zwischen Unternehmen*
- *Beschlüsse von Unternehmensvereinigungen und*
- *aufeinander abgestimmte Verhaltensweisen,*
die eine Verhinderung, Einschränkung oder Verfälschung des Wettbewerbs bezwecken oder bewirken, sind verboten (§ 1 GWB[1]).

---

[1] *GWB = Gesetz gegen Wettbewerbsbeschränkungen (Kartellgesetz); vgl. auch Seite 381 ff.*

Beispiele für kartellrechtlich unzulässige Absprachen:

Preiskartell: *Wettbewerber A und Wettbewerber B vereinbaren, dass sie künftig ihre Produkte nicht mehr unter einem bestimmten Mindestpreis anbieten werden.*

Quotenkartell: *Zwei Baustahlhändler kommen überein, dass innerhalb Bayerns Unternehmen A ausschließlich Kunden beliefern soll, die einen jährlichen Bedarf von mehr als 150000t Stahl haben. Kunden mit einem darunterliegenden Jahresbedarf sollen ausschließlich von Unternehmen B versorgt werden.*

Gebietskartell: *Vier Zementhersteller teilen sich Deutschland in vier Verkaufsgebiete auf und verpflichten sich, die Verkaufsgebiete der jeweils anderen drei Mitbewerber nicht zu beliefern.*

Submissions-kartell: *Bauunternehmen sprechen ihre Preise bei der öffentlichen Ausschreibung einer Flughafenerweiterung ab.*

Preisabsprache „aufgedeckt"

Bonn – Das Bundeskartellamt hat gegen die sechs führenden deutschen Hersteller von Naturhaardecken wegen verbotener Preisabsprachen Geldbußen von insgesamt 250000,00 € verhängt. Die Bußgeldbescheide sind rechtskräftig. Wie das Amt mitteilt, haben die Unternehmen auf regelmäßigen Sitzungen, zum Teil im Ausland, Preise abgesprochen. Bei Preiserhöhungen in den Produktbereichen Angora-, Kaschmir-, Lama-, Mohair- und Kamelhaardecken vereinbarten sie einheitliche Prozentsätze.

Quelle: dpa

Freistellung vom Kartellverbot

Das GWB erlaubt unter bestimmten Bedingungen eine Freistellung vom Kartellverbot. Es gilt die Generalklausel des §2 GWB. *Danach ist eine Vereinbarung vom Kartellverbot freigestellt, wenn sie den Wettbewerb fördert und den Beteiligten keine unnötigen Beschränkungen auferlegt (System der Legalausnahme).* Unternehmen müssen daher in allen Fällen eigenverantwortlich selbst beurteilen, ob sich ihr Verhalten spürbar auf den Wettbewerb auswirkt und die Voraussetzungen für eine Freistellung erfüllt. Diese Selbsteinschätzung erfordert umfangreiche Kenntnisse des Wettbewerbsrechtes. Ein Anspruch gegenüber dem Kartellamt auf eine Auskunft über die rechtliche Zulässigkeit der geplanten Vereinbarung besteht nicht.

GWB §2

Freigestellte Vereinbarungen

(1) vom Verbot des §1 freigestellt sind Vereinbarungen zwischen Unternehmen, Beschlüsse von Unternehmensvereinigung oder aufeinander abgestimmte Verhaltensweisen, die unter angemessener Beteiligung der Verbraucher an dem entstehenden Gewinn zur Verbesserung der Warenerzeugung oder -verteilung oder zur Förderung des technischen oder wirtschaftlichen Fortschritts beitragen, ohne dass den beteiligten Unternehmen

1. Beschränkungen auferlegt werden, die für die Verwirklichung dieser Ziele nicht unerlässlich sind, oder

2. Möglichkeiten eröffnet werden, für einen wesentlichen Teil der betreffenden Waren den Wettbewerb auszuschalten

(2) Bei der Anwendung von Absatz 1 gelten die Verordnungen des Rates oder der Kommission der Europäischen Gemeinschaft über die Anwendung von Artikel 81 Abs. 3 des Vertrages zur Gründung der Europäischen Gemeinschaft auf bestimmte Gruppen von Vereinbarungen, Beschlüsse von Unternehmensvereinigungen und aufeinander abgestimmte Verhaltensweisen (Gruppenfreistellungsverordnungen) entsprechend. Dies gilt auch, soweit die dort genannten Vereinbarungen, Beschlüsse und Verhaltensweisen nicht geeignet sind, den Handel zwischen den Mitgliedstaaten der Europäischen Gemeinschaft zu beeinträchtigen.

Mittelstandskartelle

Eine Ausnahme von der Freistellung kraft Gesetzes gilt für Vereinbarungen zwischen kleineren und mittleren Unternehmen (bis 250 Mitarbeiter, bis 50 Mio. € Umsatz, bis 43 Mio. € Bilanzsumme) die im Wettbewerb miteinander stehen. Ihnen ist die Bildung von Mittelstandskartellen nach § 3 GWB gestattet. Um Klarheit über die Zulässigkeit ihrer Kartellbildung zu erlangen, haben sie einen Anspruch auf eine Entscheidung des Kartellamtes, dass kein Anlass zum Eingreifen besteht (Nichttätigkeitsbescheid).

GWB § 3
Mittelstandskartelle
(1) Vereinbarungen zwischen miteinander im Wettbewerb stehenden Unternehmen und Beschlüsse von Unternehmensvereinigungen, die die Rationalisierung wirtschaftlicher Vorgänge durch zwischenbetriebliche Zusammenarbeit zum Gegenstand haben, erfüllen die Voraussetzungen des § 2 Abs. 1, wenn
1. dadurch der Wettbewerb auf dem Markt nicht wesentlich beeinträchtigt wird und
2. die Vereinbarung oder der Beschluss dazu dient, die Wettbewerbsfähigkeit kleiner oder mittlerer Unternehmen zu verbessern.

Beispiel: Mehrere Schreinereibetriebe gründen eine gemeinsame Gesellschaft zur Durchführung von Generalunternehmeraufträgen bei Großprojekten im Bereich von Schreinerausbaugewerken sowie Laden- und Geschäftsausstattungen. Die Gesellschafter haben sich auf unterschiedliche Bereiche des Bauschreinerhandwerks und benachbarter Bereiche spezialisiert, wie z.B. den Ladenbau einschließlich der Schlosserei, Kühltechnik, Gastronomieausbau, Türen- und Fensterbau, Treppenbau, Einbruchsicherung, Feuerschutz. Sie bringen ihre jeweiligen Fachkenntnisse in die Kooperation mit ein und bewirken so eine Rationalisierung der betrieblichen Abläufe bei allen Beteiligten; die gemeinsame Gesellschaft eröffnet ihnen bessere Möglichkeiten zur Vermarktung ihres Angebots

Syndikat

Ein Syndikat ist die Vereinbarung zwischen Wettbewerbern über die gemeinsame Vermarktung ihrer Produkte oder Dienstleistungen. Mit der Errichtung einer zentralen Vermarktungseinheit – i.d.R. in Form einer GmbH – können die Beteiligten beträchtliche Rationalisierungseinsparungen erzielen.

Syndikate sind insbesondere dann verboten, wenn damit eine Festlegung der Preise für die gemeinsam verkauften Produkte verbunden ist. Verkaufskooperationen sind daher nur in sehr selten Fällen freistellungsfähig. Erstrecken sich Vermarktungsvereinbarung dagegen nicht auf die Festlegung von Preisen, sondern etwa nur auf den gegenseitigen

Vertrieb der Produkte oder auf gemeinsame Werbung, kommt eine Freistellung vom Kartellverbot in Betracht. Voraussetzung für eine Freistellung ist allerdings, dass mit der gemeinsamen Vermarktung für die Parteien besondere Leistungsgewinne verbunden sind, die etwa darauf beruhen, dass bestimmte Tätigkeiten, wie z. B. das logische System, zusammengelegt werden. Diese Leistungsgewinne müssen – etwa in Form niedrigerer Preise – an den Verbraucher weitergegeben werden.

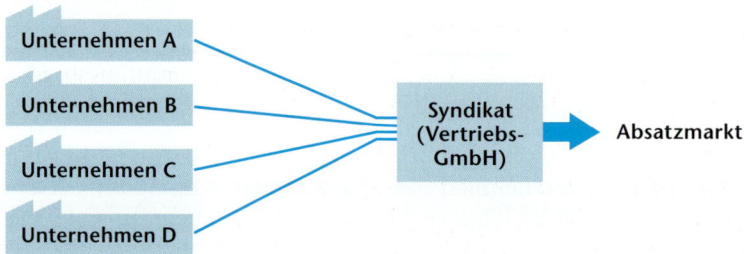

Beispiel: Vier Hersteller gründen ein Vertriebsunternehmen in der Rechtsform einer GmbH. Dieses soll die von den Gründern hergestellten Produkte auf dem Markt anbieten und die Preise dafür festlegen. Daneben wollen die Gründer ihre Kunden auch unabhängig von der Tätigkeit des Vertriebsunternehmens beliefern. Da mit der Gründung des Vertriebsunternehmens eine Preisfestsetzung verbunden ist und keine hinreichenden Leistungsgewinne erkennbar sind, verstößt die Vereinbarung gegen das Kartellverbot.

Abgestimmte Verhaltensweisen

Abgestimmte Verhaltensweisen sind informelle Absprachen bzw. stillschweigende Übereinkommen (Parallelverhalten) zwischen Unternehmen derselben Branche zum Zweck der Wettbewerbsbeschränkung.

Sie sind häufig in Oligopolmärkten zu beobachten: Preispolitische Entscheidungen eines Unternehmens (*Preisführer*) üben eine Signalwirkung aus und ziehen gleich gerichtete Preisänderungen bei Konkurrenzunternehmen nach sich. Abgestimmte Verhaltensweisen können in der Regel nur vermutet, letzten Endes aber nicht bewiesen werden.

4.6.1.4 Formen der Konzentration

Konzentration liegt vor, wenn die betreffenden Unternehmen aufgrund einer Kapitalbeteiligung ihre rechtliche und/oder wirtschaftliche Selbstständigkeit ganz oder teilweise verlieren.

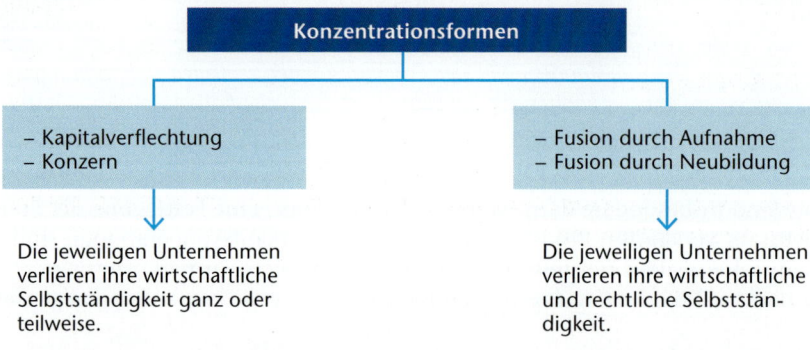

Kapitalverflechtung

Kapitalverflechtungen entstehen dadurch, dass sich ein Unternehmen an einem anderen Unternehmen kapitalmäßig beteiligt.

- Minderheitsbeteiligungen
- Schachtelbeteiligungen (über 25 %)
- Mehrheitsbeteiligungen (über 50 %)
- indirekte Beteiligungen (mittelbar)

Die Beherrschung der Tochter erfolgt bei der Aktiengesellschaft in drei Stufen:

- Mit 25 % Kapitalanteil (plus 1 Stimme) können Hauptversammlungsbeschlüsse verhindert werden, die eine 3/4-Mehrheit erfordern (Sperrminorität),

- mit 50 % Kapitalanteil (plus 1 Stimme) können die meisten Ziele eines Hauptaktionärs durchgesetzt werden (absolute Mehrheit) und

- mit 75 % Kapitalanteil können praktisch alle eigenen Vorstellungen in der Gesellschaft verwirklicht werden (satzungsändernde Mehrheit).

Konzern

Kapitalverflechtungen führen zur Entstehung eines **Konzerns**, *wenn ein herrschendes Unternehmen* (Muttergesellschaft) *über ein oder mehrere abhängige Unternehmen* (Tochtergesellschaften) *die einheitliche Leitung ausübt.*

Die einheitliche Leitung ermöglicht es, die wirtschaftlichen Interessen und Aufgaben der Konzernunternehmen aufeinander abzustimmen.
Man unterscheidet zwischen Unterordnungskonzern und Gleichordnungskonzern.

Unterordnungskonzern

Ein Unternehmen kauft die Kapitalmehrheit an einem oder mehreren anderen Unternehmen auf. Durch die Kapitalverflechtung entsteht ein sogenanntes **Mutter-Tochter-Verhältnis**, das oft mit einem **Beherrschungsvertrag** (Leitung der Tochterunternehmung wird der Mutterunternehmung unterstellt) oder **Gewinnabführungsvertrag** (Gewinn der Tochter wird an die Mutter abgeführt) verbunden ist.

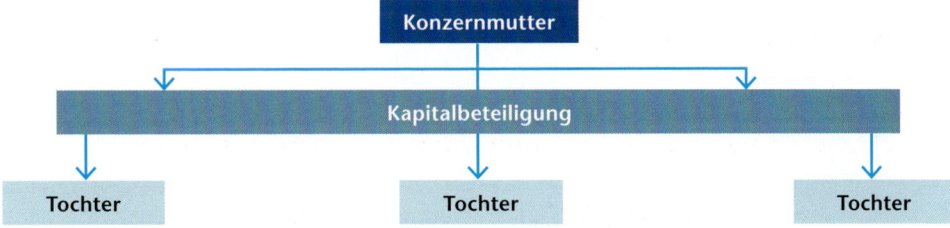

Gleichordnungskonzern

Die Konzernunternehmungen tauschen ihre Kapitalbeteiligungen gleichmäßig aus. Dazu müssen die Unternehmen kein neues Kapital aufbringen. Aufgrund der Ausgewogenheit der Beteiligung besteht ein gleichgewichtiger, gegenseitiger Einfluss. Man spricht dann von **Schwestergesellschaften**. Die einheitliche Leitung entsteht hier durch gegenseitige Abstimmung.

Holding

Als Dachgesellschaft stellt sie die Verwaltungsspitze eines Konzerns dar und beherrscht die angeschlossenen Gesellschaften. Sie ist in der Regel reine Verwaltungs- und Finanzierungsgesellschaft. Die beteiligten Unternehmen bleiben rechtlich selbstständig und eigenverantwortlich für das operative Geschäft.

Beispiele: Douglas Holding AG, MD Bau Holding AG

Fusion

Bei einer Fusion (= Verschmelzung) wird ein Unternehmen unter Aufgabe seiner rechtlichen und wirtschaftlichen Selbstständigkeit mit dem gesamten Vermögen in ein anderes Unternehmen eingegliedert.

Die aufzunehmende Unternehmung erlischt durch Fusion (Fusion durch Aufnahme). Es ist auch möglich, dass alle fusionierenden Firmen gelöscht werden. Sie übertragen dann ihr gesamtes Vermögen auf eine gemeinsam von ihnen gegründete neue Gesellschaft (Fusion durch Neugründung).

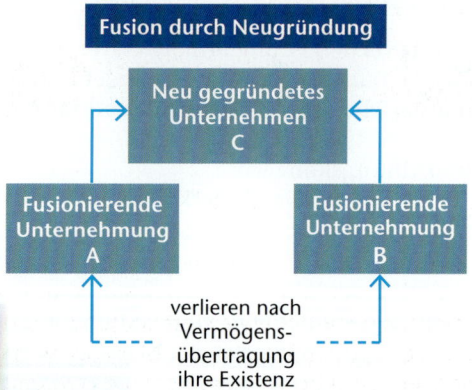

Kapitalbeteiligungen und beabsichtigte Fusionen müssen dem Bundeskartellamt, ggf. der EU-Kommission ab einer bestimmten Größenordnung angezeigt werden. *Fusionsverbote* können ausgesprochen werden, wenn durch den Zusammenschluss eine marktbeherrschende Stellung entstehen würde.

4.6.2   Ziele staatlicher Wettbewerbspolitik

Die **Wettbewerbspolitik** verfolgt zwei Zielrichtungen:

- Auf der einen Seite ist Aufgabe der Wettbewerbspolitik, einen **funktionsfähigen Wettbewerb zu erhalten** und den Konsumenten vor Wettbewerbsbeschränkungen zu schützen.

- Auf der anderen Seite ist Aufgabe der Wettbewerbspolitik, **unlautere Wettbewerbspraktiken zu verhindern**, d. h. für einen fairen Wettbewerb zu sorgen.

Beispiel: Man kann den marktwirtschaftlichen Wettbewerb durchaus mit einem sportlichen Wettkampf vergleichen:
Würde ein Fußballspieler im Kampf um den Ball seinen Gegenspieler mit einem Stoß seines Ellbogens ausschalten, so würde dies den Tatbestand des unlauteren Wettbewerbs erfüllen (= Foul).
Eine bereits vorher unter den beiden Mannschaften getroffene Absprache darüber, wer aus dem Spiel als Sieger hervorgeht, oder eine einseitige Begünstigung durch den Schiedsrichter wäre eine Wettbewerbsbeschränkung (= Schiebung).

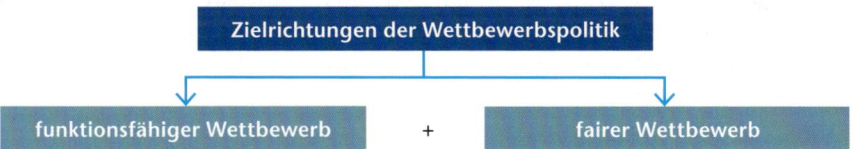

Der *Wettbewerb* ist *funktionsfähig*, wenn die Innovations-, Ausschaltungs- und Lenkungsfunktion des Wettbewerbs gesichert und die Erzielung von „Machtgewinnen" ausgeschlossen ist.

4.6.3   Maßnahmen staatlicher Wettbewerbspolitik

4.6.3.1 Gesetz gegen Wettbewerbsbeschränkungen

Das **Gesetz gegen Wettbewerbsbeschränkungen** (*GWB*, kurz *Kartellgesetz* genannt) kann als das „Grundgesetz" der Marktwirtschaft bezeichnet werden. Sein Kerngedanke ist, dass ein funktionsfähiger Wettbewerb den größten Nutzeffekt für die Gesamtwirtschaft, insbesondere aber für die Konsumenten gewährleistet. Das **Bundeskartellamt** mit Sitz in Bonn beobachtet die Wettbewerbssituation in Deutschland und kann mithilfe seiner wettbewerbspolitischen Instrumente gegen Wettbewerbsbeschränkungen vorgehen. Als *„Hüter des Wettbewerbs"* versucht das Bundeskartellamt, die künstliche Entstehung von Marktmacht und den Missbrauch bestehender Marktmacht zu verhindern.

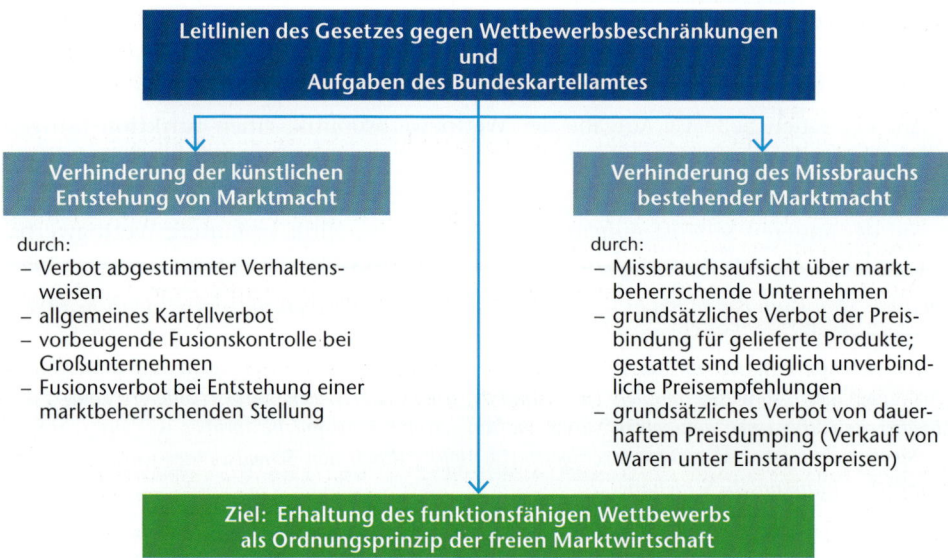

Fusionskontrolle

Unternehmenszusammenschlüsse (Fusionen) sind vor ihrem Vollzug beim Bundeskartellamt anzumelden und unterliegen bis zur Freigabe durch das Bundeskartellamt dem Vollzugsverbot, wenn im letzten Geschäftsjahr vor dem Zusammenschluss die beteiligten Unternehmen

- weltweit Umsatzerlöse von mehr als 0,5 Mrd. € erzielt haben und
- mindestens ein beteiligtes Unternehmen im Inland Umsatzerlöse von mehr als 25 Mio. € erzielt hat *(§ 35 GWB)*.

Ist zu erwarten, dass durch den Zusammenschluss eine marktbeherrschende Stellung entsteht oder verstärkt wird, so kann das Kartellamt die Fusion untersagen oder gewisse Auflagen machen.

Beispiel: Als ein großes Versandhandelsunternehmen vor der Insolvenz stand, erklärte sich ein Warenhauskonzern bereit, sich zu beteiligen. Trotz des Entstehens einer marktbeherrschenden Stellung genehmigte das Kartellamt den Zusammenschluss im Interesse der Erhaltung der Arbeitsplätze, machte aber die Auflage, den Touristikbereich auszugliedern.

Als Unternehmenszusammenschluss gilt der Erwerb

- des gesamten oder eines wesentlichen Teils des Vermögens eines anderen Unternehmens,

- der unmittelbaren oder mittelbaren Kontrolle über ein anderes Unternehmen durch Rechte, Verträge oder andere Mittel,

- von Anteilen an einem anderen Unternehmen, wenn diese Anteile allein oder zusammen mit sonstigen, dem Unternehmen bereits gehörenden Anteilen 50 % oder 25 % des gezeichneten Kapitals oder der Stimmrechte des anderen Unternehmens erreichen *(§ 37 GWB)*.

Missbrauchsaufsicht über marktbeherrschende Unternehmen

Die Kartellbehörde kann marktbeherrschenden Unternehmen ein missbräuchliches Verhalten untersagen und Verträge für unwirksam erklären.

Der Verstoß gegen eine Missbrauchsverfügung wird als Ordnungswidrigkeit behandelt.

In Zusammenhang mit der Missbrauchsaufsicht steht auch das **Verbot der Preisbindung** (außer bei Verlagserzeugnissen). Lediglich *„unverbindliche Preisempfehlungen"* sind zugelassen. Überhöhte Preisempfehlungen (*„Mondpreise"*) gelten als Missbrauch und werden untersagt.

Ein missbräuchliches Verhalten liegt insbesondere vor, wenn marktbeherrschende Unternehmen

- die Wettbewerbsmöglichkeiten anderer Unternehmen erheblich und ohne sachlich gerechtfertigten Grund beeinträchtigen,

- Entgelte oder Geschäftsbedingungen fordern, die sie bei wirksamem Wettbewerb nicht fordern könnten,

- ungünstigere Entgelte oder Geschäftsbedingungen fordern, als sie selbst auf vergleichbaren Märkten von vergleichbaren Abnehmern fordern, es sei denn, dass der Unterschied sachlich gerechtfertigt ist.

Beispiele: Entscheidungen des Bundeskartellamts 2015 und 2016 (Auszug) Kartellverbot:

Kurzbetreff	Datum	Produktmärkte	Art der Entscheidung
Vermarktung der medialen Verwertungsrechte an Fußballspielen der Bundesliga und der 2. Bundesliga ab der Saison 2017/2018	11.04.2016	Medienrechte an ganzjährig ausgetragenen Fußballwettbewerben, audiovisuelle Bezahlangebote	Verpflichtungszusagen
Meistbegünstigtenklauseln bei Booking.com[1]	22.12.2015	Hotelportale	Abstellungsverfügung

Quelle: www.bundeskartellamt.de/SiteGlobals/Forms/Suche/Entscheidungssuche_Formular.html?nn=3589936&cl 2Categories_Format=Entscheidungen&cl2Categories_Arbeitsbereich=Kartellverbot&docId=3591364, abgerufen am 24.08.2016

4.6.3.2 Europäisches Wettbewerbsrecht

Aufgabe der Gemeinschaft ist es, durch die Errichtung eines gemeinsamen Marktes und die schrittweise Annäherung der Wirtschaftspolitik der Mitgliedsstaaten
- *eine harmonische Entwicklung des Wirtschaftslebens innerhalb der Gemeinschaft,*
- *eine beständige und ausgewogene Wirtschaftsausweitung,*
- *eine größere Stabilität und eine beschleunigte Hebung der Lebenshaltung und*
- *engere Beziehungen zwischen den Staaten zu fördern, die in dieser Gemeinschaft zusammengeschlossen sind (Art. 3 des Vertrages über die Europäische Union[2]).*

Der Wettbewerb ist tragendes Element des europäischen **Binnenmarktes**. Immer wieder beherrschen jedoch Nachrichten über neue Unternehmenszusammenschlüsse die Schlagzeilen der Wirtschaftspresse.

Vielfach wird befürchtet, dass der Wettbewerb als tragende Säule einer freiheitlichen Gesellschaftsordnung ausgehöhlt wird und multinationale Konzerne auf ihren Märkten die Preise bestimmen können.

---

[1] Gemeint ist die Verpflichtung von Hotels, die über Booking.com Zimmer anbieten, auf keinem anderen Portal günstigere Angebote einzustellen.

[2] Der Vertrag über die Europäische Union (EU-Vertrag, EUV) ist der Gründungsvertrag der Europäischen Union (EU). Zusammen mit dem Vertrag über die Arbeitsweise der Europäischen Union (AEUV) bildet er die Grundlage des politischen Systems der EU.

Ursächlich für die Fusionswelle der jüngsten Vergangenheit ist die **Globalisierung**, das Zusammenwachsen der weltweiten Wirtschaft. Weil Entfernungen und die Informationsbeschaffung in einer computerisierten, vernetzten Welt immer schneller bewältigt werden können, schließen sich stets dort Unternehmen zusammen, wo durch größere Unternehmenseinheiten Marktpositionen behauptet, ausgenutzt und damit Kosten reduziert werden können.

Die weltweite Öffnung der Märkte hat die Wettbewerbspolitik zu einer internationalen Aufgabe gemacht. Sie hat zu verhindern, dass durch Unternehmenszusammenschlüsse der marktwirtschaftliche Wettbewerb beeinträchtigt oder sogar aufgehoben wird.

Im Verhältnis zwischen nationalem und europäischem Wettbewerbsrecht gilt das **Subsidiaritätsprinzip**: Die EU-Kommission als übergeordnete „Hüterin des Wettbewerbs" ist erst dann zuständig, wenn Konzentrationsvorgänge den gemeinschaftsweiten Wettbewerb beeinträchtigen.

Kartellverbot

Verboten sind alle Vereinbarungen zwischen Unternehmen und aufeinander abgestimmte Verhaltensweisen,
- *die den Handel zwischen Mitgliedstaaten beeinträchtigen und*
- *eine Verhinderung, Einschränkung oder Verfälschung des Wettbewerbs innerhalb des Binnenmarkts bezwecken oder bewirken (Art. 101 AEUV).*

Das Kartellverbot umfasst insbesondere Vereinbarungen, die

- die Aufteilung von Märkten oder Versorgungsquellen bezwecken,

- unterschiedliche Bedingungen bei gleichwertigen Gegenleistungen des Vertragspartners festsetzen,

- die Einschränkung oder Kontrolle der Erzeugung oder des Absatzes zum Ziel haben.

Fusionskontrolle

Einerseits wird vom europäischen Binnenmarkt erwartet, dass die Unternehmen ihren Absatz gemeinschaftsweit ausweiten und aufgrund des erhöhten Wettbewerbsdrucks zum Vorteil der Verbraucher zu effizientem Handeln angeregt werden. Andererseits dürfen durch Unternehmenszusammenschlüsse keine Marktsituationen geschaffen werden, die den Wettbewerb dadurch entschärfen, dass ein Unternehmen zum Marktführer wird und dadurch der Wettbewerb beschränkt wird.

Der Fusionskontrolle unterliegen Zusammenschlüsse von gemeinschaftsweiter Bedeutung, wenn
- *alle beteiligten Unternehmen zusammen einen weltweiten Umsatz von mehr als 5 Mrd. € und*
- *zumindest zwei Unternehmen einen gemeinschaftsweiten Umsatz von mehr als 250 Mio. € aufweisen und*
- *nicht jeweils mehr als 2/3 des gemeinschaftsweiten Umsatzes in einem EU-Mitgliedsstaat erzielt werden.*

Ein Zusammenschluss darf nicht vollzogen werden, bis er von der EU-Kommission für vereinbar mit dem Gemeinsamen Markt erklärt worden ist *(Art. 7 EG-FusionskontrollVO)*.

Marktmachtmissbrauch

Verboten ist der Missbrauch einer marktbeherrschenden Stellung (Art. 102 AEUV).

Als Missbrauch wird betrachtet

- die Erzwingung unangemessener Geschäftsbedingungen,

- die Einschränkung der Erzeugung, des Absatzes oder der technischen Entwicklung zum Schaden der Verbraucher,

- die Anwendung unterschiedlicher Bedingungen bei gleichwertigen Leistungen gegenüber Handelspartnern,

- allen anderen Formen der missbräuchlichen Ausnutzung einer beherrschenden Stellung im EU-Raum oder einem wesentlichen Teil davon, soweit sie zu einer Beeinträchtigung des zwischenstaatlichen Handels führen können.

Daimler erhöht Rückstellung für EU-Kartellverfahren

Der Konzern bildet Rückstellungen in Höhe von 600 Millionen Euro. Grund sind die Ermittlungen der EU-Kommission wegen angeblicher Preisabsprachen unter Nutzfahrzeugherstellern.

Die EU-Wettbewerbskommission nimmt Daimler unter die Lupe

Stuttgart. Daimler wappnet sich nach den Lkw-Kartellvorwürfen durch die EU-Kommission für eine hohe Strafe und legt weitere 600 Millionen Euro zurück. Nach einer ersten Rückstellung aus dem Jahr 2011 habe man nun neue Erkenntnisse aus der Einsicht in wesentliche Ermittlungsunterlagen der Kommission, teilte der DAX-Konzern am Donnerstag mit. Brüssel hatte den betroffenen Lkw-Herstellern Ende November Details zu den Vorwürfen vorgelegt.

Der Betrag werde im laufenden vierten Quartal als Sondereffekt verbucht, hieß es.

Damit bleibt die Prognose der Schwaben für 2014 unangetastet, die von einer deutlichen Steigerung des Gewinns vor Zinsen und Steuern (Ebit) aus dem Kerngeschäft ausgeht. Sonderfaktoren spielen dabei nämlich keine Rolle.

EU-Wettbewerbskommissarin Margrethe Vestager hatte vor einer Woche keine Chance auf einen Vergleich gesehen. Einige Unternehmen hätten kein Interesse an einer gütlichen Einigung. Die Kommission verdächtigt eine Reihe großer Hersteller wie Volvo, Daimler oder die Volkswagen-Tochter MAN, sich bei Preisen abgesprochen und Informationen ausgetauscht zu haben. Bei unerlaubter Zusammenarbeit droht Unternehmen in Europa eine Buße von bis zu zehn Prozent des weltweiten Jahresumsatzes. (dpa)

Quelle: www.verkehrsrundschau.de/daimler-erhoeht-rueckstellung-fuer-eu-kartellverfahren-1574726. html?fromSearch=true, abgerufen am 23.08.2016

4.6.3.3 Gesetz gegen den unlauteren Wettbewerb

Das **Gesetz gegen den unlauteren Wettbewerb** *(UWG)* soll dafür sorgen, dass der Wettbewerb unter den Anbietern fair, d. h. ausschließlich mit zulässigen Wettbewerbsinstrumenten (Preispolitik, Produktpolitik, Werbung, Vertriebspolitik) geführt wird. Es schützt Unternehmen und Verbraucher vor unlauteren (= unfairen) Wettbewerbspraktiken. Außerdem schützt es das Interesse der Allgemeinheit an einem unverfälschten Wettbewerb.

§ 3 Abs. 1 UWG *enthält folgende Generalklausel:*

Unlautere geschäftliche Handlungen sind unzulässig.

§ 3 Abs. 2 UWG *befasst sich mit unlauteren geschäftlichen Handlungen gegenüber Verbrauchern:*

Geschäftliche Handlungen, die sich an Verbraucher richten oder diese erreichen, sind unlauter, wenn sie nicht der unternehmerischen Sorgfalt entsprechen und dazu geeignet sind, das wirtschaftliche Verhalten des Verbrauchers wesentlich zu beeinflussen.

In § 3 Abs. 3 UWG wird klargestellt, dass bestimmte, in einem gesonderten Anhang aufgeführte geschäftliche Handlungen gegenüber Verbrauchern stets unzulässig sind. Zum Beispiel:

- *Verwendung von Qualitätskennzeichen ohne erforderliche Genehmigung,*
- *unwahre Angaben über Art und Ausmaß einer Gefahr für die persönliche Sicherheit des Verbrauchers bzw. seiner Familie,*
- *Erwecken des unzulässigen Eindrucks, der Verbraucher habe einen Preis gewonnen.*

Das *UWG* regelt ferner bestimmte Sonderfälle verbotener Handlungen:

Aggressive geschäftliche Handlungen *(§ 4a UWG)*
Eine geschäftliche Handlung ist aggressiv, wenn sie geeignet ist, die Entscheidungsfreiheit des Verbrauchers oder sonstigen Marktteilnehmers erheblich zu beeinträchtigen.

Beispiele:
- *Belästigung*
- *Nötigung einschließlich der Anwendung körperlicher Gewalt*
- *unzulässige Beeinflussung (durch Ausüben von Druck auch ohne Androhung oder Anwendung körperlicher Gewalt)*

Irreführende geschäftliche Handlungen *(§ 5 UWG)*
Irreführend können Angaben über Beschaffenheit, Ursprung, Herstellungsart, Preisbemessung einzelner Waren oder des gesamten Angebots, Preislisten, Bezugsart, Bezugsquellen, Besitz von Auszeichnungen, Anlass oder Zweck des Verkaufs oder Menge der Vorräte sein.

Beispiele:
- *Cadbury, britischer Schokoladenhersteller, musste wegen Irreführung seinen Schokoriegel „Swiss Chalet" umbenennen.*
- *Durch Herausstellen einzelner Niedrigpreisartikel (ohne Kennzeichnung als Sonderangebot) wird ein preisgünstiges Gesamtangebot vorgetäuscht („Lockvogelwerbung").*
- *Ein Kühlschrank ohne technische Spitzenausführung wird als „Luxusausführung" gekennzeichnet.*

Als irreführend gilt auch ein sogenanntes **Unterlassen**. Irreführende Unterlassung liegt z. B. vor, wenn ein Anbieter eine Tatsache verschweigt und dadurch die Kaufentscheidung eines Verbrauchers beeinflusst.

Beispiel: *Ein Gartencenter verkauft nichtheimische Pflanzen und Sträucher, ohne darauf hinzuweisen, dass diese nicht in den Garten gepflanzt werden dürfen.*

Vergleichende Werbung *(§ 6 UWG)*
Vergleichende Werbung ist nicht ausdrücklich gesetzlich verboten, ein Katalog von Bedingungen muss jedoch erfüllt sein:
- Sie darf nicht irreführend sein,
- sie muss sich auf gleiche Waren oder Dienstleistungen für den gleichen Bedarf beziehen,
- sie muss die Waren oder Dienstleistungen objektiv und nachprüfbar vergleichen,
- sie darf zu keiner Herabsetzung oder Verunglimpfung der Konkurrenz führen.

Beispiele:
Erlaubte Slogans:
- *Brillenhersteller: „Lieber besser aussehen als zu viel bezahlen"*
- *Betreiber von Autowaschanlagen: „Ja zur Autowäsche mit weichem Textil – Nein zu Kratzern im Lack"*

Nicht erlaubt:
- *Aufstellung eines Nachrichtenmagazins „Die 500 besten Ärzte Deutschlands"*
- *Gaststätte: „Unsere Preise sind unübertroffen: Bei uns kostet ein Glas Kölsch 1,00 €, in der Rathausschänke dagegen unverschämte 1,50 €."*

4.6.4 Verbraucherschutz

Der **Verbraucherschutz** ist eine wichtige Ergänzung der Wettbewerbspolitik. Sie stärkt den Wettbewerb, indem sie die Verbraucher, die naturgemäß gegenüber den Unternehmen eine vergleichsweise schwache Position haben, schützt.
Ursachen für die schwache Wettbewerbsposition der Verbraucher sind:
- mangelnde Markttransparenz der Konsumenten,
- mangelnde Kenntnis der Verbraucherrechte,
- mangelnder Wettbewerb unter den Anbietern,
- Nachfrage nach Kleinstmengen,
- häufig irrationales Konsumverhalten.

Um trotzdem die richtigen Entscheidungen zu treffen, sollten Verbraucher folgende Grundregeln beachten:

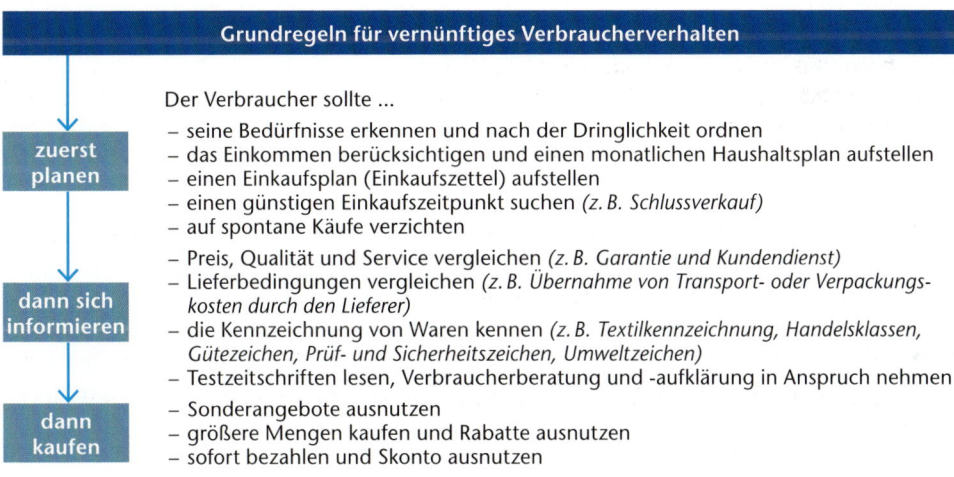

Grundregeln für vernünftiges Verbraucherverhalten

Der Verbraucher sollte ...

zuerst planen
- seine Bedürfnisse erkennen und nach der Dringlichkeit ordnen
- das Einkommen berücksichtigen und einen monatlichen Haushaltsplan aufstellen
- einen Einkaufsplan (Einkaufszettel) aufstellen
- einen günstigen Einkaufszeitpunkt suchen *(z. B. Schlussverkauf)*
- auf spontane Käufe verzichten

dann sich informieren
- Preis, Qualität und Service vergleichen *(z. B. Garantie und Kundendienst)*
- Lieferbedingungen vergleichen *(z. B. Übernahme von Transport- oder Verpackungskosten durch den Lieferer)*
- die Kennzeichnung von Waren kennen *(z. B. Textilkennzeichnung, Handelsklassen, Gütezeichen, Prüf- und Sicherheitszeichen, Umweltzeichen)*
- Testzeitschriften lesen, Verbraucherberatung und -aufklärung in Anspruch nehmen

dann kaufen
- Sonderangebote ausnutzen
- größere Mengen kaufen und Rabatte ausnutzen
- sofort bezahlen und Skonto ausnutzen

Beim Kauf von hochwertigen, teuren Waren kann der Verbraucher durch geschicktes Verhandeln („Feilschen") häufig einen Preisnachlass erzielen.

- Treten Sie höflich, aber selbstsicher auf. Tun Sie so, als gehöre das Feilschen für Sie zum Alltag.

- Täuschen Sie die Zahlung mit Kreditkarte vor und lassen Sie sich dann doch auf ein Bargeldgeschäft ein. Bitten Sie den Verkäufer, Ihnen die Differenz – er muss bei Kreditkartenkäufen Gebühren zahlen – vom Preis nachzulassen.

- Nutzen Sie die Sparseiten im Internet (z. B. www.billiger.de und www.guenstiger.de). Suchen Sie dort das preiswerteste Angebot für ein Produkt Ihrer Wahl. Nehmen Sie den Ausdruck mit ins Geschäft, fordern Sie dort die gleichen Konditionen.

- Ausstellungsstücke oder Waren, bei denen die Originalverpackung fehlt, sind billiger. Verlangen Sie ruhig das Ausstellungsstück, auch wenn es die Ware noch verpackt gibt.

- Bei Geschäften mit mehreren Filialen in der Stadt gilt: In den Stadtvierteln lohnt sich das Feilschen eher als in der City. Dort ist man eher zu Preisnachlässen bereit, um Sie als Stammkunden zu gewinnen.

- Wenn der Händler partout keinen Preisnachlass gewähren will, fragen Sie nach kostenlosen Zugaben. Beim Fahrradkauf können das der Korb oder das Schloss sein, bei der Kamera Filme und Batterien, beim Anzug ein passender Schlips oder ein Paar Socken.

Verbraucherinformation und -beratung

Der Verbraucher sieht sich heute einer kaum überschaubaren Vielfalt an Angeboten gegenüber. Sie werden ihm – oft verlockend verpackt – meist zur Selbstbedienung angeboten. Dabei ist die Verbraucherinformation und -beratung oft unzureichend.

Verbraucherschutzverbände und **Verbraucherzeitschriften** stehen im Dienst der Verbraucher, indem sie
- Preis- und Leistungsvergleiche (Tests) durchführen, auswerten und veröffentlichen,
- über Verbraucherrechte und die „Tücken des Kleingedruckten" informieren,
- leichtgläubige Konsumenten vor „Verkäufertricks" und „Konsumentenfallen" warnen.

Nur ein gut informierter und kritischer Verbraucher ist ein gleichgewichtiger und vor einer Übervorteilung geschützter Marktpartner.

Verbraucherzentralen

Verbraucherzentralen sind eingetragene Vereine, die sich in den Bundesländern um Verbraucherschutz und Verbraucherinformation bemühen.

Beispiel: Verbraucherzentrale NRW e. V., www.verbraucherzentrale.de

Mitglieder sind Verbände und Vereine ohne erwerbswirtschaftliche Ziele, aber auch einzelne Verbraucher. Die Verbraucherzentralen sind in der Arbeitsgemeinschaft der Verbraucherverbände (AGV), Bonn, zusammengeschlossen. Sie bemühen sich um eine verbraucherorientierte Gesetzgebung und klären den Verbraucher durch Informationsveranstaltungen, Broschüren, Testzeitschriften, Beratungen auf. Sie unterhalten in vielen Städten Beratungsstellen, beraten aber auch telefonisch und geben Tipps *(z. B. www.verbraucher.de)*. Sie sammeln Material, Reklamationen von ihren Mitgliedern, schreiben die betreffenden Firmen an und gewähren Rechtsschutz.

Stiftung Warentest (www.test.de)

Auf Beschluss des Bundestages wurde 1964 die Stiftung Warentest mit Sitz in Berlin gegründet. Sie lässt aufgrund von Prüfprogrammen durch Fachinstitute vergleichende Tests von Waren und Dienstleistungen *(z. B. Versicherungen, Urlaubspauschalreisen)* durchführen oder testet selbst. Die Ergebnisse werden monatlich in der Zeitschrift „test" veröffentlicht und außerdem in Jahrbüchern zusammengefasst. Hinzu kommen zahlreiche Sonderpublikationen. Test-Kurzfassungen (test KOMPASS) werden vielfach in Zeitungen und Zeitschriften abgedruckt. Die Medien berichten über Testergebnisse.

Verbraucherschutzgesetze/BGB

Zahlreiche Gesetze und Verordnungen sollen die Anbieter an einem wettbewerbswidrigen Verhalten hindern und die Stellung der Verbraucher auf dem Markt verbessern. Auch das BGB enthält viele Schutzbestimmungen für Verbraucher.

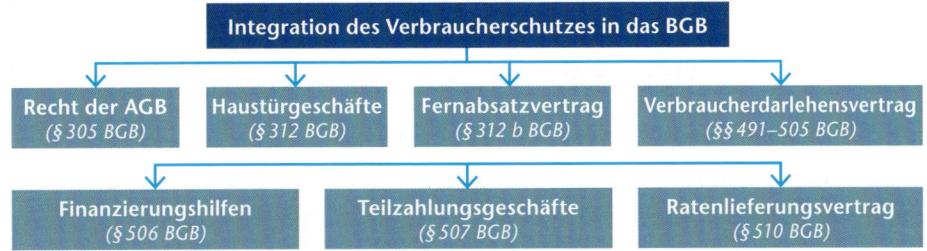

- Das **BGB** schützt den Verbraucher vor unangemessenen Benachteiligungen aufgrund **Allgemeiner Geschäftsbedingungen**, indem es bestimmte Klauseln verbietet.

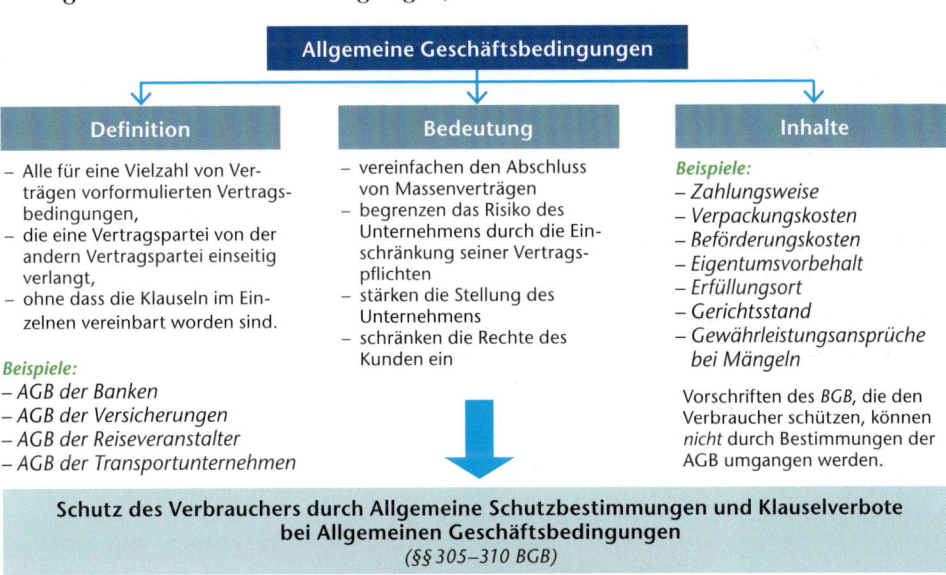

Allgemeine Schutzbestimmungen

- Das Unternehmen („der Verwender") muss ausdrücklich auf die Einbeziehung der AGB in den Vertrag hinweisen.
- Der Kunde („die andere Vertragspartei") muss die AGB leicht erreichen und mühelos lesen können.
- Der Kunde muss den AGB zustimmen.
- Individuelle Absprachen haben Vorrang vor abweichenden AGB.
- Überraschende und mehrdeutige Klauseln werden nicht Vertragsbestandteil.
- Die BGB-Bestimmungen finden auch Anwendung, wenn sie durch anderweitige Gestaltungen umgangen werden.

Klauselverbote bei Verbraucherverträgen

Unwirksam sind insbesondere ...
- Bestimmungen, durch die sich der Unternehmer eine unangemessen lange Frist für die Annahme oder Ablehnung eines Angebotes oder die Erbringung einer Leistung vorbehält,
- eine Bestimmung, welche kurzfristige Preiserhöhungen für Waren oder Dienstleistungen vorsehen, die innerhalb von vier Monaten nach Vertragsschluss geliefert oder erbracht werden sollen,
- eine Bestimmung, die vorsieht, dass eine Erklärung des Unternehmers von besonderer Bedeutung dem Verbraucher als zugegangen gilt,
- Bestimmungen, durch die ein Leistungsverweigerungsrecht des Verbrauchers ausgeschlossen oder eingeschränkt wird,

– eine Bestimmung, durch die dem Verbraucher für den Fall der Nichtabnahme oder verspäteten Abnahme der Leistung, des Zahlungsverzugs oder für den Fall, dass er sich vom Vertrag löst, die Zahlung einer Vertragsstrafe auferlegt wird,
– Bestimmungen, durch die dem Verbraucher die Befugnis einer Aufrechnung genommen wird,
– Bestimmungen, durch die der Unternehmer von der gesetzlichen Verpflichtung freigestellt wird, den Verbraucher zu mahnen oder ihm eine Frist für die Leistung oder Nacherfüllung zu setzen,
– der Ausschluss oder die Begrenzung der Haftung für Schäden aus der Verletzung des Lebens, des Körpers oder der Gesundheit und für sonstige Schäden, die auf einer grob fahrlässigen Pflichtverletzung des Unternehmers beruhen,
– eine Bestimmung, durch die bei Verträgen über Lieferungen neu hergestellter Sachen oder Werkleistungen die Ansprüche des Verbrauchers wegen eines Mangels insgesamt oder bezüglich einzelner Teile ausgeschlossen wird oder von der vorherigen gerichtlichen Inanspruchnahme Dritter abhängig gemacht wird,
– Dauerschuldverhältnisse, die die regelmäßige Lieferung von Waren oder die regelmäßige Erbringung von Dienst- oder Werkleistungen zum Gegenstand haben oder eine länger als zwei Jahre bindende Laufzeit.

GRUNDSATZ Der Verbraucher darf durch Allgemeine Geschäftsbedingungen nicht unangemessen benachteiligt werden.

- Die **BGB-Bestimmungen zum Verbraucherdarlehen** sollen sicherstellen, dass der Kreditnehmer umfassend über seine Kreditverpflichtungen informiert wird und vor einer übereilten Verschuldung geschützt wird.

Begriff *(§ 491 BGB)*	Verbraucherdarlehen sind Kredite an natürlichen Personen (Verbraucher) für private Zwecke
Formvorschrift Pflichtangaben *(§ 492 BGB sowie Art. 247 §§ 6–13 Einführungsgesetz zum BGB)*	Der Darlehensvertrag bedarf der Schriftform. Der Darlehensvertrag muss vor allem folgende Angaben enthalten: – den Namen und die Anschrift des Darlehensgebers, – den effektiven Jahreszins, – den Nettodarlehensbetrag, – den Sollzinssatz, – die Vertragslaufzeit, – Betrag, Zahl und Fälligkeit der einzelnen Teilzahlungen, – den Gesamtbetrag, – die Auszahlungsbedingungen, – alle sonstigen Kosten, insbesondere in Zusammenhang mit der Auszahlung oder der Verwendung eines Zahlungsauthentifizierungsinstruments, mit dem sowohl Zahlungsvorgänge als auch Abhebungen getätigt werden können, sowie die Bedingungen, unter denen die Kosten angepasst werden können, – den Verzugszinssatz und die Art und Weise seiner etwaigen Anpassung sowie ggf. anfallende Verzugskosten, – einen Warnhinweis zu den Folgen ausbleibender Zahlungen, – das Recht des Darlehensnehmers, das Darlehen vorzeitig zurückzuzahlen, – die vom Darlehensgeber verlangten Sicherheiten.
Überziehungskredit und geduldete Überziehungen *(§§ 504, 505 BGB sowie Art. 247 §§ 16, 17 Einführungsgesetz zum BGB)*	Bei Vereinbarung eines Überziehungskredites sind dem Darlehensnehmer folgende Angaben mitzuteilen: – der genaue Zeitraum, auf den sich die Überziehung bezieht, – Datum und Höhe der an den Darlehensnehmer ausbezahlten Beträge, – Saldo und Datum der vorangegangenen Unterrichtung, – der neue Saldo, – Datum und Höhe der Rückzahlungen des Darlehensnehmers, – der angewendete Sollzinssatz, – die erhobenen Kosten und – der ggf. zurückzuzahlende Mindestbetrag. Bei geduldeten Überziehungen sind der Sollzinssatz sowie sämtliche Kosten mitzuteilen. Für geduldete Überziehungen, die über einen Monat hinaus bestehen, kommen weitere Angaben (*z. B. über eventuelle Vertragsstrafen*) hinzu.

	Die Unterrichtung nach § 505 Abs. 1 BGB muss folgende Angaben enthalten: 1. den Sollzinssatz, die Bedingungen für seine Anwendung und, soweit vorhanden, Indizes oder Referenzzinssätze, auf die sich der Sollzinssatz bezieht, 2. sämtliche Kosten, die ab dem Zeitpunkt der Überziehung anfallen, sowie die Bedingungen, unter denen die Kosten angepasst werden können.
Widerrufsrecht *(§§ 495, 355 BGB)*	Der Verbraucher kann seine Willenserklärung auf Abschluss eines Kreditvertrages innerhalb von 14 Tagen widerrufen. Der Widerruf erfolgt durch Erklärung gegenüber dem Kreditinstitut. Aus der Erklärung muss der Entschluss des Verbrauchers zum Widerruf des Vertrags eindeutig hervorgehen. Der Widerruf muss keine Begründung enthalten. Zur Fristwahrung genügt die rechtzeitige Absendung des Widerrufs. In der Bankpraxis wird ein Exemplar der Widerrufsbelehrung vom Kunden unterschrieben und der Kreditakte beigefügt.
Tilgungsrecht *(§§ 489, 500 Abs. 2, 502 BGB)*	Der Verbraucher hat das Recht, seine Verbindlichkeiten aus dem Kreditvertrag unter Einsparung von Zinsen und laufzeitabhängigen Kosten vorzeitig zu erfüllen. **Ordentliches Kündigungsrecht des Darlehensnehmers** – Grundsätzlich gilt: Der Darlehensnehmer kann seine Verbindlichkeiten aus einem Verbraucherdarlehensvertrag jederzeit ganz oder teilweise vorzeitig erfüllen. Falls der Bank hierdurch ein Schaden entsteht, kann sie eine Vorfälligkeitsentschädigung verlangen. – Ein Darlehen mit veränderlichem Zinssatz kann jederzeit unter Einhaltung einer Kündigungsfrist von drei Monaten gekündigt werden. **Außerordentliches Kündigungsrecht des Kreditinstituts** Fristlose Kündigung, wenn – in der Vermögensverhältnissen des Darlehensnehmers oder – in der Werthaltigkeit der bereitgestellten Sicherheiten eine wesentliche Verschlechterung eintritt oder einzutreten droht.

Mit dem im März 2016 in Kraft getretenen *Gesetz zur Umsetzung der Wohnimmobilienkreditrichtlinie und zur Änderung handelsrechtlicher Vorschriften* wurden zusätzliche Verbraucherschutzbestimmungen umgesetzt:

- Zur Vermeidung von Pfändungen und Zwangsvollstreckungen müssen Kreditinstitute die Kreditwürdigkeit ihrer Kunden noch strenger prüfen als bisher. Der Kunde kann den Kreditvertrag jederzeit kündigen, wenn der Darlehensgeber gegen seine Pflichten verstoßen hat und trotz fehlender Kreditwürdigkeit ein Vertrag zustande gekommen ist. In diesem Fall muss er keine Vorfälligkeitsentschädigung zahlen.

- Bei Immobiliendarlehen müssen Kreditinstitute die finanzielle und wirtschaftliche Lage des Kunden besonders eingehend prüfen, da mit einem Immobilienkredit hohe finanzielle Verpflichtungen und damit Risiken einhergehen.

- Bei Immobilienkrediten gilt grundsätzlich ein Verbot sogenannter Kopplungsgeschäfte (*z. B. die Verbindung von Immobilienfinanzierung mit Versicherungsleistungen*). Ausgenommen davon sind im Verbraucherinteresse liegende Produkte wie Bausparverträge oder Riester-Sparverträge.

- Bei Immobiliendarlehen in Fremdwährung haben Verbraucher Anspruch auf Umwandlung des Kredites in ihre Landeswährung, wenn sich die Wechselkurse so entwickeln, dass die verbleibende Gesamtbelastung mehr als 20 Prozent höher ist als im Vergleich zum ursprünglichen Wechselkurs.

- Das Widerrufsrecht bei Darlehensverträgen erlischt auf jeden Fall spätestens nach einem Jahr und 14 Tagen. Demnach gibt es kein „ewiges Widerrufsrecht" mehr, auch wenn beispielsweise das Kreditinstitut den Verbraucher fehlerhaft über sein Widerrufsrecht belehrt hat. Ein Widerrufsrecht gilt jetzt auch bei sogenannten „Null-Prozent-Finanzierungen".

- Bei dauerhafter oder erheblicher Überziehung von Konten müssen Institute eine Beratung über kostengünstigere Alternativen anbieten. Diese Angebotspflicht tritt ein, wenn ein Überziehungsrahmen 6 Monate ununterbrochen um durchschnittlich 75 Prozent ausgeschöpft wurde oder eine geduldete Überziehung über drei Monate hinweg durchschnittlich um mehr als 50 Prozent des monatlichen Geldeingangs vorlag.

Ferner gelten folgende Verbraucherschutzvorschriften für bestimmte Geschäfte:

- Das **BGB** schützt den Verbraucher beim voreiligen Abschluss eines **Teilzahlungsgeschäftes** (Abzahlungsgeschäftes), bei dem der Verbraucher den Kaufpreis für eine Sache in mehreren Teilzahlungen (Raten) zu entrichten hat. Der Käufer kann ohne Begründung innerhalb von zwei Wochen nach Vertragsabschluss ein Teilzahlungsgeschäft widerrufen. Die gleichen Vorschriften gelten auch für **Haustürgeschäfte**[1] und für **Ratenlieferungsverträge**, welche die regelmäßige Lieferung von Sachen gleicher Art oder die Verpflichtung zum wiederkehrenden Erwerb oder Bezug von Sachen *(z. B. Mitgliedschaft in einem Buchclub, Zeitschriftenabonnement)* zum Gegenstand haben.

- Das **BGB** schützt den Verbraucher bei Verträgen, die unter Einschaltung von **Fernkommunikationsmitteln** *(z. B. Internet)* ohne gleichzeitige körperliche Anwesenheit der Vertragspartner zustande kommen. Es verpflichtet den Unternehmer zur Einhaltung besonderer Informationspflichten und räumt dem Verbraucher ein Widerrufsrecht bzw. Rückgaberecht bei **Fernabsatzverträgen** ein.[2]

- Die **Preisangabenverordnung** verpflichtet Unternehmen, die Waren oder Dienstleistungen Endverbrauchern anbieten, ihre Preise einschließlich Umsatzsteuer und sonstiger Preisbestandteile (Bruttopreise) anzugeben bzw. auszuzeichnen.

- Das **Produkthaftungsgesetz** gibt dem Verbraucher bei Schäden, die aufgrund eines fehlerhaften Produktes entstehen, einen Schadenersatzanspruch gegenüber dem Hersteller. Ein Produkt gilt nach dem Gesetz als fehlerhaft, wenn es nicht die Sicherheit bietet, die unter Berücksichtigung aller Umstände berechtigterweise erwartet werden kann.

Beispiele:
- *nicht tragfähige Haushaltsleiter aus Leichtmetall*
- *defekte Skibindung*
- *mangelhafter Kontaktkleber*

Der Hersteller eines Produktes innerhalb der EU haftet für die Folgeschäden aus einem Produktfehler, unabhängig davon, ob ein Verschulden vorliegt *(Gefährdungshaftung)*. Der Hersteller muss selbst den Beweis führen, dass der Schaden nicht durch das Produkt entstanden ist *(umgekehrte Beweislast)*.

---

[1]   *Vgl. Seite 163 f.*
[2]   *Vgl. Seite 161 f.*

Sachschäden bis zu einer Höhe von 500,00 € muss der Geschädigte selbst tragen. Die Haftungshöchstgrenze für *Personenschäden* ist auf max. 85 Mio. € begrenzt (EU-weit tätige Unternehmen überschreiten bei Serienschäden schnell diese Grenze).

Beispiel: *Frau Mai bricht sich bei der Benutzung einer kürzlich gekauften Haushaltsleiter einen Arm, weil eine Leitersprosse sich aus der Verankerung löst. Frau Mai entstehen 3 500,00 € Verdienstausfall und Arztkosten. Der Farbeimer, der auf der Plattform der Leiter stand, ergießt seinen Inhalt über Teppichboden und Wohnzimmerschrank. Der Sachschaden beträgt 4 500,00 €. Frau Mai hat einen Schadenersatzanspruch in Höhe von 8 000,00 € abzüglich 500,00 € Selbstbeteiligung.*

Eine vertragliche Einschränkung oder ein Ausschluss der Haftung ist nicht möglich. Anstelle des Herstellers haftet auch:
– ein **Handelshaus**, das unter eigenem Markennamen Produkte vertreibt
– ein **Drittlandsimporteur**, der Waren aus Nicht-EU-Ländern in die EU einführt.

Der Schaden aus Produkthaftung ist spätestens binnen 3 Jahre nach seinem Eintritt geltend zu machen (Verjährungsfrist). Der Schadenersatzanspruch erlischt spätestens zehn Jahre, nachdem der Hersteller (Händler, Importeur) das Produkt auf den Markt gebracht hat.

4.7 Bankmarketing

4.7.1 Grundzüge eines Marketingkonzeptes

> *Bankmarketing ist die Ausrichtung eines Kreditinstitutes am Markt.*
> *Voraussetzung hierfür ist eine Strategie, in der Marketingziele, Marketinginstrumente und bestimmte Kontrollmechanismen festgelegt werden, die es ermöglichen, den Erfolg der durchgeführten Maßnahmen zu messen.*

Bankleistungen sind Dienstleistungen und weisen gegenüber den Leistungen von Industrie- und Handelsunternehmen Besonderheiten auf.
Sie sind in der Regel

- **abstrakt**,

- aufgrund ihrer Abstraktheit besonders **erklärungsbedürftig**,

- nicht auf einmaligen Absatz, sondern auf eine **dauerhafte Beziehung zwischen Kreditinstitut und Kunde** ausgerichtet,

- **variabel**, d.h. mithilfe individueller Vertragsgestaltung veränderbar und

- durch die notwendige Offenlegung privater Daten zur Einkommens-, Vermögens- und Schuldenlage besonders **vertrauenssensibel**.

Es besteht also in großem Maße eine Notwendigkeit, die **Kunden des Kreditinstitutes** über Wesen, Art und Nutzwert einer anzubietenden Bankleistung in **gut verständlicher Form zu informieren**. Darüber hinaus **umfasst Bankmarketing** aufgrund der bilanzsystematischen Trennung von Aktiv- und Passivgeschäft sowohl **absatzpolitische**

(Aktivgeschäft) als auch **beschaffungspolitische** (Passivgeschäft) Maßnahmen, die nicht streng voneinander getrennt werden können, da sie sich jeweils auf den gleichen Markt beziehen.

Beispiel: Bei einem Industrie- und Handelsunternehmen bezieht sich Marketing auf ein Sachgut, das mithilfe von Maschinen (Aktiva/Anlagevermögen) produziert bzw. aus einem Lagerbestand (Aktiva/Umlaufvermögen) verkauft wird. Für die Finanzierung (Passiva) hat das Unternehmen in der Regel keine eigenen Marketingüberlegungen anzustellen. In einem Kreditinstitut ziehen jedoch z. B. Marketingüberlegungen im Zusammenhang mit der Hereinnahme von Kundeneinlagen zwangsläufig Marketingüberlegungen zur Verwendung dieser Einlagen im Aktivgeschäft nach sich.

Moderne Marketingkonzeptionen in Kreditinstituten zeichnen sich vor allem dadurch aus, dass die dynamischen, d.h. sich dauernd ändernden **Kundenwünsche** und nicht – wie in den traditionellen Konzepten der Vergangenheit – die Bankleistungen als **Ausgangspunkt** von Marketingstrategien angesehen werden. Die Erfassung von Kundenwünschen ist jedoch nur durch eine **Analyse der Marktgegebenheiten**, eine **Marktforschung** also, möglich.

Der „**Regelkreis**" einer modernen Marketingkonzeption (von der Marktforschung bis zur Marketingkontrolle) kann zusammenfassend wie folgt dargestellt werden:

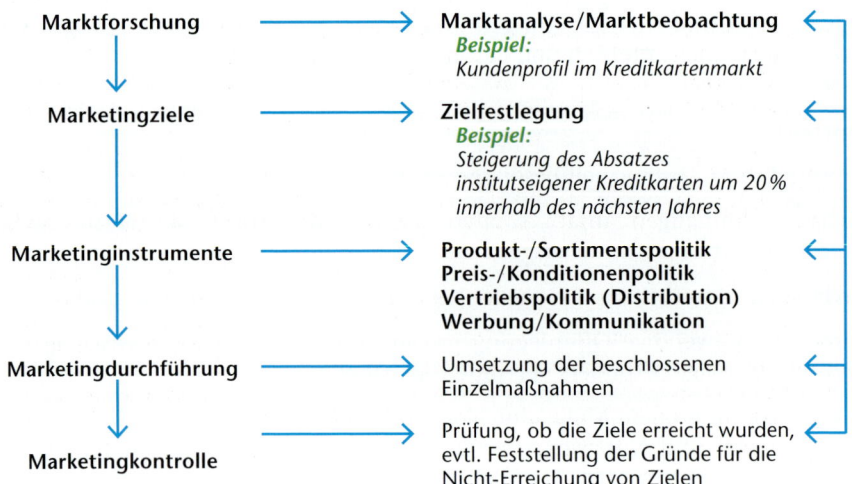

4.7.2 Marktforschung

Der Markt ist das Zusammentreffen von Angebot und Nachfrage. Da die Zahl der Anbieter von Bankleistungen (= Kreditinstitute) in einer bestimmten Region zumeist nicht sehr hoch ist, herrscht hier in der Regel eine oligopolistische Angebotsstruktur *vor. Im* standardisierten Mengengeschäft *stehen auf der Nachfrageseite viele Personen, während im Firmenkundengeschäft und im Geschäft mit vermögenden Privatkunden nur wenige Personen den Anbietern gegenüberstehen.* Angebotsoligopol *und* zweiseitiges Oligopol *sind somit typische Konstellationen für den Bankdienstleistungsmarkt.*

Zur gezielten Erfassung von Kundenbedürfnissen als Ausgangspunkt aller Marketingüberlegungen ist aufgrund der Komplexität der anzutreffenden Märkte eine **Segmentierung**, d.h. **Unterteilung in einzelne Teilmärkte** erforderlich. Ein Segmentierungsbeispiel wird durch die folgende Abbildung verdeutlicht. Hier ordnet man fünf Hauptzielgruppen des Bankgeschäftes ausgewählte Bankleistungen zu, die typischerweise von der jeweiligen Gruppe nachgefragt werden.

Privatkundschaft	
standardisiertes Privatkundengeschäft	**individuelles Privatkundengeschäft**

– Zahlungs- und Giroverkehr
– Führung von Lohn- und Gehaltskonten
– Kreditkarten-Service
– Betreuung von Spareinlagen/Sparpläne
– Wertpapieranlagen
– Termineinlagen
– Dispositionskredite
– Ratenkredite (Konsumentenkredite)
– Baufinanzierungen
	– Beratung und Verwaltung im Hinblick auf:
	  - Termineinlagen
	  - festverzinsliche Wertpapiere
	  - Aktien
	  - Investmentfonds
	– Vermittlung nicht börsengehandelter Beteiligungen (z.B. GmbH-Anteile)
	– Vermögensverwaltung
	– Einrichtung und Verwaltung von Stiftungen
	– persönliche Darlehen

Firmenkundschaft	Öffentlich-rechtliche Kundschaft	Finanzdienstleister/ institutionelle Kunden

– Kontokorrentkonto
– Überweisungsverkehr
– Scheckinkassoverkehr
– Einzug von Lastschriften
– kurz- bis mittelfristige Finanzierung über
  - Factoring
  - Leasing
– langfristige (FK-) Finanzierung:
  - Emmision von Anleihen
  - Investitionskredite
– Beschaffung von EK über:
  - Emission von Aktien
  - Vermittlung sonstigen Beteiligungskapitals
– EK-Beteiligung durch Kreditinstitute
	– Zahlungsverkehr z.B. für Gemeinden
	– Kommunalkreditgeschäft durch:
	  - Darlehen
	  - Obligationen
	– Kreditvermittlung
	– Überbrückungskredite
	– Privatisierung öffentlicher Unternehmen
		– inländischer Zahlungsverkehr für ausländische Institute
		– Liquiditäts- und Refinanzierungskredite (z.B. Tages-/Termingelder)
		– Devisenhandelsgeschäfte
		– Kooperation bei der Emission von Aktien und Anleihen
		– Kapitalanlage in Aktien und Anleihen
		– Option und Futures (Derivatehandel)

Dem Segment **individuelles Privatkundengeschäft** („vermögende Privatkunden") werden vor allem Aktivitäten hinsichtlich der **Kapitalanlage und Vermögensberatung** zugeordnet. Es handelt sich hier um einen beratungs-, betreuungs- und verhandlungs-intensiven Geschäftsbereich.

Innerhalb der einzelnen Sektoren werden üblicherweise weitere Segmentierungen vorgenommen. So kann man im Privatkundenbereich eine **Kundentypologie** erstellen, in der unterschiedliche Charakteristika einzelner **Kundentypen** unterschieden werden, z. B.

- der **bequem-anspruchsvolle** Kunde, der sich mit „einfachen" Anlageformen begnügt oder

- der **konditionenbewusst-kritische** Kunde, der sehr sensibel auf Preisveränderungen reagiert.

ABC-Analyse: Häufig orientieren sich Kreditinstitute bei der Festlegung ihrer Zielgruppen an einer Unterteilung von A-, B- und C-Kunden.

Beispiel:

ABC-Analyse-Firmenkredite/Filiale X-Stadt		Umsatz = Zinserträge Firmenkredite
	Anteil an Firmenkundschaft (%)	Umsatzanteil an Zinserträgen Firmenkredite (%)
A-Kunden	20	60
B-Kunden	30	20
C-Kunden	50	20

Aus Marketingsicht ergibt sich die Notwendigkeit, bei den zahlenmäßig relativ geringen A-Kunden **komplexe,** *auf die jeweiligen* **Bedürfnisse zugeschnittene** *und sich* **ändernden Bedürfnissen flexibel** *anzupassende Finanzierungsmöglichkeiten anzubieten. Für die (Mengen) C-Kundschaft sollte man dagegen* **standardisierte, einfach zu handhabende** *Kreditangebote bereitstellen.*

Einen weiteren Ansatzpunkt für Marketingstrategien bildet die **Lebensphasen-Analyse.** Sie geht davon aus, dass in **bestimmten Lebensphasen** hinsichtlich der Inanspruchnahme von Bankdienstleistungen **spezifische Neigungen (Präferenzen)** eine Rolle spielen. Von der **Geburt bis etwa zum 17. Lebensjahr** spielt das **Ansparen** von Geldern durch das Kind/den Jugendlichen bzw. die Eltern oder Verwandte zur Absicherung einer Ausbildung eine große Rolle.

Mit dem **Berufseintritt** werden vielfach die ersten größeren **Anschaffungen** *(z. B. Auto, Wohnungseinrichtung)* getätigt, es liegt dann also ein **Kreditbedarf** vor. Dieser verstärkt sich meist im Alter von ca. **30 bis 40 Jahren**, wenn es um die Anschaffung einer **Immobilie** geht. Spätestens jetzt wird auch eine (zusätzliche) **Altersvorsorge** interessant.

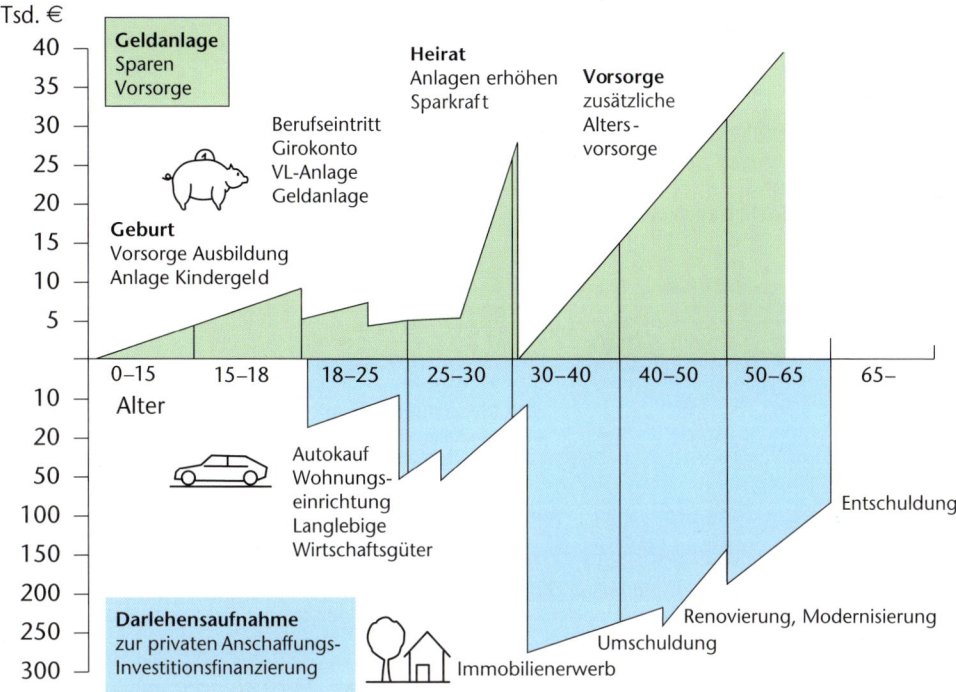

Als Marketingstrategie bietet sich an

- die Durchführung gezielter Aktionen für altersmäßig klassifizierte Kundengruppen oder
- die Erstellung von Maßnahmenbündeln zum Erreichen einer lebenslangen Kundenbindung durch ein dem jeweiligen Alter/der jeweiligen Lebensphase angepasstes Leistungsangebot.

Bei der Analyse der Marktgegebenheiten spielen **Marktgrößen** eine wichtige Rolle:

Marktgrößen		
Marktpotenzial	**Marktvolumen**	**Marktanteil**
Das Marktpotenzial gibt an, welche und wie viel Bankdienstleistungen am Markt abgesetzt werden können, wenn alle denkbaren Kunden mittels des Marketing-Instrumentariums angesprochen würden.	Das Marktvolumen kennzeichnet die realisierten Absatzmengen eines bestimmten Leistungsangebotes innerhalb eines gegebenen Zeitraumes.	Unter dem Marktanteil versteht man den prozentualen Anteil der in Mengen- oder Wertgrößen gemessenen Absatzleistung einer Bank bzw. Bankgruppe am gesamten Marktvolumen.

Beispiel: *Als Marktvolumen ist hier der gesamte Umlauf festverzinslicher Wertpapiere von 3,0 Billio-nen € anzusehen. Der Marktanteil wird durch die einzelnen Prozentwerte dargestellt. Das Marktpo-tenzial ergibt sich aus den zukünftigen Absatzmöglichkeiten und sind unter anderem abhängig von der*
- *Steigerung der verfügbaren Einkommen*
- *Entwicklung von Spar- bzw. Konsumquote*
- *Attraktivität der Anlage in festverzinsliche Wertpapiere (Zinsniveau etc.)*

Umlauf festverzinslicher Wertpapiere
in Prozent, insgesamt 3,0 Billionen €

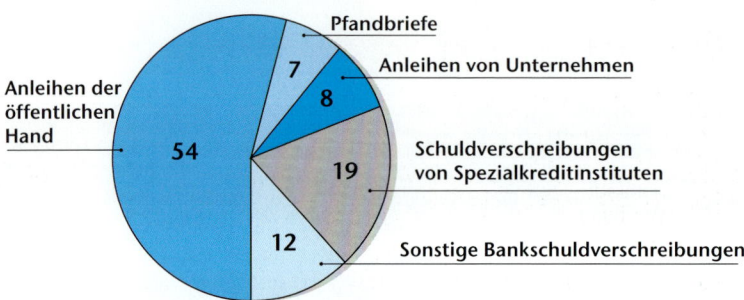

Quelle: Deutsche Bundesbank, Kapitalmarktstatistik, April 2016

Gegenstände der Marktforschung sind

▪ demoskopische Daten (*z. B. Alter, Beruf der Nachfrager, Einstellungen der Nachfrager*) sowie

▪ objektbezogene Daten (*z. B. Preiselastizitäten, Produktimage*).

Die Beschaffung der gewünschten Informationen für Zwecke der Marktforschung kann durch Sekundär- oder Primärforschung durchgeführt werden:

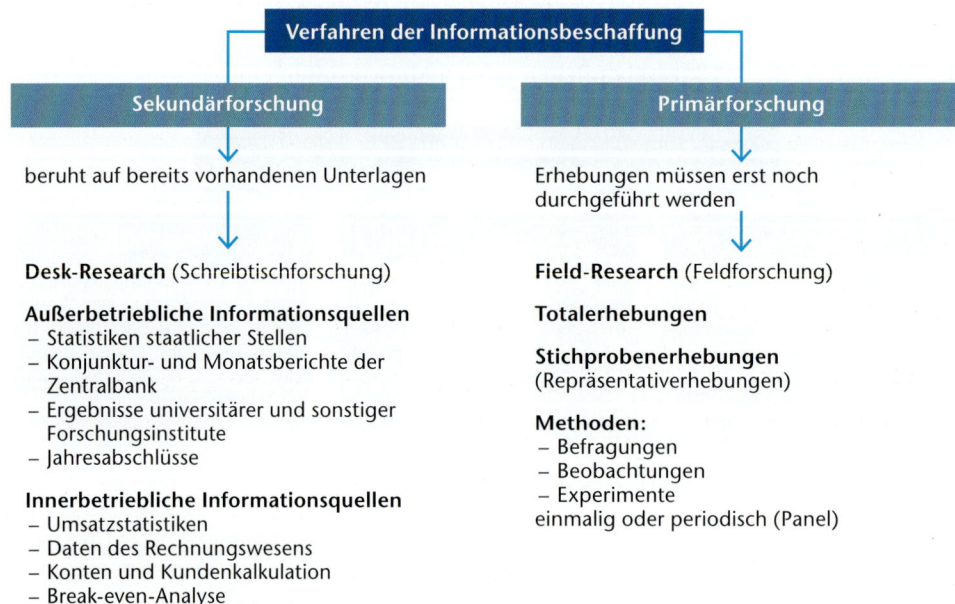

Ein Beispiel, das Elemente beider Marktforschungsverfahren enthält, ist die **Zweigstellenanalyse**, die in der Praxis als Grundlage für Einrichtung, Erweiterung oder auch Schließung von Zweigstellen fungiert.

Sie umfasst:

- **Analyse des Marktumfeldes der Zweigstelle** *(Bevölkerungsstruktur, Konkurrenzsituation, ökonomische Struktur)*
- **Kundenstammanalyse** *(Altersstruktur, Anlageverhalten der Zweigstellenkundschaft etc.)*

4.7.3 Marketinginstrumente

4.7.3.1 Produkt- und Sortimentspolitik

Produktpolitik befasst sich mit einer Auswahl der am Markt anzubietenden Bankleistungen (Produkte). Das Sortiment kann als Gesamtheit aller Produkte angesehen werden.

Es ist zu berücksichtigen, dass Produkte einem steten **Wandel** unterliegen. Auch ein erfolgreiches Produkt benötigt normalerweise einige Zeit, um sich fest am Markt zu etablieren, und nach einer mehr oder weniger langen Zeit wird es durch Gewöhnungseffekte, Geschmacksveränderungen usw. immer weniger attraktiv.

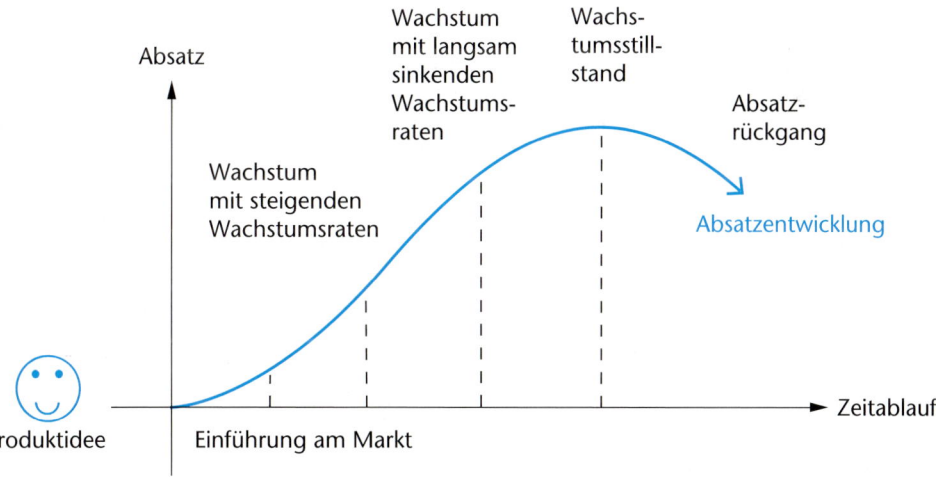

Produktlebenszyklus

Produkte müssen also stets neu entwickelt, verfeinert und, falls nötig, auch wieder vom Markt genommen werden. Die Produktpolitik umfasst folgende Aufgabenbereiche:

- Produktinnovation
- Produktdifferenzierung/-diversifikation
- Produktvariation
- Produktgestaltung
- Produkteliminierung

Diese Aufgabenbereiche können am Beispiel der Finanzdienstleistung „Homebanking"
wie folgt beschrieben werden:

Produkt-innovation	Produkt-differenzierung Produkt-diversifikation	Produktvariation	Produkt-gestaltung	Produkt-eleminierung
Schaffung neuer Bankleistungen	Festlegung der Breite (Diversifika-tion) und Tiefe (Differenzierung) einer Produktpa-lette	Änderung von Nutzungskompo-nenten	Festlegung von Design/Aussehen	Entscheidung über die vom Markt zu nehmenden Pro-dukte
↓	↓	↓	↓	↓
Einführung einer neuen Homeban-king-Palette	Differenzierung durch „mehrgleisi-ges Angebot": z.B. Abruf von In-formationen und Erteilung von Auf-trägen in verschiedenen Zahlungsverkehrs-instrumenten (Überweisungen, Lastschriften etc.)	Umstellung der Software auf ein benutzerfreund-licheres Betriebs-system	Verwendung gän-giger und leicht verständlicher Symbole für die Arbeit mit der Software	teilweise oder völlige Ersetzung beleghafter Zahlungsverkehrs-instrumente durch entsprechende beleglose Ver-fahren

Maßnahmen der Produktpolitik können helfen, den Produkt-Lebenszyklus zu verlängern. So ist z.B. eine gelungene Produktvariation (Relaunch) in der Lage, wieder für
einen „Aufschwung" beim Absatz zu sorgen. Nach der Sättigungsphase würde wieder
ein mehr oder weniger kurzer Aufschwung stattfinden.

Produktdifferenzierungen werden auch in Kooperation mit anderen Unternehmen vorgenommen. Die verschiedenen Anbieter nutzen hier jeweils das Know-how ihrer Partner und gelangen so zu firmenübergreifenden Produkten, die für Kunden den Vorteil
zusätzlicher Nutzungseffekte mit sich bringen.

Beispiel: Kreditkarten mit Zusatzleistungen wie Gepäckversicherung etc.

Eine besondere **Variante der Produktdiversifikation** am Markt für Bankleistungen
stellt das **Allfinanzkonzept** dar. Hierbei geht es darum, den Kunden neben „klassischen" Bankgeschäften auch spezielle Finanzdienstleistungen wie Leasing, Factoring,
Bausparen, Versicherungen etc. **aus einer Hand** anzubieten. Dieses Konzept kann verwirklicht werden durch

- Gründung von Tochterunternehmen,
- Übernahme anderer Unternehmen,
- Kooperation mit anderen Unternehmen.

Beispiel: Die Deutsche Postbank AG übernahm im Jahr 2005 von den Mehrheitseigentümern Be-
teiligungsgesellschaft der Gewerkschaften AG (BGAG) und Deutscher Beamtenwirtschaftsbund
(BWB) deren Anteile an der BHW Holding AG in Höhe von insgesamt 76,4%. Die Postbank schaffte
mit der Übernahme des Vorsorgespezialisten BHW Deutschlands führenden Finanzdienstleister für
Privatkunden.

4.7.3.2 Preis- und Konditionenpolitik

Die **Preis- und Konditionenpolitik** befasst sich mit allen **vertraglichen Vereinbarungen** über die Kosten des Bankleistungsangebots.
Sie umfasst Regelungen zu:

- **Zinsen** für
  - Dispositionskredite
  - Ratenkredite
  - Festgeldanlagen

- **Provisionen** für
  - Kontoführung
  - Ausführung von Wertpapiertransaktionen
  - Schließfachnutzung

- **Wertstellungsusancen** bei
  - Gutschrift von Schecks
  - Gutschrift von Lastschriften

Marktpreise für bestimmte Bankleistungen dienen zunächst zur **Deckung von Kosten**, die bei der „Herstellung" der entsprechenden Leistung anfallen. Darüber hinaus soll ein **Gewinn** erwirtschaftet werden.

Beispiel: Ein Kreditinstitut berechnet für die Barauszahlung von Fremdwährungsreiseschecks einen Preis von 5,00 € je Vorgang. In der Controlling-Abteilung werden folgende Werte ermittelt:
– anteilige Fixkosten – Barauszahlung von Fremdwährungsreiseschecks: 1 500,00 €
– anteilige variable Kosten: 2,00 € je Auszahlungsvorgang
Mit zunehmender Zahl von Auszahlungsvorgängen werden die vergleichsweise hohen Fixkosten über die wachsenden Erlöse abgebaut. Bei 500 Vorgängen sind Kosten und Erlöse gleich hoch (Break-even-Point); sie betragen 2 500,00 €. Rechnerisch ergibt sich dies aus der Gleichsetzung von Kosten- und Erlösfunktion:

$$1\,500 + 2\,x = 5\,x$$
$$x = 500$$

Kosten bei 500 Stück: $1\,500 + 2 \cdot 500 = 2\,500,00$ €
Erlöse bei 500 Stück: $5 \cdot 500 = 2\,500,00$ €

Grafische Darstellung:

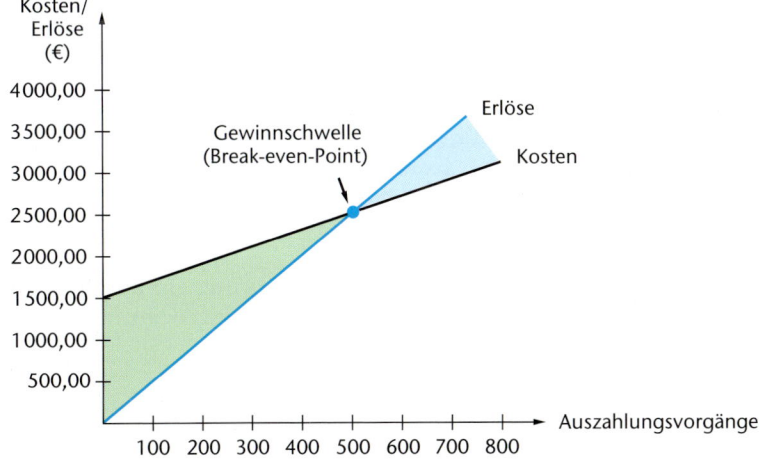

Es ist jedoch zu beachten, dass die Kreditinstitute ihre Preispolitik am Markt nicht völlig autonom festsetzen können, sondern auch vom Verhalten der anderen Marktteilnehmer, d. h. der Kunden und konkurrierenden Mitanbieter, abhängig sind[1]. Man unterscheidet demnach:

Kostenorientierte Preispolitik (Preiskalkulation auf Basis der Kostenstruktur)

Beispiel: Bei der Gewährung eines Kredites über 10 000,00 € (Laufzeit 6 Monate) sind folgende Werte zu beachten:
– anteilige Betriebskosten für die Bearbeitung des Kreditantrags 100,00 €
– Refinanzierungskosten 6 % p. a.
Es soll ein Gewinn von 150,00 € aus dem Engagement erwirtschaftet werden.
Den Betriebskosten sind somit 300,00 € Refinanzierungskosten hinzuzufügen
(6 %/10 000,00 €/180 Tage). Zusammen mit dem kalkulierten Gewinn ergeben sich 550,00 €, die zu erlösen sind. Dies würde, über die Laufzeit des Kredites berechnet, einem Zinssatz von 11 % p. a. entsprechen.

$$p = \frac{550 \cdot 100 \cdot 360}{10\,000 \cdot 180} = 11\,\% \ p.\,a.$$

Kundenorientierte Preispolitik (Preiskalkulation unter Berücksichtigung von Kundenbedürfnissen)

Beispiel: Die Wertvorstellungen der Kunden (Preisbereitschaft) zur Vergütung von Leistungen im Zusammenhang mit Aktien-Transaktionen werden durch eine aggressive Berichterstattung in den Medien herabgesetzt. Die Kreditinstitute sehen sich daher gezwungen, geringere Provisionen zu kalkulieren

Wettbewerbsorientierte Preispolitik (Preiskalkulation unter Berücksichtigung der Wettbewerbssituation)

Beispiel: Durch das Auftauchen von Direktbanken sehen sich „etablierte" Banken veranlasst, ihre Kalkulationen für das Mengengeschäft neu zu gestalten.

Preiskalkulationen sind sehr stark abhängig von der Art der zu kalkulierenden Leistung. Im **Mengengeschäft**, das sich vor allem durch ein **standardisiertes Leistungsangebot** an eine weitgehend **homogene Kundengruppe** auszeichnet, sind kostendeckende Preise häufig nicht durchsetzbar.

Beispiel: Führung von Gehaltskonten

Die Kreditinstitute nehmen eine solche Situation jedoch dann in Kauf, wenn sie Kontoinhaber über **Cross-Selling-Aktivitäten** an weitaus lukrativere Leistungen heranführen können. Da ein Konto die Basis nahezu aller Geschäfte mit einem Kreditinstitut ist, hat die Kontoführung als Cross-Selling-Vehikel einen hohen Stellenwert.

Beispiel: Verkauf von Kreditkarten, Anbahnung von Kreditengagements

Auf der anderen Seite bietet die Preispolitik bei der Kontoführung ein anschauliches Beispiel dafür, wie Kreditinstitute auf unterschiedliche Zahlungsgewohnheiten ihrer

---

[1] *Vgl. dazu Seite 349 ff.*

Kunden reagiert haben, aber auch bestimmte Zahlungsgewohnheiten (vor allem diejenigen, bei denen Computer genutzt werden) besonders „belohnen".
Möglichkeiten sind hier

- Gewährung von Preisnachlässen für beleglose Aufträge

Beispiele:
0,35 € Postengebühr für einen beleghaft erteilten Überweisungsauftrag und
0,15 € bei belegloser Erteilung per Homebanking oder über ein Kundenterminal.

- Erstattung von Kontoführungsprovisionen nach Abschluss der Rechnungsperiode, wenn der Kunde beleghafte Aufträge durch beleglose ersetzt.

Generell verfahren die Kreditinstitute bei ihrer Preisgestaltung für Privatgirokonten sehr unterschiedlich. Einige bieten nur ein einziges Preismodell an, bei dem für einen monatlichen Pauschalpreis *(z. B. 7,00 €)* die anfallenden Ein-/Auszahlungen, Lastschriften, Daueraufträge etc. abgegolten sind.

Beispiel: „Komplett-Konto" der Dresdner Bank

Andere Kreditinstitute schneiden verschiedene Preismodelle auf die Zahlungsgewohnheiten ihrer Kunden zu. Hierbei ist es erforderlich, den einzelnen Kunden ausführlich zu beraten, um das für ihn günstigste Modell herauszufinden.

Neues Kontomodell der Postbank

Die Postbank verändert zum 1. November 2016 ihre Girokonto-Welt für Privatkunden und führt ein neues Preismodell ein. Je nach Nutzungsverhalten stehen Konten zur Verfügung, die sich über Preis und Leistung differenzieren. Sämtliche Girokunden profitieren weiterhin vom vielfach preisgekrönten Online-Banking, einer flächendeckenden Bargeldversorgung an mehr als 9 000 Automaten, 5 500 Standorten und deutschlandweit von einem engmaschigen Netz von Filialen, die auch samstags geöffnet haben, sowie vom 24-Stunden-Telefonbanking.

Kern der neuen Kontowelt bleibt das Postbank Giro plus Konto, das künftig 3,90 €/Monat kosten wird. Aktuell kostet dieses Produkt 5,90 € bei einem Geldeingang unter monatlich 1 000 €. Oberhalb dieser Grenze ist das Konto derzeit kostenlos.

Neu ist das Postbank Konto Giro direkt für Kunden, die ihre Bankgeschäfte bevorzugt online, per Selbstbedienungsterminal in der Filiale oder per computergestütztem Telefonbanking tätigen. Die Postbank bietet dieses Konto künftig für 1,90 €/Monat an.

Das Komfort-Konto Postbank Giro extra plus wird wie bisher 9,90 € monatlich kosten und beinhaltet zahlreiche Inklusivleistungen. Ab einem Geldeingang von 3 000 €/Monat ist dieses Konto kostenlos.

Abgerundet wird das Angebot vom Postbank Giro start direkt Konto, das für Kunden bis 22 Jahre kostenlos bleibt.

Quelle: Postbank AG, Bonn, Presseinformation vom 19.8.2016, abgerufen am 09.1.2017 unter
*www.postbank.de/postbank/pr_presseinformation_2016_08_19_postbank_ab_ersten_november_mit_neuem_*
kontomodell.html

Die Kreditinstitute sind zur Veröffentlichung ihrer Preise verpflichtet. In diesem Zusammenhang werden die Begriffe **Preisaushang** und **Preisverzeichnis** unterschieden.

- **Preisaushang**
  Dieser ist nach der **Preisangabenverordnung** für Kreditinstitute im Geschäftsverkehr mit Privatkunden aus Gründen des Verbraucherschutzes vorgeschrieben. Er enthält die Preise für „wesentliche Leistungen".

- **Preisverzeichnis**
  Dieses enthält weitere Preise für Leistungen im normalen Geschäftsverkehr mit Privatkunden. Auf das Preisverzeichnis wird am Ende des Preisaushangs hingewiesen.

Beispiel: Auszug aus einem Preisaushang

Sparkonten Zinssatz für Spareinlagen 0,05 % .... **Privatkonten** „Giropaket" 6,50 € pro Monat	**Privatkredite** 0,35 % Zinsen pro Monat (vom ursprünglichen Kreditbetrag) .... **Wertpapiere** An- und Verkauf: Aktien 1 % vom Kurswert, mindestens 25,00 €
Hinweis: Porti und sonstige Auslagen sind in den obigen Sätzen nicht enthalten. Preise für weitere Dienstleistungen und die Wertstellungsregelungen im normalen Geschäftsverkehr sind dem Preisverzeichnis am Schalter zu entnehmen. **gültig ab: 1. Sept. 20..**	

4.7.3.3 Distributionspolitik

Bei der *Distributions-(Vertriebs-)politik* geht es darum, Bankleistungen am richtigen Ort und zur rechten Zeit anzubieten.
Als mögliche Vertriebswege kommen infrage:

- *stationärer Vertrieb über Filialen/Zweigstellen,*
- *mobiler Vertrieb über Außendienstmitarbeiter/-innen oder fahrbare Zweigstellen,*
- *Vertrieb über technische Medien (z. B. über Internet oder Telefonbanking).*

Der Vertrieb über den Einsatz technischer Hilfsmittel hat in der letzten Zeit zunehmend an Bedeutung gewonnen.

Beispiele: Onlinebanking, Geldautomatensysteme, Electronic-Cash-Systeme

Eine besondere Form des technischen Vertriebs stellt der inzwischen eigenständige Direktbankenmarkt dar. **Direktbanken** bieten Leistungen des standardisierten Mengengeschäftes (in der Regel ohne Beratung) an. Durch die Art der Geschäfte und die Nutzung des wenig personalkostenintensiven Kundenkontaktes (über Telefon, Computer, Fax etc.) sind Direktbanken in der Lage, günstige Preise zu kalkulieren. Allerdings sind die Kosten in der Aufbauphase einer Direktbank (Schaffung der technischen Voraussetzungen) sehr hoch. Fachleute erwarten auch weiterhin eine sehr große Steigerung der Bedeutung technischer Vertriebsformen.

Beispiel:
Rund 80 % der Bankkunden in Deutschland erledigen zumindest gelegentlich ihre Bankgeschäfte im Internet.

Entsprechend rückläufig ist der Trend beim stationären Betrieb über Filialen. So sank die Zahl der Bankfilialen in Deutschland von 49 700 im Jahr 2003 auf ca. 34 000 im Jahr 2016.
Der **Außendienstvertrieb** spielt besonders im Firmenkundengeschäft eine große Rolle.

4.7.3.4 Kommunikationspolitik

Ziel der Kommunikationspolitik ist es, die Öffentlichkeit über Bankleistungen so zu informieren, dass im Bewusstsein der Bevölkerung ein positives Bild von der Leistungsfähigkeit des jeweiligen Kreditinstitutes geschaffen wird.

Man stellt hierbei also eine Verbindung zwischen dem Kreditinstitut einerseits und dem Absatzmarkt her. Diese Verbindung ist nicht als einseitiger „Sende- und Empfangskanal", sondern als wechselseitiger **Austausch von Nachrichten** zwischen Kreditinstituten und (potenziellem) Kunden anzusehen. Als Instrumente der Kommunikationspolitik werden unterschieden:

Werbung	Verkaufsförderung (Salespromotion)	Public Relations
Durch sie sollen **Botschaften übermittelt** und Kaufanreize geschaffen werden.	Sie umfasst **Maßnahmen zur Erleichterung von Kaufentscheidungen:**	Ihre Aufgabe ist es, **ein positives Bild** vom Kreditinstitut **zu vermitteln.** Die Kunden sollen nicht nur Vertrauen in ein bestimmtes Produkt, sondern in das Kreditinstitut als Ganzes gewinnen. Mittel hierzu sind:

Da es aufgrund der Komplexität vieler Bankleistungen mitunter schwierig ist, Informationen im Rahmen einer leicht verständlichen Werbung zu vermitteln, wird oft das Mittel der indirekten Veranschaulichung durch Verwendung repräsentativer Personen oder Sachen gewählt.	– Bereitstellung eines effizienten Beratungspersonals durch
	  - Verkaufstraining
	  - Fortbildung
	  - Mitarbeiterwettbewerbe etc.
		– Einheitliche Slogans *„Wir machen den Weg frei"* oder Maßnahmen, mit der ein Kreditinstitut sich für allgemein akzeptierte gesellschaftspolitische Ziele stark macht.

Beispiele hierfür sind der „glückliche Hauseigentümer" oder die im Zusammenhang mit dem Begriff „Freiheit" abgebildete Kreditkarte.	– überzeugende Leistungspräsentation durch
	  - individuelle Beratung
	  - Verwendung kundenfreundlicher und gut verständlicher Formulare
	  - ansprechende Architektur
	– kundenfreundliche Ausstattung der Geschäftsräume
	  - diskrete Beratungszone
	  - bequeme Sitzmöbel usw.
		– Nutzung von Pressekontakten für Informationskampagnen
		– Verwendung attraktiv aufgemachter Geschäftsberichte
		– Sportförderung/Sponsoring
		– Beteiligung an der Organisation und Finanzierung von kulturellen Ereignissen

Werbeslogans

„Wir wollen, dass Sie es Guthaben"
Sparda-Bank Nürnberg

„Man least viel Gutes über uns."
SüdLeasing

Werbung ist sehr stark abhängig von dem angebotenen Produkt bzw. der Zielgruppe, für die das Produkt gedacht ist. Handelt es sich um ein komplexes Produkt für eine gehobene Zielgruppe, enthält beispielsweise eine Anzeige meist auch sehr spezielle und detaillierte Informationen. Bei leicht verständlichen Produkten sind die Informationen recht eingängig und leicht nachvollziehbar.

Einen besonderen Stellenwert erhält die Kommunikationspolitik im Zusammenhang mit der **Corporate Identity**[1], deren Ziel die Schaffung eines **unverwechselbaren Bildes des Unternehmens in der Öffentlichkeit ist.**

Beispiel:
*Bei der **UmweltBank AG** geht es nicht nur um Werbung unter dem Aspekt der Umwelt, sondern vor allem darum, dass das gesamte **geschäftspolitische Konzept** dem Umweltgedanken verpflichtet ist.*

4.7.4   Marketing-Mix

Marketingmaßnahmen sind nicht isoliert zu betrachten, sie **greifen**, wie aus den Ausführungen zu den einzelnen Marketinginstrumenten bereits hervorging, **ineinander.** Ziel des Marketing-Mix ist es, einzelne Instrumente des Marketing so zu einem Bündel von Maßnahmen zusammenzustellen, dass sich ein an dem Hauptziel, der Befriedigung von Kundenbedürfnissen, orientiertes Bild ergibt.

---

[1]   *Vgl. auch Seite 276 f.*

Marketing-Mix

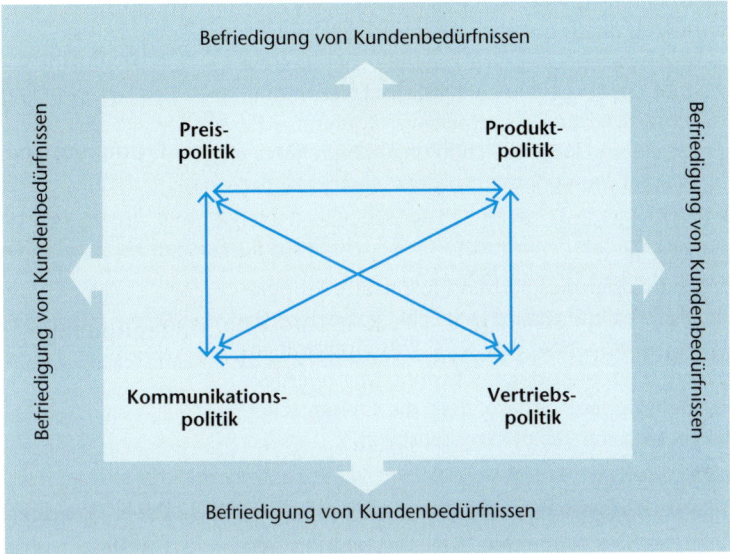

Beispiel:

Im folgenden (ausschnittweise wiedergegebenen) Zeitungsartikel wird deutlich, dass die Zielvorgabe des Kreditinstitutes durch eine Kombination verschiedener Marketinginstrumente erreicht werden soll.

Vertrieb
**Girokonten: Für jeden Kunden
das passende Modell anbieten**

Im Privatkundengeschäft nimmt der Markt- und Wettbewerbsdruck zu. Der Preissenkungsspielraum ist jedoch begrenzt. Kostenlose Girokonten sind kein Allheilmittel. Eine Anpassung von Girostrategien kann nur auf Basis einer ausführlichen Analyse der Zielgruppen individuellen Ausgangslage und Entwicklung institutsspezifischer Handlungsoptionen erfolgen.

Um die richtigen Kontenmodelle entwickeln zu können, müssen die Zielgruppen und ihre Bedürfnisse genau analysiert werden. Aus der Kundenanalyse können drei Normstrategien zur Optimierung der Girokontomodelle abgeleitet werden:

Marketingziel

Marktforschung

Marketing-
instrumente

1. QUALITÄTSSTRATEGIE
Hohe Produkt- und Servicekomplexität:
Differenzierung durch qualitativ hochwertige Girokon-
ten mit Filialnutzung, intensivem persönlichen Betreu-   **Distributionspolitik**
ungsangebot sowie gegebenenfalls zusätzlich mone-
tären Mehrwertleistungen (Mehrwertkonten). Die
Kontenmodelle sind kostenpflichtig und richten sich an   **Produktionspolitik**
die Zielgruppen Preisignoranten sowie einen Teil der
Preissensiblen.

2. PREISSTRATEGIE
Hoher Standardisierungsgrad und fokussierte Produktpalette: Differenzierung durch einfache, kostenlose Gi-
rokontenangebote ohne bzw. mit kostenpflichtigem   **Preispolitik**
persönlichen Betreuungsangebot, ohne Mehrwertleis-
tungen. Zielgruppen: insbesondere die Preisentschei-
der und ein kleinerer Teil der Preissensiblen.

3. MISCHSTRATEGIEN
Kombination preisgünstiger Angebote mit attraktiven   **Preis-/Produkt-**
Produkten/Services: Simultane Berücksichtigung von   **politik**
Preis-/Qualitätsaspekten.

Quelle: Oliver Mihm, Carsten C. Wendt, in: Bankmagazin, Juni 2008, verändert

5 Volkswirtschaftliche Gesamtrechnung

5.1 Wirtschaftskreislauf im Modell

5.1.1 Wirtschaftssubjekte

Gewirtschaftet wird überall dort, wo planvolle Entscheidungen zur Beschaffung und Verwendung knapper Güter getroffen werden. Es lassen sich vier Wirtschaftssektoren unterscheiden:

- die **privaten Haushalte** als Stätten des Konsums,
- die **Unternehmungen** als Stätten der Produktion,
- die **Einrichtungen des Staates** *(öffentliche Haushalte)*,
- **Gebietskörperschaften** *(Bund, Länder, Gemeinden)*,
- **Sozialversicherungsträger** *(z. B. Rentenversicherung, Krankenkassen)*,
- das **Ausland** mit seinen Wirtschaftsbeziehungen zum Inland.

Private Haushalte, Unternehmungen und staatliche Einrichtungen sind die Träger selbstständiger wirtschaftlicher Entscheidungen. Sie werden daher auch als **Wirtschafts-subjekte** bezeichnet.

Beispiele:
- *Herr und Frau Lins treffen gemeinsam die Entscheidung, ein neues Auto zu kaufen.*
- *Die Unternehmungsleitung der Firma Eichholz fasst den Beschluss, eine zusätzliche Fabrikhalle zu errichten und zwei neue Mitarbeiter einzustellen.*
- *Der Rat der Stadt Köln beschließt die Schließung eines öffentlichen Hallenbades.*

> Die *Wirtschaftssubjekte* eines Landes bilden in ihrer *Gesamtheit* und mit ihren Beziehungen zueinander eine *Volkswirtschaft*.

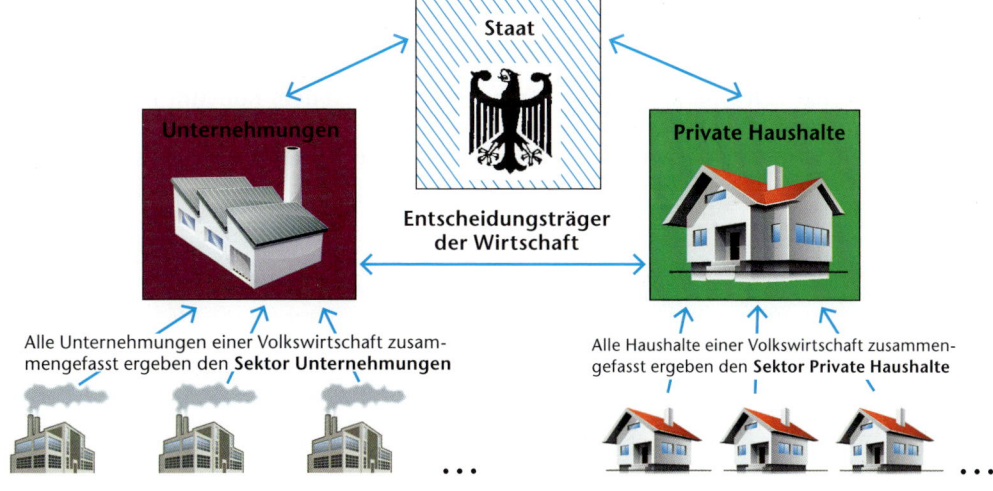

Eine Volkswirtschaft kann auch länderübergreifend sein, wenn in einem gemeinsamen Wirtschaftsraum
- für die Wirtschaftssubjekte weitgehend gleiche gesetzliche Rahmenbedingungen existieren,
- ein ungehinderter Austausch von Waren, Dienstleistungen, Geld und Kapital erfolgen kann,
- eine gemeinsame Währung installiert ist,
- die Wirtschaftspolitik aufeinander abgestimmt ist.

Es ist Ziel der **europäischen Integration**, einen solchen gemeinsamen Wirtschaftsraum zu schaffen.

5.1.2   Einfacher Wirtschaftskreislauf

Das wirtschaftliche Geschehen innerhalb der Bundesrepublik Deutschland bietet mit seinen ca. 82 Millionen Einwohnern, mehr als 40 Millionen Haushalten und ca. 3,6 Millionen Unternehmen das Bild einer kaum überschaubaren, verwirrenden Vielfalt.
Um die komplizierten Vorgänge innerhalb der Volkswirtschaft überblicken und das reibungslose Funktionieren des Wirtschaftsablaufs verstehen zu können, bedient man sich einer vereinfachten Darstellung, eines **Modells**. In diesem Modell sind alle gleichartigen Wirtschaftssubjekte zu jeweils einer Gruppe zusammengefasst. Es werden im Folgenden zunächst die Verbindungen zwischen der Gruppe der Unternehmungen und der privaten Haushalte betrachtet. Die Beziehungen, die zwischen den verschiedenen Unternehmungen bestehen, werden dabei vernachlässigt.

Güterkreislauf

In den hoch entwickelten Volkswirtschaften der Gegenwart werden die zur Bedürfnisbefriedigung benötigten Güter nur in sehr geringem Umfang innerhalb des eigenen Haushalts produziert.

Beispiel: Mit Do-it-yourself-Arbeiten, wie Anstreichen der Wohnung, Durchführung kleiner Reparaturen, Handarbeiten, Einkochen, Radieschen im eigenen Garten züchten usw. kann die Güterversorgung eines Haushaltes nur zu einem geringen Teil geregelt werden.

Das war nicht immer so: In der frühesten und einfachsten Wirtschaftsform, der geschlossenen Hauswirtschaft, wurde nahezu alles, was man zum Leben brauchte, durch die Familienangehörigen selbst hergestellt, angefangen von den Nahrungsmitteln bis zur Bekleidung und Unterkunft.
Inzwischen hat sich eine weitgehende Trennung zwischen dem **Konsum in den privaten Haushalten** und der **Produktion in den Unternehmungen** vollzogen. Die meisten Güter, die in den Haushalten ge- und verbraucht werden, werden in den Unternehmungen hergestellt und gelangen anschließend als Güterangebot auf den Markt.

Private Haushalte sind Lebensgemeinschaften mit gemeinsamer Wirtschaftsführung. Die durchschnittliche Haushaltsgröße beträgt in Deutschland ca. 2,02 Personen.

Die Unternehmungen und die privaten Haushalte stehen in einer ständigen Verbindung zueinander, denn Güterproduktion und -konsum sind Vorgänge, die sich laufend wiederholen.

Die Produktion der Güter in den Unternehmungen erfolgt durch **Kombination** (das Zusammenwirken) der **Produktionsfaktoren** Arbeit, Boden und Kapital[1]. Sie ist nur möglich, wenn die privaten Haushalte die hierzu notwendigen Produktionsfaktoren bereitstellen.

Im Produktivgüterstrom stellen die privaten Haushalte den Unternehmungen die Produktionsfaktoren zur Verfügung.

Beispiele:
- *Herr Schneider ist Angestellter in einem Großhandelsunternehmen. Er stellt wöchentlich 38 Stunden seine Arbeitskraft zur Verfügung.*
- *Herr Weintraut hat ein Grundstück geerbt, das er an ein Gartencenter-Unternehmen langfristig verpachtet hat.*
- *Frau Albert ist vermögend. Aufgrund ihres Besitzes von 3 500 Bayer-AG-Aktien ist sie Miteigentümerin dieser Unternehmung.*

Die Produktion in den Unternehmungen ist in ihrer letzten Bestimmung auf den Konsum gerichtet. Die Unternehmungen stellen die Konsumgüter her, um diese anschließend an die Haushalte zu verkaufen.

Im Konsumgüterstrom fließen die von Unternehmungen produzierten Konsumgüter an die privaten Haushalte.

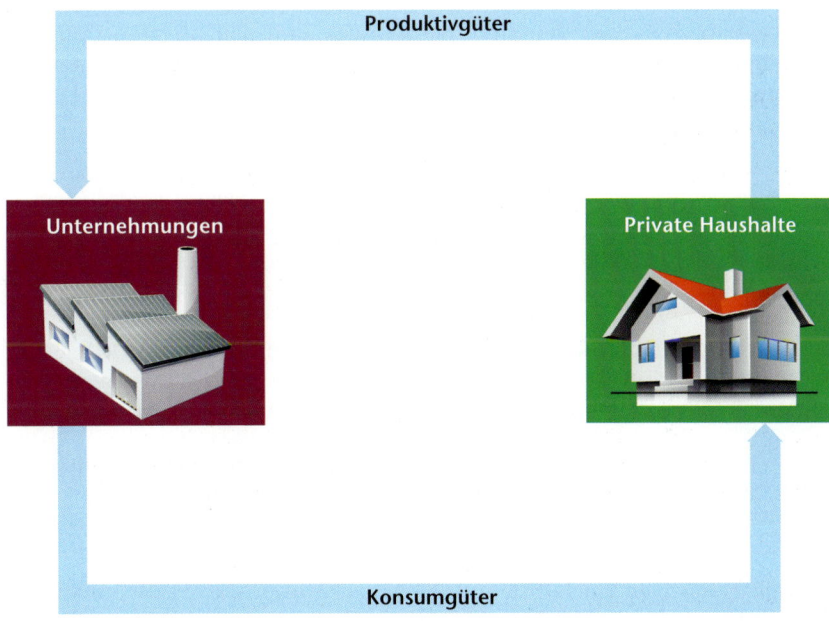

---
[1] *Vgl. hierzu Seite 305 ff.*

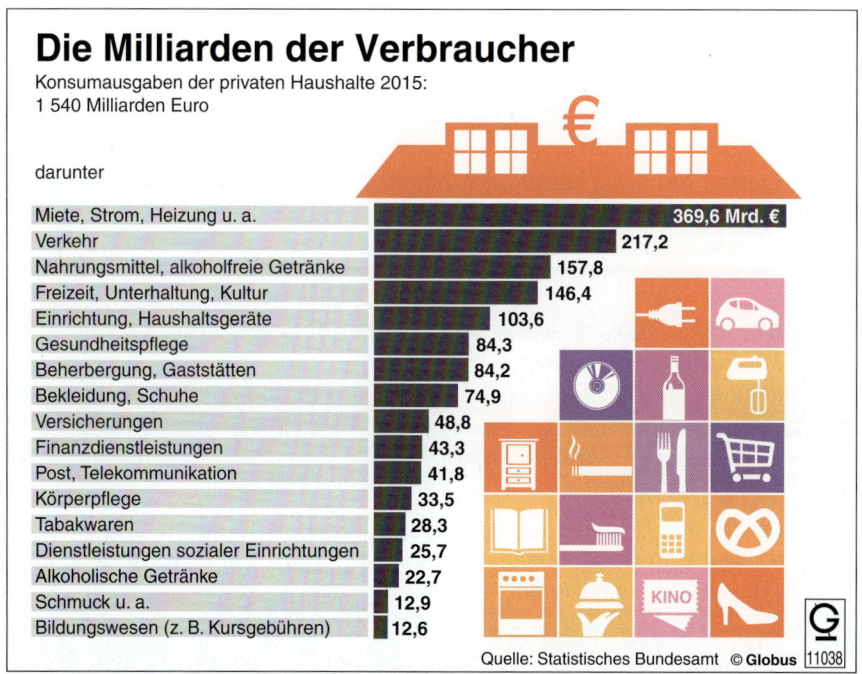

Die Milliarden der Verbraucher

Konsumausgaben der privaten Haushalte 2015:
1 540 Milliarden Euro

darunter

Miete, Strom, Heizung u. a.	369,6 Mrd. €
Verkehr	217,2
Nahrungsmittel, alkoholfreie Getränke	157,8
Freizeit, Unterhaltung, Kultur	146,4
Einrichtung, Haushaltsgeräte	103,6
Gesundheitspflege	84,3
Beherbergung, Gaststätten	84,2
Bekleidung, Schuhe	74,9
Versicherungen	48,8
Finanzdienstleistungen	43,3
Post, Telekommunikation	41,8
Körperpflege	33,5
Tabakwaren	28,3
Dienstleistungen sozialer Einrichtungen	25,7
Alkoholische Getränke	22,7
Schmuck u. a.	12,9
Bildungswesen (z. B. Kursgebühren)	12,6

Quelle: Statistisches Bundesamt © **Globus** 11038

Der Produktivgüterstrom und der Konsumgüterstrom bilden zusammen den **Güter-kreislauf**.

Der Güterkreislauf zwischen den Unternehmungen und den privaten Haushalten ist Grundmerkmal jeder arbeitsteiligen Volkswirtschaft. Es ist leicht zu erkennen, dass eine Unterbrechung des Produktivgüterstroms auch zu einer Unterbrechung des Konsum-güterstroms führen würde.

Beispiel: Die Haushalte verzichten darauf, den Unternehmungen ihre Arbeitskraft zur Verfügung zu stellen. Da in diesem Fall in den Unternehmungen nicht weiterproduziert werden könnte, müsste zwangsläufig auch der Konsumgüterstrom ausbleiben. Die Haushalte wären gezwungen, sich mit den Gütern, die sie zur Deckung ihres Bedarfs benötigen, selbst zu versorgen.

Geldkreislauf

Als Gegenleistung für die Bereitstellung der Produktionsfaktoren Arbeit, Boden und Kapital erzielen die Haushalte ein **Einkommen** in Form von Löhnen und Gehältern, Pachten, Mieten, Zinsen und Gewinnen.

Im Einkommenstrom erhalten die privaten Haushalte in Form von Geldzahlungen das Entgelt für die Bereitstellung der Produktionsfaktoren.

Während die Zahlungen für Löhne und Gehälter, Zinsen und Pacht für die privaten Haushalte Einkommensquelle sind, bedeuten sie für die Unternehmungen Aufwendun-gen. Auch der Unternehmensgewinn ist Einkommensquelle: Er wird an die Eigentümer der Unternehmung ausgeschüttet und fließt damit deren Privathaushalt zu.

Beispiele:
– *Herr Schneider bezieht als Angestellter ein Monatsgehalt von 3 700,00 €.*
– *Herr Weintraut erzielt aufgrund der Verpachtung seines Grundstücks an ein Gartencenter eine jährliche Pachteinnahme von 28 000,00 €.*
– *Frau Albert erhält als Aktionärin von der Bayer AG eine jährliche Gewinnausschüttung. Aufgrund der guten Ertragslage dieser Unternehmung werden für das zurückliegende Geschäftsjahr 1,35 € Dividende je Aktie ausgeschüttet.*

Die Haushalte verwenden die erzielten Einkommen zum Kauf der **Konsumgüter**.

Im *Konsumausgabenstrom* leisten die privaten Haushalte Geldzahlungen an die Unternehmungen als Entgelt für die gekauften Konsumgüter.

Die Haushaltsausgaben für Konsumgüter sind daher aus der Sicht der Unternehmungen die Erlöse aus dem Verkauf ihrer Produkte.

Der **Geldkreislauf** setzt sich aus dem Einkommenstrom und dem Konsumausgabenstrom zusammen. Nicht zu Unrecht vergleicht man den Geldkreislauf mit dem Blutkreislauf eines Lebewesens. Das Geld ist der „Treibstoff", der den Wirtschaftsablauf in Gang hält: Einerseits sind die Geldeinkommen Anreiz für die Haushalte, den Unternehmungen die zur Gütererzeugung erforderlichen Produktionsfaktoren zur Verfügung zu stellen. Andererseits sind die Erlöse mit den darin enthaltenen Gewinnen der Antrieb für die Unternehmungen, die zur Deckung des Bedarfs notwendigen Güter herzustellen und zu verkaufen.

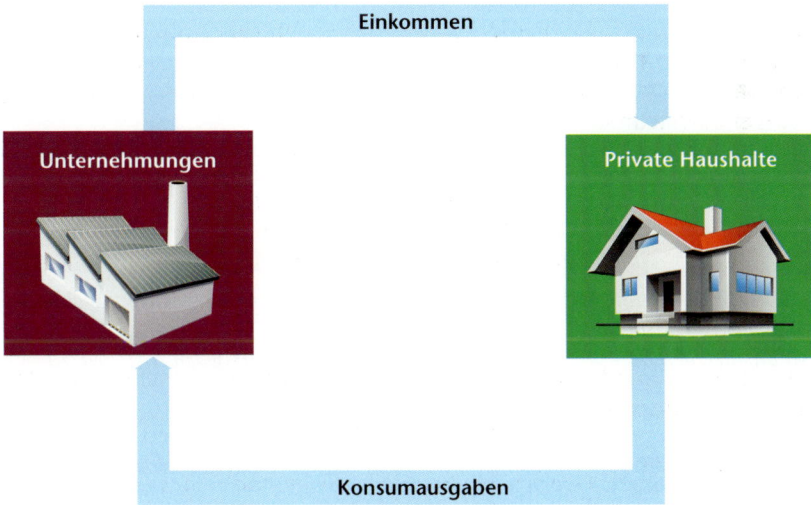

Geldkreislauf und **Güterkreislauf** bilden zusammen den **Wirtschaftskreislauf**, der den Wirtschaftsablauf innerhalb einer Volkswirtschaft in vereinfachter Form darstellt. Geldkreislauf und Güterkreislauf verlaufen in entgegengesetzter Richtung.

Dies ist einfach dadurch begründet, dass auf der einen Seite die Einkommen die Gegenleistung der Unternehmungen für die Bereitstellung der Produktionsfaktoren durch die Haushalte, und auf der anderen Seite die Konsumausgaben die Gegenleistung der Haushalte für die bezogenen Konsumgüter darstellen. Produktivgüterstrom und Einkommenstrom einerseits sowie Konsumgüterstrom und -ausgabenstrom andererseits stimmen folglich wertmäßig überein.

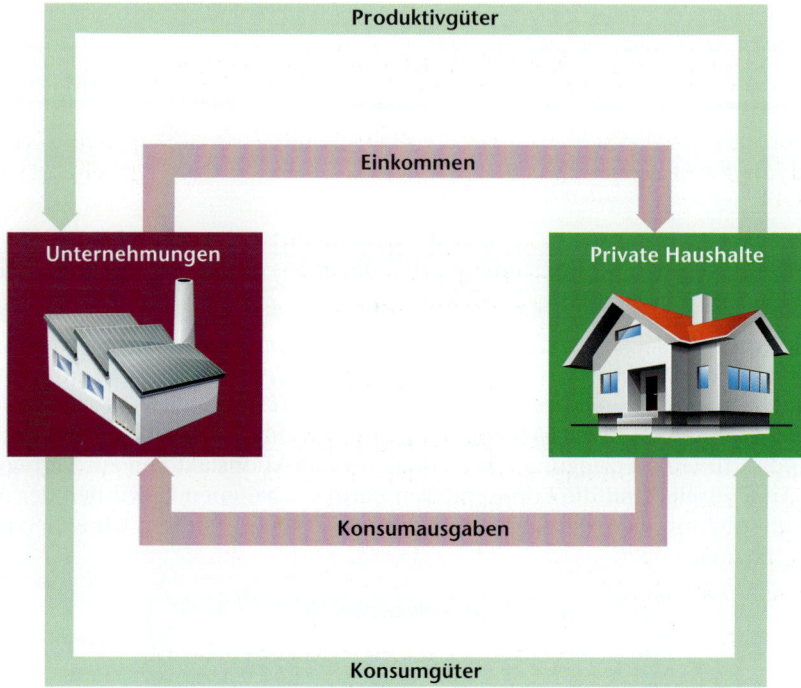

Da die Produktionsfaktoren in den Unternehmungen und die Konsumgüter in den Haushalten aufgebraucht, „verzehrt" werden, müssen sie immer wieder neu in den Güterkreislauf eingebracht werden.

Beispiele:
- *Die in den Unternehmungen benutzten Maschinen haben nur eine begrenzte Lebensdauer und müssen daher in bestimmten Zeitabständen ersetzt werden.*
- *Die Mitarbeiter der Unternehmungen müssen ihre Arbeitskraft jeden Tag neu zur Verfügung stellen.*

Das Geld führt dagegen einen dauernden Kreislauf aus. Eine bestimmte Geldmenge reicht folglich aus, um den Wirtschaftskreislauf dauerhaft aufrechtzuerhalten.

5.1.3   Erweiterter Wirtschaftskreislauf

Im Modell des einfachen Wirtschaftskreislaufs ist unterstellt worden, dass die privaten Haushalte ihr gesamtes Einkommen für den Kauf von Konsumgütern ausgeben. Auch die Rolle des Staates wird in diesem Modell nicht berücksichtigt. Beides ist wirklichkeitsfremd.

5.1.3.1 Einbeziehung der Kreditinstitute

Sparen

Die privaten Haushalte können frei entscheiden, ob sie ihr Einkommen konsumieren, also zum Kauf von Konsumgütern verwenden, oder ob sie einen Teil davon zurücklegen und sparen.

Sparen ist der Verzicht darauf, einen Teil des Einkommens zu verbrauchen.

Dieser Konsumverzicht ist jedoch nur vorübergehend: Zu einem späteren Zeitpunkt, wenn das Sparziel erreicht ist, dienen die angesammelten Sparbeträge einem konsumtiven Zweck.

Wer einen Teil seines Einkommens sparen will, wird diesen Betrag möglichst sicher und verzinslich anlegen wollen. Die Geldanlage erfolgt bei den **Kapitalsammelstellen**. Hierzu zählen in erster Linie die Kreditinstitute, daneben auch die Lebensversicherungsgesellschaften.

Bei den Kreditinstituten in Deutschland kommt den **Universalbanken** die größte Bedeutung zu.
Universalbanken wickeln Kredit-, Wertpapier, Einlagengeschäfte sowie Dienstleistungen im Rahmen des Zahlungsverkehrs „unter einem Dach" ab. Das Universalbankensystem besteht aus den folgenden Sektoren:
- Privatbanken
- Sparkassen
- Genossenschaftsbanken

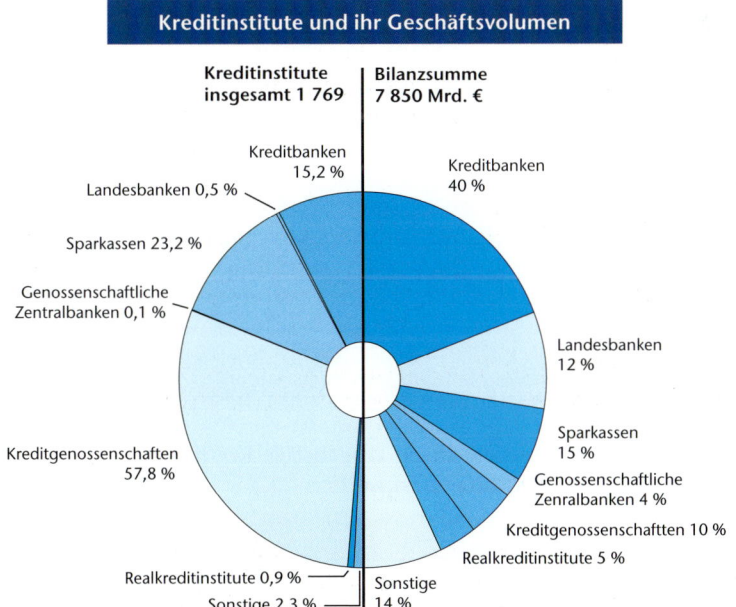

Quelle: Eigene Darstellung, Zahlen von Deutsche Bundesbank, Stand: April 2016

Trotz ihres hohen Anteils an der Gesamtzahl der Kreditinstitute von fast 58 % repräsentieren die Kreditgenossenschaften lediglich 10 % der Bilanzsumme des deutschen Finanzsektors. Andererseits vereinigen die Kreditbanken, die 15,2 % der Kreditinstitute in Deutschland stellen, 40 % der gesamten Bilanzsumme auf sich. Bei diesen Verhältnissen werden die Unterschiede in der Geschäftsstruktur der Sektoren deutlich: Während Kreditgenossenschaften häufig als „kleine Banken vor Ort" tätig sind, agieren die Kreditbanken meist global und weisen dementsprechend stärkere Bezüge zum Investmentbanking auf.

Die **Kapitalsammelstellen** bieten ihren Kunden eine Vielzahl nach Betrag, Laufzeit, Rentabilität (Verzinsung) und Risiko unterschiedlicher Möglichkeiten der Geldanlage an.

Die **Sparquote** gibt an, wie viel Prozent des verfügbaren Einkommens in einer Volkswirtschaft durchschnittlich gespart wird.

$$\text{Sparquote} = \frac{\text{private Ersparnis} \cdot 100}{\text{verfügbares Einkommen}^{1}}$$

Beispiel:
Die verfügbaren Einkommen der privaten Haushalte in Deutschland betrugen 2015 1 811,2 Mrd. €. Davon wurden 175,2 Mrd. € gespart. Somit ergab sich eine Sparquote für 2015 von $\frac{175,2}{1\,811,2} \cdot 100 = 9,7\%.$

Versicherungen, Fonds, Wohnungseigentum
Die **Konsumquote** gibt an, wie viel Prozent des verfügbaren Einkommens für Konsumzwecke ausgegeben wird. Sparquote und Konsumquote addieren sich daher immer zu 100 %.

Für den Fall, dass das laufende Einkommen zur Finanzierung der Ausgaben nicht ausreicht *(z.B. bei größeren Anschaffungen)*, können die privaten Haushalte bei den Kreditinstituten Konsumkredite erlangen.

Investieren
Die Kreditinstitute vermitteln die bei ihnen angelegten Geldbeträge an die Unternehmungen weiter. Diese Geldmittel geben den Unternehmungen die Möglichkeit, Investitionen vorzunehmen.

Investition ist die Mittelverwendung für Unternehmenszwecke.

Die Investitionsvorhaben können durch langfristige Kredite oder durch Bereitstellung von zusätzlichem Eigenkapital finanziert werden.

---
[1] *Vgl. hierzu Seite 439 f.*

Vorübergehend nicht benötigte Geldmittel können auf der anderen Seite von den Unternehmungen bei Kreditinstituten *(z. B. in Form von Termineinlagen)* verzinslich angelegt werden.

Beispiel: Die WEKA Fertighaus AG stellt eine zunehmende Nachfrage nach ihrem neuesten Produkt „Wochenend 3000" fest. Die vorhandenen Produktionsanlagen reichen nicht mehr aus, um alle Kaufwünsche fristgerecht erfüllen zu können.
Für eine Erweiterungsinvestition werden 30 000 000,00 € benötigt.
Der Kapitalbedarf soll durch einen Investitionskredit und durch die Ausgabe zusätzlicher Aktien gedeckt werden.
Die Deutsche Bank AG gewährt den Investitionskredit und vermittelt die neuen WEKA-AG-Aktien an ihre Kunden.

Einkommens- und Kapazitätseffekt von Investitionen
Investitionen lassen sich in eine Phase der Durchführung und in eine Phase der Nutzung der Investition einteilen. Volkswirtschaftlich ergibt sich während der ersten Phase ein **Einkommenseffekt** und während der zweiten Phase ein **Kapazitätseffekt**.

Investitionen haben einen Einkommens- und einen Kapazitätseffekt.

Beispiel: Der Bau einer Hochgeschwindigkeits-Zugstrecke zwischen zwei Großstädten erfordert eine Gesamtinvestition von 770 Mio. €.
Nach einer Bauzeit von 5 Jahren kann die Strecke erstmalig in Betrieb genommen werden.
Während der Bauzeit gibt die Deutsche Bahn AG folgende Beträge aus:
380 Mio. € an die Bauwirtschaft für die Streckenbauten
120 Mio. € an die Stahlindustrie für die Schienenstränge
* 70 Mio. € an die Elektroindustrie für die elektrotechnische Ausstattung*
150 Mio. € an die Maschinenbauindustrie für Triebwagen und Waggons
* 50 Mio. € an Dienstleistungsunternehmen für Projektion, Marketing, Kreditbereitstellung usw.*
In dieser Phase entstehen aus der Investitionssumme von 770 Mio. € Einkommen in Form von Löhnen und Gehältern, Zinsen und Gewinnen. Aufgrund ihrer Aufträge an die Zulieferbetriebe wird die Deutsche Bahn AG damit indirekt zum Arbeitgeber für ca. 5 000 Arbeitnehmer in den verschiedensten Branchen.

Unter dem Einkommenseffekt einer Investition versteht man die Tatsache, dass das investierte Kapital in der ersten Phase ausschließlich neues Einkommen entstehen lässt, ohne dass die Investition selbst einen zusätzlichen Output an Gütern und Dienstleistungen erwirtschaftet.

Die sich aus den investierten Geldmitteln ergebende Nachfrage wirkt sich fördernd auf die Beschäftigungssituation innerhalb der Volkswirtschaft aus.
Nach Beendigung der reinen Investitionsphase verändert sich das Bild. Aufgrund der Investition kann die Unternehmung ihre Leistungen am Markt anbieten und entsprechende Erträge erzielen.

Die Wirkung der Investition auf das Produktionsvolumen der Unternehmung bezeichnet man als Kapazitätseffekt.

Beispiel: Die Hochgeschwindigkeitsstrecke der Deutschen Bahn AG wird in Betrieb genommen. Aufgrund der günstigen Anbindung zweier Großstädte kann das Beförderungsvolumen verdoppelt werden. Nach kurzer Zeit erweist sich, dass die eingesetzten Züge zu 90 % ausgelastet sind.
Die Deutsche Bahn AG beschäftigt auf der neuen Strecke zusätzliche 500 Arbeitnehmer.

Einkommens- und Kapazitätseffekt treten in einem bestimmten zeitlichen Abstand voneinander auf. Wie groß der zeitliche Abstand ist, hängt von der Art der Investition ab.

Beispiele:
– *Wenn ein Handwerker seinen Betrieb erweitert, kann die Investition schon nach wenigen Wochen erste Früchte tragen.*
– *Der Neubau eines Gewerbeparks oder einer Industrieanlage kann dagegen mehrere Jahre in Anspruch nehmen.*

Aus dem Einkommens- und Kapazitätseffekt erklärt sich, weshalb Bundesregierung, Zentralbank und Tarifparteien in Zeiten schlechter Konjunktur und dadurch verursachter Arbeitslosigkeit auf die Investitionsbereitschaft der Unternehmen blicken. Springt der „Motor der Investitionen" an, so stehen die Aussichten auf konjunkturelle Erholung, wirtschaftliches Wachstum und Abbau der Arbeitslosigkeit nicht schlecht.

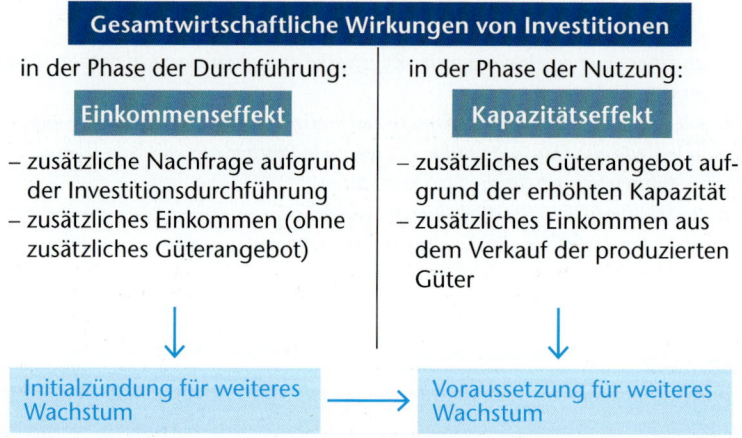

Voraussetzung für die Durchführung von Investitionen in den Unternehmungen ist eine entsprechende Ersparnisbildung der privaten Haushalte.
Im Kreislaufmodell wird deutlich, dass nur solche Geldbeträge für Investitionen zur Verfügung stehen, die bei Kreditinstituten angelegt werden. Geldbeträge, die stattdessen gehortet werden („im Sparstrumpf verschwinden"), werden dem Geldkreislauf vorübergehend entzogen und können deshalb nicht produktiv verwendet werden.

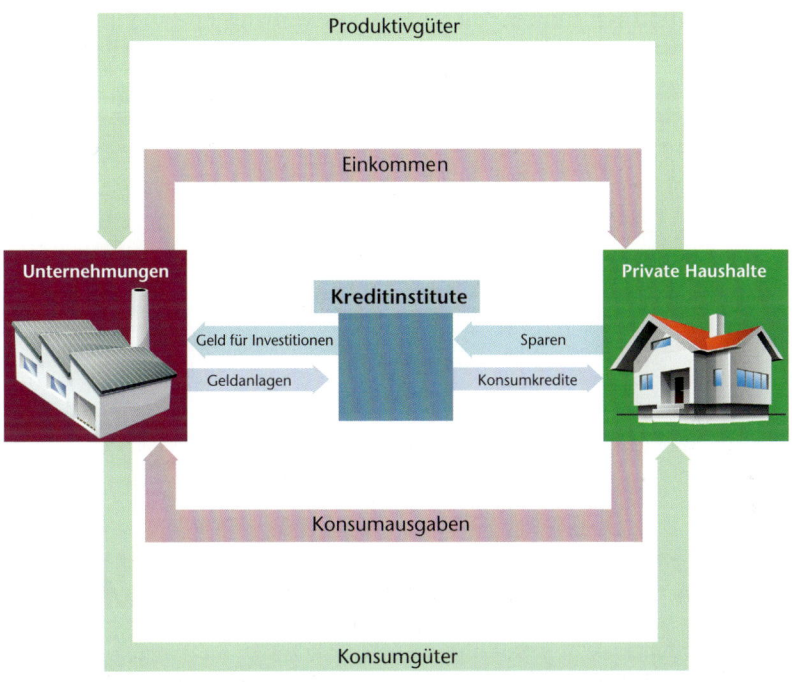

Gesamtwirtschaftliche Funktionen der Kreditinstitute		
Ballungs- und Größen-transformationsfunktion	**Vertrauens- und Risiko-transformationsfunktion**	**Fristentransformations-funktion**
Im **Einlagengeschäft** erhalten die Kreditinstitute von ihren Kunden Sichteinlagen für den Zahlungsverkehr sowie Termin- und Spareinlagen zum Zweck der Geld- und Kapitalanlage. Diese vielen, vom jeweiligen Einzelvolumen relativ geringen Einlagenbeträge werden gebündelt und können im **Kreditgeschäft** in höheren Beträgen bereitgestellt werden. Durch das Sammeln kleiner Einlagenbeträge und deren Zusammenballung zu großen Kreditbeträgen erfolgt eine Größentransformation.	Die Kunden vertrauen auf die sichere Verwaltung der den Kreditinstituten anvertrauten Vermögenswerte. Die Kreditinstitute achten bei ihrer Kreditvergabe auf eine hinreichende Bonität der Kreditnehmer und berücksichtigen das Prinzip der **Risikostreuung**, indem sie ihr Kreditvolumen auf große Zahl nach Art, Kundenkreis, Höhe und Laufzeit unterschiedliche Kredite verteilen. Der einzelne Anleger wäre hierzu nicht in der Lage. Würde er sein Geld einem einzelnen Kreditnehmer zur Verfügung stellen, so würde dessen Zahlungsunfähigkeit für ihn zu einem Totalverlust führen. Durch die Darlehensvergabe an sehr viele unterschiedliche Kreditnehmer erfolgt eine Risikotransformation.	Die Kreditinstitute transformieren kurz- und mittelfristige Einlagen in langfristige Kredite: Ein Teil der Einlagen steht den Kreditinstituten langfristig zur Verfügung, da nicht alle Kunden im Rahmen der formal kurz- und mittelfristigen Kündigungsfristen über sie verfügen. Es verbleibt somit ein **Bodensatz** auf den Konten, der zu langfristigen Kreditgewährungen verwendet werden kann. Langfristige Kredite sind gesamtwirtschaftlich von großer Bedeutung, da Investitions- und Bauvorhaben einen langfristigen Kapitalbedarf verursachen. Ohne die langfristige Mittelbereitstellung durch Kreditinstitute wären wirtschaftliches Wachstum und privater Wohnungsbau nicht möglich.

Die Finanzkrise hat gezeigt, dass Funktionsstörungen innerhalb der Kreditwirtschaft und ein Vertrauensverlust gegenüber den Kreditinstituten zu einer Krisensituation innerhalb der Volkswirtschaft führen können. Dies macht eine vorbeugende und umfassende gesetzliche Reglementierung und **staatliche Beaufsichtigung der Kreditinstitute** erforderlich.

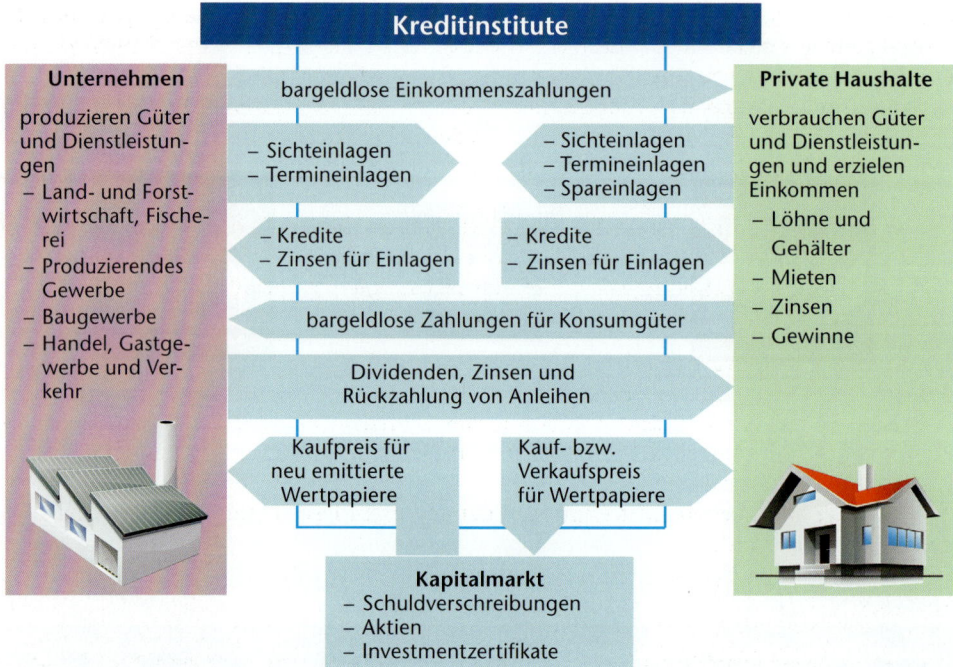

Bei den Kreditinstituten lässt die Bilanz besonders deutlich Umfang und Schwerpunkte der geschäftlichen Tätigkeit erkennen. Die Annahme von Einlagen einerseits und die Kreditvergabe andererseits sind die wesentlichen Aufgaben des Bankensystems, die entsprechend im Bild der konsolidierten (= zusammengefassten) Bilanz erscheinen (Werte in Mio. €).

Aktiva der Kreditinstitute	2006	2014[1]	2016[2]
Barreserve	58 800	91 300	207 700
Kredite an Kreditinstitute	2 742 400	2 613 300	2 456 600
Kredite an Nichtbanken	3 773 800	3 907 200	4 023 100
Beteiligungen	149 600	133 000	119 000
Sonstige Aktiva	256 600	1 062 600	1 043 500
Bilanzsumme	6 981 200	7 807 400	7 849 900

Passiva der Kreditinstitute	2006	2014[1]	2016[2]
Einlagen und aufgenommene Kredite von Kreditinstituten	1 972 400	1 720 200	1 718 200
Einlagen und aufgenommene Kredite von Nichtbanken	2 625 200	3 357 200	3 483 400
Inhaberschuldverschreibungen im Umlauf	1 663 200	1 162 000	1 119 000
Eigenkapital (einschl. offener Rücklagen gem. § 10 KWG)	322 500	465 000	483 500
Sonstige Passiva	397 900	1 103 000	1 045 800
Bilanzsumme	6 981 200	7 807 400	7 849 900

[1]   Werte im Oktober 2014.

[2]   Werte im April 2016.

5.1.3.2 Einbeziehung des Staates

Der Staat ist – neben den Unternehmen, den privaten Haushalten und dem Ausland – einer der vier großen Sektoren der Volkswirtschaft. In unserer Gesellschaftsordnung ist er kein zentral gesteuertes Gebilde, sondern er besteht aus einer Vielzahl einzelner Entscheidungs-einheiten, die ihre speziellen Belange vertreten, dabei jedoch in den gemeinsamen Rahmen des Verfassungs-, Staats- und Haushaltsrechts eingebettet sind. **Öffentliche Unternehmen** (*z.B. Versorgungsbetriebe, Sparkassen*) werden in den Sektor Staat nicht einbezogen. Sie gehö-ren in der Volkswirtschaftlichen Gesamtrechnung zum Unternehmenssektor.

Der Wirtschaftssektor Staat ist die Zusammenfassung aller öffentlichen Haushalte. Hierzu zählen die Gebietskörperschaften (Bund, Länder, Städte, Gemeinden), die Einrichtungen der Sozialver-sicherung und alle sonstigen staatlichen Institutionen, die gemeinnützige Aufgaben erfüllen.

Die Rolle des Staates ist aus den Volkswirtschaften der Gegenwart nicht mehr wegzu-denken. Seine vielfältigen Aufgaben in den Bereichen der öffentlichen Verwaltung, der Rechtsprechung, der Landesverteidigung, des Zivilschutzes, des Umweltschutzes, im Gesundheits-, Bildungs- und Sozialwesen kann der Staat nur erfüllen, wenn er über ent-sprechende Einnahmen verfügt.

Nur über die finanziellen Anstrengungen der gesamten Bevölkerung können diese Auf-gaben bewältigt werden.

Exkurs: Die Aufgaben des Staates

Wandlungen in der Auffassung vom Staat und seinen Aufgaben lassen sich besonders deutlich aus den Ansprüchen der Bürgerinnen und Bürger an das Leistungsangebot im öffentlichen Bereich ablesen. Lange Zeit hatte der Staat in erster Linie die allgemeinen Rahmenbedingungen für ein geordnetes Zusammenleben zu setzen und den Schutz nach außen zu sichern. Heute wird ihm eine Vielzahl zusätzlicher Leistungen abverlangt. Die Sorge für Bildung und Ausbildung, die sozi-ale Sicherung, die Mitwirkung bei der Versorgung mit Wohnraum sind hierfür nur einige Beispiele.

Auch im wirtschaftlichen Be-reich wird der Staat zuneh-mend in die Pflicht genom-men. Über die traditionelle Aufgabe der Bereitstellung und Verbesserung der Infra-struktur hinaus hat er – ent-sprechend den allgemeinen Leitlinien der Wirtschaftspo-litik – alles zu tun, um wirt-schaftliche Stabilität und ein angemessenes Wachstum zu sichern und die Prinzipien des Sozialstaates zu verwirk-lichen. In vielen Bereichen von Wissenschaft und For-schung, bei der Förderung von Sport und Kultur usw. sind staatliche Hilfen inzwischen selbstverständlich geworden.

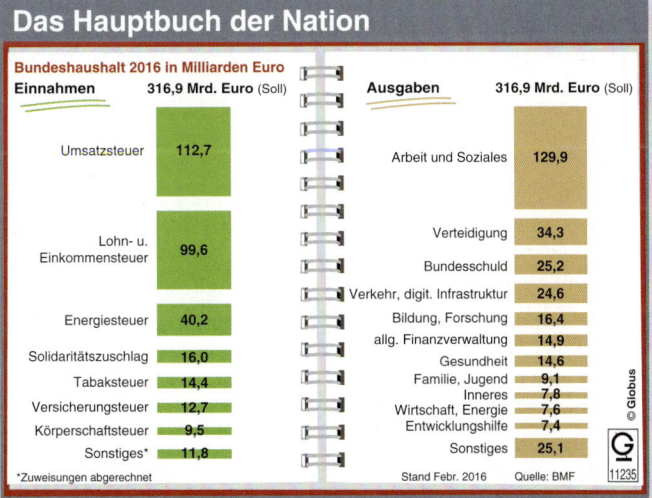

Gemeindeverbänden und kommunalen Zweckverbänden, ferner der Lastenausgleichsfonds und das ERP-Sondervermögen, das aus der Marshallplanhilfe der USA nach dem Zweiten Weltkrieg hervorgegangen ist, sowie die Etats der Sozialversicherungsträger und der Bundesagentur für Arbeit.

Aufgaben ganz besonderer Art haben sich mit der deutschen Vereinigung ergeben. Die Deckung des großen Finanzbedarfs erfolgt in erster Linie durch spezielle Sonderfonds des Bundes. Die Finanzierung des Aufbaus einer modernen Infrastruktur der neuen Bundesländer erfolgte in den ersten Jahren durch den Fonds „Deutsche Einheit".

Staatseinnahmen

Die Staatseinnahmen setzen sich zum überwiegenden Teil aus den verschiedenen **Steuern** zusammen, die der Staat zwangsweise bei den privaten Haushalten und Unternehmungen erhebt.
Daneben erzielt der Staat Einnahmen aufgrund von **Gebühren** und **Beiträgen**, die das Entgelt für die Inanspruchnahme staatlicher Leistungen darstellen.

Beispiele:
- *Beiträge zur gesetzlichen Renten-, Kranken-, Pflege- und Arbeitslosenversicherung*
- *Ausstellungsgebühr für einen neuen Reisepass*

Soweit zur Finanzierung der Staatsausgaben die eigenen Einnahmen der öffentlichen Haushalte nicht ausreichen, greifen sie auf „angesparte" Rücklagen zurück oder nehmen am Kreditmarkt Kredite auf. Dies hat zu einer wachsenden öffentlichen Verschuldung geführt. Der Schuldenstand der öffentlichen Haushalte betrug 2015 ca. 2 022 Mrd. €.

Davon entfielen auf den Bund einschließlich seiner Sondervermögen ca. 1 265 Mrd. €, auf die Länder 613 Mrd. € und auf die Gemeinden und Gemeindeverbände (einschließlich Zweckverbände) 144 Mrd. €. Die öffentlichen Schulden entstehen zum größten Teil über den Kreditmarkt, d.h. durch die Ausgabe von Wertpapieren (Anleihen, Schatzbriefe usw.) oder durch die direkte Aufnahme von Darlehen bei inländischen Versicherungen, Kreditinstituten u. Ä. (einschließlich Sozialversicherungsträger) sowie im Ausland.

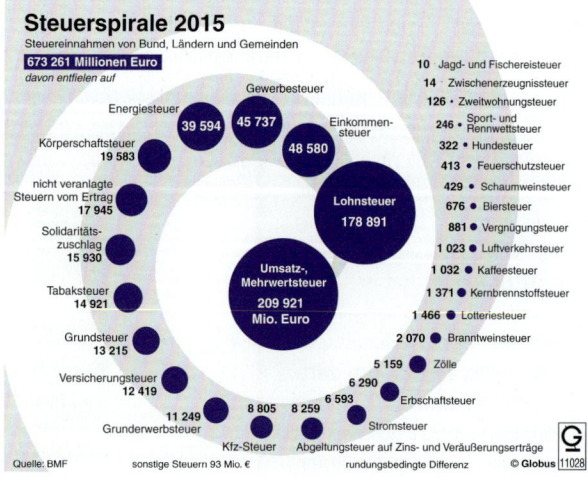

Der erhebliche Finanzbedarf infolge der deutschen Wiedervereinigung und aufgrund wachsender internationaler Verpflichtungen erfordert kurzfristig eine verstärkte Inanspruchnahme des Kreditmarktes durch die öffentlichen Haushalte. Die Diskussion über Auswirkungen und Grenzen der Staatsverschuldung gewinnt daher erneut an Aktualität. Nach dem *Grund-*

gesetz (Art. 115) darf die jährliche Kreditaufnahme des Bundes die Summe der im Haushalts-plan veranschlagten Ausgaben für Investitionen nicht überschreiten. Gleichwohl ist auch bei Einhaltung dieses Grundsatzes zu beachten, dass zunehmende Verschuldung zu stei-genden Zinszahlungen führt, die den Spielraum der Haushalte künftiger Jahre einengen. Die Zinslast für die Staatsschulden lag z.B. 1975 bei 7,7 Mrd. € jährlich, war 1978 auf 11,2 Mrd. € gestiegen und betrug 1986 bereits knapp 29,7 Mrd. €. Im Jahr 2010 waren es 64,6 Mrd. €. Seitdem ist die Zins-last aufgrund des gesunkenen Zinsniveaus stark gesunken. 2015 belief sie sich auf 37 Mrd. €.

Informationen über das Ausmaß der Staatstätigkeit in einer Volkswirtschaft geben die folgenden Quoten, deren Ver-lauf in der nachstehenden Abbildung dargestellt wird:

- **Ausgabenquote (Staatsquote):** Anteil der staatlichen Ausgaben am Brutto-inlandsprodukt.
- **Einnahmenquote:** Anteil der staatli-chen Einnahmen am Bruttoinlands-produkt.
- **Abgabenquote:** Anteil der Steuern und Sozialabgaben am Bruttoinlands-produkt.
- **Defizitquote:** Finanzierungsfehlbetrag im Verhältnis zum Bruttoinlandspro-dukt (wichtiges Konvergenzkriterium im Zusammenhang mit der Europä-ischen Wirtschafts- und Währungsuni-on[1]).

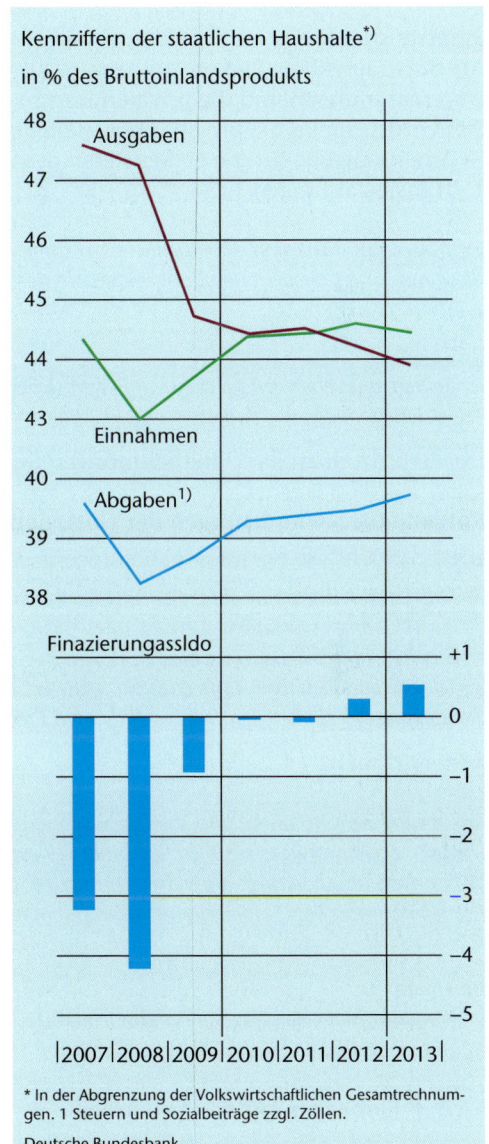

Quelle: Deutsche Bundesbank, Monatsbericht Februar 2016, Seite 64

---

[1]   *Vgl. Seite 491 ff.*

Staatsverschuldung in Deutschland	Schuldenzuwachs pro Sekunde	Verschuldung pro Kopf
2 027 511 939 247 €	115 €	24 890 €

Quelle: www.steuerzahler.de, abgerufen am 10.07.2016

Staatsausgaben

Als Staatsausgaben fließen die vereinnahmten Geldmittel des Staates wieder an die Unternehmungen und die privaten Haushalte zurück.

Der Geldstrom an die privaten Haushalte umfasst:
- Arbeitsentgelte für die Bediensteten des Staates
- Transferzahlungen

Transferzahlungen sind unentgeltliche Leistungen des Staates an bestimmte Privatpersonen. Durch diese Ausgaben versucht der Staat, innerhalb der Volkswirtschaft für soziale Gerechtigkeit zu sorgen.

Beispiele:
– *Renten und Pensionen für aus dem Erwerbsleben ausgeschiedene Personen und deren Hinterbliebene*
– *Sozialleistungen wie Arbeitslosengeld, Wohngeld, Kindergeld usw.*

Der Geldstrom an die Unternehmungen umfasst:

Entgelte für Sachleistungen der Unternehmungen an den Staat

Beispiele:
– *Das Land NRW plant die Errichtung der vierspurigen Rheinbrücke. Nach Ablauf des öffentlichen Ausschreibungsverfahrens erhält die REGO Hochbau AG aufgrund ihres Angebotes über 35 000 000,00 € den Zuschlag.*
– *Die Schulmöbelfabrik Löffert & Co. beliefert die Stadt Dresden mit 200 Schulbänken zur Ausstattung der städtischen Berufsschule zum Preis von 25 000,00 €.*

Subventionen

Subventionen sind unentgeltliche Zuwendungen des Staates an bestimmte Unternehmungen zur Förderung gesamtwirtschaftlich wichtiger Forschungsvorhaben sowie zur Unterstützung einzelner Wirtschaftsregionen oder Wirtschaftsbranchen.
Die Gewährung von Subventionen kann auch in Form von Steuererleichterungen erfolgen.

Beispiele:
– *Förderung der Grundlagenforschung zur Nutzung der Sonnenenergie*
– *Unterstützung der Stahlindustrie zum Erhalt von Arbeitsplätzen*

5.1.3.3 Einbeziehung des Auslandes

Der Wirtschaftssektor Ausland besteht aus der Zusammenfassung aller ausländischen Wirtschaftssubjekte.

Der *Außenwirtschaftsverkehr*[1] umfasst den Austausch von Waren, Dienstleistungen und Kapital mit fremden Volkswirtschaften.

---
[1] *Vgl. hierzu Seite 489 ff.*

Für Deutschland spielen die Beziehungen zum Ausland eine besondere Rolle: Deutschland ist ein vergleichsweise rohstoffarmes Land und muss deshalb eine Vielzahl der zur Güterherstellung benötigten Produkte aus dem Ausland einführen. Auch können viele Dinge des täglichen Verbrauchs, die wir sehr schätzen *(z. B. bestimmte Lebensmittel)*, nur aus dem Ausland bezogen werden. Schließlich sind die Deutschen sehr reisefreudig und verbringen gerne ihren Urlaub im Ausland.

Das dazu benötigte Geld muss im Gegenzug durch entsprechende Wirtschaftsleistungen für das Ausland „verdient" werden.

Da ungefähr ein Drittel der bei uns erzeugten Produkte an das Ausland verkauft wird, ist eine Vielzahl von Arbeitsplätzen im Inland von der Nachfrage des Auslandes abhängig. Ein freier Welthandel ermöglicht eine internationale Arbeitsteilung und dient damit den in den einzelnen Volkswirtschaften lebenden Menschen.

Voraussetzungen für möglichst ungehinderte Wirtschaftsbeziehungen mit ausländischen Volkswirtschaften sind:
- geordnete wirtschaftliche und politische Verhältnisse im In- und Ausland,
- vergleichbare Rechtsordnungen,
- stabile Wechselkurse zwischen den Währungen,
- keine Handelsbarrieren.

Warenverkehr
Warenimport: Aus dem Ausland werden Güter importiert.

Beispiele: Erdgas aus Russland, Textilien aus Indien, elektronische Geräte aus Korea, Fotokameras aus Japan

Warenexport: Aus dem Inland werden Güter exportiert.

Beispiele: Maschinen, pharmazeutische Produkte, Kraftfahrzeuge

Deutschlands wichtigste Handelspartner

Angaben für 2016 in Milliarden Euro

Die größten **Lieferanten** (Einfuhr)

Land	Mrd. €
China	93,8 Mrd. €
Niederlande	83,6
Frankreich	65,8
USA	57,8
Italien	51,8
Polen	46,5
Schweiz	43,9
Tschechien	42,4
Österreich	38,6
Belgien	37,9
Großbritannien	35,6
Spanien	27,8
Russland	26,4
Ungarn	25,0
Japan	22,0
Türkei	15,3

Die größten **Kunden** (Ausfuhr)

Mrd. €	Land
106,9	USA
101,4	Frankreich
86,1	Großbritannien
79,1	Niederlande
76,1	China
61,4	Italien
59,8	Österreich
54,8	Polen
50,4	Schweiz
41,8	Belgien
40,6	Spanien
38,3	Tschechien
25,1	Schweden
22,8	Ungarn
21,9	Türkei
21,6	Russland

Quelle: Statistisches Bundesamt (Februar 2017)   vorläufige Angaben   © Globus 11592

Dienstleistungsverkehr

Dienstleistungsimport: Inländische Wirtschaftssubjekte nehmen Dienstleistungen des Auslandes in Anspruch.

Beispiel: Ein Auszubildender verbringt seinen Urlaub in Spanien.

Dienstleistungsexport: Ausländische Wirtschaftssubjekte nehmen Dienstleistungen des Inlandes in Anspruch.

Beispiel: Ein Steuerberater berät einen Mandanten in Abu Dhabi.

Kapitalverkehr

Kapitalexport: Inländische Wirtschaftssubjekte legen Geld im Ausland an.

Beispiel: Der vermögende Privatkunde Dr. Hamm erwirbt hochverzinsliche Auslandsanleihen.

Kapitalimport: Ausländische Wirtschaftssubjekte legen Geld im Inland an.

Beispiel: Ein japanischer Computerhersteller investiert im Inland, indem er hier eine Zweigniederlassung errichtet.

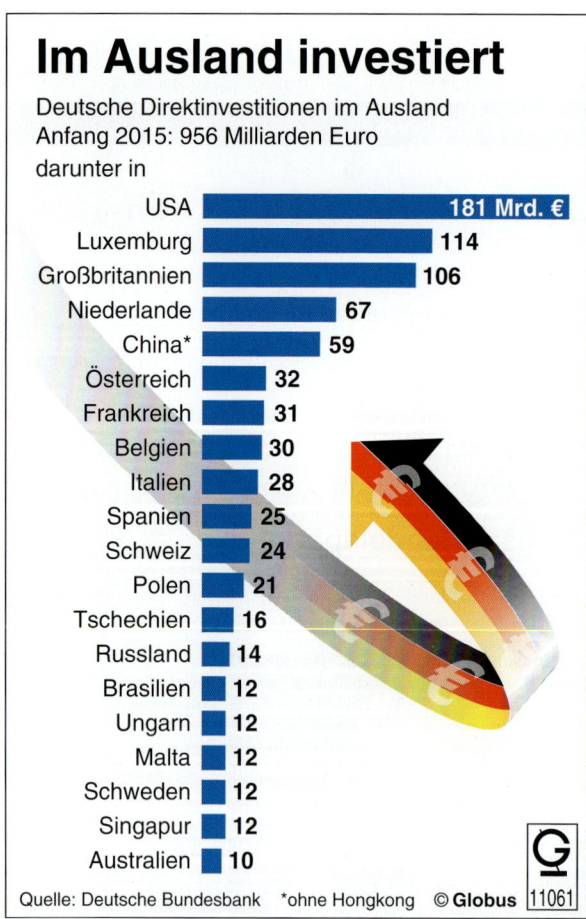

Im Ausland investiert

Deutsche Direktinvestitionen im Ausland
Anfang 2015: 956 Milliarden Euro
darunter in

Land	Mrd. €
USA	181 Mrd. €
Luxemburg	114
Großbritannien	106
Niederlande	67
China*	59
Österreich	32
Frankreich	31
Belgien	30
Italien	28
Spanien	25
Schweiz	24
Polen	21
Tschechien	16
Russland	14
Brasilien	12
Ungarn	12
Malta	12
Schweden	12
Singapur	12
Australien	10

Quelle: Deutsche Bundesbank   *ohne Hongkong   © Globus   11061

Die USA sind das wichtigste Zielland für deutsche Direktinvestitionen. Deutsche Unternehmen und Privatpersonen besitzen dort Beteiligungen, Tochterfirmen und Vertriebsstellen im Wert von 181 Milliarden Euro. Diese Summe entspricht mehr als einem Fünftel aller Direktinvestitionen im Ausland. Die Auslandsaktivitäten sind auch ein Zeichen der zunehmenden Globalisierung und des internationalen Wettbewerbs. Die Unternehmen zieht es nicht nur ins Ausland, weil dort möglicherweise billiger produziert werden kann, sondern auch, weil sie ihre Stellung am ausländischen Standort festigen oder ausbauen wollen und um im internationalen Wettbewerb mithalten zu können. Der Gesamtwert der deutschen Direktinvestitionen jenseits der Grenzen betrug Anfang 2015 956 Milliarden Euro; davon waren 541 Milliarden Euro in EU-Ländern investiert. Aber auch Deutschland ist als Investitionsziel interessant. So hatten ausländische Investoren insgesamt 666 Milliarden Euro investiert.

Quelle: picture-alliance/dpa-infografik

Unentgeltliche Übertragungen

Ausländische Wirtschaftssubjekte erhalten Geld aus dem Inland ohne eine direkte Gegenleistung.

Beispiele:
- *Entwicklungshilfe an Länder der Dritten Welt*
- *Spenden im Rahmen der Welthungerhilfe*
- *Zahlungen von ausländischen Arbeitnehmern an im Ausland gebliebene Familienangehörige*

Inländische Wirtschaftssubjekte erhalten unentgeltliche Zahlungen aus dem Ausland.

Beispiel: Ein Inländer erbt von einem ausländischen Verwandten Geld, das er sich hierher überweisen lässt.

Unter Einbeziehung der Kreditinstitute, des Staates und des Auslandes ergibt sich der **erweiterte Wirtschaftskreislauf**.

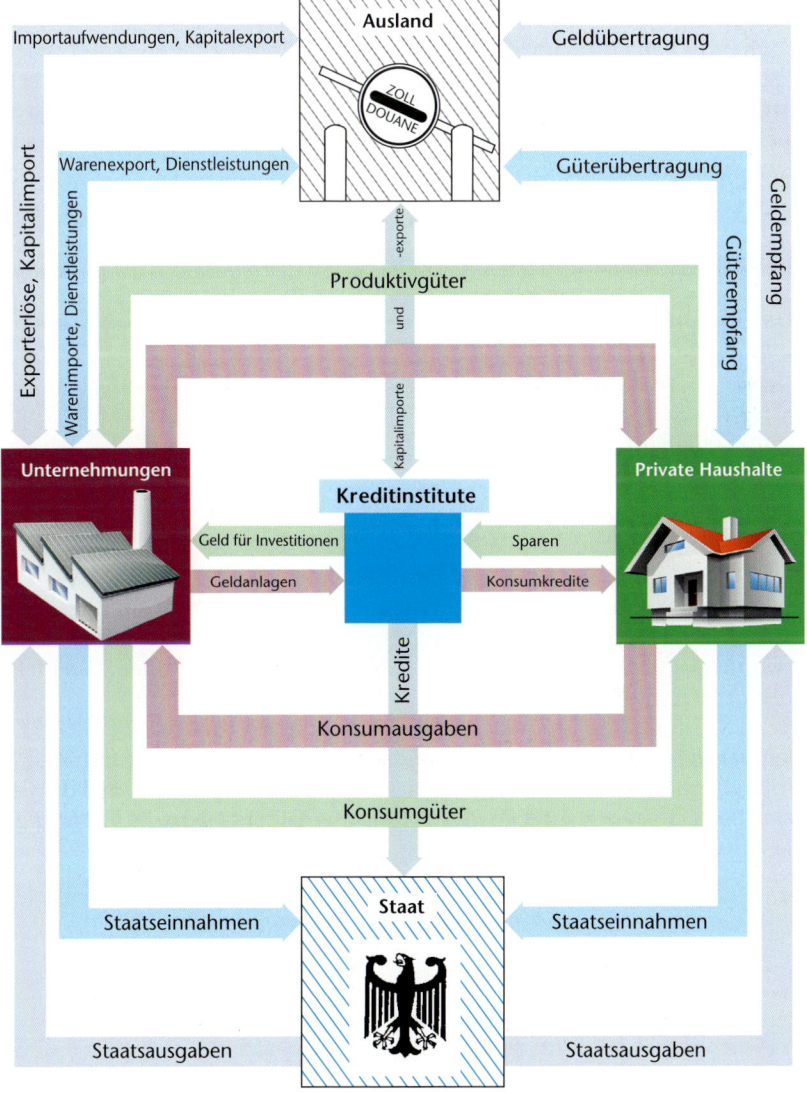

5.1.3.4 Modellkritik

Das Modell vermittelt den Eindruck, als sei der Wirtschaftsablauf stets störungsfrei und als sei das Handeln der verschiedenen Wirtschaftssubjekte völlig aufeinander abgestimmt.

Nicht immer sind in der Wirklichkeit die Annahmen erfüllt, dass

- die privaten Haushalte so viel sparen, wie die Unternehmungen für ihre Investitionen benötigen,

- die Unternehmungen so viele Konsumgüter produzieren, wie die privaten Haushalte kaufen wollen und können,

- der Staat in dem Umfang über Einnahmen verfügt, wie zur Bestreitung der Staatsausgaben erforderlich ist,

- der Austausch von Waren, Dienstleistungen und Kapital mit anderen Volkswirtschaften ausgeglichen ist.

In jeder dynamischen, d.h. im Zeitablauf sich verändernden und fortentwickelnden Volkswirtschaft entstehen Schwankungen und Störungen innerhalb des Wirtschaftsablaufs. Es sind zunächst die Kräfte des Marktes, die auf einen Ausgleich hinwirken. Daneben versucht der Staat, mithilfe seiner Wirtschaftspolitik lenkend und korrigierend auf das Wirtschaftsgeschehen Einfluss zu nehmen.[1]

5.2   Inlandsprodukt und Volkseinkommen

5.2.1   Das Inlandsprodukt – Maßstab des wirtschaftlichen Wohlstands

Um etwas über die wirtschaftliche Leistungsfähigkeit und Entwicklung einer Volkswirtschaft zu erfahren, muss man den gesamten Umfang der Produktion und seine Veränderung im Zeitablauf messen.

Das Inlandsprodukt ist der Gesamtwert aller Sachgüter und Dienstleistungen, die während eines Jahres innerhalb einer Volkswirtschaft produziert werden.

Bildlich gesehen kann man sich das Inlandsprodukt als einen riesigen Berg von Gütern vorstellen, der all das umfasst, was in der Volkswirtschaft während eines Jahres hervorgebracht worden ist, einerlei, ob es sich um Sachgüter *(z.B. Autos)* oder Dienstleistungen *(z.B. Kinobesuche)* handelt.

Die Menge der verfügbaren Produktionsfaktoren und der Wirkungsgrad ihres Einsatzes bestimmen das mögliche Ausmaß des Inlandsprodukts einer Volkswirtschaft.

Um das Inlandsprodukt wertmäßig genau bestimmen zu können, werden die Güter mit ihren Herstellungskosten zuzüglich des Saldos aus Gütersteuern *(z.B. Mineralölsteuer)* und Gütersubventionen bewertet.

Beispiel: Der Unterricht in der Schule stellt einen Beitrag des Staates zum Inlandsprodukt dar. Die Gehälter der Lehrer stellen die „Herstellungskosten" des Unterrichts dar.

---

[1] *Vgl. hierzu Seite 561 ff.*

Schattenwirtschaft als statistisches Problem

Statistisch nicht erfasst im Inlandsprodukt sind solche Produktionsleistungen, die unentgeltlich in den privaten Haushalten erbracht werden.

Beispiele:
– *Do-it-yourself-Heimwerkerarbeiten*
– *Obst- und Gemüseanbau im eigenen Garten*
– *Dienstleistungen, die unentgeltlich innerhalb der privaten Haushalte von Familienangehörigen erbracht werden (kochen, putzen, waschen).*

Man spricht hier von legaler Schattenwirtschaft. Auf der anderen Seite existiert auch eine **illegale Schattenwirtschaft**.

Beispiele:
– *Schwarzarbeit*
– *Drogenhandel*
– *Tabakschmuggel*

Während Schwarzarbeit bereits seit vielen Jahren in die Berechnung des Inlandsprodukts einfließt, werden illegale Tätigkeiten im Zusammenhang mit Drogenhandel oder Tabakschmuggel erst seit Mitte 2014 erfasst. Die Erfassung erfolgt durch Einsatz bestimmter Schätzmethoden.

Rechtsgrundlage für die erweiterte Einbeziehung illegaler Tätigkeiten der Schattenwirtschaft ist die im Mai 2013 in Kraft getretene und europaweit geltende ESVG; Verordnung 2010 (ESVG = Europäisches System Volkswirtschaftlicher Gesamtrechnungen.). Im Zuge dieser Verordnung ergeben sich neben der Einbeziehung illegaler Schattenwirtschaft weitere Änderungen, die für die Höhe des zu ermittelnden Inlandsprodukts von Bedeutung sind. So werden jetzt Forschungs- und Entwicklungsaufgaben sowie Militärische Waffensysteme nicht mehr als Vorleistungen[1] erfasst, sondern als Investitionen.

> **ESVG-2010**
>
> - Durch EU-Verordnung für alle Länder der Europäischen Union rechtsverbindliche Grundlage für die Erfassung und Strukturierung von Daten zur Volkswirtschaftlichen Gesamtrechnung
> - Umsetzung seit September 2014
> - Einbeziehung zusätzlicher Tätigkeiten in der Schattenwirtschaft
> - Erfassung von Forschungs- und Entwicklungsaufgaben sowie von Militärischen Waffensystemen als Investitionen
> - Insgesamt positive Effekte auf die Höhe des Inlandsprodukts
> - Kritik: Wachstumsschub wird nicht durch erhöhte wirtschaftliche Aktivität erzeugt, sondern durch neue Berechnungsgrundsätze und -methoden

Fachleute schätzen, dass sich durch die Änderungen der ESVG in Deutschland eine Erhöhung des Inlandsprodukts um mehrere Hundert Milliarden Euro ergibt. Dies hat eine große politische und wirtschaftliche Bedeutung, da das Inlandsprodukt traditionell als Maßstab für den materiellen Wohlstand einer Volkswirtschaft gilt.

Bruttoinlandsprodukt

Veränderung gegenüber dem Vorquartal:

2015				2016		
1. Vj	**2. Vj**	**3. Vj**	**4. Vj**	**1. Vj**	**2. Vj**	**3. Vj**
1,3 %	1,8 %	1,8 %	2,1 %	1,5 %	3,1 %	1,5 %

Vj = Vierteljahr

---

[1] *Vgl. Seite 430 f.*

Ausdruck für das **Wirtschaftswachstum** einer Volkswirtschaft ist im Allgemeinen der Anstieg des Inlandsprodukts. Ob ein quantitatives Wachstum jedoch *tatsächlich* die Lebensbedingungen der Bevölkerung verbessert, wird zunehmend kritisch betrachtet.

Die traditionelle Inlandsproduktsberechnung berücksichtigt nämlich nicht die Schäden und Nachteile, die durch die Mehrproduktion verursacht sind:
▪ Umweltbelastungen und -schäden durch Raubbau an der Natur *(„Waldsterben")*,
▪ Klimabelastungen *(„Ozonloch")*,
▪ Zivilisationskrankheiten,
▪ Verlust an Lebensqualität durch Lärm, Verkehrsdichte, Hektik und Stress im Alltag und Beruf.

5.2.2 Wertschöpfung der Unternehmung

Um festzustellen, wie groß das Inlandsprodukt ist, muss man die einzelnen Produktionsleistungen am Ort ihrer Entstehung erfassen.

Beispiele: Ein forstwirtschaftliches Unternehmen verkauft Holz zum Preis von 10 000,00 € an ein Sägewerk.
Das Sägewerk schneidet das Holz zu Brettern und verkauft es zum Preis von 16 000,00 € an eine Möbelfabrik.
Die Möbelfabrik verarbeitet die Bretter zu Naturholzmöbeln und verkauft diese zum Preis von 25 000,00 € an eine Möbelhandlung.
Die Möbelhandlung verkauft die gelieferten Erzeugnisse als Bio-Möbel nach und nach zum Preis von 32 000,00 € an die Endverbraucher.
Es ist leicht zu erkennen, dass die beteiligten Unternehmen jeweils einen unterschiedlichen Beitrag zur Herstellung des Endproduktes geleistet haben:

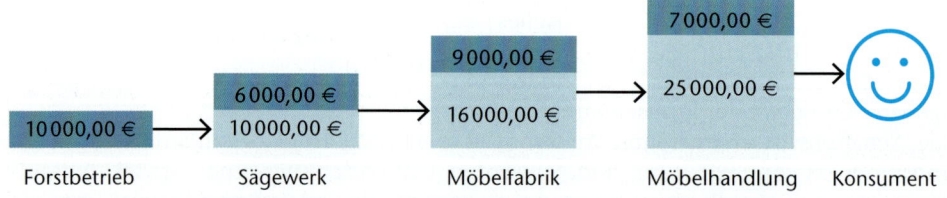

	Vorleistungen	Bruttowertschöpfung	Produktionswert
Forstbetrieb	–	10 000,00 €	10 000,00 €
Sägewerk	10 000,00 €	6 000,00 €	16 000,00 €
Möbelfabrik	16 000,00 €	9 000,00 €	25 000,00 €
Möbelhandlung	25 000,00 €	7 000,00 €	32 000,00 €
	51 000,00 €	32 000,00 €	83 000,00 €

Die Bruttowertschöpfung der Unternehmung ist die Differenz zwischen dem Verkaufserlös der eigenen Leistungen, dem sog. Produktionswert, und dem Kaufpreis der von anderen Unternehmen bezogenen Vorleistungen.

> *Die **Wertschöpfung** in der Unternehmung geschieht durch die **Kombination der Produktions-faktoren Arbeit, Boden und Kapital**[1].*

Die Besitzer der Produktionsfaktoren, also die Arbeitnehmer, Kapitalanleger, Grundstücksbesitzer und Unternehmer erhalten für ihre Leistungen ein Entgelt in Form von Löhnen und Gehältern, Zinsen, Mieten, Pachten, Gewinnausschüttungen. Diese Zahlungen stellen das Einkommen der privaten Haushalte dar.

Aufgrund des Produktionsprozesses werden die in der Unternehmung eingesetzten Produktionsanlagen und -mittel abgenutzt, sodass sie nach Ablauf ihrer Nutzungsdauer wieder erneuert werden müssen. Die entstandenen Wertminderungen des Sachkapitals stellen Aufwendungen dar und werden als Abschreibungen erfasst. Die Abschreibungsbeträge sind in die Verkaufspreise miteinkalkuliert und fließen damit beim Verkauf der Produkte in die Unternehmung zurück. Die Abschreibungsgegenwerte dienen später der Finanzierung der Ersatzinvestitionen.

Die **Nettowertschöpfung** ist somit identisch mit den Einkommen, die den privaten Haushalten zufließen.

Produktionswert		
Vorleistungen	Bruttowertschöpfung	
	Abschreibungen	Nettowertschöpfung

Beispiele: Die Möbelfabrik aus dem obigen Beispiel hat an die Mitarbeiter Gehälter in Höhe von 5 500,00 €, an die Kreditgeber Zinsen in Höhe von 500,00 € und an die Eigentümer des Firmengrundstücks Miete in Höhe von 1 000,00 € zu zahlen. Die Abschreibungen für die eingesetzten Maschinen und Geräte betragen 800,00 €.

Wertschöpfungsrechnung			
Vorleistungen	16 000,00 €		
Abschreibungen	800,00 €		
Nettowertschöpfung	8 200,00 €	Verkaufserlöse	25 000,00 €
Gehälter 5 500,00 €			
Zinsen 500,00 €			
Miete 1 000,00 €			
Gewinn 1 200,00 €			

5.2.3 Wege der Inlandsproduktsberechnung

Das Inlandsprodukt kann auf drei verschiedenen Wegen ermittelt werden, wobei jeweils ein anderer Untersuchungsaspekt im Vordergrund steht:

- **Entstehungsrechnung**: Wo ist das Inlandsprodukt entstanden? Wieviel haben die einzelnen Wirtschaftsbereiche zum gesamtwirtschaftlichen Ergebnis beigetragen?
- **Verwendungsrechnung**: Wie wird das Inlandsprodukt verwendet? Wurde es konsumiert, investiert oder exportiert?

---

[1] *Vgl. hierzu Seite 305 ff.*

- **Verteilungsrechnung**:   Wie werden die bei der Entstehung des Inlandsprodukts erzielten Einkommen verteilt?

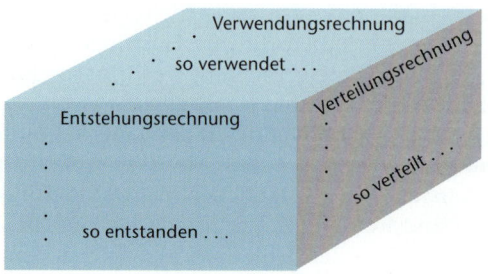

Entstehungsrechnung

Das Inlandsprodukt ist das Ergebnis der wirtschaftlichen Tätigkeit in den verschiedenen Wirtschaftsbereichen. Die Entstehungsrechnung weist die Beiträge der einzelnen Wirtschaftsbereiche zum Inlandsprodukt aus. Die Veränderung dieser Beiträge im langfristigen Zeitablauf spiegelt die strukturellen Veränderungen der Volkswirtschaft wider. Im **Europäischen System Volkswirtschaftlicher Gesamtrechnungen (ESVG)** wird zwischen folgenden Wirtschaftsbereichen unterschieden. Ausgewiesen wird hier die gesamte Wertschöpfung der Volkswirtschaft (Bruttowertschöpfung):

Bruttowertschöpfung nach Wirtschaftsbereichen (in Mrd. €)		3. Quartal 2016
Land- und Forstwirtschaft, Fischerei		4,558
Produzierendes Gewerbe ohne Baugewerbe		181,319
darunter: Verarbeitendes Gewerbe	160,923	
Baugewerbe		36,185
Handel, Verkehr, Gastgewerbe		113,265
Information und Kommunikation		35,295
Finanz- und Versicherungsdienstleister		27,752
Grundstücks- und Wohnungswesen		78,388
Unternehmensdienstleister		81,721
Öffentliche Dienstleister, Erziehung, Gesundheit		128,523
Sonstige Dienstleister		29,214
Bruttowertschöpfung insgesamt		**716,220**

Institutionell wird das Bruttoinlandsprodukt von den **volkswirtschaftlichen Sektoren**
- nicht finanzielle Kapitalgesellschaften
- finanzielle Kapitalgesellschaften
- Staat
- private Haushalte
- private Organisationen ohne Erwerbszweck
erwirtschaftet.

Wirtschaftsbereich	Nicht finanzielle Kapitalgesellschaften	Finanzielle Kapitalgesellschaften	Staat	Private Haushalte	Private Organisationen ohne Erwerbszweck
– Land- und Forstwirtschaft, Fischerei	Kapitalgesellschaften: – Aktiengesellschaften (AG) – Gesellschaften mit beschränkter Haftung (GmbH) – Genossenschaften		Örtliche fachliche Einheiten bei: – Forstwirtschaft – Wasserversorgung	– Selbstständige Landwirte – Einzelunternehmer im produzierenden Gewerbe – Handwerker (einschl. Eigenleistung beim Bau) – Händler – Gastwirte – Selbstständige Unternehmer	
– Produzierendes Gewerbe ohne Baugewerbe					
– Baugewerbe					
– Handel, Verkehr, Gastgewerbe	Quasi-Kapitalgesellschaften:		– Hilfs- und Nebentätigkeiten im Verkehr		
– Information und Kommunikation		– Kreditinstitute – Versicherungen – Hilfsgewerbe			
– Finanz- und Versicherungsdienstleister					
– Grundstücks- und Wohnungswesen	– Offene Handelsgesellschaft (OHG) – Kommanditgesellschaft (KG)	Vermietung (örtliche fachliche Einheit bei Versicherungsgesellschaften)	– Grundstückswesen – Forschung	– Vermietung und Eigennutzung von Wohnraum – „Dienstleister" als Einzelunternehmer	Wohnungsvermietung (örtliche fachliche Einheiten, Forschungseinrichtungen)
– Unternehmensdienstleister			**Bund, Länder, Gemeinden, Gemeindeverbände, Sozialversicherungsträger**		
– Öffentliche Dienstleister, Erziehung, Gesundheit	– Rechtlich unselbstständige Eigenbetriebe des Staates und der Organisationen ohne Erwerbzweck – Wirtschaftsverbände		– Erziehung – Gesundheit – Entsorgung – Kultur	– Selbstständige – Freiberufler	– Politische Parteien – Gewerkschaften – Kirchen – Wohlfahrtsverbände – Vereine
– Sonstige Dienstleister					

Verwendungsrechnung

Die Verwendung des Inlandsprodukts gibt Auskunft darüber, von welchen Wirtschaftsbereichen die produzierten Güter beansprucht werden bzw. für welche Zwecke sie hergestellt werden.

Verwendung des Bruttoinlandsprodukts		
In jeweiligen Preisen, 3. Quartal 2016	Mrd. €	
Konsumausgaben		578,091
darunter: Private Konsumausgaben	426,450	
Konsumausgaben des Staates	151,651	
Bruttoinvestitionen		162,843
darunter: Ausrüstungsinvestitionen	48,322	
Bauinvestitionen	83,201	
Sonstige Anlagen	28,178	
Vorratsveränderungen	3,142[1]	
Inländische Verwendung		740,934
Exporte	357,997	
Importe	304,711	
Außenbeitrag (Exporte – Importe)		53,286
Bruttoinlandsprodukt		794,220

Die *privaten Konsumausgaben* umfassen alle Käufe von Sachgütern und Dienstleistungen durch die privaten Haushalte.

Die *Konsumausgaben des Staates* umfassen die Güterkäufe des Staates für seinen laufenden Bedarf sowie die Einkommensleistungen an die öffentlichen Bediensteten.

Ausrüstungen (Maschinen, Fahrzeuge, sonstige Produktionsmittel), *Bauten* (Häuser, Straßen, Brücken, Verwaltungsgebäude) und *sonstige Anlagen* (EDV-Software, Urheberrechte) bilden zusammen die Bruttoanlageinvestitionen. Addiert man hierzu die Vorratsveränderungen (Differenz zwischen den Anfangs- und Endbeständen bei den Vorräten (Halb-, und Fertigprodukte, Roh-, Hilfs-, Betriebsstoffe), so erhält man die Bruttoinvestitionen.

Bruttoinvestitionen abzüglich der *Abschreibungen* ergeben die *Nettoinvestitionen*.

Der *Außenbeitrag* ist die Differenz zwischen Exporten und Importen von Waren und Dienstleistungen.

Die Höhe und Entwicklung des Bruttoinlandsprodukts kann in **nominalen** und **realen** bzw. in **absoluten** und **relativen** Werten ausgedrückt werden.

---

[1] Die Lagerbestände (Vorratsbestände) haben sich um 3,142 Mrd. € erhöht. Im Falle eines Rückgangs der Lagerbestände wird hier ein Minuszeichen ausgewiesen.

Nominales BIP: Die einzelnen Positionen sind in den jeweiligen, also den aktuellen Preisen ausgedrückt. Die Veränderungen im Zeitablauf können somit auf Veränderungen der tatsächlichen Menge der erzeugten Güter und Dienstleistungen und auf Veränderungen der Preise zurückzuführen sein.

Reales BIP: Hierbei werden die Preissteigerungen teilweise herausgerechnet. Die einzelnen Positionen werden als Indexwerte (zurzeit auf der Basis des Jahres 2010) ausgewiesen.

Veränderung in absoluten Werten: Gemessen wird lediglich die in Geldeinheiten ausgedrückte Differenz zwischen den betrachteten Jahren.

Veränderung in relativen Werten: Gemessen wird lediglich die in Prozent ausgedrückte Differenz zwischen den betrachteten Jahren.

Beispiel:

	Jahr 1 (Referenzjahr)	Jahr 2	Jahr 3
nominale Entwicklung des BIP (Mrd. €)	2 100	2 150	2 210
nominales Wachstum (Vorjahresvergleich)	–	$\frac{2150 - 2100}{2100} \cdot 100$ $= 2,4\%$	$\frac{2210 - 2150}{2150} \cdot 100$ $= 2,8\%$
nominales Wachstum gegenüber dem Referenzjahr	–	$\frac{2150 - 2100}{2100} \cdot 100$ $= 2,4\%$	$\frac{2210 - 2100}{2100} \cdot 100$ $= 5,2\%$
reale Entwicklung des BIP (Indexpunkte)	100	101,2	102,9
reales Wachstum (Vorjahresvergleich)	–	$\frac{101,2 - 100}{100} \cdot 100$ $= 1,2\%$	$\frac{102,9 - 101,2}{101,2} \cdot 100$ $= 1,7\%$
reales Wachstum gegenüber dem Referenzjahr	–	$\frac{101,2 - 100}{100} \cdot 100$ $= 1,2\%$	$\frac{102,9 - 100}{100} \cdot 100$ $= 2,9\%$

Nach ESVG 2010 werden sowohl die nominalen Werte („in jeweiligen Preisen") als auch die realen Werte über einen Index („preisbereinigt, verkettet") ausgewiesen. Bei den realen Werten werden zusätzlich saisonale Einflüsse (*z. B. geringere Bautätigkeit im Winter*) als auch kalenderbedingte Einflüsse (unterschiedliche Verteilung von Werk- und Feiertagen bei den verschiedenen Jahren) berücksichtigt:

Beispiel:
Bruttoinlandsprodukt im 3. Quartal 2016
- *in jeweiligen Preisen: 794,220 Mrd. €*
- *preisbereinigt, verkettet/saison- und kalenderbereinigt (2010 = 100): 112,05*

Die Angabe zum realen Bruttoinlandsprodukt zeigt, dass dieses gegenüber 2010 um 12,05 % real (also mengenmäßig und somit nicht aufgrund gestiegener Preise) gewachsen ist.

5.2.4 Vom Bruttoinlandsprodukt zum verfügbaren Einkommen

Bruttoinlandsprodukt

Das Bruttoinlandsprodukt (BIP) schließt nur die innerhalb des eigenen Wirtschaftsraumes erwirtschafteten Leistungen ein. Dabei spielt es keine Rolle, ob diese von Inländern oder Ausländern erzielt wurden.

Beispiele:
- *Ausländische Arbeitnehmer aus grenznahen Gebieten zu Deutschland sind häufig bei deutschen Unternehmen beschäftigt. Die von diesen Arbeitnehmern erzielten Einkommen sind im deutschen Bruttoinlandsprodukt enthalten.*
- *Auch das Gehalt eines Profi-Fußballspielers, der seinen Wohnsitz in Belgien hat, aber bei einem deutschen Bundesligaverein spielt, ist im deutschen Bruttoinlandsprodukt enthalten.*

> Das *Bruttoinlandsprodukt (BIP)* umfasst die während eines Jahres innerhalb des eigenen Wirtschaftsraumes, also im Inland, von Inländern *und* Ausländern erwirtschafteten Wertschöpfungen.

Nach dem Wohnort- oder Produktionsortprinzip gelten alle Wirtschaftssubjekte als Inländer, die ihren ständigen Sitz in Deutschland haben, also auch die hier lebenden Arbeitnehmer fremder Nationalitäten und die Tochtergesellschaften ausländischer Unternehmen.

Bruttonationaleinkommen

Wenn man jedoch das Volumen der nur von den Inländern erwirtschafteten Wertschöpfungen ermitteln möchte, muss man zum Bruttoinlandsprodukt den Saldo der Primäreinkommen aus der übrigen Welt addieren.

	Primäreinkommen der Inländer aus der übrigen Welt
–	Primäreinkommen der Ausländer aus dem Inland
=	**Saldo der Primäreinkommen Inland (Primäreinkommen an die übrige Welt)**

> Das *Bruttonationaleinkommen (BNE)* umfasst die wirtschaftlichen Leistungen aller *Inländer*, einerlei, ob diese im Inland oder Ausland erzielt werden.

Beispiele:
- *Die Zinseinkünfte, die ein deutscher Kapitalanleger aufgrund einer Kapitalanlage im Ausland erzielt, sind Vermögenseinkommen aus dem Ausland und im deutschen Bruttonationaleinkommen enthalten.*
- *Das Preisgeld jedoch, das ein ausländischer Tennisstar bei einem Tennisturnier in Deutschland gewinnt, ist nicht im deutschen Bruttonationaleinkommen enthalten.*

Nettonationaleinkommen

Im Bruttonationaleinkommen enthalten sind die Produktionsleistungen, die zur Erhaltung des in der Volkswirtschaft vorhandenen Sachkapitals notwendig sind.
Die hierzu erforderlichen Geldmittel werden durch die Abschreibungen bereitgestellt.
Somit sind die Abschreibungen wertgemäß identisch mit den Ersatzinvestitionen.
Ohne Ersatzinvestitionen würde die Leistungsfähigkeit der Volkswirtschaft ständig abnehmen.

Abschreibungen	$\hat{=}$	Ersatzinvestitionen

Während also das Bruttonationaleinkommen die gesamte Produktionsleistung der Inländer einschließlich der Ersatzinvestitionen erfasst, stellt das Nettonationaleinkommen nur die neu geschaffene Produktionsleistung dar, klammert also die durch die Abschreibungen erfassten Wertminderungen des vorhandenen Sachkapitals aus.

	Bruttonationaleinkommen
–	Abschreibungen
=	**Nettonationaleinkommen (Primäreinkommen)**

Volkseinkommen

Werden die produzierten Güter ausschließlich mit den Kosten der zu ihrer Entstehung eingesetzten Produktionsfaktoren bewertet, erhält man das **Volkseinkommen**.

Der Unterschied zwischen dem Volkseinkommen und dem Nettonationaleinkommen ist zunächst dadurch begründet, dass der Staat den Verbrauch bestimmter Güter und den Verkauf von Waren und Dienstleistungen mit Produktions- und Importabgaben belastet.

Diese sind im Verkaufspreis enthalten und werden damit auf den Verbraucher abgewälzt.

Beispiele:
– *Mineralölsteuer*
– *Tabaksteuer*
– *Branntweinsteuer*

Die Produktions- und Importabgaben machen ein Produkt also teurer, als es gemessen an seinen Entstehungskosten eigentlich ist.

Auf der anderen Seite gewährt der Staat manchen Unternehmen **Subventionen**. Dies führt dazu, dass die von diesen Unternehmen erzeugten Produkte billiger angeboten werden können, als sie es von ihren Entstehungskosten eigentlich sind.

	Nettonationaleinkommen
–	Produktions- und Importabgaben
+	Subventionen
=	**Volkseinkommen**

Die Kosten für die Beschaffung der zur Produktion benötigten Produktionsfaktoren sind aus der Sicht der Empfängerseite, also der privaten Haushalte, Einkommenszahlungen.

Das Volkseinkommen ist demzufolge die Summe aller von den Inländern während eines Jahres erzielten Faktoreinkommen.

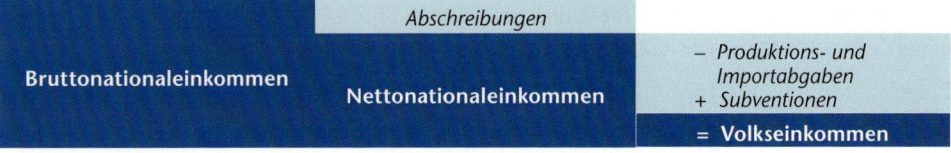

Verteilungsrechnung

Die **Verteilungsrechnung** gibt Auskunft über die Höhe und die Arten der Faktoreinkommen, die von den Inländern innerhalb eines Jahres aufgrund ihrer Wertschöpfungsbeiträge im In- und Ausland erzielt worden sind.

Aus Vereinfachungsgründen wird hierbei nur zwischen zwei Einkommensquellen unterschieden:

- Das **Arbeitnehmerentgelt** ist die Summe aller Arbeitnehmereinkommen; es beinhaltet die Bruttolöhne und -gehälter zuzüglich der *Lohnnebenkosten* in Form von Arbeitgeberbeiträgen zur Sozialversicherung und weiterer Sozialaufwendungen der Arbeitgeber.

- Das **Unternehmens- und Vermögenseinkommen** ist die Summe aller übrigen Faktoreinkommen:
  - Gewinne der Unternehmen
  - Zinsen und sonstige Kapitaleinkünfte
  - Mieten und Pachten

Die **Lohnquote** drückt den relativen Anteil der Arbeitnehmereinkommen am Volkseinkommen aus. Ziel der gewerkschaftlichen Tarifpolitik ist es u.a., die Lohnquote zu erhöhen.

Verteilung des Volkseinkommens (2015)	Mrd. €	Prozent
Arbeitnehmerentgelt	1 539,852	68,0
+ Unternehmens- und Vermögenseinkommen	723,350	32,0
= **Volkseinkommen**[1]	2 263,202	100,0

$$\text{Lohnquote} = \frac{\text{Arbeitnehmerentgelt}}{\text{Volkseinkommen}} \cdot 100$$

Die Lohnquote gibt keine Auskunft über die Höhe der Einkommen, die insgesamt von den Arbeitnehmerhaushalten erzielt werden, da in ihr weder die Transferleistungen des Staates noch die Nebeneinkünfte der Arbeitnehmerhaushalte *(z.B. Einkünfte aus Kapitalvermögen)* berücksichtigt sind.

Beispiel: Das Monatsgehalt der Bankangestellten Monika Gerz beträgt 2 500,00 €.
Sie hat eine Eigentumswohnung geerbt und für 1 200,00 € pro Monat vermietet.
Sie besitzt ein Wertpapiervermögen im Gesamtwert von 60 000,00 €, das zu 6% Zinsen p.a. angelegt ist und jährlich 3 600,00 € an Kapitaleinkünften erwirtschaftet.
Sie erzielt somit ein durchschnittliches Gesamteinkommen in Höhe von 4 000,00 € pro Monat.

Die Lohnquote gibt auch keine Auskunft über die Gerechtigkeit der Einkommensverteilung innerhalb der Volkswirtschaft, da in ihr nicht die Einkommensunterschiede und auch nicht die Anzahl der Selbstständigen berücksichtigt werden.

Beispiel: Das Jahresgehalt eines Top-Profifußballspielers in Höhe von 4 000 000,00 € wird ebenso in der Lohnquote erfasst wie das Monatsgehalt einer Verkäuferin in Höhe von 2 000,00 €.

Bezieht man das Unternehmens- und Vermögenseinkommen auf das Volkseinkommen, so erhält man die **Gewinnquote**.

---

[1] *In jeweiligen Preisen.*

$$\text{Gewinnquote} = \frac{\text{Unternehmens- und Vermögenseinkommen}}{\text{Volkseinkommen}} \cdot 100$$

Lohnquote und Gewinnquote addieren sich immer zu 100 %. Sinkt die Lohnquote also z. B. um 2 Prozentpunkte, steigt die Gewinnquote entsprechend; umgekehrt führt beispielsweise eine Steigerung der Lohnquote um 3 Prozentpunkte automatisch zu einer entsprechend hohen Abnahme der Gewinnquote.

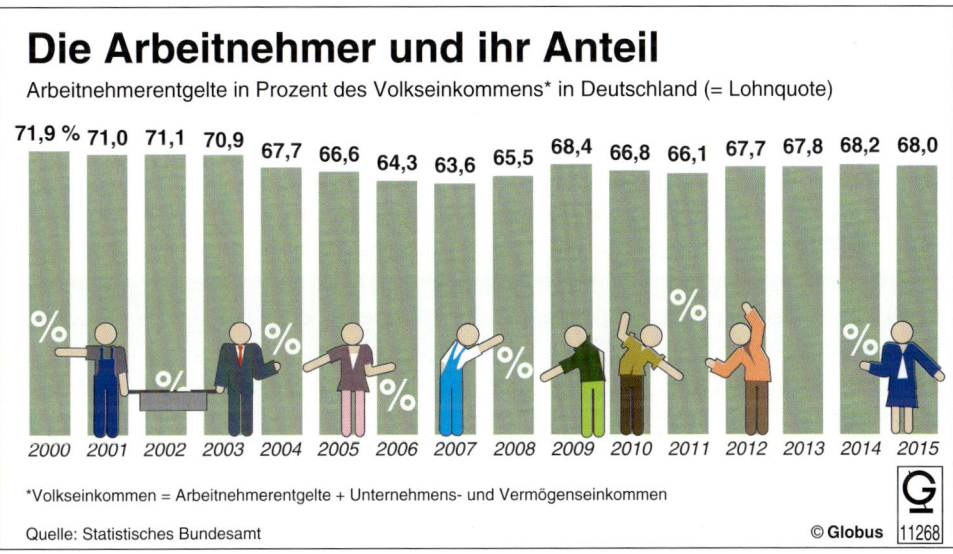

Die Arbeitnehmer und ihr Anteil

Arbeitnehmerentgelte in Prozent des Volkseinkommens* in Deutschland (= Lohnquote)

2000	2001	2002	2003	2004	2005	2006	2007	2008	2009	2010	2011	2012	2013	2014	2015
71,9 %	71,0	71,1	70,9	67,7	66,6	64,3	63,6	65,5	68,4	66,8	66,1	67,7	67,8	68,2	68,0

*Volkseinkommen = Arbeitnehmerentgelte + Unternehmens- und Vermögenseinkommen

Quelle: Statistisches Bundesamt

© Globus 11268

Verfügbares Einkommen der privaten Haushalte

Das Volkseinkommen ist allerdings nicht identisch mit dem Einkommen, das den privaten Haushalten tatsächlich zur Verfügung steht.

Der Staat entzieht vielmehr den privaten Haushalten Einkommensteile in Form von direkten Steuern und Sozialabgaben.

Ein Teil dieser öffentlichen Einnahmen dient der Finanzierung öffentlicher Aufgaben, ein anderer Teil fließt jedoch an die privaten Haushalte in Form von Transferzahlungen an die privaten Haushalte zurück.

Der Staat bewirkt auf diese Weise einen Einkommensausgleich zwischen Beschäftigten und Arbeitslosen, zwischen Erwerbspersonen und Rentnern, Gesunden und Kranken, ganz allgemein eine Einkommensumverteilung von den finanziell besser gestellten und zu den weniger gut gestellten Bürgern.

Beispiele: Renten, Pensionen, Kindergeld, Wohngeld, BAföG-Zahlungen.

	Volkseinkommen
–	direkte Steuern (Lohn-/Einkommensteuer)
–	Sozialabgaben
+	Transferzahlungen
=	**verfügbares Einkommen**

Verwendung des verfügbaren Einkommens der privaten Haushalte					
Jahr	Verfügbares Einkommen Mrd. €[1]	Privater Verbrauch		Private Ersparnis	
		Mrd. €	Prozent	Mrd. €	Prozent
2013	1 719,783	1 565,656	91,0	154,127	9,0
2014	1 759,482	1 594,361	90,6	165,121	9,4
2015	1 811,193	1 635,974	90,3	175,219	9,7

Seit 2011 ist die Sparquote[2], d. h. der prozentuale Anteil der Ersparnisse am verfügbaren Einkommen, gesunken. Entsprechend ist die Konsumquote, der Anteil der Konsumausgaben am verfügbaren Einkommen, gestiegen. Dies bedeutet, dass eine stärkere Binnennachfrage nach Gütern und Dienstleistung entstanden ist, die sich positiv auf die Konjunktur ausgewirkt hat.

Zusammenfassung

Vom Bruttoinlandsprodukt zum verfügbaren Volkseinkommen
Bruttoinlandsprodukt
+ Primäreinkommen der Inländer aus der übrigen Welt – Primäreinkommen der Ausländer aus dem Inland
= **Bruttonationaleinkommen**
– Abschreibungen
= **Nettonationaleinkommen (Primäreinkommen)**
– Produktions- und Importabgaben
+ Subventionen an Unternehmen
= **Volkseinkommen** *setzt sich zusammen aus:* – Arbeitnehmerentgelt – Unternehmens- und Vermögenseinkommen
– direkte Steuern der privaten Haushalte
– Sozialabgaben
+ Transferzahlungen an private Haushalte
= **verfügbares Einkommen der privaten Haushalte** *wird verwendet für:* – privater Verbrauch – private Ersparnis

---

[1] *In der Volkswirtschaftlichen Gesamtrechnung wird die Zunahme bei den betrieblichen Versorgungsansprüchen (z. B. Direktversicherungen, die Arbeitgeber für Arbeitnehmer abschließen, Pensionszusagen etc.) zur Ermittlung der privaten Ersparnis in Prozent (Sparquote) eingerechnet. Die hier ausgewiesenen Werte enthalten daher die zusätzlichen betrieblichen Versorgungsansprüche.*

[2] *Vgl. S. Seite 416.*

5.2.5 Die Volkswirtschaftliche Gesamtrechnung in der Statistik der Deutschen Bundesbank

Entstehung und Verwendung des Inlandsprodukts, Verteilung des Volkseinkommens

Position	2013	2014	2015	2013	2014	2015	2015 1.Vj.	2.Vj.	3.Vj.	4.Vj.	2015 1.Vj.	2.Vj.	3.Vj.
	Index 2010 = 100			Veränderung gegen Vorjahr in %									
Preisbereinigt, verkettet													
I. Entstehung des Inlandsprodukts													
Produzierendes Gewerbe													
(ohne Baugewerbe)	104,8	110,0	111,8	−0,4	5,0	1,6	0,8	1,9	1,7	1,9	1,0	4,1	0,7
Baugewerbe	100,2	101,6	101,4	−2,3	1,4	−0,2	−2,2	−0,8	−0,8	2,4	1,3	5,2	2,4
Handel, Verkehr, Gastgewerbe	106,2	106,6	108,6	−0,7	0,4	1,9	−2,2	1,8	1,6	1,9	1,3	4,3	2,0
Information und Kommunikation	120,2	125,9	129,1	3,8	4,8	2,5	1,7	2,5	2,5	3,0	2,9	3,9	2,9
Erbringung von Finanz- und Versicherungsdienstleistungen	111,2	105,8	106,5	9,7	−4,8	0,7	−0,6	2,2	1,6	−0,4	2,2	1,3	2,5
Grundstücks- und Wohnungswesen	103,3	101,8	102,6	1,7	−1,5	0,9	0,5	0,5	0,9	1,2	0,7	1,1	0,6
Unternehmensdienstleister [1]	104,0	106,6	109,0	0,5	2,4	2,3	1,6	2,6	2,1	3,0	1,7	3,7	1,8
Öffentliche Dienstleister, Erziehung und Gesundheit	102,4	103,1	105,2	0,1	0.7	2,0	2,1	2,3	2,1	1,6	1,3	1,8	1,6
Sonstige Dienstleister	97,8	97,3	97,6	−1,7	−0,5	0,3	−0,2	0,3	0,2	0,9	0,2	2,2	1,4
Bruttowertschöpfung	104,7	106,3	107,9	0,5	1,5	1,6	1,1	1,7	1,6	1,8	1,2	3,2	1,5
Bruttoinlandsprodukt [2]	104,7	106,4	108,2	0,5	1,6	1,7	1,3	1,8	1,8	2,1	1,5	3,1	1,5
II. Verwendung des Inlandsprodukts													
Private Konsumausgaben [3]	103,5	104,4	106,5	0,7	0,9	2,0	2,1	1,7	2,2	2,1	2,0	2,7	1,5
Konsumausgaben des Staates	103,2	104,5	107,4	1,2	1,2	2,7	2,2	2,8	2,6	3,4	4,2	4,3	4,5
Ausrüstungen	101,3	106,8	110,7	−2,1	5,5	3,7	1,5	1,8	4,4	6,4	3,9	4,5	−0,6
Bauten	107,5	109,5	109,8	−1,1	1,9	0,3	−2,0	−0,0	0,1	3,1	2,5	4,8	2,0
Sonstige Anlagen [4]	107,1	111,4	113,5	0,6	4,0	1,9	2,0	1,6	1,8	2,1	2,4	2,7	2,7
Vorratsveränderungen [5][6]	–	–	–	0,5	−0,1	−0,5	−0,4	−0,1	−0,2	−0,3	−0,2	−0,3	− 0,1
Inländische Verwendung	103,0	104,5	106,2	0,9	1,4	1,6	1,2	0,7	2,0	2,5	2,4	3,1	2,0
Außenbeitrag [6]	–	–	–	−0,4	0,3	0,2	0,1	1,2	−0,1	−0,3	−0,7	0,3	−0,3
Exporte	113,4	118,0	124,1	1,9	4,1	5,2	5,5	6,7	4,9	3,6	1,3	4,6	1,2
Importe	110,3	114,8	121,0	3,1	4,0	5,5	6,0	4,9	6,0	5,0	3,3	4,9	2,2
Bruttoinlandsprodukt [2]	104,7	106,4	108,2	0,5	1,6	1,7	1,3	1,8	1,8	2,1	1,5	3,1	1,5
In jeweiligen Preisen (Mrd €)													
III. Verwendung des Inlandsprodukts													
Private Konsumausgaben [3]	1 565,7	1 594,7	1 636,0	1,8	1,8	2,6	2,4	2,5	2,7	2,8	2,5	3,1	2,1
Konsumausgaben des Staates	542,2	561,1	583,7	4,3	3,5	4,0	3,3	4,1	3,8	4,9	6,1	6,0	6,1
Ausrüstungen	180,5	191,5	200,2	−1,8	6,1	4,6	2,4	2,6	5,3	7,4	5,0	5,4	0,1
Bauten	277,2	288,7	295,0	1,5	4,2	2,2	−0,0	1,9	1,9	4,9	4,1	6,7	4,0
Sonstige Anlagen [4]	99,5	105,0	108,6	1,6	5,5	3,5	3,7	3,2	3,3	3,7	3,8	4,0	4,0
Vorratsveränderungen [5]	−7,2	−7,4	−20,2	–	–	–	–	–	–	–	–	–	–
Inländische Verwendung	2 657,8	2 733,2	2 803,3	2,6	2,8	2,6	2,0	1,8	2,9	3,6	3,2	3,9	2,9
Außenbeitrag	168,4	190,7	229,5	–	–	–	–	–	–	–	–	–	–
Exporte	1 284,7	1 334,8	1 418,8	1,3	3,9	6,3	6,2	8,6	6,2	4,2	0,7	2,7	−0,1
Importe	1 116,4	1 144,1	1 189,3	1,5	2,5	3,9	3,7	4,5	4,7	2,8	0,2	0,7	−0,5
Bruttoinlandsprodukt [2]	2 826,2	2 923,9	3 032,8	2,5	3,5	3,7	3,2	3,8	3,7	4,2	3,2	4,6	2,9
IV. Preise (2010 = 100)													
Privater Konsum	104,6	105,6	106,2	1,1	1,0	0,6	0,3	0,8	0,5	0,6	0,5	0,4	0,5
Bruttoinlandsprodukt	104,6	106,6	108,7	2,0	1,8	2,0	1,9	2,0	1,9	2,1	1,7	1,4	1,4
Terms of Trade	98,2	99,5	102,0	1,1	1,3	2,6	3,0	2,1	2,5	2,6	2,4	2,3	1,4
V. Verteilung des Volkseinkommens													
Arbeitnehmerentgelt	1 430,0	1 485,5	1 539,9	2,8	3,9	3,7	3,2	3,8	3,8	4,9	3,2	3,4	3,4
Unternehmens- und Vermögenseinkommen	677,7	694,1	723,4	2,2	2,4	4,2	4,0	3,6	4,1	5,3	1,8	9,8	1,1
Volkseinkommen	2 107,8	2 179,5	2 263,2	2,6	3,4	3,8	3,4	3,8	3,9	4,3	3,3	5,3	2,6
Nachr.: Bruttonationaleinkommen	2 893,9	2 988,9	3 098,8	2,5	3,3	3,7	3,3	3,4	3,7	4,2	3,4	4,7	2,6

Quelle: Statistisches Bundesamt; Rechenstand: November 2016. 1 Erbringung von freiberuflichen, wissenschaftlichen, technischen und sonstigen wirtschaftlichen Dienstleistungen. 2 Bruttowertschöpfung zuzüglich Gütersteuern (saldiert mit Gütersubventionen). 3 Einschl. Private Organisationen ohne Erwerbszweck. 4 Geistiges Eigentum (u. a. EDV-Software, Urheberrechte) sowie Nutztiere und -pflanzen. 5 Einschl. Nettozugang an Wertsachen. 6 Wachstumsbeitrag zum BIP.

Zeit	Bruttolöhne und –gehälter [1] Mrd. €	Veränderung gegen Vorjahr %	Nettolöhne und –gehälter [2] Mrd. €	Veränderung gegen Vorjahr %	Empfangene monetäre Sozialleistungen [3] Mrd. €	Veränderung gegen Vorjahr %	Masseneinkommen [4] Mrd. €	Veränderung gegen Vorjahr %	Verfügbares Einkommen [5] Mrd. €	Veränderung gegen Vorjahr %	Sparen [6] Mrd. €	Veränderung gegen Vorjahr %	Sparquote [7] %
2008	1 008,1	4,0	670,8	3,4	356,2	0,4	1 027,0	2,3	1 582,6	2,6	165,9	4,9	10,5
2009	1 009,5	0,1	672,6	0,3	380,7	6,9	1 053,3	2,6	1 569,2	−0,8	156,2	−5,9	10,0
2010	1 039,0	2,9	702,2	4,4	385,3	1,2	1 087,5	3,2	1 606,4	2,4	160,1	2,5	10,0
2011	1 088,6	4,8	729,4	3,9	380,4	−1,3	1 109,8	2,0	1 653,7	2,9	158,2	−1,2	9,6
2012	1 113,0	4,1	756,8	3,8	387,6	1,9	1 144,5	3,1	1 695,6	2,5	157,6	−0,4	9,3
2013	1 167,5	3,0	778,4	2,9	389,1	0,4	1 167,5	2,0	1 719,8	1,4	154,1	−2,2	9,0
2014	1 213,0	3,9	807,1	3,7	400,2	2,8	1 207,3	3,4	1 759,5	2,3	165,1	7,1	9,4
2015	1 260,6	3,9	836,6	3,6	415,5	3,8	1 252,0	3,7	1 811,2	2,9	175,2	6,1	9,7
2015 2. Vj.	308,5	4,1	200,1	3,5	102,4	4,5	302,5	3,8	449,5	2,8	41,9	6,1	9,3
3. Vj.	311,3	4,0	211,1	3,8	103,9	3,6	315,0	3,7	454,8	3,0	37,1	6,0	8,2
4. Vj.	348,7	4,2	231,6	4,5	103,5	3,1	335,1	4,0	459,3	3,0	38,4	5,7	8,4
2016 1. Vj.	305,3	4,5	202,2	4,4	107,7	1,8	309,9	3,5	459,0	2,6	59,5	2,8	13,0
2. Vj.	319,4	3,5	207,4	3,6	105,3	2,8	312,7	3,4	463,7	3,2	43,7	4,3	9,4
3. Vj.	322,2	3,5	217,6	3,1	108,2	4,2	325,8	3,4	464,1	2,0	37,7	1,5	8,1

Quelle: Statistisches Bundesamt; Rechenstand: November 2016. * Private Haushalte einschl. private Organisationen ohne Erwerbszweck. 1 Inländerkonzept. 2 Nach Abzug der von den Bruttolöhnen und -gehältern zu entrichtenden Lohnsteuer sowie den Sozialbeiträgen der Arbeitnehmer. 3 Geldleistungen der Sozialversicherungen, Gebietskörperschaften und des Auslands, Pensionen (netto), Sozialleistungen aus privaten Sicherungssystemen, abzüglich Sozialabgaben auf Sozialleistungen, verbrauchsnahe Steuern und staatliche Gebühren. 4 Nettolöhne und -gehälter zuzüglich empfangene monetäre Sozialleistungen. 5 Masseneinkommen zuzüglich Betriebsüberschuss, Selbständigeneinkommen, Vermögenseinkommen (netto), übrige empfangene laufende Transfers, Einkommen der privaten Organisationen ohne Erwerbszweck, abzüglich Steuern (ohne Lohnsteuer und verbrauchsnahe Steuern) und übriger geleisteter laufender Transfers. Einschl. der Zunahme betrieblicher Versorgungsansprüche. 6 Einschl. der Zunahme betrieblicher Versorgungsansprüche. 7 Sparen in % des verfügbaren Einkommens.

Quelle: Deutsche Bundesbank, Monatsbericht Dezember 2016, S. 65* und 71*

6 Wirtschaftspolitik

6.1 Geld

Geld ist eine jener Selbstverständlichkeiten des Lebens, die man normalerweise nicht erklären muss. Es spielt die zentrale Rolle in einer modernen Volkswirtschaft und ist aus dem Wirtschaftsleben nicht mehr wegzudenken. Kaum jemand kann auf das Geldverdienen verzichten, um seinen Lebensunterhalt und seine Zukunft abzusichern.

6.1.1 Geschichte des Geldes

In den Anfängen der Menschheitsgeschichte kannte man das Geld nicht. In der ursprünglichen Wirtschaftsform, der **geschlossenen Hauswirtschaft**, wurden die lebensnotwendigen Güter von den Mitgliedern einer Großfamilie gemeinsam produziert und verbraucht. Handelsbeziehungen mit Außenstehenden existierten daher nicht.

Beispiel: Auch Robinson Crusoe war in seinem unfreiwilligen Inseldasein ganz auf sich allein gestellt und hatte niemanden, mit dem er in wirtschaftliche Beziehungen treten konnte. Er war daher gezwungen, sich mit den Gütern, die er zum Leben brauchte, selbst zu versorgen. Die Goldmünzen, die er aus dem Schiffswrack hatte bergen können, stellten sich für ihn als völlig wertlos heraus.

Schon bald erkannten die Menschen die Vorzüge der Arbeitsteilung und beruflichen Spezialisierung. Sie führte dazu, dass in kürzerer Zeit mehr und höherwertige Güter hergestellt werden konnten. Mit der Arbeitsteilung verbunden ist die Notwendigkeit des Handels: Die Menschen tauschten die Güter, die sie selbst hergestellt hatten und im Überfluss besaßen, gegen die zur Deckung ihres Bedarfs fehlenden Güter. Man bezeichnet diese Stufe der wirtschaftlichen Entwicklung als **Naturaltauschwirtschaft**. Die Güter wechselten im direkten Tausch Ware gegen Ware ihren Besitzer.

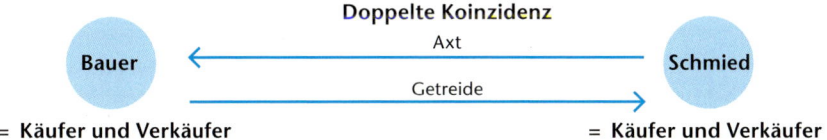

Mit dieser Form des Tauschhandels waren folgende Probleme verbunden:

- Es musste ein Tauschpartner gefunden werden, der einerseits das gesuchte Gut liefern konnte und wollte und andererseits bereit war, die angebotene Ware als Gegenleistung anzunehmen. Diese fehlende doppelte Übereinstimmung (doppelte Koinzidenz) machte häufig einen Tausch unmöglich oder erforderte mehr oder weniger umfangreiche Ringtausch-Verfahren.

- Es musste eine Einigung über das Wertverhältnis der beiden Tauschobjekte erzielt werden können. Der Handel konnte nur gelingen, wenn die angebotene und die nachgefragte Ware sich in ihrem Wert entsprachen.

Beispiele:
- *Wenn ein Schmied der Bronzezeit eine Axt gegossen hatte und Getreide für den Winter benötigte, musste er einen Bauern suchen, der die im Wert entsprechende Getreidemenge zum Tausch anbot. Der erste Bauer, den er aufsuchte, besaß vielleicht zwar im Überfluss Getreide, wollte dieses aber nur gegen Felle eintauschen. Der zweite Bauer suchte möglicherweise eine Axt, konnte jedoch nur eine Ziege zum Tausch anbieten.*
- *Der Handel zwischen einem Bauern und einem Töpfer musste zwangsläufig scheitern, wenn der Bauer nur einen Tonkrug benötigte, aber nur ein sehr viel wertvolleres Stück Vieh zum Tausch anbieten konnte.*

Um einen Tausch erfolgreich durchzuführen, benötigen die Beteiligten ein hohes Maß an Informationen über Austauschverhältnis, Tauschort und Güterqualität.

Beispiel:
Angenommen, in einer Tauschwirtschaft mit 1 000 verschiedenen Gütern sind die Preise nicht in Geld ausgedrückt, weil es diesen allgemein anerkannten Bewertungsmaßstab noch nicht gibt. Ein Wirtschaftssubjekt, das über sämtliche Austauschverhältnisse auf den Märkten informiert sein will, müsste demnach für jedes einzelne Gut das Tauschverhältnis zu jedem anderen Gut kennen. Es gäbe also bei 1 000 verschiedenen Gütern 499 500 Austauschrelationen [$\frac{n\,(n-1)}{2}$], deren Kenntnis erheblichen Zeit- und Kostenaufwand verursachen dürfte.

Warengeld

Diese Schwierigkeiten ließen den Wunsch nach einem allgemein anerkannten **Tauschmittel** entstehen. Man verständigte sich auf ein Gut, das von allen gleichermaßen geschätzt und begehrt war. Diese erste Form des Geldes besaß neben seinem Tauschwert noch einen eigenen Gebrauchswert und wird daher als Warengeld bezeichnet.

In der Frühzeit der Menschheit soll das Vieh das übliche Tauschmittel gewesen sein, obwohl es dafür schlecht geeignet ist. So finden wir in alter Zeit häufig den Wert der Dinge nach Stück Vieh gemessen, das man dafür im Tausch gab. Wie Homer berichtet, kostete die Rüstung Diomeds nur neun Ochsen, die des Glaukus dagegen hundert. In Abessinien soll Salz bevorzugtes Handels- und Tauschmittel gewesen sein, in einigen Küstengebieten Indiens eine Muschelsorte, in Neufundland Stockfisch, in Virginia Tabak, in einigen unserer westindischen Kolonien Zucker und schließlich in anderen Ländern Häute oder gegerbtes Leder. Und noch heute gibt es in Schottland ein Dorf, wo es, wie man mir sagte, nichts Ungewöhnliches sei, wenn ein Arbeiter beim Bäcker oder im Wirtshaus mit Nägeln statt Geld bezahlt.
Quelle: Adam Smith, Der Wohlstand der Nationen, 1775

Warum finden sich in der Aufzählung von Adam Smith neben Waren, die über einen hohen Tauschwert hauptsächlich aufgrund eines eigenen Gebrauchswertes verfügen, Muscheln aus „... einigen Küstengebieten Indiens ..."? Aus dem Warengeld entwickelte sich mit der Ausdifferenzierung der Arbeitsteilung und der Zunahme des Handels sogenanntes Schmuckgeld. Dieses besaß zwar keinen Gebrauchsnutzen, aber es war ein knappes und begehrtes Gut und verfügte über einen hohen Symbolwert.
Aus anderen Quellen ist bekannt, dass die Häuschen der Kauri-Schnecken aus dem Indischen Ozean, Perlen oder kunstvoll bearbeitete Pfeilspitzen, die für die Jagd aber nutzlos waren, als Geld dienten. Schmuckgeld hatte gegenüber vielen Arten des Gebrauchsgeldes vor allem den Vorteil der leichten Transportierbarkeit und war die Vorstufe zum Metallgeld.
Mithilfe des Geldes wurde der direkte Tausch Ware gegen Ware in zwei voneinander unabhängige Vorgänge, einen Kauf und einen Verkauf, zerlegt. Der Schritt zur Geldwirtschaft war vollzogen.

Beispiel: Der Schmied brauchte nicht mehr jemanden zu suchen, der seine Axt begehrte und zugleich die entsprechende Getreidemenge abgeben wollte. Stattdessen konnte er an jeden beliebigen Kaufinteressenten seine Axt veräußern und mit dem erzielten Gelderlös bei jedem beliebigen Bauern das gewünschte Getreide kaufen.

Zwar waren die Schwierigkeiten gemindert, die mit dem direkten Tausch verbunden sind, ungelöst blieben beim Warengeld jedoch die Probleme seiner

- geringen Teilbarkeit,
- mangelnden Wertbeständigkeit,
- vielfach schwierigen Transportierbarkeit und Lagerfähigkeit.

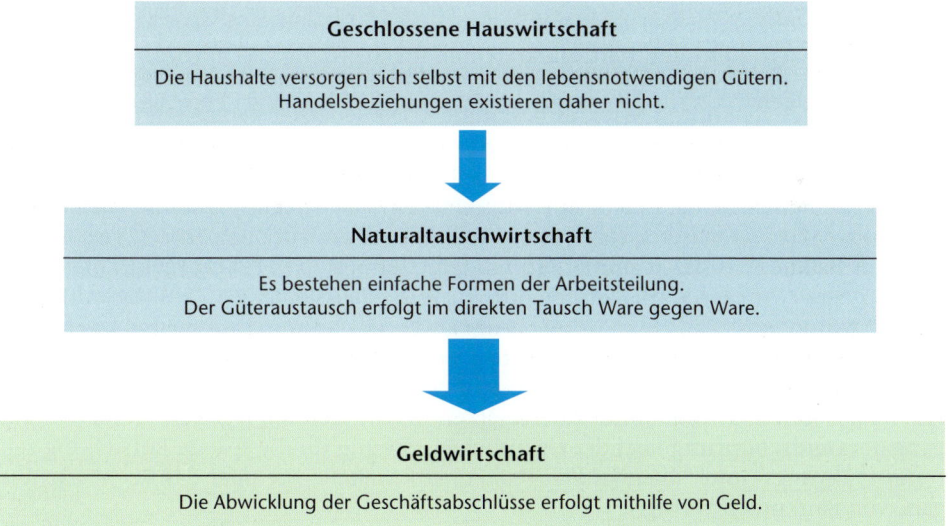

Metallgeld

Als erste Form des Metallgeldes gilt das sogenannte **Wägegeld**. Es handelte sich um unbearbeitetes Edelmetall, das bei jedem Kaufvorgang umständlich abgewogen werden musste. Der Vorzug lag darin, dass es sich fast beliebig teilen ließ, man es gut transportieren konnte und es eine hohe Wertbeständigkeit aufwies. Demgegenüber standen erhebliche Risiken in Bezug auf den Reinheitsgrad des Edelmetalls und die Gefahren beim praktischen Umgang mit dem Wägegeld.

Durch die Einschmelzung des Wägegeldes zu handlichen Stangen wurden die Risiken gemildert. Das jetzt entstandene **Barrengeld** wies aber einen gravierenden Nachteil auf: Es war nicht mehr ohne Weiteres teilbar.

Münzgeld

Kaufleute lösten dieses Problem, indem sie die Edelmetallstäbe in Metallscheiben zerlegten und den Feinheitsgehalt eingravierten. Um ca. 700 v. Chr. entstanden bei den Lydern unter König Krösus, dem ein sagenhafter Reichtum nachgesagt wird *(„Ich bin doch kein Krösus")*, die ersten **Kurantmünzen**, also gewichtsgleiche, einheitlich geformte Metallscheibchen mit obrigkeitlichem Stempel, mit dem die Gewähr für Reinheit und Gewicht übernommen wurde.

Zunächst in betrügerischer Absicht sind die **Scheidemünzen** entstanden, bei denen ein geringwertiges Metall mit einem Goldüberzug und den für Kurantmünzen üblichen Angaben versehen wurde.

Heute sind Scheidemünzen die typische Erscheinungsform des Metallgeldes, da sie

- relativ günstig produziert und

- den wachsenden Geldbedürfnissen einer modernen Volkswirtschaft problemlos angepasst werden können.

Papiergeld

Die Entstehung des ersten **Papiergeldes** im 15. Jahrhundert hat seine Wurzel in den Gefahren des Geldverlustes durch Raub und Überfall. Die Ausweitung des Fernhandels ließ den Transport und die nicht genügend sichere Aufbewahrung von Münzgeld risikoreicher werden. Wegen dieser Unsicherheiten waren die Kaufleute dazu übergegangen, ihre Münzgeldbestände bei Goldschmieden und Geldwechslern, den Vorläufern der heutigen Banken, zu hinterlegen. Diese stellten im Gegenzug als Quittung entsprechende **Hinterlegungsscheine** aus, die ihrem rechtmäßigen Inhaber den Anspruch auf Aushändigung des genannten Betrages bestätigten. Die jederzeit garantierte Einlösbarkeit bewirkte schließlich, dass diese Papiere selbst zum Tauschmittel wurden und als Geldscheine verwendet wurden.

Die Erfahrung lehrte, dass nicht alle ausgegebenen Hinterlegungsscheine zugleich zur Einlösung vorgelegt wurden, sondern ein Teil stets im Umlauf blieb. In den Tresoren der Bankiers befand sich daher immer ein ungenutzter Bestand an Münzgeld, solange die entsprechende Anzahl von Geldscheinen im Wirtschaftsleben als Zahlungsmittel verwendet wurde.

Diese Beobachtung veranlasste die Bankiers, zusätzlich solche Geldscheine im Wege der Kreditvergabe auszustellen. Dies führte schließlich dazu, dass bald mehr Geldscheine im Umlauf waren als Gold- und Silberreserven in den Tresoren lagerten. In diesem Vorgang der **Geldschöpfung** liegt der eigentliche Ursprung für die spätere Entstehung zentraler Währungs- und Notenbanken (Notenbank = Bank, die über das Recht zur Ausgabe von Banknoten verfügt).

Buchgeld

Die vorletzte Stufe der Entwicklung des Geldes bildet das **Buchgeld** (Giralgeld). Bei dieser Geldform handelt es sich um Guthaben auf einem Konto bei einem Kreditinstitut. Dieses Geld wird deswegen als Buchgeld bezeichnet, weil es bei den Kreditinstituten nur noch buchungsmäßig erfasst wird. Es ist daher stofflos.

Buchgeld entsteht durch die Einzahlung von Bargeld auf ein Konto und die Kreditschöpfung der Kreditinstitute.

Wertmäßig wird heute der überwiegende Teil des Zahlungsvolumens innerhalb der Volkswirtschaft mithilfe des Buchgeldes, also durch Umbuchung von Konto zu Konto, abgewickelt.

Elektronisches Geld

Die neueste Entwicklung des Geldes ist das E-Geld. Die Formen des E-Geldes sind sehr vielfältig und reichen von der vorausbezahlten einfunktionalen Karte, bei der Kartenherausgeber (Emittent) und Händler (Akzeptant) identisch sind *(z. B. Telefonkarte)*, über kartengestütztes E-Geld in Form eines Mikroprozessorbausteins auf einer Chipkarte bis hin zu Netzgeld, das über Telekommunikationsnetze wie das Internet übertragen wird. Wegen der Unübersichtlichkeit der E-Geld-Formen und der ungeklärten und unterschiedlichen Garantie-, Versicherungs- und Haftungsfragen strebt die EZB eine gesetzliche Beaufsichtigung von E-Geld-Betreibern an.

Entwicklungsstufen des Geldes

6.1.2   Eigenschaften und Funktionen des Geldes

Um als Geld fungieren zu können, muss ein Gut über folgende **Eigenschaften** verfügen: Es muss
- knapp, allgemein anerkannt und begehrt sein,
- ohne Wertverlust teilbar sein,
- sich als Wertaufbewahrungsmittel eignen, d. h., bei seiner Lagerung darf nicht das Risiko des Verderbs, der Wertminderung oder der Vernichtung bestehen,
- leicht transportierbar sein.

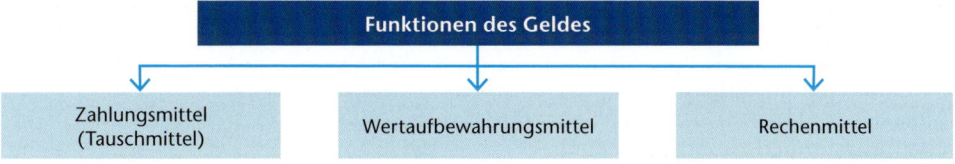

Funktionen des Geldes

Zahlungsmittel (Tauschmittel)   Wertaufbewahrungsmittel   Rechenmittel

Geld ist Zahlungsmittel (Tauschmittel)

Geld kann zum Kauf von Gütern und zur Inanspruchnahme von Dienstleistungen benutzt werden. Diese Funktion ermöglicht die Arbeitsteilung innerhalb der Wirtschaft und die reibungslose Abwicklung der Tauschvorgänge auf den Märkten.

Geld ist Wertaufbewahrungsmittel

Geld kann gespart werden und damit zur zeitlichen Verschiebung der Konsumausgaben und zur Geldvermögensbildung verwendet werden. Solange die Menschen auf den Wert des Geldes vertrauen, werden sie zum Sparen bereit sein. Auf diese Weise werden die für die Investitionstätigkeit innerhalb der Wirtschaft notwendigen Geldmittel bereitgestellt.

Geld ist Rechenmittel

Der Wert aller Güter lässt sich in Geldeinheiten ausdrücken, sodass die Güter in ihrem Wert gemessen und verglichen werden können. Geld ist dadurch Grundlage einer geordneten Wirtschaftsführung in den Unternehmungen sowie in den privaten und öffentlichen Haushalten. Die Bilanz und die Gewinn- und Verlustrechnung einer Unternehmung, die Rentabilität einer Kapitalanlage, der Einnahmen-/Ausgabenplan eines Haushaltes wird in Geldeinheiten ausgedrückt. Die Beachtung des ökonomischen Prinzips wird durch Geld erleichtert.

Das Geld kann seine Funktionen auf Dauer nur erfüllen, wenn der Wert des Geldes gesichert ist.

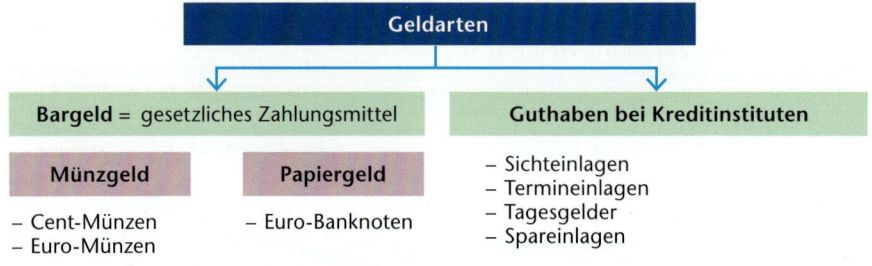

6.1.3   Geldarten in Deutschland

Bargeld

Bei den Banknoten handelt es sich um Papiergeld ohne Edelmetalldeckung. Sie werden von der EZB aufgrund ihres **Notenprivilegs** emittiert und in Umlauf gebracht. Sie ist dabei nicht an eine gesetzlich vorgeschriebene Höchstgrenze gebunden. Der Vertrag über die Arbeitsweise der europäischen Union (AEUV) schreibt vor, dass die Geldversorgung der Wirtschaft sich ausschließlich nach den Erfordernissen der Preisstabilität zu richten hat (*Art. 127 Abs. 1 AEUV*). Das ausschließliche Recht zur Ausgabe von Münzen (Münzregal) liegt bei der Bundesregierung. Sie bringt die Münzen über die Deutsche Bundesbank in Umlauf.

Münzen und Banknoten sind gesetzliches Zahlungsmittel.

Guthaben bei Kreditinstituten

Je nach Verfügbarkeit des Guthabens durch den Kontoinhaber sind verschiedene Erscheinungsformen zu unterscheiden:

Sichteinlagen sind Guthaben auf einem Kontokorrentkonto (laufendes Konto).
- Sie dienen der Abwicklung des bargeldlosen Zahlungsverkehrs,
- sind jederzeit verfügbar (= täglich fällig)
- und werden in der Regel vom Kreditinstitut nicht verzinst.

Termineinlagen sind Geldmittel, die vorübergehend für den Zahlungsverkehr nicht benötigt und als Festgeld bei einem Kreditinstitut angelegt werden.

- Sie dienen der kurzfristigen Geldanlage,
- sind erst nach Ablauf der vereinbarten Anlagedauer verfügbar
- und werden je nach Anlagedauer (ab 30 Tage), Anlagebetrag (i.d.R. ab 5 000,00 €) und der Höhe des aktuellen Geldmarkt-Zinsniveaus verzinst.

Tagesgelder sind Guthaben auf einem besonderen Konto. Sie sind

- verzinslich und

- jederzeit verfügbar.

Spareinlagen sind Guthaben auf einem Sparkonto mit vereinbarter Kündigungsfrist (3, 6, 12, 24 Monate u. a.).

- Sie dienen der Anlage und Ansammlung von Vermögen,

- sind durch Ausfertigung eines Sparbuches oder einer Sparkarte gekennzeichnet,

- sind erst nach Kündigung und Ablauf der Kündigungsfrist verfügbar, bei Spareinlagen mit dreimonatiger Kündigungsfrist sind bis zu 2 000,00 € innerhalb eines Kalendermonats frei verfügbar,

- und werden je nach Kündigungsfrist und der Höhe des aktuellen Kapitalmarkt-Zinsniveaus verzinst.

Geldsurrogate

Der **Scheck** war ein wichtiges Geldersatzmittel. Er verfügt über die Funktionen des Geldes, obwohl sich seine Umwandlung in Geld erst bei der Einlösung vollzieht. Dagegen spielt beim **Wechsel** die Zahlungsmittelfunktion eine untergeordnete Rolle.

6.1.4   Geldproduktion

6.1.4.1 Münzregal

Das alleinige Recht zur Produktion von Münzen, das Münzregal, liegt als Relikt aus der Fürstenzeit seit 1950 beim Bund. Dies hat sich auch mit der Umstellung auf den Euro nicht geändert, denn das Münzregal wurde bei den einzelnen Mitgliedsstaaten des Eurosystems belassen. Die Bundesregierung lässt in fünf Prägeanstalten Münzen prägen und veräußert sie zum Nennwert an die Deutsche Bundesbank. Die Münzstätten erhalten die prägefertigen Münzrohlinge – auch Ronden genannt – von Metallwerken, bei denen die Rohlinge im Auftrag des Bundes angefertigt werden. Der Überschuss aus der Veräußerung der Münzen an die Bundesbank wird als Schlaggewinn oder Seigniorage bezeichnet und fließt dem Bundeshaushalt zu.

> **Münzregal (*Art. 128 Abs. 2 AEUV*)**
> Die Mitgliedstaaten haben das Recht zur Ausgabe von Euro-Münzen, wobei der Umfang dieser Ausgabe der Genehmigung durch die Europäische Zentralbank bedarf. Der Rat kann auf Vorschlag der Kommission und nach Anhörung des Europäischen Parlaments und der Europäischen Zentralbank Maßnahmen erlassen, um die Stückelung und die technischen Merkmale aller für den Umlauf bestimmten Münzen so weit zu harmonisieren, wie dies für deren reibungslosen Umlauf innerhalb der Union erforderlich ist.

Die Münzproduktion ist durch hohe Metallkosten für die Speziallegierungen (*z.B. ist das „Nordische Gold" für die 10-, 20- und 50-Cent-Münzen eine Kupfer-Aluminium-Zink-Zinn-Legierung*) und teilweise aufwendige Produktionsverfahren (*z.B. Bimetall-Ausführung der 1- und 2-€-Münzen*) sehr teuer. Bei den 1- und 2-Cent-Münzen liegen die Prägekosten sogar über dem Geldwert.

In der Bilanz der Bundesbank ist der Münzbestand in der Position 11.1 unter „Sonstige Aktiva" enthalten. Aus Sicht der Zentralbank macht es keinen Unterschied, ob sie Grundstücke, Schreibtische oder Münzen ankauft, es handelt sich in allen Fällen um Aktiva. Auch aus historischer Sicht ist erklärbar, dass die Münzbestände auf der Aktivseite zu erfassen sind: Goldbestände sind Aktiva, daraus hergestellte Goldmünzen ebenso, und Scheidemünzen, die zu ihrem Nennwert angekauft werden, folglich auch. Die nationalen Zentralbanken des Eurosystems bringen die Münzen in den Geldkreislauf, indem sie aus ihrem Bestand Münzen an die Kreditinstitute veräußern.

- Wenn die Zahlung durch Überlassung von Aktiva wie Devisen oder Wertpapieren erfolgt, führt die Transaktion lediglich zu einem **Aktivtausch**.

- Sofern die Kreditinstitute die Münzen aus ihrem Zentralbankguthaben bezahlen, gibt es in der Bilanz des Eurosystems eine **Aktiv-Passiv-Minderung**.

Beispiel:

Aktiva		Bundesbankbilanz vom 8. Februar 20..	Passiva
	Mio. €		Mio. €
Gold	10	Banknotenumlauf	20
Devisen	10	Einlagen inländischer Kreditinstitute	10
Scheidemünzen	10		

Am 15. Februar erwirbt ein Kreditinstitut für 1 Mio. € Münzen und bezahlt mit Devisen aus Exporterlösen seiner Kunden.

Aktiva		Bundesbankbilanz vom 15. Februar 20..	Passiva
	Mio. €		Mio. €
Gold	10	Banknotenumlauf	20
Devisen	11	Einlagen inländischer Kreditinstitute	10
Scheidemünzen	9		

Am 22. Februar hebt ein Kreditinstitut zulasten seines BBk-Girokontos 1 Mio. € in Münzen ab.

Aktiva		Bundesbankbilanz vom 22. Februar 20..	Passiva
	Mio. €		Mio. €
Gold	10	Banknotenumlauf	20
Devisen	11	Einlagen inländischer Kreditinstitute	9
Scheidemünzen	8		

Aus der Bilanz der Bundesbank ist nicht ersichtlich, wie hoch der Wert der von ihr in Umlauf gebrachten Münzen ist. Der Wert der von der Bundesbank im Umlauf gebrachten Münzen beträgt mit ca. 6 Mrd. € nur einen Bruchteil der in Umlauf befindlichen deutschen Banknoten (ca. 250 Mrd. €). Nicht eindeutig zu klären sind die Fragen, wie viele deutsche Euro-Münzen

- gehortet werden,
- im Ausland umlaufen und
- in Deutschland tatsächlich für Transaktionszwecke zur Verfügung stehen.

Bargeldproduktion im Eurosystem – dargestellt am Beispiel Deutschland

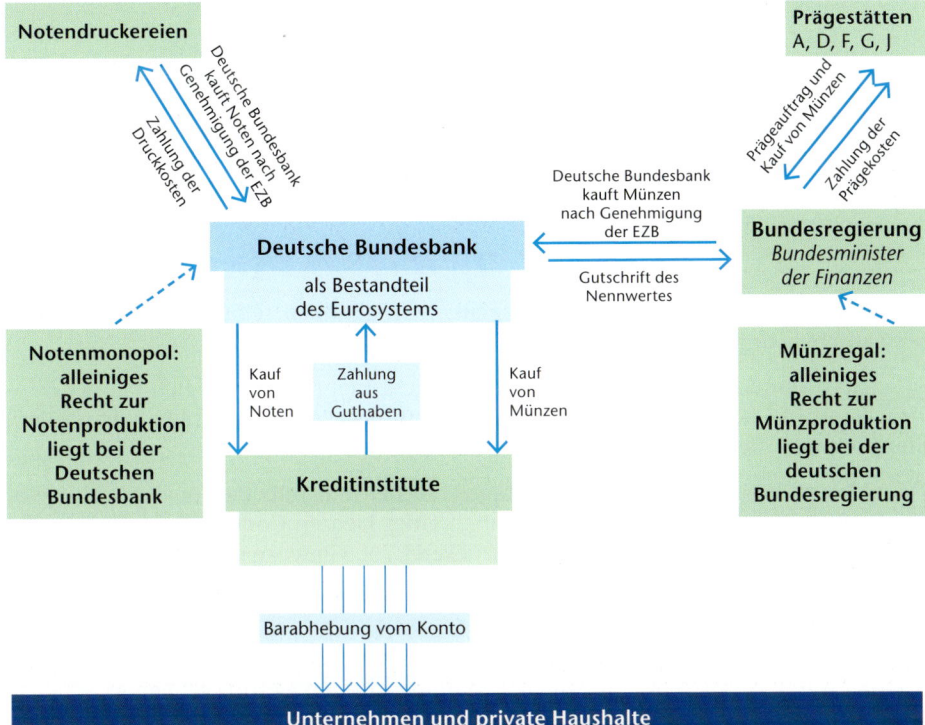

Sonderprägungen

Seit Beginn der Währungsunion wurden von den Mitgliedsstaaten verschiedene Euro-Sammlermünzen herausgegeben. Die 2-Euro-Sonderprägungen (*z. B. 25 Jahre Deutsche Einheit*) sind für den Umlauf gedacht und gelten in der gesamten Eurozone als gesetzliches Zahlungsmittel. Andere Euro-Sammlermünzen wie die 10-Euro-Sonderprägungen, die aus verschiedensten Anlässen (*z. B. Frauen-Fußballweltmeisterschaft*) emittiert werden, sind nur in den jeweiligen Ausgabestaaten gesetzliches Zahlungsmittel. Ein Teil der Sonderprägungen wird in Spiegelglanzausführung hergestellt und wandert dementsprechend in die Hände von Numismatikern, die auf erhebliche Steigerungen des Sammlerwertes in der Zukunft hoffen.

Begrenzter Annahmezwang

Für die Euro-Münzen besteht ein begrenzter Annahmezwang. Niemand ist dazu verpflichtet, mehr als fünfzig Münzen in einer Zahlung anzunehmen. Mit dieser Regelung ist keine Wertangabe verbunden. Die Annahmepflicht von deutschen, auf Euro lautenden Gedenkmünzen ist auf 100,00 € je Zahlung beschränkt. Ergänzend gilt die Beschränkung auf 50 Münzen auch für aus Umlauf- und Gedenkmünzen zusammengesetzte Zahlungen.

6.1.4.2 Notenmonopol

> **Notenausgabe (*Art. 128 Abs. 1 AEUV*)** Die Europäische Zentralbank hat das ausschließliche Recht, die Ausgabe von Euro-Banknoten innerhalb der Union zu genehmigen. Die Europäische Zentralbank und die nationalen Zentralbanken sind zur Ausgabe dieser Banknoten berechtigt. Die von der Europäischen Zentralbank und den nationalen Zentralbanken ausgegebenen Banknoten sind die einzigen Banknoten, die in der Union als gesetzliches Zahlungsmittel gelten.

Euro-Banknoten werden von den Nationalen Zentralbanken selbst und von privaten oder staatlichen Unternehmen hergestellt.

Die Deutsche Bundesbank lässt die Banknoten nicht mehr ausschließlich bei der Bundesdruckerei und bei einer privatwirtschaftlichen Druckerei in München herstellen, sondern schreibt die Druckaufträge europaweit aus.

In Deutschland hergestellte Banknoten tragen auf der Rückseite den Buchstaben X vor der Seriennummer, und am ersten Buchstaben eines kleinen Codes auf der Vorderseite lässt sich die Druckerei erkennen (Bundesdruckerei = R, Giesecke und Devrient = P).

Im Gegensatz zu den Münzen können die Banknoten aber zunächst nicht bilanziert werden, da sie noch keinen Wert verkörpern. Ein Rückblick in die Entstehungsgeschichte des Geldes macht dies deutlich. Wenn ein Juwelier Depotscheine auf Vorrat produziert hätte, wären sie auch bis zur Ausgabe an einen Kunden wertlos geblieben.

Banknoten werden also erst dann bilanziert, wenn sie an ein Kreditinstitut weitergegeben werden. Vorher sind sie **Nonvaleurs** – wertlose Wertpapiere.

Ausgegebene Banknoten werden auf der Passivseite unter der Position Banknotenumlauf erfasst.

Für die Nationale Zentralbank (NZB) sind Banknoten eine Verbindlichkeit.

- Erhält die NZB für ausgegebene Banknoten Aktiva, kommt es zu einer Aktiv-Passiv-Mehrung.

- Wenn die „Bezahlung" der Banknoten mit Zentralbankguthaben erfolgt, kommt es nur zu einem Passivtausch.

Beispiel:

Aktiva		Bundesbankbilanz vom 8. Februar 20..	Passiva
	Mio. €		Mio. €
Gold	10	Banknotenumlauf	20
Devisen	10	Einlagen inländischer Kreditinstitute	10
Sonstige Aktiva	10		

Am 15. Februar erwirbt ein Kreditinstitut für 1 Mio. € Banknoten und bezahlt mit Devisen aus Exporterlösen seiner Kunden.

Aktiva	Bundesbankbilanz vom 15. Februar 20..		Passiva
	Mio. €		Mio. €
Gold	10	Banknotenumlauf	21
Devisen	11	Einlagen inländischer Kreditinstitute	10
Sonstige Aktiva	10		

Am 22. Februar hebt ein Kreditinstitut zulasten seines BBk-Girokontos 1 Mio. € in Banknoten ab.

Aktiva	Bundesbankbilanz vom 22. Februar 20..		Passiva
	Mio. €		Mio. €
Gold	10	Banknotenumlauf	22
Devisen	11	Einlagen inländischer Kreditinstitute	9
Sonstige Aktiva	10		

6.1.4.3 Von der Mark zum Euro – vom Pfennig zum Cent

In den Staaten des Eurosystems wurde am 1. Januar 2002 mit der Ausgabe von auf € lautenden Münzen und Banknoten begonnen. Seit dem 1. Juli 2002 hat die DM ihre Gültigkeit als gesetzliches Zahlungsmittel verloren.

Form und Legierung der neuen Euromünzen wurden nach Anhörung verschiedener Verwendergruppen, insbesondere der Blinden- und Sehbehindertenverbände sowie der Automatenwirtschaft, festgelegt. Das Münzregal verbleibt bei den Mitgliedsstaaten, die eine Seite ihrer €-Münzen mit nationalen Motiven versehen. In Deutschland liegt das Münzregal in Händen der Bundesregierung.

Drei Mal gab es in Deutschland nach dem Zweiten Weltkrieg eine weitreichende Währungsreform. 1948 ging es darum, nach dem völligen Zusammenbruch der geldpolitschen Ordnung wieder eine geregelte Wirtschaft zu ermöglichen. Die zweite große Währungsreform war nach dem Zusammenbruch der DDR nötig, damals wurden ostdeutsche Mark in gesamtdeutsche D-Mark umgetauscht. Und 1999 schließlich kam der Abschied von der nationalen Währung: Seitdem leben und arbeiten die Deutschen mit dem Euro.

Quelle: Globus

60 Jahre Deutsche Währungen

6.1.4.4 Zentralbankgeldschöpfung durch das Eurosystem

Neben der Ausgabe von Bargeld produziert das Eurosystem Buchgeld, in dem es Kredite gewährt. Um ihre Geschäfte im Aktivbereich ausdehnen zu können, sind die Kreditinstitute auf Geld aus dem Eurosystem angewiesen. Sie decken einen großen Teil ihres Refinanzierungsbedarfs, indem sie Wertpapiere oder Devisen an die Nationalen Zentralbanken veräußern und im Gegenzug Zentralbankgeld in entsprechender Höhe erhalten.

Zentralbankgeld ist Geld, das nur durch die Zentralbank geschaffen werden kann.

Zentralbankgeldschöpfung und Zentralbankgeldvernichtung

Zentralbankgeld, auch als Geldbasis oder M_0 bezeichnet, existiert in der Form von Guthaben bei der Nationalen Zentralbank (NZB) sowie von umlaufenden Banknoten und Münzen. Es entsteht durch Monetisierung von Aktiva bei der NZB. Umgekehrt kommt es zu einer Vernichtung von Zentralbankgeld, wenn die NZB Wertpapiere oder Devisen verkauft. Dabei fließt der NZB wieder Bargeld (Bargeldvernichtung) oder Sichtguthaben (Kreditvernichtung) zu.

*Beispiel: **Zentralbankgeldschöpfung***
Die A-Bank verkauft USD im Wert von 1 Mio. € an die Deutsche Bundesbank.
Die A-Bank erhält dafür Sichtguthaben (Zentralbankguthaben) bei der Deutschen Bundesbank.

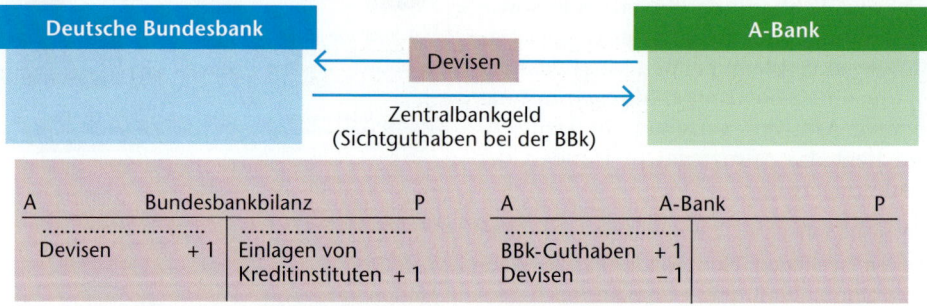

Wenn die Bundesbank anstelle von Zentralbankguthaben Münzen oder Banknoten auszahlt, stellt sich die Situation analog dar: Es kommt entweder zu einem Aktivtausch (Münzbestand nimmt ab, Devisenbestand nimmt zu) oder ebenfalls zu einer Bilanzverlängerung (Notenumlauf nimmt zu, Devisenbestand nimmt zu).

*Beispiel: **Zentralbankgeldvernichtung***
Die B-Bank erwirbt bei der Deutschen Bundesbank USD im Wert von 1 Mio. €.

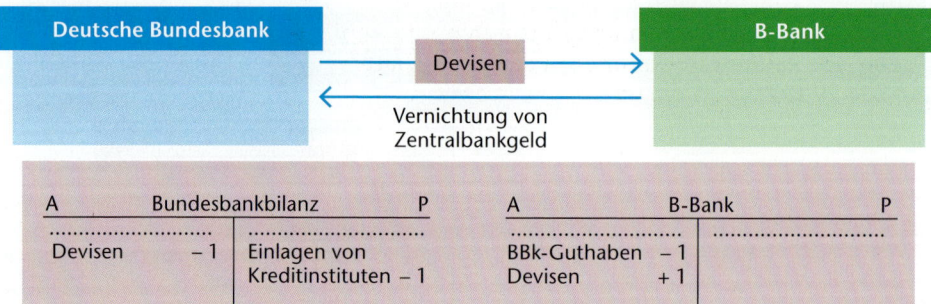

6.1.4.5 Giralgeldschöpfung durch die Kreditinstitute

Passive Giralgeldschöpfung

Die Bareinzahlung auf ein Girokonto bedeutet eine passive Giralgeldschöpfung.

Beispiel:
- *Wenn ein Kunde eine Bareinzahlung von 1 000,00 € zugunsten seines Girokontos vornimmt, ist es für ihn nur ein Tausch von Bargeld gegen Buchgeld. Über die Sichteinlage kann er jederzeit verfügen.*
- *Aus Sicht des Kreditinstitutes sieht es anders aus. Es „kauft" dem Kunden 1 000,00 € Bargeld ab und bezahlt mit **selbst geschaffenem** Buchgeld.*
  Verbindlichkeiten von Kreditinstituten gegenüber Kunden werden in der Bilanz der Geschäftsbank als Sichteinlage auf der Passivseite erfasst.

A	Bilanz des Kreditinstituts		P
Kasse	1 000,00 €	Sichteinlagen	1 000,00 €

- *Volkswirtschaftlich ist die umlaufende Geldmenge gleich geblieben, da 1 000,00 € Zentralbankgeld in Form von Bargeld dem Nichtbankensektor entzogen worden sind und im Gegenzug der gleiche Betrag durch Geldschöpfung des Kreditinstitutes dem Geldkreislauf hinzugefügt wurde.*

Bei einer Barabhebung kommt es zu einer Vernichtung des zuvor geschaffenen Giralgeldes. Die Geldmenge bleibt jedoch gleich, da Zentralbankgeld in gleicher Höhe aus dem Bankensektor in den Nichtbankensektor gelangt.

Aktive Giralgeldschöpfung

Bei der aktiven Giralgeldschöpfung schaffen die Geschäftsbanken zusätzliches Geld in Form von Buchgeld.

Kreditinstitute möchten möglichst alles, was sie an Einlagen von der Kundschaft erhalten, ausleihen. Dies ist aber nicht hundertprozentig möglich, da immer damit gerechnet werden muss, dass Kunden über Sichteinlagen bar verfügen wollen. Folglich hat das Kreditinstitut eine **Kassenreserve** zu halten, um die Bargeldwünsche seiner Kunden erfüllen zu können.

Beispiel: Ein Kreditinstitut erhält 100 000,00 € Sichteinlagen und zahlt täglich im Durchschnitt 10 000,00 € aus. Es muss eine Kassenreserve von 10 % halten.

Die Kassenreserve ist bei den Kreditinstituten unterschiedlich hoch. Sie hängt wesentlich von den Zahlungsgewohnheiten der Kundschaft ab. Zusätzlich ist eine Mindestreserve bei der EZB zu unterhalten.

Mindestreserven[1]

> **Mindestreserven (*Satzung ESZB, EZB Art. 19*)** Vorbehaltlich des Artikels 2 kann die EZB zur Verwirklichung der geldpolitischen Ziele verlangen, dass die in den Mitgliedstaaten niedergelassenen Kreditinstitute Mindestreserven auf Konten bei der EZB und den nationalen Zentralbanken unterhalten. Verordnungen über die Berechnung und Bestimmung des Mindestreservesolls können vom EZB-Rat erlassen werden. Bei Nichteinhaltung kann die EZB Strafzinsen erheben und sonstige Sanktionen mit vergleichbarer Wirkung verhängen.
>
> Zum Zwecke der Anwendung dieses Artikels legt der Rat nach dem Verfahren des Artikels 42 die Basis für die Mindestreserven und die höchstzulässigen Relationen zwischen diesen Mindestreserven und ihrer Basis sowie die angemessenen Sanktionen fest, die bei Nichteinhaltung anzuwenden sind.

Ursprünglich war die Mindestreserve dazu gedacht, bei Bankenzusammenbrüchen die betroffenen Kunden zu entschädigen. Diese Bedeutung besteht nicht mehr, da die Kreditinstitute inzwischen eigene Hilfseinrichtungen geschaffen haben.

Die EU-Einlagensicherungsrichtlinie schreibt für Spar-, Giro-, Tagesgeld- und Festgeldkonten Einlagensicherungssysteme mit einer Mindestsumme von 100 000,00 € pro Einleger zwingend vor. Die deutschen Einlagensicherungssysteme, die teilweise auf freiwilliger Basis unbegrenzt haften, spiegeln die Eigentumsverhältnisse der Kreditinstitute wider.

Beispiele:
– *Haftungsverbund der Sparkassen-Finanzgruppe*
– *Entschädigungseinrichtung deutscher Banken GmbH (EdB)*
– *Entschädigungseinrichtung des Bundesverbandes Öffentlicher Banken GmbH (EdÖ)*
– *Sicherungseinrichtung der BVR*

Heute ist die Mindestreserve ausschließlich ein geldpolitisches Instrument der EZB.

Kreditinstitute haben einen bestimmten prozentualen Anteil ihrer Verbindlichkeiten aus
- Sichteinlagen,
- Einlagen mit bis zu zwei Jahren Laufzeit,
- Einlagen mit zweijähriger Kündigungsfrist,
- Schuldverschreibungen mit vereinbarter Laufzeit bis zu zwei Jahren und
- Geldmarktpapieren

verzinslich bei der EZB zu halten. Je höher der Mindestreservesatz ist, desto geringer ist der Spielraum, der den Kreditinstituten für Ausleihungen verbleibt.

Beispiel: Ein Kreditinstitut erhält eine Bareinlage in Höhe von 1 000,00 €. Davon werden 10 % als Kassenbestand „reserviert" und 1 % als Mindestreserve bei der EZB gehalten. Der Differenzbetrag von 890,00 € ist die erste Überschussreserve, die dem Kreditinstitut für Kredite zur Verfügung steht.

Die aktive Giralgeldschöpfung wurde im obigen Beispiel nur auf ein Kreditinstitut bezogen und betrug 890,00 €. Wenn man dieses Beispiel ausweitet und unterstellt, dass der Kreditnehmer das Geld ausgibt und der Empfänger des Geldes es bei seinem Kreditinstitut einzahlt, kann sich der Vorgang der aktiven Giralgeldschöpfung wiederholen. Allerdings stehen jetzt nicht 890,00 € für die Kreditvergabe zur Verfügung, sondern nur die um Kassen- und Mindestreserve (Liquiditätsreserve) verminderte erste Überschussreser-

---

[1] *Vgl. Seite 584 ff.*

ve. Theoretisch ließe sich dieser Vorgang unendlich oft wiederholen, wobei die mögliche Kreditvergabe von Mal zu Mal sinken würde. Diese Geldschöpfung unter Einschaltung nicht nur einer, sondern der Gesamtheit der Kreditinstitute nennt man **multiple Buchgeldschöpfung**.

Beispiel: Die A-Bank erhält eine Bareinzahlung in Höhe von 1 000,00 € und gewährt einem Kunden einen Kredit zum Kauf eines Möbelstücks in Höhe von 890,00 €. Das Geld wird bei der Hausbank (B-Bank) des Möbelhauses eingezahlt. Diese gewährt einem Kunden Kredit in Höhe von 792,10 €. Dieser Kunde kauft sich ein Fernsehgerät und zahlt das Geld bei der C-Bank des TV-Fachgeschäftes ein, welche wiederum einen Kredit von 704,97 € gewährt.

Kreditinstitut	Sichteinlage	Kassenreserve 10%	Mindestreserve 1%	Überschuss-reserve
		(Liquiditätsreserve)		
	€	€	€	€
A-Bank	1 000,00	100,00	10,00	890,00
B-Bank	890,00	89,00	8,90	792,10
C-Bank	792,10	79,21	7,92	704,97
D-Bank	704,97	70,48	7,05	627,42
Summe	3 387,07	338,70	33,87	3 014,49

Um zu berechnen, wie viele Kredite insgesamt geschöpft werden können, wenn sich die Kreditvergabe nach obigem Schema immer weiter fortsetzt, bedient man sich des **Geldschöpfungsmultiplikators**.

Der *Geldschöpfungsmultiplikator* ist der reziproke Liquiditätsreservesatz.

Erste Sichteinlage	1 000,00	*Passive Giralgeldschöpfung*
– Kassenreserve	100,00	Kassenreservesatz 10%
– Mindestreserve	10,00	Mindestreservesatz 1%
Erste Überschussreserve	890,00	*Aktive Giralgeldschöpfung*

Liquiditätsreservesatz 11 % = $\dfrac{11}{100}$

↓

reziproker
Liquiditätsreservesatz $= \dfrac{100}{11}$

↓

Geldschöpfungs-
multiplikator $= \dfrac{100}{11} = 9,0909$

Durch Veränderung des Mindestreservesatzes wird der Geldschöpfungsmultiplikator verändert.

- Je höher der Mindestreservesatz, desto geringer der Geldschöpfungsmultiplikator.
- Je geringer der Mindestreservesatz, desto höher der Geldschöpfungsmultiplikator.

Außerdem ist der Geldschöpfungsmultiplikator abhängig von den Zahlungsgewohnheiten in der Volkswirtschaft. Nimmt der bargeldlose Zahlungsverkehr zu, verringert sich die notwendige Kassenhaltung der Kreditinstitute und der Multiplikator wird größer.

Maximale Kreditschöpfung = Erste Überschussreserve · Geldschöpfungsmultiplikator

Beispiel: Aus einer ursprünglichen Bareinzahlung in Höhe von 1 000,00 € sind bei einem Geld-schöpfungsmultiplikator von 9,0909 Kredite in Höhe von 8 090,91 € entstanden. Dabei wurde un-terstellt, dass die Reservesätze konstant waren und alle beteiligten Kreditinstitute ihre maximalen Kreditmöglichkeiten ausgenutzt haben.

Eine Erhöhung der Mindestreserve und der Kassenreserve führt zu einer Verringerung der ersten Überschussreserve und wirkt damit wie ein **Geldvernichtungsmultiplikator**.

6.1.5   Geldmengenbegriffe der Europäischen Zentralbank

Wer sein Geldvermögen als Termingeld oder in Wertpapieren anlegt, hat zwar Geld, aber er kann nicht sofort darüber verfügen, denn es fehlt die Tauschmittelfunktion. So ist unter dem Gesichtspunkt seiner Funktionen Geld nicht immer gleich Geld.

Ähnlich verhält es sich mit Guthaben der Kreditinstitute untereinander, der Nationalen Zentralbanken untereinander und der Guthaben von Nicht-EWU-Ansässigen im EWU-Bankensystem. Diese Gelder dienen normalerweise nicht zum Kauf von Gütern und Dienstleistungen im Währungsgebiet des Euro, sodass auch diesen Geldern die Tausch-mittelfunktion fehlt.

Um Preisrisiken früh zu erkennen, stützt sich die EZB auf eine Beobachtung der Ent-wicklung des breiten Geldmengenaggregates M_3.

Geldmengenbegriffe der EZB
M_3 Repogeschäfte[1] Geldmarktfondsanteile Geldmarktpapiere und Schuldverschreibungen mit einer Ursprungslaufzeit von bis zu 2 Jahren
M_2 Einlagen mit vereinbarter Laufzeit von bis zu 2 Jahren Einlagen mit vereinbarter Kündigungsfrist von bis zu 3 Monaten
M_1 Bargeldumlauf Täglich fällige Einlagen von Nichtbanken

Die Geldmengenbegriffe umfassen die monetären Verbindlichkeiten der Kreditinstitute (Monetäre Finanzinstitute, Abk. MFIs) gegenüber im Euro-Währungsgebiet ansässigen Nicht-Banken (Nicht-MFIs). Bei den Repogeschäften aus M_3 handelt es sich um Pensi-onsgeschäfte zwischen MFIs (Pensionsgeber) und Nicht-MFIs (Pensionsnehmer). Das pensionsgebende MFI behält die Wertpapiere in seiner Bilanz. Der Geldbetrag, den das MFI für die Papiere erhält, wird in der Bilanz des MFI als Verbindlichkeit erfasst.

---

[1] *Repo: **Re**purchase **O**peration (Repurchase agreement = Rückkaufsvereinbarung): Vereinbarung über den Verkauf eines Vermögensgegenstandes, die den Verkäufer gleichzeitig berechtigt und verpflichtet, diesen Vermögensgegenstand zu einem späteren Zeitpunkt zurückzukaufen. Eine solche Vereinbarung gleicht wirtschaftlich einem besicherten Kredit (vgl. Seite 574).*

M₁

Nach der engsten Definition der EZB erfüllen neben dem Bargeldumlauf (Münzen und Noten) nur täglich fällige Einlagen (Sichtguthaben) die Geldfunktionen im ursprünglichen Sinn. Sie sind jederzeit fällig, d. h., die Kundschaft kann jederzeit per Überweisung, Scheck oder Lastschrift über die Sichteinlagen verfügen bzw. sich das Geld bar auszahlen lassen.

M₂

Bei der etwas weiteren Definition M₂ werden neben M₁ Termineinlagen mit vereinbarter Laufzeit bis zu zwei Jahren und Einlagen mit vereinbarter Kündigungsfrist bis zu drei Monaten einbezogen. Diese Einlagen dienen nicht dem Zahlungsverkehr, sondern der kurzfristigen Geldanlage. Sie können trotz teilweiser Einschränkungen wie Kündigungsfristen, Vorschusszinsen und Gebühren sehr schnell in Sichteinlagen oder Bargeld umgewandelt werden.

M₃

M₃ ist die am weitesten abgegrenzte Geldmenge. Zusätzlich zu M₂ bezieht die EZB in ihre Definition M₃ Repogeschäfte, Geldmarktfondsanteile und Geldmarktpapiere sowie Schuldverschreibungen mit einer Ursprungslaufzeit bis zu zwei Jahren ein. Diese Bestandteile haben einen hohen Liquiditätsgrad und eine hohe Kurssicherheit und sind deswegen enge Substitute für Einlagen.

Die EZB kann nur mittelbar Einfluss auf das „breite monetäre Aggregat M₃" nehmen, indem sie die Refinanzierungskosten der Kreditinstitute ändert. Die Zinssätze der Kreditinstitute und der Zentralbank bewegen sich – zumindest im kurzfristigen Bereich – normalerweise in eine Richtung. Eine Erhöhung der Notenbankzinsen führt zu einer Verteuerung der Bankkredite, und mit einer Senkung der Notenbankzinsen wird eine Verbilligung der Kredite für die Bankkundschaft angestrebt.

So kann die EZB über einen langen Hebel auf die nachfragewirksame Geldmenge Einfluss nehmen. Sie senkt oder erhöht die Refinanzierungskosten der Kreditinstitute, die wiederum mit fallenden oder steigenden Kreditzinsen und fallenden oder steigenden Einlagenzinsen gegenüber ihrer Kundschaft reagieren sollen.

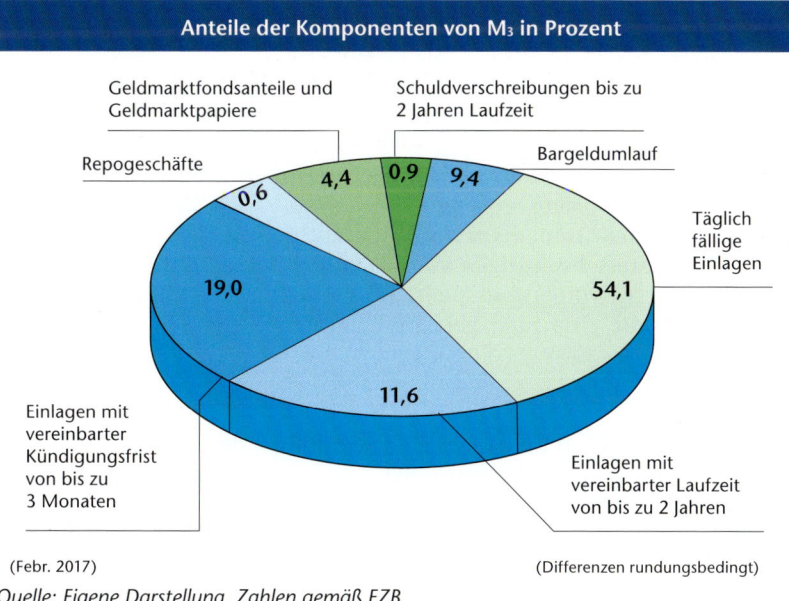

Anteile der Komponenten von M₃ in Prozent

Geldmarktfondsanteile und Geldmarktpapiere

Schuldverschreibungen bis zu 2 Jahren Laufzeit

Repogeschäfte

Bargeldumlauf

0,6 — 4,4 — 0,9 — 9,4

19,0

Täglich fällige Einlagen

54,1

Einlagen mit vereinbarter Kündigungsfrist von bis zu 3 Monaten

11,6

Einlagen mit vereinbarter Laufzeit von bis zu 2 Jahren

(Febr. 2017)

(Differenzen rundungsbedingt)

Quelle: Eigene Darstellung, Zahlen gemäß EZB.

Die Auswirkung von Zinsänderungen der EZB auf die langfristigen Zinsen ist vor allem dann möglich, wenn sich mit der Aktion der EZB auch die Erwartungshorizonte der Marktteilnehmer ändern.

In einem Klima zukünftiger Inflationsrisiken und abnehmenden Wirtschaftswachstums werden die längerfristigen Zinsen am ehesten steigen und damit zu einer Verringerung der Geldmenge M_3 beitragen. Die EZB geht davon aus, dass die Wirkung ihrer geldpolitischen Maßnahmen ein bis drei Jahre verzögert eintritt.

6.1.6   Geldmengenziel und Geldmengenstrategie der Europäischen Zentralbank

Die EZB hat das vorrangige Ziel, die Preisstabilität zu gewährleisten *(Art. 127 Abs. 1 AEUV)*.

„Preisstabilität wird definiert als Anstieg des Harmonisierten Verbraucherpreisindex (HVPI) für das Euro-Währungsgebiet von unter, aber nahe 2 % gegenüber dem Vorjahr."

Zur Erreichung des Zieles Preisstabilität hat die EZB eine **Zwei-Säulen-Strategie** entwickelt. Die eine Säule ist eine auf breiter Grundlage erfolgende kurz- und mittelfristige wirtschaftliche Beurteilung der Aussichten und Risiken für die Preisentwicklung im Euro-Währungsgebiet und die zweite Säule ist eine mittel- bis langfristige Analyse der Inflationstrends, die in der Bekanntgabe einer Wachstumsrate von M_3 mündet.

Anstatt mechanistisch auf stabilitätsgefährdende Störungen zu reagieren, hat sich die EZB vorgenommen, eine breit fundierte Analyse der Ursachen der Störungen vorzunehmen. Die Analyseergebnisse aus den Säulen 1 und 2 werden abgeglichen, um dann über den Verlauf und über das Ergebnis die Öffentlichkeit zu unterrichten. Erst danach sollen gegebenenfalls Entscheidungen getroffen werden, die eine mittelfristige Preisstabilität gewährleisten.

Diese Strategie ist nicht unumstritten, denn für die Öffentlichkeit bleibt verborgen, ob längerfristige Über- oder Unterschreitungen von M_3 tatsächlich zu Zinsschritten führen, da sich die EZB einen Interpretationsspielraum vorbehält. Die EZB ist die letzte der großen Notenbanken, die eine breit gefasste Geldmenge als Schlüsselindikator nutzt.

6.1.6.1   Beurteilung der Aussichten für die Preisentwicklung – die erste Säule der geldpolitischen Strategie des Eurosystems

Die EZB stützt sich bei der Festlegung ihrer Geldpolitik auf die Analyse einer breiten Palette von Konjunkturindikatoren. Diese umfassen eine Reihe von Größen, die hier den Charakter von Frühindikatoren haben. Dazu gehören u. a. die Löhne, die Wechselkurse die Anleihekurse, die Zinsstrukturkurve, verschiedene Messgrößen für die

Wirtschaftstätigkeit, Preis- und Kostenindizes wie z. B. die industriellen Erzeugerpreise sowie Branchen- und Verbraucherumfragen. Durch eine vorsichtige Interpretation dieser Indikatoren, die Vorlaufindikatoreigenschaften für zukünftige Preisentwicklungen besitzen, möchte die EZB eine Stop-and-Go-Policy vermeiden.

6.1.6.2 Der Referenzwert der EZB – die zweite Säule der geldpolitischen Strategie des Eurosystems

Ende 1998 hat die EZB erstmalig ein Geldmengenziel bekannt gegeben. Sie bezeichnet es als **Referenzwert**. Der Referenzwert ist ausdrücklich als fester Satz und nicht als Zielkorridor konstruiert worden. Eine Bekanntgabe als Referenzkorridor könnte von der Öffentlichkeit dahingehend falsch verstanden werden, dass die Zinsen geändert würden, wenn das Geldmengenwachstum den Korridor verlässt. Das Geldmengenziel soll in erster Linie die Geldwertstabilität fördern. Daneben dient es als Orientierungshilfe für

- die Tarifparteien,
- den Staat als Träger der Wirtschaftspolitik,
- die öffentlichen und privaten Haushalte,
- die Unternehmen,
- die Kreditinstitute.

Durch die Vorgabe des Referenzwertes können die Wirtschaftssubjekte zwar nicht zu stabilitätsgerechtem Verhalten gezwungen werden, aber es können bei ihnen Erwartungshorizonte aufgebaut werden, die Einfluss auf gegenwärtige Entscheidungen haben und damit die Geldwertstabilität fördern. Bei erwarteten Zinserhöhungen werden Anleger von kurzfristigen auf längerfristige Anlageformen umsteigen und damit von sich aus zu einer Verringerung von M_3 beitragen.

Die EZB hat den geltenden Referenzwert für das Geldmengenwachstum, nämlich eine Jahreswachstumsrate von 4,6 % für M_3, folgendermaßen begründet:

Dieser Beschluss wurde gefasst, weil die Annahmen, die der Ableitung des Referenzwerts im Dezember 2000 (und seiner Bestätigung im Dezember 2001) zugrunde lagen, nämlich dass auf mittlere Sicht die Einkommensumlaufgeschwindigkeit von M_3 trendmäßig um ½ % bis 1 % pro Jahr zurückgeht und das Produktionspotenzial trendmäßig um 2 % bis 2 ½ % pro Jahr wächst, nach wie vor von den vorliegenden Daten gestützt werden. Überprüfungen des Referenzwertes sind vorgesehen, wenn sich Veränderungen des Potenzialwachstums ergeben.

Quelle: EZB, Monatsbericht Dezember 2002

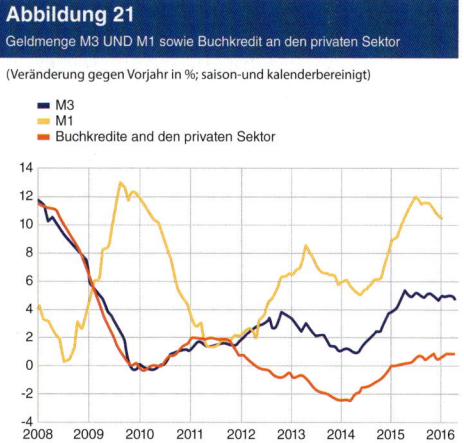

Abbildung 21

Geldmenge M3 UND M1 sowie Buchkredit an den privaten Sektor

(Veränderung gegen Vorjahr in %; saison- und kalenderbereinigt)

- M3
- M1
- Buchkredite and den privaten Sektor

Quelle: EZB, Wirtschaftsbericht 4/2016, S. 27

Festlegung des Referenzwertes

Bei der Zielfestlegung geht die EZB von drei Hauptkomponenten aus:

- Die Messlatte für Preisstabilität beträgt 2 %. Diese Zahl wird begründet mit dem unvermeidlichen (normativen) Preisanstieg aufgrund natürlicher Ressourcenverknappung, statistischen Ungenauigkeiten, einer Sicherheitsmarge gegen Deflation und einer Verstetigung der Inflationserwartung.

- Trendmäßiges Potenzialwachstum, d. h. Zunahme der gesamtwirtschaftlichen Produktionsmöglichkeiten, die mit den verfügbaren Produktionsfaktoren Arbeit und Kapital erreicht werden kann.

- Trendmäßige Veränderung der Umlaufgeschwindigkeit von M_3, denn ein wachsender Bedarf für Finanztransaktionen erfordert einen Ausgleich für ausgabenwirksame Transaktionen.

6.2　Währungen

Das Geld ist – wie seine Entwicklungsgeschichte zeigt – aus dem Wunsch nach einem allgemein anerkannten Tauschmittel entstanden, das bei Geschäftsabschlüssen benutzt werden kann und den Warenhandel zwischen den Menschen erleichtern soll. Geld ist ursprünglich ein Gut, das sich als Tauschmittel bewährt hatte.

Die besondere Bedeutung des Geldes für das Wirtschaftsleben hat dazu geführt, dass schon bald die Träger politischer Macht (Könige, Regierungen) das Recht zur Regelung des Geldwesens für sich beanspruchten. Dies geschah ursprünglich zu dem Zweck, um verbindlich festzulegen, welche Münzen zur Bezahlung der Steuern verwendet werden mussten.

Es zeigte sich im Laufe der Zeit, dass das Vertrauen in das Geld und ein geordnetes Geldwesen die Grundvoraussetzungen für eine blühende Wirtschaft darstellen. Der Staat übernahm schließlich die Verantwortung und damit die Gewähr *(wortgeschichtlich: Werunge = Gewähr)* für die Funktionsfähigkeit des Geldwesens.

> *Die Währungsordnung (Geldverfassung) ist die gesetzlich geregelte Ordnung des Geldwesens eines Staates.*

Durch die Währungsordnung sind festgelegt:

- die **Währungsbezeichnung** und **-einheiten**,

- das **Münzregal** (= das Recht zur Prägung von Münzen),

- das **Notenprivileg** (= das Recht zur Ausgabe von Banknoten),

- die Art des **Wechselkurssystems**, d. h. die Regeln, nach denen der Außenwert (= der Wechselkurs) der Landeswährung gegenüber den Auslandswährungen festgelegt wird,

- die Art des **Währungssystems**,

Währung im weitesten Sinne umfasst alle Gesetzesvorschriften, welche die Geschäftstätigkeit der Kreditinstitute sowie den Geld- und Kapitalverkehr regeln.

> *Mit der Festlegung des Währungssystems entscheidet der Staat,*
> - *nach welchen Grundsätzen die Geldversorgung der Wirtschaft erfolgen soll,*
> - *auf welche Weise das Vertrauen auf den Wert des Geldes gesichert werden soll.*

Gebundene Währungen

Die gebundenen Währungen zeichnen sich durch eine feste Bindung des Geldwertes an den Wert eines bestimmten Edelmetalles aus.

Beispiel: Legt man fest, dass eine Reichsmark den Wert von 0,3584 g Feingold hat, so kann die umlaufende Geldmenge niemals den Wert der Goldreserven bei der Zentralbank übersteigen.

Bis 1914 bestand in Deutschland eine Goldwährung. Der Wert einer Reichsmark entsprach dem Wert einer bestimmten Gewichtsmenge Gold:

$$1 \text{ Reichsmark} = \frac{1}{2\,790} \text{ kg Feingold}$$

Aus 1 kg Gold konnte man Goldmünzen im Nennwert von 2 790 Reichsmark prägen lassen.

Das umlaufende Papiergeld stand stellvertretend für die Ware Gold. Die Deutsche Reichsbank war als damalige Zentralnotenbank dazu verpflichtet, die von ihr ausgegebenen Banknoten in die entsprechende Menge Gold umzutauschen.

Für 2 790 RM in Banknoten erhielt man somit 1 kg Gold.

Die gebundenen Währungen gehören der Vergangenheit an. Ihr schwerwiegender Nachteil ist, dass der Umfang der innerhalb einer Volkswirtschaft verfügbaren Geldmenge von dem jeweils vorhandenen Vorrat des zugrunde liegenden Währungsmetalls abhängig ist. Eine Anpassung der Geldmenge an den steigenden Geldbedarf einer wachsenden Wirtschaft ist damit nicht ohne Weiteres möglich.

Freie Währungen

Die freien Währungen sind an keinen stofflichen Wert gebunden.
Die Zentralnotenbank ist bei der Ausgabe der Banknoten frei, d. h. unabhängig von einer Beschränkung durch den vorhandenen Bestand an Edelmetall.

Eine Edelmetalldeckung der ausgegebenen Banknoten existiert daher nicht. Die Papierwährung ist somit eine stoffwertlose Währung. Der Metallwert der ausgegebenen Münzen liegt weit unter ihrem Nennwert. Der **Wert des Geldes** hängt allein von seinem **Tauschwert** ab, d. h. von den Gütern, die man mit einer bestimmten Geldmenge kaufen kann.
Die **freien Währungen** haben den Vorteil, dass die innerhalb einer Volkswirtschaft verfügbare Geldmenge mithilfe der Geldpolitik der Zentralbank dem Bedarf der Wirtschaft an Zahlungsmitteln angepasst werden kann.
Wichtigste Bestimmungsgröße für die Geldversorgung der Volkswirtschaft ist die produzierte Menge an Gütern und Dienstleistungen, das **BIP**.[1]

Beispiele:
– *Nimmt die Güterproduktion innerhalb einer Volkswirtschaft zu, so wird eine größere Geldmenge zur Abwicklung des Zahlungsverkehrs benötigt.*
– *In einer wachsenden Wirtschaft benötigen die Unternehmungen zusätzliches Geldkapital, um ihre Investitionen finanzieren zu können.*

---

[1] *Vgl. hierzu Seite 428 ff.*

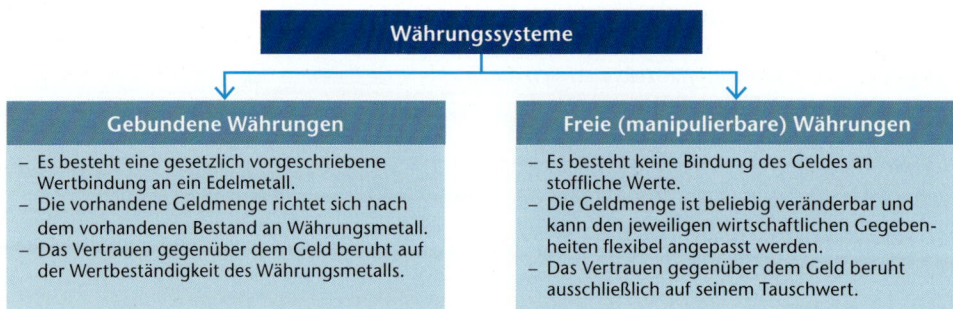

6.3   Binnenwert des Geldes

Unter dem Binnenwert des Geldes versteht man den Geldwert im Inland.

Da der **Stoffwert** des Geldes durch die Entwicklung der freien Währungen bedeutungslos geworden ist, stellt sich die Frage nach dem **Tauschwert** des Geldes.

Im Unterschied zum aufgedruckten Nennbetrag des Geldes, dem **Nominalwert**, gibt der Tauschwert des Geldes an, welche Gütermenge für eine Geldeinheit gekauft werden kann. Der Tauschwert des Geldes gegenüber den Gütern wird auch als **Realwert** bezeichnet.

6.3.1   Geldwerttheorie

Verschlechterungen des Geldwertes sind seit der Antike bekannt.

Beispiele:
- *Herrscher verringerten den Feingehalt ihrer Münzen, um so die Geldmenge zur Finanzierung ihrer Kriege zu vergrößern.*
- *Spanische und portugiesische Söldner brachten im 16. Jahrhundert von den Eroberungszügen in Südamerika riesige Gold- und Silbermengen mit und waren bereit, für die Güter des täglichen Bedarfs Preise zu zahlen, die der normale Bürger als Wucherpreise empfinden musste. Es hätte sich keine Verschlechterung des Geldwertes gezeigt, wenn die Söldner das Geld gespart hätten und es somit nicht nachfragewirksam geworden wäre.*

Der Wert des Geldes hängt nicht von der absoluten, sondern von der nachfragewirksamen Geldmenge ab.

Die nachfragewirksame Geldmenge wird bestimmt durch die vorhandene Menge an Zahlungsmitteln – wobei das Hortgeld abzuziehen ist – und die Umlaufgeschwindigkeit des Geldes.

Die Umlaufgeschwindigkeit gibt an, wie häufig das Geld innerhalb eines Jahres für den Kauf von Gütern und Dienstleistungen verwendet wird. Das hängt wiederum von den Zahlungsgewohnheiten (*z.B. Wochen- oder Monatslohn*) und den Zukunftserwartungen ab.

Beispiel: Wenn ein Hunderteuroschein im Laufe eines Jahres 20-mal seinen Besitzer wechselt, also 20-mal zur Bezahlung eines Kaufpreises verwendet wird, so können mit diesem Hunderteuroschein Güter im Wert von 2 000,00 € gekauft werden. Bei einer Umlaufgeschwindigkeit des Geldes von 20 und einer Geldmenge von 100,00 € ergibt sich folglich eine nachfragewirksame Geldmenge von 2 000,00 €.

Der **Wert der umgesetzten Gütermenge** ist die Menge der verkauften Güter, das **Handelsvolumen**, multipliziert mit den dazugehörigen Preisen.

Beispiel: Ein PC wird vom Hersteller zum Preis von 500,00 € an den Großhändler, von diesem zum Preis von 800,00 € an den Einzelhändler verkauft. Der Einzelhändler verkauft den PC schließlich zum Preis von 1 200,00 € an den Endverbraucher. Der Wert der umgesetzten Gütermenge beträgt in diesem Fall 2 500,00 €.

Der Geldwert kann entweder als Preisniveau oder als Kaufkraft ausgedrückt werden.
- **Preisniveau:** Wie viele Geldeinheiten kostet eine Gütereinheit?
- **Kaufkraft:** Wie viele Gütereinheiten sind für eine Geldeinheit erhältlich?

Beispiel: Unter sonst gleichbleibenden Bedingungen erhöht sich die Geldmenge von 10 Geldeinheiten (GE) auf 14 GE und später auf 18 GE. Das Preisniveau steigt von 2 auf 4 und die Kaufkraft sinkt von 0,5 auf 0,25.

Geld-menge	Hortgeld	Umlaufge-schwindig-keit	nachfrage-wirksame Geldmenge	Güter-menge (Handels-volumen)	Geldwert	
					Preisniveau	Kaufkraft
	−	x	=		$\frac{\text{nachfragewirksame Geldmenge}}{\text{Gütermenge}}$	$\frac{\text{Gütermenge}}{\text{nachfragewirksame Geldmenge}}$
10	2	4	32	16	2	0,50
14	2	4	48	16	3	0,33
18	2	4	64	16	4	0,25

Preisniveau und Kaufkraft verhalten sich zueinander umgekehrt proportional. Je höher das Preisniveau, desto geringer die Kaufkraft und umgekehrt.

Beispiel: 2002 kostete ein Körnerbrötchen 25 Cent, also waren für einen € 4 Körnerbrötchen erhältlich. 10 Jahre später kostete ein Körnerbrötchen 50 Cent. Für einen Euro waren nur noch 2 Körnerbrötchen erhältlich. Das Preisniveau war von 25 Cent auf 50 Cent gestiegen, die Kaufkraft des Euro war von 4 Körnerbrötchen auf 2 Körnerbrötchen gesunken.

	2002	2012
Preisniveau	25	50
Kaufkraft	4	2

Ein Erklärungsmodell für den Geldwert ist die sogenannte **Quantitätstheorie**, die der amerikanische Volkswirt **Irving Fisher** (1867–1947) weiterentwickelte. Er stellte 1922 die **Verkehrsgleichung** (hier leicht gekürzt) auf und erklärte den Geldwert mit einer geld- und güterseitigen Betrachtung:

Geldseite	Güterseite
$G \cdot U$ =	$H \cdot P$

G = Geldmenge	Bargeld und Sichteinlagen in Händen inländischer Nichtbanken
U = Umlaufgeschwindigkeit	durchschnittliche Anzahl der Zahlungstransaktionen, die mit der vorhandenen Geldmenge innerhalb des zugrunde liegenden Zeitraumes ausgeführt werden
H = Handelsvolumen	Menge der Güter und Dienstleistungen, die im zugrunde liegenden Zeitraum verkauft werden
P = Preisniveau	durchschnittliche Höhe der Preise der verkauften Güter und Dienstleistungen

Die Verkehrsgleichung verdeutlicht in vereinfachter Form wichtige Zusammenhänge zwischen der Geld- und der Güterseite in der Wirtschaft. Letztlich wird der Wert des Geldes durch die Menge der Güter und Dienstleistungen bestimmt, die der Geldmenge gegenübersteht. Die Deckung des Geldes durch das Inlandsprodukt macht seinen Wert aus und ist Grundlage des Vertrauens in das Geld.

Geldmenge und Gütermenge müssen immer in einem „richtigen" Verhältnis zueinander stehen. Steigt die Geldmenge schneller als das Handelsvolumen, besteht die Gefahr einer Inflation, übersteigt hingegen die Gütermenge die Geldmenge, sind deflatorische Wirkungen zu erwarten.

Mithilfe der Verkehrsgleichung lässt sich zeigen, dass das Preisniveau abhängig ist

- von der Geldmenge,
- der Umlaufgeschwindigkeit des Geldes
- und dem Handelsvolumen.

$$P = \frac{G \cdot U}{H}$$

Es bleibt allerdings fraglich, ob die Verkehrsgleichung geeignet ist, wirtschaftspolitischen Entscheidungsträgern Hilfestellung bei dem Bemühen um Erhalt der Geldwertstabilität zu geben, da mit Umlaufgeschwindigkeit und Handelsvolumen auf beiden Seiten der Gleichung mindestens eine Größe steht, die sich der staatlichen Einflussnahme weitgehend entzieht.

$$\text{Umlaufgeschwindigkeit} = \frac{\text{Bruttoinlandsprodukt in jeweiligen Preisen}}{M_3}$$

„Es hat nicht an Versuchen gefehlt, die Verkehrsgleichung mit konkreten Zahlen anzufüllen und sie zum Beweis volkswirtschaftlicher Interdependenzen ... heranzuziehen.
Dabei ist sie ... wenig mehr als eine Tautologie. Dass die wirksame Geldmenge, multipliziert mit ihrer Umlaufgeschwindigkeit, dem Durchschnitt aller Umsätze, multipliziert mit den dazugehörigen Preisen, entspricht, ist eine Aussage, die kaum mehr besagt, als dass alle Käufe zugleich Verkäufe, alle Zahlungen zugleich Geldeingänge bei den Empfängern und alle Umsätze von Waren gegen Geld zugleich solche von Geld gegen Waren sind."
Quelle: G. Schmölders, Psychologie des Geldes, Reinbek, 1966.

6.3.2   Verbraucherpreisindex für Deutschland

Für die Messung des Geldwertes ist in Deutschland das **Statistische Bundesamt** in Wiesbaden zuständig. Es beobachtet und dokumentiert arbeitsteilig mit den Statistischen Landesämtern ständig die Preisentwicklung wichtiger Güter und Wirtschaftsbereiche und veröffentlicht deren Entwicklung in Zeitreihen.

Der Verbraucherpreisindex für Deutschland

- ermöglicht Aussagen über die Veränderung der Kaufkraft der privaten Haushalte und damit des Lebensstandards der Bevölkerung,
- dient bei Tarifverhandlungen als wichtige Orientierungsgröße,
- dient als Indikator für wirtschaftspolitische Entscheidungen,
- leistet Hilfe bei Verträgen mit Wertsicherungsklauseln,
- dient als Indikator bei der Berechnung des realen Wirtschaftswachstums.

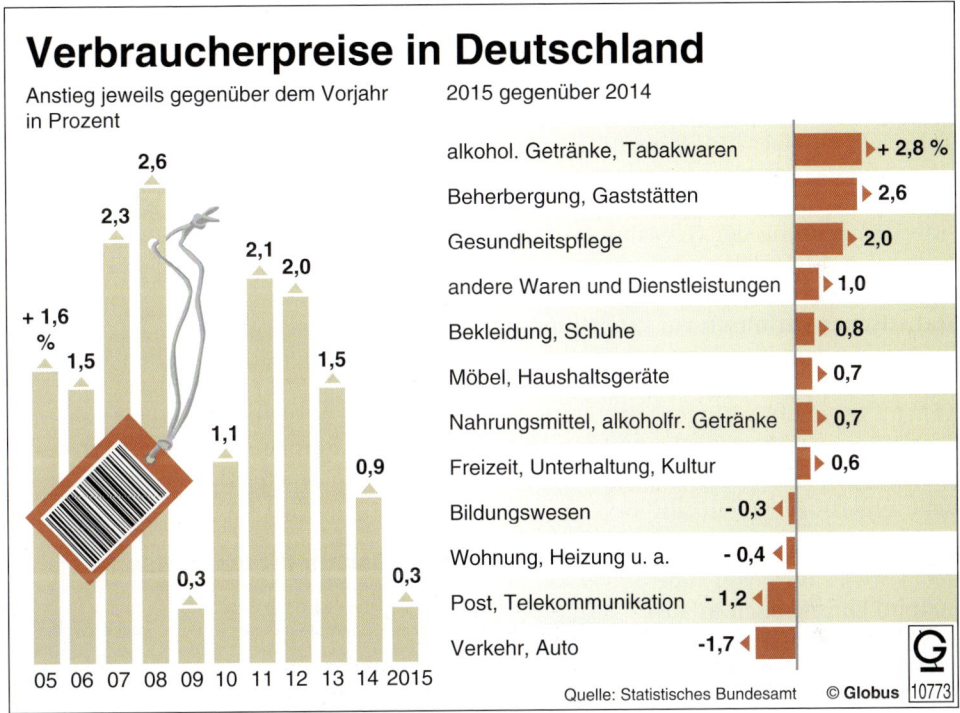

Verbraucherpreise in Deutschland

Anstieg jeweils gegenüber dem Vorjahr in Prozent

05 06 07 08 09 10 11 12 13 14 2015
+ 1,6 % · 1,5 · 2,3 · 2,6 · 2,1 · 2,0 · 1,1 · 1,5 · 0,3 · 0,9 · 0,3

2015 gegenüber 2014

alkohol. Getränke, Tabakwaren	+ 2,8 %
Beherbergung, Gaststätten	2,6
Gesundheitspflege	2,0
andere Waren und Dienstleistungen	1,0
Bekleidung, Schuhe	0,8
Möbel, Haushaltsgeräte	0,7
Nahrungsmittel, alkoholfr. Getränke	0,7
Freizeit, Unterhaltung, Kultur	0,6
Bildungswesen	- 0,3
Wohnung, Heizung u. a.	- 0,4
Post, Telekommunikation	- 1,2
Verkehr, Auto	-1,7

Quelle: Statistisches Bundesamt © Globus 10773

Zeit	Verbraucherpreisindex							Index der Erzeugerpreise gewerblicher Produkte im Inlandsabsatz[3]	Index der Erzeugerpreise landwirtschaftlicher Produkte[3]	Indizes der Preise im Außenhandel		Index der Weltmarktpreise für Rohstoffe[4]	
	insgesamt	darunter:											
		Nahrungsmittel	andere Ver- u. Gebrauchsgüter ohne Energie[1]	Energie[1]	Dienstleistungen ohne Wohnungsmieten[2]	Wohnungsmieten[2]	Baupreisindex			Ausfuhr	Einfuhr	Energie[5]	sonstige Rohstoffe[6]
	2010 = 100												
2010	100,0	100,0	100,0	100,0	100,0	100,0	100,0	100,0	100,0	100,0	100,0	100,0	100,0
2011	[7] 102,1	102,2	100,8	110,1	101,0	101,3	102,9	105,3	113,4	103,3	106,4	132,2	113,5
2012	[7] 104,1	105,7	102,0	116,4	102,4	102,5	105,7	107,0	119,4	104,9	108,7	141,9	110,4
2013	105,7	110,4	103,0	118,0	103,8	103,8	107,9	106,9	120,7	104,3	105,9	133,1	101,0
2014	106,6	111,5	103,9	115,5	105,5	105,4	109,7	105,8	111,1	104,0	103,6	120,8	96,8
2015	106,9	112,4	105,1	107,4	106,9	106,7	111,3	103,9	[8] 106,9	104,9	100,9	80,1	92,5
2016	100,4	101,3	101,0	94,6	101,2	101,2	113,4	102,1	[8] 106,6	104,0	97,8	83,2	98,4

Quelle: Statistisches Bundesamt bzw. eigene Berechnung unter Verwendung von Angaben des Statistischen Bundesamts; für den Index der Weltmarktpreise für Rohstoffe: HWWI. 1 Strom, Gas und andere Brennstoffe sowie Kraftstoffe. 2 Nettomieten. 3 Ohne Mehrwertsteuer. 4 HWWI-Rohstoffpreisindex „Euroland" auf Euro-Basis. 5 Kohle und Rohöl (Brent). 6 Nahrungs- und Genussmittel sowie Industrierohstoffe. 7 Januar 2012 Erhöhung der Tabaksteuer. 8 Ab Januar 2016 vorläufig.

Quelle: Deutsche Bundesbank, Monatsbericht März 2017, S. 70*.

Für die Bevölkerung ist vor allem die Entwicklung der Lebenshaltungskosten interessant.

Der Verbraucherpreisindex soll zeigen, in welchem Maße sich die Lebenshaltung der Haushalte infolge von Preisänderungen, aber unbeeinflusst von Änderungen im Konsumverhalten sowie von Mengen- und Qualitätsänderungen, verteuert oder verbilligt hat.

Der Verbraucherpreisindex wird deshalb wie die übrigen amtlichen Indizes auf der Basis einer konstanten Verbrauchsstruktur berechnet. Dabei muss nicht nur die Zusammensetzung des für die laufende Preisbeobachtung ausgewählten Bündels von Waren und Dienstleistungen im Zeitablauf konstant gehalten werden, sondern auch die „Indexgewichte", mit denen die unterschiedliche Ausgabenbedeutung der einzelnen Güter im Warenkorb für die Budgets der Haushalte berücksichtigt werden. Die Indexberechnung unterstellt ein über fünf Jahre hinweg konstantes Verbraucherverhalten.
Da der für das Basisjahr festgelegte Warenkorb und die Indexgewichte im Laufe der Zeit veralten, wird der Warenkorb jedes Jahr wirklichkeitsfremder. Dieser Mangel wird durch eine Überprüfung der Gewichte (Wägungsschema) und Änderung des Basisjahres im Abstand von fünf Jahren behoben.

Statistisches Verfahren zur Ermittlung des Verbraucherpreisindexes
Im Abstand von fünf Jahren werden ca. 60 000 Haushalte aus allen sozialen Schichten und allen Haushalts- und Gemeindegrößen gesucht, die auf freiwilliger Basis über drei Monate gegen ein geringes Entgelt alle Einnahmen und Ausgaben detailliert notieren. Die Daten aus dieser Einkommens- und Verbrauchsstichprobe werden ergänzt durch laufende Wirtschaftsrechnungen, in denen ca. 8 000 Haushalte jährlich ihre Einnahmen- und Ausgaben aufführen.

Durch ständige Beobachtung der Entwicklung von über 300 000 Einzelpreisen in ausgewählten Geschäften in über 190 Städten und Gemeinden kann Monat für Monat der Preis für den Warenkorb neu bestimmt werden.
Dabei werden auch die Geschäftstypen (*z. B. Warenhaus, Supermarkt, Discounter, Fachgeschäft*) nach ihrer Bedeutung für die Häufigkeit der Käufer explizit gewichtet. Es ist aber nicht möglich und auch nicht erforderlich, die Preise für alle angebotenen Güter und Dienstleistungen zu erheben. Es reicht aus, einige hundert Waren

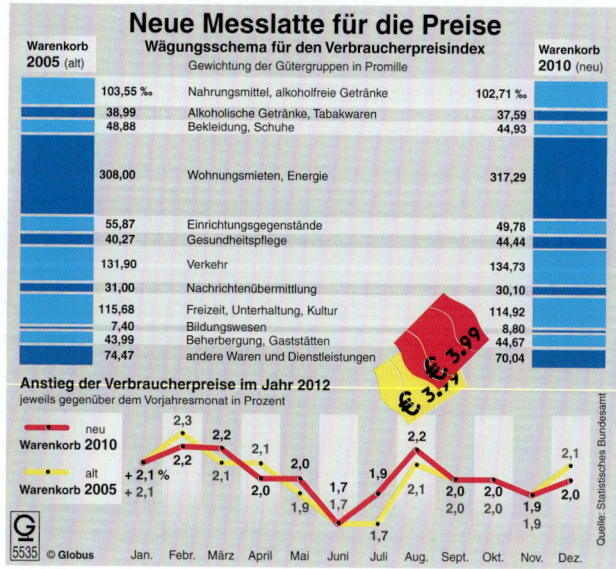

auszuwählen, die stellvertretend den gesamten Verbrauch repräsentieren. Die Gesamtheit dieser Preisrepräsentanten bildet den Warenkorb, der knapp 600 Güterarten enthält. Ein einmal für die Preisbeobachtung ausgewählter Artikel wird dann gegen einen anderen ausgetauscht, wenn er z. B. durch Modellwechsel o. Ä. nicht mehr oder nur noch wenig nachgefragt wird. Wenn sich beispielsweise die Nachfrage von flüssigem Spülmittel zugunsten von Tabs oder Pulver verschiebt, bleibt das Gewicht der Gütergruppe Geschirrspülmittel konstant. Bei technischen Gütern kann es durchaus vorkommen, dass bis zu 10 % der Güter von Monat zu Monat ersetzt werden. Flatrates, Espressomaschinen und Smartphones sind solche technischen Waren.

Indexberechnung
Der €-Wert des Warenkorbes im Basisjahr wird mit 100 Prozentpunkten gleichgesetzt, und die Preisänderungen der Folgejahre werden ebenfalls in Prozentpunkten ausgedrückt.

Beispiel:
Wert des Warenkorbes 2015: 2 000 €   =   Preisindex 100 Prozentpunkte
Wert des Warenkorbes 2016: 2 200 €   =   Preisindex 110 Prozentpunkte
Wert des Warenkorbes 2017: 2 400 €   =   Preisindex 120 Prozentpunkte

Die prozentualen Preisänderungen werden nun berechnet, indem die Indexzahl des Vorjahres mit 100 % gleichgesetzt wird und auf dieser Basis der prozentuale Wert des aktuellen Jahres berechnet wird.

Auf oben genanntes Beispiel angewendet ergibt sich folgendes Bild:

Beispiel:
2015   Preisindex 100 Prozentpunkte = 100 %
2016   Preisindex 110 Prozentpunkte = 110 %   =   Preisanstieg 10,00 %
2016   Preisindex 110 Prozentpunkte = 100 %
2017   Preisindex 120 Prozentpunkte = 109,09 % =   Preisanstieg 9,09 %

Die Veränderung der Lebenshaltungskosten lässt sich nach folgender Formel errechnen:

$$\text{Änderungen des Preisniveaus} = (\frac{\text{Neuer Preisindex}}{\text{Alter Preisindex}} \cdot 100) - 100$$

Im Kapitel über die Geldwerttheorie wurde dargestellt, dass sich die Kaufkraft umgekehrt proportional zum Preisniveau entwickelt. Damit ergibt sich folgende Formel für die Kaufkraft:

$$\text{Änderungen der Kaufkraft} = (\frac{\text{Alter Preisindex}}{\text{Neuer Preisindex}} \cdot 100) - 100$$

Der Verbraucherpreisindex für Deutschland hat sich seit 2010 wie folgt entwickelt:

Jahr	2010	2011	2012	2013	2014	2015	2016
Preisindex	100,0	102,1	104,1	105,7	106,6	106,9	107,7
Veränderung des Preisniveaus gegenüber dem Vorjahr in %	1,1	2,1	2,0	1,5	0,8	0,3	0,8
Veränderung der Kaufkraft gegenüber dem Vorjahr in %	– 1,10	– 2,06	– 1,92	– 1,51	– 0,84	– 0,28	– 0,74

Beispiel: Ein Bankkaufmann verdient nach einer Gehaltserhöhung um 3,3 % 2 892,40 €, also 92,40 € mehr als im Vorjahr. Der Verbraucherpreisindex ist im gleichen Zeitraum von 107,7 Prozentpunkten auf 110,6 Prozentpunkte gestiegen. Nach der Formel [(Neuer Index : Alter Index) · 100] – 100 ergibt sich daraus eine Steigerung des Preisniveaus um 2,7 %.
Die Kaufkraftformel [(Alter Index : Neuer Index) · 100] – 100 zeigt dagegen, dass die Kaufkraft um 2,62 % gesunken ist.

*Um zu ermitteln, wie sich nach der Gehaltserhöhung die **individuelle Kaufkraft** entwickelt hat, muss die Kaufkraft des alten Gehaltes mit der Kaufkraft des neuen Gehaltes verglichen werden.*

	Jahr 1	Jahr 2
Gehalt	2 800,00 €	2 892,40 €
Kaufkraft des Gehaltes in %	100 %	97,38 %
Kaufkraft des Gehaltes in €	2 800,00 €	2 816,62 €

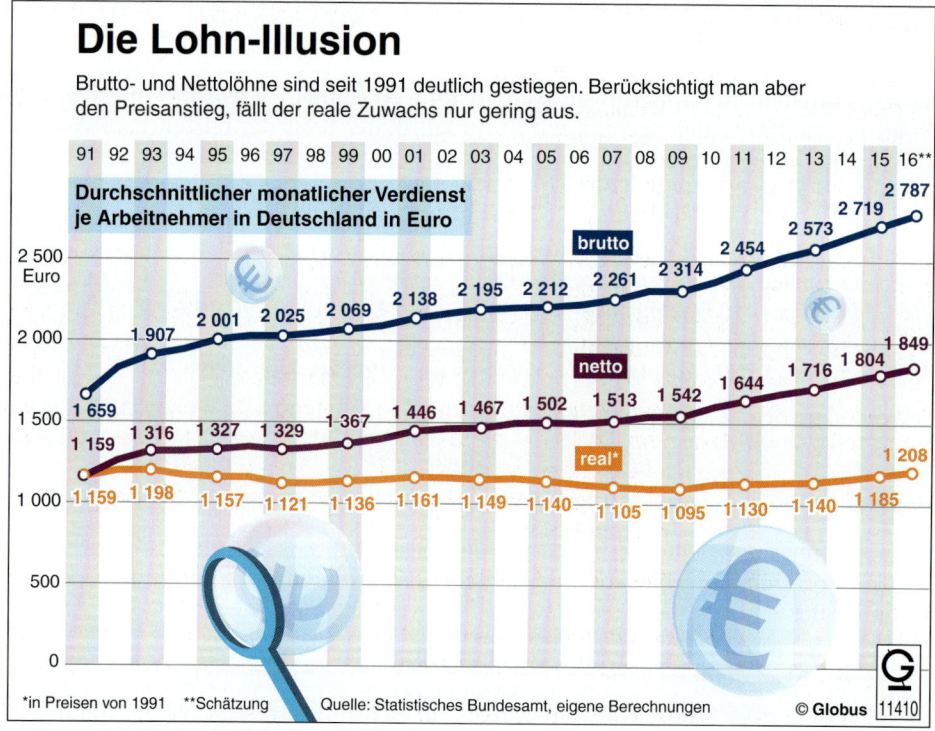

Eine Steigerung des Preisniveaus führt zu einer Abnahme der Kaufkraft, da sich die Konsumenten weniger als zuvor für ihr Geld kaufen können. Diese Situation wird als üblich für eine moderne Volkswirtschaft angesehen. Nur einmal (1986) gab es in der Bundesrepublik die umgekehrte Situation, als es durch den Zusammenbruch des OPEC-Kartells und den gleichzeitigen Verfall des Wechselkurses für den USD zu einem Rückgang des Preisniveaus und einer Erhöhung der Kaufkraft kam.

Das Index-Verfahren zur Ermittlung der Lebenshaltungskosten ist nicht unumstritten, denn

- der Warenkorb weist von vornherein statistische Ungenauigkeiten auf. Da der Wechsel des Basisjahres zeitaufwendig ist, sind die Basisdaten über die Konsumgewohnheiten bei Einführung des neuen Warenkorbes häufig schon überholt. So wurde die Umbasierung des Warenkorbes von 2010 im Jahre 2013 bekannt gegeben.

- die Zunahme des Preisniveaus weist nur indirekt und annähernd auf die Kaufkraftänderung hin, da die Berechnungen von Preisniveau und Kaufkraft zu prozentual unterschiedlichen Ergebnissen führen.

- Qualitätsverbesserungen und technischer Fortschritt bei den Gütern des Warenkorbs bleiben weitgehend unberücksichtigt. Noch in den Kinderschuhen steckt der Einsatz der sogenannten „hedonischen Methode". Mit ihr sollen zukünftig Preisänderungen innovativer technischer Güter – z.B. Smartphones –, die nicht über einen längeren Zeitraum mit identischer Qualität auf den Markt kommen, berechnet werden. Preisänderungen, die nur auf Qualitätsänderungen beruhen, sollen eliminiert werden, sodass nur Gleiches mit Gleichem verglichen wird.

- sich ändernde Verbrauchergewohnheiten werden durch seltene Änderungen der Basisjahre unzureichend erfasst.

- da es sich nur um Durchschnittszahlen handelt, ist die Bedeutung für den Einzelnen recht unterschiedlich.

  Beispiel: Haben außergewöhnliche Mietpreissteigerungen zu einer beträchtlichen Verteuerung des Warenkorbes geführt, ist die daraus resultierende Inflationsrate für eine Familie, die ihr Haus mit einem Festzinsdarlehen finanziert hat, nicht relevant.

- eine internationale Vergleichbarkeit der Ergebnisse ist nicht gegeben, da unterschiedliche Verfahren zur Ermittlung der Inflationsrate angewendet werden.

Im Hinblick auf die Europäische Wirtschafts- und Währungsunion wurde eine Harmonisierung der Preismessung für die Lebenshaltung auf europäischer Ebene entwickelt. Das **Statistische Amt der Europäischen Gemeinschaften in Luxemburg (EUROSTAT)** veröffentlicht für den Zeitraum ab 1995 das Ergebnis dieser Preismessung als **Harmonisierten Verbraucherindex (HVPI)**. Er beruht auf den nationalen HVPIs, die in allen Staaten des Euro-Währungsgebietes nach einer einheitlichen Methode erstellt werden. Der Anteil Deutschlands am HVPI der Eurozone beträgt ca. 26%. Ein methodischer Unterschied zum Verbraucherpreisindex ist, dass als Basisjahr für den HVPI weiterhin 2005 dient und dass das Wägungsschema jährlich aktualisiert wird. Inhaltlich gibt es ebenfalls Unterschiede zwischen HVPI und VPI.

Beispiel: Im HVPI wird das vom Eigentümer selbst genutzte Wohneigentum bisher nicht berücksichtigt. Im VPI werden die Ausgaben der privaten Haushalte für selbstgenutztes Wohneigentum unter Verwendung der Entwicklung des Preisindex für Nettokaltmieten geschätzt. Im deutschen HVPI werden im Gegensatz zum VPI die Ausgaben für Glücksspiele nicht berücksichtigt.

Die Teuerungsrate im Euro-Währungsgebiet nach dem HVPI und seinen Komponenten
(soweit nicht anders angegeben, Veränderung gegen Vorjahr in %)

	2006	2007	2008	2009	2010	2011	2012	2013	2014	2015
HVPI und seine Komponenten										
Gesamtindex	2,2	2,1	3,3	0,3	1,6	2,7	2,5	1,4	0,4	0,0
Energie	7,7	2,6	10,3	− 8,1	7,4	11,9	7,6	0,6	− 1,9	− 6,8
Unverarbeitete Nahrungsmittel	2,8	3,0	3,5	0,2	1,3	1,8	3,1	3,5	− 0,8	1,6
Verarbeitete Nahrungsmittel	2,1	2,8	6,1	1,1	0,9	3,3	3,1	2,2	1,2	0,6
Industrieerzeugnisse ohne Energie	0,6	1,0	0,8	0,6	0,5	0,8	1,2	0,6	0,1	0,3
Dienstleistungen	2,0	2,5	2,6	2,0	1,4	1,8	1,8	1,4	1,2	1,2
Weitere Preisindikatoren										
Industrielle Erzeugerpreise	5,1	2,8	6,1	− 5,1	2,9	5,9	2,8	0,2	− 1,5	− 2,7
Ölpreise (in €/Barrel)	52,9	52,8	65,9	44,6	60,7	79,7	86,5	81,7	74,5	48,3
Rohstoffpreise ohne Energie	24,8	9,2	2,0	− 18,5	44,6	12,2	− 5,2	− 0,8	− 8,8	− 4,1

Quelle: Eigene Darstellung, Zahlen gemäß EZB.

6.4   Außenwert des Geldes

Wenn im Inland jemand etwas kaufen will, weiß er genau, dass der € als Zahlungsmittel akzeptiert wird. Er ist nicht nur gesetzliches Zahlungsmittel, sondern auch allgemein anerkannt und begehrt. Der Empfänger des Kaufpreises weiß ebenfalls genau, dass er seinerseits mit dem € bestimmte Mengen an Gütern und Dienstleistungen erwerben kann. Wie sieht es aber im Außenhandel aus?

Beispiel:
– *Ein japanischer Automobil-Importeur möchte deutsche Autos kaufen. Der deutsche Autohersteller wird nur dann bereit sein, japanische Yen anzunehmen, wenn er sich damit etwas kaufen kann. Allerdings dürfte das in Deutschland schwierig sein, da deutsche Arbeiter, deutsche Finanzämter, deutsche Kreditgeber und deutsche Vorlieferanten eine Bezahlung ihrer Forderungen mit Yen ablehnen werden. Damit bleiben dem deutschen Autohersteller zwei Möglichkeiten: Er erwirbt in Japan Waren und bezahlt mit Yen, oder er verkauft die Yen an ein deutsches Kreditinstitut und erhält dafür €.*
– *Eine andere Möglichkeit wäre, wenn der japanische Automobil-Importeur von vornherein bei einem japanischen Kreditinstitut die benötigte €-Menge gegen Yen erwerben würde. Dies würde aber voraussetzen, dass das japanische Kreditinstitut auf dem Devisenmarkt die benötigten € erwerben könnte.*

Das Beispiel macht auf die verschiedenen Schwierigkeiten aufmerksam, die entstehen, wenn sich unterschiedliche Währungen berühren. Eine problemlose Zahlungsabwicklung ist nur dann möglich, wenn
▪ die Währungen **konvertibel**, d. h. untereinander frei austauschbar sind.

Beispiel: Der deutsche Autohersteller wird nur dann Yen annehmen, wenn er bei einem deutschen Kreditinstitut oder bei der EZB dafür € erhält.

Eine Währung ist nur dann konvertibel, wenn die Nationale Zentralbank bereit ist, die eigene Währung gegen fremde Währungen anzukaufen.

▪ es eine **Leitwährung** gibt, die international als Tauschmittel anerkannt und begehrt ist und es so ermöglicht, jede gewünschte Währung der Welt zu erwerben.

Beispiel: Wenn die japanische Notenbank nicht genügend € hätte, könnte sie sich diese gegen Dollar bei der EZB beschaffen. Damit wäre es denkbar, das gesamte Geschäft sofort in Dollar zu fakturieren.

Wegen ihrer hohen Stabilität orientieren über 120 Staaten ihre Währungen an den Ankerwährungen Euro und US-Dollar.

Unter dem Außenwert versteht man den Wert der inländischen Währung gegenüber ausländischen Währungen.

Zur besseren Vergleichbarkeit wird der Außenwert einer Währung häufig als Index dargestellt.

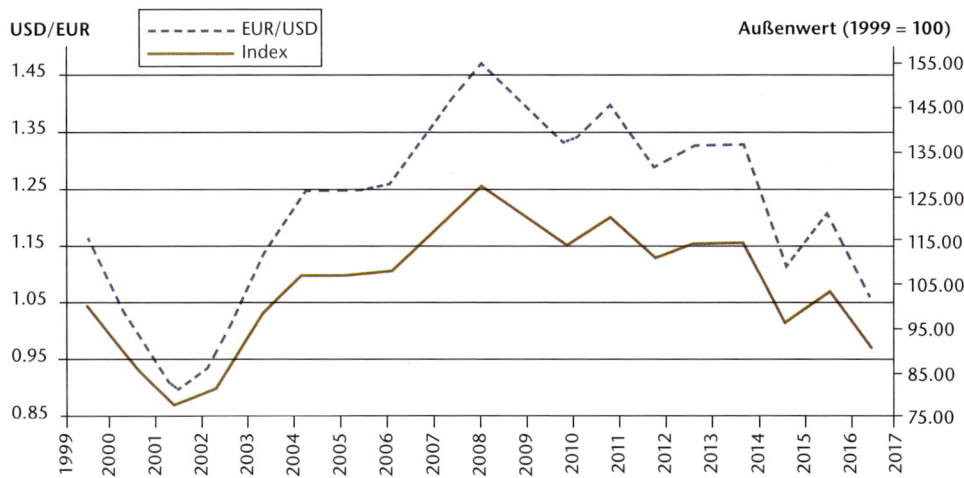

Wechselkurs und Index des Außenwertes
des EUR gegenüber US.Dollar

Nominaler und realer Wechselkurs

Eine Erhöhung des Außenwertes des EUR gegenüber dem USD muss nicht unbedingt bedeuten, dass wir mit dem EUR mehr Waren im Ausland kaufen können. Theoretisch gleichen sich über die Wechselkurse, die sich an den Devisenmärkten bilden (nominale Wechselkurse), Preis- und Kostendifferenzen der beteiligten Länder an (Kaufkraftparitäten).

Beispiel: *Steigt das Preisniveau in den USA schneller als innerhalb des Euro-Währungsraumes, werden die Importe ins Euroland teurer und die Exporte aus dem Euroland werden begünstigt. Über den daraus folgenden zunehmenden Export bei gleichzeitig rückläufigem Import müsste sich der Wechselkurs ändern. Die zunehmenden Exporterlöse würden zu einer Erhöhung des Dollarangebotes ($A_1 \rightarrow A_2$) führen, und die verringerten Importe hätten eine Abschwächung der Dollarnachfrage ($N_1 \rightarrow N_2$) zur Folge. Der Dollar müsste schwächer, der Euro stärker werden.*

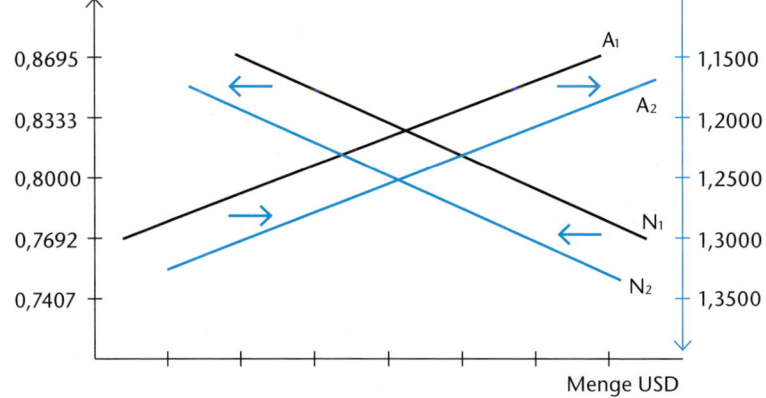

In der Wirklichkeit kommt es aber meistens nicht zu einer Wechselkursanpassung, weil neben der Preis- und Kostenentwicklung eine Reihe anderer Faktoren die internationale Wettbewerbsfähigkeit und damit die Wechselkurse bestimmen. Hierzu zählen beispielsweise Lieferpünktlichkeit, Service, Produktinnovation, Anpassungsfähigkeit auf veränderte Marktsituationen usw. Außerdem hängt nur ein verschwindend geringer Teil der täglichen Währungstransaktionen mit dem Außenhandel zusammen.[1] Über 97 % des Devisenhandels ist spekulationsbedingt und hat nichts mit der Bezahlung von internationalen Warenströmen zu tun. Daraus folgt, dass im **nominalen Wechselkurs** die Preisdifferenzen zwischen beiden Ländern nicht unbedingt zum Ausdruck kommen müssen. Um die preisliche und kostenmäßige Wettbewerbsfähigkeit eines Landes und damit den tatsächlichen Wert der eigenen Währung gegenüber einer ausländischen Währung zu bestimmen, werden **reale Wechselkurse** errechnet.

Reale Wechselkurse sind die um Preissteigerungen in den beteiligten Ländern bereinigten nominalen Wechselkurse.

Der reale Wechselkurs (R) berücksichtigt, wie sich die Verbraucherpreise im In- und Ausland entwickelt haben und wird nach der Formel $R = W(P_{eu} / P_i)$ berechnet.
Dabei gilt: W = nominaler Eurokurs, Mengennotierung
P_{eu} = Preisniveau in der Eurozone
P_i = Preisniveau im betreffenden Ausland
Der Kehrwert $(1/W)(P_i/P_{eu})$ des realen Wechselkurses wird als realer Außenwert (Q) bezeichnet.

Eine Zunahme des realen Außenwertes (Q) ist gleichbedeutend mit einer Aufwertung gegenüber dem Euro-Raum. Das kann dadurch geschehen, dass sich die betreffende Währung nominal gegenüber dem Euro aufwertet (d. h., W sinkt bzw. 1/W steigt), und/oder dadurch, dass die Inflation in diesem Land diejenige im Euro-Raum übersteigt.
Während der nominale Wechselkurs sowie ein entsprechender nominaler Außenwert den Relativpreis zweier Währungen wiedergibt, ist der reale Wechselkurs beziehungsweise der reale Außenwert der Relativpreis zwischen den Warenkörben in den zwei Währungsgebieten. Eine reale Aufwertung des Landes i gegenüber dem Euro-Gebiet kann daher auch als relativer Preisanstieg in diesem Land gegenüber den in der gleichen Währung ausgedrückten Preisen im Euro-Raum angesehen werden. Eine solche Änderung der relativen Preise verschlechtert damit die preisliche Wettbewerbsfähigkeit des betrachteten Landes.
Diese kompliziert erscheinende Berechnung lässt sich an einem Beispiel nachvollziehen:

Beispiel:
Ein vergleichbarer USB-Stick wird in Deutschland und den USA hergestellt.

Nominaler Wechselkurs: 1,25 USD – 1,00 EUR		
	in den USA	in Deutschland
Bisheriger Preis für einen USB-Stick	1,25 USD	1,00 EUR
Preissteigerung	8 %	5 %
Neuer Preis für USB-Stick	1,35 USD	1,05 EUR
	ein USB-Stick aus den USA kostet jetzt 1,35 USD	ein USB-Stick aus Deutschland kostet jetzt 1,05 €
	ein USB-Stick aus Deutschland kostet jetzt 1,31 USD	ein USB-Stick aus den USA kostet jetzt 1,08 €

---
[1] *Vgl. Seite 477.*

Nominaler Wechselkurs: 1,25 USD – 1,00 EUR		
	in den USA	in Deutschland
Folgen:	Importe nehmen zu	Exporte nehmen zu
	Exporte gehen zurück	Importe gehen zurück
Realer Wechselkurs = $W(P_{eu}/P_i)$ Realer Wechselkurs = 1,25(1,05/1,08) Realer Wechselkurs = 1,2153		
Realer Außenwert = $1/W \cdot (P_i/P_{eu})$ Realer Außenwert = 1/1,25 · (1,08/1,05) Realer Außenwert = 0,8229		

Effektive reale Wechselkurse beziehen sich nicht auf das Verhältnis zu einer einzelnen Währung, sondern auf ein größeres Bündel von Währungen.

Effektive Wechselkurse des Euro*

1. Vj. 1999 = 100						
	Effektiver Wechselkurs des Euro					
	EWK-19 [1]				EWK-38 [2]	
Zeit	nomi-nal	real, auf Basis der Verbraucherpreis-indizes	real, auf Basis der Deflatoren des Brutto-inlandsprodukts [3]	real, auf Basis der Lohnstückkosten in der Gesamt-wirtschaft [3]	nominal	real, auf Basis der Verbraucher-preisindizes
2010	103,6	101,3	95,6	103,1	111,5	97,9
2011	103,3	100,2	93,5	101,8	112,2	97,3
2012	97,6	95,0	88,0	95,5	107,0	92,4
2013	101,2	98,2	91,1	98,6	111,9	95,6
2014	101,8	97,8	91,3	100,2	114,7	96,1
2015	92,4	88,4	83,4	91,2	106,5	87,9

* Der effektive Wechselkurs entspricht dem gewogenen Außenwert der betreffenden Währung. (...) **1)** Berechnungen der EZB anhand der gewogenen Durchschnitte der Veränderungen der Euro-Wechselkurse gegenüber den Währungen folgender Länder: Australien, Bulgarien, China, Dänemark, Hongkong, Japan, Kanada, Kroatien, Norwegen, Polen, Rumänien, Schweden, Schweiz, Singapur, Südkorea, Tschechische Republik, Ungarn, Vereinigtes Königreich und Vereinigte Staaten. Soweit die aktuellen Preis- bzw. Lohnindizes noch nicht vorlagen, sind Schätzungen berücksichtigt. **2)** Berechnungen der EZB. Umfasst die EWK-19-Gruppe (siehe Fußnote 1) zzgl. folgender Länder: Algerien, Argentinien, Brasilien, Chile, Indien, Indonesien, Island, Israel, Malaysia, Marokko, Mexiko, Neuseeland, Philippinen, Russische Föderation, Südafrika, Taiwan, Thailand, Türkei und Venezuela. **3)** Jahres- bzw. Vierteljahresdurchschnitte. (...)

Quelle: Deutsche Bundesbank, Monatsbericht Juni 2016, S. 82, gekürzt.*

Wechselkurse und ihre Kursfeststellung

Referenzkurse der EZB
Die EZB legt täglich um 14:15 Uhr in einer Telefonkonferenz zwischen Zentralbanken innerhalb und außerhalb des Eurosystems einen Referenzkurs für die einzelnen Währungen fest (Konzertationsverfahren) und veröffentlicht ihn kurz danach unter Anwendung der Mengennotierung (1 EUR = X Fremdwährungseinheiten) als Mittelkurs mit einer i. d. R. fünfstelligen Ziffer auf der Website der EZB und über die elektronischen Informationsdienste.

Referenzkurse der Kreditinstitute
Die Spitzeninstitute des Sparkassen- und Genossenschaftssektors lassen ihre Referenzwechselkurse (EuroFX) täglich um 13:00 Uhr auf Basis der vorliegenden Devisenkauf- und Verkaufsaufträge durch das Börseninformationssystem Reuters vollautomatisch berechnen und sofort veröffentlichen. Diese Mittelkurse dienen als Abrechnungsgrundlage für das Kundengeschäft.

Freie Wechselkurse

Freie Wechselkurse werden im Telefonhandel zwischen den Kreditinstituten, Nationalen Zentralbanken und internationalen Großunternehmen ausgehandelt.

Wechselkurse nach der Art der Kursnotierung

Mengennotierung		Preisnotierung	
Inlandswährung	**Auslandswährung**	**Inlandswährung**	**Auslandswährung**
↓	↓	↓	↓
feste Bezugseinheit	variable Bezugsgröße	variable Bezugsgröße	feste Bezugseinheit

Die EZB hat für den EUR die Mengennotierung als verbindlich erklärt.

1,00 EUR = ... USD   ... EUR = 1 USD

↓
1,2000   0,8333
1,2500   0,8000
1,3000   0,7692
1,3500   0,7407
↑

$$\text{originärer Kurs} = \frac{1}{\text{Kurs der Preisnotierung}}$$

$$\text{inverser Kurs} = \frac{1}{\text{Kurs der Mengennotierung}}$$

Bei der Mengennotierung bedeutet:

- Geldkurs aus Sicht der Kreditinstitute = Verkaufspreis der Fremdwährung
- Briefkurs aus Sicht der Kreditinstitute = Ankaufspreis der Fremdwährung

Beispiel:

Referenzkurs EuroFX	*1,2988 USD*
Geldkurs	*1,2975 USD*
Briefkurs	*1,3035 USD*

Devisen sind Zahlungsmittel in Form von Buchgeld *(z.B. Guthaben bei ausländischen Banken, Schecks oder Wechsel, die auf ausländische Währungen lauten)*.

Sorten sind ausländische Banknoten und Münzen. Kreditinstitute handeln in der Regel nur mit Banknoten.

	Sorten-verkaufskurs	Referenzkurs	Sorten-ankaufskurs
USD	1,2445	1,3005	1,3748

6.4.1   Wechselkurssysteme

Weltweit gibt es eine Vielzahl von Wechselkurssystemen. Sie lassen sich grob in drei Kategorien einteilen.

Wechselkurssysteme		
Flexible Wechselkurse	**Mischsysteme**	**Feste (fixe, starre) Wechselkurse**
Der Wechselkurs bildet sich durch Angebot und Nachfrage auf dem Devisenmarkt. *Beispiele: Euro, US-Dollar*	Der Wechselkurs hat Elemente der fixen und der freien Wechselkurse und lässt Anpassungen des Leitkurses mit oder ohne Bandbreiten zu. *Beispiele: Dänemark, Schweiz, China* Bi-/multilaterale Festlegung des Wechselkurses mit Interventionsverpflichtung zur Kursstützung.	Der Staat legt das Austauschverhältnis seiner Währung zu einer Ankerwährung fest und verändert seine Geldmenge nur im Gleichlauf mit der Veränderung seiner Devisenreserven. Dieses System wird in seiner striktesten Form Currency-Board-Regime genannt. *Beispiele: Bulgarien, CFA-Franc-Zone*

In den wichtigsten Volkswirtschaften wird der Wechselkurs bestimmt durch Devisenangebot und -nachfrage. Nur eine geringe Menge der auf den Devisenmärkten gehandelten Devisen resultiert aus Export- und Importgeschäften. Der überwiegende Teil des Devisenhandels ist auf Kapitaltransaktionen zurückzuführen.

Devisenmärkte funktionieren wie Güter- oder Geldmärkte durch das Zusammenspiel von Angebot und Nachfrage. Die Darstellung der Wechselkursentwicklung in diesem Buch erfolgt deswegen als Preisnotierung und damit gemäß den Ausführungen aus dem Kapitel Preisbildung (vgl. Seite 345 ff.). Diese Darstellungsweise ist in der deutschen und internationalen Fachliteratur üblich. Sie ist auch pädagogisch sinnvoll, denn bei der Mengennotierung ist zu beachten, dass Angebots- und Nachfragekurve genau entgegengesetzt zur konventionellen Darstellung von Angebot und Nachfrage verlaufen.

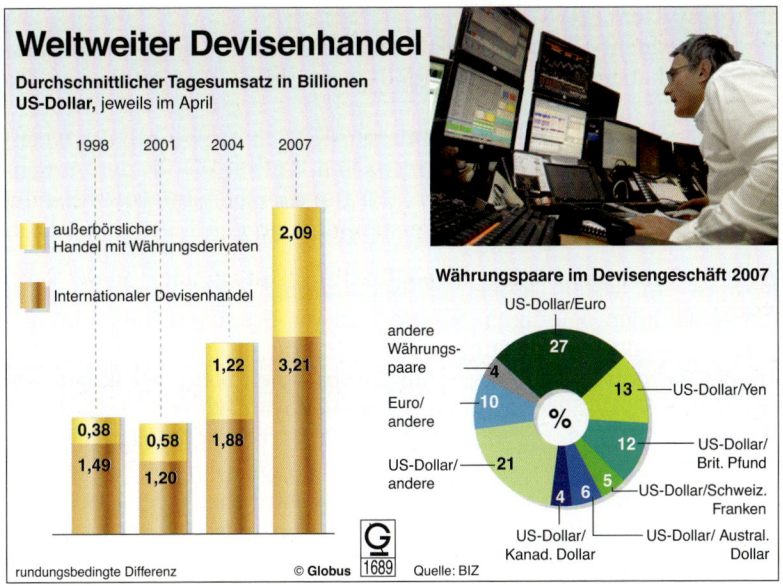

Devisengeschäfte lassen sich unterscheiden nach dem Zeitpunkt der Erfüllung.

- **Kassageschäfte** sind sofort (bzw. „over night") zum Kassakurs zu erfüllen.

- **Termingeschäfte** sind an einem bestimmten, in der Zukunft liegenden Termin *(z. B. 90 Tage)* zum Terminkurs zu erfüllen. Der Terminkurs wird am Tag des Geschäftsabschlusses vereinbart.

Abkommen von Bretton Woods

Schon kurz nach dem 2. Weltkrieg einigten sich in Bretton Woods im US-Staat New Hampshire Finanzminister und Notenbankgouverneure auf ein System fester Wechselkurse. Die Relation des USD zum Gold wurde auf 35 USD je Unze Feingold (eine Unze = 31,104 Gramm) festgesetzt. Die anderen Währungen wurden in ein festes Verhältnis zum Dollar gesetzt und waren damit indirekt an das Gold gebunden (Goldstandard). Deutschland trat dem System fester Wechselkurse im Jahr 1949 bei. Es galt die Relation

$$4,2000 \text{ DEM} = 1,00 \text{ USD}$$
$$35,00 \text{ USD} = 31,104 \text{ g Feingold.}$$

Ein deutscher Empfänger von Dollar hatte eine doppelte Sicherheit: Er konnte mit seinen Dollar entweder in den USA Waren im Gegenwert seiner Dollar erwerben oder sich Gold entsprechend der festgelegten Relation beschaffen.

Die Wechselkurse waren allerdings nicht vollkommen starr, sondern konnten nach oben und unten um 0,75 % schwanken.

Beispiel: Wenn durch sehr hohe Exporterlöse das Angebot an Dollar stieg und damit der Kurs zu sinken drohte, hatte die Notenbank zu intervenieren: Sie musste selbst als Käuferin der Dollar auftreten, um einen Rückgang auf unter 4,16 DM zu verhindern. Umgekehrt hatte die Notenbank bei einer hohen Nachfrage nach Dollar selbst als Anbieterin von Dollar aufzutreten, um den Knappheitsgrad der Dollar zu mildern und eine Überschreitung des Kurses von 4,24 DM zu verhindern.

Das Wechselkursabkommen von Bretton Woods bestand bis 1973. Die Bindung der DM an den Dollar wurde bereits 1971 aufgehoben, in der Folgezeit konnte sich der Kurs DEM/USD frei nach Angebot und Nachfrage entwickeln. Das Ergebnis war eine extreme Aufwertung der DM von durchschnittlich 3,47945 DEM/USD auf 1,81825 DEM/USD im Jahr 1980.

Europäisches Währungssystem (EWS)

Der französische Staatspräsident **Valéry Giscard d'Estaing** und der deutsche Bundeskanzler **Helmut Schmidt** haben 1975 federführend an der Idee und Einführung des EWS mitgewirkt.

Hintergrund war die Überlegung, dass die außerordentlichen Schwankungen der Wechselkurse nach dem Ende des Wechselkursabkommens von Bretton Woods den Außenhandel hemmen, aber andererseits ein lebhafter und funktionierender Außenhandel den Wohlstand der Beteiligten mehrt und das Verständnis und den Frieden zwischen den Völkern fördert.

Grundidee des EWS ist ein System fester Wechselkurse mit einer Bandbreite von +2,25 %/−2,25 % zwischen allen beteiligten Staaten und unbegrenzten Interventionsverpflichtungen. Bei Devisenknappheit aufgrund von Interventionen sollten Kredite von der Notenbank der Partnerwährung oder vom Europäischen Fonds für währungspolitische Zusammenarbeit (EFWZ) in Anspruch genommen werden.

Herzstück des EWS war die Europäische Währungseinheit (ECU = European Currency Unit). Der ECU war keine Währung im eigentlichen Sinn, sondern eine fiktive Rechengröße. Man konnte sie sich als Korb vorstellen, in dem Währungen der beteiligten Staaten liegen. Je nach Wirtschaftskraft durfte ein Staat mehr oder weniger Platz in dem Korb für seine Währung beanspruchen.

Beispiel:

Land	Prozentuale Korbanteile	Währungsanteil	Währungseinheiten je ECU
Deutschland	30%	0,60 DEM	2,00 DEM
Frankreich	20%	1,40 FRF	7,00 FRF
Niederlande	10%	0,22 NLG	2,20 NLG

Das Beispiel zeigt, dass jede Währung in ECU dargestellt werden konnte und auch die Paritäten der Währungen zueinander über den ECU berechnet werden konnten.

Beispiel:

$$2{,}00\ DEM = 1\ ECU$$
$$7{,}00\ FRF = 1\ ECU$$

Wie viel DEM kosten 100,00 FRF?

$$\frac{100 \cdot 1 \cdot 2}{7 \cdot 1} = \underline{28{,}571\ DEM/100\ FRF}$$

Im Jahr 1993 kam es zur Krise im EWS. Wichtige Währungen wie das britische Pfund und der französische Franc verloren sehr stark an Wert, sodass sich die englische und die französische Notenbank außerstande sahen, ihre Währungen durch Interventionskäufe zu stabilisieren. Großbritannien verließ den Wechselkursmechanismus des EWS. Mit Blick auf die Pläne der europäischen Einigung verzichtete Frankreich auf diesen Schritt. Das Verbleiben im EWS wurde von den übrigen Teilnehmern jedoch mit einem weitreichenden Zugeständnis erkauft: Die Bandbreiten wurden auf +15%/–15% erweitert. Nur zwischen Deutschland und den Niederlanden blieb es bei der alten Regelung ±2,25 %.

Damit war Europa de facto zu freien Wechselkursen zurückgekehrt, und der Hauptvorteil des EWS für den Außenhandel, nämlich das hohe Maß an Kalkulationssicherheit, war nicht mehr erkennbar.

Das neue Europäische Währungssystem (EWS II)

Mit der Einführung des Euro am 1. Januar 1999 ist zwischen den Teilnehmerländern die erwünschte Kalkulationssicherheit und Preistransparenz im Außenhandel erreicht. Gleichzeitig ist ein neuer europäischer **Wechselkursmechanismus (WKM II)** in Kraft getreten. Er bildet den Rahmen für die Währungskooperation zwischen den Staaten des Eurosystems („ins") und denjenigen EU-Staaten, die den Euro noch nicht eingeführt haben („outs"). Durch die Teilnahme am WKM II schaffen die Teilnehmerländer die Voraussetzung zur späteren Umstellung der eigenen Währung auf den Euro, denn bereits jetzt dient der Euro als Ankerwährung für die Partnerländer. Sie sind über **feste Wechselkurse mit Bandbreiten** an den Euro gebunden. Für die dänische Krone wurde eine Schwankungsbandbreite von ±2,25% vereinbart. Schweden und Großbritannien nehmen nicht am WKM II teil. Ihre Währungen floaten unabhängig von anderen Währungen.

Von neuen EU-Mitgliedsstaaten wird erwartet, dass sie den Euro einführen. Für sie gilt nicht die Ausnahmeregelung wie für Großbritannien und Dänemark. Sie haben von ihrer „Nichtbeteiligungsklausel" Gebrauch gemacht und dem EU-Rat mitgeteilt, dass sie den Euro noch nicht einführen wollen.

Zu einer Belebung des WKM II kam es in den Jahren 2004 und 2005 mit der Aufnahme der Währungen von Estland (Estnische Krone EEK), Litauen (Litas LTL), Slowenien (Tolar SIT), Zypern (Zypern-Pfund CYP), Lettland (Lats LVL), Malta (Maltesische Lira MTL) und der Slowakei (Slowakische Krone SKK) in das EWS II. Diese Währungen durften mit einer Standardschwankungsbreite von ±15% um ihren Leitkurs gegenüber dem

Euro schwanken. Einige Staaten verzichten allerdings von sich aus auf die Schwankungs-möglichkeiten innerhalb des Wechselkursmechanismus II, indem sie sich verpflichtet haben, ihre Landeswährungen jederzeit zu einem festen Wechselkurs umzutauschen (Currency-Board-Regime).

Da Slowenien, Malta, Zypern, die Slowakei, Estland, Lettland und Litauen inzwischen auch den Euro eingeführt haben, gehört jetzt nur noch Dänemark dem WKM II an. Vor einer Aufnahme in die Währungsunion müssen Beitrittskandidaten die Konvergenzkri-terien, zu denen eine zweijährige von Auf- und Abwertungen freie sowie spannungsar-me Teilnahme am WKM II gehört, erfüllen.

6.4.1.1 Freie Wechselkurse (Floating)

*Bei **flexiblen Wechselkursen** bildet sich das Austauschverhältnis zwischen den Währungen durch Angebot und Nachfrage. Die Kurse floaten.*

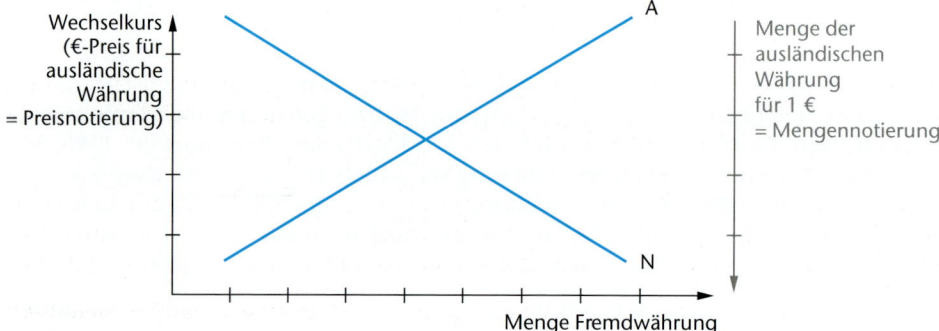

Änderungen von Devisenangebot und Devisennachfrage werden hervorgerufen durch
- grenzüberschreitende Kapitalanlagen und Investitionen,
- Devisenspekulationen,
- Exporte und Importe,
- Auslandsreiseverkehr,
- unentgeltliche Übertragungen,
- Preisentwicklung,
- Zinsänderungen,
- Devisengeschäfte der Zentralbanken,
- politische und wirtschaftliche Zukunftserwartungen.

Eine **Zunahme der Devisennachfrage** führt zu einem Kursanstieg der Fremdwährung bzw. einem Kursrückgang des Euro.

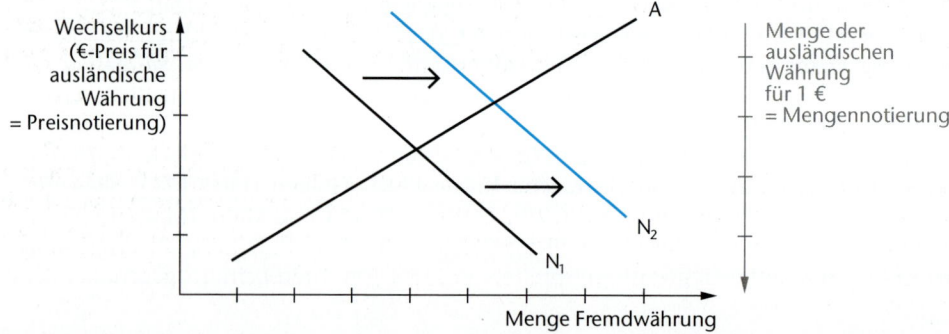

Eine Zunahme des Devisenangebots führt zu einer Kurssenkung der Fremdwährung bzw. einem Kursanstieg des Euro.

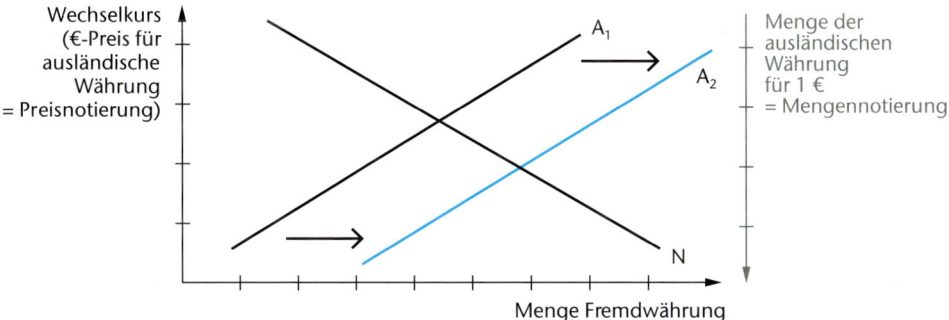

Vorteile freier Wechselkurse	Nachteile freier Wechselkurse
Freie Wechselkurse ... – begünstigen eine ausgeglichene Zahlungsbilanz, – fördern den internationalen Wettbewerb, – hemmen die Übertragung von Inflationstendenzen vom Ausland in das Inland und umgekehrt, – erfordern keine Intervention der Zentralbank.	Freie Wechselkurse ... – erschweren die Kalkulation im Außenhandel und erfordern Kurssicherungen (Hedging), – können die internationale Integration behindern, – können zu Währungsspekulationen führen.

6.4.1.2 Mischsysteme: Feste Wechselkurse mit Bandbreiten oder anderen Anpassungsmöglichkeiten an einen Leitkurs

Feste Wechselkurse mit Bandbreiten basieren auf einer Übereinkunft zwischen den beteiligten Staaten. Sie vereinbaren einen Wechselkurs zwischen ihren Währungen, lassen aber Kursabweichungen durch die Kräfte des Marktes innerhalb definierter Bandbreiten zu.

Die beteiligten Notenbanken haben zu intervenieren, wenn der Wechselkurs den oberen oder unteren Rand der Bandbreite (Interventionspunkt) zu erreichen droht.

Interventionsverkäufe: Wenn bei einer beteiligten Nationalen Zentralbank die starke Währung zum Interventionskurs nachgefragt wird, hat sie zu diesem Kurs zu verkaufen.
Interventionskäufe: Wenn bei einer beteiligten Zentralbank die schwache Währung zum Grenzkurs angeboten wird, so muss die Notenbank zur Kursstützung diese Fremdwährung kaufen.

Eine positive (negative) Abweichung vom Euro-Leitkurs bedeutet, dass die Währung innerhalb des Kursbandes schwach (stark) notiert.

Für die dänische Krone gilt eine Schwankungsbandbreite von ±2,25 %, für alle anderen Währungen die Standardschwankungsbreite von ±15 %.

Sowohl die lettischen als auch die litauischen Behörden hatten sich jedoch einseitig auf eine weit striktere Anbindung an den Euro verpflichtet, die der EZB keine zusätzlichen Pflichten auferlegte. So hielt Lettland den Wechselkurs zum Euro in einer Schwankungsbreite von ±1 % um den Leitkurs. Die Notenbank Litauens stabilisierte den Leitkurs ihrer Währung zum Euro im Rahmen einer Currency-Board-Regelung.

Mit dieser Währungspolitik einer stabilen Lats (LVL) und Litas (LTL),

Entwicklung der am WKM II teilnehmenden EU-Währungen
(Tageswerte, Abweichung vom Leitkurs in Prozentpunkten)

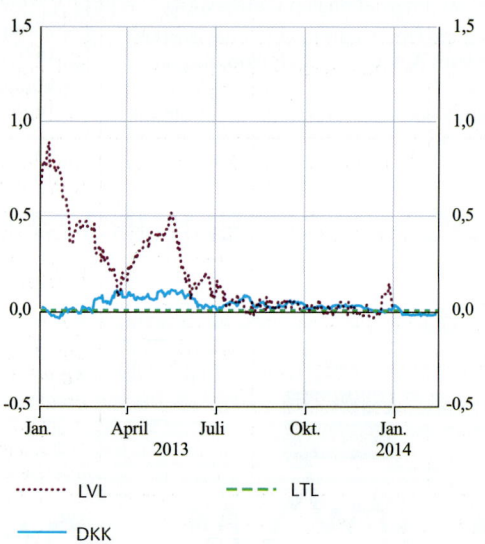

Quelle: Europäische Zentralbank, Jahresbericht 2013, S. 86.

die auch in nebenstehender Grafik deutlich wird, haben die Regierungen Lettlands und Litauens die notwendigen Voraussetzungen für die Ablösung ihrer Währungen durch den Euro geschaffen.

Tabelle 10 Offizielle geldpolitische Strategien der nicht an der Währungsunion teilnehmenden EU-Mitgliedstaaten			
	Geldpolitische Strategie	**Währung**	**Merkmale**
Bulgarien	Wechselkursziel	Bulgarischer Lew	Wechselkursziel: Anbindung an den Euro zu einem Kurs von 1,95583 BGN je Euro im Rahmen einer Currency-Board- Regelung.
Tschechische Republik	Inflationsziel	Tschechische Krone	Inflationsziel: 2 % ±1 Prozentpunkt. Kontrolliertes Floating.
Dänemark	Wechselkursziel	Dänische Krone	Teilnahme am WKM II mit einer Schwankungsbandbreite von ±2,25 % um einen Leitkurs von 7,46038 DKK je Euro.
Kroatien	Kontrolliertes Floating	Kroatische Kuna	Kroatien trat der EU am 1. Juli 2013 bei. Keine vorab bekannt gegebene Schwankungsbandbreite. Der Wechselkurs wird innerhalb einer engen Bandbreite gehalten.
Ungarn	Inflationsziel	Ungarischer Forint	Inflationsziel: seit 2007 mittelfristig 3 % ±1 Prozentpunkt zur nachträglichen Bewertung der Zielerreichung. Frei schwankender Wechselkurs.
Polen	Inflationsziel	Polnischer Zloty	Inflationsziel: 2,5 % ±1 Prozentpunkt (Anstieg des VPI innerhalb eines Zwölfmonatszeitraums). Frei schwankender Wechselkurs.
Rumänien	Inflationsziel	Rumänischer Leu	Inflationsziel: seit 2013 2,5 % ±1 Prozentpunkt. Kontrolliertes Floating.
Schweden	Inflationsziel	Schwedische Krone	Inflationsziel: 2 % Veränderung des VPI gegenüber dem Vorjahr. Frei schwankender Wechselkurs.
Vereinigtes Königreich	Inflationsziel	Pfund Sterling	Inflationsziel: 2 % gemessen am Anstieg des VPI innerhalb eines Zwölfmonatszeitraums. Bei einer Abweichung von mehr als 1 Prozentpunkt wird erwartet, dass der Präsident der Bank of England im Namen des Geldpolitischen Ausschusses den britischen Finanzminister in einem offenen Brief informiert. Frei schwankender Wechselkurs.

Quelle: Europäische Zentralbank, Jahresbericht 2013, S. 88

Im Euro-Währungsgebiet übernehmen normalerweise die Nationalen Zentralbanken die Interventionen. Sie handeln dabei als Agenten der EZB. Die Notierung der Kurse im WKM II erfolgt nur als Mengennotierung. Auf die Definition der inversen Relation (Preisnotierung) wird hingegen verzichtet. Damit hat für die künftigen Teilnehmerländer nur noch die Relation der eigenen Währung zum Euro Bedeutung.

Beispiel: *Der Kurs des Euro gegenüber der Dänischen Krone bewegt sich auf den oberen Interventionspunkt zu (gepunktete Linie). In diesem Fall sind alle Nationalen Zentralbanken des Eurosystems verpflichtet, DKK gegen EUR zu kaufen. Der Kurs des € sinkt, die Situation entspannt sich und der Kurs bleibt innerhalb der vereinbarten Bandbreite.*

> **NZBs kaufen DKK gegen EUR**
> Die EUR-Angebotskurve verschiebt sich nach rechts,
> der EUR-Kurs sinkt, die DKK wird gestützt.

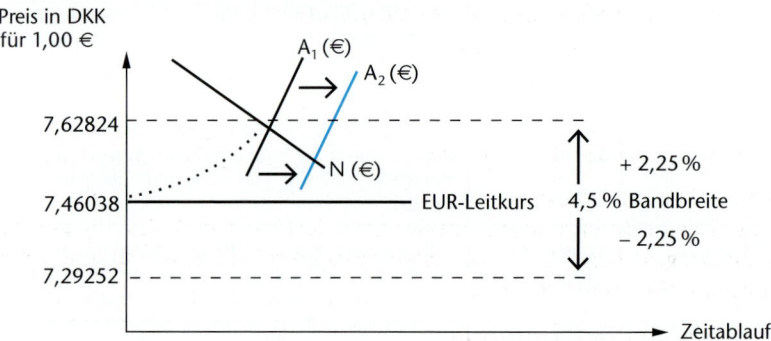

Der Kurs des Euro gegenüber der Dänischen Krone bewegt sich auf den unteren Interventionspunkt (gepunktete Linie) zu. In diesem Fall sind alle Nationalen Zentralbanken des Eurosystems verpflichtet, DKK gegen EUR zu verkaufen. Der Kurs des EUR steigt, die Situation entspannt sich und der Kurs bleibt innerhalb der vereinbarten Bandbreite.

> **NZBs verkaufen DKK gegen EUR**
> Die EUR-Nachfragekurve verschiebt sich nach rechts,
> der EUR-Kurs steigt, die DKK wird schwächer.

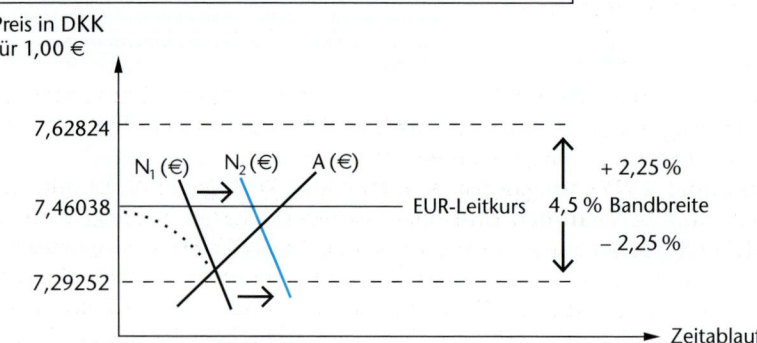

Für die am Außenhandel beteiligten Unternehmen liegt der entscheidende Vorteil eines Wechselkurssystems mit Bandbreiten fester Wechselkurse in der erhöhten Kalkulationssicherheit.

Dies gilt allerdings nur, wenn die Bandbreiten relativ eng gezogen sind.

Beispiel: Ein deutscher Anlagenbauer bietet einem dänischen Kunden eine Fabrikanlage im Wert von 50 Mio. € an, Liefertermin in 12 Monaten. Der dänische Kunde verlangt zur Ausschaltung des Kursrisikos eine Fakturierung in DKK. Der Kurs (Mengennotierung) liegt zurzeit bei 7,50 DKK, sodass die Anlage für 375 000 000 DKK angeboten wird. Bei einer angenommenen Bandbreite von ± 2,25 % kann das deutsche Unternehmen unter normalen stabilen Verhältnissen von folgender Erlössituation ausgehen und sein Risiko kalkulieren:

> **Schwacher EUR/starke DKK**
> *DKK/EUR-Kurs der DKK am unteren Interventionspunkt:*
> *(7,46038 − 2,25 % = 7,29252)*
>
> | | |
> |---|---|
> | 7,29252 DKK = | 1,00 € |
> | *Verkaufserlös 375 000 000 DKK =* | 51 422,55 € |

> **Starker EUR/schwache DKK**
> *Kurs der DKK am oberen Interventionspunkt:*
> *(7,46038 + 2,25 % = 7,62824)*
>
> | | |
> |---|---|
> | 7,62824 DKK = | 1,00 € |
> | *Verkaufserlös 375 000 000 DKK =* | 49 159,44 € |

Probleme fester Wechselkurse mit Bandbreiten:

- **Förderung inflationärer Tendenzen**
  Bei Erreichen des oberen Interventionspunktes wird ausländische Währung gekauft und mit Zentralbankgeld bezahlt, sodass es zu einer Ausweitung der inländischen Geldmenge kommt („Wechselkursfalle").

- **Erschöpfung der eigenen Devisenvorräte**
  Bei Erreichen des unteren Interventionspunktes ist ausländische Währung zu verkaufen. Ein nachhaltiges Verharren des Kurses am unteren Interventionspunkt kann zu einer Erschöpfung der eigenen Devisenvorräte führen.

Wenn sich ein Wechselkurs (Parität) als nicht marktgerecht erweist, indem er von den Marktteilnehmern immer wieder an die Interventionsgrenze herangeführt wird und damit allen Interventionsversuchen trotzt, sollte auf Ebene der Regierungschefs eine Neufestlegung der Paritäten (Realignment) vereinbart werden. Dieser Vorgang kann entweder eine Heraufsetzung des EUR-Leitkurses (Abwertung) oder eine Herabsetzung des EUR-Leitkurses (Aufwertung) sein.

Sonderfall China

Durch eine vorsichtige Liberalisierung ist das feste chinesische Wechselkurssystem inzwischen eine Mischung zwischen festen und flexiblen Wechselkursen mit unterschiedlichen Kursen für Unternehmen und Privatpersonen.
Die Währung Renminbi (CNY), umgangssprachlich häufig Yuan genannt, ist mit einer Schwankungsbreite von ±2 % an den US-Dollar gekoppelt. Zugrunde gelegt wird ein täglich von offizieller Stelle berechneter Leitkurs, z. B. 6,22 CNY/USD. Peking wird von seinen westlichen Handelspartnern eine künstliche Unterbewertung seiner Währung zur Verschaffung eigener Handelsvorteile vorgeworfen. Die chinesische Zentralbank kauft die Dollarüberschüsse der inländischen Exporteure und hält damit den CNY in der Nähe des Leitkurses. Eine schwache Währung macht chinesische Produkte im Ausland billiger. In den vergangenen Jahren hat China auch durch diesen Vorteil riesige Handelbilanzüberschüsse eingefahren und ist zum Exportweltmeister aufgestiegen.

Für die USA und die Eurozone bedeutet die Bindung CNY/USD: Wenn der EUR zum USD weiter abgewertet wird, werden europäische Exporte nach China begünstigt. Auf die US-Exporte nach China hätte es keinen Einfluss.

Sonderfall Schweiz

Die Schweizer Nationalbank hatte 2012 einen Übergang von freien Wechselkursen zu einem Mischsystem beschlossen. Sie garantiert einen Kurs von mindestens 1,20 CHF/EUR. Damit strebt sie zur Stützung des Exports eine deutliche und dauerhafte Abschwächung des CHF an und toleriert am Devisenmarkt ab sofort keinen Kurs unter dem Mindestkurs. Die Nationalbank wird den Mindestkurs mit aller Konsequenz durchsetzen und ist bereit, unbeschränkt Devisen zu kaufen.

Nach der Ankündigung der Schweizerischen Nationalbank vom 15. Januar 2015, den Mindestkurs von 1,20 CHF gegenüber dem Euro aufzuheben, wertete der Euro gegenüber dem Schweizer Franken stark ab und wurde anschließend knapp über der Parität gehandelt.

6.4.1.3 Feste Wechselkurse

Feste (fixe, starre) Wechselkurse werden gesetzlich festgelegt.

Feste Wechselkurse gelten heute noch für eine große Anzahl Staaten Afrikas und Mittelamerikas.

Früher waren feste Wechselkurse in den sogenannten Staatshandelsländern Osteuropas üblich. Die Wechselkurse wurden stets unterhalb des Kurses, der sich am freien Markt gebildet hätte, fixiert. Die eigene Währung war **überbewertet**. Da der Wechselkurs nicht den Marktverhältnissen entsprach, war die Währung für das Ausland uninteressant. Kein ausländischer Exporteur war bereit, für seine Güter und Dienstleistungen die Währung anzunehmen. Die daraus folgende Devisenknappheit macht in dem entsprechenden Land eine Devisenbewirtschaftung notwendig. Inländische Exporteure mussten ihre Exporterlöse bei einer staatlichen Stelle gegen Inlandswährung

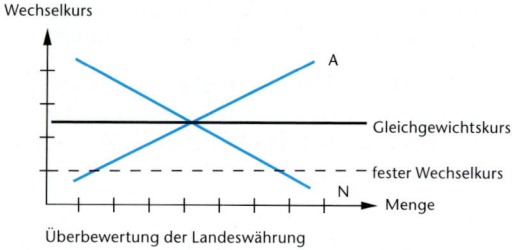

Überbewertung der Landeswährung

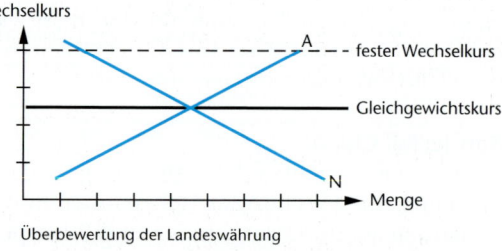

Überbewertung der Landeswährung

verkaufen, und inländische Importeure erhielten die benötigten Devisen von einer staatlichen Stelle zugeteilt. Diese Bewirtschaftung wurde flankiert durch das Verbot, die Landeswährung oberhalb bestimmter Freibeträge grenzüberschreitend zu transferieren.

Bei einer Unterbewertung der heimischen Währung nehmen die Exporte zu. Die Begründung ist ganz einfach: Wenn in der Währung des Exportlandes fakturiert wird, muss der ausländische Handelspartner weniger Inlandswährung für seine Importrechnungen aufwenden und importiert folglich u. U. größere Mengen. Sollte die Rechnung auf die Währung des Empfängerlandes lauten, erhält der Exporteur bei Umtausch der

Exporterlöse mehr Inlandswährung. Er kann u. U. seine Exportpreise senken und Marktanteile hinzugewinnen. Die florierenden Exporte geben starke Impulse für die inländische Beschäftigung, aber gleichzeitig werden die Importe entsprechend teurer. Dieses Zusammenspiel von zunehmenden Exporten und schwächeren Importen birgt eine erhebliche Gefahr für die Geldwertstabilität und und kann Ursache für eine importierte Inflation sein.

Vorteile fester Wechselkurse	Nachteile fester Wechselkurse
– Kalkulations- und Planungssicherheit	Bei Überbewertung: – Hoher Aufwand an Bürokratie und Kosten für die Devisenbewirtschaftung, – Inflexibilität bei Änderungen des Devisenbedarfs, – dauernde Importüberschüsse, – Gefahr der internationalen Zahlungsunfähigkeit. Bei Unterbewertung: – Inflationsgefahr, – dauernde Exportüberschüsse, – dauerndes Zahlungsbilanzungleichgewicht, – außenpolitischer Druck.

6.4.2 Auf- und Abwertung

Änderungen der Wechselkurse bedeuten immer gleichzeitig eine Auf- und Abwertung, gleichgültig, ob es sich um feste oder freie Wechselkurse oder um eine Mischform handelt.

Beispiel: Der US-Dollar gewinnt gegenüber dem Euro an Wert.

Wechselkurs in Deutschland	Wechselkurs in den USA
1,00 EUR/1,2500 USD	1 USD/0,8000 EUR
Wechselkursänderung	
1,00 EUR/1,1000 USD	1 USD/0,9090 EUR

Kursherabsetzung = Abwertung des EUR
Für die gleiche Menge der inländischen Währung erhält man nach der Wechselkursänderung weniger ausländische Währung.

Kursheraufsetzung = Aufwertung des USD
Für die gleiche Menge der inländischen Währung erhält man nach der Wechselkursänderung mehr ausländische Währung.

Die Aufwertung der einen Währung ist gleichzeitig eine Abwertung der anderen Währung.

Im WKM II werden Auf- oder Abwertungen (Realignments) durch die EZB und die Regierungen der beteiligten Länder vorgenommen, wenn sich der Wechselkurs langfristig und nachhaltig von der Parität (Leitkurs) entfernt. Der neue Leitkurs wird so gewählt, dass er den Marktverhältnissen entspricht und weitere Interventionen – zumindest kurzfristig gesehen – nicht erforderlich macht. Eine unterbewertete Währung ist aufzuwerten, eine überbewertete Währung ist abzuwerten.

Beispiel:

Beispiel:

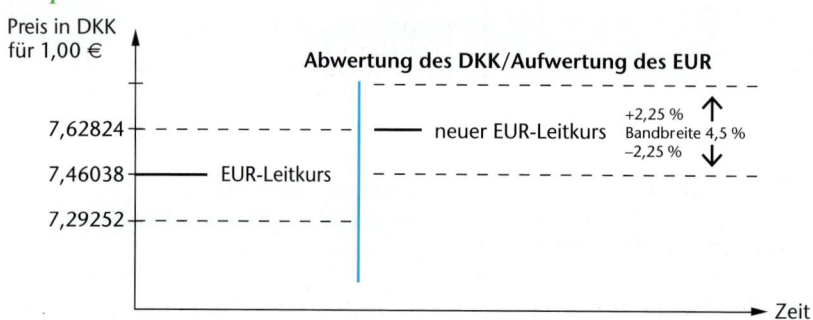

Die Folgen einer Aufwertung der eigenen Währung für den Außenhandel sind zweischneidig.

Der deutsche Importeur muss zukünftig weniger € für die ausländische Währung bezahlen und kann somit günstiger einkaufen. Der deutsche Exporteur erhält weniger € bei Umtausch seiner auf Fremdwährung lautenden Exporterlöse.

Beispiel: Ein deutscher Luxusautomobilhersteller berechnet für einen Sportwagen, der nach Kalifornien exportiert wird, 100 000,00 USD. Bei einem Kurs von 1,2500 USD/EUR schreibt ihm sein Kreditinstitut beim Umtausch 80 000,00 € gut.

Nach einer Aufwertung des Euro auf 1,3000 USD/EUR beträgt der Exporterlös bei unverändertem Verkaufspreis nur noch 76 923,07 €.

Für den konkurrierenden amerikanischen Automobilhersteller, der ein vergleichbares Fahrzeug zu 80 000,00 € in Europa anbietet, stellt sich die Situation nach der Abwertung des USD von 1,2500 EUR/USD auf 1,3000 EUR/USD günstiger dar:

Vor der Wechselkursanpassung beträgt der Exporterlös 100 000,00 USD, nach der Abwertung des USD werden beim amerikanischen Exporteur 104 000,00 USD gutgeschrieben.

Da die exportierende Wirtschaft Aufwertungsverluste nur selten über Preiserhöhungen abwälzen kann, ziehen Aufwertungen tendenziell Rückgänge beim Export nach sich.

Bei Abwertungen verhält es sich umgekehrt. Eine Schwächung der eigenen Währung begünstigt den Export. Sie kann zu Preissenkungen und damit zu einer Stärkung der Position auf den Auslandsmärkten führen.

Gerüchte über bevorstehende Auf- oder Abwertungen können zu spekulationsbedingten Marktverzerrungen führen.

Beispiel: Bei einem Kurs von 1,3500 USD/EUR erwirbt ein Amerikaner EUR. Für 1 000 000,00 USD erhält er 740 740,74 EUR. Nach der Aufwertung des EUR auf 1,4000 USD/EUR (und Abwertung des USD von 0,74074 EUR/USD auf 0,71429 EUR/USD) verkauft er die erworbenen EUR und erhält 1 037 037,00 USD. Sein Spekulationsgewinn beträgt 37 037,00 USD.

Ein aufwertungsverdächtiges Land wird kurzfristiges ausländisches Geld anziehen. Dies hat eine Erhöhung des inländischen Geldumlaufs und einen Druck auf das inländische Zinsniveau zur Folge.

Aufwertung der Inlandswährung	Abwertung der Inlandswährung

Gründe:
– Auslandspreisniveau höher als im Inland
– Zins- und spekulationsbedingte Geld-
  zuflüsse aus dem Ausland
	Gründe:
	– Preisniveau im Inland höher als im Ausland
	– Zins- und spekulationsbedingte Geld-
	  abflüsse ins Ausland

Folgen: – Exportrückgang – Importzunahme	**Folgen:** – Exportzunahme – Importrückgang

6.5 Außenwirtschaft

6.5.1 Bedeutung der Außenwirtschaft

Überschüsse und Defizite im Außenhandel wirken auch auf die Binnenwirtschaft der beteiligten Staaten. Importüberschüsse haben z. B. bei den Entwicklungsländern die Devisenreserven zusammenschmelzen lassen und letztlich zur Verschuldung gegenüber dem Ausland geführt. Aber auch Länder mit Exportüberschüssen wie Deutschland können Probleme bekommen. Wenn ein Teil der im Inland produzierten Güter exportiert wird, aber im Gegenzug nicht importierte Güter, sondern Devisen ins Land fließen, kommt es zu einem Ungleichgewicht zwischen Geldmenge und realem Güterangebot und damit zur Inflationsgefahr.

Deutschland gehört zu den größten Handelsnationen der Welt.

Beispiel: Zusammen mit den USA und China bestreitet Deutschland 30 % des Welthandels. In den vergangenen Jahren war Deutschland häufig „Exportweltmeister". Derzeit liegt Deutschland sowohl mit Exporten als auch mit Importen an dritter Stelle in der Welt hinter den großen Kontrahenten aus Asien und Amerika.

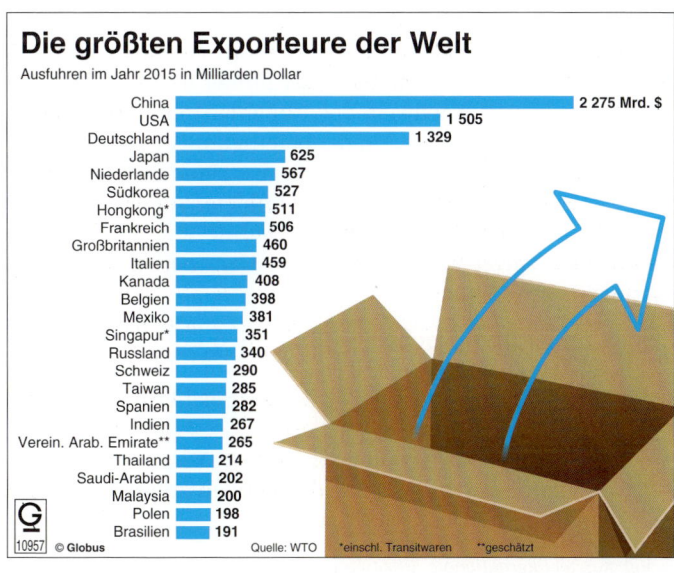

Die größten Exporteure der Welt
Ausfuhren im Jahr 2015 in Milliarden Dollar

Land	Mrd. $
China	2 275 Mrd. $
USA	1 505
Deutschland	1 329
Japan	625
Niederlande	567
Südkorea	527
Hongkong*	511
Frankreich	506
Großbritannien	460
Italien	459
Kanada	408
Belgien	398
Mexiko	381
Singapur*	351
Russland	340
Schweiz	290
Taiwan	285
Spanien	282
Indien	267
Verein. Arab. Emirate**	265
Thailand	214
Saudi-Arabien	202
Malaysia	200
Polen	198
Brasilien	191

10957 © Globus   Quelle: WTO   *einschl. Transitwaren   **geschätzt

Wegen der Knappheit an Bodenschätzen ist Deutschland auf den Bezug von Rohstoffen aus dem Ausland angewiesen. Die für die Bezahlung dieser Importwaren benötigten Devisen müssen über Exportgeschäfte verdient werden. Für Deutschland waren bisher die hohe Qualität, der hohe technische Standard und die breite Produktpalette Garanten für die Exporterfolge.

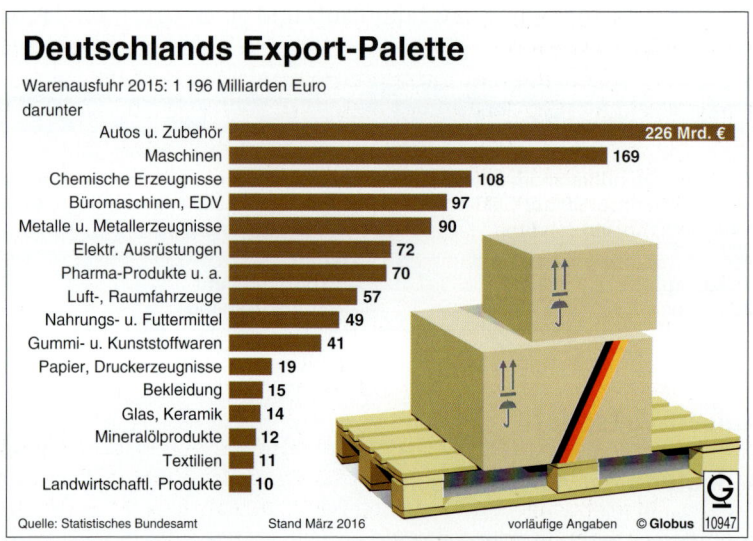

Deutschlands Export-Palette

Warenausfuhr 2015: 1 196 Milliarden Euro
darunter

Autos u. Zubehör	226 Mrd. €
Maschinen	169
Chemische Erzeugnisse	108
Büromaschinen, EDV	97
Metalle u. Metallerzeugnisse	90
Elektr. Ausrüstungen	72
Pharma-Produkte u. a.	70
Luft-, Raumfahrzeuge	57
Nahrungs- u. Futtermittel	49
Gummi- u. Kunststoffwaren	41
Papier, Druckerzeugnisse	19
Bekleidung	15
Glas, Keramik	14
Mineralölprodukte	12
Textilien	11
Landwirtschaftl. Produkte	10

Quelle: Statistisches Bundesamt   Stand März 2016   vorläufige Angaben   © Globus 10947

Allerdings zeigt sich seit Beginn der Neunzigerjahre ein erheblicher Wandel. Die **Globalisierung** der Märkte führt dazu, dass nicht mehr ausschließlich die Güter, sondern zunehmend der Produktionsfaktor Kapital zu den ausländischen Märkten strebt. Die Produktionsverlagerungen erfolgen dabei nicht nur aus Gründen der Marktnähe, sondern auch unter Kostenaspekten.

Hinzu kommt, dass fernöstliche Länder zu ernsthaften Konkurrenten auf den Weltmärkten gereift sind.

Bedrohlich für die traditionellen Industrieländer ist dabei, dass die Schwellenländer Asiens mehr und mehr qualitativ hochwertige und technologisch anspruchsvolle Investitions- und Konsumgüter liefern. Der immer härter werdende internationale Wettbewerb lässt vielfach den Nachweis der Außenwirtschaftstheorie[1] außer Acht, dass ein freier Außenhandel den Wohlstand der beteiligten Länder fördert. In vielen Volkswirtschaften lassen sich Formen von Protektionismus (Handelsbeschränkungen) beobachten, die stets zum Ziel haben, die einheimischen Anbieter vor ausländischer Konkurrenz zu schützen. Mit sehr viel Energie und Fantasie wurde eine ganze Reihe **nichttarifärer Handelshemmnisse** aufgebaut. Zölle (tarifäre Handelshemmnisse) wurden dagegen nachhaltig verringert.

Zu den **protektionistischen Maßnahmen** zählen:
- Einfuhrkontingente, -lizenzen, -zölle, -monopole
- Zwang zu unverhältnismäßig umfangreicher Beibringung von Urkunden und anderen Bescheinigungen
- Besondere Vorschriften über Sicherheit, Verpackung, Etikettierung und Gewicht
- Bevorzugung bestimmter Ländergruppen zulasten anderer Länder
- Exportsubventionen

---

[1] *Vgl. Kapitel Internationale Arbeitsteilung, Seite 285.*

EU bestraft chinesische Unternehmen

Chinesische Hersteller von Solarmodulen müssen für EU-Exporte Schutzzölle von fast 50 Prozent zahlen. Betroffen sind Unternehmen, die eine europäisch-chinesische Vereinbarung aus dem Sommer ignorieren. Damals hatte die EU-Kommission vorübergehend Strafzölle für Billig-Solarpaneele aus China verhängt. Diese Zölle werden jetzt auf zwei Jahre festgeschrieben. für Unternehmen, die sich nicht an mit China getroffenen Vereinbarung halten.

Chinesische Hersteller dürfen eine bestimmte Preisschwelle für Solarpaneele nicht unterschreiten.

Rund 70 Prozent der chinesischen Hersteller haben der Selbstverpflichtung zugestimmt, ihre Produkte nicht unter dem vereinbarten Preis anzubieten. Alle anderen Firmen müssen die Strafzölle zahlen, die Ende dieser Woche in Kraft treten.

Quelle: FS (Autor)

6.5.2 Europäische Wirtschafts- und Währungsunion (EWWU)

Kaum ein anderes europapolitisches Thema hat die Menschen in der letzten Zeit mehr bewegt als die **europäische Wirtschafts- und Währungsunion**. Zu Beginn des Jahres 1999 wurde die DM als Buchgeld und Anfang 2002 auch als Bargeld durch eine einheitliche neue Währung – den **Euro** – abgelöst.

Maastrichter Vertrag
Grundlage der Währungsunion ist der 1992 von den damals 12 EU-Mitgliedsländern geschlossene Vertrag von Maastricht. Zu seinen Inhalten zählt nicht nur die Schaffung einer einheitlichen Währung in den EU-Mitgliedsländern, sondern auch die Förderung des politischen Zusammenwachsens der Länder in Europa. Durch eine verstärkte Kooperation in der Außen-, Innen- und Rechtspolitik soll langfristig eine politische Union aller Länder Europas erreicht werden.

Die europäische Währung wurde in einem **Dreistufenplan** verwirklicht.

Stufe 1: Vorbereitungsphase bis Ende 1998

- Gegenseitige Überwachung und Koordination der Wirtschaftspolitik zwischen den EU-Ländern

- Beschlussfassung über die Aufnahme in die EWWU

- Errichtung der Europäischen Zentralbank (EZB)

- Vorbereitung der einheitlichen Geldpolitik

Stufe 2: Beginn der Endstufe ab 1. Januar 1999

- Unwiderrufliche Fixierung der Wechselkurse der „alten" EU-Währungen untereinander und zum Euro

- Einführung des Euro als eigenständige Währung neben den in einer Übergangsphase noch weiterexistierenden alten Währungen

- Ausübung der europäischen Geldpolitik durch die EZB innerhalb der Union und gegenüber den Drittwährungen in Euro

Stufe 3: Vollendung der Währungsunion seit 2002

- Der Euro ist alleiniges gesetzliches Zahlungsmittel in den Mitgliedsländern. Die meisten DM-Scheine und -Münzen wurden aus dem Verkehr gezogen und gegen das neue Bargeld eingetauscht.

- Alle anderen Zahlungsmittel (Überweisungen, Lastschriften, Schecks usw.) wurden auf den Euro umgestellt.

Die drei Stufen der Wirtschafts- und Währungsunion		
		Dritte Stufe 1. Januar 1999
	Zweite Stufe 1. Januar 1994	Unwiderrufliche Festlegung der Umrechnungskurse
Erste Stufe 1. Juli 1990	Errichtung des EWI	Einführung des Euro: erst Buchgeld - dann Bargeld
Verstärkte Zusammenarbeit der Zentralbanken	Verbot der Gewährung von Zentralbankkrediten an öffentliche Stellen	Inkrafttreten des Stabilitäts- und Wachstumspakts
Uneingeschränkter Kapitalverkehr	Koordinierung der Geldpolitik und Stärkung der wirtschaftlichen Konvergenz	Einrichtung des Wechselkursmechanismus II
Verbesserung der wirtschaftlichen Konvergenz	Prozess hin zur Unabhängigkeit der Zentralbanken	Durchführung einer einheitlichen Geldpolitik durch das Eurosystern

Konvergenzkriterien

Die Aufnahme in die Währungsunion ist abhängig von der Einhaltung bestimmter, im Maastrichter Vertrag vereinbarter Bedingungen, den sog. Konvergenzkriterien. Die Teilnehmerländer sollen einen bestimmten Gleichlauf ihrer wirtschaftlichen Entwicklung hinsichtlich Preisniveau, Zinsniveau, Haushaltsdisziplin und Wechselkursstabilität erreicht haben, um die Stabilität des Euro zu sichern und Spannungen in der Währungsunion zu vermeiden.

Die Konvergenzkriterien sind unter den Wirtschaftsprofessoren und Politikern zwar umstritten, ihre Einhaltung ist allerdings inzwischen zu einer Vertrauensmesslatte für eine stabile Währungsunion geworden.

Voraussetzungen für die Aufnahme in die europäische Wirtschafts- und Währungsunion

- **Preisstabilität:** Der Anstieg der Verbraucherpreise, die Inflationsrate, darf den Durchschnitt der drei preisstabilsten Länder um nicht mehr als 1,5 Prozentpunkte übersteigen.

- **Wechselkursstabilität:** Die Währung eines Mitgliedslandes muss dem Europäischen Währungssystem angehören und darf in den letzten beiden Jahren nicht abgewertet worden sein.

- **Kapitalmarktzinsniveau:** Die durchschnittliche Rendite langfristiger Staatsanleihen, der Zinssatz für langfristiges Kapital, darf höchstens 2 Prozentpunkte über dem Durchschnitt der entsprechenden Zinsen in den drei Ländern mit der niedrigsten Inflationsrate liegen.

- **Haushaltsdisziplin:** Das jährliche Budgetdefizit, die Neuverschuldung der öffentlichen Haushalte, darf höchstens 3 % des Bruttoinlandsprodukts betragen, es sei denn, die Quote ist erheblich rückläufig und liegt in der Nähe des Höchstsatzes.

- **Staatsverschuldung:** Die Gesamtverschuldung der öffentlichen Haushalte darf nicht mehr als 60 % des Bruttoinlandsprodukts betragen, es sei denn, die Quote ist rückläufig und nähert sich rasch genug dem Höchstsatz.

Stabilitäts- und Wachstumspakt

Der Europäische Rat hat 1997 den Stabilitäts- und Wachstumspakt beschlossen. Der Pakt bildet den Rahmen für die Budgetpolitik der Mitgliedstaaten und für deren Haushaltsdisziplin:

- Die gesamtstaatliche Verschuldung darf 60 % des BIP und
- das jährliche Defizit des Haushaltes darf 3 % des BIP nicht überschreiten.

Jeder Mitgliedsstaat, der den Euro eingeführt hat, legt Rat und Kommission ein jährlich zu aktualisierendes Stabilitätsprogramm vor. Darin sind mittelfristige Haushaltsziele, Anpassungspfade zur Erreichung dieser Ziele sowie die voraussichtliche Entwicklung der öffentlichen Schulden und der wirtschaftlichen Lage (Wachstum, Beschäftigung) niederzulegen. Verstöße gegen die Regeln sollen zur Einleitung eines Defizitverfahrens führen und können schließlich empfindliche Strafen durch die EU nach sich ziehen. Zuletzt 2011 hat der Ecofin-Rat eine Änderung des Paktes vereinbart, die der Europäische Rat gebilligt hat. Die Grenzwerte bleiben grundsätzlich unangetastet, aber deren Berücksichtigung wird stärker einzelfallbezogen beurteilt. Vor Einleitung eines Defizitverfahrens können die Mitgliedsstaaten viele länderspezifische Ausnahmetatbestände ins Feld führen.

Stabilitäts-und Wachstumspakt: Neue Regeln zur Schuldenvermeidung

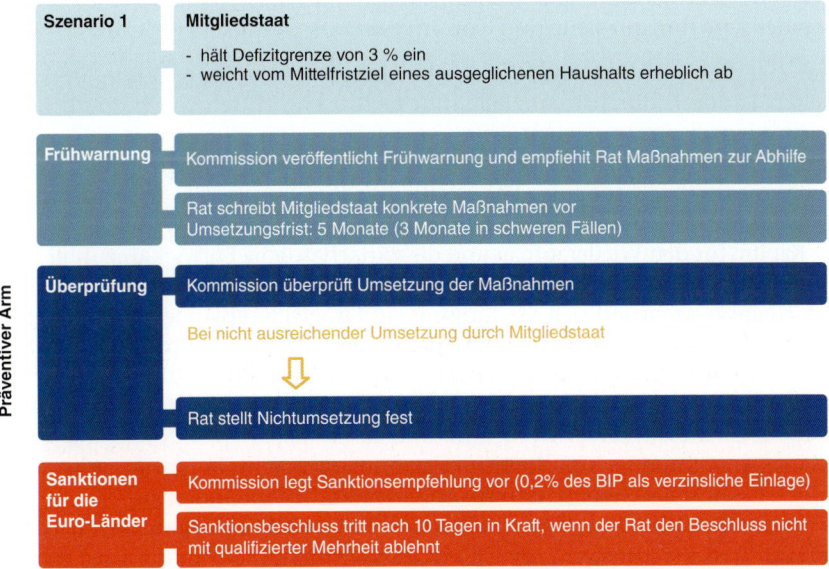

Szenario 1	**Mitgliedstaat**
	- hält Defizitgrenze von 3 % ein - weicht vom Mittelfristziel eines ausgeglichenen Haushalts erheblich ab

Frühwarnung — Kommission veröffentlicht Frühwarnung und empfiehlt Rat Maßnahmen zur Abhilfe

Rat schreibt Mitgliedstaat konkrete Maßnahmen vor
Umsetzungsfrist: 5 Monate (3 Monate in schweren Fällen)

Überprüfung — Kommission überprüft Umsetzung der Maßnahmen

Bei nicht ausreichender Umsetzung durch Mitgliedstaat

Rat stellt Nichtumsetzung fest

Sanktionen für die Euro-Länder — Kommission legt Sanktionsempfehlung vor (0,2% des BIP als verzinsliche Einlage)

Sanktionsbeschluss tritt nach 10 Tagen in Kraft, wenn der Rat den Beschluss nicht mit qualifizierter Mehrheit ablehnt

Präventiver Arm

Stabilitäts-und Wachstumspakt: Strikte Regeln zur Schuldenvermeidung

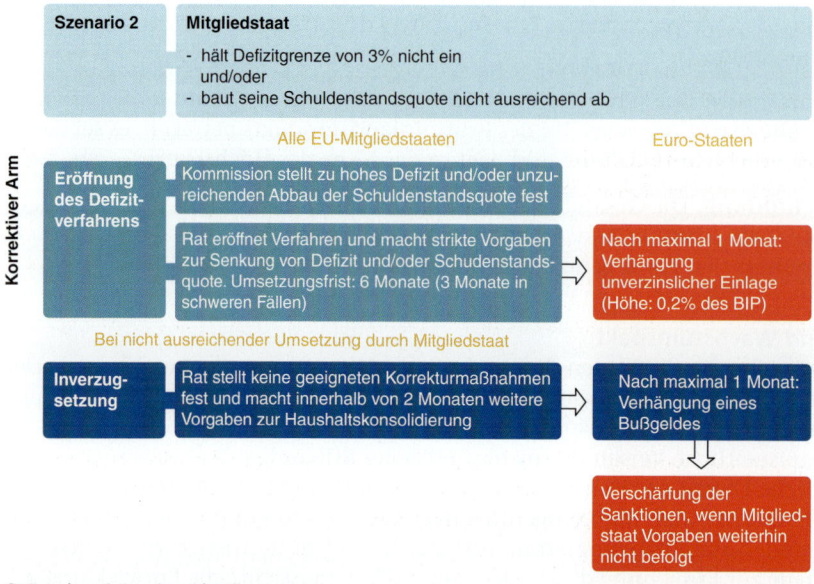

© Bundesministerium der Finanzen

6.5.3   Weltbankgruppe

Zur Weltbankgruppe gehören fünf Organisationen mit jeweils eigener Rechtspersön-
lichkeit:
- Internationale Bank für Wiederaufbau und Entwicklung (IBRD),
- Internationale Entwicklungsorganisation (IDA),
- Internationale Finanz-Corporation (IFC),
- Multilaterale Investitions-Garantie-Agentur (MIGA),
- Internationales Zentrum zur Beilegung von Investitionsstreitigkeiten (ICSID).

Gemeinsames Ziel dieser Institutionen ist es, die wirtschaftliche Entwicklung in weniger entwickelten Ländern durch finanzielle und technische Hilfen sowie durch Beratung zu unterstützen.

Die Gründung der **Internationalen Bank für Wiederaufbau und Entwicklung (IBRD)**
fällt zusammen mit der Errichtung des IWF in Bretton Woods[1]. Ihr Sitz ist Washington,
D.C. Sie wurde im Hinblick auf den für die Nachkriegszeit erwarteten großen Bedarf an
langfristigem Kapital für den Wiederaufbau und die wirtschaftliche Entwicklung ihrer Mitgliedsländer geschaffen. Anfänglich wurden die Mittel überwiegend für den Aufbau Europas eingesetzt. Heute konzentriert sich die Tätigkeit auf Entwicklungsländer in aller Welt.

Die **Internationale Finanz-Corporation (IFC**, gegründet 1956) fördert privatwirtschaftliche Initiativen in Entwicklungsländern. Ohne Inanspruchnahme staatlicher Rückzah-
lungsgarantien wird die Errichtung, Modernisierung und Erweiterung privater Unternehmen gefördert. Zu diesem Zweck werden in- und ausländisches privates Kapital sowie
erfahrenes Management und technische Hilfe zusammengebracht. In bestimmten Situationen tritt die IFC selbst als Gesellschafterin bei privaten Unternehmen auf.

Maßgeblich für die Errichtung der **Internationalen Entwicklungsorganisation (IDA)**
im Jahr 1960 war, dass die ärmsten Entwicklungsländer nicht mehr in der Lage waren,
sich weiter zu marktüblichen Konditionen zu verschulden. Aufgabe der IDA ist es, den

---

[1] Siehe Seite 478 „Abkommen von Bretton Woods".

Entwicklungsländern Kredite zu Bedingungen bereitzustellen, die die Zahlungsbilanz wenig belasten. Die gewährten Kredite sind unverzinslich. Am Anfang stehen tilgungsfreie Jahre und die Laufzeiten sind wesentlich länger als üblich.

Erst 1988 wurde die **Multilaterale Investitions-Garantie-Agentur (MIGA)** gegründet. Ihr vorrangiges Ziel ist es, ausländische Direktinvestitionen gegen nichtkommerzielle Risiken abzusichern.
Voraussetzung für die Mitgliedschaft bei den Institutionen der Weltbank ist die Zugehörigkeit zum IWF. Die Mittelbeschaffung erfolgt hauptsächlich über

- Kapitalmarktanleihen,
- Rückflüsse aus gewährten Darlehen,
- Verkauf von Darlehensforderungen,
- Kapitalbeteiligung der Mitglieder,
- laufende Gewinne.

Beispiel: *Die Bundesrepublik Deutschland ist mit 4 % am Kapital der Weltbankgruppe beteiligt.*

6.5.4 Internationaler Währungsfonds

Die Gründung des IWF mit Sitz in Washington wurde 1944 auf der „Internationalen Währungs- und Finanzkonferenz" von 45 Teilnehmerländern beschlossen. Heute gehören dem IWF 188 Staaten an. Deutschland trat dem IWF 1952 bei.

Ziele des IWF
- *Förderung und Ausweitung des Welthandels*
- *Aufhebung der Devisenzwangswirtschaft*
- *Förderung der Währungsstabilität*
- *Internationale währungspolitische Zusammenarbeit*
- *Gewährung von Hilfestellung bei Zahlungsbilanzungleichgewichten*

Gouverneursrat

Der Gouverneursrat (Board of Gouvernors) ist oberstes Organ des IWF.

Im Gouverneursrat ist jedes Land durch einen Gouverneur – im Allgemeinen durch den Finanzminister oder den Notenbankpräsidenten – vertreten. Zu den wichtigsten Aufgaben des Gouverneursrates gehören
- die Aufnahme neuer Mitglieder,
- die Festsetzung und Änderung der Anteile (Quoten) der Mitgliedsländer,
- die Neuzuteilung von Sonderziehungsrechten.

Der Gouverneursrat tritt zweimal jährlich zusammen. Ihm gehört als Vertreter der Bundesrepublik Deutschland der Präsident der Deutschen Bundesbank an.

Exekutivdirektorium

Das Exekutivdirektorium ist für die Geschäftsführung des IWF zuständig.

Der Gouverneursrat hat alle delegierbaren Befugnisse auf das 24-köpfige Exekutivdirektorium übertragen. Ob ein Land von einem eigenen „gewählten" Exekutivdirektor oder als Mitglied einer Ländergruppe von einem gemeinsam gewählten Exekutivdirektor vertreten wird, ist vor allem von seiner IWF-Quote abhängig. Da die Stimmgewichte der Direktoren möglichst gleich verteilt sein sollen, werden sich Länder mit relativ hoher Quote, zu denen Deutschland (mit einer Quote von 5,59 %, aus der 5,3 % Stimmrechte resultieren) gehört, keiner Gruppe anschließen müssen.

Das Exekutivdirektorium wählt auf fünf Jahre den geschäftsführenden Direktor des IWF, der gleichzeitig Vorsitzender des Exekutivdirektoriums und oberster Dienstherr des internationalen Mitarbeiterstabes des IWF ist.

Mittelausstattung des IWF

Jedem Mitgliedsland wird eine bestimmte Quote zugewiesen, die sich nach den volkswirtschaftlichen Daten des Landes richtet. Nach der Quote bemessen sich
- die Einzahlungsverpflichtung (Subskription),
- das Recht zur Kreditinanspruchnahme (Ziehung) beim Fonds und
- das Stimmrecht.

Die Mitglieder zahlen in Höhe ihrer Quote beim IWF Fremdwährung, Sonderziehungsrechte und eigene Währung ein. Die Summe der Quoten erhöht die Reservetranche, die das Finanzierungspotenzial des IWF darstellt. So ist erklärbar, dass es in der Vergangenheit eine Reihe von Quotenaufstockungen gab. Nach Inkrafttreten der nächsten Quotenerhöhung wird der deutsche Anteil von 14,4 Mrd. auf 26,6 Mrd. SZR steigen und die Quote wird bei 5,59 % liegen. Hierin spiegelt sich die Zunahme des weltwirtschaftlichen Gewichts Deutschlands seit der letzten Quotenüberprüfung wider.

Ziehungsrechte

Bei Zahlungsbilanzproblemen gewährt der IWF seinen Mitgliedern verzinsliche Kredite aus der Reservetranche sowie aus einer Reihe weiterer Kreditprogramme (Kreditfazilitäten). Zahlungsbilanzschwache Länder erhalten gegen eigene Währung die gewünschten Devisen.

Sonderziehungsrechte (SZR)

Die Sonderziehungsrechte kann man als eine Art Kunstgeld bezeichnen. Der IWF teilt seinen Mitgliedern bestimmte Mengen dieser künstlichen Währung zu. Dies führt bei den Notenbanken der betreffenden Länder – nach Bildung eines Ausgleichspostens auf der Passivseite – zu einer Bilanzverlängerung. Bei einem Finanzierungsbedarf wendet sich der Teilnehmer an den IWF, der ihn an ein reservestarkes Land verweist. Dieses Land gibt die gewünschte Währung ab und erhält dafür SZR und eine Verzinsung für die abgegebenen Devisen.

Beispiel:

vor der Zuteilung von SZR:

Aktiva	Notenbankbilanz	Passiva	
	Mio. €		Mio. €
Gold	2	Sonstige	20
Devisen	8		
Sonstige	10		
	20		20

nach der Zuteilung von SZR:

Aktiva	Notenbankbilanz	Passiva	
	Mio. €		Mio. €
Gold	2	Sonstige	20
Devisen	8	Ausgleichs-	
SZR	2	posten für	
Sonstige	10	zugeteilte	
		SZR	2
	22		22

nach dem Ankauf von SZR:

Aktiva	Notenbankbilanz	Passiva	
	Mio. €		Mio. €
Gold	2	Sonstige	20
Devisen	7	Ausgleichs-	
SZR	3	posten für	
Sonstige	10	zugeteilte	
		SZR	2
	22		22

Die Ankaufspflicht von SZR endet, wenn das Dreifache der eigenen Zuteilung erreicht ist.

Bewertung von Sonderziehungsrechten

Der Wert des SZR ergibt sich aus dem Marktwert eines Währungskorbs, der feste Beiträge der wichtigsten Währungen (US-Dollar, Euro, Yen, Pfund Sterling, Renminbi) enthält.

Als Basis für die einzelnen Währungsbeträge dienen bestimmte volkswirtschaftliche Kennziffern (Außenhandel, Bedeutung der eigenen Währung für andere Währungen). Alle fünf Jahre findet eine Überprüfung der Währungen und ihrer Korbgewichte statt. Börsentäglich ermittelt der IWF den Tageswert des SZR in US-Dollar, indem er die Währungsbeträge im Korb zu deren US-Dollarkursen am Devisenmarkt bewertet. Der SZR-Wert aller übrigen Währungen wird dann über die repräsentativen Kurse dieser Währungen zum US-Dollar errechnet. Durch diese Form der Bewertung wird gewährleistet, dass alle auf SZR lautenden Vermögenswerte nur geringen Wechselkursrisiken ausgesetzt sind.

SZR-Bewertungskorb am 13. Dezember 2016

Zusammensetzung des Währungskorbes				
Währung	Währungsbetrag in jeweiliger Währung	Wechselkurs		Gegenwert in US-Dollar
Chinesischer Yuan	1,017400	6,930450	CNY je USD	0,146801
Euro	0,3867100	1,060700	USD je EUR	0,410183
Japanischer Yen	11,900000	115,385000	JYN je USD	0,103133
Pfund Sterling	0,085946	1,27065	USD je GBP	0,109207
US-Dollar	0,582520	1,000000	USD	0,582520
				1,351845
		1 USD = SZR		0,739730
		1 SZR = USD		1,351845

Hieraus ergibt sich für den 13.12.2016: 1 SZR = 1,361844 US-Dollar. Den Euro-Gegenwert für 1 SZR erhält man durch Division des US-Dollarwertes für 1 SZR durch den von der EZB festgelegten Euro-Referenzkurs zum US-Dollar: 1 SZR = 1,351844 : 1,06070 = 1,274483 EUR.

1) Die genannten Währungsbeträge gelten seit dem 01.10.2016 und entsprachen bei ihrer Neufestsetzung den am 30.11.2015 den Korbbestandteilen zugrunde gelegten Gewichten: US-Dollar 41,73 %, Euro 30,93 %, Yen 8,33 %, Pfund Sterling 8,09 %, Chinesischer Renminbi 10,92 %. Die Zusammensetzung des Währungskorbs, das Gewicht und die Menge der einzelnen Währungsbeträge werden alle fünf Jahre überprüft und gegebenenfalls angepasst. – **2)** Die Wechselkurse des japanischen Yen und des chinesischen Renminbi sind ausgedrückt in Yen und Renminbi pro US-Dollar; für die anderen Währungen (Euro und Pfund Sterling) ist der Dollarbetrag pro Währungseinheit angegeben. Maßgebend sind die Mittelkurse am Londoner Devisenmarkt um 12:00 Uhr mittags. – **3)** Währungsbetrag in Spalte (1) dividiert durch den Wechselkurs in Spalte (2); im Falle des Euro und des Pfund Sterling werden beide Werte multipliziert.
Quelle: IWF

6.5.5 Bank für Internationalen Zahlungsausgleich

Die **Bank für Internationalen Zahlungsausgleich** mit Sitz in Basel ist die älteste internationale Finanzorganisation. Sie wurde 1930 gegründet. Ihr gehören heute 50 Mitgliedsländer an.

Eine der Hauptaufgaben der BIZ ist die Verwaltung der Gold- und Devisenreserven von etwa 140 Zentralbanken. Die BIZ achtet auf eine hochliquide Anlage und legt die Mittel bei Geschäftsbanken erstklassiger Bonität sowie in kurzfristigen Schuldverschreibungen an. Für die beteiligten Zentralbanken besteht der Vorteil einer Einlage bei der BIZ darin, dass bei Devisenmarktoperationen die Anonymität gewahrt bleibt.

Kredite an Entwicklungsländer werden nur gewährt, wenn bereits eine Zusage zur Kreditablösung durch andere internationale Stellen wie IWF oder Weltbank vorliegt.

6.5.6   World Trade Organization

Hauptziel der WTO *ist die Liberalisierung des Welthandels und die Sicherung und der Ausbau der Regeln für den ungestörten Austausch von Gütern.*

Die Welthandelsorganisation WTO mit Sitz in Genf wurde 1995 gegründet. Vorläufer der WTO ist der **GATT-Vertrag** (GATT = **G**eneral **A**greement on **T**ariffs and **T**rade). Dieses internationale Zoll- und Handelsabkommen hatte sich vor allem die folgenden Prinzipien gegeben:

- **Liberalisierung:** Verzicht auf den Aufbau neuer Zollschranken und Abbau bestehender Zölle

- **Gegenseitigkeit:** Bei Zollverhandlungen sollen Leistungen und Gegenleistungen gleichwertig sein.

- **Nichtdiskriminierung/Meistbegünstigungsklausel:** Kein Mitgliedsland darf ein anderes Mitgliedsland unterschiedlich behandeln und insbesondere nicht gegenüber Drittländern schlechter stellen. Für jedes Mitgliedsland muss der günstigste Zollsatz gelten.

Insbesondere soll der Abbau von tarifären und nicht tarifären Handelshemmnissen vorangetrieben werden. Neben den Zielen des GATT, die vorwiegend auf die Förderung des internationalen Warenaustauschs zielen, überwacht die WTO auch das **Allgemeine Übereinkommen über den Handel mit Dienstleistungen (GATS).** Das GATS hat sich die gleichen Prinzipien wie das GATT gegeben und beinhaltet Regelungen für Finanzdienstleistungen, Medien, Bau- und Konstruktionsleistungen, Tourismus und Verkehr sowie für jede andere Form des Handels mit Dienstleistungen.

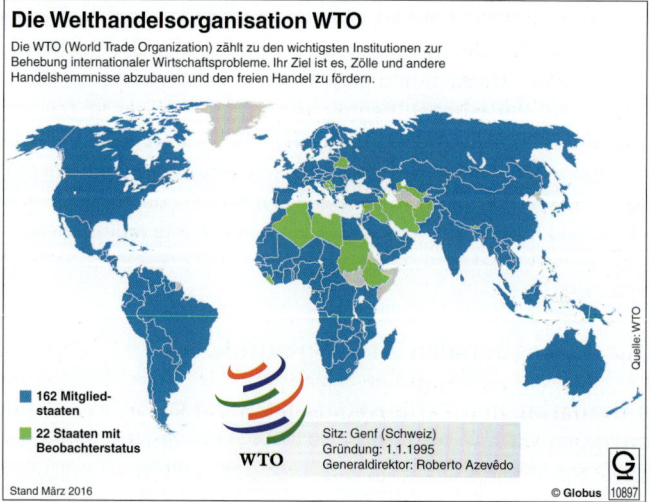

Die Welthandelsorganisation WTO

Die WTO (World Trade Organization) zählt zu den wichtigsten Institutionen zur Behebung internationaler Wirtschaftsprobleme. Ihr Ziel ist es, Zölle und andere Handelshemmnisse abzubauen und den freien Handel zu fördern.

Quelle: WTO

■ 162 Mitgliedstaaten
■ 22 Staaten mit Beobachterstatus

WTO
Sitz: Genf (Schweiz)
Gründung: 1.1.1995
Generaldirektor: Roberto Azevêdo

Stand März 2016
© Globus   10897

Das dritte wichtige Abkommen im Aufgabenbereich der WTO ist das **Übereinkommen über handelsbezogene Aspekte der Rechte am geistigen Eigentum (TRIPS).** Dieses Übereinkommen dient dazu, den internationalen Konventionen über den Schutz geistiger Eigentumsrechte zu größerer Wirkung zu verhelfen.
Die WTO hat den Fortschritt der Entwicklungsländer zu fördern und ihre Politik nach den Erfordernissen des Umweltschutzes auszurichten.

6.5.7 OECD (Organisation für wirtschaftliche Zusammenarbeit und Entwicklung)

Die OECD (Organisation for Economic Co operation and Development) wurde 1961 gegründet und hat ihren Sitz in Paris. Sie ist ein ursprünglich rein europäisches Kooperationsgremium von Industriestaaten, dem inzwischen aber auch die USA, Japan und fünf weitere außereuropäische Staaten angehören. Im Prinzip nimmt die OECD nur Staaten auf, die

- marktwirtschaftlich orientiert sind,
- sich in einem fortgeschrittenen Entwicklungsstand befinden,
- die Menschenrechte beachten,
- die Grundsätze einer pluralistischen Demokratie beachten.

Ziel der OECD ist,

- in ihren Mitgliedsstaaten zu optimaler Wirtschaftsentwicklung und Beschäftigung sowie steigendem Lebensstandard und Wahrung der finanziellen Stabilität beizutragen,

- den Dienstleistungs- und Kapitalverkehr der Mitgliedsstaaten weitgehend von Beschränkungen zu befreien,

- das Wirtschaftswachstum in den Entwicklungsländern zu fördern,

- zu einer Ausweitung des Welthandels beizutragen.

Die praktische Arbeit der OECD leisten Fachausschüsse mit Delegierten aus den Mitgliedsländern. Die Besetzung dieser Ausschüsse reicht vom Referenten bis zum Staatssekretär.

Die Bundesrepublik Deutschland misst dem wirtschaftspolitischen Ausschuss (Economic Policy Committee) eine besondere Bedeutung zu. Auf höchster Ebene der Ministerial- und Notenbankbürokratie werden die nationalen und internationalen Auswirkungen der Wirtschaftspolitik der Mitgliedsländer erörtert. Ziel ist eine internationale Übereinstimmung, um Zahlungsbilanz- und Devisenprobleme zu erkennen bzw. diesen vorzubeugen. An die Öffentlichkeit tritt der wirtschaftspolitische Ausschuss der OECD, wenn er zweimal jährlich die konjunkturelle Situation der Mitgliedsländer beurteilt und Entwicklungstendenzen prognostiziert.

6.5.8 UNCTAD (Konferenz der Vereinten Nationen für Handel und Entwicklung)

Die UN-Vollversammlung hat die UNCTAD (United Nation Conference on Trade and Development) im Jahr 1964 als ständige Konferenz mit Sitz in Genf eingerichtet. Damit erfüllten die Vereinten Nationen (UN) den Wunsch der Entwicklungsländer nach einer auf ihre Belange zugeschnittenen Vertretung, die ihre Interessen durch die bestehenden internationalen Organisationen wie Weltbankgruppe, IWF, GATT usw. nicht hinreichend berücksichtigt sahen.

Aufgabe der UNCTAD ist die

- Erstellung entwicklungspolitisch ausgerichteter Analysen der Weltwirtschaft unter besonderer Berücksichtigung der Auswirkungen von Handelsliberalisierung und Kapitalverkehrsbewegungen,

- praxisorientierte Beratung der Entwicklungs- und Transformationsländer auf dem Weg zur Integration in die Weltwirtschaft.

Der UNCTAD ist es trotz nachhaltigen Bemühens nicht gelungen, sich Kompetenzen auf dem Gebiet der internationalen Währungspolitik zu verschaffen. Dagegen hatten die Bemühungen zum Schuldenabbau der ärmsten Entwicklungsländer teilweise Erfolg.

Beispiel:

Die Industrieländer haben im vergangenen Jahr 131,6 Milliarden Dollar für Entwicklungshilfe gegeben. Größtes Geberland waren die USA, die gut 31 Milliarden Dollar für die Entwicklungsländer bereitstellten. Das geht aus Angaben der Organisation für wirtschaftliche Zusammenarbeit und Entwicklung (OECD) hervor. An zweiter Stelle stand Großbritannien mit 18,7 Milliarden Dollar. Drittgrößtes Geberland war Deutschland mit 17,8 Milliarden Dollar; das entsprach 0,52

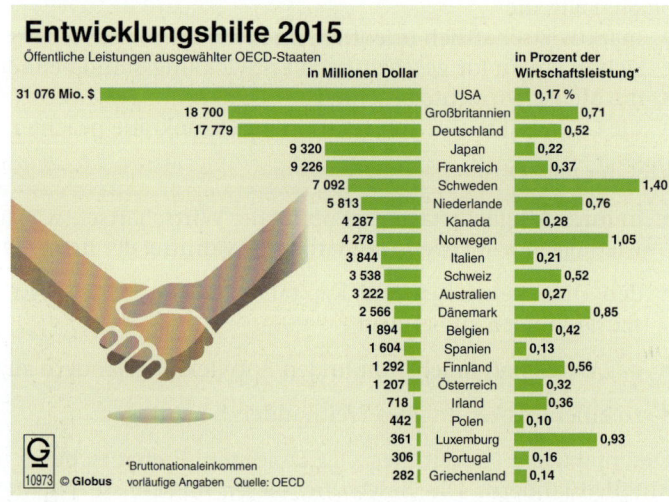

Prozent des deutschen Bruttonationaleinkommens. Bei genauer Betrachtungsweise sind die größten Entwicklungshelfer allerdings nicht immer die spendabelsten. So entsprach die Hilfe aus den USA nur 0,17 Prozent der amerikanischen Wirtschaftsleistung, während beispielsweise Schweden 1,4 Prozent seiner Wirtschaftsleistung und Norwegen 1,05 Prozent für die Armen der Welt bereitstellte. Alle Geberländer zusammengerechnet stellten 0,30 Prozent ihrer Wirtschaftsleistung für Entwicklungshilfe zur Verfügung, und damit ebenso viel wie im Jahr zuvor. Damit liegen die Leistungen der entwickelten Länder aber noch weit vom Zielwert der Vereinten Nationen entfernt: Das sogenannte Millenniumsziel besagte, dass bis 2015 eine Quote von 0,7 Prozent erreicht werden sollte.
Quelle: Globus

6.5.9   Nord-Süd-Konflikt

Eine der ungelösten und dringendsten Aufgaben der Menschheit ist die Lösung des Nord-Süd-Konfliktes. Zwischen Entwicklungsländern und Industrieländern besteht ein außenwirtschaftlicher und verteilungspolitischer Interessenkonflikt aufgrund der ungleichen Macht- und Einflusspotenziale.

Die Ursachen für dieses Ungleichgewicht sind vielfältig:

- Klima,
- Bevölkerungsexplosion,
- Tradition, Religion und Weltanschauung,
- Erziehung und Bildung,
- Unkenntnis moderner Anbau- und Produktionsmethoden,

- Korruption,
- Rohstoff- bzw. Kapitalmangel,
- fehlende Verkehrsmittel und -wege,
- Mängel in der Gesundheitsversorgung,
- fehlende Infrastruktur für Kommunikation und Nachrichtenübermittlung.

Mit der Ölkrise zu Beginn der 1970er-Jahre trat der Nord-Süd-Konflikt erstmals in das Bewusstsein der Öffentlichkeit. Die ölfördernden Staaten hatten sich in der „Organisation Erdöl exportierender Staaten" (OPEC) zu einem Preis- und Quotenkartell zusammengeschlossen. Den Industrieländern wurde über Nacht ihre Rohstoffabhängigkeit deutlich. Die Dritte Welt erkannte, wie sie durch solidarisches Handeln ein Gegengewicht zu den etablierten Industrienationen aufstellen konnte. Von dem langen Forderungskatalog der Entwicklungsländer, der von einer neuen Weltwirtschaftsordnung über ein integriertes Rohstoffprogramm, eine neue Weltwährungsordnung, eine Neuregelung der Meeresnutzung bis zu einer neuen Weltinformationsordnung reichte, ist so gut wie keines erreicht worden.

Rohstoffe

Die Industriestaaten des Nordens *(z. B. die USA und Russland)* besitzen selbst eine große Menge an Rohstoffen. Bei vielen wichtigen Rohstoffen jedoch sind die Entwicklungsländer die „Reichen" und die Industriestaaten von ihnen abhängig. Dieser Reichtum hat auch seine Schattenseiten: Manche Entwicklungsländer sind von der Ausfuhr ihrer Produkte so abhängig geworden, dass sie in ernste wirtschaftliche Schwierigkeiten geraten, wenn die Preise für ihre Waren auf dem Weltmarkt plötzlich fallen oder die Nachfrage sinkt.

„Ist dir klar, dass ich dich in der Hand habe?"
Zeichnung: Horst Haitzinger

Die Gründe für den Rückfall der Entwicklungsländer in die alte Ohnmachtsposition liegen nicht nur in dem Mangel an Solidarität in den Entwicklungsländern, sondern auch in dem Verfall der Rohstoffpreise, der Ernährungs- und Schuldenkrise der Dritten Welt in den Achtzigerjahren und dem Protektionismus der Industrieländer.

Nach Schätzungen sterben jeden Tag 17 000 Kinder unter 10 Jahren an Mangelernährung und Krankheiten. Der Teufelskreis der Armut schließt sich immer wieder aufs Neue. Die bisherigen Formen der Entwicklungshilfe haben keine nachhaltige Verbesserung der Lebensverhältnisse herbeigeführt, sondern in vielen Ländern zu einem unbezwingbaren Schuldenberg geführt. Entgegen häufiger Annahmen wurde öffentliche Entwicklungshilfe in der Regel nicht als „Geschenk", sondern als verzinslicher Kredit gewährt. Dabei wurde der Kreditnehmer verpflichtet, mit dem Kredit im Gläubigerland Güter und Dienstleistungen zu erwerben. Somit blieb das Geld im Lande, wurde dort nachfragewirksam und trug zur Sicherung von Arbeitsplätzen bei. Die Tilgungs- und Zinsverpflichtungen der Empfängerländer stiegen aber in unermessliche Höhen.

Terms of Trade

Die Terms of Trade sind das Verhältnis zwischen Exportpreisindex und Importpreisindex. Sie zeigen aus Sicht der Entwicklungsländer an, wie sich die Preise importierter Fertigwaren und exportierter Rohstoffe entwickeln.

Beispiel: Die Deutsche Bundesbank berichtet, dass sich der Ausfuhrpreisindex von 100 auf 100,4 Punkte erhöht und sich der Einfuhrpreisindex von 100 auf 98,7 Punkte verringert hat.

$$\text{Terms of Trade:}\quad \frac{100,4}{98,7}\cdot 100 = 101,722$$

Unsere Handelspartner müssen ca. 1,7% mehr Waren ausführen, um die gleiche Gütermenge wie im Vorjahr einführen zu können.

Für einen ecuadorianischen Bananenanbaubetrieb bedeutet das: Um in Deutschland einen kleinen Traktor im Wert von 50000,00 € zu kaufen, mussten im Vorjahr 100000 kg Bananen exportiert werden. Durch die Preiserhöhung bei Traktoren um 0,4% und den gleichzeitigen Preisrückgang bei Bananen um 1,3% mussten in diesem Jahr 1722 kg Bananen mehr als zuvor exportiert werden, um einen Traktor zu erwerben.

Die Verschuldungsspirale

Erst seit der großen Schuldenkrise in den Achtzigerjahren haben die Industrieländer erkannt, dass viele ihrer Außenstände uneinbringlich sind. Seitdem laufen verschiedene Umschuldungs- und Schuldenerlassprogramme, an denen sich auch Deutschland beteiligt.

*Beispiel: Auf Initiative Deutschlands wurde 1999 auf dem Weltwirtschaftsgipfel in Köln die **„Kölner Schuldeninitiative"** zugunsten der ärmsten Länder verabschiedet. Sie sieht eine weitgehende und schnelle Entschuldung ärmster Länder vor, wenn sie eine auf Wachstum und tragfähige Entwicklung ausgerichtete Politik verfolgen und sich der Beachtung der Menschenrechte verpflichtet fühlen.*

Quelle: Rudolf Strahm: Warum sie so arm sind, Peter Hammer Verlag, 1985.

6.6   Konjunktur

Eine völlig gleichmäßige wirtschaftliche Entwicklung ist unter den Bedingungen der Marktwirtschaft nicht zu erreichen. Veränderte Wünsche der Konsumenten, technische Neuerungen, Kostensteigerungen, die außenwirtschaftliche Lage, aber auch die Zukunftserwartungen und das politische Klima beeinflussen die wirtschaftliche Aktivität innerhalb der Volkswirtschaft und lassen Auf- und Abwärtsbewegungen im Wirtschaftsablauf entstehen.

Unter Konjunktur *versteht man die sich wiederholenden Schwankungen der wirtschaftlichen Aktivität einer Volkswirtschaft und die dadurch hervorgerufenen Veränderungen der Beschäftigungslage, der Preisniveauentwicklung und des Wirtschaftswachstums.*

6.6.1 Konjunkturindikatoren

Um zu beurteilen, in welcher konjunkturellen Phase sich eine Volkswirtschaft befindet, bedient man sich bestimmter Messzahlen, der **Konjunkturindikatoren**. Sie sind Grundlage für die Einleitung konjunkturpolitischer Steuerungsmaßnahmen durch die Bundesregierung und die Zentralbank.

- *Frühindikatoren zeigen die zukünftige Wirtschaftsentwicklung.*
- *Präsensindikatoren zeigen die aktuelle Konjunkturphase.*
- *Spätindikatoren beschreiben zeitverzögert die Konjunkturentwicklung.*

6.6.1.1 Frühindikatoren

Konjunkturforscher versuchen seit langem, Messgrößen zu finden, mit denen der Konjunkturverlauf zuverlässig prognostiziert werden kann. Diese Frühindikatoren lassen sich in faktenbasierte und erwartungsbasierte (psychologische) Größen einteilen.

- **Auftragseingänge im verarbeitenden Gewerbe**
  Zu den wichtigsten Frühindikatoren gehören die Indizes der Auftragseingänge. Diese wertmäßige Erfassung eingegangener und akzeptierter Bestellungen bei Industrieunternehmen mit mehr als 20 Beschäftigten wird vom Statistischen Bundesamt monatlich veröffentlicht. Neben einem Gesamtindikator werden Indizes für einzelne Wirtschaftszweige sowie für den Außenhandel erstellt.

Auftragseingang in der Industrie *)
Arbeitstäglich bereinigt [o)]

Zeit	Industrie 2010 = 100	Veränderung gegen Vorjahr%	davon: Vorleistungsgüterproduzenten 2010 = 100	Veränderung gegen Vorjahr%	Investitionsgüterproduzenten 2010 = 100	Veränderung gegen Vorjahr%	Konsumgüterproduzenten 2010 = 100	Veränderung gegen Vorjahr%	davon: Gebrauchsgüterproduzenten 2010 = 100	Veränderung gegen Vorjahr%	Verbrauchsgüterproduzenten 2010 = 100	Veränderung gegen Vorjahr%
insgesamt												
2012	106,9	− 2,7	104,2	− 4,5	109,2	− 1,8	103,8	± 0,0	99,4	− 5,6	105,3	+ 1,9
2013	109,4	+ 2,3	103,2	− 1,0	114,3	+ 4,7	105,9	+ 2,0	101,8	+ 2,4	107,4	+ 2,0
2014	112,4	+ 2,7	103,8	+ 0,6	118,6	+ 3,8	110,8	+ 4,6	102,4	+ 0,6	113,7	+ 5,9
2015	114,8	+ 2,1	103,0	− 0,8	123,2	+ 3,9	114,3	+ 3,2	106,7	+ 4,2	117,0	+ 2,9
2016	116,0	+ 1,0	102,4	− 0,6	125,7	+ 2,0	116,3	+ 1,7	112,7	+ 5,6	117,5	+ 0,4

Quelle der Ursprungswerte: Statistisches Bundesamt.
* In jeweiligen Preisen; Erläuterungen siehe Statistisches Beiheft Saisonbereinigte Wirtschaftszahlen, Tabellen II.14 bis II.16. **o)** Mithilfe des Verfahrens Census X-12-ARIMA, Version 0.2.8.

Quelle: Deutsche Bundesbank, Monatsbericht März 2017, Seite 67*

- Baugenehmigungen

- Nachfrage nach Zeitarbeit

- ifo-Geschäftsklimaindex
  Monatlich werden vom ifo Institut ca. 7 000 Unternehmen zur gegenwärtigen Geschäftslage und ihren Zukunfterwartungen befragt.

- Einkaufsmanagerindex
  Für diesen ursprünglich aus Amerika bekannten Indikator werden monatlich ca. 500 Einkäufer und Geschäftsführer aus repräsentativ ausgewählten Unternehmen des verarbeitenden Gewerbes befragt.

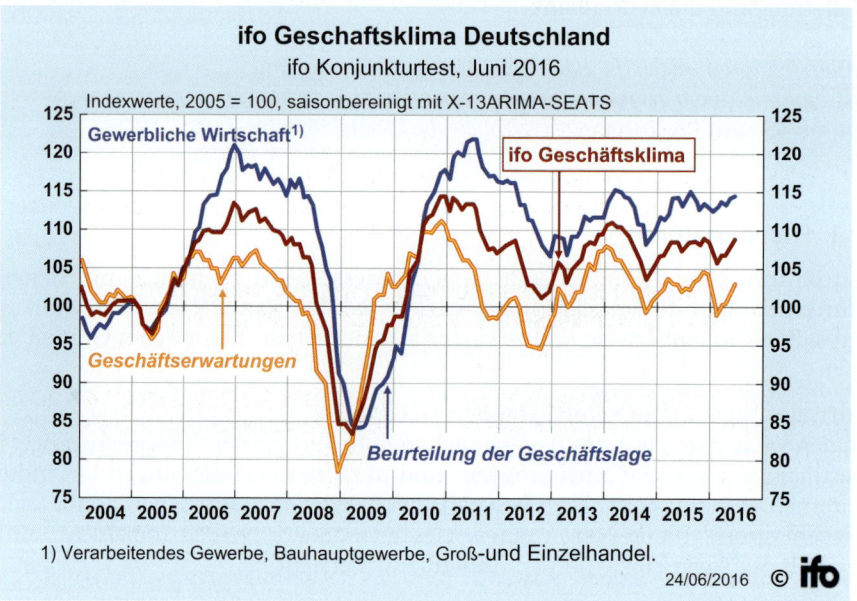

Quelle: ifo Konjunkturtest, www.cesifo-group.de/de/ifoHome/facts/Survey-Results/Business-Climate/ Geschaeftsklima-Archiv/2016/Geschaeftsklima-20160624.html, abgerufen am 07.09.2016

Ob im Einzelfall eine Messgröße als Frühindikator eingeordnet wird, hängt im Wesentlichen davon ab, welche Faktoren als maßgeblich für die gesamtwirtschaftliche Entwicklung betrachtet werden. Die Prognosequalität der Frühindikatoren ist nicht unumstritten, da der Wirtschaftsprozess keinen mechanistischen Gesetzen folgt und Ursache-Wirkungsketten nicht berechenbar sind.

6.6.1.2 Präsensindikatoren

Die Präsensindikatoren informieren zeitnah über das gesamtwirtschaftliche Angebot und die gesamtwirtschaftliche Nachfrage.

Präsensindikatoren sind:
- reales BIP,
- Industrieproduktion,
- Kapazitätsauslastungsgrad.

- Im- und Export,
- Einzelhandelsumsätze,

6.6.1.3 Spätindikatoren

Spätindikatoren sind:

- **Preise**
  Für das Nachhinken der Preise sind die time lags auf den verschiedenen Produktions- und Handelsstufen verantwortlich. Vom Anstieg der industriellen Erzeugerpreise bis zu einem Anstieg des Preisindexes für die privaten Lebenshaltungskosten ist mit einer Verzögerung von eineinhalb bis zu zwei Jahren zu rechnen.

- **Löhne**
  Tariflaufzeiten lassen die Löhne erst mit einer Anpassungsdauer von einem halben bis einem Jahr reagieren.

- **Arbeitslosigkeit**
  Durch die Kündigungsschutzregelungen kommt es auch bei der Beschäftigung zu zeitverzögerten Reaktionen.

Die verzögert wirkenden Indikatoren dienen hauptsächlich der Kontrolle des Mitteleinsatzes, wobei Preisniveauentwicklung und Beschäftigungsgrad zugleich Ziele der Konjunkturpolitik beschreiben.

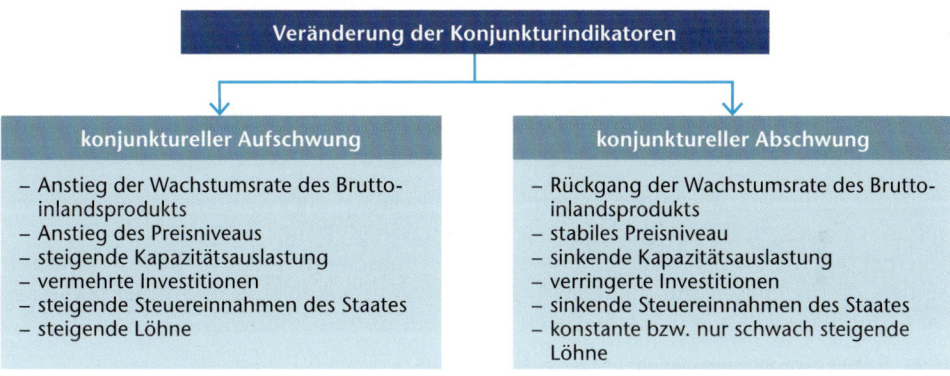

6.6.2 Darstellungsmöglichkeiten konjunktureller Schwankungen

In den Medien hat sich eine eindimensionale Darstellung des Konjunkturverlaufs durchgesetzt. Unter Außerachtlassung der übrigen Konjunkturindikatoren wird der Konjunkturverlauf auf die prozentualen Wachstumsraten des realen BIP gegenüber dem Vorjahr reduziert.

Von den Konjunkturschwankungen sind zu unterscheiden:

- **Saisonale Schwankungen**
Saisonale Schwankungen sind jahreszeitlich bedingte Schwankungen der wirtschaftlichen Aktivität. Sie dauern wenige Wochen oder Monate und wirken sich oft nur auf einzelne Wirtschaftszweige aus.

Beispiele:
- *Der Einzelhandel erzielt im Dezember traditionsgemäß überdurchschnittlich hohe Umsätze.*
- *Im Sommer geht die Produktion durch die Werksferien in der Automobilindustrie zurück.*

▪ **Trend**
Der Trend ist eine langfristige Darstellung des Wirtschaftsverlaufs. Durch Glättung der Konjunkturschwankungen zeigt der Trend die Entwicklung einer Volkswirtschaft über mehrere Konjunkturzyklen. Dabei ist zu beachten, dass die Gründe für die Trendentwicklung von den spezifischen Konjunkturursachen abweichen. Sie liegen in wegweisenden Erfindungen, technologischen Umwälzungen sowie in gravierenden Veränderungen der politischen und wirtschaftlichen Ordnung.

6.6.3 Der Konjunkturzyklus und seine Merkmale

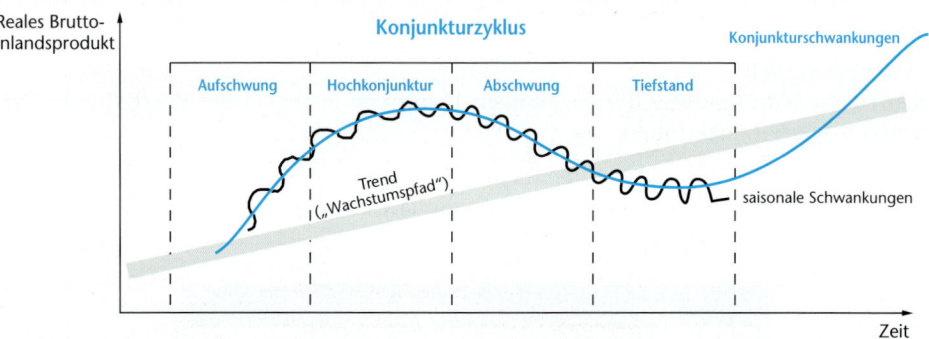

Der idealtypische Konjunkturzyklus verläuft über die Phasen
▪ **Aufschwung** (Prosperität)   ▪ **Abschwung** (Rezession)
▪ **Hochkonjunktur** (Boom)   ▪ **Talsohle** (Tiefstand, Depression)

Über die zeitliche Dauer eines Konjunkturzyklus lassen sich keine präzisen Aussagen treffen. Dies zeigen die Konjunkturzyklen der letzten 60 Jahre.
Bei einer Beschreibung der einzelnen Konjunkturphasen muss sehr vorsichtig verfahren werden, da die Phasen mit fließenden Übergängen versehen sind und innerhalb einer Phase durchaus widersprüchliche Daten erkennbar werden können.

▪ **Aufschwung (Expansion)**
Eine abwartend positive Grundhaltung setzt sich durch, die gesamtwirtschaftliche Produktion wird ausgeweitet. Bei langsam zunehmender Auslastung des Produktionspotenzials steigen die Gewinne überdurchschnittlich, zunächst ohne Preiserhöhungen. Positive Zukunftserwartungen stärken die Nachfrage nach Investitionsgütern und Konsumgütern. Die personellen Kapazitäten werden durch Überstunden, Urlaubssperren und Zeitarbeit weiter ausgelastet. Die Finanzierungskosten für die Erweiterungsinvestitionen belasten die Unternehmen. Bei Auslaufen von Tarifverträgen drängen die Gewerkschaften auf Lohnerhöhungen, um die Beschäftigten an den steigenden Unternehmensgewinnen teilhaben zu lassen. Es kommt insgesamt zu Einkommenssteigerungen. Die Unternehmen versuchen, ihre Gewinne zu stabilisieren und die gestiegenen Kosten über die Preise abzuwälzen. Wenn es sich nicht umgehen lässt, werden neue Arbeitskräfte eingestellt. Falls der Staat nicht regulierend eingreift, kommt es gegen Ende der Aufschwungphase zu einer weiteren Steigerung der Nachfrage.

▪ **Hochkonjunktur (Boom)**
Es kommt zu einer Überhitzung an den Märkten und zur Überbeschäftigung. Weil das Produktionspotenzial ausgelastet ist, trifft Nachfrage auf ein unelastisches Ange-

bot und ruft weitere Preissteigerungen hervor. Hohe Lohnforderungen werden mit-den zurückliegenden Preissteigerungen und den gestiegenen Unternehmensgewin-nen begründet. Die Lohnabschlüsse reichen jedoch nicht aus, um den Kaufkraftverlust auszugleichen. Die Beschäftigung in der Investitionsgüterindustrie geht zurück und führt zu stagnierenden oder sogar – bei Abbau von Überstunden – rückläufigen Ein-kommen. Die Konsumgüternachfrage ist zunächst noch ungebrochen, aber vonsei-ten der Unternehmer bestimmt allgemeine Skepsis das Bild. Die Zuwachsraten des BIP schrumpfen.

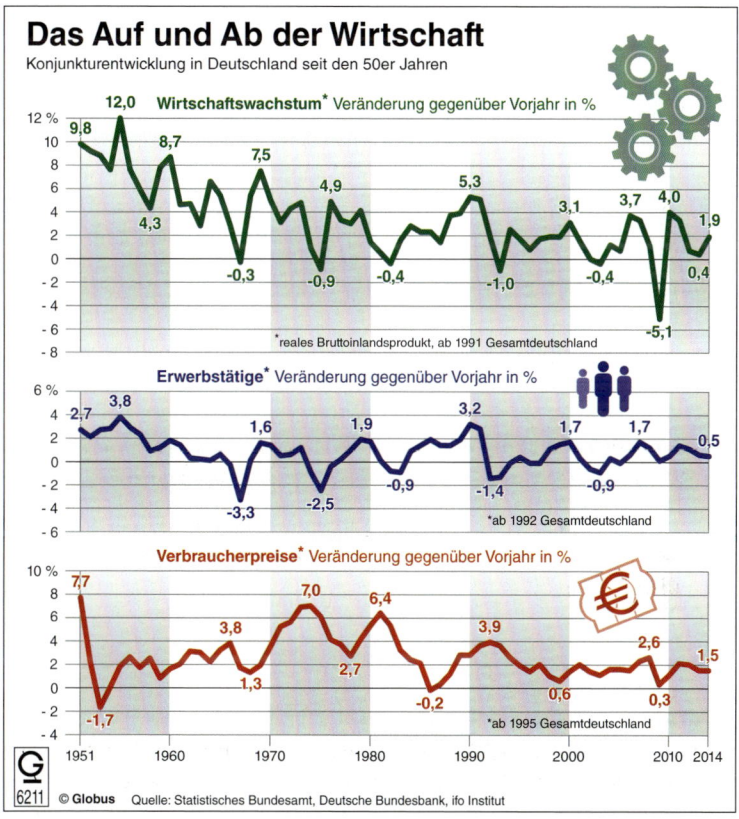

- **Abschwung (Rezession)**
  Lagerbestände werden abgebaut. Die auf den Beschäftigungsrückgang in der Investi-tionsgüterindustrie folgenden Einkommensrückgänge machen sich in der Nachfrage nach Konsumgütern bemerkbar. Eine rückläufige Kapazitätsauslastung zwingt die Unternehmen zur Kostensenkung. Da die Löhne nach unten starr sind, können die Personalkosten nur durch Aufbau von Arbeitszeitguthaben, Kurzarbeit oder Ent-lassungen gesenkt werden. Die Arbeitslosenquote steigt. Schrumpfende Gewinne, Absatzprobleme, niedrige Lohnzuwächse und Preisdisziplin sind weitere Kennzeichen eines veränderten Nachfrageverhaltens. Die Stimmung der Wirtschaftssubjekte kippt.

In der Öffentlichkeit wird Rezession häufig rein technisch als Schrumpfen des BIP in zwei auf-einanderfolgenden Quartalen definiert. Danach wäre Land A mit den aufeinanderfolgenden Wachstumsraten plus 2,0 %, minus 0,1 %, minus 0,1 % in der Rezession, aber nicht das Land B mit den Wachstumsraten minus 1,2 %, plus 0,1 %, minus 1,2 %. Dass es dem Land B wirt-schaftlich wesentlich schlechter als dem Land A geht, ist jedoch offensichtlich.

Die breitere Definition erklärt daher Rezession als Abweichung der Produktion vom gesamtwirt-schaftlichen Produktionspotenzial und Aktivitätsverlust in der Entwicklung der Industrieproduk-tion, der Umsätze in der verarbeitenden Industrie und im Handel, in der Beschäftigung und der verfügbaren Einkommen über eine Reihe von Monaten.

- **Talsohle (Depression)**
  Bei nachlassender Nachfrage, rückläufigem Kapazitätsauslastungsgrad und hohen La-gervorräten geraten Löhne und Preise unter Druck. Die Unterauslastung des Produk-tionspotenzials verstärkt sich und das BIP schrumpft. Hohe Arbeitslosigkeit, sinkende Absatz- und Gewinnerwartungen und rückläufige Investitionstätigkeit führen zu einer Abwärtsspirale, die von zahlreichen Unternehmenszusammenbrüchen begleitet wird. Die allgemeine Grundstimmung ist sehr pessimistisch, aber viele Unternehmen rüsten sich schon für die Zukunft. Sie nehmen umfangreiche Restrukturierungen vor, denn sie wissen, dass auf die Talsohle der Aufschwung folgt.

Gegen die eher mittelfristige Annahme der Konjunkturzyklen steht die wiederentdeckte Theorie des russischen Nationalökonomen **Nicolai Kondratjew** (1892–1930). Sie besagt, dass sich die Weltwirtschaft in jeweils etwa 48–60 Jahre währenden **Innovationszyklen** entwickelt. Die Indus-trialisierung begann mit den Basisinnovationen Dampfmaschine und Baumwolle. Eisenbahn und Stahl schlossen sich an, danach Elektrotechnik und Chemie und zuletzt Petrochemie und Auto-mobil. Der „Fünfte Kondratjew" mit dem Schwerpunkt Informationstechnik sei zurzeit im Gange, und als Kandidaten für den nächsten „Kondratjew" werden Biotechnik, Umwelt und Gesundheit genannt.

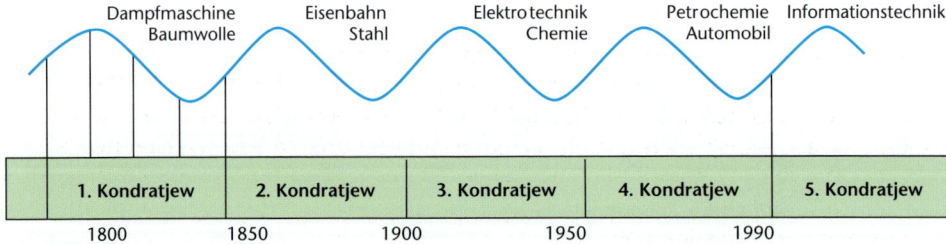

Die langen Wellen der Konjunktur und die jeweiligen Basisinnovationen zeigt diese Kurve.
Quelle: Leo A. Nefiodow, Der fünfte Kondratjew. Strategien zum Strukturwandel in Wirtschaft und Gesellschaft, Frankfurt/Wiesbaden.

6.6.4 Ursachen konjunktureller Schwankungen

Die Konjunkturtheorie untersucht und beschreibt die Ursachen konjunktureller Schwankungen. Über 230 Theorien (!) lassen sich vereinfachend unterscheiden in die
- Überinvestitions- oder Überproduktionstheorien,
- Unterkonsumtheorien,
- monetären Theorien,
- psychologischen Theorien.

Hierbei gibt es häufig Überschneidungen. Eine streng monokausale Erklärung des Konjunkturbildes ist nicht ausreichend.

Überinvestitions- oder Überproduktionstheorien

Ausgangspunkt ist der Gedanke, dass sich die Investitions- und Konsumgütermärkte nicht gleichmäßig entwickeln. Es kommt zu ständigen Diskrepanzen zwischen Produktion und Nachfrage mit dem Trend zu einer gewissen Überproduktion, die sich über die einzelnen Sektoren hinweg zu einem gesamtwirtschaftlichen Produktionsüberhang kumuliert.

Als Ursache für die unterschiedliche Entwicklung wird das zu Beginn des Aufschwungs niedrige Zinsniveau angesehen, das die Investoren zur Kreditnachfrage anregt. Da die Ausdehnung der Investitionsgüterproduktion bei Vollbeschäftigung zulasten der Konsumgüterproduktion geht, kommt es im Konsumgüterbereich zu Preissteigerungen mit der Folge, dass die Verbraucher nicht alle Konsumwünsche realisieren können (Zwangssparen). Es entsteht eine scheinbar paradoxe Situation: Investitionsgüterüberproduktion und Konsumgüterdefizit. Überkapazitäten in der Investitionsgüterindustrie führen schließlich zu rückläufigen Investitionen, und die Einkommensrückgänge der dort Beschäftigten ziehen eine sinkende Konsumgüternachfrage nach sich.

Unterkonsumtionstheorien

Auch die Unterkonsumtionstheorien gehen von Ungleichgewichten zwischen Angebot und Nachfrage aus. Allerdings argumentieren sie, dass die ungleiche Einkommens- und Vermögensverteilung zentrale Ursache der konjunkturellen Schwankungen ist. Es wird die Hypothese aufgestellt, dass es an Kaufkraft fehlt. Ein Rückgang des Konsums führt zu einem Preisverfall und setzt auch hier die bekannte Abwärtsspirale in Gang.

Verschiedentlich wird betont, dass Löhne und Gehälter im Aufschwung hinter den Gewinnen zurückbleiben. Da aus Gewinnen aber mehr gespart werden kann als aus Masseneinkommen, ist letztlich die Ungleichheit der Einkommensverteilung verantwortlich für den Abschwung.

Monetäre Theorien

In den monetären Konjunkturtheorien werden die konjunkturellen Schwankungen mit Änderungen der Geldmenge erklärt. Sie gehen davon aus, dass ein enger Zusammenhang zwischen Güter- und Geldmenge besteht. Das Verhältnis zwischen Güter- und Geldmenge ist jedoch nicht stabil, da es im Aufschwung zu einer verstärkten Kreditnachfrage kommt. Weil sich die Geldmenge aber nicht beliebig ausdehnen lässt, führt die steigende Kreditnachfrage zu einer Erhöhung der Kreditzinsen. Damit wird der Übergang in die Rezession vollzogen.

Es folgen Einschränkungen der Nachfrage, die in einen Rückgang der Produktion münden. Erst in der Talsohle erreicht der Liquiditätsspielraum der Kreditinstitute wieder eine Dimension, der attraktive Zinssätze und damit einen neuen Aufschwung ermöglicht.

Psychologische Theorien

Die psychologischen Konjunkturtheorien erklären den Konjunkturverlauf mit den abwechselnd optimistischen und pessimistischen Zukunftserwartungen der Wirtschaftssubjekte. Investitionsentscheidungen werden immer unter Unsicherheit getroffen. Diese Unsicherheit ist umso größer, je weiter die Investitionsentscheidung in die Zukunft reicht. Dadurch besteht immer das Risiko einer negativen oder positiven Verstärkung des Auf- oder Abschwungs.

Obwohl der psychologische Faktor nur als einer unter vielen Ursachen von Konjunkturschwankungen angesehen werden kann, hat sich nicht nur in der Weltwirtschaftskrise von 1929 gezeigt, dass Panikstimmungen, Haussefieber usw. sich lawinenartig fortsetzen und die Konjunkturbewegungen verstärken können.

Bestimmungsfaktoren der konjunkturellen Entwicklung

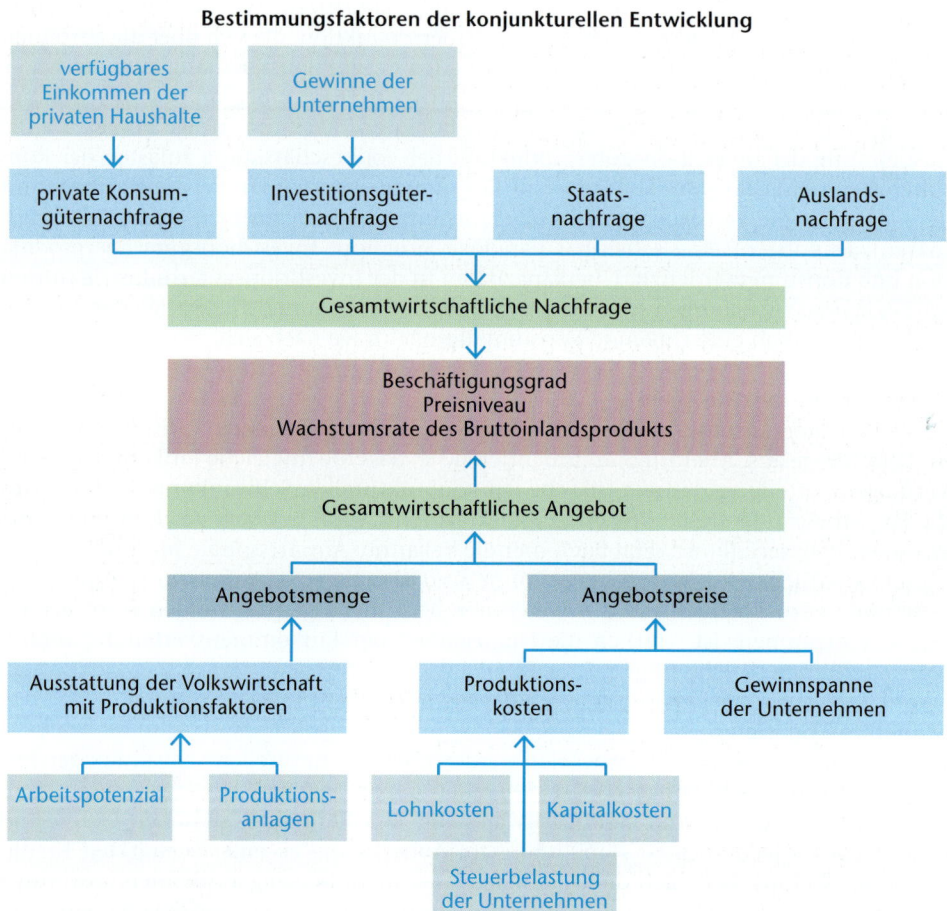

6.6.5   Konjunkturdiagnose und Konjunkturprognose

Die Regierung ist daran interessiert, die binnenwirtschaftlichen Schwankungen auszuschließen und den Aufschwung zu verstetigen. Um eine an langfristigen Zielen orientierte Wirtschaftspolitik durchzusetzen, werden exakte Informationen benötigt, die kurz- und mittelfristige Entwicklungsvorhersagen zulassen.

In Deutschland befassen sich neben der Deutschen Bundesbank, dem Bundeswirtschaftsministerium und dem Bundesfinanzministerium die Wirtschaftsforschungsinstitute und der Sachverständigenrat mit der Konjunkturdiagnose und -prognose.

Konjunkturdiagnose

Die Konjunkturdiagnose ist eine Darstellung der aktuellen gesamtwirtschaftlichen Situation. Sie dient vor allem der Kontrolle, inwieweit gesteckte Ziele erreicht worden sind.

Konjunkturprognose

Die Konjunkturprognose versucht eine Vorhersage konjunktureller Entwicklungen. Die Prognoseergebnisse dienen den wirtschaftspolitischen Entscheidungsinstanzen bei der Planung und Einleitung geeigneter Steuerungsmaßnahmen.

Halbjährlich im Frühjahr und im Herbst lässt das Bundeswirtschaftsministerium von führenden Wirtschaftsforschungsinstituten eine sogenannte Gemeinschaftsdiagnose über die wirtschaftliche Lage in Deutschland, im Eurogebiet und in der Welt erstellen und eine Konjunkturprognose für die nähere Zukunft abgeben. Die Vergabe des Gemeinschaftsgutachtens erfolgt über einen mehrjährigen Zeitraum auf dem Wege der europaweiten Ausschreibung. Bis 2016 werden die finanziell lukrativen Gutachten von den untenstehenden Instituten – teilweise in Kooperation mit anderen Instituten aus Deutschland, Österreich und der Schweiz – erstellt.

Die Institute sind unabhängig. Sie finanzieren sich über öffentliche Gelder, Honorare aus Forschungsaufträgen sowie Erlöse aus eigenen Publikationen.

ifo Institut für Wirtschaftsforschung (1949) **mit der Konjunkturforschungsstelle an der ETH Zürich**	ifo	München
Rheinisch-Westfälisches Institut für Wirtschaftsforschung (1926) **mit dem Institut für Höhere Studien (Wien)**	RWI	Essen
Deutsches Institut für Wirtschaftsforschung (1928) **mit dem Österreichischen Institut für Wirtschaftsforschung (Wien)**	DIW	Berlin
Institut für Wirtschaftsforschung Halle (1992)	IWH	Halle
Institut für Weltwirtschaft an der Universität Kiel (1914)	IfW	Kiel

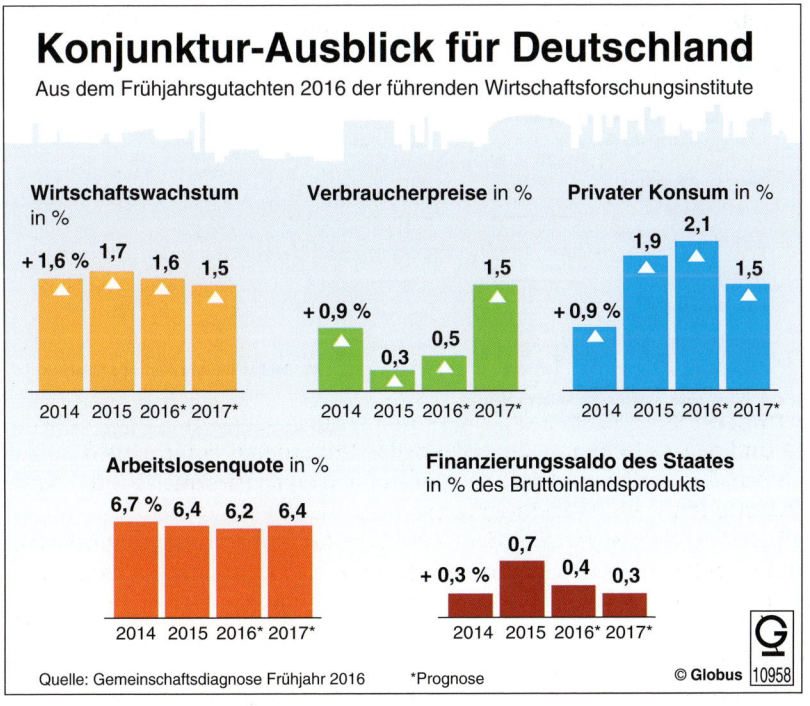

Konjunktur-Ausblick für Deutschland

Aus dem Frühjahrsgutachten 2016 der führenden Wirtschaftsforschungsinstitute

Wirtschaftswachstum in %

+1,6 % 1,7 1,6 1,5

2014 2015 2016* 2017*

Verbraucherpreise in %

+0,9 % 0,3 0,5 1,5

2014 2015 2016* 2017*

Privater Konsum in %

+0,9 % 1,9 2,1 1,5

2014 2015 2016* 2017*

Arbeitslosenquote in %

6,7 % 6,4 6,2 6,4

2014 2015 2016* 2017*

Finanzierungssaldo des Staates in % des Bruttoinlandsprodukts

+0,3 % 0,7 0,4 0,3

2014 2015 2016* 2017*

Quelle: Gemeinschaftsdiagnose Frühjahr 2016   *Prognose   © Globus 10958

ifo Institut

Zentrum für Konjunkturforschung und Befragungen
Postfach 86 04 60 81631 München
e-mail:weichselberger@ifo.de Internet:http://www.ifo.de

Telefon: (089) 9224-0
Telefax: (089) 9224-1463
9224-1911

bei Rückfragen: Fr. Weichselberger, App.1215
Hr. Jäckel, App.1239

Investitionstest
Industrie - Herbst 2016

Ihre Angaben werden **streng vertraulich** behandelt.
Der gesetzliche Datenschutz ist voll gewährleistet.
Datenschutzerklärung: http://www.cesifo-group.de/de/datenschutz

Ii

IT-Industrie West

ifo Institut
Leibniz-Institut für Wirtschaftsforschung
an der Universität München e.V.
z. Hd. Fr. Weichselberger
Postfach 86 04 60
81631 München

Zurück an ifo

Kenn-Nr. →
WZ08-Nr. →
(WZ03-Nr. →)

Rücksendung des ifo Exemplars erbeten bis 02. November 2016

Angaben für Standorte in Deutschland

1. Allgemeine Angaben für das Geschäftsjahr (GJ) 2015

Beschäftigte (Stand 30.9.2015) .... Jahresumsatz 2015 .... (in 1000 Euro)

2. Brutto-Anlageinvestitionen (Ausrüstungen und Bauten) im GJ 2015, 2016 und 2017

2015 .... (in 1000 Euro) 2016 .... (in 1000 Euro) 2017 .... (in 1000 Euro) (geplant)

3. Einflussfaktoren der Investitionstätigkeit 2016 bzw. 2017

Unsere Investitionstätigkeit im Inland wurde bzw. wird 2016 bzw. 2017 durch folgende Faktoren in positiver/negativer Richtung beeinflußt:

Einflussfaktoren	2016 deutliche Anregung	2016 leichte Anregung	2016 kein Einfluss	2016 leichte Dämpfung	2016 deutliche Dämpfung	2017 deutliche Anregung	2017 leichte Anregung	2017 kein Einfluss	2017 leichte Dämpfung	2017 deutliche Dämpfung
Absatzlage/-erwartung										
Finanzierungsmöglichkeiten										
Ertragserwartungen										
Technische Faktoren										
wirtschaftspol. Rahmenbedingungen										
Andere Faktoren										

4. Struktur der Investitionen 2016 bzw. 2017

Unser Investitionsvolumen verteilt sich im Jahr........ anteilsmäßig auf folgende Kategorien:

Investitionskategorien:	Anteile in % (Schätzungen genügen) 2016	2017
Kapazitätserweiterung		
Umstrukturierung		
Rationalisierung		
Ersatzbeschaffung		
Andere Investitionsvorhaben		
Gesamtinvestition	100 %	100 %

Wir danken für Ihre wertvolle Mitarbeit!

Für evtl. Rückfragen: Welche Stelle Ihres Hauses hat diesen Fragebogen bearbeitet ?

Abt., Sachbearbeiter(-in), Telefon, Telefax

e-mail Adresse

Bitte Erläuterungen auf der Rückseite beachten

Für ihre Vorausschätzungen greifen die Institute auf die amtliche Statistik zurück und führen eigene Befragungen durch.

Beispiele:

– *Das ifo Institut befragt regelmäßig über 10 000 Unternehmen und gewinnt damit detaillierte Informationen über Aktivitäten und Ziele der beteiligten Unternehmen.*

– *Der ifo Konjunkturtest, der in fast 500 Produktgruppen bzw. Märkte aufgeteilt ist, gibt Aufschluss über die konjunkturelle Lage und über die kurzfristige Planung in Industrie, Bauwirtschaft, Groß- und Einzelhandel. Obwohl das Ausfüllen der Fragebögen für die Unternehmen oft sehr zeitraubend ist, nehmen sie doch teil, weil ihnen bereits drei Wochen nach Ende des Berichtsmonats die Ergebnisse zur Verfügung stehen. Der vielbeachtete Geschäftsklima-Index ist ein Nebenprodukt der Umfrageergebnisse.*

Andere Befragungen erfassen
- geplante und realisierte Investitionen,
- Motive für Investitionen,
- Einführung neuer Produkte,
- Einsatz neuer Produktionstechniken,
- Planungen in Bezug auf Umsatz, Produktion, Beschäftigtenzahlen,
- geplante und abgebrochene Innovationen,
- Bauplanungsvolumina bei Architekten,
- die Meinungen von leitenden Persönlichkeiten der Wirtschaft zu aktuellen unternehmens- und wirtschaftspolitischen Themen.

Die Wirtschaftsforschungsinstitute schonen in ihren Gutachten weder die Bundesregierung noch die Tarifparteien.

Die Tarifparteien besitzen eigene Forschungsinstitute. In Düsseldorf befindet sich das gewerkschaftseigene Institut für Makroökonomie und Konjunkturforschung (IMK) und in Köln das arbeitgebereigene Institut der deutschen Wirtschaft (IW).

Sachverständigenrat

Auf Betreiben des damaligen Bundeswirtschaftsministers Ludwig Erhard wurde 1963 das *„Gesetz über die Bildung eines Sachverständigenrates zur Begutachtung der gesamtwirtschaftlichen Entwicklung"* verabschiedet.

Der Sachverständigenrat soll in seinen Gutachten die jeweilige gesamtwirtschaftliche Lage und deren Entwicklung darstellen. Er besteht aus fünf Mitgliedern („Fünf Weisen"), die über besondere wirtschaftswissenschaftliche Kenntnisse und volkswirtschaftliche Erfahrungen sowie über ein hohes Maß an Unabhängigkeit verfügen müssen. Die Mitglieder werden durch den Bundespräsidenten auf Vorschlag der Bundesregierung berufen. In der Regel handelt es sich um Hochschullehrer. Einige von ihnen sind oder waren gleichzeitig auch an den sechs führenden Wirtschaftsforschungsinstituten tätig. Das Jahresgutachten ist bis zum 15. November zu veröffentlichen. Im Gegensatz zu den Gutachten der Wirtschaftsforschungsinstitute ist die Bundesregierung bei den Gutachten des Sachverständigenrates zu einer Stellungnahme verpflichtet. Das „Gesetz zur Förderung der Stabilität und des Wachstums der Wirtschaft" schreibt vor, dass die Bundesregierung im Januar eines jeden Jahres dem Bundestag einen Jahreswirtschaftsbericht vorzulegen hat. Dieser Bericht enthält

- die Stellungnahme zu dem Jahresgutachten des Sachverständigenrates,

- die für das laufende Jahr angestrebten wirtschafts- und finanzpolitischen Ziele (Jahresprojektion),

- eine Darlegung der für das laufende Jahr geplanten Wirtschafts- und Finanzpolitik.

Auf eine Nachkommastelle genau und fast immer daneben
Vom Leid der Konjunkturforscher

Es gibt gewiss eine angenehmere Lektüre als die jährlichen Gutachten der Wirtschaftsforschungsinstitute. Was die fünf führenden Wirtschaftsforschungsinstitute und ihre ausländischen Kollegen diesmal über die Konjunktur verkündeten, stimmt schon einigermaßen nachdenklich. Da fallen Begriffe wie Risiken aus dem Brexit, Herausforderungen durch Flüchtlingsmigration, Belastungen in Zusammenhang mit der demografischen Entwicklung, Risiken aus dem monetären Umfeld. Entsprechend verhalten sind die Prognosen für die nächsten beiden Jahre: In diesem Jahr wächst das Bruttoinlandsprodukt um 1,4 Prozent, im kommenden Jahr um 1,6 Prozent, die Arbeitslosigkeit stagniert. Verkünden die Forscher. Aber:

Es könnte auch anders kommen, sagen die Wissenschaftler. Denn sie wissen, dass sie in all den vergangenen Jahren immer wieder ziemlich daneben gelegen haben mit ihren Prognosen. In kaum einem Jahr lagen sie mit ihren Vorhersagen aber so daneben wie in 2008. Der Sachverständigenrat hatte ein Wachstum von 0,0 % und damit die günstigste und das Institut für Weltwirtschaft Kiel mit –2,7 % die ungünstigste aller abgegebenen Prognosen veröffentlicht. Wie wir heute wissen, schrumpfte das BIP 2009 um bis dahin kaum vorstellbare 5,1 %.

Warum bestellt die Politik aber alle Jahre wieder Gutachten, von denen inzwischen jedermann weiß, dass das einzig Sichere an ihnen die Irrtümer sind?

Der auf Seite 516 in diesem Buch dokumentierte Vergleich zwischen Prognose und Realität zeichnet das Gemeinschaftsgutachten der führenden Forschungsinstitute nicht gerade als treffsicher aus, und auch die Einzelgutachten der Institute und des Sachverständigenrates liegen teilweise weit neben der Wirtschaftswirklichkeit.

Soll man jetzt den Forschern Dilettantismus vorwerfen? Nein, so leicht kann man es sich nicht machen. Kein Mensch konnte die Finanzmarktkrise und ihre ökonomischen Auswirkungen vorhersagen – und niemand ist

heute imstande, die wirtschaftlichen Risiken und Folgen der Krisen und Kriege in Afghanistan und Syrien, im Irak und in der Ukraine, in Palästina und Israel einzuschätzen oder den Zeitpunkt der nächsten Baisse an den wichtigen Börsen der Welt vorherzusagen.

Die Prognostiker sind sich dieser Unsicherheit gewiss, doch sie reden nicht gerne darüber. Statt dessen spielen sie den Auftraggebern, den Medien und dem breiten Publikum eine wissenschaftlich verbrämte Genauigkeit vor. Es ist überheblich, auf eine Nachkommastelle genau über die Wirtschaftsentwicklung Auskunft geben zu wollen.

Die Kritisierten entgegnen darauf, dass sie in der Regel ausdrücklich die Risiken aufführen, die ihre Vorhersage bestimmen. Sie weisen auf die Zweifel an der Solvenz einiger EU-Mitgliedsstaaten, die Zinspolitik der EZB, den Zwang zur Haushaltskonsolidierung, die Fortsetzung der Talfahrt des Euro, die unerwartete Entwicklung des Ölpreises usw. hin. Diese Unsicherheiten zeigen, wie fragil die ganze Prognosefront ist. Dennoch lassen sich die Forscher nicht davon abhalten, bis aufs Zehntel genau das BIP-Wachstum vorherzusagen.

Wer sich auf diese Zahlen verlässt, ist verlassen, und etwaige Treffer sind purer Zufall, vergleichbar mit einem Wetterbericht über mehr als zwei oder drei Tage. Es ist verwunderlich, wie prominente Wissenschaftler mit scheinbar genau errechneten Voraussagen ihren guten Ruf aufs Spiel setzen, statt solide und glaubwürdig auf dem Boden des Machbaren zu bleiben.

Verbirgt sich hinter diesem Verhalten ein gewisser Geltungsdrang? Das kann man nicht sicher ausschließen, aber es steckt noch mehr dahinter: Die Forschungsinstitute stecken in einem Konkurrenzkampf, in dem es darauf ankommt, öffentlich wahrgenommen zu werden. Nur, wer seine Position in die Debatte wirft und Präsenz zeigt, existiert. Die Institute müssen sich vor Auftraggebern und Geldgebern, vor der Politik und vor den Medien profilieren. Alles andere wäre mit einem

Bedeutungsverlust und damit mit einer Existenzgefährdung verbunden.

Können wir also auf die Prognosen verzichten? Ja und Nein. Statt mit Wachstumsraten bis auf die Stelle hinter dem Komma zu agieren, könnte man sich mit Margen begnügen, z. B. „… zwischen 2 % und 4 % …", oder, noch besser, könnte man Formulierungen wählen, die die Unsicherheit der Prognose voll zum Ausdruck bringen, z. B. „… ist damit zu rechnen, dass aufgrund der vorgenannten Daten die Wirtschaftsentwicklung die Dynamik des Vorjahres nicht erreichen wird."

Das wäre sicher nicht viel, aber es wäre ehrlich und nicht fast immer daneben.

Quelle: FS (Autor)

Die Gutachten der Wirtschaftsforschungsinstitute und der „Fünf Weisen" liefern Diagnose- und Prognosewerte. In den allermeisten Fällen weichen die Prognosewerte erheblich von der tatsächlichen Entwicklung ab. Das beruht zum Teil darauf, dass

- die Prognosen bei den Wirtschaftssubjekten aufgrund des Selffulfilling-Prophecy-Phänomens sich selbst verstärkende Effekte hervorrufen,
  Beispiel:
  Wenn die Prognose einen Rückgang der Investitionstätigkeit vorhersagt, können potenzielle Investoren darauf reagieren und fest eingeplante Investitionen zurückstellen.

- bestimmte wirtschaftspolitische Entscheidungen nicht vorhersehbar waren,
  Beispiel:
  Erhöhung der Mineralölsteuer zur Stabilisierung der Rentenbeiträge

- die Auswirkungen bestimmter sozial- und lohnpolitischer Gesetzesänderungen vollkommen unklar sind,
  Beispiele:
  – *Mindestlohn*
  – *Rente mit 63*

- politische Entwicklungen massiv auf die Entscheidungen der Wirtschaftssubjekte einwirken,
  Beispiel:
  Die deutsche Wiedervereinigung im Jahr 1989

- bestimmte außenwirtschaftliche Einflüsse nicht erwartet worden sind.
  Beispiel:
  Der Wert des € steigt gegenüber dem USD um 40 % und zieht einen scharfen Einbruch bei den Exporten nach sich.

Erwartungen 2017
Erwartete Veränderungen in Deutschland gegenüber dem Vorjahr in Prozent

	Wirklichkeit ...		... und Prognosen					
	2017	Gemeinschafts-diagnose	**SVR²**	**IfW³**	**RWI⁴**	**IWH⁵**	**HWWI⁶**	**ifo⁷**
		07.10.14	02.11.16	14.12.16	2016	14.12.16	06.12.16	06.12.16
Verwendung des BIP (real)								
Private Konsumausgaben	1,6	1,3	1,5	1,1	1,3	1,3	1,5	1,2
Konsumausgaben des Staates	1,3	2,4	2,5	2,7	2,6	2,0	2,0	3,0
Ausrüstungsinvestitionen	1,6	1,8	1,8	1,0	1,0	2,0	2,9	1,3
Bauten	1,9	1,9	3,1	2,3	1,6	0,9	2,1	1,8
Sonstige Anlagen	2,7	2,9	3,1	1,9	2,5	2,5	2,4	2,6
Inländische Verwendung	1,6	1,7	2,1	1,6	1,6	1,4	1,6	1,6
Export	2,0	3,9	3,6	3,1	2,9	2,3	4,1	3,1
Import	2,8	5,4	4,9	4,0	4,4	3,5	4,6	3,8
BIP	1,4	1,3	1,7	1,4	1,3	1,1	1,6	1,5
Andere Indikatoren								
Erwerbstätige	1,0	0,9	0,9	1,0	0,0	0,3	0,9	0,7
Arbeitslosenquote (absolut)⁸	6,1	6,1	5,9	6,1	6,1	5,8	6,1	6,1
Arbeitsvolumen	0,7	0,4	0,4	0,9	0,4	−0,2	1,0	0,2
Produktivität (Stundenbasis)⁹	0,7	1,0	1,3	0,6	0,9	0,5	0,7	1,3
Verbraucherpreisindex	0,9	1,6	1,5	1,6	1,3	1,6	1,5	1,5

1) Projektgruppe Gemeinschaftsdiagnose deutscher Wirtschaftsforschungsinstitute in Zusammenarbeit mit ausländischen Instituten; **2)** Gutachten des Sachverständigenrates; **3)** Institut für Weltwirtschaft Kiel; **4)** Rheinisch-Westfälisches Institut für Wirtschaftsforschung, Essen; **5)** Institut für Wirtschaftsforschung, Halle; **6)** Hamburger Weltwirtschaftsinstitut, Hamburg; **7)** ifo Institut für Wirtschaftsforschung, München; **8)** bezogen auf alle zivilen Erwerbspersonen; **9)** reales BIP je Erwerbstätigenstunde

Realität und Erwartungen 2015
Tatsächliche und erwartete Veränderungen in Deutschland gegenüber dem Vorjahr in Prozent

	Wirklichkeit ...		... und Prognosen					
	2015	Gemein-schafts-diagnose¹	**SVR²**	**IfW³**	**RWI⁴**	**IWH⁵**	**HWWI⁶**	**ifo⁷**
		07.10.14	12.11.14	10.09.14	01.09.14	30.06.14	09.12.14	15.12.14
Verwendung des BIP (real)								
Private Konsumausgaben	2,0	1,4	1,5	1,8	1,3	2,0	1,6	1,7
Konsumausgaben des Staates	2,5	1,0	1,2	1,6	1,0	1,3	1,2	1,5
Ausrüstungsinvestitionen	4,8	4,1	3,9	8,4	6,8	7,4	4,5	2,6
Bauten	0,3	2,1	2,0	2,0	3,2	2,4	1,9	1,7
Sonstige Anlagen	2,6	1,9	1,8	2,6	4,0	4,5	1,9	1,6
Inländische Verwendung	1,6	1,6	1,5	2,1	1,9	2,3	1,1	1,5
Export	5,4	4,4	3,6	6,1	5,8	5,7	5,5	5,2
Import	5,8	5,7	5,1	7,2	6,7	6,8	5,7	5,7
BIP	1,7		1,0	1,9	1,8	2,0	1,3	1,5
Andere Indikatoren								
Erwerbstätige	0,8	0,1	0,4	0,8	0,5	0,1	0,5	0,4
Arbeitslosenquote (absolut)⁸	6,4	6,8	6,7	6,6	6,6	6,6	6,3	6,6
Arbeitsvolumen	1,1	0,5	0,8	–	0,1	0,5	–	0,8
Produktivität (Stundenbasis)⁹	0,5	0,8	0,5	0,6	1,2	–	–	0,8
Verbraucherpreisindex	0,3	1,4	1,3	1,9	1,6	1,6	1,5	0,8

6.7   Bereiche der Wirtschaftspolitik

Die verantwortliche Rolle des Staates innerhalb der sozialen Marktwirtschaft hat zur Folge, dass die wirtschaftliche Entwicklung neben den Selbststeuerungskräften des Marktes abhängig und beeinflusst ist von den Zielen und Maßnahmen der staatlichen Wirtschaftspolitik.

Wirtschaftspolitik			
Sozial- und Einkommenspolitik	**Wettbewerbs- und Ordnungspolitik**	**Konjunkturpolitik**	**Strukturpolitik**
globale und spezielle Maßnahmen zur Verbesserung der sozialen Gerechtigkeit und zur Erhaltung des sozialen Friedens	globale Maßnahmen zur Aufrechterhaltung der marktwirtschaftlichen Ordnung durch Förderung des Wettbewerbs und Beseitigung von Wettbewerbsbeschränkungen	globale Maßnahmen zur Beeinflussung des Konjunkturverlaufs durch Stimulierung der gesamtwirtschaftlichen Nachfrage und des gesamtwirtschaftlichen Angebots	spezielle Maßnahmen zur wachstumssichernden Förderung struktureller Anpassungsprozesse und zur Unterstützung bestimmter Wirtschaftsregionen und -branchen, die aufgrund von Standortnachteilen oder aufgrund des wirtschaftlichen und technischen Wandels mit besonderen Anpassungsschwierigkeiten zu kämpfen haben

6.8   Hauptziele der Konjunkturpolitik – das Magische Viereck

Im „**Gesetz zur Förderung der Stabilität und des Wachstums der Wirtschaft**" von 1967 wurden die gesamtwirtschaftlichen Ziele für die Bundesrepublik Deutschland erstmals gesetzlich verankert.

> **§ 1 StabG** Bund und Länder haben bei ihren wirtschafts- und finanzpolitischen Maßnahmen die Erfordernisse des **gesamtwirtschaftlichen Gleichgewichts** zu beachten. Die Maßnahmen sind so zu treffen, dass sie im Rahmen der marktwirtschaftlichen Ordnung gleichzeitig zur **Stabilität des Preisniveaus**, zu einem **hohen Beschäftigungsstand** und **außenwirtschaftlichem Gleichgewicht** bei **stetigem und angemessenem Wirtschaftswachstum** beitragen.

Die Lage in Deutschland 1966/67

Zur Zeit der Entstehung des Stabilitätsgesetzes befand sich die Bundesrepublik Deutschland in ihrer ersten Rezession. Im Jahr 1967 war die reale Wirtschaftsleistung nach 15 Jahren ständiger Wachstumsraten erstmalig gegenüber dem Vorjahr gesunken (–0,2 %). Die Zahl der Arbeitslosen war von 161 000 im Jahr 1966, was einer Arbeitslosenquote von 0,7 % entsprach, auf 459 000 Personen (2,1 %) gestiegen.

Die Zahlen waren aus damaliger Sicht so dramatisch, dass es in Bonn zu einem Regierungswechsel kam. Nach nur drei Jahren musste Ludwig Erhard (CDU) sein Amt als Bundeskanzler aufgeben. Er wurde von Kurt Georg Kiesinger (CDU) abgelöst, der mit der SPD unter Willy Brandt erstmalig eine große Koalition aus CDU/CSU und SPD bildete.

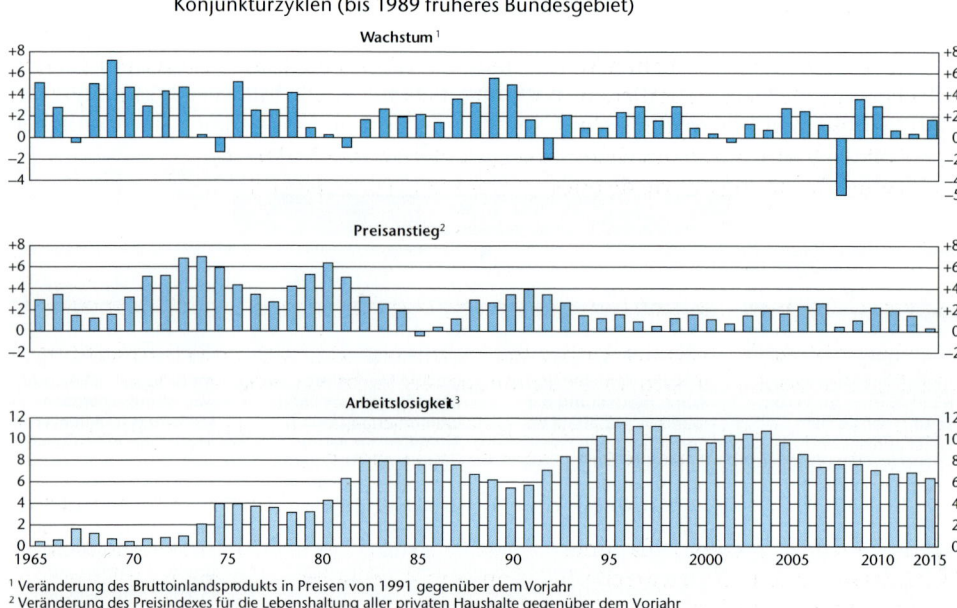

Konjunkturzyklen (bis 1989 früheres Bundesgebiet)

[1] Veränderung des Bruttoinlandsprodukts in Preisen von 1991 gegenüber dem Vorjahr
[2] Veränderung des Preisindexes für die Lebenshaltung aller privaten Haushalte gegenüber dem Vorjahr
[3] Arbeitslose in % der Erwerbspersonen (Jahresdurchschnitt), ab 1995 Deutschland

6.8.1   Gesamtwirtschaftliches Gleichgewicht

Der Begriff „gesamtwirtschaftliches Gleichgewicht" ist bereits im Grundgesetz aufgeführt.

Bund und Länder sind verpflichtet, bei allen wirtschafts- und finanzpolitischen Maßnahmen das gesamtwirtschaftliche Gleichgewicht zu beachten (Art. 109 GG).

Eine Konkretisierung des gesamtwirtschaftlichen Gleichgewichts erfolgt durch die vier im Stabilitätsgesetz genannten Ziele (angemessenes und stetiges Wachstum, hoher Beschäftigungsstand, Stabilität des Preisniveaus und außenwirtschaftliches Gleichgewicht), ohne aber mit Zahlen zu definieren, ab wann die Ziele – das sogenannte **Magische Viereck** – als erreicht gelten. Die Offenheit lässt den Entscheidungsinstanzen politische Spielräume bei der Festlegung der Zielgrößen. Von den Ideen des sozialen Ausgleichs durch bessere Bildungschancen und gerechtere Einkommensverteilung, der Nachhaltigkeit der Staatsfinanzen (Stichwort: Schuldenbremse) und der ökologischen Nachhaltigkeit durch Entkoppelung von Wachstum und Ressourcenverbrauch war man bei der Formulierung der Ziele des Magischen Vierecks weit entfernt.

6.8.2 Preisstabilität

In einem marktwirtschaftlichen System kommt es durch die Kräfte der Wirtschaft und die sich verändernden rechtlichen, politischen und sozialen Rahmenbedingungen zu ständigen Veränderungen des Geldwertes.

- Bei einer Verringerung des Geldwertes spricht man von **Inflation**.
- Bei einer Erhöhung des Geldwertes spricht man von **Deflation**.

6.8.2.1 Inflation

Der Begriff Inflation (lat. „inflare" = aufblähen) lässt sich unterschiedlich definieren:

- Inflation ist ein fortgesetzter Anstieg des Preisniveaus für Güter und Dienstleistungen auf breiter Front, gemessen an der Erhöhung des Verbraucherpreisindexes.

- Inflation ist ein starker Anstieg weniger Preise mit der Folge, dass der Durchschnitt aller Preise, gemessen am Verbraucherpreisindex, steigt.

- Inflation ist eine Zunahme der Geldmenge bei weniger stark steigender Gütermenge.

Nach den beiden großen Inflationen von 1914 bis 1923 und 1936 bis 1948 herrscht in Deutschland eine tief verwurzelte Inflationsfurcht und eine nicht immer ganz emotionsfreie Diskussion über dieses Phänomen. Als Beleg lässt sich die Debatte um die „gefühlte Inflation" im Gefolge der Umstellung von DM auf € anführen.

Die Arten der Inflation lassen sich unterscheiden nach der Erkennbarkeit, der Geschwindigkeit und den Ursachen des Geldentwertungsprozesses.

Inflation – definiert nach der äußeren Erscheinung der Geldentwertung

Offene Inflation
Die Preissteigerungen und damit der Kaufkraftverlust sind für jeden erkennbar.

Beispiel: Eigene Wahrnehmung der Preiserhöhungen beim Kauf von Gütern oder durch die Veröffentlichung des Preisindexes für die Lebenshaltung.

Verdeckte Inflation
Durch einen allgemeinen Preis- und Lohnstopp (so in Deutschland ab 1936) oder durch Festsetzung von Höchstpreisen wird die Inflation zurückgestaut. Für breite Kreise der Bevölkerung erscheint dies als ein erfolgversprechender Weg zur Inflationsverhinderung. Bei genauerem Hinsehen werden jedoch gewichtige Einwände sichtbar:

- Der Marktpreis verliert seine Signal- und Lenkungsfunktion.

- Es entsteht die Gefahr von Schwarzmärkten.

- Ein umfangreicher und kostenintensiver Kontrollapparat mit Gesetzen, Sanktionsvorschriften, Behörden und Personal muss errichtet werden.

- Steigende Importpreise müssen entweder von der Vorschrift ausgenommen werden oder sie gefährden die importierenden Wirtschaftszweige.

- Je länger und wirksamer die administrativen Maßnahmen greifen, desto stärker wird sich der Inflationsstau bei Aufhebung der Maßnahmen in Preissteigerungen niederschlagen.

Beispiel: In den neuen Bundesländern gab es Begrenzungen bei den Wohnungsmieten, die nach der Wiedervereinigung zu extremen Mietpreissteigerungen geführt haben.

Inflation – definiert nach der Geschwindigkeit der Geldentwertung

Der Umfang des jährlichen Preisanstiegs wird mit
- schleichender,
- trabender oder
- galoppierender Inflation oder Hyperinflation

umschrieben.

Eine Zuordnung von Prozentsätzen zur Kennzeichnung der Geschwindigkeit ist wegen der unterschiedlichen wirtschaftlichen Situation und Inflationsmentalität nicht möglich.

Inflation – definiert als Kerninflation

Zur Berechnung von Kerninflationsraten werden Nahrungsmittel- und Energiepreise sowie kurzfristige Einflüsse, wie Kalendereffekte (*z. B. Urlaubsreisen, Schlussverkäufe*) und Änderungen der indirekten Steuern, aus dem HVPI herausgefiltert, um ein unverzerrtes Bild der Inflationsentwicklung zu erlangen.

Ursachen der Inflation

Preissteigerungen können auf einer Vielzahl unterschiedlicher Ursachen beruhen. Da die Preissteigerungen an den Märkten entstehen, lässt sich die Inflation vom Markt und seinen Teilnehmern her erklären.

Ursachen der Inflation	
Nachfrageinduzierte Inflation	**Angebotsinduzierte Inflation**

– Konsuminflation
– Investitionsinflation
– Staatsinflation (Fiskalinflation)
– Importierte Inflation
	– Kosteninflation
	  - Kosten inländischer Produktionsfaktoren
	  - importierte Kosteninflation
	– Gewinninflation
	– Inflation durch staatlich administrierte Preise

Nachfrageinduzierte Inflation (demand-pull inflation)

Wenn die gesamtwirtschaftliche Nachfrage bei konstantem gesamtwirtschaftlichem Angebot zunimmt, entsteht ein Nachfragesog, der die Preise nach oben zieht.

Voraussetzung ist, dass das Angebot elastisch oder unelastisch reagiert und die Nachfrageerhöhung über eine zusätzliche Geldschöpfung finanziert wird. Wenn allerdings die Angebotsseite aufgrund unausgelasteter Kapazitäten vollkommen elastisch reagieren kann, bleiben die preissteigernden Effekte aus.

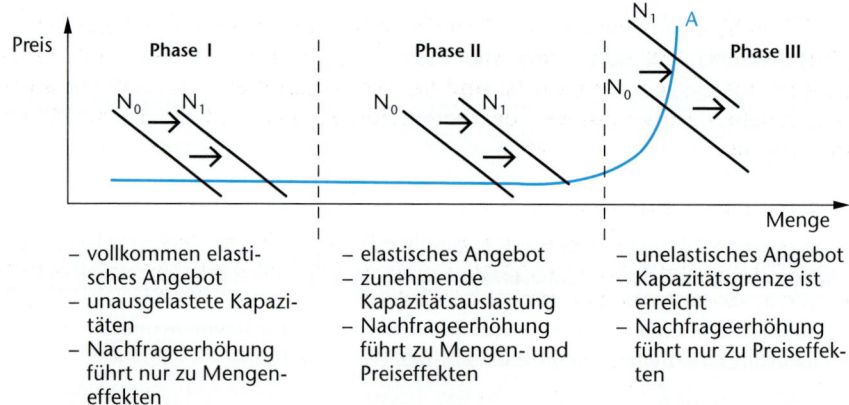

- **Konsuminflation**

Die privaten Haushalte weiten ihre Nachfrage nach Konsumgütern aus und finanzieren ihre Nachfrageerhöhung aus Ersparnissen oder durch Kreditaufnahme. Wenn das Konsumgüterangebot nicht ausreicht, werden die Nachfrager bereit sein, höhere Preise zu bezahlen, und die Anbieter werden nicht nur mit steigenden Mengen, sondern auch mit Preiserhöhungen reagieren.

- **Investitionsinflation**

Wenn die Unternehmen ihre über Kredite finanzierte Nachfrage nach Investitionsgütern erhöhen und auf ein nicht ausreichendes Investitionsgüterangebot treffen, kommt es ebenfalls zu einem Nachfragesog, der Preiserhöhungen nach sich zieht.

- **Staatsinflation**

Wenn der Staat selbst als Nachfrager auftritt und dies über eine weitere, geldmengenwirksame Verschuldung finanziert, kann dies zu einem Nachfrageüberhang und damit zu inflatorischen Wirkungen führen.

Beispiel:

Im sogenannten „Dritten Reich" gründete die Regierung die Metallforschungs-GmbH. Diese Unternehmung hatte die Aufgabe, die vom Staat in Auftrag gegebenen Rüstungsgüter zu finanzieren. Die Zahlung erfolgte, indem die Metallforschungs-GmbH mit einer Reichsbankgarantie ausgestattete Drei-Monats-Wechsel der Rüstungsindustrie akzeptierte. Bei Fälligkeit wurde die Wechsellaufzeit auf fünf Jahre verlängert. Die Industrie wollte aber nicht so lange auf ihr Geld warten und verkaufte die Wechsel an die Geschäftsbanken, die wegen der Reichsbankgarantie die Wechsel hereinnahmen. Als die Wechsel schließlich fällig wurden, prolongierte der Staat noch einmal, da für die Einlösung der Wechsel kein Geld vorhanden war.

Erst später verzichtete der Staat auf den Finanzierungsumweg und nahm direkt bei der Reichsbank Kredite auf. Da nicht mehr auf die Geldmittel, die der Kapitalmarkt bereithielt, zurückgegriffen wurde, kam es damit zu einer zusätzlichen Geldschöpfung.

Der Geldmantel wurde immer weiter, während das Angebot an Investitionsgütern und Konsumgütern ständig zugunsten der volkswirtschaftlich nutzlosen Rüstungsgüterproduktion abnahm. Durch einen Lohn- und Preisstopp wurde der Geldentwertungsprozess verdeckt. Der Bargeldumlauf hatte 1935 6,3 Mrd. Reichsmark betragen, lag im Mai 1945 bei 73 Mrd. Reichsmark und stieg schließlich bis 1948 auf ca. 100 Mrd. Reichsmark. Der Geldwert war somit vollends zerrüttet und veranlasste die Alliierten zur Einführung eines neuen Zahlungsmittels, der Deutschen Mark.

- **Importierte Inflation**

Wenn bei festen Wechselkursen die Exporte die Importe übersteigen, kommt es im Inland zu einer Abnahme der Gütermenge. Gleichzeitig bläht sich die Geldmenge auf, da die Exporterlöse bei der Notenbank in Inlandswährung umgetauscht werden.

Es entsteht ein Ungleichgewicht zwischen Güter- und Geldmenge und damit die Gefahr einer importierten Inflation. Ursächlich für die Exportüberschüsse und die daraus resultierende inländische Güterlücke sind bei gegebenen Wechselkursen vor allem die unterschiedlichen Inflationsraten der beteiligten Länder und die Dringlichkeit der Importnachfrage.

Angebotsinduzierte Inflation

Bei der angebotsinduzierten Inflation versuchen die Anbieter, über Preiserhöhungen eine Verschlechterung ihrer Kostensituation auszugleichen oder eine Verbesserung ihrer Gewinnsituation herbeizuführen (siehe folgende Grafik).

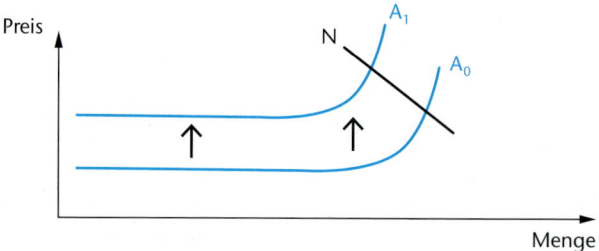

- **Kosteninflation (cost-push inflation)**
Die Unternehmen geben gestiegene Kosten über die Preise weiter, sofern sie den Kosten-druck nicht über Produktivitätssteigerungen kompensieren können oder bereit sind, Gewinneinbußen hinzunehmen.

- **Lohn-Preis-Spirale oder Preis-Lohn-Spirale**
Wenn die Lohnstückkosten steigen – wofür nicht nur Tariferhöhungen, sondern auch Lohnnebenkosten verantwortlich sein können – kann es zu Preissteigerungen kommen. Bei der nächsten Tarifrunde werden die Gewerkschaften einen Lohnausgleich durchset-zen, der wiederum den Unternehmen als Motiv für weitere Preissteigerungen dient („Zweitrundeneffekt"). Je nach politischem Standpunkt wird dieser Prozess Lohn-Preis-Spirale oder Preis-Lohn-Spirale genannt.
In diesem Zusammenhang wird auch von einer Anspruchsinflation gesprochen, da hier die Ansprüche der gesellschaftlichen Gruppen an der Verteilung des Volkseinkommens zur Förderung der Inflation beitragen.

- **Importierte Inflation**
Wenn die Kostensteigerungen aus dem Import ausländischer Produkte resultieren, er-folgt eine Abwälzung der gestiegenen Importkosten auf die Verkaufspreise im Inland. Weil diese Verteuerungen von Entwicklungen im Ausland ausgehen, wird auch hier von importierter Inflation gesprochen.

- **Gewinninflation**
Wenn Unternehmen ohne ökonomische Notwendigkeit Preiserhöhungen durchsetzen, kann dies eine Gewinninflation verursachen. Diese Form des missbräuchlichen Ausnut-zens von Marktmacht droht am häufigsten auf oligopolistischen Märkten und bei Ange-botsmonopolen.

- **Inflation durch staatlich administrierte Preise**
Bei vielen Gütern und Dienstleistungen bestimmt der Staat mittelbar oder unmittelbar den Preis und trägt durch Preiserhöhungen zur Inflation bei.
Auf den ersten Blick scheint es paradox, wenn der Staat, der Preisstabilität zum wirt-schaftspolitischen Ziel erklärt, die Inflation anheizt, indem die staatlich administrier-ten Preise stärker als die anderen Preise ansteigen. Die Erklärung für diese Situation ist einfach: Wenn die Staatseinnahmen durch Steuerausfälle sinken, kann der Staat nicht im gleichen Maße seine Ausgaben kürzen, da ein Großteil seiner Aufgaben gesetzlich vorgeschrieben ist. Folglich erhöht er Steuern, Gebühren und Abgaben, um seinen Ver-pflichtungen weiter nachkommen zu können.
Rund 30 Prozent aller Preise für Güter und Dienstleistungen, die in den Harmonisierten Verbraucherpreisindex eingehen, werden von staatlichen Institutionen mehr oder we-niger stark beeinflusst.

Entwicklung der administrierten Preise
Verbraucherpreisindex und Teilindex für administrierte Preise, 100 = Preisniveau im Januar 1996

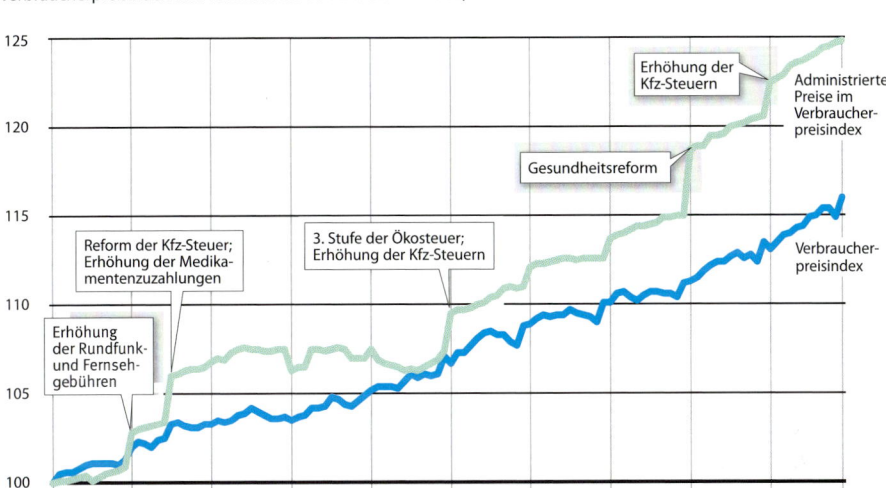

Quelle: *Statistisches Bundesamt, in: Im Blickpunkt: Preise in Deutschland 2006, Wiesbaden 2006, S. 47*

Folgen der Inflation

Bei einer Inflation gibt es Gewinner und Verlierer.

Inflationsgewinner sind:

- **Schuldner**

Sie haben „gutes Geld" erhalten und zahlen schlechtes Geld zurück.

Beispiel:
Bei Bauherren, die langfristige Darlehen mit Festzinsvereinbarung aufnehmen, verringert sich von Jahr zu Jahr der prozentuale Anteil ihrer Belastung am Einkommen, da das Einkommen inflationsbedingt steigt, aber die monatliche Belastung konstant bleibt. Außerdem haben Bauherren den Vorteil, dass der Wert ihrer kreditfinanzierten Immobilie steigt.

- **der Staat**

Einerseits entwerten sich die Staatsschulden, andererseits nehmen inflationsbedingt und strukturell bedingt (Steuerprogression) die Staatseinnahmen zu.

- **vermögende Personen**

Da sie ihr Vermögen häufig in Sachwerten angelegt haben, steigt der Nominalwert ihres Vermögens.

Inflationsverlierer sind:

- **Bezieher fester Einkommen** (Arbeiter, Angestellte, Beamte, Rentner)

Erst mit Verzögerung kommt es zu Einkommenserhöhungen und damit zum Kaufkraftausgleich. Bei Rentnern ist die Verzögerung durch das System der nettolohnbezogenen Rentenanpassungen noch ausgeprägter. Sie erhalten immer erst dann einen Kaufkraftausgleich, wenn die Inflation schon fortgeschritten ist.

- **Empfänger von Unterhaltsleistungen und Studenten**

Transferzahlungen und Freibeträge werden oft in sehr langem zeitlichen Abstand erhöht.

Beispiele: Kindergeld, Elternfreibeträge beim BAföG

- **Gläubiger, Sparer und andere Geldanleger**

Die Zinserträge werden durch die Geldentwertung real geschmälert, sodass die Kaufkraft des Gesparten nur wenig steigt oder gar abnimmt.

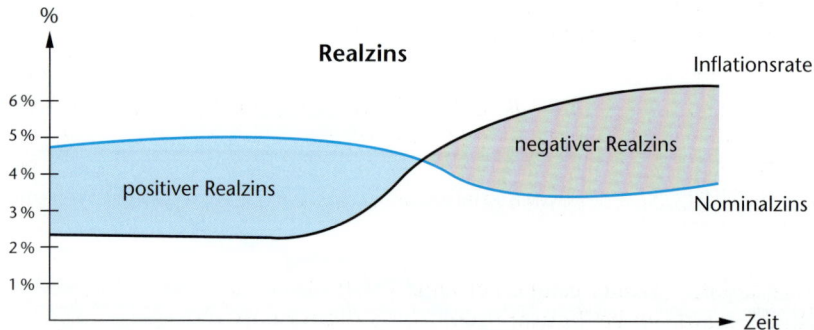

Personen mit erheblichem Geldvermögen erhalten meistens über den Anlageberater bei ihrem Kreditinstitut oder ihrem Steuerberater bei drohender Inflation Hinweise zur „Flucht in die Sachwerte". Für Kleinanleger ergibt sich dieser Weg nicht, da ihnen häufig entsprechende Informationen fehlen und ihr Geldvermögen für die Flucht in die Sachwerte nicht ausreicht. Sie gehen in ihren Überlegungen vom **Nominalzins** aus und beachten nicht den **Realzins**.

Die Inflation hat negative Folgen für die soziale Symmetrie in der Bevölkerung. Es kommt zu einer Gefährdung der sozialen Sicherheit und zu Wohlstandseinbußen. Länder mit hohen Inflationsraten gefährden ihre internationale Wettbewerbsfähigkeit. Insbesondere in Ländern mit einer sehr exportorientierten Wirtschaft geraten Produktion und Beschäftigung unter Druck.

6.8.2.2 Deflation

Deflation ist eine fortgesetzte Senkung des Preisniveaus.

Das Preisniveau kann nicht im gleichen Maße sinken, wie es bei der Inflation steigen könnte, da den Unternehmen für Preissenkungen Grenzen gesetzt sind.
- Bei den Löhnen müssen die Unternehmen die Tarifvereinbarungen beachten.
- Für importierte Rohstoffe sind Preise zu zahlen, die mit deflatorischen Entwicklungen im Inland nichts zu tun haben.

Ursachen der Deflation

Rückgang der Nachfrage
- des Staates, wenn er seine Investitionstätigkeit stark drosselt,
- des Auslandes, wenn Exporte drastisch zurückgehen,
- der privaten Haushalte, die zulasten des Konsums vermehrt sparen und die Unternehmen zu Produktionseinschränkungen zwingen sowie weitere Preissenkungen abwarten (Attentismus).

Preissenkungen durch die Unternehmen zur Anregung der Nachfrage, weil
- die eigenen Kapazitäten nicht ausgelastet sind,
- sie bei gesättigten Märkten Marktanteile gewinnen wollen

Rückgang der nachfragewirksamen Geldmenge, weil
- die Wirtschaftssubjekte aus Gründen der Vorsicht und in Erwartung fallender Preise Kaufzurückhaltung üben und damit zu einer Senkung der Umlaufgeschwindigkeit des Geldes beitragen,
- die Zentralbank das Geldvolumen reduziert.

Beispiel:
In den Jahren 1930 bis 1932 versuchte die Regierung, den Staatshaushalt mit untauglichen Mitteln zu sanieren. Öffentliche Investitionen wurden radikal zurückgefahren, und die Löhne und Gehälter der im öffentlichen Dienst Beschäftigten wurden gekürzt. Die Folge war eine Deflationsspirale, an deren Ende die Geldmenge um über 30 % gesunken und das Heer der Arbeitslosen auf 6 Millionen gestiegen war.

Folgen der Deflation
Die schrumpfende Geldmenge und der Preisverfall führen zu
- Nachfragesenkungen bei Konsum- und Investitionsgütern,
- Produktionseinschränkungen,
  - Erhöhung der Lagervorräte
  - Beschäftigungsrückgang
  - Einkommenseinbußen
  - Rückgang der Steuereinnahmen
  - Zunahme der Staatsverschuldung

Begünstigte der Deflation sind Verbraucher, Bezieher fester Einkommen sowie Gläubiger und Geldanleger. Dagegen werden Unternehmer und Schuldner mit langfristigen Verbindlichkeiten von der Deflation hart getroffen.

Die Gefahr einer Deflation wurde als beherrschbar eingeschätzt, wenn ihr mit einer Kombination von aggressiver Zinspolitik und entschlossener Fiskalpolitik begegnet wird. Das Beispiel Japan lehrt aber das Gegenteil. Seit nunmehr über 20 Jahren kämpft die Politik dort gegen die Deflation, doch der Erfolg ist höchst bescheiden. Riesige staatliche Investitionen und eine Null-Zins-Politik haben die Staatsverschuldung verdoppelt, aber die Deflation nicht gestoppt und kein nennenswertes Wachstum hervorgerufen. Bei der Bekämpfung hoher Inflation haben die Notenbanken mit ihren vielen Instrumenten der Geld- und Zinspolitik reichlich Erfahrung gesammelt, aber Deflation ist für sie Neuland. Wenn die Notenbankzinsen bei Null sind, ist das Pulver zur Bekämpfung der Deflation verschossen.

6.8.2.3 Stagflation

Stagflation ist eine Wortschöpfung aus **Stag**nation und In**flation**. Damit ist eine Phase schleichender Inflation bei stagnierender wirtschaftlicher Tätigkeit gemeint. Die Bundesrepublik hat eine solche Phase in den Jahren 1973 und 1974 erlebt. Auf rückläufige Nachfrage reagieren die Unternehmen mit Produktionseinschränkungen und Beschäftigungsabbau. Entgegen der Theorie, wonach die Preise bei einem Nachfragerückgang sinken, kommt es aber zu Preisniveauerhöhungen, da die fixen Stückkosten zunehmen und die Unternehmen Verschlechterungen der Erlös-Kosten-Relation nicht hinnehmen wollen.

6.8.3 Hoher Beschäftigungsstand

Als 1967 das Ziel „hoher Beschäftigungsstand" gesetzlich verankert wurde, hielt man eine Arbeitslosenquote von 1 % für erreichbar. Inzwischen ist man bescheidener geworden und verzichtet auf Zahlenangaben. Die hohe Arbeitslosigkeit ist heute ein Problem, unter dem sehr viele Volkswirtschaften leiden. Wahrscheinlich wäre man mit einer Arbeitslosenquote von 4 % oder 5 % hochzufrieden.

- **Unterbeschäftigung**

Der Produktionsfaktor Arbeit ist unzureichend ausgelastet, sodass ein Teil des gesamtwirtschaftlichen Potenzials brachliegt. Die Anzahl der Arbeitslosen ist höher als die Anzahl der offenen Stellen.

- **Vollbeschäftigung**

Ziel ist Vollbeschäftigung, also die optimale Auslastung des Produktionsfaktors Arbeit. Optimal meint in diesem Zusammenhang, dass ein gewisses Arbeitskräftepotenzial als Reserve nicht beschäftigt ist und bei Engpässen Pufferfunktionen übernehmen kann. Rechnerisch wäre dieser Zustand hergestellt, wenn die Anzahl der Arbeitslosen der Anzahl der offenen Stellen entspräche.

- **Überbeschäftigung**

Bei Überbeschäftigung gibt es diese Reserve nicht, sodass es zu Überhitzungen am Arbeitsmarkt kommt. Es gibt mehr offene Stellen als Arbeitslose.

Beispiele:
- *Überzogene Lohnforderungen und Abwerbungen von Arbeitskräften sind typische Merkmale der Überbeschäftigung.*
- *Die Anwerbung ausländischer Gastarbeiter zu Beginn der 60er-Jahre war ebenfalls ein Ergebnis der Überbeschäftigung.*

6.8.3.1 Ursachen und Typologien der Arbeitslosigkeit

Die Arbeitslosigkeit hat objektive und subjektive Gründe.

Objektive Ursachen der Arbeitslosigkeit Primär in sachlichen Gegebenheiten begründet	Subjektive Ursachen der Arbeitslosigkeit Primär in der Person des Arbeitnehmers begründet

– konjunkturelle Arbeitslosigkeit
– Rationalisierungsarbeitslosigkeit/
  technologische Arbeitslosigkeit
– saisonale Arbeitslosigkeit
– strukturelle Arbeitslosigkeit
  - branchenspezifisch/sektoral
  - regional
  - demografisch
  - durch Mismatch
	– Qualifikationsmängel
	– Alter
	– Nationalität
	– Krankheit/Behinderung
	– Geschlecht
	– charakterliche Eigenschaften
	– Langzeitarbeitslosigkeit
	– friktionelle Arbeitslosigkeit
	  (fluktuationsbedingte Arbeitslosigkeit)

Objektive Ursachen der Arbeitslosigkeit

Die Ursachen der objektiven Arbeitslosigkeit liegen vorwiegend in gesamtwirtschaftlichen Gegebenheiten.

- **Konjunkturelle Arbeitslosigkeit**

In Phasen eines Rückgangs der gesamtwirtschaftlichen Nachfrage sehen sich viele Unternehmen zu Entlassungen veranlasst.

- **Rationalisierungsarbeitslosigkeit/Technologische Arbeitslosigkeit**

Um im Wettbewerb mithalten zu können, sehen sich die Unternehmen vor die Daueraufgabe „Kostensenkung" gestellt. Dabei werden nicht nur betriebliche Abläufe optimiert, sondern menschliche Arbeit wird durch Einführung neuer Techniken ersetzt.

Beispiele: Belegloser Zahlungsverkehr, Geldautomaten, Kontoauszugsdrucker, Onlinebanking, elektronischer Zahlungsverkehr

- **Saisonale Arbeitslosigkeit**

Beschäftigung erfolgt in Anlehnung an saisonale veränderliche Bedingungen.

Beispiel: Service-Personal in Ferienzentren

- **Strukturelle Arbeitslosigkeit**

Die Aufsplittung des Begriffs in **branchenspezifische** und in **regionale** Arbeitslosigkeit verdeutlicht, ob bestimmte Wirtschaftszweige Arbeitsplätze abbauen oder ob in gewissen Regionen aufgrund gegebener Standortfaktoren besonders wenig Wirtschaftsunternehmen angesiedelt sind.

Beispiele:
- *Branchenspezifische Arbeitslosigkeit: Im Bergbau, in der Stahlindustrie oder im Schiffbau kommt es zu Entlassungen.*
- *Regionale Arbeitslosigkeit: Wegen ungünstiger Standortfaktoren ist die Arbeitslosigkeit in Teilen Mecklenburg-Vorpommerns besonders hoch.*

Wenn das Arbeitsangebot und die Arbeitsnachfrage in regionaler oder qualifikatorischer Hinsicht voneinander abweichen und deswegen gleichzeitig Arbeitslosigkeit und Arbeitskräftemangel herrschen, wird von **Mismatch-Arbeitslosigkeit** gesprochen.

Beispiel: Mismatch-Arbeitslosigkeit: In Bochum sind Facharbeiter aus der Automobilbranche arbeitslos geworden, und in Stuttgart werden dringend Softwareentwickler gesucht.

Verschiedentlich wird auch die Bevölkerungsstruktur für die hohe Arbeitslosigkeit verantwortlich gemacht. Diese Art struktureller Arbeitslosigkeit wird als **demografische** Arbeitslosigkeit bezeichnet.

Beispiel: Geburtenstarke Jahrgänge strömen auf den Arbeitsmarkt, der aber nicht in der Lage ist, in kurzer Zeit diese Zugänge mit Arbeit zu versorgen.

In den letzten Jahren haben die Arbeitgeber und ihre Verbände die Diskussion über die Gründe der Arbeitslosigkeit auf die Personalkosten gelenkt.

Für die hohe Arbeitslosigkeit werden u. a. folgende Ursachen mitverantwortlich gemacht:
- Die Lohnkosten, insbesondere in den unteren Lohngruppen (Mindestlohn), sind zu hoch.
- Die Lohnnebenkosten sind so hoch, dass sie die Arbeitgeber unangemessen stark belasten.
- Flächentarifverträge berücksichtigen regionale Gegebenheiten nur unzureichend und verhindern somit u. U. die Einstellung von Mitarbeitern.
- Die Umweltschutzregelungen und -kosten sind überzogen.
- Die Regelungen des sozialen Arbeitsschutzes machen Neueinstellungen letztlich zu teuer.

Die Bundesregierung hat inzwischen eine Reihe von Maßnahmen und Regelungen beschlossen, um auf der Kostenseite Entlastung zu schaffen. Anhand eines Vergleichs der Unternehmensumsätze und Unternehmensgewinne mit der Entwicklung von Erwerbstätigen- und Arbeitslosenzahlen im gleichen Zeitraum lässt sich erkennen, ob und in welcher Richtung die Maßnahmen der Bundesregierung gewirkt haben.

Beispiel: Der Arbeitgeberanteil in der gesetzlichen Krankenversicherung beträgt höchstens 7,3 %. Wenn der Krankenversicherungssatz erhöht wird, steigt nur der Arbeitnehmeranteil.

Subjektive Ursachen der Arbeitslosigkeit

Die Ursachen der Arbeitslosigkeit liegen in der Person des Arbeitnehmers, seiner persönlichen Disposition oder seinem Verhalten.

Drei Personengruppen haben besonders schlechte Chancen, wieder eine Beschäftigung zu finden, wenn sie erst einmal arbeitslos geworden sind.

Das sind Personen
- ohne berufliche Qualifikation,
- mit gesundheitlichen Beeinträchtigungen,
- die älter als 55 Jahre sind,
- die ein Jahr und länger ohne Arbeit sind.

Die Langzeitarbeitslosen

Zahl der Arbeitslosen in Deutschland, die ein Jahr und länger ohne Arbeit waren, in Millionen (Jahresdurchschnitte)

2008 2009 2010 2011 2012 2013 2014 2015

1,4
1,33 Mio.
1,2
1,14 1,14
1,07 1,05 1,07 1,08
1,0
1,04

und ihr Anteil an allen Arbeitslosen
40,7 %   37,2 %

Quelle: Bundesagentur für Arbeit

Anteil der Langzeitarbeitslosen an allen Arbeitslosen 2015 in Prozent (Jahresdurchschnitt)

Bremen	43,6 %
Nordrhein-Westfalen	43,6
Brandenburg	42,8
Sachsen	39,0
Saarland	38,2
Niedersachsen	37,8
Sachsen-Anhalt	37,8
Hessen	37,6
Schleswig-Holstein	37,1
Mecklenburg-Vorpommern	35,8
Thüringen	35,2
Rheinland-Pfalz	34,2
Berlin	32,0
Hamburg	31,6
Baden-Württemberg	31,5
Bayern	25,6

© Globus 11218

Friktionelle Arbeitslosigkeit (Sucharbeitslosigkeit) bezeichnet die Zeit, die der Arbeitslose braucht, um sich auf dem Arbeitsmarkt umzusehen, Vorstellungstermine zu vereinbaren und wahrzunehmen, Alternativen abzuwägen, eventuell einen Wohnungswechsel vorzubereiten und durchzuführen, um schließlich in ein neues Arbeitsverhältnis einzutreten. Arbeitnehmer können diese Art von Arbeitslosigkeit, die üblicherweise nicht länger als drei Monate dauert und die auch häufig als fluktuationsbedingt bezeichnet wird, verhindern oder verkürzen, wenn sie sich bereits in ihrem alten Beschäftigungsverhältnis nach einer neuen Arbeit umsehen und dann nach ihrem Resturlaub nahtlos eine neue Stelle antreten.

Langzeitarbeitslose ohne Chance

Die Zahl der Langzeitarbeitslosen in Deutschland ist nach einer Untersuchung des Soziologischen Forschungsinstitutes (SOFI) Göttingen deutlich höher als bisher angenommen. Die Studie kommt zu dem Schluss, dass rund 40% aller arbeitslosen Männer seit mindestens zwei Jahren ohne Beschäftigung sind. Drei Viertel dieser Arbeitslosen hätten resigniert und alle eigenen Bemühungen um Arbeit eingestellt. Diese Dauerarbeitslosen bilden nach Auffassung der Autoren eine neue soziale Schicht.

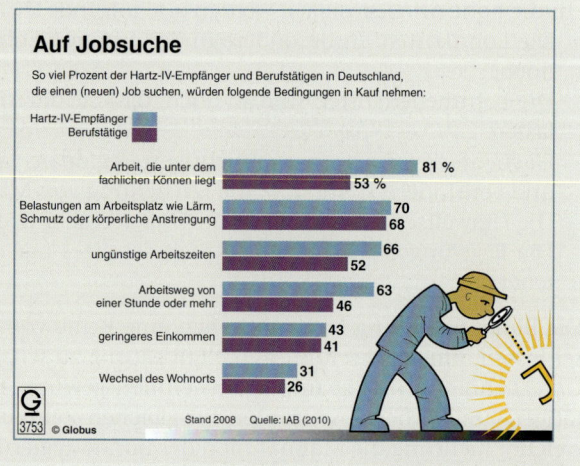

Auf Jobsuche

So viel Prozent der Hartz-IV-Empfänger und Berufstätigen in Deutschland, die einen (neuen) Job suchen, würden folgende Bedingungen in Kauf nehmen:

Hartz-IV-Empfänger
Berufstätige

Arbeit, die unter dem fachlichen Können liegt	81 % / 53 %
Belastungen am Arbeitsplatz wie Lärm, Schmutz oder körperliche Anstrengung	70 / 68
ungünstige Arbeitszeiten	66 / 52
Arbeitsweg von einer Stunde oder mehr	63 / 46
geringeres Einkommen	43 / 41
Wechsel des Wohnorts	31 / 26

Stand 2008   Quelle: IAB (2010)

3753 © Globus

Bevor sich Arbeitslose vom Arbeitsmarkt zurückziehen, haben sie in aller Regel viele vergebliche Versuche hinter sich, eine Stelle zu finden. Dabei werde ihnen „drastisch vor Augen geführt, dass sie am Arbeitsmarkt nicht mehr zählen". Weil sie die Kluft zwischen ihrer Hoffnung und der Realität nicht mehr ertragen können, hören sie auf, „der immer unwahrscheinlicher werdenden Restchance nachzujagen, die sie am Arbeitsmarkt noch haben mögen". Der Begriff Langzeitarbeits-lose verharmlose die soziale Realität dieser Menschen. Es seien in Wirklichkeit Dauerarbeitslose, die wahrscheinlich für immer von Erwerbsarbeit ausgeschlossen seien. Die Existenz der neuen sozialen Schicht stellt nach Auffassung der Wissenschaftler die Gesellschaftsordnung infrage. Arbeitslosigkeit werde zum politischen Sprengstoff. Ohne eine „überzeugende gesellschaftspolitische Antwort" biete sich hier ein wachsendes Rekrutierungsfeld für politische Manipulation.

6.8.3.2 Die Arbeitsmarktstatistik und ihre Grenzen

Arbeitslosenquoten zeigen die prozentuale Unterauslastung des Arbeitskräfteangebots an, indem sie die registrierten Arbeitslosen zu allen zivilen Erwerbspersonen – abhängige zivile Erwerbstätige, Selbstständige und mithelfende Familienangehörige – in Beziehung setzen.

Nach dem Sozialgesetzbuch III (*SGB III*) definiert die Bundesagentur für Arbeit (BA) Personen, die

- vorübergehend nicht in einem Beschäftigungsverhältnis stehen,
- eine versicherungspflichtige Beschäftigung suchen und dabei den Vermittlungsbemühungen der Agentur für Arbeit zur Verfügung stehen und
- sich bei der Agentur für Arbeit arbeitssuchend gemeldet haben,

als arbeitslos, sofern sie nicht an einer Maßnahme der aktiven Arbeitsmarktpolitik teilnehmen (*§ 16 SGB III*).

Arbeitslosenquote (auf Basis aller zivilen Erwerbspersonen)	$= \dfrac{\text{Arbeitslose}}{\text{alle ziv. Erwerbstätigen + Arbeitslose}}$

Beispiel: In einer Volkswirtschaft gibt es 100 Erwerbspersonen, davon 15 Selbstständige und 5 Arbeitslose.

100 Erwerbspersonen		
85 Abhängige Erwerbspersonen		15 Selbstständige
5 Arbeitslose	80 Abhängige Beschäftigte	
	95 Erwerbstätige insgesamt	

Berechnung: $\dfrac{5 \cdot 100}{95 + 5} = 5{,}00\,\%$

Für internationale Vergleiche ist die Berechnungsart der Bundesagentur für Arbeit wenig geeignet, da die einzelnen Staaten die Arbeitslosigkeit nach unterschiedlichen Verfahren messen.

Die **Internationale Arbeitsorganisation (ILO)** hat eine Methode entwickelt, mit der Beschäftigtenstatistiken international vergleichbar werden. Das sogenannte Labour-Force-Konzept der ILO zur Messung der Erwerbslosigkeit weist beträchtliche Unterschiede zur nationalen deutschen Statistik auf. Dies wird nicht nur an den Begriffen deutlich – hier Arbeitslose, dort Erwerbslose –, sondern auch an unterschiedlichen Abgrenzungen und Erhebungsmethoden.

Unterschiede zwischen der deutschen und der internationalen Beschäftigtenstatistik		
Arbeitslose nach SGB III		**Erwerbslose nach ILO**
– Ja, aktuelle Beschäftigung bis 14 Wochenstunden möglich	*Aktuelle Beschäftigung*	– Nein, keine aktuelle Beschäftigung
– 15- bis 65-Jährige	*Altersgrenze*	– 15- bis 74-Jährige
– Meldung und Registrierung bei Agentur für Arbeit, Arbeitsgemeinschaft oder kommunalem Träger und – Überprüfung und Beurteilung der Angaben durch Mitarbeiter	*Erhebungsverfahren*	– Telefonische Bevölkerungsbefragung, – stichprobenartig ausgewählte Haushalte, – monatlich, – sechsmalige Wiederholungsbefragung, – Plausibilitätsprüfung durch Statistisches Bundesamt
– Beschäftigung im Umfang von mind. 15 Wochenstunden wird angestrebt, – der Arbeitssuchende nimmt aktiv an der Beschäftigungssuche teil	*Bereitschaft zur Arbeitsaufnahme*	– Beschäftigung im Umfang von mind. einer Wochenstunde wird gesucht, – der Arbeitssuchende hat in den letzten vier Wochen aktiv an der Beschäftigungssuche teilgenommen
– Möglichst zeitnah	*Möglicher Arbeitsbeginn nach einem Vermittlungsvorschlag*	– Innerhalb von 14 Tagen
– Arbeitslose: 2,66 Mio. – Arbeitslosenquote: 6,0 %	*Zahlenvergleich Mai 2016*	– Erwerbslose: 1,78 Mio. – Erwerbslosenquote: 4,2 %

Die Übersicht zeigt, dass in der ILO-Arbeitsmarktstatistik Erwerbslose enthalten sind, die die Bundesagentur für Arbeit nicht als arbeitslos zählt. Zum anderen gelten in der Statistik der BA auch Personen als arbeitslos, die nach Definition der ILO-Arbeitsmarktstatistik nicht erwerbslos sind. Im Vergleich der Ergebnisse weist die ILO-Statistik insgesamt niedrigere Erwerbslosenzahlen und Erwerbslosenquoten auf als die nationale Statistik der BA.

Wodurch wird die Arbeitslosenzahl künstlich verkleinert?

Durch eine Reihe von Tatbeständen wird die Arbeitslosenzahl künstlich verkleinert. Dadurch kommt es zu einer **verdeckten Arbeitslosigkeit**. Die Bundesagentur veröffentlicht dazu die Zahl der Personen in „Unterbeschäftigung", die ca. 30 % über der Arbeitslosenzahl liegt. Als unterbeschäftigt gelten neben den Arbeitslosen vor allem Menschen in arbeitsmarktpolitischen Fördermaßnahmen, wie z. B.

– Personen in Kurzarbeit
– Personen in Altersteilzeit
– Empfänger von Gründungszuschüssen
– Empfänger von Beschäftigungszuschüssen
– Personen in beruflicher Weiterbildung

Für die Verringerung der Zahl der registrierten Arbeitslosen sind weitere Punkte maßgeblich:

▪ Ausländische Arbeitnehmer können Abfindungen zur vorzeitigen Auflösung ihrer Arbeitsverträge erhalten, um ins Ausland zurückzukehren (§ 7 RückHG),

▪ Schulabgänger suchen nach der Schulentlassung einen Ausbildungsplatz. Sie werden in der Statistik der Ausbildungsplatzsuchenden erfasst.

	Bestand				Veränderung gegenüber Vorjahresmonat			
	vorläufig		endgültig		August		Mai	
	August 2016	Juli 2016	Juni 2016	Mai 2016	absolut	in %	absolut	in %
	1	2	3	4	5	6	7	8
Arbeitslose	2.684.289	2.661.042	2.614.217	2.664.014	–111.308	–4,0	–97.682	–3,5
+ Personen, die im weiteren Sinne arbeitslos sind	385.340	388.853	387.160	366.767	70.981	22,6	23.098	6,7
dav.: Aktivierung und berufliche Eingliederung	221.924	224.530	222.621	202.791	72.140	48,2	26.095	14,8
Sonderregelungen für Ältere (§ 53a Abs. 2 SGB II)	163.416	164.323	164.539	163.976	–1.159	–0,7	–2.997	–1,8
= Arbeitslosigkeit im weiteren Sinne	3.069.629	3.049.895	3.001.377	3.030.781	–40.327	–1,3	–74.584	–2,4
+ Personen, die nahe am Arbeitslosenstatus sind	480.121	487.395	495.105	492.625	72.210	17,7	37.401	8,2
dar.: Berufliche Weiterbildung inkl. Förderung behinderter Menschen	146.336	154.562	166.499	165.339	6.400	4,6	–3.365	–2,0
Arbeitsgelegenheiten	85.735	85.110	84.636	81.054	–4.412	–4,9	–12.525	–13,4
Fremdförderung	150.027	153.136	153.697	143.517	62.144	70,7	43.311	43,2
Förderung von Arbeitsverhältnissen	8.010	8.026	7.953	7.782	–156	–1,9	–616	–7,3
Bundesprogramm Soziale Teilhabe am Arbeitsmarkt	7.537	7.445	7.252	6.929	7.537	x	6.929	x
Beschäftigungszuschuss	2.755	2.822	2.881	2.918	–891	–24,4	–865	–22,9
kurzfristige Arbeitsunfähigkeit	79.721	76.294	72.187	85.086	1.588	2,0	4.532	5,6
= Unterbeschäftigung im engeren Sinne	3.549.750	3.537.290	3.496.482	3.523.406	31.883	0,9	–37.183	–1,0
+ Personen, die fern vom Arbeitslosenstatus sind, in Maßnahmen, die gesamtwirtschaftlich entlasten *)	26.509	26.591	27.205	27.111	–33.038	–55,5	–39.509	–59,3
dar.: Gründungszuschuss	24.557	24.657	25.205	25.121	–1.388	–5,3	–1.383	–5,2
Einstiegsgeld – Variante: Selbständigkeit	1.952	1.934	2.000	1.990	–608	–23,8	–671	–25,2
Kurzarbeiter (Beschäftigtenäquivalent)	...	...	1.983	20.855	x	x	–2.362	–10,2
= Unterbeschäftigung (einschl. Kurzarbeit)	...	...	3.545.670	3.571.372	x	x	–79.055	–2,2
= Unterbeschäftigung (ohne Kurzarbeit)	3.576.259	3.563.881	3.523.687	3.550.517	–1.155	0,0	–76.692	–2,1

*) um die Werte im zeitlichen Verlauf und die Vorjahresvergleiche nicht zu verzerren, wird hier die Komponente „Kurzarbeiter (Beschäftigtenäquivalent)" nicht in die Summe eingerechnet

Quelle: https://statistik.arbeitsagentur.de/Statischer-Content/Unterbeschaeftigung-Schaubild.pdf, S. 2, abgerufen am 14.09.2016.

- Während einer Krankschreibungsphase werden Langzeitarbeitslose nicht mitgezählt.
- Jobsuchende, die z. B. Termine verpassen oder die wegen fehlender Verfügbarkeit oder Mitwirkung kein ALG I oder ALG II mehr erhalten, fallen aus der Arbeitslosenstatistik.
- Von privaten Jobvermittlern betreute Arbeitslose werden nicht mitgezählt.

Zur **„stillen Reserve"** gehören ca. 5 % der Nichterwerbspersonen, das sind mehr als 1 Mio. Personen. Sie lassen sich in zwei Gruppen einteilen.

- Personen, die zwar generell eine Arbeitsaufnahme wünschen, aber kurzfristig für eine Arbeitsaufnahme nicht zur Verfügung stehen. Ursachen hierfür sind Krankheit oder Arbeitsunfähigkeit, Aus- oder Fortbildung und Studium, persönliche oder familiäre Verpflichtungen wie Betreung von Kindern oder pflegebedürftigen Angehörigen sowie sonstige Gründe.
- Personen, die aus unterschiedlichen Gründen aktuell keine Arbeit suchen, aber im Prinzip gerne arbeiten würden und auch verfügbar sind. Die Gründe sind z. T. wie bei Gruppe A, doch zusätzlich kann Entmutigung („Ich finde sowieso keinen Job") oder der Tatbestand, dass man bereits Rente oder Pension bezieht, eine Rolle spielen.

Erwerbspersonen		Nichterwerbspersonen		
Erwerbstätige	Erwerblose	Stille Reserve		Sonstige
		Gruppe A arbeitssuchend nicht verfügbar	*Gruppe B* verfügbar nicht suchend	

Das Geschlecht (Frauen mittleren Alters sind am häufigsten mit der Erziehung der Kinder und anderen familiären Verpflichtungen wie z. B. der Pflege oder Betreuung der Eltern beschäftigt) und das Lebensalter (Ruhestand) haben den stärksten Einfluss auf die Entscheidung, nicht aktiv am Arbeitsmarkt teilzunehmen.

Tatsächliche Arbeitslosigkeit
Mehr als 3,6 Millionen Erwerbslose – Zeit zu handeln statt zu tricksen

Schlechte Meldungen kann die Bundesregierung nicht gebrauchen. Deshalb bleibt sie dabei, die Arbeitslosenzahlen schön zu rechnen. Arbeitslose, die krank sind, einen Ein-Euro-Job haben oder an Weiterbildungen teilnehmen, werden bereits seit längerem nicht als arbeitslos gezählt. Viele der Arbeitslosen, die älter als 58 sind, erscheinen nicht in der offiziellen Statistik. Im Mai 2009 kam eine weitere Ausnahme hinzu: Wenn private Arbeitsvermittler tätig werden, zählt der von ihnen betreute Arbeitslose nicht mehr als arbeitslos, obwohl er keine Arbeit hat.

Wer die tatsächliche Arbeitslosigkeit erfassen will, muss ehrlich rechnen. Hier ist die tatsächliche Zahl, die allein auf amtlichen Daten der Statistik der Bundesagentur für Arbeit beruht. Im Januar 2016 waren mehr als 3,6 Millionen Menschen arbeitslos. Zeit zu handeln statt zu tricksen.

Darüber hinaus tauchen 313 000 nicht erwerbstätige Personen – die korrigierte sogenannte stille Reserve (IAB Kurzbericht 15/2015 Seite 10; stille Reserve im engeren Sinn - Prognose 2016) – in keiner Arbeitslosenstatistik auf, weil sie sich entmutigt vom Arbeitsmarkt zurückgezogen haben und sich nicht (mehr) als arbeitslos registrieren lassen.

Quelle: Partei DIE LINKE: Tatsächliche Arbeitslosigkeit, abgerufen am 30.03.2017 unter www.die-linke.de/politik/positionen/arbeitsmarkt-und-mindestlohn/tatsaechliche-arbeitslosigkeit

Wodurch wird die Arbeitslosenzahl künstlich vergrößert?

Man muss davon ausgehen, dass eine Reihe von Personen in Wirklichkeit keine sozialversicherungspflichtige Tätigkeit sucht, sondern nur gemeldet ist, um finanzielle Ansprüche geltend machen zu können.

Im Einzelnen zählen dazu:

▪ Schüler, die sich nach dem Schulabschluss arbeitssuchend melden, um den Eltern bis zum Antritt von freiwilligem Wehrdienst, Bundesfreiwilligendienst oder Beginn einer Ausbildung das Kindergeld zu sichern,

▪ Personen, die sich zur Sicherung von Rentenausfallzeiten arbeitssuchend melden, obwohl sie wegen ihres hohen Alters keine neue Stelle antreten wollen,

▪ kaum vermittelbare Personen, die aufgefordert werden, sich arbeitssuchend zu melden, um so Berechtigung zum Bezug von Arbeitslosengeld II zu erlangen,

▪ Personen, die an einer Arbeitsaufnahme uninteressiert sind,

▪ Personen, die im Rahmen der Zumutbarkeitsverordnung Stellenangebote ablehnen,

▪ Erwerbspersonen, die bis zu 15 Wochenstunden in einem kurzzeitigen Beschäftigungsverhältnis stehen und einen Fulltime-Job suchen,

▪ Schwarzarbeiter, die aufgrund weiterer Einkünfte neben dem Arbeitslosengeld kein Interesse an einer sozialversicherungspflichtigen Beschäftigung haben.

Ca. 2,5 Millionen registrierte Arbeitslose im November 2016, doch ...	
... eigentlich gibt es viel weniger Arbeitslose, denn die Zahl wird künstlich erhöht durch ...	... eigentlich gibt es viel mehr Arbeitslose, denn die Zahl wird künstlich gesenkt durch ...

– Schüler und Studenten zwischen zwei Ausbildungsabschnitten,
– leistungsberechtigte Frauen, die nach dem Mutterschutzurlaub zu Hause bleiben,
– ehemalige Sozialhilfeempfänger,
– die nicht vermittelbar sind,
– Arbeitsunwillige,
	– arbeitsmarktpolitische Instrumente,
	  - Kurzarbeiter,
	  - Teilnehmer an Beschäftigung schaffenden Maßnahmen,
	  - Teilnehmer an Eignungsfeststellungs- und Trainingsmaßnahmen,
	  - Ein-Euro-Jobber,
	  - Teilnehmer an Fortbildungs- und Umschulungsmaßnahmen,

– Personen, die im Rahmen der Zumutbarkeits-verordnung Arbeitsangebote ausschlagen, – arbeitssuchende Erwerbstätige, die weniger als 15 Std. pro Woche arbeiten, – Schwarzarbeiter, – Personen, die aus familiären Gründen nur Teilzeit arbeiten können oder in der räumlichen Mobilität sehr eingeschränkt sind.	- Arbeitslose, die von privaten Jobvermittlern betreut werden, - Teilnehmer an Deutschlehrgängen, – Empfänger von Vorruhestands- und Altersübergangsgeld, – ausbildungsplatzsuchende Schulabgänger, die in einer anderen Statistik landen, – arbeitslose Ausländer, die Rückkehrprämien erhalten, – die stille Reserve.

Folgen der Arbeitslosigkeit

Soziale Folgen

Die Folgen für den Einzelnen liegen nicht nur in der Verschlechterung seiner materiellen Situation, sondern vor allem auch im psychischen Bereich. Der Arbeitslose gibt soziale Kontakte zu Arbeitskollegen auf und verliert an gesellschaftlicher Anerkennung und persönlicher Selbstverwirklichung. Nicht selten ist eine Stigmatisierung die Folge. Der Arbeitslose wird für die Entlassung selbst verantwortlich gemacht, seine Leistungsfähigkeit und Qualifikation scheinen nicht auszureichen. Bei der Suche nach einem neuen Arbeitsplatz muss begründet werden, warum man entlassen worden ist.

Volkswirtschaftliche Folgen

Arbeitslosigkeit bedeutet eine erhebliche Belastung der öffentlichen Hand, da Sozialversicherungsbeiträge ausfallen, aber Transferzahlungen gezahlt werden müssen. Eine hohe Arbeitslosigkeit kann zu einer spürbaren Senkung der Inlandsnachfrage führen und eine konjunkturelle Abwärtsbewegung hervorrufen.

Was Arbeitslosigkeit bedeutet

„Man ist ja doch irgendwie angeschlagen durch die ganze Geschichte." Richard Mayer sitzt in Strickjacke und Trainingshose in seinem einfachen Wohnzimmer. Der Kohleofen brennt auf der niedrigsten Stufe. Richard Mayer erzählt seine Geschichte. Er ist fünfzig Jahre alt, schlank, bärtig, freundlich, Junggeselle, arbeitslos. Er ist ein wenig aus dem Rhythmus: „Wenn man arbeitet, braucht man sich keine Gedanken zu machen. Der Wecker rappelt, man geht zum Betrieb. Dann nimmt man sich abends noch was vor. Und jetzt? Da weiß man morgens nix mit sich anzufangen, mittags nix und abends. Ich weiß nicht, ob die Jüngeren das leichter haben. Die haben diesen Rhythmus vielleicht noch nicht so drin."

Seit früher Jugend hat Mayer im Saarland im Stahlwerk gearbeitet, als Walzwerker. Das ist eine angelernte Beschäftigung: 1500 Euro netto im Monat, Schichtdienst, nur dreizehn freie Sonntage. Dann kamen Stahlkrise und Massenentlassungen. „Demnächst bist du auch dran, habe ich gedacht." Er ließ sich beim Arbeitsamt beraten. „Die sagten: ,Sie sollten einen Berufsabschluss nachholen, sonst sind Ihre Aussichten schlecht.'" Umzug nach Frankfurt, weil sich hier die Möglichkeit einer Umschulung ergab. Nach gut zwei Jahren schafft er die Prüfung als Elektromechaniker einschließlich Elektronik-Zusatzausbildung.

Dann war er zum ersten Mal arbeitslos. „Beim Alter haben die die Nase gerümpft." Er fand eine auf drei Monate befristete Anstellung. Danach musste er wieder eine Arbeit suchen. Er schrieb auf jede infrage kommende Stellenanzeige, wurde schließlich auch eingeladen und zu seiner eigenen Überraschung eingestellt. Zwei Jahre lang arbeitete Facharbeiter Mayer in einem Unternehmen für Mess- und Regeltechnik, prüfte Fehler und reparierte defekte Instrumente. Das hat ihm Spaß gemacht. „Freitagmittag kommt der Meister. Ich soll mal ins Personalbüro kommen." Hundert Mitarbeitern soll gekündigt werden. Mayer ist am kürzesten in der Abteilung, hat keine Kinder, ihn trifft es also. Hatte er das Gefühl, dass dem Mann vom Personalbüro die Kündigung unter die Haut ging? „Nein", sagt Mayer, „das geht bei denen ganz rechnerisch. Von Gefühl hat man da nichts gemerkt."

Quelle: P. Lückemeier: „Das Schlimmste ist die Ungewissheit", FAZ

Arbeitsmarktpolitische Instrumente

Besonderheiten des Arbeitsmarktes

Für den Arbeitsmarkt gelten nur teilweise die gleichen Gesetzmäßigkeiten wie für Gütermärkte. Die Gemeinsamkeiten erschöpfen sich darin, dass Unternehmen Arbeit möglichst billig nachfragen und Arbeitnehmer ihre Arbeitskraft möglichst teuer anbieten. Es ist aber schon bei der Preisfindung (Lohn) zweifelhaft, ob hier ein echter Kompromiss nach den Gesetzen des Marktes gefunden wird, da Lohn- und Gehaltstarife in aller Regel nur in einer Richtung, nämlich nach oben, variabel sind.

Vor allem aber verschließt sich der Arbeitsmarkt den üblichen Marktbedingungen, weil das Gut „Arbeitsleistung" untrennbar mit dem Menschen verknüpft ist. Diese enge Verknüpfung

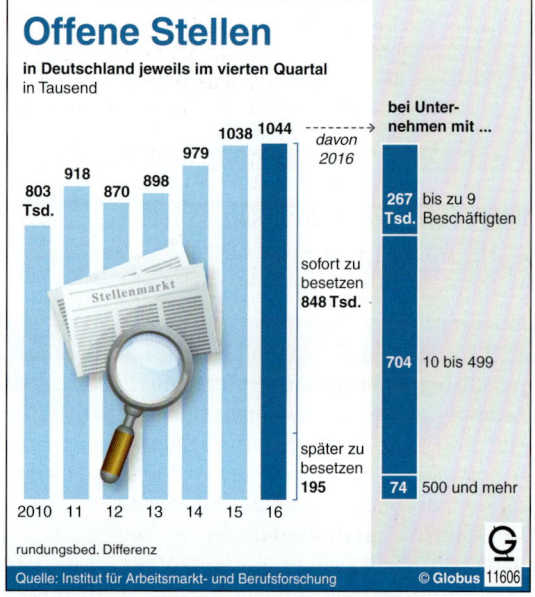

hat eine Reihe von gesetzlichen Schutzregelungen zur Folge, die den Marktmechanismus überdecken oder sogar außer Kraft setzen.

Beispiele: Arbeitsschutzvorschriften; allgemeiner Kündigungsschutz und besonderer Kündigungsschutz für Betriebsräte, Mütter, Behinderte; Arbeitszeitvorschriften; Lohnfortzahlungsvorschriften; Jugendarbeitsschutzgesetz

Diese Vorschriften wirken zweischneidig: Sie schützen Arbeitnehmer, die in einem Arbeitsverhältnis stehen, stellen aber für Arbeitslose möglicherweise eine Erschwernis dar, weil Unternehmer das Risiko, besonders geschützte Personen einzustellen, zu vermeiden suchen.

Träger der Arbeitsmarktpolitik

*Die **Bundesagentur für Arbeit** in Nürnberg hat ihre Aufgaben nach den Bestimmungen des Sozialgesetzbuches III (SGB III) zu erfüllen. Die Maßnahmen nach diesem Gesetz sind im Rahmen der Sozial- und Wirtschaftspolitik der Bundesregierung darauf auszurichten, dass*

- *ein hoher Beschäftigungsstand erzielt und aufrechterhalten,*
- *die Beschäftigungsstruktur ständig verbessert und damit*
- *das Wachstum der Wirtschaft gefördert wird.*

▪ Berufsberatung

Die Berufsberatung, für die die Bundesagentur das Monopol besitzt, versucht sehr frühzeitig bei den Berufsanfängern oder Berufswechslern durch Beratung und Information Fehlentscheidungen vermeiden zu helfen.

▪ Arbeitsberatung

Die Arbeitsberatung informiert Arbeitslose über Möglichkeiten des Arbeitsmarktes und spezielle Förderungskonzepte.

- **Arbeitsvermittlung**

Mit der Arbeitsvermittlung sollen Arbeitnehmer und Arbeitgeber zum Abschluss eines Dienstvertrages geführt werden.

Neben der Bundesagentur für Arbeit beteiligen sich lizenzierte Unternehmen entgeltlich an der Arbeitsvermittlung. Für Arbeitnehmer sind Vermittlungen über privatwirtschaftliche Agenturen kostenlos. Die Vermittlungsgebühr trägt der zukünftige Arbeitgeber.

- **Leistungen zur Erhaltung und Schaffung von Arbeitsplätzen**

Hierzu gehört das Kurzarbeitergeld, das allen Beteiligten Vorteile bringt: Die Beschäftigten werden nicht arbeitslos, sondern erfahren nur eine überschaubare Einkommensminderung. Das Unternehmen kann seine Kosten entsprechend der Leistung reduzieren und spart Kosten für Neuanwerbung von Arbeitskräften bei Verbesserung der Auftragslage. Die Bundesagentur zahlt anstatt Arbeitslosengeld nur Kurzarbeitergeld. Es werden weiterhin Beiträge an die Sozialversicherung gezahlt.

Beispiel: Ein Unternehmen leidet unter Auftragsmangel und müsste 50 % seiner 500 Mitarbeiter entlassen. Es meldet deswegen bei der Agentur für Arbeit für eine bestimmte Zeit Kurzarbeit an. Während dieser Zeitdauer, für die gesetzliche Höchstgrenzen festgelegt sind, arbeiten die Beschäftigten nur 50 % der üblichen Arbeitszeit und erhalten einen entsprechend reduzierten Lohn. Die Agentur für Arbeit zahlt dazu Kurzarbeitergeld an die Arbeitnehmer, damit die Differenz zum Normaleinkommen nicht zu groß wird. Da ohne Kurzarbeitergeld 250 Beschäftigte entlassen werden müssten, beträgt das Arbeitslosenäquivalent 250 Personen.

Mit Maßnahmen zur Arbeitsbeschaffung (ABM) werden zeitlich befristet Arbeitsplätze geschaffen, wobei die Agentur für Arbeit einen Großteil der Lohnkosten übernimmt. Zur aktiven Arbeitsmarktpolitik gehören ferner vielfältige finanzielle Hilfen.

Beispiele: Hilfen zur beruflichen Rehabilitation oder zur Verbesserung der beruflichen Qualifikation der Arbeitsuchenden durch Umschulung und Fortbildung, Umzugskostenerstattungen, Einarbeitungszuschüsse.

Aktive Arbeitsmarktpolitik

Als aktive Arbeitsmarktpolitik bezeichnet die Nürnberger Bundesagentur für Arbeit (BA) alle Aktivitäten der Arbeitsagenturen, die über die bloße Zahlung von Arbeitslosengeld hinausgehen.

- **Förderung der beruflichen Ausbildung**

  - **Berufsvorbereitende Maßnahmen** beinhalten Lehrgänge, die Jugendliche und Berufseinsteiger an eine Berufsausbildung heranführen und ihre Berufswahl erleichtern sollen. Weiterhin gehören besondere Förderlehrgänge und Praktika für Behinderte dazu.

  - Auszubildenden, die nicht mehr bei ihren Eltern wohnen, kann ab einem bestimmten Einkommen **Berufsausbildungshilfe** gewährt werden. Ebenso förderfähig sind Teilnehmer von berufsvorbereitenden Maßnahmen.

  - Die Förderung der **Berufsausbildung benachteiligter Jugendlicher** hat zum Ziel, Jugendlichen mit körperlichen und/oder sozialen Problemen zu einem Ausbildungsabschluss zu verhelfen. Dazu wird ausbildungsbegleitender Förderunterricht angeboten. Jugendlichen, die keinen Ausbildungsplatz finden, kann darüber hinaus eine Ausbildung in einer außerbetrieblichen Einrichtung finanziert werden.

- **Förderung der beruflichen Weiterbildung und Trainingsmaßnahmen**

Die Agentur für Arbeit fördert die Weiterbildung von Personen, die arbeitslos oder von Arbeitslosigkeit bedroht sind oder einen fehlenden Berufsabschluss nachholen wollen. Ziel ist es, ihre beruflichen Kenntnisse an die technologische Entwicklung anzupassen. Daher liegt ein Schwerpunkt der geförderten Weiterbildung auf der Vermittlung von IT-Kompetenzen (IT = Informationstechnik).

Die Leistungen, die im Rahmen der Förderung der Weiterbildung gezahlt werden, sind zum Beispiel:
- Unterhaltsgeld
- Lehrgangskosten, das heißt die Kosten für die Weiterbildung sowie Lernmittel oder Arbeitskleidung
- Fahrtkosten
- Unterbringung
- Kinderbetreuung.

Die von der Bundesagentur für Arbeit finanzierten Trainingsmaßnahmen, die mit einem Praktikum vergleichbar sind, finden vorwiegend in Betrieben statt. Die Teilnehmer erhalten Arbeitslosengeld. Gegebenenfalls werden von der Agentur für Arbeit auch Lehrgangskosten, Fahrtkosten usw. bezahlt.

- **Berufliche Rehabilitation**

Je nach Art und Schwere einer Behinderung übernimmt die Agentur für Arbeit die Kosten für verschiedene Maßnahmen der beruflichen Erst- und Wiedereingliederung Behinderter in das Erwerbsleben.

- **Lohnkostenzuschüsse für Arbeitgeber**

Unternehmen erhalten bei der Einstellung eines durch die Arbeitsagentur zugewiesenen Arbeitslosen eine Lohnsubvention.

Um Mitnahmeeffekte zu vermeiden, darf das Unternehmen sechs Monate vor und während der Förderung keine Entlassungen vornehmen. Die Förderungshöchstdauer beträgt ein Jahr, und die Zahl der förderungsfähigen Beschäftigten pro Betrieb ist jeweils begrenzt.

Eingliederungszuschüsse werden für verschiedene Zielgruppen von der Agentur für Arbeit bezahlt – so für die Einarbeitung von Personen, die schwer vermittelt werden können (vorwiegend Langzeitarbeitslose und Behinderte), und für ältere Arbeitnehmer. Maximal trägt die Agentur für Arbeit 50 % des Lohns. Die Förderung ist im Höchstfall auf 24 Monate begrenzt.

Einstellungszuschüsse für Neugründungen werden an Existenzgründer gezahlt, die einen schwer vermittelbaren Arbeitslosen einstellen.

Das Unternehmen darf nicht älter als zwei Jahre alt sein und nicht mehr als fünf Mitarbeiter beschäftigen. Die Agentur für Arbeit trägt höchstens 50 % des Lohns für maximal ein Jahr.

Die **Beschäftigungshilfe für Langzeitarbeitslose** unterstützt Betriebe, die Langzeitarbeitslosen einen unbefristeten Vollzeitarbeitsplatz bieten.

Die Zuschüsse der Agentur für Arbeit zum Lohn staffeln sich nach der Dauer, die der Teilnehmer vorher arbeitslos war, und betragen höchstens 80 % des Arbeitsentgeltes.

Die Förderung ist auf zwölf Monate begrenzt, und der Arbeitgeber ist verpflichtet, den Arbeitnehmer auch danach noch weiter zu beschäftigen.

- **Überbrückungsgeld und Arbeitnehmerhilfe**

Mit dem **Überbrückungsgeld** werden Arbeitslose gefördert, sie sich selbstständig machen. Das Risiko, in den kritischen ersten Monaten der Selbstständigkeit den Lebensunterhalt nicht mehr bestreiten zu können, fällt somit weg.

Die **Arbeitnehmerhilfe** unterstützt Arbeitslose, die eine höchstens auf drei Monate befristete Tätigkeit annehmen. Sie sollen damit einen Anreiz bekommen, Saisontätigkeiten, die typischerweise gering entlohnt werden, aufzunehmen. Meist geht es dabei um Pflanzenbau (Erntearbeiter).

- **Sonstige Maßnahmen**

Neben den genannten, im Sozialgesetzbuch verankerten Maßnahmen haben die Agenturen für Arbeit die Möglichkeit, einen Teil der Gelder nach eigenem Ermessen für aktive Arbeitsmarktpolitik zu vergeben.

Darüber hinaus legt die Bundesagentur für Arbeit diverse Sonderprogramme auf. Darunter sind zum Beispiel Maßnahmen zur Bekämpfung der Jugendarbeitslosigkeit, zur Bekämpfung der Langzeitarbeitslosigkeit, zur Verbesserung der Zusammenarbeit mit Zeitarbeitsfirmen und ein Modellprojekt zur Aufnahme gering entlohnter Tätigkeiten.

Darüber hinaus gibt es zahlreiche weitere Maßnahmen wie **Winterbauförderung** (für arbeitslose Bauarbeiter bei schlechter Witterung), **Mobilitätshilfen** (für Arbeitslose, die umziehen, um eine Stelle anzutreten) oder ein Modell zum **Abbau von Überstunden** bei gleichzeitiger Einstellung von Arbeitslosen.

Passive Arbeitsmarktpolitik

Mit den Mitteln der passiven Arbeitsmarktpolitik wird den Arbeitslosen finanzielle Unterstützung in ihrer Situation gewährt. Diese Lohnersatzleistungen sind hauptsächlich Arbeitslosengeld I (ALG I) und Arbeitslosengeld II (ALG II).

Alte Modelle und neue Ideen zur Bekämpfung der Arbeitslosigkeit

Die Bekämpfung der Arbeitslosigkeit ist ein zentrales Thema der Wirtschaftspolitik. Sie ist aber nicht nur Aufgabe der Regierung, sondern auch der Arbeitgeber und der Arbeitnehmer, der Tarifpartner und der Gesellschaft insgesamt.

Da jeder Vorschlag gegen die Arbeitslosigkeit Vor- und Nachteile aufweist und damit die Interessen bestimmter gesellschaftlicher Gruppen berührt, ist die Durchsetzung stets mit Hindernissen verbunden.

Wer bekämpft die Arbeitslosigkeit?	Mit welchen Mitteln wird der Arbeitslosigkeit begegnet?
Regierung	– Beschäftigungsprogramme – Ankurbelung der Binnennachfrage aufgrund einer umfassenden Steuerreform – Senkung der gesetzlichen Lohnnebenkosten – Schaffung eines gesetzlichen Rahmens, um vermehrt Investivlohn zahlen zu können – Vermehrte Bildungs- und Forschungsinvestitionen – Förderung des Eintritts in die Selbstständigkeit – Verminderung der Lohnersatzleistungen (z. B. Arbeitslosengeld II) – Reformierung bestehender Ausbildungsgänge – Errichtung neuer Ausbildungsgänge – Anreize an Unternehmen, Entlassungen zu vermeiden, z. B. Verlängerung des Kurzarbeitergeldes – Kombilohn (Lohn besteht aus Arbeitseinkommen und staatlicher Unterstützung) – Abbau von Investitionshindernissen – Verkürzung der Lebensarbeitszeit (Problem: Rente) – Verbot von Lohndumping – Durchsetzung und Kontrolle des Gesetzes gegen Schwarzarbeit

Wer bekämpft die Arbeitslosigkeit?	Mit welchen Mitteln wird der Arbeitslosigkeit begegnet?
Bundesagentur für Arbeit	– Aktive Arbeitsmarktpolitik – Intensivierung der Vermittlung – Verbesserung der Winterbauförderung
Arbeitgeber	– Vermehrung von Teilzeitarbeitsplätzen – Einrichtung von Jobsharing-Arbeitsplätzen – Abbau von Überstunden – Einrichtung von Arbeitszeitkonten – Arbeitszeitverkürzung
Arbeitnehmer	– Erhöhung der beruflichen und regionalen Mobilität – Bereitschaft, sich im Zweifel für eine Arbeit und gegen öffentliche Unterstützung zu entscheiden – Bereitschaft, Arbeit unter Lohnverzicht mit anderen zu teilen – Verbesserung der beruflichen Qualifikation
Tarifpartner	– Tariföffnungsklauseln – Arbeitszeitverkürzung ohne Lohnausgleich – Rationalisierungsschutzabkommen

6.8.4 Außenwirtschaftliches Gleichgewicht

6.8.4.1 Gegenstände des Außenwirtschaftsverkehrs

Die außenwirtschaftlichen Beziehungen sind für die Bundesrepublik Deutschland von besonderer Bedeutung.

Beispiel: 2016 wurden von den im Inland produzierten Gütern und Dienstleistungen über 30 % exportiert. Mehr als jeder 3. Arbeitsplatz in Deutschland ist vom Export abhängig.

Der Außenwirtschaftsverkehr umfasst den Waren-, Dienstleistungs-, Kapital- und Zahlungsverkehr mit anderen Volkswirtschaften (§1 AWG).

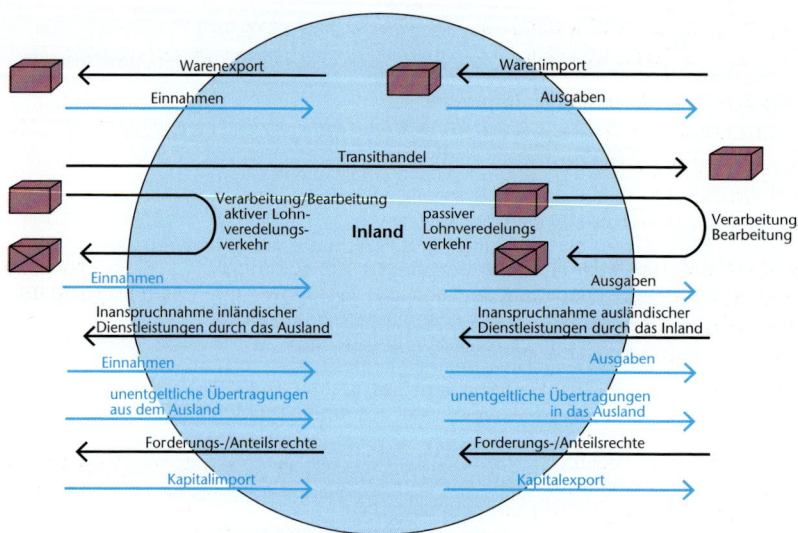

6.8.4.2 Zahlungsbilanz

Die Zahlungsbilanz ist eine systematische Darstellung aller ökonomischen Transaktionen zwischen Inländern und Gebietsfremden[1] in einer Zeitperiode (Monat, Quartal, Jahr).

Der Begriff „Bilanz" ist irreführend, da die Zahlungsbilanz keine zeitpunktbezogene Vermögensaufstellung ist, sondern eine in Teilbilanzen aufgegliederte Gegenüberstellung von Wertströmen zwischen im Inland ansässigen Wirtschaftseinheiten und im Ausland ansässigen Wirtschaftseinheiten.[1]

Zahlungsbilanzschema der Deutschen Bundesbank								
Leistungsbilanz						Kapitalbilanz (Zunahme an Nettoauslandsvermögen: +/ Abnahme: -)		
Waren-handel (fob/fob)	darunter: Ergänzungen zum Außen-handel, Saldo	Dienst-leistungen (fob/fob)	Primär-einkom-men	Sekundär-einkom-men	Vermö-gensän-derungs-bilanz	insgesamt	darunter Wäh-rungsre-serven	Statistisch nicht auf-gliederba-re Trans-aktionen

Entsprechend dem System der doppelten Buchführung wird jede Transaktionen zweimal erfasst. Einem ausgehenden muss ein eingehender Wertstrom gegenüberstehen, damit die Bilanz ausgeglichen ist. Bei entgeltlichen Transaktionen ist das kein Problem; wird aber eine Leistung unentgeltlich empfangen oder abgegeben, muss für einen Bilanzausgleich eine fiktive Gegenposition (Übertragungsbilanz) gebildet werden.

Die Erstellung der deutschen Zahlungsbilanz obliegt der Deutschen Bundesbank und folgt den gemeinsamen Empfehlungen und Vorgaben von UNO, IWF[2], Weltbank, OECD, EZB und der Kommission der Europäischen Gemeinschaften.

Das Zahlenmaterial stammt überwiegend aus
- der Außenhandelsstatistik des Statistischen Bundesamtes und
- der Statistik des Auslandszahlungsverkehrs der Deutschen Bundesbank.

Die wichtigsten innerdeutschen Rechtsgrundlagen der Zahlungsbilanz sind:
- Gesetz über die Statistik des grenzüberschreitenden Warenverkehrs
- Außenwirtschaftsgesetz und Außenwirtschaftsverordnung
- Bundesbankgesetz
- Gesetz über die Statistik für Bundeszwecke

Alle außenwirtschaftlichen Transaktionen von Gebietsansässigen (Unternehmen, Privatpersonen und öffentlichen Stellen) sind für Zahlungsbilanzzwecke zu melden. Von dieser Vorschrift des *§ 26 AWG* in Verbindung mit der AWV sind
- Transaktionen bis 12 500,00 €,
- Zahlungen in Zusammenhang mit Warenexporten und -importen,
- kurzfristige Kapitalverkehrstransaktionen (> 12 Monate),

---

[1] *Unterscheidung Inländer – Gebietsfremder: bei Haushalten und Privatpersonen nach Wohnortprinzip (mind. 1 Jahr), nicht nach Staatsangehörigkeit; bei Unternehmen der Ort, an dem die Produktion der Güter und Dienstleistungen schwerpunktmäßig stattfindet.*

[2] *BPM6 (Balance of Payments and International Investment Position Manual Sixth Edition) ist das Zahlungsbilanzhandbuch des IWF.*

- Direktinvestitionsbestände bis 3 Mio. €,
- Forderungen und Verbindlichkeiten der Unternehmen bis 5 Mio. €

ausgenommen.

Kreditinstitute unterliegen besonderen Meldevorschriften für Transaktionen ihrer Kunden. Beispielsweise sind Wertpapiererträge und Zinsen mit den Formularen Z 11 und Z 14/15 zu melden.

Buchungsregeln der Zahlungsbilanz

Die Zahlungsbilanz kann in Staffel-, Konten- oder Spaltenform dargestellt werden. Die Bundesbank bevorzugt die Spaltenform. Jeder Vorgang wird grundsätzlich zweiseitig erfasst. Die Richtung der Wertströme wird durch Vorzeichen (+, –) kenntlich gemacht.

Plusvorzeichen +	Minusvorzeichen –
– Lieferungen inländischer Waren, Dienstleistungen und Faktorleistungen (Ausfuhr) + – Unentgeltliche Leistungen vom Ausland an das Inland +	– Käufe ausländischer Waren, Dienstleistungen und Faktorleistungen (Einfuhr) – – Unentgeltliche Leistungen vom Inland an das Ausland –
Sonderregel Kapitalbilanz: **Forderungen und Verbindlichkeiten werden getrennt dargestellt**	
– Zunahme bei Forderungen + – Zunahme bei Verbindlichkeiten +	– Abnahme bei Forderungen – – Abnahme bei Verbindlichkeiten –

Leistungsbilanz

Die Leistungsbilanz besteht aus den Unterbilanzen
- Warenhandel, darunter: Ergänzungen zum Warenverkehr,
- Dienstleistungsen,
- Primäreinkommen sowie
- Sekundäreinkommen.

Der Saldo der Leistungsbilanz, der sich aus den Salden der einzelnen Unterbilanzen ergibt, soll die Transfers berücksichtigen, die Einfluss auf Verbrauch und Einkommen haben. Die Gegenbuchungen erfolgen in der Kapitalbilanz.

Warenhandel

Der Warenhandel, umgangssprachlich **Handelsbilanz**, umfasst alle **Warenausfuhren** (fob) und alle **Wareneinfuhren** (fob), wenn der physische Grenzübergang mit einem Eigentumsübergang zwischen In- und Ausländern verbunden ist.

Beispiel: Warenexport 500 Mio. €, Zahlungsziel 6 Monate, Warenimport 400 Mio. €, Zahlung unverzüglich

Leistungsbilanz							
Waren-handel	darunter: Erg. zum Außenhandel	Dienst-leistungen	Primär-einkommen	Sekundär-einkommen	Vermögens-änderungs-bilanz	Kapital-bilanz	
						Ford.	Verb.
+ 500 – 400						+ 500	+ 400

---

[1] *Folgende Begriffe in der Tabelle hier und auf den folgenden Seiten wurden verkürzt dargestellt:*
Erg. = Ergänzungen, Ford. = Forderungen, Verb. = Verbindlichkeiten.

Übersteigen die Exporte die Importe, wird von einer **aktiven Handelsbilanz** gesprochen. Die **Handelsbilanz ist passiv**, wenn die Importe größer sind.

Ergänzungen zum Außenhandel

Die „Ergänzungen zum Außenhandel" informieren über Ein- und Ausfuhren, die wertmäßig im Warenhandel enthalten sind, aber dort nicht genauer spezifiziert sind. Bei den Vorgängen steht der Aspekt der Eigentumsübertragung zwischen Inländern und Gebietsfremden und nicht die Dienstleistung im Vordergrund.

- Lagerverkehr für inländische Rechnung
- Handel mit physischem Gold
- Lohnveredelung
- Transithandel

Beim Transithandel erwirbt ein Inländer Waren, die er an einen Gebietsfremden verkauft, ohne die Waren zuvor ins Inland zu bringen. Die Käufe im Transithandel werden als negative Exporte gebucht, da ihr Erwerb ausschließlich dazu dient, positive Exporte durchzuführen.

Beispiel: Einfuhr von Teppichen und Lagerung im Zollfreigebiet im Wert von 2 Mio. €

Leistungsbilanz							Kapital-bilanz	
Waren-handel	darunter: Erg. zum Außenhandel	Dienst-leistungen	Primär-einkom-men	Sekundär-einkom-men	Vermögens-übertragun-gen		Ford.	Verb.
+ 500							+ 500	
– 400								+ 400
– 2	– 2							+ 2

Dienstleistungen

Der Dienstleistungssektor hat eine im Außenhandel stark wachsende Bedeutung. Er umfasst die „unsichtbaren Ausfuhren und Einfuhren". Dazu gehören

- Finanzdienstleistungen,
- Transportdienstleistungen (Fracht- und Personenbeförderung),
- Reiseverkehrsdienstleistungen (Ausgaben von Touristen und Geschäftsreisenden),
- Lizenzen und Patente,
- Kommunikationsdienstleistungen (Post, Telefon, Satellitenübertragung).

Beispiele:
- *Deutsche Urlauber geben für Auslandsreisen 60 Mio. € aus. Sie importieren Dienstleistungen.*
- *Ein deutsches Kreditinstitut erhält von einem ausländischen Konzern 25 Mio. € Honorar für die Beratung bei einer Übernahme. Eine Dienstleistung wurde exportiert.*

Leistungsbilanz							
Waren-handel	darunter: Erg. zum Außenhandel	Dienst-leistungen	Primär-einkom-men	Sekundär-einkom-men	Vermögens-änderungs-bilanz	Kapital-bilanz	
						Ford.	Verb.
+ 500 – 400 – 2	+ 2					+ 500	+ 400 + 2
		– 60 + 25				+ 25	+ 60

Das traditionelle Defizit in der deutschen Dienstleistungsbilanz ist vornehmlich auf den negativen Saldo im Reiseverkehr zurückzuführen.

Primäreinkommen

Die wichtigsten Komponenten der Primäreinkommen sind Kapitalerträge aus Direktinvestitionen, Wertpapieranlagen, Mieten und Pachten sowie Einkommen aus unselbstständiger Arbeit. Einkommen aus selbstständiger Arbeit bildet nur einen verhältnismäßig geringen Beitrag zu den Primäreinkommen.

Beispiel: Deutsche Anleger erhalten von dem Luxemburger Tochterinstitut ihrer Hausbank 30 Mio. € Zinsen auf ihre Konten in Deutschland überwiesen.

Leistungsbilanz							
Waren-handel	darunter: Erg. zum Außenhandel	Dienst-leistungen	Primär-einkom-men	Sekundär-einkom-men	Vermögens-änderungs-bilanz	Kapital-bilanz	
						Ford.	Verb.
+ 500 – 400 – 2	– 2					+ 500	+ 400 + 2 + 60
		– 60 + 25				+ 25	
			+ 30			+ 30	

Sekundäreinkommen

Hierunter fallen Leistungen, denen keine unmittelbaren Gegenleistungen gegenüberstehen: Laufende Beiträge zu den Haushalten internationaler Organisationen sowie Überweisungen von ausländischen Arbeitnehmern, bestimmte Zuwendungen an Entwicklungsländer, Renten, Pensionen sowie Prämien (ohne Dienstleistungsanteil) und Schadensleistungen der Versicherungen usw.

Beispiel: *Die Bundesrepublik zahlt in den Agrarfonds der Europäischen Gemeinschaft 80 Mio. €.*

Leistungsbilanz							
Waren-handel	darunter: Erg. zum Außenhandel	Dienst-leistungen	Primär-einkom-men	Sekundär-einkom-men	Vermögens-änderungs-bilanz	Kapital-bilanz	
						Ford.	Verb.
+ 500						+ 500	
– 400							+ 400
– 2	– 2						+ 2
		– 60					+ 60
		+ 25				+ 25	
			+ 30			+ 30	
				– 80			+ 80

Beispiel: *Nach einer Saldierung ergibt sich folgendes Bild der Leistungsbilanz:*

Leistungsbilanz							
Waren-handel	darunter: Erg. zum Außenhandel	Dienst-leistungen	Primär-einkom-men	Sekundär-einkom-men	Vermögens-änderungs-bilanz	Kapital-bilanz	
						Ford.	Verb.
+ 500						+ 500	
– 400							+ 400
– 2	– 2						+ 2
		– 60					+ 60
		+ 25				+ 25	
			+ 30			+ 30	
				– 80			+ 80
+ 98		– 35	+ 30	– 80		+ 13[1]	

Der Saldo der Leistungsbilanz (+98 –35 +30 –80) beträgt +13 Mio. €.

Mit anderen Worten: Deutschland hat gegenüber dem Ausland einen Überschuss an Leistungen in Höhe von 13 Mio. € erbracht und damit, wie die Kapitalbilanz zeigt, einen Bestand an Auslandsforderungen in gleicher Höhe aufgebaut.

Vermögensänderungsbilanz

Für die Klassifizierung als Vermögensübertragung ist es ausreichend, wenn eine der beiden Seiten einen nicht das Einkommen und den Verbrauch berührenden Transfer als einmalig betrachtet. Zu den Vermögensübertragungen gehören Schuldenerlasse, Erbschaften, Schenkungen, Vermögensmitnahmen von Aus- und Einwanderern, immaterielle nicht produzierte Sachgüter (von der Bundesnetzagentur versteigerte Mobilfunklizenzen) sowie Zuschüsse zu Infrastrukturmaßnahmen von der EU. Zahlungen an den EU-Haushalt gehören dagegen, wie oben gezeigt, zu den Sekundäreinkommen.

---

[1] Hierbei handelt es sich um den Saldo.

Beispiel: Deutschland erlässt Jordanien Schulden in Höhe von 10 Mio. €.

Leistungsbilanz						Kapital-bilanz	
Waren-handel	darunter: Erg. zum Außenhandel	Dienst-leistungen	Primär-einkom-men	Sekundär-einkom-men	Vermögens-änderungs-bilanz	Ford.	Verb.
+ 500						+ 500	
– 400							+ 400
– 2	– 2						+ 2
		– 60					+ 60
		+ 25				+ 25	
			+ 30			+ 30	
				– 80			+ 80
					– 10	– 10	
+ 98		– 35	+ 30	– 80	– 10	+ 3	

Der Saldo aus Leistungsbilanz (+13) und Vermögensübertragungen (–10) beträgt jetzt +3, d. h. das Netto-Auslandsvermögen ist um 3 gestiegen.

Kapitalbilanz

Die Kapitalbilanz verzeichnet als Teil der Zahlungsbilanz sämtliche internationalen Käufe und Verkäufe von Vermögenswerten. Diese werden in fünf Teilkomponenten aufgeschlüsselt: Direktinvestitionen, Wertpapieranlagen, Finanzderivate, übriger Kapitalverkehr und Währungsreserven.

Die Kapitalbilanz erfasst Kapitalexporte und -importe.

Buchungsregeln in der Kapitalbilanz
Die Buchungen erfolgen nicht – wie in der übrigen Zahlungsbilanz – nach den Regeln der doppelten Buchführung.
Die Kapitalbilanz zeigt nicht die Richtung der Zahlungsströme.
Die Kapitalbilanz zeigt nicht die Änderungen an Forderungen und Verbindlichkeiten.
Die Kapitalbilanz zeigt, wie sich die **Bestände an Forderungen und Verbindlichkeiten** geändert haben.

Forderungen und Verbindlichkeiten werden getrennt dargestellt.
Zugänge an Forderungen und Verbindlichkeiten werden mit „+"-Vorzeichen, Abgänge mit „–"-Vorzeichen erfasst. Das bedeutet: Die übliche Vorzeichenkonvention tritt außer Kraft. Statt mit Zahlungsbilanzvorzeichen wird mit Bestandsvorzeichen gebucht. Damit ändert sich der Saldo der Zahlungsbilanz.
Ein Plus bedeutet eine Zunahme des Netto-Auslandsvermögens.

Leistungsbilanzsaldo + Vermögensänderungsbilanz = Kapitalbilanzsaldo

Plusvorzeichen +	Minusvorzeichen –
– Forderungszunahme	– Forderungsabnahme
– Verbindlichkeitenzunahme	– Verbindlichkeitenabnahme

Warum wird aber die Forderungszunahme als Zunahme des Auslandsvermögens bezeichnet?

Die Kapitalbilanz nimmt, wie in den vorherigen Beispielen dargestellt wurde, die Gegenpositionen aus den Transfers der Leistungsbilanz und der Vermögensänderungsbilanz auf.

Beispiel: Ein deutsches Maschinenbauunternehmen verkauft eine Werkzeugmaschine nach Kanada und vereinbart „Zahlung in 90 Tagen". Streng genommen hat der Export€ sein Kapital so lange im Ausland festliegen, bis der Kunde bezahlt. Er hat sein Kapital exportiert, bis die Forderung beglichen ist. Das deutsche Auslandsvermögen hat entsprechend zugenommen. Analog gilt, dass Kapital eines ausländischen Lieferanten so lange in Deutschland festliegt, bis der deutsche Import€ bezahlt hat.

Im Einzelnen gilt für den Kapitalverkehr folgende Untergliederung:

Direktinvestitionen
Hierunter sind Transfers zu verstehen, in denen ein besonderes unternehmerisches Engagement zum Ausdruck kommt. Dazu gehören Beteiligungskapital, langfristige Darlehen und kurzfristige Finanzbeziehungen verbundener Unternehmen, reinvestierte Gewinne, grenzüberschreitender Erwerb und Veräußerung von Immobilien.

Beispiele: Ein deutscher Anleger nimmt in Japan einen langfristigen Kredit in Höhe von 5 Mio. € auf und kauft dafür ein Grundstück in Tokio. Mit dieser Transaktion nehmen die deutschen Auslandsverbindlichkeiten zu (Kapitalimport) und gleichzeitig steigen die deutschen Auslandsvermögen (Kapitalexport), sodass sich per Saldo keine Veränderung der Kapitalbilanz ergibt.

Leistungsbilanz							
Waren-handel	darunter: Erg. zum Außenhandel	Dienst-leistungen	Primär-einkom-men	Sekundär-einkom-men	Vermögens-änderungs-bilanz	Kapital-bilanz	
						Ford.	Verb.
+ 500						+ 500	
– 400							+ 400
– 2	– 2						+ 2
		– 60					+ 60
		+ 25				+ 25	
			+ 30			+ 30	
				– 80			+ 80
					– 10	– 10	
						+ 5	+ 5
+ 98		– 35	+ 30	– 80	– 10	+ 3	

Wertpapiere
Hierzu zählen:
- Dividendenwerte,
- festverzinsliche Wertpapiere,
- Genussscheine,
- Investmentzertifikate,
- Geldmarktpapiere.

Finanzderivate
Verbriefte und nicht verbriefte Optionen sowie Finanztermingeschäfte.

Übriger Kapitalverkehr

In diese Kategorie fallen lang- und kurzfristige Kredite von Kreditinstituten, Unternehmen und Privatpersonen, dem Staat und der Deutschen Bundesbank.

Währungsreserven

Um auf den ersten Blick Informationen über Veränderungen bei den von der Deutschen Bundesbank gehaltenen offiziellen Währungsreserven zu erhalten, kommt es zu einem separaten Ausweis innerhalb der Kapitalbilanz. Die Währungsreserven bestehen aus

- den Goldbeständen und den Goldforderungen,
- der IWF-Position und
- den Devisenreserven.

Veränderungen in der IWF-Position resultieren aus Kreditaufnahmen und -rückzahlungen beim IWF durch andere Staaten. Bei den Devisenreserven, die sich aus Einlagen und Wertpapieranlagen zusammensetzen, sind die Transaktionen auf Entscheidungen des Anlagemanagements zurückzuführen.

Beispiel: Die Deutsche Bundesbank kauft Währungsreserven von Gebietsfremden, folglich nehmen ihre Forderungen ans Ausland zu. Andererseits aber steigen zugleich die Verbindlichkeiten der Bundesbank gegenüber dem Ausland, da – als Gegenleistung für die Überlassung der Währungsreserven – den Gebietsfremden der entsprechende Euro-Gegenwert auf deren Konten bei der Bundesbank gutzuschreiben ist. Die Transaktion findet also Niederschlag als Forderungszunahme (–) in der Rubrik „Veränderung der Währungsreserven zu Transaktionswerten" bei gleichzeitiger Zunahme der Verbindlichkeiten (+) der Notenbank gegenüber Gebietsfremden in der Rubrik „Übriger Kapitalverkehr", einem weiteren Unterkonto der Kapitalbilanz. Der Saldo der Kapitalbilanz bleibt in diesem Fall unverändert, da Buchung und Gegenbuchung sich saldentechnisch gegenseitig aufheben.

Formaler und inhaltlicher Zahlungsbilanzausgleich

Der Saldo von Leistungsbilanz und Vermögensänderungsbilanz entspricht dem Saldo der Kapitalbilanz.

Unter Beachtung der Vorzeichen muss die Summe der Hauptsalden aus Leistungsbilanz und Vermögensänderungsbilanz dem Saldo der Kapitalbilanz entsprechen.

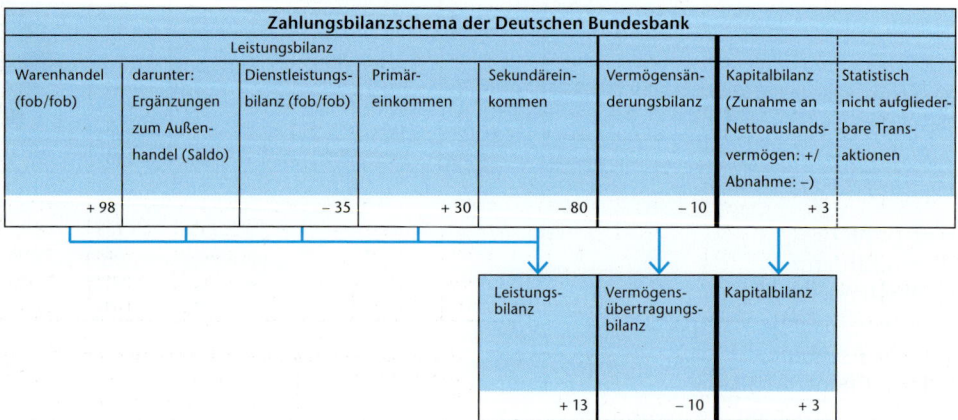

Zahlungsbilanzschema der Deutschen Bundesbank							
Leistungsbilanz							
Warenhandel (fob/fob)	darunter: Ergänzungen zum Außenhandel (Saldo)	Dienstleistungsbilanz (fob/fob)	Primäreinkommen	Sekundäreinkommen	Vermögensänderungsbilanz	Kapitalbilanz (Zunahme an Nettoauslandsvermögen: +/ Abnahme: –)	Statistisch nicht aufgliederbare Transaktionen
+ 98		– 35	+ 30	– 80	– 10	+ 3	

Leistungsbilanz	Vermögensübertragungsbilanz	Kapitalbilanz
+ 13	– 10	+ 3

Rechnerische Differenzen aufgrund von Schätzfehlern, Meldelücken, Erfassungsfehlern, Bewertungsfehlern und Periodisierungsfehlern werden über den „Saldo der statistisch nicht aufgliederbaren Transaktionen", auch „Restposten" genannt, ausgeglichen.

Beispiel:

Leistungsbilanz	Vermögensände-rungsbilanz	Kapitalbilanz	Statistisch nicht aufglie-derbare Transaktionen
+ 17,5	+ 0,2	+ 4,3	– 13,4
+ 17,5	+ 0,2	– 4,3 (Vorzeichenwechsel)*	– 13,4

* siehe Buchungsregel Kapitalbilanz
(Zahlen Mai 2016)

Weil die Zahlungsbilanz nach den Regeln der doppelten Erfassung jeder Transaktion erstellt wird, ist sie stets ausgeglichen. Dieser Zahlungsbilanzausgleich ist aber nur von **formaler** Natur.

Wichtiger als der buchungstechnische Ausgleich ist der **inhaltliche** (materielle) **Zahlungsbilanzausgleich**.

Die Zahlungsbilanz ist ausgeglichen, wenn analytisch bedeutsame Salden innerhalb der Teilbilanzen mit dem Ziel „Außenwirtschaftliches Gleichgewicht" vereinbar sind.

Wichtige Posten der Zahlungsbilanz der Bundesrepublik Deutschland (Salden)

Zeit	Leistungsbilanz							Kapitalbilanz (Zunahme an Netto-auslandsvermögen: + / Abnahme: –)		Statistisch nicht aufgliederbare Transaktionen [5]
	Insgesamt	Warenhandel (fob/fob) [1]		Dienstleistungen (fob/fob) [3]	Primäreinkommen	Sekundäreinkommen	Vermögensänderungsbilanz [4]	Insgesamt	darunter: Währungsreserven	
		Insgesamt	darunter: Ergänzungen zum Außenhandel, Saldo [2]							
	Mio. €									
2002	+ 41655	+ 142103	+ 6008	– 45440	– 25596	– 29413	– 4010	+ 8038	– 2065	– 29606
2003	+ 31347	+ 130021	– 2105	– 48708	– 18920	– 31047	+ 5920	+ 47559	– 445	+ 10292
2004	+ 101205	+ 153166	– 6859	– 38713	+ 16860	– 30109	– 119	+ 112834	– 1470	+ 11748
2005	+ 105730	+ 157010	– 6068	– 40600	+ 20905	– 31585	– 2334	+ 96436	– 2182	– 6960
2006	+ 135959	+ 161447	– 4205	– 34641	+ 41453	– 32300	– 1328	+ 157142	– 2934	+ 22511
2007	+ 169636	+ 201989	– 922	– 34881	+ 36332	– 33804	– 1597	+ 183169	+ 953	+ 15130
2008	+ 143318	+ 184521	– 3586	– 31467	+ 24724	– 34461	– 893	+ 121336	+ 2008	– 21088
2009	+ 141233	+ 141167	– 6064	– 19648	+ 54757	– 35043	– 1858	+ 129693	+ 8648	– 9683
2010	+ 144890	+ 161146	– 5892	– 27041	+ 50665	– 39880	+ 1219	+ 92757	+ 1613	– 53351
2011 r)	+ 165078	+ 163426	– 8900	– 31574	+ 68235	– 35010	+ 419	+ 120857	+ 2836	– 44639
2012 r)	+ 193590	+ 200401	– 10518	– 32775	+ 64858	– 38894	– 413	+ 151417	+ 1297	– 41759
2013 r)	+ 189616	+ 212662	– 3663	– 41376	+ 61969	– 43639	– 563	+ 225360	+ 838	+ 36307
2014 r)	+ 218026	+ 228361	– 5873	– 25323	+ 56177	– 41188	+ 2355	+ 238630	– 2564	+ 18248
2015 r)	+ 259963	+ 261182	– 2668	– 18602	+ 57370	– 40653	– 635	+ 234603	– 2213	– 24725
2016 r)	+ 261361	+ 271668	– 1434	– 22419	+ 52136	– 39550	+ 1112	+ 231252	+ 1686	– 31221

1) Ohne Fracht- und Versicherungskosten des Außenhandels. 2) Unter anderem Lagerverkehr auf inländische Rechnung, Absetzungen der Rückwaren und Absetzungen der Aus- bzw. Einfuhren in Verbindung mit Lohnveredelung. 3) Einschl. Fracht- und Versicherungskosten des Außenhandels. 4) Einschl. Nettoerwerb/veräußerung von nichtproduzierten Sachvermögen. 5) Statistischer Restposten, der die Differenz zwischen dem Saldo der Kapitalbilanz und den Salden der Leistungs- sowie der Vermögensänderungsbilanz abbildet

Quelle: Deutsche Bundesbank, Monatsbericht März 2017, S. 75*.

Störungen des Zahlungsbilanzgleichgewichtes

Die wichtigsten Gründe für Störungen des Zahlungsbilanzgleichgewichtes sind:
- Strukturdifferenzen zwischen den Handelspartnern in Bezug auf
  - Ausstattung mit Ressourcen
  - Ausstattung mit den Produktionsfaktoren Arbeit und Kapital
- Internationales Technologiegefälle
- Einseitig verteilte wirtschaftliche Macht
  Beispiel: EU-Kontingentierung der Bananeneinfuhren aus Staaten Südamerikas

- Internationales Preisniveaugefälle
- Politische Entwicklungen
- Internationales Zinsniveaugefälle
- Wechselkurse
- Kriege
- Naturkatastrophen

Warum Zahlungsbilanzausgleich

Eine ausgeglichene Zahlungsbilanz („außenwirtschaftliches Gleichgewicht") ist ein Ziel des Magischen Vierecks, weil

- zu hohe Exportüberschüsse die inländische Beschäftigung zu einer starken Abhängigkeit vom Ausland führen,

- es zu außenpolitischem Druck kommt, wenn eigene Exporte beim Handelspartner konjunkturell unerwünscht sind,

- Exportüberschüsse den Protektionismus fördern können,

- Importüberschüsse zu Devisenknappheit führen,

- Importüberschüsse zu einer Verschuldung gegenüber dem Ausland bis hin zum Verlust der internationalen Kreditwürdigkeit führen können,

- die Gefahr importierter Inflation bei zu hohen Exporten eintritt.

Die Gefahr von Geldmengenstörungen und Wechselkursschwankungen aufgrund von Handelsbilanzungleichgewichten hat sich, wie die Struktur des deutschen Außenhandels zeigt, mit der Einführung des Euro auf die Handelsbeziehungen mit Staaten außerhalb des Euro-Währungsraumes reduziert.

EWWU-Zahlungsbilanz

Mit Beginn der Europäischen Währungsunion hatten die nationalen Zahlungsbilanzen als Analyseinstrument für die Geldpolitik zunehmend an Bedeutung verloren.

Obwohl Binnenzölle nicht mehr existieren, es eine einheitliche Währung gibt, womit Wechselkursrisiken entfallen, und das Zinsniveau in der Eurozone einheitlich ist, weist die

Wirtschaftsentwicklung, insbesondere Wachstum, Arbeitslosigkeit und Preise, weiterhin Unterschiede auf.

Insofern ist die nationale Zahlungsbilanz nicht entbehrlich geworden. Die Volkswirtschaftliche Gesamtrechnung ist auf Daten aus der Zahlungsbilanz angewiesen. Außerdem erhält die deutsche Wirtschaftspolitik wichtige finanz- und standortpolitische Informationen aus der Zahlungsbilanz. Neu ist, dass die EU-Staaten im Rahmen des Stabilitäts- und Wachstumspaktes das Überwachungsverfahren exzessiver Staatsdefizite verschärft haben. Sie fordern von allen Staaten vertiefte außenwirtschaftliche Kennziffern wie das relative Verhältnis von Leistungsbilanzsaldo zum BIP oder den Anteil am Weltexport und bestehen damit ebenso wie der IWF auf nationalen Zahlungsbilanzaufzeichnungen.

6.8.5 Angemessenes und stetiges Wirtschaftswachstum

Die Verbesserung der Lebensbedingungen ist seit jeher ein Ziel der Menschheit. Wirtschaftswachstum ist umso wichtiger, je niedriger das Versorgungsniveau und der Lebensstandard der Bevölkerung sind.
Wirtschaftswachstum führt jedoch nur dann zu einer Verbesserung der Lebensbedingungen des Einzelnen, wenn
- die Wachstumsrate des BIP die Wachstumsrate der Bevölkerung übersteigt,
- die Wachstumsraten gerecht verteilt werden,
- die externen Kosten die Wachstumsgewinne unterschreiten,
- der Umweltschutz und die Ressourcenschonung nachhaltig sind und
- Aspekte wie Gesundheit, Bildung und Sicherheit stärker beachtet werden.

Maßstab für das Wirtschaftswachstum ist die jährliche Wachstumsrate des Bruttoinlandsprodukts[1].

Das Stabilitätsgesetz fordert ein „stetiges" und „angemessenes" Wirtschaftswachstum:

- **„Stetig"** bedeutet, dass das Wirtschaftswachstum gleichmäßig, das heißt ohne hektische Ausschläge und ohne Wachtumsunterbrechungen erfolgen soll.

- **„Angemessen"** bedeutet, dass das Wirtschaftswachstum nur insoweit erfolgen soll, als es die übrigen Ziele des Stabilitätsgesetzes nach Möglichkeit unterstützt, zumindest aber nicht gefährdet. Das Ziel Wirtschaftswachstum soll also nicht um jeden Preis verfolgt werden.

Da der Wert des Bruttoinlandsprodukts bestimmt wird durch die Menge der produzierten Güter und Dienstleistungen und deren Preise, wird bei einem Anstieg des allgemeinen Preisniveaus das tatsächliche Wachstum des Bruttoinlandsprodukts nicht sichtbar. Man muss daher zwischen dem nominellen und dem realen Wirtschaftswachstum unterscheiden.

Das reale Wirtschaftswachstum ist Ausdruck für die um den Anstieg des Preisniveaus bereinigte Veränderung des Bruttoinlandsprodukts.

Die Knappheit der Rohstoff- und Energievorräte und steigende Umweltbelastungen führen zu einem **Spannungsverhältnis zwischen Ökonomie und Ökologie** und zeigen den Menschen zunehmend die Grenzen eines auf der Ausbeutung der Natur begründeten Wirtschaftswachstums auf.

---

[1] *Vgl. Seite 527.*

Die Wachstumsrate des Bruttoinlandsprodukts ist eine rein **quantitative** Größe, die nur geringe Aussagefähigkeit für die Lebensqualität hat.

Man spricht von einem **qualitativen** Wachstum, wenn es darauf abzielt,

- nicht nur ökonomische, sondern auch ökologische Gesichtspunkte bei Investitionsentscheidungen zu berücksichtigen,

- energie- und ressourcenschonende/-sparende Produktionsverfahren zu praktizieren,

- die Produktion umweltbelastender Sachgüter einzuschränken bzw. aufzugeben,

- die Produktion ökologisch unbedenklicher Güter und Dienstleistungen zu begünstigen,

- bereits eingetretene Umweltschäden zu beseitigen,

- die Arbeitsbedingungen zu verbessern,

- bestehende soziale Ungerechtigkeiten abzubauen.

6.8.6   Zielerweiterungen

Soziale und ökonomische Nachhaltigkeit

Das Ziel Wirtschaftswachstum gewinnt dann eine besondere Bedeutung, wenn das Ziel einer sozialverträglichen Einkommens- und Vermögensverteilung in den wirtschaftspolitischen Zielkatalog aufgenommen wird.

Das liegt daran, dass in einer wachsenden Wirtschaft eine Einkommensumverteilung leichter durchzuführen ist als in einer stagnierenden Wirtschaft. In einer wachsenden Wirtschaft nämlich könnten den Beziehern niedriger und mittlerer Einkommen gegenüber den bessergestellten Bevölkerungsgruppen höhere Zuwachsraten ihrer Einkommen zugebilligt werden. In einer stagnierenden Wirtschaft (Nullwachstum) dagegen müsste eine beabsichtigte Einkommensumverteilung zwangsläufig zu einer Einkommensminderung des reicheren Bevölkerungsteils führen, was bei diesem aufgrund des Besitzstandsverlustes zu Unsicherheit, Motivationsverlust und Widerständen führen könnte.

Was ist eine gerechte Einkommens- und Vermögensverteilung?
Ist eine ausschließlich an der individuellen Leistung orientierte Verteilung von Einkommen und Vermögen gerecht? Oder verspricht das Gleichheitsprinzip größtmögliche Gerechtigkeit?

Das sind die Extrempositionen bei der Beantwortung einer Frage, die die Menschen seit jeher bewegt und für die es noch keine gültige Antwort gibt. Denn einen objektiven Maßstab für Gerechtigkeit gibt es in diesem Zusammenhang nicht.

Für die Marktwirtschaft gilt: Wer qualifiziert, initiativ und tüchtig ist und bereit ist, Verantwortung und Risiko zu tragen, wird mit relativ hohem Einkommen und Vermögen belohnt. Wer jedoch wenig Initiative entfaltet, das Risiko scheut oder weniger qualifiziert ist, erzielt allenfalls ein durchschnittliches Einkommen. Und: Durch den marktwirtschaftlichen Verteilungsprozess wird nur solchen Personen Einkommen zugeteilt, die sich am Wirtschaftsleben als Erwerbstätige oder Kapitalgeber beteiligen.

Das verfassungsrechtlich verankerte **Sozialstaatsprinzip** verpflichtet den Staat, für soziale Sicherheit und Gerechtigkeit innerhalb der Gesellschaft zu sorgen. Seine Sozialpolitik zielt u. a. darauf ab, den Einzelnen bei Krankheit, Unfall, Invalidität und Arbeitslosigkeit zu schützen und wirtschaftlich benachteiligte oder schwache Bevölkerungskreise zu unterstützen.

Instrumente der sozialen Umverteilungspolitik sind u. a.:

- die progressive Besteuerung der Einkommen natürlicher Personen,

- die progressive Besteuerung ererbten Vermögens,

- die staatliche Förderung der Vermögensbildung und der Altersvorsorge,

- die staatliche Förderung des privaten Wohnungsbaus,

- Transferzahlungen: Renten, Pensionen, Arbeitslosengeld, Kindergeld, Wohngeld, BAföG-Zahlungen,

- Steuererleichterungen aufgrund der Abzugsfähigkeit von Sonderausgaben und außergewöhnlichen Belastungen bei natürlichen Personen.

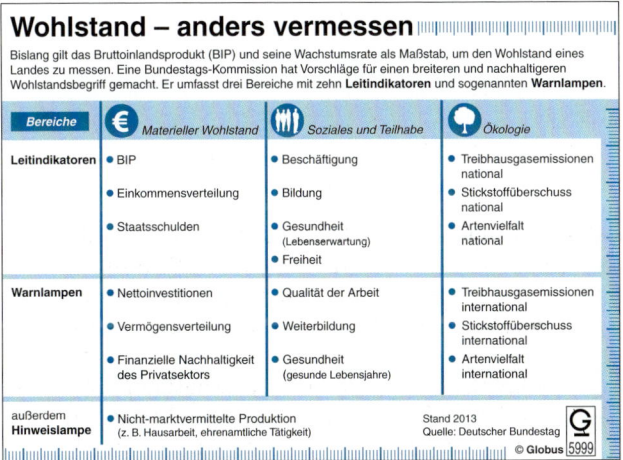

Ökologische Nachhaltigkeit[1]

Die Erhaltung einer lebenswerten Umwelt ist national und international zu einem erklärten Ziel der Wirtschaftspolitik geworden. Sie ist Bestandteil in den Programmen der politischen Parteien und findet sich auch in den Statuten internationaler Organisationen wie der UNO und der WTO wieder. Auf dem Umweltgipfel in Rio wurde 1992 eine weltweite Initiative zur Schonung der Umwelt vereinbart. Neben den völkerrechtlich verbindlichen Klimaschutz- und Artenschutzabkommen wurde der Aktionskatalog „**Agenda 21**" verabschiedet, der vier Schwerpunkte setzt:

- Veränderung der Konsumgewohnheiten der Industrieländer mit Blick auf die Armut und das Bevölkerungswachstum in der Dritten Welt,

- Schutz der Erdatmosphäre, Erhaltung der Artenvielfalt, Bekämpfung der Wüstenbildung,

- Verteilung der Aufgaben im Prozess der nachhaltigen Entwicklung auf staatliche Einrichtungen, Nichtregierungsorganisationen und andere Institutionen,

- Instrumente zur technischen Umsetzung und Finanzierung der „Agenda 21".

---

[1] *Vgl. Seite 593 ff.*

Zur Überprüfung der Zielerreichung werden Umwelt-Informationssysteme aufgebaut. In der Bundesrepublik Deutschland ist hierfür das Statistische Bundesamt zuständig, das die **Umweltökonomische Gesamtrechnung** (UGR) aufstellt[1].

6.8.7 Zielkonflikte im Magischen Viereck

Der Gesetzgeber hat es bei der Formulierung des Stabilitätsgesetzes vermieden, zwischen den Zielen Preisniveaustabilität, hoher Beschäftigungsstand, außenwirtschaftliches Gleichgewicht und Wirtschaftswachstum eine Rangordnung aufzustellen.
Den verantwortlichen Politikern ist damit der gesetzliche Auftrag erteilt, die gleichzeitige Verwirklichung der genannten Ziele anzustreben, bzw. wenn dies nicht möglich ist, die Wirtschaftspolitik auf das am meisten gefährdete Ziel zu konzentrieren.

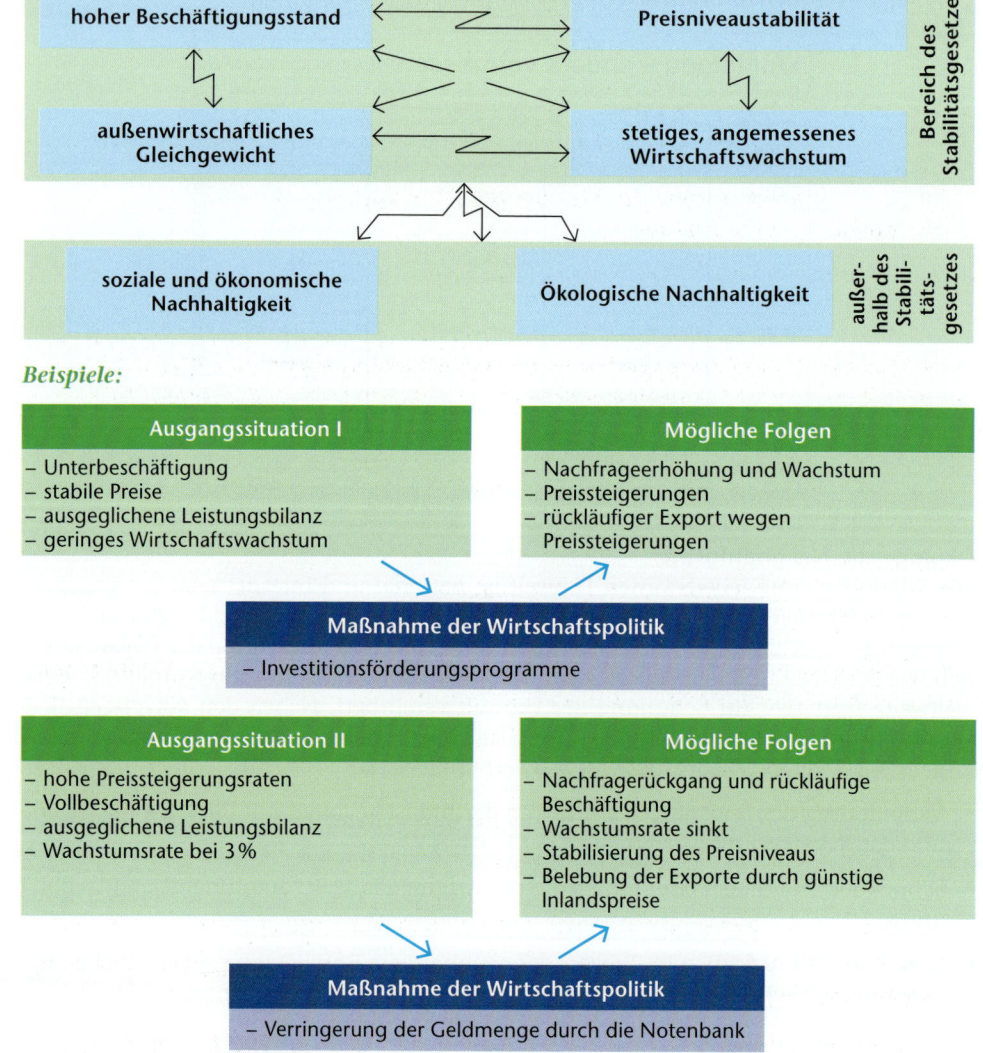

___

[1] *Vgl. hierzu Seite 430.*

Die Erfahrungen der Gegenwart und der Vergangenheit zeigen, dass es in der Realität offensichtlich nur unter besonders günstigen Bedingungen möglich ist, alle vier Ziele gleichzeitig zu erreichen.

Grund hierfür ist, dass zwischen den Zielen Konflikte bestehen, d.h., es existieren Abhängigkeitsbeziehungen, die dazu führen können, dass die Verfolgung des einen Ziels gleichzeitig die Erreichung eines oder mehrerer der übrigen Ziele gefährdet. Man spricht auch von dem „**Magischen Viereck**", weil es offensichtlich magischer Kräfte bedürfte, alle Ziele gleichzeitig zu erreichen.

6.9 Staatshaushalt

Dreh- und Angelpunkt staatlicher Politik ist die finanzielle Situation der öffentlichen Haushalte. Nur wenige wirtschaftspolitische Maßnahmen des Staates bleiben ohne direkte oder indirekte Wirkung auf die staatlichen Einnahmen und Ausgaben.

Die **Einnahmen des Staates** resultieren aus
- Steuern (ca. 40 Steuerarten),
- öffentlichen Erwerbseinkünften (*z.B. Deutsche Bahn AG*),
- Gebühren (*z.B. für Ausstellung eines Personalausweises*) und Beiträgen (Sozialversicherung),
- Anteil am Bundesbankgewinn (Planziel 2016: 2,5 Mrd. €),
- öffentlicher Kreditaufnahme.

Haupteinnahmequelle des Staates sind die Steuern.

Steuern sind „… *Geldleistungen, die nicht eine Gegenleistung für eine besondere Leistung darstellen und von einem öffentlich-rechtlichen Gemeinwesen zur Erzielung von Einnahmen allen auferlegt werden, bei denen der Tatbestand zutrifft, an den das Gesetz die Leistungspflicht knüpft".*

Eine Vielzahl von Steuergesetzen regelt, in welchen Fällen welche Steuern zu zahlen sind. Die **Abgabenordnung** (AO) enthält das allgemeine Steuerrecht.

Beispiele:
- *Steuergeheimnis*
- *Verfahrens- Erhebungs- und Vollstreckungsgrundsätze*
- *Rechte und Pflichten von Finanzbehörden und Steuerpflichtigen*

Der schottische Moralphilosoph und Nationalökonom **Adam Smith** hat **Steuergrundsätze** entwickelt, die teilweise heute noch gelten:

- **Gleichmäßigkeit:** Die Steuerpflicht des Einzelnen soll im Verhältnis zu seiner Leistungsfähigkeit stehen.

- **Bestimmtheit:** Die Steuerforderung soll gesetzlich klar fixiert sein und Willkür der Steuereintreiber verhindern.

- **Bequemlichkeit:** Durch eine günstige Termingestaltung und eine bequeme Erhebungsart soll der Steuerpflichtige bei seiner Steuerentrichtung unterstützt werden.

- **Billigkeit:** Die hohe Steuerlast soll nicht demotivieren; für die Steuererhebung ist die kostengünstigste Methode zu wählen.

Die etwa 40 Steuerarten lassen sich nach unterschiedlichen Kriterien kategorisieren.

Steuereinteilung nach der Steuerhoheit *(Art. 106 GG)*

Bundessteuern
Beispiele: Kraftfahrzeugsteuer, alle Verbrauchsteuern außer Biersteuer, Versicherungsteuer, Luftverkehrsteuer

Ländersteuern
Beispiele: Grunderwerbsteuer, Erbschaft- und Schenkungsteuer, Biersteuer, Zweitwohnungsteuer

Gemeindesteuern
Beispiele: Grundsteuer, Gewerbesteuer (abzüglich Umlage für Bund und Länder), örtliche Verbrauch- und Aufwandsteuern wie Getränke- und Hundesteuer

Gemeinschaftsteuern
Beispiele: Lohn- und Einkommensteuer gehen an Bund (42,5%), Länder (42,5%) und Gemeinden (15%), ebenso die Umsatzsteuer (51,5%; 46,5%; 2,0%). Die Körperschaftsteuer und die Kapitalertragsteuer gehen an Bund (50%) und Länder (50%).

Steuereinteilung nach dem Steuergegenstand

Besitzsteuer
Es werden Besitz, Einkommen und Vermögen besteuert.
Beispiele: Lohn-, Einkommen- und Körperschaftsteuer, Erbschaft- und Schenkungsteuer, Grundsteuer

Verkehrsteuern
Es wird ein wirtschaftlich-rechlicher Vorgang besteuert.
Beispiele: Umsatzsteuer, Versicherungsteuer, Kraftfahrzeugsteuer, Grunderwerbsteuer

Verbrauchsteuern
Der Verbrauch bestimmter Konsumgüter wird besteuert.
Beispiele: Mineralölsteuer, Tabaksteuer, Branntweinsteuer, Stromsteuer, Kernbrennstoffsteuer

Steuereinteilung nach Art der Erhebung

Direkte Steuern
Steuerträger und Steuerzahler sind identisch.
Beispiel: Ein Unternehmen trägt die Körperschaftsteuer und zahlt per Überweisung an das Finanzamt.

Indirekte Steuern
Steuerträger und Steuerzahler sind unterschiedliche Personen, d. h., die Steuerlast wird über den Verkaufspreis einer Ware auf den Konsumenten abgewälzt.
Beispiel: Beim Tanken trägt der Kunde die Mineralöl- und Mehrwertsteuer, da sie im Kraftstoffpreis enthalten sind. Die Überweisung der Steuern an das Finanzamt nimmt jedoch der Mineralölkonzern vor.

---

[1] *Die Gemeinden führen Teile ihres Gewerbesteueraufkommens in Form der Gewerbesteuerumlage an die Länder und den Bund ab.*

Steuer- und Aufgabenverteilung auf einen Blick (vereinfachte Darstellung)		
	Die wichtigsten Steuereinnahmen	**Wesentliche Aufgaben**
Gemeinden	Gemeindeanteil an Lohn und Einkommensteuer (einschließlich Abgeltungsteuer), Gemeindeanteil an der Umsatzsteuer, Gewerbesteuer [1], kleinere eigene Steuern (u. a. Hundesteuer, Getränkesteuer, Vergnügungsteuer, Jagd- und Fischereisteuer), Grundsteuer	Müllabfuhr, Kanalisation, Sozialhilfe, Baugenehmigungen, Meldewesen, Kindergärten, Schulbau, Grünanlagen, öffentlicher Nahverkehr
Länder	Länderanteil an Lohn- und Einkommensteuer (einschließlich Abgeltungsteuer) sowie Körperschaftsteuer und Umsatzsteuer, Erbschaftsteuer, Grunderwerbsteuer, Biersteuer, Spielbankabgabe	Schulen, Universitäten, Polizei, Rechtspflege, Gesundheitswesen, Kultur, Wohnungsbauförderung, Steuerverwaltung
Bund	Bundesanteil an Lohn- und Einkommensteuer (einschließlich Abgeltungsteuer) sowie Körperschaftsteuer und Umsatzsteuer, Mineralölsteuer, Tabaksteuer, Branntweinsteuer, Kaffeesteuer, Versicherungsteuer, Kraftfahrzeugsteuer	Soziale Sicherung (Schwerpunkt Renten- und Arbeitslosenversicherung), Verteidigung, auswärtige Angelegenheiten, Verkehrswesen, Geldwesen, Wirtschaftsförderung, Forschung (Großforschungseinrichtungen), BAföG, Universitäten

Ziele der Besteuerung

In einer modernen Volkswirtschaft gehen die Ziele der Besteuerung über die Finanzierung der Aufgaben der öffentlichen Verwaltungseinrichtungen und Institutionen (**fiskalische Gründe**) hinaus.

Verteilungs- und sozialpolitische Gründe

Bezieher geringer Einkommen unterhalb des Grundfreibetrages zahlen gar keine Steuern. Mit zunehmendem Einkommen setzt die Steuerpflicht ein und erhöht sich einkommensabhängig linear-progressiv von 14 % auf maximal 45 %.

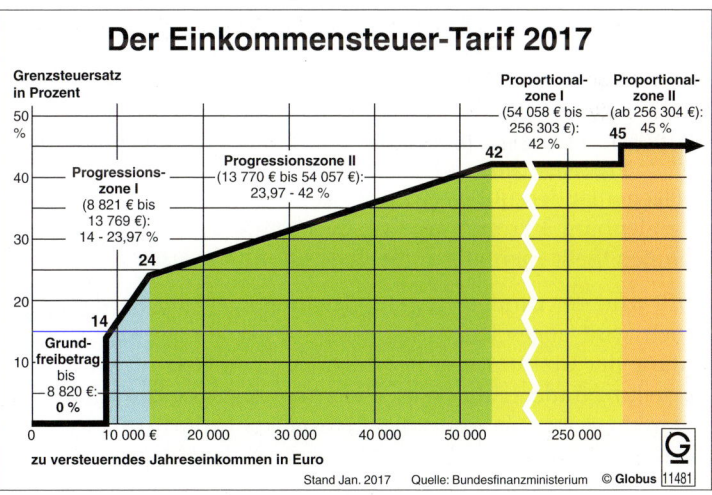

Der Einkommensteuer-Tarif 2017

Grenzsteuersatz in Prozent

Proportionalzone I (54 058 € bis 256 303 €): 42 %

Proportionalzone II (ab 256 304 €): 45 % 45 %

42

Progressionszone II (13 770 € bis 54 057 €): 23,97 - 42 %

Progressionszone I (8 821 € bis 13 769 €): 14 - 23,97 %

24

14

Grundfreibetrag bis 8 820 €: 0 %

zu versteuerndes Jahreseinkommen in Euro

Stand Jan. 2017   Quelle: Bundesfinanzministerium   © Globus 11481

Ähnlich wie bei den Transferzahlungen wird durch die unterschiedliche Besteuerung eine Einkommensumverteilung im Sinne des Sozialstaatsprinzips erreicht. Mit der Anhebung des Grundfreibetrags von jetzt 8 652 € um 168 € auf 8 820 € (2017) und um weitere 180 € auf 9 000 € (2018) wird sichergestellt, dass auch in den nächsten Jahren das Existenzminimum steuerfrei bleibt.

Wirtschaftspolitische Gründe

- Konjunkturpolitische Ziele
  Beispiel: Senkung der Körperschaftsteuer

- Wettbewerbspolitische Ziele
  Beispiel: Einfuhrzölle für Importe aus Ländern außerhalb des EU-Einflussbereichs

- Strukturpolitische Ziele
  Beispiel: Steuererleichterungen für Industrieansiedlungen in Mecklenburg-Vorpommern

- Ökologische Lenkung
  Beispiel: Erhöhung der Mineralölsteuer

Länderfinanzausgleich

Um zu starke Wohlstandsunterschiede innerhalb Deutschlands zu vermeiden, wurde im Grundgesetz der Länderfinanzausgleich vorgesehen. Beim **vertikalen Länderfinanzausgleich** (Bundesergänzungszuweisungen) gibt der Bund in besonders gelagerten Fällen Hilfen an die Länder, und beim **horizontalen Länderfinanzausgleich** haben finanzstärkere Länder Ausgleichszahlungen an finanzschwächere Länder zu leisten. Dabei ist ist die Fi-

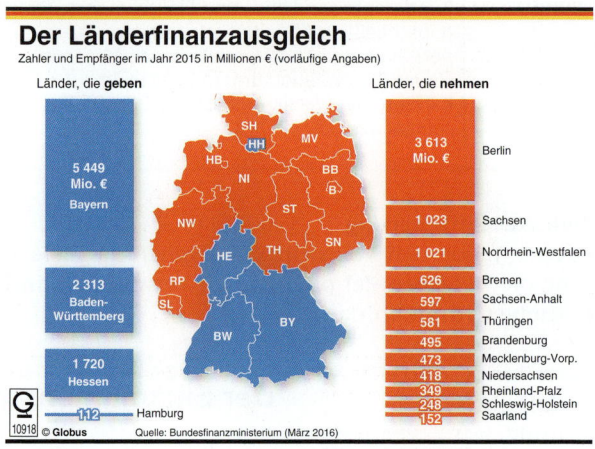

nanzkraft je Einwohner in den einzelnen Ländern maßgeblich. Den Stadtstaaten wird ein um 35 Prozent erhöhter Finanzbedarf je Einwohner zugebilligt. Auch für dünnbesiedelte Flächenländer gibt es einen Aufschlag: für Mecklenburg-Vorpommern 5 Prozent, für Brandenburg 3 Prozent und für Sachsen-Anhalt 2 Prozent. Die finanzielle Lage der Gemeinden fließt ebenfalls in die Berechnung der Finanzkraft der Länder ein.

Ab 2019 wird der Länderfinanzausgleich neu geregelt werden. Der horizontale Finanzausgleich wird abgeschafft. Stattdessen wird künftig die Finanzkraft schon bei der Verteilung der Umsatzsteuer beachtet. Es gibt weiterhin Geber und Nehmer, doch die Umverteilung findet früher statt. Die Änderungen beim vertikalen Finanzausgleich führen zu verbesserten Zahlungen an besonders bedürftige Länder, wobei neue und alte Länder zukünftig gleichbehandelt werden, da der Solidarpakt II 2019 endet.

Haushaltsplanung

Bundeshaushalt: Vom Entwurf zum Gesetzblatt

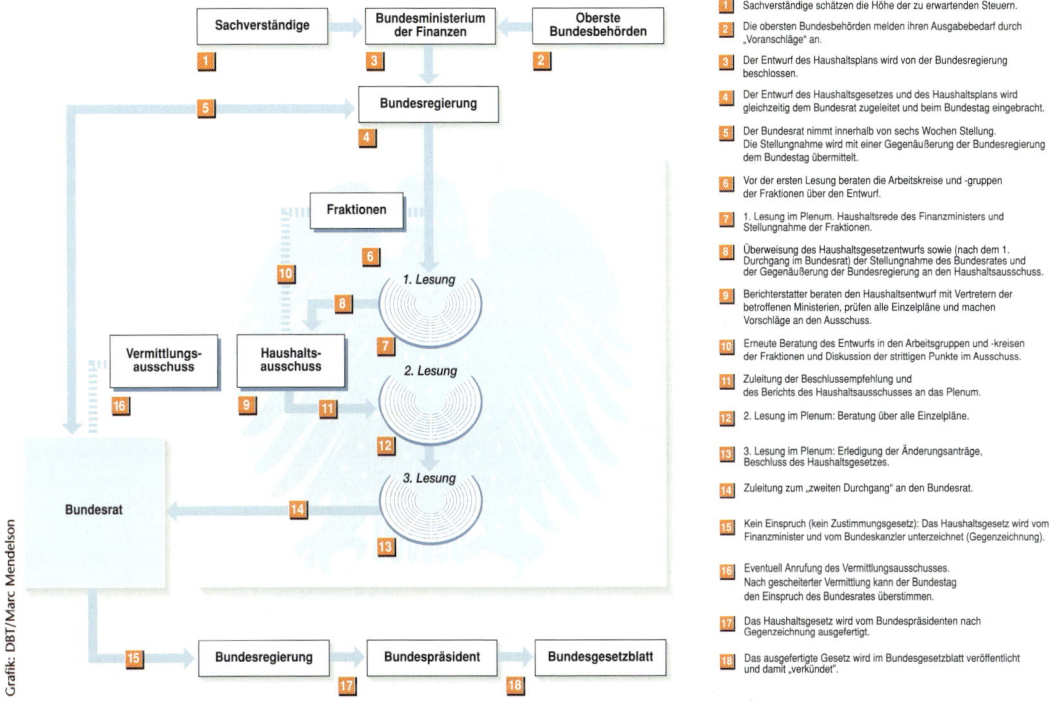

Grafik: DBT/Marc Mendelson

1. Sachverständige schätzen die Höhe der zu erwartenden Steuern.
2. Die obersten Bundesbehörden melden ihren Ausgabebedarf durch „Voranschläge" an.
3. Der Entwurf des Haushaltsplans wird von der Bundesregierung beschlossen.
4. Der Entwurf des Haushaltsgesetzes und des Haushaltsplans wird gleichzeitig dem Bundesrat zugeleitet und beim Bundestag eingebracht.
5. Der Bundesrat nimmt innerhalb von sechs Wochen Stellung. Die Stellungnahme wird mit einer Gegenäußerung der Bundesregierung dem Bundestag übermittelt.
6. Vor der ersten Lesung beraten die Arbeitskreise und -gruppen der Fraktionen über den Entwurf.
7. 1. Lesung im Plenum. Haushaltsrede des Finanzministers und Stellungnahme der Fraktionen.
8. Überweisung des Haushaltsgesetzentwurfs sowie (nach dem 1. Durchgang im Bundesrat) der Stellungnahme des Bundesrates und der Gegenäußerung der Bundesregierung an den Haushaltsausschuss.
9. Berichterstatter beraten den Haushaltsentwurf mit Vertretern der betroffenen Ministerien, prüfen alle Einzelpläne und machen Vorschläge an den Ausschuss.
10. Erneute Beratung des Entwurfs in den Arbeitsgruppen und -kreisen der Fraktionen und Diskussion der strittigen Punkte im Ausschuss.
11. Zuleitung der Beschlussempfehlung und des Berichts des Haushaltsausschusses an das Plenum.
12. 2. Lesung im Plenum: Beratung über alle Einzelpläne.
13. 3. Lesung im Plenum: Erledigung der Änderungsanträge, Beschluss des Haushaltsgesetzes.
14. Zuleitung zum „zweiten Durchgang" an den Bundesrat.
15. Kein Einspruch (kein Zustimmungsgesetz): Das Haushaltsgesetz wird vom Finanzminister und vom Bundeskanzler unterzeichnet (Gegenzeichnung).
16. Eventuell Anrufung des Vermittlungsausschusses. Nach gescheiterter Vermittlung kann der Bundestag den Einspruch des Bundesrates überstimmen.
17. Das Haushaltsgesetz wird vom Bundespräsidenten nach Gegenzeichnung ausgefertigt.
18. Das ausgefertigte Gesetz wird im Bundesgesetzblatt veröffentlicht und damit „verkündet".

Die Haushaltsplanung folgt den Vorschriften des Grundgesetzes, des Haushaltsgrundgesetzes und der Bundeshaushaltsordnung.

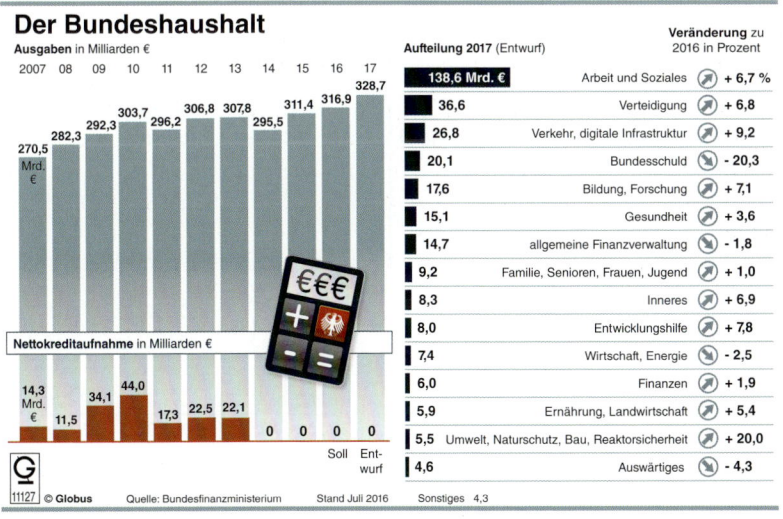

Der Bundeshaushalt

Ausgaben in Milliarden €

2007	08	09	10	11	12	13	14	15	16	17
270,5 Mrd. €	282,3	292,3	303,7	296,2	306,8	307,8	295,5	311,4	316,9	328,7

Nettokreditaufnahme in Milliarden €

| 14,3 Mrd. € | 11,5 | 34,1 | 44,0 | 17,3 | 22,5 | 22,1 | 0 | 0 | 0 | 0 |
| | | | | | | | | | Soll | Entwurf |

Aufteilung 2017 (Entwurf) — **Veränderung** zu 2016 in Prozent

Betrag	Bereich	Veränderung
138,6 Mrd. €	Arbeit und Soziales	+ 6,7 %
36,6	Verteidigung	+ 6,8
26,8	Verkehr, digitale Infrastruktur	+ 9,2
20,1	Bundesschuld	− 20,3
17,6	Bildung, Forschung	+ 7,1
15,1	Gesundheit	+ 3,6
14,7	allgemeine Finanzverwaltung	− 1,8
9,2	Familie, Senioren, Frauen, Jugend	+ 1,0
8,3	Inneres	+ 6,9
8,0	Entwicklungshilfe	+ 7,8
7,4	Wirtschaft, Energie	− 2,5
6,0	Finanzen	+ 1,9
5,9	Ernährung, Landwirtschaft	+ 5,4
5,5	Umwelt, Naturschutz, Bau, Reaktorsicherheit	+ 20,0
4,6	Auswärtiges	− 4,3

11127 © Globus   Quelle: Bundesfinanzministerium   Stand Juli 2016   Sonstiges 4,3

Grundsätze der Haushaltsaufstellung

Klarheit	Vollständigkeit
Der Haushaltsplan muss klar gegliedert sein, sodass aus den Haushaltsansätzen erkennbar wird, für welche Zwecke und aus welchem Grund Haushaltsmittel benötigt werden.	Es sind alle voraussichtlichen Einnahmen und Ausgaben aufzuführen.

Öffentlichkeit	Ausgleich
Ein geheimer Etat wäre unzulässig. Jeder Staatsbürger hat das Recht auf Einblick in den Haushaltsplan.	Der Haushaltsplan muss für den Gesamtbetrag der veranschlagten Ausgaben die erforderliche Deckung ausweisen.

Bundeshaushalt 2017 – Einnahmen

Epl.	Bezeichnung	Summe Einnahmen		gegenüber 2016 mehr (+) weniger (-) 1 000 EUR
		2017 1 000,00 EUR	2016 1 000,00 EUR	
1	2	3	4	5
01	Bundespräsident und Bundespräsidialamt	193	193	–
02	Deutscher Bundestag	1 648	1 653	–5
03	Bundesrat	97	69	+28
04	Bundeskanzlerin und Bundeskanzleramt	2 885	42 165	–39 280
05	Auswärtiges Amt	149 501	148 543	+709
06	Bundesministerium des Innern	620 433	486 543	+133 890
07	Bundesministerium der Justiz und für Verbraucherschutz	541 623	527 319	+14 304
08	Bundesministerium der Finanzen	308 471	334 550	–26 079
09	Bundesministerium für Wirtschaft und Energie	458 554	465 940	–7 386
10	Bundesministerium für Ernährung und Landwirtschaft	67 079	67 815	–736
11	Bundesministerium für Arbeit und Soziales	1 986 581	1 930 071	+56 510
12	Bundesministerium für Verkehr und digitale Infrastruktur	5 620 029	6 018 409	–398 380
14	Bundesministerium der Verteidigung	412 030	242 070	+169 960
15	Bundesministerium für Gesundheit	99 166	110 936	–11 770
16	Bundesministerium für Umwelt, Naturschutz, Bau und Reaktorsicherheit	764 752	659 305	+105 447
17	Bundesministerium für Familie, Senioren, Frauen und Jugend	76 150	69 399	+6 751
19	Bundesverfassungsgericht	40	40	–
20	Bundesrechnungshof	4 189	1 685	+2 504
21	Die Bundesbeauftragte für den Datenschutz und die Informationsfreiheit	11	11	–
23	Bundesministerium für wirtschaftliche Zusammenarbeit und Entwicklung	930 552	620 175	+310 377
30	Bundesministerium für Bildung und Forschung	36 276	83 876	–47 600
32	Bundesschuld	1 253 448	1 529 420	–275 972
60	Allgemeine Finanzverwaltung	315 766 292	303 559 564	+12 206 728
	Einnahmen	**329 100 000**	**316 900 000**	**+12 200 000**

Zu Spalte 3: Darin enthalten sind
– Steuereinnahmen in Höhe von 301 029 400 TEUR,
– Einnahmen aus Krediten in Höhe von - TEUR sowie
– sonstige Einnahmen in Höhe von 28 070 600 TEUR .

Bundeshaushalt 2017 – Ausgaben

Epl.	Bezeichnung	Summe Einnahmen		gegen-über 2016 mehr (+) weniger (-) 1 000 EUR
		2017 1 000,00 EUR	2016 1 000,00 EUR	
1	2	3	4	5
01	Bundespräsident und Bundespräsidialamt	36 535	34 320	+2 215
02	Deutscher Bundestag	870 237	856 981	+12 256
03	Bundesrat	28 494	24 996	+3 498
04	Bundeskanzlerin und Bundeskanzleramt	2 798 010	2 413 099	+384 911
05	Auswärtiges Amt	5 232 408	4 810 140	+422 268
06	Bundesministerium des Innern	8 977 588	7 801 488	+1 176 100
07	Bundesministerium der Justiz und für Verbraucherschutz	838 622	745 492	+93 130
08	Bundesministerium der Finanzen	6 193 961	5 885 151	+308 810
09	Bundesministerium für Wirtschaft und Energie	7 734 979	7 621 783	+113 196
10	Bundesministerium für Ernährung und Landwirtschaft	6 002 552	5 595 168	+407 384
11	Bundesministerium für Arbeit und Soziales	137 582 419	129 888 984	+7 693 435
12	Bundesministerium für Verkehr und digitale Infrastruktur	27 911 432	24 571 659	+3 339 773
14	Bundesministerium der Verteidigung	37 004 839	34 287 847	+2 716 992
15	Bundesministerium für Gesundheit	15 159 227	14 572 911	+586 316
16	Bundesministerium für Umwelt, Naturschutz, Bau und Reaktorsicherheit	5 621 259	4 544 396	+1 076 863
17	Bundesministerium für Familie, Senioren, Frauen und Jugend	9 523 221	9 103 673	+419 548
19	Bundesverfassungsgericht	31 564	29 191	+2 373
20	Bundesrechnungshof	150 927	148 610	+2 317
21	Die Bundesbeauftragte für den Datenschutz und die Informationsfreiheit	15 395	13 716	+1 679
23	Bundesministerium für wirtschaftliche Zusammenarbeit und Entwicklung	8 541 040	7 406 751	+1 134 289
30	Bundesministerium für Bildung und Forschung	17 649 867	16 400 265	+1 249 602
32	Bundesschuld	19 991 040	21 727 120	–1 736 080
60	Allgemeine Finanzverwaltung	11 204 384	18 416 259	–7 211 875
	Ausgaben	**329 100 000**	**316 900 000**	**+12 200 000**

Zu Spalte 4: In der Fassung des Regierungsentwurfs zum Nachtragshaushalt 2016.

Quelle: Bundesministerium der Finanzen, www.bundesfinanzministerium.de (Auszug), abgerufen am 23.05.2017

Problem der wachsenden Staatsverschuldung

Die Lücke zwischen geplanten Einnahmen und Ausgaben wird durch Kredite geschlossen. In Deutschland ist der staatliche Kreditbedarf seit 1950 fast ununterbrochen gewachsen. Die Verschuldung stieg, gemessen am BIP, von ca. 20 % auf weit über 80 % und soll bis 2020 auf 60 % des BIP zurückgeführt werden.

Hierfür sind verschiedene Ursachen verantwortlich, z. B.:

- Das Wirtschaftswachstum in der langen Aufschwungphase von 1981 bis 1992 und seit 1994 wurde nicht durch Einrichtung neuer Arbeitsplätze, sondern durch Produktivitätsfortschritte erreicht. Dies führte zu verschärften Arbeitsmarktproblemen und einem rasanten Anstieg der Sozialausgaben bei gleichzeitig spärlicher sprudelnden Steuerquellen und scharfem Rückgang der Einzahlungen in die Kassen der Sozialversicherung.

- Die Deutsche Einheit machte seit 1991 Transferzahlungen in Höhe von über 1 Billion € in die neuen Länder erforderlich.

- Durch Ausnutzung steuerlicher Gestaltungsmöglichkeiten hat sich die Entwicklung der veranlagten Einkommensteuer und der Körperschaftsteuer vom Wirtschaftswachstum abgekoppelt.

- Die europäische Schuldenkrise und die geleisteten Zahlungen zum Eigenkapital des Europäischen Stabilisierungsmechanismus (ESM).

Die Finanzierung der Staatsschuld wird zu einem immer größeren Problem, da im Haushalt zunehmend höhere Summen für die Zinsen einzustellen sind. Schon jetzt können die Zinsen nur über neue Kredite bedient werden.

Über kurz oder lang wird der Schuldendienst zulasten allgemeiner staatlicher Aufgaben gehen und damit auch auf Kosten zukünftiger Generationen. Übermäßige Schulden engen den Handlungsspielraum des Staates unverhältnismäßig stark ein. Wichtige Investitionen in den Bereichen Bildung, Verkehrsinfrastruktur, Umweltschutz und Soziales können nicht realisiert werden und tragen zu einer Senkung des Gemeinwohls bei. Mit der grundgesetzlich (*Art. 109 und Art. 115 GG*) verankerten Schuldenbremse, die seit 2016 eine höhere Neuverschuldung als 0,35 % des BIP nur in Ausnahmefällen zulässt, könnte das Problem der wachsenden Staatsverschuldung eines Tages der Vergangenheit angehören.

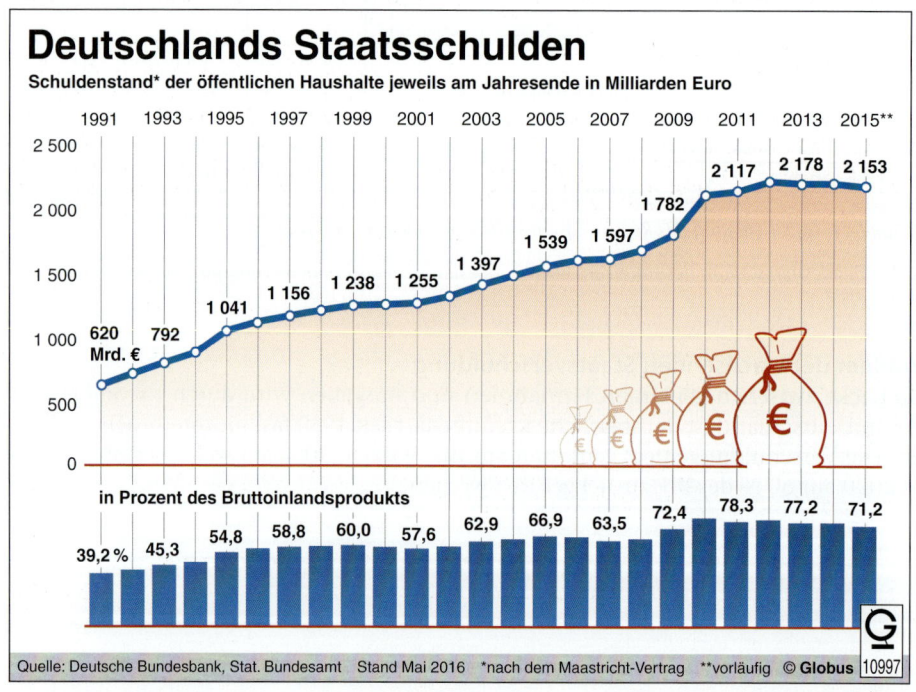

6.10   Wirtschaftspolitische Steuerungskonzepte

Nachfrageorientierte Wirtschaftspolitik	Angebotsorientierte Wirtschaftspolitik
Fiskalismus (John Maynard Keynes, Großbritannien)	**Monetarismus** (Milton Friedman, USA)
Grundannahmen: – Marktwirtschaftliche Systeme sind instabil; sie haben keine eigengesteuerte Tendenz zum Gleichgewicht der beiden Seiten des Marktes. Daher ist antizyklisches Gegensteuern durch den Staat erforderlich. – Arbeitslosigkeit baut sich wegen nach unten starrer Löhne nicht von selbst ab. – Bei nach unten starren Nominallöhnen bedeutet Inflation eine Reallohnsenkung. – Privater Konsum hängt vom laufenden Einkommen ab. – Private Spareigung ist relativ konstant. Daher führen Einkommensänderungen zu Nachfrageänderungen. – „Globalsteuerung" der gesamtwirtschaftlichen Nachfrage ist möglich.	**Grundannahmen:** – Die private Wirtschaft ist stabil, tendiert zum Gleichgewicht, reguliert sich über Preis- und Mengeneffekte selbst. – Antizyklische staatliche Eingriffe („stop and go") sind nicht Reaktion auf, sondern Ursache für Konjunkturschwankungen; sie bedeuten Unsicherheit für den privaten Sektor und führen zu Fehlentscheidungen. – Notwendige Strukturanpassungen der Wirtschaft werden u. a. durch Subventionen und staatliche Reglementierungen behindert. – Arbeitslosigkeit ist vorrangig strukturell bedingt. – Für Investitionen erforderliche Unternehmergewinne werden durch hohe Löhne, Lohnnebenkosten, Steuern und Abgaben geschmälert. – Konsum hängt vom auf Dauer erwarteten Einkommen ab.
Grundproblem: Zu schwache gesamtwirtschaftliche Nachfrage.	**Grundproblem:** Zu hohe Reallöhne.
Hauptinstrumente zur Konjunktursteuerung: – Staat soll in den Ablauf des Wirtschaftsgeschehens eingreifen (Ablaufpolitik). – Gezielte Veränderung von Staatseinnahmen und -ausgaben (Staatshaushalt); daher auch „Fiskalismus". – Finanzpolitik/Fiskalpolitik wirkt über Multiplikatorwirkungen auf die Nachfrage. – Im Abschwung müssen zusätzliche Staatsausgaben (Konjunktur- bzw. Beschäftigungsprogramme) durch Verschuldung finanziert werden: sogenanntes „Deficit-Spending".	**Hauptinstrumente zur Konjunktursteuerung:** – Staat soll Rahmenbedingungen verbessern (Ordnungspolitik), anstatt in die Abläufe einzugreifen. – Hauptsächliche Steuerungsgröße ist die Geldmenge; daher auch „Monetarismus", also insbesondere die Zinspolitik der EZB. – Verstetigung der Geld- und Fiskalpolitik. – Spreizung der Löhne und Gehälter nach Arbeitsproduktivität; Einzelvertragliche Entgeltvereinbarungen statt einheitlicher Tariflöhne. – Reduzierung der Staatsquote und Abbau der Staatsverschuldung. – Abbau staatlicher Vorschriften: Stichwort „Deregulierung". – Flexibilisierung der Arbeitszeit. – Senkung der Unternehmensabgaben.
Ziel: Erhöhung der Nachfrage nach Investitions- und Konsumgütern und dadurch Zunahme der Beschäftigung und des Wirtschaftswachstums	

6.10.1   Nachfrageorientierte Wirtschaftspolitik

Nachfrageorientierte Wirtschaftspolitik bedeutet, dass der Staat in den Wirtschaftsprozess eingreift, um Arbeitsplätze zu schaffen, Investitionen zu fördern und die Preise zu stabilisieren.

| Steigerung/Senkung der gesamtwirtschaftlichen Nachfrage | Steigerung/Senkung der Produktion in den Unternehmungen | Beeinflussung – der Beschäftigung – des Preisniveaus – des Wachstums |

Fiskalpolitik *bedeutet die Gestaltung der staatlichen Einnahmen und Ausgaben mit der Absicht, die gesamtwirtschaftliche Nachfrage im Sinne der wirtschaftlichen Zielgrößen zu beeinflussen.*

Zur gesamtwirtschaftlichen Nachfrage zählt neben der Nachfrage des Staates auch die Investitionsgüternachfrage von Unternehmen und die Konsumgüternachfrage der privaten Haushalte.

Konjunkturbelebung	Konjunkturdämpfung
– Verzicht auf Staatseinnahmen – Erhöhung der Staatsausgaben	– Erhöhung der Staatseinnahmen – Verminderung der Staatsausgaben

Die Maßnahmen zur Konjunkturbelebung und Konjunkturdämpfung sollen entgegengesetzt (antizyklisch) zu der jeweiligen Konjunkturphase wirken.

Beispiel: *In der Hochkonjunktur wird über Steuererhöhungen eine Verringerung der gesamtwirtschaftlichen Nachfrage angestrebt. In der Rezession werden Steuern gesenkt, um die gesamtwirtschaftliche Nachfrage anzukurbeln.*

Zum Konzept der nachfrageorientierten Wirtschaftspolitik gehört die Idee des „Deficit-Spending". Notfalls soll der Staat seine Maßnahmen zur Ankurbelung der Konjunktur über Kreditaufnahmen finanzieren. Die Rückzahlung der Neuverschuldung soll über die Steuermehreinnahmen, die das erwartete zusätzliche Wirtschaftswachstum mit sich bringt, finanziert werden.

Gegen eine nachfrageorientierte Wirtschaftspolitik gibt es wichtige Einwände:

- Konjunkturprogramme führen nur zu Strohfeuereffekten.

- Dosierung und richtiger Zeitpunkt der Maßnahmen sind in ihrer Wirkung nicht vorhersehbar.

- Die Steuereinnahmen steigen nicht im gewünschten Umfang, sodass die Staatsverschuldung steigt.

- Die staatliche Kreditaufnahme beansprucht den Kapitalmarkt so stark, dass Zinserhöhungen unausbleiblich sind.

- Es kommt zu Mitnahmeeffekten, sodass die Wirksamkeit einzelner Maßnahmen schwer überprüfbar ist.

Beispiel: *Die Bundesregierung kündigt eine befristete Investitionszulage in Höhe von 10% ab dem 1. Januar des kommenden Jahres an. Unternehmen werden ihre geplanten Investitionen auf das Folgejahr verschieben, um in den Genuss der Investitionszulage zu kommen.*

- Eine Wirtschaftspolitik, in der von Fall zu Fall bestimmte Instrumente eingesetzt werden (Stop-and-go-Policy), ist unberechenbar und kann bei den betroffenen Wirtschaftssubjekten unerwartete Reaktionen hervorrufen.

- Die erhofften Wirkungen treten mit zeitlicher Verzögerung ein und entfalten sich unter Umständen zum „falschen" Zeitpunkt, sodass sie prozyklisch wirken (Timelags).

- Der föderale Aufbau der Bundesrepublik lässt nicht zu, Bund, Länder und Gemeinden zu einheitlichem fiskalpolitischem Handeln zu verpflichten.

6.10.2 Angebotsorientierte Wirtschaftspolitik

Grundüberlegung dieser Strategie ist, dass die Beschäftigungslage und die Höhe des Volkseinkommens bestimmt wird durch die Rentabilität der Produktion.

Das Konzept zielt daher darauf ab, die Antriebskräfte der Marktwirtschaft zu stärken und die Anreize zum Investieren, zu Innovationen, zur Leistung und zur Anpassung an neue Umweltbedingungen zu verbessern.

Staatliche Auflagen, Gesetze und Subventionen, aber auch die Steuerbelastung sollen hierbei auf das Notwendigste beschränkt werden, um die Eigeninitiative und die schöpferischen Kräfte der Menschen als Triebfeder der Marktwirtschaft zu fördern und damit die wirtschaftliche Dynamik zu erhalten.

Durch Stärkung der Angebotsseite und Erleichterung der Angebotsbedingungen sollen Beschäftigung und Nachfrage verbessert werden:
- Privatisierung öffentlicher Unternehmen,
- konjunkturneutrale Finanzpolitik,
- Senkung der Lohnnebenkosten,
- Beschleunigung von Genehmigungsverfahren,
- Rückverlagerung von gemeinschaftlichen Risiken auf den Einzelnen,
- Abbau von Arbeits- und Kündigungsschutzregelungen,
- Stärkung der Subsidiarität (Selbstvorsorge) und Abbau von falschen Anreizen in der Sozialpolitik,
- Verringerung der Staatsquote,
- Abbau von Subventionen und Transferzahlungen,
- Öffnung öffentlicher Monopole,
- Senkung der Unternehmenssteuern,
- potenzialorientierte Geldpolitik[1].

Die Angebotssteuerung der Volkswirtschaft beruht auf der Überlegung, dass die Verbesserung der Investitionsbedingungen für die Unternehmungen zu erhöhter Beschäftigung und mehr Wirtschaftswachstum führt.

– Verbesserung des Investitionsklimas – motivierendes Steuersystem – weniger Staat, mehr Markt	– verbesserte Gewinnaussichten – mehr Investitionen – steigende Produktion	Steigerung – des Wirtschaftswachstums – der Beschäftigung

In Deutschland scheint sich in den letzten Jahren ein Trend zur angebotsorientierten Wirtschaftspolitik zu verstärken. In einem seiner letzten Gutachten rät der Sachverständigenrat,
- die Sozialversicherungssysteme umzustellen,
- den Standort Deutschland durch Kostensenkungen attraktiv zu erhalten,
- direkte Steuern zulasten von indirekten Steuern umzuschichten,
- bei Lohnerhöhungen unter dem Produktivitätsfortschritt zu bleiben und
- die Investitionsbedingungen zu verbessern.

---

[1] *Vgl. Seite 573 ff.*

6.11   Fiskalpolitik

Mit dem Gesetz zur Förderung der Stabilität und des Wachstums der Wirtschaft wurde 1967 der Versuch unternommen, durch gesetzgeberische Vorschriften die Konjunktur zu steuern. Nach dem Prinzip der Globalsteuerung, d. h. der Beeinflussung von Investitionen, Konsum und Sparen, soll die Gesamtnachfrage antizyklisch beeinflusst werden. Diese Beeinflussung erfolgt entweder direkt durch Markteintritt des Staates als Nachfrager oder aber indirekt, indem Haushalte und Unternehmen steuerliche Erleichterungen oder Erschwernisse erhalten.

Das Stabilitätsgesetz enthält ein seit 2009 teilweise wieder angewendetes reichhaltiges Instrumentarium, um den Wirtschaftsablauf zur bestmöglichen Verwirklichung des „Magischen Vierecks" zu beeinflussen. Die Maßnahmen und Instrumente des Stabilitätsgesetzes gehören in die Kategorie „nachfrageorientierte Wirtschaftspolitik".

Da sich die Kassen der öffentlichen Haushalte während eines konjunkturellen Aufschwungs aufgrund steigender Steuereinnahmen allmählich füllen, ist es für den Staat natürlich naheliegend (und verführerisch), diese Steuermehreinnahmen auch wieder auszugeben. Ein solches Verhalten würde allerdings die konjunkturelle Aufwärtsentwicklung noch verstärken, also prozyklisch wirken. Im Sinne des Stabilitätsgesetzes sollten Steuermehreinnahmen im Aufschwung nicht ausgegeben, sondern antizyklisch verwendet werden, beispielsweise zur Schuldentilgung oder als Rücklage für schlechtere Zeiten (Konjunkturausgleichsrücklage).

Das Konzept der **antizyklischen Fiskalpolitik** *verlangt, dass der Staat seine Einnahmen- und Ausgabenpolitik in den einzelnen konjunkturellen Phasen genau entgegengesetzt zum Verhalten der übrigen Wirtschaftssubjekte (Unternehmen, private Haushalte), also antizyklisch, gestaltet.*

Ziel der antizyklischen Fiskalpolitik ist es, durch geeignete Maßnahmen eine Verstetigung des Konjunkturverlaufs herbeizuführen.

- Im **Konjunkturaufschwung** sollte der Staat seine eigene Nachfrage senken, um die konjunkturelle Aufwärtsbewegung und den damit verbundenen Preisniveauanstieg nicht zu verstärken.

- Im **Konjunkturabschwung** sollte der Staat dagegen seine eigene Nachfrage erhöhen, um die konjunkturelle Abwärtsbewegung und den damit verbundenen Beschäftigungsrückgang zu bremsen.

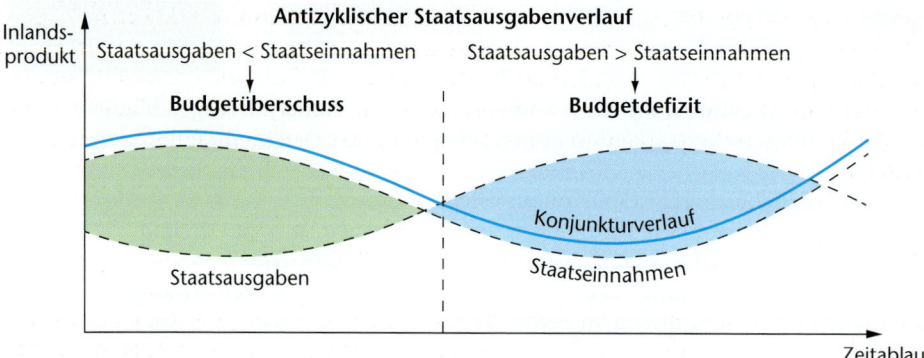

Fiskalpolitisches Instrumentarium gemäß Stabilitätsgesetz

Das Instrument wirkt primär auf die Nachfrage ...	Konjunkturförderung	Konjunkturdämpfung
... der privaten Haushalte	– unmittelbare Senkung der Einkommensteuer	– unmittelbare Erhöhung der Einkommensteuer
... der Unternehmen	– unmittelbare Senkung der Körperschaftsteuer – mittelbare Senkung der Körperschaftsteuer durch Einräumung von Abschreibungsvergünstigungen – Gewährung von Subventionen	– unmittelbare Erhöhung der Körperschaftsteuer – mittelbare Erhöhung der Körperschaftsteuer durch Aussetzung von Abschreibungsvergünstigungen – Abbau von Subventionen
... des Staates	– Auflösung der Konjunkturausgleichsrücklage – Beschleunigung von Investitionen – zusätzliche Kreditaufnahme	– Bildung der Konjunkturausgleichsrücklage – Schuldentilgung – Verzögerung von Investitionen – Beschränkung der Kreditaufnahme

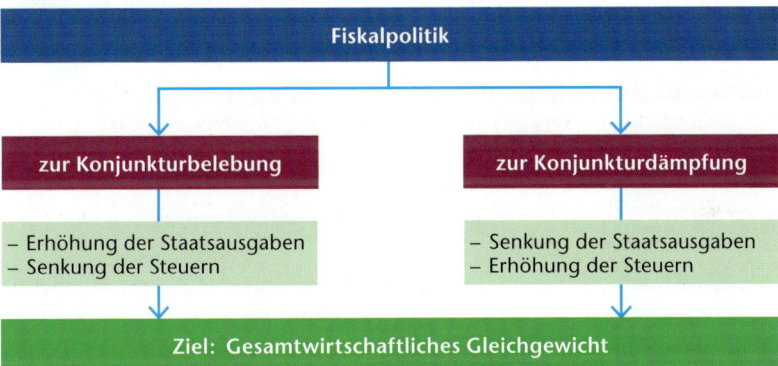

Die aktuelle Wirtschaftspolitik kann sich nicht ausschließlich entweder auf Angebotsorientierung oder auf Nachfrageorientierung konzentrieren: Beide Konzepte sind mit unterschiedlichen „Nebenwirkungen" verbunden. Gefährdung des sozialen Friedens, steigende Staatsverschuldung oder weitere Vermögensumschichtungen können die unerwünschten Folgen der einen oder der anderen Politik sein. Daher müssen Elemente beider Konzepte von der Wirtschaftspolitik genutzt werden. Von besonderer Bedeutung wird dabei sein, wie die nationale Wirtschafts- und Finanzpolitik der 19 Mitglieder der Eurozone untereinander verzahnt und mit der Geldpolitik der EZB in Einklang gebracht werden kann.

6.12   Geldpolitik im Europäischen System der Zentralbanken

Das Europäische System der Zentralbanken ist föderal aufgebaut und besteht aus der Europäischen Zentralbank (EZB) und den nationalen Notenbanken (NZBs) der Mitgliedsstaaten, d.h., es umfasst außer den Mitgliedern des Eurosystems auch die Nationalen Zentralbanken, die den Euro nicht zu Beginn der dritten Stufe der EWWU eingeführt haben.

Das **Eurosystem** umfasst die EZB und die Nationalen Zentralbanken der Teilnehmerländer, die den Euro seit Beginn der dritten Stufe der EWWU eingeführt haben. Das Gebiet der Mitgliedsstaaten ist die **Eurozone**.

Die Euroländer

EU-Mitglieder, die den Euro als offizielle Währung eingeführt haben, und das Jahr der Euro-Einführung

Belgien	1999
Deutschland	1999
Finnland	1999
Frankreich	1999
Irland	1999
Italien	1999
Luxemburg	1999
Niederlande	1999
Österreich	1999
Portugal	1999
Spanien	1999
Griechenland	2001
Slowenien	2007
Malta	2008
Zypern	2008
Slowakei	2009
Estland	2011
Lettland	2014
Litauen	2015

EU-Mitglieder, die den Euro (noch) nicht eingeführt haben, und ihre derzeit gültige Währung

Bulgarien	**Lew**
Dänemark	**Dänische Krone**
Großbritannien	**Pfund Sterling**
Kroatien	**Kuna**
Polen	**Złoty**
Rumänien	**Leu**
Schweden	**Schwed. Krone**
Tschechien	**Tschech. Krone**
Ungarn	**Forint**

10045 © **Globus**   Stand 2015   Quelle: Europäische Union

Autonomie (Weisungsunabhängigkeit) der Europäischen Zentralbank
Bei der Wahrnehmung ihrer Befugnisse, Aufgaben und Pflichten darf
- weder die EZB
- noch eine Nationale Zentralbank
- noch ein Mitglied ihrer Beschlussorgane

Weisungen von Organen oder Einrichtungen der Gemeinschaft, Regierungen der Mitgliedsstaaten oder anderen Stellen einholen oder entgegennehmen (*Art. 108 AEUV*).

Ziele und Aufgaben der Europäischen Zentralbank

Die Europäische Zentralbank hat mit Beginn ihrer Tätigkeit die währungs- und geld-politischen Aufgaben der Nationalen Zentralbanken übernommen. Diese werden von der Europäischen Zentralbank zur Durchführung von Geschäften aus dem Aufgaben-bereich des Europäischen Systems der Zentralbanken in Anspruch genommen.

Die Europäische Zentralbank beeinflusst mit ihrer **Geldpolitik** das Wirtschaftsgesche-hen innerhalb der Gemeinschaft und ist damit neben den Regierungen der Euro-Mit-gliedsländer wichtigster Träger der Konjunkturpolitik.

Die Europäische Zentralbank regts die Geldpolitik innerhalb der Gemeinschaft. Als „Hüterin der Währung" verfolgt sie das Ziel, die Preisstabilität innerhalb der Gemeinschaft zu sichern (Art. 127 Abs. 1 AEUV).

Die Europäische Zentralbank hat die allgemeine Wirtschaftspolitik in der Europäischen Währungsunion zu unterstützen, soweit dies ohne Beeinträchtigung der Preisstabilität möglich ist *(Art. 127 Abs. 1 AEUV)*.

Artikel 127 AEUV

(1) Das vorrangige Ziel des Europäischen Systems der Zentralbanken (im Folgenden „ESZB") ist es, die Preisstabilität zu gewährleisten. Soweit dies ohne Beeinträchti-gung des Zieles der Preisstabilität möglich ist, unterstützt das ESZB die allgemeine Wirtschaftspolitik in der Union, um zur Verwirklichung der in Artikel 3 des Ver-trags über die Europäische Union festgelegten Ziele der Union beizutragen. Das ESZB handelt im Einklang mit dem Grundsatz einer offenen Marktwirtschaft mit freiem Wettbewerb, wodurch ein effizienter Einsatz der Ressourcen gefördert wird, und hält sich dabei an die in Artikel 119 genannten Grundsätze.

(2) Die grundlegenden Aufgaben des ESZB bestehen darin,
 – die Geldpolitik der Union festzulegen und auszuführen,
 – Devisengeschäfte im Einklang mit Artikel 219 durchzuführen,
 – die offiziellen Währungsreserven der Mitgliedstaaten zu halten und zu verwalten,
 – das reibungslose Funktionieren der Zahlungssysteme zu fördern.

(3) Absatz 2 dritter Gedankenstrich berührt nicht die Haltung und Verwaltung von Arbeitsguthaben in Fremdwährungen durch die Regierungen der Mitgliedstaaten.

(4) Die Europäische Zentralbank wird gehört
 – zu allen Vorschlägen für Rechtsakte der Union im Zuständigkeitsbereich der Europäischen Zentralbank,

– von den nationalen Behörden zu allen Entwürfen für Rechtsvorschriften im Zuständigkeitsbereich der Europäischen Zentralbank, und zwar innerhalb der Grenzen und unter den Bedingungen, die der Rat nach dem Verfahren des Artikels 129 Absatz 4 festlegt.

Die Europäische Zentralbank kann gegenüber den zuständigen Organen, Einrichtungen oder sonstigen Stellen der Union und gegenüber den nationalen Behörden Stellungnahmen zu in ihren Zuständigkeitsbereich fallenden Fragen abgeben.

(5) Das ESZB trägt zur reibungslosen Durchführung der von den zuständigen Behörden auf dem Gebiet der Aufsicht über die Kreditinstitute und der Stabilität des Finanzsystems ergriffenen Maßnahmen bei.

(6) Der Rat kann einstimmig durch Verordnungen gemäß einem besonderen Gesetzgebungsverfahren und nach Anhörung des Europäischen Parlaments und der Europäischen Zentralbank besondere Aufgaben im Zusammenhang mit der Aufsicht über Kreditinstitute und sonstige Finanzinstitute mit Ausnahme von Versicherungsunternehmen der Europäischen Zentralbank übertragen.

Notenmonopol und Münzregal

Die Europäische Zentralbank hat das ausschließliche Recht, die Ausgabe von Banknoten innerhalb der Gemeinschaft zu genehmigen. Die Europäische Zentralbank und die Nationalen Zentralbanken sind zur Ausgabe von Banknoten berechtigt. Dies sind die einzigen Banknoten, die in der Gemeinschaft als gesetzliches Zahlungsmittel gelten.
Die Mitgliedsstaaten haben das Recht zur Ausgabe von Münzen, wobei der Umfang der Genehmigung durch die Europäische Zentralbank bedarf *(Art. 128 AEUV)*.

6.12.1 Europäische Zentralbank

Kernstück des Europäischen Systems der Zentralbanken ist die Europäische Zentralbank. Sie ist berechtigt, völkerrechtliche Verträge abzuschließen. In jedem Mitgliedsland besitzt die EZB „... die weitestgehende Rechts- und Geschäftsfähigkeit ...“ juristischer Personen *(Art. 9 ESZB/EZB-Satzung)*.

Rechtsform:	Gesellschaft sui generis nach internationalem Völkerrecht
Gezeichnetes Kapital:	10 825 007 069,61 €
Sitz:	Frankfurt/Main
Rechtsgrundlagen:	Vertrag zur Gründung der Europäischen Gemeinschaft (EGV); ESZB/EZB-Satzung
Beginn der Tätigkeit:	1. Januar 1999
Subsidiaritätsprinzip:	Die Europäische Zentralbank übernimmt die währungs- und geldpolitischen Aufgaben der Nationalen Zentralbanken. Sie nimmt die Nationalen Zentralbanken zur Durchführung von Geschäften aus dem Aufgabenbereich des ESZB in Anspruch, soweit dies möglich und sachgerecht erscheint. Damit bleibt der Deutschen Bundesbank die technische Umsetzung eines großen Teils der geldpolitischen Entscheidungen erhalten.

Gezeichnetes Kapital

Das gezeichnete Kapital der Europäischen Zentralbank in Höhe von 10,82 Mrd. € wird von den Nationalen Zentralbanken nach einem Schlüssel aufgebracht, der

- den Anteil der eigenen Bevölkerung an der Gesamtbevölkerung der Gemeinschaft und

- den Anteil des eigenen Bruttoinlandsprodukts am gesamten Bruttoinlandsprodukt der Gemeinschaft berücksichtigt.

Die NZBen der zehn Länder der EU, die nicht dem Euro-Währungsgebiet angehören, müssen als Beitrag zu den Betriebskosten, die der EZB durch deren Teilnahme am Europäischen System der Zentralbanken (ESZB) entstehen, einen Mindestprozentsatz des von ihnen gezeichneten Kapitals einzahlen. Zuzahlungen haben diese Zentralbanken erst zu leisten, wenn sie dem Eurosystem beitreten. Bis dahin sind sie weder an den Gewinnen noch an den Verlusten beteiligt.

Währungsreserven

Zur Erfüllung ihrer devisenpolitischen Aufgaben erhält die Europäische Zentralbank maximal 50 Mrd. € von den Mitgliedsstaaten. Die Nationalen Zentralbanken übertragen dazu einen Teil ihrer Währungsreserven aus Drittwährungen an die Europäische Zentralbank.

Es gilt der gleiche Schlüssel wie bei der Aufbringung des gezeichneten Kapitals. In Höhe der übertragenen Währungsreserven erhalten die Nationalen Zentralbanken Forderungen gegen die Europäische Zentralbank.

Gewinnverwendung

Gewinne der Nationalen Zentralbanken

Die Nationalen Zentralbanken erzielen Gewinne durch Erfüllung ihrer währungspolitischen Aufgaben des Europäischen Systems der Zentralbanken. Die Gewinne werden für alle beteiligten Nationalen Zentralbanken zusammengeführt und gemäß der Kapitalanteile wieder verteilt *(Art. 32 ESZB/EZB-Satzung)*.

Gewinne der Europäischen Zentralbank

Durch Devisenoperationen erzielt die Europäische Zentralbank Gewinne. Maximal 20 % des Gewinns werden der Rücklage zugeführt, bis 100 % des gezeichneten Kapitals erreicht sind. Der Rest wird im Verhältnis der eingezahlten Kapitalanteile an die Nationalen Zentralbanken ausgeschüttet *(Art. 33 ESZB/EZB-Satzung)*.

DIE EUROPÄISCHE ZENTRALBANK

Sitz:	Frankfurt am Main
gegründet:	1998 als gemeinsame Währungsbehörde der Euroländer
Präsident:	Mario Draghi (Italien, seit 2011)
wichtigste Aufgaben:	• legt Leitzinsen fest • verwaltet Währungsreserven • genehmigt Ausgabe von Banknoten • beobachtet Preisentwicklung und Preisstabilität

Die drei wichtigsten Gremien

EZB-Rat
• wichtigstes Beschlussorgan
• tagt i.d.R. zweimal im Monat

setzt sich zusammen aus

6 Mitgliedern des Direktoriums und Präsidenten der nationalen Zentralbanken der 19 Euroländer

Direktorium
• überwacht die Tagesgeschäfte der EZB
• bereitet EZB-Ratssitzungen vor
• setzt Beschlüsse um

setzt sich zusammen aus

Präsident, Vizepräsident sowie **4 weiteren Mitgliedern**

Erweiterter Rat
• berät und koordiniert
• hilft bei den Vorbereitungen für den Beitritt neuer Länder zum Euroraum

setzt sich zusammen aus

28 Präsidenten der EU-Zentralbanken

👤 **Präsident**

👤 **Vizepräsident**

Quelle: EZB   Stand Februar 2016   © Globus 10827

6.12.2 Aufbau und Organe der Europäischen Zentralbank

Europäischer Zentralbankrat (EZB-Rat)

Mitglieder des Europäischen Zentralbankrates sind
- die Präsidenten der Nationalen Zentralbanken und
- die Mitglieder des Direktoriums.

Der EZB-Rat bestimmt die Geld- und Währungspolitik der Europäischen Zentralbank.

Die Beschlüsse werden grundsätzlich mit einfacher Mehrheit gefasst. Um eine effiziente Arbeit sicherzustellen, gilt bei Abstimmungen im EZB-Rat ein Rotationssystem. Die Notenbankpräsidenten der fünf stärksten Volkswirtschaften bilden eine Gruppe mit vier stimmberechtigten Mitgliedern. Alle übrigen Notenbankpräsidenten bilden eine zweite Gruppe mit gemeinsam 11 Stimmen. Die Stimmrechte rotieren monatlich, sodass die Zeiträume ohne Stimmrecht für die einzelnen Präsidenten relativ kurz sind. Die Stimmrechte der Direktoriumsmitglieder bleiben hiervon unberührt. Nur bei Fragen der Kapitalausstattung, der Währungsreserven und der Gewinnverteilung verfügen die Nationalen Zentralbanken über ein gewichtetes Stimmrecht, das sich nach der Höhe ihres Kapitalanteils richtet. Bei diesen Abstimmungen haben die Mitglieder des Direktoriums kein Stimmrecht.

Der EZB-Rat hat folgende Aufgaben:
- Erlassen der Leitlinien und Beschlüsse, die zur Erfüllung der dem Eurosystem übertragenen Aufgaben notwendig sind, und
- Festlegung der Geldpolitik des Eurogebiets; dies beinhaltet die Beschlussfassung über geldpolitische Ziele, Leitzinssätze und die Bereitstellung von Zentralbankgeld im Eurosystem sowie die Formulierung von Leitlinien zur Umsetzung der oben genannten Beschlüsse.

Direktorium

Mitglieder des Direktoriums sind
- der EZB-Präsident,
- der Vizepräsident,
- bis zu vier weitere Mitglieder.

Wahlverfahren des Direktoriums

Die Mitglieder des Direktoriums werden von den Mitgliedsstaaten auf Ebene der Staats- und Regierungschefs auf Empfehlung des Wirtschafts- und Finanzausschusses (ECOFIN-Rat) ernannt. Dem ECOFIN-Rat gehören die Wirtschafts- und Finanzminister an. Vor seiner Empfehlung hört der ECOFIN-Rat den EZB-Rat und das Europäische Parlament. Die Amtszeit der Präsidenten beträgt mindestens fünf Jahre, die Amtszeit der Mitglieder des Direktoriums beträgt acht Jahre. Eine Wiederwahl ist nicht zulässig. Die Mitglieder des erstem Direktoriums der EZB hatten Verträge unterschiedlicher Laufzeit. Damit wurde Kontinuität sichergestellt, da nicht mehrere Mitglieder des Direktoriums zum gleichen Zeitpunkt ersetzt werden mussten.

Aufgaben des Direktoriums

Das Direktorium führt die Geldpolitik nach den Beschlüssen des EZB-Rates aus. Wenn die Beschlüsse von den Nationalen Zentralbanken vollzogen werden, erteilt das Direktorium die entsprechenden Anweisungen.

Es gilt das **Subsidiaritätsprinzip**. Die Europäische Zentralbank führt nur diejenigen Aufgaben aus, die von den Nationalen Zentralbanken nicht in gewünschter Weise ausgeführt werden können.

Erweiterter EZB-Rat

Dem erweiterten EZB-Rat gehören neben dem Präsidenten und dem Vizepräsidenten der Europäischen Zentralbank die Notenbankpräsidenten aller EU-Mitglieder an. Auf diesem Weg werden auch diejenigen EU-Staaten, die noch nicht an der Währungsunion teilnehmen, in Beratungen einbezogen. Der erweiterte Rat besteht nur so lange, wie nicht alle EU-Staaten den Euro eingeführt haben.

6.12.3 Deutsche Bundesbank

Die **Deutsche Bundesbank** ist die Zentralbank der Bundesrepublik Deutschland.

Rechtsform:	Bundesunmittelbare juristische Person des öffentlichen Rechts
Sitz:	Frankfurt/Main
Rechtsgrundlage:	Gesetz über die Deutsche Bundesbank (BBankG)
Grundkapital:	2,5 Mrd. €
	Das Grundkapital steht dem Bund zu und damit auch der entstehende Bundesbankgewinn.

- Als **Nationale Zentralbank** innerhalb des Europäischen Systems der Zentralbanken (ESZB) ist die Deutsche Bundesbank aufgrund einer Genehmigung der Europäischen Zentralbank zur Ausgabe von Banknoten berechtigt.

- Als **Mitglied des Europäischen Systems der Zentralbanken** führt die Deutsche Bundesbank die in ihren Zuständigkeitsbereich fallenden geldpolitischen Beschlüsse der Europäischen Zentralbank aus.

- Als **Hausbank des Bundes** und eingeschränkt auch der Länder

  - vertritt die Deutsche Bundesbank die Bundesrepublik Deutschland in internationalen Währungsbehörden *(z. B. Internationaler Währungsfonds)*,

  - verwaltet sie die nationalen Währungsreserven, soweit sie nicht an die EZB übertragen sind,

  - wirkt sie mit bei der Bankenaufsicht,

  - wirkt sie mit bei der Kreditaufnahme des Bundes und der Länder auf den Geld- und Kapitalmärkten ("fiscal agent"),

  - erfüllt sie statistische Aufgaben.

Aufgaben im Eurosystem/ESZB	Nationale und internationale Aufgaben
– Mitwirkung bei der Erfüllung der Aufgaben des Eurosystems/ESZB mit dem vorrangigen Ziel der Preisstabilität – Mitentscheidung der gemeinsamen Geldpolitik im EZB-Rat durch den Präsidenten der Deutschen Bundesbank – Umsetzung der Geldpolitik des Eurosystems in Deutschland – Refinanzierung des deutschen Bankensystems – Versorgung mit Bargeld und Pflege des Bargeldumlaufs – Verwaltung der Währungsreserven der Deutschen Bundesbank	– Mitwirkung bei der Bankenaufsicht – Erhebung, Aufbereitung und Veröffentlichung von Wirtschaftsstatistiken, Zahlungsbilanz (statistische Aufgaben) – Hausbank des Staates, Kontenführung für den Staat, Übernahme des Zahlungsverkehrs, Unterstützung beim Emissionsgeschäft, Beratung (Fiscal Agent) – Beratung der Bundesregierung in währungspolitischen Angelegenheiten – Portfoliomanagement: Versorgungsrücklage für Bundesbeamte, Vermögensverwaltung Stiftung „Geld und Währung"

Aufgaben im Eurosystem/ESZB	Nationale und internationale Aufgaben
– Sorge für die bankmäßige Abwicklung des Zahlungsverkehrs im Inland und mit dem Ausland, Systembetreiber RTGSPlus – Information und Öffentlichkeitsarbeit über die Aufgaben und die Geldpolitik des Eurosystems	– Schlichtungsstelle für den Überweisungsverkehr – Wahrnehmung der deutschen Mitgliedschaft im Internationalen Währungsfonds (IWF), Vertretung in internationalen Gremien (G7, G10, G20, OECD, BIZ, WFA) – technische Zentralkooperation – volkswirtschaftliches Forschungszentrum – allgemeine Information und Öffentlichkeitsarbeit

Aufbau der Deutschen Bundesbank

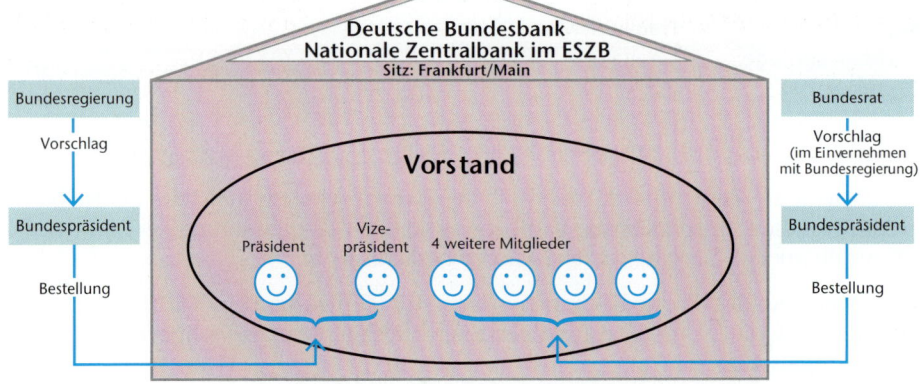

Deutsche Bundesbank
Nationale Zentralbank im ESZB
Sitz: Frankfurt/Main

Bundesregierung → Vorschlag → Bundespräsident → Bestellung

Bundesrat → Vorschlag (im Einvernehmen mit Bundesregierung) → Bundespräsident → Bestellung

Vorstand

Präsident — Vizepräsident — 4 weitere Mitglieder

9 Hauptverwaltungen mit 35 Filialen
Leitung durch Präsidenten, die jeweils dem Vorstand unterstehen

| Berlin (Berlin/ Brandenburg) | Düsseldorf (Nordrhein-Westfalen) | Frankfurt/ Main (Hessen) | Hamburg (Hamburg/ Mecklenburg-Vorpommern/ Schleswig-Holstein) | Hannover (Bremen/ Niedersachsen/ Sachsen-Anhalt) | Leipzig (Sachsen/ Thüringen) | Mainz (Rheinland-Pfalz/ Saarland) | München (Bayern) | Stuttgart (Baden-Württemberg) |

Organe der Deutschen Bundesbank

Vorstand
(§ 7 BBankG)

Der Vorstand verwaltet die Bundesbank.
Dem Vorstand der Bundesbank gehören an:
– der Präsident und der Vizepräsident sowie
– 4 weitere Mitglieder.
Die Mitglieder des Vorstands werden vom Bundespräsidenten bestellt. Die Bestellung des Präsidenten und des Vizepräsidenten sowie eines weiteren Mitglieds erfolgt auf Vorschlag der Bundesregierung, die der übrigen 3 Mitglieder auf Vorschlag des Bundesrates im Einvernehmen mit der Bundesregierung. Für die Bestellung des Vizepräsidenten kann der Bundesrat der Bundesregierung einen Vorschlag zuleiten.

Hauptverwaltungen
(§ 8 BBankG)

Die Hauptverwaltungen werden jeweils von einem Präsidenten geleitet, der dem Vorstand der Deutschen Bundesbank untersteht.

Die Hauptverwaltungen überwachen im Rahmen der Bankenaufsicht die Kreditinstitute in ihrer Region, analysieren Unternehmen, versorgen die Wirtschaft mit Bargeld und bieten Privatkunden unbefristeten Umtausch von DM-Noten und DM-Münzen an.

6.12.4 Der Zentralbankgeldbedarf

Die Kreditinstitute beschaffen ihre Geldmittel hauptsächlich über Kundeneinlagen und Kredite bei anderen Banken. Darüber hinaus benötigen sie aber auch Zentralbankgeld zur Bargeldversorgung, zur Unterhaltung ihrer Mindestreserve und für die Abwicklung von Zahlungsverkehr. Zentralbankgeld sind Banknoten und Sichtguthaben der MFIs bei der Zentralbank, also Geld, das nur die Zentralbank schaffen kann. Auf dem Geldmarkt ist aber i.d.R. zu wenig Zentralbankgeld vorhanden, sodass die MFIs gezwungen sind, sich bei der EZB zu refinanzieren. Durch Gestaltung der Refinanzierungskosten für Zentralbankguthaben nimmt die EZB Einfluss auf den Geldmarkt. Niedrige Zinsen und ausreichende Mittelzuteilungen werden das Tagesgeld verbilligen und im umgekehrten Fall verteuern.

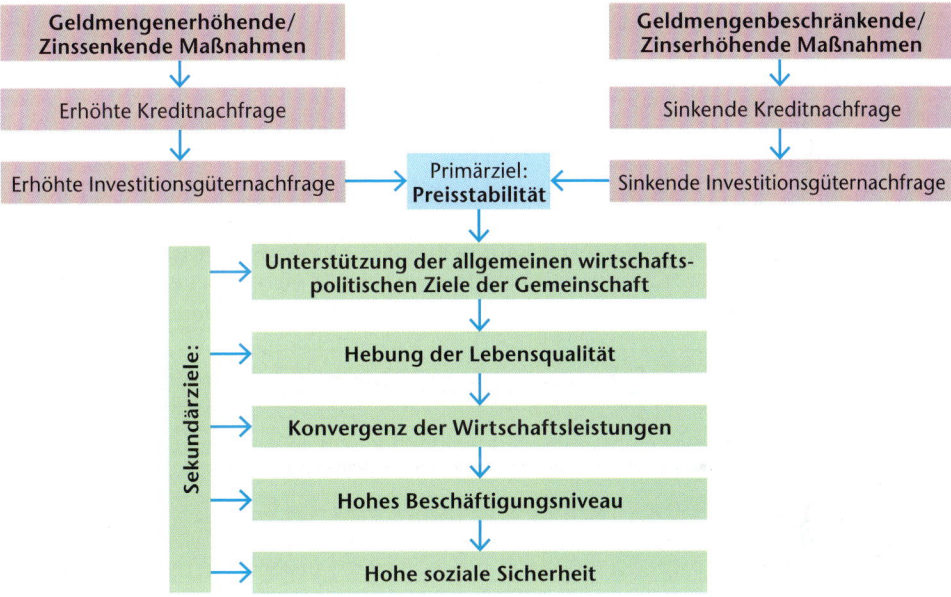

6.12.5 Geldpolitische Instrumente

Die geldpolitischen Instrumente lassen sich in zwei wesentliche Bereiche unterteilen: Der Schwerpunkt liegt bei den „geldpolitischen Operationen" (**Offenmarktgeschäfte** und **Ständige Fazilitäten**). Daneben gibt es die **Mindestreservepflicht**, die es auch vor der Währungsumstellung schon in Deutschland gab, im gesamten Euro-Währungsgebiet.

Der Instrumenteneinsatz erfolgt grundsätzlich nach den allgemeinen Regelungen des Eurosystems, die auf den folgenden Seiten beschrieben werden. Die EZB behält sich jedoch vor, bezüglich der Laufzeiten, der Zuteilungsbeträge, der Tenderverfahren, der Sicherheiten, des Korridors der ständigen Fazilitäten usw. von den Regeln abzuweichen und situationsangemessen und flexibel zu verfahren.

6.12.5.1 Offenmarktpolitik

Offenmarktgeschäfte spielen für die Geldpolitik des Europäischen Systems der Zentralbanken die zentrale Rolle. Sie werden eingesetzt, um die Zinsen und die Liquidität am Markt zu steuern und Signale bezüglich des geldpolitischen Kurses zu setzen. Hauptsächlich führt die EZB ihre Offenmarktgeschäfte in Form von befristeten Transaktionen durch.

Befristete Transaktionen

Befristete Transaktionen sind Geschäfte, bei denen das Europäische System der Zentralbanken refinanzierungsfähige Sicherheiten im Rahmen von Rückkaufsvereinbarungen kauft oder verkauft oder Kreditgeschäfte gegen Verpfändung oder Zedierung refinanzierungsfähiger Sicherheiten durchführt.

Die Nationalen Zentralbanken können Kredite an die MFIs auf verschiedene Arten besichern:

- **Pfandkredite**
Die NZB, hier die Deutsche Bundesbank, lässt sich für die Kreditlaufzeit ein Pfandrecht an einem Sicherheitenpool einräumen, der z. B. bei ihr selbst oder für sie als Dispositionsdepot bei einer Wertpapiersammelbank (XEMAC der Clearstream Banking AG) geführt wird. Der Vorteil dieser Besicherung liegt in der einfachen Handhabung: Eigentumsübertragung kann entfallen; zu verpfändende Wertpapiere brauchen nicht benannt zu werden, da „en bloc" ein wertmäßiger Anteil am Pool verpfändet wird.

- **Stille Zession**
Die Deutsche Bundesbank nimmt die von MFIs zur Refinanzierung genutzten Kreditforderungen im Wege der stillen Zession statt bisher der Verpfändung herein (Mindestlaufzeit von einem Monat, Betrag ab 500 000,00 €). Pflicht zur Schuldnerbenachrichtigung wie bei der Verpfändung von Kreditforderungen besteht bei der stillen Zession nicht.

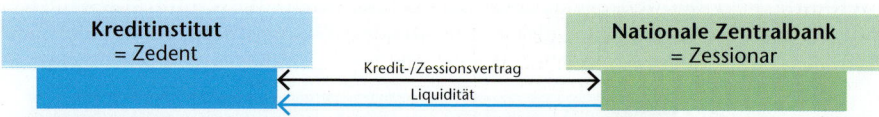

- **Wertpapierpensionsgeschäfte** (Repogeschäfte)[1]
Hierbei wird der Nationalen Zentralbank das Sicherungseigentum an Offenmarktpapieren übertragen und gleichzeitig eine Rückabwicklung des Geschäftes zum Ende der Kreditlaufzeit vereinbart. Die Deutsche Bundesbank führt im Gegensatz zu ausländischen NZBs diese Art von Wertpapierpensionsgeschäften nicht mehr durch, da Verpfändung von Wertpapieren und Zedierung von Kreditforderungen rechtlich einfacher sind und weniger Verwaltungsaufwand verursachen.

---

[1] *Vgl. Seite 458.*

Die Kreditinstitute haben die von ihnen aufgenommenen Beträge zu verzinsen. Die Höhe der Verzinsung richtet sich nach den geldpolitischen Zielen der EZB und wird als „Pensionssatz" oder als **„Repo-Satz"** bezeichnet. Die Berechnung erfolgt nach Eurozinsmethode (act/360).

- Pfandkredite und Zessionskredite werden nach dem festgesetzten Zinssatz, bezogen auf den ausstehenden Kreditbetrag und die Laufzeit, verzinst.

- Bei den Pensionsgeschäften entspricht die Differenz zwischen Kaufpreis und Rückkaufspreis den für die Laufzeit des Geschäftes anfallenden Zinsen.

Je nach Art und Laufzeit der Sicherheit werden Bewertungsabschläge zwischen 0,5 % und 25 % vorgenommen.

Sicherheitenpool: Um eine rasche und flexible Refinanzierung zu ermöglichen, unterhalten die Kreditinstitute bei ihrer NZB, einer Wertpapiersammelbank oder einer inländischen Depotbank (Drittverwahrer) einen Pool mit refinanzierungsfähigen Sicherheiten. Diese können ohne aufwendige Depotumlegungen für Refinanzierungszwecke eingesetzt werden.

Für geldpolitische Geschäfte des Eurosystems zugelassene Sicherheiten		
Zulassungs-kriterien	**Marktfähige Sicherheiten**	**Nicht marktfähige Sicherheiten**
Art der Sicherheit	EZB-Schuldverschreibungen Sonstige marktfähige Schuldtitel	Kreditforderungen	RMBDs (Abk. für „Retail Mortgage-Backed Debt Instrument" = mit hypothekarischen Darlehen an Privatkunden besicherte Schuldtitel)
Bonitätsanforderungen	Die Sicherheit muss den hohen Bonitätsanforderungen genügen. Die hohen Bonitätsanforderungen werden anhand der ECAF-Regeln für marktfähige Sicherheiten beurteilt. [1]	Der Schuldner/Garant muss den hohen Bonitätsanforderungen genügen. Die Kreditwürdigkeit wird anhand der ECAF-Regeln für Kreditforderungen beurteilt.	Die Sicherheit muss den hohen Bonitätsanforderungen genügen. Die hohen Bonitätsanforderungen werden anhand der ECAF-Regeln für RMBDs beurteilt.
Emissionsort	EWR [1]	Nicht zutreffend	Nicht zutreffend
Abwicklungs-/ Beabeitungsverfahren	Abwicklungsort: Euro-Währungsgebiet Die Sicherheiten müssen zentral in girosammelverwahrfähiger Form bei Nationalen Zentralbanken oder einem Wertpapierabwicklungssystem hinterlegt werden, das den EZB-Mindeststandards entspricht.	Verfahren des Eurosystems	Verfahren des Eurosystems

---

[1]   *Die Bonität der von nichtfinanziellen Unternehmen begebenen oder garantierten marktfähigen Schuldtitel ohne Rating wird auf Basis der vom jeweiligen Geschäftspartner gemäß den ECAF-Regeln für Kreditanforderungen ausgewählten Bonitätsbeurteilungsquellen ermittelt. Bei diesen marktfähigen Schuldtiteln wurden folgende Zulassungskriterien für marktfähige Sicherheiten geändert: Sitz des Emittenten/Garanten: Euro-Währungsgebiet, Emissionsort: Euro-Währungsgebiet.*

Für geldpolitische Geschäfte des Eurosystems zugelassene Sicherheiten			
Zulassungs-kriterien	Marktfähige Sicherheiten	Nicht marktfähige Sicherheiten	
Art des Emitten-ten/Schuldner/ Garanten	Zentralbanken Öffentliche Hand Privater Sektor Internationale und supranationale Organisationen	Öffentliche Hand Nichtfinanzielle Unternehmen Internationale und supranationale Organisationen	Kreditinstitute
Sitz des Emitten-ten/Schuldners oder Garanten	Emittent: EWR oder G-10-Länder außerhalb des EWR Garant: EWR	Euro-Währungsgebiet	Euro-Währungsgebiet
Zugelassene Märkte	Geregelte Märkte Von der EZB zugelassene nicht geregelte Märkte	Nicht zutreffend	Nicht zutreffend
Währung	Euro	Euro	Euro
Grenzüber-schreitende Nutzung	Ja	Ja	Ja

Quelle: EZB: Durchführung der Geldpolitik im Euro-Währungsgebiet, Januar 2012; gekürzt.

Der Gesamtbetrag der mit dem ausmachenden Betrag bewerteten Sicherheiten darf den Gesamt-betrag der gleichzeitig in Anspruch genommenen Refinanzierungsinstrumente nicht unterschrei-ten.

Hauptrefinanzierungsoperationen (Haupttender)

Das wichtigste Offenmarktgeschäft des Europäischen Systems der Zentralbanken sind die Hauptrefinanzierungsoperationen. Dieser Name ist wörtlich zu verstehen, denn mit diesem Instrument gibt die EZB mit über 75 % den größten Anteil des Geldvolumens in den Markt hinein.

Kreditinstitute lassen ihre Wertpapiere in Sicherheitenpools treuhänderisch verwahren. Ohne aufwendige Depotumlegung können die Wertpapiere schnell und flexibel als Sicherheiten für Refinanzierungszwecke eingesetzt werden.

Hauptrefinanzierungsoperationen	
Über sie	– werden Zinssätze gesteuert – wird Liquidität zugeführt – werden Signale bezüglich des geldpolitischen Kurses gesetzt
Merkmale:	– wöchentliche Durchführung über Standardtender – Laufzeit eine Woche – dezentrale Durchführung auf Ebene der Nationalen Zentralbanken

Die Initiative zu diesen Geschäften geht von der EZB aus. Sie stellt den Kreditinstituten jede Woche gegen Stellung von Sicherheiten Kredite mit einer Laufzeit von normalerwei-se 7 Tagen zur Verfügung, wobei die Durchführung dezentral bei den Nationalen Zent-ralbanken liegt. Die Gebote müssen über einen Mindestbetrag von 1 000 000,00 € lauten.

Darüber hinaus kann in Schritten von 100000,00 € geboten werden. Als Orientierungshilfe für die Gebotserstellung gibt die EZB den Geschäftspartnern vorab eine Information über das geplante Zuteilungsvolumen. Sie teilt ihnen ihre Schätzung

- der autonomen Faktoren (darunter versteht man den Liquiditätsbedarf der MFIs, der nicht mit geldpolitischen Operationen zusammenhängt, u.a. die Nettofremdwährungsposition, der Banknotenumlauf und die Einlagen öffentlicher Haushalte beim Eurosystem),
- der Überschussreserven (das Mindestreserve-Soll überschreitende Einlagen),
- der Zahlen zur Liquidität des Bankensystems (Stand der Guthaben, Inanspruchnahme der ständigen Fazilitäten, Schätzung des Mindestreserve-Solls und der Tenderzuteilung)

mit und ermittelt daraus die Benchmark-Zuteilung. Es handelt sich um den Zuteilungsbetrag, der den MFIs eine reibungslose Erfüllung ihrer Mindestreservepflicht ermöglicht und der normalerweise erforderlich ist, um am kurzfristigen Geldmarkt ausgeglichene Bedingungen herzustellen, d.h. die kurzfristigen Geldmarktsätze in der Nähe des Mindestbietungssatzes der Hauptrefinanzierungsgeschäfte zu halten. Eine vollständige Zuteilung behält sich die EZB vor.

Längerfristige Refinanzierungsgeschäfte (Basistender)

Mit den längerfristigen Refinanzierungsgeschäften stellt das Europäische System der Zentralbanken nur einen Teil des gesamten Refinanzierungsvolumens bereits. Es folgt mit diesem Instrument nicht die Absicht, Signale zu setzen und tritt als Preisnehmer auf. Im Bereich der Bundesbank beträgt der Mindestbietungssatz derzeit 10000,00 €. Eine vollständige Zuteilung behält sich die EZB vor.

Längerfristige Refinanzierungsgeschäfte	
Über sie	– werden längerfristige Refinanzierungsmittel zugeführt – wird eine Verstetigung der Liquiditätsversorgung beabsichtigt
Merkmale:	– monatliche Durchführung über Standardtender – Laufzeit i.d.R. drei Monate oder drei Jahre – dezentrale Durchführung auf Ebene der Nationalen Zentralbanken

Gezielte längerfristige Refinanzierungsgeschäfte (GLRGs)

Diese Geschäfte laufen über mehrere Jahre und werden als Mengentender mit Vollzuteilung durchgeführt; der Zinssatz während der Laufzeit der einzelnen Geschäfte entspricht dem zum Zeitpunkt der Inanspruchnahme geltenden Zinssatz für die Hauptrefinanzierungsgeschäfte zuzüglich eines festen Aufschlags von 10 %.

Tenderverfahren

Die EZB bietet den Kreditinstituten die Teilnahme an Offenmarktgeschäften über ihr Internetportal OMTOS (**O**pen **M**arket **T**ender **O**peration **S**ystem) im Wege von Ausschreibungen an (engl. tender). Über die eingehenden Gebote der Kreditinstitute und entsprechende Zuteilungen versucht die EZB, die zuzuführende Liquidität exakt zu bestimmen und zu einem marktgerechten Zinssatz abzusetzen. Zur Erleichterung der Planung und Organisation veröffentlicht die EZB im Voraus einen unverbindlichen Kalender für die Tenderoperationen des Folgejahres. Damit alle Geschäftspartner der Eurozone teilnehmen können, werden nationale Feiertage der Mitgliedsstaaten berücksichtigt. Es werden zwei Tender- und Bietverfahren praktiziert.

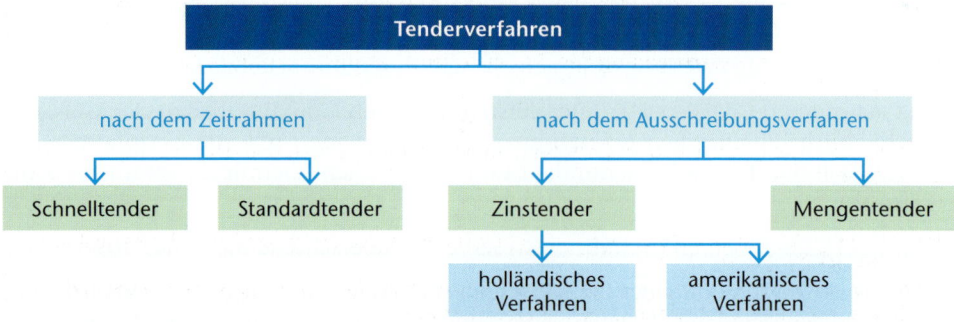

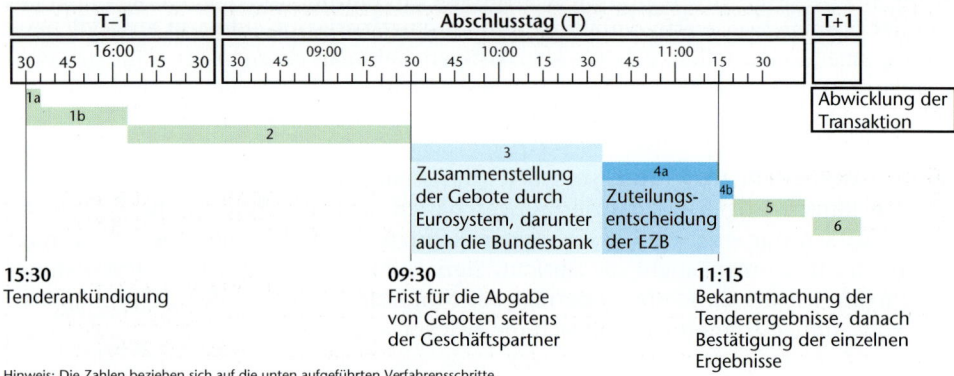

Bei **Schnelltendern** liegt zwischen der Ankündigung des Tenders und der Bekanntgabe der Ergebnisse ca. 1 Stunde. Schnelltender werden nur zur Durchführung von Feinsteuerungsoperationen verwendet.

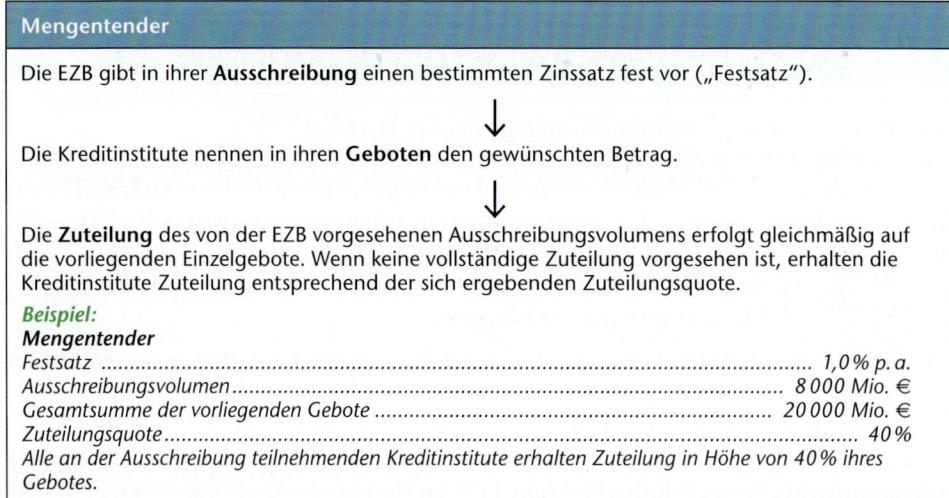

Zinstender

Die EZB lässt in ihrer **Ausschreibung** den Zinssatz offen oder gibt einen Mindestbietungssatz („Mindestsatz") vor.

↓

Die Kreditinstitute nennen in ihren **Geboten** den gewünschten Betrag und den Zinssatz, den sie zu zahlen bereit sind.

↓

Die Zuteilung des von der EZB vorgesehenen Ausschreibungsvolumens erfolgt in der Reihenfolge der Höhe der Zinsgebote.
- Beim **„holländischen Verfahren"** erfolgt sie einheitlich zu dem Zinssatz, bei dem das von der EZB vorgesehene Ausschreibungsvolumen realisiert wird.
- Beim **„amerikanischen Verfahren"** erfolgt sie zu den jeweils von den Kreditinstituten tatsächlich genannten Zinsgeboten, bis das von der EZB vorgesehene Ausschreibungsvolumen realisiert ist.

Volle Zuteilung erhalten die Gebote, die über dem „Grenzzinssatz" liegen; zu diesem Satz abgegebene Gebote werden ggf. repartiert, darunter liegende Gebote kommen nicht zum Zuge.

Beispiel:

Zinstender

Mindestsatz	1 % p. a.
Ausschreibungsvolumen	15 000 Mio. €

Gebote der Kreditinstitute:

K_1	35 Mio. €; 1,50 % p. a.
K_2	50 Mio. €; 1,45 % p. a.
⋮	
K_{117}	12 Mio. €; 1,25 % p. a.
Zwischensumme	15 000 Mio. €
K_{118}	40 Mio. €; 1,20 % p. a.
⋮	
K_{382}	30 Mio. €; 1,00 % p. a.
Gesamtsumme	36 950 Mio. €

$K_1 - K_{117}$ erhalten volle Zuteilung.
- *Beim „holländischen Verfahren" einheitlich zum Zuteilungssatz von 1,25 % p. a.*
- *beim „amerikanischen Verfahren" zu den jeweils genannten Zinsgeboten.*

Geldpolitische Steuerungsmöglichkeiten im Tenderverfahren

↓ **Festlegung des Zuteilungssatzes**

↓ **Festlegung des Zuteilungsvolumens**

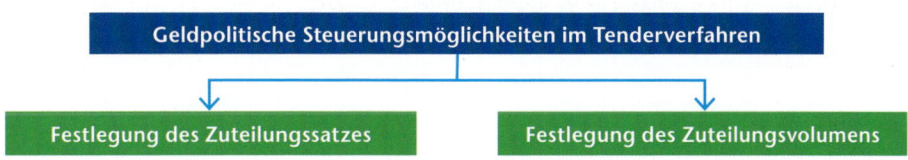

Durch eine Veränderung der Refinanzierungssätze und des Refinanzierungsvolumens lassen sich die Kosten und das Volumen der Geldbeschaffung der Kreditinstitute beim Europäischen System der Zentralbanken und damit indirekt auch die Kreditkonditionen innerhalb des Bankensystems beeinflussen.

Die Zinssätze der Europäischen Zentralbank bei ihren **Hauptfinanzierungsoperationen** und **ständigen Fazilitäten** werden als **Leitzinsen** bezeichnet, weil durch sie letzen Endes die Entwicklung des Zinsniveaus auf den Geld- und Kapitalmärkten bestimmt wird.

- Erhöht die EZB ihre Leitzinsen, so kündigt sie eine Politik des „knappen" Geldes an und leitet einen *kontraktiven* Kurs der Geldpolitik ein. In Erwartung steigender Kreditzinsen kommt es innerhalb der Wirtschaft zu einer *pessimistischen* Zukunftseinschätzung.
- Senkt die EZB ihre Leitzinsen, so kündigt sie eine Politik des „billigen" Geldes an und leitet einen expansiven Kurs der Geldpolitik ein. In Erwartung fallender Kreditzinsen kommt es innerhalb der Wirtschaft zu einer *optimistischen* Zukunftseinschätzung.

Geldpolitische Geschäfte des Eurosystems (Tenderverfahren)[1), 2),] in Mio. €; Zinssätze in% p.a.

1. Hauptrefinanzierungsgeschäfte und längerfristige Refinanzierungsgeschäfte [2),3)]

Abwicklungstag		Bietungsvolu-men	Anzahl der Teilnehmer	Zuteilungs-summe	Mengenten-der	Zinstender				Laufzeit (Tage)
					Festzinssatz	Mindestbie-tungssatz	Marginaler Zuteilungs-satz [4)]	Durchschnitts-satz (gewichtet)		
		1	2	3	4	5	6	7		8
		Hauptrefinanzierungsgeschäfte								
2015	21. Okt.	65 908	123	65 908	0,05	–	–	–		7
	28. Okt.	68 451	129	68 451	0,05	–	–	–		7
	4. Nov.	61 468	114	61 468	0,05	–	–	–		7
	11. Nov.	62 532	120	62 532	0,05	–	–	–		7
	18. Nov.	60 527	113	60 527	0,05	–	–	–		7
	25. Nov.	73 774	123	73 774	0,05	–	–	–		7
	9. Dez.	69 094	111	69 094	0,05	–	–	–		7
	16. Dez.	68 571	113	68 571	0,05	–	–	–		7
	23. Dez.	72 908	115	72 908	0,05	–	–	–		7
	30. Dez.	88 978	149	88 978	0,05	–	–	–		7
		Längerfristige Refinanzierungsgeschäfte [5)]								
2015	24. Juni[6)]	73 789	128	73 789	0,05	–	–	–		1 190
	25. Juni	17 269	102	17 269	0,05	–	–	–		98
	30. Juli	21 752	126	21 752	0,05	–	–	–		91
	27. Aug.	33 127	123	33 127	0,05	–	–	–		91
	30. Sept.[6)]	15 548	88	15 548	0,05	–	–	–		1 092
	1. Okt.	11 842	92	11 842	0,05	–	–	–		77
	29. Okt.	18 125	109	18 125	0,05	–	–	–		91
	26. Nov.	21 777	112	21 777	0,05	–	–	–		91
	16. Dez.[6)]	18 304	55	18 304	0,05	–	–	–		1 015
	17. Dez.[7)]	11 710	84	11 710	–	–	–	–		105

2. Sonstige Tendergeschäfte

Abwicklungstag		Art des Geschäfts	Bietungs-volumen	Anzahl der Teil-neh-mer	Zutei-lungs-summe	Men-genten-der	Zinstender					Laufzeit (Tage)
						Fest-zinssatz	Mindestbie-tungssatz	Höchstbie-tungssatz	Marginaler Zuteilungs-satz [4)]	Gewichte-ter Durch-schnittssatz		
			1	2	3	4	5	6	7	8	9	10
2014	9. April	Hereinnahme von Termineinlagen	192 515	156	172 500	–	–	0,25	0,24	0,22		7
	16. April	Hereinnahme von Termineinlagen	153 364	139	153 364	–	–	0,25	0,25	0,23		7
	23. April	Hereinnahme von Termineinlagen	166 780	139	166 780	–	–	0,25	0,25	0,23		7
	30. April	Hereinnahme von Termineinlagen	103 946	121	103 946	–	–	0,25	0,25	0,24		7
	7. Mai	Hereinnahme von Termineinlagen	165 533	158	165 533	–	–	0,25	0,25	0,23		7
	14. Mai	Hereinnahme von Termineinlagen	144 281	141	144 281	–	–	0,25	0,25	0,24		7
	21. Mai	Hereinnahme von Termineinlagen	137 465	148	137 465	–	–	0,25	0,25	0,24		7
	28. Mai	Hereinnahme von Termineinlagen	102 878	119	102 878	–	–	0,25	0,25	0,25		7
	4. Juni	Hereinnahme von Termineinlagen	119 200	140	119 200	–	–	0,25	0,25	0,24		7
	11. Juni	Hereinnahme von Termineinlagen	108 650	122	108 650	–	–	0,15	0,15	0,13		7

1) In jeder Kategorie werden nur die letzten 10 Geschäfte bis zum Jahresende 2015 dargestellt.
2) Seit April 2002 werden Ausgleichstender (d. h. Geschäfte mit einer Laufzeit von einer Woche, die parallel zu einem Hauptrefinanzierungsgeschäft als Standardtender durchgeführt werden) als Hauptrefinanzierungsgeschäfte klassifi ziert.
3) Am 8. Juni 2000 kündigte die EZB an, dass die Hauptrefinanzierungsgeschäfte des Eurosystems beginnend mit dem am 28. Juni 2000 abzuwickelnden Geschäft als Zinstender durchgeführt würden. Der Mindestbietungssatz ist der Mindestzinssatz, zu dem die Geschäftspartner ihre Gebote abgeben können. Am 8. Oktober 2008 gab die EZB bekannt, dass die wöchentlichen Hauptrefinanzierungsgeschäfte beginnend mit dem am 15. Oktober 2008 abzuwickelnden Geschäft als Mengentender mit vollständiger Zuteilung zum Zinssatz für die Hauptrefinanzierungsgeschäfte durchgeführt würden. Am 4. März 2010 beschloss die EZB, die regelmäßigen längerfristigen Refinanzierungsgeschäfte mit dreimonatiger Laufzeit beginnend mit dem am 28. April 2010 zuzuteilenden und am 29. April 2010 abzuwickelnden Geschäft wieder als Zinstender durchzuführen.
4) Bei liquiditätszuführenden (-abschöpfenden) Geschäften bezieht sich der marginale Zuteilungssatz auf den niedrigsten (höchsten) Zinssatz, zu dem Gebote angenommen wurden.
5) Bei den am 22. Dezember 2011 und am 1. März 2012 abgewickelten Geschäften hatten die Geschäftspartner die Option auf vorzeitige Rückzahlung nach einem Jahr (in beliebiger Höhe, jeweils im Rahmen der Abwicklung von Hauptrefinanzierungsgeschäften).
6) Gezieltes längerfristiges Refinanzierungsgeschäft. Nähere Angaben finden sich auf der Website der EZB (www.ecb.europa.eu) in der Rubrik „Monetary Policy" (unter „Instruments" und dort unter „Open market operations").
7) Bei diesem längerfristigen Refinanzierungsgeschäft erfolgt die Zuteilung aller Gebote zu dem durchschnittlichen Mindestbietungssatz aller Hauptrefinanzierungsgeschäfte während der Laufzeit des Geschäfts (in dieser Darstellung auf zwei Dezimalstellen gerundet). Eine Erläuterung der genauen Berechnungsmethode findet sich in den „Technical Notes".

Quelle: EZB, Jahresbericht 2015, S. S3

Leitzinsänderungen üben folglich eine wichtige **Signalwirkung** für die Wirtschaft aus: Das Eurosystem gibt hierdurch zu erkennen, dass es eine bestimmte Zielrichtung der Geldpolitik verfolgt. In der Sprache der Zentralbanken bedeutet eine Änderung des Leitzinses um 100 Basispunkte eine tatsächliche Änderung um einen Prozentpunkt. Bereits die unmittelbare Bekanntgabe einer Zinsänderung führt zur psychologischen Beeinflussung der Wirtschaft und kann das Verhalten der Wirtschaftssubjekte in die gewünschte Richtung lenken.

Kein geldpolitisches Instrument der Zinssteuerung ist der Basiszinssatz. Der **Basiszinssatz** dient als abstrakte Bezugsgröße der Berechnung des Zinsschadens beim Verzug:

Eine Geldschuld ist während des Verzugs zu verzinsen. Der Verzugszins liegt 5 oder 9 Prozentpunkte über dem Basiszinssatz *(§288 BGB).*

Beispiele: Basiszinssatz: 1,13% + 5,00 Prozentpunkte = 6,13% Verzugszinssatz
Basiszinssatz: − 0,88% + 8,00 Prozentpunkte = 7,12% Verzugszinssatz

Der Basiszinssatz gilt jeweils für einen Zeitraum von sechs Monaten und wird von der Deutschen Bundesbank im Bundesanzeiger bekannt gemacht. Er verändert sich zum 1. Januar und 1. Juli eines jeden Jahres um die Prozentpunkte, um die der Zinssatz für die jüngste Hauptrefinanzierungsoperation der EZB gestiegen oder gefallen ist *(§247 BGB) und kann auch negativ sein.*

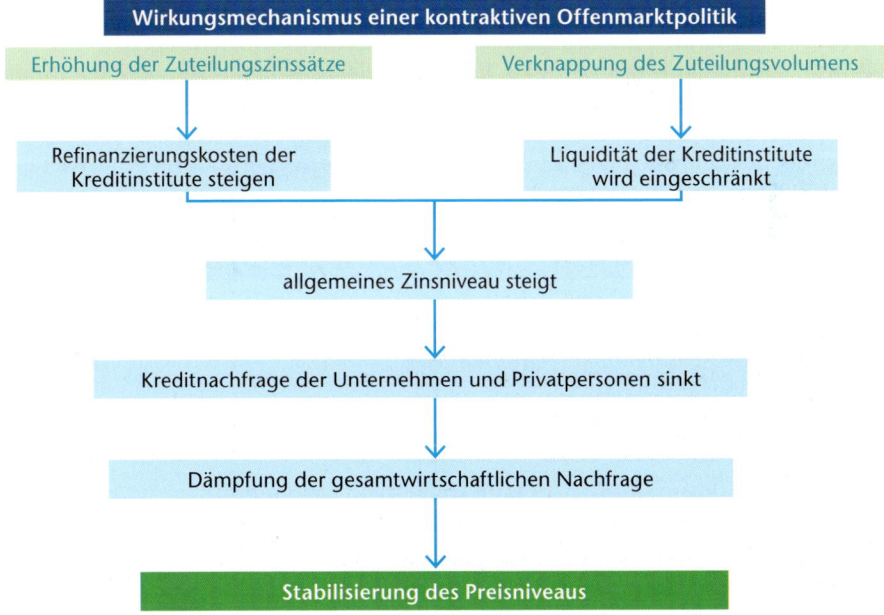

Feinsteuerungsoperationen

Feinsteuerungsoperationen in Form von befristeten Transaktionen
Durch Feinsteuerungsoperationen in Form von befristeten Transaktionen reagiert das Eurosystem auf unerwartete Markt- und Liquiditätsentwicklungen. Mit diesem Instrument sollen die Auswirkungen solcher Entwicklungen auf die Zinssätze ausgeglichen werden. Da je nach Situation rascher Handlungsbedarf besteht, ist das ESZB bei der Durchführung dieser Geschäfte hoch flexibel.

Merkmale:
- dezentrale Durchführung über die Nationalen Zentralbanken,
- unregelmäßiger Einsatz,
- Laufzeit nicht standardisiert,
- Liquiditätszuführung über Schnelltender,
- Liquiditätsabsorption über bilaterale Geschäfte.

Feinsteuerungsoperationen in Form von Devisenswaps

Es handelt sich hierbei um Geschäfte, bei denen die EZB Euro per Kasse gegen eine Fremdwährung kauft (oder verkauft) und diese gleichzeitig per Termin verkauft (oder kauft). Diese gleichzeitige Vornahme einer Kassa- und einer Termintransaktion ist eine Feinsteuerungsmaßnahme zur Steuerung der Liquidität und der Zinssätze am Markt. Die Devisenswapgeschäfte werden in gängigen Währungen durchgeführt. Der zwischen dem ESZB und dem Geschäftspartner vereinbarte Swapsatz entspricht der Differenz zwischen dem Terminkurs und dem Kassakurs.

Merkmale:
- liquiditätszuführend oder -absorbierend
- unregelmäßige Durchführung
- nicht standardisierte Laufzeit
- Durchführung als Schnelltender über die Nationalen Zentralbanken, nur in Ausnahmefällen bilateral über die EZB

Feinsteuerungsoperationen durch Hereinnahme von Termineinlagen

Zur Feinsteuerung kann das Europäische System der Zentralbanken die Hereinnahme von verzinslichen Termineinlagen bei der nationalen Notenbank des Mitgliedsstaates anbieten, um damit Liquidität abzuschöpfen. Die Zinsen werden, wie beim Europäischen System der Zentralbanken üblich, nach der Eurozinsmethode (act/360) berechnet und bei Fälligkeit der Einlage bezahlt.

Merkmale:
- Liquiditätsentzug
- unregelmäßige Hereinnahme
- keine standardisierte Laufzeit
- dezentrale Abwicklung über Nationale Zentralbanken im Schnelltenderverfahren oder als bilaterales Geschäft

Strukturelle Operationen

Strukturelle Operationen in Form befristeter Transaktionen

Mit diesem Instrument kann das Europäische System der Zentralbanken auf die Liquidität des Finanzsektors einwirken. Zur Unterlegung der Kredite sind sowohl marktfähige wie auch nicht marktfähige Sicherheiten zugelassen.

Merkmale:
- regelmäßige und unregelmäßige Liquiditätszuführung
- Laufzeit ist nicht von vornherein standardisiert
- Durchführung als Standardtender
- dezentrale Durchführung über die Nationalen Zentralbanken

Strukturelle Operation durch Emission von Schuldverschreibungen

Das Europäische System der Zentralbanken kann eigene Schuldverschreibungen begeben. Sie stellen eine Verbindlichkeit der Europäischen Zentralbank gegenüber dem Inhaber dar und werden in girosammelverwahrfähiger Form und/oder stückelos begeben. Die Schuldverschreibungen werden in abgezinster Form emittiert. Die Differenz zwischen dem Emissionsbetrag und dem Nennbetrag entspricht der Verzinsung zum vereinbarten Zinssatz über die Laufzeit.

Merkmale:
- Liquiditätsabschöpfung
- regelmäßige und unregelmäßige Emittierung
- Laufzeit unter 12 Monaten
- dezentrale Abwicklung über Nationale Zentralbanken im Tenderverfahren

Definitive Käufe bzw. Verkäufe

Dieses Instrument bezeichnet Transaktionen, bei denen das Europäische System der Zentralbanken endgültig zentralbankfähige Aktiva kauft oder verkauft, also keine Rückkaufsvereinbarung getroffen wird. Das Geschäft wird zu den für diese Papiere marktüblichen Gepflogenheiten abgewickelt. Es dient nur zur Beeinflussung der **strukturellen Liquidität** und zur **Feinsteuerung**.

Merkmale:
- Liquiditätszuführung oder -absorbtion
- unregelmäßiger Einsatz
- Durchführung als bilaterales Geschäft auf Ebene der Nationalen Zentralbanken

6.12.5.2 Ständige Fazilitäten

Die ständigen Fazilitäten (ständig angebotene Kreditlinien) dienen dazu, den Kreditinstituten Übernacht-Liquidität bereitzustellen oder kurzfristige Geldanlage-Möglichkeiten anzubieten.

Spitzenrefinanzierungsfazilität

Mit der Spitzenrefinanzierungsfazilität können sich die Geschäftspartner intraday zinslos zur Aufrechterhaltung des Zahlungsverkehrs und overnight Liquidität gegen refinanzierungsfähige Sicherheiten beschaffen. Eine Kredithöchstgrenze ist nicht vorgesehen. Somit limitieren die Sicherheiten die Höhe der Inanspruchnahme. Der Zinssatz der Spitzenrefinanzierungsfazilität bildet in der Regel die Obergrenze auf dem Markt für Tagesgeld.

Einlagefazilität

Die Einlagefazilität können die Geschäftspartner nutzen, um bis zum Beginn des nächsten Geschäftstages überschüssige Liquidität bei den Nationalen Zentralbanken anzulegen. Die Höhe der Beträge ist unbeschränkt. Der Zinssatz der Einlagefazilität bildet in der Regel die Untergrenze des Tagesgeldsatzes. Ein negativer Einlagezinssatz soll den Geschäftspartnern signalisieren, dass eine Geldanlage bei der EZB unerwünscht ist und stattdessen Kredite für die Wirtschaft bereitgestellt werden sollen.

Die Zinssätze für die ständigen Fazilitäten und die Offenmarktgeschäfte haben die Wirkung von **Leitzinsen**. Mit den Zinssätzen der ständigen Fazilitäten werden Signale bezüglich des Kurses der Geldmarktpolitik gesetzt. Der Satz für den Übernachtkredit bildet dabei die obere Grenze und der Zinssatz für die Einlagefazilität die untere Grenze eines Zinskanals für Tagesgelder. Einerseits würde sich kein Kreditinstitut am freien Markt zu einem Zinssatz, der über dem Zinssatz der Spitzenrefinanzierungsfazilität liegt, refinanzieren, und andererseits würde kein Kreditinstitut seine Übernacht-Liquidität zu einem Zinssatz anlegen, der unter dem Zinssatz des ESZB für die Einlagenfazilität liegt. Der Zinssatz für das bedeutendste Refinanzierungsinstrument des ESZB, des Hauptrefinanzierungsinstrumentes, liegt innerhalb des Zinskanals, den die ständigen Fazilitäten vorgeben.

EZB-Zinssätze und der Tagesgeldsatz

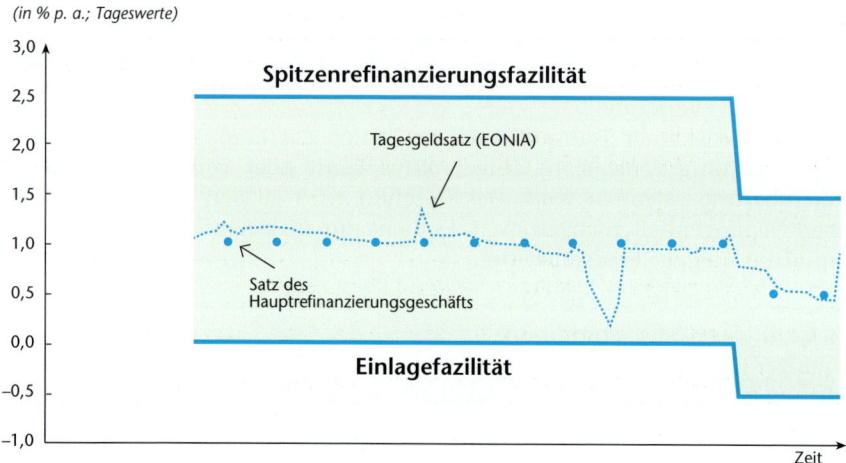

(in % p. a.; Tageswerte)

Quelle: Eigene Darstellung, Zahlen gemäß EZB

6.12.5.3 Mindestreserven[1]

Die Kreditinstitute sind verpflichtet, einen bestimmten Prozentsatz ihrer Verbindlichkeiten als Guthaben auf ihrem Konto bei der Nationalen Zentralbank zu unterhalten.

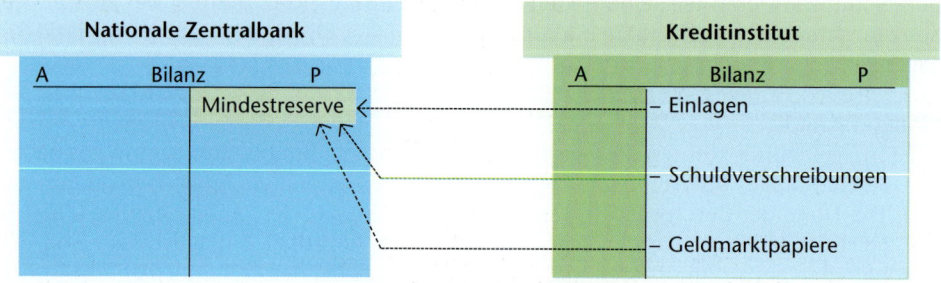

Mindestreservebasis

Die Mindestreservebasis eines Kreditinstituts wird aus einzelnen Bilanzpositionen ermittelt. Für die meisten in die Reservebasis einbezogenen Verbindlichkeiten schreibt die EZB einen einheitlichen Reservesatz von zurzeit 1 % vor. Für einige Verbindlichkeiten beträgt der Reservesatz 0 %, doch kann die EZB die Reservesätze jederzeit bis zu 10 % erhöhen.

---

[1] Vgl. Seite 456 ff.

Reservebasis und Mindestreservesätze

A. In die Mindestreserve einbezogene Verbindlichkeiten mit positivem Mindestreservesatz von 1%

Einlagen
– täglich fällige Einlagen
– Einlagen mit vereinbarter Laufzeit von bis zu zwei Jahren
– Einlagen mit vereinbarter Kündigungsfrist von bis zu zwei Jahren

Ausgegebene Schuldverschreibungen
– Schuldverschreibungen mit vereinbarter Laufzeit von bis zu zwei Jahren

B. In die Mindestreservebasis einbezogene Verbindlichkeiten mit einem Reservesatz von 0%

Einlagen
– Einlagen mit vereinbarter Laufzeit von über zwei Jahren
– Einlagen mit vereinbarter Kündigungsfrist von über zwei Jahren
– Repogeschäfte

Ausgegebene Schuldverschreibungen
– Schuldverschreibungen mit vereinbarter Laufzeit von über zwei Jahren

C. Nicht in die Mindestreservebasis einbezogene Verbindlichkeiten

– Verbindlichkeiten gegenüber Instituten, die selbst den ESZB-Mindestreservevorschriften unterliegen
– Verbindlichkeiten gegenüber der EZB und den Nationalen Zentralbanken

Ermittlung und Erfüllung der Mindestreserven

Aufgrund der Monatsbestände der mindestreservepflichtigen Verbindlichkeiten wird durch Multiplikation mit dem Mindestreservesatz das Mindestreserve-Soll ermittelt. Hiervon kann das Kreditinstitut einen Freibetrag von 100 000,00 € abziehen. Im Durchschnitt der Tagesendbestände eines Monats ab dem Abwicklungstag des Hauptrefinanzierungsgeschäftes, das auf die Sitzung des EZB-Rates mit der monatlichen Erörterung der Geldpolitik folgt (die geplanten Termine werden von der EZB ein Jahr im Voraus veröffentlicht), ist die Mindestreserve auf einem Mindestreservekonto bei der Nationalen Zentralbank zu halten. Mit dieser Durchschnittsregelung wird den Kreditinstituten die Möglichkeit gegeben, kurzfristige Zinsschwankungen auszunutzen und die Mindestreserve als Liquiditätspuffer zu nutzen.

Mindestreserve-Soll	Mindestreserve-Ist
Ermittlungsbasis: Reservepflichtige Verbindlichkeiten der Kreditinstitute.	**Ermittlungsbasis:** Tagesendguthaben auf den Reservekonten bei der jeweiligen EZB bzw. der Zentralinstitute.
Ermittlungsmethode: 1. Die Beträge der reservepflichtigen Verbindlichkeiten werden auf Basis der Monatsendbestände der Meldungen zur Geld- und Bankenstatistik durch die EZB ermittelt. Die Reservemeldung der Kreditinstitute entfällt. 2. Die reservepflichtigen Verbindlichkeiten werden mit den jeweiligen Mindestreserve-Sätzen multipliziert. Das Produkt entspricht dem Mindestreserve-Soll und gilt für die folgende Erfüllungsperiode.	**Ermittlungsmethode:** Einfacher Durchschnitt aller Tagesendbestände auf dem Reservekonto in der betreffenden Erfüllungsperiode. Unterschreitungen des Mindestreserve-Solls an bestimmten Tagen können durch höhere Tagesguthaben in derselben Periode ausgeglichen werden. Die NZBs melden auch weiterhin das Durchschnittsguthaben für die abgelaufene Erfüllungsperiode.

Mindestreserve-Soll	Mindestreserve-Ist
Ermittlungszeitpunkt: Zum Ultimo eines Monats für den Folgemonat.	**Ermittlungszeitpunkt (Erfüllungsperiode):** Die Periode zur Erfüllung des Mindestreserve-Solls beginnt immer am Abwicklungstag des Hauptrefinanzierungsgeschäftes, das auf die Sitzung des EZB-Rates folgt, für die die monatliche Erörterung der Geldpolitik vorgesehen ist. Der EZB-Rat erörtert seine Geldpolitik i. d. R. nur in der ersten Sitzung jedes Monats.
Pauschaler Freibetrag: vom Mindestreserve-Soll kann jedes Kreditinstitut pauschal 100 000,00 € absetzen. Die Absetzung kann mehrfach für jede Niederlassung in einem Mitgliedsland vorgenommen werden.	

Sanktionen der EZB

Erfüllt ein Institut seine Reservepflicht ganz oder teilweise nicht, ist die EZB zu folgenden Sanktionen befugt:

- Zahlung von bis zu 5 Prozentpunkten über dem Satz der Spitzenrefinanzierungsfazilität oder dem doppelten Satz der Spitzenrefinanzierungsfazilität auf den Fehlbetrag
- Zwang zur Einlage bei der EZB in dreifacher Höhe des Fehlbetrages
- Ausschluss von den Refinanzierungsmöglichkeiten über das Eurosystem
- Verpflichtung zur täglichen Einhaltung des Reserve-Solls

Verzinsung der Mindestreserven

Um Wettbewerbsnachteile gegenüber Mitbewerbern aus den Staaten außerhalb des Euro-Währungsgebietes zu vermeiden, werden Mindestreserveguthaben zum durchschnittlichen Zinssatz der EZB für die Hauptrefinanzierungsgeschäfte über die Mindestreserve-Erfüllungsperiode (gewichtet nach der Anzahl der Kalendertage) verzinst. Guthaben, die die erforderliche Mindestreserve übersteigen, werden nicht verzinst.

Je höher die Mindestreservesätze von der EZB festgesetzt werden, desto geringer ist für die Kreditinstitute der Spielraum für die Gewährung von Krediten. Die Erhöhung der Mindestreservesätze führt darüber hinaus zu einer Verknappung des Geldangebotes und damit zu einer Erhöhung der Zinsen.

Beispiel: Der EZB-Rat beschließt eine Mindestreserve auf Spareinlagen in Höhe von 1 %.
Bei der Sparkasse KölnBonn werden Spareinlagen in Höhe von 300 Mio. € unterhalten. Die Sparkasse KölnBonn muss 3 Mio. € abzüglich Freibetrag auf ihrem BBk-Konto als Mindestreserveguthaben unterhalten, sodass ihr nur 297 Mio. € für eine andere Verwendung (z. B. Kreditvergabe) zur Verfügung stehen.

Bei der Senkung der Mindestreservesätze treten die umgekehrten Wirkungen ein.

Instrumenteneinsatz der Geldpolitik

expansive Geldpolitik (konjunkturbelebend)	kontraktive Geldpolitik (konjunkturdämpfend)
– Senkung der Zinsen im Offenmarktgeschäft und in der Spitzenrefinanzierungsfazilität – Senkung der Zinsen für die Einlagefazilität und Termineinlagen – Erhöhung des Refinanzierungsvolumens (der Zuteilung) im Tenderverfahren – Senkung der Mindestreservesätze – definitive Käufe zentralbankfähiger Aktiva (z. B. Devisen)	– Erhöhung der Zinsen im Offenmarktgeschäft und in der Spitzenrefinanzierungsfazilität – Erhöhung der Zinsen für die Einlagefazilität und Termineinlagen – Verringerung des Refinanzierungsvolumens (der Zuteilung) im Tenderverfahren – Erhöhung der Mindestreservesätze – definitive Verkäufe zentralbankfähiger Aktiva – Emission eigener Schuldverschreibungen

Zusammenfassung

Geldpolitisches Instrumentarium der EZB					
Geldpolitische Geschäfte	Transaktionsart		Laufzeit	Rhythmus	Verfahren
	Liquiditätsbereitstellung	Liquiditätsabschöpfung			
Offenmarktgeschäfte					
Hauptrefinanzierungsgeschäfte	Befristete Transaktionen		Eine Woche	Wöchentlich	Standardtender
Längerfristige Refinanzierungsgeschäfte	Befristete Transaktionen	–	Drei Monate	Monatlich	Standardtender
Feinsteuerungsoperationen	Befristete Transaktionen Devisenswaps	Befristete Transaktionen Hereinnahme von Termineinlagen Devisenswaps	Nicht standardisiert	Unregelmäßig	Schnelltender Bilaterale Geschäfte
Strukturelle Operationen	Befristete Transaktionen	Emission von Schuldverschreibungen	Standardisiert/ nicht standardisiert	Regelmäßig und unregelmäßig	Standardtender
	Endgültige Käufe	Endgültige Verkäufe	–	Unregelmäßig	Bilaterale Geschäfte
Ständige Fazilitäten					
Spitzenrefinanzierungsfazilitäten	Befristete Transaktionen	–	Über Nacht	Inanspruchnahme auf Initiative des Geschäftspartners	
Einlagefazilitäten	–	Einlagenannahme	Über Nacht	Inanspruchnahme auf Initiative des Geschäftspartners	

Quelle: EZB: Die Durchführung der Geldpolitik im Euro-Währungsgebiet, November 2008.

Mindestreserve
Die Geschäftspartner der EZB müssen einen bestimmten Prozentsatz ihrer Verbindlichkeiten als Guthaben auf ihrem Girokonto bei ihrer Nationalen Zentralbank haben. **Potenzielle Basis für die Mindestreservebemessung** Täglich fällige Einlagen, Einlagen mit vereinbarter Laufzeit bzw. Kündigungsfrist, Repogeschäfte, ausgegebene Schuldverschreibungen und Geldmarktpapiere

6.13   Strukturpolitik

Die Entwicklung einer Volkswirtschaft ist mittel- und langfristig gesehen durch Wandlungen ihrer Wirtschaftsstruktur gekennzeichnet.

Gesellschaftsstruktur

Wirtschaftsstruktur	Sozialstruktur

In einer dynamischen Wirtschaft entwickeln sich nicht alle Wirtschaftsbereiche gleichmäßig. Während einige Branchen hohe Wachstumsraten aufweisen, stagnieren andere oder verzeichnen eine rückläufige Tendenz. Auch in den einzelnen Regionen kann es zu einer unterschiedlichen Entwicklung kommen.

Beispiel: Unterbeschäftigung in bestimmten Branchen oder Regionen

Unter *Strukturwandel* versteht man im Gegensatz zu den saisonalen und konjunkturellen Schwankungen die langfristigen Änderungen der Wirtschaftsstruktur.

Wesentliche **Strukturelemente** einer Volkswirtschaft sind:
- Produktionsschwerpunkte
- Bevölkerungs-/Bedarfsstruktur
- Stand des technischen Wissens
- vorhandene Infrastruktur
- Bildungsstand der Bevölkerung
- Standortverteilung der Unternehmungen
- Staatlicher Anteil am Bruttoinlandsprodukt
- Wirtschaftsordnung/Rechtsordnung/Steuersystem

Maßstab für den Strukturwandel ist die Veränderung der Anteile der verschiedenen *Wirtschaftsbereiche, -branchen und -regionen* am Bruttoinlandsprodukt.

Sektoraler Strukturwandel in Deutschland *Anteile der Wirtschaftsbereiche am Bruttoinlandsprodukt in Prozent (Zehnjahresvergleich)*					
Sektor/Jahr	1970	1980	1990	2000	2010
primärer Bereich	2,0	1,8	1,8	1,2	0,8
sekundärer Bereich	49,0	44,2	40,2	30,3	26,6
tertiärer Bereich	49,0	54,0	58,0	68,5	72,6

Veränderungen der Wirtschaftsstruktur führen zunächst für die betroffenen Wirtschaftssubjekte zu Problemen.

Beispiele:
- *Arbeitnehmer verlieren ihre Arbeitsplätze in ihren angestammten Berufen und müssen sich umschulen lassen.*
- *Unternehmen müssen bestimmte Produktbereiche/Produktionsstandorte aufgeben.*
- *Kommunen verlieren durch Unternehmensschließungen Steuereinnahmen.*

*Aufgabe der **Strukturpolitik** ist es, den Strukturwandel vorausschauend so zu fördern, dass das Wirtschaftswachstum langfristig gesichert wird und ein störungsfreier, sozial ausgewogener und umweltverträglicher Ablauf der notwendigen strukturellen Anpassungsprozesse erfolgt. Strukturpolitik bedeutet somit zugleich stets auch* Wachstums- bzw. Entwicklungspolitik.

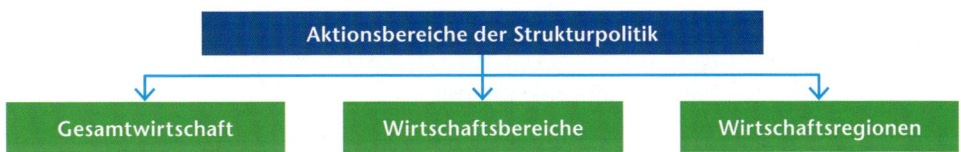

Wichtige **Förderziele** bzw. **Förderbereiche der Strukturpolitik** sind:
- Aufbau und Ausbau der Infrastruktur,
- Umweltschutz,
- Bildungssektor/Erhöhung der Produktivität des „human capital",
- Förderung von Forschung und Entwicklung (F & E)/Wissenschaftsförderung,
- Wohnungsbauförderung,
- Vermögensbildung/gerechte Einkommens- und Vermögensverteilung,
- Mittelstandsförderung/Hilfen bei Existenzgründungen,
- Sicherung eines freien und effizienten Kapitalmarktes,
- Regionalförderung in strukturschwachen bzw. monostrukturierten Gebieten.

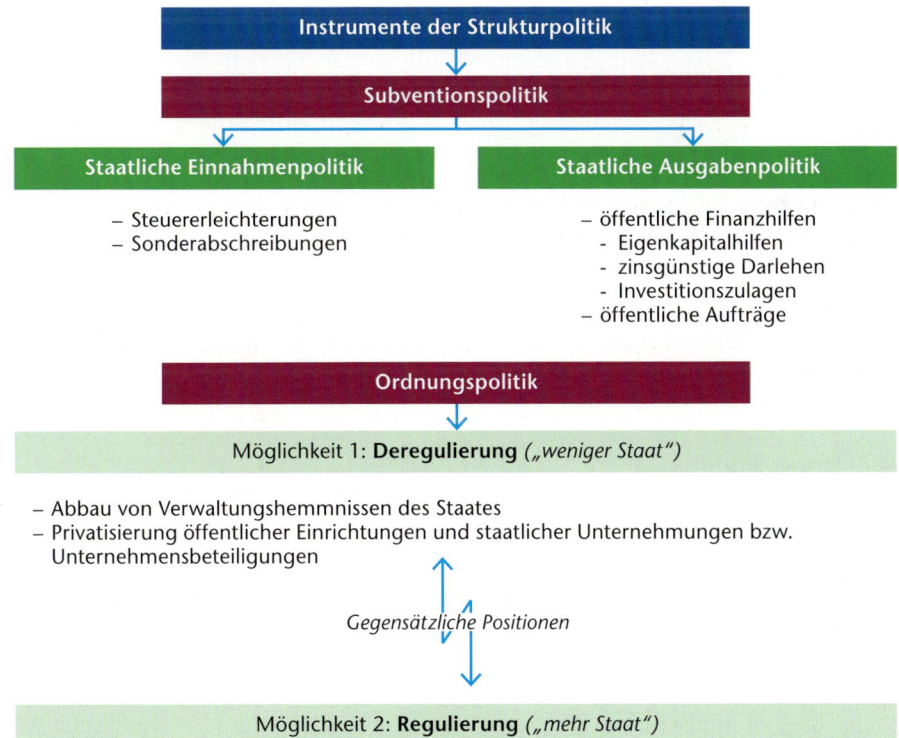

6.13.1 Infrastrukturpolitik

Die optimale Ausnutzung der vorhandenen Ressourcen und damit die Verwirklichung eines größtmöglichen Wohlstandszuwachses ist entscheidend beeinflusst von der Infrastruktur. Sie stellt eine wichtige Vorbedingung für die wirtschaftliche Gesamtentwicklung der Volkswirtschaft dar.

Unter der Infrastruktur versteht man die Gesamtheit aller öffentlichen/halb öffentlichen Investitionen und Institutionen, deren Existenz die Grundlage für das Funktionieren und die Entfaltung einer arbeitsteiligen und sozial gesicherten Wirtschaft darstellt.

Hierzu zählen:
- Verkehrseinrichtungen,
- Bildungswesen,
- Energieversorgung,
- Gesundheitswesen,
- Telekommunikation,
- innere und äußere Sicherheit.

Infrastrukturinvestitionen des Staates sind oftmals erst die Voraussetzung für private Investitionen.

Beispiel: Unzureichende Verkehrswege verursachen hohe Transportkosten, sodass private Investitionen nicht rentabel sind.

Besonders in den Entwicklungsländern wird diesem Teilbereich der Strukturpolitik zu Recht eine Priorität eingeräumt.
Eine besondere Schwierigkeit bei der Beurteilung von Infrastrukturinvestitionen besteht darin, dass ihre Nützlichkeit nicht wie bei privaten Investitionen über eine Rentabilitätskennziffer abzuschätzen ist. Die Art, das Ausmaß und die Prioritätenfolge der Infrastrukturinvestitionen sind daher in der Regel politisch umstritten.
Die Kosten der Infrastrukturinvestitionen werden überwiegend aus den Etats der einzelnen Gebietskörperschaften (Bund, Länder und Gemeinden) bestritten und – sofern das Steueraufkommen nicht ausreicht – über öffentliche Kreditaufnahmen auf dem Kapitalmarkt refinanziert.

Beispiel: Emission von Bundesanleihen, -obligationen, Kommunalschuldverschreibungen usw.

6.13.2 Umweltpolitik

Artikel 20 a GG – natürliche Lebensgrundlagen Der Staat schützt auch in Verantwortung für die künftigen Generationen die natürlichen Lebensgrundlagen im Rahmen der verfassungsmäßigen Ordnung durch die Gesetzgebung und nach Maßgabe von Gesetz und Recht durch die vollziehende Gewalt und Rechtsprechung.

Die Eingriffe des Menschen in die Natur haben in den „modernen" Gesellschaften so zugenommen, dass sie mehr und mehr zu einer globalen Bedrohung nicht nur für die zukünftigen Generationen, sondern auch für die lebenden Menschen geworden sind.

Die wirtschaftliche Entwicklung hat den Menschen in der Vergangenheit zwar einen hohen materiellen Wohlstand beschert, doch gleichzeitig zu einer globalen Umweltbelastung geführt, die die Regenerationsfähigkeit von Boden, Wasser und Luft überfordert.

Unser aller Aufgabe ist es, den gegenwärtigen und nachfolgenden Generationen eine lebenswerte Umwelt zu erhalten[1].

Umweltbewusstes Handeln beginnt in den Köpfen der Konsumenten und Produzenten!

Der **Konsument** kann sich fragen:

- Wie kann ich die Entstehung von Müll vermeiden?
- Wie kann ich Energie und Wasser sparen?
- Bin ich bereit, auf umweltschädliche Produkte zu verzichten?
- Bin ich bereit, für ein umweltfreundliches Produkt einen ggf. höheren Preis zu zahlen?
- Nutze ich Mehrwegverpackungen und Recyclingcontainer?
- Bin ich bereit, Einkäufe und Besorgungen zu Fuß oder mit dem Rad zu erledigen?
- Bin ich bereit, wo es geht auf das Autofahren zu verzichten und öffentliche Verkehrsmittel zu benutzen?

Der **Produzent** kann sich fragen:

- Sind die verwendeten Materialien giftfrei und recyclingfähig?
- Sind die verwendeten Materialien ausreichend gekennzeichnet?
- Erfolgt die Produktion energiesparend und unter Vermeidung von umweltschädlichen Emissionen und Lärm?
- Sind die Arbeitsplätze in meinem Unternehmen frei von Gefährdungen für die Gesundheit meiner Mitarbeiter?
- Werden die von meinem Lieferanten bezogenen Produkte umweltverträglich hergestellt?
- Ist das Produkt reparaturfreundlich und langlebig?
- Ist die Verpackung des Endproduktes umweltgerecht?
- Ist für eine umweltgerechte Entsorgung von Abfallstoffen gesorgt?

Die Erfahrung hat jedoch gezeigt, dass Privatinitiative und individuelles Umweltbewusstsein zur Bewahrung der Umwelt nicht ausreichend sind. Die Erhaltung des Ökosystems ist daher auch eine staatliche Aufgabe von besonderer Bedeutung.

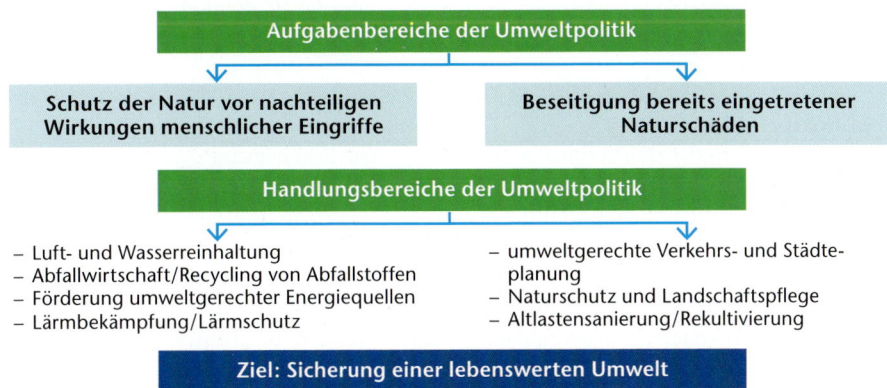

---

[1] *Vgl. zum Thema Kreditinstitute und Umweltschutz Seite 277 ff.*

Instrumente/Prinzipien der Umweltpolitik

Der Umweltpolitik steht ein breites Instrumentarium zur Verfügung. Diese Vielfalt ist notwendig, um die unterschiedlichen Aufgaben des Umweltschutzes erfüllen zu können. Die Auffassungen über die „richtigen" umweltpolitischen Konzepte sind kontrovers. Die einzelnen Instrumente können sich ergänzen. Einigkeit besteht allerdings darüber, dass Umweltpolitik nur im engen Zusammenwirken aller gesellschaftlicher Kräfte erfolgreich sein kann.

Vermeidungsprinzip

Das Vermeidungsprinzip zielt darauf ab, Umweltschäden vorbeugend zu vermeiden bzw. möglichst gering zu halten.

Voraussetzung hierfür ist, dass private Haushalte, Unternehmungen und staatliche Einrichtungen bei allen ihren Entscheidungen und Verhaltensweisen mögliche Umweltauswirkungen berücksichtigen. Dies wiederum setzt ein hohes Maß an Eigenverantwortung voraus und ist nur durch Schärfung des Umweltbewusstseins und Verankerung einer Umweltethik innerhalb der Bevölkerung zu erreichen.

Verursacherprinzip

Das Verursacherprinzip zielt darauf ab, die Kosten zur Beseitigung und Verhinderung von Umweltbelastungen und -schäden dem Verursacher aufzubürden.

Das bedeutet, dass diese Kosten in den Preis des Produktes eingerechnet werden müssen und auf diese Weise der jeweilige Verbraucher damit belastet wird.

Es ist jedoch häufig schwierig bzw. nahezu unmöglich, die tatsächlichen Kosten des Umweltschutzes und der Umweltschädigungen zu ermitteln.

Beispiel: Ein Autofahrer trägt tatsächlich nur den Kaufpreis für sein Auto, die Benzinkosten und die Kosten für die Kfz-Versicherung und Kfz-Steuer. Diese Kosten nennt man innere Kosten. Nicht abgedeckt sind die Kosten des Lärmschutzes, der Verpestung der Luft und der dadurch hervorgerufenen Gesundheitsschäden, des Waldsterbens, des Treibhauseffektes usw.

Voraussetzung einer verursachungsgerechten Umweltschutzpolitik ist die Sichtbarmachung und Erfassung der Umweltfolgen wirtschaftlichen Handelns, der sogenannten **externen Effekte**, ihre monetäre Bewertung und die Überwälzung der dadurch hervorgerufenen **externen Kosten**.

Externe Kosten *sind solche Kosten, die der Allgemeinheit durch Umweltbelastungen entstehen, jedoch im betrieblichen Rechnungswesen bzw. in der Wirtschaftsrechnung der privaten und öffentlichen Haushalte nicht berücksichtigt werden.*

Gemeinlastprinzip

Das Gemeinlastprinzip zielt darauf ab, die Kosten zur Beseitigung und Vermeidung von Umweltbelastungen und -schäden auf alle Bürger zu übertragen. Das bedeutet, dass diese Kosten in Form allgemeiner Steuern auf die Bevölkerung übergewälzt werden.

Staatliche Maßnahmen

Der Staat kann versuchen, durch finanzpolitische Maßnahmen in Form spezieller Umweltsteuern („Ökosteuern") umweltschädliches Verhalten zu „bestrafen" oder in Form von Subventionen umweltfreundliches Verhalten zu „belohnen".

Umweltsteuern sollen umweltschädigende Produkte bzw. Produktionsverfahren verteuern, um entsprechende Marktreaktionen bei den Unternehmen und Konsumenten auszulösen und um dadurch wiederum umweltverträgliche Alternativen lohnend zu machen.

Die Festlegung der entsprechenden Steuersätze ist politisch festzulegen, da die externen Umweltkosten in der Regel nicht quantifiziert werden können.

Allgemeine Verbote und Auflagen

Der Staat kann durch Verbote, Auflagen und Haftungsvorschriften versuchen, umweltverträgliches Verhalten zu erzwingen. Diese sind zwar schnell wirksam, haben jedoch den Nachteil, dass solche Produzenten bzw. Konsumenten, die keine Ausweichmöglichkeit haben, hart betroffen sind. Umweltschutzdirigismen müssen folglich ausgewogen eingesetzt werden, um die übrigen wirtschaftspolitischen Ziele nicht zu gefährden.

Beispiele:
- *Umweltverträglichkeitsprüfung*
- *Kohlendioxid-Grenzwertauflagen*
- *generelles FCKW-Verbot*

Das **Bundesimmissionsschutzgesetz** schützt vor schädlichen Umwelteinwirkungen durch Luftverunreinigungen, Lärm, Erschütterungen und ähnlichen Vorgängen. Die betroffenen Unternehmen müssen sich einem Genehmigungsverfahren unterziehen.

Beispiele:
- *Chemieanlagen*
- *Müllverbrennungsanlagen*
- *Eisen- und Stahlgießereien*
- *Tankstellen/Autowaschanlagen*
- *tierwirtschaftliche Anlagen*

Das **Umwelthaftungsgesetz** regelt Schadenersatzansprüche bei Beeinträchtigungen von Luft und Boden durch den Betrieb einer gefahrgeneigten Anlage. Kerngedanke der Gefährdungshaftung im Umweltrecht ist, dass eine Schadenersatzpflicht des Verursachers auch dann eintritt, wenn ihm kein fahrlässiges oder vorsätzliches Verschulden nachzuweisen ist. Allein die Errichtung und Unterhaltung einer erhöhten Gefahrenquelle stellt eine Gefährdung dar, die zur Haftung führen kann.

6.13.3 Sektorale Strukturpolitik

Aufgabe der sektoralen Strukturpolitik ist die Unterstützung einzelner Wirtschaftszweige oder ganzer Wirtschaftsbereiche.

Beispiele:
- *Subventionen an Unternehmen, die energiesparende oder umweltfreundliche Technologien einsetzen oder entwickeln*
- *Unterstützung der Landwirtschaft*

Ihr Anliegen ist es, auf der einen Seite die zukunftsträchtigen Bereiche der Wirtschaft zu fördern, ggf. auf der anderen Seite den zur Schrumpfung neigenden Branchen im Strukturwandel Anpassungshilfen für eine erfolgreiche Zukunftsbewältigung zu geben.

Bei der Gewährung von **Anpassungs-** oder **Erhaltungssubventionen** an vom Markt weniger begünstigte und zur Schrumpfung neigende Branchen/Produktionszweige ist zunächst deren Erhaltungsnotwendigkeit bzw. Anpassungsfähigkeit zu prüfen.

Dabei muss unterschieden werden zwischen strukturellen Marktveränderungen und nur temporären Marktkrisen, in denen durch Rationalisierung und Anpassung an neue Bedarfsstrukturen die Wettbewerbsfähigkeit der betroffenen Unternehmen wiederhergestellt werden kann.

Da es in einer Marktwirtschaft in erster Linie Aufgabe der Unternehmen selbst ist, sich am Markt zu behaupten sowie Änderungen des Marktes frühzeitig zu erkennen und darauf zu reagieren, wird der Staat mit seiner Strukturpolitik nur dann ausnahmsweise und in der Regel zeitlich begrenzt durch Gewährung von **Anpassungssubventionen** eingreifen, wenn ein tiefgreifender Strukturwandel von der Wirtschaft aus eigener Kraft nicht bewältigt werden kann.

Beispiel: Unterstützung des Steinkohlebergbaus

Erhaltungssubventionen kommen nur dann in Betracht, wenn eine Branche innerhalb des marktwirtschaftlichen Wettbewerbsprozesses aus eigener Kraft nicht lebensfähig ist, jedoch aus übergeordneten gesamtgesellschaftlichen, insbesondere sozialen Erwägungen ihre Existenzsicherung angezeigt ist. Sie werden häufig aus Gründen der Beschäftigungs- und der Versorgungssicherheit gewährt. Sie belasten in erheblichem Maß die Etats der öffentlichen Haushalte. Schließlich führen sie in aller Regel zu Überkapazitäten und damit letztlich zur Verschwendung volkswirtschaftlicher Ressourcen.

Beispiel: Erhaltung landwirtschaftlicher Betriebe

Die Subventionspraxis zeigt immer wieder, dass allen öffentlichen Finanzhilfen und sonstigen Vergünstigungen aufgrund des Gewöhnungseffektes bei den Subventionsempfängern eine Tendenz zur Dauerhaftigkeit innewohnt. In der Realität werden Subventionen daher häufig zum Hemmnis statt zum Motor des Strukturwandels, und nicht wenige Anpassungshilfen erweisen sich im nachhinein als reine „Konservierungsmittel". Subventionen verhindern marktgerechte Preise, da sie die Produktion von Gütern künstlich verbilligen. Es bedarf einer großen politischen Durchsetzungskraft, einmal bewilligte Subventionen wieder zu kürzen oder gar zu streichen.

6.13.4 Regionale Strukturpolitik

In jeder Volkswirtschaft gibt es Gebiete, die sich durch eine unterdurchschnittliche Wirtschaftsleistung auszeichnen.
Solche sogenannten **strukturschwachen Gebiete**
- sind häufig monostrukturiert *(Dominanz einer bestimmten Branche)*,
- haben vielfach mit natürlichen Standortnachteilen *(Randlage)* zu kämpfen,
- weisen eine unzulängliche Infrastruktur *(unzulängliche Verkehrsanbindung)* auf,
- haben oftmals Imageprobleme.

Aufgabe der regionalen Strukturpolitik ist die Unterstützung einzelner Wirtschaftszonen.

Ziel der regionalen Strukturpolitik ist die optimale Nutzung des zur Verfügung stehenden Wirtschaftsraumes und die Erreichung einer geografisch ausgewogenen Wirtschaftsstruktur. Gleichzeitig soll ein binnenwirtschaftliches Wohlstands-/Einkommensgefälle vermieden werden.

Das Grundgesetz verpflichtet den Staat zur Wahrung der Einheitlichkeit der Lebensverhältnisse auf dem gesamten Bundesgebiet (Art. 72 GG).

Zur Förderung benachteiligter Regionen gilt es zunächst, die Infrastruktur zu verbessern, um durch günstige Rahmenbedingungen Anreize für private Investoren zu schaffen.

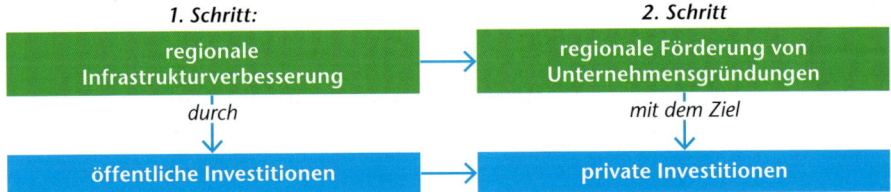

Neue Impulse erfährt die regionale Strukturpolitik aus den europäischen Gemeinschaftsaufgaben und Förderungsprogrammen, die die Entwicklung bestimmter Wirtschaftsräume innerhalb der Europäischen Union beeinflussen.

Sachwortverzeichnis

Bildquellenverzeichnis

Fotos

Bergmoser + Höller Verlag AG, Aachen: S. 64, 115, 116

dpa Infografik GmbH, Hamburg: S. 15, 22, 32, 42, 49, 50, 57, 62, 72.1, 79, 80, 83, 85, 86, 90, 93, 96.1-96.2, 98, 102, 113, 189, 264, 274, 293, 294, 295, 297, 356, 412, 421, 422, 425, 426, 439, 453, 467, 468, 470, 477, 481, 489, 490, 498, 500, 507, 511, 518, 528.1, 528.2, 534, 548, 551, 555, 556, 557.2, 560, 566, 569

Deutscher Bundestag, Berlin: S. 555.1

Fotolia.com: S. 72.2 (openwater), 199.1 (Kai Koehler), 199.2 (neon2), 199.3 (Oli-ok), 199.4 (Niceshot), 270 (petovarga), 332 (petovarga), 409.1 und 409.3 (petovarga), 409.4-6 (philhol), 409.7-9 (petovarga), 411.1 (petovarga), 411.2 (philhol), 413.1 (petovarga), 413.2 (philhol), 414.1 (petovarga), 414.2 (philhol), 419.1 (petovarga), 419.2 (philhol), 420.1 (petovarga), 420.2 (philhol), 427.2 (petovarga), 427.3 (philhol)

ifo Institut, München: S. 504, 512

Sekretariat der Ständigen Konferenz der Kultusminister der Länder in der Bundesrepublik Deutschland, Dokumentations- und Bildungsinformationsdienst, Bonn: S. 24

Verwaltungs-Berufsgenossenschaft (VBG) gesetzliche Unfallversicherung, Hamburg: S. 92 (alle)

Zeichnungen/Karikaturen

Horst Haitzinger München: S. 501

Umschlagfoto: MEV Verlag GmbH, Augsburg